Denkmale der Michaelskirche
in Schwäbisch Hall

WOLFGANG DEUTSCH

Denkmale der Michaelskirche
in Schwäbisch Hall

Anhang (Inschriften der Denkmale und Register)
von CHRISTOPH WEISMANN (†)

Herausgegeben vom Historischen Verein für Württembergisch Franken,
der Evangelischen Gesamtkirchengemeinde Schwäbisch Hall und dem Hällisch-Fränkischen Museum Schwäbisch Hall
Fotografien von Jürgen Weller | **Swiridoff Verlag**

Abbildungen Umschlag

Vorne: Engel des Gerichts. Detail aus dem Denkmal für Dr. Johann Friedrich Bonhoeffer d. Ä. (1697-1770), Stättmeister. 1773, Johann Andreas Sommer, Bildhauer aus Künzelsau.

Hinten: Erzengel Michael. Gemälde im Aufsatz des Epitaphs für Michael Stigler (1596-1637), Metzger. 1637, Hans Schreyer zugeschrieben.

Die Herausgeber danken den nachstehend aufgeführten Spendern, ohne deren Hilfe diese Publikation nicht hätte erscheinen können.

Bausparkasse Schwäbisch Hall AG

Evangelische Gesamtkirchengemeinde Schwäbisch Hall

Förderverein zur Erhaltung der mittelalterlichen Kirchen in Hall e. V.

Johann Georg Hüfner, Schwäbisch Hall

Landesbischof Dr. h.c. Frank Otfried July, Stuttgart

Rechtsanwalt Eberhard Knorr, Ulm

Landkreis Schwäbisch Hall Stiftung

Löwenbrauerei Schwäbisch Hall

Sparkassenstiftung für den Landkreis Schwäbisch Hall

Verein zur Förderung gemeinnütziger Aktivitäten in den Bereichen Kultur, Bildung, Soziales, Sport, Tier- und Umweltschutz der Stadt Schwäbisch Hall e. V.

Redaktion:
Herta Beutter, Armin Panter

Gestaltung und Satz:
green design Elke Müller

Fotografien:
Jürgen Weller Fotografie

Druck:
Druckerei Oscar Mahl

© Autoren und Historischer Verein für Württembergisch Franken e.V. und Adolf Würth GmbH & Co. KG · Museum Würth · Swiridoff Verlag
Schwäbisch Hall 2015

ISBN 978-3-89929-305-0

Inhalt

9	Vorwort der Herausgeber
10	Vorwort des Autors
15	Wenger, Melchior, Ratsherr (1602) [1]
21	Stadtmann, Johann Balthasar, Stättmeister (1670) [3]
25	Blinzig, Georg Friedrich, Pfarrer (1645) [4]
29	Parsimonius, Johann Jakob, Prediger (1636) [5]
33	Burckhard, Sebastian, Offizier (1653) [6]
35	Brenz, Margarete, geb. Gräter (1548) [9]
41	Bonhoefferin, Maria Magdalena (1794) [11]
45	Weidner, Johann Wolfgang, Prediger (1669), Grabmal [14]
49	Stadtmann, Josef, Pfarrer (1626) [15]
53	Wibel, Josef Bernhard, Archidiakon (1710) [16]
57	Bonhoeffer, Georg Philipp, Prediger (1676), Grabmal [17]
61	Gräter, Christoph, Pfarrer (1614) [18]
65	Stigler, Michael, Metzger (1637) [19]
73	Bonhoeffer, Georg Philipp, Prediger (1676), Epitaph [20]
79	Weidner, Joh. (1606) und Joh. Wolfgang (1669), Prediger, Epitaph [22]
87	Seiferheld, Georg, Verwalter im Schöntaler Hof (1616) [26]
95	Lackorn, Afra, geb. Firnhaber (1633) [27]
101	Regulus, Johann, Stadtarzt (1570) [28]
109	Zweiffel, David, Ratsherr (1677) [30]
115	Wenger, Ezechiel, Ratsherr (1651) [32]
121	Bonhoeffer, Johann Friedrich d.J., Stättmeister (1778) [33]
131	Wibel, Georg Bernhard, Prediger (1707), Epitaph [35]
139	Reitz, Jakob, Prediger (1710) [36]
145	Bonhoeffer, Johann Friedrich d.Ä., Stättmeister (1770) [39]
157	Schweicker, Thomas, armloser Kunstschreiber (1602) [42]
173	Engelhart, Margreta (1670) [43]
179	Sanwald, Johann Lorenz, Stättmeister (1778) [45]
189	Drüller, Andreas, Ratsherr und Bäcker (1669) [47]
197	Drechsler, Johann Lorenz, Stättmeister (1725) [49]
205	Schmalkalder, David, Ratskonsulent (1636) [50]
211	Stifter für das Reiche Almosen (1494–1790/1918) [51]
219	Firnhaber, Peter, Handelsmann (1620) [52]

227	Schmidt, Michael, Metzger (1596) [54]
235	Retabel des Annenaltars (1509) [55]
245	Bonhoeffer, Johann Friedrich, Prediger (1783), Grabmal [60]
249	Gräter, Johann Michael, Student (1635) [63]
253	Romig, Leonhard, Gerber und Ratsherr (1589) [66]
263	Wibel, Friedrich Peter, Prediger (1754), Epitaph [67]
269	Glock, Nikolaus, Prediger (1647) [69]
273	Arnold, Georg Bernhard, Ratsherr (1746) [70]
283	Retabel des Dreikönigsaltars (1521/1585) [72]
297	Haspel, Nikolaus Friedrich, Stättmeister (1790) [77]
303	Vogelmann, Josef, Fähnrich und Wirt (1568) [78]
307	Bonhoeffer, Johann Friedrich, Prediger (1783), Epitaph [81]
315	Seiferheld, Wolfgang Jakob, Stättmeister (1798) [82]
319	Heiliges Grab (1456/1702) [85]
345	Hörmann, Friedrich, Jurist (1642) [92]
349	Feyerabend, Kaspar, Stättmeister (1565) [95]
351	Hetzel, Johann Peter, Stättmeister (1711) [96]
355	Wibel, Johann Friedrich, Stättmeister (1702) [102]
361	Hartmann, Johann Michael, Stättmeister (1744) [103]
365	Schragmüller, Johann Nikolaus, Stättmeister (1711) [104]
367	Bonhoeffer, Johann Friedrich d.Ä., Stättmeister, Altarstiftung (1778) [133]
387	Verzeichnis der Künstler
388	Entstehungszeit der Beiträge
391	Abkürzungen und häufiger zitierte Literatur
	Anhang von Christoph Weismann
391	Einleitung
392	Übersicht der Inschriften
394	Texte der vollständigen Inschriften
419	Register
455	Übersichtsplan

Die Jahreszahlen geben das Todesjahr der Verstorbenen an.
Die Ziffern in den eckigen Klammern beziehen sich auf den Übersichtsplan auf Seite 455.

Vorwort der Herausgeber

Unter den Kirchen des Landes nimmt St. Michael in Schwäbisch Hall eine Sonderstellung ein. Das 1156 zu Ehren Christi, Mariens, des Heiligen Kreuzes und des Erzengels Michael geweihte Gotteshaus wurde 1522 zum Ausgangspunkt der Reformation durch Johannes Brenz (1499–1570), der den Protestantismus zunächst von der Reichsstadt Hall und später vom Herzogtum Württemberg aus verbreitete. Brenz haben wir es zu verdanken, dass der Übergang von der vorreformatorischen Glaubenswelt zu neuen Formen des christlichen Glaubens und seiner Verkündigung in Hall ohne Zerstörung wertvoller Kulturgüter erfolgte.

Zum 850-jährigen Jubiläum der Weihe von St. Michael im Jahr 2006 widmeten deshalb die Herausgeber des vorliegenden Buches der Kirche, ihrer Geschichte und ihrer Ausstattung eine ausführliche und reich bebilderte Publikation mit dem Titel *St. Michael in Schwäbisch Hall*. Der Autor des jetzt vorliegenden Folgebandes *Denkmale der Michaelskirche in Schwäbisch Hall*, Dr. phil. Wolfgang Deutsch, hat damals einen zusammenfassenden Beitrag über die wichtigsten Monumente des Gotteshauses beigesteuert. Seine kunstgeschichtliche Forschungsarbeit geht jedoch weit darüber hinaus: 53 Denkmale der Michaelskirche hat er seit den 1980er Jahren intensiv untersucht und bearbeitet. In diesem Band werden die 53 Manuskripte nun der Wissenschaft wie auch dem interessierten Laienpublikum zugänglich gemacht. Unser Dank gilt Wolfgang Deutsch für diese grundlegende Arbeit zur Kunstgeschichte der Reichsstadt Hall. Wolfgang Deutsch bewohnt ein Haus in der Haller Weilervorstadt, dessen Fachwerkfassade der Spruch ziert „Wir weben das Kleid – uns webet die Zeit". Dieses Motto verbindet den Autor mit seiner Arbeit, einem Werk, das über lange Zeit Bestand haben wird.

Der ehemalige Pfarrer an St. Michael, Dr. Christoph Weisman (1940–2014), transkribierte und übersetzte in mühevoller Kleinarbeit die oft schwer zu entziffernden Inschriften der Denkmale. Dabei konnte er sich zum Teil auf Vorarbeiten von Dr. Christoph Bittel, Rainer Krüger und Gertrud Winterhagen stützen, die Dr. Harald Droes, Leiter der Forschungsstelle Deutsche Inschriften des Mittelalters der Heidelberger Akademie der Wissenschaften, den Richtlinien der Inschriftenkommission entsprechend überarbeitet hatte. Zur Erschließung der Texte erstellte Christoph Weismann außerdem die im Anhang publizierten Register. Die umfangreiche redaktionelle Arbeit erledigte Dipl.-Archivarin (FH) Herta Beutter. Die Objektaufnahmen fertigte Fotografenmeister Jürgen Weller, Dipl.-Designerin Elke Müller gestaltete das Buch in bewährter Weise. Für den vorzüglichen Druck des Werkes zeichnet die Haller Druckerei Oscar Mahl verantwortlich. Allen Mitwirkenden gebührt der besondere Dank der Herausgeber. Schließlich sei den Sponsoren gedankt, ohne deren großzügige finanzielle Unterstützung die Veröffentlichung nicht hätte erscheinen können.

Autor, Bearbeiter und Herausgeber wünschen dem Band *Denkmale der Michaelskirche in Schwäbisch Hall* viele interessierte Leserinnen und Leser.

Dr. Christoph Philippi / Dr. Ernst Breit
Historischer Verein für Württembergisch Franken

Dekanin Anne-Kathrin Kruse
Evangelische Gesamtkirchengemeinde Schwäbisch Hall

Dr. Armin Panter
Hällisch-Fränkisches Museum Schwäbisch Hall

Vorwort des Autors

Die Personendenkmale der Michaelskirche sind schon mehrmals bearbeitet worden. Nach der Aufzeichnung ihrer biographischen Inschriften im Epitaphienbuch (1698 und 1708) und in Mesner Leonhard Gräters Neujahrsregistern (1791/92–1799/1800) wurden sie von Rainer Krüger (1968) zum erstenmal mit Wiedergabe ihrer Inschriften wissenschaftlich beschrieben und, soweit möglich, interpretiert und datiert. Dabei beschränkte sich Gräter auf die Werke im Inneren der Kirche (240 Epitaphe!) und Krüger auf die ältere Zeit bis 1744. Erst Gerd Wunder (1987) hat sich aller noch vorhandenen Personendenkmale der Kirche angenommen und uns neben nochmaliger Wiedergabe der Inschriften die aus seinen genealogischen Forschungen gewonnenen biographischen und familiengeschichtlichen Erkenntnisse mitgeteilt.

Damit war der eine, für die Ortsgeschichte wohl wertvollere Teil der Forschungsaufgabe erfüllt. Doch hat schon Gerd Wunder mehrfach den Wunsch geäußert, es möge recht bald der andere Teil, nämlich die kunstgeschichtliche – das heißt ikonographische, ikonologische und meistergeschichtliche – Bearbeitung folgen. Anfangs schien mir das wenig aussichtsreich, besonders was die fast durchweg anonymen Meister angeht. Da nämlich die Personendenkmale, jedenfalls die Epitaphe und Grabsteine, private Aufträge waren, haben sich darüber in der Regel weder Rechnungen noch andere archivalische Aufzeichnungen erhalten. Bei längerer Beschäftigung mit den Haller Kunsthandwerkern und Sichtung der Rechnungsbücher („Steuerrechnungen") zeigte sich dann aber doch, daß es bei dem einen oder anderen Denkmal stilistische Verbindungen zu gesicherten Werken gibt. So möchte ich nun, allen Bedenken zum Trotz, den Versuch einer kunstgeschichtlichen Bearbeitung wagen, und zwar in lockerer Folge, wobei ich mich zunächst der ergiebigeren Fälle annehme und die übrigen für einen zweiten Durchgang aufspare.

Ich halte mich dabei an die Numerierung von Gerd Wunder, die der damaligen Anordnung der Denkmale entspricht. Sie beginnt innen am Nordwestportal mit einem Rundgang durch das Langhaus im Uhrzeigersinn, dann durch den Chor im gleichen Sinn, und setzt sich außen an der Nordseite und schließlich an der Südseite fort, dort jeweils von Westen nach Osten. Die Bergung weiterer Steindenkmale im Inneren der Kirche hat im Jahr 2000 eine Umordnung und damit verbundene Umnumerierung der Werke nötig gemacht. Die vorliegende Arbeit war damals aber schon so weit fortgeschritten, daß eine Anpassung an die neue Numerierung wegen der zahlreichen Zitate und Querverweise nur mit unvertretbarem Zeitaufwand und der Gefahr von Irrtümern möglich wäre. Ich verweise deshalb auf die Nummernkonkordanz, die der Dokumentation von Gräf/Ansel/Hönes beigelegt ist.

Der vorliegende Beitrag ist als eine Ergänzung der Arbeiten von Rainer Krüger und Gerd Wunder gedacht und setzt deren Lektüre voraus. Auf die vielen Druckfehler in der Publikation Wunders kann in den meisten Fällen nicht hingewiesen werden. Ohnehin sollte, wo es auf Genauigkeit des Textes oder auf Buchstabentreue ankommt, der Anhang von Christoph Weismann (siehe Seite 391 ff.) befragt werden.

Zur Terminologie: Für den geschnitzten oder gemalten Altaraufsatz verwende ich zur Unterscheidung vom steinernen Altartisch das Fachwort *Retabel*, wohl wissend, daß die Alltagssprache, auch die der Kunsthistoriker, mit dem Wort *Altar* für beide Begriffe auszukommen glaubt. Bei einer Denkmälerbeschreibung der vorliegenden Art ließe sich das aber nicht lange durchhalten. Es entstünden Wortgebilde wie „der Altar des Seitenaltars", "der Altar auf dem Hochaltar" (was sich tatsächlich gedruckt findet) oder im Falle der Michaelskirche so monströse Aussagen wie: „1520 versetzte man den Kreuzaltar auf den Hochaltar; um 1575 wurde der Dreikönigsaltar auf den Marienaltar gestellt".

Was die umstrittene Mehrzahlform von *Epitaph* betrifft, so halte ich mich hier an den Duden (Deutsches Universalwörterbuch, Rechtschreibung, Fremdwörterbuch), an das Deutsche Wörterbuch von Wahrig sowie das Reallexikon zur Deutschen Kunstgeschichte (Bd.5, Sp.873). Danach lautet die Mehrzahl von *Epitaph* Epitaphe und die Mehrzahl von *Epitaphium* (= Gedenkschrift) Epitaphien. Wer also in der Einzahl *Epitaph* schreibt, müßte danach folgerichtig die Mehrzahl *Epitaphe* verwenden. Das Lexikon von Brockhaus und der Sprachbrockhaus kennen nur die Mehrzahl Epitaphe. All dessen ungeachtet muß man feststellen, daß der Sprachgebrauch mehr und mehr die Mehrzahlform *Epitaphien* bevorzugt, obwohl dadurch der Unterschied zu den Epitaphien im engeren Sinn, den Grabschriften (wie sie das Epitaphienbuch verzeichnet) verloren geht.

Nachtrag 2006: Als sich im Lauf der Jahre abzuzeichnen schien, daß keine Aussicht bestand, die Arbeit zu publizieren, habe ich auf einen zweiten Durchgang verzichtet.

Zur Rechtschreibung: Da der größere Teil der Arbeit schon vor der Rechtschreibreform geschrieben war, wird die alte Schreibweise für die ganze Arbeit beibehalten.

Die Arbeit wurde 2003 abgeschlossen.

Wolfgang Deutsch

Melchior Wenger (um 1530 – 1602)
Ratsherr und Sieder

Bemaltes Holzepitaph, 222/176 cm, gut erhalten;
hing früher weiter östlich an der Nordempore (siehe unten).

Die Gemälde aus einer Haller Werkstatt, vielleicht Frühwerk von **Georg Marx Astfalck**, um 1602 (siehe unten).

[1]

Das Epitaph hängt fern der Grabstelle. Melchior Wenger wurde, obwohl Ratsherr, offenbar im Nikolaifriedhof bestattet. Dort in der Kapelle hat sich ein gemeinsames Steingrabmal für ihn und seinen Sohn Josef († 1608) erhalten, ein schlichtes Werk mit Melchiors Wappen und zwei inhaltlich zusammengehörigen Schriftblöcken (abgebildet: Haalquell 1966, Nr. 3, S.9). Das Epitaph in St. Michael hing schon früher im nördlichen Seitenschiff, doch etwas weiter östlich, an der damaligen Nordempore (Bäckerempore). Das Epitaphienbuch führt es in diesem Bereich (*Gleich eingangs von der grosen Kirchthier linckher Hand bis an die Orgel, An der Borkirch* [= Empore]) als 9. Denkmal von Westen auf. Leonhard Gräter (1799/1800), der in der anderen Richtung zählt, nennt es als 7. Denkmal von Osten („Von der Stiegen der Becken-Empor an der Orgel [damals im Chor] gegen dem Rathsstand [damals im Langhaus] zu, vorwärts hangend"); das heißt es war das 12. Epitaph von Westen, nachdem sich die Zahl der Denkmäler inzwischen vermehrt hatte. Im 19. und 20. Jahrhundert wurden fast alle beweglichen Epitaphe, je nach Bedarf, z.T. mehrfach umgehängt, besonders bei der großen Kirchenrenovierung von 1836.

Das Wenger-Epitaph hat die Gestalt eines Renaissance-Retabels, bestehend aus Corpus, Standflügeln, Predella und Aufsatz. Das Mittelteil (Corpus) enthält in einem schlichten, von Pilastern flankierten Rahmen eine gemalte Szene mit dem Opfer Abrahams nach dem ersten Buch Mose (Gen 22, 1–19). In der Bildmitte der Berg im Land Morija, mit einigen Bäumen bestanden. Im Vordergrund sieht man Abraham neben dem Opferaltar. Er wendet dem Altar den Rücken zu, in einer für sein Vorhaben wenig zweckmäßigen Stellung. In der Rechten hält er ein Schwert und holt mit erhobenem Arm zum Schlag aus. Mit der Linken faßt er nach hinten und hält den Kopf Isaaks fest, der auf den Holzscheiten des Altars halb sitzt, halb kniet – nicht gefesselt wie in der Bibel (Vers 9), sondern betend. Am Himmel über Abraham erscheint auf goldenem Grund der rettende Engel in einer Wolkenaureole und faßt mit der Rechten an Abrahams Schwert. Mit der Linken weist er auf einen Widder, der sich hinter Abraham in einem Strauch verfangen hat: das an Isaaks Statt zu opfernde Tier (Vers 13). In einer hellen Lichtung am linken Bildrand sieht man Abraham und Isaak von ferne herankommen (die zeitlich vorausgehende Szene, Vers 6); der Sohn, in weißem Gewand, trägt auf dem Rücken das für seine Opferung bestimmte Holz. Rechts im Bild, über einer Bachschlucht am Fuß des Berges, warten auf einem Felsenweg die beiden Knechte Abrahams mit dem Esel (Vers 5). Im Dunst des Hintergrunds eine Landschaft mit Fluß und Bergen. Auf beiden Seiten des Flusses liegt eine befestigte Stadt mit einer doppeltürmigen Kirche. Auf einer Straße, die sich am rechten Bildrand einem Stadttor entgegen windet, bewegen sich sechs blaßgrau gemalte, schemenhafte Gestalten mit einem Esel. Der Hintergrund erhält seine Tiefenwirkung durch eine Luftperspektive, die die Farben von grün über blau bis grau verblassen läßt.

Auch die Standflügel des Epitaphs sind bemalt. Sie zeigen beiderseits eine stehende Figur in einer Rundbogennische – links König David in hermelinbesetztem Gewand mit Harfe, Zepter und Krone, rechts Moses mit einem Stab; unter der Figur jeweils eine vierzeilige Inschrift in

Reimen, über der Nische die Angabe der zugehörigen Bibelstelle (Texte siehe Anhang S, 395). Moses weist mit dem Zeigefinger der Linken auf das Mittelbild.

Die Predella enthält zwischen zwei gedrungenen Stützen (die den Corpuspilastern als Sockel dienen) ein niedriges, langgestrecktes Gemälde. Es zeigt den Verstorbenen und seine Familie beiderseits eines Kruzifixes in einer offen, locker mit Bäumen bewachsenen Landschaft: Links – zur Rechten des Gekreuzigten – Melchior Wenger, betend im Halbprofil, vor ihm sein Wappen, hinter ihm, in gleicher Haltung, seine Söhne in langen schwarzen Mänteln, der erste von links in einer Rüstung; nur die gleich nach der Geburt gestorbenen sind weiß gekleidet. Rechts – zur linken Seite Jesu – die drei Frauen Wengers mit ihren Töchtern in gleicher Haltung und Anordnung; vor jeder Frau ihr Wappen. Die beiden verheirateten Töchter tragen wie die Frauen Wengers Kopftuch und "Maulbinde". Alle verstorbenen Personen sind mit einem roten Kreuzchen bezeichnet.

Corpus, Flügel und Predella umgibt ein Schweifwerk mit ausgesägten Konturen und gemalten Binnenformen; in den Zwickeln zwischen Flügeln und Predella sind Fruchtbündel dargestellt. Die Pilaster tragen plastischen Schmuck aus Pappmaché: am Schaft einen Löwenkopf, am Sockelteil eine weibliche Maske mit Halstuch (eine sogenannte „Serviettenmaske"). Köpfe und Masken wurden mit Modeln gepreßt und stimmen daher auf beiden Seiten völlig überein. Unter der Predella, ebenfalls aus Pappmaché, ein Engelskopf, flankiert von gemalten Fruchtsträußen.

Der Aufsatz besteht aus einem Gebälk mit der „Grabschrift" – besser Gedenkschrift –, bedeckt von einem weit vorkragenden profilierten Gesims mit Zahnschnitt an der untersten Leiste. Über dem Gesims eine Bekrönung, wiederum begrenzt von Schweifwerk mit ausgesägten Konturen und gemalten Binnenformen; in der Mitte ein kreisförmiges Medaillon mit dem Wengerschen Vollwappen, flankiert von sitzenden Kinderengeln mit Palmzweigen; der linke Engel hält in der Linken ein zusätzliches, noch nicht bestimmtes Attribut (ein dünnes Gestänge in T-Form).

Das Wappen hat Rainer Krüger schon beschrieben. Zu ergänzen ist, daß sowohl der Flügel (der „halbe Flug")

im Schild wie der rechte Flügel in der Helmzier mit einem Laubbaum belegt sind[1] und der linke Flügel in der Helmzier ebenso wie der zweite Platz im Schild mit einem das Monogramm M W enthaltenden Zeichen. Solche wohl von den Hausmarken abgeleiteten und dann mit Initialen versehenen Zeichen gibt es mehrfach an den Haller Wappen. Offenbar übernahm sie – wie bei den Hausmarken – der jeweils älteste Sohn unverändert, während sie in den Nebenlinien abgewandelt wurden. So verwandte Melchior Wengers vierter Sohn, Georg († 1634), das Zeichen zwar mit denselben Initialen M W, doch ist hier der Schrägstrich in der Mitte rechts- statt linksgerichtet (siehe Firnhaber-Epitaph, S. 221). Bei dem Wenger-Grabstein im Hällisch-Fränkischen Museum erscheint das Zeichen nur in der Helmzier (siehe Deutsch 1989, Abb. 43); und an den Wappen von Melchior Wengers fünftem Sohn, Ezechiel († 1651), und Georg Wengers zweitem Sohn, Johann Peter († 1664), fehlt es ganz (vgl. die Stiftertafel fürs Gymnasium).[2]

Entstehungszeit

Das Denkmal entstand auf jeden Fall zu Lebzeiten der dritten Frau († 1616), denn ihr Bild ist mit keinem Kreuz versehen. Ihr Todesdatum muß also nachgetragen sein (so auch R. Krüger S. 52), obwohl man dies nicht ohne weiteres sieht. Umgekehrt bedeutet das Kreuz über Melchior Wenger nicht unbedingt, daß er zur Entstehungszeit schon tot war; man könnte es ja leicht später hinzugefügt oder sogar vorausschauend angebracht haben. Auch der relativ altertümliche Renaissancestil der schmückenden Masken gibt keinen Datierungsanhalt, da sie mit älteren Modeln gefertigt sein können. Ein sicherer Terminus post ist aber das Heiratsdatum (22. 12. 1598) der Tochter Barbara, die schon in Frauentracht dargestellt ist. Das Epitaph könnte daher allenfalls kurz vor dem Tod Wengers entstanden sein, am wahrscheinlichsten kurz danach. Eine Datierung um das Todesjahr, also „um 1602", dürfte ungefähr stimmen.

Der Sinngehalt

Am linken Flügel des Epitaphs verweist die Überschrift auf den 90. Psalm Davids. Deshalb ist David hier dargestellt. Dennoch handelt die zugehörige Inschrift nur von Moses, weil nämlich dieser Psalm – laut Vers 1 – ein Gebet Mosis wiedergibt. Die Inschrift sagt in naiven Reimen etwa das gleiche, was der Psalm voll poetischer Schönheit ausdrückt. Zeile 2 zum Beispiel (*han hie ein kurtz vnd Elendt leben*) lautet in Vers 10 des Psalms, nach Luther: „Unser Leben währet siebzig Jahre ..., und wenn's köstlich gewesen ist, so ist es Mühe und Arbeit gewesen; denn es fähret schnell dahin, als flögen wir davon". Im übrigen zeigt sich, namentlich in Zeile 3 (*Moses lert wie vns Gott kan retten*), daß der Inschriftblock unter David sich nicht allein auf den linken Flügel bezieht, sondern – wie auch der andere Inschriftblock – auf alle Darstellungen, denn die großen Beispiele der Errettung vermitteln ja der rechte Flügel und vor allem der Mittelteil.

Mit der Bibelstelle *Mose XIIII* des rechten Flügels kann nur das 2. Buch Mose (Ex 14) gemeint sein, das die wunderbare Rettung beim Durchgang durch das Rote Meer schildert. Und das Opfer Abrahams (im Mittelbild) wurde schon in der altchristlichen Kunst als Errettungsszene verstanden.[3] Voraussetzung für die Rettung ist allerdings, wie die vierte Zeile und der rechte Schriftblock moralisierend verkünden, die Buße und die durch Gebet erwirkte Gnade (*wo wir in Buß vnd gnade betten*) und, besonders für die evangelischen Christen, der Glaube (*Die in im Glauben rvffen an*). Bezeichnenderweise ist Isaak auf dem Epitaph betend dargestellt und nicht wie in der Bibel gefesselt.

Die Szene der Opferung Isaaks hatte aber seit dem Mittelalter auch noch eine „typologische" Bedeutung; das heißt man betrachtete sie als Sinnbild des Opfertods Jesu. Sie konnte in Bildzyklen sogar die Kreuzigung vertreten (zum Beispiel an den Säulen im Chorumgang des Baseler Münsters).[4] Einige solcher Präfigurationen, das heißt alttestamentlicher Vor-Bilder neutestamentlicher Geschehnisse, hat die evangelische Kirche aus der mittelalterlichen Tradition übernommen. (Haller Beispiele sind die eherne Schlange, ebenfalls eine Präfiguration der Kreuzigung[5], an den Hochaltären von St. Michael und St. Katharina[6], und Jonas, den der Fisch verschlingt und wieder ausspeit, als Präfiguration von Christi Grablegung bzw. Auferstehung am – heutigen – Aufsatz des Schmidt-Epitaphs in St. Michael.) Mit anderen Worten, die Opferung Isaaks verweist, abgesehen von ihrem unmittelbar ersichtlichen Sinngehalt, auf den Opfertod Jesu. Auch dadurch ist die Darstellung Sinnbild für die Errettung aus Sünde und Tod, an Grabdenkmälern also ein Hinweis auf das ewige Leben. – Wie wichtig das Thema der evangelischen Kirche war, zeigt auch der Umstand, daß es später am Hauptaltar von St. Michael (dem Bonhoeffer-Altar vor dem Chor) das Mittelbild über dem Abendmahl einnahm.[7]

Auch die Nebenszene, wo Isaak das Holz für seine Opferung auf dem Rücken trägt, hat eine typologische Bedeutung. Die Kirchenväter bezogen sie auf die Kreuztragung, etwa Augustinus (De civitate Dei, XVI, 32): „Isaac, sicut Dominus crucem suam, ita sibi ligna ad victimae locum, quibus fuerat et imponendus, ipse portavit"[8] (wie der Herr sein Kreuz, so trug Isaak das Holz, auf das er gelegt werden sollte, selbst zur Opferstatt). Der Maler des Epitaphs hat diese Szene nicht ohne Grund durch eine aureolenartige Lichtung hervorgehoben. Der Auftraggeber mag in der Qual des Opfergangs ein Sinnbild für das „kurze und elende Leben" (Zeile 2 der Inschrift) gesehen haben, das der Errettung durch Gottes Gnade vorausgeht. Die Errettung des Verstorbenen wird durch die Engel mit den Palmzweigen angedeutet, die im Aufsatz des Denkmals das Wappen flankieren. Palmzweige waren schon in der Antike ein Sinnbild für Sieg und Unsterblichkeit; hier, in Verbindung mit den Engeln, verweisen sie auf himmlischen Lohn und ewiges Leben.

Der Maler

Der Maler des Epitaphs läßt sich noch nicht sicher ermitteln, da, wie es scheint, nichts wirklich Stilgleiches vorhanden ist. Doch zweifle ich nicht, daß er in Hall gewirkt hat. Seine Formensprache erinnert an die bekannten, archivalisch bestimmbaren Haller Maler der Zeit um 1600, an Peter Völcker (tätig um 1582–1605) und vor allem an Jakob Hoffmann (tätig um 1588–1642). Er könnte in einer dieser Werkstätten gelernt oder doch zeitweilig gearbeitet haben. An Jakob Hoffmann erinnern: die knienden Figuren der Predella, die Landschaft des Mittelbilds, die Wolkenaureole des Engels (siehe Hoffmanns Epitaphe des Johann Michael Gräter und der Afra Firnhaber, S. 248 ff. und S. 94 ff.[9]) und besonders das Antlitz Abrahams mit seiner von unten

gesehenen, steckdosenähnlichen Nase (vgl. den Christus des Schmidt-Epitaphs, S. 226 ff., und den Daniel in der Löwengrube im Hällisch-Fränkischen Museum[10]). Nur ist am Wenger-Epitaph die Darstellung unbeholfen und von geringerer Qualität. Deshalb dürfte trotz chronologischer Überschneidungen Jakob Hoffmann der Gebende gewesen sein.

Bei David und Moses wirken die Hände – im Gegensatz zu Abraham – so unfertig und so flüchtig gemalt wie bei den Aposteln des Thomasbildes im Aufsatz des Schweicker-Epitaphs (der seinen Figurentypen nach aus der Werkstatt Peter Völckers stammen dürfte[11]). Wie diese Verwandtschaft zu deuten ist – etwa durch Gesellenwechsel von einer Werkstatt zur anderen –, sei dahingestellt. Die grellen, manieristischen Farben des Thomasbildes verwendet der Maler des Wenger-Epitaphs jedoch nicht[12].

Will man mutmaßen, wer das Epitaph gemalt haben könnte, so ist am ehesten an den jungen Georg Marx Astfalck (1581–1636) zu denken. Dessen rund dreizehn Jahre später gemalte, archivalisch gesicherte Flügelbilder an der Stiftertafel für das Reiche Almosen (vgl. S. 210 ff.) lassen eine gewisse Verwandtschaft erkennen: in den wärmeren Farben, in den unruhigen Glanzlichtern der Gewandfalten und selbst in Details wie etwa der Haar- und Bartwiedergabe. Bei dem jeweiligen Hausherrn in den Szenen mit dem „Durstigen" und dem „Gast" auf der Stiftertafel legen sich die langen, gewellten Strähnen des Schnurrbarts in gleicher Weise begleitend über den spitz auslaufenden Bart wie am Epitaph vor allem bei Abraham. Auch an die ungewöhnlich hohe Stirn von David, Moses und Isaak erinnern noch einige Figuren des späteren Werkes (zum Beispiel Christus als Gast und als Gefangener).

Freilich, wenn Astfalck der Maler des Wengerepitaphs war, muß sich seine Malweise in der Zwischenzeit (zwischen seinem etwa 21. und seinem 34. Lebensjahr) kräftig weiterentwickelt haben. Der Pinselstrich ist an der Stiftertafel lockerer, großzügiger geworden, und die Gestalten entfalten sich jetzt freier im Raum. Es gibt Rückenfiguren, Sitzfiguren und andere Figuren mit beachtlichen Drehungen und Verkürzungen. Einen so unbeholfenen Kontrapost wie bei Moses und eine so gezwungene Körperhaltung wie bei Abraham findet man jetzt nicht mehr. Allerdings könnten alle kompositionellen Elemente der Almosenszenen auch aus fremden Vorlagen übernommen sein. – Mit Sicherheit sind die Inschriften der Denkmäler nicht von gleicher Hand; aber das kann an unterschiedlicher Gesellenhilfe liegen.

Solange sich kein weiteres Werk im Stile des Wenger-Epitaphs findet, wird sich die Meisterfrage nicht zuverlässig beantworten lassen.

Quellen und Literatur
Epitaphienbuch 1698/1708, Bl. 19v, Nr. 9; Band a, S. 22 f.; *Gräter* 1799/1800, III., Nr. 228; R. *Krüger* Nr. 37; *Wunder* 1987 Nr. 1 (mit Ges.-Abb.). – Zu Melchior Wenger: Wu [= Gerd *Wunder*]/ Suse *Wenger*, 450 Jahre Siedersfamilie Wenger in Schwäbisch Hall, in: Der Haalquell (Beilage des Haller Tagblatts) Jg. 18 (1966), Nr. 3, S. 9–12 (mit Stammbaum und je einer Abbildung des Epitaphs und des Grabsteins).

Anmerkungen
1. Allerdings fehlt dieser Baum im Wappenschild – nicht in der Helmzier – des Grabsteins in St. Nikolai (vgl. S. 15).
2. Diese Zusammenhänge wären an einem umfangreicheren Wappenbestand noch zu überprüfen.
3. Vgl. etwa Karl *Künstle*, Ikonographie der christlichen Kunst, Bd. 1, Freiburg 1928, S. 282 f.
4. Vgl. *Künstle*, ebd., S. 283.
5. In den Armenbibeln findet man beide Szenen, Isaaks Opferung und die eherne Schlange, „typologisch" mit der Kreuzigung verbunden.
6. Nicht erhalten; vgl. *Deutsch* in WFr 1985, S. 133 f.
7. Dazu ausführlich in Nr. 133 (Altarstiftung Bonhoeffer), S. 368 ff.
8. Zitiert nach *Künstle* (wie Anm. 3) S. 283.
9. Das Firnhaber-Denkmal abgebildet bei Wolfgang *Deutsch*, Jakob Hoffmann, der Maler Thomas Schweickers (Schriften des Vereins Alt Hall, 8), Schwäbisch Hall 1983, Abb. 19, 21.
10. Abgebildet bei *Deutsch*, ebd., Abb. 18 bzw. 30.
11. Vgl. *Deutsch*, ebd., Anm. 10 (Schluß), sowie unten S. 160 f., 166 f.
12. Ob eventuell die Gemeinsamkeiten auf spätere Übermalungen zurückgehen, müßte man mit den Mitteln eines Restaurators untersuchen. Die ganz allgemein derbere Qualität der Flügelfiguren (David, Moses) und der Inschriften könnte in diese Richtung weisen.

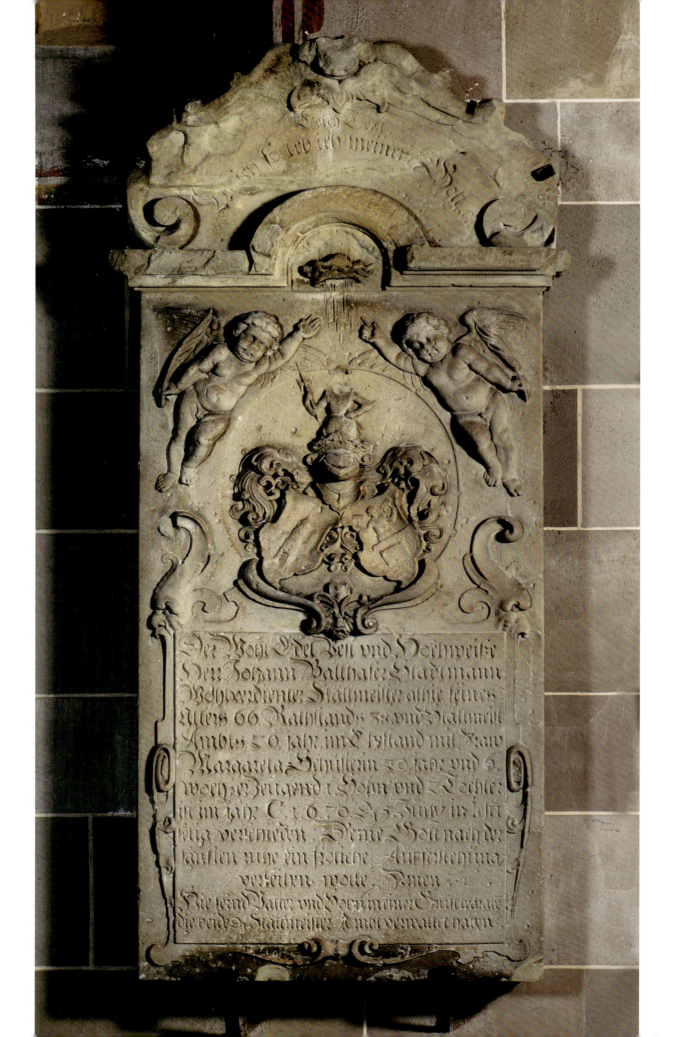

Johann Balthasar Stadtmann (1603 – 1670)
Stättmeister

Grabmal aus Sandstein, 226/89 cm (Platte 163/89 cm).
Bis 1958 außen an der Westwand der Sakristei[1]. Letzte Restaurierung 1998 (Peter Rau).
Johann Jakob Betzoldt zugeschrieben, um oder kurz nach 1670.

[3]

Der Stein besteht aus einer hochrechteckigen Platte mit giebelartigem Aufsatz. Nach dieser Form zu schließen, stand er ursprünglich hinter dem Grab oder in dessen Nähe an der Kirchenwand. Das Epitaphienbuch bestätigt das; es nennt ihn unter den *aufrechts an der Wandt* stehenden Denkmälern. Solche senkrecht gestellten Grabsteine gibt es hierzulande seit dem späten 14. Jahrhundert. Im vorliegenden Fall muß sich unmittelbar bei dem Denkmal ein Doppelgrab befunden haben, denn die Inschrift berichtet: *Hie seind Vatter[2] und Sohn in einer Gruft begrabe(n) / die beide d(as) Stättmeister Ambt verwaltet haben.*

Die untere Hälfte der Platte enthält eine Tafel mit der Grabschrift, gerahmt von Rollwerk, Voluten und Fratzengrotesken, die obere Hälfte ein eingetieftes Hochoval mit dem Ehewappen der Stadtmann/Schuster. In den Zwickeln darüber schweben zwei Kinderengel (geflügelte Putten) mit Palmzweigen. Sie deuten zu einer Krone hinauf, die in einer halbkreisförmigen Ausbuchtung des Gesimses erscheint und von abwärts gerichteten Strahlen durchdrungen wird. – Im Giebelfeld ist der Leichentext angebracht, flankiert von Voluten und bekrönt von einem Engelskopf.

Bildprogramm
Die Palmzweige sind ein altes Symbol für Sieg, Unsterblichkeit und himmlischen Lohn, hier natürlich im christlichen Sinn. – Die Bedeutung der Krone läßt sich in der Michaelskirche selbst belegen. Am Grabmal des Georg Philipp Bonhoeffer (S. 56) ist die gleiche Darstellung mit einer Beischrift versehen (dort auf den Prediger, den Glaubenslehrer, abgewandelt): *Threuer Lehrer Sieges= Lohn / Ist die Him(m)lisch Ehren=Cron.* Das bezieht sich auf die Bibelstelle: „So werdet ihr, wenn erscheinen wird der oberste Hirte, die unverwelkliche Krone der Ehren empfangen" (1 Petr 5,4). Die Himmelskrone oder Ehrenkrone ist das Ehrenzeichen derer, die, ihrem Glauben treu, den Sieg der Unsterblichkeit errungen haben. Dieser himmlische Lohn wird auch an den Epitaphen von David Zweiffel (S. 108) und Georg Bernhard Wibel (S. 130) angesprochen: *Die Himmels Cron Mein Gnaden lohn* bzw. *Die Him(m)els Kron Dein gnaden Lohn.* Dabei stellte man sich in der Regel vor, daß der Gläubige diese Krone bereits bei seinem Tod empfange. So heißt es auf dem Grabmal des Pfarrers Philipp Heinrich Gratianus († 1745) in Oberrot: *ist ihm den 2ten FEBR 1745 die Crone der Ehren auffgesetzet worden.* – Andere Bezeichnungen für die Himmelskrone sind: Krone des Lebens oder Krone der Gerechtigkeit, gemäß den Bibelworten „Sei getreu bis an den Tod, so will ich dir die Krone des Lebens geben" (Apk 2,10) und „Selig der Mann, der die Anfechtung besteht …, er wird die Krone des Lebens empfangen, die Gott verheißen hat denen, die ihn liebhaben" (Jak 1,12), bzw. „Ich habe einen guten Kampf gekämpft, den Lauf vollendet, den Glauben bewahrt; nun ist mir bereitgelegt die Krone der Gerechtigkeit, die mir der Herr an jenem Tag, der gerechte Richter, geben wird" (2 Tim 4,7–8).

Eigentlich meinen alle diese Stellen einen Kranz, in Anlehnung an den Siegeskranz antiker Wettkämpfer in den Stadien (darum auch das Beiwort „unverwelklich"). Paulus vergleicht den vergänglichen Kranz der Läufer mit dem unverwelklichen christlicher Glaubenskämpfer (1 Kor 9, 24.25). Da aber die Vulgata das griechische Wort „stephanos" (= Kranz) mit „corona" und Luther mit „Krone" übersetzten, wird häufig eine Krone dargestellt. Doch erscheint mit gleicher Bedeutung auch der Kranz (bei Johann Jakob Betzoldt zum Beispiel an vier Denkmälern: Deutsch Abb. 10, 19 f., 21 f., 43).

Die von oben kommenden Strahlen deuten auf den himmlischen Ursprung der Krone. Ihre auf das Wappen zielende Richtung läßt erkennen, wem die Krone verheißen ist: das Wappen steht hier für die Person des Verstorbenen.

Das Bildprogramm des Grabsteins behandelt nicht wie die meisten anderen Denkmale der Kirche die beiden gegensätzlichen, aber zusammengehörigen Pole des christlichen Seins, den diesseitigen (Sünde, Tod, Vergänglichkeit) und den jenseitigen (Erlösung, Auferstehung, ewiges Leben). Es berücksichtigt nur den jenseitigen Aspekt: die Verheißung der ewigen Seligkeit. Der Tod wird nur in der Grabschrift erwähnt und auch da mit aller Milde.

Der Bildhauer
Der Bildhauer Johann Jakob Betzoldt (Betzold, Petzold), 1621–1707, hat in Stein, Holz und Elfenbein gearbeitet. Er lernte bei seinem Vater Jakob Betzoldt (vgl. S. 24 ff.) und bei Leonhard Kern und machte sich 1662, nach dem Tod des Vaters, selbständig. Da er kinderlos blieb, hat er bis ans Ende seines Lebens gearbeitet und noch mit fast 86 Jahren das Grabmal seiner Frau, † 1705, mit eigener Hand gefertigt (nicht erhalten).

Von dem Bildhauer konnten bis jetzt 29 großplastische Werke in Schwäbisch Hall, Langenburg, Waldenburg, Gaildorf, Michelfeld und Heilbronn bestimmt werden, dazu einige Elfenbeinarbeiten in verschiedenen Museen. Die Zuschreibung des Stadtmann-Denkmals wird vor allem durch die schwebenden Engel ermöglicht. Solche Engelspaare, schwebende und stehende, begegnen mehrfach im Oeuvre des Bildhauers. Bis in alle Einzelheiten gleich sind die schwebenden Engel des Grabsteins von Georg Philipp Bonhoeffer (S. 56 ff.) und des Wenger-Fragments im Hällisch-Fränkischen Museum (Deutsch Abb. 43). Aber auch die stehenden Engelspaare an den Denkmälern des Sebastian Burckhard (S. 32 f.), des Wilhelm Ludwig von Limpurg (Deutsch Abb. 18), der Maria Juliana von Limpurg (ebd. Abb. 24), der Katharina Baur (ebd. Abb. 31) wie auch andere Kinderengel Betzoldts lassen unschwer die gleiche Formensprache erkennen. Und alle diese Werke lassen sich direkt oder mittelbar an die archivalisch beglaubigten Werke Betzoldts anschließen: an den Matthäusengel der Kanzel von St. Katharina in Schwäbisch Hall (ebd. Abb. 9) und die Grabplatte der Maria Magdalena von Hohenlohe in Langenburg (ebd. Abb. 7, 44).

Johann Jakob Betzoldts Formensprache lehnt sich eng an die seines Vaters Jakob Betzoldt an, in dessen Werkstatt er lange Zeit gearbeitet hat; sie ist aber auch seinem anderen Lehrer, Leonhard Kern, verpflichtet.

Quellen und Literatur
Epitaphienbuch a, S.63 Nr.21; R.*Krüger* Nr.65; *Wunder* 1987 Nr.3; *Deutsch* 1990, S.91 Nr.21; Peter *Rau*, Dokumentation der Konservierung, 1999 (Ms., 1 Seite). – Zu Johann Jakob Betzoldt: *Deutsch* 1990, passim; Werkzeichnis S.89–92 und S.108 (beim Druck falsch eingefügter Nachtrag).

Anmerkungen
1   Vgl. R.*Krüger*, S.104.
2   Der 1631 verstorbene David Stadtmann (vgl. *Wunder* 1987, Nr. 2).

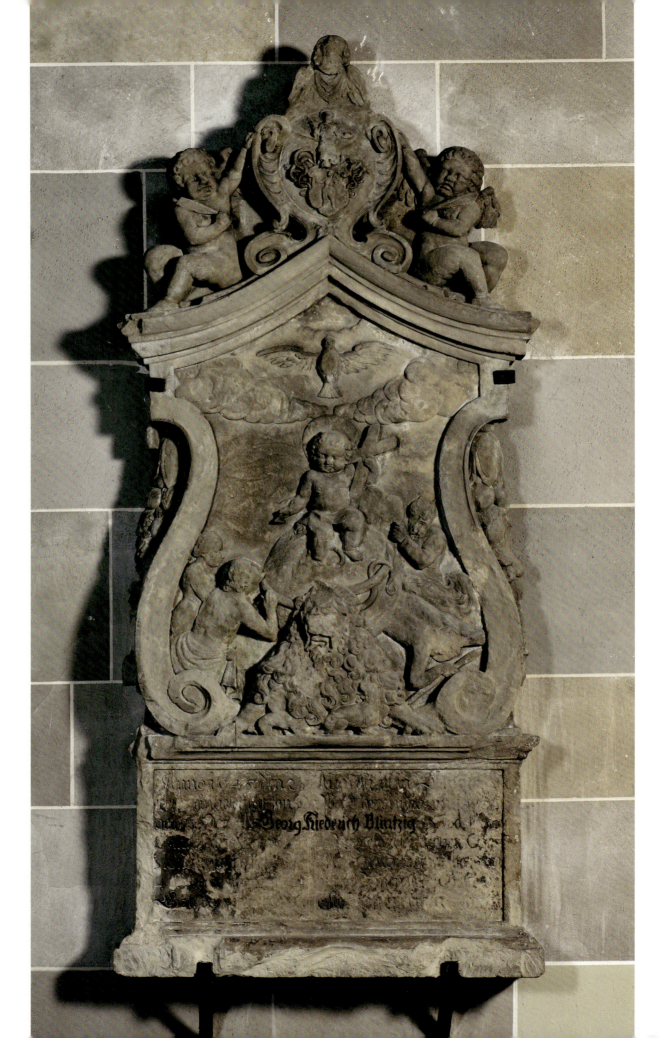

Georg Friedrich Blinzig (1600 – 1645)
Pfarrer

Grabmal aus Sandstein, 213/96 cm, stark verwittert und an manchen Stellen ausgeflickt. Früher außen, zuletzt – wie Fotos zeigen – an der Südwestseite des nordwestlichen Eckstrebepfeilers unter einem Schutzblech (die Reihenfolge der Denkmäler bei Gradmann, S.39, stimmt nicht; vgl. S. 303). – Letzte Konservierung 1998 (Peter Rau).

Jakob Betzoldt zugeschrieben; um 1645, vielleicht vorher begonnen.

[4]

Das Denkmal ist in Form und Bildprogramm gleichermaßen ungewöhnlich. Über einem querrechteckigen Sockel mit der Gedenkschrift erhebt sich ein reliefgeschmückter Mittelteil. Man könnte ihn als Ädikula ohne Gebälk beschreiben, deren Giebel die Form eines einfachen Vorhangbogens hat und deren Stützen durch S-förmige Schwingen ersetzt sind. Diese zum Ornament gewordene Stützenform nimmt geradezu Gedanken des 18. Jahrhunderts vorweg. Die Einbuchtungen der Seitenwände füllt ein Blattkelch mit einem Fruchtgehänge, oberhalb und unterhalb davon hängt eine Quaste. – Über dem Giebel prangt das Wappen des Verstorbenen in einer kelchähnlichen Volutenkartusche, gehalten von zwei sitzenden Kinderengeln mit Palmzweigen und bekrönt von einem fast völlig verwitterten Cherubkopf.

Dem Denkmal fehlt das sonst übliche Feld mit dem Wahlspruch („Symbolum") des Verstorbenen oder dem Leichentext. Es befand sich auf der zugehörigen Grabplatte, die vor dem Denkmal, *gegen der großen Staffel*, auf dem Grabe lag. Nach dem Epitaphienbuch lautete der Wahlspruch, das *Symbolum Blinzigianum: In Silentio et spe fortitudo mea* (in der Stille und der Hoffnung gründet meine Stärke). Der übrige Text der Platte war schon um 1700 nicht mehr lesbar.

Bildprogramm

Das Relief ist leider so beschädigt, daß nicht mehr alle Teile sicher erkennbar sind. In der Mitte thront das Christkind auf der Weltkugel. Es hält in der Linken das Kreuz und in der Rechten einen abgebrochenen Gegenstand, vermutlich einen Kelch. Um die Kugel ringelt sich eine Schlange. Ihr vorderer, abgewitterter Teil windet sich unter dem – heute fehlenden – rechten Fuß des Kindes hindurch um die Ferse herum; der Kopf stößt auf die Ferse zu (das lassen die Bruchspuren noch deutlich erkennen). Vor der Kugel kauert, frontal ausgerichtet, ein Löwe mit geöffnetem Maul, zwischen seinen gespreizten Beinen zwei Junge. Teile seines Kopfes, seiner Mähne und das linke Löwenjunge sind zerstört. Rechts von dieser Gruppe liegt, von der Kugel halb verdeckt, eine (nackte?) Gestalt. Sie hat die Arme angewinkelt und hält in der Rechten ein speerartiges Gebilde; ihr Kopf ist abgebrochen. Darüber, rechts von der Weltkugel, erscheint in Dreiviertelfigur Moses, der mit der Linken auf die Gesetzestafeln deutet, kenntlich auch an seinen Hörnern (die auf einen Übersetzungsfehler der Vulgata zurückgehen) und an seinem zweigeteilten Bart. Am linken Bildrand ragen zwei (kniende?) halbnackte Figuren auf. Die vordere, wohl männlich, mit nackenlangem Lockenhaar und einem geknoteten Lendentuch, blickt mit betend erhobenen Händen zum Christkind empor. Die hintere, halb verdeckte, hat das Haar hochgesteckt und ist anscheinend eine Frau. – In der Giebelzone des Reliefs schwebt eine Wolkenbank, nach innen gleichsam perspektivisch verjüngt; darüber, frontal gesehen, die Taube des Heiligen Geistes, und im Zwickel über ihr, nur noch zum Teil erkennbar, das Tetragramm, also die vier Buchstaben des hebräischen Wortes *Jahwe* (Gott) in einer vom Giebel abgeschnittenen Wolkenaureole.

Das Bildprogramm ist schwer zu deuten. Es scheint dafür keinen Parallelfall zu geben. Vermutlich hat es der gelehrte

Geistliche noch selbst für sein Grabmal ersonnen. Hinzu kommt, daß manche Teile kaum noch zu erkennen sind.

Die von der Schlange, dem Symbol für Sünde, Teufel und Tod, umklammerte Weltkugel bedeutet die sündige Welt, die durch Christi Menschwerdung und Opfertod erlöst wird. Dabei weisen die Kindsgestalt Jesu auf die Menschwerdung, Kreuz und Kelch (?) auf das Opfer. Christus tritt (ergänzt man das Abgebrochene) mit dem rechten Fuß auf die Schlange, während diese nach seiner Ferse schnappt – gemäß der Stelle im ersten Buch Mose (Gn 3,15), wo Gott die Schlange verflucht: "Und ich will Feindschaft setzen zwischen dir und dem Weibe und zwischen deinem Samen und ihrem Samen. Derselbe soll dir den Kopf zertreten, und du wirst ihn in die Ferse stechen". Die Kirchenväter haben den „Samen" (soviel wie Nachkommenschaft) der Frau mit Christus gleichgesetzt und die Stelle als Protevangelium (Erstevangelium) bezeichnet, weil hier das christliche Erlösungswerk zum erstenmal angekündigt werde. Den Biß der Schlange hat man auf das Leiden Jesu bezogen, das Zertreten ihres Kopfes auf den Triumph über Sünde und Tod.

Bei der Darstellung auf dem Relief handelt es sich um eine lutherische – von Luther gebilligte – Version des Themas, im Gegensatz zur katholischen Version, bei der Maria die Schlange zertritt (Beispiel: die Maria immaculata auf der Weltkugel in der Steinbacher Pfarrkirche, eine Skulptur des 18. Jahrhunderts). Der Unterschied beruht auf verschiedenen Übersetzungen der Bibelstelle Gn 3,15. Luther schreibt, gemäß der hebräischen Bibel: *Der selb sol dir den Kopff zutreten* (= zertreten), bezogen auf den „Samen" und gedeutet auf Christus. In einem großen Teil der Vulgata-Handschriften steht: *ipsa conteret caput tuum* (dieselbe wird dir den Kopf zertreten), bezogen auf *mulier*, das Weib, und gedeutet auf Ekklesia und später auf Maria. Zwar hat schon der Kirchenvater Hieronymus die Version *ipsa* mißbilligt, doch mit Augustinus hat sie sich durchgesetzt. Luther wandte sich dann in seiner Genesisvorlesung von 1535 wieder gegen sie. Er bezeichnete es als Verfälschung der Schrift und als Götzendienst, wenn man dem Sohn die Ehre unserer Erlösung und Befreiung entreiße; denn Christus habe die Macht des Satans zertreten und nicht Maria, indem sie Christus gebar.

Warum ist nun Moses neben dem die Schlange zertretenden Christkind dargestellt? Bloß als Autor der betreffenden Bibelstelle und Verkünder der darin enthaltenen Heilsbotschaft? Dann wären die Gesetzestafeln in seiner Hand als Kennzeichen (Attribut) gedacht. Da die Tafeln aber so auffallend groß erscheinen und so unübersehbar in Richtung Kreuz und Christus emporgehalten werden, sind sie wohl nicht bloß als Attribut, sondern als Hinweis auf das mosaische Gesetz gedacht. Wahrscheinlich soll hier mit Moses das Gesetz der Gnade gegenübergestellt werden, gemäß der Auffassung von Paulus, daß durch das Gesetz und seine Übertretung die Sünde vermehrt und dadurch das Erlösungswerk noch gesteigert, die Gnade übergroß werde (vgl. Röm 5,20). Auch an anderen Haller Totendenkmälern wird Moses als Gewährsmann für die Errettung der Gläubigen genannt, so am Wengerepitaph (Nr.1): *Moses lert wie uns Gott kan retten wo wir in Buß und gnade betten*. Und häufig wird an ihnen auf eine Stelle im zweiten Buch Mose verwiesen: „Der Herr wird für euch streiten" (Ex 14,14).

Die Liegefigur unterhalb von Moses und der Weltkugel – nach Kossatz ein „Gestürzter" – harrt noch der Deutung. Könnte sie den Unglauben verkörpern oder den Zustand der Gesetzlosigkeit, der durch Moses und das Erlösungswerk Christi überwunden wurde?

Die beiden Gestalten auf der linken Reliefseite sind wohl Erlöste oder um Erlösung Flehende, möglicherweise Adam und Eva, stellvertretend für die in Sünde gefallene Menschheit. Man sieht jedenfalls auf mittelalterlichen Kreuzigungsbildern neben der besiegten Schlange am Kreuzfuß Adam und Eva, bald nackt, bald bekleidet, wie sie aus Erdhügeln oder Gräbern auferstehen, in der gleichen aufblickend-anbetenden Haltung wie der Mann auf dem Grabstein (Beispiele: Schiller Bd. 2, Abb. 387, 381).

Die Darstellung im Vordergrund greift, so sehr das verwundert, auf eine mittelalterliche Tradition zurück. Es handelt sich um den Löwen, der seinen Jungen Leben einhaucht – ein Sinnbild der Auferstehung. Das Thema kennt man in Hall von einer Skulptur an der spätromanischen Sechseckkapelle (einst wohl Heiliggrabkapelle) der Komburg. Es stammt aus dem Physiologus, einem gegen 200 im christlichen Osten entstandenen, griechisch geschriebenen Naturgeschichtsbuch, das die behandelten Themen in religiösem Sinn ausdeutet und im Mittelalter in lateinischer und deutscher Übersetzung weit verbreitet war. Darin wird behauptet: „Wenn die Löwin ihr Junges wirft, so ist es zuerst tot ..., bis am dritten Tag sein Vater kommt, ihm ins Angesicht bläst und es zum Leben erweckt. So hat auch der allmächtige Vater ... unseren Herrn Jesus Christus, seinen Sohn, von den Toten auferweckt, damit er das irrende Geschlecht der Menschen errette."

Die Darstellungen der oberen Reliefzone – über den Wolken, also im Himmel – betonen die Göttlichkeit des erlösenden Christkinds, indem sie es zur Dreieinigkeit ergänzen: Die Taube bedeutet den Heiligen Geist und das Tetragramm Gott Vater, denn besonders im evangelischen Bereich scheute man sich vielfach davor, Gott in menschlicher Gestalt abzubilden, und verwendete statt dessen sein Namenszeichen.

Die Engel schließlich, die im Aufsatz des Grabsteins Palmzweige haltend das Wappen umgeben, verkörpern die himmlische Seligkeit.

Im Bildprogramm des Steins geht es also um die gewohnte Grabmalsthematik: Gnade, Erlösung von Sünde und Tod, Auferstehung und ewiges Leben. Doch ist das Thema auf ikonographisch ungewöhnliche, wenn nicht einmalige Weise gestaltet worden. Dies verwundert weniger, wenn man sich die Gelehrtenlaufbahn Blinzigs vor seiner Haller Zeit vergegenwärtigt. Nach seiner Promotion zum Magister (1621) hielt er an der Universität Altdorf Vorlesungen in Ethik, Logik, Redekunst und Theologie, danach in Straßburg über „die ganze Philosophie"; er reiste nach Basel und Freiburg, um mit Kalvinisten und Katholiken *zu conversieren und zu conferieren.*

Durch einen glücklichen Zufall wissen wir, wie dieser Mann in seinem 41. Lebensjahr ausgesehen hat. Eine 1640 geprägte Medaille (Raff Nr. 100) zeigt ihn als scheinbar kraftstrotzenden Pykniker, der jedoch nicht so vital gewesen sein kann, wie er hier wirkt, denn er war leidend und schon fünf Jahre später tot.

Der Bildhauer
Jakob Betzoldt (1592–1661), der Vater von Johann Jakob Betzoldt (siehe S. 20 ff.), stammte aus Weißbach in Hohenlohe, erlernte die Bildhauerei in Öhringen, war Geselle bei Michael Kern in Forchtenberg (schon 1609), heiratete 1618 eine Hallerin und erwarb am 1.10. 1619 das Haller Bürgerrrecht (vgl. dazu auch S. 347).

Die Zuschreibung des Blintzig-Denkmals gelingt duch Stilvergleiche mit der für Betzold urkundlich gesicherten, gut erhaltenen Grabplatte des Grafen Philipp Heinrich von Hohenlohe, † 1644, in Waldenburg (geschaffen ab 1648); mit der ebenfalls urkundlich gesicherten, jedoch stark abgetretenen Grabplatte des Schenken Heinrich von Limpurg, † 1637, in Obersontheim; und mit dem Grabdenkmal des Juristen Friedrich Hörmann, † 1642, in Schwäbisch Hall, das mit den Initialen I.B signiert ist (siehe S. 344ff.). Die auf diesen Werken dargestellten Kinderengel gleichen sich in der Körper- und Gesichtsform, zum Teil auch in den Bewegungen (vgl. das Hörmann-Denkmal) bis in die Details. Auch das Christkind auf der Weltkugel zeigt dieselben Merkmale: sein Leib ist wulstartig geformt; Wangen, Schenkel und der schwere Kopf wirken wie gebläht; der Hals besteht aus einem gleichmäßig dünnen Speckring. Selbst die Schriftzüge stimmen an den originalen Stellen überein.

In Obersontheim lassen sich Jakob Betzoldt noch mindestens drei weitere Grabplatten aus den 1630er und 1640er Jahren zuschreiben. In den 50er Jahren hat offenbar der Sohn Johann Jakob in der väterlichen Werkstatt mitgearbeitet. Seine Formensprache wächst fast unmerklich aus der des Vaters heraus. Doch unterscheiden sich die Figuren Jakob Betzoldts – meist Kinderengel und Engelsköpfe – von den weich modellierten, freundlich blickenden Engelsgestalten des Sohnes durch scharf konturierte Körperformen und einen eher grimmigen Gesichtsausdruck.

Quellen und Literatur
Epitaphienbuch 1698/1708, Bl.67v Nr.5; Bd.a, S.70 Nr.5; R. *Krüger* Nr.55; *Wunder* 1987 Nr.4; Tilman *Kossatz*, Bemerkungen zu Leonhard Kerns Haller Werken, in: Leonhard Kern, Kataloge des Hällisch-Fränkischen Museums Schwäbisch Hall, Bd.2, Sigmaringen 1988, S.67 f., mit Ges.Abb.; Peter *Rau*, Dokumentation der Konservierung, 1999 (Ms., 1 Seite). – Zur Ikonographie: *Schiller*, Bd.2 S.124, Bd. 4,1 S.44, 92, Bd. 4,2 S.174 (alles zu Gn 3,15), Bd.3, S.132 f. u. Abb.425 (zur Löwensymbolik des Physiologus); Otto *Seel* (Übers.), Der Physiologus, Zürich/München ⁵1987, S.5 f. –
Zur Biographie: *Wunder* 1980, S.119 (Lebenslauf Blinzigs); Albert *Raff*, Die Münzen und Medaillen der Stadt Schwäbisch Hall, Freiburg im Breisgau 1986, S.68 mit Abb. S.116 Nr.100. – Zu Jakob Betzoldt: *Deutsch* 1990, S.84 f., 88 f.

Johann Jakob Parsimonius (1579 – 1636)
Prediger und Dekan

Bemaltes Holzepitaph, 186/96 cm. Ursprünglich an der Südempore, dann in der 7. Chorkapelle[1]. Restauriert 1912 von Gottfried Schmidt.

Gemälde wahrscheinlich von **Hans Georg Rappold**, um 1636.

[5]

Das Epitaph besteht aus einem annähernd quadratischen Mittelteil (Corpus) ohne Seitenflügel, einem hängenden Untersatz und einem Gebälk mit Aufsatz. Das Corpus enthält ein hochrechteckiges Ölgemälde in schmalem, profiliertem Rahmen auf grobschlächtig marmoriertem Grund, flankiert von Pilastern, die sich nach oben hin verbreitern.

Das Gemälde zeigt in einer Landschaft mit wolkigem Himmel den Verstorbenen und seine beiden Frauen betend zu Füßen des Gekreuzigten kniend, alle drei in schwarzem Umhang mit weißen Halskrausen, die Ehefrauen mit Haube. Unter dem Kreuz und vor der verstorbenen Frau (Katharina Krafft, am rechten Bildrand) liegt ein Totenschädel, vor der zweiten Frau (Rebecka Kantz) auf einem Kissen das nach der Geburt verstorbene einzige Kind des Predigers, daneben ein kleiner Schädel. Vor dem Mann liegt ein Buch, vermutlich die Bibel. Links im Mittelgrund der Landschaft steht auf steilem Hügel eine Burg mit spitzem Turm. Rechts im Hintergrund breitet sich am Fuß bewaldeter Berge eine mit Türmen bewehrte Stadt in einem Flußtal. – Die Farben des Gemäldes sind gedämpft, um nicht zu sagen trüb. Landschaft und Himmel wirken gleich düster; es überwiegen braune, graubeige und graugrüne Töne. Ein leuchtender Farbton, nämlich Ziegelrot, begegnet nur vereinzelt: an den Schnittkanten des Buches und den Lippen der Frauen. Das Antlitz des Mannes erfüllt Leichenblässe, im Gegensatz zu seinen rosigen Händen und zum Inkarnat der Frauen. Ein Restauratorenbefund muß zeigen, wieviel davon auf Übermalung beruht. Sicher ist, daß der Kunstmaler Gottfried Schmidt das Epitaph im Jahr 1912 für acht Mark restauriert hat.[2]

Der annähernd halbkreis- oder eher parabelförmige Untersatz enthält, gerahmt von einem gemalten Fruchtgehänge, eine an den Ecken rechteckig beschnittene Tafel mit der Gedenkschrift (Text S. 396); unmittelbar über der Tafel in der Mitte eine aufgemalte Signatur, bestehend aus den Initialen *HR* in Ligatur.

Das Gebälk besteht aus einem Architrav, der über den Kapitellen der Corpuspilaster rechteckig vorspringt, und zwei profilierten Gesimsen, einem niedrigen über dem Corpus und einem höheren, kräftig vorkragenden Dachgesims. Beide Gesimse sind an den Vorsprüngen des Architravs verkröpft. Zwischen diesen Vorsprüngen, die eine Löwenmaske aus Pappmaché schmückt, befindet sich eine dreizeilige Inschrift, golden auf schwarzem Grund: ein Bibelwort (siehe unten).

Der annähernd dreieckige Aufsatz enthält im Zentrum ein hochrechteckiges Wappenfeld in profiliertem Rahmen mit Gesims, umgeben von Schweifwerk mit kräftig eingerollten Voluten und Früchten als Zwickelfüllung. Das Wappen fehlt heute, seine Umrisse sind noch zu erkennen. Im Scheitel des Aufsatzes wiederholt sich das gerahmte Feld im Kleinen; sein Inhalt, vermutlich eine Applikation aus Pappmaché, ging ebenfalls verloren.

Entstehungszeit

Da die Todesdaten der zweiten, 1669 gestorbenen Frau offensichtlich nachgetragen sind – sie sind dünner und enger geschrieben –, dürfte das Denkmal im Anschluß an den Tod des Mannes entstanden sein, also 1636 oder kurz danach.

Sinngehalt

Der Sinngehalt des Epitaphs ist eindeutig. In Bild und Wort wird ausgedrückt, daß der gläubige Christ, also auch der Verstorbene, dank seinem Glauben und der Gnade Gottes gerechtfertigt ist und sich des ewigen Lebens gewiß sein kann. Die Gläubigkeit wird durch die betend unter dem Kreuz knienden Personen vor Augen geführt, die Gnade Gottes durch die Gestalt des Gekreuzigten, der sich für die Erlösung der Menschheit geopfert hat.

Die Deutung des Gemäldes wird bestätigt durch die Inschrift am Architrav – diesmal keine Paulusstelle, sondern ein Christuswort nach Johannes 5, 24, worin ausdrücklich versichert wird, daß der Glaube zur Rechtfertigung und damit zum ewigen Leben führe:

Warlich, Warlich ich sage Euch Wer mein Wordt hört Vnd Glaubt dem, der mich gsandt / hat, der hat daß Ewig Leben, Vnd Kombt nit in dz Gericht, sondern er ist Vom / Todt zum Leben hindurch gedrungen. Johan9 5 CAP:

Der Maler

Hans Jörg (Johann Georg) Rappold[3] (1600–1659) war ein Sohn des Unterlimpurger Malers Hieronymus Rappold († 1621) und dessen Ehefrau Agatha, der Tochter des Comburger Organisten und Kastenschreibers Erasmus Hackenzahn. Er ging bei seinem Vater in die Lehre und übernahm nach dessen Tod die Werkstatt. Seit 1621 selbständig, arbeitete er vor allem für die Comburg und für Schwäbisch Hall, hier unter anderem am neu errichteten Theater im Neubau (1654)[4], für das er 1655 ein Trojanisches Pferd lieferte[5]. Er war dreimal verheiratet und besaß ein Vermögen von bis zu 560 Gulden (1633). Am Schluß seines Lebens war er auf Schloß Stammheim im Herzogtum Württemberg für die Adelsfamilie *Schartlin* (Schertel) tätig. Dort überkam ihn 1659 eine *schwacheit des leibs*. Er ließ sich deshalb am 20. August nach Sulzbach an der Murr bringen, erlitt dort einen Schlaganfall und wurde am 27. August in einer Sänfte nach Hause zu seiner Schwester Eva Alt gebracht, wo er in der folgenden Nacht verstarb[6].

Eine Zuschreibung des Epitaphs muß von dem aufgemalten Monogramm ausgehen. Da die Buchstaben *HR* weder zum Namen des Stifters noch zu einem nachweisbaren Restaurator passen und eine Schreinersignatur in Hall nicht nur unüblich ist, sondern auch kaum aufgemalt wäre, dürfte es sich um das Signum des Malers handeln. Die Auswahl an Namen ist nicht groß. Genau passen würden die beiden Initialen zu dem Unterlimpurger Maler Hieronymus Rappold; der aber war schon 1621 gestorben (siehe oben). Übrig bleibt sein Sohn und Nachfolger Hans Jörg Rappold. Er hätte dann, falls er der Gesuchte ist, entweder nur mit seinem ersten Vornamen signiert oder aber das Signum seines Vaters als Werkstattzeichen übernommen.

Die Richtigkeit dieser Annahme läßt sich nur mit Hilfe der Stilkritik überprüfen, einem Unterfangen mit fast unüberwindlichen Schwierigkeiten. Denn von den gut dreißig archivalisch überlieferten Werken Hans Jörg Rappolds[7] hat sich nur eines erhalten, noch dazu in schlechtem Zustand und auch wegen seines Bildthemas kaum vergleichbar. Es handelt sich um eine Wandmalerei in der Pfarrkirche von Michelbach (Bilz): zwei schwebende Engel, die beiderseits des Chorbogens einen Vorhang zur Seite ziehen. Erwähnt werden sie in einem "Memoriale" des damaligen Michelbacher Pfarrers Emerich Köberer[8], der das heute noch vorhandene Kruzifix fertigen und am Hochaltar unter dem Chorbogen aufstellen ließ. Er berichtet darüber: *So ist im Jar Christi 1636. die Abbildung deß gecreutzigt(en) Weltheÿlandts* [gemeint ist das Kruzifix]; *Vnnd weg(en) Zierd vnd sonderbarn tröstlich(en) Er-in(n)erung, zweÿ Engeln zur Seit(en), bestellet, verfertigt, Vnd vorm Sontag Quinquagesima in hiesiger Kirch(en) vfgerichtet ... word(en). Die Unkost(en) belangent, hab(en) wir dem Bildhauern zu Hall, Hannß Sebastian Herman, für Seine Arbeit bezahlet 18. f. dem Mahlern Vnd(er)m Berg* [= Unterlimpurg], *Hanns Jörg Rappolt(en), für seine Arbeit(en) 9. f. vnd also 27. f.* [= Gulden].

Mit großer Wahrscheinlichkeit beziehen sich die Nachricht von den beiden Engeln und die Zahlung an Rappoldt auf die Malerei am Chorbogen – obwohl die Sprache des Memoriales kein Muster an Klarheit ist. Rein nach dem Wortlaut könnte es sich auch um geschnitzte Engel gehandelt und die Tätigkeit des Malers sich auf die Fassung der Figuren bezogen haben. Da nun aber keine geschnitzten, sondern gemalte Engel vorhanden sind und bei der Geldknappheit der Gemeinde wohl keine vier Engel im Altarbereich angebracht wurden, darf man die

Malerei als Werk des Hans Jörg Rappold betrachten – wie schon Reinhold Hohl im Michelbacher Heimatbuch[9].

Direkt vergleichbar mit dem Parsimonius-Epitaph sind lediglich die gedämpften Farben (die freilich in beiden Fällen nicht unbedingt dem originalen Ton entsprechen müssen) und an den Figuren vor allem die markante Form der Beine mit der sehr kleinen, kugelig herausgearbeiteten Kniescheibe und dem kräftig nach der Seite schwingenden Unterschenkel (vgl. das rechte Bein des Gekreuzigten mit dem jeweils gestreckten Bein der Engel).

Mit etwas größerer Sicherheit lassen sich die Werke durch ein Zwischenglied verbinden: durch das Epitaph des Georg Botz († 1626) in der Urbanskirche, bei dem schon der Standort für den Unterlimpurger Maler spricht. Hier läßt sich die Predella – mit einem Familienbild wie bei Parsimonius – unmittelbar an das Epitaph in St. Michael anschließen (übrigens auch der architektonische Rahmen mit seinen gemalten Fruchtgehängen), andererseits das Mittelbild – mit einer Auferstehung Christi – dank seiner bewegten Christusfigur relativ gut mit den Michelbacher Engeln vergleichen. Zwar geht die hervorragende Komposition der Auferstehung auf eine graphische Vorlage zurück (weitere Nachbildungen begegnen an mehreren anderen Orten im Land[10]). Aber die Ausformung der Details, insbesondere der Beine Jesu und der Engel, zeigen doch eine merkliche Übereinstimmung. Besonders auffallend sind wiederum die winzigen kugeligen Kniescheiben mit der noch kleineren Kugelform des Schenkelkopfs darunter, sowie die Schwingung der Unterschenkel.

Die Beziehungen sind immerhin so deutlich, daß die Zuordnung des Monogramms *HR* an Hansjörg Rappold durch die Stilkritik gestützt wird.

Auch das Epitaph von Johann Georg Seiferheld (1574–1634) im Hällisch-Fränkischen Museum läßt sich nun dem Hans Jörg Rappold zuschreiben. Es zeigt in der Predella das übliche Familienbild mit Kruzifix, im Corpus die seltene Darstellung, wie Gott (laut 2. Samuel 24, 10–25) als Strafe für die Volkszählung König Davids durch seinen Engel eine dreitägige Pest über das Land schickt[11] Die Beziehung zu den anderen Werken Rappolds zeigt sich schon am Aufbau des Denkmals: an den nach unten verjüngten Pilastern (wie bei Parsimonius), der Form des Gebälks mit vorkragendem Gesims und Inschrift am Architrav, dem rechteckigen Aufsatz mit der Gedenkschrift und flankierendem Schweifwerk bzw. Wappenkartuschen (bei Seiferheld verloren), dem an Blattvoluten befestigten Fruchtgehänge an den Corpusseiten (wie bei Botz) und den gleichartigen Ornamenten unter den Pilastern: von Blattvoluten gerahmte Blumenkelche, aus denen goldene Trauben quellen (Parsimonius). An den Gemälden zeigt sich die Verwandtschaft naturgemäß am deutlichsten im Familienbild, besonders beim Gekreuzigten (Botz). Im Corpusbild, das keine vergleichbaren Motive aufweist, sprechen für Rappold die gedämpften, manchmal düsteren Farben, aber auch Details wie die Reihung der Muskelbündel an den dünnen Armen des Pestengels (vgl. den Gekreuzigten bei Parsimonius).

Hans Georg Rappold gehört zu den bescheidensten der im 17. Jahrhundert in Hall tätigen Maler. Die eindrucksvolle Komposition des nach einer Vorlage kopierten Botz-Epitaphs darf darüber nicht hinwegtäuschen.

Quellen und Literatur
Epitaphienbuch 1698/1708, Bl.7v, Nr.7; Band a, S.9, Nr.7; *Gräter 1797/98*, III., Nr.187; R.Krüger Nr.52; *Wunder 1987* Nr.5.

Anmerkungen
1 Epitaphienbuch und *Gräter* (siehe Lit.-Verz.) bzw. *Gradmann* S.37.
2 Rechnungsbuch Gottfried Schmidt (Privatbesitz), zum 4.11.1912: *Tafelbild des J. Parsimonius restaurirt M. 8.-*.
3 So ist der Familienname im Totenbuch geschrieben. Andere Schreibweisen sind: Rappolt, Rappoldt, Rapold, Rapolt, Rapoldt.
4 Er bekommt 50 Gulden *vor seine arbeit an dem new uffgerichten Theatro uff den Newen Baw vor die Comoedianten gehörig*.
5 Er erhält 6 Gulden *wegen seiner Newen arbeit deß Troianischen zum Theatro und vorhabender Comoedi uffm Newen Baw gehörigen Pferdts* – was einen interessanten Rückschluß auf das damalige Repertoire erlaubt.
6 Totenbuch St. Michael 1555-1677, StAH 2/71, zum 30.8.1659 (Tag der Beerdigung).
7 Die meisten von ihnen sind aus den Haller Steuerrechnungen (StAH 4a/83-120) und den Comburger Vogteirechnungen (1/8-14) ersichtlich.
8 Pfarrarchiv Michelbach an der Bilz, unpaginiert. Siehe auch: Reinhold Hohl, in: Michelbach an der Bilz (Heimatbuch), Michelbach 1980, S.153-189, hier S.165 mit Abb.S.167. – Die Abb. S.189 zeigt das Kruzifix noch am Altar unter dem Chorbogen. Die Malerei dagegen war damals übertüncht; sie wurde erst 1956 wieder freigelegt, dabei leider das Kruzifix aus dem Zusammenhang gerissen und an die Seitenwand versetzt.
9 Ebd. S.165.
10 Zum Beispiel an der Empore in Beutelsbach (Ende 16. Jh.), am Berlichingen-Epitaph in Uhingen (um 1606), an der Orgel in Nördlingen (1610), am linken Flügel des Hl. Grabs in St. Michael (1702) und als Teilkopie in der Urbanskirche selbst: am rechten Hl.-Grab- Flügel als Grisaille (der Rest der Darstellung kopiert getreu den einschlägigen Holzschnitt in der Bibel von Bocksperger/Amman, 1564). – Abb.: Kunstdenkmäler Rems-Murr-Kreis S.1291 (Beutelsbach), dito Göppingen S.150 (Uhingen), dito Nördlingen S.100; vgl. auch *Deutsch*, Rieden 1990, Anm. 54.
11 Im LCI sind wenige weitere Beispiele angeführt (Bd.1, Sp.489, Nr.60).

Sebastian Burckhard (1600 – 1653)
Ratsherr und Offizier

Grabmal aus Sandstein, 241/94 cm, schlecht erhalten, an den exponierten Stellen bis zur Unkenntlichkeit verwittert. Früher außen an der Westseite, unmittelbar rechts des nördlichen Eckstrebepfeilers (Fotos um 1900). – Letzte Konservierung 1998 (Peter Rau).

Johann Jakob Betzoldt zugeschrieben, um oder kurz nach 1653 (laut Epitaphienbuch hat die Ehefrau den Stein aufrichten lassen).

[6]

Das Denkmal besteht aus einer hochrechteckigen, leicht vorgewölbten Platte mit Gesims und giebelartigem Aufsatz. Läßt schon dieser Aufsatz auf ein Wandgrabmal schließen, so wird im vorliegenden Fall der Denkmaltypus noch durch das Epitaphienbuch bestätigt. Danach lautete die Inschrift der zugehörigen Grabplatte, die „gegenüber" bei der großen Staffel auf dem Boden lag: *Hier ruhen [!] Herr Sebastian Burckhardt von Thurnau, bey der Keyserl. Armata gewesener Hauptman(n), nachmahls des geheimen Raths und SteuerHerr allhier, deßen Haußfrau An(n)a, eine gebohrne Wetzelin, welche gegen über an der Wandt stehend monumentum hat aufrichten laßen ... 1653.*[1]

Das untere Drittel der Platte füllt eine leicht querovale, von Kinderengeln flankierte Kartusche mit der Grabschrift (wiedergegeben bei Wunder und, genauer, bei R. Krüger, siehe Anhang S. 396). – Im Mittelteil der Platte prangt Burckhards Wappen; dahinter wie ein Strahlenkranz die Zeichen seines kriegerischen Berufs: Trophäen und Waffen, zeitgenössischer wie älterer Gattung, darunter Lanzen, Spieße, Morgensterne, Fahnen, eine Trommel, Flinten, Geschütze und Schanzgerät, alles dicht gedrängt, in verschiedenen Reliefschichten mit kunstvollen Überschneidungen. – Der obere Teil der Platte enthält eine fast völlig verwitterte Kartusche in gedrungenem Queroval mit nicht mehr lesbarer Schrift, vermutlich dem Leichentext.

Der durch zwei C-Voluten und zwei einfache Voluten eingefaßte Giebel ist mit einem Fruchtgehänge (Feston) geschmückt und wird von einem Engelskopf mit herabgeklappten Flügeln bekrönt.

Wir wissen, wie Sebastian Burckhard ausgesehen hat. Ein Brustbild auf dem großen Siedersgemälde Hans Schreyers von 1643 – im Medaillon der linken Inschriftkartusche – zeigt ihn als Haalhauptmann im Alter von 43 Jahren in der Tracht seiner Zeit mit knapp schulterlangem Haar, kurzem Spitzbart und Schnurrbart.

Der Bildhauer

Der Stein läßt sich trotz der fortgeschrittenen Zerstörung mühelos an das für Johann Jakob Betzoldt (vgl. S. 22) erschlossene Œuvre angliedern. Die sich auf die Kartusche stützenden Engelsfiguren stimmen in der Körpermodellierung völlig und in der Haltung weitestgehend mit anderen Figuren Betzoldts überein, besonders mit den stehenden Kinderengeln am Grabmal der Katharina Baur († 1667) in St. Nikolai, Schwäbisch Hall, und an der Grabplatte des Schenken Wilhelm Ludwig von Limpurg († 1657) an der Gaildorfer Pfarrkirche (Deutsch Abb. 31 f. bzw. 18). Auch das waffenstarrende Wappen wiederholt sich in Gaildorf; nur daß bei dem Limpurger, der anscheinend zur See gegen die „Ungläubigen" kämpfte, die Trophäen noch durch ein Schiff, einen Anker, weitere Kanonen und zwei aufgespießte Mohammedanerköpfe vermehrt sind. Formensprache und Reliefstil sind aber identisch.

Quellen und Literatur
Epitaphienbuch 1698/1708, Bl.64v Nr.4b; Bd.a, S.68 Nr.4b (Grabmal); Bl.67v Nr.4 und Bd.a, S.70 Nr.4 (Grabplatte); R.*Krüger* Nr.58; *Wunder* 1987 Nr.6 (mit guter Gesamt-Abb.); Peter *Rau*, Dokumentation der Konservierung, 1999 (Ms., 1 Seite) . – Zu Johann Jakob Betzold: *Deutsch* 1990, passim (zum Burckhard-Denkmal S.89).

Anmerkung:
1 Zitiert nach 4/2250a (1708). Im Band 4/2250 heißt es: *an der rechten Wandt.* Das muß von der Kirche aus gedacht sein, wie es den alten Fotos (siehe oben) entspricht; denn vor der anderen Wand, südlich des Turms, stand das neue Almosenhäuschen von 1591.

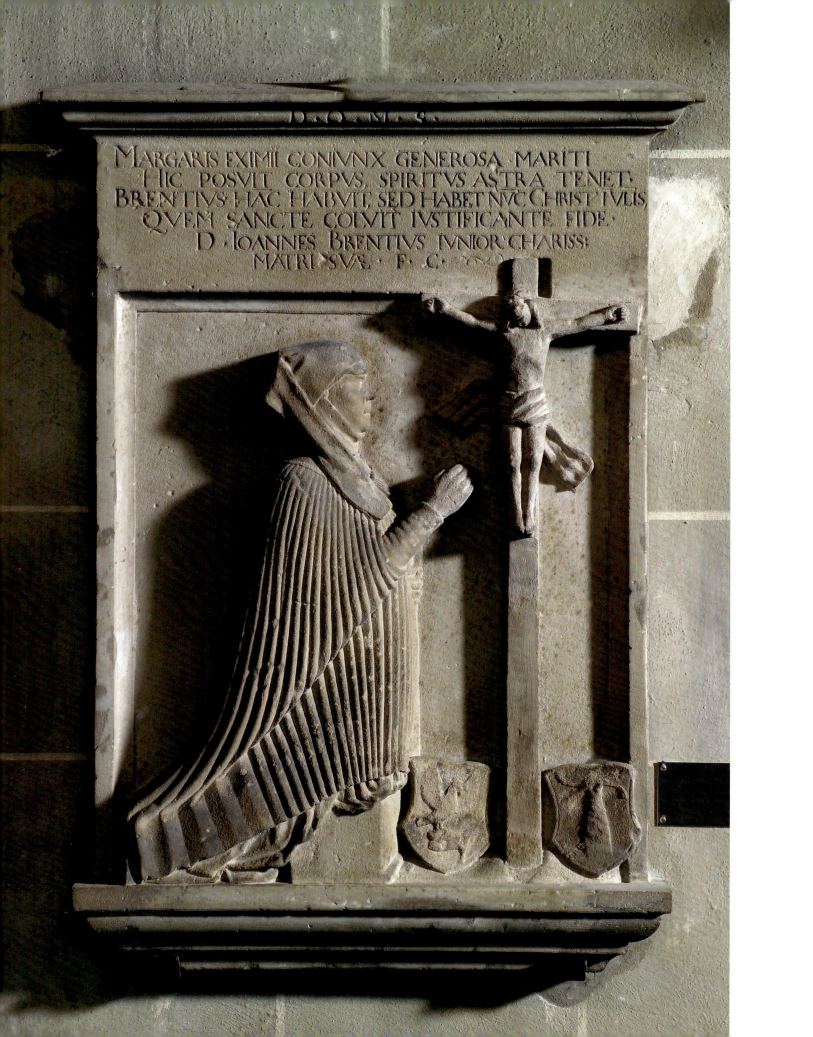

D. O. M. S.

MARGARIS EXIMII CONIVNX GENEROSA MARITI
HIC POSVIT CORPVS, SPIRITVS ASTRA TENET·
BRENTIVS HAC HABVIT SED HABET NVC CHRISTVLIS,
QVEM SANCTE COLVIT IVSTIFICANTE FIDE·
D· IOANNES BRENTIVS IVNIOR CHARISS:
MATRI SVÆ · F · C ·

Margarete Brenz geb. Gräter (um 1500 – 1548)
Predigersgattin

Epitaph aus Sandstein. Höhe: 96 cm; Breite: Corpus 59 cm, Sockel 64 cm, Gesims 70 cm; ursprünglich an der Südseite der Kirche außen (siehe unten). Etwas verwittert, vor allem die Wappen; wichtige Teile ergänzt (siehe unten).

Sem Schlör zugeschrieben (Werkstattarbeit), 1562 oder bald danach.

[9]

Margarete Brenz, geborene Gräter, verwitwete Wetzel, war die erste Frau des Reformators Johannes Brenz. Ihr Denkmal wurde zweimal an einen anderen Platz versetzt. Ursprünglich war es, wie schon Eduard Krüger (S.145) feststellte, außen an der Südwand der Kirche eingemauert, und zwar an der Stirnseite des Strebepfeilers zwischen dem 3. und 4. Joch. Dort befindet sich, gut zweieinhalb Meter über dem Boden, eine Eintiefung im Mauerwerk, in die es genau hineinpaßt (wenn man eine 4–7 mm dicke Mörtelschicht für das Einmauern hinzurechnet). – Etwa um die letzte Jahrhundertwende[1] wurde das Grabmal des Josef Bernhard Wibel (S. 52ff.) an diese Stelle versetzt. Das Epitaph der Margarete Gräter wurde deshalb – ohne seinen Aufsatz – im dritten Joch, links von der Tür, untergebracht, wo es die Abbildungen bei Eduard Krüger 1953/54, Maurer/Ulshöfer 1974 und Wunder 1975 zeigen. Es war mit Kloben befestigt, deren Löcher in der Mauer noch zu sehen sind, und trug ein aufgemauertes Schutzdach aus Ziegeln. – 1977 oder kurz danach wurde das Bildwerk restauriert und zum Schutz vor weiterer Verwitterung ins Innere der Kirche verbracht.

Das Epitaph besteht im heutigen Zustand aus einer hochrechteckigen Platte mit niedrigem, schlichtem Dachgesims und einem reicher profilierten Sockelgesims. Das knappe obere Viertel der Platte dient als Inschriftfeld; der Hauptteil darunter zeigt auf eingetieftem Grund die Verstorbene in Hochrelief, den Kopf fast vollrund. Sie trägt die Frauentracht (Kirchgangstracht) damaliger Zeit – einen gefältelten Umhang über dem Kleid, eine Haube mit Stirn- und Kinntuch – und kniet, in Profilansicht von rechts, mit betend erhobenen Händen vor einem Kruzifix. Die Kreuzarme greifen oben und rechts in den Rahmen hinein. Beiderseits vom Kreuzfuß stehen zwei Schilde mit den Wappen der Familien Brenz (Rabe auf Falknerhand) und Gräter (hochgereckter Arm mit Gräte).

Ursprünglich befand sich über dem Dachgesims noch ein Aufsatz. Sein segmentförmiger Umriß zeichnet sich am ursprünglichen Platz noch über der Eintiefung des Strebepfeilers ab. Eduard Krüger (S.149) vermutet einen Aufsatz „mit 3 Kugeln und 2 Voluten" und denkt dabei sicherlich an die ähnlichen Denkmäler der Agatha Schanz (Wunder Nr. 114) und der Katharina Ehrer (Wunder Nr. 115, wo die mittlere „Kugel" allerdings ein verwitterter Engelskopf ist). Nach der Höhe des Aufsatzes – genauer, seiner hinterlassenen Spur – zu schließen, glich er eher der Bekrönung des Ehrer-Epitaphs. Er ging offenbar bei der ersten Versetzung des Denkmals verloren oder zu Bruch. Bei dem vermeintlichen Aufsatz, den die Fotos am zweiten Anbringungsort zeigen, handelt es sich lediglich um eine Aufmauerung für das schützende Ziegeldach.

Die Inschrift enthält nicht wie üblich die Lebensdaten der Verstorbenen, sondern ein Gedicht in lateinischen Distichen und eine Widmung des Stifters, nämlich des jüngeren Johannes Brenz, an seine Mutter. Der Text lautet, beginnend am Dachgesims (ich löse die Abkürzungen auf und hebe als Lesehilfe die Vokale in den Hebungen der Verse hervor)[2]:

D.O.M.S. (Deo optimo maximo sacrum)
MARGARIS EXIMII CONJVNX GENEROSA MARITI
HIC POSVIT CORPVS SPIRITVS ASTRA TENET.
BRENTIVS HA(N)C HABVIT SED HABET NV(N)C
CHRIST(VS) IN VL(N)IS
QVEM SANCTE COLVIT IVSTIFICANTE FIDE.
D . JOANNES BRENTIVS IVNIOR CHARISS(IMÆ)
MATRI SUÆ . F . C . (fieri curavit).

Übersetzung in Prosa: „Gott, dem besten und größten, geweiht. – Margarete, die edle Frau eines außergewöhnlichen Gatten, hat hier ihren Leib gelassen, ihr Geist weilt bei den Sternen. Einst hielt Brenz sie in den Armen[3], jetzt Christus, den sie fromm verehrt hat im Glauben, der gerecht macht. – Dr. Johannes Brenz der Jüngere hat [das Denkmal zu Ehren] seiner liebsten Mutter errichten lassen." Oder in Distichen[4]:

Margarete, die edle Frau des vortrefflichen Gatten,
   Hier ließ den Leib sie zurück, himmelwärts strebte ihr Geist.
Brenz hielt sie einst in den Armen, doch nun umarmet sie Christus,
   Den sie fromm hat verehrt, durch ihren Glauben gerecht.

Aus der Inschrift dürfen wir auch auf den Sinngehalt solcher Epitaphbilder schließen: In all den zahlreichen Darstellungen, wo die Verstorbenen betend vor dem Gekreuzigten knien, wird der Glaube bildhaft, der nach Paulus – und Luther – „gerecht" macht und dadurch zur Erlösung führt.

Folgende Teile des Werkes wurden bei der Restaurierung ergänzt: der obere Teil des Kreuzes samt dem Gekreuzigten, die Hände der Verstorbenen, ihre Nasenspitze und Teile der Gesimse. Diese Teile fehlen auf den älteren Aufnahmen. Die Ergänzungen sind so stümperhaft, daß allenfalls eine denkmalpflegerische Absicht sie entschuldigen kann: vielleicht sollen sie sich vom Originalbestand deutlich genug abheben. Man hat nicht einmal die Kreuzbalken in die dafür vorgesehenen Vertiefungen eingepaßt. – Bei der Restaurierung wurde auch die Farbe des Reliefgrundes entfernt. Er war nach Rainer Krüger (1968) „hellblau getönt, modern, wohl nach alten Farbspuren".

Der Bildhauer

Sem Schlör (Simon Schlöer, Schloer, Sclör, Schleer, Schlär, Schlair, Schleier, Schleyer, Schleiher, Schlecher), geboren um 1530, gestorben Nov./ Dez. 1597, Haller Bürger seit 1563, aber schon 1559 im – damals beginnenden – Haller Taufregister genannt und seit etwa 1553, mit Sicherheit 1556, für Vellberg tätig, stammt aus „Lautenbach", wahrscheinlich Laudenbach bei Weikersheim. Das einzige Zeugnis für seine Herkunft ist eine Inschrift in der Haller Johanniterkirche, an der inneren Fensterbank des östlichen Langhausfensters der Südseite: SEM . SCLÖR . V . LAVTE(N)BACH . BILDHAWER . 15.58 . (die Pünktchen auf dem Ö heute nicht mehr erkennbar). Wahrscheinlich hat Schlörs Steinmetzwerkstatt damals das betreffende Fenster vergrößert und ein neues Maßwerk eingesetzt[5].

Sem Schlör hat in seiner Haller Werkstatt eine kaum zählbare Menge von kleineren und großen Werken geschaffen und sie in weitem Umkreis an Bürger, Adlige und insbesondere auch an das württembergische Herzogshaus geliefert, darunter die elf Grafenstandbilder der Stuttgarter Stiftskirche samt ihrer reichen Rahmenarchitektur, die zwölf Altarreliefs, das Kruzifix und die fünf Kanzelreliefs für die Stuttgarter Schloßkirche, Portalskulpturen und anderes Bildwerk für das Lusthaus und die Grabtumba der Herzogin Sabine für die Tübinger Stiftskirche.

Nur die Stadt Hall machte von ihrem Bildhauer sparsamen Gebrauch. Städtische Aufträge waren wohl nur das Kruzifix von 1565 für St. Nikolai (das aber auch privat gestiftet sein könnte), das oben genannte Südfenster in St. Johann (1558) und eine Brunnensäule, unbekannt ob mit oder ohne Bildwerk, für den Haller Schuhmarkt (1586/87), die nachweislich von der Stadt bezahlt wurde: *Sem schleier bildthauer fur den brunnenstock uff dem schuhmarck zumachen geben 16 f (= Gulden)*[6].

Wie aber hat man das umfangreiche Œuvre Schlörs ermittelt? Einige Werke wie der Stuttgarter Grafenzyklus und das Grabmal der Herzogin Sabine sind archivalisch beglaubigt. Andere – aus der Frühzeit bis etwa 1571 – weisen ein Meisterzeichen auf: einen linken Arm mit Puffärmel und Spitzhammer (im Haller Michaelskirchhof z.B. das Feyerabend-Epitaph, S. 348f.). Daß es sich dabei um das Zeichen Schlörs handelt, belegt ein Brief von 1564

> MARGARIS EXIMII CONIVNX GENEROSA MARITI
> HIC POSVIT CORPVS, SPIRITVS ASTRA TENET:
> BRENTIVS HAC HABVIT, SED HABET NVC CHRIST TVLIS,
> QVEM SANCTE COLVIT IVSTIFICANTE FIDE·
> D·IOANNES BRENTIVS IVNIOR CHARISS:
> MATRI SVÆ · F · C ·

an den Heilbronner Rat, den Schlör mit vollem Namen unterschrieben hat und der ein Papiersiegel mit ebendiesem Zeichen und den Initialen S.S.V.L. (Sem Schlör von Lautenbach) trägt (v. Rauch S.412 f.). Darüber hinaus erscheint das Zeichen auch an einer Reliefplatte des Stuttgarter Schloßkirchenaltars in Verbindung mit den Initialen S S, während auf einer anderen Platte dieses Altars Sem Schlör in einem Distichon genannt wird (Klemm S.147). Auf Grund dieser relativ breiten Basis gesicherter Werke lassen sich die übrigen durch Stilvergleich zuschreiben.

Das Epitaph der Margarete Brenz gehört zu den bescheidensten Werken des Bildhauers. Der Vorzug von Schlörs Grabmalskunst, die Schlichtheit in Figur, Umriß, Aufbau, Hintergrund und Rahmen, wird hier ins Extrem getrieben. Entsprechend niedrig dürften die Kosten für das Denkmal gewesen sein. Zwar wird es ursprünglich nicht ganz so anspruchslos gewirkt haben, wie das heute infolge der entstellenden Ergänzungen scheint. Dennoch kann es kaum als eigenhändige Arbeit gelten. Demmler, der das Werk als erster Schlör zugeschrieben hat, meint: es in sein Œuvre „aufzunehmen, bestimmt mich lediglich der Kopf der Dargestellten, der mit seinen dünnen Lippen und seiner Hagerkeit entschieden individuelle Züge trägt. Ich vermute, daß Schlör den Entwurf gezeichnet und an der Figur selbst Hand angelegt hat" (S. 199). Ob der Arbeit aber wirklich ein Bildnis der längst Verstorbenen zugrunde lag, ist fraglich. Grundsätzlich darf man bei Schlör – und der Grabmalkunst seiner Zeit – nicht allzuviel Porträtähnlichkeit erwarten. Schlör strebte bei seinen Figuren eher ein Idealbild an, im vorliegenden Fall den Typus der frommen, gläubigen Frau.

Außerdem scheint mir eine persönliche Mitarbeit Schlörs oder auch nur ein Entwurf speziell für dieses Werk nicht sehr wahrscheinlich. Die Schlörwerkstatt war nach allen Anzeichen ein Großbetrieb[7], der mit gut geschulten Kräften in der Grabmalkunst eine ähnliche Serienfertigung betrieb wie ehedem die spätgotischen Retabelmanufakturen, etwa die Weckmann-Werkstatt in Ulm oder die niederländischen Exportwerkstätten. Ein vom Meister gefertigtes Muster, sei es eine Visierung oder ein Modellstück, wurde von den Gesellen mit geringen Variationen und Anpassungen an die Bedürfnisse des Bestellers vervielfältigt. So kommen bei den einfacheren Epitaphen vor allem drei sich wiederholende Typen vor: 1) Mann und Frau in Profilansicht vor einem Kruzifix kniend; er, auf der heraldisch rechten Seite, schaut zum Gekreuzigten auf; sie, auf der anderen Seite, blickt still vor sich hin. 2) Der Mann kniet allein vor dem Kreuz; im Kreis Hall zum Beispiel auf den weitgehend gleichen Senft-Epitaphen in Rieden und Oberrot. 3) Die Frau kniet allein vor dem Kreuz; dieser Typus kommt allein in St. Michael fünfmal vor (Wunder Nr. 9, 99, 114, 115, 130). Dank der routinemäßigen Fertigung konnte eine große Zahl von Aufträgen rasch, preiswert und in relativ guter, wenn auch nicht anspruchsvoller Qualität bewältigt werden. Das kleine Epitaph der

Margarete Brenz ist für diese Arbeitsweise ein Musterbeispiel. Der Meister muß also nicht eigens für dieses Werk einen Entwurf gefertigt haben.

Zur Datierung des Epitaphs hat Eduard Krüger 1953/54 (S.148) schon das Wesentliche gesagt: Da Johannes Brenz d.J., der sich in der Inschrift Doktor nennt, erst 1562 diese Würde erlangt hat, kann das Werk nicht vor 1562 entstanden sein. Andererseits steht es den Epitaphen der früheren sechziger Jahre – Katharina Ehrer, um 1562 (Nr. 115)[8], und vor allem Gertraud Vogelmann, um 1563 (Nr. 99) – so nahe (merkbar näher als den Exemplaren späterer Jahrzehnte), daß es kaum viel jünger sein dürfte. Eine Entstehungszeit 1562 oder bald darauf ist wahrscheinlich.

Literatur

Demmler 1910 (s.u.) S.199 u. 180 Nr.9; Eduard *Krüger*, Denkmale aus der Zeit des Humanismus und der Reformation in Schwäbisch Hall, in: WFr. NF 28/29, 1953/54, S.145-149 u. Abb.17; Eduard *Krüger* 1958, S.34; R.*Krüger* 1968, Nr.24; Hans Martin *Maurer*/Kuno *Ulshöfer*, Johannes Brenz und die Reformation in Württemberg, Stuttgart/Aalen o.J. (1974), S.26 u. Abb.15 (gute Aufnahme, auch der Inschrift); Gerd *Wunder*, Margarete Gräter, die erste Frau des Reformators Johannes Brenz, in: Der Haalquell, Jg. 27, 1975, Nr.14, S.49-52 (mit Gesamt-Abb.); *Wunder* 1980, S.181, 301 (Stammbaum), Abb.20 (jetziger Zustand); Wunder 1987, Nr.9 (mit Abb. im jetzigen Zustand). – Zu Sem Schlör (das Wichtigste unterstrichen): Alfred *Klemm*, Württembergische Baumeister und Bildhauer bis ums Jahr 1750, in: WVjh.f.Landesgesch. 5, 1882, S.147-149; *Gradmann* 1907, S.14, 226 f. (mit Angabe älterer Literatur), zu den Stöckenburger Grabmälern: S.209 (Abb.), 210, 214 f., 217 (Abb.), 219 (Abb. des wohl ältesten Werks); Moritz *v. Rauch*, Zur Geschichte des Bildhauers Sem Schlör, in: WVjh.f.Landesgesch. 16, 1907, S.412-421; Katharina *Köpchen*, Die figürliche Grabplastik in Württembergisch-Franken, Halle a.d. Saale 1909, S.77 ff., Taf.VIIb f.; Theodor *Demmler*, Die Grabdenkmäler des württembergischen Fürstenhauses und ihre Meister im 16. Jahrhundert (Studien zur deutschen Kunstgeschichte 129), Straßburg 1910, S.173-248 u. Taf.17-30, Urkundenanhang S.III f., bes. S.XXXIII; Gustav *Bossert*, Zur Geschichte des Bildhauers Sem Schlör, in: WVjh.f.Landesgesch. 26, 1917, S.428-432; Leo *Bruhns*, Würzburger Bildhauer der Renaissance und des werdenden Barock 1540-1650, München 1923, S.169, 175, 184 f., Abb. 55 f.; Hans *Rott*, Quellen und Forschungen zur südwestdeutschen und schweizerischen Kunstgeschichte im 15. und 16. Jahrhundert, II. Altschwaben und die Reichsstädte, Stuttgart 1934, S.299; *Thieme-Becker*, Bd.33, 1936, S.114; Werner *Fleischhauer*, Neues zum Werk des Bildhauers Sem Schlör, in: WFr. 50, 1966, S.111-123 (mit neun Abb.); Werner *Fleischhauer*, Die Plastik im Bereich des Kreises Ludwigsburg, in: Ludwigsburger Geschichtsblätter 20, 1968, S.165-168 (zwei Abb.); Werner *Fleischhauer*, Renaissance im Herzogtum Württemberg, Stuttgart 1971, S.58 ff., 109 ff., 133-141, Abb.69-75; Gerd *Wunder*, Sem Schlör und seine Familie, in: Der Haalquell, Jg. 26, 1974, Nr.1, S.1-4 (mit sechs Abb. und Ahnentafel); Ursula *Schneider*, Kunstgeschichte Vellbergs und der Stöckenburg, in: Vellberg in Geschichte und Gegenwart (Forschungen aus Württ. Franken 26), Sigmaringen 1984, S.508-511, Abb. S.173; Harald *Siebenmorgen*, Sem Schlör, Bildhauer, in: Der Kreis Schwäbisch Hall, Stuttgart/Aalen 1987, S.70.

Anmerkungen

1 Bei Gradmann (1907) wird das Denkmal Wibels im Text noch unter den Grabsteinen des 4. Jochs aufgeführt, die Abbildung auf S.38 zeigt es aber schon am neuen Platz an der Stirnseite des Strebepfeilers.

2 In der dritten Verszeile ist statt „Christus" heute nur noch „Christ" zu lesen. Das „us"-Kürzel (') ist aber bei schrägem Lichteinfall noch zu erkennen; der Restaurator hat es beim Nachziehen der Inschrift unterschlagen, ebenso wie das erste „i" in „eximii". Im übrigen wird die Endsilbe „us" durch das Versmaß des Hexameters gefordert.

3 Sprachlich wäre auch ein etwas anderer Sinn möglich: „Einst hat Brenz sie gehabt, jetzt hält Christus sie in den Armen".

4 Die Übersetzung bei Eduard und Rainer Krüger hält das originale Versmaß nur im zweiten Pentameter ein.

5 Das Fenster hebt sich durch seine Größe und sein späteres, vierbahniges Maßwerk deutlich von den originalen Fenstern ab. Vermutlich hat nach der Einführung des evangelischen Gottesdienstes der Wunsch nach mehr Licht den Umbau ausgelöst. – In der Literatur wird die Inschrift seit Demmler (S.180) auf ein verlorenes Werk bezogen. Es ist aber schwer einzusehen, warum Schlör dann nicht dieses Werk selbst signiert hätte, sondern das Fenster.

6 StAH 4a/50a, Steuerrechnung 641, Okt/Jan 1586/87.

7 Nicht von ungefähr sind uns gleich vier Mitarbeiter Schlörs mit Namen oder Initialen bekannt: Schlörs Sohn, der Meistergeselle Eberhard Barg (ab 1586), der Meistergeselle H.R. und Christoph Eger aus Creglingen (vgl. u.a. *Fleischhauer* 1971, S.140 f.)

8 Vorsicht, die Abbildungen Nr. 114 und 115 bei *Wunder* 1987 sind vertauscht!

Maria Magdalena vom Jemgumer Closter
Die „schöne Bonhoefferin" (1744 – 1794)

Hochovales Hüftbildnis, im Halbprofil nach rechts gewandt, Öl auf Leinwand in vergoldetem Rahmen, Maße 74/70 cm (ohne Rahmen). Am Rahmen holzgeschnitzte und bronzierte Zutaten: oben ein querovales Medaillon mit Inschrift, flankiert von einem Oliven- und einem Eichenzweig, unten eine Lorbeergirlande. Die Inschrift, golden auf schwarzem Grund, lautet: *Frau Maria Magdalena von Jemgumer Closter, geborne Bonhöferin 1794.*
Dem Stuttgarter Maler **Philipp Friedrich Hetsch** zugeschrieben, um 1790.

[11]

Das Bildnis der „schönen Bonhoefferin" hat die Kirchenbesucher schon früh fasziniert. Der Kunstmaler Gottfried Schmidt mußte es allein im Jahr 1915/16 dreimal kopieren[1]. Die Dichterin Ricarda Huch erinnerte sich an das Gemälde noch 20 Jahre nach ihrem Haller Aufenthalt und nennt auch den Grund für ihr Interesse: *In Ihrer schönen Kirche fiel mir damals das Bild einer anmutigen Frau auf; man ist es wohl gewöhnt, etwa die Bilder von Pastoren in Perücke und Talar in Kirchen zu finden, nicht aber von schönen Frauen. Es wurde mir gesagt, das sei die schöne Bonhoefferin ... Wäre es möglich, eine Photographie dieses Bildes zu bekommen? Und könnten Sie mir irgendetwas über die dargestellte Persönlichkeit ausfindig machen und mitteilen, was der Grund war, daß ihr Bild in die Kirche kam? Sie würden mir damit eine große Freude machen!* (Brief aus Jena vom 30.8.1946, Privatbesitz).

Das Bildnis ist trotz der Inschrift mit dem Todesjahr kein Epitaph im eigentlichen Sinn, fehlen doch die dafür notwendigen Lebensdaten. Selbst das Todesjahr 1794 wurde als solches nicht gekennzeichnet (und darum auch als Entstehungsjahr des Gemäldes gedeutet; Fleischhauer S.86). Offenbar wurde durch die Zutaten – sie sind bronziert, nicht vergoldet wie der Rahmen – ein ursprünglich privates Porträt auf bequeme Art posthum in ein Gedenkbild umfunktioniert. Wie aber kam es in die Kirche?

Die Verstorbene wird im Nachruf des Kirchenbuchs als allgemein geschätzt und verehrt, gefällig gegen jedermann und wohltätig gegen die Armen bezeichnet[2]. Sicherlich waren das Oliven- und Eichenlaub und der Lorbeer am Rahmen einer solchen Wohltäterin als Ehrenzeichen zugedacht. Und vermutlich erklärt sich aus den Wohltaten auch die Ehre, zwischen Ratsherren und Geistlichen eine Gedächtnisstätte in der Kirche zu erhalten – begünstigt zweifellos durch die „hohe" Herkunft der Verstorbenen. Sie war die Tochter des Stättmeisters Johann Friedrich Bonhoeffer d. Ä., der sich als Stifter des neuen Hauptaltars (vgl. S. 367 ff.) noch zusätzlich um Kirche und Stadt verdient gemacht hatte. Auch ihr hinterbliebener Gemahl war ja Ratsherr und später Stättmeister. Das Bildnis hing – nach der zeitgenössischen Beschreibung Gräters – ursprünglich über der Tür der Trennwand, mit der die zweite Chorkapelle, damals „Beichtkammer" des Archidiakons, zum Chor hin abgeschlossen war; das heißt es hing unmittelbar links neben dem prunkvollen Barockepitaph des älteren Johann Friedrich Bonhoeffer (S. 144 ff.), also des Vaters der Dargestellten, gleichsam als Pendant zu dessen ebenfalls ovalem Bildnis. Solange dieser räumliche Zusammenhang bestand, hat das Gemälde die Kirchenbesucher sicherlich weniger erstaunt.

Das Interesse an dem Bildnis wird noch gesteigert durch die Qualität der Malerei, die es aus der Menge der übrigen Haller Epitaphgemälde heraushebt.

Die trotz ihres ergrauenden Haars noch jugendlich wirkende Frau wendet sich im Bild nach rechts (vom Beschauer gesehen nach links), ihre Hände hat sie vor dem Körper lässig übereinandergelegt. Ihr Kopf ist dem Betrachter zugekehrt und leicht geneigt, die Augen nehmen diese Bewegung auf; das verleiht, zusammen mit

auch Binnenformen wie Haare, Augenbrauen, Ohr sind weitgehend „sfumato" gemalt. Die größte Schärfe erreicht der Pinselstrich in den Augen, sodann am Lippenspalt und an den Nasenflügeln; dadurch konzentriert sich der Ausdruck in der Augen- und Mundpartie, die demzufolge besonders „sprechend" wirken.

Der Maler

Der Stuttgarter Philipp Friedrich von Hetsch (1758-1838, geadelt 1808), ab 1772 Zögling der Hohen Karlsschule, gemeinsam mit Schiller, Scheffauer und Dannecker, erlernte die Malerei unter dem Akademiedirektor Nicolas Guibal und Friedrich Harper, wurde 1780 Hofmaler, 1787 Akademieprofessor und 1795, nach Auflösung der Karlsschule, Galeriedirektor. Sein bekanntester Schüler war Gottlieb Schick. Studienreisen führten Hetsch nach Paris (zweite Hälfte 1781 und Ende 1782 bis bis Ende 1784) und unmittelbar anschließend nach Rom (1785 bis Mitte 1787, 1794 bis September 1796 und Mitte 1802 bis Mai 1803). In Paris studierte er bei Joseph Marie Vien und bildete sich weiter unter dem Einfluß von Claude Joseph Vernet und besonders Jaques Louis David, dem er auch später in Rom wieder begegnete.

Das Haller Gemälde brachte zuerst Eugen Gradmann (1907) mit Hetsch in Verbindung, noch mit Fragezeichen[3]. Werner Fleischhauer (1929) verzeichnete es dann in einem Nachtrag seiner Hetsch-Monographie als Arbeit Hetschs von 1794 (wohl auf Grund der angebrachten Jahreszahl, die aber das Todesjahr der Porträtierten meint). Es handelt sich auch hier um eine Zuschreibung, denn der als Beleg beigefügte Hinweis auf Schorns Kunstblatt von 1829 beruht – laut brieflicher Mitteilung Professor Fleischhauers – auf einem Versehen. Unabhängig von Fleischhauer greift Harald Siebenmorgen (1987) den Vorschlag Gradmanns „versuchsweise" wieder auf und vergleicht das Gemälde mit Hetschs Bildnissen der Zeit um 1790, so dem der Friederike Rapp und dem Gruppenbild der Familie Fischer (Fleischhauer Abb. 11 und 7).

Auch spätere Werke Hetschs lassen sich dem Haller Porträt überzeugend gegenüberstellen, etwa das Bildnis der Johanne Schwab, 1796/99 (Fleischhauer Abb. 23) oder das Gruppenbild der Gattin und der Söhne des Malers,

einem leisen Lächeln, dem Ausdruck etwas Momentanes. Gleichwohl bleibt die Erscheinung der Frau von vornehmer Zurückhaltung geprägt.

Ihr Haar ist modisch frisiert, in der Mitte gescheitelt, seitwärts weit ausladend mit steifen, übereinander liegenden Lockenrollen (auf Abbildungen kaum zu erkennen) und einem lose über die Schulter fallenden Lockenstrang. Das graue Kleid erhält durch Aufhellungen einen matten, samtartigen Glanz. Die mattweiße Bluse ist mit Spitzen besetzt. Den farbigen Blickfang bildet ein kupferfarbenes Schultertuch mit meerblauer Borte; seine Enden kreuzen sich vor der Brust.

Die Malerei zeichnet sich durch einen leichten, fließenden Pinselstrich aus, der die Farben sanft ineinander verschmelzen läßt. Ein besonderes Charakteristikum sind die weich verschwimmenden Konturen; die Gestalt scheint aus dem Dunkel des Hintergrunds hervorzutauchen. Doch

1792/94 (Fleischhauer Abb. 17; hier vor allem zu vergleichen das Antlitz der Frau). Besonders deutlich bestätigt wohl ein Vergleich mit dem auch motivisch verwandten Bildnis der Herzogin Mathilde, um 1799, die Autorschaft Hetschs (abgebildet in: Baden und Württemberg im Zeitalter Napoleons, Katalog Stuttgart 1987, Bd. 1,1, S. 297; Fleischhauer Abb. 22). Hier stimmt – abgesehen von der anderen Statur und Physiognomie der Dargestellten – alles Wesentliche der Gestaltung überein: das Hüftbild vor dunklem Hintergrund, die Körperhaltung, die Modellierung des Gesichts durch Licht und Schatten, der selbstbewußt auf den Betrachter gerichtete Blick, der weich fließende Pinselstrich, der an Augen Mund und Nase seine größte Schärfe erreicht, die Wiedergabe des Mundes, der Haare, der Kleidung; die Art, wie die Spitzen des Kragens hingetupft sind, wie die Hände übereinander liegen, die Form der rechten Hand mit den schlanken, spitz auslaufenden Fingerkuppen, der Griff an den rechten Unterarm mit verdecktem Daumen und abgespreiztem Zeigefinger. – Das Haller Bild ist allerdings noch mehr „sfumato" gemalt, das Verschwimmen der Konturen noch stärker ausgeprägt, was einer früheren Entstehungszeit, noch näher beim Barock, entspricht.

Für eine Datierung käme rein von den Lebensdaten her die Zeit vor oder zwischen den drei ersten Studienreisen Hetschs in Betracht, also die erste Hälfte der achtziger Jahre oder die Jahre um 1790 (1787–1794). Nach dem Alter der Dargestellten und ihren angegrauten Haaren läßt sich das nicht unbedingt entscheiden. Auch wissen wir, daß den Haller Bonhoeffer-Familien die Stuttgarter Künstler um Nicolas Guibal schon seit langem, schon vor 1780, bekannt waren, wie das Epitaph des jüngeren Johann Friedrich (S. 120ff.) beweist. Doch ist der malerisch-weiche Farbauftrag und das ganzheitliche Erfassen der Formen vor den Frankreichreisen Hetschs noch nicht denkbar und auch kaum vor seiner ersten Italienreise. Nach Fleichhauers Beobachtung ist Hetsch – entgegen der allgemeinen Stilentwicklung – in den Jahren um 1790 „zu einer mehr farbig-malerischen Bildgestaltung zurückgekehrt ... die klare Trennung vom Hintergrunde ist aufgegeben und die Persönlichkeit wird in das irrationale Weben des Hintergrundes einbezogen" (S.48). Um 1790 dürfte daher auch das Bild der „schönen Bonhoefferin" entstanden sein.

Hetsch war damals in Stuttgart der Bildnismaler der eleganten Welt und der „gebildeten Stände". Er befand sich im Zenit seiner künstlerischen Entwicklung und genoß allgemeine Anerkennung. Nach fruchtbarer Auseinandersetzung mit der französischen Malkultur des Louis-seize hatte er jetzt seine eigene Form gefunden und schuf seine – aus heutiger Sicht – schönsten Werke, ehe sich Mitte der neunziger Jahre, spätestens seit der zweiten Italienreise, seine Malweise zu verhärten begann, seine Farben allmählich ihren Schmelz und seine Kompositionen ihre Frische und Natürlichkeit verloren und, dem Zeitgeist des Klassizismus folgend, künstlicher und steifer wurden.

Literatur

Gräter 1794/95, Nr.116; Gradmann 1907, S.34 und Abb. S.227 (retuschiert); Werner Fleischhauer, Philipp Friedrich Hetsch, Stuttgart 1929, S.86; G[eorg] L[enckner], Die schöne Bonhöfferin, in: Der Haalquell 1960, Nr. 11, S.44 (vollständige Wiedergabe des Nekrologs im Totenbuch, übernimmt die Zuschreibung an Hetsch); Clauß/König/Pfistermeister 1979, S.64 und Abb.34; Wunder 1980, S.184 und Abb.74 (Detail); *Wunder* 1987, Nr.11; Harald Siebenmorgen in: Hall in der Napoleonzeit, Kat. Schwäb. Hall 1987, Nr.23 mit farbiger Gesamt-Abb. S.51. – Zu Hetsch im allgemeinen: Thieme/Becker Bd.16, 1923, S.600 f.; Otto Fischer, Schwäbische Malerei des neunzehnten Jahrhunderts, Stuttgart/Berlin/Leipzig 1925, S.11 ff.; Fleischhauer a.a.O., passim.

Anmerkungen

1 Unter den Auftraggebern waren auch Angehörige der Bonhoeffer-Sippe. So lieferte Schmidt Kopien für je 180 Mark an Dr.Rer.Nat. Bonhoeffer, Elberfeld, Bismarkstraße 21, und Professor Dr. Bonhoeffer, Berlin N.W., Brückenallee 5 (wohl Geheimrat Karl Bonhoeffer, der Vater von Dietrich Bonhoeffer; vgl. dazu Wunder 1980, S.141). Quelle: Gottfried Schmidt, Rechnungsbuch 1885–1921 (Ms., Privatbesitz), B 1915, März 3 bzw. 4.
2 Voller Wortlaut bei Lenckner (siehe oben im Lit.Verz.).
3 Allerdings schreibt schon 1829 Pfarrer C. Jäger im Kunst-Blatt zum Morgenblatt für gebildete Stände (Nr.91 S.368): „Neben dem Altar [des Michaelschors] befinden sich auch manche neuere Kunsterzeugnisse, und zwar von Meistern, wie Dannecker, Hetsch und Scheffauer." Man wird kaum fehlgehen, wenn man die Nennung Hetschs auf das Bildnis der Bonhoefferin bezieht. Offenbar hat Jäger noch gewußt, von wem das Bild stammt.

Die „schöne Bonhoefferin"

Leichtext Johann. 15. C. v. 20.
Bedencket an mein Wortt (spricht Christus)
das Ich Euch gesagt habe.

A. 1669. d. 4. Juny verschied in Gott
Seelig Der WolEhrwürdig Großachtbar
vnd Hochgelehrte Herr Johann Wolff
gang Weidner Prediger vnd Rev. Cap.
Decan, auch Consist. vnd Scholarcha
Seines Alt. 68 jahr, 39 wech 1 tag Predigte
in diser Kirch 31, zu Braunsbach vnd
Orlach &c: 17 jahr, Lebte im H. Ehest:
mit Fr: Christina Rappoldin 47 jahr
vnd mit Fr: Anna Ma: Gretterin
monden, wenig 4 ta   Gott
  s. Leben er woll... ... ...

Johann Wolfgang Weidner (1601–1669)
Prediger und Dekan

Grabmal aus Sandstein, 262/93 cm; bis 1947 außen auf der Südseite, an der Stirnseite des Strebepfeilers zwischen dem 4. und 5. Joch (Foto von 1944); an den exponierten Stellen stark verwittert. – 1999 konserviert (Peter Rau).

Johann Jakob Betzold zugeschrieben, um 1669.

[14]

Das Werk besteht aus einer rechteckigen Platte mit Aufsatz. Nach diesem Aufsatz zu schließen, handelt es sich um ein von Anfang an aufrecht stehendes Denkmal. Auch laut Epitaphienbuch stand es *aufrechts an der Wand*.

Die oberen zwei Fünftel der Platte zeigen in flachem bis mittelhohem Relief[1] das Bildnis des Verstorbenen. Er erscheint als Halbfigur hinter einer Brüstung, in gefälteltem Talar mit Halskrause, die rechte Hand vor der Brust; in der linken hält er die Bibel. Das füllige Haupt ist stark verwittert, die Gesichtszüge und der kurze Bart kaum noch erkennbar. An der linken Körperhälfte sind das Haar, die Schulter, ein Stück des Talars und die Hälfte der Halskrause an der Oberfläche zerstört.

Das Haupt des Predigers flankieren in eingetieften, hochovalen Feldern die Wappen seiner beiden Frauen: auf der heraldisch rechten Seite das der ersten Frau, Christina Rappold (geteilter Schild mit einem „wachsenden" Adler im oberen und einem – erhaben gearbeiteten – Balken im unteren Feld, als Helmzier ein zusammengeklapptes Flügelpaar, ein „nach links gerichteter geschlossener Flug"[2]); heraldisch links das Wappen der zweiten Frau, Anna Maria Gräter (der Schild zerstört, aber in der Helmzier der Arm mit Gräte – vgl. S. 34f. – noch klar erkennbar).

Das untere Feld der Platte enthält in einem schmalen Rahmen aus Schweifwerk mit Blattkringeln und langgezogenen Voluten die Gedenkschrift, darüber in kleineren Buchstaben den Leichentext. Dieser lautet: *Leichtext Johann. 15. C. V. 20. / Gedencket an mein Wortt (.spricht Christus.) / das Ich Euch gesagt habe.* (Bei Wunder, der den Text ans Ende der Inschrift setzt, fehlt die Parenthese.) Die unteren Ecken der Inschrift sind abgeblättert.

Der Aufsatz besteht aus einem Gesims mit einem Bogenfeld darüber. Die Flanken des Feldes zieren breitgedrückte Voluten, im Scheitel prangt ein Engelskopf mit ausgebreiteten Flügeln, und die Mitte füllt, in kreisrunder Vertiefung, das Weidnersche Wappen mit einem Schwan im Schild und einem offenen Schwanenflug als Helmzier.

Die Physiognomie des Dargestellten läßt sich an dem verwitterten Stein kaum noch erkennen. Zum Glück steht uns dafür aber Weidners gemaltes Epitaph (S. 78, unteres Bild) aus der Werkstatt des porträtgeübten Johann Schreyer (1596–1676) zur Verfügung. Dabei ist bemerkenswert, wieviel mehr barocke Fülle der 25 Jahre jüngere Bildhauer der nämlichen Persönlichkeit im Vergleich zum Maler verliehen hat.

Da Johann Wolfgang Weidner außer dem Epitaph im Inneren der Kirche und dem außen an der Wand stehenden Grabmal zweifellos auch eine Grabplatte[3] besaß, gab es für ihn somit drei Denkmäler – sicherlich nicht der einzige Fall dieser Art.

Der Bildhauer

Die Zuschreibung an Johann Jakob Betzoldt (1621–1707, siehe S. 20ff.) ermöglicht vor allem der wohlerhaltene Engelskopf im Aufsatz, einer der prächtigsten und qualitätvollsten des an Kinderengeln gewiß nicht armen Betzoldt-Œuvres. Zu vergleichen sind die Engelsköpfe an der archivalisch gesicherten Grabplatte der Maria Magdalena von Hohenlohe in Langenburg (Deutsch Abb. 7, 44) und am

Sockel der nahezu gesicherten Rahmenteile des Stellwag-Epitaphs (Wunder Nr. 44, Deutsch Abb. 34 f.). Größer noch ist die Ähnlichkeit mit einigen zugeschriebenen Werken Betzoldts. Im Scheitel des Denkmals der Katharina Baur in Schwäbisch Hall, St. Nikolai (Deutsch Abb. 31 ff.), des Georg Adam Lutz (ebd. Abb. 17) und des Johann Friedrich Lutz (ebd. Abb. 21), beide in der Urbanskirche, sowie der Maria Juliana von Limpurg in Gaildorf (ebd. Abb. 24) finden wir Kinderköpfe mit ebenso weich und üppig geformten Speckmassen an Kinn und Wangen, mit vorgeschobener Unterlippe, leicht emporgezogenen Nasenflügeln und flachen Pupillenbohrungen am oberen Rand der Augäpfel. Die Haarlocken stehen jeweils in Höhe der (nicht wiedergegebenen) Ohren seitwärts ab. Wohl am nächsten kommt dem Weidner-Engel in Gestaltung und Ausdruck der große Putto mit Sanduhr und Totenkopf (eine Vanitasallegorie) am Epitaph der Barbara Käßer in Steinbach (Deutsch Abb. 25, 27). Mit dem Gaildorfer Denkmal lassen sich auch die Engelsflügel gut vergleichen, deren Gestalt und Typus sich im übrigen nach dem jeweiligen Anbringungsort richten. – Ungeeignet für Stilvergleiche ist, da zu stark beschädigt, die Figur des Geistlichen. Die Inschrift jedoch zeigt die wohlbekannten Buchstabenformen Betzoldts (vgl. dazu Deutsch S. 92, 101).

Bei seiner Darstellung hat der Bildhauer nicht das Kompositionsmotiv seines Lehrers Leonhard Kern übernommen, bei dem der Verstorbene in ganzer Figur erscheint, nur die Beine durch eine Inschrifttafel verdeckt (siehe S. 48), sondern er hat auf das ältere Denkmal des Christoph Gräter (S. 60ff.) mit dem gebräuchlicheren Motiv der Halbfigur zurückgegriffen. Auch der Engelskopf und das Wappen im Aufsatz sind von dort entlehnt, ebenso die Einteilung der Platte. Nur auf die Rundbogennische hat Betzoldt verzichtet. – Der Typus des Gräter-Denkmals, nicht der von Kern verwendete, sollte in Hall Nachfolge finden (S. 44, 52, 56).

Quellen und Literatur
Epitaphienbuch 1698-1708, Bl.55v f. Nr.12; Bd.a, S.61 Nr.12; R.*Krüger* Nr.63; *Wunder* 1987 Nr.14 (mit Gesamt-Abb.); *Kossatz* 1988 (wie S. 51) Anm. 858; *Deutsch* 1990 (Betzoldt), S.91 Nr.20; Peter *Rau*, Dokumentation der Konservierung, 1999 (Ms., 1 Seite). – Zu Johann Jakob Betzoldt: *Deutsch* 1990, passim.

Anmerkungen
1 Am höchsten ist der Reliefgrad an dem Engelskopf im Aufsatz (siehe unten) und am Haupt des Predigers.
2 Die genaue Form des Rappoldschen Wappens einschließlich der Farben sind aus der Stiftertafel für das Gymnasium (Wunder Nr. 48) zu entnehmen, wo das Allianzwappen Weidners und seiner ersten Frau in der 6. Reihe an drittletzter Stelle erscheint: der Adler schwarz auf goldenem Grund, der Balken silbern auf rotem Grund; die Flügel in der Helmzier sind ebenfalls geteilt, oben schwarz auf gold, unten silber auf rot.
3 Auf ihr war vermutlich auch das auf dem Wanddenkmal fehlende „Symbolum", der Wahlspruch des Geistlichen, angebracht.

Josef Stadtmann (1575 – 1626)
Pfarrer

Grabmal aus Sandstein, 233/93 cm; früher außen an der Südseite, im 5. Joch. Letzte Konservierung 1999 (Peter Rau).
Leonhard Kern zugeschrieben, um 1626.

[15]

Das Denkmal besteht aus einer rechteckigen Platte mit dem Relief des Verstorbenen und einem niedrigen, aber schweren, an den Seiten überstehenden Aufsatz, dessen Giebel aus zwei gebrochenen S-Voluten und einem akroterionartigen Blattbündel im Scheitel besteht.

Nach dem Aufsatz zu schließen und nach den Angaben des Epitaphienbuchs, handelt es sich um ein Wandgrabmal, das einst in der Nähe des Grabes stand. Bis 1947 befand es sich an der südlichen Außenwand zwischen den – ursprünglich liegenden – Grabplatten des Pfarrers Johannes Bootz (Wunder Nr. 121) und des Predigers Johann Weidner (Wunder Nr. 123), wo man es auf einer alten Aufnahme von Gottfried Schmidt noch sieht. Dort oder unweit davon dürfte auch der ursprüngliche Standort gewesen sein, denn auf der Südseite des Kirchhofs pflegte man die Pfarrer zu bestatten, seit 1456 Pfarrer Leonhard Leyding eine Stelle beim Heiligen Grab testamentarisch zu seinem Begräbnisplatz bestimmt hatte[1].

Das – ziemlich flache – Relief zeigt den Geistlichen von vorne, doch leicht nach links gedreht. Er trägt einen plissierten Talar mit Halskrause, hält in der Linken schräg vor dem Körper die Bibel und erhebt die Rechte mit ausgestrecktem Zeigefinger. Der Plattenrand bildet einen glatten, torartigen Rahmen, den Kopf und Schuhe ein wenig überragen, so als stünde die Gestalt predigend auf einer Türschwelle[2]. Der Leichentext ist – höchst ungewöhnlich – im Inneren dieses „Torbogens", beiderseits des Kopfes, angebracht und der Wahlspruch des Verstorbenen, das sogenannte „Symbolum", am Rahmen selbst (Texte s. Anhang S. 397).

Den Unterkörper der Figur bedeckt, gleichsam vor ihm schwebend und nur die Füße freilassend, eine rechteckige Tafel mit der Gedenkschrift, eingefaßt von kräftiger Ornamentik: oben Voluten, die seitwärts in ein Gesims auslaufen und zwischen sich eine Fratze einklemmen; seitlich noch größere, von einer Kugel beschwerte Voluten, denen nach unten hin Akanthuslaub entwächst; an den unteren Ecken Fruchtgehänge (Festons) und zwischen den Füßen, von Voluten eingefaßt, der Stadtmannsche Wappenschild, den am Rand zwei seitwärts blickende Fratzen schmücken. – Das Motiv der Inschrifttafel vor dem Unterkörper begegnet seit dem 16. Jahrhundert mehrfach. Das älteste mir bekannte Beispiel ist Peter Vischers Epitaph des Kardinals Albrecht von Mainz in Aschaffenburg (datiert 1525), ein weiteres Beispiel die bronzene Grabplatte des Comburger Propstes Erasmus Neustetter († 1594) im Würzburger Dom und ein noch jüngeres, kurz vor dem Haller Werk entstandenes, die Grabplatte des C. L. Zobel von Giebelstadt († 1619), ebenfalls im Würzburger Dom.[3]

Die schwere Ornamentik der unteren Plattenhälfte erfordert den Aufsatz über der Platte als notwendiges Gegengewicht. Es wirkt deshalb nicht glücklich, wenn auf Abbildungen der Aufsatz fehlt.

Das Denkmal ist relativ gut erhalten und nur leicht verwittert. Es wurde gerade noch rechtzeitig ins Innere der Kirche versetzt. Die gravierendsten Beschädigungen sind Ausbrüche an Stirn und Halskrause, am rechten Feston, am Rahmen der Inschrifttafel und am Aufsatz. Davon ist nur der Schaden am Feston neueren Datums und auf der Aufnahme Schmidts noch nicht zu sehen.

Das Stadtmann-Denkmal ist zweifellos das künstlerisch beste unter den Grabsteinen der Michaelskirche. Tilman Kossatz hat es in seiner vorzüglichen Beschreibung zum erstenmal angemessen gewürdigt: „ ... trotz der schweren, aber sorgfältig gemeißelten Tafel ... behauptet sich die leicht ponderiert aufgebaute Figur vollendet. Zumindest in der unterschiedenen Fußstellung ist die Abweichung vom starren Aufrechtstehen sichtbar, während der Umhang sonst alles verdeckt. Das liegt vor allem auch an der Selbständigkeit, mit der die Relieffigur aus der flachen Rechtecknische mit oben abgerundeten Ecken hervortritt, sie mit Kopf und Füßen gleichsam sprengend. Es liegt auch an der Glätte und Schmucklosigkeit der Platte, vor der die Figur sich wirkungsvoll entwickeln kann. Ihre Linke hält die Bibel mit fester Hand, während sie die Rechte mit erhobenem Zeigefinger sprechend vor der Brust agieren läßt. Wenn schon in diesem rieselnden Faltenumhang und den Schuhen die Realität genau beobachtet wurde, gilt dies in noch höherem Ausmaß für den Porträtkopf des Verstorbenen. Trotz der beschädigten Stirn und der Geometrie der Halskrause behauptet sich dieser mit mächtigem Bart ausgestattete Kopf über dem Faltengebirge seines Umhanges. Mit einer unmittelbar an Leonhard [Kern] gemahnenden Schwermütigkeit blicken die großen Augen unbestimmt dem Betrachter entgegen. Die gerade geschnittenen, eng anliegenden Haare fallen in lebhaft gegliederten Strähnen, haben aber genug Volumen, um das Gesicht vor der glatten Hintergrundsfolie abzuheben. Der bis über den Rand der Halskrause reichende Vollbart dagegen ist in der Mitte geteilt und erzeugt durch sorfältig gekämmte Locken Pracht und Würde. Im Gesicht dieses hochgestreckten Schädels dominieren die kräftige, langgebogene Nase und die weitausschwingenden Brauenbogen über den unterschiedlich groß geschnittenen Augen" (Kossatz, Kern-Kat. S.68 f.).

Ich füge hinzu: Selten ist die Macht der Predigt eindringlicher gestaltet worden. Erreicht wurde das durch die Monumentalität der Gebärden, durch die Klarheit, mit der sich die wesentlichen Teile, Hände und Bibel, im Zentrum der Figur groß und schlicht vom flimmernden Hintergrund des Talares absetzen, besonders die erhobene Rechte mit dem sprechend ausgestreckten Zeigefinger. Sie befindet sich genau in der Mittelachse unter dem seherisch blickenden Haupt. Der leicht gekurvte Ärmelsaum des Talars führt das Auge noch zusätzlich von links her zu dieser Stelle hin. Und dort, in der Mitte des Oberkörpers, wo sich die geriefelten Flächen des Talars und die glatten Flächen von Untergewand, Bibel und Händen begegnen, entfaltet die Komposition auch ihren größten formalen Reiz. Hier treffen die Diagonalen der Bibelkanten auf die strenge Vertikale des linken Ärmelrandes, der seinerseits der predigenden Rechten als formale Stütze dient.

Das zweite Wirkungszentrum ist das von der Krause gerahmte Haupt, das trotz seiner maßstäblichen Kleinheit – die noch dem Manierismus verpflichtet ist – den Eindruck fast prophetischer Größe vermittelt. Diese Wirkung mag noch dadurch verstärkt werden, daß der auf die Halskrause gebettete bärtige Kopf formal an das Sujet einer „Johannesschüssel" anklingt und deshalb unterschwellig an den größten der Christuskünder, an Johannes den Täufer, gemahnt.

Übrigens ist der Leichentext aus dem Bußpsalm 51 (Vers 17) so unvermittelt neben den Kopf der Figur gesetzt, daß er, gleichsam in der Funktion eines Spruchbandes, zugleich die Worte des Dargestellten, das Thema seiner Predigt, meinen könnte – ein möglicherweise beabsichtigter Doppelsinn. Der Vers lautet (beide Hälften zusammengefaßt): PSALM LI, ACH HERR THVE MIR MEINE LIPPEN AVF DAS MEIN MVND DEIN RVHM VERKVNDIGE.[4]

Der Bildhauer

Die Zuschreibung an Leonhard Kern (1588–1662, in Hall seit 1620) verdanken wir Tilman Kossatz. Er hat sie 1988 zuerst zögernd (Preuß S.200), dann entschieden vorgetragen (Kern-Kat. S.68 ff.). Wenn sie nicht das begeisterte Echo gefunden hat, das man bei der Bedeutung des Werkes erwarten sollte, liegt das am Fehlen geeigneter Vergleichsobjekte, das eine letzte Sicherheit verhindert. Die wenigen monumentalen Werke Kerns, etwa die Bauskulpturen in Nürnberg und Regensburg, sind thematisch und motivisch von der Grabfigur so verschieden, daß eine Gegenüberstellung nichts erbringt. So muß man sich an die Kleinbildwerke halten; aber auch hier findet man kein eigentlich verwandtes Motiv. Ein eng plissiertes Gewand wie der Talar des Pfarrers zum Beispiel begegnet an anderer Stelle nirgends.

Nach Kossatz (Kat. S.69) hat der Kopf der Figur „seine nächsten Verwandten in Leonhards Wiener Elfenbein-Gruppen des Hieronymus mit dem Löwen (signiert), dem Abraham oder dem Moses" (Kat. Nr. 67, 65, 68). Auch die „Art, wie die Haarsträhnen vereinzelt werden, wie der Bart geteilt ist oder die Augen gebildet sind", entspreche „Leonhards Vorstellungswelt". Mit den Nürnberger und den Regensburger Steinfiguren vergleichbar sei „der Grad figürlicher Monumentalität". Leonhard verzichte „auf alles Schönlinige, Gefällige", betone statt dessen „die Kraft und den Ausdruck des Natürlichen" und konzentriere sich auf das Wesentliche.

Diese unbestimmten Gemeinsamkeiten ließen verständlicherweise Zweifel offen. Erst die Haller Kern-Ausstellung 1988/89 bot neue Vergleichsmöglichkeiten. Vor dem dort gezeigten Erlöserchristus mit Engeln aus dem Frankfurter Liebieghaus (Kat. Nr.62) fühlte man sich – trotz des verschiedenen Formats – spontan an die Figur Stadtmanns erinnert (am Original weit mehr als bei der Abbildung des Katalogs): In beiden Fällen die gleiche innere Größe, der gleiche seherische Ernst, ja ein Hauch von „Terribilità" – wobei der Geistliche infolge seines strengen Aufbaus und seiner monumentalen Form noch um einiges majestätischer wirkt. Diese Verwandtschaft im Ausdruck läßt meines Erachtens trotz aller motivischen Unterschiede, trotz der verschiedenen Frisur und aller anderen Verschiedenheiten deutlich denselben Urheber erkennen.

Es gibt aber durchaus auch gleichartige Details, etwa die Nase oder die kräftig herausgearbeiteten Augenlider. Die gebohrten Pupillen sind in beiden Fällen leicht nach oben in die Ferne gerichtet; wahrscheinlich wird dadurch das „Seherische" im Ausdruck bewirkt. Bezeichnend für Kern ist, wie sich bei den Gegenständen Naturtreue und Genauigkeit mit größter Vereinfachung verbinden. An den glatten, schmucklosen Flächen der Bibel oder der Schuhe beschränkt sich die Charakterisierung auf das Notwendigste. Gleichwohl ist realistisch wiedergegeben, wie etwa die Schuhsohle sich aus verschiedenen Lederschichten zusammensetzt oder das Oberleder sich im Gebrauch verbogen hat. Eine vergleichbare Darstellung des Schuhwerks findet man fast überall dort, wo Kerns Figuren Schuhe tragen: bei Anakreon, Moses, David, beim sitzenden Johannes, bei Äneas (Grünenwald Taf. 9-13) oder bei der Szene aus dem Dreißigjährigen Krieg (Kern-Kat. Nr.106). Die Schuhbänder Stadtmanns lassen sich wiederum mit dem geknüpften Band am Umhang des Frankfurter Erlösers (siehe oben) vergleichen.

Noch ein weiteres Argument spricht für Leonhard Kern: Es gab damals in Hall keinen anderen Bildhauer vom Rang des Stadtmann-Meisters. Das Denkmal muß aber hällisch sein, denn es fügt sich trotz seiner eigenwilligen Gestaltung in die Tradition der Haller Grabmalkunst ein, wie schon Kossatz (Kat. S.69 f.) festgestellt hat. Werke fremder Meister, wie das Epitaph des Stättmeisters Moser (Nr.76) oder selbst das Epitaph des Stättmeisters Hamberger von Leonhards Bruder Michael (Nr.34), setzen sich deutlich dagegen ab. Die Zuschreibung des Stadtmann-Steins an Leonhard Kern verdient also Zutrauen.

Entstehungszeit

Über die Entstehungszeit läßt sich nichts Genaues sagen. Zumindest die Gedenkschrift wird nach dem Tod entstanden sein. Andererseits kann der Auftrag durchaus schon zu Lebzeiten erteilt worden sein. Dem gut bezahlten Stadtpfarrer von St. Michael mag die Ausgabe für das aufwendige Werk leichter gefallen sein als seinem Sohn, dem Pfarrer der Stöckenburg. Aber keine dieser Möglichkeiten ist zwingend. Wir sind einstweilen auf das Todesjahr als Näherungswert angewiesen.

Quellen und Literatur
Epitaphienbuch 1698/1708, Bl.56v Nr.14; Bd.a, S.61 Nr.14; R.*Krüger* Nr.44; *Wunder* 1987 Nr.15 (mit Abb. der Platte ohne Aufsatz); Tilman *Kossatz*, Johann Philipp Preuß (1605-ca.1687), Mainfränkische Studien Bd.42, Würzburg 1988, S.200 mit Anm.774 und S.525 Anm.800 (mit Abb.127b, nahezu Gesamtbild); *Kossatz*, Kern-Kat. (wie Nr.4) S.68-72; Peter *Rau*, Dokumentation der Konservierung, 1999 (Ms., 1 Seite). – Zu Leonhard Kern: Elisabeth *Grünenwald*, Leonhard Kern, Ein Bildhauer des Barock, Schwäbisch Hall 1969; Leonhard Kern (1588-1662), Katalog des Hällisch-Fränkischen Museums Schwäbisch Hall, Bd.2, Sigmaringen 1988.

Anmerkungen
1 Vgl. dazu unten (Heiliges Grab), S.329 ff.
2 Die rote Fassung des Hintergrundes ist – laut Dokumentation des Restaurators – nicht original.
3 Abbildungen bei: Heinz *Stafski*, Der jüngere Peter Vischer, Nürnberg 1962, Abb.80; bzw. Ausstellungs-Kat. des HFM, Die Comburg, 1989, S.73; bzw. *Kossatz* 1988, Abb.120a.
4 Bei Wunder Druckfehler: *nur* statt *mir*, *sein* statt *dein*.

Josef Bernhard Wibel (1653 – 1710)
Archidiakon (2. Pfarrer)

Grabmal aus Sandstein, 252/92 cm; früher außen an der Südwand.
Verhältnismäßig gut erhalten; der untere Teil der Inschrift abgewittert.

Wohl Werkstatt oder Umkreis von **Johann Jakob Sommer**, Künzelsau, um 1710.

[16]

Das Denkmal – nach seinem Aufsatz zu schließen, ein Wandgrabmal – wechselte zweimal seinen Platz. Ursprünglich war es an der Südwand der Kirche im vierten Joch angebracht, wo es Gradmann (S. 39) noch aufführt. Um die letzte Jahrhundertwende versetzte man es an die Stirnseite des benachbarten Strebepfeilers, zwischen dem dritten und vierten Joch; dort ist es auf der Abbildung Gradmanns (S. 38) schon zu sehen.

Das Werk besteht aus einer hochrechteckigen Platte und einem annähernd halbkreisförmigen, üppigst dekorierten Aufsatz, der die Platte seitlich überragt. Die Platte ist – etwa im Verhältnis sechs zu fünf – in einen oberen, figürlichen Teil und eine Inschrifttafel unterhalb davon aufgeteilt. Die Tafel ruht auf einem niedrigen Sockel; sie wird seitlich von Blattwerk mit Blüten gerahmt, oben von einer Leiste mit Akanthusbesatz und geschweiften Blättern darüber. Bei der Inschrift handelt es sich um die Gedenkschrift (Wortlaut siehe Anhang S. 397). Der Leichentext und das Symbolum waren vermutlich auf der – verlorenen – Grabplatte angebracht.

Der obere Teil der Denkmalsplatte zeigt den Verstorbenen in hohem Relief als Halbfigur. Er hat eine massige Statur, trägt Talar und Halskrause, hält die Bibel in der linken Armbeuge und hat die rechte Hand gleichsam beteuernd auf die Brust gelegt. Er ist bartlos, sein Haar fällt beiderseits des Hauptes in wallenden Locken auf die Krause. Über seinen Schultern schweben, nach innen gewendet, zwei Kinderengel mit wehendem Lendentuch und halten eine Krone über sein Haupt, die „Himmelskrone" oder „Krone des Lebens" (über ihre Bedeutung vgl S. 21f.). Von den Armen der Engel wurde lediglich der vordere dargestellt; doch hat man die Illusion, der hintere sei nur verdeckt. Hinter den Figuren ist ein Vorhang ausgespannt. Er öffnet sich in der Mitte; die Bahnen sind seitwärts gerafft und an den oberen Plattenecken mit einer Schleife befestigt. Von dort fallen die fransenbesetzten Säume in Faltenglocken bis zu der Inschrifttafel herab.

Über einer schmalen, von einem Akanthusfries bekrönten Gesimsleiste erhebt sich der Aufsatz. Er beeindruckt durch eine fast erdrückende Ornamentfülle. Das Zentrum nimmt ein Laubkranz mit dem Ehewappen Wibels und seiner Frau Euphrosina ein – ein Vollwappen mit allem Zubehör. Das krause Laubwerk der Helmdecken stößt hart an den rahmenden Kranz. Den Kranz umgeben Laubkringel und Blüten, flankiert von mächtigen Blattwirbeln, die sich so heftig drehen, als wollten sie den ganzen Schmuck in sich einsaugen. Zu allem Überfluß an Dekor ragt – mit leicht beruhigender Wirkung – hinter dem oberen Teil des Wappenkranzes auf beiden Seiten noch ein architektonisches Element, ein Stück Gesims, hervor, das seinerseits mit Blattvoluten bedeckt ist.

Das Denkmal ist das späteste unter den Haller Grabsteinen mit einer Halbfigur, das einzige, das erst im 18. Jahrhundert entstand, mitten im Barock. Zwar folgt es motivisch den älteren Werken, es übernimmt die Gebärden des Geistlichen vom Weidnerstein (S. 44ff.) und die kronehaltenden Engel von Betzoldts Bonhoeffer- und Stadtmannstein (S. 56ff. und S. 20ff.), aber die Unterschiede werden gleichwohl deutlich: Das Relief hat sich gerundet, die Figuren haben an Masse zugenommen, die starre Frontalität der Figur ist einer leichten Neigung zur rechten (vom Beschauer linken) Seite hin gewichen. Die Engel breiten ihre Körper nicht mehr frontal in der Reliefebene aus; sie zeigen sich von der Seite und drehen den Kopf unterschiedlich weit nach vorne. Auch ihre Bein- und Flügelstellung und ihre Flügelstruktur sind jetzt differenziert und entsprechen sich nicht mehr spiegelbildlich wie bei Betzoldt. Die asymmetrisch drapierten, wehenden Lendentücher bringen noch zusätzliche Bewegung in die Komposition. Das Weglassen der hinteren Arme rechnet mit einer – ebenfalls neuen – Illusionswirkung. Und der überschwere, überreich ornamentierte Aufsatz bietet bisher unbekannte Licht- und Schatteneffekte. Etwas Neues gegenüber den älteren Steinen ist auch der Vorhang hinter dem Verstorbenen.

Das Vorhangmotiv
Mit dem Vorhang erscheint hier zum erstenmal in der Michaelskirche[1] ein Motiv, das später in dem prunkvollen Epitaph des Stättmeisters Drechsler (S. 196ff.) seinen Höhepunkt finden sollte.

Der Vorhang ist wie der Baldachin ein Ehrenzeichen. Schon in der Antike zeichnete er Herrscher aus, im christlichen Mittelalter dann Christus, die Evangelisten, Heilige, Märtyrer und schließlich Maria (bekanntes Beispiel: Raffaels Sixtinische Madonna). Hier im Falle des lutherischen Archidiakons Wibel ist er das Ehrenzeichen dessen, der – dank seinem Glauben – die ewige Seligkeit erlangt hat. Er besagt das gleiche wie die *himmlische Ehrenkrone* (vgl. S. 21f.), die hier noch zusätzlich von Engeln überreicht wird.

Die Bibel kennt den Vorhang noch in einer anderen Bedeutung. Er dient ihr als Metapher für den Durchgang vom Diesseits zum Jenseits, der durch das Opfer Jesu ermöglicht wird. Das Bild stammt aus dem Alten Testament: Im Heiligen Zelt wie im Tempel war das Allerheiligste – der Ort wo Gott wohnt – durch einen Vorhang abgetrennt, den nur einmal im Jahr, am Versöhnungstag, der Hohepriester durchschreiten durfte, um mit Opferblut (von Tieren) einen Sühneritus zu zelebrieren. Analog spricht im Neuen Testament der Hebräerbrief (10,19–20) vom „Eingang in das Heiligtum durch das Blut Jesu, der uns erschlossen hat den neuen und lebendigen Weg durch den Vorhang hindurch, das heißt durch sein Fleisch". Und Kapitel 6,19–20 handelt von der Hoffnung als dem „sicheren und festen Anker der Seele, der hineinreicht in das Innere hinter dem Vorhang; dorthin ist Jesus für uns als unser Vorläufer hineingegangen".

Wer durch den Vorhang hindurchgeht, ist dem Diesseits entrückt. Der Vorhang ist deshalb auch ein Symbol der Entrückung und, wenn er sich öffnet oder geöffnet wird, der Schau des Entrückten. Wie der Herrscher durch seine Göttlichkeit dem Volk entrückt ist oder, beim Bühnenvorhang, die Darsteller den Zuschauern, so auch der ins ewige Leben Versetzte den noch auf der Erde Weilenden. Doch dürfen die Hinterbliebenen den Entrückten schauen: der Vorhang hat sich geöffnet oder wird von Engeln geöffnet.

Im Gegensatz zum statischen Charakter des Baldachins oder des mittelalterlichen *Ehrentuchs* (das hinter den Figuren ausgespannt ist und oft von Engeln gehalten wird) wohnt dem Vorhang, der sich öffnet, ein dynamisches Element inne. Dies kommt dem Bewegungsdrang des Barocks entgegen, und so wundert es nicht, daß das Motiv in dieser Epoche wiederbelebt wird, selbst im protestantischen Hall. – Beim Vater des Verstorbenen, dem Prediger Georg Bernhard Wibel, wurde die Entrückung noch im Bild der Himmelfahrt des Propheten Elias – mit deutlichen Zügen des Predigers Wibel – gezeigt (vgl. Epitaph S. 130ff.).

Der Bildhauer
Der Bildhauer läßt sich bis jetzt nicht genau bestimmen. Da er für Hall mehrfach tätig war (vgl. S. 350ff.), möchte man annehmen, er sei ein Haller. In den städtischen und kirchlichen Rechnungsbüchern wird in den Jahren um 1710 aber nur der vielbeschäftigte Friedrich Jakob Freysinger genannt[2]. Der kommt jedoch nicht in Frage; seine Formensprache ist schlichter und auch in der Qualität bescheidener (vgl. S. 364ff.). Es sei denn, er hätte einen selbständig arbeitenden und auch einen Grad begabteren Gehilfen bei sich beschäftigt. Wahrscheinlicher ist aber, daß – gerade wegen des Bildhauermangels in der Stadt – ein Auswärtiger für einige Haller Auftraggeber beschäftigt war. Auch andere fremde Bildhauer lieferten im 18. Jahrhundert mehrfach Werke in die Stadt, wenn es dort an eingesessenen Bildhauern mangelte, so in den 1730er Jahren der Öhringer

Josef Ritter, später sein Sohn Nikolaus Ritter, in den 1770er Jahren der Künzelsauer Andreas Sommer und anschließend der Dillinger Johann Michael Fischer und die Stuttgarter Bildhauer der Hohen Karlsschule.

Wo der Bildhauer des Wibeldenkmals herkam, verrät am ehesten seine Ornamentik. Schon Tilman Kossatz bemerkte 1989, ohne Vergleichsbeispiele zu nennen: „im Grabstein des Joh. Bernhard Wibel ... begegnet uns ein neuer, reicherer Stil mit Akanthus-Dekor, vielleicht der der Sommer aus Künzelsau". In der Tat, der Grabsteinaufsatz von 1678 des Johann Jakob Sommer in Öttingen (Abb. Kellermann S.71) wirkt wie eine noch etwas zaghafte Vorstufe zu dem Haller Aufsatz: in der krausen Fülle seiner Formen, den heftig eingerollten Voluten, dem abrupt geneigten Kopf des linken Engels, den kurzen, voluminösen Flügeln, den um den Körper schlenkernden Tüchern. Noch deutlicher sind die Beziehungen zu Sommer-Werken von 1699 ff. für Schloß Rügland bei Ansbach, und zwar zu dem Portalwappen (Kellermann S.110) und vor allem zu der Sandsteinbalustrade (Kellermann S.107 f.): auch dort üppiger Akanthus, Volutenwirbel, Blumen- und Knospenbündel, darunter wie in Hall rosenartige Knospen mit spiralig geschichteten Blütenblättern und einem tiefen Bohrloch in der Mitte.

Alle diese Vergleiche gelten auch für den Grabstein des Johann Peter Hetzel († 1711, S. 350ff.), der aus derselben Werkstatt wie das Wibeldenkmal stammen dürfte. Dort schlenkern die zu einem Strang geknüllten Tücher noch ausgelassener um den Körper – ähnlich wie in der Sommer-Werkstatt der Gewandsaum der Allegorie des Herbstes in Schillingsfürst (Kellermann S.114, 116; wohl von Philipp Jakob Sommer).

Sowohl der krause Akanthus, wie die Voluten, wie die Rosenknospen, wie die geknüllten Tuchstränge begegnen auch an Johann Jakob Sommers Meisterwerk, dem Triumphkreuz von 1704 in der Künzelsauer Johanneskirche (Kellermann S.154–159). Hier wird dann freilich der Qualitätsabstand zwischen den Haller Arbeiten und dem zweifellos eigenhändigen Schnitzwerk des Künzelsauer Meisters offenbar. Den Wibelstein wird entweder ein Geselle der Sommerwerkstatt ausgeführt haben oder ein Bildhauer, der bei Johann Jakob Sommer ausgebildet wurde.

Da es in der Michaelskirche noch ein zweites, gemaltes Bildnis des Archidiakons Wibel gibt, können wir beurteilen, inwieweit dem Bildhauer – oder seinem Auftraggeber – an Porträttreue gelegen war. Auf dem Epitaph des Predigers Georg Bernhard Wibel (S. 130ff.) sehen wir im Gemälde des Aufsatzes den Propheten Elisa (im Vordergrund stehend) mit den Zügen des Archidiakons Wibel. Es dürfte sich um ein weitgehend lebensnahes Bildnis handeln, denn im selben Gemälde ist der Prediger Wibel (als Elias im feurigen Wagen) völlig porträtgetreu dargestellt, wie Vergleiche mit dem Einzelbildnis des Predigers (Wunder Nr. 21) und dem großen Bildnis im Hauptteil seines Epitaphs (S. 130ff.) bestätigen.

Vergleicht man die beiden Darstellungen des Archidiakons, zeigt sich, daß das Bildnis auf dem Grabstein doch ein Gutteil idealisiert ist. Zwar stimmen die Grundzüge des breiten, vor allem im Kieferbereich ausladenden Gesichts und auch die Frisur überein. Aber auf dem Gemälde wirkt alles schwammiger, die Nase erscheint knollig. Auf dem Stein wurde das Antlitz gestrafft, der Nasenrücken ist energisch gebogen und endet eher spitz, das Doppelkinn tritt zurück; die Augen sind größer und treten aus tiefen Höhlen hervor. Die Unterlider sind auch hier leicht hochgezogen, aber nicht als Wülste wie auf dem Gemälde. Auch der Mund, mit schnutigen Lippen, erhebt sich aus einer seitlich und unterhalb gehöhlten Umgebung; die Ohren bleiben unsichtbar.

Die Veränderungen könnten darauf hindeuten, daß der Bildhauer den Verstorbenen nicht persönlich gekannt, sondern nach Bildvorlagen gearbeitet hat. Er könnte bei dem Steinmonument aber auch bewußt eine zeitlose Form angestrebt haben.

Literatur
R. *Krüger* Nr.74; *Wunder* 1987 Nr.16; *Kossatz*, Kernkatalog 1988 (wie S. 27), Anm. 24. – Zur Sommerwerkstatt: Fritz *Kellermann* (Hg.), Die Künstlerfamilie Sommer, Sigmaringen 1988, passim. – Zum Vorhangmotiv: Johann Konrad *Eberlein*, Apparitio regis – revelatio veritatis, Studien zur Darstellung des Vorhangs in der bildenden Kunst von der Spätantike bis zum Ende des Mittelalters, Wiesbaden 1982, passim.

Anmerkungen
1   In Langenburg, also im höfischen Bereich, hat der Haller Bildhauer Johann Michael Hornung den Vorhang schon früher verwendet: am Epitaph des Kanzlers Johann Christoph Assum (gestiftet 1685). – Über Hornung vgl. S. 357ff.
2   Der jüngere Hornung, Johann Friedrich, kam erst 1713 von der Wanderschaft zurück und hatte auch einen anderen Stil, wie das für ihn gesicherte Vortragekreuz in der Sakristei von St. Michael zeigt.

Georg Philipp Bonhoeffer (1614 – 1676)
Prediger und Dekan

Grabmal aus Sandstein, 253/90 cm; bis 1947 außen auf der Südseite, an der Stirnseite des letzten Strebepfeilers (Foto von 1944); an mehreren Stellen beschädigt und ausgeflickt.

Johann Jakob Betzoldt zugeschrieben, um 1676.

[17]

Das Werk setzt sich aus einer rechteckigen Platte und einem bekrönenden Aufsatz zusammen. Demnach stand es von Anfang an aufrecht. Auch das Epitaphienbuch nennt es unter den *aufrechts an der Wand* stehenden Denkmälern; es befand sich schon damals *am letzten Pfeiler*.

Das zugehörige Grab dürfte sich davor oder in der Nähe befunden haben. 1783 wurde im selben Grab Bonhoeffers Urenkel, der Prediger Johann Friedrich Bonhoeffer, bestattet und das Grab mit der tischartigen Tumba bedeckt, die heute hinter dem Hochaltar steht (S. 244ff.). Noch ungeklärt ist, ob dabei die Grabplatte Georg Philipps von 1676 entfernt oder die Tumba lediglich über die ältere Platte gestellt wurde, so daß deren größter Teil sichtbar blieb. Das würde die Tischform erklären[1].

Zum Grabmal selbst: Die knappe obere Hälfte seiner Platte nimmt ein ziemlich flaches Relief mit einem Bildnis des Verstorbenen ein. Der Geistliche ist als Halbfigur dargestellt, als stünde er hinter einer Kanzelbrüstung. Er trägt Talar und Halskrause, hält mit dem linken Unterarm die Bibel schräg vor die Brust und hat die rechte Hand mit ausgestrecktem Zeigefinger predigend erhoben. Sein Haar fällt beiderseits in langen Locken auf die Krause; der Bart ist schmal geschnitten, die Schnurrbartenden biegen sich aufwärts.

Seitlich des Hauptes schweben zwei Kinderengel. Sie haben in der einen Hand einen Palmzweig, mit der anderen halten sie gemeinsam eine Krone über das Haupt des Verstorbenen. Den Sinn der Krone erklärt eine Inschrift zwischen Figur und Engeln: *Threuer Lehrer Sieges=Lohn / Ist die Him(m)lisch Ehren=Cron.* (Zur Bedeutung der Palmzweige und der Himmelskrone vgl. S. 21f.)

Im unteren Teil der Platte ist in bescheiden ornamentierter Rahmung die Gedenkschrift angebracht, darüber in kleineren Buchstaben der Leichentext (Wortlaut siehe Anhang S. 397), seitlich davon, in den oberen Ecken des Feldes, die Wappen der beiden Ehefrauen, heraldisch rechts: Müller, gegenüber: Gräter (diesmal in der Version mit dem Fischmann, der Gräte und Dreizack hält).

Der Aufsatz besteht aus einem Gesims und einem Bogenfeld darüber. Dieses wird seitlich durch gebrochene S-Voluten, oben durch eine liegende C-Volute eingefaßt und trägt im Scheitel einen gestürzten Blattkelch mit einer Traube. Die Mitte des Feldes nimmt, in kreisrunder Vertiefung, das Bonhoeffersche Wappen ein.

Der Bildhauer

Die Zuschreibung an Johann Jakob Betzoldt (1621–1707) wird vor allem durch die beiden schwebenden Engel ermöglicht, auf methodisch gleiche Weise wie im Falle des Grabmals von Johann Balthasar Stadtmann (vgl. S. 20ff.).

Der Bonhoefferstein scheint nicht ganz die Qualität der besseren Betzoldt-Werke zu erreichen. Am schwächsten mutet die Figur des Predigers an, die allerdings auch durch Beschädigungen und Ausflickungen im Gesicht – an Nase, Oberlippe und Schnurrbart – stark beeinträchtigt wird. Aber auch die unschönen Bauschungen des Talars an den Schultern wirken nicht glücklich. Andererseits sind viele Details, wie die Beschläge und die Schnittkanten der Bibel oder die Nähte des Talars, mit großer Feinheit ausgeführt.

Die Bildnistreue des Grabsteins läßt sich mit Hilfe von Bonhoeffers gemaltem Epitaph (S. 72ff.) überprüfen. Tatsächlich stimmen zwischen den beiden Denkmälern nicht nur die Haar- und Barttracht überein, sondern auch die Grundzüge des Gesichts mit der hohen Stirn, der kräftig vorspringenden Nase, der vollen Unterlippe und dem ernsten Blick, der allerdings an der Steinfigur eher grimmig wirkt.

Auch diesmal hat der Bildhauer – wie schon beim Weidnerstein (S. 44ff.) – auf das Halbfigurenmotiv des Gräterdenkmals zurückgegriffen, und wiederum verzichtete er dabei auf die Rundbogennische. Die Gebärden jedoch, die predigend erhobene Rechte und die Art, die Bibel zu halten, übernahm er vom Grabstein des Josef Stadtmann (S. 48ff.). Dabei wird der Unterschied im künstlerischen Rang der beiden Bildhauer deutlich. Um wieviel großartiger wurde der Gestus des Predigens von Leonhard Kern gestaltet!

Quellen und Literatur
Epitaphienbuch 1698/1708, Bl.57v Nr. 18; Bd.a, S.62 Nr. 18; R. *Krüger* Nr. 67; *Wunder* 1987 Nr. 17; *Kossatz* 1988 (wie Nr.15) Anm. 858; *Deutsch* 1990, S.92 Nr. 26. – Zu Johann Jakob Betzoldt: ebd., passim.

Anmerkung
1 Auch die gleichartigen Tischtumben des Predigers Johann Friedrich Bonhoeffer (S. 244ff., Wunder Nr. 60) und des Konsulenten Johann Carl Peter Bonhoeffer (Wunder Nr. 61) bedeckten ältere Gräber, in denen schon die Vorväter der Verstorbenen ruhten. – Über die beiden Grabtumben handelt ausführlich Eduard Krüger, S. 34ff.

Fidus eram Christi cum Simplicitate M...
Verba docens liquido pura Sacrata DEI
Illaq[ue] firmaui patiendo qua patienda
Sunt Christi Seruo hinc victor ...

Ich hab gelehrt, glaubt vnnd gelitten
Ist ist all vnglück überstritten
Christus mein Lebn der Todt mein gwin
...

Christoph Gräter (1551–1614)
Pfarrer

Grabmal aus Sandstein, 266/90 cm; bis 1947 außen auf der Südseite, im fünften Joch[1]; ziemlich beschädigt und ausgeflickt, vor allem im Gesicht.
Unbekannter Bildhauer, um 1614 oder etwas früher.

[18]

Das Werk besteht aus einer hochrechteckigen Platte mit kurvig abgeschrägten Ecken, einem bekrönenden Aufsatz und einem schmalen, schmucklosen Sockel. Der Aufsatz läßt darauf schließen, daß der Grabstein ursprünglich an der Kirchenwand stand. Auch das Epitaphienbuch gibt an, er stehe zwischen den Denkmälern von Johann Weidner und Hieronymus Klöpfer *aufrechts an der Wandt*.

Die Platte ist in zwei Felder aufgeteilt. Das untere, etwas kleinere, enthält eine Inschrifttafel, das obere eine rundbogige Nische mit abgeschrägter Sohlbank, darin eine Halbfigur des Verstorbenen in mittelhohem Relief. Der Dargestellte ist streng frontal ausgerichtet, trägt einen fein gefälteten Talar mit Halskrause und hält die Bibel mit beiden Händen vor die Brust. Sein Gewand und seine Hände überschneiden Rahmen und Sohlbank der Nische. Sein Gesicht ist schwer beschädigt und durch Ausflickungen, vor allem an der Nase, am linken Auge und am linken Teil der Stirn, entstellt. Er hat kurzes Haar mit Löckchen über den Ohren, einen seitlich beschnittenen kurzen Bart und einen geschwungenen Schnurrbart.

Der Rahmen der Nische ist, zwischen flachen Randleisten, mit einem zarten Rankenwerk aus Blättern und Blüten geschmückt. An seinen oberen Ecken sehen wir die Wappenschilde von Christoph Gräters zweiter und dritter Ehefrau, Sabine Horlacher (heraldisch rechts) und Ursula Firnhaber (gegenüber; siehe dazu Wunder S. 15).

Die Inschriftplatte im unteren Feld wird von einer etwas großzügigeren und moderner anmutenden Ornamentik ohne Randleiste gerahmt: oben durch Voluten, die in Blätter auslaufen; seitlich durch blattverzierte S-Voluten, an die mit Hilfe eines Ringes kleine Fruchtbündel angehängt sind – links ein Apfel und eine Birne, rechts nur ein Apfel mit Blättern.

Der Aufsatz besteht aus einem Architrav, nicht breiter als die Nische, einem vorne und seitlich weit überkragenden Gesims und einem annähernd dreieckigen Giebelfeld, dessen geschweifter Umriß seitlich durch gebrochene S-Voluten, an der Spitze durch einen Engelskopf mit abwärts gebogenen Flügeln bestimmt wird. In der Mitte des Gebälks befindet sich der Wappenschild von Gräters erster Ehefrau, Maria Beyschlag (siehe Wunder), flankiert von den Resten einer lateinischen Inschrift, wahrscheinlich des „Symbolums". Das Innere des Giebelfeldes nimmt Gräters eigenes Wappen (mit dem Fischmann) ein. Die Zwickel seitlich davon werden durch Fruchtbündel gefüllt.

Die halsartige Einschnürung in Höhe des Architravs und der „eingezogene" Sockel verleihen dem Werk eine ungewöhnliche, in hohem Maße ansprechende Gesamtform.

Die Inschriften

Da die Inschrift der Platte in der Literatur teils unvollständig zitiert, teils mißverstanden wurde, sei sie hier nochmals vollständig wiedergegeben. Sie besteht aus Versen in lateinischer und deutscher Sprache und einem an den Betrachter gerichteten lateinischen Mahnruf. Ich löse die Abkürzungen auf (in runden Klammern), ergänze die beschädigten Buchstaben (in eckigen Klammern) und unterstreiche in den lateinischen Versen, einem Tetrastichon, als Lesehilfe die Vokale der betonten Silben.

Fidus eram Christi cum Simplicitate Mi(n)ister
　Verba docens liquido pura Sacrata DEI
Illaq(ue) firmaui patiendo quæ patienda
　Sunt Christi Seruo hinc victor ouans recub[o].
Ich hab gelehrt, glaubt vnnd gelitten
　Itzt ist all vnglückh überstritten

Christoph Gräter | 61

Christus mein Lebn der Todt mein gwin
Zur ewign Freud mich bringen hin
Nun bhüth O Gott weib Kindt v(n)d Freundt
Vnnd all die es gutt mit mir gemeindt
Viator Si me hic calcas me[me]nto etia(m) tui[2]

Zu deutsch: *Ich war ein treuer und aufrichtiger Diener Christi, habe Gottes reine, geheiligte Worte zuverlässig gelehrt und sie bekräftigt, indem ich erduldete, was ein Knecht Christi erdulden muß. Darum*[3] *ruhe ich hier als frohlockender Sieger. – Wanderer, wenn du hier auf mich trittst, denk auch an dich!* (das heißt an deinen eigenen Tod).

Die lateinische Inschrift am Gebälk ist nur noch in Teilen erkennbar. Es handelt sich anscheinend um zwei durchlaufende, nur durch das Wappen unterbrochene Zeilen (also um keine Aufteilung in Spalten). Der Teil links des Wappens ist fast ganz verwittert[4]; er war vermutlich stärker dem Regen ausgesetzt. Der rechte Teil läßt sich noch einigermaßen entziffern:

... *Mors exoptabile lu* (*lucrum?, lumen?, ...?*)
... *gloria cuncta redit*

Zu deutsch: *Der Tod ist ein wünschenswerter ...* (*Gewinn?*) und: (*er?*) *kehrt in aller Herrlichkeit heim* oder, je nach Kontext: (*ihm?*) *fällt alle Ehre zu* (man denkt dabei an den Spruch auf Georg Philipp Bonhoeffers Grabmal: *Threuer Lehrer Sieges-Lohn Ist die Himmlisch Ehren-Cron*). Offensichtlich handelt es sich bei der Inschrift des Gebälks um das sogenannte *Symbolum*, den geistlichen Wahlspruch des Verstorbenen.

Fragen wir nach der Funktion der Verse auf der Platte, so hilft uns dabei ein anderer Grabstein weiter (Johann Bootz, Wunder Nr. 121). Dort steht als Überschrift eines ähnlichen Gedichts: *Tetrastichon ex Symb(olo) Superiore* („Tetrastichon[5] aus dem obenstehenden Symbolum"). Das heißt: man hat den Wahlspruch in einem Gedicht – oder wie hier bei Gräter in zwei Gedichten – ausgedeutet. Daß es sich tatsächlich so verhielt, läßt der Gräterstein trotz der bruchstückhaften Überlieferung des Symbolumtextes klar erkennen. Der „frohlockende Sieger" (*victor ouans*) des Tetrastichons bezieht sich auf die Worte *gloria cuncta* in der zweiten Zeile des Symbolums, die Wendung *der Todt mein gwin* im deutschen Text auf die Aussage der ersten Symbolumzeile, der Tod sei etwas Wünschenwertes.

Im übrigen handeln das Tetrastichon und die vier ersten Verse des deutschen Gedichts im wesentlichen vom Gleichen: vom Lehren, Glauben und vom Leiden in der Nachfolge Christi, das mit dem Tod *überstritten*, das heißt besiegt wird und durch ihn hindurch zur ewigen Seligkeit führt.

Auffallend ist, daß der Name des Verstorbenen dem Grabmal nicht zu entnehmen ist; er läßt sich nur mit Hilfe der vier Wappen bestimmen. Die Lösung des Rätsels: Die biographischen Daten, also die eigentliche Grabschrift, – und sicherlich auch der Leichentext – waren auf der zugehörigen Grabplatte angebracht. Erfreulicherweise wird uns die Grabschrift durch das Epitaphienbuch überliefert. Ihm zufolge lag die Platte nahe der südlichen Kirchenmauer *aufm Boden* und war durch den *Dachregen abgestoßen*. Ihre Inschrift lautete: *Anno D(omi)ni 1614 · den 5ten Jannuarij ist in Gott seeliglich entschlaffen der Ehrwürdige und Wohlgelehrte Herr Christoph Gräter, Pfarrherr bey St. Michael, E.E. Capituli Decanus, Procurator seines Predigambts im 37. Alters im 63. Jahr. Welchem Gott [gnade]* (Bl. 61v Nr. 8). Die Lage der Grabplatte (*aufm Boden*) erklärt auch den Passus der Gedenkschrift. *Si me hic calcas* – „wenn du hier auf mich trittst".

Gerd Wunder (S. 15) hat darauf hingewiesen, daß Christoph Gräter zu keiner Zeit Dekan war. Der Verfasser des Epitaphienbuchs hat sich also geirrt (auch das Wort *Minister* – und anderes – hat er falsch gelesen, siehe unten. Entweder lautete das Original: *E.E. Capituli Decanatus Procurator* (eines ehrwürdigen Dekanatskapitels Prokurator) – was aber keine gebräuchliche Bezeichnung ist –, oder der Schreiber hat etwas durcheinandergebracht, vielleicht seine Notizen verwechselt.

Die Müller-Legende

Mit dem Grabmal verbindet sich eine der sonderbarsten Gelehrtensagen. Weil der Verfasser des Epitaphienbuchs das Wort *Mi(n)ister* (minister=Diener) in der ersten Zeile des Gedichts als *Müller* gelesen hat, glaubten Rainer Krüger (S. 59 f.) und Gerd Wunder (S. 14 f.), die Platte des Steins sei in späterer Zeit aus zwei verschiedenen Denkmälern zusammengesetzt worden, und nach Wunder soll die untere Hälfte vom Grabmal des Subdiakons[6] Albrecht Müller (1637–1670) stammen.

Das ist jedoch aus mehreren Gründen ausgeschlossen: 1. Der Grabstein ist gar nicht zusammengesetzt, sondern aus einem Stück gearbeitet, wie ein Blick auf die Seitenflächen erweist: es fehlt jede Fuge. 2. Das fragliche Wort heißt überhaupt nicht *Müller*; maßgeblich ist ja nicht das Epitaphienbuch, sondern das Original. 3. Das Wort *Müller* kommt auch aus metrischen Gründen nicht in Frage; das Versmaß erfordert an dieser Stelle ein dreisilbiges Wort mit dem Ton auf der zweiten Silbe, weil die letzte Senkung eines Hexameters zwei Silben haben muß. 4. Der Name des Verstorbenen, noch dazu ohne Vornamen, hat in diesem Text nichts zu suchen; außerdem fehlte dem Vers dann mit dem Wort *Diener* ein grammatikalisch und inhaltlich wesentlicher Bestandteil, wie die gekünstelten Übersetzungsversuche in der Literatur belegen (Beispiel: *Aufrichtig treu mit Einfachheit war ich, Müller, Christi, / flüssig lehrend, gottgeweihte, reine Worte*). 5. Albrecht Müller ist mehr als 56 Jahre nach Christoph Gräter gestorben; der Stil des Denkmals – auch die Ornamentik seines unteren Teils – passen nicht in diese späte Zeit.

Darf man hoffen, daß die Müllerlegende damit der Vergangenheit angehört?

Der **Bildhauer** des Gräterdenkmals ließ sich bis jetzt nicht ermitteln. Es gibt zwischen Sem Schlör und Jakob Betzoldt in Hall mehrere Stilrichtungen und auch mehrere Bildhauernamen, aber noch keine Möglichkeit, sie miteinander zu verbinden. Der Meinung von Tilman Kossatz (Anm. 30), das Denkmal Balthasar Mosers (Wunder Nr. 76) sei dem Gräterstein „stilistisch verwandt", kann ich nicht beipflichten. Außer der gleichen modischen Barttracht sehe ich keine Übereinstimmungen, nicht einmal in der Ornamentik, die dort fast nur aus Beschlagwerk besteht. Der Bildhauer Mosers war ein eigenwilliger Manierist, von hoher Qualität in den eigenhändig anmutenden Partien; und er war sicherlich kein Haller, während sich der Gräterstein zwanglos in die hällische Grabmaltradition einfügt.

Als unmittelbare Vorstufe kann das – nur in Bruchstücken erhaltene – Grabmal des Pfarrers Andreas Lackner (1572–1612) in der Kirche zu Reinsberg[7] gelten. Auch hier ist der Verstorbene als streng frontale Halbfigur in einer Rundbogennische dargestellt. Seine Arme überschneiden ebenfalls Rahmen und Sohlbank der Nische; und auch die Frisur mit den Locken über den Ohren ist gleich. Ob die Werke auch stilistisch übereinstimmen, läßt sich kaum noch feststellen; die Beschädigungen sind bei Lackner zu groß, sein Gesicht fehlt zum Beispiel völlig. Die Gebärden der Hände – die Rechte erhoben, die Linke an der Bibel – weisen mehr auf die späteren Denkmäler von Josef Stadtmann (S. 48ff.) und Georg Philipp Bonhoeffer (S. 56ff.) voraus, auf den Stadtmann-Stein besonders auch die Beschriftung von Rahmen und Grund der Nische (im Falle Lackners handelt es sich dabei um den Leichentext[8]).

Ob die Tradition des Brustbildes in der hällischen Grabkunst erst um diese Zeit einsetzte oder schon früher bestand, wäre noch zu erforschen. Das Motiv als solches ist weder neu noch ungewöhnlich. Halbfiguren, die aus Nischen oder Fenstern herausblicken, gab es seit dem 15. Jahrhundert. Doch speziell das Brustbild des evangelischen Geistlichen mit der Bibel in der Hand könnte von der Graphik angeregt sein. Schon ein Kupferstich der Cranach-Werkstatt von 1520 zeigt Luther als Halbfigur in einer Nische[9]. In gleicher Weise ist Johannes Brenz auf einem Stich de Brys von 1597 dargestellt und der Reutlinger Reformator Alber auf einem Stich von 1571 (beide abgebildet bei Maurer/Ulshöfer – wie S. 38 – S. 153 und 157).

Die übliche Datierung in die Nähe des Todesjahrs ist beim Denkmal Gräters noch weniger zuverlässig als bei anderen Grabsteinen. Da die Inschrift keine biographischen Daten enthält, braucht die Entstehung dem Tod nicht auf dem Fuß zu folgen. Der Geistliche könnte nicht nur das sehr persönlich anmutende Gedicht selbst verfaßt, sondern auch den Stein schon zu Lebzeiten bestellt haben.

Quellen und Literatur
Epitaphienbuch 1698/1708, Bl.56v Nr.16; Bd.a, S.61 Nr.16; zur verlorenen Grabplatte: ebd. Bl.61v Nr.8; Bd.a, S.65 Nr.8; R.*Krüger* Nr.41; *Wunder* 1987 Nr.18; *Kossatz* (wie S. 27) S.68 f., Abb.6.

Anmerkungen
1. Laut Epitaphienbuch (Bl.56v Nr.16) zwischen Johann Weidner (Wunder Nr. 123) und Hieronymus Klöpfer (Wunder Nr. 124), also unmittelbar links vom östlichsten Strebepfeiler.
2. In der dritten Zeile bilden *a* und *e* in *quae* eine Ligatur; der Restaurator hat davon nur das *a* farbig nachgezogen, weshalb das *e* auf den Abbildungen nicht zu sehen ist. – In der letzten Zeile sieht das *t* von *tui* zwar aus wie ein langes *s* (*sui*); da aber nur *tui* sprachlich korrekt und sinnvoll ist, dürfte es sich um ein *t* mit etwas zu großer Oberlänge handeln.
3. *Hinc* (von hier, daher) dürfte hier kausale Bedeutung haben.
4. Die Reste ähneln folgenden Buchstaben. Oben: V... est Chil (CIVI?), unten: In ... s...eleni.
5. Ein Vierzeiler aus Hexametern und Pentametern im Wechsel.
6. *Subdiakon* oder *Hypodiakon* nannte man den dritten Pfarrer, also den vierten Geistlichen, von St. Michael.
7. Aufnahme: Verfasser. – Streng genommen, ist bei so eng benachbartem Todesjahr auch eine ungefähr gleichzeitige Entstehung beider Werke denkbar (siehe unten am Schluß).
8. Da der Text nur noch mit Mühe lesbar ist, sei er hier festgehalten: *Ich hab einen gutten Kampff geke[mpffet] / Ich habe d[en Lauff vollendet] / Ich hab Glaube(n?) gehalte(n) hinfort ist mir beigelegt / die Kron de[r] G[erechtigk]ei[t] / TIMO 2* (= 2. Timotheus 4,7-8; vgl S. 21).
9. Abgebildet bei Johannes *Jahn* (Hg.), 1472-1553 Lucas Cranach d.Ä., Das gesamte graphische Werk, München 1972, S.210.

Michael Stigler (1596 – 1637)
Metzger

Holzepitaph mit Ölgemälden, 198/95 cm, relativ gut erhalten; hing früher an der Nordempore, östlich vom Epitaph Melchior Wengers[1].

Die Gemälde von **Hans Schreyer** (Zuschreibung), 1637 (siehe unten).

[19]

Wie Gerd Wunder feststellt, ist das Denkmal eines der wenigen erhaltenen Beispiele dafür, *daß nicht nur „Herren", sondern auch einfache Handwerker Gedenktafeln in der Kirche bekamen.* Sicher hat sich der reiche Metzger und Viehhändler Stigler die Erlaubnis etwas kosten lassen. Der Fall dürfte ähnlich liegen wie beim Regulus-Epitaph (Nr. 28), wo die Erben *zum Dank für die Genehmigung* die beträchtliche Summe von 500 Gulden für wohltätige Zwecke stifteten[2].

Das Epitaph ist klein in den Ausmaßen, aber erlesen in der Qualität. Es besteht aus einem hochrechteckigen Mittelteil (Corpus) mit einem Gemälde, flankiert von dreiviertelrunden Säulen, die ein Gebälk mit einem Aufsatz tragen; ihre Basen ruhen auf hohen Sockeln mit Löwenköpfen aus Pappmaché an der Vorderseite. Zwischen den Sockeln befindet sich eine Art Predella, ebenfalls mit einem Gemälde, darunter ein hängender Untersatz mit einem Rundbild. Am Gebälk steht der Vers: *Von Gott beschert, Bleibt vnverwerth,* wohl der Wahlspruch des Verstorbenen. Der Aufsatz enthält in der Mitte eine Ädikula mit einem rundbogig gerahmtem Gemälde und ausladendem Dreiecksgiebel, seitlich davon zwei rechteckige Blindfenster mit Inschrifttafeln; sie dienen der Gedenkschrift für den Verstorbenen und seine zwei Frauen (Text bei Krüger und – mit Druckfehlern – bei Wunder[3] sowie Anhang S. 398). Gerahmt wird das Epitaph von ausgesägtem Schweifwerk mit aufgemalten Voluten und Blättern. Die farbige Fassung der architektonischen Teile hält sich im wesentlichen an die Farbskala der Gemälde (siehe unten): Die Säulen und ihre Sockel sind olivgrün, Giebel und Gesimse braunrot, das Schweifwerk ocker, die Zwischenleiste des Mittelbild-Rahmens schwarz mit goldenem Zierat.

Das Mittelbild

Das Mittelbild zeigt eine Szene aus dem 1. Buch Mose (Gn 30, 25–43, besonders Vers 37 ff.), wo Jakob sich listenreich eine Herde verschafft. Er hatte bei seinem Onkel Laban um dessen Töchter – die weniger hübsche Lea[4] und die eigentlich von ihm begehrte Rahel – vierzehn Jahre als Hirte gedient und vereinbarte nun als Lohn, daß ihm, außer den Töchtern, alle schwarzen und buntscheckigen Schafe und alle scheckigen Ziegen zufallen sollten, die in den nächsten Jahren[5] geboren würden. Laban sonderte die schon vorhandenen bunten Tiere aus und entfernte sich drei Tagereisen weit. Den einfarbigen Rest der Herde überließ er Jakob zum Hüten, in der Zuversicht, daß daraus keine nennenswerte Zahl gescheckter Lämmer hervorgehe[6]. Aber Jakob wußte sich zu helfen, indem er in Stöcke aus frischem Holz weiße Streifen schnitzte und die Stöcke dann in die Tränkrinnen des Brunnens legte, bei dem die Tiere sich zu begatten pflegten. Die Begattung über den hellgescheckten Stäben bewirkte – so steht es geschrieben –, daß danach scheckige Lämmer geboren wurden. Mehr noch: Jakob legte die Stäbe nur dann in die Tröge, wenn die kräftigen Tiere (die „Frühlinge") ihre Brunstzeit hatten; wenn die schwächlichen Spätlinge an der Reihe waren, legte er sie nicht hinein, so daß der Effekt ausblieb. *Also wurden die Spätlinge des Laban, aber die Frühlinge des Jakob. Daher ward der Mann über die Maßen reich* (Vers 42 f.).

Dargestellt ist, wie Jakob die gestreiften Stäbe in die Tränkrinne legt. Wir sehen im Vordergrund den schräg gestellten Brunnentrog, umgeben von einer größeren Zahl von Schafen und Böcken. Jakob, in Hirtentracht mit breitkrempigem Hut, beugt sich von hinten über den Trog und kniet dabei auf dessen Rand. Rechts von ihm steht eine Hirtin und gießt mit einem Holzkübel Wasser aus einem Ziehbrunnen in die Rinne. Auf der linken Seite schreitet eine zweite Hirtin auf die Gruppe der Schafe zu, um sie mit der Krümme ihres Hirtenstabs zusammenzuhalten. Die beiden Frauen sind wohl keine gewöhnlichen Schäferinnen; ihre reiche Kleidung – mit Zaddeln, Borten und Agraffen, mit geschlitzten Röcken, hochgeschnürten Sandalen und mit Bändern am Hut – läßt vermuten, daß es sich um Jakobs Frauen Rahel und Lea handelt. Die linke mit dem Zopf überm Hut und der entblößten Schulter stellt wahrscheinlich Rahel, die Schöne und Anmutige, dar, die rechte dann die ältere Lea.

Hinter Lea und dem Brunnen erhebt sich rechts eine Gruppe kräftiger Bäume neben einem grasbewachsenen Mauerstück. Im Mittelgrund, hinter Jakob, stehen vier Personen, vermutlich Laban im Gespräch mit einem Hirten und zwei Schäferinnen. Dahinter breitet sich von links her bis zum Horizont eine Flucht grüner Hügel mit dunsterfüllten Tälern dazwischen. Am Hang des ersten Hügels liegt eine Stadt, auf seinem Gipfel eine Burg. Auch den zweiten, den höchsten Hügel krönt eine Burg. Der letzte Hügel verschwimmt im Grau der Ferne. Grau ist auch der Himmel, der sich, durch ein paar Vögel belebt, über die Landschaft breitet. Zwischen Bodenwellen am Fuß der Hügel erstreckt sich das Weideland mit grasenden Herden und ihren Hirten bis weit in den Hintergrund.

Die Farben des Gemäldes sind gedämpft und umfassen im wesentlichen den Bereich blau/grün/braun. Nur einzelne Gewandteile der Figuren leuchten in wärmeren und kräftigeren Tönen: ziegelrot Rahels Leibchen und Stiefel, Leas Hutbänder und Labans turbanartige Mütze, seine Schärpe und sein Kragen; gelb der kurze Überrock Rahels; rosa der Rock Leas und der Hirtin rechts im Mittelgrund.

Das Bild muß nach einer älteren Vorlage gemalt sein. Fände es sich irgendwo isoliert, man würde es nicht in die 1630er Jahre, sondern ungefähr ins späte 16. Jahrhundert datieren. Die Figurengruppen sind, anders als im 17. Jahrhundert, noch in eine schmale Reliefschicht gepreßt und haben im übrigen deutlich manieristische Züge: sehr kleine Köpfe im Gegensatz zu langen Schenkeln, gekünstelte Trachten, die Lea ein spitzes, geziertes Profil. Selbst die Schafe sind auffallend schlank und langbeinig, vergleicht man sie mit Schreyers molligen Tieren auf dem Beyerdörfer-Epitaph im Hällisch-Fränkischen Museum. Zweifellos geht die Komposition auf einen Manieristen, wohl einen Niederländer, zurück. Schreyers Vorlage war vermutlich ein graphisches Blatt, das seinerseits ein Gemälde kopiert haben könnte, falls es keine originale Erfindung war. Leider ließ sich die Vorlage bis jetzt nicht finden, auch nicht unter den Illustrationen der bekannten Bibeln.

Die Verwendung solcher Vorlagen war – nicht nur bei den Haller Künstlern – gängige Praxis. Das Alter des Originals spielte dabei keine Rolle. Hans Schreyer arbeitete, um nur drei Beispiele zu nennen, gleichermaßen nach Dürer (Holzschnitt von 1511, siehe S. 86ff.) wie nach Goltzius (Kupferstiche von 1594 und 1593, siehe unten bzw. S. 86ff.) und nach Merian (Kupferstiche der Bibel von 1630). Es handelt sich dabei um weitgehend getreue Kopien, die der Maler freilich in ein anderes Format und vor allem in Farbe umsetzen mußte. Wir dürfen annehmen, daß auch das Gemälde des Stigler-Epitaphs sein unbekanntes Vorbild zuverlässig wiedergibt.

Die genannte Arbeitsweise erschwert natürlich die Datierung der einzelnen Kunstwerke ebenso wie ihre Zuschreibung. Ein Beispiel: Das Gemälde im Untersatz (siehe S. 68f.) ist dem entsprechenden des Schmalkalder-Epitaphs (S. 204ff.) äußerlich eng verwandt; es handelt sich beidemal um ein Rundbild mit einem Putto als Hauptfigur, und beide Bilder sind ungefähr gleichzeitig entstanden. Dennoch besteht ein scheinbar unüberbrückbarer Unterschied: Der Putto Schmalkalders wirkt in der Geschmeidigkeit der Haltung, Körpermodellierung, Lichtverteilung und Pinselführung ungleich barocker als der formal noch der Renaissance verpflichtete Putto Stiglers. Wir würden weder die gleiche Hand noch die gleiche Zeit vermuten, wüßten wir nicht, daß die Diskrepanz durch die Vorlage verursacht wird. Die Lehre daraus lautet: bei Zuschreibungen und Datierungen derartiger Werke wird man sich tunlichst an die von Vorlagen unabhängigen Teile halten, bei Epitaphen also in erster Linie an das Familienbild.

Rätselhaft ist der **Sinn der Darstellung**. Die Szene ist als Bildthema selten, aber nicht ausgefallen; schon in der Lutherbibel von 1545 erscheint sie unter den Illustrationen des Monogrammisten MS[7]. Doch warum wurde sie für das Epitaph gewählt? Es ist kaum vorstellbar, daß das Thema in irgendeinem Bezug zur Seligkeit oder zum ewigen Leben des Verstorbenen steht. Es fällt aber auf, daß auch Michael Schmidt († 1596), der andere Haller Metzger und Viehhändler, von dem ein Epitaph in der Kirche hängt, für das Mittelbild eine biblische Szene mit Viehherden gewählt hat (Lots Trennung von Abraham, Gen 13,6–12; vgl. S. 226ff. und Deutsch 1983, Abb.7, 13–16). Das legt die Vermutung nahe, daß die Themenwahl etwas mit dem Beruf der beiden Viehhändler zu tun hat[8]. Sie sahen offenbar in den an Herden reichen Patriarchen – Michael Stigler in Jakob – die Schutzpatrone ihres Berufsstandes. Es dürfte sich um einen ähnlichen Vorgang handeln, wie er aus dem katholischen Bereich geläufig ist: Wie dort zum Beispiel die Gold- und Hufschmiede eine Szene aus der Legende ihres Schutzheiligen Eligius darstellen ließen, so wählten hier die evangelischen Viehhändler eine entsprechende biblische Szene.

Das Predellabild

In einer Landschaft mit einer Stadt und flachen Hügeln im Hintergrund kniet die Familie Stigler beiderseits des in der Mitte stehenden Heilands, links – also zur Rechten Christi – die männlichen und rechts die weiblichen Personen, alle halbseitwärts der Mitte zugewendet, die meisten im Halbprofil; nur zwei Söhnchen und eine Tochter wenden den Kopf von Christus ab, was die Darstellung verlebendigt. Michael Stigler wird durch einen Totenschädel am Boden als verstorben gekennzeichnet. Hinter ihm sind in respektvollem Abstand seine vier Söhne erster Ehe in diagonaler Richtung von links vorne nach rechts hinten dem Alter nach aufgereiht, der jüngste, verstorbene, ebenfalls mit einem Schädel versehen.

Auf der rechten Bildseite knien – in entsprechender Anordnung – Stiglers erste Frau, Apollonia Gräter, und ihre vier Töchter; vor der Frau ein Totenschädel und der Grätersche Wappenschild (in der Version mit dem Fischmann). Ein früh verstorbenes fünftes Töchterchen liegt als Wickelkind, halb verdeckt, links hinter der Frau auf einem Kissen mit einem kleinen roten Kreuz. Ganz rechts, dem Bildrand nahe, kniet Stiglers zweite Frau, Blandina Hornung. An ihrer Seite liegt auf einem Kissen mit einem Totenkopf daneben ihr einziges Kind, ein früh verstorbenes Söhnchen, in einem weißen Kleid, wohl seinem Taufkleid. Die ganze Familie trägt Trauerkleidung: der Vater und die Söhne einen schwarzen Anzug und einen schwarzen Umhang mit breitem Schulterkragen; die beiden mittleren Söhne darüber noch einen schmäleren, weißen Kragen, die anderen Söhne und der Vater eine weiße Halskrause. Zu Füßen der beiden ältesten (19 und 11 Jahre alten) Söhne liegt ein schwarzer Hut mit weiter Krempe. Die weiblichen Personen tragen noch alle die Krause, die Töchter ein schwarzes Kleid mit engem Oberteil, die beiden Ehefrauen zusätzlich einen schwarzen Umhang und eine weiße Haube.

In den oberen Ecken des Gemäldes verkünden zwei geöffnete Schriftrollen die Namen der dargestellten Kinder in der Reihenfolge ihres Alters (die biographischen Daten bei Wunder).

Christus, mit Dornenkrone und einem kleinen Strahlennimbus, in der linken Armbeuge das Kreuz, steht in lockerem Kontrapost inmitten der betenden Familie und hält dem Verstorbenen seine rechte Hand mit dem Wundmal entgegen. Er ist nur mit einem Lendenschurz bekleidet; von seiner linken Schulter hängt, den Arm bedeckend, ein weißes Tuch – das Grabtuch – herab und schwingt hinter den Beinen der Figur zur anderen Seite hinüber.

In den Farben ist das Gemälde noch verhaltener als das Mittelbild, wegen der schwarzen Kleider fast düster: der Himmel grau, der Vordergrund braun; dazwischen schimmern die fernen Hügel und die Stadt in einem matten Grünblau. Umso lichter wirkt in der Bildmitte das Inkarnat Christi. Den einzigen kräftigen Farbakzent liefert der ziegelrote Wappenschild der Apollonia Gräter. Dabei fällt auf, daß Michael Stigler und seine zweite Frau, Blandina Hornung, offenbar keine Wappen besaßen.

Zum **Sinngehalt**: Im Gegensatz zu den meisten anderen Epitaphen mit einem Bild der betenden Familie ist hier nicht der Gekreuzigte dargestellt, sondern eine stehende Christusfigur mit dem Kreuz. Dieses Bildmotiv scheint aus dem Typus des blutspendenden bzw. wundmalweisenden Schmerzensmanns hervorgegangen zu sein, wie ihn zum Beispiel Giovanni Bellini schon um 1460 ganz ähnlich dargestellt hat (National Gallery London)[9]. Der Maler des Epitaphs hat nur auf den lebensspendenden Blutstrahl aus der Seitenwunde verzichtet. Und außerdem ist von dem schmerzhaften Aspekt bei diesem Haller „Schmerzensmann" nichts mehr zu spüren; er ist alles andere als abgehärmt und übertrifft selbst die italienischen Darstellungen noch an antikisierender Schönleibigkeit. Das eucharistische Element, auf das es hier ankommt, blieb aber erhalten: das Kreuz, die Dornenkrone und die dem Verstorbenen das Wundmal zeigende Hand verweisen auf das Opfer, das Christus zum Heil der Menschheit und – im vorliegenden Fall – speziell für Michael Stigler gebracht hat. Die Darstellung will etwa das gleiche besagen, was das Schmalkalder-Denkmal in Worten ausdrückt: *Gutta tui misero mihi sufficit una cruoris* – ein Tropfen deines Blutes genügt mir Armem zur Erlösung.

Das Rundbild

Das Rundbild unterhalb der Predella zeigt einen nackten, nur locker von einem Tuch umspielten Putto mit krausem Lockenhaar. Er sitzt auf den Stufen einer flachen Treppe neben einem Totenschädel mit Knochenresten und läßt Seifenblasen steigen. Sein linker Unterarm ruht auf dem Schädel, in der linken Hand hält er eine Muschelschale mit einer Flüssigkeit, der Seifenlösung, auf der eine Blase schwimmt. Einem Strohhalm in seiner ausgestreckten Rechten entschweben fünf weitere Seifenblasen. Auf einem altarartigen Steinblock rechts hinten im Bild steht ein zweihenkliges Räuchergefäß; der aufsteigende Rauch zieht am oberen Bildrand entlang bis hin zu den fünf Seifenblasen. Links im Bild steht auf der obersten Treppenstufe eine Vase mit einem Blumenstrauß. Auch am unteren Bildrand

wachsen dicht neben dem Totengebein einige Blumen. Die zurückhaltenden, aber freundlichen Farben des Gemäldes erreichen ihre größte Intensität im Rot der Lippen und zweier Blumen, in den rosig angehauchten Wangen des Puttos und in einem blaugrünen Landschaftsstreifen zwischen der Treppe und dem braungrauen Himmel.

Der **Sinngehalt**: Der Totenkopf mit den Knochen, die Seifenblasen und der Rauch als Symbole der Sterblichkeit und der Flüchtigkeit des Irdischen lassen erkennen, daß es sich bei der Darstellung um eine Allegorie der Vergänglichkeit (der Vanitas) handelt. Wir können den Sinngehalt im vorliegenden Fall aber noch genauer belegen. Das Gemälde ist nämlich eine getreue Kopie eines Kupferstichs von Hendrik Goltzius, signiert HG 1594[10]. Die wenigen Änderungen gegenüber der Vorlage sind – mit Ausnahme der Treppe, die bei Goltzius fehlt – allein durch die Umwandlung des Formats vom hochgestellten Rechteck zum Kreis bedingt. So ist die Lilie, die der Stich links unten an der Ecke wachsen läßt, im Gemälde durch die Blumenvase am linken Bildrand ersetzt, und der Hügel mit dem dürren Busch an dieser Stelle fällt dafür weg.

Erfreulicherweise sind wir über die Bedeutung des Kupferstichs bestens unterrichtet. Er ist nämlich als Emblem ausgestaltet und daher mit einem Sinnspruch (Lemma, Motto) und einem Sinngedicht (einem lateinischen Epigramm) versehen. Der Sinnspruch hat hier die Form einer Frage; er ist am unteren Rand des Bildes angebracht und lautet: QVIS EVADET? (wer wird entrinnen?). Darunter steht das Epigramm:

Flos nouus, et verna fragrans argenteus aura
Marcescit subitò, perit, ali, perit illa venustas.
Sic et vita hominum iam nunc nascentibus, eheu,
Instar abit bullæ vaniq(ue) elapsa vaporis.   F. Estius.

Das Wort *ali* im 2. Vers gibt weder einen Sinn, noch paßt es in den Hexameter; es muß bei der Entstehung des Stichs entstellt worden sein, und zwar – nach dem einleuchtenden Vorschlag von Franz Haible[11] – aus *ac* (= und). Dann läßt sich das Gedicht ungefähr so in deutsche Hexameter übertragen:

Wie die frische, im Frühlingswind duftende, silbrige Blüte plötzlich erschlafft und vergeht und wie ihre Schönheit entschwindet, / ach, so vergeht schon bei Neugebor'nen das menschliche Leben / gleich der Seifenblase und gleich dem flüchtigen Rauche.

Weil der Maler seine Vorlage erst mühsam vom Rechteck in das Rundbild übertragen mußte, ist anzunehmen, daß er sie nicht aus formalen Gründen, sondern des Inhalts wegen gewählt hat, bzw. daß er vom Auftraggeber wegen des Sinngehalts der Darstellung darauf verpflichtet wurde. Da Michael Stigler relativ jung verstorben ist, hat er sein Denkmal wohl nicht schon selber vorbereitet. Vielmehr dürfte die Witwe, Blandina Hornung, den Auftrag erteilt haben. Und bedenkt man, daß sie außer ihrem Mann in kurzer Frist auch ihr einziges Kind, Hans Thomas, im Alter von kaum 12 Wochen verloren hat, dann mutet das zu dem Bild gehörige Sinngedicht wie eine Wehklage über ihr persönliches Schicksal an: Sic et vita hominum iam nunc nascentibus, eheu, ... abit (so entschwindet, ach, auch das menschliche Leben, schon bei den neugeborenen Kindern). Die Verse lassen ahnen, warum Stiglers Witwe das Bild gewählt hat. Es spricht alles dafür, daß der elegische Sinngehalt des Emblems auf das Gemälde übertragen wurde und hier noch eine spezielle Bedeutung erhielt. Die Darstellung ist nicht nur eine Vanitas-Allegorie schlechthin; sie verweist auf die bittere Erkenntnis, daß der Mensch schon im Kindesalter vom Tode bedroht wird.

Das Gemälde im Aufsatz

In dem Rundbogenbild des Aufsatzes ist vor wolkig-grauem Hintergrund der Erzengel Michael dargestellt. Er steht

barfuß auf dem Drachen und stößt ihm, mit dem rechten Arm weit ausholend, die Lanze in den Hals. Der Drache – Sinnbild des Satans – hat einen Menschenleib, aber Flügel, Krallen, Schwanz und Kopf eines phantastischen Fabeltiers. Michael hat große dunkle Schwingen und ein jugendliches Gesicht; er trägt einen Helm mit einer rosa gefärbten Straußenfeder, eine hellgraue Albe und darüber ein hüftlanges, gelb und rötlich changierendes Oberkleid mit halblangen Ärmeln. Es ist gegürtet mit einer ziegelroten Schärpe, deren hochwehendes Ende die obere Hälfte der Figur umgibt. Der Engel neigt sich beim Stoß nach links (vom Beschauer rechts) dem Kopf des Drachen entgegen. Die schwungvolle Komposition nähert sich dadurch der Form eines C, das von der Diagonale der Lanze durchkreuzt wird. Die Gestalt des Engels gehört zu den farbenkräftigsten Partien der vier Epitaphbilder.

Der **Sinn** des Gemäldes ist wahrscheinlich vordergründig zu verstehen: Michael als Namenspatron des Verstorbenen. Zwar wurde der Erzengel Michael dann und wann auch in protestantischer Zeit dargestellt, als

Präfiguration des den Satan besiegenden Heilands. Das Thema – der Sieg der göttlichen Macht über das Böse unter dem Sinnbild des Drachentöters Michael – verträgt sich durchaus mit protestantischen Vorstellungen, es ist schließlich biblischen Ursprungs (Offenbarung 12, 7–9: *Michael und seine Engel stritten mit dem Drachen ...*); und außerdem ist es in der Haller Tradition verwurzelt. Man hat nun aber in den Kirchen Halls im 17. Jahrhundert auch Heilige im engeren Sinn dargestellt, zum Beispiel den hl. Wolfgang am Epitaph Wolfgang Weidners (S. 78ff.), die hl. Margarete bei Margarete Drüller (S. 188ff.) oder die hl. Katharina am Kanzeldeckel der Katharinenkirche. Da in diesen Fällen mit Sicherheit nur der jeweilige Namenspatron des Verstorbenen bzw. der Kirche gemeint sein kann, dürfte es sich beim hl. Michael des Michael Stigler ebenso verhalten (weitere Beispiele, wenn auch von biblischen Namenspatronen, sind der Andreas bei Andreas Drüller, sowie der Johannes bei Johann Weidner und an der Kanzel aus St. Johann, heute in Rieden).

Entstehungszeit

Mit Hilfe der von Gerd Wunder ermittelten biographischen Daten läßt sich das Epitaph ziemlich genau datieren. Stigels älteste Tochter, Anna Katharina, heiratete am 10. Oktober 1637. Da sie hier noch ohne Haube wiedergegeben ist, muß das Denkmal vorher entstanden sein. Einen Terminus post quem liefert das Todesdatum des Vaters (24.3.1637)[12], der durch einen Schädel als verstorben gekennzeichnet wurde. Selbst wenn man annimmt, das sei vorausschauend geschehen, käme man nicht nennenswert vor das Jahr 1637 zurück, weil das verstorbene Söhnchen der zweiten Frau – es lebte vom 11.9. bis 2.12.1636 – ebenfalls schon abgebildet ist. Das Denkmal entstand somit zwischen März und Oktober 1637.

Der Maler

Hans Schreyer (1596–1676, in Hall seit ca. 1623) war im mittleren Drittel des 17. Jahrhunderts der meistbeschäftigte und wohl auch beste Haller Maler (Näheres über ihn und sein Werk siehe S. 174ff.). Für die Zuschreibung des Stigler-Epitaphs eignet sich vor allem das Predellabild, wo zumindest die knienden Personen nicht von Vorlagen

abhängen wie die Gemälde von Corpus und Untersatz. Ein Direktvergleich mit den gesicherten Werken Schreyers (vgl. S. 175f.) ist mangels gemeinsamer Motive schwierig. Doch stehen uns Zwischenglieder zur Verfügung, insbesondere das Firnhaber-Epitaph (S. 218ff., siehe auch Wunder 1980 Abb.8), das sich dank der Unzahl der auf ihm dargestellten Personen ebenso gut an das Stigler-Denkmal wie an die gesicherten Bildnisse Schreyers anschließen läßt.

Für jedes der Kinder Stiglers findet man an Firnhabers Denkmal eine Entsprechung; die Unterschiede sind nur durch die Bildnistreue, nicht stilistisch bedingt. Vergleichbar ist zum Beispiel die zweite Stiglertochter, Apollonia, mit Firnhabers Enkelin Euphrosina (über dem linken Kreuzbalken); oder die dritte, seitwärts blickende Stiglertochter Susanna mit den Firnhaber-Enkelinnen Maria (oberhalb vom Kreuzstamm), Maria Margreth und Katharina (unweit der linken Hand Jesu) und anderen, die alle die Komposition durch eine abweichende Kopfhaltung beleben und deren Antlitz hier wie dort durch wenige treffsichere Pinselstriche charakterisiert ist. Auch die kleinste der Stiglertöchter, Sophia, deren Gesichtszüge fast nur angedeutet sind, findet bei Firnhaber zahlreiche Entsprechungen, ebenso das Wickelkind hinter Stiglers erster Frau. – Genauso verhält es sich mit den Knaben (ich brauche die Beispiele nicht mehr zu nennen); nur daß sich bei ihnen in den dazwischen liegenden zehn Jahren der Haarschnitt geändert hat. Die modebewußte männliche Jugend trug das Haar jetzt – um 1647 – offensichtlich länger.

Auch die Christusfiguren der beiden Epitaphe lassen trotz unterschiedlicher Vorlagen deutlich eine stilistische Verwandtschaft erkennen: in der weichen, fast schwammigen Modellierung und der kraftlosen Konturierung des Körpers und besonders der Beine.

Das Stigler- und das Firnhaber-Epitaph stammen also von der gleichen Hand. Und jetzt haben wir nur noch das Firnhaber-Epitaph mit den gesicherten Werken Schreyers zu verbinden. Das gelingt, wenn wir die erwachsenen Söhne Firnhabers mit den signierten Schreyer-Bildnissen im Hällisch-Fränkischen Museum vergleichen: etwa Sebastian und Wolfgang Firnhaber mit den Bildnissen des Johann Sixtus Schübelin (Wunder 1980 Abb. 33) und des Ludwig David Müller (ebd. Abb. 58) oder Peter Firnhaber mit dem Bildnis des Johann Konrad Beyschlag. Sie alle stimmen in der Malweise überein, natürlich – bei unterschiedlichen Individuen – nicht im Physiognomischen. Gleich ist die Art, wie der Pinsel das Antlitz modelliert, die Binnenformen, wie Augen, Nase und Mund, charakterisiert, den Höhen und Tiefen der Oberfläche nachgeht und Licht und Schatten verteilt. Als Beispiel sei angeführt, wie in der linken, beschatteten Gesichtshälfte das Auge mit Lidern, Lidfalten und Tränensack plastisch aus dem Dunkel hervortritt (bei Peter, Wolfgang und Sebastian Firnhaber wie bei fast allen Schreyerschen Einzelbildnissen, gesicherten und zugeschriebenen).

Berücksichtigt man noch die übrigen Werke, die zahlreichen Epitaphe und Einzelbildnisse, die sich durch ein Geflecht von Querbeziehungen als zusammengehörig und außerdem als stilgleich mit dem gesicherten Œuvre Schreyers erweisen, dann läßt sich die Zuschreibung des Stigler-Epitaphs durch weitere Vergleiche absichern (vgl. dazu S. 78, 86, 114, 172, 188, 204, 218, 268, Wunder Nr. 29).

Quellen und Literatur
Epitaphienbuch 1698/1708, Bl.20 Nr.10; Bd.a, S.23 Nr.10; *Gräter* 1799/1800, III., Nr.223; R.*Krüger* Nr.53; *Wunder* 1987 Nr.19; *Clauß/König/Pfistermeister* 1979, Abb.32 (gute Aufnahme des Mittelbilds); *Gräf/Ansel/Hönes*, S.75 f. (mit zwei farbigen Abbildungen).

Anmerkungen
1 Vgl. Nr.1, S.1. Um 1700 war es das zehnte, um 1800 das 17. Denkmal von Westen, da inzwischen neue dazugekommen waren.
2 Laut einer Ulmer Pergamenturkunde vom 1. Juni 1617 stiften David Regulus, genannt Villinger, auch im Namen von Dr. med. Johann Regulus Villinger, und andere 500 Gulden Hauptgut dem Rat zum Dank für die Genehmigung einer Familiengedenktafel im Chor der Kirche; der Zins soll für die Ausstattung armer Contuberniumsschüler, auch für verarmte Haller Familienglieder verwendet werden (Regest im Dekanatsarchiv, Depositum im StAH, Anh. nn 5).
3 Bei Wunder fehlt der Todestag, der Vorname der zweiten Frau lautet bei ihm „Blandin" statt Blandina.
4 Nach Gn 29,17 hatte sie matte Augen, in Luthers Übersetzung ein blöde Gesicht (= schwache Augen), die Vulgata nennt sie triefäugig (lippis oculis).
5 Nach Gn 31,41 waren es sechs Jahre, die Jakob dem Laban zusätzlich um das Vieh diente.
6 Diese in den verschiedenen Bibelübersetzungen nicht ohne weiteres verständliche Stelle wird in der Lutherbibel von 1545 in einer Randglosse erklärt: ... Was nu bund von dem einferbigen vieh keme / das sollte sein [Jakobs] lohn sein. Des ward Laban fro / vnd hatte die natur fur sich / das von einferbigen nicht viel bundte natürlich [auf natürliche Weise] komen. Aber Jacob halff der natur mit kunst / das die einferbigen viel bundte trugen (siehe unten).
7 D. Martin Luther, Die gantze Heilige Schrifft Deudsch, Wittenberg 1545 (neu herausgegeben von Hans Volz, München 1972), S.80.
8 Vgl. dazu *Deutsch* 1983 (Jakob Hoffmann), Anm. 34.
9 Vgl. Wiltrud *Mersmann*, Der Schmerzensmann, Düsseldorf 1952, S.17 u. Umschlagbild; Renato *Ghiotto*/Terisio *Pignatti*, L'opera completa die Giovanni Bellini (Classici dell'Arte 28), Milano 1969, S.88, Kat.Nr.25 (mit Abbildung).
10 Gute Abbildung bei: Hans *Mielke* (Bearb.), Manierismus in Holland um 1600 (Ausstellungs-Kat. des Berliner Kupferstichkabinetts), Berlin 1979, Nr.85 (mit Angabe weiterer Literatur).
11 Herrn Dr. Haible gilt mein besonderer Dank für seine Hilfe. Vgl. dazu auch S. 356 mit Anm.3.
12 Der vom Datum des Kirchenbuchs abweichende Todestag auf dem Epitaph (14. März) dürfte – wie schon Rainer Krüger vermutete – auf einen Irrtum des Malers zurückgehen. Gerd Wunder zwar meint: offenbar handelt es sich um den Unterschied zwischen dem gregorianischen und dem julianischen Kalender. Aber der gregorianische Kalender wurde im evangelischen Deutschland erst 1700 eingeführt. Es ist ausgeschlossen, daß die Kirchenbücher nach einem in der Reichsstadt ungültigen, noch dazu katholischen Kalender geführt wurden und daß die Familie Stigler oder ihr Maler einem anderen Kalender folgte als die Haller Kirchenbehörde.

Georg Philipp Bonhoeffer (1614 – 1676)
Prediger und Dekan

Bemaltes Holzepitaph, 227/168 cm; hing früher unweit der jetzigen Stelle, jedoch nicht unter, sondern an der Südempore (Gräter: "Vorwärts an der sogenannten Salzsieders-Emporkirche").

Die Gemälde wahrscheinlich von **Johann David Zweiffel** (Zuschreibung), um 1676 oder kurz danach.

[20]

Das Epitaph hat die Form eines Altarretabels, bestehend aus Mittelstück (Corpus), Standflügeln, Aufsatz und einem predellaartigen Untersatz. Das Corpus, flankiert von freistehenden, gewundenen Säulen, enthält ein hochrechteckiges Ölgemälde mit einem eingezogenen Segmentbogen als oberem Abschluß. Es zeigt den Verstorbenen und seine zwei Ehefrauen, wie sie vor der Stadtkulisse von Jerusalem in monumentaler, würdevoller Haltung, den Blick zum Beschauer gerichtet, betend zu Seiten des Gekreuzigten knien, der Prediger im schwarzen Talar mit weißer Halskrause, die Frauen ebenfalls schwarz gekleidet mit Halskrause, Flügelhaube und weißen Ärmelbäuschen. Eine barocke Kuppelkirche zwischen dem Geistlichen und dem Kreuzstamm dürfte wie üblich den Tempel Salomos meinen[1]. Rechts daneben sieht man noch einen kleineren Rundbau, sonst vor allem nordische Giebelhäuser und links vorne ein Stadttor. Am düstern Himmel erscheint links vom Kreuz die halb verfinsterte Sonne. Vor dem Verstorbenen liegt ein Schädel am Boden, bei der verstorbenen Frau ist er bis auf ein Stück Oberkiefer verdeckt. Die drei Personen sind auffallend groß dargestellt, in deutlich größerem Maßstab als der Gekreuzigte. Die Physiognomie des Predigers stimmt mit der auf seinem Grabstein im wesentlichen überein (vgl. S. 56). Das berechtigt zu der Annahme, daß auch die beiden Frauen bildnistreu dargestellt wurden.

In den Zwickeln beiderseits des Segmentbogens sind geflügelte Engelsköpfe aus Pappmaché angebracht. Die beiden Säulen, schwarz wie auch der Rahmen des Mittelbildes, sind mit Weinranken, ebenfalls aus Pappmaché, geschmückt; die Blätter sind golden, die Trauben dunkelrot (Lüsterfarbe auf Silber, wie es scheint). Den Corpusrahmen schmücken acht rote „Diamanten", von goldenem Zierat gerahmt.

Die Standflügel enthalten ebenfalls Gemälde in hochrechteckigem Format. Links (heraldisch rechts) Christus als Salvator mit Strahlennimbus, barfuß, in grünem Gewand mit rotem Umhang, die Rechte segnend erhoben, in der Linken die Weltkugel mit dem Kreuz. Unter der Figur die Beischrift: *Christus Piorum Clÿpeus* (Christus, Schild der Frommen). – Am rechten Flügel der Apostel Paulus mit Scheibennimbus und langem Bart, in der Linken das Schwert; er trägt ein grünlich-dunkles Gewand mit roten Ärmeln und einen roten Umhang mit grauer Innenseite. Die Beischrift lautet: *Paulus Ap(osto)lorum Maxim9* (Paulus, der größte der Apostel; 9 = *us*). – Die Oberseite der Flügel ist mit Schweifwerk und mit einer gedrechselten Zierform in Gestalt eines Tropfens geschmückt.

Über dem Corpus liegt ein Architrav mit stark vorkragendem Gesims. Er enthält den Leichentext in goldener Fraktur auf schwarzem Grund: *Laß dich an meiner gnade begnügen / dan(n) meine Krafft ist in de(n) schwache(n) mächtig* (2 Kor 12,9). Daß es sich um den Leichentext handelt, beweist der Grabstein Bonhoeffers (S. 56ff.), der als Leichentext die nämliche Bibelstelle angibt.

Auch den Aufsatz über dem Architrav schmückt ein Gemälde. Sein Rahmen hat die Form einer Zwiebel mit abgeschnittener Spitze, flankiert von gemalten Engelsköpfen, deren Flügel in Volutenspangen ausschwingen.

Das Gemälde zeigt eine Szene aus der Offenbarung des Johannes (Apk 4–5), getreu kopiert nach dem betreffenden Kupferstich der Merianbibel von 1630. Johannes, am unteren Rand als liegende Figur mit aufgestütztem Arm zu sehen, schaut die Majestät Gottes und das Lamm mit sieben Hörnern, umgeben von den 24 Ältesten und den vier geflügelten Wesen in der Gestalt von Löwe, Mensch, Adler und Stier. Das Buch mit den sieben Siegeln ist schon geöffnet, die Ältesten sind bereits niedergekniet und haben ihre Kronen, zum Teil auch ihre Harfen, abgelegt. Die sieben brennenden Fackeln schweben in einer Lichtglorie über dem Thron Gottes; die *vieltausendmal tausend Engel* sind durch acht geflügelte Engelsköpfe wiedergegeben. Die Insel Patmos, auf der Johannes seine Offenbarung empfängt, wird durch ein flaches Kreissegment mit einigen Sträuchern angedeutet.

DIE MAJESTÄT GOTTES Offb. 4, 1-11

Die Aufgabe des Malers war, die rechteckige Vorlage in die Zwiebelform zu bringen und zu kolorieren. Dabei konnte er sich an die Farbangaben der Bibel halten, was er zum Teil auch tat. Die 24 Ältesten sind tatsächlich weiß gekleidet (genauer: gräulichweiß), ihre goldenen Kronen, ihre Harfen und die sieben Fackeln leuchten in goldgelbem Ocker; Gottes Gewand ist graublau, sein Mantel purpurgrau und das gläserne Meer mattgrau, von weißen Wolken umgeben. Die kräftigsten Farben finden sich an der irdischen Gestalt des Johannes: Grünblau am Kleid, Orange bis Ocker am Mantel[2].

In der Predella, einer Art hängendem, von Schweifwerk umgebenem Untersatz, findet sich die Gedenkschrift (Text bei Krüger und Wunder sowie Anhang, S. 398). Ihr sechseckiger Rahmen, gleichsam ein Rechteck mit abgeschnittenen unteren Ecken, wird von geflügelten Engelsköpfen begleitet, zwei gemalten an den schrägen Seiten, einem plastischen aus Pappmaché an der Unterseite.

An den Konsolen der Säulen befinden sich auf der Vorderseite die Vollwappen der beiden Gattinnen in seitlich überstehenden Pappmaché-Kartuschen mit vergoldetem Schweifwerk: links (heraldisch rechts) das Wappen der Anna Maria Müller, gegenüber das Wappen der Euphrosina Katharina Gräter (in der Version mit dem Fischmann). Auf das Bonhoeffer-Wappen hat man erstaunlicherweise verzichtet, falls es nicht – was wenig wahrscheinlich ist – im Scheitel des Aufsatzes angebracht war. An den Seiten der Konsolen sitzen Löwenmasken aus Pappmaché, ebenso unterhalb der Konsolen am Schweifwerk der Predella.

Der **Sinngehalt** des Denkmals ist schlicht und leuchtet unmittelbar ein. Aus dem Bildprogramm spricht die Hoffnung, ja eigentlich die Gewißheit des Stifters, durch den Glauben an Gottes Gnade die ewige Seligkeit zu erlangen. Die Gewähr dafür bieten Jesus Christus und Paulus. So steht im Zentrum des Programms – wie bei den meisten Epitaphen – das Kreuz und verbildlicht das Opfer, das Jesus für die Erlösung der Menschheit gebracht hat. Der Glaube des Verstorbenen und seiner Frauen zeigt sich in ihrer anbetenden Haltung. Auch der Leichentext am Architrav bezieht sich auf den Glauben. Die Stadt Jerusalem im Hintergrund des Mittelbildes ist eine Metapher für das himmlische Jerusalem, besonders auch der Tempel, der unübersehbar zwischen Jesus und dem Verstorbenen aufragt (vgl. oben)[3]. Im Aufsatz ist die himmlische Sphäre dann unmittelbar zu schauen im Gemälde von der Herrlichkeit Gottes aus der Offenbarung. Auf den Standflügeln sehen wir die beiden Garanten für die Erlösung: heraldisch rechts den Erlöser als „Schild der Frommen", der die Seele vor dem Verderben schützt; auf der anderen Seite Paulus, den „größten der Apostel". Der größte ist er deshalb, weil seine Worte von der Rechtfertigung durch den Glauben

(Röm 4,5 und 1,16–17) die Grundlage der evangelischen Heilslehre bilden[4]. Die Weinranken mit den roten Trauben an den Corpussäulen spielen nochmals auf das Opfer Christi an.

Der Maler

Johann David Zweiffel (1632–1709), der Vater des Malers Georg David Zweiffel, erlernte die Malerei bei Johann Schreyer in Hall, danach, 1652, bei dem niederländisch geschulten Radierer, Blumen- und Stillebenmaler Jakob Morell in Frankfurt und schließlich, 1654, bei dem Rubensschüler Johann Thomas in Antwerpen. Um 1655 kehrte er wegen einer Pestepidemie nach Hause zurück. Er machte sich selbständig, arbeitete aber öfters noch mit seinem früheren Lehrer Hans Schreyer zusammen (zum Beispiel 1667 an den Uhrtafeln von St. Michael). Städtische Zahlungen an ihn lassen sich von 1656 bis 1689 nachweisen. 1680 wurde er in den Inneren Rat gewählt. Im Juni 1706 erlitt er in der Ratsstube einen Schlaganfall und später noch weitere, verbunden mit einem Verfall seiner Gemüts- und Leibeskräfte, daß er schon vor seinem Tod *der welt gäntzlich abgestorben* war[5]. Das gleiche Schicksal traf anderthalb Jahrzehnte später seinen Sohn Georg David.

Die Zuschreibung des Epitaphs ist ein schwieriges Unterfangen, weil wir von Johann David Zweiffel bis jetzt kein einziges gesichertes Gemälde kennen, nur drei Kupferstiche, für die er die Vorlagen gezeichnet hat. Dazu gehören zwei Ansichten vom Brand der Gelbinger Vorstadt (1680)[6]. Sie eignen sich wegen ihrer Technik und Thematik aber nur begrenzt für Stilvergleiche. Noch 1990 waren sie die einzigen für Johann David belegten Arbeiten. Inzwischen bescherte uns der Zufall noch ein weiteres grafisches Werk. Ich fand in einem Archivalienband zur Geschichte der Familie Gräter[7] einen eingebundenen Kupferstich, gezeichnet von Johann David Zweiffel und gestochen von dem Augsburger Kupferstecher Bartholomäus Kilian (1630–1696)[8]. Das Blatt, datiert 1674, enthält ein ovales Brustbild des 42-jährigen Archidiakons Georg David Romig, integriert in einen bedeutsamen ikonologischen Zusammenhang, der das strenge Gesetz Mose und die Eherne Schlange dem milden Evangelium Jesu und

dem Gekreuzigten gegenübergestellt. Da es dem Kupferstecher offensichtlich gelungen ist, die stilistischen Elemente der Vorlage in den Stich hinüberzuretten, eignet sich das Blatt durchaus für Stilvergleiche mit den genannten Epitaphen, besonders das Brustbild Romigs und zwei Vollfiguren in den oberen Bildecken: Moses, im Profil gesehen, mit Stab und Gesetzestafeln, und Christus, en face, mit dem Kreuz.

Eine andere Möglichkeit, Johann Davids Werke aufzuspüren, eröffnet uns die Angabe des Totenbuchs, daß der Maler sich in Antwerpen bei dem Rubensschüler Johann

Georg Philipp Bonhoeffer

Thomas fortgebildet hat, weshalb die Werke, die ein Rubenskruzifix kopieren (wie hier und am Wibel-Epitaph, S. 130) oder an den Malstil der Rubensschule erinnern, von seiner Hand oder doch seiner Werkstatt stammen dürften.

Ein drittes Kriterium geht von der Annahme aus, daß innerhalb der Zweiffel-Werkstatt eine gewisse Kontinuität des Stils bestand – der Sohn hat ja laut Totenbuch bei seinem Vater gelernt und auch nach der Wanderschaft bei ihm gearbeitet; und da die Malweise des Sohnes Georg David bekannt ist (vgl. S. 134ff.), dürfte alles stilistisch Verwandte aus der frühen Zeit der Werkstatt – ehe Georg David (ab 1682) im eigenen Namen tätig wurde – der Vater Johann David gemalt haben.

Nimmt man diese drei Kriterien zusammen, lassen sich Johann David Zweiffel folgende Werke zuschreiben:

· Das hier behandelte Epitaph des Predigers Georg Philipp Bonhoeffer († 1676) anhand aller drei Kriterien: 1) Das Bildnis Romigs auf dem signierten Kupferstich weist die gleiche malerisch-lockere Gesichtsmodellierung auf wie die Epitaphfiguren. Und die Haare Romigs lassen trotz anderer Frisur die gleichen weichen, mit zarten Aufhellungen versehenen Lockenwellen erkennen wie der Prediger Bonhoeffer. Der bärtige Profilkopf des Moses in der linken oberen Ecke findet sich wieder im Aufsatz des Bonhoeffer-Epitaphs unter den Ältesten der Offenbarungsszene (links vorne). 2) Der Gekreuzigte des Epitaphs kopiert – auf entsprechend niedrigerer Qualitätsstufe, sonst aber getreu und seitenrichtig - den Rubenskruzifixus von 1610/11 aus der Antwerpener Rekollektenkirche (heute im Museum der Schönen Künste), den Zweiffel in Antwerpen gesehen haben muß[9]. Der im Vergleich zu anderen Haller Epitaphen auffallend große Maßstab der betenden Personen läßt sich wahrscheinlich auf den Antwerpener Lehrer Zweiffels, Johann Thomas, zurückführen; dieser schuf wie Rubens großfigurige Gemälde[10]. 3) Die Verwandtschaft mit Werken Georg David Zweiffels ist nicht zu übersehen. Sie zeigt sich außer an den Flügelbildern besonders deutlich, gleichsam leitmotivisch, an den geflügelten Engelsköpfen in Aufsatz und Predella. Diese haben – vor allem an der Predella – einen fast kreisrunden Gesichtsumriß, glotzend aufgerissene Augen, einen winzigen Mund mit dicken Lippen und ornamental auslaufende Flügelenden; vgl. etwa mit dem Wibel-Epitaph (S. 130ff.), das aus biografischen Gründen vom Sohn stammen dürfte. Das Bonhoeffer-Epitaph entstand aber, ehe der Sohn Georg David selbständig wirkte; es muß deshalb vom Vater stammen.

· Das Epitaph des Ratsherrn David Zweiffel († 1677)[11]. Es stimmt mit dem Bonhoeffer-Epitaph (siehe oben) stilistisch weitgehend überein, nur die Qualität scheint einen Grad geringer. Die Personen sind in gleicher Weise großformatig nebeneinander gereiht, ihre Hände hier wie dort in die Bildebene geklappt und die markanten Bauten der Stadtkulisse – der Tempel, das Stadttor – an den jeweils gleichen Stellen angebracht. Im übrigen war Johann David Zweiffel der jüngere Bruder des Ratsherrn David Zweiffel[12]; schon deshalb ist es wahrscheinlich, daß man ihm den Auftrag zukommen ließ.

· Das zu einem Epitaph umfunktionierte Bildnis des Pfarrers (und späteren Predigers) Heinrich Kern (1639–1716), gemalt laut Inschrift um 1698[13]. Bei ihm greift vor allem das zweite Kriterium: Der malerisch-flüssige, weich konturierende Pinselstrich verrät den Einfluß der Rubensschule (zweites Kriterium). Aber auch der unmittelbare Vergleich mit dem gleicherweise „malerisch" ausgeführten Antlitz Romigs auf dem signierten Kupferstich führt zu einer Zuschreibung an Johann David Zweiffel (erstes Kriterium).

Auch das Epitaph des Predigers Georg Bernhard Wibel († 1707) läßt neben dem Stil des jüngeren Zweiffel an mehreren Stellen die Malweise des Vaters erkennen und es kopiert außerdem den Kruzifixus der 1620 von Rubens gemalten Kreuzigung vom Hochaltar der Antwerpener Rekollektenkirche. Da Johann David Zweiffel aber damals schon krank und hinfällig war, muß man das wohl durch die Mitarbeit älterer, noch bei ihm geschulter Gesellen in der Werkstatt des Sohnes erklären (vgl. dazu S. 134ff.).

Die Figuren des Bonhoeffer-Epitaphs und noch mehr des Zweiffel-Epitaphs haben – vor allem im Mittelbild – nicht ganz die malerische Qualität mit der quasi impressionistischen Farbgebung wie das Bildnis Heinrich Kerns (Wunder Nr. 56). Das könnte jedoch an einer Übermalung liegen (was die geplante Restaurierung durch das Denkmalamt erweisen muß). Der Haller Kunstmaler Gottfried Schmidt hat im Jahr 1909 beide Epitaphe für 56 bzw. 45

Mark instandgesetzt[14]. Möglicherweise hat dadurch die Oberfläche, vor allem der Gesichter, ihr stumpfes Aussehen bekommen.

Quellen und Literatur
Epitaphienbuch 1698/1708, Bl. 6v Nr.4; Band a, S.7 f. Nr.4; *Gräter* 1797/98 Nr.181; R.*Krüger* Nr.66 (mit biographischen Angaben aus dem Totenbuch); *Wunder* 1980, Abb.26 (Mittelbild); *Wunder* 1987 Nr.20. – Über Georg Philipp Bonhoeffer vor allem: Totenbuch St. Michael III (1655-77), StAH 2/71, S.839 f.

Anmerkungen
1 Vgl. dazu *Deutsch* 1983, Anm.33a.
2 Am unteren Rand der Figur wurde von Barbarenhand ein – inzwischen verrosteter – Nagel durch Farbschicht und Holz getrieben.
3 Der von Salomo unter göttlicher Anleitung gebaute und darum von der gleichen göttlichen Harmonie wie die Himmelssphären durchwaltete Tempel galt in noch höherem Maß als andere Kirchengebäude als ein Abbild des Himmels – eine Vorstellung mittelalterlicher Denker, die noch lange lebendig blieb (vgl. u.a. Otto *von Simson*, Die gotische Kathedrale, Darmstadt ²1972, S.59 ff., 138 ff.).
4 Vgl. dazu S.310
5 Vgl. *Deutsch*, Rieden 1990, S.222. Zur Biographie: Totenbuch St. Michael 1698-1717, StAH 2/73, S.396 ff.
6 Vgl. *Deutsch*, ebd., S.224 mit Anm. 58; Abbildungen bei *Ulshöfer*, S.44.
7 Materialien zur urkundlichen Geschichte der Gräterischen Familie vom 15ten bis ins 19te Jahrhundert, gesammelt von Friedrich David Gräter (zum überwiegenden Teil eine Abschrift des Epitaphienbuchs), StAH 33/1.
8 Signiert: *J. D. Zweiffel del.* [delineavit] / *B. Kilian sculp.* [sculpsit].
9 Es gibt von dem Gemälde auch seitenverkehrte Nachbildungen, die dann wohl auf grafische Vorlagen zurückgehen. Das Rubens-Kruzifix war so berühmt, daß es zweifellos auch durch die Grafik verbreitet wurde. Ein Beispiel für eine seitenverkehrte Kopie ist das Corpusgemälde im Epitaph des Martin Maskosky, errichtet 1687, in der Göppinger Oberhofenkirche (abgebildet bei Konrad *Plieninger*: Stadtschreiber, Leibärzte, Festungskommandanten. Weissenhorn 1992, S.27).
10 Vgl. *Thieme-Becker* Bd.33, S.64.
11 Nr.30. Vgl. *Deutsch*, Rieden 1990, Anm.60 (Schluß). Detail-Abb. des Mittelbildes bei *Wunder* 1980, S.246.
12 Vgl. dazu Gerd *Wunder*, Die Ratsherren der Reichsstadt Hall 1487-1803, in: WFr 1962, S.100-160, hier Nr.252 und 312 (beides Söhne von Nr. 226).
13 Als Heinrich Kern 59 Jahre alt war (ætat. 59). Abb. bei *Wunder* 1980, S.220; Gedenkschrift und Detail-Abb. bei *Wunder* 1987, Nr.56.
14 *Votivbild des G. Philipp Bonhöfer restaurirt M 56,-* / *Votivbild des D. Zweiffel restaurirt M 45.* – Rechnungsbuch G. Schmidt (Privatbesitz), Buchstabe M (St. Michael, Hall, Kirchenpflege), Einträge vom 18.6.1909, Pos. 4 und 3.

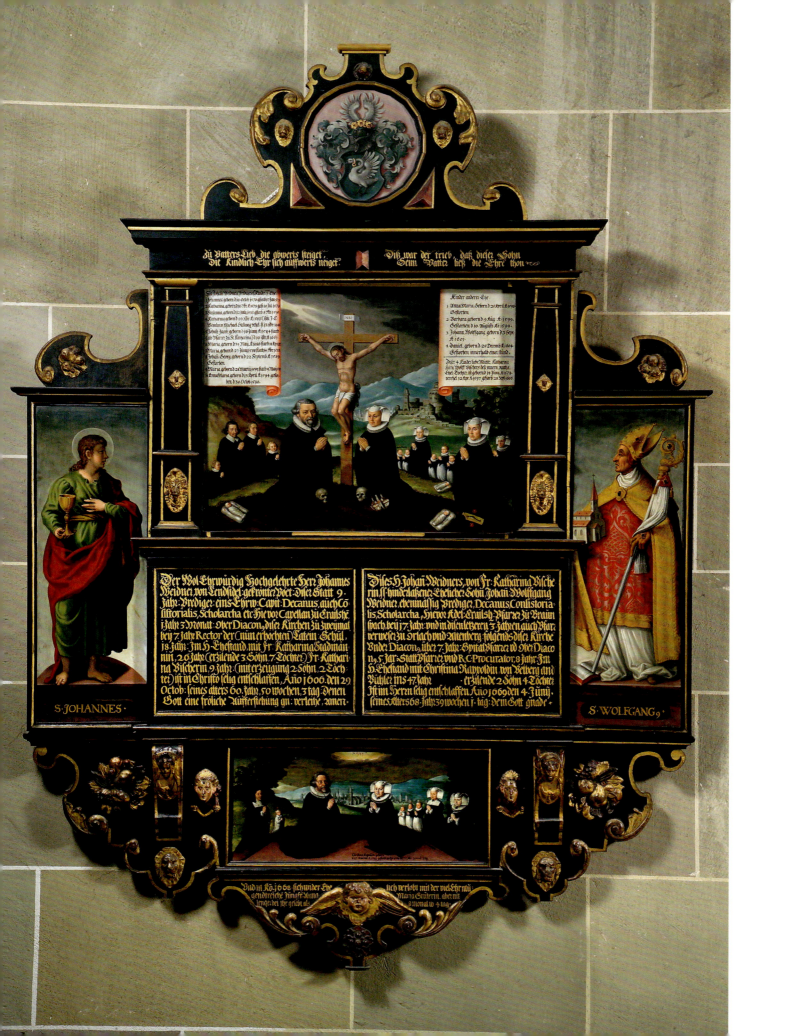

Johann und Johann Wolfgang Weidner (1545 – 1606 / 1601 – 1669)
Prediger

Doppelepitaph, Holz mit Ölgemälden, 230/180 cm[1]; restauriert 1912 von Gottfried Schmidt[2] und 1999/2000 von Jürgen Holstein und Roland Wunderlich, Rahmenteile von Jörg Eckstein; hing ursprünglich an der Südempore (als zehntes Denkmal von Westen bzw. zweites Denkmal von Osten)[3].

Die Gemälde von **Hans Schreyer** und Werkstatt (Zuschreibung); Enstehungszeit um 1668/69.

[22]

Der Prediger Johann Weidner (11. November 1545 – 29. Oktober 1606) spielte eine herausragende Rolle in der Haller Stadtgeschichte als Auslöser der sogenannten „Schneckischen Unruhen" und Protagonist der bürgerlichen Partei in dieser Zwietracht (1601–1604)[4]. Sein Grabmal, ein Wappenstein, ist an der südlichen Außenwand des Langhauses angebracht (Wunder Nr. 123). Von Johann Wolfgang Weidner (3. September 1601 – 4. Juni 1669), dem Sohn, hat sich ein figürliches Grabmal erhalten, heute im Inneren der Kirche am nördlichen „Predigerpfeiler" (S. 44ff.).

Das Epitaph im Kircheninneren ist beiden Predigern, Johann und Johann Wolfgang Weidner, Vater und Sohn, gewidmet. Es ist ein Hängeepitaph, gegliedert wie ein Altarretabel: in Corpus (Mittelteil), Aufsatz, Predella und Standflügel.

Das **Corpus** weist eine Besonderheit auf: es ist in zwei Bereiche aufgeteilt, einen oberen, gemalten, und einen unteren, beschrifteten. Der obere Bereich besteht aus einem Familienbild des Vaters Johann Weidner, eingefaßt durch ein Gebälk und seitliche Pilaster, die sich nach oben verjüngen. Die Familie kniet betend unter dem Kruzifix, die Männer auf der linken (heraldisch rechten) Seite, die Frauen gegenüber, unmittelbar am Kreuzstamm der Prediger und seine erste Frau, Katharina Stadtmann (1549–1596, verh. 1570). Zu Füßen beider liegt ein Totenschädel, bei der Frau außerdem das Stadtmannsche Wappen (mit einem Stadtprospekt als Wappenbild). Rechts im Vordergrund kniet Weidners zweite Ehefrau, Katharina Fischer (1578–1606, verh. 1597), ohne Totenkopf, doch ebenfalls mit Wappen (im Schild ein Schrägrechtsbalken belegt mit einem Fisch und begleitet beiderseits von einer Rose).

Hinter den Eltern sind in einem Halbkreis die Kinder aufgereiht, alle mit Namensbeischrift, die verstorbenen mit einem Kreuzchen überm Kopf: unmittelbar hinter Johann Weidner ein Kind der zweiten Frau, der spätere Prediger Johann Wolfgang als kleines Bübchen; links von diesem ein jugendlicher und ein erwachsener Sohn und am Bildrand ein früh verstorbenes Söhnchen, alle drei von der ersten Frau. Zwischen den beiden Ehefrauen erblickt man die Töchter der ersten Frau, sechs davon verstorben, einschließlich einem Wickelkind auf einem Kissen; nur eine Tochter, Katharina, wird als Lebende und Verheiratete (mit Haube) gezeigt. Hinter der zweiten Frau, am rechten Bildrand, ist deren einzige noch lebende Tochter, Anna Maria, dargestellt, ebenfalls als Verheiratete. Zwei gleich nach der Geburt verstorbene Kinder dieser Ehe, ein Söhnchen und ein Töchterchen, liegen als Wickelkinder links und rechts im Vordergrund auf einem Kissen. – Die Frauen und Töchter tragen noch alle Halskrausen, die verheirateten ein schwarzes Kleid, schwarzen Rock und weiße Flügelhauben, die Mädchen weiße Röcke; die männlichen

Personen sind ebenfalls schwarz gekleidet, die Söhne mit weißem Umschlagkragen, der Prediger als Geistlicher noch mit der Halskrause.

Johann Weidner hat also – lange vor dem Dreißigjährigen Krieg – von seinen vierzehn Kindern neun schon zu seinen Lebzeiten verloren, ein schweres, wenn auch nicht ungewöhnliches Schicksal.

Der Hintergrund des Bildes ist nach den Regeln der „Luftperspektive" von kräftigem Braun und mattem Grün bis zum Blaßblau einer fernen Hügelkette abgestuft. Der Himmel, in den das Kreuz zur Hälfte hineinragt, ist grau verhangen. Von links oben bricht ein diffuser Lichtstrahl durch das Gewölk. Er ist auf das Kreuz gerichtet und läßt auch die Hügel im Hintergrund auf ihrer linken Seite weißlich aufleuchten.

Im Mittelgrund, hinter den Töchtern Weidners, erhebt sich ein festungsartiger Gebäudekomplex mit Türmen und zwei Rundbauten verschiedener Größe – ein Bild der Stadt Jerusalem, wie bei solchen Kreuzdarstellungen üblich. Mit dem großen Rundbau im Zentrum, zu dem eine Treppe hinaufführt, dürfte wie in allen ähnlichen Darstellungen der Tempel Salomos gemeint sein[5]. Ja man hat den Eindruck, daß dieser Festungshügel gleichzeitig das *hochgebaute Jerusalem* als Himmelssymbol und das Gottessymbol der *festen Burg* darstellen soll[6]. In der Bildmitte hinten, zwischen Burghügel und Kruzifix, liegt, in ein Tal eingebettet, eine Stadt im bläulichen Dunst der Ferne, wohl der bürgerliche Teil Jerusalems.

Ungewöhnlich an dem Familienbild Johann Weidners ist, daß in den beiden oberen Ecken zwei Inschriftfelder in Gestalt von Schriftrollen aufgemalt sind. Sie enthalten die Namen und die Lebensdaten der Kinder, numeriert in der Reihenfolge ihrer Geburt[7]: links der zehn Kinder aus erster Ehe (Überschrift: *Hrn Johan. Weidners, Predigers s[eine] Kinder 1. Ehe.*); rechts der vier Kinder aus der zweiten Ehe, darunter der Vermerk: *Diser 4 Kinder liebe Mutter, Katharina / H(e)rrn Wolff Vischers deß jnnern Raths. / Ehel. Tochter ist geborn d. 14. Junij, A(nno) 1578. / verehel: 12. Apr. A. 1597. gestorb. 28. Sept. 1606.*

Im Familienbild selbst steht unterhalb der ersten Frau: *Katharina Stadmän(n)in, starb d. 9. Octob. / [A.] 1596 ihres alters vmb 50. jahr.* (tatsächlich wurde sie 47 Jahre alt)[8].

Der untere Teil des Corpus enthält, golden auf schwarzem Grund, die Gedenkschriften für die beiden Prediger, in der linken Hälfte für Johann Weidner, den Vater, in der rechten Hälfte für Johann Wolfgang Weidner, den Sohn. Sie verzeichnen die biografischen Daten der Verstorbenen, geben Auskunft über ihren Werdegang, ihre Frauen, die Zahl ihrer Kinder und den Zeitpunkt ihres Todes. Über Johann Weidner erfahren wir zusätzlich, daß er von Lendsidel stammte und gekrönter Poet war[9]. Wortlaut der Texte bei Gräter, Rainer Krüger (korrekt), bei Wunder 1987 und bei Holstein/Wunderlich (von Wunder abgeschrieben) sowie Anhang S. 399.

Auch das Gebälk über dem Corpus ist am Architrav mit einer Inschrift versehen, ebenfalls golden auf schwarzem Grund:

Zu Vatters Lieb, die abwerts steiget
Die Kindlich Ehr sich auffwerts neiget.
Diß war der trieb, daß dieser Sohn
Seim Vatter ließ die Ehre thon.

Über dem Gebälk ist, von Schweifwerk gestützt, ein Rundbild mit dem Vollwappen der Familie Weidner angebracht; im Schild zeigt es einen aufliegenden Schwan mit zweigliedriger goldener Halskette.

Die **Predella** enthält ein Familienbild des Sohnes Johann Wolfgang Weidner. Es ist, dem Ort der Anbringung entsprechend, wesentlich niedriger als das Corpusgemälde, aber auch weniger breit[10]. Wie im oberen Bild und in gleicher Anordnung knien der Prediger und seine Familie am Boden, doch diesmal nicht vor dem Kruzifix, sondern unter einer lichten Wolkenlücke, in der das Tetragramm, die hebräischen Buchstaben für das Wort Jahwe, Gott, erscheint. Dieses Zeichen für Gott war seit dem 16. Jahrhundert gebräuchlich[11]. Mit ihm hat man – gemäß dem alttestamentlichen Bilderverbot[12] – vermieden, Gott Vater in Menschengestalt darzustellen, besonders im evangelischen Bereich. Das war aber, außer im Calvinismus[13], keine verbindliche Regel: so blickt etwa im Firnhaber- und im Hamberger-Epitaph (S. 218ff. bzw. Wunder Nr. 34) Gott Vater als Halbfigur aus den Wolken; an anderen Denkmälern erscheint er in voller Gestalt.

Dargestellt sind im einzelnen: der Prediger und seine erste Gattin beiderseits der Bildmitte; auf der linken Seite ein verstorbenes Knäblein und, mit einem Gebüsch als Hintergrund, ein erwachsener Sohn; auf der rechten Seite drei verstorbene Mädchen und rechts von ihnen eine verheiratete Tochter (mit Haube); am rechten Bildrand, vor einem Baum, die zweite Gattin mit der Beischrift: *2. Haußfraw*. Die übrigen Angehörigen sind jeweils unter der Figur mit Namen versehen, wobei merkwürdigerweise die männlichen Namen auf dem Kopf stehen. Die Beischrift unterhalb der ersten Ehefrau ist wie im oberen Bild zweizeilig: *Christina Rapoldin geborn / d. 27. Novemb. A. 1592. gestorb(en). 18. Apr. 1668. alt. 75. jahr. 20. woch. 3. tag.* Keiner der Figuren ist ein Totenschädel beigegeben. Nur die verstorbenen Kinder sind über dem Kopf durch ein rotes Kreuzchen gekennzeichnet.

In der Tracht unterscheiden sich die Figuren kaum von denen im oberen Bild; nur die verheiratete Tochter hat statt der Halskrause einen Überfallkragen (Rabat), ebenso der erwachsene Sohn, und das verstorbene Söhnchen ist weiß gekleidet.

Die im blaßblauen Dunst des Hintergrunds liegende Stadt ist im Unterschied zum oberen Bild nicht Jerusalem – es ist ja auch nicht Christus am Kreuz dargestellt –, sondern die eigene Heimatstadt des Predigers, Schwäbisch Hall. Unter anderem sind deutlich zu erkennen: zwischen den Eheleuten die Michaelskirche, die Schuppachkirche und das Langenfelder Tor, sowie rechts der Frau der zweitürmige Komplex des Limpurger Tors. Eine solche Wiedergabe Halls kommt in der Michaelskirche sonst nur noch am Epitaph des Georg Bernhard Wibel vor (S. 130ff., um 1708) und, beschränkt auf ein Abbild der Michaelskirche, bei Johann Balthasar Beyschlag (Wunder Nr. 37, um 1717/18). In allen anderen Fällen ist mit der Stadt im Hintergrund Jerusalem gemeint.

Die näheren Angaben zur zweiten Gattin Weidners, für die im Gemälde selbst kein Platz war, sind unter dem Bild in monumentaler Schrift, golden auf schwarzem Grund, zwischen die rahmende Ornamentik des Epitaphs eingefügt, beiderseits eines geflügelten Engelskopfes aus Pappmaché, der sie in zwei Hälften teilt:

Vnd in A(nn)o. 1668. sich wider Ehe lich verlobt mit der viel Ehrntu/gendtreiche(n) Jungfr(au) Anna Maria Gräterin, aber nit / lenger bei ihr gelebt als 8. Monat w(eniger)[14] *4. tag.*

In Wirklichkeit waren es neun Monate weniger vier Tage, denn Weidner heiratete die zweite Frau am 8. September 1668 und starb am 4. Juni 1669[15].

Die **Standflügel** ruhen wie das Corpus auf dem Gesims der Predella. Ihre Bildtafeln reichen aber nur bis etwa zur Mitte des Corpusgemäldes hinauf. Das heißt das Corpusbild ist wegen der unter ihm angebrachten Gedächtnisschriften weit über die Flügelbilder hinausgehoben.

Am linken (heraldisch rechten) Flügel ist der Jünger Johannes dargestellt. Die Inschrift am Sockel, golden auf schwarzem Grund, lautet: *S · JOHANNES ·* (Sanctus Johannes). Der Apostel wendet sich nach rechts, zur Mitte hin. Er ist barfuß, hat einen blassen, kreisrunden Nimbus und trägt eine graugrüne, gegürtete Tunika, darüber ein leuchtend rotes Manteltuch. In der Rechten hält er einen goldenen Kelch, die Linke hat er an die Brust gelegt.

Das Gemälde des rechten Flügels zeigt den hl. Wolfgang. Die Inschrift am Sockel: *S · WOLFGANG 9 ·* (Sanctus Wolfgangus). Der Heilige wendet sich nach links, also wiederum der Mitte zu. Er ist als Bischof in Pontifikaltracht dargestellt: Über der Albe trägt er eine Dalmatika aus rot-silbernem Brokat mit goldener Borte, darüber ein goldverbrämtes Pluviale (einen Radmantel), um den Hals das Amikt, ferner juwelenverzierte Handschuhe und auf dem Haupt eine goldene Mitra. In der Rechten hält er sein spezielles Attribut, ein Kirchenmodell, in der Linken den Bischofsstab mit goldener, edelsteingeschmückter Krümme und langem Velum (auch Pannisellus genannt, einem Tuchfähnchen). – Daß sich der hl. Wolfgang an einem evangelischen Denkmal findet, überrascht nur auf den ersten Blick. Er fungiert hier wie sein Gegenstück Johannes als Namenspatron des Stifters. In der Michaelskirche ist das nicht der einzige Fall. Ich erinnere an Margarete Drüller (S. 188ff.) und Michael Stigler (S. 64ff.).

Die additiv zusammengefügten Teile des Epitaphs sind durch Schweifwerk in den Zwickeln, im Aufsatz und unter der Predella miteinander verbunden. Dabei werden die leeren Zwickel zwischen Corpuswand und Dachgesims der Flügel durch eine gebrochene Volute mit Rosettenschmuck notdürftig überspielt. Von umso üppigerem Schmuck ist die Predella umgeben. Auf den freien Flächen zwischen dem rahmenden Schweifwerk wimmelt es von Applikationen aus Pappmaché, die zum Teil mit wesentlich älteren Modeln gepreßt wurden, wie Vergleiche mit früheren Denkmälern zeigen[16]. Auf beiden Seiten des Predellabildes finden sich: an den Corpuskonsolen eine Frauenmaske, links davon eine weibliche Maske mit Halstuch (eine sogenannte Serviettenmaske), rechts ein Fruchtbündel und unter den Konsolen ein Löwenkopf; unterhalb der Predella ein geflügelter Engelskopf, darunter eine Rosette. Auch am Sockel der Corpuspilaster ist ein Löwenkopf, an ihrem Schaft eine Rosette mit Diamant angebracht.

Das ganze Rahmenwerk wird wie die Inschriftflächen von dem Farbklang Schwarz und Gold beherrscht.

Der Maler

Vergleicht man die Familienbilder des Epitaphs mit dem signierten Mair-Epitaph in Lobenhausen (siehe S. 175) und mit den Denkmälern, die sich auf andere Weise als Schreyerwerke bestimmen lassen (in St. Michael Wunder Nr. 19, 26, 29, 32, 43, 47, 50, 52, 69; im Hällisch-Fränkischen Museum das Funck-Epitaph aus St. Michael[17] und das Fragment des Beyerdörfer-Epitaphs[18]), so besteht kein Zweifel, daß auch das Weidner-Epitaph von Johann Schreyer gemalt wurde. Das Erscheinungsbild der Figuren ist durchweg gleichartig. Verschieden sind – naturgemäß – nur die Physiognomien, die ja Bildnischarakter haben, aber auch das nur in den Fällen, wo der Maler vom Augenschein oder von vorhandenen Porträts ausgehen konnte. Bei den Kindern, zumal den verstorbenen, war das sicherlich nicht der Fall. Sie sind demzufolge als Typen wiedergegeben und finden sich an allen Schreyer-Epitaphen nahezu unverändert, weitgehend austauschbar.

Die Vergleiche dafür sind zahlreich. Die größte Auswahl bietet das Epitaph des Peter Firnhaber (S. 218ff.) mit dessen 120 Nachkommen. Man vergleiche vor allem die kleinen Kinder in den Stammbaumranken mit den Kindern bei Weidner, auch die Wickelkinder, die – einziger Unterschied – bei Firnhaber nicht auf Kissen liegen, sondern in die Kurven der Ranken eingebettet sind. An jedem anderen Schreyer-Epitaph mit Kinderbildern (bei Stigler, Seiferheld, Holl, Ezechiel Wenger, Drüller, Schmalkalder) erkennt man dieselbe Übereinstimmung, wenn man die kleinen Mädchen bzw. Knäbchen oder die Wickelkinder mit den entsprechenden Figuren des Weidner-Epitaphs vergleicht. Das gilt auch für die Epitaphe von Andreas Funck und Michael Beyerdörfer im Hällisch-Fränkischen Museum (siehe oben), wo man bei den Kindern nicht nur die gleichen Figuren- und Gesichtstypen wie in St. Michael findet, sondern auch die charakteristische Seitwärtsneigung des Kopfes bei einzelnen Figuren. Vgl. etwa in der Predella das Knäbchen links von Johann Wolfgang Weidner (Dietrich Christian) mit dem Figürchen links hinter Andreas Funck bzw. Michael Beyerdörfer.

Gleichartig sind auch die Frauen, die manchmal eher typisiert als porträthaft wirken. Und besonders deutlich erkennt man die Formensprache Schreyers am Kruzifix. Hier lassen sich vor allem die Christusfiguren bei Firnhaber, Drüller und Holl (S. 218ff., S. 188ff., Wunder Nr. 29) vergleichen, wobei zu bemerken ist, daß der Gekreuzigte Drüllers ziemlich getreu die ältere Figur Firnhabers nachbildet. Die Körperhaltung des Weidner-Kruzifixus mit den nach links abgewinkelten Beinen finden wir bei Holl, die Modellierung von Oberkörper und Bauch bei Firnhaber und Holl, die schlaff herabhängenden Finger bei Firnhaber und Drüller, die Form von Antlitz, Haar und Dornenkrone ebendort, die durchscheinende Kreisscheibe des Nimbus bei Drüller. Durch diese Nimbusform unterscheidet sich übrigens der Drüllersche Christus von seinem Vorbild am Firnhaber-Epitaph. Offenbar handelt es sich um eine Version der Spätzeit Schreyers.

In die späten Jahre Schreyers paßt auch die gedrungene Gestalt der Hauptfiguren (vgl. Drüller um 1669, Holl um 1659). Diese Erscheinung erklärt sich wahrscheinlich damit, daß Schreyer – in der Spätzeit mehr als früher – seine Figuren von Gehilfen anlegen ließ und selber nur die Gesichter ausführte[19]. Er war ja in erster Linie Porträtmaler (*Conterfeher*)[20]. In einer so vielbeschäftigten Werkstatt wie der seinigen war ein solches Verfahren in wirtschaftlicher Hinsicht nahezu zwingend. Tatsächlich ist es erwiesen, daß Schreyer eine größere Zahl von Mitarbeitern beschäftigt hat, denn allein vier seiner Gesellen sind namentlich bekannt[21].

Wahrscheinlich stammen auch die Flügelgemälde von Gehilfenhand. Vor allem der Johannes zeigt Schwächen. Beachtet man, wie etwa sein Kelch mehr schwebt als gehalten wird, so daß er jeden Augenblick zu kippen droht, hat man nicht den Eindruck einer Arbeit des Meisters. Der Wolfgang wirkt kraftvoller. Ein Urteil ist aber schwierig, denn die Flügelbilder dürften wie in den meisten Fällen nach irgendwelchen Vorlagen gestaltet sein, auch wenn sich diese im Einzelfall nicht immer nachweisen lassen. Und wo die Vorlage gut ist, überzeugt auch die Nachbildung. Das belegen die qualitätvollen Tugendallegorien am Seiferheld-Epitaph (S. 86ff.), die zwei Kupferstiche von Hendrick Goltzius kopieren[22].

Die Entstehungszeit

Bei der Datierung des Doppelepitaphs steht man vor einem Problem: Sind die beiden Familienbilder gleichzeitig entstanden, oder hat man bei der Errichtung des Denkmals eine ältere Tafel, vielleicht ein unvollendetes Epitaph für Johann Weidner, mit eingebaut? In seiner jetzigen Gestalt stammt das Werk aus der Zeit des Todes von Johann Wolfgang Weidner, dem Sohn. Das belegen der Wolfgang am rechten Flügel als Namenspatron des jüngeren Weidner, ferner der Stil der Rahmung, namentlich des Schweifwerks, sowie die Inschrift am Architrav, die eine Hommage des Sohnes an den Vater darstellt (siehe unten). Bedenkt man aber das Lebensalter der im oberen Bild dargestellten Personen, so könnte man zu dem Schluß kommen, das obere Gemälde stamme aus der Zeit kurz nach dem Tod Johann Weidners (1606). Der Sohn Johann Wolfgang (geb. 1601), den das untere Bild als ergrauten Mann zeigt, ist im oberen Bild (links hinter dem Vater) als etwa fünfjähriges Bübchen wiedergegeben. Sein älterer Halbbruder Johann Georg (geb. 1589) erscheint als ungefähr Siebzehnjähriger. Und auch die verheiratete Katharina aus erster Ehe (geb. 1582, verehelicht 1600) fügt sich gut zu einer Entstehungszeit um 1606.

Bei näherer Betrachtung entdeckt man aber einige Unstimmigkeiten: Der Sohn Johann Jakob (geb. 1584, zweiter von links) sieht nicht wie ein 22-jähriger aus, sondern wie ein mindestens 30- bis 40-jähriger; und auch sein anliegender, nicht mehr abstehender Kragen paßt nicht zur spanischen Mode des Jahrhundertanfangs (vgl. zum Beispiel das Moser-Epitaph, Wunder Nr. 76). Doch der auffallendste Anachronismus zeigt sich bei der Tochter Anna Maria aus zweiter Ehe (geb. 1598, am rechten Bildrand), die mit Haube dargestellt ist, obwohl sie erst 1617 geheiratet hat[23]. Den sichersten Beweis einer späteren Entstehung liefert aber die – kaum zu bestreitende – Zuschreibung an Hans Schreyer, der erst 1621/23 nach Hall gekommen ist und um 1606 noch ein zehnjähriger Junge war[24].

Man hat also versucht, das Gedenkbild für Johann Weidner, den Vater, so zu rekonstruieren, wie es bei dessen Tod um 1606 ausgesehen hätte, wollte dabei aber doch nicht so weit gehen, die später verehelichte Tochter Anna Maria als Ledige darzustellen und den späteren Pfarrer von St. Katharina, Johann Jakob († 1661), als Jüngling. Vielmehr versuchte man diesen dem Erscheinungsbild anzunähern, das den Bürgern noch bekannt war. – Der Fall mahnt einmal mehr zur Vorsicht bei Datierungen. Auch die biografischen Daten der dargestellten Personen können in die Irre führen.

Nun ist klar, daß das ganze Epitaph im Zusammenhang mit dem Tod des jüngeren Predigers, Johann Wolfgang Weidner († 1669), entstanden ist, und zwar nach seiner Heirat mit der zweiten Frau am 8. September 1668. Wahrscheinlich hatte der Prediger selbst noch Einfluß auf die Konzeption des Denkmals. Das läßt sich aus dem Spruch am Architrav schließen, der besagt, *daß dieser Sohn / Seim Vatter ließ die Ehre thon*.

Man fragt sich natürlich, warum eine Persönlichkeit wie Johann Weidner nach seinem Tod kein eigenes Epitaph erhalten hat. Wahrscheinlich lag es an dem unglücklichen Umstand, daß der geeignete Auftraggeber fehlte: die zweite Gattin ist schon einen Monat vor ihrem Mann gestorben (am 28. September 1606), und der erwachsene Sohn, M. Johann Jakob Weidner, lebte zu dieser Zeit nicht in Schwäbisch Hall[25].

Der Sinngehalt

In der unterm Kruzifix betenden Familie drückt sich, wie in allen Darstellungen dieser Art, der Glaube an Jesus Christus und damit die Zuversicht aus, dank diesem Glauben und der Gnade Gottes die ewige Seligkeit zu erlangen. Außerdem bieten solche Bilder die Möglichkeit, alle Angehörigen der Familie, verstorbene und noch lebende, gemeinsam zu zeigen. Stolz und Trauer mögen sich

hier gemischt haben und die Sehnsucht, sich einst jenseits des Todes wiederzufinden. Diese Wiedervereinigung wird im Bilde gleichsam vorweggenommen.

Auf das Jenseits verweist im oberen Gemälde auch das Phantasiebild der Stadt Jerusalem mit ihren Rundbauten als Metapher für das *himmlische Jerusalem*[26].

Im unteren Gemälde bedurfte es einer Variante, um zu vermeiden, daß der Gekreuzigte und die Stadt Jerusalem an demselben Denkmal ein zweites Mal erschienen. Statt des Kruzifixes wurde jetzt Gott Vater selbst in Gestalt seines Buchstabensymbols und anstelle Jerusalems die Heimatstadt der betenden Familie, Schwäbisch Hall, dargestellt. Eigentlich läge es nahe, das gemeinschaftliche Gebet um Erlösung in die vertraute Umgebung der eigenen Stadt zu verlegen. Doch hat diese Idee, jedenfalls in Hall, kaum Schule gemacht. Man wollte wohl nicht auf die verheißungsvolle Symbolkraft eines Jerusalembildes verzichten. Außerdem gruppieren sich die betenden Familien ja in der Regel um ein Kruzifix, so daß der Zusammenhang mit Golgatha und Jerusalem schon aus topografischen Gründen gegeben ist.

Zum Schluß sei noch versucht, die Inschrift am Architrav zu deuten. Was bedeuten die rätselhaften Verse: *Zu Vatters Lieb, die abwerts steiget* (also von oben kommt) / *Die Kindlich Ehr* [= Ehererbietung, Verehrung] *sich auffwerts neiget* (dem Vater entgegen)? Meint das ganz allgemein die Liebe zwischen Vater und Kind; oder verehrt hier der hinterbliebene Sohn seinen verstorbenen Vater im Himmel, mit dem er sich nach wie vor verbunden fühlt? Könnte womöglich bei dem Vater im Himmel, der seine Liebe herabsendet und darum verehrt wird, zugleich an den liebenden Gott gedacht sein[27]?

Sicherer zu deuten ist der zweite Teil der Inschrift: *Diß war der trieb* [der Antrieb, Beweggrund], *daß dieser Sohn / Seim Vatter ließ die Ehre thon*. An der Vergangenheitsform *ließ* erkennt man, daß sich diese Verse auf einen konkreten, einmaligen Vorgang beziehen: auf die Stiftung des gemeinsamen Epitaphs. Mit ihm hat der Sohn seinem Vater – was ungewöhnlich ist – noch sechs Jahrzehnte nach dessen Tod ein Denkmal der Verehrung gesetzt, indem er ihm in seinem eigenen Epitaph das zentrale, an Größe beherrschende Gedenkbild einräumte.

Quellen und Literatur

Epitaphienbuch 1698/1708, Bl.8v –10r, Nr.10; Bd.a, S.9, Nr.10; *Gräter* 1797/98, Nr.175; R.*Krüger* Nr.62; *Wunder* 1980, Abb. 22 f.; *Wunder* 1987 Nr.22; Jürgen *Holstein* / Roland *Wunderlich*, Restaurierungsbericht 2002, Objekt-Nr. 0195/361 (mit 5 Abb.). – Zu Johann Weidner und den Schneckschen Unruhen: Christian *Kolb*, Die Schneckischen Unruhen in Schwäbisch-Hall 1601-1604, in: Württembergische Vierteljahrshefte für Landesgeschichte 1893, S.163-216; *Wunder* 1980, S.79 f., 108; Thomas *Lau*, Die Schneckischen Unruhen in SchwäbischHall (1602-1603), Ms. o.J., Magisterarbeit Freiburg (172 Seiten).

Anmerkungen

1. Nach *Holstein/Wunderlich* (nach Rainer *Krüger* 239/178 cm); weitere Maße: Wappenbild im Aufsatz 30 cm Durchmesser, oberes Gemäde 68/83 cm, unteres Gemälde 28/69 cm, Flügelbilder 85/30 cm, Schrifttafeln 36/52 cm.
2. Rechnungsbuch Schmidt (Privatbesitz), Eintrag vom 4.11.1912: *Votivtafel des J. Weidner / 1 Bild restauirt M. 6.– / 2 Bilder a. 2 M. restaurirt M. 4.–* [wohl die Flügelbilder] / *Ausbesserungen vom Schreiner u. Holzbildhauer M. 8.80.*
3. Epitaphienbuch: *Gleich eingangs von der grosen Kirchen Thier rechter Hand biß an die grose Sacristeÿ / An der Barkirch (Nr.10).* – *Gräter*: „Vorwärts an der sogenannten Salzsieders-Emporkirche, nächst der Sacristey, hängend."
4. Siehe dazu vor allem die unten verzeichneten Forschungen von Christian *Kolb* (1893), Thomas *Lau* (Ms. o.J.) und – zusammenfassend – *Wunder* 1980.
5. Dazu ausführlich S. 193f. (Andreas Drüller).
6. Zur „festen Burg" ebd. S.194.
7. Namentlich aufgeführt bei R. *Krüger*, *Wunder* 1987 und *Holstein/Wunderlich*.
8. Vgl. *Wunder* 1987, S.16; Pfarrerbuch S.484.
9. Die Würde eines „poeta laureatus" (gekrönten Dichters) wurde ihm 1589 von der Universität Heidelberg verliehen (*Kolb* S.164, Pfarrerbuch S.484).
10. Vgl. die Maße in Anm.1.
11. In Hall findet es sich, von derselben Malerhand, noch an den Epitaphen von Ezechiel Wenger (S. 114), Andreas Funck (HFM, Inv.Nr.595, Abb.40 bei *Wunder* 1980) und Michael Beyerdörfer (HFM, Inv.Nr.731, Abb. wie Anm.18), außerdem bei Heinrich Kern (Wunder Nr.56) und, stark verwittert, bei Georg Friedrich Blinzig (S. 25).
12. 2. Mose 20,4: „Du sollst dir kein Bildnis ... machen". Und noch bei Paulus (Römer 1, 22 f.): Sie sind „zu Narren geworden und haben verwandelt die Herrlichkeit des unvergleichlichen Gottes in ein Bild gleich dem vergänglichen Menschen".
13. Beispielsweise heißt es im Heidelberger Katechismus, bei Frage 97: „Gott kann und soll keineswegs abgebildet werden".
14. Alle früheren Autoren lesen *v(nd)* statt *w(eniger)*. Der Irrtum hätte sich durch Nachrechnen vermeiden lassen.
15. Siehe *Wunder* 1987, S.16; Pfarrerbuch S.485. *Krüger* (nach dem Totenbuch) nennt für die Heirat den 9.9. (S.101). Am Grabmal Weidners (Nr.14) ist die entscheidende Stelle abgebrochen.
16. Zum Beispiel Melchior Wenger (S. 14ff.), um 1602.
17. Inv.Nr.595. In St. Michael hing es „Bey der Uhrtafel beym Glockenhaus" (*Gräter* 1796/97, Nr.165).
18. Inv.Nr.731. Angeblich ebenfalls aus St. Michael, aber bei Gräter nicht aufgeführt. Abgebildet in den Katalogen des HFM Bd.2 (Leonhard Kern) S.121 und Bd.8 (Hausgeschichten) S.181.
19. Vgl. dazu S. 176.
20. Vgl. ebd.
21. Aufgeführt ebd.
22. Siehe S. 86ff.
23. *Wunder* 1987, S.16; Pfarrerbuch S.484.
24. Vgl. S. 174f.
25. Siehe Pfarrerbuch S.485, Nr.2833.
26. Vgl. dazu u.a. S. 193f.
27. Vergleichbar der Doppelbedeutung am Epitaph des Georg Bernhard Wibel, wo nachweislich die Himmelfahrt des Elias zugleich die Himmelfahrt des Predigers Wibel meint (siehe S. 133).

Georg Seiferheld (1563 – 1616)
Verwalter im Schöntaler Hof

Bemaltes Holzepitaph (Ölfarben), 240/126 cm (Corpusbreite ohne Gesimse: 119 cm). Ursprünglich an der Bäckerempore (Nordempore) *vorwärts hangend* (Gräter).

Die Gemälde von **Hans Schreyer** (Zuschreibung), um 1650/55 (siehe unten).

[26]

Das Epitaph besteht – in Anlehnung an die Retabelform – aus Corpus (Mittelteil), Standflügeln, Gebälk mit Aufsatz und hängender Predella.

Das **Corpus** enthält ein Gemälde in einem breiten, hochovalen, gräulich-weiß marmorierten Rahmen, den – jeweils an den Corpusecken – vier aus Pappmaché gepreßte Engelsköpfe mit goldenen Flügeln und roten Pausbacken zieren. Das Gemälde ist eine detailgetreue Wiedergabe von Dürers Holzschnitt der Hl. Dreifaltigkeit (*Der Gnadenstuhl in Wolken*, B.122, datiert 1511). Der Maler hat die Kopie nur koloriert und dem ovalen Rahmen angepaßt (unter Verzicht auf die vier Winde am unteren Rand des Holzschnitts).

Dargestellt ist ein *Gnadenstuhl* im Himmel. Gott Vater, mit grauem Bart, eine goldene Tiara auf dem Haupt, thront – oder genauer: schwebt sitzend – über den Wolken und präsentiert dem Beschauer den Leichnam des geopferten Sohnes, indem er ihn mit verhüllten Händen unter den Armen hält. Christus, nackt bis auf sein Lendentuch, ruht leicht schräg gelagert im Schoß des Vaters auf dem dort ausgebreiteten Leichentuch, den Kopf schmerzvoll zurückgelegt. Das Haupt Gottvaters umgibt ein goldener Strahlennimbus. Darüber schwebt die Taube des Hl. Geistes in einer Lichtglorie. Die Gruppe wird von zwei Scharen majestätischer Engel flankiert, die sich, nach oben hin immer kleiner, in der Ferne des Himmels verlieren. Die vorderen halten Christi Arm und Hand und den Mantel Gott Vaters, die hinteren die Leidenswerkzeuge.

Das Gemälde besticht durch ein überwiegend farbenfrohes Kolorit, von dem sich der Körper des toten Sohnes durch die gräulichweiße Folie des Leichentuchs bedeutungsvoll abhebt. Sonst wechseln kräftige Farben mit zurückhaltenden Partien. So steht neben dem leuchtend roten Gewand Gott Vaters das gedämpfte Purpurbraun seines Pluviales. Und an der Kleidung der Engel wechseln rot, gelb und lila mit graugrün und dunkeltürkis, an ihren Flügeln rosa, rosaweiß und meergrün mit grau und grüngrau. Dabei finden sich kaum noch Lokalfarben; das Kolorit richtet sich nicht nach den Konturen der Gegenstände, sondern nach den Grenzen von Licht und Schatten und nach der Intensität des Lichts. Gott Vaters Pluviale zum Beispiel wechselt bisweilen ins Hellgraue und sein rotes Gewand wird an den dunkeln Stellen braun, die grünen Flügel des Engels mit der Geißelsäule leuchten golden, wo sie den Nimbus Gottes reflektieren.

Die **Standflügel** zeigen in gemalten Rundbogennischen zwei weibliche Tugendpersonifikationen, beide barfuß: Links – also heraldisch rechts, an der ranghöheren Stelle – Fides (der Glaube), von links heranschreitend; die Figur ist barhäuptig, mit einem roten Bändchen im hochgesteckten, zum Teil geflochtenen Haar, sie hält mit der Rechten ein Kruzifix gegen die Schulter und in der Linken einen Kelch; ihr Kleid ist grau, ihr Mantel rosa mit gelber Innenseite. Rechts steht Spes (die Hoffnung), Haupt und Nacken mit einem dunkeln Tuch bedeckt; sie hat mit der Linken einen Anker geschultert, die Rechte an die Brust gelegt und den Blick himmelwärts gerichtet auf einen lichten Strahl, der aus der linken Bildecke auf sie herabzielt; bekleidet ist sie mit einem graugrün bis ziegelrot changierenden, eng um die Brust geschmiegten, kurzärmeligen

Obergewand, einem weißen, an den Armen gebauschten Hemd und einem blaßroten Mantel mit weißlichen Glanzlichtern, der bis an die Hüften herabgeglitten ist.

Die beiden Bilder sind ebenfalls nach graphischen Vorlagen kopiert, und zwar nach einer Tugenden-Serie von Hendrick Goltzius aus dem Jahr 1593[1]. Sie folgen fast genau den jeweiligen Kupferstichen, einschließlich der Rundbogennischen mit den Schlagschatten der Figuren. Lediglich die Fides hat am Epitaph das Haupt etwas mehr geneigt und trägt statt des Kopftuches ein Haarband, und bei der Spes wurde das Strahlenbündel am Nischenbogen hinzugefügt (siehe die Abbildungen S. 88 und 89).

Die **Bekrönung** des Epitaphs besteht wie das ganze Denkmal aus mehreren additiv zusammengefügten Teilen. Das Corpus bedeckt ein Gebälk, bestehend aus einem Architrav und einem reich profilierten, stark auskragenden Gesims. Am Architrav steht, golden auf schwarzem Grund, in kunstvoll gemalter Fraktur, ein gereimter Spruch in zwei nebeneinandergesetzten zweizeiligen Schriftblöcken: *Der Geist zeiügt, was Gott habe getriebe(n), / Die schnöde welt so hefftig zu lieben, / Daßer sein Sohn in Todt gegeben, / Damit der Mensch möcht ewig leben.* – Das Gebälk flankieren zwei von Schweifwerk mit Voluten gerahmte, nach oben verjüngte Felder, die zugleich als Bekrönung der Standflügel dienen und die Wappen der beiden Ehefrauen, Stadtmann und Müller, enthalten.

Über der Mitte des Gebälks erhebt sich ein mehrteiliger Aufsatz mit einem fast quadratischen Schriftfeld; darauf ist – wiederum golden auf schwarzem Grund – die Gedenkschrift gemalt (Text bei Krüger und Wunder sowie Anhang S. 400). Der Rahmen des Feldes ist ebenfalls von Schweifwerk mit Voluten umgeben und von einem überstehenden Gesims bedeckt. Über dem Gesims, zwischen zwei Volutenspangen, sitzt ein geflügelter Engelskopf aus Pappmaché, an den Gesimsecken gedrechselte Zierkörper mit scharfen Spitzen.

Im Scheitel des Aufsatzes, oberhalb des Engelskopfes, prangt über einem kurzen Gesims das Seiferheldsche Wappen, gerahmt von goldenem Blatt- und Rollwerk und hinterfangen von einem ebenfalls goldenen, kreuzförmigen Gebilde, dessen Querbalken mit Palmzweig-Enden belegt sind und dessen Spitze aus einer kleinen Pyramide besteht[2].

Die Rahmung des Epitaphs ist braun marmoriert, das Schweifwerk golden. Dadurch werden die farbenfrohen Gemälde wirkungsvoll hervorgehoben.

Der Aufsatz des Denkmals hat zeitweilig gefehlt. Er wurde 1910 von Kunstmaler Gottfried Schmidt „gefunden", für fünf Mark restauriert und wieder angebracht[3].

Die **Predella** besteht aus einem querrechteckigen Gemälde in der Breite des Corpus, auf drei Seiten umgeben von einem geschweiften, mit Blattvoluten verzierten Rahmen, der in ein Kreissegment paßt und zu den Flügelrändern überleitet. Die Zwickel beiderseits des Gemäldes schmückt ein buntes Früchtegesteck, das untere Rahmenfeld ein geflügelter Engelskopf, alle aus Pappmaché.

Auf dem Gemälde knien der Verstorbene und seine Familie – die Männer links, die Frauen rechts – andächtig betend in einem kahlen Raum mit dunkler Rückwand und grauem Boden. In der Mitte der Wand gibt ein rechteckiges Fenster den Blick auf ein Stück Himmel frei; aus einem rosig geränderten Wolkenloch dringen lichte Strahlen auf den Verstorbenen zu. Insgesamt sind achtzehn Personen dargestellt, von denen zwei noch leben: links der Vater mit zwei erwachsenen Söhnen, einem Knäbchen und drei früh verstorbenen Wickelkindern auf flachen Bettchen; vor dem Fenster die erste Ehefrau mit ihrer verheirateten Tochter Katharina und einem kleinen Mädchen; rechts vom Fenster die zweite Ehefrau mit fünf verheirateten Töchtern, einem kleinen Mädchen und einem früh verstorbenen Kleinkind. Die Namen der Söhne und Töchter sind jeweils angeschrieben; die Namen der Eltern muß man der Gedenkschrift entnehmen. Durch das Viereck des Fensters werden die Personen der ersten Ehe klar von denen der zweiten Ehe geschieden. Alle Erwachsenen tragen feierliches Schwarz, weiß sind nur die Kragen und Manschetten und bei den Frauen die Hauben, außerdem die Röcke der kleinen Mädchen, das Kleid des Knäbchens und die Hüllen der Wickelkinder. Die Farben der Trauer beherrschen das Bild, und dieser Eindruck wird noch verstärkt durch die Reihe der Totenschädel, die vor den Verstorbenen liegen. Selbst der Himmel hinter dem Fenster wirkt düster-grau, umso tröstlicher das durch das Wolkenloch brechende Licht.

Die Entstehungszeit des Epitaphs deckt sich nicht mit dem Todesdatum Seiferhelds (1616), auch nicht mit dem seiner zweiten Frau (1636). Sie läßt sich aber anhand der (von Gerd Wunder erforschten) Lebensdaten der dargestellten Personen ermitteln. Von den 18 abgebildeten Familienmitgliedern sind nur zwei als noch lebend dargestellt: der Sohn Georg Friedrich (1613–1686) und die Tochter Maria Magdalena (1612–1693). Von den toten, mit einem Schädel versehenen Personen ist die Tochter Rosine erst 1650 gestorben. Das Werk – sicherlich als ganzes – entstand also nicht vor 1650[4]. Dazu passen auch das Alter und die fortschrittliche Tracht des Sohnes Georg Friedrich. Er ist als etwa 40-jähriger dargestellt (beim Tod des Vaters war er erst drei, beim Tod der Mutter knapp 23 Jahre alt). Und er trägt – gemäß dem Brauch ab der Jahrhundertmitte – keinen Kinnbart mehr, nur einen Schnurrbart, und fast schulterlanges Haar. Die schon verstorbenen Männer erscheinen in der Tracht ihrer Zeit: der Bruder Johann Georg († 1643) noch mit Bart und steifen Manschetten, der Vater († 1616) sogar noch mit dem steif abstehenden Kragen spanischer Mode.

Warum aber wurde das Denkmal so spät gefertigt? Der Dreißigjährige Krieg war kaum daran schuld, wie genügend Beispiele aus den Kriegsjahren bezeugen. Eher verhielt es sich so: Dem Verwalter („Keller") des Schöntaler Hofs[5] stand eigentlich gar kein Epitaph in der Michaelskirche zu. Erst als sein Sohn Georg Friedrich 1655 Stättmeister wurde (der *große Stättmeister*), vermochte er die Erlaubnis dafür zu erwirken. Dieser Zeitpunkt (1655) wäre mit der obigen Datierung (*nicht vor 1650*) vereinbar. Eine ähnlich späte Ehrung durch den Sohn erfuhr ja schon Margarete Brenz (vgl. S. 34ff.).

Der Sinngehalt

Im Zentrum des Epitaphs und damit auch seines Programms steht der Gnadenstuhl (vgl. S.87). Auf ihn bezieht sich auch die Andacht der Betenden in der Predella, da ja dort das sonst übliche Kruzifix fehlt. Und offensichtlich bezieht sich auf ihn auch die Inschrift am Gebälk mit der Aussage, daß Gott dem Seelenheil der sündigen Menschheit zuliebe seinen Sohn dem Tod ausgeliefert habe.

Das Bildthema des Gnadenstuhls gab es – unter der Bezeichnung *Dreifaltigkeit* – schon im hohen Mittelalter, zunächst mit dem Gekreuzigten, den Gott in den Armen hält, seit der Mystik des 13. Jahrhunderts auch mit einem Schmerzensmann, wie im Falle Dürers und des Seiferheld-Epitaphs. Das Wort *Gnadenstuhl* ist eine Schöpfung Luthers und wurde erst in der Mitte des 16. Jahrhunderts auf das Bildthema angewendet[6]. Luther gebrauchte das Wort in seiner Bibelübersetzung zunächst im Hebräerbrief 4,16, wörtlich übertragend, für den Begriff *thronos tes charitos* (Vulgata *thronus gratiae*, katholische Bibel *Thron der Gnade*). Später bezeichnete er damit im Hebräerbrief 9,5 und im 2. und 3. Buch Mose (Ex 25, 17–22 u. 26,34; Lv 16, 13–15) auch die Deckplatte der Bundeslade, also den Ort, wo Gott sich offenbarte und Opfer vollzogen wurden und in dem man darum eine Entsprechung zum christlichen Altar gesehen hat (im Hebräerbrief: *hilasterion*, Vulgata *propitiatorium* = Versöhnungsmittel, katholische Bibel *Versöhnungsschrein*, Einheitsübersetzung *Sühneplatte*; im Alten Testament: Vulgata *propitiatorium*, katholische Bibel und Einheitsübersetzung *Deckplatte*).

Entscheidend für die Deutung unseres Epitaphs ist aber eine Stelle im Römerbrief (Röm 3, 23–26), wo Luther den Begriff *hilasterion* (Vulgata *propitiatio* = Versöhnung, katholische Bibel *Mittel der Versöhnung*) ebenfalls mit "Gnadenstuhl" übersetzt hat: *... sie sind allzumal Sünder und mangeln des Ruhmes, den sie bei Gott haben sollten, und werden ohne Verdienst gerecht aus seiner Gnade durch die Erlösung, so durch Christum Jesum geschehen ist, welchen Gott hat vorgestellt zu einem Gnadenstuhl durch den Glauben in seinem Blut ...*[7]. Für Luther ist diese Stelle *das Hauptstück und der Mittelplatz dieser Epistel und der ganzen Schrift*, die Niederlage der Werkverdienste[8].

Daraus ergibt sich: der Gnadenstuhl hat an dem Epitaph dieselbe ikonologische Funktion wie an anderen Denkmälern der Gekreuzigte; er soll die Erlösungstat Gottes vor Augen führen. Es handelt sich um eine außergewöhnliche Variante, die in Hall – jedenfalls an den erhaltenen Denkmälern – keine Nachfolge gefunden hat.

Was nun die Flügelbilder betrifft, so bietet der Glaube nach lutherischer Auffassung die Gewähr, durch die Gnade Gottes gerechtfertigt zu werden und dadurch das ewige Leben zu erlangen (siehe das obige Pauluswort Römer 3, 23–26 und die bekannten Stellen Römer 1, 16–17 und Römer 4,5[9]).

Der Hoffnung – auf dem heraldisch linken, im Rang nachgeordneten Flügel – kommt nicht mehr die gleiche Bedeutung zu wie vor der Reformation. Damals galt, „daß der Tote nur *hoffen* konnte, bei der Auferstehung ins ewige Leben einzugehen. Die bildliche Vorwegnahme einer göttlichen Entscheidung schien undenkbar. Sie ist auch durch zeitgenössische Aussagen nicht zu stützen"[10]. Daß sich das nach Luther geändert hat, zeigt die Erlösungsikonographie an Epitaphen wie dem Sanwaldschen (S. 178ff.) und an den übrigen zahlreichen Denkmälern, wo dem Verstorbenen die *Krone des Lebens* gereicht wird.[11] Wenn jetzt die Hoffnung noch immer dargestellt wird, dann sicherlich im Banne der überkommenen Tradition, nach der Glaube und Hoffnung zusammengehören, aber vermutlich auch aus einer Haltung der Demut heraus, die eine Vorwegnahme der göttlichen Gnade für anmaßend hält. Immerhin, daß man im Grunde nicht zweifelte, die Hoffnung werde sich erfüllen, zeigt der himmlische Strahl, der zu der Figur herabdringt. Er ist letztlich auch eine „bildliche Vorwegnahme" der göttlichen Entscheidung, genauso wie die Strahlen, die sich im Predellabild auf den Verstorbenen richten.

Der Maler

Hans Schreyer (1596–1676) hat in Hall mehr Werke hinterlassen als jeder andere Maler. Über seine Biographie und sein Schaffen siehe S. 174ff. (Margreta Engelhart). Für die Zuschreibung des Seiferheld-Epitaphs eignet sich am besten die Predella, weil sie mit Sicherheit nach keiner fremden Vorlage gearbeitet ist. Methodisch stehen uns zwei Wege offen: Einmal der direkte; wir können die männlichen Figuren der Predella mit den signierten Ratsherrenbildern Schreyers vergleichen, etwa den Sohn Johann Georg (ganz links) mit dem ähnlich konzipierten Bildnis des Johann Leonhard Beyschlag im Hällisch-Fränkischen Museum (1651, signiert *HS* ligiert). Noch ergiebiger ist der mittelbare Weg, der Vergleich mit Werken, die zwar selbst nur zugeschrieben sind, sich aber – dank geeigneter Motive – noch besser an die gesicherten Werke anschließen lassen.

Dazu gehört, wegen der fast unbegrenzten Zahl seiner Figuren, vor allem das Firnhaber-Epitaph (S. 218ff.). Bei einem Vergleich mit ihm können wir ebenso verfahren wie bei Michael Stigler, S.70f. Auch diesmal finden wir für die kleinen Mädchen und das Knäbchen, aber auch die Frauen, bei Firnhaber genaue Entsprechungen. Und bei den Männern lassen sich vor allem Johann Georg Seiferheld (ganz links) mit Firnhabers Sohn Peter und Georg Friedrich Seiferheld (der Stättmeister) mit Firnhabers Sohn Wolfgang vergleichen. Die Söhne Firnhabers wiederum lassen sich überzeugend an Schreyers signierte Bildnisse des Johann Sixtus Schübelin, des Ludwig David Müller und des Johann Konrad Beyschlag anschließen (wie S. 71 begründet). Allerdings, nicht die Physiognomie stimmt jeweils überein, handelt es sich doch um verschiedene Individuen, sondern die Malweise, zum Beispiel die Art wie der Maler das Gesicht modelliert, die Binnenformen charakterisiert, Licht und Schatten verteilt.

Auch mit anderen Schreyer zuzuschreibenden Werken lassen sich die Predellafiguren gut vergleichen, zum Beispiel Georg Seiferheld (der Vater) und Johann Georg Seiferheld mit Nikolaus Glock (Epitaph S. 268ff.) oder Georg Friedrich Seiferheld mit den Bildnissen der Ratsherren Johann Georg Wolmershäußer und Johann Peter Hetzel im Hällisch-Fränkischen Museum[12].

Dieser letzte Vergleich verhilft noch zu einer weiteren Erkenntnis. Betrachtet man die grazilen Hände der beiden Ratsherren neben den plump und schematisch ausgeführten der ganzen Familie Seiferheld, so wird deutlich: die Hände auf der Predella und wahrscheinlich die ganzen dort dargestellten Figuren mit Ausnahme ihrer Köpfe sind eine Routinearbeit von Werkstattgehilfen. Auch hier zeigt sich – was bei Margreta Engelhart, S. 176, näher dargelegt wurde –, daß Schreyer die Personenbilder auf seinen zahlreichen Epitaphen in einer Art Serienarbeit, zusammen mit mehreren Gehilfen, ausgeführt hat, wobei er, der Bildnisspezialist, vor allem die Köpfe übernahm.

Auch die andere Beobachtung – siehe ebenfalls Margreta Engelhart, S. 177 –, daß der Maler für seine nicht porträtgebundenen Themen fremde Vorlagen benützt hat, wird durch die Kopien nach Dürers Gnadenstuhl und nach den Tugenden von Goltzius bestätigt. Und nur wenn man die Vorlagen kennt, wird auch verständlich, warum die einzelnen Gemälde des Epitaphs im Stil so ungleich erscheinen, warum sich der eigentliche Schreyerstil des Familienbildes zu der noch spätgotisch geprägten Frührenaissance des Gnadenstuhls und der reifen Renaissance der Tugendbilder gesellt. Im übrigen wirken auch die Tugendbilder unter sich zwiespältig, und zwar schon an den Vorlagen. Die Spes mit ihrem manieristisch verkürzten Profil paßt noch am ehesten zur Entstehungszeit der Stiche (1593); die Fides aber, ihr raffaelesker Kopf, ihr Kontrapost, ihre Haltung und Gewanddrapierung sind mehr der römischen Hochrenaissance als dem Manierismus verpflichtet. Das läßt sich erklären: Hendrick Goltzius schuf die Serie nach der Rückkehr von einem längeren Italienaufenthalt.

Selbstverständlich kann sich auch der Auftraggeber zumindest den Dürerholzschnitt als Vorlage gewünscht haben. Dem gebildeten und weitgereisten Georg Friedrich Seiferheld[13] ist die ungewöhnliche Themenwahl und die Beschaffung des Blattes wohl eher zuzutrauen als dem Maler. Gleichwohl ist der Anteil des Malers auch am Gnadenstuhl beträchtlich. Er hat die Vorlage präzis in das Epitaphbild umgesetzt und durch die Pracht der Farben gleichsam veredelt; Schönheit und Sinngehalt der Komposition wurden dadurch für das Auge des Betrachters hervorgehoben.

Das Seiferheld-Denkmal gehört zu den edelsten Epitaphen Schreyers, wozu die Harmonie in Aufbau und Ornamentik und die vornehme farbliche Gestaltung des Rahmens nicht wenig beitragen. Welchen Anteil der noch unbekannte Schreiner an der Konzeption des Rahmens hatte, muß vorerst offenbleiben.

Quellen und Literatur
Epitaphienbuch 1698/1708, Bl.17v, Nr.3; Band a, S.20 Nr.3; *Gräter* 1799/1800, III., Nr.236; R.*Krüger* Nr.51; Die Renaissance im deutschen Südwesten (Kat. der Ausstellung im Heidelberger Schloß), Karlsruhe 1986, Bd.1, S.215 f., C 55 (mit Ges.-Abb.); *Wunder* 1987 Nr.26 (mit farb. Ges.- Abb. auf Titelblatt). – Zusätzliche Detailabbildungen: *Wunder* 1980, S.239; WFr 1962, S.111. – Über den Gnadenstuhl: Wolfgang *Braunfels*, Die Heilige Dreifaltigkeit, Düsseldorf 1954, S.35 ff.; ders. in: LCI Bd.1, Sp.535 f.

Anmerkungen
1 Goltzius hat die Serie von Jacob Matham und Jan Saenredam stechen lassen, verlegt wurde sie von Claesz Jansz. Visscher. Das Blatt mit Fides ist signiert: *CJVißcher excudit. / HGoltzius Inuenit. Ao 1593.*, das Blatt mit Spes: *HG Inue[nit]*. (die Initialen jeweils ligiert). – Vgl. Ausstellungs-Kat. „Der Welt Lauf", Allegorische Graphikserien des Manierismus, Staatsgalerie Stuttgart 1997, S.28 ff. mit Abb. 1.1 und 1.2.
2 Ob mit oder ohne tiefere Bedeutung, sei dahingestellt. Über die Ikonographie von Pyramide und Palmzweig vgl. S. 149 und 21.
3 Rechnungsbuch G. Schmidt (Privatbesitz), Buchstabe M (Michaelskirche), Eintrag vom September 1910, Pos.32: *Tafelbild des G. Seufferheld restaurirt M [= Mark] 22.90 / Hiezu 1 gefundener Aufsatz restaurirt M 5.-*
4 Rainer *Krüger* (S.80) datiert ins Jahr *1636 oder kurz danach*. Doch besagt seine richtige Beobachtung, die Schrifttafel sei aus einem Guß, ja nur, daß nichts nachgetragen wurde; sie liefert lediglich einen Terminus post.
5 Dabei handelt es sich um den Haller Hof des Klosters Schöntal. Georg Seiferheld war kein *in Schwäbisch Hall gestorbener Schöntaler*, wie Monika Kopplin im Katalog der Heidelberger Renaissance-Ausstellung (Karlsruhe 1986) meint; das hätte sich schon der Inschrift entnehmen lassen (*Schönthalischer Keller alhier*). Auch andere biographische Angaben des Katalogs - etwa daß alle Kinder bis auf einen Sohn 1636 nicht mehr am Leben gewesen und wahrscheinlich der Pest von 1634 oder dem Krieg zum Opfer gefallen seien - sind durch die Forschungen Wunders überholt.
6 Hierzu und zum folgenden vgl. *Braunfels* 1954, S.35 ff.
7 In der Einheitsübersetzung von 1980 lautet diese Stelle, etwas leichter verständlich: „Alle haben gesündigt und die Herrlichkeit Gottes verloren. Ohne es verdient zu haben, werden sie gerecht, dank seiner Gnade, durch die Erlösung in Christus Jesus. Ihn hat Gott dazu bestimmt, Sühne zu leisten mit seinem Blut, Sühne, wirksam durch den Glauben."
8 Randerklärung in den Bibeln von 1522 und 1544, zitiert nach der Ausgabe von 1544 (Wittenberg, Hans Lufft): *Merck dis, da er saget (Sie sind alle sünder etc.) Ist das Heubtstück vnd der Mittelplatz dieser Epist. vnd der gantzen Schrifft, nemlich, Das alles sünde ist, was nicht durch das blut Christi erlöset, im glauben gerecht wird. Darumb fasse diesen Text wol, denn hie liegt darnider aller Werck verdienst vnd rhum, wie er selbs hie saget, vnd bleibet allein lauter Gottes gnade vnd ehre. ... Der Glaube erfüllet alle Gesetze, die werck erfüllen kein titel des Gesetzes.*
9 Vgl. auch Nr. 51, S. 215, Nr.81, S.310 und Nr.20, S.74f.
10 Zitiert nach: Heinfried *Wischermann*, Grabmal, Grabdenkmal und Memoria im Mittelalter, Freiburg 1980, S.16.
11 Über die *Krone des Lebens* siehe vor allem S. 21f. (J.B. Stadtmann).
12 Das zweite abgebildet in: Haus(ge)schichten, Kataloge des HFM Bd.8, S.203.
13 Über die Wahrscheinlichkeit, daß Georg Friedrich, der Sohn des Verstorbenen, der Auftraggeber war, siehe oben, S.90.

Afra Lackorn geb. Firnhaber (1599 – 1633)
Stättmeistersgattin

Bemaltes Holzepitaph, 166/103 cm; hing ursprünglich an der Nordempore[1],
später in der 6. Kapelle neben der Reichalmosentafel (S. 210ff.)[2].
Gemälde und Schrift von **Jakob Hoffmann** (zweimal mit Initialen signiert), 1633 (nach dem 10. August) oder kurz danach.

[27]

Es handelt sich um ein Epitaph in reduzierter Retabelform. Der Mittelteil (das Corpus) besteht aus einem Ölgemälde in mittelbreitem, an den Rändern profiliertem Rahmen, dessen Oberseite ein ebenso profiliertes, an drei Seiten vorkragendes Gesims bedeckt. Als Bekrönung des Denkmals dient ein ädikulaartiger Aufsatz mit gesprengtem Dreiecksgiebel, aus dem eine Urne auf hohem Sockel herausragt; an dem Sockel ein Löwenkopf aus Pappmaché. Der Aufsatz enthält eine Inschrifttafel und wird flankiert von zwei halbrund geschnitzten Engelchen, ebenfalls aus Pappmaché, die, mit seitwärts ausgestreckten Beinen und Armen, die Zwickel füllen und in der jeweils inneren Hand einen Palmzweig halten. Das Corpusgesims schmückt in der Mitte eine Frauenmaske („Serviettenmaske"), das Aufsatzgesims ein Akanthusblatt aus Pappmaché.

Die Predella, gleich breit wie der Corpusrahmen, enthält die Gedenkschrift. Am Corpusrahmen sitzen links und rechts, etwas unterhalb der Mitte, zwei schmal gerahmte, hochrechteckige Täfelchen, gleichsam Rudimente von Standflügeln; sie sind heute leer. Nach Rainer Krüger waren sie ursprünglich für Wappen bestimmt, deren Nagellöcher noch zu sehen seien. Das mag zutreffen. Die Täfelchen entsprechen den Flügeltafeln des Schmidt-Epitaphs (S. 226ff.), können aber nicht wie dort die Gedenkschrift enthalten haben, da diese hier auf der Predella angebracht ist.

Corpus und Predella des Epitaphs sind von Schweifwerk umgeben, das an beiden Predellaseiten die Gestalt eines geflügelten Engelskopfes im Profil annimmt, also eine sogenannte *Figurentafel* bildet, ein Gemälde mit ausgesägtem Umriß (vgl. dazu S. 116 und RDK Bd. 8, Sp. 950ff.). Unter der Predellamitte ist das Schweifwerk stärker ausgebuchtet und mit einem gedrechselten Tropfen verziert. Die Ausbuchtung enthielt früher, nach den Spuren zu schließen, wie beim Gräter-Epitaph (S. 248ff.) einen geflügelten Engelskopf, wahrscheinlich aus Pappmaché. Beiderseits dieser Stelle finden sich die Initialen I und HP (= Jakob Hoffmann Pictor [Maler]).

Die Gedenkschrift auf der Predella besagt, daß Afra Lackorn am 10. August 1633 im Alter von 34 1/2 Jahren gestorben ist und in den zwölf Jahren ihrer Ehe acht Kinder zur Welt gebracht hat (Wortlaut bei Krüger und Wunder sowie Anhang S. 400). Die Inschrift im Aufsatz verrät darüber hinaus, daß der Tod sie im Kindbett ereilte: *Vbr der Geburt. Ich dahin starb / darbeÿ aber dir ghorsam ward, / Herr Christe, So hast Mir bereit / Nach disem Lebn, die Himlisch freüd.* – Auch aus dem Totenbuch erfahren wir, daß die Verstorbene nachdem Sie *kurtz zuvor ein Kindt vff die welt geborn, in etlich wenig stund(en) sanfft vnnd seelig im herrn eingeschlaffen ist*[3]. Und der Leichenpredigt läßt sich zusätzlich entnehmen, daß dieses achte Kind tot auf die Welt kam und zusammen mit der Mutter am 12. August 1633 im Nikolaifriedhof bestattet wurde[4].

Auf dem Gemälde im Mittelteil ist die Verstorbene in monumentaler Größe dargestellt. Sie kniet betend, halb nach rechts gewandt, in schwarzem Mantel mit weißer Haube und Krause, vor einer hügeligen Landschaft; vor ihr ein Totenschädel. Links von ihr eine Baumgruppe, dahinter eine Kirchenruine. Auf der rechten Seite breitet sich vor den Hügeln eine ummauerte Stadt mit Türmen und Toren;

zwischen den Häusern ein kuppelbedeckter Rundbau. Auf einem Hügel hinter der Stadt eine burgartige Gebäudegruppe. Der graue Himmel ballt sich rechts oben zu brauendem Gewölk mit einer golden strahlenden Öffnung, in der ein Engel erscheint und die Seele der Verstorbenen – in Gestalt eines Wickelkindes – entgegennimmt. Die Himmelserscheinung wirft ihre Strahlen auf die betende Gestalt und verleiht den Häusern in der Stadt und Teilen des Mittelgrunds einen rosigen Schimmer. Das Gewand des Engels changiert zwischen Rot und Rosa; seine Flügel sind grau, in den beschatteten Teilen dunkel. Die Landschaft, auf graugrün, beige und braun gestimmt, wirkt düster, vor allem im Vordergrund und in der Ferne. Die Busch- und Wiesenflächen werden durch filigrane, weißlichgraue Blattumrisse belebt. Den Mittelgrund erhellt das Licht aus der Himmelsöffnung.

Im Dunkel des Vordergrunds, unter den Knien der betenden Frau, entdeckt man auf einem grauen Farbfleck[5] die Initialen I HP . Das Epitaph ist also zweimal signiert, hier und an der Rahmung (siehe oben).

Der Sinngehalt
Auf dem Gemälde kniet die Verstorbene nicht wie üblich vor dem Gekreuzigten, sondern der Himmel öffnet sich ihr unmittelbar, und ein Engel – Bote Gottes – nimmt ihre Seele entgegen.

Die Wiedergabe der Seele als Kind war in damaliger Zeit vor allem aus Darstellungen des Marientods geläufig, wo – falls nicht Marias leibliche Himmelfahrt gezeigt wird – Christus die Seele der Toten in seine Arme nimmt. In einem Haller Beispiel in St. Michael, der Marientodszene des Zwölfbotenretabels (um 1520), ist beides dargestellt: die leibliche Himmelfahrt in Erwachsenengestalt und der Empfang der Seele in Kindsgestalt durch Gott Vater. Schon die antike Kunst bildete die Seele als kleinen Menschen (Eidolon) ab. Die christliche Kunst des Mittelalters hat diese Darstellungsform übernommen, und dabei näherte sich das Seelenbild – zuerst in Italien, dann auch im Norden – immer mehr der Gestalt eines Kindes oder sogar Wickelkindes an[6].

Bemerkenswert ist, daß die Aufnahme der Seele Afras in den Himmel auf dem Epitaph als Tatsache dargestellt wird. Auch im Text des Aufsatzes (siehe oben) ist nicht von Hoffnung oder Zuversicht die Rede; sondern die Gnade Gottes, die den Gläubigen zur Seligkeit verhilft, wird auch hier vorausgesetzt: Du *hast mir bereit nach diesem Leben die himmlisch Freud*, wobei diese Heilsgewißheit mit dem Tod im Kindbett und dem Gehorsam gegen Gott begründet wird. Ja der Leichenprediger, Pfarrer M. Nikolaus Glock, läßt die Trauergemeinde ausdrücklich wissen, daß *an der Fraw Stättmeisterin Seligkeit nicht zu zweiffeln* sei, und zählt dafür sechs Gründe auf: sie habe erfüllt, wozu sie Gott berufen; sie habe sich und ihr Kind Gott durch ein gläubiges Gebet befohlen; sie habe sich gehorsam und geduldig Gottes Willen gefügt; sie habe das hl. Abendmahl in der Kirche empfangen und sich mit Gott versöhnt; sie habe eifrig und inbrünstig zu Gott geseufzt; sie habe Ehemann und Freunde um Verzeihung gebeten, sie Gottes Schutz anbefohlen und habe auf dem Totenbett Absolution und Abendmahl entgegengenommen[7]. Daraus folge: *Ihr vnd ihres lieben Söhnleins Seele vnnd Geister seynd nunmehr in der Hand Gottes.*

Daß diese Heilsgewißheit kein Einzelfall war, wissen wir aus anderen Quellen, etwa der Leichenpredigt für den Stättmeister Johann Friedrich Bonhoeffer d. Ä., wo der Geistliche ebenfalls die Seligkeit des Verblichenen als Tatsache voraussetzt und dessen himmlische Freuden – in der Sprache des 18. Jahrhunderts – sogar genauer schildert: *Nun siehet der Wohlseelige, was hier kein sterblich Auge gesehen, Seinen Gott von Angesicht zu Angesicht, verherrlichte Chöre vollendeter Gerechten, die zu Miriaden um Denselben stehen. Nun höret Er schon, was kein Ohr hier gehöret hat, entzückende Harmonien der reinsten Jubelthöne ... Nun empfindet Er, was in keines Menschen Herz gekommen, das Gott hat bereitet denen, die ihn lieben, Freude und Wonne, und liebliches Wesen zur Rechten des Herrn immer und ewiglich*[8].

Man muß jedoch unterscheiden zwischen der Aufnahme der Seele in den Himmel und der Auferstehung des Leibes am Ende der Zeiten, wenn sich Körper und Seele wieder vereinen. Darauf bezieht sich Pfarrer Glock in seinem *Votum finale* (Schlußgebet) für Afra und ihr Söhnchen: *GOtt verleihe auch ihren Leibern, an jenem Tag, eine frölige Aufferstehung*. Auf die leibliche Auferstehung bezieht sich auch Erasmus Widmann im Anhang der Leichenpredigt (im zweiten Distichon seines Epigramms, siehe unten), ebenso Thomas Schweicker an zwei Stellen seines Epitaphs: *Biß am Jüngsten tag widerumb / Mein Leib vnd Seel zu sam(m)en kumb* (s. S.158 und S.160).

Unterhalb der himmlischen Erscheinung, von ihren Strahlen berührt, kniet die Verstorbene, in das *gläubige Gebet* versenkt, von dem die Leichenpredigt spricht. Was der Inhalt ihres Gebetes sein könnte, hat ihr der Komponist Erasmus Widmann aus Hall, gekrönter Dichter, Kantor und Organist der Stadt Rothenburg, in einem Gedicht am Schluß der Leichenpredigt, einem Tetrastichon, gleichsam in den Mund gelegt:

SVscipe, quæso, animam, pretioso sanguine salvam,
    Inq(ue) tuas sanctas, Christe, reconde manus.
Interea corpus requiescat Pace, sub urna;
    Donec consurgam clarificata Tibi.
Erasmus Widmannus Halensis, / P.L. Cantor & Org. Reip. Rotenb. (= Erasmus Widmann, Poeta Laureatus, Cantor et Organista Reipublicae Rotenburgensis).

Zu deutsch: Christus, ich bitte dich, nimm meine Seele auf, die durch dein kostbares Blut gerettet ist, und birg sie in deinen heiligen Händen. Mein Körper ruhe indessen friedvoll in der Urne [poetisch für: Grab], bis ich auferstehen werde, von dir verklärt.

Ein auffallendes Bildelement, sicher nicht ohne Bedeutung, ist auch die Stadt im Hintergrund. Der Rundbau in ihrem Inneren läßt erkennen, daß hier die Stadt Jerusalem gemeint ist. Dieser Rundbau ist das Kennzeichen aller alten Jerusalembilder und gibt den Felsendom wieder, den man damals für den Tempel Salomos hielt. Er wird stets als ein – von außen gesehen – zweigeschossiges Bauwerk mit Kuppel, Tambour, und einem durch rundbogige Fensternischen gegliederten Umgang dargestellt, wobei der Umgang im Erdgeschoß bald, wie in Wirklichkeit, einen achteckigen, bald einen kreisförmigen Grundriß hat. Beispiele sind: die Jerusalemansicht von Erhard Reuwich in Bernhard Breidenbachs *Peregrinationes in terram sanctam* (1486)[9], drei Ansichten in Hartmann Schedels Weltchronik (1493)[10] – in allen Fällen mit der Beischrift *Templum Salomonis* – oder der Holzschnitt mit der Eroberung Jerusalems durch Nebukadnezar in der Bibel von Jost Amman und Johann Bocksperger (1564)[11].

Auch das von zwei Türmen flankierte Stadttor ist Bestandteil vieler Jerusalembilder. Hier bietet die Michaelskirche selbst ein Beispiel: auf dem Tafelbild eines ehemaligen Kreuzaltärchens mit dem Einzug des Kaisers Heraklius in Jerusalem (Ende 15. Jahrhundert, Abb. bei Gradmann S. 5) hat das Tor die gleiche Gestalt wie auf dem Epitaph.

Sicherlich hat die Stadt Jerusalem auf dem Gemälde des Epitaphs eine symbolische Bedeutung. Wenn die Tote nicht vor dem Kreuz von Golgatha betet, also kein topographischer Zusammenhang mit Jerusalem besteht, macht es keinen Sinn, sie vor dieser Stadt abzubilden – es sei denn, die Stadt verweist auf das himmlische Jerusalem als Sinnbild des Paradieses. Die gleiche Bedeutung hat ja, als pars pro toto, auch der Tempel Salomos[12], der hier in Gestalt des Felsendoms abgebildet ist. Zur gleichen Zeit wie das Epitaph entstand übrigens auch das evangelische Kirchenlied *Jerusalem, du hochgebaute Stadt, wollt Gott ich wär in dir*, aus dem der Bezug zum Jenseits klar hervorgeht.

Der Maler

Ausgangspunkt für die Zuschreibung des Werkes ist die an zwei Stellen aufgemalte Signatur *I HP*. Da sich am Epitaph des Johann Michael Gräter (S. 248ff.) die gleiche Signatur in Verbindung mit einer Altersangabe findet[13], läßt sich der Maler einwandfrei bestimmen, nämlich Jakob Hoffmann (um 1563–1642).

Dieses Ergebnis läßt sich noch stilkritisch absichern. Besonders deutlich ist die Verwandtschaft des Denkmals mit dem durch die Altersangabe beglaubigten Gräter-Epitaph: In beiden Fällen sehen wir eine großflächigmonumental dargestellte Hauptfigur in gleicher Position und Haltung, eine Landschaft in gedämpften, auf braun und graugrün gestimmten Farben mit einer vom Himmelslicht erhellten Stadt, über ihr düster-graue Wolken, darin rechts oben eine strahlende Öffnung, erfüllt von rosigem und goldenem Licht, in dem eine überirdische Gestalt erscheint, hier ein Engel, dort Christus.

Auch beim Detailvergleich zeigt sich Übereinstimmung: etwa bei der Charakterisierung der Grünflächen durch weiß gehöhte Blattumrisse, bei den betenden Händen der Hauptfiguren, den ungegliederten, sich gleichmäßig verjüngenden Fingern, den Daumenballen mit den zwei Querfältchen dazwischen. Der Engel an Afras Epitaph ist in gleicher Weise summarisch skizziert wie die Nebenfiguren der anderen Hoffmann-Werke; Gesicht und Hände sind durch breite, knappe Pinselstriche kaum mehr als angedeutet, genau wie beim Christus des Gräter-Epitaphs, bei Habakuk und dem Engel auf dem voll signierten Gemälde mit Daniel in der Löwengrube (Deutsch 1983, Abb. 29) und bei den Hirtenszenen des Schmidt-Epitaphs (ebd. Abb. 10, 15, 16).

Schließlich finden sich in den Inschriften des Epitaphs alle Eigentümlichkeiten der Hoffmannschen Schriftkunst wieder: so der kleine Bogen, der in vielen Fällen über das lange s, das k, l oder b gesetzt ist, und vor allem das merkwürdige Rund-s in Form einer Sechs[14].

Noch ein Wort zur künstlerischen Leistung des Malers. Am meisten beeindrucken die Komposition und der Stimmungsgehalt. Das Bildnis der Verstorbenen, sicherlich nach einer Vorlage gemalt, erreicht nicht die Qualität der nach dem Leben geschaffenen Schweicker-Porträts. Jakob Hoffmann war Autodidakt, er hat (laut Totenbuch) *die Malerkunst vor sich selbst erlernet*. Es stellt sich deshalb die Frage, inwieweit man sich auf die Bildnistreue seiner Darstellung verlassen kann. Wie bei Thomas Schweicker sind wir in der glücklichen Lage, das Gemälde mit einer Medaille vergleichen zu können[15]. Sie wurde wie das Epitaph anläßlich Afras Tod um 1633 geschaffen und zeigt die Porträtierte als Brustbild, frontal gesehen, in bürgerlicher Tracht, mit Halskrause und zurückgekämmten Haar. Sie wirkt lebendiger als auf dem Gemälde, dem Diesseits, nicht der Ewigkeit zugewandt, und auch die Qualität der Arbeit ist einen Grad höher. Aber alle physiognomischen Merkmale stimmen überein: die Fülligkeit, das Doppelkinn, die hohe Stirn, die großen Wangenflächen, die leicht quellenden Augen, der energisch geschwungene Mund.

Der Maler dürfte also die äußere Erscheinung Afras relativ getreu erfaßt haben, auch wenn er die lebensnahe Porträtkunst des Medailleurs sicherlich nicht erreicht hat. Beide Bildnisse zusammengenommen geben uns von Afras Aussehen einen guten Begriff. Für eine 34-jährige wirkt sie ziemlich matronenhaft, was bei der Zahl ihrer Kinder allerdings kaum verwundert.

Quellen und Literatur
Epitaphienbuch 1698/1708, Bl. 20v, Nr. 12; Bd. a, S. 24, Nr. 12; *Gräter* 1799/1800, Nr. 225; R. *Krüger* Nr. 47; *Deutsch* 1983 (Jakob Hoffmann), S. 5 u. 10 mit Anm. 33a; *Wunder* 1987 Nr. 27.

Anmerkungen
1. Nicht unter der Empore, wie Rainer Krüger angibt. Vgl. Epitaphienbuch: *Gleich eingangs von der grosen Kirchthier linkher Hand biß an die Orgel. An der Barkirch* (= Empore). Es war das letzte (östlichste) Denkmal in dieser Rubrik.
2. In derselben Kapelle, wohl gegenüber, hing auch das Epitaph Peter Firnhabers (Nr. 52). Vgl. *Gradmann*, S. 37 (Kapellenzählung einschließlich Türhalle).
3. Totenbuch St. Michael I, StAH 2/69, S. 354, zum 10.8.1633.
4. M. Nicolaus *Glock*, Leichenpredigt für Afra Lackorn geb. Firnhaber, Rothenburg o.T. 1633, unpaginiert, S. (1). – Der Tod der Unglücklichen im Kindbett hat den Michelfelder Pfarrer M. Johann Jakob Weidner zu einem launigen Wortspiel mit den Verben pario, pareo und pereo inspiriert, in einem Tetrastichon im Anhang der Leichenpredigt, gewidmet AD DEFVNCTAM, *Cui Puerperium vitæ caducæ finem, Æternæ vero initium fecit* (der Verstorbenen, für die das Kindbett das Ende des vergänglichen Lebens, aber der Anfang des ewigen war): *Dum paris, Afra, peris; Pares quia Numini Olympi, / Christus quæ peperit gaudia parta tibi; / Vitæ principium, vitæ tibi clausula, Partus; / Et triste & [et] felix ecce puerperium!* (Während du gebierst, Afra, gehst du zugrunde. Weil du dem Willen des Himmels gehorchst, hast du die Freuden erworben, die Christus geschaffen. Die Geburt war für dich Anfang und Ende des Lebens, das Kindbett traurig und glücklich zugleich).
5. Soll er einen Stein darstellen, auf dem die Verstorbene kniet, wie an der entsprechenden Stelle des Gräter-Epitaphs (Nr. 63)?
6. Vgl. *Schiller* Bd. 4,2, S. 83 ff.; LCI Bd. 4, Sp. 138 f. (Stichwort: Seele).
7. Leichenpredigt (wie Anm. 4), zweitletzte und letzte Seite der eigentlichen Predigt.
8. Johann Carl Wibel, Leichenpredigt für Johann Friedrich Bonhöfer, Schwäbisch Hall 1770, S. 32 f.
9. Abgebildet u.a. bei Elisabeth *Rücker*, Die Schedelsche Weltchronik, München 1973, S. 94.
10. Abgebildet ebd., S. 94 f., sowie in den verschiedenen Ausgaben der Weltchronik.
11. Abgebildet bei Ph. *Schmidt*, Die Illustration der Lutherbibel 1522–1700, Basel 1962, Abb. 175.
12. Vgl. dazu Wolfgang *Deutsch*, der Hochaltar der Haller Katharinenkirche, in: WFr 1985, S. 137.
13. Siehe Nr. 42 (Thomas Schweicker), S. 165.
14. Vgl. dazu ebd. und *Deutsch* 1983 (Jakob Hoffmann), S. 8.
15. Im Württ. Landesmuseum; abgebildet bei Albert *Raff*, Die Münzen und Medaillen der Stadt Schwäbisch Hall, Freiburg 1986, S. 116, Nr. 98.

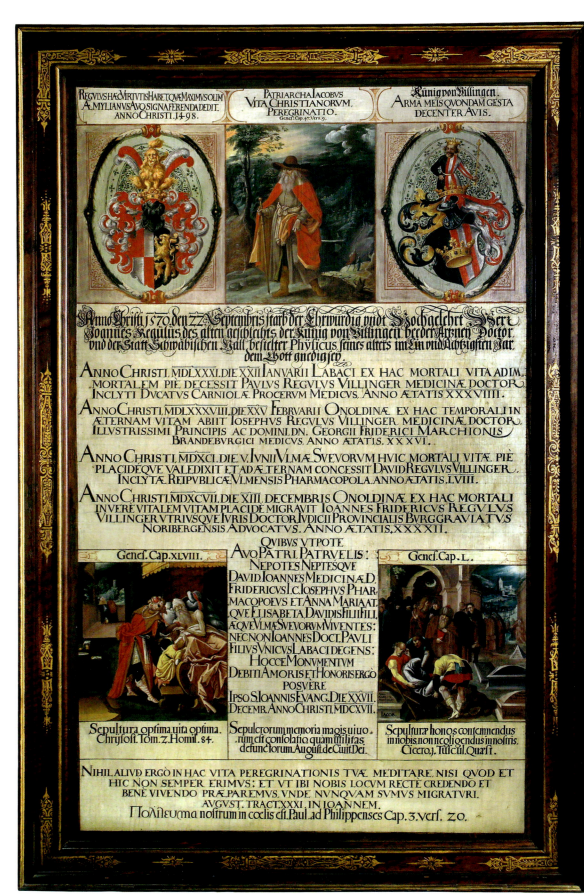

REGVLVS HAC VIRTVTIS HABET, QVÆ MAXIMVS OLIM
Æ. MYLIANVS AVO SIGNA FERENDA DEDIT.
ANNO CHRISTI. 1498.

PATRIARCHA IACOBVS
VITA CHRISTIANORVM
PEREGRINATIO.
Genes. Cap. 47. Vers. 9.

Künig von Villingen.
ARMA MEIS QVONDAM GESTA
DECENTER AVIS.

Anno Christi 1570. den 22. Septembris starb der Ehrwürdig vnnd Hochgelehrt Herr Ioannes Regulus des alten geschlechts der Künig von Villingen beeder Artzney Doctor vnd der Statt Schwäbischen Hall bestelter Physicus seines alters im Ein vnd Achtzigsten Iar. dem Gott gnedig sey.

ANNO CHRISTI, MDLXXXI. DIE XXII IANVARII LABACI EX HAC MORTALI VITA AD IMMORTALEM PIE DECESSIT PAVLVS REGVLVS VILLINGER MEDICINÆ DOCTOR, INCLYTI DVCATVS CARNIOLÆ PROCERVM MEDICVS, ANNO ÆTATIS XXXVIIII.

ANNO CHRISTI, MDLXXXVIII. DIE XXV FEBRVARII ONOLDINÆ EX HAC TEMPORALI IN ÆTERNAM VITAM ABIIT IOSEPHVS REGVLVS VILLINGER MEDICINÆ DOCTOR, ILLVSTRISSIMI PRINCIPIS AC DOMINI, DN. GEORGII FRIDERICI MARCHIONIS BRANDEBVRGICI MEDICVS, ANNO ÆTATIS. XXXVI.

ANNO CHRISTI, MDXCI. DIE V. IVNII VLMÆ SVEVORVM HVIC MORTALI VITÆ PIE PLACIDEQVE VALEDIXIT ET AD ÆTERNAM CONCESSIT DAVID REGVLVS VILLINGER, INCLYTÆ REIPVBLICÆ VLMENSIS PHARMACOPOLA, ANNO ÆTATIS. LVIII.

ANNO CHRISTI, MDXCVII. DIE XIII. DECEMBRIS ONOLDINÆ EX HAC MORTALI IN VERE VITALEM VITAM PLACIDE MIGRAVIT IOANNES FRIDERICVS REGVLVS VILLINGER VTRIVSQVE IVRIS DOCTOR IVDICII PROVINCIALIS BVRGGRAVIATVS NORIBERGENSIS ADVOCATVS. ANNO ÆTATIS. XXXII.

Genes. Cap. XLVIII.

QVIBVS VTPOTE
AVO PATRI PATRVELIS:
NEPOTES NEPTESQVE
DAVID IOANNES MEDICINÆ D.
FRIDERICVS I.C. IOSEPHVS PHARMACOPOEVS ET ANNA MARIA ATQVE ELISABETA DAVIDIS FILII FILIÆQVE VLMÆ SVEVORVM VIVENTES:
NEC NON IOANNES DOCT. PAVLI
FILIVS VNICVS LABACI DEGENS:
HOCCE MONVMENTVM
DEBITI AMORIS ET HONORIS ERGO
POSVERE
IPSO S. IOANNIS EVANG. DIE XXVII.
DECEMB. ANNO CHRISTI, MDCXVII.

Genes. Cap. L.

Sepultura optima, vita optima.
Chrysost. Tom. 2. Homil. 84.

Sepulcrorum memoria magis viuorum est consolatio quam vtilitas defunctorum. August. de Ciuit. Dei.

Sepulturæ honos contemnendus in nobis, non negligendus in nostris. Cicero, 1. Tuscul. Quæst.

NIHIL ALIVD ERGO IN HAC VITA PEREGRINATIONIS TVÆ MEDITARE, NISI QVOD ET HIC NON SEMPER ERIMVS: ET VT IBI NOBIS LOCVM RECTE CREDENDO ET BENE VIVENDO PRÆPAREMVS, VNDE NVNQVAM SVMVS MIGRATVRI.
AVGVST. TRACT. XXXI. IN IOANNEM.
Πολίτευμα nostrum in coelis est. Paul. ad Philippenses Cap. 3. vers. 20.

Dr. Johann Regulus (1489 – 1570)
Stadtarzt

Bemaltes Epitaph in Form einer gerahmten Holztafel, hochrechteckig, 172/106 cm (ohne Rahmen 153/90 cm); ursprünglich in oder neben der fünften Chorkapelle, rechts von der Reich-Almosen-Tafel[1].

Von **Johann Dentzel,** Ulm, 1617 (signiert und datiert).

[28]

Der Verstorbene hieß eigentlich Johann König und latinisierte seinen Namen nach der Mode der Humanisten zu *Regulus*; nach seiner Herkunft aus Villingen wurde er auch Villinger genannt. In Hall war er zuerst Präzeptor der Lateinschule (1527–1533), später, in seiner zweiten Laufbahn, Stadtarzt (1552–1570)[2].

Laut einer Pergamenturkunde mit sechs Unterschriften und sechs Siegeln, ausgestellt in Ulm am 1. Juni 1617, haben die Enkel des Johann Regulus der Stadt Hall zum Dank für die Genehmigung einer Familiengedenktafel im Chor von St. Michael 500 Gulden gestiftet, die den armen Schülern des Kontuberniums und etwa verarmten Haller Familiengliedern zugute kommen sollten[3]. Wer also nicht – wie die Ratsmitglieder und die höhere Geistlichkeit – schon durch Rang und Stand das Recht hatte, ein Epitaph in der Kirche anzubringen, konnte sich in bestimmten Fällen dieses Recht durch eine angemessene Zahlung bzw. Stiftung erkaufen.

Das Regulus-Epitaph läßt sich auch als Schrifttafel auffassen, die durch fünf kleine Ölgemälde illustriert wird. Die Tafel sitzt in einem braunen, goldgemusterten Rahmen, die Schrift ist schwarz auf hellgrauem Grund.

Die Inschrifttexte

Die Texte bestehen aus Bildbeschriftungen und aus den Gedenkschriften für Johann Regulus selbst (hervorgehoben durch deutsche Schrift und Sprache) und seine vor 1617 verstorbenen Söhne Paul, Joseph, David Friedrich und Johann Friedrich (in lateinischer Sprache und lateinischen Großbuchstaben), sowie einer Stifterinschrift (ebenfalls lateinisch), zwei Augustinus-Zitaten und – am unteren Rand – einem Spruch, vermutlich dem Symbolum, dem Wahlspruch des Johann Regulus. Wortlaut der Texte im Anhang S. 400f. sowie bei Krüger (S.64–66, ohne Übersetzung) und zum Teil bei Wunder (mit Übersetzung, aber ohne das bei Krüger S.66 Zitierte; Text und Übersetzung brechen mitten im Satz ab). Das Symbolum fehlt bei beiden. Es lautet: Πολίτευμα [!] [Politeuma][4] *nostrum in coelis est. Paul. ad Philippenses Cap. 3. vers. 20.* (Unsere Heimat[5] ist im Himmel. Paulus an die Philipper, Kapitel 3, Vers 20).

Ergänzt sei ferner der bei Wunder unvollständige Stiftungstext (zwischen den beiden unteren Bildern): *QVIBVS VTPOTE / AVO, PATRI, PATRVELIS: / NEPOTES NEPTESQVE / DAVID, IOANNES MEDICINÆ D. / FRIDERICVS I.C. IOSEPHVS PHAR- / MACOPOEVS [!] ET ANNA MARIA AT- / QVE ELISABETA DAVIDIS FILII FILI- / ÆQVE VLMÆ SVEVORVM VIVENTES: / NEC NON IOANNES DOCT. PAVLI / FILIVS VNICVS LABACI DEGENS: / HOCCE MONVMENTVM / DEBITI AMORIS ET HONORIS ERGO / POSVERE / IPSO S.IOANNIS EVANG. DIE XXVII / DECEMB. ANNO CHRISTI, MDCXVII.*[6]

Zu deutsch: Diesen Personen, dem Großvater, dem Vater und den Onkeln, haben die Enkelkinder, nämlich David, Johannes, Doktor der Medizin, Friedrich, Jurist, Josef, Apotheker, Anna Maria und Elisabeth, die zu Ulm in Schwaben lebenden Söhne und Töchter Davids [des Älteren], sowie Dr. Johannes, der in Laibach lebende einzige Sohn von Paul, dieses Denkmal aus schuldiger Liebe und Verehrung errichtet, genau am Tage des Evangelisten St. Johannes, dem 27. Dezember 1617.

Die beiden bei Wunder fehlenden Augustinus-Zitate lauten wie folgt. Zwischen den Bildunterschriften: *Sepulcrorum memoria magis uiuo- / rum est consolatio, quam utilitas / defunctorum. August. de Ciuit. Dei.* – Das Totengedenken ist mehr ein Trost für die Lebenden als ein Vorteil für die Verstorbenen. *Augustinus, De civitate Dei* (Über den Gottesstaat).

Und darunter: *NIHIL ALIVD ERGO IN HAC VITA PEREGRINATIONIS TVÆ MEDITARE, NISI QVOD ET / HIC NON SEMPER ERIMVS: ET VT IBI NOBIS LOCVM RECTE CREDENDO ET / BENE VIVENDO PRÆPA- REMVS, VNDE NVNQVAM SVMVS MIGRATVRI. / AVGVST. TRACT. XXXI. IN IOANNEM.* – Nur daran denk in diesem Pilgerleben: daß wir auch hier nicht für immer weilen und daß wir uns durch rechten Glauben und ein rechtschaffenes Leben dort einen Platz bereiten, von wo wir niemals weiterziehen werden. Augustinus, 31. Traktat zu Johannes (aus den 124 Traktaten zum Johannes-Evangelium).

Die Gemälde

Drei der fünf Gemälde nehmen nebeneinandergereiht einen Streifen nahe dem oberen Tafelrand ein, jedes mit einer erklärenden Überschrift. Die beiden äußeren Bilder enthalten die Vollwappen der Familie König von Villingen: Links oben (heraldisch rechts) das neuere Wappen, das König Maximilian 1498 dem Großvater des Johann Regulus verliehen hat. Dies erfahren wir aus der Überschrift, einem Distichon mit beigefügter Jahreszahl (betonte Vokale unterstrichen): *REGVLVS HÆC VIRTVTIS HABET, QVÆ MAXIMVS OLIM / ÆMILIANVS AVO SIGNA FERENDA DEDIT* (MAXIMUS AEMILIANUS = Maximilian). Auf deutsch: Regulus besitzt dieses Zeichen seiner Tüchtigkeit [gemeint ist das Wappen], das Maximilian einst seinem Großvater verliehen hat. – Rechts oben das ältere Wappen der Künig von Villingen. / *ARMA MEIS QVONDAM GESTA / DECENTER AVIS* (ein Pentameter ohne Hexameter!) – das einst von meinen Ahnen geziemend geführte Wappen.

Das mittlere Bild (36,5/29 cm) zeigt im Vordergrund einer bewaldeten, von einer Bachschlucht durchzogenen Berglandschaft einen Wandersmann mit langem Bart und Pilgerstab. Er trägt einen zinnoberroten, gelb gefütterten Umhang und einen Hut mit weiter Krempe. Auf einem Pfad im Mittelgrund sieht man zwei weitere Wanderer dahinschreiten, einen Erwachsenen mit einem Kind, und noch ferner, auf einer Brücke über der Schlucht, eine vierte, schemenhafte Gestalt. Im Hintergrund ragen einige Häuser und ein Kirchturm zwischen den Bäumen hervor. Am rosig schimmernden Himmel ballt sich auf der rechten Seite graues Gewölk.

Die Bildüberschrift lautet: *PATRIARCHA IACOBVS / VITA CHRISTIANORVM / PEREGRINATIO. / Genes: Cap. 47. Vers. 9.* (Der Patriarch Jakob / Das Leben der Christen ist eine Pilgerfahrt. 1. Mose 47,9). – Der Wanderer im Vordergrund ist also der Erzvater Jakob aus dem Alten Testament. Er ist mit Hinweis auf die Pilgerschaft seines langen Lebens als Pilger dargestellt; und es dürfte kein Zufall sein, daß sich seine äußere Gestalt deutlich an Darstellungen des Pilgerheiligen Jakobus anlehnt. Der Spruch in der Überschrift ist kein Zitat der angegebenen Bibelstelle, sondern eine Folgerung aus ihr.

Die beiden übrigen Bilder (32/29 cm) befinden sich in der unteren Tafelhälfte links und rechts am Rand. Auch sie sind dem Patriarchen Jakob gewidmet.

Das linke Bild zeigt Jakob, wie er – nach 1. Mose 48 – mit überkreuzten Armen seine Enkel Manasse und Ephraim segnet. Sein Sohn Joseph hat ihm die beiden Enkel so ans Bett geführt, daß der erstgeborene Manasse den Segen aus der rechten Hand, der jüngere Ephraim aus der linken Hand Jakobs empfangen sollte. Aber Jakob widersetzte sich dem und legte den Knaben seine Hände über Kreuz aufs Haupt, da er für Ephraim und dessen Nachkommenschaft die größere Zukunft voraussah (Gn 48,19). Auf diese Weise kam wiederum, wie schon bei Jakobs eigener Segnung durch Isaak (Gn 27), eine Nebenlinie zum Zuge. Das Kreuzen der Arme Jakobs galt schon in frühchristlicher Zeit (Tertullian) als Vorzeichen der Kreuzigung Christi und wurde daher zum Symbol des Neuen Bundes[7].

Jakob, eine abgemagerte Gestalt mit langem weißem Bart und müden Augen (er war fast blind), liegt mühsam aufgerichtet in einem Himmelbett auf einem üppig schwellenden Kissengebirge. Sein Haupt bedeckt eine weiße

Binde, seinen Unterkörper eine knitterreiche rosa Bettdecke. Die Fußwand des Bettes, in kurvigen Formen der Spätrenaissance, mit C-Volute und prankenartigem Fuß, wird vom rechten Bildrand überschnitten. Links vom Bett steht eine Fußbank, auf der betend die Enkelkinder knien, Manasse in dunkler, Ephraim in lichtgelber Kleidung - sicher nicht ohne Symbolik, denn Manasse galt in der Auffassung christlicher Theologen als Verkörperung des Judenvolkes, Ephraim, der von Jakob Bevorzugte, als Vorläufer des neuen Gottesvolkes. Nahe der Bildmitte erscheint von links her Josef, mit kurzem Spitzbart, in fürstlicher Kleidung, mit Turban und einem leuchtend roten, sperrig drapierten Mantel; er versucht die linke Hand Jakobs von Manasses Kopf zu entfernen. Am linken Bildrand steht ein Tisch mit verschiedenen Gegenständen; sein Fuß – nur der eine ist sichtbar – hat die Gestalt eines Vogel- oder Greifenbeins. Links im Hintergrund öffnet sich das Gemach zu einer Art Altan. Von seiner Brüstung aus betrachten zwei Rückenfiguren in langen Gewändern versonnen eine Waldlandschaft mit einem einsamen Rundturm.

An der Stirnwand der Fußbank ist im Halbdunkel die – schon von Rainer Krüger entdeckte – Signatur des Malers angebracht: *IOAN: DENTZEL / VLMÆ PINXIT / 16 17* (gemalt von Johann Dentzel in Ulm 1617).

Die Überschrift des Bildes nennt die zugehörige Bibelstelle: *Genes. Cap. XLVIII* (1. Mose Kapitel 48). Unter dem Bild steht ein Zitat aus einer Homilie von Johannes Chrysostomus: *Sepultura optima, uita optima. / Chrÿsost. Tom.2. Homil.84.* (Bestattung gut – Leben gut. Chrysostomus, Band 2, Homilie 84). Gemeint ist wahrscheinlich, daß erst eine optimale Bestattung das Leben vollkommen macht. Dann könnte man frei übersetzen: eine gute Bestattung krönt das Leben. Eigentlich gehört diese Bildunterschrift zum rechten Gemälde, jedenfalls bezieht sie sich nicht auf Genesis 48, sondern auf das nachfolgende Kapitel (Gn 49,29–32), wo der sterbende Jakob seinen Söhnen gebietet, ihn in der Grablege seiner Väter in Kanaan zu bestatten, damit er mit seinen Vorfahren vereint werde.

Das rechte Bild zeigt die Beisetzung Jakobs. Der von Abraham bei Mamre (Hebron) im Lande Kanaan erworbe-

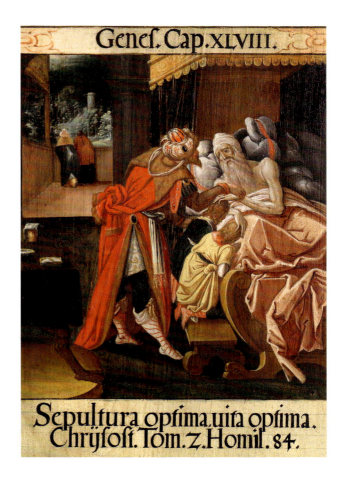

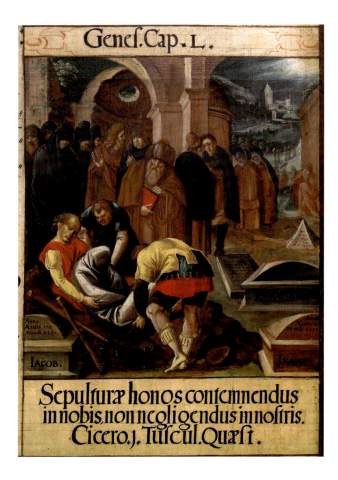

ne Begräbnisplatz ist nicht wie die Bibel sagt (Gn 23 und 49, 29–32; 50,13) in einer „zwiefachen Höhle" dargestellt, sondern vor einem fragmentarischen Kuppelbau, an dessen Gesimsen und Fensterlaibung Gras herabwächst. Im Vordergrund sieht man die tonnengewölbten Grabtumben von Abraham, Isaak und Jakob, alle drei lesbar beschriftet, dahinter eine weitere Grabplatte und eine kleine Grabpyramide, deren Inschriften sich nicht entziffern lassen. Wir dürfen an die in der Bibel genannten Gräber Saras und Rebekkas denken.

Im Vordergrund zwischen den Gräbern halten drei barhäuptige Männer, wahrscheinlich Totengräber, den in hellgraues Tuch gehüllten Leichnam Jakobs, um ihn zu bestatten. Sie tragen bunte, zum Teil modische Kleidung in den vorherrschenden Farben rot, weiß und blau. Links vorne, an Jakobs Tumba gelehnt, liegen die Grabgeräte, Hacke und Spaten.

Hinter den Totengräbern steht das Trauergefolge, Israeliten und Ägypter, die mit Joseph zu der Bestattung Jakobs aus Ägypten gekommen waren. Die schwarzgrau Gekleideten mit den hohen Kapuzen sollen vermutlich die Ägypter darstellen, die braun Gekleideten (zu denen Joseph gehört) die Israeliten. Der bärtige Alte mit der turbanartigen Mütze, der als einziger tiefen Anteil an der Bestattung nimmt, kann wohl nur Josef sein, obwohl er anders aussieht als auf dem linken Bild (andere Vorlage?). Im Mittelgrund sieht man weitere Trauernde herankommen, darunter braun verhüllte Frauen; sie tragen Kopftücher und eigenartige, nimbusähnliche Hüte, die mit einer Kinnbinde festgehalten werden. Vor einer Gartenmauer am rechten Bildrand sitzt ein bärtiger Mann mit ausgestreckter Rechter. Im blaugrün getönten, bewaldeten Hintergrund erblickt man eine Ortschaft, beherrscht von einem Stadt- oder Kirchturm mit oberschwäbischem Staffelgiebel. In einer Straße des Ortes scheinen Menschen zu wandeln.

Die lesbaren Inschriften an den Stirnseiten der Grabtumben lauten: An der Tumba Abrahams, rechts hinten: *ABRAHAM.*, an ihrer Deckplatte *Anno / Ætatis. 175. / Mundi. 2124.* (Abraham, im 175. Lebensjahr, im 2124. Jahr der Welt). – Entsprechend an der Tumba Isaaks, rechts vorne: *ISAAC. / Anno / Ætatis. 185 / Mundi. 2230.* (Isaak, im 185. Lebensjahr, im 2230. Jahr der Welt). – An der Tumba Jakobs, links vorne: *IACOB. / Anno. / Ætatis. 170. / Mundi. 2257.* (Jakob, im 170. Lebensjahr, im 2257. Jahr der Welt).

Das Alter Abrahams stimmt mit 1. Mose 25,7 überein. Für Isaak nennt die Bibel 180 Jahre (Gn 35,28), für Jakob 147 Jahre (Gn 47,28). Das biblische „Alter der Welt" beginnt mit der Schöpfungsgeschichte. Es läßt sich mit Hilfe der Angaben von Gn 5, Gn 11,10–26 und der oben genannten Bibelstellen ermitteln, wenn man, mit Adam beginnend, von allen Vorvätern des jeweiligen Patriarchen das Alter, das sie bei der Geburt ihres Erben hatten, zusammenzählt und das Lebensalter des Patriarchen dazurechnet. Nach meiner Zählung ergeben sich dabei geringfügige Abweichungen gegenüber den Angaben des Epitaphs, nämlich für Abrahams Tod das Jahr 2121, für Isaaks Tod das Jahr 2226, für Jakobs Tod das Jahr 2253.

Die Überschrift des Bildes lautet: *Genes. Cap. L.* (1. Mose Kapitel 50), die Inschrift unter dem Bild: *Sepulturae honos contemnendus / in nobis, non negligendus in nostris. / Cicero. 1. Tuscul. Quaest.* (Bei uns selbst sollen wir die Ehre der Bestattung gering achten, bei den Unsrigen darf sie nicht vernachlässigt werden. Cicero, Tusculanae quaestiones Bd.1).

Der Sinngehalt

Zwei Begriffe bestimmen den Sinngehalt des Epitaphs wie Brennpunkte: die Pilgerschaft als Metapher für das irdische Leben und die Bestattung als des Lebens Ende und Krönung. Den ersten Begriff veranschaulicht der Patriarch Jakob als Pilger (im oberen Bild). Durch sein langes Wanderleben, das ihn von Kanaan bis Ägypten führte, – und durch seine Namensgleichheit mit dem Pilgerheiligen Jakobus – bot Jakob sich zur Verkörperung dieses Begriffes unmittelbar an. Die Überschrift des Bildes läßt an der Deutung keinen Zweifel: *Das Leben der Christen ist eine Pilgerfahrt.* Wohin diese Pilgerfahrt führen soll, sagt uns das Augustinuszitat unter den Bildern: weg aus der Vergänglichkeit des Erdenlebens an jenen Ort, *von wo wir niemals weiterwandern,* also in die himmlische Heimat, in der wir uns *durch rechten Glauben und ein rechtschaffenes Leben* schon hier einen Platz sichern können. Auf dieses Ziel der Pilgerschaft verweist auch der Wahlspruch (das Symbolum) des Johann Regulus: *Unsere Heimat ist im Himmel.*

Auch für den anderen Brennpunkt des Bild- und Textprogramms, die gute Bestattung, dient der Patriarch Jakob als Beispiel (Bild rechts unten). Selten wurde ein Toter mit größerem Aufwand an Zeit und Menschen beigesetzt als er. Um Jakob *mit seinen Vätern zu vereinen,* ließ Joseph den einbalsamierten Leichnam von Ägypten zur Grablege Abrahams bei Hebron in Kanaan bringen. *Und es zogen mit ihm hinauf alle Hofleute Pharaos, die Ältesten seines Hauses und alle Ältesten Ägyptens, dazu das ganze Gesinde Josephs, seine Brüder und das Gesinde seines Vaters ... Und es zogen auch mit ihm hinauf Wagen und Reisige, und war ein sehr großes Heer* (Gn 50,7-9).

Das Cicerowort der Bildunterschrift – daß man die Ehre der Bestattung persönlich gering achten soll, die Angehörigen sie aber nicht vernachlässigen dürfen – paßt insofern auf die Darstellung, als Jakob selber ja nur mit seinen Vätern in Kanaan vereint werden wollte und erst der Sohn ihm das aufwendige Ehrengeleit zukommen ließ. Eine andere Frage ist, warum die Regulus-Erben gerade diesen Spruch für das Epitaph gewählt haben. Er spielt wahrscheinlich auf Ihre eigene Situation an: Johann Regulus selbst hat sich anscheinend um kein Denkmal gesorgt, während die Nachkommen sich verpflichtet fühlten, ihm eines zu setzen – übrigens reichlich spät (nach 47 Jahren), was ihr Gewissen beschwert haben mag.

Schwieriger zu ergründen ist der Sinn des linken Bildes mit der Segnung Manasses und Ephraims, dies umso mehr, als der beigefügte Text mit dem Thema Bestattung schlecht dazupaßt; er gehört deutlich zum rechten Bild mit Jakobs Begräbnis. Zwar weisen Jakobs letzte Worte auf dem Totenbett (Gn 49, 29–32) auf das Begräbnis voraus. Doch dargestellt ist etwas anderes, nämlich die Segnung der Enkelkinder, wie auch die Überschrift (*Genes. Cap. XLVIII.*) besagt. Warum hat man diese Szene gewählt?

Es handelt sich offensichtlich um ein biblisches Beispiel für die innige Beziehung zwischen Enkeln und Großvater, ein Vorbild für die Familie Regulus, wo ebenfalls die Enkel in Beziehung zum Großvater traten, indem sie ihm das Denkmal setzten. Die Inschrift unter dem Gemälde bezieht sich dagegen auf das zweite, nicht im Bilde dargestellte

Anliegen des sterbenden Jakob, auf seinen Wunsch nach Krönung seines Lebens durch ein gutes Begräbnis, das heißt die Vereinigung mit seinen Vorfahren durch eine Bestattung in der Grablege seines Großvaters Abraham.

Der Maler

Johann Dentzel (Denzel) war Angehöriger einer Ulmer Goldschmied- und Malerfamilie. Neben ihm werden noch seine Brüder Anton († 1593) und Melchior genannt, sowie ein Porträt- und Miniaturenmaler Hans Dentzel und dessen Bruder Daniel. Nach Thieme/Becker ist Hans Dentzel wahrscheinlich mit Johann Dentzel identisch, so daß insgesamt vier Brüder nachgewiesen wären. Hans Rott fand in den Ulmer Archivalien außerdem noch die Brief- und Kartenmaler Michel Denzel (erwähnt 1572–1587) und Ulrich Denzel (1591)[8]. Sie alle könnten zur gleichen Generation gehören. Die Lebensdaten Johann Dentzels sind leider unbekannt.

Die Heidelberger Universitätsbibliothek besitzt ein Graduale (ein Choralbuch für Meßgesänge) aus dem Zisterzienserkloster Salem[9]. Es enthält neben etwa 28 kleineren Darstellungen in Bildinitialen und ornamentierten Bordüren drei größere, ganz- und halbseitige Miniaturen, die wie folgt signiert sind: *Johan Dentzel, Vlm fecit. 1599* (Bl.1v), *J. D. Vlm fecit 1599* (Bl.7v, Werner Taf. S.43) *und J. D. V.* (Bl.221v, Werner Taf. S.44). Nach Thieme/Becker handelt es sich hier um ein Werk des in Ulm genannten Malers Hans (= Johann) Dentzel.

Erwartungsvoll schickt man sich an, die Haller und die Heidelberger Dentzel-Bilder zu vergleichen. Die Übereinstimmung von Namen, Vornamen, Wohnsitz und der Zeitabstand von nur 18 Jahren lassen hoffen, hier die nämliche Künstlerhand vorzufinden. Doch der Befund enttäuscht. Bildbau und Ausführung sind merklich verschieden, und auch die Schriftzüge stimmen nicht überein. Die Heidelberger Miniaturen, jedenfalls die drei größeren, mögen die Haller in der malerischen Qualität übertreffen. Sie zeichnen sich durch zarte Farben in abgestuften Tönen mit viel Weiß und Rosa aus, während die Haller eher bunt wirken. Doch sind die Haller Bilder spannungsvoller komponiert und in dieser Hinsicht von weit größerem Reiz. In Heidelberg ist das Formgefüge im Vergleich dazu langweilig (man betrachte nur die öde Reihung der Zisterzienserscharen auf Blatt 221v), die Komposition ist nicht straff, sondern schlaff; sie wurde allein vom Inhalt her gestaltet, ohne formale Notwendigkeit; kein Formenzug ist zwingend.

Wie läßt sich dieser Sachverhalt erklären? Handelt es sich um zwei verschiedene Mitglieder der Dentzelfamilie? War der Maler des Haller Epitaphs vielleicht ein Sohn oder ein Neffe des Illustrators? Dem widerspricht jedoch der Stilbefund, denn das jüngere Haller Werk ist das altertümlichere.

Beim linken Bild mit Jakobs Segen läßt die parataktische und betont „zeichnerische" Gliederung der Bildfläche an ein weitaus älteres Vorbild denken. In den zuckenden Knitterfalten der Bettdecke zeigen sich noch Nachklänge der Spätgotik – in manieristischer Zuspitzung. Auch der Durchblick auf Altan und Landschaft dient eher der Flächengliederung als der Erschließung des Tiefenraums. Die von der Brüstung in die Ferne blickenden Rückenfiguren begegnen schon in der ersten Hälfte des 15. Jahrhunderts, bei Jan van Eyck (Rolin-Madonna) und vor allem bei bei Rogier van der Weyden (St. Lukas malt die Muttergottes).

Hinter dem rechten Bild, soweit es den herannahenden Trauerzug und den Ausblick auf die Ortschaft mit Einblick in die Straße betrifft, steht eine ähnlich alte Bildtradition. Doch ist die beherrschende Gruppe der Grablegung links vorne im Sinne der Spätrenaissance komponiert. Sie erstreckt sich schräg in die Tiefe und wird in ihrer Räumlichkeit noch betont durch die sich zum Leichnam hinunterbeugenden Totengräber, zwei Figuren mit perspektivisch verkürztem Oberkörper, eine Rückenfigur vorne und eine nach vorne gewendete hinten. Vermutlich wurde hier eine Komposition der italienischen Renaissance – wie etwa die Grablegungsgruppe Tizians im Louvre (1525) – im Sinne noch größerer Tiefenerstreckung weiterentwickelt.

Die Frage stellt sich, ob dieser Rückgriff auf ältere Vorlagen das unterschiedliche Erscheinungsbild der Haller und der Heidelberger Miniaturen erklären könnte. In diesem Fall müßten wenigstens die von den Vorlagen unabhängigen Stilelemente, die „Handschrift" im engeren Sinn, übereinstimmen. Mit einiger Mühe lassen sich solche Gemeinsamkeiten ausmachen. Zum Beispiel haben einige Gesichter eine ähnliche physiognomische Prägung bei immerhin verwandter Malweise. Auch gleichen sich bestimmte Requisiten des Hintergrunds, zum Beispiel die Türme mit Staffelgiebel. Das alles überzeugt aber nicht in solchem Maß, daß eine Identität der Maler daraus zwingend zu folgern wäre.

Am wahrscheinlichsten ist, daß beide Werke zwar in Johann Dentzels Werkstatt, aber von verschiedenen Mitarbeitern gemalt wurden. Nimmt man an, der Meister habe eines der Werke persönlich ausgeführt, dann war es wohl das Haller, nicht nur wegen seiner – wie mir scheint – höheren Qualität und seines altertümlicheren Stils, sondern wegen der versteckten Signatur. Erfahrungsgemäß signieren an versteckter Stelle die tatsächlich ausführenden Kräfte – oft irgendwelche Gesellen – mit ihrem eigenen Namen[10], während die offen angebrachten Signaturen, wie die in der Heidelberger Handschrift, eher die beauftragte Firma bezeichnen, unabhängig von der ausführenden Person. Insofern könnten die Haller Bilder von Johann Dentzel selbst gemalt sein.

Quellen und Literatur
Epitaphienbuch 1698/1708, Bl.42v-44r Nr.8; Bd.a, S.49 f. Nr.8; *Gräter* 1793/94 Nr.101; R.*Krüger* Nr.43; *Wunder* Nr.28. – Zu Johann Regulus außerdem: Eduard *Krüger*, Denkmale aus der Zeit des Humanismus und der Reformation in Schwäbisch Hall, in: WFr 1954, S.129-151, hier S.134, *Wunder* 1980, S.114. – Zu Johann Dentzel: *Thieme/Becker* Bd.9, 1913, S.86 (Denzel), mit Angabe älterer Literatur; Wilfried *Werner*, Cimelia Heidelbergensia, 30 illuminierte Handschriften der Universitätsbibliothek Heidelberg, Wiesbaden 1975, S.42-45.

Anmerkungen
1 Laut Epitaphienbuch *In, an, und neben 5 ten Capell, alwo die Reichen Allmosens- undt Stipendien Stifftungs taffel.* Diese ist das fünfte der angeführten Denkmäler, das Regulus-Epitaph das achte. Es befand sich also entweder an der rechten Kapellenwand (wo zwei Denkmäler übereinander hingen) oder an der Stirnseite des Pfeilers, wo heute das Beyschlag-Epitaph (*Wunder* Nr.53) angebracht ist. So auch noch zu Gräters Zeiten. Bei ihm, der links herum zählt, war es (als Nr.101) *im Chor von der obern Kirchenthür [dem Südportal] an, biß gegen den Thomas Schweicker zu* das dreizehnte Denkmal nach dem Arnold-Epitaph (Gräter Nr.88) und das sechste vor dem Drechsler-Epitaph (Gräter Nr.107).
2 Näheres bei: Eduard *Krüger* 1954, S.134 (mit Wiedergabe der Widmungsinschrift von 1527 am Fenstergewände der ehemaligen Lateinschule, wo Regulus sich *LVDIMAG[ISTER]*, Schulmeister, nennt); Rainer *Krüger*, S.67; *Wunder* 1980, S.114, und 1987, S.20. – In seiner ersten Haller Zeit hat Regulus auch die mehrsprachige Grabschrift für Anton Hofmeister (Denkmal Nr.118) verfaßt.
3 Regest im Dekanatsarchiv, Depositum im StAH, Anh. n n 5: *David Regulus, genannt Villinger, auch im Namen seines Vetters Johann Regulus Villinger zu Laybach, und Johannes Regulus Villinger, med. Doctor, und Friedrich Regulus Villinger, Joseph Regulus Villinger, Georg Philip Müller für seine Frau Elisabeth Regulus Villingerin und Sebastian Mathis für seine Frau Anna Maria Regulus Villingerin stiften dem Ratt zu Schwäbisch Hall zum Dank für die Genehmigung einer Familiengedenktafel im Chor der Kirche St. Michael 500 fl. Hauptgut, woraus jährlich 25 fl. Zins zur Ausstattung der armen Schüler des Kontuberniums verwandt werden sollen, mit der Bedingung, daß etwa verarmte Glieder der Familie auch daraus unterstützt werden, wenn diese in Hall sind.*
4 In griechischen Buchstaben, zum Teil entstellt, die beiden letzten Buchstaben lateinisch.
5 Für *políteuma* (etwa: Bürgergemeinschaft) schreibt Luther „Wandel" (im Sinne von Umgang, Verkehr), die Vulgata „conversatio", die reformierte Bibel von Theodor Beza „civitas", die katholische Bibel von 1962 „Heimatrecht", die Einheitsübersetzung von 1980 „Heimat", die heutige Lutherübersetzung (revidierter Text) „Bürgerrecht". Die Stifter des Epitaphs mochten sich offenbar für keine Übersetzung entscheiden.
6 Abkürzungen: *D.* und *DOCT.* = DOCTOR, *I.C.* = IURIS CONSULTUS, *S.* = SANCTI, *EVANG.* = EVANGELISTAE, *DECEMB.* = DECEMBRIS.
7 Vgl. LCI Bd.2, Sp.371, 380.
8 Hans *Rott*, Quellen und Forschungen zur südwestdeutschen und schweizerischen Kunstgeschichte im 15. und 16. Jahrhundert, II. Alt-Schwaben und die Reichsstädte, Stuttgart 1934, S.43.
9 Vgl. *Werner* a.a.O. (siehe Literatur).
10 Als Beispiel nenne ich Zeitbloms Gesellen Gregor Grüneisen, der sich im Geburtsbild des Adelberger Retabels am Gewandsaum Marias verewigt hat. – Vgl. Wolfgang *Deutsch*, Der Altar in der Adelberger Ulrichskapelle, in: Heilige Kunst 1979/80, S.13-51, hier S.31.

David Zweiffel (1609 – 1677)
Ratsherr

Gefaßtes Holzepitaph mit Ölgemälden, 270/175 cm[1]; hing früher an der Nordempore zwischen deren östlicher Treppe und der Ratsstube (Gräter: *Von der Stiegen der Becken-Empor an der Orgel gegen dem Rathsstand zu, vorwärts hangend*). – Restauriert 1909 von Gottfried Schmidt für 45 Mark[2], 1997 von Jürgen Holstein und Roland Wunderlich.

Die Gemälde wahrscheinlich von **Johann David Zweiffel** (Zuschreibung), um 1677 oder kurz danach.

[30]

David Zweiffel, Mitglied des Geheimen Fünferrats und Haalhauptmann, und seine erste Frau, Rosina Müller, die zehn Kinder gebar, gehören zu den Ahnen von Mörike, Gerhard Storz, Gerd Wunder (und dem Verfasser). Seine zweite Frau, Euphrosina Wertwein, blieb kinderlos.

Das Epitaph folgt der Grundform eines Altarretabels; es besteht aus Corpus (Mittelteil) mit einem Gemälde, bemalten Standflügeln, einem Aufsatz mit zwiebelförmiger Bildkartusche und einem hängenden, predellaartigen Untersatz, der auf einer sechseckigen Tafel die Gedenkschrift enthält (Text bei Gräter, Rainer Krüger und Wunder 1997 sowie Anhang S. 402). Die Grundfarbe des Rahmenwerks ist schwarz, Zierwerk und Schrift sind golden hervorgehoben. In seinem Aufbau gleicht das Denkmal nahezu vollständig dem Epitaph des Predigers Georg Philipp Bonhoeffer († 1676, S. 72ff.).

Das hochrechteckige, 94/71 cm große Mittelbild schließt oben in einem eingezogenen Segmentbogen[3]. Die Zwickel beiderseits des Bogens sind mit geflügelten Engelsköpfen aus Pappmaché gefüllt. Den Rahmen des Bildes schmücken acht verschiedenfarbige „Edelsteine", umgeben von goldenem Zierat.

Über dem Corpus liegt ein Architrav mit stark vorkragendem Dachgesims. Er enthält eine einzeilige Inschrift in goldener Fraktur auf schwarzem Grund: *Die Himmels Cron / Mein Gnaden lohn*. In der Mitte des Gesimses ist ein geflügelter Engelskopf aus Pappmaché befestigt (vielleicht nicht original, denn er paßt stilistisch nicht zu den anderen Pappmachéköpfen und beschattet einen Teil der Inschrift[4]).

Das Corpus wird von frei stehenden gedrehten Säulen flankiert. Ihren Schaft umranken Weinreben aus Pappmaché mit goldenen Blättern und ehemals roten Trauben. Über den Kapitellen sitzen quaderförmige Kämpfer; sie haben Löwenköpfe aus Pappmaché an den drei sichtbaren Seiten, eine mehrfach abgesetzte Sockelplatte und ein weit ausladendes, in der Mitte vorgekröpftes Dachgesims. Darüber stehen, den Architrav flankierend, kleine Zierobelisken mit eingeschnürtem Sockel und weiteren Löwenköpfen inmitten der Schaftseiten.

Der Aufsatz über dem Architrav befand sich vor der letzten Restaurierung zu Unrecht auf dem Reitz-Epitaph (vgl. S.140). Seine Bildkartusche hat die Form einer Zwiebel mit abgeschnittener Spitze, flankiert von gemalten Engelsköpfen, deren Flügel in vergoldete Volutenspangen ausschwingen. Bekrönt ist die Kartusche von einem kurzen Gebälkstück mit aufgesetzter gedrechselter Spitze.

Die Standflügel enthalten hochrechteckige, 48/26 cm große Gemälde. Ihr Rahmen ist oben und unten mit Schweifwerk (einer gebrochenen Volute) verziert. Neben der oberen Volute, über dem äußeren Flügelrand, dürfte ursprünglich, wie am Bonhoeffer-Epitaph (S.72ff.), eine tropfenförmige gedrechselte Spitze gesessen haben; die Dübellöcher dafür sind noch vorhanden. Auf der freien Fläche neben der unteren Volute steht an beiden Flügeln ein dreizeiliger, auf den Inhalt des Gemäldes bezogener Bibelspruch, wiederum in goldener Fraktur auf schwarzem Grund (siehe unten, S. 111).

Die Predella mit der 38,5/73 cm großen Inschrifttafel[5] wird von Mittelteil und Flügeln durch ein niedriges, unter

den Corpussäulen vorgekröpftes Gesims getrennt. Sie ist von Schweifwerk umgeben, in das drei geflügelte Engelsköpfe eingefügt sind, zwei gemalte an den Schrägseiten der Inschrifttafel und ein plastischer aus Pappmaché an ihrer Unterseite. Beiderseits der Inschrifttafel, unter den Corpussäulen, sitzen Konsolen. An ihnen sind die Wappen der beiden Ehefrauen (Müller und Wertwein)[6] auf elliptischen, von Schweifwerk gerahmten Kartuschen angebracht. Merkwürdigerweise fehlt das Wappen des Mannes (vgl. Anmerkung 4).

Das 94/71 cm große **Mittelbild** zeigt den Verstorbenen und seine zwei Ehefrauen, wie sie in monumentaler Haltung, leicht zur Bildmitte gedreht, den Blick zum Beschauer gerichtet, betend zu Seiten des Gekreuzigten knien, alle drei schwarz gekleidet, weiß nur die breiten, über die Brust fallenden Kragen (Rabats), die gebauschten Hemdsärmel und die mächtigen Flügelhauben der Frauen.

Der Mann trägt über dem Gewand eine schwarze Schaube; die Frauen haben als Schmuck perlenbesetzte Halsbänder, Spitzenmanschetten am Hemd und schwarze Haubenschleifen. Vor dem Mann und der verstorbenen Frau (Rosina Müller) liegt ein Totenschädel.

Der Gekreuzigte, im Maßstab erheblich kleiner als die Betenden, ragt bis in den Bogenteil des Bildes empor. Er folgt nicht mehr – wie am Bonhoeffer-Epitaph S. 72ff. – dem Rubenstypus mit emporgerichtetem Blick und fast senkrecht emporgereckten Armen, sondern hat das Haupt gesenkt, die Arme weiter ausgebreitet und die Finger teilweise ausgestreckt. Dieser Christustypus wird in der Werkstatt des Haller Malers fortan noch oft wiederholt (Näheres S. 142). Die INRI-Tafel, ein gewelltes Pergament, enthält nur den lateinischen Text.

Am düster-bleiernen Himmel ist links vom Kreuz die halb verfinsterte Sonne erkennbar, am Horizont ein kleiner rosiger Streifen. Hinter dem Verstorbenen und dem Kruzifix breitet sich vor hügeliger Landschaft eine Stadtkulisse mit einem Torturm, nordisch anmutenden Giebelhäusern und einer barocken Kuppelkirche. Wie üblich dürfte die Stadtansicht - trotz nordischer Häuser - Jerusalem meinen, wo sich die Kreuzigung ereignet hat, und der Kuppelbau den Tempel Salomos[7].

Die **Gemälde der Flügel** zeigen links König David, rechts den Apostel Paulus. Beide stehen in einer Landschaft mit sehr niedrigem Horizont und heben sich vor einem leicht bewölkten Himmel ab.

David, eine breite, bärtige Gestalt mit festen Waden, ist als König prunkvoll gekleidet. Er trägt ein silbrig schimmerndes Seidengewand mit goldgestickter Bordüre, eine blaßlila Schärpe mit Fransen und goldenem Saum, einen offenen roten Mantel, um den Hals eine goldene Kette mit Medaillon und auf dem Haupt einen Turban mit aufgesetzten Kronzacken und einer goldenen Agraffe. In der hinter die Hüfte gestemmten Linken hält er ein Zepter; mit der Rechten stützt er sich auf sein Attribut, die Harfe.

Paulus trägt eine dunkelolivfarbene Tunika mit einem türkisgrünen Stoffgürtel und einen roten, hellblau gefütterten Mantel. Mit der Linken, die ein Buch hält, hat er einen Zipfel des Mantels über die Hüfte gezogen. Sein Attribut, das Schwert, stützt er mit der Rechten frei sichtbar auf dem Boden auf. Sein Nimbus ist ein orangefarbiger Reif. Orange gefärbt ist auch der Himmel am Horizont.

Die zu den Bildern gehörigen Inschriften lauten links, unter David: *Ich werde nicht Ster= / ben, sondern Leben. / Psalm. 118 V.8.* (richtig wäre Vers 17). Die Psalmen wurden früher durchweg David zugeschrieben (so auch bei Matthäus 22, 43-45 mit Bezug auf Psalm 110).

Rechts, unter dem Paulusbild, ein etwas abgewandelter Vers aus dem 2. Brief des Paulus an Timotheus: *Halt im Gedächtnus / Jesum, den gecreützig= / ten. 2. Tim. 2* (Vers 8). Tatsächlich heißt die Stelle: *Halt im Gedächtnis Jesum Christum, der auferstanden ist ...*

Das **Gemälde im Aufsatz** schildert eine Begebenheit aus dem Buch Daniel (2, 31–45): Daniel deutet den Traum des Königs Nebukadnezar. Dem König war im Traum ein furchterregendes Standbild erschienen. Dessen Haupt bestand aus Gold, der Oberkörper aus Silber, Bauch und Hüften aus Bronze, die Beine aus Eisen und die Füße teils aus Eisen, teils aus Ton. Plötzlich löste sich von einem Berg ein Felsblock und zermalmte das Bildwerk zu Staub.

Daniel deutete das goldene Haupt auf Nebukadnezar und seine Herrschaft, den silbernen Körperteil auf ein nachfolgendes, geringeres Reich, den bronzenen Unterleib auf ein drittes Reich, das die Erde beherrsche, die eisernen Beine auf ein viertes, das, hart wie Eisen, die früheren Reiche zerschmettern werde. Doch wie sich in den Füßen der Traumgestalt Ton und Eisen vermenge, so werde dieses Reich durch Heiraten in feste und brüchige Teile zerfallen. Zu dieser Zeit werde aber Gott ein ewig währendes Reich errichten, das wie der vom Berg stürzende Felsen die anderen Reiche zermalme.

Die Darstellung zeigt links im Bild Nebukadnezar. Er thront in einer Vorhalle seines Palastes, erhöht durch ein Podium, das mit einem leuchtend roten Tuch bedeckt ist; über dem Thron eine Stoffdraperie als weiteres Hoheitszeichen. Der König hat schulterlange Haare, einen kurzen Bart und eine semitisch anmutende, gebogene Nase. Er sitzt mit gespreizten Oberschenkeln, die Unterschenkel gekreuzt, in der rechten Hand das Zepter, auf dem Haupt eine hohe, mit Perlen besetzte Krone. Er ist vornehm gekleidet: Über einem engärmeligen Untergewand trägt er einen Muskelpanzer mit einer doppelten Zaddelreihe am Saum und darüber einen offenen Mantel, dessen Enden in langen Faltenbahnen zu Boden gleiten. Die Schultern bedeckt ein Hermelinkragen. Das rechte Knie ist entblößt. Als Fußbekleidung – nur am einen Bein sichtbar – dienen gefütterte Schaftstiefel mit einer Agraffe.

Rechts neben dem Thron stehen zwei Höflinge in langen Gewändern. Noch weiter rechts treten drei Soldaten aus einem Säulengang hervor; hinter ihnen sind die Lanzen von weiteren zu erkennen. In der Mitte des Bildes schreitet Daniel, als Rückenfigur gesehen, den Blick nach rechts außen gerichtet, auf den König zu, die Hände mit erläuternden Gesten erhoben. Rechts von ihm füllt ein liegender Hund die leere Fläche des Vordergrundes.

Im rechten Bildteil öffnet sich der Palast auf einen Altan mit einer Balustrade. Dort wird vom Sturm – in Gestalt blasender Köpfchen rechts oben – eine mächtige Wolke herbeigeweht, die sich wie ein Polster über die Balustrade

legt. Auf diesem Wolkenpolster steht das von Nebukadnezar im Traum erschaute Standbild, ein König mit Zepter und Krone in rüstungsartiger, vom Hals bis zu den Füßen metallener Kleidung, mit einem durchscheinenden goldenen Lendenschurz, der wie bei Nebukadnezar in zwei Reihen von Zaddeln, kurzen über langen, endet. Am Himmel stürzt hinter dem Palast hervor ein gewaltiger Felsblock auf das Traumbild zu. Nicht nur Daniel blickt nach rechts auf diese Szene, auch einer der Soldaten zeigt auf das Traumbild.

Die Wiedergabe des Malers weicht insofern wesentlich von der biblischen Schilderung ab, als er, abgesehen von der goldenen Krone, nicht zwischen den verschiedenen Materialien des Standbilds (Silber, Bronze, Ton) unterscheidet.

Niemand wird annehmen, daß der Haller Maler dieses ausgefallene Thema aus eigener Fantasie gestaltet hat.

Tatsächlich findet sich die gleiche Komposition schon in der 1630 erschienen Merianbibel, von der die Haller Künstler (oder ihre Auftraggeber) mit Vorliebe Gebrauch machten. Das Gemälde stimmt mit dem entsprechenden Kupferstich dieser Bibel in allen wesentlichen Punkten überein; es verzichtet nur auf die Flußlandschaft mit Häusern, Brücke und Ruderboot, die sich bei Merian hinter der Altanbrüstung ausbreitet und auf die zwei Soldaten, die vor der Brüstung stehen. Dafür hat sich die Wolke jetzt ausgedehnt und schwappt über die Balustrade weg. Und der König auf der Wolke – im Gemälde übrigens ohne Schwert – paßt seine Körperhaltung dem gekrümmten Rand der Zwiebelkartusche an. Nicht unwesentlich ist, daß der Stich – anders als das Gemälde – zwischen den verschiedenen Materialien der Beine (eigentlich der Füße) des Traumbilds, Eisen und Ton, durch helle und dunkle Schraffur deutlich unterscheidet. Vielleicht wollte der

Maler, wenn er auf diese Differenzierung verzichtete, in Unkenntnis der biblischen Erzählung etwas verschönern, oder ein Restaurator hat aus demselben Grund das tönerne Bein übermalt.

Der **Sinngehalt des Denkmals** erschließt sich dem Betrachter ohne Mühe. Für das Mittelbild gilt das gleiche wie für das Denkmal Georg Philipp Bonhoeffers und viele andere: Der Verstorbene und seine Frauen dürfen hoffen, durch den Glauben an Jesus Christus und die Gnade Gottes die ewige Seligkeit zu erlangen. Der Glaube drückt sich im Bild durch das Beten vor dem Gekreuzigten aus. Hinzu kommt die Stadt Jerusalem im Hintergrund und besonders der Tempel Salomos (vgl. S. 111), der unübersehbar zwischen Jesus und dem Verstorbenen aufragt: beides Sinnbilder für das himmlische Jerusalem[8]. Auf die Gnade Gottes bezieht sich der Text am Architrav: *Die Himmels Cron / Mein Gnaden lohn* (Näheres über die *Krone des Himmels* oder *Krone des Lebens*, ein altes Symbol für Sieg, Unsterblichkeit und himmlischen Lohn, siehe bei Johann Balthasar Stadtmann, S. 21, 23).

Die Flügelbilder zeigen zwei Gewährsleute aus dem Alten und dem Neuen Testament, die diese Heilsbotschaft bezeugen: David mit dem Psalm 118,17 (*Ich werde nicht sterben, sondern leben*) und Paulus mit der abgewandelten Stelle aus dem zweiten Timotheus-Brief, worin er nochmals auf Jesu Opfertod hinweist, dem der Gläubige die Gnade Gottes verdankt (*Halt im Gedächtnis Jesum, den Gekreuzigten*). Daß für die Gegenüberstellung von Altem und Neuem Testament König David ausgewählt wurde, dürfte auch mit dem Vornamen des Verstorbenen zusammenhängen: David war sein alttestamentlicher Namenspatron. – Die Weinranken an den Säulen spielen ein weiteres Mal auf den Opfertod Jesu an.

Das Aufsatzbild schließlich verweist in ungewöhnlicher Weise – durch die Traumdeutung Daniels – auf das kommende Reich Gottes, das im Gegensatz zu aller irdischen Herrschaft ewig währt.

Der Maler

Das Zweiffel-Epitaph gleicht dem Epitaph des Georg Philipp Bonhoeffer (S. 72ff.) in jeder Hinsicht so sehr, daß es vom selben Maler und übrigens auch vom selben Schreiner stammen muß[9]. Als Maler beider Werke konnten wir Johann David Zweiffel (1632–1709, Ratsherr seit 1680) wahrscheinlich machen (siehe S. 75ff.). Obwohl wir von ihm kein einziges verbürgtes Gemälde kennen, ließ sich die Zuschreibung durch eine Reihe von Kriterien absichern. Für die Autorschaft Johann David Zweiffels spricht auch die Tatsache, daß der verstorbene Ratsherr der ältere Bruder des Malers war[10].

Die biografischen Daten des Malers sind im Kapitel über Georg Philipp Bonhoeffer (S. 75) verzeichnet.

Quellen und Literatur
Epitaphienbuch 1698/1708, Bl.17v Nr.4; Band a, S.21 Nr.4; *Gräter* 1799/1800 Nr.235; R.*Krüger* Nr.68; *Wunder* 1980, Abb.57 (Ausschnitt des Mittelbilds); *Wunder* 1987 Nr.30; *Gräf/Ansel/Hönes*, S.71 f. (mit 3 farbigen Abbildungen, gesamt und Details).

Anmerkungen
1. Nach Krüger 244/173 cm. Der Unterschied in der Höhe rührt daher, daß das Denkmal damals noch den niedrigeren Aufsatz des Reitz-Epitaphs trug (vgl. Nr.36, S. 140. und Anm.1).
2. Rechnungsbuch G. Schmidt, Eintrag vom 18.6.1909, Pos.3: *St. Michael, Hall, Kirchenpflege. Votivbild des D. Zweiffel restaurirt M. 45.–*
3. Die Maße ohne Rahmen; Höhe des rechteckigen Teils (ohne den Bogen) 78 cm.
4. Sinnvoll wäre an dieser Stelle auch das – fehlende – Wappen des Mannes. Da es aber mindestens so groß sein müßte wie die an der Predella angebrachten Wappen der Frauen (siehe unten), würde es die Mitte der Inschrift verdecken.
5. Die Maße einschließlich des 2,5 cm breiten Rahmens; das Textfeld allein mißt 33,5/68 cm.
6. Beschreibung bei *Krüger* S.111.
7. Vgl. dazu *Deutsch* 1983 (Jakob Hoffmann), Anm.33a.
8. Zum Tempel Salomos vgl. Nr.20 (G. Ph. Bonhoeffer), Anm.3.
9. Zur Frage der Schreinerwerkstatt vgl. Nr.35 (Georg Bernhard Wibel), S. 135, 137.
10. Vgl. dazu Gerd *Wunder*, Die Ratsherren der Reichsstadt Hall 1487-1803, in: WFr 1962, S.100-160, hier Nr.252 und 312 (beides Söhne von Nr.226).

Ezechiel Wenger (1591–1651)
Ratsherr

Holzepitaph, farbig gefaßt, mit Ölgemälden, 218/144 cm; früher im Langhaus an der Nordempore (*an der Barkirch*), laut Epitaphienbuch als achtes Epitaph von Westen (*von der grosen Kirchthier Linckher Hand Biß an die Orgel*), zwischen Georg Seiferheld und Melchior Wenger (vgl. S. 14ff.). Restaurierungen: 1893 von Holzbildhauer Georg Hettinger für 38,80 Mark, dabei mehrere Gesimse erneuert und zwei neue Wappen angebracht (wo?)[1]; 1909 von Kunstmaler Gottfried Schmidt für 25 Mark das „Tafelbild" restauriert, dabei der zugehörige Aufsatz „gefunden" und wieder angebracht[2].
Die Gemälde von **Hans Schreyer** (Zuschreibung), 1651 oder kurz danach.

[32]

Das Epitaph hat die Grundform eines Retabels mit Corpus, Aufsatz, Standflügeln und – hängender – Predella, doch ist die Grundform hier stärker variiert als bei den anderen hiesigen Denkmälern dieser Gattung. Der Mittelteil, von zwei vorgestellten Säulen flankiert, enthält in flachem Rahmen ein Kreuzigungsbild, das oben in der Mitte durch einen Segmentbogen überhöht ist. Das Gebälk über den Säulen wird durch diesen Bogen gesprengt und sein mittlerer Teil mit dem beschrifteten Architrav gleichsam zum Scheitel des Bogens emporgehoben; es ruht in optischer Hinsicht auf höchst schwachem Fundament. Die über den Säulen und ihren lisenenartigen Rücklagen verbliebenen seitlichen Reste des Gebälks wirken mit ihrem ausladenden Gesims wie hypertrophe Kämpfer; sie tragen aber nur kleine Zierobelisken. Die drei sichtbaren Seiten dieser „Kämpfer" sind mit kleinen Löwenköpfen aus Pappmaché geschmückt, die Zwickel zwischen Gebälk und Bogen mit geflügelten Engelsköpfen aus demselben Material. – Die Inschrift am Architrav, wahrscheinlich das Symbol, der geistliche Wahlspruch Wengers, lautet: *Durch seine Wunden seindt wir geheilet. Esai. 53. Cap.* (Jesaja 53,5).

Über dem mehrfach abgetreppten Gesims des oberen Gebälkteils sitzt der Aufsatz, eine zwiebelförmige, von Schweifwerk gerahmte Kartusche mit der Gedenkschrift (Text bei Krüger und Wunder sowie Anhang S. 402). Die Spitze der Zwiebel ziert ein leeres Postament. Ob es einst ein Wappen trug (wie am Seiferheld-Epitaph, S. 86ff.) oder nur als Zierat diente, sei dahingestellt[3].

Das **Gemälde im Corpus** zeigt eine figurenreiche Kreuzigungsszene mit drei in einer Diagonale aufgestellten Kreuzen. Das Kreuz Jesu, etwas links von der Mitte und leicht nach rechts gedreht, ragt in den überhöhten Teil des Bildes hinein. Dort lichtet sich der sonst dunkel verhangene Himmel wie zu einem strahlenden Glorienschein. Die beiden Schächer sind in verkrümmter Haltung an Baumkreuze gefesselt; der böse, links im Bild und halb von hinten zu sehen, hat den Kopf gesenkt, der gute, nach vorne gewendet, blickt zu Christus auf.

Unter den Zuschauern sind einige Gruppen und Personen hervorgehoben: Rechts vorne, mit Nimbus, die ohnmächtige Maria, gestützt von zwei Begleiterinnen, hinter ihnen eine weitere klagende Frau. Links vorne steht einsam in sich versunken, die Arme trauernd überkreuzt, der Jünger Johannes, ebenfalls mit einem Nimbus. Unter dem Kreuz Jesu kniet Magdalena, mit der Linken den Kreuzstamm umfassend. Hinter dem Kreuz des bösen Schächers, links im Bild, haben sich die spottenden Pharisäer versammelt[4]. Hinter der Frauengruppe rechts sieht man den Hauptmann, mit türkischem Schnurrbart und Turban, auf einem Schimmel ins Bild reiten und hinter ihm, en face, einen zweiten Reiter in fürstlicher Tracht mit Hermelinkragen, wohl Pilatus. Links der Gruppe erscheint ein Kriegsknecht, neben ihm ragen die Feldzeichen weiterer Soldaten in den Himmel. Im Hintergrund entfernen sich die Volksmassen vom Schauplatz – darunter vier von hinten gesehene Reiter – und streben dem Tor der in der Ferne sichtbaren Stadt Jerusalem zu.

Am linken Bildrand entdeckt man hinter dem Kreuz des bösen Schächers noch eine unauffällige, hinter einer Strebe halb versteckte Figur. Es ist ein Mann mittleren Alters mit Schnurrbart, kleinem Mund, kugeligem Kinn, vollen Wangen und etwas knolliger Nase; er trägt einen Mantel und ein Barett mit rot-weißem Federbusch, und er wendet den Kopf dem Betrachter zu und blickt ihn an. Diesen Blick aus dem Bild und diese untergeordnete Position findet man in der Regel bei versteckten Selbstbildnissen von Künstlern. Möglicherweise hat sich auch hier der Maler selbst dargestellt (vgl. dazu unten, S. 119).

Die Farben des Gemäldes sind ziemlich bunt, in allen Helligkeitsgraden. Den stärksten Farbakzent setzen der leuchtend rote Mantel des Johannes links unten und, als Gegengewicht rechts oben, der ebenso rot leuchtende Rock des Hauptmanns.

Die **Standflügel** bestehen aus sogenannten Figurentafeln[5], Tafelbildern, bei denen die Konturen von Tafel und Darstellung zusammenfallen, in diesem Fall also Figuren mit ausgesägtem Umriß. Wir sehen beiderseits eine junge Frau, auf einem Sockel stehend. Die linke, eine Personifikation des Glaubens, hält einen Kelch in der Rechten und ein geschultertes Kreuz in der Linken. Sie trägt ein dünnes, goldgelbes Hemd, grünen Rock und roten Umhang, alle Farben mit viel Weiß aufgehellt.

Die rechte Frau, in weißem, durchsichtigem Hemd, rotem und grünem Rock (?) und lila Überwurf, hat mit der Rechten ein Schwert geschultert und stützt die Linke auf eine durch drei Querstriche unterteilte Latte (einen Maßstab oder ein Richtscheit). Es dürfte sich um eine Personifikation der Gerechtigkeit handeln. Darauf deutet das Schwert, und auch der Maßstab gehört zu den – wenn auch weniger gebräuchlichen – Attributen der Gerechtigkeit[6].

Die **Predella** wird vom Mittelteil des Retabels durch ein Gesims getrennt, das sich an den Sockeln der Corpussäulen verkröpft. Die Säulen ruhen auf Konsolen mit geschweiftem Profil, die unterhalb vom Corpus, schon im Bereich der Predella, sitzen und an ihrer Vorderseite mit einem bronzierten Löwenkopf aus Pappmaché geschmückt sind.

Als Kernstück enthält die Predella ein Familienbild in querrechteckigem Rahmen. Es ist etwas schmaler als das Corpusgemälde, aber ungewöhnlich hoch, damit die geringe Zahl von Figuren die Fläche einigermaßen ausfüllt. Vor einer bergigen Landschaft mit einem Burghügel rechts im Bild, einem See und einer am Ufer stehenden Kapelle auf der linken Seite kniet das Ehepaar Wenger, in schwarzer Trauerkleidung, mit betend erhobenen Händen. Der Mann ist durch einen Totenschädel zu Füßen als verstorben gekennzeichnet. Die Tracht beider Personen – der Schulterkragen des Mannes, die Haube und die Halskrause der Frau – entsprechen der Mode der Jahrhundertmitte, doch trägt der Mann noch den zu seinen Lebzeiten gebräuchlichen Bart.

Im Vordergrund liegen, quer zum Rahmen, vier Bettchen mit den fünf bald nach der Geburt gestorbenen Kindern (vgl. Wunder), die Zwillinge zusammen auf einem Bett. Sie sind alle als Wickelkinder wiedergegeben und mit einem kleinen roten Kreuz versehen, die schon getauften Kinder auch mit Namen (von links nach rechts): *David Ezechiel, Johan Jacob, Margretha* (der linke Zwilling), *Anna Margretha*.

Die Landschaft ist in gedämpften Farben gemalt, der Vordergrund braun, die Ferne grüngrau mit bräunlichen Partien. Am düsteren Himmel öffnet sich über den Figuren eine von goldenem Licht erfüllte Wolkenglorie, in deren Mitte auf weißem Grund das Tetragramm, das Symbol Gottes, erscheint (die vier hebräischen Buchstaben für „Jahwe", Gott).

Das Predellabild umgibt ein geschweiftes Rahmenwerk; es leitet seitlich zu den Standflügeln über und bildet durch eine kräftige Ausbuchtung nach unten das Gegengewicht zum zwiebelförmigen Aufsatz. Dadurch ergänzt es den Umriß des Epitaphs zu einer ovalähnlichen Kurve. Die Zwickelflächen seitlich des Gemäldes sind durch große, in warmen Farben gemalte Fruchtbündel geschmückt; im rechten Bündel fällt ein offener Granatapfel auf. Bei beiden Bündeln handelt es sich um „Figurentafeln" (wie bei den Standflügeln, siehe oben), das heißt ihr äußerer Umriß ist ausgesägt und deckt sich mit der Predellakontur. Die Überleitung zum Corpus besorgt oberhalb davon eine Blattvolute. In der unteren Ausbuchtung des Rahmens sitzt ein geflügelter Engelskopf aus Pappmaché.

Der Farbton der gesamten Rahmenarchitektur des Epitaphs zeichnet sich durch vornehme Zurückhaltung aus.

Die Flächen sind braun marmoriert, die architektonischen Glieder – Gesimse, Säulen und Zierobelisken – grau marmoriert.

Entstehungszeit

Da nur dem Mann († 8.7.1651) ein Totenschädel beigegeben ist, nicht aber der Ehefrau († 23.11.1654), entstand das Denkmal zwischen 1651 und 1654. Die Frau dürfte es bald nach dem Tod des Gemahls errichtet haben. Das ergibt eine Datierung um 1651 oder kurz danach (so auch Krüger S. 91).

Der Sinngehalt

Das zentrale Anliegen des Bildprogramms ist es, dem irdischen Leid die Erlösung durch Gottes Gnade gegenüberzustellen. Das besondere Leid der Familie Wenger zeigt sich schon im Format des Predellabildes: Da keines der fünf Kinder am Leben blieb, sehen wir kein breit angelegtes Familienbild, wo die Söhne und Töchter in der Kleidung ihres Alters und Familienstandes aufgereiht sind; das Ehepaar kniet allein in der düsteren Landschaft, ohne Nachkommen neben sich, nur die Bettchen der verstorbenen Wickelkinder wie anklagend im Vordergrund. Diesem Aspekt des Todes und des irdischen Leids steht als Zeichen der Erlösung die lichterfüllte Öffnung des Himmels gegenüber, deren Bedeutung sich im vorliegenden Fall einwandfrei belegen läßt, weil in ihrer Mitte das Symbol Gottes, das Tetragramm, erscheint. – Um diese Erlösungszuversicht zu bekräftigen, ist im Mittelbild mit historischer Eindringlichkeit das Leiden und Sterben Jesu dargestellt, sein Opfer, durch das er die Menschheit erlöst hat: *Durch seine Wunden seindt wir geheilet.*

Die in der Landschaft beherrschend aufragende Burg finden wir auch an vielen anderen Epitaphen. Sie ist eine Metapher für die schützende Macht Gottes, wie schon im Alten Testament (2 Sam 22,2: Ps 31,3.4; 71,3; 91,2) und ebenso in dem evangelischen Kirchenlied *Ein feste Burg ist unser Gott.*

Die allegorischen Figuren der Standflügel beziehen sich wie üblich auf die Tugenden des Verstorbenen: den Glauben, der ihm seine Erlösungsgewißheit ermöglichte, und die Gerechtigkeit, die er als Ratsherr und Richter zweifellos angestrebt hat.

Der Maler

Hans Schreyer (1596–1676) wirkte in Hall seit etwa 1623. Näheres über seine Biographie und sein Werk siehe S. 174ff. (Margreta Engelhart).

Für die Zuschreibung des Wenger-Epitaphs eignet sich vor allem das Familienbild der Predella. Vergleicht man es mit den Predellabildern der übrigen für Schreyer mehr oder minder gesicherten Epitaphe (Aufzählung S. 175f.), so dürfte kein Zweifel bestehen, daß es mit diesen stilistisch zusammengeht. Gesichter, Hände, Wickelkinder, Landschaft, Himmel, Farbgebung – alle Elemente verraten die gleiche Malweise. Die Gesichter Wengers und seiner Frau wirken nur einen Grad härter und weniger frisch; sie wurden vermutlich bei der Restaurierung durch Gottfried Schmidt 1909 übermalt[7]. Auch auf dem großen Siedersbild im Haalamt lassen sich die bärtigen Sieder gut mit dem Bildnis Wengers vergleichen. Die vor dem Ehepaar aufgebauten Bettchen der verstorbenen Wickelkinder finden wir auf dem signierten Mair-Epitaph in Lobenhausen wieder. Und am Epitaph des Andreas Funck im Hällisch-Fränkischen Museum (vgl.

Wunder 1980, Abb. 40) – das sich mit Hilfe der dargestellten Kinder einwandfrei an die genannte Gruppe Schreyerscher Denkmäler anschließen läßt – zeigt sich die stilistische Verwandtschaft vor allem an der Frau, der Landschaft und dem Wolkenloch mit dem Tetragramm.

Die Kreuzigung im Corpus fällt dagegen aus dem Rahmen dessen, was Haller Epitaphe gewohnterweise bieten. Die Komposition erinnert in einigen Elementen an die Malerei der oberitalienischen Spätrenaissance. Figurengruppen wie die der Ohnmacht Mariens mit der senkrecht zur Bildfläche von hinten nach vorne agierenden Begleiterin gibt es in der venezianischen Kunst, besonders bei Tintoretto (vgl. etwa die Kreuzigung in Venedig, Jesuitenkirche S. Maria del Rosario; die Grablegung Christi, Venedig, Italico Brass; die Kreuzigungen mit drei Kreuzen in Venedig, Akademie, und München, Alte Pinakothek)[8]. An die Münchner Kreuzigung Tintorettos – 1585 in die dortige Augustinerkirche gestiftet – erinnern auch die drei Gekreuzigten, der von der Seite gesehene Schächer und die Wolkenöffnung.

Eine solche Komposition geht an Erfindungskraft weit über die Möglichkeiten der Haller Maler hinaus. Das Bild muß nach einer fremden Vorlage gemalt sein. Und tatsächlich findet sich genau die gleiche Komposition unter anderem am Hochaltar der Esslinger Dionysiuskirche (gemalt schon 1604)[9], am Epitaph des Daniel Felger († 1609) in Weinstadt-Endersbach[10] und an einem Retabel der Fürstenbergsammlungen in Donaueschingen (um 1610/20)[11]. Schreyer hat aber keines dieser Gemälde kopiert; das zeigt schon die abweichende Kolorierung. Und auch der Esslinger, der Endersbacher oder der Donaueschinger Maler hat die venezianisch beeinflußte Komposition nicht erfunden. Sie wurde vielmehr von einem Kupferstich des Egidius (Gillis) Sadeler II nach einem Gemälde von Christoph Schwarz übernommen[12]. Der Stich[13] trägt links unten die Signatur: *Christophorus Swartz monachien pinx: / Gilis sadler scalpsit. A. 1590.* Sadeler (1570–1629) hat das Blatt demnach 1590 als Zwanzigjähriger geschaffen.

Nach Thieme/Becker (Bd. 30, S.359) gibt es davon *Kopien in zahlreichen Kirchen in und außerhalb Bayerns*. Die Esslinger, die Endersbacher, die Donaueschinger und die Haller Kopie gehören dazu. Die – nicht kolorierte – graphi-

sche Vorlage erklärt auch die unterschiedliche Farbwahl bei den vier Gemälden (nur bei der Figur des Johannes stimmt sie, wohl zufallsbedingt, zwischen Hall und Esslingen überein).

Der Kupferstich Sadelers hat oben einen rechteckigen Abschluß, und unter dem Kreuz liegen auf der Felsplatte noch eine Leiter, ein Nagel und eine gegabelte Stange. Der Esslinger Maler hat die Leiter übernommen und als oberen Abschluß einen Rundbogen gewählt. Der Haller hat auf die Geräte ganz verzichtet und den Abschlußbogen „eingezogen".

Das Originalgemälde von Christoph Schwarz ist leider nicht erhalten. Der Münchener Maler (um 1548–1592) gehört in der 2. Hälfte des 16. Jahrhunderts zu den wenigen hervorstechenden deutschen Malern. Van Mander (1604) nennt ihn *die Perle der Malerei von Deutschland*, der Freisinger Dompropst Fugger bezeichnet ihn in seinem Nekrolog als *Pictor Germaniae primus*, Vincenz Steinmeyer zählt ihn 1620 zu den berühmtesten deutschen Malern, und noch Sandrart (1675) hält ihn für *eine köstliche Perle unserer Kunst*[14].

Schwarz erwarb nach einer Lehre bei dem Salzburger Maler Johann Melchior Bocksberger 1569 das Meisterrecht. Danach arbeitete er drei Jahre in Venedig (1570–1573) und lernte dort die großen Maler Tizian, Veronese und Tintoretto kennen. Das erklärt den venezianischen Einfluß, der sich im Kompositionellen des Haller Epitaphbilds feststellen ließ – natürlich nicht im Kolorit; hier ging er durch das Zwischenglied des Kupferstichs verloren. Zurück in München war Schwarz zunächst Stadtmaler, seit 1574 Hofmaler (ab 1586 unter Friedrich Sustris). Er arbeitete 1585 auch für Kaiser Rudolf und für die Fugger in Augsburg. Gegen 1590 begann er am Schlagfluß (*paralysis*) und an den

Augen zu leiden und geriet dadurch in Not. Anscheinend hat zu vieles Trinken seine Gesundheit untergraben und seinen frühen Tod herbeigeführt.

Es bleibt noch zu überlegen, wen das mutmaßliche Selbstbildnis hinter dem linken Kreuz des Haller Epitaphs (vgl. S. 116) darstellen könnte: Hans Schreyer, Egidius Sadeler oder Christoph Schwarz. Der aus dem Bild blickende Mann erscheint an gleicher Stelle auch auf dem Kupferstich[15]. Da er dort aber älter anmutet, als es dem Lebensalter des damals zwanzigjährigen Stechers entspricht, dürfte ihn Sadeler von dem Gemälde des Christoph Schwarz übernommen haben, möglicherweise getreu. Er könnte also auch auf dem Stich – wie vermutlich auf dem verlorenen Gemälde – die Züge von Christoph Schwarz tragen. Das Haller Epitaph kopiert die Figur zwar in den Grundzügen ihrer äußeren Erscheinung; sie stimmt aber in der Physiognomie nicht wirklich mit dem Stich überein. Außerdem hat die Figur dort, im Gegensatz zur Haller, einen kurzen Kinnbart, und der Schnurrbart schwingt kräftig nach oben. Entweder hat Schreyer sich bei der Übernahme der Gestalt um deren Bildnischarakter überhaupt nicht gekümmert, oder er nutzte die Gelegenheit, hier sein eigenes Konterfei anzubringen – das er dann allerdings etwas verjüngt hätte (denn er war um 1651 schon 55 Jahre alt). Die markante Prägung des fraglichen Kopfes könnte immerhin für ein Bildnis sprechen.

Unter den Haller Epitaphen schien bisher das Wenger-Denkmal – ähnlich wie das Seiferheld-Epitaph (S. 86ff.) – durch eine vermeintlich höhere Qualität seines Corpusgemäldes, auf jeden Fall durch einen überlokalen Rang der Bildkomposition, aus der Reihe zu fallen. Das läßt sich nun durch den Nachweis der graphischen Vorlage auf einfache Weise erklären. Im Malstil unterscheidet sich das Denkmal nicht von der stattlichen Zahl der anderen Schreyer-Epitaphe.

Der Schreiner des Denkmals läßt sich bis jetzt nicht ermitteln, da die Haller Schreiner noch nicht im Zusammenhang erforscht wurden. Was den Epitaphtypus betrifft – vielleicht eine Leistung des Schreiners –, so ist hier das Rahmenschema mit den vorgestellten Säulen und dem zum Bogenscheitel emporgeschobenen mittleren Gebälkteil zum erstenmal voll entwickelt. Dieses Schema beginnt, soviel ich sehe, mit dem Firnhaber-Epitaph (S. 218ff., entstanden 1647), wo der Bogen aber noch die volle Breite des Gemäldes überspannt, also nicht „eingezogen" ist. Beim Wenger-Epitaph (um 1651) ist der Bogen eingezogen, und diese Form hat dann Schule gemacht. Sie wurde, offensichtlich durch einen anderen Schreiner, auf die Denkmäler von Hieronymus Holl (Nr. 29, †1658), Georg Philipp Bonhoeffer (S. 72ff., †1676) und David Zweiffel (S. 108ff., †1677) übertragen.

Quellen und Literatur
Epitaphienbuch 1698/1708, Bl.19, Nr.8; Bd.a, S. 22, Nr.8; *Gräter* 1799/1800, III. Nr.229; R.*Krüger* Nr.57; *Wunder* 1987 Nr.32 (mit Ges.-Abb.). – Zu Egidius Sadeler: *Thieme-Becker* Bd.29, 1935, S.299 f.; Ausstellungs-Kat. Les Sadeler, graveurs et éditeurs, Bruxelles, Bibliothèque royale, 1992, S.24, Nr.3. – Zu Christoph Schwarz: *Thieme-Becker* Bd.30, 1936, S.358 ff.; Heinrich *Geissler*, Christoph Schwarz, Diss. Freiburg i.Br. 1960; Heinrich *Geissler* in: Kindlers Malerei-Lexikon, Bd.5, Zürich 1968, S.271 ff.

Anmerkungen
1. Verdienstzettel des Bildhauers vom 30.3.1893 und Nachforderung für unvorhersehbare Arbeiten vom 3.12.1893 (Pfarrarchiv St. Michael, Rechn.-Jahr 1892/93 und 1893/94, Beleg Nr.87 bzw. 107; diese Quellen wurden von Hans Werner Hönes erst jüngst entdeckt). Wortlaut der Nachforderung: *hier sah man sich genöthigt zwei neue Wappen zu machen, indem das eine hievon nicht zu ergänzen war, mehrere Gesimse fielen mir wie Staub zwischen den Händen entzwei welche äußerlich angestrichen innen jedoch total verwurmt.*
2. Rechnungsbuch Gottfried Schmidt (Privatbesitz), Eintrag vom 18.6.1909, St. Michael, Pos.8.
3. Das Wappen Wengers ist jedenfalls an keiner anderen Stelle zu finden. Andererseits haben wir auch Epitaphe, die reichlich Wappen aufweisen und dennoch von einem leeren Postament gekrönt werden. An der Oberseite des Wengerschen Postaments ist nur ein verschlossenes Dübelloch zu erkennen. Eine Klärung des Sachverhalts darf man von einer künftigen Restaurierung erhoffen.
4. Vgl. Mt 27, 40-42; Mk 15, 30.31; Lk 23, 35. Gesichert wird diese Interpretation durch ältere Darstellungen, wo den entsprechenden Personen Spruchbänder mit den genannten Bibelworten beigegeben sind.
5. Zu dem Begriff „Figurentafel" vgl. RDK, Bd.8, München 1987, Sp. 950ff.
6. Vgl. u.a. James Hall, Dictionary of Subjects and Symbols in Art, New York 1974, S.184 (Stichwort Justice).
7. Rechnungsbuch von Gottfried Schmidt (wie Anm.2). Der Eintrag lautet: *Tafelbild des Ezech. Wenger restaurirt 25 Mark, hiezu 1 gefundener Aufsatz.*
8. Abgebildet u.a. bei Erich *von der Bercken*, Die Gemälde des Jacopo Tintoretto, München, 1942, Taf. 81, 80, 45, 207.
9. Die Kunstdenkmäler des Rems-Murr-Kreises, München/Berlin 1983, S.1321 f., Abb.1023.
10. Die Gemälde des Esslinger Retabels von dem Esslinger Maler Peter Riedlinger (erwähnt 1574-1634/35, Esslinger Bürger seit 1586), vgl. Werner *Fleischhauer*, Renaissance im Herzogtum Württemberg, Stuttgart 1971, S.168, 372.
11. Katalog Claus *Grimm*/Bernd *Konrad*, Die Fürstenbergsammlungen Donaueschingen, München 1990, Nr. 72, S. 248ff., Abb. S. 249.
12. In dem Esslinger Fall hat darauf schon Heinrich Geissler hingewiesen; vgl. dazu *Fleischhauer*, ebd. S.372 mit Anm.26 (dort irrtümlich *Hans* statt Christoph Schwarz).
13. Ein Exemplar davon besitzt die Graphische Sammlung der Stuttgarter Staatsgalerie (Inv. A 34625, Größe 50,6/36 cm). Der Freundlichkeit von Herrn Dr. Hans-Martin Kaulbach verdanke ich ein Foto.
14. Zitiert nach *Thieme-Becker* (siehe Lit.-Verz.) S.360.
15. Auf dem Esslinger und dem Donaueschinger Gemälde ist er weitgehend verdeckt.

Johann Friedrich Bonhoeffer d. J. (1710 – 1778)
Stättmeister

Marmorepitaph mit Bildwerken aus weißem Gipsstuck, ca. 7,50 / 2,70 m¹.
1999 restauriert von Peter Rau und Annegret Gilson.

Entwurf von **Nicolaus Guibal**, Bildwerke von **Philipp Jakob Scheffauer** und **Johann Heinrich Dannecker**, alle Stuttgart. Vollendet 1781.

[33]

Johann Friedrich Bonhoeffer der Jüngere war ein Vetter zweiten Grades des gleichnamigen älteren Stättmeisters (S. 144ff.); ihr gemeinsamer Urgroßvater war der Goldschmied und Ratsherr Jonas Bonhoeffer. Das Denkmal ließen laut seiner Inschrift (siehe unten) die beiden Söhne und die Tochter des Verstorbenen errichten. Der ältere Sohn, Johann Friedrich Bonhoeffer, Ratsherr seit 1781, hatte Beziehungen zum Stuttgarter Hof; er war (später?) sogar württembergischer Geheimer Hofrat².

Eine wichtige Quelle für das Werk ist das Neujahrs-Register 1794/95 des Mesners Johann Leonhard Gräter, zu dessen Amtszeit (1768–1823) das Epitaph in der Kirche angebracht wurde:

Dieses Monument wurde von Wirtembergischem Marmor in der ehemalig Herzoglich Wirtembergischen Militair Academie³ bearbeitet, und die darinn befindliche GipsFiguren von den damaligen Eleven, und jezig berühmten Bildhauern, den Herrn Professoren Scheffauer und Dannecker an der Stelle [= an Ort und Stelle] *unter Aufsicht des verstorbenen Herrn GallerieDirector Guibals von Stuttgart bearbeitet. Das Bildniß des Verstorbenen hängt an einer grauen Marmorsäule, auf welches die auf dem Sarg von schwarzem Marmor sizende Figuren der Gerechtigkeit, und der Stärke ihren Blik gerichtet haben. In die in der Mitte des Fußgestells befindliche schwarze MarmorTafel ist mit vergulden Buchstaben die Inschrift eingehauen ...* (hier zitiert nach dem Original⁴):

IOHANNI FRIDERICO
BONHŒFERO.
CONS: SEN: CONSIL: SACR:
SCHOLARUMQ: DIRECTORI.
REL:
INPRIMIS CLARO DESIDERATOQ:
SUO ET COMMUNI PATRIÆ
PARENTI.
NAT: A: C: MDCCX. D: XXV. NOV:
DEF: MDCCLXXVIII. D: XXX. OCT:
MONUMENTUM HOC
POSUERUNT
FILII DUO ET FILIA.
OPUS
DUC: ACADEMIÆ MILIT: WIRTENB:

Die Abkürzungen lassen sich folgendermaßen auflösen: Johanni Friderico / Bonhoefero / cons(uli) sen(iori) consil(ii) sacr(i) / scholarumq(ue) directori / rel(igioso) / inprimis claro desideratoq(ue) / suo et communi patriae / parenti / nat(o) a(nno) C(hristi) MDCCX d(ie) XXV. nov(embris) / def(uncto) MDCCLXXVIII d(ie) XXX. oct(obris) / monumentum hoc / posuerunt / filii duo et filia. / opus duc(alis) academiae milit(aris) Wirtenb(ergensis).

Zu deutsch: Dem Johann Friedrich Bonhoeffer, Älterem Stättmeister, Direktor des Konsistoriums und des Scholarchats, geboren im Jahr Christi 1710 am 25. November, gestorben 1778 am 30. Oktober, ihrem frommen, besonders berühmten und geliebten Vater und der gemeinsamen Vaterstadt haben die beiden Söhne und die Tochter dieses Denkmal errichtet, ein Werk der herzoglich württembergischen Militärakademie.

Das Werk fällt völlig aus dem Rahmen des bis dahin Gewohnten. Es bricht in formaler und, wie sich zeigen wird, auch in ikonologischer Hinsicht mit der Haller Epitaphtradition. Schon das Material ist ausgefallen: die architektonischen Teile bestehen aus Marmor, die figürlichen aus Gipsstuck.

Das Denkmal ruht auf einem 2,37 m hohen[5] marmornen Sockelbau mit schweren, kräftig ausladenden Gesimsen. In die zylindrisch vorgewölbte Vorderseite ist eine ebenfalls zylindrische Inschrifttafel eingelassen. Die rahmenden Teile des Marmors sind ockerfarben, die füllenden Platten rötlich, die Gesimse ebenfalls, doch mit Gelb untermischt, die Inschrifttafel schwarz, die eingetieften Buchstaben – durchweg Versalien – vergoldet.

Auf dem Sockelbau steht ein grauschwarzer Marmorsarkophag, fast verdeckt durch die um ihn gruppierten Stuckbildwerke; darüber ein kannelierter Säulenschaft aus hellgrauem Marmor, der eine große antikisierende Urne trägt – auch sie aus Stuck wie alle Bildwerke. Säule und Urne sind halbrund gebildet; sie umgreifen das zum Chorgewölbe führende Dienstbündel. Die Urne ist zugleich als Räuchergefäß ausgestaltet; der Rauch entweicht durch Löcher im Deckel und breitet sich seitwärts und aufwärts an der Chorwand aus. Die Wandung der Urne ist im unteren Drittel gebuckelt, im oberen Teil von Stoffgirlanden umspannt; sie werden festgehalten von zwei antikischen Fabelwesen: nackten Frauen mit langem Haar, deren Beine sich schlangenartig umeinanderwinden und in Fischschwänzen enden.

Vor dem Säulenschaft hängt an einer Lorbeergirlande und selbst von Lorbeer umkränzt ein hochovales Medaillon mit einer Reliefbüste des Verstorbenen, im Profil nach rechts gewandt.

Beiderseits der Säule sitzen auf dem Sarkophag zwei überlebensgroße Frauenfiguren in pathetischer Pose und in Gewändern mit pompösem Faltenschwung. Sie haben beide das rechte Bein angehoben, den rechten Fuß auf den Sarkophag gestellt und das Haupt in kontrapostischer Drehung nach innen, der Säule zu, gewendet. Dabei blickt die linke Figur zu dem Bildnis empor. Sie hat schulterlanges Haar, ein griechisches Profil (die Nase ist allerdings ergänzt), einen leicht geöffneten Mund und trägt ein Kleid mit eng anliegendem Oberteil und weitem Rock, dazu Sandalen und einen flachen, helmartigen Hut, geschmückt mit neun Straußenfedern und einem Blattkranz über der Krempe. Mit beiden Händen hält sie ihre Attribute: einen auf ihrem Knie liegenden Quader (wohl eine Plinthe[6]) und einen darauf stehenden Säulenstumpf mit Lorbeerschmuck. Es handelt sich um die durch Gräter beglaubigte Personifikation der **Stärke** (lateinisch *Fortitudo*[7]). An der Rückseite der Figur ist, vom Oberarm abwärts, ein größeres Stück abgebrochen: ebenso fehlt das Ende der rechten Haarsträhne. Ein Tuch, das vom Rücken der Frau herabgleitet und sich neben ihrer linken Hüfte bauscht, verhüllt das linke Ende des Sarkophags.

Die rechte Figur ist barfuß; sie trägt ein ärmelloses, weites Kleid und im Haar ein Diadem. Das Haar ist zurückgesteckt, seine Enden fallen von hinten her über die Schultern. Neben der Figur steht ein riesiger, geschmeidig und differenziert modellierter Foliant; sie hält ihn mit der Linken fest, wobei die Finger von oben her lässig an die Blattkanten greifen. An den vorderen Blättern, zwischen Daumen und Zeigefinger der Figur, ist eine vergoldete Waage lose eingehängt (sie hing früher einmal an anderer, weniger sinnvoller Stelle; vgl. die Abbildung Gradmanns). Den anderen Arm hat die Figur zum Sarkophag hin ausgestreckt; die rechte Hand hält, nicht wirklich zupackend, ein nach oben gerichtetes, vergoldetes Schwert; es ist heute – sinnentstellend – neben der Hand eingegipst. Schwert und Waage lassen erkennen, daß es sich um die von Gräter genannte Personifikation der **Gerechtigkeit** (lateinisch *Justitia*) handelt. Das Buch, wohl ein Gesetzbuch, als zusätzliches Attribut der Justitia ist allerdings weniger gebräuchlich[8]. Eine Tuchdraperie zieht sich von den Schultern der Figur an ihrer linken Körperseite herab unter dem Folianten hindurch und quillt von hinten her in einem gewaltigen Bausch über das Kranzgesims des Sockelbaus. Rechts hinter der Figur hängt ein langer Zipfel des Tuchs bis unter die Sockelmitte herab; sein

Saum ist mit einer Zickzackborte und Fransen geschmückt.

Zwischen den Figuren steht über der vorgewölbten Mitte des Kranzgesimses das Bonhoeffersche Wappen. Der zugehörige Spangenhelm ist ziemlich plump gestaltet; die Helmzier fehlt. Über den Wappenschild ist eine Lorbeergirlande gehängt, deren Enden beiderseits herabfallen.

In der Lücke zwischen Wappen und Justitia steht mit traurig gesenktem Blick ein nackter Knabe, der mit beiden Händen nach der Lorbeergirlande greift und gleichzeitig mit der Linken eine brennende Fackel nach unten hält, wie um sie am Boden auszustoßen. Es handelt sich um den **Genius des Todes**, Thanatos (griechisch *Tod*), in der antiken Mythologie der Sohn der Nacht und Zwillingsbruder des Schlafes (Hypnos)[9]. Man hat ihn mit und ohne Flügel, als erwachsenen Jüngling oder auch – ein wenig verniedlicht – als Knaben dargestellt[10]. Im Falle des Haller Epitaphs hat der noch im Barock geschulte Entwerfer Guibal einen puttohaften Knaben vorgezogen. Scheffauer, der eine der ausführenden Bildhauer, hat später den Thanatos als Jüngling wiedergegeben (vgl. das Grabrelief von 1805 in der Stuttgarter Staatsgalerie[11]).

Der Sinngehalt

Das Epitaph bietet ikonographisch Neues; vor allem aber, es verzichtet auf ein wesentliches, um nicht zu sagen das eigentliche Anliegen aller bisherigen (und auch der meisten späteren) Denkmäler: auf den jenseitigen Aspekt, auf alles, was mit Erlösung, himmlischem Frieden und ewiger Seligkeit zu tun hat, also auf die eigentlich christliche Thematik. Sie wird nicht einmal in der Inschrift, geschweige denn im Bildprogramm angesprochen. Selbst für die ruhmsüchtigen Denkmäler des Stättmeisters Drechsler (S. 196ff.) oder des älteren Stättmeisters Johann Friedrich Bonhoeffer (S. 144ff.) war der christliche Aspekt selbstverständlich. Wo aber hier, beim jüngeren Stättmeister Bonhoeffer, an ewiges Leben gedacht wird, ist nur der ewige Nachruhm gemeint.

Darauf deuten die Marmorsäule in der Art antiker Ehrenzeichen und der Marmor überhaupt, das Ovalbild des Verstorbenen (die *imago clipeata*, vgl. dazu S. 148) und der viele Lorbeer an Bildnis und Wappen. Zu diesem Themenkreis gehören auch – durch ihre Dimensionen in der Bedeutung hervorgehoben – die beiden Frauenfiguren, Verkörperungen der hervorstechenden Eigenschaften des Verstorbenen: Stärke und Gerechtigkeit. Die Gerechtigkeit gehört zu den üblichen Stättmeistertugenden, die Stärke, jedenfalls in den Bildprogrammen, nicht. Sicherlich meint auch sie eine weltliche Eigenschaft; nichts spricht dafür, daß etwa die Stärke im Glauben gemeint sein könnte. In solchen Fällen wird der Glaube selbst personifiziert, wie etwa noch zehn Jahre später so eindrucksvoll am Epitaph des Stättmeisters Haspel (S. 296ff.). – Da die christliche Thematik sonst weder bei den älteren noch bei den jüngeren Haller Denkmälern fehlt, drängt sich die Vermutung auf, daß nicht die Auftraggeber, sondern die Künstler der Stuttgarter Akademie das Bildprogramm ersonnen haben oder bei der Konzeption doch weitgehende Freiheit hatten. Wie üblich wird der Aspekt des Ewigen – hier also des weltlichen Nachruhms – dem Aspekt des Vergänglichen gegenübergestellt. Der Tradition entnommen sind die Motive des Sarkophags und der Urne, die beide die sterblichen Überreste des Toten, die Gebeine und die *Asche*[12], symbolisch umschließen, wobei die Urne an der Spitze des Denkmals sie weithin sichtbar der Nachwelt zur Verehrung darbietet. Ein herkömmliches Sinnbild ist auch der Rauch, der aus dem Deckel der Urne entweicht; flüchtig wie das menschliche Leben, symbolisiert auch er die Vergänglichkeit (vgl. S. 68f.).

Neu in der Haller Ikonographie ist aber der Todesgenius vor dem Sarkophag. Erinnert man sich, wie noch am Sanwald-Epitaph (S. 178ff.) der Tod dargestellt war: als schauerliches Gerippe, und wie er früher, und auch später wieder, grausig genug, durch Schädel und Knochen vor Augen geführt wurde, dann wird deutlich: in diesem sanften Auslöschen der Lebensfackel durch einen anmutigen Knaben offenbart sich der Geist einer anderen Welt. Es ist die Welt der Antike, die der Klassizismus, auch für die Grabmalskunst, wieder erschlossen hat.

Was den Genius des Todes, Thanatos, betrifft, so war es – meines Wissens unbestritten – der Dichter Lessing, der durch seine Abhandlung von 1769, *Wie die Alten den Tod gebildet*, den Umschwung bewirkt hat. Lessing richtet am Ende seiner Schrift geradezu einen Appell an die

Künstler, wieder auf das antike Bild des Todes zurückzugreifen, das durch das Christentum zwar verdrängt worden sei, ihm aber nicht widerspreche: *Es ist gewiß, daß diejenige Religion, welche dem Menschen zuerst entdeckte, daß auch der natürliche Tod die Frucht und der Sold der Sünde sey, die Schrecken des Todes unendlich vermehren mußte. ... Von dieser Seite wäre es also vermuthlich unsere Religion, welche das alte heitere Bild des Todes aus den Gränzen der Kunst verdrungen hätte! Da jedoch eben dieselbe Religion uns nicht jene schreckliche Wahrheit zu unserer Verzweiflung offenbaren wollen; da auch sie uns versichert, daß der Tod der Frommen nicht anders als sanft und erquickend seyn könne: so sehe ich nicht, was unsere Künstler abhalten sollte, das scheußliche Gerippe wiederum aufzugeben, und sich wiederum in den Besitz jenes besseren Bildes zu setzen. Die Schrift redet selbst von einem Engel des Todes; und welcher Künstler sollte nicht lieber einen Engel, als ein Gerippe bilden wollen?*[13].

Unter den Grabdenkmälern der Haller Kirchen ist dieses *heitere Bild des Todes* freilich ein Einzelfall geblieben. Auch das spricht dafür, daß nicht die Haller Auftraggeber, sondern die Künstler der Stuttgarter Akademie das Programm erdacht haben.

Die Künstler

Das Denkmal wurde 1780 von dem Stuttgarter Akademie-Maler Professor Guibal entworfen[14] und im Juli bis September 1781 von seinen ehemaligen Schülern, den Hofbildhauern Scheffauer und Dannecker, *unter Aufsicht Guibals* (siehe Gräter) ausgeführt. Adolf Spemann (S.14) nennt es einen *in Skulptur übertragenen Guibal*. Die Marmorteile wurden in Stuttgart vorgefertigt (Gräter: *in der ehemalig Herzoglich Wirtembergischen Militair Academie bearbeitet*), die Stuckfiguren an Ort und Stelle in Hall geformt (Gräter: *an der Stelle bearbeitet*). Dafür spricht auch die Tatsache, daß der Stuck zum Teil unmittelbar auf die Kirchenwand aufgebracht werden mußte, zum Beispiel der Rauch und die Urne; und es wird durch einen Briefwechsel zwischen den Bildhauern und der Stuttgarter Akademie belegt (siehe unten).

Guibals endgültige Visierung für das Denkmal kennen wir nicht. Es haben sich aber in der Stuttgarter Staatsgalerie drei Entwurfskizzen von ihm erhalten[15]. Die erste, eine lavierte Federzeichnung, deutet den Gesamtaufbau an; die zweite, ebenfalls laviert, skizziert die linke Figur und gibt die Höhe des Sarkophags mit 2' 9 (= 2 Fuß 9 Zoll = 79 cm)[16] und die Höhe der Figur von der Sitzfläche aufwärts mit 5' (= 1,43 m) an. Die dritte Zeichnung skizziert den Aufriß und den Grundriß (*Plan du Piedestal*) des rechten Epitaphteils mit Maßangaben und Anweisungen in französischer Sprache. Danach soll zum Beispiel der Sarkophag durchweg 6 Fuß (= 1,72 m) lang werden (*le sarcophage a toujours 6 pied de long ...*). Die angegebenen Maße stimmen ungefähr mit denen des fertigen Epitaphs überein; dabei ist die Höhe des Sarkophags, einschließlich des Deckels, nicht vom Sarkophagboden, sondern von der Deckplatte des Sockelbaus an gerechnet.

Einzelne Elemente sind auf den Skizzen noch anders konzipiert als in der ausgeführten Version. So war vor allem der Thanatosknabe, ein wesentlicher Bestandteil des Denkmals, noch nicht vorgesehen; dafür sitzt auf der dritten Skizze ein Putto zu Füßen der Justitia. Auch sollte die Inschrift noch auf eine Stuckdraperie vor dem Sockelbau aufgebracht werden, wobei die Buchstaben den Faltenwellen folgen sollten (*draperie sur laquelle est l'inscription, les lettres doivent suivre les ondulations de la draperie*).

Guibals abschließende Visierung mag ähnlich ausgesehen haben wie seine Entwurfskizze für eine Porzellangruppe (Allegorie des Flusses Lauter) in der Stuttgarter Staatsgalerie[17]. Nichts spricht jedenfalls dafür, daß die beiden Hofbildhauer eine noch detailliertere Vorlage nötig hatten, zumal da Guibal nach Gräters Angabe ja auch die Ausführung überwachte. Wie weit diese Aufsicht ging, erhellt aus dem Schreiben der Bildhauer an den Intendanten Oberst Seeger (siehe unten): der Auftraggeber Senator Bonhoeffer wünsche, *daß M[onsieur] Guibal herüber käme, wegen ein und anderen Sachen ..., ob er nichts auszusezen hätte, und der Trapperie wegen, welche über den Sarg zu hängen komt*. Zumindest die endgültige Anordnung der Draperie war also der Visierung Guibals nicht zu entnehmen.

Über die Arbeiten in Hall sagen die Akten des Staatsarchivs folgendes aus. In einer herzoglichen Order

vom 30. Juni 1781 aus Hohenheim heißt es: *Den Bauinspektor Glaser gedenke ich nebst den beiden Hofbildhauern Scheffauer und Dannecker nach Schwäbisch Hall abgehen zu lassen, so bald es die hiesigen Geschäfte erlauben werden*[18].

Der Bauinspektor sollte vermutlich die architektonischen Gegebenheiten beurteilen.

Mitte Juli war es dann so weit. Senator Bonhoeffer brachte die beiden Bildhauer im Gasthof *Zum Pflug* unter und sorgte während ihres mehr als zweimonatigen Aufenthalts für ihr Wohl. Wie es scheint, arbeiteten sie – entgegen eigener Darstellung – ohne Eile, angeblich durch den emsigen Kirchenbetrieb behindert (dienstags Hochzeit, mittwochs Gottesdienst, donnerstags Predigt, freitags Betstunde, samstags Beichte, von den Sonn- und Feiertagen ganz zu schweigen). Am 13. August 1781 schrieben sie an den Intendanten der Militärakademie, Oberst Seeger[19]:

Hochwohl Geborner Hochgebietender
Gnädiger Herr Obrist!
Wier nehmen uns die Freyheit Euer HochWohlgebornen Nachricht von uns und unserem Grabmal zu geben. Wir hoffen bestmöglichst den Erwartungen des wirklichen Senator Bonhoefers und seinen Verwandten zu entsprechen. Man achtet uns sehr und jedermann spricht mit voller Wärme von Sr. herzogl. Durchl. und der Milit. Academie.

Es hat hier auch Grabmäler mit sehr viel Gold und Nebenzeugs, aber das von der Militaire Academie nimt sich ganz erhaben heraus und flößt stille Ehrfurcht ein.

Herr Senator wünscht sehr, daß Euer Hochwohlgeboren die Gnade hätten, daß M. Guibal herüber käme, wegen ein und anderen Sachen; überhaupt weil jetzt das Ganze beisammen ist, ob er nichts auszusezen hätte, und der Trapperie wegen, welche über den Sarg zu hängen komt.

Unsere Materialien sind recht gut. H. Senator hat uns zum Pflugwirth logiert und ist recht sehr vor uns besorgt. Wir betreiben uns so viel als möglich und hoffen in Zeit 5 oder 6 Wochen fertig zu seyn. Wir empfehlen uns unterthänig zu Gnaden und verbleiben
Euer Hochwohlgebornen
Unterthänig-Gehorsamste Knechte
Scheffauer Hofbildhauer.
Dannecker Hofbildhauer[20].

Der Intendant antwortete zwischen dem 14. und 18. August 1781 (der Schluß mit dem Datum fehlt):
Meine liebe Herrn Hofbildhauer!
Ihren Brief vom 13ten dieses habe ich richtig erhalten. So angenehm mir die darinn enthaltene Nachricht von dem Beyfall und Vorzug des akademischen Grabmaals war; so sehr mußte ich mich im Gegentheil über Ihren so weit hinaus gesezten dortigen Aufenthalt verwundern. An der anfänglich bestimmten Zeit von vier bis sechs Wochen sind bereits vier vorbey und ich mus Sie umso mehr erinnern sich in Ihren Geschäfften aus allen Kräfften zu befördern, da Se. herzogliche Durchlaucht bereits einigemal sich nach deren Fortgang und Beendigung erkundigt. Nur durch diese Beschleunigung können Sie dem Herzog Ihre unterthänigste Devotion bezeugen, und mich zu der fortgesezten freundschaftlichen Gesinnung verbinden, womit ich bin
Meiner lieben Herrn Hofbildhauer ...[21]

Johann Friedrich Bonhoeffer d.J. | 125

Die Bildhauer antworteten in einem Brief vom 19. August 1781 und rechtfertigten darin ihr Arbeitstempo:

HochWohlgebohrner Herr,
Hochgebiethender gnädiger Herr Obrist.
Euer Hochwohlgebohren statten wir unsere unterthänige Danksagung ab, vor die gnädige gegen uns gesinnte Aüßerung, wegen der Bescheinigung der hiesigen Arbeit. Bißhero bestrebten wir uns nach allen Kräften, sowohl Seiner herzoglichen Durchlaucht, als Euer Hochwohlgebohren hohen Erwartung vollkommen ein Genüge leisten zu können. Täglich arbeiten wir von 7-12 u. Nachmittags von 1-6. Da wir aber in den ersten zehen Tagen überhaupt nicht arbeiten konnten, und [durch] die wöchentliche viele Gottesdienste auch sehr abgehalten werden, weil nehmlich fast alle Dienstag ein Copulation von 9-12 / Alle Mittwoch Gottesdienst (von) 7-8 / (Alle) Donnerstags Predig (von) 7-9 / (Alle) Freytag Bett Stund (bis) 11 / Alle Samstag wegen der Beicht, und aufräumen gar nicht arbeiten können: ohne die dazwischen komende Feiertäge.

Wollen also Euer Hochwohlgebohren von selbst die hohe Einsicht nehmen, daß wir unsern bestimmten Termin nicht einhalten können. Unser söhnlichster Wunsch ist dieser, Euer Hochwohlgebohren aufs bäldeste persöhnlich unsere unterthänige Devotion bezeugen zu können. Wir empfehlen uns unterthänig zu fernerin Gnade und Gewogenheit und verbleiben
Euer Hochwohlgebohren unterthänig gehorsamste Knechte Dannecker Hofbildhauer, Scheffauer Hofbildhauer.
Schwäbisch Halle. d: 19ten August 1781[22].

Hier drei kurze Lebensbilder der am Epitaph beteiligten Künstler:

Nicola(u)s Guibal (1725–1784) war gebürtiger Franzose aus Lunéville, ein Sohn des Bildhauers Barthélemy Guibal. Er entschied sich als Dreizehnjähriger für die Malerei, lernte zunächst in Nancy und seit 1740 in Paris bei Charles Natoire, der ihm genaues Zeichnen, rasches Arbeiten und eine Vorliebe für mythologische Stoffe vermittelte. 1745 wurde er in die Pariser Akademie aufgenommen. Herzog Karl Eugen von Württemberg berief ihn 1749 zur Ausmalung des Operntheaters im Lusthaus nach Stuttgart und schickte ihn 1752 zum Studium alter Meister mit einem Stipendium nach Rom. Dort arbeitete Guibal im Atelier seines Vorbilds Anton Raphael Mengs, unter anderem an Aufträgen für Herzog Karl. 1755 kehrte er nach Stuttgart zurück und wurde als *Premier Peintre* angestellt.

1760 wurde er Direktor der Ludwigsburger Gemäldegalerie, 1761 Direktor der neu errichteten Kunstakademie (*Académie des Arts* in Stuttgart und Ludwigsburg), 1774 Dozent und 1776 Professor an der Militärakademie, die 1775 von der Solitude nach Stuttgart verlegt und Ende 1781 von Kaiser Joseph II. zur Hohen Karlsschule erhoben wurde.

Guibals Tätigkeit war vielseitig und umfangreich. Neben seiner Lehrtätigkeit schuf er eine erstaunliche Zahl von Gemälden für die herzoglichen Schlösser in Ludwigsburg, Monrepos, Solitude, Stuttgart und Hohenheim, auch für den kurpfälzischen Hof in Mannheim, Schwetzingen und Oggersheim, daneben kirchliche und private Aufträge, Dekorationen für Theater und Feste und vielerlei Entwürfe (Aufzählung und Würdigung der Werke bei Thieme-Becker, S. 266ff.).

Philipp Jakob Scheffauer (1756–1808), geboren in Stuttgart als Sohn eines *Heiducken* (eines herzoglichen Lakaien in der Tracht ungarischer Heiducken), wurde 1772 in die Militärpflanzschule (ab 1773 Militärakademie) aufgenommen. Er lernte – immer zusammen mit Dannecker – bei dem Hofbildhauer Adam Bauer und dem Hofstukkator Johann Valentin Sonnenschein[23], seit 1775 bei dem Bildhauer Pierre François Lejeune[24] und dem Maler Nicolaus Guibal (siehe oben). Während der Schulzeit erhielt er acht Preise (1773–1777 jedes Jahr, 1779 zwei, 1780 einen). Bei dem bekannten Wettbewerb von 1777 mit der Aufgabe, eine Milon-Gruppe zu gestalten[25], war allerdings Dannecker der Sieger.

Ende 1780 wurde Scheffauer, gleichzeitig mit Dannecker, zum Hofbildhauer mit 300 Gulden Gehalt ernannt. Beide wurden aber fürs erste nur zu dekorativen Stein- und Stuckarbeiten, besonders für den Schloßbau in Hohenheim, eingesetzt; gelegentlich hatten sie auch Entwürfe Guibals und anderer auszuführen wie im Falle des Haller Stättmeisterdenkmals. Es ist bezeichnend, daß Gräter (siehe oben, S. 121) sie im Rückblick noch für *Eleven* hielt.

Die eigentliche Berührung mit der klassischen Kunst hatten Scheffauer und Dannecker aber erst nach dem Haller Auftrag. 1783 schickte sie der Herzog zunächst zu dem Bildhauer Augustin Pajou nach Paris, wo Scheffauer von der Académie des Arts einen Preis für Modellieren nach der Natur erhielt. 1785 wurden sie von Paris nach Rom beordert, das sie am 2. Oktober nach einem Fußmarsch von 33 Tagen erreichten. Hier studierten sie die Kunst der Antike sowie die klassizistische Moderne unter dem Einfluß und der Anleitung ihres etwa gleichaltrigen Freundes Antonio Canova (1757–1822)[27]. In Rom schufen Scheffauer und Dannecker für Ihren Herzog auch die ersten Marmorbildwerke (Napoleon-Katalog Nr. 1099, 1101.1-4). Schon bald fand ihr Schaffen internationale Anerkennung: Scheffauer wurde Mitglied der Kunstakademien von Bologna, Mantua und Toulouse, Dannecker von Bologna und Mailand[28].

Zum Jahreswechsel 1789/90 wurden Scheffauer und kurz darauf auch Dannecker nach Stuttgart zurückberufen und mit einer Gehaltszulage von 500 Gulden zu Professoren der Hohen Karlsschule ernannt. Doch verloren sie 1794 Professur und Zulage wieder, als nach dem Tod Herzog Karls dessen sparsamer Nachfolger Ludwig Eugen die Hochschule auflöste – für Scheffauer, der eine Familie mit vier Kindern ernähren mußte, ein hartes Los.

In den 18 Jahren zwischen seiner Rückkehr aus Italien und seinem Tod (durch die Schwindsucht) hat Scheffauer noch eine erstaunlich große Zahl von Werken geschaffen. Einige davon sind im Katalog der Napoleon-Ausstellung abgebildet: Nr. 1099, 1101.1, 1101.4-7, 1102, 1122-1127, 1129-1133, 1135-1137, 1139, 1140 (der Thanatos, vgl. S.123). Bei einem der Werke, dem Grabdenkmal des Predigers Zollikofer, bestellt von der Herzogin Franziska, hat Scheffauer auf die Komposition des Haller Epitaphs zurückgegriffen: es zeigte eine neun Fuß hohe Säule mit einer Urne darauf und zwei allegorischen Frauengestalten an den Seiten. Infolge des Regierungswechsels wurde es nie vollendet.

Johann Heinrich Dannecker (1758-1841), geboren in Stuttgart als Sohn eines herzoglichen Stallknechts und Vorreiters, wurde, obwohl zwei Jahre jünger als Scheffauer, schon ein Jahr vor diesem, 1781, mit 13 Jahren, in die

Militärische Pflanzschule des Herzogs Karl Eugen aufgenommen. Zuerst zum Tänzer für das Ballett, dann zum Maler bestimmt, wurde er schließlich – jetzt immer zusammen mit Scheffauer – als Bildhauer ausgebildet. Er hatte dieselben Lehrer wie Scheffauer, vor allem Lejeune und Guibal, und war mit den Mitschülern Heideloff, Hetsch (siehe S. 40ff.) und Friedrich Schiller kameradschaftlich verbunden. Während der Schulzeit erhielt er zwei Preise, 1772 und 1777 (Scheffauer acht). Die von Guibal aufgegebene Preisarbeit von 1777, mit der er gegen Scheffauer obsiegte (siehe dort), ist meines Wissens das einzige erhaltene Werk Danneckers, das vor dem Haller Epitaph entstand: eine Gipsgruppe des Milon von Kroton, wie er, den Arm in einen Baumstamm eingeklemmt, einem Löwen zum Opfer fällt (Stuttgart, Staatsgalerie).

Danneckers weitere Ausbildung vollzog sich immerzu im Gleichklang mit Scheffauer: 1780 Hofbildhauer, dekorative Arbeiten für den Herzog, besonders in Schloß

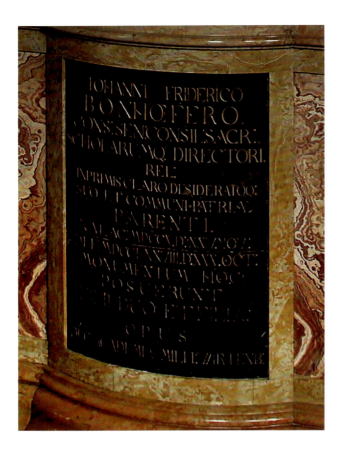

Hohenheim, 1781 Ausführung des Haller Epitaphs, 1783-84 Aufenthalt in Paris, seit 1785 in Rom, dort Studium der klassischen Kunst unter Canovas Einfluß, 1790-94 Professor an der Hohen Karlsschule. Fast zwei Jahrzehnte lang verlief der Lebensweg der beiden Bildhauer gleich. Danneckers heitere Natur – *il beato* nannte ihn Canova – ergänzte sich vollkommen mit Scheffauers ernsterem Wesen. Daß Dannecker der Berühmtere wurde, lag zum guten Teil daran, daß er den Kollegen um ein drittel Jahrhundert überlebt hat. Von seinem Schaffen geben die Abbildungen im Napoleon-Katalog einen guten Begriff (Nr. 1101. 2-3, 1114-1118, 1128, 1131, 1134, 1142-1144), insbesondere aber der Dannecker-Band von Christian von Holst.

Würdigung

Das Bonhoeffer-Epitaph steht an der Stilwende zwischen Barock und Klassizismus, oder besser: es vereint in sich das Formengut beider Epochen, wie dies für die Generation Guibals, besonders in der französischen Kunst, bezeichnend ist. Die klassizistischen Elemente des Denkmals, vor allem die strenge, kühle Architektur, stehen in einem aufregenden Gegensatz zu dem barocken Pomp der Gewanddraperien und dem Pathos der weit ausgreifenden kontrapostischen Bewegungen der beiden Frauenfiguren; der krasse Gegensatz der Materialien, Marmor und Gips, kommt noch hinzu. Es ist bemerkenswert, wie die Bildhauer selbst – mit einem Seitenblick auf die vorangehenden Barockepitaphe – ihr Werk einschätzen: neben den älteren Grabmälern *mit sehr viel Gold und Nebenzeugs* nehme sich ihr eigenes *ganz erhaben* aus und flöße *stille Ehrfurcht* ein. Man fühlt sich an Winckelmanns Charakterisierung der antiken Kunst erinnert.

Die Bildhauer haben sich nach allen Anzeichen eng an Guibals Entwurf gehalten. Allenfalls in Details – am ehesten im *griechischen* Gesichtsschnitt der Tugendallegorien – könnte sich eine jüngere Generation verraten. Illusorisch wäre aber der Versuch, die Anteile Scheffauers und Danneckers voneinander zu scheiden; das verbietet schon ihre gleichartige Schulung.

Die Qualität der Ausführung ist beachtlich, dem Entwurf Guibals sicherlich angemessen. Das Undifferenzierte, das Lucrezia Hartmann rügt, ist vor allem durch das Material bedingt: der schnell trocknende Gips verlangte eine summarische Gestaltung, und ein nachträgliches – zeitraubendes – Einarbeiten von Details war offenbar nicht gewünscht. So wirkt das Bildwerk wie ein riesenhafter Bozzetto, der dem Marmorbau aufgesetzt wurde. Er hätte sich vortrefflich für Fernsicht geeignet, die nur leider der enge Raum zwischen Denkmal und Chorgestühl nicht gestattet.

Literatur

Gräter 1794/95, III., Nr.117; *Gradmann* S.35 (mit Abb. von halbrechts), S.229; Adolf *Spemann*, Dannecker, Berlin/Stuttgart 1909, S.14 u. Anh. S.7 f., 181; *Thieme-Becker* Bd.8, 1913, S.368 Sp.2 (Dannecker); Bd.15, 1923, S.267 Sp.2 (Guibal); Bd.29, 1935, S.600 Sp.2 (Scheffauer); Lucrezia *Hartmann*, Schwäbisch Hall, München/Berlin 1970, S.24 und Taf.7 (Abb. von halbrechts); Christian *von Holst*, Johann Heinrich Dannecker der Bildhauer, Stuttgart 1987, S.112-115 (mit 4 Abb.); *Wunder* 1987 Nr.33; *Gräf/Ansel/Hönes* S.102 f. – Zur Biographie der drei Meister neben *Thieme-Becker* (siehe oben) u.a.: Allgemeine Deutsche Biographie, Bd.4, 1876, S.741-744 (Dannecker); Bd.10, 1879, S.102-104 (Guibal); Bd.30, 1890, S.672-676 (Scheffauer); August *Wintterlin*, Württembergische Künstler in Lebensbildern, Stuttgart/Leipzig/Berlin/Wien 1895, S.18-24 (Guibal), 57-89 (Scheffauer), 97-121 (Dannecker), jeweils mit Bildnis; Baden und Württemberg im Zeitalter Napoleons, Ausstellungs-Katalog Stuttgart 1987, Bd.1.2 (zit.: Napoleon-Katalog), passim.

Anmerkungen

1. Die Höhe gemessen vom Chorboden (vgl. dazu Anm.5).
2. *Wunder* in WFr 1962, S.156 Nr.427.
3. Der Vorgängerin der Hohen Karlsschule, die von 1782 bis 1794 bestand.
4. Die Wiedergabe bei *Gräter* und *Wunder* ungenau; bei *Spemann* (Anh. S.181) fehlt die 7. Zeile, ebenso bei *Wunder*.
5. Gemessen ohne die 25 cm hohe Steinplatte zwischen Sockelbau und Chorboden.
6. Ein Buch wäre zu verschieden von dem differenziert ausgearbeiteten Buch ihres Pendants und würde auch ikonographisch schlecht zu ihr passen.
7. *Von Holst* (S.114) gibt sie als „Weisheit" aus, aber Gräter, zweifellos interessierter Augenzeuge der Entstehung und täglicher Gesprächspartner der Bildhauer, kann kaum falsch informiert worden sein.
8. In dem ikonologischen Lexikon von Norma *Cecchini*, Bologna 1982, kommt unter 82 Personifikationen, die ein Buch als Attribut haben können, Giustizia überhaupt nicht vor.
9. Über Thanatos vgl. u.a.: Der *Kleine Pauly*, Lexikon der Antike, Bd.5. – Zu den bildlichen Darstellungen vor allem: Gotthold Ephraim *Lessing*, Wie die Alten den Tod gebildet, Eine Untersuchung, 1769; ferner: Napoleon-Katalog S.656. – Auch im Mithraskult treten in römischer Zeit zwei Fackelträger als Begleiter des Gottes Mithras auf: Cautopates, der die Fackel niedersenkt, und Cautes, der sie hebt – Sinnbilder des durch Mithras bewirkten Wandels vom Dunkel zum Licht, vom Tod zum Leben. Eine innere Parallele zum Christentum wird ebenso deutlich wie eine formale zu Hypnos und Thanatos.
10. Vgl. die bei *Lessing* (wie Anm.9,13) abgebildeten Beispiele (Kupferstiche): Taf. 1,4,5,6 (geflügelt) und Taf. 2,3 (ungeflügelt); bzw. Taf. 1,4 (Knabe) und Taf. 2,3,4,5 (Jüngling).
11. Abgebildet im Napoleon-Katalog, S.656, Nr.1140.
12. Vgl. dazu S. 310 und S. 181.
13. Zitiert nach einer Ausgabe von G.J.*Göschen*, Stuttgart 1880, S.33-72, hier S.72.
14. Vgl. *Thieme-Becker* Bd.15, S.267 und Bd.8, S.368; *Hartmann* S.24.
15. *Von Holst* Abb.79, 81, 82.
16. Nach dem württembergischen Fuß zu 28,649 cm, der vor 1806 noch in 12 Zoll eingeteilt war (vgl. WFr 1977, S.51).
17. Abgebildet bei Gert K. *Nagel*, Schwäbisches Künstlerlexikon vom Barock bis zur Gegenwart, München 1986, Abb.271.
18. *Spemann* S.14, Anm.1.
19. Sein voller Name und Titel: *Christoph Dionysius Seeger, würcklicher Intendant der herzoglichen Militairischen Pflanz-Schule, Obristwachtmeister, und Flügel-Adjutant*.
20. *Spemann*, Anhang S.7, Nr.8.
21. Ebd. Nr.9.
22. Ebd. Nr.10.
23. Sonnenschein (1749-1828), später in Zürich, hat in seinen Werken Antiken- und Naturstudium harmonisch miteinander verbunden. Zwei Terrakottabildwerke voll modellhafter Sinnlichkeit, eine Hirtin und eine Kain-und-Abel-Gruppe, sind abgebildet im Napoleon-Katalog, Nr.1069 u. 1070.
24. Lejeune (1721-90), ein Vertreter des akademischen Frühklassizismus, war Belgier aus Brüssel und vor seiner Stuttgarter Anstellung 16 Jahre in Rom tätig. Einige Werke von ihm, zwei Büsten und zwei allegorische Reliefs, alle aus Marmor, abgebildet im Napoleon-Katalog, Nr. 1066, 1067, 1068.1,1068.2.
25. Ausführlich bei *Wintterlin*, S.60-64.
26. Pajou (1733-1808) war wie der Maler Guibal ein Vertreter des französischen Akademismus, dessen Bestreben es war, Natur- und Antikenstudium in der Kunst zu verschmelzen. Eine Porträtbüste von seiner Hand abgebildet im Napoleon-Katalog, Nr.1087.
27. Das damalige Atelier Canovas mit den Figuren für das Grabmal Clemens XIV. ist abgebildet in einer Zeichnung Chiaruttinis von etwa 1786 (Napoleon-Kat. Nr.1093). Darin sieht man eine trauernd vornübergebeugte Frau, die „Temperantia", einmal als Bozzetto auf dem Fensterbrett und zweimal in monumentaler Größe, als Gipsmodell und in Marmorausführung. Diese Figur hat Scheffauer tief beeindruckt; er übernahm die Komposition für mehrere Werke, zum Beispiel (seitenverkehrt) für die Statuette der „Trauernden Freundschaft" (Abb. Napoleon-Kat. Nr.1137).
28. Vgl. *Wintterlin* S.71.

Georg Bernhard Wibel (1623–1707)
Prediger und Dekan

Gefaßtes Holzepitaph mit Ölgemälden, 259/194 cm; hing früher an der Südempore zwischen den Denkmälern des Vaters M. Johann Georg Wibel, des Sohnes Joseph Bernhard Wibel[1] und des Enkels Friedrich Peter Wibel (Gräter: *Vorwärts an der sogenannten Salzsieders-Emporkirche, nächst der Sacristey, hängend*). – Restauriert 1907 von Gottfried Schmidt für 40 Mark[2], 2000 von Jürgen Holstein (Rothenburg) und Roland Wunderlich (Herbsthausen).

Die Gemälde von **Georg David Zweiffel** und Mitarbeitern (Zuschreibung), ca. 1708 (von den Hinterbliebenen errichtet).

[35]

Magister Georg Bernhard Wibel, geboren in Durlach, war 61 Jahre lang Geistlicher (davon 60 Jahre in Hall), die letzten 31 Jahre Prediger und Dekan. Einen Namen machte er sich unter anderem als fanatischer Judengegner[3].

Die Gestalt des Epitaphs ist von der Grundform eines Altarretabels abgeleitet und besteht aus Corpus (Mittelstück), hier mit einem Tafelbild, bemalten Standflügeln, einem Aufsatz mit querovaler Bildkartusche und einem predellaartigen hängenden Untersatz, der in einer herzförmigen Kartusche die Gedenkschrift enthält. Die Grundfarbe des Rahmenwerks ist schwarz, Zierwerk und Schrift sind golden hervorgehoben.

Das Gemälde im Corpus wird von frei stehenden gedrehten Säulen flankiert; sie ruhen auf wuchtigen Konsolen, die Teil der Predella sind, und tragen über den Kapitellen quaderförmige Kämpfer mit mehrfach abgesetztem Sockel, zweifacher Deckplatte und einem Löwenkopf aus Pappmaché an der Vorderseite. Den oberen Corpusabschluß bildet ein profiliertes Gesims, das über den Säulen kräftig vorkragt. Auf den Vorkragungen sitzen, die Säulen überhöhend und zugleich den Aufsatz flankierend, kleine Zierobelisken auf würfelähnlichen Sockeln; ihre Spitze ziert ein gedrechseltes Ei. Zwischen Gesims und Tafelbild ist in der Mittelachse des Denkmals das Wibelsche Wappen angebracht, wiederum aus Pappmaché.

Die Tafeln der Flügel werden von einem abgetreppten Gesims und stark gekrümmtem Schweifwerk bedeckt und von gleichartigen, aber schlichteren Formen unterfangen. Den seitwärts überstehenden Teil des Deckgesimses akzentuiert beiderseits eine gedrechselte Spitze. Auf die Zwickel neben dem unteren Schweifwerk ist in Goldfarbe eine kreuzförmige Blüte gemalt.

Die Bildkartusche des Aufsatzes wird von einem abgetreppten Gebälkstück mit gedrechselter Spitze bekrönt und von gemalten Engelsköpfen flankiert, deren Flügel in goldenes Schweifwerk auslaufen; es rahmt die Kartusche und leitet zu den seitlichen Zierobelisken über. Technisch handelt es sich um Aussägarbeiten in Brettstärke, so genannte Figurentafeln[4].

Die Predella wird vom Mittelteil (Corpus und Flügeln) durch ein kräftig profiliertes Gesims getrennt. Ihre Inschriftkartusche – ein Herz mit der Spitze nach unten – zeigt ähnliches Beiwerk wie der Aufsatz: An ihre Unterseite schmiegen sich ebenfalls gemalte Engelsköpfe mit goldenen, in Schweifwerk auslaufenden Flügeln; den Abschluß unter der Spitze bildet abermals ein abgetrepptes Gesimsstück. Das Schweifwerk setzt sich seitwärts fort, umgibt die Konsolen und berührt an ihrer Außenseite das Gesims zwischen Predella und Mittelteil. In den Zwickeln zwischen Kartusche und Gesims sind Applikationen aus Pappmaché angebracht: links und rechts ein Engelskopf mit spitzen Flügelstummeln, in der Mitte ein Blattornament. Eine in Goldfarbe gemalte Blüte schmückt das Innere der Kartusche zwischen Spitze und Inschrift.

Die Inschrift, ebenfalls goldfarben, in deutscher Sprache und überwiegend in Fraktur, verrät uns den Werdegang des Verstorbenen, die Zahl seiner Nachkommen und die Tatsache, daß die Hinterbliebenen das Denkmal errichten ließen (Text bei Gräter, Rainer Krüger und Wunder sowie Anhang S. 402f.). Außerdem erfahren wir, daß der Prediger sein Amt erst aufgab, als er mit fast 84 Jahren, am 20. Februar 1707, auf der Kanzel einen Schwächeanfall erlitt. Neun Monate später starb er, im 85. Lebensjahr.

Das 90/72 cm große **Mittelbild**, eingefaßt von einem 9 cm breiten, golden ornamentierten Zierrahmen, zeigt den Verstorbenen unter düster bewölktem Himmel links von einem Kruzifix betend auf dem Erdboden kniend, in halber Drehung dem Beschauer zugewandt. Anders als üblich, ist er ohne Familie dargestellt und in auffallend größerem Maßstab als der Gekreuzigte. Er trägt einen schwarzen Talar, darüber ein weißes gefälteltes Chorhemd und die damals noch übliche Halskrause der Geistlichen. Sein persönliches Merkmal ist der lange graue, über die Krause gebreitete Bart und das üppige, seitlich gebauschte Lockenhaar. Vor der Figur liegt, als Kennzeichen Verstorbener, ein Totenschädel (ohne Unterkiefer). Den Hintergrund bildet an Stelle der Stadt Jerusalem, des historischen Orts der Kreuzigung, eine Ansicht von Schwäbisch Hall, die sich eng an Kupferstiche nach Zeichnungen von Johann David und Georg David Zweiffel anlehnt[5]. Außer der Michaelskirche mit ihrer Freitreppe erkennt man die nördliche Querschiffsfassade der Jakobskirche, die Schuppachkirche, die damaligen Bürgerhäuser und die Wein- und Obstgärten am Galgenberg. Am Himmel ist die Finsternis dargestellt, die bei der Kreuzigung Jesu über das Land kam (Mt 27,45; Mk 15,33; Lk 23,44.45): In einer Wolkenlücke links oben steht die Sonne, noch halb verfinstert, während der dunkle Neumond sich ostwärts von ihr entfernt.

Der Gekreuzigte, eine massige, ausdrucksstarke Gestalt, ist nach der Christusfigur des $4\,^{1}/_{4}$ m hohen Rubensbildes *Der Lanzenstich* vom Hochaltar der Antwerpener Rekollektenkirche kopiert (gemalt 1620, heute im Museum der Schönen Künste). Bis auf einen Zipfel am Knoten des Lendentuchs stimmt so gut wie alles überein, und wie bei Rubens hat auch das dreisprachige INRI-Schild die Form eines geschwungenen Zettels. In Hall ist der Kreuzstamm mit einem mächtigen Holzpflock befestigt. Aus der Seitenwunde Jesu und der Wunde seiner rechten Hand spritzt ein Blutstrahl auf das Haupt des Predigers.

Die hochrechteckigen, 67/26 cm großen **Flügelbilder** zeigen auf einer kahlen, in übertriebener Aufsicht dargestellten Bodenfläche je einen stehenden Engel mit großen, weißgrauen Flügeln, blondem Lockenhaar, Schaftsandalen und einem langen, gegürteten, von einer Schärpe umgebenen Gewand mit halblangen Ärmeln, aus denen weite Hemdsärmel hervorragen. Das Kleid des rechten Engels ist rosa, von einer blauen Schärpe umweht, am unteren Saum flatternd bewegt und vor beiden Beinen geschlitzt, so daß es die nackten Schenkel freigibt. Das Kleid des linken Engels, von ähnlichem Zuschnitt, doch blau mit rostbrauner Innenseite und nur einmal, am rechten Oberschenkel, geschlitzt, hat rostbraune Bordüren mit Spuren von Goldbronze und einen langen, verschlungenen Gürtel gleicher Farbe.

Der linke (heraldisch rechte) Engel hält mit beiden Händen eine Krone, ebenfalls rostfarben mit noch etwas mehr Gold. Der andere Engel hält in der Rechten einen Palmzweig, die Linke hat er vor die Brust gelegt, ob beteuernd oder auf die Krone seines Gegenübers weisend, sei dahingestellt. Die gemeinsame Überschrift beider Flügelbilder lautet: *Die Him(m)els Kron.* (links) / *Dein gnaden Lohn.* (rechts).

Das **Ovalbild im Aufsatz** ist die interessanteste Darstellung des Epitaphs. Vordergründig zeigt es die Entrückung des Propheten Elia(s) nach 2. Kön 2, 11.12: *Siehe, da kam ein feuriger Wagen mit feurigen Rossen ... und Elia fuhr also im Sturm gen Himmel. Elisa aber sah es und schrie: Mein Vater, mein Vater!*. Links oben im Bild, über den Wolken, sitzt Elias in einem goldenen, von Feuer umgebenen Wagen, gezogen von dahinstürmenden *feurigen*, das heißt rot gemalten Rossen. Ihre Zügel hält mit beiden Händen ein über dem Gespann schwebender Engel. Rechts im Vordergrund und daher in größerem Maßstab kniet der Prophet Elisa (Elisäus) auf dem Boden vor einem wogenden Gewässer, dem Jordan, wo die Geschichte spielt. Er trägt einen schwarzen Talar mit Halskrause, blickt zum Betrachter hin und deutet mit der Rechten auf den entschwindenden Elias mit den – oberhalb seiner Hand zu lesenden – Worten: *Mein Vatter.*

Elias, in einer weißen Tunika, die im Feuerschein blaßrosa schimmert, wendet sich mit einem Segensgestus (?)

seiner Rechten dem Zurückbleibenden zu. Der Engel hat seine Flügel weit ausgebreitet; er trägt ein rosa Gewand mit blauer Schärpe, ähnlich wie der Engel am rechten Standflügel. Das – als solches schwer erkennbare – Wasser des Jordans wogt grau dahin mit leicht rosigen Wellenkämmen. Am rechten und unteren Bildrand zeigt sich ein wenig Gras und Gebüsch.

Der feurige Wagen des Elias läßt sich ikonographisch bis auf die Antike, auf den Wagen des Sonnengottes (Helios/Apollon) zurückführen. Während allerdings Helios in einer Quadriga über den Himmel zieht, einem zweirädrigen Gespann mit vier Rossen, fährt Elias hier bequemer, in einem vierrädrigen Wagen mit nur zwei Pferden (was sich übersichtlicher darstellen läßt). Die Merianbibel von 1630 zeigt Wagen und Pferde in ähnlicher Gestalt.

Das Besondere an dem Haller Bild ist nun, daß der himmelwärts fahrende Elias unverkennbar die Züge des verstorbenen Predigers Georg Bernhard Wibel und der Prophet Elisa die Züge seines Sohnes, des Archidiakons (zweiten Pfarrers) Joseph Bernhard Wibel, trägt. Wir kennen die markante Erscheinung des Predigers vom Mittelbild des Epitaphs, von einem Einzelporträt in der Michaelskirche (Wunder Nr. 21)[6] sowie von einem gestochenen Gedenkblatt[7]; und wir kennen das füllige, etwas schwammige Gesicht des Archidiakons von dessen Grabmal am nördlichen „Predigerpfeiler" der Kirche (S. 52ff.).

Das heißt: dem biblischen Bericht von der Himmelfahrt des Elias ist noch ein anderer Sinn untergeschoben. Die Szene bedeutet zugleich die Himmelfahrt des Predigers Wibel. Und die auf Erden zurückgebliebene Gestalt des Elisa stellt zugleich den Archidiakon Wibel dar, der demnach mit den Worten *Mein Vatter* auch seinen leiblichen Vater meint. Solche doppelt lesbaren Darstellungen sind ungewöhnlich, jedenfalls für Hall, aber nicht neu. Ich erinnere an zwei der bekanntesten Beispiele in Florenz: an das Fresko von Benozzo Gozzoli im Palazzo Medici, wo der Zug der heiligen Dreikönige aus Teilnehmern des Florentiner Konzils von 1439 und eines Stadtfestes von 1459 besteht, und an das Fresko Ghirlandajos in S. Trinità, wo die Mitglieder der Familie Medici und ihre Freunde in der Vita des hl. Franziskus auftreten (in der Szene *Bestätigung der Ordensregel*).

Der Sinngehalt

Der Sinngehalt des Epitaphs offenbart sich am deutlichsten im Bild des Aufsatzes. Die Entrückung des Elias galt seit den Kirchenvätern als alttestamentliche Präfiguration (*Typus*)[8] der Himmelfahrt Christi; sie steht also für den Triumph über den Tod und die Erhöhung zu Gott. Und damit niemand übersehe, daß dies hier auch auf den Verstorbenen zu beziehen sei, wird in der zweiten Bedeutungsebene Elias mit dem Prediger Wibel gleichgesetzt. Jeder damalige Kirchenbesucher erkannte die Züge des verstorbenen Predigers und seines noch amtierenden Sohnes. Und falls je ein Betrachter bei dem Mann im feurigen Wagen das versteckte Bildnis übersehen sollte, deutet der Sohn Wibel mit ausgestrecktem Zeigefinger und den Worten *mein Vatter* (in hällischer Mundart!) darauf hin.

Voraussetzung für die „Himmelfahrt" des Verstorbenen, für seine Erhöhung zur ewigen Seligkeit, sind nach evangelischer Lehre der Glaube und die Gnade Gottes. Diese werden in der mittleren Etage des Denkmals vor Augen geführt. Das Hauptgemälde zeigt uns den Prediger als gläubigen Christen, der in Demut kniend zum Gekreuzigten betet, wohl nicht ohne Bedeutung neben „seiner" Kirche, in der er 55 Jahre lang Gott gedient hat. An den Flügeln verkünden die Engel, die Boten Gottes, dem Verstorbenen die göttliche Gnade: *die Himmelskron dein*

Gnadenlohn. Der linke Engel bringt ihm die Krone des Himmels, das Ehrenzeichen derer, die ihrem Glauben treu den Sieg der Unsterblichkeit errungen haben[9], der rechte Engel einen Palmzweig, das Zeichen für himmlischen Lohn und himmlischen Frieden. Die gleichen Attribute – Krone und Palmzweig – halten übrigens auch die Kinderengel auf dem S. 133 erwähnten Gedenkblatt für Georg Bernhard Wibel (wohl Titelblatt seiner Leichenpredigt)[10].

Zu diesen gebräuchlichen Symbolen der Erwählung kommt aber an Wibels Epitaph noch ein weiteres, in der evangelischen Ikonographie seltenes Symbol der Erlösung hinzu: das heilige Blut Christi, das sich aus den Wunden des Gekreuzigten auf Wibels Haupt ergießt. In der Regel wird in der Bildtradition das Blut Christi in einem Kelch aufgefangen (durch Ekklesia, durch Adam als Vertreter der sündigen Menschheit oder vor allem durch Engel), damit seine erlösende Kraft – im Altarsakrament – der ganzen Christenheit zugute komme. Erst gegen Ende des Mittelalters finden sich Beispiele einer persönlichen und unmittelbaren Besprengung mit dem Erlöserblut. So ergießt sich auf einem Kupferstich Dürers von 1509 (B. 3)[11] ein doppelter Blutstrahl aus der Seitenwunde des Schmerzensmanns auf ein betendes Menschenpaar.

Ein protestantisches Beispiel findet sich am Hochaltar der Stadtkirche von Weimar (1555). Auf dessen Mittelbild, einer Allegorie der Erlösung, gemalt von Lukas Cranach dem Jüngeren, trifft ein Strahl des Erlöserblutes auf das Haupt des (schon verstorbenen) Lukas Cranach des Älteren, der unter dem Kruzifix betend zwischen Johannes dem Täufer und Martin Luther steht[12] – im Prinzip ein ähnlich gearteter Fall wie in Hall, da beidemal der hinterbliebene Sohn den Vater dadurch ehrt, daß er ihn in ein biblisches Geschehen einfügt (in Hall in die Eliasszene) und ihm die Zeichen der Erlösung zukommen läßt.

Das in seiner Konsequenz erstaunlichste Beispiel einer Besprengung mit dem Erlöserblut befand sich in der Nachbarschaft Halls: das Epitaph des Tüngentaler Pfarrers Johann Georg Winkler (1601–1677) mit einer Darstellung der unter dem Kreuz betenden Familie im Mittelbild[13]. Hier ergießen sich die Blutstrahlen aus den Wunden Jesu auf alle 22 Familienglieder, 16 kniende und 6 früh verstorbene Wickelkinder auf Kissen.

In Hall ist die Erlösung des Predigers Wibel nicht im Sinne einer Hoffnung dargestellt wie in anderen Fällen, sondern als Gewißheit, ja als Tatsache (Himmelfahrt, Himmelskrone, Direktspende des Erlöserblutes). Schon daraus darf man wohl schließen, daß die Hinterbliebenen, speziell der Sohn, das Bildprogramm erdacht haben und nicht etwa noch der Vater zu seinen Lebzeiten; das wäre selbst für einen Georg Bernhard Wibel etwas unbescheiden gewesen.

Die Malerwerkstatt

Die Zuschreibung an die Zweiffel-Werkstatt habe ich 1990 im Riedener Heimatbuch begründet[14]. Aus stilistischen Gründen und wegen der Verwendung des Rubenskruzifixes hielt ich es damals für möglich, daß der in Antwerpen geschulte Johann David Zweiffel noch an dem Denkmal mitgewirkt haben könnte, daß er vielleicht den

Entwurf gezeichnet und einige Teile noch selbst gemalt hat, nämlich das Eliasbild im Aufsatz, die Engel und eventuell den Körper des Gekreuzigten (ohne das Lendentuch). Der Rest ließ sich eindeutig Georg David Zweiffel, dem Sohn, zuordnen, der – laut Totenbuch – seine Kunst *allhier beÿ s(einem) H(errn) Vatter* ausgeübt, also in der väterlichen Werkstatt gearbeitet hat[15].

Wenn nun aber – wie oben gefolgert – das Epitaph vom Auftraggeber erst nach Wibels Tod konzipiert wurde, dann kann es nicht vor 1708 entstanden sein, denn der alte Wibel starb im November 1707. Und daraus wiederum folgt, daß bei einer Händescheidung innerhalb der Zweiffel-Werkstatt kaum eine Möglichkeit bleibt, dem Vater Johann David Zweiffel einen nennenswerten Anteil zuzugestehen, denn er war seit Juni 1706 durch *öfftere Schlagflüsse* und Blasensteine lahmgelegt und infolge eines Verfalls seiner *gemüths u. leibes Kräfte* schon vor seinem Tod im April 1709 *der welt gäntzlich abgestorben*[16]. Wenn dennoch einige Partien der Bilder sich merklich vom Stil des Sohnes unterscheiden und der Malweise des Vaters nahestehen, muß man annehmen, daß vom Vater eingeübte Gesellen die stilistisch abweichenden Teile ausgeführt haben. Die Werkstatt bestand ja nicht nur aus dem Vater und dem in der Fremde geschulten Sohn.

Was Georg David Zweiffel (1660–1724), der Sohn und nunmehr Werkstattleiter, persönlich ausgeführt hat, läßt sich durch Stilvergleich mit seinen gesicherten Werken umreißen[17]. Zum Beispiel stimmt zwischen dem Prediger des Epitaphs und dem Bildnis Wibels auf dem *G.D. Zweiffel pinxit* signierten Gedenkblatt im Haller Stadtarchiv[18] nicht nur die Physiognomie im allgemeinen (was sich von selbst versteht) überein, sondern vor allem die Art der Stilisierung: etwa die Schattierung, die ungewöhnliche Linienführung der Runzeln an Stirn und Nasenwurzel usw. Die breiten, stark markierten Augenlider mit den tränensackartig vortretenden Unterlidern finden sich ähnlich an den archivalisch gesicherten Gemälden der Riedener Kanzel (Paulus, Lukas, Johannes) und am rechten Heilig-Grab-Flügel in St. Michael[20]. Dort, an mehreren Figuren der Heilig-Grab-Gemälde, und am Riedener Markus und Paulus trifft man auch die gichtig betonten Fingerknöchel wie an der Wibel-Figur des Epitaphs. Bezeichnend sind auch die Gewandfalten, jedenfalls wo sie nicht durch kostümliche Zwänge festgelegt sind (wie bei der Albe des Predigers, dem Talar des Archidiakons oder den Gewändern der Engel). So zeigt der Lendentuchzipfel des Gekreuzigten (der einzige Teil der sich nicht an das Rubenssche Vorbild hält) die gleichen laschen Faltenwellen wie beispielsweise der Paulus in Rieden.

Stilmerkmale Zweiffels finden sich auch auf dem Stadtgemälde im Hintergrund, besonders deutlich an der – entgegen der Wirklickeit – überstehenden und geschweiften Dachpyramide der Schuppachkirche. Das gleiche Turmdach finden wir in der Stadtansicht auf dem signierten Titelblatt der Leichenpredigt für Susanna Maria Wibel[21] und auf dem – archivalisch gesicherten – Gemälde des Gangs nach Emmaus am Heiligen Grab; dort auch die klötzchenförmigen Häuser und die durch blütenartige Tupfen charakterisierten Baumkronen der grüngrauen Waldungen im Hintergrund.

Zumindest das Mittelbild des Epitaphs dürfte deshalb von Georg Davids Hand stammen. Doch zeigen bei genauem Hinsehen auch andere Teile die Merkmale Georg David Zweiffels, etwa die Engel an den Flügeln. Besonders der rechte hat ähnlich stark markierte Augenlider und einen ähnlich kleinen Mund mit voller, rundlicher Unterlippe wie der Riedener Johannes oder wie Jesus im *Gang nach Emmaus*; und seine Schärpe bildet ähnlich schlaffe Faltenwellen, wie sie am Lendentuchzipfel des Gekreuzigten und am Riedener Paulus vorkommen.

Das Gemälde im Aufsatz und die vier Engelsköpfe in Aufsatz und Predella erinnern dagegen noch mehr an die Formensprache Johann David Zweiffels, des Vaters (vgl. Nr. 20, S. 75f.), was sich, wie oben gesagt, durch die Mitarbeit älterer Gesellen erklären läßt.

Daß der Gekreuzigte den Antwerpener Rubens-Kruzifixus kopiert, den nur der ältere Zweiffel gesehen hat, braucht nicht zu verwundern, denn der Sohn konnte selbstverständlich auf väterliche Skizzen in der Werkstatt zurückgreifen, eventuell auch auf grafische Vorlagen, die es von diesem berühmten Werk sicherlich gegeben hat.

Die Schreinerwerkstatt, die das Gehäuse des Epitaphs geschaffen hat, läßt sich leider bis jetzt nicht ermitteln. Sie ist eine der beachtlichsten in Hall, allein schon wegen der großen Zahl ihrer Werke. Dazu gehören neben dem Wibel-Epitaph: das im Aufbau nahezu identische Denkmal des Jakob Reitz († 1710, S. 138ff.), das etwas spätere Denkmal des Johann Michael Bonhoeffer († 1716, Wunder Nr. 31) und an früheren Werken die Epitaphe des Georg Philipp Bonhoeffer († 1676, S. 72ff.) und des David Zweiffel († 1677, S. 108ff.). Der betreffende Schreiner hat aber nicht nur mit der Werkstatt von Johann David und Georg David Zweiffel zusammengearbeitet, denn seine Formensprache läßt sich schon früher feststellen, zum Beispiel am Epitaph des Hieronymus Holl († 1658, Wunder Nr. 29), das von Hans Schreyer gemalt ist und im Aufbau gleichwohl mit den Epitaphen David Zweiffels und Georg Philipp Bonhoeffers übereinstimmt.

Die Schreinerwerkstatt hat sich in dieser langen Zeit nicht viel gewandelt. An den älteren Werken sind die gedrehten Säulen noch mit Weinlaub besetzt und die Kartusche des Aufsatzes hat Zwiebelform. An den späteren Werken – ab dem Wibel-Epitaph – erhält der Aufsatz eine elliptische, zuletzt eine kreisrunde Kartusche und die Predella dafür die Zwiebelform.

Die Schwierigkeit liegt darin, die vorhandenen Werke mit einem der überlieferten Namen zu verbinden. Meines Wissens ist das bis jetzt nur bei drei Haller Schreinern der Jahre um 1700 gelungen. Wir kennen den Schreiner Emanuel Horlacher, der 1695 die Kanzel in St. Katharina schuf (die übrigens Georg David Zweiffel bemalt hat); und wir kennen die Schreiner der Riedener Kanzel, Johann Adam Lackorn und Johann Jakob Lackorn. Johann Adam Lackorn hat – an erhaltenen Werken – außerdem die Tafel der Waisenhaus-Stifter in St. Michael und die Kanzel in Erlach geschaffen. Keiner dieser Meister scheint aber für die genannten Epitaphe in Frage zu kommen. Die Riedener Kanzel ist zwar mindestens so qualitätvoll gearbeitet wie die Epitaphe, sie weist auch verwandte Formen auf, etwa die gedrehten Säulen und die Zierobelisken; von dem Riedener Reichtum an flächendeckendem Blatt- und Knorpelwerk ist an den Epitaphen aber nichts zu spüren. Das gleiche gilt für die ähnlich ornamentierte Kanzel der Katharinenkirche.

So bleibt nur die Hoffnung, daß ein gezieltes Aktenstudium – oder der Zufall – eines Tages weiterhilft.

Literatur

Gräter 1797/98 Nr.177; *Gradmann* S.35 f. (mit Abb. ohne den Aufsatz); R.*Krüger* Nr.72; *Wunder* 1980, S.219 (Detail-Abb. des Mittelbildes); *Wunder* 1987 Nr.35; *Deutsch*, Rieden 1990, S.225. – Über Georg Bernhard Wibel: vor allem Totenbuch St. Michael, StAH 2/73, S.347-350, und *Wunder* 1980, S.96 f., 104.

Anmerkungen

1 Vgl. Nr.67, S. 267 Anm.2.
2 Rechnungsbuch G. Schmidt, Eintrag vom 3.10.1907, Pos.6: *St. Michael (Kirchenpflege), Hall. Votivbild des G. B. Wibel restaurirt M. 30.– / Ein hiezu gehöriger Aufsatz restaurirt M.10.–* Bei *Gradmann* (1907), S.35, ist das Epitaph noch ohne den Aufsatz abgebildet.
3 Siehe zum Beispiel *Wunder* 1980, S.96 f.
4 Vgl. dazu RDK Bd.VIII, Sp.950 ff.
5 An die zwei Stiche vom Brand in der Gelbinger Gasse (*Ulshöfer* S.44), für die Johann David Zweiffel die Vorlagen gezeichnet hat (vgl. *Deutsch*, Rieden 1990, S.224 mit Anm.58) und an die Stadtansicht von Georg David Zweifel im Titelbild der Leichenpredigt für Susanna Maria Wibel (*Ulshöfer* S.46).
6 Abbildung bei *Wunder* 1987, S.70, links oben.
7 Ursprünglich wohl das Titelblatt von Wibels Leichenpredigt; vgl. *Deutsch*, Rieden 1990, S.224 Nr.3, mit Anm.48.
8 Zum Begriff der Präfiguration bzw. Typologie ausführlich in Nr.133 (Bonhoeffer-Altarstiftung), S.370ff.
9 Näheres über den Begriff und seine Herkunft bei Nr.3 (Johann Balthasar Stadtmann), S.21f.
10 Vgl. dazu oben, Anm.7.
11 Abb. RDK II, Sp.955.
12 Abb. u.a. bei Heinz *Lüdecke* (Hg.), Lucas Cranach d.Ä., Berlin 1953, S.138.
13 Heute im Hällisch-Fränkischen Museum, leider schwer beschädigt, zum Teil völlig abgerieben.
14 *Deutsch*, Rieden 1990, S.225.
15 Totenbuch St. Michael, StAH 2/74, S.354f.
16 Totenbuch St. Michael, StAH 2/73, S.396-398.
17 Über die archivalisch verbürgten Werke siehe *Deutsch*, Rieden 1990, S.219, 223 f.
18 Zwei Exemplare, P 44 und P 63; vgl. *Deutsch* ebd., S.224, Nr.3.
19 *Deutsch* ebd. Abbn. S.213-215. Die Kanzel befand sich ursprünglich in der Haller Johanniterkirche.
20 Vgl. *Deutsch* ebd. S.224.
21 *Deutsch* ebd., S.223, Nr.1; Abb. bei *Ulshöfer*, S.46.
22 Vgl. *Deutsch*, 1990 (Betzoldt), S.87 mit Anm.45.
23 Vgl. *Deutsch*, Rieden 1990, S.219 f.
24 Ebd., S.220.

Jakob Reitz (1648 – 1710)
Prediger und Dekan

Gefaßtes Holzepitaph mit Ölgemälden, 256/198 cm[1]; hing früher wie Nr.35 an der Südempore (Gräter: *Vorwärts an der sogenannten Salzsieders-Empor-Kirche, nächst der Sacristey, hängend*). – Restauriert 1907 von Gottfried Schmidt für 45 Mark[2]; 1995 von Studenten der Hochschule für Bildende Künste Dresden unter Leitung von Jochen Ansel, Landesdenkmalamt Stuttgart[3]. Die Gemälde von **Georg David Zweiffel** (Zuschreibung), das Mittelbild von Gehilfenhand. Entstanden ab 1710 (von der Witwe, gestorben Anfang 1716, gestiftet).

[36]

Das Epitaph folgt der Grundform eines Altarretabels; es besteht aus Corpus (Mittelteil) mit einem Gemälde, bemalten Standflügeln, einem Aufsatz mit querovaler Bildkartusche und einem hängenden, predellaartigen Untersatz, der in einer herzförmigen Kartusche die Gedenkschrift enthält (Text bei Gräter, Rainer Krüger, Wunder 1987 und Ansel 1995 sowie Anhang S. 403). Die Grundfarbe des Rahmenwerks ist schwarz, Zierwerk und Schrift sind golden hervorgehoben.

Das Gemälde im Corpus wird von frei stehenden gedrehten Säulen flankiert; sie ruhen auf wuchtigen Konsolen, die Teil der Predella sind, und tragen über den Kapitellen quaderförmige Kämpfer mit mehrfach abgesetztem Sockel, einer ähnlich gestalteten Deckplatte und Applikationen aus Pappmaché an den drei sichtbaren Seiten: vorne ein Löwenkopf, an den Seiten ein schwer erkennbares Gebilde (ähnlich einem schmalen, bärtigen Männerkopf mit Nimbus?). Den oberen Corpusabschluß bildet ein profiliertes, an den Säulen verkröpftes Gesims. Über den Verkröpfungen sitzen, die Säulen überhöhend und zugleich den Aufsatz flankierend, kleine Zierobelisken auf würfelförmigen Sockeln; ihre Spitze schmückt ein gedrechseltes Ei. Unten am Gesims ist etwas rechts der Mitte das Wappen der Ehefrau, Anna Regina geb. Textor, angebracht[4]. Das Wappen des Mannes, ursprünglich links (heraldisch rechts) davon, ging verloren.

Die zwischen den Zierobelisken sitzende Bildkartusche des Aufsatzes wird von einem abgetreppten Gebälkstück bekrönt[5] und von gemalten Engelsköpfen flankiert, deren Flügel in goldenes Schweifwerk auslaufen; es rahmt die Kartusche und leitet zu den seitlichen Zierobelisken über. Die Tafeln der Flügel, in profiliertem, reich ornamentiertem Rahmen, bedeckt von Schweifwerk und einer gedrechselten Spitze über dem Außenrand, werden von einer Volute unterfangen, neben der, golden auf schwarzem Feld, eine Inschrift mit dem Text der Leichenpredigt steht; links: *Leich Text / Ich habe Gott / von Angesicht / gesehen*; rechts: *Gen: XXXII. 30. / vnd meine Sele / ist genesen*[6].

Die Predella wird vom Mittelteil (Corpus und Flügeln) durch ein kräftig profiliertes Gesims getrennt. Ihre Inschriftkartusche – ein Herz mit der Spitze nach unten – zeigt ähnliches Beiwerk wie der Aufsatz: An ihre Unterseite schmiegen sich ebenfalls gemalte Engelsköpfe mit goldenen, in Schweifwerk auslaufenden Flügeln; den Abschluß unter der Spitze bildet – wie im Scheitel des Denkmals – ein abgetrepptes Gesimsstück. Das Schweifwerk setzt sich seitwärts fort, umgibt die Konsolen und berührt an ihrer Außenseite das Gesims zwischen Predella und Mittelteil. In den Zwickeln zwischen Kartusche und Gesims sind Applikationen aus Pappmaché angebracht: links und rechts ein Engelskopf, in der Mitte ein schwarzer „Edelstein" in einem goldenen Vierblatt. Dieses Ornament findet sich auch noch an anderen Stellen: unter den Säulenkonsolen und über der Aufsatzkartusche.

Das 91/75 cm große **Mittelbild**, eingefaßt von einem 9 cm breiten Zierrahmen, zeigt den Prediger und seine Ehefrau, fast frontal ausgerichtet, zu Seiten eines in der

Mittelachse befindlichen Kruzifixes betend am Boden kniend. Der Mann, barhäuptig, in schwarzem Talar mit Beffchen, hat blondes Haar und dünne Ober- und Unterlippenbärtchen; er wird durch einen vor ihm liegenden Totenschädel als verstorben gekennzeichnet. Die Frau trägt ein schwarzes Kleid mit gekräuseltem Halsausschnitt und weißen Spitzenmanschetten, eine hohe schwarze Rüschenhaube und eine mehrfach um den Hals gelegte Perlenkette. Der blaue Himmel über den Figuren ist stellenweise von Wolken verhangen, aus denen links oben die Sichel der nicht mehr voll verfinsterten Sonne hervorragt[7].

Der Gekreuzigte, von schlanker und gestreckter Gestalt, im Maßstab kleiner als die beiden Adoranten, ist ganz vom Himmel umgeben. Das Kruzifix folgt in allen Merkmalen – Corpus, Lendentuch, Kreuz und Inschriftfeld, Befestigungspflöcken am Boden – dem Vorbild des drei Jahrzehnte älteren Zweiffel-Epitaphs (S. 108ff.), gemalt von Johann David Zweiffel, dem Vater Georg Davids. In der Kreuzinschrift fehlt diesmal der hebräische Text[8]; im lateinischen Text ist merkwürdigerweise das Wort IUDAEORUM durch graue Übermalung unleserlich gemacht (vermutlich hat jemand die Verbindung von Jesus mit Juden mißbilligt).

Im unteren Viertel bis Drittel des Bildes öffnen sich neben den Figuren kleinere Durchblicke auf den sfumato gemalten Hintergrund: links ein Hügel mit einem Baum, in der Mitte eine Stadt mit Mauer und Tor, einer Kirche und einem burgartigen Gebäude. Vor der Mauer steht, kaum zu erkennen, eine schemenhafte menschliche Gestalt.

Die 66/28 cm großen **Flügelbilder** zeigen je eine stehende Figur. Auf dem linken Flügel ist es ein bärtiger Mann mit schulterlangem weißem Lockenhaar in der Tracht eines alttestamentlichen Hohenpriesters. Er hält mit beiden Händen die Kette eines rauchenden Räucherfasses, das links von ihm herabhängt. Gemeint ist ohne Zweifel Aaron, der Bruder des Moses. Andere zur Thematik des Epitaphs passende Hohepriester, wie etwa Melchisedek, haben abweichende Merkmale[9]. Die Amtstracht Aarons wird im 2. Buch Mose ausführlich beschrieben (Ex 28, 1–42; 39, 1–21). Das Flügelbild hat davon die wesentlichen Bestandteile übernommen – mit Vereinfachungen, vor allem in den Farben: Als Untergewand dient eine knöchellange Albe[10]. Darüber sitzt eine etwa knielange Tunika[11] mit goldgewirkter, heute eher bräunlicher Borte[12], gesäumt von Glöckchen und Granatäpfeln im Wechsel (die der Maler erkennbar dargestellt hat). Zuoberst folgt das – im Reitz-Epitaph rot gemalte – Ephod, ein kurzes, ärmelloses und gegürtetes Übergewand[13]. Auf ihm ist das quadratische Amtsschild[14] angebracht, geschmückt mit zwölf verschiedenfarbigen Edelsteinen, die den zwölf Stämmen Israels entsprechen. Als Kopfbedeckung dient ein hoher weißer Hut[15] mit goldenem Besatz, als Fußbekleidung goldene Schuhe. Die Figur steht vor einem hellblauen, am Horizont rosig schimmernden Himmel.

Auf dem rechten Flügel ist Christus als guter Hirte dargestellt. Er ist barfuß, trägt eine knöchellange, leuchtend rote Tunika und darüber ein blaues, um den Unterkörper drapiertes Manteltuch. Ein Strahlennimbus, mehr braun als golden, umgibt sein Haupt. Drei Schafe kennzeichnen ihn als Hirten: das eine hat er um die Schulter gelegt und hält es an den Beinen fest, die zwei anderen stehen beiderseits zu seinen Füßen. Der Himmel hinter der Figur leuchtet in sattem Blau, das am Horizont in Rosa übergeht. Hinter dem Schaf am rechten Bildrand erblickt man ein Stück Landschaft mit Bäumen und Bergen.

Das **Gemälde im Aufsatz**, 34/55 cm groß, zeigt eine alttestamentlich Szene aus dem 1. Buch Mose (Gn 32, 23–32): Jakob ringt mit dem Engel, das heißt mit Gott[16]. Der Aufsatz krönte um 1900 noch das Denkmal des Hieronymus Holl (Wunder Nr. 29)[17], wurde dann auf dem Epitaph des David Zweiffel (S. 108ff.) angebracht, bis man bei der Restaurierung 1995 (durch Jochen Ansel) an der technischen Konstruktion erkannte, daß er zum Reitz-Epitaph gehört[18]. Dafür gibt es noch einen weiteren Beweis: Die Szene des Aufsatzbildes, Jakob ringt mit dem Engel, illustriert den an den Standflügeln angebrachten Leichentext (*Ich habe Gott von Angesicht gesehen...*). Aufsatz und Hauptteil des Denkmals gehören also zusammen.

Die Szene spielt vor einer weiten Landschaft mit blauen Bergen im Hintergrund und einem überwiegend blauen Himmel mit rosigem Gewölk am Horizont; gemeint ist Morgenrot, wie aus Vers 32 (31) ersichtlich. Rechts der Figurengruppe erkennt man einen Fluß, den Jabbok (Vers 23 [22]), mit einem Holzsteg. Davor ragt ein spärlich belaubter Baum empor; er krümmt sich, dem Oval des Kartuschenrands folgend, nach links bis über die Figurengruppe. Die beiden Figuren sind in dramatischem Kampf eng ineinander verflochten. Der Engel, die Beine seitwärts gestemmt, packt Jakob an Schulter und Oberschenkel, um ihn zu Fall zu bringen. Jakob, als Rückenfigur gezeigt, antwortet mit gewaltigem Gegendruck seines Körpers und versucht den Arm des Engels von seiner Schulter zu reißen. Der Engel ist blau gekleidet mit wehender brauner Schärpe; seine mächtigen Flügel, rosig angehaucht, breiten sich nach links hin vor dem Himmel aus und bilden das Gegengewicht zu der nach rechts gebeugten Gestalt des Gegners. Jakob trägt ein hochrotes Gewand und braune Stulpenstiefel.

Es darf als sicher gelten, daß diese eindrucksvolle, kompliziert komponierte Gruppe keine Erfindung des Haller Malers ist; sie übersteigt seine Möglichkeiten beträchtlich. Leider ließ sich die Vorlage bis jetzt nicht nachweisen, auch in der Merianbibel nicht; der entsprechende Stich Merians wirkt im Vergleich dazu lahm. Man möchte ein Vorbild des 16. Jahrhunderts vermuten, das wohl durch die Grafik weitergereicht wurde.

Der Sinngehalt
Das Mittelbild im Corpus behandelt das Grundthema der meisten Epitaphe in St. Michael: Der Gläubige darf dank der durch Jesu Opfertod erwirkten Gnade Gottes auf seine Rechtfertigung, sprich Erlösung, hoffen, wobei sich der Glaube im Medium des Bildes durch demütiges Knien und Beten vor dem Gekreuzigten ausdrückt.

An den Flügeln wird mit Aaron und Christus der Gegensatz zwischen Altem und Neuem Testament vor Augen geführt. Aaron repräsentiert die alttestamentliche Priesterschaft und das durch Christus überwundene jüdische Opfer[19]. Der Gute Hirte ist seit der frühchristlichen Zeit ein Sinnbild der Geborgenheit, gemäß Johannes 10,12: *Ich bin der gute Hirte. Der gute Hirte läßt sein Leben für die Schafe* – was sich zugleich auf das Opfer für die Menschheit am Kreuz beziehen läßt. Auf den Guten Hirten bezieht sich auch die Gedenkschrift des Epitaphs, wenn sie mitteilt, daß Jakob Reitz *in seinem Ertzhirten Jesu sanfft v. selig entschlieff*.

Im allgemeinen wird der Gegensatz zwischen Altem und Neuem Bund, oder anders ausgedrückt, zwischen der Strenge des Gesetzes und christlicher Liebe, durch eine Gegenüberstellung von Moses und Christus dargestellt, so etwa an den Flügeln des Glock-Epitaphs (S. 268ff.) oder auf einem von Johann David Zweiffel entworfenen Kupferstich[20]. Auf dem Stich sind den Gestalten von Moses und Christus Spruchbänder beigegeben mit den Worten *Austere* (streng) bei Moses und *Mansuete* (mild) bei Christus. Warum man beim Reitz-Epitaph nicht ebenfalls das gebräuchlichere Gegensatzpaar Moses und Christus gewählt hat, sondern statt dessen Aaron, bleibt offen. Vielleicht war es nur ein Bedürfnis nach Abwechslung.

Das Gemälde im Aufsatz illustriert die rätselhafte Begebenheit aus dem ersten Buch Mose (Gen 32, 23–33), wie Jakob mit dem „Engel" ringt. In der Bildtradition wird der mit Jakob Kämpfende – außer in der Frühzeit – stets als Engel dargestellt. In der Bibel ist zunächst nur von einem *Mann* die Rede (Vers 25, bei Luther 24). Im folgenden wird aber klar, daß damit Gott gemeint ist: *du hast mit Gott ... gekämpft* (Vers 29); Jakob wird nun *Israel* (= Gottesstreiter) genannt, und er selbst gibt dem Ort des Geschehens den Namen *Penuël* (= Gottesgesicht), *denn ich habe Gott von Angesicht gesehen, und meine Seele ist genesen* (Vers 31)[21].

Martin Luther erklärt die Begebenheit in zwei Randglossen der Bibelausgabe von 1545 folgendermaßen: Israel heißt ein *Kempffer Gottes / das ist / der mit Gott ringet vnd*

Jakob Reitz | 141

angewinnet. Welchs geschicht durch den glauben der so fest an Gottes wort helt / bis er Gottes zorn vberwindet / vnd Gott zu eigen erlanget zum gnedigen Vater. (Auch hier geht es also – wer hätte anderes vermutet – um den Glauben.) Und weiter: *Pniel oder Pnuel / heisst Gottes angesicht oder erkentnis. Denn durch den glauben im streit des Creutzes lernet man Gott recht erkennen vnd erfaren / So hats denn keine Not mehr, so gehet die Sonne auff.*

Dieser letzte Satz bezieht sich auf Vers 32 (31): *Als er an Pniel vorüber kam, ging ihm die Sonne auf.* Luther deutet demnach das Aufgehen der Sonne als Sinnbild für die Erlösung durch Gotteserkenntnis, während die dem Urtext angepaßte Einheitsübersetzung darin nur eine Angabe der Tageszeit sieht: *Die Sonne schien bereits auf ihn, als er durch Penuël zog.*

Das zentrale Anliegen bei der Wahl des Bildthemas war natürlich, was der inschriftlich genannte, als Thema der Leichenpredigt gewählte Vers 31 (30) aussagt: *Ich habe Gott von Angesicht gesehen, und meine Seele ist genesen.* Auch der Verstorbene erhofft sich wie Jakob nach siegreichem Kampf Gott zu schauen und zu erkennen. Die „Anschauung Gottes" wird der Seele nach christlicher Auffassung gleich nach dem Tode – noch vor der Auferstehung des Leibes – gewährt[22].

Daß man als biblisches Beispiel für die Anschauung Gottes eine Szene aus dem Leben Jakobs gewählt hat, wurde sicherlich auch durch den Vornamen des Verstorbenen, Jakob, nahegelegt. Wir kennen vergleichbare Fälle: Zum Beispiel ließ der Ratsherr Abraham Eisenmenger auf seinem Epitaph (in St. Katharina) das Begräbnis Abrahams und die Opferung Isaaks darstellen.

Die Malerwerkstatt

Die Autorschaft Georg David Zweiffels (1660–1724) läßt sich am einfachsten dartun, wenn man das Haupt des Guten Hirten mit dem Christuskopf im *Gang nach Emmaus* am rechten Heiliggrabflügel (S. 325) vergleicht[23]. Das schmale eirunde Antlitz mit dem kleinen Mund und den dicken Lippen stimmt in beiden Fällen praktisch überein, ebenso die undifferenzierte Parallelität der Finger bei den zugreifenden Händen, sowohl des Guten Hirten wie der Begleiter Jesu im *Gang nach Emmaus*, und bei den gefalteten Händen eines Apostels in der *Himmelfahrt* am rechten Heiliggrabflügel (unmittelbar links vom Haupt des vorne knienden Petrus). Die dünnen, erfindungsarmen Gewandfalten des Guten Hirten begegnen in der *Himmelfahrt* mehrfach, etwa bei Christus oder Maria. Auch der Aaron des Epitaphs hat die beschriebene Mundform, und sein Gesichtsschnitt (Nase, Nasenwurzel, Augenlider) findet sich an mehreren Aposteln der *Himmelfahrt*.

Ein sicheres Indiz für die Zuschreibung an die Zweiffel-Werkstatt, geradezu ein Markenzeichen schon des Vaters Johann David, sind die vier Engelsköpfe mit den ornamental auslaufenden Flügeln an Predella und Aufsatz. Ihre runde Gesichtsform mit den aufgerissenen Augen und dem winzigen Mund mit dicken Lippen wurde bereits am Denkmal des Georg Philipp Bonhoeffer († 1676) beschrieben[24].

Das Mittelbild des Reitz-Epitaphs läßt deutlich den Anteil eines Mitarbeiters spüren. Die Figuren wirken steifer, der Pinselstich weniger großzügig, ja ängstlich, und die Gesichter erscheinen flächiger, da schattenarm modelliert. Dennoch steht die Zugehörigkeit zur Zweiffel-Werkstatt außer Frage. Der Gekreuzigte folgt einer jahrzehntealten Werkstattvorlage, die schon der Vater Johann David Zweiffel am Epitaph seines Bruders David Zweiffel benützt hat. Die Körperhaltung und die komplizierte Drapierung des Lendentuchs samt dem seiner Befestigung dienenden Strick sind in beiden Fällen völlig gleich, sogar die ungewöhnliche Stellung des rechten Zeigefingers, dessen Spitze sich über den Mittelfinger legt, und der ausgestreckte Zeigefinger der linken Hand[25]. In der Werkstatt Georg David Zweiffels, des Sohnes, wurde dieselbe Vorlage schon für das Kruzifix des Seitz-Epitaphs (bald nach 1700)[26] und zuletzt für das Epitaph des Pfarrers Johann Michael Bonhoeffer († 1716)[27] verwendet.

Auf eine maßgebliche Beteiligung von Gesellen ist wahrscheinlich auch das – nur an diesem Werk – so auffallend kräftige Blau des Himmelshintergrundes zurückzuführen.

Für die noch unbekannte Schreinerwerkstatt, die an dem Werk beteiligt war, gilt das gleiche, was im Kapitel über das Epitaph des Georg Bernhard Wibel (Nr. 35, S. 137) gesagt wurde.

Literatur
Gräter 1797/98 Nr.183; *R.Krüger* Nr.73; *Wunder* 1987 Nr.36; Jochen *Ansel*, Dokumentation (Restaurierungsbericht), Stuttgart 1995 (Mskr.); *Gräf/Ansel/Hönes*, S.24 f. (4 Abbildungen, mit nicht zugehörigem Aufsatz).

Anmerkungen
1. Die Höhe ohne die heute fehlende Spitze; eigene Messung. Nach *Ansel* (Dokumentation 1995): 270/194 cm. Der Unterschied in der Höhenangabe dürfte daher rühren, daß 1995 auf dem Denkmal fälschlicherweise noch der höhere Aufsatz des Zweiffel-Epitaphs angebracht war (siehe Anm.2).
2. Rechnungsbuch G. Schmidt, Eintrag vom 3.10.1907, Pos.7: *St. Michael (Kirchenpflege), Hall. Votivbild des J. Reitz restauriert M. 45.*; dazu Eintrag vom 18.6.1909, Pos.7: *Votivbild des J. Reitz. Ein hiezu gehöriger Aufsatz (gefunden) restauriert M. 7.50* (in Wirklichkeit war er nicht zugehörig, siehe unten S.140).
3. Vgl. Dokumentation 1995 und *Gräf/Ansel/Hönes*, S.24 f.
4. Vgl. *R.Krüger*, S.120, und *Wunder* 1987, S.22. Die Gattin war die Tochter des Katharinenpfarrers Albert Karl Textor (Krüger nach dem Taufbuch).
5. Ursprünglich wohl, wie beim benachbarten Wibel-Epitaph, mit einer gedrechselten Spitze, die heute verloren ist.
6. Bei Luther und den Nachfolgebibeln ist es tatsächlich Vers 30, in den heutigen Bibelausgaben Vers 31.
7. Keinesfalls ist der Mond gemeint. Über die Sonnenfinsternis zur Zeit der Kreuzigung Jesu siehe Nr.35 (G.B. Wibel), S.132 f.
8. Im griechischen Text steht in dem Wort "IOYDAION" statt dem Delta ein Lambda und statt dem Omega ein O (falsch restauriert? oder Irrtum des Malers?).
9. Melchisedek trägt als Priesterkönig in der Regel eine Krone. Zacharias wurde im Barock zwar ebenfalls als Hoherpriester aufgefaßt, erscheint aber nicht in bibeltreuer Gewandung und trägt eine gehörnte Haube; außerdem paßt er nicht zum Bildprogramm des Denkmals (siehe unten).
10. Luther nennt sie den *Engenrock*, die Einheitsübersetzung *Leibrock*, die Vulgata *linea stricta* (enge Albe) bzw. *tunica byssina* (batistene Tunika = Albe).
11. Luther: *Seidenrock*, Einheitsübersetzung: *Obergewand* bzw. *Efodmantel*, Vulgata: *tunica* bzw. *tunica superumeralis*. Die Bezeichnung *Purpurrock* in den überarbeiteten Lutherbibeln des 20. Jahrhunderts hat der Maler von 1710 noch nicht gekannt.
12. In den biblischen Beschreibungen werden die Farben Purpur, Karmesin bzw. Scharlach und Gold genannt.
13. Luther nennt es, irreführend: *Leibrock*, die Einheitsübersetzung *Efod*, die Vulgata *superumerale* (Schulterumhang).
14. Luther: *Schiltlin*, *Amtsschiltlin*; Einheitsübersetzung: *Lostasche*; Vulgata: *rationale*; katholische Bibel von 1977: *Brustschild*.
15. Luther: *Hut von weisser seiden*; Einheitsübersetzung: *Turban*; Vulgata: *mitra*.
16. Siehe unten, im Abschnitt *Sinngehalt*.
17. Vgl. *Gradmann*, Abb. S.35.
18. Vgl. *Gräf/Ansel/Hönes*, S.24. Auf der Ansicht *nach der Restaurierung*, S.25, ist noch der alte Aufsatz zu sehen.
19. Zu Aaron vgl. Nr. 133 (Bonhoeffer-Retabel), S. 374, und *Schiller* Bd. 4,1, S.41. Sowohl in der evangelischen wie in der katholischen Kirche dient Aaron als Vertreter des Alten Bundes, besonders im 17. und 18. Jahrhundert; vgl. RDK Bd.1, Sp.8.
20. Siehe dazu Nr.20 (Georg Philipp Bonhoeffer), S.75.
21. In der katholischen Bibel und der Einheitsübersetzung heißt es nüchterner: *... und mein Leben ist doch erhalten geblieben* bzw. *... und bin doch mit dem Leben davongekommen*.
22. Vgl. u.a. Karl *Rahner*/Herbert *Vorgrimler*, Kleines Theologisches Wörterbuch, Freiburg 121980, S.24.
23. Die Heiliggrab-Gemälde wurden laut Steuerrechnung 1701/02, 4a/163, Bl.80r, von Georg David Zweiffel und Johann Lorenz Schreyer gemeinsam gemalt. Durch Stilvergleich mit den gesicherten Werken der beiden Maler ergibt sich aber zweifelsfrei, daß Schreyer den linken Flügel und Zweiffel den rechten Flügel mit der *Himmelfahrt* und dem *Gang nach Emmaus* bemalt hat (vgl. *Deutsch*, Rieden 1990, S.224).
24. Dieses dem Vater Johann David Zweiffel zuzuschreiben; vgl. Nr.20, S.76.
25. Abb. des Mittelbildes bei *Wunder* 1980, S.246, wo aber leider die Hände Jesu abgeschnitten sind.
26. Im HFM, aus St. Johann, schlecht erhalten. Abb. bei *Wunder* 1980, S.231. Der Gerber Johann Christoph Seitz (1643-1729) war Heiligenpfleger von St. Johann. Das Denkmal entstand schon zu seinen Lebzeiten; Beschreibung und Datierung bei *Deutsch*, Rieden 1990, S.218 f.
27. *Wunder* Nr.31; Detail-Abb. des Mittelbildes bei *Wunder* 1987, S.74.

Dr. Johann Friedrich Bonhoeffer d.Ä. (1697–1770)
Stättmeister

Holzepitaph, gefaßt, 5,96 m hoch (ohne Steinsockel)[1], mit geschnitzten Figuren und einem Bildnis des Verstorbenen, Öl auf Leinwand. Relativ gut erhalten, kleinere Teile ergänzt (siehe unten, passim)[2]. Die Skulpturen auf der Rückseite abgeflacht. Die großen Standfiguren aus mehreren Blöcken zusammengesetzt; die weibliche dort, wo sie die Rückwand des Epitaphs berührt, leicht gehöhlt, ihr abstehender Gewandzipfel separat geschnitzt und angedübelt; an seinem Ende ist infolge starken Holzwurmbefalls ein Stück ausgebrochen; ein dornartiger Zapfen links unten deutet auf den Verlust eines weiteren angedübelten Teils (siehe unten, S.148). Auch an der männlichen Figur ist der abstehende Mantelzipfel angedübelt. –
Um die Jahrhundertwende wurde das Epitaph überfaßt (wohl 1901, gleichzeitig mit dem Sanwald-Denkmal, S. 178ff.), 1996/97 von Restaurator Hermann Rudolf Petersohn, Göppingen, konserviert und restauriert.

Von **Johann Andreas Sommer**, Künzelsau (archivalisch belegt); Bildnis von **Johann Jakob Kleemann** (rückseitig signiert), wahrscheinlich nach Entwurf von Johann Wolfgang Kleemann. Vollendet 1773.

[39]

Das Denkmal ist trotz seiner Größe und seines sarkophagähnlichen Unterbaus kein Grabmal im eigentlichen Sinn, denn es hat keine Verbindung zum Grab. Die Toten wurden in St. Michael nicht innerhalb der Kirche bestattet, sondern im umliegenden Friedhof[3].

Aufbau, Thematik und Deutung
Das Epitaph gehört zu den prunkvollsten Denkmälern der Kirche und ist zugleich eines der qualitätvollsten und ikonographisch interessantesten. Schon die Art der **Fassung** verwundert an einem holzgeschnitzten Werk. Die Architekturteile sind bräunlichgelb und grünlich marmoriert[5], der Unterbau schwarz, die Figuren gelblichweiß, also steinfarben (ursprünglich in einem kühleren Ton und hochpoliert[6]), ihre Attribute und aller Zierat glanzvergoldet. Diese Stein und Marmor[7] imitierende Bemalung entsprach nicht nur dem damaligen Zeitgeschmack, sie *bedeutete* Stein und Marmor und damit Unvergänglichkeit (vgl. Deutsch S. 248). Das viele Gold verleiht den Darstellungen – gemäß dem Rang des Verstorbenen – einen herrscherlichen und zugleich himmlischen Glanz.

Das Denkmal fügt sich in den Umriß eines hohen, spitzwinkligen Dreiecks. Es besteht aus einem kastenartigen Sockelbau mit geschwungenen, durch Gesimse gegliederten Wänden und einem Hauptteil von verblüffender architektonischer Struktur: Klar erkennbar ist der obere Abschluß, ein geschweiftes Gebälk, von einer spitzen Pyramide bekrönt; doch von den Stützen, die dieses Gebälk tragen müßten, ist nur die rechte wirklich vorhanden, ein halbrunder Pilaster, der sich an die leicht konvex gekrümmte Rückwand anlehnt. Die linke Stütze ist durch figürliche Formen – Engel und Wolkengebilde – ersetzt, sie wird also nur suggeriert. Der Seitenteil des Gebälks, der vom Pilasterkapitell zum Mittelteil hinüberleitet, erfuhr das äußerste an ornamentaler Verformung. Sie gipfelt über dem Kapitell in einer extrem zusammengedrehten Volute, deren Rundungen durch einen bügelartigen, nach oben auszüngelnden Rocailleschnörkel verbunden sind[8].

Die Zone über dem Sockelkasten enthält als Zentrum eine 95 cm hohe, sich nach oben verjüngende schwarze Inschriftkartusche, konvex gewölbt, mit einem unsymmetrischen Rahmen aus Blatt- und Muschelwerk. Die Inschrift besteht aus goldenen Majuskeln in Antiqua, ist lateinisch und macht unter anderem folgende Angaben (Wortlaut bei Gräter und Wunder 1987 sowie Anhang S. 403): Johann Friedrich Bonhoeffer, Doktor beider Rechte, älterer Stättmeister[9], Steuerherr und Direktor des Kirchen- und Schulrats, ist geboren am 25. Oktober 1697 und gestorben am 5. Juli 1770; das Denkmal hat seine Witwe Maria Cordula, geborene Seiferheld, errichten lassen.

Unter der Inschriftkartusche hängt eine Stoffgirlande, auf der ein **Totenschädel** zwischen zwei Knochen und zwei angewelkten Blattstengeln liegt – Zeichen der Vergänglichkeit des Leibes. Durch ihre Position bewirken sie, daß der schwarze Unterbau des Denkmals, sicher nicht ungewollt, an einen Sarkophag erinnert, was die Symbolik des Todes noch verstärkt.

Beiderseits der Kartusche stehen auf Sockeln mit voluten- und blattverziertem Fuß zwei große Figuren, rechts ein noch jugendlicher Mann, links eine junge Frau. Eng mit diesen verbunden lagern auf dem oberen Rahmen der Kartusche zwei weitere jugendliche Frauen in etwas kleinerem Maßstab, beide barfuß.

Die **männliche Figur** rechts trägt antikisierende Feldherrenkleidung: einen Muskelpanzer mit Zaddeln und Bändern über knielanger Tunika, einen offenen Feldherrenmantel und eine Schärpe, die von der rechten Hüfte aus den Körper umgibt, dazu wadenhohe Stiefel mit einer Agraffe und faltigen Umschlägen am Schaft. Der linke, vom Mantel umhüllte Arm ist hinter die linke Hüfte gestemmt. Die rechte Hand hält einen Kommandostab.

Die Figur gleicht in Tracht und Pose den barocken Herrscherstandbildern (etwa dem Denkmal König Friedrich Wilhelms I. in Köslin), sie trägt aber im Unterschied dazu eine Krone in Form einer Stadtmauer mit Quadersteinen, Zinnen und Toren, eine sogenannte Mauerkrone, wie man sie bei Schutzgottheiten von Städten und Stadtpersonifikationen findet. Deshalb dürfte es sich bei der Darstellung um eine Personifikation der städtischen Herrschaftsgewalt, also des Stadtregiments, handeln, und zwar, da eine männliche Figur einen männlichen Begriff personifizieren muß, um das Stättmeisteramt (lateinisch *consulatus*, also männlich). In Anlehnung an das antike Rom bezeichneten sich die Stättmeister nämlich als *Konsuln* und die Ratsherren als *Senatoren*, entsprechend dem Status Halls als einer Stadt des Heiligen Römischen Reichs. Aus dem gleichen Grund erscheint die Figur in römisch-imperialem Gewand. Auch das soll, wie bei den anderen antikisch gekleideten Herrscherbildern der Zeit, auf die Amts- und Rechtsnachfolge Roms hinweisen.

Das Haller Bildwerk entspricht den genannten Herrscherfiguren selbst in dem scheinbar nebensächlichen Motiv des an der Hüfte zurückgeschlagenen Mantels (vgl. das genannte Denkmal Friedrich Wilhelms I. oder das bekannte Bildnis Ludwigs XIV. von Hyacinthe Rigaud). Dort ist der Sinn des Motivs, das an der Hüfte hängende Schwert als Zeichen der Wehrhaftigkeit zu zeigen[10]. In Hall fehlt das Schwert. Hat man den Sinn des Mantelmotivs nicht mehr verstanden, oder soll im Gegenteil das Fehlen des Schwertes auf die Friedfertigkeit des Haller Stadtregiments hinweisen?

Die **rechts sitzende Frauenfigur**. Von den kleineren, auf der Kartusche lagernden Gestalten trägt die rechte, an die männliche Figur stoßende, ein Kleid aus weichem Stoff mit faltigem Rock und halblangen, bauschigen Ärmeln; es umspannt den Oberkörper panzerartig, so straff, daß er wie nackt erscheint. Dicht unter der Brust sitzt ein breiter, mit einem Blattmuster verzierter Gürtel. Ein offener Mantel ist vorne über die Beine gezogen und weht hinter der linken Schulter empor. Die Frau trägt Blumenschmuck im Haar und über der Stirn einen großen Stern. Auch ihre Halskette enthält vier Sterne und als Anhänger Sonne und Mond. Die linke Hand hält einen Spiegel mit einer Schlange, die sich von hinten her über den oberen Spiegelrand windet[11]. Die Rechte der Figur ist segnend nach links hin ausgestreckt. Bis 1996 steckte in dieser Hand eine goldene Flamme mit Strahlen; sie ist auf den ältesten Aufnahmen um 1900 noch nicht zu sehen[12]. Die Restaurierung hat ergeben, daß sie in Wirklichkeit zum Epitaph des Predigers Johann Friedrich Bonhoeffer (S. 306ff.) gehört.

Die Figur ist durch die Attribute der Klugheit, Spiegel mit Schlange, gekennzeichnet, zugleich aber – im Schmuck von Hals und Stirn – durch Sonne, Mond und fünf Sterne (entsprechend der damals bekannten Planetenzahl). Deshalb personifiziert sie wohl nicht die menschlich-irdische Klugheit, die Prudentia, sondern die höher eingeordnete himmlisch-göttliche Weisheit, die Divina sapientia, die über den Sternen thront[13]. Ihr Segensgestus gilt der links außen stehenden Figur (siehe unten).

Die Allegorie der Weisheit dürfte der benachbarten des Stadtregiments auch gedanklich zugeordnet sein. Ihre Position in unmittelbarer Nähe und ihr kleinerer Maßstab lassen annehmen, daß sich in ihr eine Eigenschaft dieses Regiments verkörpert.

Die **links sitzende Frauenfigur** trägt ein weiter geschnittenes, „ziviles" Kleid mit langen Ärmeln. Es ist über dem linken Bein geschlitzt und mit einer Agraffe versehen.

Ein Manteltuch windet sich spiralig um den Körper. Über der Stirn ist ein Schleier im Haar befestigt, dessen Ende an der rechten Schulter nach hinten weht. Die Figur berührt mit der linken Hand an der Stelle des Herzens ihren Körper, zugleich den Mantel damit festhaltend. In der Rechten hält sie ein Schwert. Seine Klinge war abgebrochen; den bisher fehlenden Teil hat Restaurator Petersohn 1996 in einer 10 cm hohen Schmutzschicht im Inneren des Epitaphs gefunden und wieder angefügt.

Die Frau dürfte – darauf deutet das Schwert – die Gerechtigkeit (Justitia) personifizieren, doch in einer Form, bei der sich die Schärfe des Gesetzes mit Milde (clementia) verbindet, denn die Figur zeigt zugleich auf ihr Herz (ähnlich wie an einem Beispiel in Wien, siehe Deutsch S. 229). Diese Justitia/Clementia verkörpert eine weitere wesentliche Eigenschaft des in der männlichen Figur personifizierten Stadtregimentes. Tatsächlich verweisen zeitgenössische Quellen ständig auf die Verbindung von Gerechtigkeit und Milde oder Gnade (Beispiele ebd.). Daß die Figur der Justitia nur ein Schwert und keine Waage hält, mag zwei Gründe haben: sie benötigt ihre andere Hand für die Gebärde der Milde, und die Waage dient schon dem Gerichtsengel im oberen Epitaphteil (siehe unten) als Attribut.

In ihrer Gesamtheit verkörpern die drei bis jetzt gedeuteten Figuren den Begriff des Guten Regiments oder, wie es in den hällischen Schriftquellen heißt, des *rechtschaffenen* Regiments. In zahlreichen hällischen Versen werden Weisheit, Gerechtigkeit und Milde – oder gleichwertige Begriffe – als Eigenschaften des rechtschaffenen Regenten hervorgehoben (Beispiele bei Deutsch, S.229).

Schwerer zu deuten ist die **stehende Figur links** der Inschrift. Es ist eine junge Frau. Sie trägt ein langes, faltiges, am rechten Oberschenkel ausgeschnittenes Kleid und darüber eine Art Mieder mit Zaddelsaum, das in Anlehnung an den antiken Muskelpanzer die Körperteile eng umspannt, aber kurze, weite Ärmel hat. Die Taille umgibt ein breiter, prunkvoller Gürtel; den Bauch umrahmt eine Perlschnur. Als Fußbekleidung dienen wadenhohe Sandalen. Die Haare sind zurückgekämmt und über der Stirn mit einem Diadem, seitlich mit Perlen geschmückt. Die Frau hat den Blick emporgerichtet und deutet mit der linken Hand nach oben. In der rechten hält sie ein Blasinstrument: einen vierkantigen Zink mit abgeschrägten Kanten, Mundstück und Querbändern (die den Zusammenhalt der verleimten Holzteile verstärken), doch erstaunlicherweise ohne Grifflöcher.

Es fällt auf, daß die Figur das Instrument nicht bläst, sondern mit abgekehrtem Mundstück von sich weghält. Das erinnert an zwei Gestalten eines sienesischen Grabmals, die ebenfalls mit der einen Hand einen Zink von sich abhalten und als Genien gedeutet werden, *die unter dem Eindruck der Trauer ihre Instrumente verstummen ließen*[14]. Am Haller Epitaph mag dieses Verstummen auch durch die fehlenden Grifflöcher angedeutet sein. Zugleich aber blickt die Haller Figur – wie eine Allegorie der Hoffnung (Spes) – empor und deutet mit der linken Hand nach links oben. Die Gebärde der Hand könnte sich, ebenso wie der hoffnungsvolle Blick, auf den oberhalb schwebenden Engel mit der Waage, also auf das Jüngste Gericht (siehe unten), beziehen. Sie dürfte aber zugleich – und wohl in erster Linie – auf die noch höhere Zone weisen, wo die Posaunen der Fama den ewigen Ruhm des Verstorbenen verkünden (siehe unten). Das würde – zusätzlich – bedeuten, daß die irdische, die zeitliche Musik vor der des ewigen Nachruhms verstummen muß.

Es bleibt die Frage: was verkörpert die Figur selbst, die einerseits trauert und andererseits voll Zuversicht auf das Überzeitliche hinweist? Da sie der Personifikation des hällischen Regiments nach Position und Größe gleichwertig gegenübersteht, dürfte sie auch gedanklich mit dieser zu verbinden sein und ebenso mit den beiden kleineren Figuren dazwischen, den guten Eigenschaften des Stadtregiments, die ihr formal in gleicher Weise zugeordnet sind wie ihrem Gegenstück. Wahrscheinlich handelt es sich um dieselbe Allegorie wie im Falle der Frauenfigur, die am benachbarten Sanwald-Epitaph (S. 178ff,) an gleicher Stelle steht: um die Halla[15] oder, wie sie in den deutschen Quellen poetisch bezeichnet wird, die *Halline*, eine Personifikation der Stadt Hall und ihrer Bürgerschaft. In diesem Fall lassen sich alle Gegebenheiten mühelos deuten: In den Hauptfiguren stehen sich nun zwei zusammengehörige Begriffe – Regierung und Regierte – gegenüber, mit sinnvollem Bezug zum übrigen Epitaphprogramm. Die Weisheit, als göttliche Begnadung des Regenten, ist der Allegorie der Regentschaft unmittelbar zugeordnet. Gerechtigkeit und Milde erfordern die Regierten als Objekt; ihre Personifizierung berührt sich sinngemäß mit der Halla.

Doch auch die Segnungen der Weisheit kommen den Bürgern zugute: die Sapientia wendet sich der Halla zu, und auch ihr Segensgestus ist auf sie gerichtet.

Ein verlorener Bestandteil der Figur, auf den ein links unten aus ihrem Gewand ragender Zapfen deutet, könnte nach der einleuchtenden Vermutung Restaurator Petersohns ein zusätzliches Attribut gewesen sein, das ihrer Identifizierung diente[16].

Auch der Zink erweist sich jetzt als naheliegendes Attribut. Er war das gebräuchliche Blasinstrument der Städte, im Gegensatz zur Trompete der Fürstenhöfe. Mit dem Absetzen und Weghalten des Zinks ist dann gemeint, was die Leichenpredigt für Bonhoeffer in die Worte faßt: *Klage Halline, den schmerzlichen Verlust deines besten Landes-Vatters ...*, oder die zugehörigen Gedächtnisverse: *Zu früh entfliehet der edelste Regente / Halline! dir, und sinkt in Staub und Moder hin / Beklage nur dein trauriges Geschicke*; wobei Staub und Moder durch die Todessymbole am Sockelbau ausgedrückt werden. Das Emporblicken und Hinaufdeuten auf die Darstellungen des oberen Epitaphteils, besonders auf das Wappen mit den Ruhmesposaunen (siehe unten), ist für die Halla die notwendige Ergänzung zur Trauer – so wie fast alle Gedächtnisverse zuerst der Trauer Ausdruck geben und dann als Trost für die Stadt auf den ewigen Nachruhm des Toten verweisen: *... so wird bey Hallinen / Biß in die späteste Zeit, Dein Ruhm und Name grünen*[17].

In der nächsthöheren Zone vollzieht sich eine Art Apotheose des Verstorbenen, wie sie an den Grabdenkmalen barocker Herrscher üblich war. Die konvexe Rückwand des Denkmals hat einen bandartigen, nach oben und unten auswärts schwingenden Rahmen, der sich oben an der breitesten Stelle einrollt. Diesen oberen Teil der Rückwand nimmt ein großes hochovales Gemälde mit dem **Bildnis Bonhoeffers** ein. Es zeigt ihn als Halbfigur, im vorgerückten Mannesalter, in repräsentativer Haltung und Kleidung, mit der gepuderten Lockenperücke seiner Zeit, schwarzem Rock, gold- und silberbestickter Weste (dem Kamisol), Spitzenmanschetten am Hemd und spitzenbesetztem Halstuch, einen rotsamtenen Mantel um Rücken und Arme gelegt. Blatt- und Muschelwerk schmücken den Rahmen des Bildes und verbinden es mit der unteren Epitaphzone; ein blühender Zweig reicht bis zu der Inschriftkartusche hinab.

Der Mantel des Stättmeisters wirkt heute zinnoberrot. Wie Restaurator Petersohn feststellte, lag aber über dem Zinnober eine purpurfarbene Krapplacklasur, die jetzt verblaßt ist. Beim Abnehmen des Rahmens kam der originale Farbton in der vom Rahmen verdeckten Randzone zutage. Der Mantel hatte also ursprünglich die gleiche Farbe wie der Purpurmantel Sanwalds (vgl. Nr. 45, S. 180) – mit der gleichen symbolischen Bedeutung von Macht und Würde, wie sie durch die zeitgenössischen Quellen belegt ist. *Der Menschen Freund im Purpur*, wird Bonhoeffer 1756 genannt[18], und von dem verstorbenen Stättmeister Sanwald heißt es 1778, er werde *nun mit Gottes Glanz, statt des Purpurs* geziert[19].

Auch das Bildnis ist von geschnitzten Figuren umgeben. Auf seiner (vom Beschauer aus) rechten Seite schwebt eine **geflügelte, bärtige Männergestalt** mit einem Blütenkranz im Haar und einer geflügelten Sanduhr auf dem Haupt. Die Gestalt ist fast nackt, nur ein Manteltuch umflattert den Körper. Sie hält in der Rechten eine Sense, die Schneide nach unten, und greift mit der Linken nach dem Rahmen des Stättmeisterbildes. Es handelt sich um Chronos, die alles verzehrende Zeit. Der Gott Chronos ist eine männliche Personifikation, entsprechend dem Geschlecht des griechischen Wortes. Er entrückt den Verstorbenen seiner Regentschaft und seiner Stadt und geleitet ihn aus der diesseitigen, zeitlichen Welt in die ewige hinauf. Daß man für diese Darstellung ein Ovalbild gewählt hat, ist kein Zufall. Die Ovalform weist auf die römische Schildbüste, die *imago clipeata* zurück, die für offizielle Bildnisse von Göttern, Herrschern und anderen ausgezeichneten Persönlichkeiten gebräuchlich war; sie hat daher schon an sich einen apotheotischen Charakter.

Über dem Bildnis, dicht unterm Gebälk, gruppieren sich um eine kleine Wolke **drei geflügelte Engelsköpfchen**, umgeben von einem goldenen Strahlenkranz. Die linke Seite des Bildnisses und der Rückwand wird von Wolken eingefaßt. Aus ihrem unteren Teil beugt sich ein Kinderengel heraus; sein Blick und seine Rechte weisen nach oben[20]. Und dort schwebt, halb auf der Wolke kniend, ein **großer Engel** mit ausgebreiteten Flügeln, die Körpermitte durch ein Tuch verhüllt. In der Linken hält er eine Waage (der ringförmige Griff ergänzt?). Es ist der Engel des Gerichts, der den Emporgetragenen empfängt, assistiert von dem Kinderengel zwischen den Wolken.

Man darf voraussetzen, daß sich die Waage des Gerichts zu Bonhoeffers Gunsten senken wird, denn der Engel weist mit der Rechten auf die himmlische Seligkeit, dargestellt durch die drei Engelsköpfe im Strahlenkranz.

Über all diesen Darstellungen, noch über die Zone der Engel hinausgehoben, erscheint auf dem balkonartig vorschwingenden Gebälk, vor der krönenden Pyramide, das **Wappen** des Stättmeisters in einer Prunkkartusche. Ihr Rahmen ist üppig mit Pflanzen, Rocaillen und Voluten verziert und wird auf der linken (heraldisch rechten) Seite von einem geflügelten Putto oder Genius flankiert, der eine Posaune bläst. Auf der anderen Seite des Wappens ragt eine zweite, geflügelte Posaune hervor. Um die Pyramide windet sich bis fast zur Spitze eine Lorbeerranke.

Der Putto bläst die Posaune der Fama. Gemeint ist die *fama bona*, der Nachruhm. Die andere Posaune ragt in die Gegenrichtung, stellvertretend für die *Fama consocia*, die der Fama beigesellt ist zum Zweck, den Ruhm des Verstorbenen in alle Himmelsrichtungen – aller Welt also – zu verkünden[21].

Der Aspekt des Ruhmes, und zwar des ewigen Ruhmes, wird noch verstärkt durch die **Pyramide** mit dem Lorbeergewinde hinter dem Wappen. Ob das Gebilde eine Steilpyramide oder einen Obelisken wiedergeben soll, sei dahingestellt; in der Ikonologie des Barocks hat man zwischen beiden nicht unterschieden. Schon bei Achille Bocchi (1555) gilt der Obelisk als Zeichen des Ruhmes, der aus der Tugend erwächst[22]. Und in der weithin einflußreichen Iconologia des Cesare Ripa (1603) wird die Pyramide – wie der Obelisk – als Symbol des Ruhmes (*simbolo della gloria*), speziell des Fürstenruhms (*gloria de' Prencipi*) gedeutet. Die zugehörige Abbildung Ripas zeigt eine Steilpyramide gleicher Proportion wie am Bonhoeffer-Epitaph. Die Pyramiden kamen zu dieser symbolischen Bedeutung, weil man sie als unvergängliche Monumente betrachtet hat, die in alle Ewigkeit den Ruhm ihres Erbauers verkünden.

Das Blattgewinde an der Pyramide macht die Bedeutung des ewigen Ruhmes noch anschaulicher. Es ist ein gängiges Element der barocken Grabskulptur[23] und besteht entweder aus dem ewig grünenden Efeu oder aus Lorbeer, je nachdem, ob man mehr den Aspekt der Ewigkeit oder des Ruhmes hervorheben wollte. Am Bonhoeffer-Epitaph scheint es sich um Lorbeer zu handeln.

Heutige Betrachter mag es befremden, daß in einer christlichen Kirche ein Denkmal an seiner erhabensten Stelle persönlichen Ruhm verkündet. Im Barock empfand man das als selbstverständlich, wie zahlreiche Beispiele zeigen. Selbst der Haller Stadtpfarrer Wibel verheißt dem Verstorbenen am Schluß seiner Leichenpredigt neben der *Seeligkeit*, dem *Glanz und Lichte Gottes* und dem Chor *der Cherubinen* den Nachruhm: *Dein Ruhm wird nicht im Tod aufhören*. Noch ungenierter verbinden seine Gedächtnisverse das ewige Leben mit dem ewigen Ruhm: *Du eilst in Gottes Heiligthum, / ... Wo Gott, Dein Heil, Dich krönt mit Ehre und mit Ruhm. / So schmecke denn des Himmels süse Freuden*. Und ein Gedächtnisvers von Nicolaus David Bonhoeffer spielt gleichzeitig auf die Entrückung des Verstorbenen durch Chronos an: *Erhöhter Geist ... Du eilest aus der Zeit; / Doch wird Dein Nachruhm nicht vergehen: / Ihn schützt die Ewigkeit*.

Insgesamt handelt es sich also um ein wohldurchdachtes, in sich stimmiges Programm, das alles ausdrückt, was den Hinterbliebenen ein Anliegen war und was die Zeitgenossen im Zusammenhang mit dem Tod ihres Stättmeisters bewegt hat.

Der Bildhauer

Johann Andreas Sommer (1716–1776), aus der vierten Generation der bekannten Künzelsauer Künstlerfamilie, gehörte zu deren wichtigsten Vertretern. Er arbeitete in Holz und Stein und belieferte die nähere und weitere Umgebung Künzelsaus mit einer großen Zahl von sakralen Werken und Grabdenkmälern. Sein Vater war der Künzelsauer Bildhauer Philipp Jakob Sommer.

Johann Andreas wurde als Schöpfer des Bonhoeffer-Epitaphs aus einer ziemlich entlegenen Quelle ermittelt (vgl. Deutsch S. 223): Die Beilagen zu den Pflegerechnungen der Haller Schuppachkaplanei von 1773 berichten im Zusammenhang mit der Restaurierung eines spätgotischen Schnitzretabels, daß *der Bildhauer Sommer von Cünselsau sich occasione des Stättmeister-Bonhöfferischen Epitaphii noch hier aufhalte*[24]. Und aus einem Haller Ratsprotokoll vom 9. August, sowie einem Kostenvoranschlag und einer Quittung Sommers vom 27. August 1773 erfahren wir – anläßlich derselben Angelegenheit – den vollen Namen des Meisters: *Joh. Andreas Sommer, Bildhauer in Cünzelsau.*

Johann Andreas Sommer hat sich demnach wegen eines Bonhoeffer-Epitaphs in Hall aufgehalten, sehr wahrscheinlich, um das Werk in der Kirche aufzubauen. Aus zeitlichen und stilistischen Gründen kommt dafür nur ein Werk in Frage: das Epitaph des Stättmeisters Johann Friedrich Bonhoeffer des Älteren, gestorben am 5. Juli 1770. Das läßt sich noch erhärten durch Stilvergleiche mit den übrigen Sommerwerken, vor allem den späten wie etwa Kanzelwand und Taufstein in Kirchensall (1770/71 bzw. 1771/74) oder dem holzgeschnitzten Deckel dieses Taufsteins (Näheres bei Deutsch S. 232). Deutlich lassen sich die Arbeiten Sommers auch an der charakteristischen Art ihrer Gewandknitterung erkennen. Sowohl an den flatternden wie an den straffgezogenen Gewandteilen wird die Oberfläche an vielen Stellen durch waben- oder zellenartig aneinandergrenzende flache Eintiefungen belebt. Sie erinnern an den Zustand der Bossierung, wie man ihn beispielsweise an der roh behauenen Rückenhöhlung von Holzfiguren sehen kann, und sind hier bei Sommer wahrscheinlich das Zeichen für eine rasche, routinierte Arbeitsweise. Man findet diese Knitterfalten fast an allen verbürgten Sommerwerken, sei es in Kirchensall, in Oberwittstatt oder wo immer. In Hall begegnen sie unter anderem an der Figur des Stadtregiments, dort wo sich der Mantel um den linken Ellbogen legt oder – in kleinerem Format – wo er am rechten Oberarm unter den Riemen geklemmt ist, mehrfach auch an dem nach rechts abstehenden Mantelzipfel oder an den Mantelumschlägen überm Schoß der Sapientia, der Justitia, der Halla und an vielen anderen Stellen. Auch zu der Sommerschen Grabmalkunst in Künzelsau und Ingelfingen und besonders zu dem Grabstein der Elisabeth Dorothea Müller (gestiftet 1770) in der Kirche zu Hollenbach bestehen enge stilistische Beziehungen[25].

Daß sich eine Haller Familie für ihr Denkmal gerade diesen Bildhauer ausgesucht hat, braucht nicht zu verwundern. Schon die älteren Sommer-Generationen haben in Hall ihre Spuren hinterlassen: an den Grabsteinen des Archidiakons Wibel (S. 52ff.), des Stättmeisters Hetzel (S. 350ff.) und wahrscheinlich auch am Epitaph des Stättmeisters Drechsler (S. 196ff.). Der Haller Bildhauer Georg David Lackorn war ein Schüler von Philipp Jakob Sommer (vgl. Nr. 103, S. 361). Und als die Reichsstadt nach dem Tode Lackorns (1764) keinen gleichwertigen Bildhauer mehr hatte, lag es für sie nahe, sich wieder an die Künzelsauer Werkstatt zu wenden.

Die Schreinerarbeit

Zu fragen ist noch, ob an dem Epitaph auch die Schreinerarbeit in der Sommerwerkstatt ausgeführt wurde oder ob eine Arbeitsteilung zwischen verschiedenen Werkstätten stattfand wie etwa am Altar in Oberwittstatt zwischen Sommer und einem Krautheimer Schreiner (vgl. Deutsch S. 248). In Hall ist eine solche Trennung der Anteile jedoch kaum denkbar. Es handelt sich hier ja um keine unabhängige Schreinerarchitektur, in die man die Bildwerke nur hätte einsetzen müssen, sondern um ein Gesamtkunstwerk aus einem Guß. Wie sollte ein fremder Schreiner den Aufbau des Bonhoeffer-Epitaphs bewältigen, dessen eine Stütze real überhaupt nicht vorhanden ist, sondern aus Figuren und Wolken besteht, und dessen Kapitellornamentik die Figurenkomposition erst ins Gleichgewicht bringt und überdies so brillant, einfallsreich und fein geschnitzt ist, wie es einem gewöhnlichen Schreiner gar nicht möglich wäre. Offenbar hat Sommer, der ja auch Schreiner war, an den kunstvollsten Teilen persönlich Hand angelegt.

Der Faßmaler

Was die Fassung des Epitaphs betrifft (die originale), so spricht alles dafür, daß sie in der Sommer-Werkstatt selbst ausgeführt wurde. Denn Johann Andreas Sommer wurde unmittelbar nach Vollendung des Bonhoeffer-Epitaphs beauftragt, ein bisher unbemaltes Altarretabel für die Haller Schuppachkirche zu fassen (vgl. Deutsch S. 235)[26]. Er hat dabei – laut Kostenanschlag und Rechnungsbuch – *das ganze Gestell und Gesimms in einen wohlanstehenden Marmor gesezt, die Figuren ... in weiße SteinArt lacquirt und die Zier mit feinem Gold verguldet, das Laubwerk und andere Decorationen theils ganz theils in Zierrath verguldet*. Das klingt, als wäre hier die Fassung des Epitaphs beschrieben. Tatsächlich haben sich beide Fassungen weitgehend geglichen, wie alte Fotos zeigen und wie ich mich selbst noch gut erinnere. Demnach wurde auch das Epitaph in der Sommer-Werkstatt gefaßt. Es ist ohnehin wenig wahrscheinlich, daß Sommer, wenn er sogar ein fremdes Retabel gefaßt hat, seine eigene bedeutende Schöpfung einer anderen Werkstatt anvertraute. Welches Werkstattmitglied dann diese Malarbeiten tatsächlich ausgeführt hat, ist eine andere Frage. Sommer war von Haus aus Bildhauer und Schreiner, und bei dem offensichtlich großen Umfang seines Betriebes scheint mir die nächstliegende Annahme, daß er einen Faßmaler bei sich angestellt hatte.

Der Bildnismaler

Das Bildnis des Stättmeisters stammt, wie zu erwarten, nicht von einem Mitarbeiter Sommers. Bei der Restaurierung des Epitaphs entdeckte Restaurator Petersohn nach Abnahme der Bildnisleinwand von der ovalen Weichholzplatte, über die sie gespannt war, auf der Rückseite der Leinwand die Signatur des Malers: *J. J. Kleemann / pinxit / 1773*[27]. Es handelt sich um Johann Jakob Kleemann (1739–1790), Mitglied einer von Altdorf nach Nürnberg zugewanderten Malerfamilie, bestehend aus dem Vater Nikolaus Moritz Kleemann († 1756) und fünf Söhnen, deren zweitjüngster Johann Jakob und deren ältester Johann Wolfgang Kleemann (1731–1782) war[28].

Die Signatur überrascht, da der in Hall ansässige und hier vielfach tätige Maler Kleemann nicht Johann Jakob, sondern Johann Wolfgang Kleemann war, der älteste der fünf Brüder, der von Nürnberg über Frankfurt und Schwäbisch Hall nach Bern gezogen ist und in der Zeit von 1769 bis 1773 praktisch alle Kunstmalerarbeiten für den Haller Rat ausgeführt hat[29]. Erhalten haben sich zwei Ofenschirme aus dem Rathaus mit Gemälden von Moses am brennenden Dornbusch und von Noahs Opfer (1771)[30], ein Bildnis des Predigers Johann Friedrich Bonhoeffer (1772)[31] und ein kleines Bildnis des Ratsherrn Johann David Stellwag (1769, bezahlt 1770)[32]. Die übrigen Werke, ein Porträt Kaiser Josephs II. und eine stattliche Anzahl weiterer Bildnisse, die sich noch Anfang des 20. Jahrhunderts in Privatbesitz befanden, sind anscheinend verschollen.

Auch stilistisch ließe sich das Bonhoeffer-Bildnis durchaus mit Johann Wolfgang in Einklang bringen. Zwar ist der Vergleich schwierig, denn das Bild muß nach einer älteren Vorlage gemalt sein. Der Stättmeister erscheint darauf in eher mittleren Jahren; auf einem früheren Bildnis von 1746 (vgl. Deutsch 1988, Anm. 61) sieht er schon merklich älter aus. Dennoch, die Malweise, zum Beispiel die Modellierung des Gesichts durch Licht und Schatten, mutet auf dem Stellwag-Bildnis trotz des Größenunterschieds so gleichartig an, daß eine Zuschreibung des Epitaphgemäldes an Johann Wolfgang nahelege. Auch an den Ofenschirmbildern findet man viel Ähnliches, etwa die Wiedergabe der Hände (siehe die lässig hängende Hand des Engels im Noahbild) oder der Stoffmassen mit ihren flackernden Glanzlichtern.

Mehr noch: es gibt im Hällisch-Fränkischen Museum einen Kupferstich von Jacob Andreas Fridrich d. J.[33], der nach einer gemalten Vorlage Johann Wolfgangs (*J. W. Klemann pinxit*) gefertigt ist und der das Bildnis des Bonhoeffer-Epitaphs – oder einen Entwurf dafür – in allen wesentlichen Punkten bis in die Details der Gesichtsmodellierung wiedergibt (lediglich die linke Hand ruht im Stich auf einem Buch).

Bei dieser Sachlage – der Stilverwandtschaft zwischen dem Epitaphgemälde und Johann Wolfgang Kleemanns Werken und besonders der Übereinstimmung von Gemälde und signiertem Kupferstich – halte ich für wahrscheinlich, daß der in Hall ansässige Johann Wolfgang Kleemann das Bildnis des Epitaphs entworfen, die Ausführung aber seinem acht Jahre jüngeren Bruder überlassen hat, sei es, daß er selber schon im Begriff war, Hall zu verlassen, sei es, daß der Bruder damals sein Gehilfe war. Auf Gehilfenarbeit deutet die versteckte Signatur an einer

Stelle, die am fertigen Werk niemals zu sehen war. Freilich könnte Johann Jakob Kleemann seinem Haller Bruder auch von Nürnberg aus zugearbeitet haben.

Die Entstehungszeit

1773 entstand laut seiner Signatur das gemalte Bildnis (siehe oben). Etwa im Juli 1773, spätestens Anfang August (vor dem 9. August), hielt sich Johann Andreas Sommer wegen des Bonhoefferschen Epitaphs einige Zeit in Hall auf, vermutlich um das Denkmal aufzubauen (vgl. S. 150). Damals dürfte es also vollendet gewesen sein. Da ein Werk dieses Umfangs – wie man aus vergleichbaren Fällen weiß – aber längere Zeit, in der Regel einige Jahre für seine Fertigung benötigte, kann man damit rechnen, daß die Planungen schon bald nach dem Tode des Stättmeisters (dem 5. Juli 1770) begonnen haben; kaum vorher, denn laut Inschrift hat die Witwe das Denkmal errichten lassen. Die Konzeption des Werkes fällt also etwa ins Jahr 1770. Auf jeden Fall entstand das Epitaph erst nach dem Tod des Stättmeisters – im Gegensatz zum Denkmal Sanwalds (vgl. S. 178ff.), der sich noch zu Lebzeiten an seinem Epitaph erfreuen konnte.

Würdigung

Um das Bonhoeffer-Epitaph als Kunstwerk zu würdigen, bedarf es einer Zusammenschau von Form und Sinngehalt. So sahen es schon die Zeitgenossen, wenn sie das ähnlich geartete Sanwald-Denkmal (S. 178ff.) als *Epitaphium arte et ingenio conspicuum*, ein durch Kunst und Erfindungsgeist hervorstechendes Epitaph, bezeichneten. Was aber war nun der Anteil Sommers an diesem Ganzen des Kunstwerks? Sicher wurde die Thematik vom Auftraggeber – den Hinterbliebenen und ihren Beratern – festgelegt. Sie ist, wie die Trauerverse belegen, mit der geistigen Welt der Haller Ratsherren und ihrer Bildungsschicht so eng verflochten, daß eine andere Quelle kaum denkbar ist.

Schwieriger ist die Frage, inwieweit die Auftraggeber auch den formalen Aufbau des Denkmals mitbestimmt haben. Sie hatten zumindest zweimal Gelegenheit, auf die Gestaltung einzuwirken: im Stadium der Entwurfszeichnungen und nochmals, als der Bildhauer sein Modell vorlegte. Die Verpflichtung auf ein Modell, das auch die räumlichen Aspekte erkennen ließ, war jedenfalls bei komplizierteren Werken üblich und läßt sich auch bei den Sommers mehrfach nachweisen (siehe Deutsch S. 233).

Natürlich konnte auch der Bildhauer Gestaltungsvorschläge unterbreiten. Sowohl im Bereich der Besteller wie der Sommerwerkstatt gibt es Werke, die als Vorbilder in Frage kommen, und Johann Andreas dürfte sie alle gekannt haben: in Hall vor allem das Epitaph des Stättmeisters Johann Lorenz Drechsler (S. 196ff.), entstanden 1725/26. Es weist schon die gleichen Grundelemente auf wie das Bonhoeffer-Epitaph: die große Inschriftkartusche über dem Sockelbau, konvex gewölbt, schwarzgrundig und mit geschwungenem Rahmen, zu ihren Seiten zwei allegorische Figuren und darüber das gemalte Ovalbild des Verstorbenen, ebenfalls von Figuren flankiert. Auch der pyramidale Aufbau des Denkmals ist schon vorhanden, allerdings in Gestalt einer wirklichen Pyramide.

Im übrigen war die Sommersche Werkstatttradition eine wichtige Inspirationsquelle für Johann Andreas. Auch an den Künzelsauer und Ingelfinger Grabmälern werden gewölbte, unsymmetrische Inschriftfelder von allegorischen Figuren flankiert; oder es sitzen – wie am Schuppart-Denkmal Philipp Jakob Sommers – zwei Tugenden, die Beine nach außen gewendet, auf dem Rahmen einer Kartusche. Und an einem gesicherten Werk der Sommerwerkstatt, dem Öhringer Denkmal des Ludwig Gottfried von Hohenlohe-Pfedelbach († 1728) von Philipp Jakob und Georg Christoph Sommer (1729/30), finden sich das elliptische Herrscherbild, die von Figuren flankierte Schrifttafel und das in der oberen Zone schwebende Figurenpaar, Chronos und ein Engel[34].

Dabei zeigen sich charakteristische Unterschiede zwischen der älteren und der jüngeren Generation der Sommer. Schon in der Anordnung: in Öhringen wurden die Figuren in gleicher Höhe einander in einfacher Symmetrie gegenübergesetzt; in Hall sind sie in eine Diagonale verschoben, wobei der Bildhauer den kompositorischen Ausgleich links durch den Putto und das Gewölk erreichte, rechts aber – in geistreichem Formenspiel – durch ein architektonisch-dekoratives Element, die bizarre Volute über dem Kapitell.

Ebenso deutlich läßt sich der Wandel zwischen Vater und Sohn an der Auffassung des Chronos ablesen. Die Qualität und die technische Brillanz ist in Öhringen mindestens so hoch wie in Hall. Aber während die Öhringer

Figur mit fast gewaltsam gespreizten Beinen mehr schreitet als fliegt, schwebt der Haller Chronos voll Anmut und Leichtigkeit und mit geschmeidigen Bewegungen sanft heran.

Auch im Faltenstil unterscheidet sich Johann Andreas deutlich von der älteren Generation durch eine mehr „malerische" Struktur, ein kleinteiliges Knittern und Flattern. Doch wird die flackrige Unruhe der Gewänder durch die glatten Flächen der Körper, Panzer und Mieder wohltuend ausgeglichen. Diese Formensprache hat Johann Andreas Sommer wahrscheinlich in Würzburg kennengelernt, wohl vor allem durch Johann Wolfgang van der Auvera (vgl. Deutsch S. 234 f.).

Das Bonhoeffer-Epitaph gehört ohne Zweifel zu den besten Werken Johann Andreas Sommers. So manches, was man von ihm in den Landkirchen sieht, ist von wesentlich geringerer Qualität und dürfte in seiner offenbar umfangreichen Werkstatt von Gesellen geschnitzt worden sein. An dem Haller Auftrag aber scheint der Meister fast durchweg persönlich mitgewirkt zu haben. Man findet nur wenige Stellen, die gegenüber den anderen qualitativ zurückstehen. Das gilt für das Figürliche wie für die Ornamentik. Offenbar fühlte sich Sommer gegenüber seinen vornehmen und reichen Auftraggebern verpflichtet. Er wurde von ihnen sicherlich gut bezahlt und hat sich wohl auch noch weitere Aufträge aus der Reichsstadt erhofft – nicht vergebens, wie wir wissen (siehe das Sanwald-Epitaph, S. 178 ff.).

Auch wenn die Thematik des Denkmals und vermutlich die Grundzüge seines Aufbaus vorgegeben waren, gehört es zu Sommers bewundernswerter Leistung, wie er das komplizierte Programm künstlerisch gestaltet hat: durch eine symmetrische Zusammenordnung der thematisch aufeinander bezogenen Figuren im unteren, „weltlichen" Bereich; durch diagonale Verschiebungen und ein kunstvolles, spannungsreiches Austarieren figürlicher und architektonischer Elemente in den oberen Zonen; durch die schlichte Dreiecksform im ganzen, die gleichsam die symbolträchtige Pyramide der Bekrönung bis zum Sockel herab verlängert. Dabei wurden Zeitliches und Ewiges durch die Höhenabstufung sinnvoll geschieden. Die drei wichtigsten Elemente, Inschrift, Bildnis und Wappen, wurden - sicherlich zur Freude der Auftraggeber – wirkungsvoll hervorgehoben: die Inschrifttafel durch ihre Größe, ihre Wölbung, das feierliche Schwarz-Gold und den Kranz der Figuren; das Bildnis durch sein Oval und die farbige Malerei; das Wappen durch seine weithin sichtbare Stellung auf dem balkonartig vorschwingenden Gebälk. Der gekonnten Konzeption des Ganzen entspricht die einfühlsame Ausarbeitung der einzelnen Figuren und Ornamente, die trotz merklicher Routine nie langweilig wird. Welch abwechslungsreiche Vielfalt etwa beim Thema Engel! Man vergleiche den großen Gerichtsengel, die Engelsköpfchen im Strahlenglanz, den emporschwebenden und den Posaune blasenden Putto. Welcher Reichtum der Formen beim Kostüm des Stadtregiments! Welches Bewegungsspiel und welch reizvolle Überschneidungen von Körper, Tuch und Sense beim Chronos! Wie die Gewänder und die Gebärden sind auch die Körperformen der Figuren kunstvoll differenziert: Während zum Beispiel die Gestalt des Chronos in fast antikischer Weise athletisch durchmodelliert ist, läßt der Vertreter des weltlichen Regiments unter seinem Muskelpanzer barocke Wohlgenährtheit spüren.

Das Bonhoeffer-Epitaph gehört nicht nur zu den Spitzenwerken der Sommer-Werkstatt; es ist dank seinem ikonologischen Rang und seiner durchweg guten Qualität wohl auch das vollkommenste der Haller Barockepitaphe. Bei Sommers anderem großen Werk in Hall, dem Sanwald-Epitaph (S. 178 ff.), verrät sich an einigen Figuren schon deutlich Gehilfenhand. Beim Denkmal Bonhoeffers dagegen ist ein nahezu vollkommener Zusammenklang von Inhalt und Form erreicht.

Literatur

Gräter 1794/95 Nr.115; Peter *Anstett* in: Barock in Baden-Württemberg, Stuttgart 1981, S.198 u. Taf. 160 (im Text irrige Zuschreibungen wegen Verwechslung des älteren Stättmeisters Johann Friedrich Bonhoeffer mit dem gleichnamigen jüngeren); *Wunder* 1987 Nr.39; Gerd *Wunder*, Barocke Denkmale für zwei verdiente Bürger in St. Michael, in: Der Haalquell 39, 1987, Nr.14, S.54-56, Nr.15, S.59 f. (mit 3 Abb. zu Bonhoeffer); Wolfgang *Deutsch*, Johann Andreas Sommer in Schwäbisch Hall, in: Fritz *Kellermann* (Hg.), Die Künstlerfamilie Sommer, Sigmaringen 1988, S.223-253 (mit 18 farb. Abb.); Hermann Rudolf *Petersohn*, Dokumentation über die Restaurierung (zitiert als: Restaurierungsbericht), Objekt Nr. 0195/361 Schwäbisch Hall St. Michael, Masch.-Ms., Göppingen 1997. – Wichtigste Literatur über die Künstlerfamilie Sommer im allgemeinen: Elisabeth *Grünenwald*, Die Künstlerfamilie Sommer aus Künzelsau, in: WFr N.F.26/27, 1951/52, S.275-299 (mit 13 Abb.); Fritz *Kellermann* (Hg.), wie oben, passim.

Anmerkungen

1. Weitere Höhenmaße (nach Restaurator Petersohn): Pyramide 1,36 m, Wappenkartusche 0,60 m, Inschriftkartusche 0,95 m, Chronos 1,15 m, weibliche Standfigur 1,30 m, männliche Standfigur 1,30 m, Gemälde ohne Rahmen 0,94 m.
2. Näheres über den Erhaltungszustand der einzelnen Teile im Restaurierungsbericht von Hermann Petersohn.
3. Mit Ausnahme des „Wundermannes" Thomas Schweicker (siehe Nr.42). Die Stetten-Grabplatten der 3. und 5. Chorkapelle (8. und 6. von Süden) sind mit keinem Grab verbunden (vgl. Eduard *Krüger* 1958, S.13); sie wurden erst beim Abbruch der Veldnerkapelle (1509) in die Michaelskirche verbracht.
4. Ich halte mich hier weitgehend an meine Ausführungen von 1988 (im folgenden zitiert als *Deutsch* ohne nähere Angaben). Die Deutungen werden dort ausführlich begründet.
5. Anfangs offenbar rötlich. Restaurator Petersohn fand *hinter der Schrifttafel rechts und hinter den Sockeln* eine englischrote Marmorierung auf Kreidegrund, wesentlich gröber ausgeführt als die grüne. Möglicherweise handelt es sich um eine Probefassung. Es scheint mir jedenfalls unwahrscheinlich, daß der Restaurator um 1900 sich eine solch gravierende Veränderung des Farbcharakters erlaubt und überhaupt eine Fassung von solcher farblicher Schönheit zustandegebracht hätte.
6. Vgl. Restaurierungsbericht 2.9 und 2.5.
7. Später hat man das offenbar wörtlich genommen. Jedenfalls wurde das Material des Denkmals in der Literatur wider allen Augenschein stets für Marmor oder Marmorstuck ausgegeben (vgl. die Aufzählung bei *Deutsch* Anm.6, sowie die Bemerkung in Nr.45, S.179).
8. Den bisher fehlenden unteren Teil dieses Schnörkels hat Restaurator Petersohn beim Abbau des Epitaphs gefunden und wieder angebracht.
9. Als *älterer Stättmeister* oder *Consul senior* wird der jeweils nicht amtierende (im Gegensatz zum *amtsregierenden*) bezeichnet. – Bei *Deutsch*, Anm.5, Zeile 5, Druckfehler; es müßte heißen: *der jeweils nicht regierende*.
10. Freundlicher Hinweis von Prof. Franz Matsche, Bamberg.
11. Ihr vorderer Teil mit dem Kopf und ihr Schwanzende – auf alten Aufnahmen noch zu sehen – waren verloren gegangen. Sie wurden von Bildhauer Marcus Steidle, Rottenburg, nachgeschnitzt und vom Restaurator 1997 wieder angebracht (vgl. Restaur.-Bericht 2.8 und 3.8).
12. Zum Beispiel im Ergänzungsatlas zu *Gradmann*.
13. Auch dies ein freundlicher Hinweis von Franz Matsche (wie Anm.10). – Vgl. dazu auch Nr.133 (Bonhoeffer-Altar), S.372f.
14. Siehe Peter Anselm *Riedl*, Das Fondi-Grabmal in S. Agostino zu Siena, Heidelberg 1979, S.41 mit Abb.1,4,6,14,17.
15. Die Schreibweise des lateinischen Wortes für Hall wechselt. Die mittelalterlichen Quellen schreiben in der Regel *Halla*, die barocken vielfach *Hala* (vgl. die damals geprägten Münzen, die Stadtansichten bei Ulshöfer S.36, 37, 41, 54), aber auch *Halla* (vgl. die Rede Johann Peter Ludwigs, WFr 1990, S. 263 ff.). Ich hatte mich 1988 für die geläufigere Form *Hala* entschieden; da sich *Halla* aber anscheinend durchsetzt, passe ich mich gerne an.
16. Der Teil fehlte schon vor 1901 (?), da der Zapfen bei der damaligen Restaurierung überfaßt wurde.
17. Die Zitate aus: Johann Carl *Wibel*, Leichenpredigt für Johann Friedrich Bonhöfer, Hall in Schwaben 1770. – Exemplar im Hohenlohe-Zentralarchiv Neuenstein.
18. David Lorenz *Bernhard*, Festschrift für Johann Friedrich Bonhoeffer *Bey abermaliger Übernehmung des bürgerlichen Scepters*, Schwäbisch Hall 1756, S.2. Exemplar aus der Fürstlich hohenlohischen Bibliothek (10c Nr.1) im StAH.
19. Leichenpredigt Sanwald (wie S. 179, Anm.6), Gedächtnisverse S.56.
20. Restaurator Petersohn vermutet, der Engel könnte – nach seiner Handhaltung zu urteilen – ein Füllhorn gehalten haben wie der Füllhornengel des Sanwald-Denkmals (Restaurierungsbericht 2.9).
21. Wie Anm.10 und 13.
22. Die Belege hierzu und zum folgenden bei *Deutsch*, S.230 f.
23. Vgl. dazu u.a. auch den Grabstein von Stättmeister Wibel, Nr.102.
24. Stadtarchiv Hall 4/3443.
25. Vgl. *Deutsch* S.232 f.
26. Es handelt sich um das Zwölfboten-Retabel, heute im Chor der Michaelskirche. Die Fassung Sommers wurde 1954 wieder entfernt (siehe *Deutsch* S.249).
27. Die Vornamen des Malers sind nicht ausgeschrieben, wie der Restaurierungsbericht vorgibt (2.13). – Auf der Holzplatte selbst befand sich eine Rötelinschrift mit Anweisungen zum Aufspannen der Bildleinwand: *Oben, auf diese Rundung kommt das Gemälde* (zit. nach dem Restaur.-Bericht, ebd.).
28. Vgl. *Thieme-Becker* Bd.20 (1927) S.427 ff. – Johann Jakob Kleemann war außer in Nürnberg auch in Erlangen und Ansbach tätig. Gegen Ende seines Lebens wurde er irrsinnig (ebd. S.429).
29. Vgl. *Thieme-Becker*, ebd. S.428, und die Steuerrechnungen StAH 4a/231-234 (1769/70 – 1772/73); letzte Zahlung am 16.7.1773 für das nach älterer Vorlage ins Ratsherrenbuch kopierte Bildnis des verstorbenen Senators Johann David Seyboth. Die Steuerrechnungen bezeichnen den Maler stets als *KunstMahler Kleemann*; sein Vorname läßt sich den Signaturen entnehmen.
30. Jetzt im Hällisch-Fränkischen Museum.
31. In St. Michael, Nr.12. Inschrift auf der Rückseite der Leinwand: *Johann Friderich Bonhoeffer / Prediger zu St. Michael und / E.E. Capituls Decanus / geboren A. 1718 d. 15. octobr. / J.W. Kleemann pinxit / 1772.*
32. Im Haller Stadtarchiv, B 46/1984, ca. 22,5/17 cm; für das Ratsherrenbuch bestimmt, Zahlung vom 4.5.1770 (4 Gulden), Steuerrechnung 4a/231, Bl.249v.
33. Signiert: *Jac. Andr. Fridrich Sculptor aulicus Seren. Duc. Würtemb. Aug. Vind.* = Jacob Andreas Fridrich, herzoglich-württembergischer Hofkupferstecher aus Augsburg (1714-1779, erblindet 1775; vgl. *Thieme-Becker*, Bd.12, 1916, S.470 f.).
34. *Kellermann*, Abbildungen S.198 ff. bzw. 208 ff.

Thomas Schweicker (1540 – 1602)
Armloser Kunstschreiber

A. Epitaph

Fußbeschriebenes Pergamentblatt (ca. 73/62 cm) mit Bildnisminiatur (Tempera, 10,7/9,5 cm) in verglastem Schrein, den ein hölzerner Aufsatz mit einem Ölgemälde krönt; das Ganze eingesetzt in eine ältere Nische[1], die mit bemalten Flügeln (Öl, 145/49 bzw. 50 cm) versehen wurde.

Gedenkschrift von **Thomas Schweicker**, Miniatur von **Jakob Hoffmann** (zugeschrieben), 1592; Aufsatz wohl Werkstatt **Peter Völcker**, Flügelbilder von **Jakob Hoffmann** (mit Initialen signiert), zwischen 1592 und 1602, wahrscheinlich um 1602.

[42]

Die fußgeschriebene Gedenkschrift im Inneren des Schreins gliedert sich in eine größere Zahl von Abschnitten unterschiedlicher Größe und Schriftart. Der zentrale Hauptteil wird von einer Art graphischem Baldachin eingerahmt, der auf Pilastern mit hohen Sockeln ruht und an der Unterseite mit einem Schmuckfries abschließt. Alle Teile sind mit kunstvoll verschlungenem Flechtwerk verziert. Schrift und Ornamente wurden mit brauner Tinte ausgeführt. Einzelne Stellen und Zeilen sind durch rote Farbe oder Gold hervorgehoben (siehe unten). In der Mitte der Pilasterschäfte erscheinen, ebenfalls golden, die Initialen Thomas Schweickers, *T* (links) und *S* (rechts), in der Mitte des unteren Frieses das Siegel Schweickers mit dem Monogramm *TS* (ligiert), den gekreuzten Armen, der Brezel mit der kreuzartigen Hausmarke und der Jahreszahl *1592*.

Die Gedenkschrift selbst beginnt unter dem Baldachindach mit vier von oben nach unten kleiner werdenden Zeilen (in Fraktur, die Sterbedaten in schwarzer Schrift nachgetragen):

Anno Domini 1602 den 7.^{t(en)} tag Octobris meines / alters 61 Jar, Starbe ich Thomas Schweicker Burger alhie. Welcher ohne Arm / vnd Hend also vo(n) Mutter leib in die Welt gebore(n). Vnd hab dise Schrifft vor meine(m) Ende mit meine(n) Fuesse(n) geschribe(n), den 29(ten) / tag Junii. A(nn)o 1592. meines alters im 51.(ten) Jar. Der Allmechtig Gott wolle mir vnd alle(n) außerwelte(n), hie seine(n) Fride(n), vnd dorte(n) ewiges Lebe(n), mit einer froliche(n) aufferstehung gnediglich verleyhe(n) Ame(n).

Es folgen zwischen den Pilastern, in Kapitellhöhe beginnend, drei weitere, monumentale Zeilen, ebenfalls in Fraktur und in der Größe nach unten hin abnehmend; die erste Zeile etwa 7 cm hoch (Initiale) und durch Ornamente bereichert, die zweite etwa halb so groß, die dritte ein Viertel. Die Buchstaben sind farbig, in der ersten Zeile rot, die Initiale braun, in der zweiten Zeile golden, in der dritten braun. Bei dem durch besondere Größe, Farbe und Schmuck herausgehobenen Text könnte es sich um den Wahlspruch Schweickers handeln; er beginnt mit einem Vers nach dem Pauluswort aus Philipper 1,21:

Christus ist mein le / be(n). sterbe(n) mein gewi(n). de(m) hab ich mich erge / ben. im todt vnnd auch im leben. alde[2] ich far dahin. bey dem ich ewig leb vnd bin.

Den mittleren Teil der Tafel füllen drei kursiv geschriebene Schriftblöcke religiösen Inhalts, dem Gebet, dem Gotteslob und christlichen Ermahnungen gewidmet. Der mittlere Block, mehr als doppelt so breit wie die beiden äußeren, hat gereimte Zeilen und ist besonders kunstvoll gestaltet. Seine Worte sind nach dem Kreuzwortschema geordnet. Und zwar werden durch Rahmung fünf Spalten herausgehoben, deren Buchstaben sowohl senkrecht wie waagrecht zu lesen sind. Die drei mittleren Spalten haben die Form der drei Kreuze von Golgatha: im Zentrum das Kreuz des Erlösers mit der INRI-Tafel und, von oben nach unten gelesen, den letzten Worten Jesu nach Matthäus 27,46 und Markus 15,34; daneben die Kreuze der beiden Schächer, des bußfertigen links (zur Rechten Jesu) und des

O	Gott der du me			INRI	chter bi		ST	
J	ch kenn			M	ein Sünd zu all		E	r frist.
E	rrett m			EIN	Seel vonn der Hell wei		H	t,
S	ei du			GOT MEIN GOTT	alle z		E	it,
V	erdamm mich nicht			WAR	umb wolst		M	ich
V	erdammen				nd ich hoff auff d		I	ch.
O		HERR DENCK		M	ein	BISTV CHRIST	mein t	R	ost
R	echt	A	uch dein	B	luett mich a	VS	h	A	t glost,
Z	el	N	icht ac	H	mein	SO	grosse s	V	nd,
E	rloß	MI	ch	A	uch, nimbs	H	in gar gs	C	hwindt,
I	ch kann ni	C	hts	S	o ich d	I	ch nicht	H	ab,
H	err dein	H	eilig Geis	T	wol	L	st geben hra	B	in,
E	rleuchten	WE	lst a	V	ch mich hin	F	ürt f	E	n,
M	ein mu	ND		M	öcht	DI	r ein lobe se	I	
I	ch tra	V	auff d	I	ch, gar wunde	R	s	AM	
R	e	IN	igst mi	CH	Du Vn	S	chuldigs	L	am,
M	itt	DEIN	m bl	VE	t d	E	ins Vatt	E	rs vnwill
E	in end zwa	R	hat	R	ueth al	L	zeit s	T	ill,
I	n d	EI	nem wort	L	aß mich	B	e	ST	ehn,
N	a	CH	dem gl	A	ntz deines Liechts	V	ort g	E	hn,
S	terc	K	auch Je	S	u den glaube	N	mei	N	
V	nd w	O	e	S	soll geschei	D	en s	E	in,
N	im	ME	mich zu dir d	E	r d	V	mein sü	N	d,
D	ilgt ha	ST	gib woh	N	vnnd frewd a	NS	en	D	

bösen rechts, mit deren letzten Worten nach Lukas 23,42 bzw. 23,39. Die beiden äußeren Spalten, am linken Rand und nahe dem rechten Rand des Blocks, enthalten ein Gebet Thomas Schweickers um Vergebung seiner Sünden und Beistand im Tod – eine Zusammenfassung dessen, was in den 24 waagrechten Zeilen ausführlich abgehandelt wird (siehe oben).

Bei den beiden flankierenden Schriftblöcken handelt es sich um Reime Schweickers mit ebenfalls christlichem Inhalt. Auf der linken Seite ein Gebet:

HErr Jesu Christ mein Herr vnnd Gott,
Dein Leiden groß, dein Wunden roth,
Dein thewres Blut, dein bitterer Todt,
Soll sein mein trost in sterbens Noth.
Ich glaub das du am Creutz für mich,
Dein Bluet vergossest Miltiglich,
Darmit vonn allenn Sünden mein,
Gewaschen mich Schnehweiß vnd Rein.
Darauff will Ich Herr Jesu Christ
Dir gern folgen Wenns dein Will ist,
Dein heilger Geist erhalte mich,
Inn rechtem Glauben bstendiglich,
Biß in den letzsten Seüfftzen mein.
Im Todt vnnd Leben bin Ich Dein.
Mein arme Seel an meinem End,
Die nim Herr in dein trewe Hennd,
Vnnd laß sie Dir beuollen sein,
So schlaff Ich wol vnnd selig ein,
Biß am Jüngsten tag widerumb,
Mein Leib und Seel zusam(m)en kumb,
Sampt allen Außerwehlten dein,
In freud vnd ehren bey dir sein,
Vnd schawen Deine Herrlichkeit,
Dich Lob vnd preis in Ewigkeit ./.

Das Gedicht auf der rechten Seite enthält vor allem ein Memento mori:

Der Mensch der geht auff wie ein Blum.
Wenn der Wind blest, so fellt er vmb.
Darumb gedennck allzeit an GOTT.
Dann vnuersehens kompt der Todt.

Vnnd wie auch dem keiner entrinn.
Er nimpt ein nach dem andern hin.
Derhalb ein Mensch in dieser Zeit,
Kein Stund vorm Todt nit ist gefreyt.
Noch stellt sich Jederman gleich eben,
Samb wöll er vff Erd ewig leben,
Wie wol man Gottes Straff und Plag,
Sieht augenscheinlich vber tag.
Derhalb du Christenliche schar,
Nim deines letzten außgangs war,
Weil hie ist kein bleibende statt,
Vnd Jeder Mensch sein Zil doch hatt,
Vnnd ein mal muß gestorben sein.
So geb sich jedes willig drein,
Weil im nach dem elenden leben,
Dort würdt ein ewigs seligs geben,
Mit allen außerwelten schar,
Zu dem vns Gott helff allen dar,
Durch vnsern Heren Jesum Christ,
Ohn den nichts selig würdt noch ist.

Unter diesen drei Schriftblöcken folgt, durch einen Ornamentstreifen von ihnen abgegrenzt, ein vierspaltiges Epigramm Jakob Gräters in lateinischer und deutscher Sprache und in seiner Mitte, zwischen dem lateinischen und dem deutschen Text, eine farbige Miniatur mit einem Bildnis des schreibenden Thomas Schweicker (siehe unten). Magister Jakob Gräter der Jüngere war damals Prediger und Dekan und offenbar, wie aus den Initialen zu entnehmen, auch Poeta laureatus (gekrönter Dichter, wie später der Prediger Johann Weidner). Gräter hat 1587 als Pfarrer auch die Verse auf der Rückseite des Hochaltarretabels verfaßt[3]. Das Gedicht am Epitaph handelt von dem armlosen Schweicker als *Wundermann*. Seine lateinische Version besteht aus sieben Distichen und lautet:

Epigramma M. Iac. Graet / eri de Thoma Schvveickero,
Forsita(n) hoc falsum ventura redarguat ætas,
    Tamq(ue) neget miris rebus inesse fidem:
Quippe quod est quida(m) nec ia(m) Iuuenisq(ue), senexq(ue)
    Sed medios vitæ vir tenet ille gradus:
Territa nascenti, Mater cui brachia nulla
    Co(n)tulit, ah nullas contribuitq(ue) manus: /
Qui pedibus solers peragit tame(n) o(mn)ia, quantum
    Non alius facili fecerit arte manus,
Ille bibit, comedit, scribit, iacit, accipit, effert.
    Cuncta ministerio perficit ille pedum,
Ne uero dubites, simul hinc et cætera credas:
    Hæ tabulæ fidei sunt monume(n)ta bon(a)e.
Inde Dei laudes, mirandaque munera disce:
    Fertilis hic famæ fruct(us), et vsus erit.

Zu deutsch ungefähr: Eine spätere Zeit mag die Glaubwürdigkeit von Wundern bestreiten und es als unwahr abtun, daß ein Mann, der nicht mehr jung und auch kein Greis ist, sondern in der Mitte des Lebens steht, dem seine Mutter, durch einen Schrecken erschüttert, bei der Geburt keine Arme und, ach, keine Hände mitgab, dennoch alles geschickt mit seinen Füßen ausführt, was ein anderer nicht mit der leichten Kunst der Hand zuwege brächte. Er trinkt und ißt, schreibt, wirft, ergreift und hebt auf. Alles vollbringt er mit Hilfe der Füße. Damit du aber nicht daran zweifelst und fortan auch das übrige glaubst: dieses Epitaph ist ein vertrauenswürdiges Denkmal. Lerne daraus, Gott zu preisen und seine wunderbaren Gaben zu erkennen. So wird Schweickers Ruhm hier reiche Frucht und Nutzen bringen.

Der Autor Gräter selbst hat seinem Epigramm eine deutsche Version in Reimen beigefügt[4]. Schweicker hat sie rechts von der Miniatur angebracht:

Die Nachkom(m)en für ein Gedicht,
Woll halten möchten dise Gschicht
Das einr in rechter Man(n)sgestalt,
Weder zu jung noch auch zu alt,
Von Mutter leib ohn Arm vnd Hend,
Geboren, an sein Füessen bhend,
Alles gantz hurtig, vnd ohn Zyll[5]*, /*
Verricht wie mans nur habe(n) will,
Er isst, vnd trinckt, spilt, gibt, vnd nimpt
Alls mit sein Füessen zwege(n) bringt
Bey diser Taffel nim es ab,
Gotts Wunderwerck vor augen hab.
Danck ihm allzeit für seine Gab.
.M.I.G.P.L.
(= Magister Jacob Gräter Poeta Laureatus)

In den Zwickeln beiderseits des gezeichneten Baldachins hat Schweicker ebenfalls religiöse Texte angebracht, jeweils einen zweispaltigen, eingerahmten Schriftblock in deutscher Sprache und darunter einen lateinischen Bibelspruch. Der deutsche Text auf der linken Seite lautet:

Christus ist die Wahrheit vnd das lebe(n)
Die Aufferstehung will er vns geben
Wer an ihn glaubt das leben erwirbt,
Ob er gleich hie schon leiblich stirbt. /
Wer lebt vnd glaubt thut ihm die Ehr
Wird gwißlich sterben nim(m)er mehr
Dem befehl ich an meinem End,
Mein arme Seel inn seine Hennd.

In den Versen der rechten Seite bekennt Schweicker – wie schon im linken Schriftblock des Mittelteils (Z.19–20) – seinen Glauben an die leibliche Auferstehung:

Inn meinem Creütz war diß mein trost,
Ich sprach, Er lebt der mich erlost,
Auff den ich inn der Not vertraut,
Wirt mich wider mit meiner Haut /
Vmbgeben das ich auß der Erd,
Vom Todt wider erwecket werd,
Inn meinem Fleisch werd ich Gott sehe(n)
Ist gwißlich war vnd wirt geschehe(n).

Die lateinischen Sprüche lauten, links:
NVNC DIMITTIS / SERVVM TVVM D(OMI)NE / SECVNDVM VERBVM / TVVM IN PACE.

Es handelt sich um die Worte des Simeon bei Lukas 2, 29; nach Luther: *Herr, nun lässest du deinen Diener im Frieden fahren, wie du gesagt hast.* – Auf der rechten Seite:

In te Domine speraui non / confundar in æternu(m).
In man(us) / tuas com(m)endo spiritu(m) meu(m),
re / demisti me D(omi)ne De(us) ueritatis.

Das ist Psalm 30, 2.6; bei Luther Psalm 31, 2.6: *Herr, auf dich traue ich, laß mich nimmermehr zu Schanden werden. In deine Hände befehle ich meinen Geist; du hast mich erlöst, Herr, du treuer Gott.*

Die **Miniatur** zeigt Thomas Schweicker wie er in einem kahlen Raum auf einer tuchbedeckten Tischplatte neben einem Fenster hockt und ein vor ihm liegendes Blatt beschreibt. Er trägt einen schwarzen Mantel mit weißer Krause und eine hohe schwarze Stülpmütze mit Pelzbesatz. Der Mantel ist an den Beinen hochgezogen und gibt das rechte Knie und die Unterschenkel frei. Schweicker drückt mit dem linken Fuß das Blatt auf die Unterlage, mit dem rechten hält er die Feder zwischen den Zehen und schreibt das Wort *Deus*, den Beginn eines Textes, der sich anhand ähnlicher Darstellungen[6] zu dem Spruch ergänzen läßt: *Deus est mirabilis in operibus suis* (Gott ist wunderbar in seinen Werken).

Neben dem Blatt liegen verschiedene Schreibgeräte: zwei Federn, ein Lineal, das Tintenfaß und, mit ihm durch eine Schnur verbunden, ein Federetui[7]. Auf dem Fenstersims stehen zwei Folianten. Das Fenster selbst, versehen mit Butzenscheiben und einem hochgerafften Vorhang, ist durch den Bildrand beschnitten.

Die Farben sind gedämpft. Neben dem beherrschenden Schwarz der Figur und dem Grau des Raumes begegnet vor allem ein mattes Grün, am Tischtuch, am Vorhang und am Schnitt des vorderen Buches. Der Schnitt des hinteren Buches leuchtet in hellem Karmin. Der Besatz der Mütze ist braun, der sichtbare Teil des Tisches ocker.

Der verglaste Schrein, der die Gedenkschrift birgt, ist an den Ecken mit Engelsköpfen, in der Mitte der Seiten mit einer Blüte geschmückt. Er wurde durch einen hölzernen Rahmen aus Schweifwerk, ein aufgesetztes Gesims und einen darüber angebrachten Aufsatz mit einem Tafelbild in die vorhandene größere Nische eingepaßt. An den Ecken des Gesimses stehen gedrechselte Holzvasen mit bemalten Blumen aus Blech; die Wandung der Vasen schmücken Frauenmasken aus Preßmasse. Der schmale Rahmen des Aufsatzes ist oben mit Rollwerk und einer Frauenmaske aus Pappmaché, verziert; seitlich wird er von durchbrochenem Beschlagwerk gestützt.

Das **Aufsatzbild**, ein querrechteckiges Ölgemälde, zeigt Christus und den ungläubigen Thomas im Kreise der Apostel (nach Johannes 20, 24–29) in einem nicht näher charakterisierten Raum mit Fliesenboden. Der Auferstandene, nackt bis auf das Lendentuch und einen von der Schulter nach hinten fallenden Umhang, steht in der Mitte; er hält mit der Linken die Siegesfahne und führt mit der Rechten die Hand des neben ihm knienden Thomas an seine Seitenwunde (Jo 20, 27). Thomas berührt sie mit dem ausgestreckten Zeigefinger.

Die übrigen Apostel, teils sitzend, meist stehend, verteilen sich auf beide Seiten; rechts von Christus – zu seiner Linken – sind es fünf, links von ihm außer Thomas sechs. Es sind also nicht, wie nach dem Abgang des Judas üblich, elf Jünger dargestellt, sondern einschließlich Thomas zwölf. Und im Hintergrund sitzt inmitten einer Apostelgruppe noch eine Frauengestalt mit Kopftuch und betend erhobenen Händen. Wahrscheinlich ist Maria gemeint, die bei Johannes aber nicht genannt wird und in dieser Haltung sonst nur in Darstellungen des Pfingstgeschehens und des Marientods vorkommt. Soll hier etwa auf das Pfingstfest vorausgewiesen werden, was ungewöhnlich wäre, oder hat der Maler die Komposition – abgesehen von der Thomasszene – nach einem Pfingstbild kopiert und dabei versehentlich die Maria mit übernommen oder auch die Figur mißverstanden? Erstaunlicherweise hat Johann Lorenz Schreyer, als er das Gemälde 1703 an einem Flügel des Heiligen Grabes im Stil seiner Zeit kopierte[8], die fragliche Frauengestalt ebenfalls dargestellt. In der mir bekannten Bildtradition der Thomasszene kommt die Figur aber sonst nicht vor.

Bezeichnend für das Gemälde sind seine manieristisch-hellbunten, zum Teil changierenden Farben mit viel Gelb, Lila, Rosa, Grün und Rot, doch daneben auch weißlichen, bräunlich-grauen und grauen Tönen.

Das Flügelgemälde

Die Innenseiten der Flügel enthalten keine Bilder, nur ein schwarzes Feld, das durch unterschiedlich getönte Randstreifen, die Licht und Schatten vortäuschen, vertieft wirkt.

Die geschlossenen Flügel zeigen, über beide Seiten gemalt, eine konchenförmige Nische mit Muschelwölbung und Blattschmuck in den Zwickeln. Vor der Nische steht links auf der Sohlbank Thomas Schweicker in schwarzer Kleidung mit Radmantel und hoher Mütze. Er ist halb nach rechts gewandt (vom Betrachter gesehen) und wirft einen Schlagschatten links hinter sich auf die Wand. Seine düstere Erscheinung wird nur durch die schmale weiße Halskrause und den braunen Pelzrand der Mütze etwas gemildert. – Am rechten Flügel steht auf würfelförmigem Sockel, leicht nach hinten gekippt, eine große, grauweiße Inschrifttafel als gleichgewichtiges Pendant zu der Figur. Der Sockel ist rosig gefärbt, die Nische bräunlichgrau, die Sohlbank und der Blattschmuck in den Zwickeln ocker.

Die Inschrift der Tafel besteht aus Reimen (in Fraktur) und einer Überschrift (in Versalien) und lautet:

DOMINE PLENI SVNT / COELI ET TERRA MAIE- / STATIS GLORIÆ TVÆ, (Himmel und Erde, Herr, sind voll deiner Größe und Herrlichkeit)

O, frommer Christ dein lebenlanck
Sag Gott für dise wolthat danck,
Das Er dir gab ein kraden Leib
Darumb dein gspött mit niemand treib,
Denck, das Gott auch hett können dich
Erschaffen eben gleich wie mich
Das Ers nit thet der trew vnd frum,
Hast Ihm dest mehr Zu dancken drum
Sein Zorn vnd Gnad erkenn an mir.
Thut er dir guts danck Ihm darfür
In deinem Creutz auch nit verzag
Halt dich an Gott, der kan vnd mag
Dein vngluck wenden alle tag, TS
(TS ineinander verschlungen).

Am Sockel der Tafel stehen auf der linken Seite unten die Initialen *I H.*, sicherlich die Signatur des Malers.

Der Sinngehalt

Der Sinngehalt des Epitaphs hat drei Aspekte. Der erste verbindet sich mit dem Flügelgemälde, der zweite mit der Miniatur, der dritte mit dem Gemälde im Aufsatz.

Der Sinn des **Flügelbildes** dürfte sich aus der Inschrift der gemalten Steintafel erschließen lassen. Die Tafel steht der Gestalt Schweickers in der Bildkomposition gleichwertig gegenüber, sie ist so auffallend dargestellt und ihre Schrift von solch monumentaler Größe, daß auch ihre Aussage von wesentlicher Bedeutung sein muß: Es handelt sich um Schweickers Vermächtnis an die Nachwelt. Schweicker selbst weist uns auf die Inschrift hin, so gut ihm das ohne Arme möglich ist; er wendet sich der Tafel zu und blickt dabei den Betrachter an. Was ist sein Anliegen?

Die ersten acht Verse richten sich an die gesund geborenen Mitchristen. Der Anblick des verkrüppelten Schreibers soll sie lehren, die Ihnen widerfahrene Gnade eines *graden Leibs* nicht für selbstverständlich zu halten, sondern Gott dafür zu danken. Damit verbindet Schweicker die Mahnung, Behinderte und Mißgebildete nicht auch noch zu verspotten. Er spricht hier fraglos aus eigener, schmerzlicher Erfahrung. Es gibt immer Mitmenschen, denen das Abnorme lächerlich erscheint, und bei Thomas Schweicker fand sich dafür ein doppelter Anlaß: Ihm fehlten ja nicht nur die Arme, sondern durch die übermäßige Verkrümmung des Rückens, zu der ihn seine Arbeit zwang, hatte er im Laufe der Zeit noch einen Höcker bekommen[9].

In den letzten Versen folgen Worte des Trostes für die vom Schicksal weniger Begünstigten: ein Appell an sie, auch im Unglück nicht zu verzagen, sondern sich an Gott zu halten. Er könne ihr Unglück wenden wie im Falle Schweickers, der als armloser Krüppel die Kunst des Schreibens erlernte und damit zu Anerkennung, Ruhm und – nach seinem Testament zu schließen – sogar zu einem gewissen Wohlstand gelangte.

Ein anderer Bedeutungsaspekt wird in der **Miniatur** erkennbar. Ihm liegt weniger ein Anliegen Schweickers als eines der Geistlickeit zugrunde. Aufschluß darüber gibt das zweisprachige Gedicht des Predigers Gräter, das die Miniatur einrahmt und sich offensichtlich auf sie bezieht. Hier werden zunächst die staunenswerten Fußfertigkeiten Schweickers geschildert, aber zu dem Zweck, damit auf ein Höheres zu verweisen: auf ein Wunder Gottes, durch das dem Armlosen diese Künste möglich wurden. Der Betrachter des Bildes soll hier *Gotts Wunderwerk* mit eigenen Augen erkennen; das Epitaph dient gleichsam als Beweis dafür. Ebenso ist in dem lateinischen Epigramm Gräters von den *miris rebus* und den *miranda munera* Gottes die Rede.

Auch in vielen anderen Texten und Darstellungen zum Thema Schweicker wird der Aspekt des Wunders betont. So heißt es auf einem Blatt mit dem Kupferstich des schreibenden Schweicker von Johann Theodor de Bry[10]: *Der grosse WunderGott kan nichts als Wunder machen, / Diß zeuget Schweickers Bild, diß weißen Schweickers sachen.* Im selben Gedicht wird Schweicker noch zweimal als *Wunderman* bezeichnet. Und auf dem Stich selbst schreibt Thomas – wie auch auf anderen Schweicker-Bildnissen (vgl. S. 160) – den Spruch: *Deus est mirabilis in / operibus suis* – Gott ist wunderbar in seinen Werken. Auch Philipp Camerarius[11] beendet ein Gedicht *an den günstigen Leser*, das zwei Bildnisse Schweickers einrahmt, mit den Worten, daß auch wer nicht Latein könne *Von Gotts wunder bericht möcht han*[12]. Und in der Druckschrift des Haller Schulmeisters Wilhelm Boß über die drei Haller Schreiber, die zusammen nur zwei Hände hatten, heißt es: *Was wunders Gott mit seiner Hand / Zu würcken pflegt, in jedem Land, / Das wird gerhümt und hoch gepriesen / Als darob Gott sein macht bewisen*; und: *hie zu Hall in diser Statt / Gott seltzam Wunder gschicket hat*; dann speziell über Schweicker: *Der dritt ein merklich wunder ist*[13]. In einem Epigramm von M. Johannes Stechmann, das Schweickers Kunstfertigkeit rühmt (Leichenpredigt Anh. XI), steht der Hexameter: *Hoc opus esse DEI mirandum nemo negabit* – daß dies ein Wunderwerk Gottes ist, wird niemand leugnen. Die Medaillen mit dem Bild des schreibenden Thomas Schweicker tragen auf der Rückseite das Psalmwort: MIRABILIA OPERA TUA ET ANIMA MEA COGNOSCET NIMIS. PS. 138. (bei Luther Psalm 139,14: *Wunderbar sind deine Werke, und das erkennet meine Seele wohl*)[14]. Die Leichenpredigt Weidners nennt den Verstorbenen schon im Titel einen Wundermann (*Bey der Begräbnus des wundermans Thomæ Schweickers*). Und Johann Leonhard

Gräter schreibt noch 1788 in seinem Neu-Jahr-Register: *Die weise Vorsehung Gottes ließ dieses geschehen* [daß Schweicker ohne Arme geboren wurde], *um in der Folge zu zeigen, daß sie auch in gebrechlichen Menschen mächtig seye, und durch dieselbe wunderbare Dinge auszurichten vermöge.*

Die Zitate dürften ausreichend belegen, daß Thomas Schweicker in der damaligen Zeit als *Wundermann* betrachtet wurde. Und nicht ohne Grund hat man später neben Schweickers Epitaph das Denkmal eines anderen Haller Wunders angebracht: die Tafel mit der Wiedergenesung der verkrüppelten Margreta Engelhart (vgl. S. 172 ff.).

Der dritte Bedeutungsaspekt verbindet sich mit der **Thomasszene** im Aufsatz. Der Apostel Thomas war der Namenspatron Schweickers, der Thomastag (der 21. Dezember) wahrscheinlich sein Geburts- oder Tauftag (vgl. Liese S. 282). Das kann aber nicht der Hauptgrund für die Themenwahl gewesen sein, auch nicht wenn man annimmt, daß Schweicker in seiner Liebe zu Christus mit Thomas besonders verbunden war, dem Apostel, der als einziger die Seitenwunde des Auferstandenen – den *Quell des Heils* – hatte berühren dürfen und daher große Verehrung genoß. Auch das Format der Aufsatztafel, das eine breit gelagerte Szene erfordert, wird kaum den Ausschlag gegeben haben.

Der eigentliche Sinn muß in der biblischen Begebenheit (Jo 20, 19–31) enthalten sein. Ihn zu erschließen, kann uns die Inschrift auf Schweickers Grabplatte dienen, die eine Stelle aus eben diesem biblischen Ereignis wiedergibt: *Thomas antwortet: mein Herr und mein Gott! Spricht Jesus: Thoma, weil du mich gesehen, glaubst du. Selig sind, die mich nicht sehen und doch glauben. Johannes, 20. Kapitel* (siehe unten, S. 168f.). Ohne Zweifel wurde um dieses Christuswortes willen die Thomasszene dargestellt. Die Seligpreisung der unbesehen Glaubenden sollte durch sie vor Augen geführt werden.

Thomas Schweicker glaubte bedingungslos an die Worte des Evangeliums; das belegen seine schriftlichen Äußerungen. Er selbst benötigte keine Wunder wie die im Glauben weniger Gefestigten, für welche die Wunderdarstellungen gedacht waren. Die ganze Gedenkschrift seines Epitaphs, soweit von ihm selber verfaßt oder zusam-

mengestellt, besteht aus Glaubensbekenntnissen, Gebeten und Ermahnungen an seine Mitchristen. Schon durch sein Gebrechen auf Gott und ein besseres Jenseits verwiesen, war er ein tiefreligiöser Mensch und nützte alle Möglichkeiten, dies auch zu bezeugen. Auch seine früheren Kunstblätter hatte er mit religiösen Inhalten gefüllt, zum Teil mit den gleichen Worten und Versen. Eine Routine ist dabei unübersehbar, verdiente er doch mit solchen Blättern sein täglich Brot. Dennoch spürt man, daß es ihm stets ernst damit war.

Datierungen

Die Entstehungszeit der fußgeschriebenen **Gedenkschrift** und damit auch der **Miniatur** steht fest. Schweicker selbst hat sie uns mit fast zu großer Genauigkeit mitgeteilt: den 29. Tag des Juni 1592, seines Alters im 51. Jahr (vgl. S. 157). Sicherlich ist damit der Tag der Vollendung gemeint.

Das **Thomasbild** im Aufsatz muß entstanden sein, als man den Schrein mit der Gedenkschrift in die ältere Nische einfügte, das heißt nach Mitte 1592. Die Flügel entstanden entweder gleichzeitig oder bald danach. Wann aber war das?

Als das Kernstück des Epitaphs gefertigt wurde, war sein späterer Bestimmungsort offensichtlich noch nicht bekannt, denn man hat den Schrein erst nachträglich durch Anfügen des Rahmens und des Aufsatzes, so gut es ging, der größeren Nische angepaßt. Andererseits war das Denkmal bei Schweickers Tod wohl schon in der Chorkapelle untergebracht, heißt es doch am Ende der Leichenpredigt, Schweicker sei *auß bewilligung eines Erbarn Rahts in der Hauptkirchen bey S. Michael, in dem Chor, da er bey lebzeiten jhme selbs sein schrifftlich Epitaphium hin verordnet*, am 8. Oktober 1602 begraben worden.

Der Bestimmungsort des Epitaphs war also schon vor dem Tod Schweickers bekannt, und er hatte das Denkmal noch selbst dorthin *verordnet*. Ob es aber tatsächlich vor seinem Tod dort angebracht wurde und zu welchem Zeitpunkt innerhalb der möglichen Spanne zwischen 1592 und 1602, ist damit nicht geklärt. Vielleicht gibt aber eine andere Stelle der Leichenpredigt einen Hinweis. Sie besagt, Schweickers Grabschrift sei *von den Edlen, Vesten Herrn Consulibus unnd gantzem E[rbarn] Rath der Statt in dem Haupttempel daselbst zu S. Michael, durch die befreundten im Chor zu stellen, günstig approbirt* worden. Man darf unterstellen, daß die *befreundten*, also wohl die Angehörigen (das Wort kann Freunde wie Verwandte meinen[15]), das Denkmal nicht eigenhändig angebracht haben, sondern nur die Auftraggeber waren. Zu seinen Lebzeiten wäre aber wohl Thomas selbst der Auftraggeber gewesen. Deshalb liegt es nahe, an eine Aufstellung anläßlich Schweickers Tod zu denken. Zu dieser Zeit wären dann auch der Aufsatz und wahrscheinlich die Flügel gefertigt worden.

Die altertümliche Renaissancemaske am Aufsatz spricht nicht dagegen, da sie mit älteren Modeln gepreßt sein kann und in derselben Form auch an gleichzeitigen und späteren Denkmälern der Kirche vorkommt (beispielsweise am Wenger-Epitaph, S. 14ff., um 1602).

Auch nach dem relativ jugendlichen Alter des Dargestellten läßt sich das Flügelgemälde nicht datieren, denn selbstverständlich erscheint der Verstorbene auf seinem Denkmal nicht in einem vom Tode gezeichneten Zustand, sondern in einer Art Idealbild, so, wie man ihn in Erinnerung behalten sollte[16].

Für Aufsatz und Flügel ergibt sich also nur eine unpräzise Datierung: zwischen Mitte 1592 und Oktober 1602, wahrscheinlich um 1602.

Die Künstler

Bei der **Gedenkschrift** und den zugehörigen Ornamenten besteht kein Zweifel, von wem sie stammen: von Thomas Schweicker. *Und hab dise Schrifft vor meinem Ende mit meinen Fuessen geschriben*, teilt er uns selber mit.

Das Werk bildet den Höhepunkt von Schweickers graphischem Schaffen. Es ist das am reichsten ausgestaltete, am sorgfältigsten geschriebene und am kunstvollsten ornamentierte von all seinen erhaltenen Kunstblättern (zwei davon abgebildet bei Liese, Abb. 12 und 13). Schwer zu verstehen ist, daß Liese (S.281) gerade das Haller Werk am meisten kritisiert. Es biete *ein Gemisch von ... acht verschiedenen Schreibarten*, und die *verzeihliche Schwäche* Schweickers, die Vielseitigkeit seiner Schreibfertigkeit zu zeigen, gehe hier *auf Kosten seines Rufes als Künstler*. Auch auf seinen anderen Kunstblättern, besonders aber dem Haller, seien *durch Größe und ausgewählte Form Worte und Zeilen in einer solchen Betonung und Aufmachung hervorgehoben, die das Gesamtbild des Schriftsatzes stören, ja zerreißen*.

Mir scheint im Gegenteil das Haller Werk von allen das ausgewogenste. So bilden die oberen Zeilen gerade durch ihre monumentale Größe und ihre *Betonung* durch Farbe und Gold ein kunstvolles Gegengewicht zu der Miniatur und den ausladenden Baldachinsockeln im unteren Teil der Tafel. Der mittlere Teil erhält sein inneres und äußeres Gewicht durch die aus dem Text herausgehobenen Kreuze von Golgatha. Und die Flechtornamente verleihen dem Schriftsatz einen besonders kostbaren Rahmen. Das von Liese bevorzugte Blatt für Georg Oerttle (Liese Abb.13) wirkt daneben bescheiden. Daß Schweicker an seiner eigenen Gedächtnisschrift die Vielseitigkeit seiner Schreib- und Ornamentkunst möglichst umfassend vorführen wollte, sollte man nicht als *verzeihliche Schwäche* auslegen. Denn zweifellos wurde von ihm, dem berühmten *Wundermann* erwartet, daß er gerade hier, an dem der Nachwelt zugedachten, öffentlichen Werk, alle Register seines Könnens zog. Wir müssen ihm dafür dankbar sein.

Daß die **Miniatur** im Inneren des Schreins und das Gemälde **der Flügelaußenseiten** in der Malweise übereinstimmen, läßt sich trotz der Verschiedenheit von Technik und Thema und des etwa achtfach größeren Maßstabs der Flügelfigur leicht erkennen[17]. Ein großflächiger Bildbau mit der Beschränkung aufs Wesentliche, klare Umrißlinien und eine harmonische, ziemlich gedämpfte Farbskala bewirken eine erstaunliche Monumentalität und eine fast plakathafte Eindringlichkeit, auch bei der Miniatur (die darum fast jede Vergrößerung verträgt). Im Detail erweist sich die stilistische Übereinstimmung an den motivisch gleichen Teilen wie Mütze, Haar, Nase oder Mundpartie. So ist die Mütze beidemal durch fleckige Aufhellungen ganz ähnlicher Form modelliert. In Brauen, Bart und Schnurrbart sind jeweils einzelne Härchen mit spitzem Pinsel auf einen braun schattierten Grund gesetzt. Und gleich ist auch die Konturierung des Gesichts durch eine dunkle Linie, die bisweilen ins Rotbraune umschlägt (im Flügelbild an der Nase, in der Miniatur an der Wange).

Die Miniatur stammt also von demselben Maler, der das Flügelbild mit den Initialen *I. H.* signiert hat. An einer Reihe anderer, stilistisch zusammenhängender Epitaphe kehrt diese Signatur wieder, seit 1633 bereichert durch ein hinzugefügtes *P* (= Pictor, Maler). Es handelt sich um die Denkmäler Nr. 54 (Michael Schmidt, † 1596), Nr. 40 (Wilhelm Thomas Sanwald, † 1603), Nr. 27 (Afra Lackorn, † 1633), Nr. 63 (Johann Michael Gräter, † 1635) und ein Epitaph in Lendsiedel (Ehefrauen des Kirchberger Vogts Georg Conrad, 1591)[18]. An einem dieser Denkmäler, dem Gräter-Epitaph (Nr. 63), hat der Maler erfreulicherweise noch sein Alter angegeben: *IH . Æt / 73. Jar,* das heißt 73 Jahre alt oder: im 73. Lebensjahr[19]. Mit Hilfe der Kirchenbücher läßt sich nun feststellen, daß diese Initialen und diese Altersangabe nur zu e i n e m Haller Maler passen, zu Jakob Hoffmann (um 1563–1642)[20].

Dieses Ergebnis läßt sich noch durch die städtischen Rechnungen („Steuerrechnungen") absichern. Sie bestätigen, daß Jakob Hoffmann und Thomas Schweicker über Jahre hinweg eng zusammengewirkt haben. Hoffmann malte oder zeichnete den armlosen Schreiber, und Schweicker versah die Blätter mit Text und Unterschrift. So entstand eine für beide Teile fruchtbare Arbeitsgemeinschaft, denn die Bildnisse erhielten ihren vollen Verkaufswert erst durch die fußgeschriebene Unterschrift des Dargestellten und der fußgeschriebene Text erst durch eine Illustration, die das Wunder seiner Entstehung anschaulich machte.

Auf dem Flügelbild hat Jakob Hoffmann nicht nur das Gegenständliche gemalt, sondern auch die Inschrift der Marmortafel. Das Monogramm *TS* (= Thomas Schweicker) am Ende der Inschrift meint also nicht den Maler, sondern den Verfasser des Gedichtes, ähnlich wie sich im Inneren des Epitaphs die Initialen *M.I.G.P.L.* am Ende des Schlußepigramms nicht auf den Schreiber (Thomas Schweicker), sondern auf den Dichter (Jakob Gräter) beziehen. Belegen läßt sich das mit Hilfe der Schriftzüge. Die Schrift auf der gemalten Tafel stimmt nicht mit der Handschrift Schweickers überein. Ihr Duktus findet sich aber auf allen signierten Werken Hoffmanns. Charakterisiert wird er durch eine Reihe eigenartiger und unverwechselbarer Buchstabenformen, die schon bei flüchtigem Hinsehen auffallen. Dazu gehört der kleine Bogen, der in vielen Fällen baldachinartig über das lange s, das k, l oder b gesetzt ist, und dazu gehört vor allem das runde s in Form einer Sechs. Dieses runde s verwendet Hoffmann bei seinen Minuskelinschriften ausnahmslos, während es sonst, soviel ich sehe, an keinem Haller Werk jener Zeit begegnet. Man kann mit diesem s wie mit einem Leitfossil die Werke Jakob Hoffmans aufspüren und das Ergebnis dann mit den üblichen Kriterien absichern. Lieses Meinung, Thomas Schweicker biete auf dem Flügelgemälde *eine der besten Proben seiner bewundernswerten Schreibkunst dar* (S. 270), muß jedenfalls revidiert werden.

Nach Monika Kopplin[21] ist die stehende Figur des Flügelbildes *wohl in Anlehnung* an den Kupferstich von Heinrich Weirich (1593)[22] entstanden. Das mag sein. Gleichwohl zeigen sich bemerkenswerte Unterschiede: Die Figur ist bei Jakob Hoffmann in Richtung einer plakathaften Monumentalität abgewandelt. So fehlen die Falten des Mantels, ganz besonders der sichelförmige Stau über dem Knie. Das Antlitz wirkt jünger als auf dem Stich, vor allem hat es den gequälten, fast mißtrauischen Ausdruck verloren. Auch der Buckel Schweickers wurde gemildert, er fällt kaum noch auf. Die Gestalt des Verstorbenen ist ins Zeitlose entrückt, wie es sich für ein Totendenkmal gehört.

Jakob Hoffmann war ursprünglich Kantengießer (Zinngießer) wie sein Vater Hans Hoffmann. Erst mit etwa 23 Jahren wählte er sich einen neuen Beruf und erlernte im Selbstunterricht die Malerei: *als er ettwas zu seinen Jahren komen, hat er die Mahlerkunst vor sich selbst erlernet, ... und vilen, theils vornem(m)en leüthen, damit rühmlich gedient*, heißt es im Totenbuch[23].

Die bis jetzt ermittelten Werke Jakob Hoffmanns sind zusammengestellt bei Deutsch 1983, S.9 f. und Anm. 23a. Darüber hinaus wurde der Meister noch für folgende kleinere Mal- und Vergolderarbeiten bezahlt:

1586: Vier Zollbüchsen, eine Fahne auf dem Schuppachbrunnen, eine Uhr für die Armbrustschützen[24].

1609/10: Fahne auf dem Mühlmarktbrunnen (*von dem Fhanen ...*)[25].

1610: Uhrzeiger des Barfüßerklosters, Zeiger beim Langenfelder Tor, neue Uhren für das *Thor in Gelbingergassen* und für das Neutor[26].

1612: Das Haller Wappen auf zwei Becher gemalt[27].

1616: *Augenschein in Limpurgisch Sontheimischer Commißion*, wohl eine Flurkarte (für 20 Gulden!)[28].

1617: Ein neues *fürgeschlagen brettlin beim Undern Alttar zumahlen Und die Buchstaben zuvergülden* (2 Gulden 7 Schilling 6 Heller)[29]. – Auf dem unteren oder mittleren Altar stand damals das Dreikönigsretabel. Es kann sich nur um das Predellabrett mit der kirchengeschichtlich bedeutsamen Paulus-Inschrift handeln (vgl. S. 286, S.289ff.).

1619: Zwei Schildlein mit den Stadtwappen für den Tauftisch von St. Michael[30].

1622/23: Gemalte Täfelchen zu den Türmen (*uff die thürn*) für 10 Gulden[31]. Nach Ausweis anderer Quellen waren die Türme der Stadtmauer mit verschiedenen Figuren bemalt, um die zu ihnen passenden Schlüssel leichter zu finden[32].

1633: Sonnenuhr am Neutor (5 Gulden), Sonnenuhr *under das Newthor* (7 Gulden 7 Schilling 6 Heller)[33].

Das **Thomasbild** im Aufsatz kann nicht von Jakob Hoffmann stammen; sein Stil weist auf die Werkstatt des Haller Malers Peter Völcker († 1605)[34], von dem sich zwei archivalisch gesicherte Werke erhalten haben: die Grisaille mit der Ehernen Schlange am Hochaltar in St. Michael (1587)[35] und die Umrahmung der einstigen Chororgel ebendort[36]. Danach lassen sich Völckers Werkstatt u.a. das Epitaph für Leonhard Romig († 1589, S. 252ff.) in St. Michael und, als Spätwerke, die Epitaphe für Abraham Eisenmanger († 1600), Michael Mangelt († 1604) und Andreas Klotz († 1605)[37] in St. Katharina zuschreiben.

Vor allem das Klotz-Epitaph kann als stilistisches Bindeglied zwischen dem Thomasbild und den gesicherten Werken Völckers dienen. Unter anderem gleicht das Haupt Jesu in der Szene am See Genezareth dem Kopf des Thomas und des dritten Jüngers von links am Schweicker-Epitaph. Andererseits stimmt die Figur ganz links (Jakobus?) im Kopftyp mit dem David von Völckers Orgelumrahmung überein, und es findet sich an beiden Werken die gleiche Ornamentik (Beschlagwerk mit plastisch gemalten Voluten). Der Zusammenhang mit Peter Völcker wird so mühelos deutlich, auch wenn die bescheidene Qualität und die späte Entstehungszeit des Klotz-Epitaphs in diesem eine Gehilfenarbeit vermuten lassen.

Auch das Thomasbild dürfte von einem Gehilfen gemalt sein, doch von einem anderen oder nach einer fremden Vorlage. Es wirkt in Form und Farbe einen merklichen Grad manieristischer als das Klotz-Gemälde.

In diesem Zusammenhang sei noch auf ein Ölgemälde, wohl Rest eines Epitaphs, in St. Michael verwiesen. Es stellt den Auferstandenen als *neuen Adam*, der über Tod und Sünde triumphiert, dem ersten Menschenpaar beim Sündenfall gegenüber. Der Auferstandene gleicht der Christusfigur des Thomasbildes im Kopftypus und (spiegelbildlich) auch in der Körperhaltung; er ist nur stämmiger und – wie das ganze Bild – in weicheren und wärmeren Farben gehalten. Das Gemälde kann nicht, wie Gradmann (S. 34) schreibt, 1714 entstanden sein. Es ist, nach der Malweise zu schließen, ein Werk von Jakob Hoffmann und dürfte im früheren 17. Jahrhundert nach einem manieristischen Vorbild der Zeit vor 1600 gemalt sein. Darauf lassen auch die Figuren des Hintergrunds schließen, besonders der Adam (kleiner Kopf, übertriebene Modellierung, komplizierte Drehungen). Wahrscheinlich ist auch das Thomasbild des Schweicker-Epitaphs nach einer manieristischen Vorlage gemalt. Das würde die Ähnlichkeit der beiden Christusgestalten erklären. Daß fremde

Vorlagen in der Völcker-Werkstatt üblich waren, zeigt die Grisaille am Hochaltar, die reichlich Kompositionselemente aus dem Holzschnitt gleichen Themas der zuerst 1564 gedruckten Bibel von Bocksperger/Amman übernimmt.

Die Schweicker-Legende

Um die rätselhafte Mißgestalt Thomas Schweickers entstand schon bald eine Legende: Seine Mutter habe sich, als sie mit ihm schwanger ging, *versehen*. Sie habe einem armlosen Bettler ein Stück Brot gereicht, das dieser mit den Füßen entgegengenommen habe. Darüber sei sie so erschrocken, daß sie ihr Kind ohne Arme zur Welt brachte.

Während Jakob Gräter am Schweicker-Epitaph (1592) nur kurz auf die *territa mater* anspielt, wird die Legende in der Leichenpredigt Weidners (1603) umständlich erzählt: *… als seine Mutter mit jhme schwangers Leibs gegangen, hat sichs begeben, daß ein armer Landfährer vor jhrer Behausung ein Almosen gefordert, da sie jhme solches darreicht, wird sie gewar, daß derselbige keine Arm hatte: erschrickt zwar darob, bekompt aber ein verlangen, denselben Man eben wol zubesehen. Schleicht jhme derhalben in der Gassen nach, vnd sihet jhm nach: da wird sie vnuersehens durch Nachbarn abgewarnet. Darob erschrickt sie, gehet zu Hauß, vnd gebieret hernach jhren Sohn Thomam, ohne Arm, wie der Landfährer gewesen.*

Von da an wird die Legende immer wieder angesprochen. So nennt Philipp Camerarius die Mutter Schweickers *ein blöd zaghafft Weib, / Da sie schwanger erschrocken ist / … An einem der vmb Gottes willen / bat vmb Brot sein hunger zu stillen*[38]. Die bis heute bekannteste Version der Geschichte erzählt ein Gedicht des Katharinenpfarrers Johann Jakob Weidner (1584–1661), in dem er die Verse seines Vaters Johann Weidner über die drei Haller Schreiber (vgl. Anm. 13) noch weiter ausspinnt (1646/58)[39]: *… alß sein Mutter schwanger war, / Kam auf ein Zeit ein bettler dar, / Dem gabs ein Brod, sein Hunger zu büßen, / Das nahm der bettler mit den füßen, / darob erschrackh sie also bhend, / daß sie den Sohn auch gebar ohn Händ. / Ach wer sie damahls gwesen blind, / So wär der Händ nit beraubt ihr Kind …*[40] Diese Version wurde in neuerer Zeit durch Germans Chronik und Ernst Liese verbreitet[41]. Noch 1788 erzählt der Mesner Johann Leonhard Gräter die Legende wie eine biographische Tatsache (in der Version der Leichenpredigt)[42].

Erst im 19. Jahrhundert wurde der Aberglaube durch eine naturwissenschaftliche Erklärung verdrängt. Man nahm jetzt an, daß die Entwicklung des Embryos in solchen Fällen mechanisch gestört wird und es dadurch zu *Selbstamputationen* kommt. *Sie entstehen dadurch, daß sogenannte amniotische Bänder, das heißt auf krankhaftem Wege neugebildete Gewebsstränge, sich um einzelne Glieder des Embryos herumlegen, diese Glieder zusammenschnüren und zum Absterben und Abfallen bringen; es wird dann ein sonst vielleicht wohlgebildetes Kind geboren, dem ein Fuß, ein Arm, einige Finger fehlen, welche ihm während seines Fötallebens gleichsam abgebunden worden sind*[43].

Aber eine Aura des Unheimlichen umgab die Erscheinung Schweickers auch nachher noch. 1965 berichtet Irene Mayer-Hißlinger, eine Nachfahrin der Familie Schweicker, über ihre Kindheitseindrücke vor dem Epitaph: *Ein Schauer lief mir den Rücken hinab, und nichts als kindliche Abwehr war bei mir bei dem Gedanken, mit diesem Krüppel in verwandtschaftlicher Beziehung zu stehen. … Noch Wochen nachher trat der armlose Kunstschreiber immer wieder in meine Gedankenwelt; und Angst und Grauen vermischten sich, wenn ich an ihn dachte. Erst durch Beten für das bucklig Männlein konnte sie den seelischen Druck in Mitleid verwandeln.* Aber noch als Erwachsene hatte sie Scheu, mit ihrem Verlobten vor das Epitaph zu treten: *Denn wer zeigt schon seinem angehenden Ehemann einen Vorfahren mit solch in die Augen springenden Mängeln?*[44]

Inzwischen hat man sich dank Contergan an solche Behinderungen gewöhnt und auch an die Tatsache, daß sie nicht erblich sind. Das Haller Tagblatt zeigte 1993 das Foto einer Juristin, die, ebenfalls ohne Arme und Hände geboren, ihre Doktorarbeit am Computer mit den Füßen tippte. Gegenüber Schweicker hatte sie eine *Schaunummer* voraus: sie konnte, als sie noch rauchte, ihre Zigaretten mit den Zehen drehen und anzünden. Auch ihre Benachteiligungen sind zum Teil neuerer Art: *Man schmeißt mich oft aus den Restaurants hinaus, weil ich mit den Füßen esse*, berichtet sie. Zur Abwehr von Belästigungen übt sie sich in einem koreanischen Kampfsport[45].

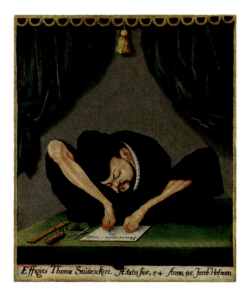

Nachtrag 2012/2013 zu S. 165:
Die Zuschreibung der Miniatur an Jakob Hoffmann wurde jüngst durch einen glücklichen Fund bestätigt. Ein stilistisch und kompositionell gleichartiges Bildnis des schreibenden Thomas Schweicker, schon 1619 in der kurfürstlich-sächsischen Kunstkammer Dresden, heute in einer Privatsammlung, hat der Maler mit vollem Namen signiert: *Effigies Thomæ Scuueickeri. Ætatis suæ, 54 Anno 95. Jacob Hofman.*

Freundliche Hinweise von Daniel Stihler, Stadtarchiv, und Armin Panter, Hällisch-Fränkisches Museum, Schwäbisch Hall.

B. Grabplatte

Platte aus Sandstein, 178/102 cm, am ursprünglichen Ort über dem Grab, durch eine hölzerne Falltür geschützt. – 1999 gereinigt (Peter Rau).

Bildhauer unbekannt, um 1602.

Thomas Schweicker ist selbst im Tod noch ein Ausnahmefall: er ist wahrscheinlich die einzige Persönlichkeit, die im Inneren der Michaelskirche bestattet wurde. Die aus der Feldnerkapelle überführten Grabsteine in den beiden benachbarten Chorkapellen bedecken allem Anschein nach keine Gebeine (nachgewiesen ist dies beim Stein des enthaupteten Hans von Stetten in der 3. Kapelle)[46].

Der Stein Schweickers ist dank seinem Holzdeckel relativ gut erhalten; nur der obere (westliche) Teil wurde durch eingedrungenes Wasser stärker beschädigt. Das Relief zeigt in der oberen Hälfte eine Inschriftkartusche, verziert mit Rollwerk und zwei Frauenköpfen (an den oberen Ecken), darüber in der Mitte einen geflügelten Engelskopf in lebhafter Drehung, unter der Kartusche zwei Fruchtbündel, beide mit einem Granatapfel. – Die untere Plattenhälfte enthält in einem mit Rollwerk verzierten elliptischen Rahmen das Wappen Thomas Schweickers[47], flankiert von zwei flott konzipierten, geschmeidig modellierten männlichen Putten, die auf Konsolen stehen und den Rahmen halten. Ihre Köpfe sind im Kontrapost nach außen gewendet, ihre Füße überzeugend verkürzt. Die Helmdecke des Wappens besteht aus kräftig eingerolltem Laubwerk mit knospenartigen Verdickungen an den Blattenden. Unter dem Wappen hängt an zwei Ringen eine Girlande mit einem Fruchtbündel in der Mitte.

Die Inschrift der Kartusche besteht aus der Grabschrift – einem lateinischen Distichon und vier deutschen Versen – sowie einem Bibelwort. Sie lauten:

SeptIMa BotryphorI LVX Vt sVper æthera fVLsIt
SChVVeICCerVs CLarI regna petItq(ue) thronI MMS[48]
SIbenten tags OCtobrIs VVIst
ThoMas SChVVeICCer gestorben Ist
RVhet Itz In Gottes ZeLten feIn
BefreIt Von ChrIsto eVVIger peIn DS[49]
Thomas Antwortet mein Herr vnd mein / Gott
spricht Ihesus Thoma weil du mich / gesehen glaubstu
selig sind die mich nit / sehen vnd doch / Glauben /
Iohan XX Cap [Vers 28. 29].

Übersetzung des Distichons: „Als der siebente Tag des Weinmonds über dem Äther erstrahlte, erhob sich auch Schweicker in das Reich des lichten Thrones"[50].

Sowohl die lateinische wie die deutsche Grabschrift enthalten ein Chronogramm. Die großen Buchstaben ergeben, nach ihrem Zahlenwert addiert, das Todesjahr Schweickers: im lateinischen Distichon M CCCC LLL X VVVVVVV IIIIII = 1602, in den deutschen Versen M CCCCC L VVVVVVVV IIIIIIIIII = 1602. – Bei der von Liese (S.258) zitierten Version, ebenfalls einem Chronodistichon, handelt es sich nicht wie angegeben um das

Grabgedicht Michael Schweickers, sondern um eine Umdichtung des Weidner-Sohnes Johann Jakob Weidner im Anhang der Leichenpredigt[51].

Der Sinngehalt

Die beiden Plattenhälften vermitteln zwei verschiedene Anliegen Schweickers. In der oberen Hälfte geht es – neben der Grabschrift mit dem poetisch verbrämten Todesdatum – um das an Thomas gerichtete Christuswort mit der Seligpreisung der bedingungslos Glaubenden (Johannes 20, 28–29; Näheres darüber siehe oben, S. 163). Welche Bedeutung der Verstorbene diesem Wort beigemessen hat, ersieht man daraus, daß der Aufsatz des Epitaphs dieselbe Bibelstelle vor Augen führt.

Die untere Plattenhälfte zeigt das Wappen Schweickers in voller Ausgestaltung mit Schild, Helm, Helmzier, Helmdecken (in Form von Laubwerk) und flankierenden Putten, die den Rahmen halten. Der Brief für dieses Wappen wurde Schweicker 1584 durch Kurfürst Ludwig von der Pfalz *gnädigst ertheilt, damit er und seine Posterität sich dessen zu erfreuen haben möchte*[52]. Wo könnte sich die Nachwelt dieses Wappens besser erfreuen als an Schweickers Grabmal? Noch an einer anderen öffentlichen Stelle begegnet das Vollwappen Schweickers, zwar wesentlich kleiner, doch dafür farbig: an der Reichalmosen-Tafel (S. 210ff.), wo Schweicker unter den Stiftern erscheint (Wappen Nr. 37 von 1590). Danach ist der Wappenschild golden und die darauf befindlichen Figuren rot. Es sind: in der heraldisch rechten Hälfte ein Bein (auf dem Grabstein mit Schreibfeder zwischen den Zehen, auf der Wappentafel ohne Feder); in der geteilten linken Hälfte oben die Brezel mit der Hausmarke (ein Kreuz mit abgewinkeltem Schrägbalken), unten das Monogramm TS (verschlungen). Die Helmzier besteht aus zwei Adlerflügeln, einem roten mit goldener Sonne rechts und einem goldenen mit rotem Halbmond links.

Schweicker selbst hat uns den Sinngehalt dieses Wappens mitgeteilt: Die Adlerflügel sollen besagen, daß sich sein Schreiben in alle Länder ausgebreitet habe. Die Sonne meint Jesus Christus als Sonne der Gerechtigkeit, dessen Ehre und Erkenntnis Schweicker fortgepflanzt habe. Der Mond empfängt seinen Schein von der Sonne wie Schweicker seine Gaben von Gott, und wie der Mond ab-

und zunimmt, habe Schweicker im Mutterleib abgenommen und danach durch Gottes Gnade auf andere Weise wieder zugenommen. Das Bein mit der Schreibfeder zeige, wie er seine Geschäfte verrichte. Die Brezel mit dem Kreuz sei das Petschaft seines Vaters gewesen. Und die beiden Farben rot und gelb (= gold) habe er als die Farben seines geliebten Vaterlandes Hall vor allen anderen geliebt[53].

Entstehungszeit

Die Grabplatte war spätestens im April 1603 vorhanden, denn in der gedruckten Leichenpredigt vom 9. April 1603[54] lobt der Prediger Weidner die Hinterbliebenen: Ihr habt *Christlich gehandelt, daß jr sein Grab in vnser Hauptkirchen bey S. Michel im Chor, mit einem schönen Grabstein, bey seinem schriftlichen Epitaphio, so er jhm selbst, bey Lebzeiten verfertiget, gezieret.* Man darf daher annehmen, daß der Stein gleich nach dem Tode Schweickers (dem 7. Oktober 1602) geschaffen wurde.

Eine Entstehung schon zu Lebzeiten Schweickers wäre zwar denkbar, doch hätte Weidner dann wohl nicht nur vom schriftlichen Epitaph berichtet, Schweicker habe es *bei Lebzeiten ihme selbs* in die Kirche *verordnet* (siehe oben, S. 164). Außerdem ließe sich der fast schon barocke Figurenstil der Platte (siehe unten) in der ausgehenden Schlör-Ära noch schwieriger als ohnehin stilistisch einordnen. Eine Datierung um 1602 hat deshalb eine hohe Wahrscheinlichkeit für sich.

Der Bildhauer

Den Bildhauer des Steins kennen wir nicht. Die in der *dunkeln Zeit* der Haller Skulptur zwischen dem Tod Sem Schlörs (1597) und dem Erscheinen Jakob Betzoldts (1618) und Leonhard Kerns (1620) entstandenen Werke lassen sich bis jetzt mit keinem Namen verbinden. Meines Wissens wird überhaupt nur ein Haller Bildhauer genannt, der zeitlich in Frage käme: Friedrich Grau (1579–1614), aus einer Haller Familie und in Hall tätig von 1600/01 bis zu seinem Tod (vor dem 15. November 1614)[55]. Wir kennen von ihm aber kein gesichertes Werk. Er soll an dem Grabmal des Schenken Albrecht von Limpurg († 1619) in Gaildorf mitgewirkt haben[56]. Doch wurde das unfertige Werk von Jakob Betzoldt und Philipp Kolb weitergeführt und erst 1620/21 vollendet. Es ist daher kein geeignetes Vergleichsobjekt.

Berücksichtigt man aber, daß sich Schweicker bei seiner Liebe zu Hall, seinem *vihl- und hochgeliebten Vatterland*, wahrscheinlich keinen auswärtigen Meister für sein Grabmal gewünscht hat, so spricht eine gewisse Wahrscheinlichkeit für den einzigen in jener Zeit genannten Haller Bildhauer, für Friedrich Grau. Einen Beweis für seine Autorschaft haben wir nicht.

Das Besondere an dem Bildhauer ist sein dynamischer, zum Barock vorausweisender Figurenstil. Eine so bewegte Körpermodellierung und so gewandte Drehungen und Verkürzungen wie bei den zwei Putten und dem Engelskopf (siehe seinen rechten Flügel!) stehen in einem frappanten Gegensatz zu dem statischen Reliefstil Simon Schlörs und seiner Schule, und das nur wenige Jahre nach dem Tode Schlörs. Alles in allem freilich sind die Figuren des Grabmals eher derb gearbeitet; die Stärke des Bildhauers liegt in der Ornamentik.

Man kann nur hoffen, daß sich durch den Fund weiterer Quellen und Werke die Frage nach dem Meister eines Tages beantworten läßt.

Quellen und Literatur
Chronick der Reichsstadt Schwäbisch Hall, sog. „Grüne Chronik", StAH 4/8, S.707 f.; Epitaphienbuch 1698/1708, Bl.36v-38; Bd. a, S.42-44; Johann *Weidner*, Christliche und einfältige Leichpredig Bey der Begräbnus des wundermans Thomæ Schweickers Seeligen Weiland Bürgers zu Schwäbischen Hall … Sampt beygesetzten Lob vnd Grabschrifften, Franckfurt am Mayn (Johann Saur), 1603 (Exemplar in der Württ. Landesbibliothek Stuttgart, LPv 16299; Kopie im StAH, So 1136); *Gräter* 1788, Anh. S.(6)-(9); Konrad *Schauffele*, Ueber den Kunstschreiber Thomas Schweicker aus Schwäbisch Hall, in: Württ. Vierteljahreshefte 1879, S.291-295; Ernst *Liese*, Thomas Schweicker als Mensch und Künstler, in: WFr, N.F. 20/21, 1939/40, S.255-282; Irene *Mayer-Hißlinger*, In memoriam Thomas Schweicker, in: Der Haalquell 1965, Nr.8, S.31 f.; *Deutsch* 1983, passim; M(onika) *Ko(pplin)*, Epitaph des Kunstschreibers Thomas Schweicker, in: Die Renaissance im deutschen Südwesten, Ausstellungs-Kat. Heidelberg, Karlsruhe 1986, Band 1, S.199 (Nr. C 32); Peter *Rau*, Dokumentation der Restaurierung und Reinigung der Grabplatte, 1999 (Ms., 1 Seite).

Anmerkungen

1. Die Nische stammt aus der Zeit des Chorbaus. Vermutlich enthielt sie ursprünglich eine Gedenktafel mit der 1494 vertraglich vereinbarten Stiftungsinschrift der Familie Stetten (vgl. dazu *Deutsch* 1983, Anm.1). Meine damals geäußerte Hoffnung, daß sich "hinter dem Epitaph noch Spuren der ehemaligen Verwendung finden" könnten, hat sich freilich nicht erfüllt. Beim Herausnehmen des Epitaphs und der dahinter befindlichen Bretterwand anläßlich der Heidelberger Renaissance-Ausstellung 1986 erwies sich die Nische als leer. Der ursprüngliche Inhalt ist also entfernt worden, vielleicht beim Einsetzen des Schweicker-Epitaphs.
2. Laut Sprachbrockhaus *schon*, im Mittelhochdeutschen *oder* und *sonst* (was wenig Sinn ergibt); vielleicht ist *allda* gemeint. Weidner ändert in der Leichenpredigt um in *ade* (vgl. *Liese* S.270).
3. Vgl. *Deutsch* 1983, S.9.
4. Der Prediger Johann Weidner hat die deutsche Version später – unter eigenem Namen – in die Leichenpredigt für Schweicker übernommen. Dabei hat er den siebenten Vers mit dem achten vertauscht und vor allem den Sinn des Gedichts durch ein schulmeisterliches Einschiebsel verfälscht, das mit dem Thema Gräters, dem Wunderwerk Gottes, überhaupt nichts zu tun hat: *Gottes Wort er liset, höret, liebt, / in Tugend Nüchternheit sich übt* (vgl. *Liese* S.270).
5. *Ohne Ziel* = unaufhörlich.
6. Besonders eines Blatts im Besitz des Haller Stadtarchivs; vgl. *Deutsch* 1983, S.7 mit Anm.24,25 und Abb.1.
7. Die gleichen Utensilien sind auch auf anderen Darstellungen Schweickers zu sehen (vgl. etwa *Liese* Abb.2,10; *Deutsch* 1983, Abb.1,2; Der Haalquell 1965, Nr.8, S.32; zu dem mit dem Tintenfaß verbundenen Federetui auch RDK VII, Sp. 981/982, Abb.8).

8 Vgl. *Deutsch*, Rieden 1990, S.224.
9 Vgl. *Liese* S.274 (nach Johann Hieronymus *Lochner*, Samlung merkwürdiger Medaillen, in welcher wöchentlich ein curieuses Gepräg, meistens von modernen Medaillen, ausgesuchet, und nicht nur fleisig in Kupfer vorgestellet, sondern auch durch eine historische Erläuterung hinlänglich erkläret ... an das Licht gegeben worden, Nürnberg 1737-1744, S.252).
10 Germanisches Nationalmuseum Nürnberg (= GNM) HB 856, abgebildet u.a. in: Der Haalquell 1965, Nr.8, S.32.
11 Philipp *Camerarius*, Operae horarum subcisivarum sive meditationes historicae ... Centuria 1-3, Frankfurt 2¹644-1650, Cap.37 (de Thoma Schweickero), S.169. – Camerarius hatte den 31-jährigen Schweicker auf der Comburg gesehen (vgl. *Liese* S.264).
12 Zitiert nach einem Blatt im GNM, HB 856. Beigefügt sind die bekannten Stiche des schreibenden Schweicker von Johann Theodor de Bry und des stehenden Schweicker von Heinrich Weirich (1593), vgl. dazu *Liese* S. 275.
13 GNM HB 14055. – Die drei kolorierten Holzschnitte sind von Wilhelm Boß (signiert WBOS 1582), die deutschen und lateinischen Verse stammen von Johann Weidner, wie der Leichenpredigt, Anhang Nr.IX, zu entnehmen ist (in der Überschrift: *auctore Iohan. Weidnero P.L. Scholæ Halens. Sueuicæ Rectore, An. 82. die 7. Iulii* [von Johann Weidner, gekröntem Dichter, Rektor der Schwäbisch Haller Schule, 1582, am 7. Juli]; unten: *Exarat: Halæ Sueuorum vrbe Imp... I.W.L.P.L.* [niedergeschrieben in der Reichsstadt Schwäbisch Hall von Johann Weidner aus Lendsiedel, gekröntem Dichter]. Vgl. auch *Deutsch* 1983 (Jakob Hoffmann), Anm.22.
14 Abgebildet bei *Liese* S.275, Abb.9, und bei Albert *Raff*, Die Münzen und Medaillen der Stadt Schwäbisch Hall, Freiburg 1986, Nr.84-87, 89.
15 Vgl. mittelhochdeutsch *vriunde*, *gevriunde* = Verwandte, ebenso wie *Freunde*.
16 Wie Schweicker im Alter wirklich ausgesehen hat, zeigt am ehesten die Medaille von 1592 mit seinem Brustbild (*Raff* Nr.88). Auch der Kupferstich Weirichs von 1594 dürfte seiner tatsächlichen Erscheinung nahe kommen.
17 Vgl. dazu *Deutsch* 1983, S.4 mit Anm.12.
18 Siehe ebd., Anm. 23a.
19 Vgl. ebd., Abb.24 und S.5.
20 Näheres, auch zum folgenden, ebd., S.5 f.
21 Siehe unten, im Literaturverzeichnis.
22 Vgl. Anm.12.
23 StAH 2/70, Bd.II (1635-54), S.193. – Näheres über Hoffmanns Lebensweg bei *Deutsch* 1983, S.13 f.
24 Steuerrechnung (= StR) 640, StAH 4a/39d.
25 StR 733, 4a/72.
26 StR 735, 4a/74.
27 StR 744, 4a/74d.
28 StR 757, 4a/78.
29 Rechnung über die geistlichen Güter zu St. Michael, 1600-1803, StAH 4/2561 (1616-17), zum 8. Februar 1617.
30 Ebd. 4/2564 (1619-20), zum 1. Dezember 1619.
31 StR 764, 4a/85.
32 1690 wird der Maler Johann Lorenz Schreyer bezahlt, *umb das er die 31. Stattthürn mit anmahlung allerhand figuren von Menschen, Thieren und sonsten bezeichnet, und zu deren leichtern auff schließung die Täffelein, woran die Schlüßel hangen, auff gleiche art und weiß bezeichnet* (StR 4a/152, zum 4.3.). Zwei solcher Tiere werden an anderer Stelle genannt: *1723 ein Eßel an der Thür des Eßelsthurns* (4a/185, zum 17.12.) und schon 1623 *eine Schildt Krotten ... uff die Stattmaur uber Kochens* (4a/85, zum 3.11.).
33 StR 774, 4a/95.
34 Das Todesdatum verrät uns das Epitaphienbuch (Bl.98v): Anno Dei. 1605. d(en) 15. Apprill starb der Erbarr und Kunstreiche Peter Völckher Mahler und Burger alhier seines Allters 50. Jahr.

35 Vgl. *Deutsch* in: WFr 1985, S.134, Anm. 30.
36 *Maister Petter Volcker dem malern so er an der Orgel verdient zalt 120 fl* (StR 707, StAH 4a/66c, April/Juli 1603).– Vgl. auch *Deutsch* 1983, Anm.46.
37 Der Feldrichter Andreas Klotz starb am 3.2.1605, Peter Völcker am 15.4.1605. Doch entstand das Klotz-Epitaph schon zu Lebzeiten des Feldrichters, denn das Todesdatum ist nachgetragen: für die Monatsangabe (*febru*) reichte trotz der Abkürzung der Platz nicht aus. – Das Epitaph zeigt die Szene, wie Jesus am See Genezareth die Fischer Petrus und Andreas – laut Mt 4,18-20 und Mk 1,16-18 – zu *Menschenfischern* beruft. Andreas, der Namenspatron des Feldrichters (in der Bildmitte!), wird von Jesus vor Petrus als erster empfangen.
38 *Camerarius*, wie oben, S.9; zit. nach der Leichenpredigt, Anh.XV.
39 Während seiner Amtszeit an St. Katharina 1646-1658, nicht 1570, wie *German* und *Liese* (wie Anm.41) irrtümlich angeben, und nicht Johann Weidner, wie Liese meint. Das Jahr 1570 bezieht sich auf die drei Schreiber.
40 Grüne Chronik, StAH 4/8, S.708.
41 Wilhelm *German*, Chronik von Schwäbisch Hall, Schwäb. Hall o.J. (1900), S.172; *Liese* S.255 f.
42 *Gräter* (wie Lit.-Verz.) S.(6) f.
43 Meyers Konversations-Lexikon, Leipzig/Wien ⁵1895, Bd.5, S.733 (Stichwort Embryo).
44 Wie Lit.-Verz., S.31 f.
45 Haller Tagblatt vom 3.12.1993 (Nr.279), S.5.
46 Vgl. *Krüger* S.13. Die beiden Stetten-Grabsteine der benachbarten Kapellen wurden wohl nur der Wappen wegen, zusammen mit den Schild- und Helmkleinodien und den vier Altären der Familie Stetten, laut Vertrag von 1494 (StAH 4/139, Bl.528v ff.) aus der Feldnerkapelle in den Chor der Michaelskirche verbracht (vgl. *Deutsch* 1983, Anm.1). – Die von Eduard Krüger (WFr 1965, S.76) im Plan seiner Ausgrabungen eingezeichneten Bestattungen liegen außerhalb des romanischen Chors; der sie überschneidende Nordostturm ist nicht nachgewiesen und hat – im Gegensatz zum Südostturm – wohl nie existiert.
47 Beschreibung siehe unten, S.20.
48 MMS = Magister Michael Schweicker, Thomas' jüngerer Bruder, Präzeptor in Frankfurt a. M. (vgl. *Liese* S.258 ff.).
49 Das *D* nicht sicher lesbar, doch stammt das Gedicht laut Leichenpredigt, Anh. XII, von David Schweicker, des Thomas jüngstem Bruder.
50 Die Übersetzung Wunders beruht auf einem Irrtum beim Lesen zweier Wörter der schwer entzifferbaren und auch im Epitaphienbuch verballhornten Inschrift (*vi* statt *ut* und *tulit* statt *fulsit*).
51 *Distichon Numerale, continens Annum, Mensem & Diem Obitus Thomæ Schvveicker* (Chronodistichon enthaltend das Jahr, den Monat und den Tag des Todes von Thomas Schweicker): *SeptIMVs ILLVXIt Phoebeo oCtobrIs Vt aXe, / SChVVeICkere In CoeLIs regna beata tenes* (als der siebente October am Firmament [wörtlicher: am Sonnenhimmel] aufleuchtete, hast du, Schweicker, das selige Reich im Himmel eingenommen). Unterschrift (übersetzt): *Niedergeschrieben in Schwäbisch Hall am 6.4.1603 von dem kunst- und dichtungsbeflissenen Johann Jakob Weidner* (damals Student und knapp 19 Jahre alt). – Auflösung des Chronogramms: M CCCC LLL XX VVVVV IIIIII = 1602.
52 *Liese* S.256, nach der Grünen Chronik (StAH 4/8) S.707.
53 Im ausführlichen Wortlaut bei *Liese*, S.266 ff., nach der Grünen Chronik, S.707 f.
54 Vorrede *An den Christlichen Leser*, S. (2).
55 Vgl. die einschlägigen Kirchenbücher und Beetlisten.
56 Alfred *Klemm*, Württembergische Baumeister und Bildhauer, in: Württ. Vierteljahrshefte für Landesgeschichte 1882, S.187, Nr.508, 511.– Teilabbildung bei *Wunder/Schefold/Beutter*, Die Schenken von Limpurg und ihr Land, Sigmaringen 1982, S.69.

Margreta Engelhartin von Megeßheim bey
Wasserdrüdingen, im Marggraffthumb Onspach.
Ihres alters 25. Jar. ward Lam A: 34. war gerad
Zu Hall, den 5. Decemb. A.° 42.
Zu Hesenthal, vor Neünthalb Jar
Diß Mägdlein zu eim krüpel war,
Biß an die Bruft giengen ihr knie,
Wie auß dem Gmäld zu sehen hie,
Gantz zwifach gienge sie daher,
Deren erbarmt sich Gott der Herr,
Ohn all Artzney, gab er ihr wider,
Inn ainer stund, ihr grade glieder.

Margreta Engelhart (1617–1670)

Hochrechteckige Gedenktafel ohne Rahmen, Öl auf Holz, 59/42 cm, gut erhalten (1988 konserviert und restauriert). Gestiftet vom Haller Rat; von Anbeginn in der vierten Chorkapelle neben Thomas Schweickers Epitaph. Jetzt als Dauerleihgabe im Hällisch-Fränkischen Museum.

Johann Schreyer (archivalisch gesichert), zwischen Dezember 1642 und April 1643.

[43]

Das Gemälde zeigt die verkrüppelte und die wiedergenesene Margreta Engelhart nebeneinander in der Ecke eines kahlen, bräunlich getönten Raumes, wo eine dunkle, schräg in die Tiefe gerichtete Wand und eine helle, bildparallele zusammenstoßen. Links unten, vor der dunkeln Wand, kauert die verkrüppelte Margreta mit einem Stock, der ihr zum Fortrutschen dient, in der linken und einem Henkeltopf in der rechten Hand. Sie trägt ein dunkelgraues Kleid mit Halskrause, das den Unterkörper wie eine Glocke verhüllt, und eine Haube gleicher Farbe mit einer weißen Kordel als Besatz.

Rechts neben ihr, vor der heller beleuchteten Wand, steht in lichter Kleidung, aufrecht und mit gefalteten Händen die wiedergenesene Margreta. Sie trägt ein weißes Hemd mit langen Ärmeln, eine weiße Halskrause und ein kurzes, bräunlichrotes, an der Vorderseite geschnürtes Mieder. Den dunklen Rock bedeckt bis fast zum Boden eine weiße Schürze. Die in einem Zopfkranz um das Haupt gelegten Haare sind mit einem hellen Band zusammengefaßt.

Im linken oberen Bildviertel hängt an der dunkeln Wand, mit einem Haken befestigt, eine Schrifttafel, an einer Ecke von der stehenden Figur überdeckt. Sie verjüngt sich in perspektivischer Verkürzung – entsprechend der Richtung der Wand – nach rechts hinten und enthält in schwarzer Fraktur auf hellem Grund die folgende Inschrift:

Margreta Engelhartin von Megerßheim bey / Wasserdrüdingen, im Marggraffthumb Onspach, / Ihres alters 25. jar, ward Lam, A.º 34. war gerad / Zu Hall, den 5. Decemb. A.º 42.

Zu Hesenthal vor Neunthalb [= 8 ½] Jar
Diß Mägdlein zu eim krüpel war,
Biß an die Brust giengen ihr knie,
Wie auß dem Gmäld zu sehen hie,
Gantz zwifach [= verkrümmt] gienge sie daher,
Deren erbarmt sich Gott der Herr,
Ohn all Artzney, gab er ihr wider,
Inn ainer stund, ihr grade glieder.

Das gleiche berichtet der Nekrolog von 1670 im Totenbuch mit etwas anderen Worten, vermehrt um die Nachricht vom schlimmen Ende:

Margaretha, Hanns Engelharten von Megersheim in der Marggraff[schaft] Ohnspach gelegen ehel. hinterl. Tochter, ist neundthalb jahr krum gewesen, das sie der zeit gleichsam uff allen 4. [= Vieren] daher kriechen und rutschen müßen, a(nno) [1]642. den 5. Decembr(is) durch Gottes sonderbare Hilff wider grad worden und endtlich im Spital an der wassersucht gestorben 53. jahr, 3. wochen und 5. tag alt den 14. Maji und drauff den 16. eiusd(em) bei St. Nicolaj Christ-gebührl. zur erden bestattet worden.

Danach lassen sich die wesentlichen Lebensdaten Margretas wie folgt zusammenfassen: Geboren ungefähr am 18. April 1617 in Obermögersheim bei Wassertrüdingen in der Markgrafschaft Ansbach; gelähmt im Frühsommer 1634 zu Hessental, mit 17 Jahren; genesen nach achteinhalb Jahren, am 5. Dezember 1642 in Hall, mit 25 Jahren; gestorben an der Wassersucht am 14. Mai 1670 im Haller Spital, mit 53 Jahren, 3 Wochen und 5 Tagen. Sie lebte also nach ihrer plötzlichen Heilung noch über 27 Jahre.

Die Angaben des Museumsführers (bzw. der Beschriftung im Museum), Margreta Engelhart sei eine Bettlerin gewesen und auch nach ihrer Genesung ein Sozialfall geblieben, lassen sich nicht belegen. Ins Spital, wo sie gestorben ist, kann sie auch wegen ihrer Krankheit gekommen sein. Auch entspricht ihre schmucke Kleidung mit der Halskrause nicht der einer Bettlerin.

Über die medizinischen Ursachen der Krankheit und der wundersamen Heilung Margretas kann man heute nur noch mutmaßen (ich halte mich dabei an die Vorschläge von Dr. med. Konrad Betz). Wahrscheinlich handelte es sich um eine seelisch bedingte (psychogene) Lähmung, möglicherweise mit einem organischen Kern. Dann hätte anfangs eine körperliche Krankheit, etwa Kinderlähmung, eine Lähmung der Beine verursacht. Aus seelischen Gründen (Angst? Krankheitsgewinn?) wurde diese Lähmung aber trotz organischer Besserung beibehalten; sie wurde zu einer *fixierten Gewohnheitslähmung*. Das heißt, die Kranke verharrte – unbewußt? – in dem Glauben, nicht mehr gehen zu können, bis eine massive seelische Erschütterung (ein Schreck oder ein religiöses Erlebnis?) diese Sperre durchbrach. Darauf deutet die plötzliche Genesung Margretas an einem genau bestimmbaren Tag: am Nikolaitag 1642 wurde sie binnen einer Stunde *ohnversehens wider gerad*[1].

Der Sinngehalt

Das Werk ist im strengen Sinn keine *Votivtafel*, wie der Museumsführer von 1990 angibt, denn es wurde nicht zum Dank für die Heilung oder auf Grund eines Gelübdes von der Geheilten gestiftet, sondern von der Stadt (siehe unten) – es fragt sich nur, zu welchem Zweck. Nun weiß man, daß der Haller Rat, wohl aus wissenschaftlichem Interesse, keine Gelegenheit ausließ, die abnormen und absonderlichen Erscheinungen auf seinem Gebiet – es seien fremde Vögel, Mißgeburten („Monstren") oder ungewöhnliche Krankheitsfälle (zum Beispiel eine Frau mit Gesichtskrebs)[2] – durch Abmalen zu dokumentieren. Wenn aber die Tafel der Margreta Engelhart in gleicher Absicht gemalt worden wäre, warum hätte man sie dann für die Kirche bestimmt? Wie das Epitaphienbuch zeigt, hing sie dort schon 1698 an der nämlichen Stelle, also sicherlich von Anfang an. Und es kann kein Zufall sein, daß sie neben dem Epitaph und dem Grabmal Thomas Schweickers angebracht wurde. Ihr Sinn wird damit offensichtlich: sie sollte den Kirchgängern bildhaft vor Augen führen, daß Gott auch in der Gegenwart noch Wunder tut, daß es nicht nur die Wunder gibt, die er in ferner Vergangenheit durch Jesus Christus vollbracht hat und die man nur vom Hörensagen, das heißt durch die Evangelisten kennt, sondern daß den Gläubigen ein solches Wunder jederzeit widerfahren kann, auch heute und in Zukunft. Wie Thomas Schweicker, obwohl ohne Arme und Hände geboren, kunstvoll schreiben lernte, was man als Wunder ansah, so widerfuhr der verkrüppelten Margreta Engelhart das Wunder, daß sie wieder aufrecht stehen und gehen konnte. Darum wurde die Gedenktafel vom Haller Rat bestellt und mit gutem Grund neben dem *Wundermann* Schweicker angebracht. Dort hing sie dreieinhalb Jahrhunderte lang, auch noch in der württembergischen Epoche. Erst unserer gottfernen Zeit war es vorbehalten, sie aus diesem religiösen Zusammenhang zu lösen und aus der Kirche zu verbannen (was freilich ihrer Pflege und Erhaltung zugute kommt).

Der Maler

Die städtischen Rechnungsbücher (*Steuerrechnungen*) verzeichnen im Quartal vom 25. Januar bis 23. April 1643 folgende Ausgabe[3]: *Johann Schreyern mahlern, wegener Margretham [!] Engelhartin, welche vor 9. jahren zu Hessenthal krumb: undt alhier an Nicolaitag (1)642 ohnversehens wid(er) gerad worden abgemahlet 3. f*. Dem Eintrag lassen sich drei wichtige Umstände entnehmen: daß Hans Schreyer die Tafel gemalt hat, daß die Stadt den Auftrag erteilte und daß die Heilung Margretas plötzlich (unversehens) erfolgte.

Näheres über Johann (Hans) Schreyer, 1596–1676, berichtet das Totenbuch in einem Eintrag vom Freitag, dem 24. März 1676: *H(er)r Johann Schreier, Mahler, ist im jahr C[hristi] 1.5.96. d(en) 24 Iunij vor 80 jahren, weniger 3 Monat zu Hausen Lümpurgischer Herrschaft ehlich gebohren, der Vatter war Michael Schreier Leinenweber der Mutter nahm war unwisend, zur hl. Tauf befürdert, christlich erzogen zu Kirchen und Schulen angehalten, wie er dann ad*

Secundam Classem kommen, erlernte die löbliche Mahlerkunst, begab sich in die frembde, durchreisete Österreich Baiern Steuermarckt etc. verheuratete sich 1. [im Jahr 1620⁴] mit Felicitas Schwenderin, auß Steuermarckt, und zu Spiz in Underösterreich gewohnt, bis er im Kriegswesen durch Feursbrunst umb d(as) seinige gebracht, sich hieher begeben müßen, und in 15jährig(em) Ehestand 1. Sohn erzeugt, 2. mit Anna Barbara, Iohann Leonhard Dürren Schnidt [= Wund] und augenarzts, Ehlich(en) Tochter, so geschehen im jahr C. 1.6.35. am aller Heilig(en) Tag. mit ihr gelebt 41 jahr, erzeugte 8 Söhn und 5 Töchter davon noch 2 Söhn und 2 Töchter bei leben, erlebte 8. Enckelin, wurde vor etlich Monat mit d(er) Engbrüstigkeit, dazu endlich ein schlagflus sich ereignet, daran er vorgestern Mitwoch früh umb 5. Uhr sein leben selig geendet [am 22. März 1676 nach dem Julianischen Kalender].

Bei Nachforschungen in Spitz an der Donau konnte zwar der Name Schreyer in den Akten nicht gefunden werden (die Kirchenbücher beginnen erst 1627), doch konnte mir der dortige Historiker Reinhold Nothnagl Näheres über das kriegerische Ereignis mitteilen, das Hans Schreyer um Haus und Habe brachte und dem wir letztlich verdanken, daß er sich in Hall niederließ. Ich zitiere aus Reinhold Nothnagls Brief vom 6. August 1985: *Spitz war eine Hochburg des Protestantismus, weil die Herrschaftinhaber, besonders Hans Lorenz II. von Kuefstain, eine Führungsrolle im protestantischen Adel von Niederösterreich innehatten. Dies rief den Unmut der Kaiserlichen hervor. Eine fürchterliche Zerstörung durch Brand und Plünderung gab es in Spitz am 20. März 1620, wo der Ort in einem Rachefeldzug von 32 Reitern in polnischer Verkleidung aus der kaiserlichen Armee des Grafen Bouquoy zerstört wurde. Kaum ein Haus wurde dabei verschont, der Kirchenschatz geraubt; das Schloß, die evangelische Schloßkirche, der Pfarrhof und das gesamte Kirchenviertel brannten ab. Wahrscheinlich hat auch Schreyer hier sein Wohnhaus und sein Vermögen verloren.*

Offensichtlich ist Hans Schreyer nach diesem Unglück wieder in die Nähe seiner alten Heimat gezogen. Das Datum 1620 paßt zu den Haller Daten: spätestens 1623 zahlt Schreyer in Hall 2 Ort (= ½ Gulden) Vermögenssteuer (Beet)[5]. Er wird damals in der *Rott* veranlagt, hat also noch kein eigenes Haus. Ab 1625 wohnt er im Steuerbezirk Pfaffengasse/Nonnenhof[6], ab spätestens 1651[7] in der oberen Keckengasse (heute Herrngasse). Sein Vermögen betrug nach den Beetbüchern[7]: 1623/24 200 Gulden, 1625/26 400 Gulden, 1627/28 500 Gulden, 1630-32 280 Gulden, 1633 600 Gulden, 1651/52 700 Gulden, 1653–1663 600 Gulden und am Schluß seines Lebens 1675/76 noch 400 Gulden.

Die städtischen Zahlungen für Schreyer setzen erst 1641 ein, dann aber massiv und regelmäßig, bis zu seinem Tod. So erhält er 1641 – neben der Entlohnung für kleinere Arbeiten wie die Fassung einer Mannsfigur auf dem Mühlmarktsbrunnen – die beträchtliche Summe von 248 Gulden 23 Schilling für die Renovierung der Haller Ratsstube, wo er unter anderem ein Jüngstes Gericht zu malen hatte[8]. Von diesen archivalisch überlieferten Werken hat sich kaum etwas erhalten, dafür eine große Zahl an privaten Aufträgen, Epitaphen vor allem, für die es keine Belege gibt, so daß wir auf Zuschreibungen vertrauen müssen. Von den erhaltenen Werken Schreyers sind – bis jetzt – nur folgende gesichert:

1642/43: Gedenkbild für Margreta Engelhart (s.oben);

1643: Siedersbild im Haalamt, datiert *1643* und bezeichnet *... Durch Hanß Schreyern gemahlet ...*;

1651: Bildnis Johann Conrad Beyschlag im Hällisch-Fränkischen Museum (HFM), am unteren Rand signiert *HS* (ligiert);

1654 (oder schon 1645?): Bildnis Johann Heinrich Dieterich d. Ä. im HFM, am unteren Rand signiert *Joh. Schreyer pinxit*;

1654: Wappentafel der Stifter fürs Gymnasium (Wunder Nr.48) mit zunächst 14 Wappen[9], später bis 1656 nochmals 17 Wappen (von der Stadt bezahlt), danach bis 1675 weitere 38 Wappen (von der Kirche bezahlt[10]); ab 1676 übernimmt der Sohn Johann Lorenz die Arbeit[11];

1656: Epitaph des brandenburgischen Amtsschreibers Michael Mair in der Burgkapelle Lobenhausen, mit Familienbild und biblischen Szenen, am Ende der Gedenkschrift signiert *HSP 1656* (= Hans Schreyer pinxit, ein H mit eingestelltem S und ligiertem P)[12].

1664: Bildnis Ludwig David Müller im HFM, bezeichnet *Depict(us) A(nno) 1664. d. 21. Julij / Joh. Schreyer. pinxit.*;

1665: Bildnis Johann Balthasar Stadtmann im HFM, am unteren Rand signiert *Joh. Schreyer pinxit 1665*;

1669: Bildnis Johann Sixtus Schübelin im HFM, am unteren Rand signiert *HS* (übermalt?).

Darüber hinaus gibt es in der Württembergischen Landesbibliothek noch einen Kupferstich von 1661 nach einer Vorlage von Schreyer, gestochen von Bartholomäus Kilian, am unteren Rand signiert *J. Schreyer pinxit B. Kilian sculp*[sit]: Zwei Limpurger Schenken der Linien Gaildorf/Schmiedelfeld, umgeben von zahlreichen allegorisch-emblematischen Darstellungen mit 25 lateinischen Sinnsprüchen und Inschriften, geloben ihrer Mutter die Eintracht[13].

Auf dieser ausreichend breiten Grundlage lassen sich dem Maler die übrigen Werke zuschreiben: vor allem Epitaphe in und aus St. Michael und Bildnisse im Hällisch-Fränkischen Museum, einzelne auch im Haalamt. Zu den Epitaphen in St. Michael gehören Nr. 19, 22, 26, 32, 47, 50, 52, 69 und Wunder Nr. 29.

Bedenkt man, daß die meisten Epitaphe der Michaelskirche im 19. Jahrhundert entfernt wurden und daß die dort verbliebenen fast durchweg eine große Zahl von Figuren aufweisen (das Firnhaber-Epitaph allein über 120), dazu Landschaften, biblische und andere Szenen – dann leuchtet ein, daß dem Meister dieser Arbeitsaufwand nur mit Hilfe von Gesellen möglich war. Vor allem in späterer Zeit, so scheint es, hat er nur die schwierigsten Teile wie vor allem die Köpfe persönlich ausgeführt. An einigen Spätwerken wie dem Holl-Epitaph (Wunder Nr. 29) oder dem unteren Gemälde des Weidner-Epitaphs (S. 78ff.) haben sich die Proportionen der Figuren ins Gedrungene verändert. Daraus könnte man schließen, daß hier sogar die kompositionellen Elemente von Gehilfen stammen und der Meister zum Schluß nur die Gesichter um der korrekten Physiognomie willen vollendet hat.

Von den Schülern und Gehilfen Schreyers kennen wir vier mit Namen; mindestens drei von ihnen wurden später selbständig und haben eigene Werke hinterlassen:

1636–1638 lernt bei ihm ein **Hans Wolff Dieterich** von Weikersheim. Sein Lehrgeld von 60 Gulden und vier Eimern Tafelwein wurde ihm als Waise von der Gräfin von Hohenlohe-Neuenstein vorgestreckt[14].

1640–1644 lernt bei Schreyer der spätere Hohenloher Maler **Joachim Jörg Creutzfelder** (geb. 1622); er wird 1643 als *mahlers Jung* zusammen mit Schreyer unter den Handwerkern des einstigen Kanzeldeckels von St. Michael aufgeführt[15].

1649–1652 lernt **Johann David Zweiffel** (geb. 1632) bei Schreyer[16]; er hat mit ihm auch später, als er selbständig war, noch zeitweise zusammengearbeitet.

Ca. 1664–1672, vom 12. Lebensjahr an, wurde **Johann Lorenz Schreyer** (geb. 1652) vom Vater in der *MahlerKunst* unterrichtet; er wurde 1672 Kirchberger Hofmaler und hat später seinen *Eltern in ihrer Baufälligk(eit) treulich zur Nahrung geholffen*[17].

Hans Schreyer, der *Conterfeher* (Konterfeier), wie man ihn häufig nannte[18], hat in Hall dem individuellen Bildnis zum Durchbruch verholfen. Den Haller Bürgern, die ihr Aussehen für die Nachwelt bewahrt wissen wollten, muß seine Porträtkunst wie ein Gottesgeschenk vorgekommen sein. Schreyers Vorgänger – Peter Völcker, Jakob Hoffmann, Marx Astfalck – haben die Personen ihrer Epitaphe überwiegend als Typen wiedergegeben. Selbst Jakob Hoffmann, der sich noch am meisten um das Bildnis mühte – etwa bei Afra Firnhaber (S. 94ff.) oder Johann Michael Gräter (S. 248ff.) – hat die individuellen Merkmale nur verhalten angedeutet (außer vielleicht bei Thomas Schweicker, S. 156ff., an dessen *Contrafactur* er sich bekanntlich wie an nichts anderem geübt hat[19]).

Das Neue an Schreyer zeigt am besten ein Vergleich seines Epitaphs für Peter Firnhaber (S. 218ff.) mit dessen Vorbild, dem Romig-Epitaph von Peter Völcker (S. 252ff. vgl. Wunder 1980 Abb. 7 und 8). Im Hinblick auf die abstrakt-ornamentale Komponente, die höchst reizvolle Aufteilung der Fläche durch die Stammbaumranken, die dekorative Anordnung der zahlreichen Personen und ihre farbliche Gliederung durch den Dreiklang Schwarz-Weiß-Rot auf grau-braunem Wolkengrund, ist das Völckersche Epitaph dem anderen durchaus überlegen. Völckers Personen allerdings sind reine Typen. Die Männer im Vordergrund lassen sich fast nur nach dem Alter durch Bart und Haarfarbe leidlich unterscheiden; die Frauen bleiben unpersönliche Schemen.

Wie anders bei Hans Schreyer! Bei ihm gewinnt der Raum an Bedeutung. Die Figuren werden durch Licht und Schatten modelliert und dadurch körperhaft. Vor allem aber bekommen sie individuelle Züge. Man hat den Eindruck, daß zumindest den erwachsenen Personen und den noch lebenden Kindern eine Skizze nach der Natur oder ein schon vorhandenes Bildnis zugrunde liegt. Die übrigen bleiben zwar Typen und wiederholen sich im Physiognomischen, werden aber durch Abwechslung in der Körperhaltung, Kopfdrehung und Blickrichtung dennoch verlebendigt. Auch bei seinen szenischen Darstellungen schöpft Schreyer weniger aus der eigenen Phantasie, sondern hält sich entweder an die Natur (Haller Siedersbild) oder an fremde Vorlagen, ältere wie zeitgenössische, von Dürer über Goltzius und Sadeler bis Merian (Beispiele Nr. 19, 26, 32, 52 und das Beyerdörfer-Epitaph im Hällisch-Fränkischen Museum[20]).

Dank seiner langen Lebenszeit, seiner Schaffenskraft und seines gut organisierten Werkstattbetriebs hat Hans Schreyer die Haller Malkunst ein halbes Jahrhundert lang geprägt.

Quellen und Literatur
Totenbuch St. Johann/Gottwollshausen/Hospital I, 1635-1703, StAH 2/12, S.247 (Margreta Engelhart); Totenbuch St. Michael III, 1655-1677, StAH 2/71, S.802 (Hans Schreyer); Epitaphienbuch 1698/1708, Bl.38 Nr.5; Bd.a, S.44 Nr.5; R.*Krüger* Nr.54; *Wunder* 1987 Nr.43; "museum", Hällisch-Fränkisches Museum Schwäbisch Hall (zit.: Museumsführer), Braunschweig 1990, S.33 f. (mit ganzseitiger farbiger Gesamt-Abb.); Sabine *Ehrhardt* in: Haus(ge)schichten (Kataloge des Hällisch-Fränkischen Museums Bd.8), Sigmaringen 1994, S.185 (mit farbiger Gesamt-Abb.).

Anmerkungen
1. Siehe unten, S.174, im Abschnitt *Der Maler*. Wahrscheinlich ist der Nikolaiabend gemeint, wenn das Datum des Täfelchens und des Totenbuchs (5.12.) stimmt.
2. Beispiele in den Steuerrechnungen: StAH 4a/60b (Peter Völcker: *Monstrum*), 4a/80 (Marx Astfalck: *ungestaltes Kind*), 4a/177 (Georg David Zweiffel: *im Heimbacher See gefangener fremder Vogel*), 4a/185 (Friedrich Jakob Freysinger: *Monstrum*, in Holz nachgebildet und bemalt), 4a/194 (Johann Friedrich Somor: *Mißgeburt*), 4a/215 (Christian Friedrich Roscher: *abriß von der in dem Curstüblein Befindlichen und von dem Krebs in dem Gesicht Erbarmungswürdig verfreßenen Schulmeister Weißin von Michelfeld*).
3. Stadtarchiv Hall 4a/105 (Pauli Bekehrung bis Georgii) Bl.82a.
4. Laut einem gemeinschaftlichen Testament der Eheleute (*Codicillaris Dispositio*) von 1632; StAH 6/Nr.167. Die Kenntnis dieses Dokuments verdanke ich Frau Rose Stix-Wolf, Auenwald, die eine Magisterarbeit über Hans Schreyer vorbereitet.
5. Vgl., auch zum folgenden, die Beetbücher StAH 4a/1897-1928.
6. Laut dem Testament von 1632 (wie Anm.4) lag sein Haus *in der Pfaffengassen, das wohnstüblein hinden nauß, gegen herrn Wolff Firnhabers höfflein vnd Behausung gerichtet, zwischen dem Pfarrhauß vnd hanß Schmiden deß Schneiders seel: wittibin Behausung.*
7. Die Beetbücher von 1634-1650 und von 1664-1674 fehlen.
8. StAH Hall 4a/104, Bl.84.
9. Für die Arbeit an der Tafel 20 Gulden, für jedes Wappen ½ Gulden; Steuerrechnungen 4a/116 ff.
10. Ebenfalls einen halben Gulden je Wappen; Rechnungen über die geistlichen Güter zu St. Michael, StAH 4/2613 ff.
11. Zunächst nur *Schreyer Mahler* genannt, ab dem Wappen der Margaretha Lackorn (1678/79) ausdrücklich *Johann Lorenz Schreyer*.
12. Die Kenntnis dieses Werks und eine Fotokopie davon verdanke ich der Freundlichkeit von Frau Rose Stix-Wolf (wie Anm.4).
13. Wie Anm. 12
14. Auf die einschlägigen Archivalien im Hohenlohe-Zentralarchiv, N Partikulararchiv Öhringen 70/3, hat mich freundlicherweise Frau Rose Stix-Wolf (wie Anm.4) hingewiesen.
15. Auf einem Pergament, das sich 1837 bei der Versetzung der Kanzel im alten Schalldeckel fand; Dekanatsarchiv (Depositum im StAH) 122a.
16. Totenbuch St. Michael, 1698-1717, S.396 ff.; StAH 2/73.
17. Ebd. S.427.
18. Vgl. z.B. den Briefwechsel im Hohenlohe-Zentralarchiv (wie Anm.14).
19. Vgl. *Deutsch* 1983, passim.
20. Vgl. bei Nr.50 (Schmalkalder-Epitaph), S. 208.

Johann Lorenz Sanwald (1711 – 1778)
Stättmeister

Holzepitaph, gefaßt, ca. 6,20 m hoch (ohne Steinsockel)[1], mit geschnitzten Figuren und sechs Ölbildnissen des Verstorbenen und seiner Ahnen. Die großen Standfiguren auf der Rückseite gehöhlt und mit Leinwand verschlossen, die anderen Figuren vollrund. – Restauriert 1901 von Maler Scherz[2] und 1997 von dem Restauratoren-Team Daniela Heckmann (Ellwangen), Eleonore Lang und Armin Lang (beide Konstanz). Ergänzt wurden 1997 von Bildhauer Marcus Steidle, Rottenburg, die vierte und fünfte Urne, die Wurzel in der Hand des Todes, der linke (hintere) Flügel des Teufels und das rechte Flügelende der Friedenstaube[3] (siehe unten, passim); schon 1893 hat Bildhauer Georg Hettinger neben kleineren Ergänzungen dem Tod 1 *neuen Brustkorb mit* [dem rechten] *Arm* gefertigt (18 Mark) und den Arm kurz darauf *nach einem vorgefundenen Kupferstich geändert* (7 Mark)[4].

Johann Andreas Sommer, Künzelsau, zugeschrieben. Der Maler der Bildnisse noch fraglich (Johann Wolfgang Kleemann?); die Ahnenbildnisse nach alten Vorlagen gemalt. Vollendet 1774.

[45]

Das Sanwald-Denkmal wurde schon vier Jahre nach seiner Entstehung auf einem minuziös ausgeführten Kupferstich von Johann Gottfried Saiter abgebildet. Die Zeichnung dafür schuf der in Hall vielfach tätige Murrhardter Maler Georg Adam Eger[5]. Der Stich ist der Leichenpredigt für Sanwald[6] als Titelbild beigegeben und erlaubt wertvolle Rückschlüsse auf den originalen Zustand des Epitaphs (Abbildung bei Deutsch 1988, S.238)[7].

Das Werk ist wie die anderen Wanddenkmäler des Kircheninneren kein Grabmal, sondern ein reines Gedächtnismal (Epitaph), denn es steht nicht in Verbindung mit der Grabstätte des Verstorbenen[8]. Sein Material ist Holz, auch wenn die jüngste Publikation, der Literatur mehr vertrauend als den Holzwürmern, es abermals für Marmorstuck ausgibt[9]. Lediglich die Fassung imitiert Marmorstuck bzw. Stein. Die Figuren haben heute eine – vergilbte – Zweitfassung, ursprünglich waren sie weißpoliert wie am Bonhoeffer-Epitaph (S. 144). Der Zierat ist glanzvergoldet. Die Architektur hat noch die originale Fassung mit fünf verschiedenen Marmorimitationen, deren Farbigkeit sich freilich durch Vergilbung des Lacks beträchtlich verändert hat. Der Unterbau ist heute dunkelbraun mit gelber und schwarzer Äderung (ursprünglich grauschwarz und graurot mit weißer und schwarzer Äderung), die Füllungen dunkelgrün (ursprünglich blau) mit goldener Äderung; der Grundton der oberen Teile mattgelb bis gelbgrün (ursprünglich hellgrau bis rosa im Mittelbau, hellgrau bis weiß im Oberbau und an den Pilastern), die Gesimse rotbraun (ursprünglich rot und grauschwarz)[10]. – Zur Bedeutung der Fassung vgl. S. 185 und Nr. 39, S. 145.

Aufbau, Thematik und Deutung

Das Denkmal gleicht dem Bonhoeffer-Epitaph (S. 144ff.) in Pracht und Größe, doch haben sich zwei abweichende historische Umstände verändernd auf Form und Figurenprogramm ausgewirkt: Der Stättmeister hat das Denkmal nicht nur seiner eigenen Person gewidmet, sondern zugleich seinem aussterbenden Geschlecht, vertreten durch fünf verdienstvolle Ahnen; er hat es außerdem schon zu Lebzeiten setzen lassen, was begreiflicherweise das Thema des Nachruhms gegenüber dem christlichen Aspekt der letzten Dinge zurücktreten ließ.

Im Unterschied zur spitzen Dreiecksform des Nachbarwerkes fügt sich das Sanwald-Epitaph einem rechteckigen Umriß ein, denn seine oberen Zonen laden wegen der fünf Ahnenbildnisse weiter in die Breite aus. Am Sockelbau sind die Wände weitaus stärker geschweift als beim Bonhoeffer-Epitaph: die Seitenwände schwingen nach innen und rollen sich an der Ober- und Unterkante ein; die Oberseite bildet keine Tischfläche mehr, sie ist ebenfalls konkav geschweift, und ihre Vorderkante hat im mittleren Drittel eine bis zum Sockel reichende Ausbuchtung, die fast kreisförmig in die Vorderwand einschneidet und mit einem Relief gefüllt ist.

Der **architektonische Aufbau** des Hauptteils besteht aus zwei flankierenden Pfeilern, die durch eine konkave Rückwand verbunden sind; darüber ein nach hinten und nach unten schwingendes Gebälk. Die Pfeiler sind innen hohl, an der Innenseite offen, ihre Kapitelle geschweift, mit einem weit ausladenden Gesims. Vor der Mitte des Gebälks sitzt als Auszug ein hochragendes ornamentales Gebilde, einer Kartusche gleich, deren obere Ecken zu fangarmähnlichen Voluten emporgedreht wurden.

Die untere Hälfte der Rückwand bedeckt, ähnlich wie beim Bonhoeffer-Epitaph, eine konvexe schwarze **Inschriftkartusche**, kostbar gerahmt, noch größer als die Bonhoeffersche, etwa 135 cm hoch, und im Umriß noch stärker geschweift, an der Seite fast birnenförmig eingezogen. Die Inschrift ist diesmal deutschsprachig, in kunstvoller Fraktur, der Name des Stifters durch besondere Größe hervorgehoben, das Wort HERR im Titel des Stättmeisters sogar durch Majuskeln wie die Bezeichnung für Gott in der Bibel; Todesjahr und Lebensalter sind später nachgetragen. Der Text (Wortlaut bei Gräter und Wunder sowie Anhang S. 407f.) liest sich stellenweise wie eine Elegie. Er teilt außer den biographischen Daten mit, daß Johann Lorenz der letzte seines uralten Geschlechtes war, da ihm der Kindersegen versagt blieb: *Und so ist nun dieses Edle Geschlecht verloschen. Dank und Pflicht aber wird den theuren Nahmen Sanwald niemalen sterben laßen.*

Unmittelbar über der Inschriftkartusche sehen wir ein großes Bildnis. Es zeigt den Stifter in Halbfigur, reich und vornehm gekleidet. Der Purpurmantel ist rings von den Schultern geglitten und wird mit der rechten Hand an den Körper gedrückt. Der Rahmen des Bildes ist diesmal nicht oval, sondern unsymmetrisch geschweift, wie an der Inschriftkartusche.

Das große Mittelbild des Johann Lorenz Sanwald umgeben fünf kleinere Bildnisse der Ahnen, alle in Halbfigur und in der Tracht ihrer Lebenszeit und alle in ovalen Rahmen. Zwei sind seitlich des Mittelbilds in halber Höhe der Pfeiler angebracht, zwei am oberen Ende der Pfeiler unter den Kapitellen und das fünfte noch etwas höher im Auszug. Inschriftbänder unter jedem Bildnis verraten die Namen und Lebensdaten. Dargestellt sind: oben in der Mitte der Reichsschultheiß Wolfgang Sanwald (1504–1581, *gebohren ... vor der Heilbringenden Reformation*), oben links – vom Beschauer aus gesehen – der Reichsschultheiß Wilhelm Thomas Sanwald (1548–1603), rechts der Ratsherr Johann Wolfgang Sanwald (1574–1640), unten links der Ratsherr Wolfgang Kaspar Sanwald (1623–1672) und unten rechts der Vater des Stifters, der Stättmeister Wolfgang Kaspar Sanwald (1669–1734) im Purpurmantel.

Die sechs Bildnisse sind als Teile eines **Stammbaums** aufgefaßt. Sie sind miteinander verbunden durch Äste mit Zweigen und Schößlingen, die einem gemeinsamen Stamm entsprießen. Dieser Stamm ist in dem Relief des Sockelbaus wiedergegeben; mit Grausen erblickt man dort, wie der Tod, dargestellt als Skelett mit wehendem Mantel, die Wurzeln aus der Erde reißt. Er preßt Kopf und Brustkorb an den Stamm und stemmt sein rechtes Bein gegen den Boden. Mit der linken Hand packt er den untersten Ast, mit der rechten zieht er an einer Wurzel[11]. Links neben dem Tod ragt eine Sense aus einer Blattstaude heraus[12]. Im Hintergrund rechts sieht man einen ummauerten Garten (Friedhof?) mit Nadelbäumen und einer goldenen Vase oder Urne auf einem Mauervorsprung. Der Reliefgrad der Darstellung steigert sich von flachesten Formen im Hintergrund bis zu vollrunder Ausarbeitung. Teile des Skeletts und das Wurzelwerk des Baumes haben sich vollständig vom Grund gelöst. Flankiert wird das Relief von zwei Stoffgirlanden, die unter dem Gesims des Sockelbaus herabhängen.

Durch diesen Teil des Figurenprogramms wird uns das Aussterben der Familie Sanwald, gewissermaßen eine dynastische Katastrophe, drastisch vor Augen geführt. In unmittelbarer Nähe des Betrachters reißt der Tod den Stammbaum aus. Das Geschlecht der Sanwald, leibhaftig dargestellt durch die sechs Bildnisse, wird von der Zufuhr irdischer Lebenskraft abgeschnitten. Die Urne auf der Gartenmauer – rechts neben dem Stamm – verstärkt noch den Aspekt des Todes.

Auf dem Sockelbau des Epitaphs stehen beiderseits der Inschrift zwei große weibliche Figuren, ungefähr gleich hoch wie die Inschriftkartusche. Auch sie gehören noch in den Bereich des Sterbens und der Vergänglichkeit des Irdischen.

Die vom Beschauer aus **linke Figur** trägt ein langes, weitärmeliges Kleid mit Mieder, einen heftig um den Körper flatternden Mantel, einen Schleier im Haar und um die

Handgelenke Perlbänder. Sie ringt die Hände in lauter Totenklage und blickt schmerzerfüllt zu den Sanwald-Bildnissen hinauf. Ihr Mund öffnet sich gequält, ihre Brauen sind an der Nasenwurzel winkelförmig emporgezogen – eine uralte Formel für Trauer und Schmerz. Zu Füßen der Figur stehen auf einer Sockelgruppe sechs reich verzierte pokalartige Deckelgefäße, eines davon doppelt so hoch wie die übrigen[13]. Sie sind massiv geschnitzt, glanzvergoldet und stellen offensichtlich Urnen dar.

Die sechs Urnen – *Aschenkrüge*, wie es in den Quellen heißt – sollen dem Betrachter die sterblichen Überreste seiner *Regenten* symbolisch vor Augen führen, als Memento mori und auch wohl zur Verehrung. Schon seit der Renaissance hat man an Grabmälern – in Anspielung auf die antike Art der Bestattung – Gefäße mit der imaginären Asche der Verstorbenen angebracht[14]. Im pathetischen Sprachgebrauch des Barocks wurde die *Asche* zum Synonym für die *sterblichen Überreste*, und die Urne vertritt gewissermaßen das Grab. Die größte Urne des Epitaphs muß man sich als die des Johann Lorenz Sanwald denken.

Wen die Figur selbst verkörpert, ist kaum zweifelhaft: die Halla oder, wie sie in den deutschen Schriftquellen poetisch bezeichnet wird, die *Halline*. Darauf gibt schon der Anfang der Inschrift einen Hinweis: *Halline stehe still und Siehe hier Sechs Bildnuße rechtschaffener Regenten ...* Noch deutlicher sagen es die Gedächtnisverse in Sanwalds Leichenpredigt[15]: *Halline weint, von Schmerz, und Harm erfüllt, ... bei Sanwalds Aschenkrug* oder *Hier, wo ein kleiner Raum* [mit der 'Asche'] *uns nur zu viel verschlieset, Und um des Frommen Staub der Bürger Zähre fließet - Hier steht mit nassem Blick Hallinens Genius, Und weint um seinen Freund.* Die Figur personifiziert also die Stadtrepublik Hall, die über den Tod des Stättmeisters und seines Geschlechtes klagt.

Die **Frauenfigur rechts** der Kartusche trägt einen wehenden Mantel und ein weites, prunkvoll gegürtetes Kleid, das die Unterarme und das angewinkelte Spielbein frei läßt. Im Haar hat sie Perlschmuck, an den Füßen wadenhohe Sandalen. Sie hält mit der Linken einen Schild oder Spiegel, auf den sie mit der Rechten deutet. Seine schwarze, konvexe Fläche ist zweigeteilt. In der unteren Hälfte erblickt man die Worte MEMENTO MORI; in der oberen rechts am Rand eine Raute mit einem Pfeil darin, der nach links oben auf einen goldenen Stern hinzeigt. Zu Füßen der Figur sitzt ein Putto, ein Tüchlein um Schulter und Scham gelegt. Ursprünglich war er vielleicht geflügelt wie auf dem Kupferstich von Eger/Saiter (siehe S. 179). Unter seiner linken Hand liegt ein Stundenglas mit Flügeln. Mit der geöffneten Rechten weist er ein wenig unbestimmt auf die Inschrift des Epitaphs. Auf dem genannten Stich dagegen hält er in dieser Hand Zepter und Krone. Deshalb drängt sich die Frage auf, ob er diese Insignien ursprünglich auch am Epitaph gehalten hat. Die Restauratorin fand aber außer einem Nagelloch im Handteller keine Befestigungsspuren[16]. Das berechtigt, bei der ikonologischen Deutung vom vorhandenen Zustand des Denkmals auszugehen.

Die Frauengestalt, die der klagenden Halla gleich groß gegenüber steht, verkörpert wohl, was letztlich zu aller Totenklage führt: die Vanitas im Sinne der Vergänglichkeit des Irdischen. Auf die Vergänglichkeit deutet das Stundenglas, das dem zugeordneten Putto oder Genius[17] aus der Hand geglitten ist, ein Sinnbild des abgelaufenen Lebens. Und daß man in diesem besonderen Fall nicht bloß an den Tod des Stättmeisters dachte, sondern zugleich an die Vergänglichkeit seiner Regentschaft, zeigen die Symbole der Macht, Krone und Zepter, die auf dem Kupferstich noch zu sehen sind. Den deutlichsten Hinweis auf den von ihr verkörperten Begriff gibt die Frauenfigur selbst, indem sie auf die Worte ihres Schildes deutet: MEMENTO MORI – bedenke, daß du sterben mußt.

Das rätselhafte Zeichen im oberen Teil des Schildes, der Pfeil, der zu einem Stern hinaufzeigt, bedeutet wahrscheinlich die Kehrseite von Tod und Vergänglichkeit, nämlich den symbolischen Aufstieg zu den Sternen, auf den viele zeitgenössische Verse und Embleme anspielen und der auf eine antike Vorstellung zurückgeht. Auch am Grabstein Stättmeister Wibels (S. 354ff.) bezeichnet ein Emblem den Verstorbenen als einen am Himmel leuchtenden Stern[18].

Die bogenförmige Zone zwischen den beiden Bildnisreihen füllt eine Figurengruppe, deren Tätigkeit nach unten gerichtet ist. Links über dem Hauptbild schwebt eine **weibliche Gestalt** in halb liegender, halb sitzender Stellung. Sie blickt zum Stifter hinab und reicht ihm einen Lorbeerkranz[19]. Auf ihrem Schoß liegt ein Schwert. In der rechten Hand hält sie eine Waage. Mit dem rechten Fuß tritt sie einem **Teufel** in den Leib, daß er rücklings in die Tiefe stürzt. Er ist nackt, geflügelt, mit buschigem Haar und Schwanz, ausgemergelter Gestalt, Bocksohren und scharfen Krallen an den Händen[20]; in der Linken hält er einen Geldsack. Rechts von dieser Gruppe ragt in halber Figur ein **Engel** mit halb entblößtem Oberkörper hinter dem Stifterbild heraus. Mit der Rechten hält er eine Posaune empor, die Linke breitet er wie schützend über das Bildnis.

Die Figur mit Schwert und Waage ist eine Personifikation der Gerechtigkeit (Iustitia). Sie bedeutet hier das Jüngste Gericht, zusammen mit dem Posaunenengel, der das Gericht angekündigt hat. Wie dieses Gericht für den Stättmeister ausgeht, wird anschaulich vorgeführt. Den Teufel – Sinnbild böser Regungen und Taten, sowie der Verlockungen des Reichtums (Geldsack) – tritt die Gerechtigkeit mit Wucht in den Abgrund und reicht dem Verstorbenen den Siegeskranz, das Zeichen der Erwählung, wie es in den Gedächtnisversen besungen wird: *Wir sehen weinend Dir nach in jene seelige Höhen, Wo Du verkläret die Krone empfängst, gewunden, treuer Regenten fromme Stirne zu zieren.* Oder, wie Sanwald selbst anläßlich Bonhoeffers Tod gedichtet hat: *Du hast den Lauf vollbracht, und nimmst die Ehren-Kron Aus deines Gottes Hand, den schönsten Gnaden-Lohn*[21]. (Über die Bedeutung von Siegeskranz, Himmels- und Ehrenkrone vgl. auch S. 21ff., Stättmeister Stadtmann.)

Rechts unterhalb des Posaunenengels schwebt ein zweiter, bis auf ein Schamtuch **nackter Engel**. Er hält in der Beuge des rechten Armes ein großes Füllhorn, aus dem goldene Früchte und Münzen quellen; aus seiner linken Hand fallen fünf weitere Münzen herab. Die oberste und größte ist einem Heller nachempfunden: sie zeigt Kreuz und Hand. Das Kreuz wird flankiert von den Worten *Vivat Hall*, die Hand von den Ziffern der Jahreszahl *1774*. Die zweite Münze von oben zeigt ein Monogramm mit ineinander verschlungenen Kursivbuchstaben, offenbar *P, C, S* (am deutlichsten P und S). Auf der dritten Münze erkennt man den skizzenhaften Profilkopf eines älteren Mannes mit kurzem Backenbart und struppigem Haar; auf der vierten den Kopf eines jungen Mannes (oder einer Frau?) im Profil, dabei wiederum die Jahreszahl *1774* und eine Reihe teils undeutlicher Buchstaben: *Chr...oph* [So]*mer* (also wohl *Christoph Sommer*, eine versteckte Signatur des mitarbeitenden Sohnes). Die unterste Münze zeigt eine Blüte.

Der Engel schüttet das Füllhorn der himmlischen Freuden aus, symbolisiert durch Früchte und Goldstücke. Der Heller unter ihnen ist natürlich kein irdischer, silberner, denn er leuchtet wie die anderen Gaben im Goldglanz des Himmels. Nach den Worten *Vivat Hall* auf ihm zu schließen, sollte wohl auch auf die Stadt ein Abglanz dieser Himmelsfreuden fallen. Allerdings kann der Betrachter aus normalem Abstand die Details der Münzen nicht erkennen.

Rechts unter dem Stättmeisterbildnis ragt noch ein **Putto** aus einer Wolke, die Handflächen nach oben gekehrt. Er soll wohl, dem Erwählten assistierend, die himmlischen Gaben für ihn auffangen.

Zusammen mit dem Sockelrelief führen die Figuren dieser Zone die vier letzten Dinge vor Augen: den Tod (im Sockelrelief), das Gericht (durch die Gerechtigkeit und den Posaunenengel), den Himmel (durch den Engel mit dem Füllhorn) und die Hölle (durch den Teufel mit dem Geldsack)[22].

In der Bekrönung des Epitaphs erscheint über dem obersten Ahnenbildnis, umfangen von den Voluten des Auszugs, ein Auge in einem Dreieck mit Strahlenkranz, das **Auge Gottes**. Es ist das Symbol des allwissenden und allgegenwärtigen dreieinigen Gottes und drückt aus, daß sich das ganze hier bildhaft gewordene Geschehen – wie alles irdische und himmlische Leben – unter der göttlichen Vorsehung vollzieht.

Noch höher, im Scheitel des Auszugs, steht auf einem Sockel eine geflügelte, **engelsähnliche Figur** in einem langen, prunkvoll gegürteten Kleid. Ein Mantel umwindet den Körper und weht hinter dem Kopf empor. Die Gestalt hält in der linken Hand das Wappen der nun ausgestorbenen *Regenten*-Sippe Sanwald, in der erhobenen Rechten eine Taube mit einem Ölzweig im Schnabel.

Bis zur Restaurierung 1997 hielt die Figur einen lose in ihrer Rechten steckenden Palmzweig. Sie wurde deshalb als Engel der Erwählung und der himmlischen Freuden[23] oder als Personifikation des Sieges (über Tod und Hölle)[24] gedeutet. Befremdlich war nur, daß sie auf dem Kupferstich von 1778 (vgl. S. 179) keinen Palmwedel hält, sondern eine Taube mit einem Ölzweig im Schnabel. Ich habe deshalb 1988 auch eine Deutung *als Friedensengel oder Friedensallegorie* in Betracht gezogen (Deutsch 1988 S. 244).

Inzwischen haben die Restauratoren eine wichtige Entdeckung gemacht. Sie fanden im Inneren des Epitaphs am Boden die auf dem Kupferstich wiedergegebene Taube und daneben auch den zugehörigen Ölzweig (aus bemaltem

Blech). Die Taube war bis auf das rechte Flügelende wohlerhalten; in ihren Krallen haftete noch ein Teil des – aus einem Stück mit ihr geschnitzten – Zeigefingers und an ihrem Schwanz ein Stück des Daumens der wappenhaltenden Figur. Nach Ergänzung des fehlenden Flügelendes, kleinerer Teile des Schnabels und eines Fingergliedes durch Bildhauer Steidle wurde die Taube wieder mit mit der Wappenfigur vereint.

Damit dürfte über die Bedeutung der engelsähnlichen Figur kein Zweifel mehr bestehen. Der Ölzweig war bereits im Altertum ein Zeichen des Friedens; die römische Friedensgöttin Pax trägt ihn als Attribut[25]. Die Taube begegnet schon in der Katakombenmalerei als Sinnbild der Seligkeit bzw. der zum himmlischen Frieden gelangten Seele[26]. Und so wurde auch die Taube Noahs mit dem Ölzweig im Schnabel (Gen 8,11) als Symbol des Friedens und der Versöhnung mit Gott gedeutet[27]. Die Figur des Epitaphs läßt sich daher als Friedensengel oder eher noch als eine Personifikation des Friedens (Pax), in diesem Fall des himmlischen Friedens, interpretieren. In ihrer Kleidung entspricht sie jedenfalls den allegorischen Darstellungen des Denkmals, während die Engel, an diesem wie an ähnlichen Epitaphen, bis auf ein Schamtuch unbekleidet sind. Und hat die Figur nicht auch weibliche Körperformen? Im übrigen haben sich in der zeitgenössischen Ikonologie die Bildformen von Engeln und Personifikationen (wie Pax oder Viktoria) häufig durchdrungen. Indem die Figur zugleich das Sanwaldsche Wappen hält, wird vor Augen geführt (was sich im Grunde von selbst versteht): daß der himmlische Frieden für Sanwald und seine Ahnen bestimmt ist.

Zu dem christlichen Aspekt kommt aber noch eine Glorifizierung des Verstorbenen und seines Geschlechtes hinzu: Den Auszug des Epitaphs mit dem Wappen Sanwalds flankieren zwei **Obelisken**, die auf den Pfeilerkapitellen stehen und bis zur Spitze mit goldenem Lorbeer umrankt sind. Die Obelisken haben in der zeitgenössischen Ikonologie die gleiche Bedeutung wie die Pyramide des Bonhoeffer-Epitaphs (vgl. S. 144ff.): sie symbolisieren den ewigen Herrscherruhm. Und ihre paarige Aufstellung verstärkt noch diesen Sinngehalt, sie fügt ihm ein Moment des Unerschütterlichen, Unverrückbaren hinzu[28]. Vergleicht man dieses Programm mit dem des fast gleich-zeitigen Bonhoeffer-Epitaphs, so zeigen sich bedeutungsvolle Unterschiede. Das Anliegen der Glorifizierung wurde zugunsten des christlichen Themenkreises um Tod, Gericht und Seligkeit erheblich eingeschränkt. Das Wappen ist kleiner geworden und wird nicht mehr so pompös zur Schau gestellt. Auf die Posaunen der Fama wurde ganz verzichtet. Und nicht mehr der antike Gott Chronos assistiert bei der Entrückung und Erhebung des Stättmeisters. Dafür nehmen die vier letzten Dinge, das *memento ultima*, den größten Teil des Bildprogramms ein; und ihr bedrohlichster Teil, das *memento mori*, wird dem Betrachter noch zusätzlich durch Worte eingeprägt.

Der Grund für diese Veränderung dürfte darin liegen, daß Stättmeister Sanwald sein Epitaph schon zu Lebzeiten errichten ließ. Ein Gefühl für Schicklichkeit mag es ihm verwehrt haben, den persönlichen Ruhm allzu deutlich hervorzukehren, solange er mit seinen Mitchristen an dem Denkmal vorüberging und in ihrer Gegenwart im gleichen Kirchenraum den hällischen Choral zu singen hatte: *Entferne mich von eitlem ruhm. Bey wahrer demuth wird allein Mein amt von dir gesegnet seyn*[29]. Vor allem aber lagen der Tod und das Gericht noch vor ihm, beschäftigten sein Denken und Hoffen und waren ihm darum ein größeres Anliegen als den Hinterbliebenen Bonhoeffers, deren Sorge in erster Linie dem Nachruhm des Verblichenen galt.

Entstehungszeit

Am 12. Oktober 1774 bat Stättmeister Sanwald den Rat um die Erlaubnis, sich und seinen Voreltern *ein Monument in der Michaelis-Kirchen setzen zu lassen,* und wurde wie folgt beschieden: *Ihro Wohlgeb(oren) Magnificenz HErrn Städtmeister Sanwald will man gantz gerne darinnen willfahren, daß nach Dero Verlangen ein Monument u: Epitaphium zur Ehre Ihrer stattlichen Vorfahren u: auch Ihrer Selbsten in der Michaelis-Kirche dörfe gesezt werden, u: wünscht man dabey, daß Gott die pretiose Gesundheit wolle stärcken, damit das Publicum sich noch viele u: lange Jahre eines so tapfern Regenten mögte praevaliren können*[30]. Trotzdem dürfte die Arbeit schon vor dieser formalrechtlichen, bei einem Stättmeister selbstverständlichen Genehmigung begonnen worden sein. Das Werk ist an drei Stellen mit der Jahreszahl 1774 versehen, einmal offiziell in der Inschrift (errichtet *Anno 1774*) und zweimal versteckt auf den Münzen, die der Engel mit dem Füllhorn herabwirft (siehe oben). Das Denkmal wurde demnach 1774 vollendet. Es konnte aber unmöglich in nur zweieinhalb Monaten ausgeführt werden, zumal bei Johann Friedrich Bonhoeffer zwischen dessen Tod und der Vollendung des Epitaphs drei Jahre verstrichen sind. Wahrscheinlich hat Sanwald den Auftrag erteilt, als er das Bonhoeffer-Epitaph als Vorbild vor Augen hatte, und die Erlaubnis – für ihn eine Formsache – ließ er sich geben, als das Denkmal fertig war und aufgebaut werden mußte. So kommt man für die Entstehungszeit zu der vernünftigen Annahme: ca. 1773 bis 1774. Der Stättmeister konnte sich also noch fast vier Jahre lang seines Denkmals persönlich erfreuen. Er starb am 18. August 1778.

Der Bildhauer
Über den Künzelsauer Bildhauer Johann Andreas Sommer, 1716–1776, siehe S. 150 (Bonhoeffer-Epitaph). Daß auch das Sanwald-Epitaph von Sommer stammt, läßt sich durch Stilvergleich unschwer feststellen. Schon der allgemeine Eindruck des Denkmals, seiner Skulpturen und seiner Fassung rückt das Werk in die Nähe des gleichartigen Bonhoeffer-Epitaphs. Dieser erste Eindruck bewahrheitet sich bei den Detailvergleichen. So finden wir wiederum die heftig flatternden Gewandenden mit zum Teil kantigen Brechungen und darum eckigen Saumlinien; man vergleiche den nach links wehenden Gewandzipfel der Vanitas mit dem entsprechenden Zipfel des Petrus in Oberwittstatt (Kellermann S.174 f.) oder des Chronos in Hall (am Rücken). An der Friedensallegorie im Auszug bauscht sich der umgeschlagene Mantelsaum in ähnlicher Weise um das Knie herum wie bei der Sapientia des Bonhoeffer-Epitaphs oder bei dem Moses in Kirchensall (Kellermann S.167), und die Saumpartie zeigt außerdem die für Sommer so bezeichnenden zellenartig gereihten Dellen. Bauch und Nabel drücken sich durch das Kleid wie bei der Sapientia am Bonhoeffer-Denkmal oder bei der Fama des Hollenbacher Grabsteins (siehe WFr 1951/52, S.297). Der Putto oder Genius zu Füßen der Vanitas gleicht dem Kirchensaller Kanzelputto (Kellermann S.166) bis in viele Details der Körper- und Gesichtsbildung; das vielleicht auffallendste Merkmal sind die aneinandergereihten Muskelpakete der relativ dünnen Arme. Und der Engel mit dem Füllhorn hat den gleichen Kopf mit übergroßer Stirn wie der Putto in den Wolken am Bonhoeffer-Epitaph. Die schmerzerregte Halla erinnert im Gesichtsschnitt an den Moses in Kirchensall (siehe oben); beiden gemeinsam sind die angewinkelten Brauen, das Dreieck über der Nasenwurzel, stark plastisch hervortretende Lidränder und der starre Blick.

Auch zur Sommerschen Grabmalkunst bestehen enge Beziehungen. Am Stein der Barbara Glock (Kellermann S.204) vergleiche man den trauernden Putto mit dem Haller Vanitasputto (Gesichts- und Körperbildung) oder die Köpfe der beiden anderen Putten mit dem Haupt des Füllhornengels. Am Doppelgrabmal Faust/Werner (Kellermann S.205) bauscht sich an der Frauenfigur rechts der Mantel kreisförmig um die Ärmelöffnung des Kleids wie bei der Haller Vanitas, und in den Stoffmassen beider Frauen finden sich die typischen Reihen flacher Dellen ebenso reichlich wie an allen Figuren des Haller Epitaphs. Außerdem flankieren die beiden Frauengestalten wie in Hall die mit Muschelwerk, Blättern und Blüten gerahmte Inschrifttafel. Am Hollenbacher Grabstein (siehe oben) ähnelt die Inschriftkartusche der Sanwaldschen noch mehr als der Bonhoefferschen, auch durch die deutsche Schrift und die durch größeren Maßstab hervorgehobenen Namen. Die Emblemschilde der oberen Grabsteinecken gleichen dem Schild der Haller Vanitas. Und auch die Engelsköpfe mit der überhöhten Stirn sind zu finden; siehe den weinenden Putto und den Engelskopf, der die Blüten zerbläst.

Allerdings hat die Qualität beim Sanwald-Epitaph nicht überall die gleiche Höhe wie beim Bonhoeffer-Epitaph. Gerade die großen Standfiguren sind deutlich derber ausgeführt als dort, vor allem die Vanitas; und die Unruhe des Faltengeknitters wird diesmal nicht durch glatte Flächen ausgeglichen. Auch der Putto neben der Vanitas ist einen Grad weniger brillant geschnitzt als etwa der Kanzelträger in Kirchensall (siehe oben). Befremdend wirken die Körperproportionen mancher Figuren. Die schmächtigen Oberkörper der Justitia und des Posaunenengels machen den Eindruck, als seien sie von einer anderen Hand angelegt. Andererseits sind wesentliche Teile des Engels – Kopf, Hände, Flügel – vorzüglich ausgeführt. Vielleicht hat der Meister hier die Arbeit von Gesellen nachgebessert. Man findet noch mehr solche qualitativ überragenden Partien, besonders im oberen Epitaphteil, was verwundert. Von auffallend hoher Qualität sind das Füllhorn und die graziös bewegte Engelshand, die es hält, ferner die Friedensallegorie (Pax) samt Wappen und Taube (obwohl das aus der Ferne kaum zur Geltung kommt). Bei der Taube ist sogar die Zunge innerhalb des Schnabels wiedergegeben, wie die Nahsicht bei der Restaurierung zeigte. Zum Besten gehört auch das Sockelrelief mit dem Tod in seinen originalen Teilen (der Brustkorb und der rechte, nach der Wurzel greifende Arm des Gerippes sind ergänzt)[31]. Die Pax gleicht übrigens im Profil mit dem geraden Nasenrücken und der in gleicher Flucht liegenden Stirn in auffallender Weise der Halla des Epitaphs, was jedenfalls zeigt, daß die beiden Figuren trotz unterschiedlicher Feinausführung von gleicher Hand angelegt wurden, also wohl von Sommer selbst.

Alles in allem hat Sommer am Sanwald-Epitaph seinen Gesellen größere Teile überlassen als am Bonhoeffer-Epitaph; warum aber gerade die großen Figuren in der besten Sichtweite, bleibt unerfindlich. War es Arbeitsüberlastung, oder waren seine Kräfte schon durch Alter oder Krankheit geschwächt (er starb 1776)?

Einer der Gehilfen Sommers läßt sich wahrscheinlich namentlich bestimmen, sein 22-jähriger Sohn Philipp Christoph, der an versteckter Stelle – an einer der herabfallenden Münzen – sein Monogramm angebracht hat: PCS = Philipp Christoph Sommer, und an einer anderen Münze, wie es scheint, seinen Namenszug[32]. Daß Vater und Sohn damals – genauer: im August 1773 – für Hall tatsächlich zusammengearbeitet haben, läßt sich archivalisch belegen. Laut Rechnungsbuch der Haller Schuppachkirche erhielt Sommers Sohn bei Bezahlung der Restaurierungs- und Faßarbeiten an dem dortigen Schnitzretabel 1 Gulden 6 Schilling Trinkgeld[33]. Vermutlich hat er beim Aufbau des Retabels geholfen. Selbstverständlich ist damit nicht gesagt, daß Philipp Christoph der einzige oder auch nur der wichtigste Mitarbeiter Sommers am Sanwald-Denkmal war.

Daß auch die **Schreinerarbeit** in der Sommerwerkstatt ausgeführt wurde, ist wegen der engen Verflechtung und des gleichartigen Gepräges der bildhauerischen und der architektonisch-ornamentalen Teile so gut wie sicher (vgl. die Ausführungen bei Nr. 39, S. 150).

Die **Fassung** des Sanwald-Epitaphs stimmt mit der des Bonhoeffer-Epitaphs überein. Sie muß deshalb ebenfalls in der Sommerwerkstatt entstanden sein, aus den gleichen Gründen, wie sie für das Bonhoeffer-Epitaph gelten (vgl. Nr. 39, S. 151.). Und wie dort soll die Stein und Marmor imitierende Bemalung auch Stein und Marmor bedeuten, was durch zeitgenössische Aussagen bestätigt wird. Nicht nur der Michelfelder Pfarrer und Chronist Carl Albrecht Glaser verwendet in einem Gedicht über das Sanwald-Epitaph die Worte *Marmor* und *Stein*[34]; auch der Comburger Propst Cyriacus Gottfried Klein spricht in einem Epigramm von Sanwalds Stein (*SANWALDI lapis*) und meint damit das Epitaph in der Michaelskirche (*Epitaphium in Ecclesia ad S. Michaelem Archangelum*)[35].

Die Bildnisse

Der Maler der sechs Bildnisse konnte noch nicht ermittelt werden. Für das Jahr 1774 läßt sich bis jetzt kein Haller Bildnismaler nachweisen. Das schließt aber nicht aus, daß Johann Wolfgang Kleemann (vgl. bei Bonhoeffer, S. 151) die sechs Bilder schon im Jahr 1773 gemalt haben könnte oder sich 1774 noch in Hall aufgehalten hat. Nur ist die stilistische Übereinstimmung mit den gesicherten Kleemann-Werken nicht so deutlich wie im Falle Bonhoeffers. Die Frage muß deshalb offen bleiben.

Die Bildnisse der fünf Vorfahren Sanwalds sind mit Sicherheit keine Phantasieprodukte, sondern nach älteren Vorlagen gemalt. Daß diese Praxis üblich war, zeigt ein Auftrag von 1725 an Johann Glocker, für das Ratsherrenbuch auch Bildnisse verstorbener Personen zu malen (wobei mitunter Vorlage und Kopie erhalten sind, zum Beispiel bei Johann Sebastian Firnhaber, 1651 bzw. 1725/26). Am Sanwald-Epitaph stammt die Vorlage für den älteren Wolfgang Kaspar Sanwald (links unten) offensichtlich von Hans Schreyer (man vergleiche die Bildnisse des Johann David Stellwag, 1670, des Stättmeisters Hetzel, 1665, oder des Johann Sixtus Schübelin, 1669, im Hällisch-Fränkischen Museum) und die Vorlage für den jüngeren Wolfgang Kaspar Sanwald (rechts unten) von Johann Glocker, 1725 (vgl. Nr.49 und Deutsch S.248 f.). Es läßt sich jedenfalls leichter sagen, wer die Vorlagen gemalt als wer sie kopiert hat. Daß dieser Umstand die Zuschreibung der Epitaphgemälde erschwert, liegt auf der Hand. Möglicherweise geht auch das Hauptbild auf eine ältere Vorlage – aus jüngeren Jahren des Stättmeisters – zurück[36].

Würdigung

Uneingeschränkt als bedeutende Leistung Sommers darf die Komposition des Denkmals gelten. Ihr Ausgangspunkt war

Johann Lorenz Sanwald | 185

sicherlich das Bonhoeffer-Epitaph. Es war für den Bildhauer eine Vorstufe, für den Auftraggeber Sanwald das bewunderte Vorbild, das er – wie das Ergebnis bestätigt – an Größe und Pracht noch übertrumpfen wollte. Die wichtigsten formalen Unterschiede zum Bonhoeffer-Epitaph ergaben sich aus dem Bildgedanken des Stammbaums. Er machte es notwendig, das Programm um fünf weitere Gemälde und um die Todesdarstellung im Sockelbau zu vermehren. Dadurch entstand eine Gefahr der Überladung, umso mehr, als das große Mittelbild zu seiner Hervorhebung einen asymmetrischen, schmuckreichen Rahmen bekam und aus Platzmangel dicht an die Inschriftkartusche gerückt werden mußte, ohne eine Ruhezone dazwischen, wie sie am Denkmal Bonhoeffers die sichtbar werdende Rückwand bildet. Sommer begegnete dieser Gefahr durch einen strengen Aufbau, der sich einfachsten geometrischen Regeln fügt. Die markantesten Formelemente ordnen sich in drei senkrechte Achsen. Dabei werden die Seitenachsen durch die flankierenden Pfeiler bestimmt; sie reichen von den Sockelwangen mit den Tuchgirlanden über die Standfiguren und die seitlichen Ahnenbildnisse bis zu den Obelisken hinauf. Die gewichtigere und leicht überhöhte Mittelachse reicht vom Sockelrelief über die Inschrifttafel, das Stifterbild und das mittlere Ahnenbild zum Auszug mit der krönenden Wappenfigur. Die drei vertikalen Achsen sind durch Querverbindungen miteinander verknüpft, insbesondere durch den Bogen der vier schwebenden Figuren über dem Stifterbild und den parallel dazu laufenden Bogen der drei oberen Ahnenbildnisse, der die gegenläufige Kurve des Gebälks überlagert. Belebt wird diese strenge Grundstruktur wie schon beim Bonhoeffer-Epitaph durch eine rhythmisch ausgewogene Asymmetrie: so steht der breit hingelagerten Ganzfigur der Justitia die Halbfigur des Posaunenengels gegenüber und als Ausgleich dem schmächtigen Teufelchen die üppige Gestalt des Füllhornengels. Im unteren Teil leiten – außer den Tuchgirlanden – links die Urnen und rechts der Vanitasputto zur Mittelachse hinüber. Das Sockelrelief selbst schließt den Kranz der Figuren, der den Doppelkomplex von Stifterbild und Inschrift umgibt.

Die Anregung für den kreisrund ausgeschnittenen Sockelbau kam wahrscheinlich aus der Graphik. In der gedruckten Leichenpredigt für Stättmeister Bonhoeffer (1770) zeigt eine Vignette ein ganz ähnliches architektonisches Gebilde[37]. Seine Seitenwände schwingen ebenfalls nach innen – nur das Gesims nach oben –, und die Vorderfläche bedeckt eine Kartusche mit großem kreisrundem Bildfeld, gefüllt mit Sepulkralmotiven (einem Sarkophag mit Schädeln, flankiert von zwei lorbeerumrankten Obelisken). Aus dieser oder einer ähnlichen Anregung hat Sommer seinen Sockelbau entwickelt und das kreisförmige Bildfeld geschickt dazu verwendet, den Wurzelbereich des Stammbaums mit der Figur des Todes unterzubringen.

Dieses Sockelrelief beeindruckt die Kirchenbesucher von allen Teilen des Epitaphs am meisten, sicher nicht nur, weil es sich um die einzige unmittelbar verständliche Darstellung handelt. Was fasziniert, ist das Thema und seine Drastik. In unserer heutigen Zeit, die das Sterben verdrängt, muß es Staunen erregen, daß der Mensch im Barock sich nicht gescheut hat, ein solch grausiges Sinnbild seines eigenen Todes Jahre hindurch vor Augen zu haben.

Wie geschickt und phantasievoll sich der Bildhauer den jeweiligen ikonologischen und formalen Erfordernissen angepaßt hat, sieht man am besten, wenn man ikonographisch gleiche Figuren wie die Engel oder die Personifikationen der Halla an beiden Epitaphen Sommers betrachtet. Stets ergibt sich die Einzelform aus dem Zusammenhang des Ganzen. Zwar gleicht die Halla des Sanwald-Epitaphs der Halla am Bonhoeffer-Denkmal in der Form des Kopfes, in seinem Knochenbau wie in der Grundstruktur von Nase, Lippen, Ohren, Hals und Haar, doch wirkt sie neben der früheren Figur hager und abgezehrt, wie eine um Jahrzehnte ältere Schwester. Der Bildhauer hat also ihr von *Schmerz und Harm* erfülltes Klagen nicht allein durch schmerzlich verzogene Mienen, sondern noch durch ein gealtertes, verhärmtes Aussehen dargestellt. Die Halla des Bonhoeffer-Epitaphs, die ja zugleich Zuversicht ausdrückt, hat dagegen jugendlich weiche Züge; ihre Trauer gibt sie allein durch das verstummte Blasinstrument zu erkennen.

Es ist keine Übertreibung, wenn der Comburger Propst Cyriacus Gottfried Klein – im Anhang zur Leichenpredigt – das Sanwald-Denkmal als ein durch Kunst und Erfindungsgeist hervorragendes Epitaph (*Epitaphium ... arte et ingenio conspicuum*) bezeichnet hat. Mit den Denkmälern der beiden Stättmeister Bonhoeffer (S. 144ff. und Sanwald hat die Kunst des Rokoko in Schwäbisch Hall kurz vor ihrem Ende noch einen überraschenden Höhepunkt erreicht[38].

Literatur

Gräter 1793/94 Nr.111 (Wiedergabe aller Inschriften); RDK (wie Anm.9) Bd.5, Stuttgart 1967, Sp.533-535 (mit Ges.Abb.); *Wunder* 1987 Nr.45 (ohne die kleinen Inschriften); Gerd *Wunder*, Barocke Denkmale für zwei verdiente Bürger in St. Michael, in: Der Haalquell 1987 (s.Nr.39; mit 4 Abb. zu Sanwald); *Deutsch* 1988 (Johann Andreas Sommer, wie Nr.39); Daniela *Heckmann*, Dokumentation über die Restaurierung (zit.: Restaurierungsbericht), Objekt Nr.0195/361 Schwäbisch Hall St. Michael, Computerausdruck 1997. – Wichtigste Literatur zur Künstlerfamilie Sommer: wie bei Nr.39, S. 155.

Anmerkungen

1. Weitere Maße (nach dem Restaurierungsbericht): Breite ca. 2,40 m, Tiefe ca. 1,10 m, Steinsockel ca. 20 cm hoch.
2. Laut eingeritzter Inschrift am rechten Pfeilersockel hinten: K. *Scherz Maler 1901 / August*.
3. Eine größere Zahl minder einschneidender Ergänzungen kommt hinzu; sie sind im Anhang des Restaurierungsberichtes verzeichnet.
4. Verdienstzettel Hettingers vom 30.3. und 3.12.1893; Kirchenarchiv, Rechn.-Jahr 1892/93 f., Nr.87, 107 (aufgefunden von Werner Hönes).
5. Signatur: *G. A. Eger. delin. / Joh. Gottfr. Saiter. sc.*
6. Johann Carl *Wibel*, Leichenpredigt für Johann Lorenz Sanwald, Schwäb. Hall 1778 (Johann Christoph Messerer). Ein Exemplar der Predigt besitzt der Historische Verein für WFr, Schwäbisch Hall (F 240b; Depositum im StAH).
7. Der überraschende Fund der Friedenstaube (siehe unten S. 182f.) deutet darauf hin, daß der Stich den ursprünglichen Zustand des Epitaphs doch getreuer wiedergibt, als ich 1988 (S.240) annahm.
8. Vgl. dazu Nr.39, S. 145.
9. *Akermann/König/Clauß/Hennze/Siebenmorgen/Stachel*: Kunst, Kultur und Museen im Kreis Schwäbisch Hall, Stuttgart ²1991, S.46. – über die ältere Literatur vgl. *Deutsch* 1988 (im folgenden kurz: Deutsch), Anm.6.
10. Ausführliche Angaben über die Fassung im Restaurierungsbericht, S.5 bzw. S.3.
11. Die Wurzel war von Kirchenbesuchern abgebrochen worden und hat danach jahrzehntelang gefehlt. Der Arm, an eine Rippe angeschraubt, baumelte indessen ins Leeren. Bei der Restaurierung 1997 wurde die Wurzel von Bildhauer Steidle anhand einer alten Aufnahme der Landesbildstelle Württemberg von etwa 1927 (Nr. 22182) nachgeschnitten und von den Restauratoren wieder angebracht und gefaßt.
12. Auf dem Kupferstich in der Leichenpredigt (vgl. S. 179) ist – im Gegensatz zum Schnitzwerk – auch der Sensenstiel wiedergegeben. Vermutlich wollte der Stich hier eine Unklarheit beseitigen.
13. Zwei der Urnen, die große und die fünfte von links, waren 1982 von Kirchenbesuchern entwendet worden. 1997 wurden sie von Bildhauer Steidle nach einer alten Aufnahme der Landesbildstelle (siehe Anm. 11) neu geschnitzt (unter Verzicht auf die Spitze des Deckelknaufs an der großen Urne) und von den Restauratoren gefaßt und wieder angebracht, wobei sie sich in der Reihenfolge nach dem Stich von Eger/Saiter (vgl. S. 179) richteten.
14. Näheres bei *Deutsch*, S.242.
15. Vgl. Anm.6.
16. Telefonische Auskunft von Frau Diplom-Restauratorin Daniela Heckmann.
17. Er war ja vielleicht geflügelt wie auf dem Stich.
18. Näheres darüber siehe bei Nr. 102 (Johann Friedrich Wibel), S.357, und bei *Deutsch* 1988 (Johann Andreas Sommer), S.242.
19. Er wurde neuerdings von den Restauratoren – in Anlehnung an den Kupferstich – wieder in die allein sinnvolle horizontale Lage versetzt.
20. Sein hinterer Flügel war abgebrochen und wurde 1997 in vereinfachter Form ergänzt.
21. Die Zitate belegt bei *Deutsch* S. 242.
22. Darauf hat schon Karl August Wirth im Reallexikon zur deutschen Kunstgeschichte hingewiesen (Band V, Sp.534).
23. Karl August *Wirth*, ebd., Sp.534 f.
24. *Deutsch* S.243.
25. Siehe u.a.: Der Kleine Pauly, Lexikon der Antike, Bd.4, Sp.246.
26. LCI, Bd.4, Sp.242.
27. Vgl. u.a. James *Hall*, Dictionary of Subjects and Symbols in Art, New York 1974, S.228 (Taube) und S.109 (Ölzweig); Gerd *Heinz-Mohr*, Lexikon der Symbole, Düsseldorf/Köln 1971, S.281 (Taube) und S.225 (Ölzweig).
28. Vgl. dazu auch *Deutsch* Anm.90.
29. Hällisches Gesangbuch, Nr.592, Lied für den obrigkeitlichen Stand (zitiert nach der Ausgabe von 1795).
30. Stadtarchiv Hall 4/461, Geheime Ratsprotokolle 1770-74, Bl.253v f., Nr.6.
31. Diese Teile haben nach freundlicher Auskunft der Restauratorin Frau Heckmann keine originale Fassung. Sie wurden 1893 von Bildhauer Georg Hettinger ergänzt; vgl. dazu S. 179 mit Anm. 4.
32. Vgl. S. 182. Ob mit den Köpfen auf der dritten und vierten Münze Vater und Sohn Sommer gemeint sein könnten, muß dahingestellt bleiben.
33. *... u. dessen Sohn TranckGeld – 1.f 6.ß* (vgl. *Deutsch* S.249).
34. Leichenpredigt für Sanwald (wie Anm.6), Gedächtnisverse S.66 f.
35. Ebd., Titelblatt vor den Gedächtnisversen.
36. Ein von dem Haller Maler Christian Andreas Eberlein signiertes Bildnis im Haller Stadtarchiv kopiert das Mittelbild des Epitaphs samt Rahmen. Es wurde vermutlich bei Sanwalds Tod gemalt, denn es zeigt den Stättmeister in Schwarz statt im Purpur. – Vgl. auch *Deutsch* S. 249.
37. Vgl. *Deutsch* Anm. 96. Die Vignette wurde in Sanwalds Leichenpredigt wiederverwendet.
38. Es sei aber nicht verschwiegen, wie man das Werk vor hundert Jahren eingeschätzt hat, so Christian Kolb, als er es mit dem Ezechielrelief (Wunder Nr. 44) von Leonhard Kern verglich: *Hart neben diesem Kunstwerk [dem Kern-Relief] ... steht in herausforderndem Prunk das Denkmal des Städtmeisters Sanwald von 1774. Wer eine Weile halb mit Staunen, halb mit Aerger vor letzterem Monument gestanden und dann in den stillen Winkel tritt, um sich in Kerns Figuren zu vertiefen, erfährt einen starken und eigentümlichen Wechsel der Stimmung. Dort gespreizte und mit grösster Selbstgefälligkeit zur Schau getragene Pracht, rauschende, aber beunruhigende Aufbietung aller Mittel der Plastik und der Malerei, übertriebenes Pathos der Bewegungen, wildes Schwelgen in geschwungenen und gebrochenen Linien, masslose Verwendung der Allegorie, und als Endpunkt die Verherrlichung des Verstorbenen mit dem ganzen Orchester bildnerischer Effekte; hier dagegen klare und ruhige Schönheit, überzeugende und ergreifende Naturwahrheit, eine wohlerwogene Komposition und ein grosser biblischer Grundgedanke ...; dort der Geist des zucht- und zügellosen Barockstils, hier derjenige der edlen Renaissance, mit dem Gepräge der antiken, harmonischen Formvollendung, wie sie uns in den Schöpfungen Rafaels entgegentritt.* (Professor Dr. [Christian] Kolb, Der Haller Bildhauer Leonhard Kern, in: WFr, N.F.5, 1894, S.48-63, hier S.48.)

Andreas Drüller (1607–1669)
Ratsherr und Bäcker

Gefaßtes Holzepitaph mit Ölgemälden, 235/154 cm; hing früher an der Nordempore, Nähe Ratsstube (Gräter: *Von der Stiegen der Becken-Empor an der Orgel gegen dem Rathsstand zu, vorwärts hangend*)[1]. – Restauriert 1910 von Gottfried Schmidt für 26 Mark[2], 1997 von Jürgen Holstein und Roland Wunderlich.

Die Gemälde von **Johann Schreyer** (Zuschreibung), um 1669 oder kurz vorher.

[47]

Das Denkmal, ein Hängeepitaph in der Gestalt eines Altarretabels, besteht aus Corpus (Mittelteil) mit dem üblichen Familienbild, bemalten Standflügeln, einem Aufsatz mit einer breiten, zwiebelförmigen Bildkartusche und einer hängenden Predella mit der Gedenkschrift auf einer sechseckigen Tafel (die man auch als oben beschnittenes Achteck beschreiben kann).

Den Mittelteil flankieren schlanke, hellgraue Säulen mit geringer Entasis (Schwellung des Schaftes), zurückhaltender Bemalung mit abstrakten Ranken und Blüten (grau in grau), vergoldeten Basen und ebenfalls vergoldeten, vorne und seitlich mit Engelsköpfen aus Pappmaché, geschmückten Kapitellen.

Über dem Corpus liegt ein Architrav mit kräftig profilierten Gesimsen. Er enthält eine zweizeilige Inschrift in goldener Fraktur auf schwarzem Grund: *Ich bin das Brot deß Lebens, wer Zu Mir kompt, den wird nit / hungern, vnd wer an mich glaubet, den wird nim(m)ermehr dürsten. Joh. 6. v(ers) 35.* Das untere Architravgesims ist seitwärts verlängert und über den Corpussäulen vorgekröpft. Diese Stellen werden durch Zierobelisken betont, die jedoch – kaum im Sinne der ursprünglichen Planung – nicht genau über den Säulen, sondern ein Stück seitwärts sitzen.

Die Aufsatzkartusche wird flankiert von zwei gemalten Engelsköpfen, deren Flügel in Volutenspangen auslaufen. Es handelt sich um Figuren in Brettstärke mit ausgesägter Außenkontur. Soviel ich sehe, haben wir hier das früheste Beispiel für diese beliebte Form der Epitaphbekrönung[3].

Die beiden Standflügel enthalten über einem niedrigen Schriftfeld eine 64,5/18 cm große Bildtafel (siehe unten).

Über deren Dachgesims leitet eine gebrochene S-Volute zum Mittelteil hinüber. Die Zwickelfläche schmückt ein Fruchtbündel aus Pappmaché. Dübellöcher zeigen, daß früher außerhalb der Volute noch eine – vermutlich gedrechselte – Zierform angebracht war.

Die **Predella** wird vom Corpus durch ein profiliertes Gesims getrennt und nach unten hin durch tief zerklüftetes Schweifwerk begrenzt. Darin integriert sind entlang den Schrägseiten der Inschrifttafel gemalte Engelsköpfe, ähnlich denen im Aufsatz. Seitlich der Inschrifttafel sitzen, als Stützen der Corpussäulen, kräftig vorspringende Konsolen. Ihre Vorderfläche schmückt ein Engelskopf aus Pappmaché, dessen Flügel auch die Seitenflächen bedecken. Ferner sind an der Predella noch folgende Applikationen angebracht, alle aus Pappmaché: unter der Inschrifttafel ein großer Engelskopf mit Flügeln; beiderseits der Inschrifttafel ein Fruchtbündel, an einer Schleife hängend; neben den Konsolen jeweils eine schmalgesichtige Frauenmaske mit Haarschmuck und Halstuch, eine sogenannte *Serviettenmaske*, wie man sie auch schon an früheren Epitaphen (zum Beispiel Weidner und Melchior Wenger) antrifft; und schließlich unter den beiden Konsolen eine Wappenkartusche (Beschreibung der Wappen bei R. Krüger, S.98 f.).

Das rechte (heraldisch linke) Wappen dürfte der Frau des Verstorbenen, einer geborenen Kükopf, gehören. Das linke (heraldisch rechte) ist aber nicht das Wappen des Andreas Drüller (das man an der benachbarten Stiftertafel für das Gymnasium sehen kann[4]; es zeigt unten im Schild eine Brezel als Zeichen des Bäckers), sondern – man staune – das Wappen der Familie Romig[5]. Die Mutter des Verstorbenen war eine geborene Romig[6]. Ähnlich wie bei Georg Philipp Bonhoeffer (S. 72ff.) und David Zweiffel (S. 108ff.) fehlt seltsamerweise das Wappen des Mannes. Nur liegt der Fall hier bei Drüller noch um einiges rätselhafter als dort, wo zwei Ehefrauen gleichwertig zu berücksichtigen waren: Da Andreas Drüller nur einmal verheiratet war, sollte man wirklich erwarten, auf der heraldisch rechten Seite sein eigenes Wappen zu finden und nicht das seiner Mutter.

Die Gedenkschrift im Zentrum der Predella (voller Text bei Krüger und Wunder sowie Anhang S. 408) vermeldet uns neben den Lebensdaten des Ratsherrn, seine Frau *Margaretha Kücköpfi(n)* sei am 18. April 1675 nach 36 Ehejahren im Alter von 60 Jahren gestorben und habe *erzeuget 11. kinder, Nemblich 3. Söhn vnd 8. Töchter, Darvon noch beÿ leben so lang Gott will 1. Sohn vnd 5. Töchter, die übrigen sind Gott ergeben.*

Das 86/77 cm große **Mittelbild** sitzt in einem 5,8 cm breiten Rahmen mit einem eingezogenen Bogen als oberem Abschluß[7]. In den Bogenzwickeln sind geflügelte Engelsköpfe aus Pappmaché, angebracht. Das Gemälde zeigt die Mitglieder der Familie Drüller vor einer weiten Stadt- und Berglandschaft um das Kruzifix gruppiert. Sie knien, dem Gekreuzigten halb zugewandt, betend am Boden, das Ehepaar groß im Vordergrund. Hinter ihm sind in kleinerem Maßstab, auf keilförmig nach hinten gerichtetem Grundriß, die Kinder dem Alter nach aufgereiht, Sohn und Söhnchen links (heraldisch rechts), die Töchter gegenüber. Die Namen sind jeweils beigeschrieben.

Der Vater, mit fast schulterlangem, schon etwas schütterem Haar, kräftigem Oberlippen- und schmalem Kinnbart, trägt über schwarzen Gewändern einen weißen Schulterkragen (Rabat), die Frau Krause und Flügelhaube, ebenfalls weiß, und eine Halskette aus schwarzen und weißen Perlen.

Der erwachsene Sohn, *Andreas*, ist gleich gekleidet wie der Vater und hat schulterlange Locken. Zwischen ihm und dem Vater kniet ein verstorbenes Söhnchen, *Michel*, ganz in Weiß mit einem roten Kreuzchen über dem Kopf. Die Töchter auf der rechten Seite sind (von vorn nach hinten): *Margretha* und *Elisabet*, beide verheiratet, in schwarzen Kleidern und mit mächtigen Kugelhauben aus schwarzem Pelz; links dahinter die unverheirateten Töchter, *Maria Barbara, Euphrosina* und *Anna Maria*[8], mit straff zurückgekämmtem Haar, weißer Plisseeschürze über schwarzem Kleid, korallenfarbiger Halskette und rotweißem Zierhäubchen am Hinterkopf. Alle Frauen haben einen weit fallenden weißen Schulterkragen und weiße Hemdbäusche an den Ärmelenden des Kleides.

Vor den verheirateten Frauen knien zwei verstorbene Geschwister, *Elisabetha* und *Maria Barbara*, beide mit Kreuzchen versehen, in hellrotem Rock, weißer Schürze und weißem Oberteil.

Von der rechten Schulter der verheirateten Töchter ragt jeweils ein bogenförmiger Zweig empor, an dessen belaubtem Ende – wie vor der Landschaft schwebend – eine kleine Enkelin Drüllers kniet. Die größere, das Töchterchen Margrethas, heißt *Anna Margreth(a)* und ist schwarzweiß gekleidet wie ihre ledigen Tanten. Die kleinere, das Töchterchen Elisabets, heißt *Susana Margr(etha)* und ist rotweiß gekleidet, ähnlich den verstorbenen Kindern, aber mit einem Spitzenhäubchen. Beide Enkelinnen haben kein Kreuzchen neben sich, sind also noch am Leben. Die weißrote Kleidung ist demnach kein Totengewand, sondern eine Kleinkindertracht. Das Motiv des Stammbaumzweiges dürfte vom Epitaph Peter Firnhabers (S. 218ff.) übernommen sein.

Ganz im Vordergrund, an den unteren Bildecken, liegen – durch ein rotes Kreuzchen gekennzeichnet – noch zwei früh verstorbene Wickelkinder auf einem Kissen, das Söhnchen, *Jörg Andreas*, auf der Männerseite, das Töchterchen, *Anna Margretha*, bei den Frauen.

Das Kruzifix ist von der Bildmitte ein wenig nach links gerückt, um Platz für die Überzahl der Frauen zu schaffen. Es ragt in einen düstergrauen Himmel empor, der den oberen Bildteil mit dem Bogenfeld füllt. Der Gekreuzigte, im Maßstab kleiner als das Elternpaar, neigt sich – vom Beschauer gesehen – nach links und hat die Beine dabei leicht angezogen; die Zipfel des Lendentuchs wehen seitwärts. Der gleiche Kruzifixtypus findet sich schon an dem 1647 entstandenen Firnhaber-Epitaph (S. 218ff.). Offensichtlich gab es dafür eine Werkstattvorlage.

Der Hintergrund des Bildes, Stadt und Berge, ist im Sinne der „Luftperspektive" in türkisblaues Licht getaucht. Aus dem kleinteiligen Gewinkel der Stadt mit ihren Giebelhäusern, Türmen, Toren und einer Doppelturmkirche ragt in der rechten Bildhälfte ein riesenhafter Rundbau heraus. Er besteht aus drei geschlossenen Stockwerken und einer luftigen Laterne mit Kuppel und turmhoher Spitze. Damit wiederholt er, in der Größe noch etwas gesteigert, den Rundbau des Holl-Epitaphs von 1658/59 (Wunder Nr. 29), benützt also wiederum eine Werkstattvorlage. Als Gegengewicht zu diesem Bauwerk ist das herausragende Bildelement im Mittelgrund der linken Seite ein steiler Felsen mit einer Burg.

Ebenfalls vom Holl-Epitaph übernommen sind Form und Verlauf der Gebirgsketten am Horizont und zwei weitere Burgen, die sich nahe dem rechten Bildrand auf zwei verschieden hohen, verschieden fernen Hügeln erheben. Die phantastische Steilheit der zuckerhutartigen Berge im linken Bildteil des Holl-Epitaphs wurde bei Drüller nur wenig abgemildert.

Die **Flügelbilder**. Auf dem linken (heraldisch rechten) Standflügel ist der Apostel Andreas dargestellt, eine kräftige Gestalt mit grauem, lockigem Bart, Haarkranz, Stirnlocke und ringförmigem Nimbus. Er trägt eine faltige blaue Tunika und hat ein rotes Manteltuch schwungvoll über die linke Schulter und den rechten Schenkel drapiert. Gemäß Matthäus 10,10 ist er barfuß. Den rechten Fuß stützt er auf ein Podest, wodurch das Spielbein unter dem Mantel deutlich in Erscheinung tritt. Das Haupt hat er nach links, dem Mittelbild zu, gewendet, Oberkörper und Arme in die Gegenrichtung, wobei er mit den Händen die Arme seines Kreuzes hält. Die beiden allein sichtbaren Kreuzarme lassen sich nur schwer zu einem Andreaskreuz ergänzen, doch ist der Heilige durch die Inschrift unter der Tafel – *S. Andreas.* – eindeutig identifiziert.

Der rechte Flügel zeigt die heilige Margarete. Das ist durch die Inschrift – *S. Margaretha.* – und durch die Attribute der Heiligen, Stabkreuz und Drache, belegt. Die Figur hat langes blondes Haar, trägt eine goldene Krone, ein ockergelbes Kleid und einen rosafarbenen, dunkel gefütterten Mantel, dessen Enden sie mit der Rechten vor dem Körper festhält. Mit der Linken umfaßt sie den Kreuzstab und stößt ihn – ziemlich kraftlos – dem Drachen zu ihren Füßen ins Maul.

In ihrer Haltung, ja in der ganzen Erscheinung unterscheidet sich die Heilige völlig von ihrem Gegenüber, dem heiligen Andreas. Sie steht frontal, ohne eine Andeutung von Kontrapost, und ihr Mantel ist noch in der Art spätgotischer Figuren drapiert, während Andreas in Gestalt und Haltung von der Renaissance geprägt wurde. Daraus muß man wohl folgern, daß die beiden Bilder keine Erfindung des Haller Malers sind, sondern nach unterschiedlichen Vorlagen gefertigt wurden, die bei Andreas auf die italienische Hochrenaissance, bei Margarete auf die deutsche Spätgotik des frühen 16. Jahrhunderts zurückgehen.

Das **Gemälde im Aufsatz** illustriert ein Ereignis aus dem Neuen Testament, das von allen vier Evangelisten berichtet wird[9]: die Speisung der Fünftausend durch eine wundersame Vermehrung von fünf Broten (und zwei Fischen, die entweder gar nicht oder nur undeutlich dargestellt sind, siehe unten). Die Szene spielt vor einer weiten Landschaft. Links vorne ein Laubbaum mit zwei Stämmen; dahinter erstreckt sich eine imposante Bergformation in die Tiefe; zwei wandernde Paare vor einem Felsentor sind fast nur wie Striche zu sehen. Den rechten Bildteil füllt eine grünliche Ebene, grasbewachsen, wie aus dem biblischen Bericht hervorgeht[10]. Auf ihr warten Tausende von Menschen auf ihre Speisung, fast alle sitzend, einer kniend, die ferneren mit impressionistischen Mitteln nur angedeutet, die allerfernsten als graue und rosa Tupfen wiedergegeben.

Im Vordergrund, neben dem doppelstämmigen Baum, sitzt auf einer Bodenerhebung Jesus in grauer Tunika und rotem Umhang und gibt mit beredten Gesten seine Anweisungen. Vor ihm stehen drei Apostel in leuchtender Kleidung – rot, gelb, ocker, rosa und türkis. Die beiden vorderen sind laut Johannes 6,7 f. Philippus und Andreas, der einen vor ihm heranschreitenden Knaben mit sanfter Gebärde zu Jesus hinschiebt. Der Knabe trägt auf seinen Händen aufgetürmt die fünf für die Speisung der Menge vorhandenen Brote. Ob mit den beiden undeutlich wiedergegebenen Gebilden, die von seiner rechten Körperseite halb verdeckt herabhängen, die im Text erwähnten Fische

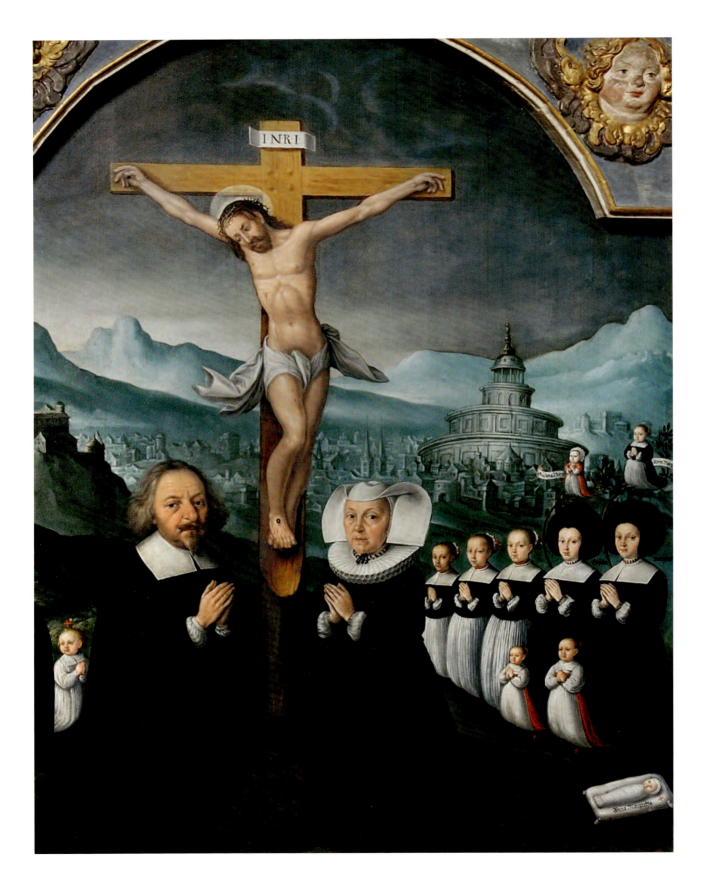

gemeint sind, bleibe dahingestellt. Im Mittelgrund sind sechs weitere Apostel, als solche durch ihren Nimbus kenntlich, mit der Verteilung der vermehrten Brote beschäftigt. Den Vorrat entnehmen sie ihren taschenartig emporgezogenen Mantelenden. Der vorderste, ein Petrustyp in gelber Tunika und weißem Mantel, speist eine Familie, die rechts vorne am Kartuschenrand sitzt. Gleich dahinter schreitet ein Apostel ähnlichen Typs auf eine andere Familie zu. Die beiden Familien sind im Gegensatz zu der grau in grau angedeuteten Menschenmasse des Hintergrunds in Form wie Farbe diffenziert charakterisiert. Im Mittelgrund erkennt man zwischen den Aposteln die zum Sammeln der Brotreste bestimmten Körbe.

Die neblige, leicht rosige Fläche zwischen der Ebene und den grauen Hintergrundbergen meint wahrscheinlich den See Genezareth, das biblische *Meer*, auf dem die nachfolgende Szene spielt. Man glaubt im Nebel ein paar schemenhafte Boote zu erkennen und in der Mitte eine menschliche Gestalt, offenbar Jesus, der auf dem Wasser geht[11]. Auf einem Uferstück (über dem Kopf des Philippus, des mittleren der drei vorne stehenden Apostel) scheinen zwei weitere Personen zu stehen.

Das Gemälde stimmt in vielen Elementen mit dem entsprechenden Kupferstich der Merianbibel überein, allerdings seitenverkehrt, weshalb man vermuten kann, daß es noch eine ältere Vorlage gab, an die sich sowohl Merian wie der Haller Maler mit einigen Veränderungen gehalten haben. Der Stich weicht in folgendem vom Gemälde ab: Vor Jesus steht noch ein weiterer Jünger, wie die übrigen ohne Nimbus; die zwei Fische liegen im Vordergrund deutlich sichtbar auf dem Boden; hinter dem Baum ist statt der Bergformation ein Laubwald dargestellt, hinter der Ebene eine liebliche Landschaft mit einer Stadt am Horizont und hinter der Volksmenge der Fünftausend in winzigem Maßstab eine weitere Brotverteilung in einem parkartigen Gelände. Trotzdem sind die Bezüge zwischen Stich und Gemälde nicht zu übersehen[12].

Entstehungszeit

Auf dem Familienbild ist dem Mann wie der Frau kein Totenkopf beigegeben. In der Regel sind aber die Toten in irgendeiner Form, meist durch einen Schädel, als verstorben gekennzeichnet. Selbst bei der ersten Frau des Predigers Georg Philipp Bonhoeffer (S. 72ff.), wo das anders zu sein scheint, ist der Schädel nur verdeckt; man findet bei näherem Zusehen immerhin ein Stück vom Oberkiefer. Wir dürfen deshalb annehmen, daß das Drüller-Epitaph schon zu Lebzeiten des Ratsherrn gemalt wurde. Ein Vorgriff auf das Todessymbol wäre einer Toterklärung gleichgekommen und war auf jeden Fall unüblich.

Die Gedenkschrift wurde in diesem Fall erst nach dem Tod Drüllers angebracht, sicherlich unmittelbar danach, bevor man das Epitaph aufhängte. Die Todesdaten der später verstorbenen Frau (*1675 / 12. April / 60*), sind jedenfalls erkennbar nachgetragen, wie schon Rainer Krüger (S. 98) festgestellt hat.

Der Sinngehalt

Im **Mittelbild** mit der unterm Kruzifix betenden Familie drückt sich, wie in allen Darstellungen dieser Art, der Glaube an Jesus Christus und damit die Zuversicht aus, dank diesem Glauben und der durch den Opfertod Jesu erwirkten Gnade Gottes die ewige Seligkeit zu erlangen.

Ein wesentlicher Bedeutungsträger des Bildes dürfte aber auch der im Hintergrund emporragende Rundbau sein. Ein Bauwerk, das sich derart überdimensioniert von seiner Umgebung abhebt, kann kein bedeutungsloser Bestandteil der dargestellten Stadtansicht sein. Da sich die Kreuzigung Jesu bei Jerusalem ereignet hat, ist mit der Stadt – wie in allen ähnlichen Fällen – Jerusalem gemeint, auch wenn sich in ihr nordländische Giebelhäuser und Kirchtürme finden. Und der Rundbau meint dann den Tempel Salomos – ein Rundbau deshalb, weil man im Mittelalter, etwa seit dem 11. Jahrhundert, den am Platz des zerstörten Tempels errichteten islamischen Felsendom für Salomos Tempel hielt[13]. Der von Salomo unter göttlicher Aufsicht gebaute und darum von der gleichen göttlichen Harmonie wie die Himmelssphären durchwaltete Tempel galt in noch höherem Maß als andere Kirchengebäude als ein Abbild des himmlischen Jerusalems, also ein Sinnbild für das Paradies, für die ewige Herrlichkeit.

Da die meisten Künstler – bestimmt auch der Haller Maler – die genaue Gestalt des Felsendoms nicht kannten, wird das Gebäude vielfach als beliebiger, bald runder, bald polygonaler Zentralbau dargestellt, der seit dem 16. Jahrhundert bisweilen zu phantastischer Mächtigkeit anwachsen konnte, so auch am Drüller-Epitaph.

Wenn der Rundbau sinnbildlich gemeint ist, dann dürfte auch das kompositionelle Pendant, die Burg auf dem Felsenhügel, als das herausragende Bildelement auf der anderen Seite, eine metaphorische Bedeutung haben, etwa im Sinne des reformatorischen Kirchenlieds *ein feste Burg ist unser Gott*. Tatsächlich wurde Gott – nach 2. Samuel 22,2 – schon von David als *meine Felsenburg, mein Hort* besungen. Und dem gleichen Bild begegnen wir immer wieder in den Psalmen: *Sei mir ein schützender Fels, eine feste Burg, die mich rettet, denn du bist mein Fels und meine Burg* (Ps 31,3 f., Einheitsübersetzung); *du bist mein Fels und meine Burg* (Ps 71,3); *du bist für mich Zuflucht und Burg, mein Gott, dem ich vertraue* (Ps 91,2); *du bist meine ... Burg, meine Festung, mein Retter, ... dem ich vertraue* (Ps.144,2).

Das heißt, die Burg ist ein Sinnbild der Sicherheit und Zuflucht, die der Glaube in Gott findet. Wer an Gott glaubt, kann sich geborgen fühlen. Auch wenn sich im konkreten Fall des Drüller-Epitaphs kein schriftlicher Beleg für diese Auslegung findet, spricht doch das kompositorische Gewicht der Burgdarstellung entschieden dafür. Das gleiche gilt natürlich für die Burgenbilder anderer Epitaphe, ganz besonders für eine so auffallende Felsenburg wie auf dem Denkmal David Schmalkalders (S. 204 ff.) oder Ezechiel Wengers (S. 114ff.).

Die **Flügelbilder**. Die für evangelische Verhältnisse ungewöhnliche Zusammenstellung eines Apostels mit einer Heiligen des 4. Jahrhunderts hat keine tiefere religiöse Bedeutung. Wenn in einer lutherischen Kirche außerbiblische Heilige auftreten, sind es entweder persönliche Namenspatrone wie bei Michael Stigler und Wolfgang Weidner oder Kirchenpatrone wie auf dem Kanzeldeckel von St. Katharina. Im Falle des Drüller-Epitaphs handelt es sich um die Namenspatrone des Ehepaars Drüller, Andreas und Margarete.

Das **Aufsatzbild** hat einen doppelten Sinn. Einmal einen religiösen, wie er aus dem Johanneszitat am Architrav hervorgeht (*Ich bin das Brot des Lebens ...*). Die wunderbare Speisung der Fünftausend durch Vermehrung und Austeilung des Brotes ist ein Symbol für das Altarsakrament, das Abendmahl (gemäß Johannes 6, 30-35 und 48-58, bes. Vers 51). Und in der Rettungstat Christi sah man ein Unterpfand für die Hoffnung auf Auferstehung[14].

Der zweite Sinn der Darstellung ist vordergründiger Art. Andreas Drüller (Driller) war Bäcker und stammte aus einer Bäckerfamilie. Daß er von den vielen denkbaren Bibelszenen, die sich auf die Rettung der Menschheit durch Christus beziehen, gerade die Brotvermehrung gewählt hat, wird den gleichen Grund haben wie die Darstellung von Viehherden bei den Metzgern und Viehhändlern Michael Schmidt (S. 226ff.) und Michael Stigler (S. 64ff.): Er sah darin ein biblisches Vorbild für seinen Beruf.

Der Maler

Johann Schreyer (1596–1676) wirkte in Hall von ca. 1623 bis zu seinem Tod. Das Nähere über seinen Lebenslauf und seine Werke siehe bei Nr. 43 (Margreta Engelhart), S.174ff.

Die Zuschreibung des Drüller-Epitaphs gelingt sowohl durch Direktvergleiche mit verbürgten Werken Schreyers als auch mit Hilfe von Zwischengliedern, die sich ihrerseits an gesicherte Werke anschließen lassen. Zum Beispiel vergleiche man das Haupt des Andreas Drüller mit dem Bildnis des Ratsherrn Johann Heinrich Dieterich, bezeichnet *Joh. Schreÿer pinxit*, im Hällisch-Fränkischen Museum[15]. Die Malweise – natürlich nicht die Physiognomie – stimmt beidemal überein: die Art, wie der Pinsel das Antlitz modelliert, wie er die Binnenformen charakterisiert, die Augen mit dem Glanzlicht links oben, die Lider, die Tränensäcke, die Augenbrauen, die Falten an der Nasenwurzel, den Nasenflügeln und den Mundwinkeln, den Übergang von der Wange zum Doppelkinn, die Haare von Kopf, Schnurrbart und Bart. Vergleichbar ist auch, wie auf der beschatteten Gesichtsseite die Formen plastischer herausgearbeitet sind und der innere Augenwinkel im Schatten der Nase liegt.

Entsprechende Übereinstimmungen stellt man fest, wenn man Drüllers erwachsenen Sohn, Andreas, mit dem

Bildnis des Ludwig David Müller von 1664, bezeichnet *Joh. Schreÿer. pinxit*, im Hällisch-Fränkischen Museum vergleicht[16]. Besonders überzeugend ist auch ein Vergleich der Familienmitglieder mit den entsprechenden Personen des signierten Mair-Epitaphs in Lobenhausen (siehe Nr. 43, S. 175)

Als Zwischenglieder (siehe oben) können fast alle der Schreyer glaubhaft zugeschriebenen Werke in der Kirche dienen. Man vergleiche zum Beispiel den Gekreuzigten mit dem verblüffend ähnlichen Kruzifix des Firnhaber-Denkmals (S. 218ff.). Oder man vergleiche die unverheirateten Töchter Drüllers mit den Mädchen unter den Nachkommen Firnhabers und den Töchtern im Hintergrund des Schmalkalder-Epitaphs (S. 204ff.) oder des Stigler-Epitaphs (S. 64ff.) – immer stimmt die brillante und lebendige Malweise überein.

Betrachtet man die gedrungenen Proportionen des knienden Ehepaares und die summarische Art, wie die Gewänder über die Körperformen kaschierend hinweggehen, so bekommt man den deutlichen Eindruck, daß der vielbeschäftigte Schreyer erhebliche Teile von Gehilfen ausführen ließ und sich persönlich vor allem der Gesichter der Figuren und manchmal auch der Hände annahm. Die gedrungenen Proportionen nehmen nach der Jahrhundertmitte auffallend zu (Holl, Drüller, Wolfgang Weidner). Vielleicht hat Schreyer in der Spätzeit sogar die Vorzeichnung den Gesellen anvertraut.

Quellen und Literatur
Epitaphienbuch 1698/1708, Bl.17r, Nr.2; Band a, S.20, Nr.2; *Gräter* 1799/1800 Nr.237; R.*Krüger* Nr.61; *Wunder* 1987, Nr.30.

Anmerkungen
1. Zwischen den Denkmälern von Nikolaus Glock (S. 268ff., am westlichen Ende der Empore) und Georg Seifferheld (S. 86ff.); laut Epitaphienbuch zweites Epitaph von Westen.
2. Rechnungsbuch G. Schmidt, Eintrag vom September 1910, Pos.16: *St. Michael Hall, Kirchenpflege. Votivbild des A. Drüller restaurirt 26.- [Mark].*
3. Bei Peter Firnhaber (1647) findet sich zwar schon die Zwiebelkartusche, aber noch ohne die flankierenden Engelsköpfe.
4. 9. Wappen der 4. Reihe (*Herr Andreas Driller des Inneren Rats*), vgl. *Wunder* 1987, S.27, s43.
5. In Schild und Helmzier ein Ritter mit Eichelzweig in der rechten und Schwert in der linken Hand; vgl. das Romig-Epitaph und die Romig-Wappen der Gymnasiumtafel (*Wunder* ebd., s44, s45, s59 und s64) sowie der Reichalmosentafel; die Wappen der Frauen sind seitenvertauscht.
6. Vgl. *Wunder* in WFr 1962, S.146, Nr.269.
7. Die Höhe der Bildfläche ohne den Bogen, also des rechteckigen Teils, beträgt 67 cm.
8. Anna Maria († 1709) heiratete 1676 den späteren Stättmeister Christoph David Stellwag (vgl. Wunder Nr.44).
9. Mt 14, 13-21; Mk 6, 31-44; Lk 9, 10-17; Jo 6, 1-15.
10. Mt 14,19; Mk 6,39; Jo 6,10.
11. Mt 14,25 ff.; Mk 6,48 ff.; Jo 6, 19f.
12. Auch das Epitaph des Bischofs Johann Georg von Herberstein († 1663) im Regensburger Dom, ein Relief, ist eine seitenverkehrte Wiedergabe des Merianstichs, relativ getreu, doch beugt sich, anders als bei Merian, der Apostel Andreas wie in Hall zu dem Knaben mit den Broten hinab und schiebt ihn Jesus entgegen (Abb. im RDK Bd.2, Sp.1225/1226).
13. Anschaulich belegt wird das durch Darstellungen, die klar erkennbar den Felsendom abbilden und ihn ausdrücklich als *Templum Salomonis* bezeichnen, zum Beispiel die Jerusalem-Ansicht von Erhard Reuwich in *Breidenbach*, Perigrinatio in terram sanctam, Mainz 1486 (abgebildet nebst weiteren Beispielen bei Elisabeth *Rücker*, Die Schedelsche Weltchronik, München 1973, S.94 f.). Dabei hat es anscheinend niemand gestört, daß die in der Bibel (1 Kön 6) genannten Maße des Tempels alles andere als einen Zentralbau ergeben.
14. LCI Bd.1, Sp.326, nach F.X. *Funk*, Didascalica et constitutiones Apost. I, Paderborn 1905.
15. Inventar-Nr. 3347e, 15/12 cm im Oval, wohl aus dem Ratsherrenbuch. Johann Heinrich Dieterich (1596-1672) wurde 1645 in den Rat gewählt. Eine zweite Jahreszahl auf dem Passepartout, 1654, könnte die Wahl zum *Geheimen* bedeuten und der Entstehungszeit des Bildnisses entsprechen oder nahekommen. Die Schreyer-Signatur dürfte zusammen mit dem Goldrand des Bildnisovals erneuert, doch in der Sache authentisch sein.
16. Abb. bei *Wunder* 1980, S.247.

Johann Lorenz Drechsler (1664 – 1725)
Stättmeister

Prunkvolles Epitaph aus Holz und Stuck, am Strebepfeiler zwischen der 5. und 6. Kapelle; 5,10/2,84 m (nach R. Krüger). Das Bildnis Öl auf Holz; aus Holz sind ferner die sitzenden Figuren und ihre Attribute, das Drechslersche Wappen, der Knochen unter dem krönenden Totenkopf und der Kern von Sockelbau und Rückwand; alles übrige aus Stuck. 1780 *erneuert* (siehe Inschrift), das heißt an Sockel und Rückwand mit goldenen Ornamenten versehen; 1907 das Bildnis von Gottfried Schmidt *restauriert* (retuschiert)[1], 1997 das ganze Denkmal von Ernst Stock restauriert und konserviert.

Das Bildnis wahrscheinlich von **Johann Glocker**; der Bildhauer noch nicht ermittelt (Johann Friedrich Sommer?). Entstanden um 1725/26 (postum, da laut Inschrift von Witwe und Tochter errichtet).

[49]

Das Denkmal gehört zu den monumentalen Stättmeister-Epitaphen, die vom Boden an bis in große Höhe aufragen und dadurch an einen festen Ort gebunden sind, sich also nicht wie ein Wandepitaph beliebig verschieben oder umhängen lassen. Doch im Gegensatz zu den älteren Alabasterepitaphen der Stättmeister Moser († 1610) und Hamberger († 1615), die noch in den Chorkapellen Platz fanden, wird nun zum erstenmal bei einem Großmonument der Chorraum selbst in Anspruch genommen. Zugleich werden neue Materialien, Holz und Stuck, verwendet. Beides, Standort und Material, sprengt die bisherige Begrenzung von Breite und Höhe und kommt so dem Drang des Barocks nach ausladendem Pathos entgegen. Es entwickelt sich eine für die Michaelskirche neuartige Denkmalform.

Das Drechsler-Epitaph erhebt sich über einem schwarzen, weiß marmorierten Sockelbau von ca. 1,11 m Höhe. Dessen zylinderförmige Vorderseite ist an den Seiten pfeilerartig verstärkt und in der Mitte balusterförmig vorgewölbt. Die Vorwölbung (aus Stuck) ist graugrundig marmoriert. Bei der „Erneuerung" von 1780 wurde der Sockelbau zusätzlich mit goldenen Rocaille- und Blattornamenten verziert.

Die Rückwand des Aufbaus, auch sie schwarz mit weißer Marmorierung und späterer Goldverzierung, bildet ein spitzwinkliges Dreieck. Es reicht bis zum Scheitel des Denkmals und wirkt wie eine steile Pyramide. Um diese – zweidimensionale – Pyramide gruppieren sich die übrigen Bestandteile des Denkmals in mehreren Etagen:

Zuunterst in der Mitte eine Inschriftkartusche von beherrschender Größe (ca. 100/104 cm). Ihr Schriftfeld, aus schwarzem Stuckmarmor, konvex gewölbt und im Umriß geschweift, wird gerahmt durch mächtige zweigliedrige Volutenspangen aus weißem, goldverziertem Stuck mit einer auffallend starken Torsion, vor allem des unteren Glieds. Auf dem Schriftfeld steht in goldenen Buchstaben die – heute etwas verblaßte – Gedenkschrift (voller Text bei Krüger und Wunder sowie Anhang S. 408f.). Ihr kunstgeschichtlich relevanter Schluß lautet:

> ... *Er hat in dreÿfacher Ehe gelebet*
> *Zeugte 11 Kinder wovon noch 3. im Leben sind*
> *wurde Gebohren d. 14ten April 1664.*
> *ist gestorben d. 6.ten April 1725.*
> *dem besten Ehegatten und Vater*
> *liesen dieses Denckmahl sezen*
> *die Witwe Sus: Elis: geb: Pachelblin von gehag*
> *und Tochter Sophia Catharina Susan(n)a*
> * * *
> *Dieses Epitaphium haben erneuren lassen*
> *Fr: Sophia Cath: Sus: Sanwaldin, geb: Drechslerin witwe*
> *Fr: Elisab: Charlotte Hufnaglin, geb. Drechslerin.*
> *1780.*

Bei der Erneuerung wurden an Sockelbau und Rückwand die verspäteten Rokoko-Ornamente angebracht (vgl. S. 197), die leider in ihrer Kleinteiligkeit der barocken Monumentalität des Originals entgegenwirken.

Die Inschriftkartusche wird flankiert von zwei sitzenden Frauenfiguren. Sie halten beide in der äußeren Hand einen Schild mit einer emblematischen Darstellung, in Flachrelief auf ovalem Feld in einem asymmetrischen, durch Blattwerk verzierten Rahmen. Beide Frauen tragen ein langes, bis auf die Füße fallendes Kleid und Sandalen. Die linke Figur hat das Kleid an der Taille mit einem Gürtel und über der Brust mittels einer Agraffe gerafft. Ihr Haupt ist mit einem Tuch bedeckt und wie in Trauer geneigt. In der linken Hand hält sie ein Tränentuch. Die rechte Figur trägt offenes, zum Teil hochgebundenes Haar. Sie hat über das Kleid einen – wohl aus Leder zu denkenden – Muskelpanzer gezogen. Auch er ist gegürtet; am unteren Saum und an den Ärmeln schmücken ihn Zaddelbänder mit goldenen Fransen. In der rechten Hand hält die Frau eine brennende Fackel.

Beide Figuren sind heute, vom Goldschmuck abgesehen, völlig weiß bemalt. Restaurator Ernst Stock konnte aber nachweisen, daß ihr Inkarnat vor der Erneuerung von 1780 eine hautfarbene Fassung hatte.

Farbig gefaßt sind die Reliefs der beiden Schilde. Der Schild der linken, trauernden Figur zeigt ein tischartiges Podest, über das ein Purpurtuch mit goldenen Fransen gebreitet ist. Darauf sind auf einem dunkeln Kissen verschiedene symbolische Gegenstände ausgestellt: eine Krone, ein aufgeschlagenes Buch, ein geöffneter Zirkel; unter dem Buch ragen noch die Griffe eines Schwerts und eines Zepters (?) hervor. Über die Darstellung wölbt sich, an die Biegung des Rahmens geschmiegt, ein Schriftband mit den Worten: *HIS ARTIBVS* (mit diesen Künsten).

Der Schild der rechten, fackelhaltenden Figur, zeigt einen aus Quadersteinen gemauerten Leuchtturm vor einer düstergrauen, formlosen Landschaft unter einem dämmrigen Himmel, der nur durch die Mondsichel und eine schwache Röte am Horizont erhellt wird. Hinter den Zinnen des Turms steht ein Wärterhäuschen mit rotem Satteldach. Daneben ragt eine Stange schräg in den Himmel; an ihrem Ende hängt eine Scheibe, wohl ein Spiegel, der das Bild einer strahlenden Sonne wiedergibt. Auf dem Schriftband am oberen Rand stehen die Worte: *IN PVBLICA COMMODA FVLGET* (er leuchtet zum öffentlichen Nutzen, das heißt zum Wohl der Stadt)[2].

Über der Inschriftkartusche, etwa in der Mitte des Denkmals, prangt unübersehbar das Drechslersche Vollwappen, eingespannt zwischen die Voluten des Schriftfeldes und eigene, kleinere Volutenspangen. Der Wappenschild besteht aus einer zartgerahmten Kartusche, die auf ovaler, konvex gewölbter Fläche das Wappenbild zeigt: einen Schrägrechtsbalken, gold auf schwarz, belegt mit drei roten, fünfblättrigen Blüten. Über der Kartusche ein Spangenhelm mit schwarzgoldenem Helmwulst und einer gleichfarbigen Helmdecke, deren Blattranken die Wappenkartusche umfangen. Als Helmzier dienen zwei schwarze Schwingen mit je einer roten, fünfblättrigen Blüte auf goldenem Querbalken.

In der nächsthöheren Zone des Epitaphs folgt ein 100/80 cm großes hochovales Bildnis des Verstorbenen, Öl auf Holz. Es ist mit dem zugehörigen Wappen optisch eng verzahnt durch die in das Gemälde hineinragenden Schwingen der Helmzier. Die Kehle des konisch zurückspringenden Rahmens schmückt ein dreifacher Ring grüner, goldgeränderter Blätter. Der Stättmeister ist in Halbfigur, halb nach (heraldisch) rechts gewendet, vor einem Himmel mit rosigen Wolken dargestellt. Er trägt einen blau gefütterten, in rauschende Falten drapierten Purpurmantel mit gestickter Bordüre und darunter, überwiegend verdeckt, einen schwarzen Rock mit weißem Spitzenjabot. Das eiförmige, grimmig-ernste Antlitz wird gerahmt von einer gepuderten Allongeperücke, die auf der linken Körperseite bis weit über die Brust herabfällt.

Über dem Bildnis, dessen Rahmen berührend, sind als farbig gefaßte Stuckreliefs die Wappenschilde der drei Ehefrauen angebracht: In der Mitte, die beiden anderen überragend, das Wappen der Witwe Susanna Elisabeth Pachelbl, ein schwarzer (in der Ausführung grauer), sich in die Brust pickender Pelikan auf blauem Grund. Der Schild, ein Fünfeck in schmalem Rahmen[3] mit einwärts schwingenden Seiten, ist leicht konkav gekrümmt. Über ihm, gleichsam als Helmzier, erheben sich zwei Schwingen, weiß mit gold.

Die seitlichen Wappen bestehen aus volutengerahmten Kartuschen mit ovalem, konvex gekrümmtem Feld, das jeweils um die Kante der dreieckigen Rückwand herumgebogen ist. Links (heraldisch rechts) das Wappen der ersten Frau, Anna Maria Beyschlag, quergeteilt, mit einem sechsstrahligen Stern, gold auf schwarz, im oberen Feld und einem *steigenden* Mond, schwarz auf gold, im unteren. Rechts das Wappen der zweiten Frau, Maria Rosina Engelhard: Ein Engel mit grauen Flügeln und grauem Kleid, die Hände in die Hüften gestemmt; heraldisch links davon (heute fast schwarz) ein grüner Dreiberg mit drei ehemals blauen Blumen.

Über den Wappen schwingt sich in Wellen ein dunkles Schriftband von einer Epitaphseite zur anderen. Es nennt in Großbuchstaben die Namen der drei Frauen: *A.M.D.G BEYSCHLAEGIN / S.E.D.G PACHELBIN, V.G. / M.R.D.G ENGELHARDIN.*

Die Abkürzungen dürften wie folgt aufzulösen sein: Anna Maria Drechsler geborene Beyschlägin; Susanna Elisabeth Drechsler geborene Pachelb(el)in von Gehag; Maria Rosina Drechsler geborene Engelhardin.

Über dem Wappenkomplex und dem Schriftband hängt, an drei Knüpfstellen gerafft, ein weißer Vorhang mit goldenen Fransen, der, seitwärts ausladend und in der Mitte ansteigend, den ganzen Mittelteil des Epitaphs samt Bildnis hinterfängt. Er wird zu Seiten des Gemäldes von zwei schwebenden Kinderengeln gehalten. Die Engel sind wie die unteren Sitzfiguren völlig in mattem Weiß gefaßt und zeichnen sich durch lebhafte Körperdrehung aus.

In der Zone darüber, an den oberen Ecken des Pachelbl-Wappens, ragen zwei geflügelte Engelsköpfe hinter dem Schriftband hervor, ebenfalls weiß, mit goldenen Flügelspitzen.

Im Scheitel des Denkmals ist über einem schräg waagrecht befestigten Schenkelknochen ein Totenkopf über die Spitze der Rückwand gestülpt.

Der Sinngehalt

Die beiden sitzenden Gestalten seitlich der Gedenkschrift hat noch niemand zu deuten versucht. Man überging sie mit Stillschweigen wie alles Rätselhafte, das in der Kirche begegnet, wie früher auch die Darstellungen am Bonhoeffer- und am Sanwald-Denkmal (Nr.39 und 45). Gradmann (S.31) spricht immerhin von *allegorischen Figuren*, alle übrigen Publikationen von *Figuren* schlechthin.

Ihre Bedeutung läßt sich, wenn überhaupt, nur durch die Embleme auf den Schilden erschließen. Wie die zugehörigen Sinnsprüche (Lemmata) zeigen, gehören beide Sprüche – und damit auch die Figuren – zusammen; denn der Spruch des linken Schildes, *mit diesen Künsten*, ergibt für sich allein keinen Sinn. Erst die Ergänzung durch den Spruch des rechten Schildes liefert eine Aussage: *Mit diesen Künsten leuchtet er zum Wohl der Stadt.* Gemeint ist der Stättmeister.

Näheres über die *Künste* sagt uns die Darstellung des Emblems, die *Ikon*: Die Krone symbolisiert den Regenten, Schwert und Zepter seine Macht in Krieg und Frieden[4], Buch und Zirkel die von ihm geförderten Wissenschaften, wobei das Buch sowohl für den geistlichen wie für den weltlichen Bereich steht (der Stättmeister war zugleich Herr des Konsistoriums und Herr des Schulwesens: *der Kirchen und Schulen in Stadt u: Land Director*, sagt die Gedenkschrift). Zusammenfassen lassen sich diese Fähigkeiten des Regenten durch den Begriff der Regierungskunst.

Und damit haben wir auch einen Hinweis, was die Figur selbst verkörpert. Ihr gesenktes Haupt und das Tränentuch lassen annehmen, daß sie trauert. Und analog zu zahlreichen Grabmälern, wo die Personifikationen wesentlicher Eigenschaften des Verstorbenen über dessen Hinscheiden trauern (in Hall zum Beispiel die Prudentia am Epitaph des Stättmeisters Haspel, S. 296ff.), dürfte es hier, bei Johann Lorenz Drechsler, die Verkörperung der Regierungskunst (der *ars regnandi*) sein, die sich solcher Trauer hingibt – das legt die Aussage ihres Schildes nahe.

Einen Grad leichter zu deuten ist die andere Figur, die Gestalt mit der Fackel. Wenn nach dem gemeinsamen Sinnspruch der Stättmeister, obwohl verewigt, durch seine Regierungskunst zum Wohl der Stadtrepublik leuchtet, dann müssen der Leuchtturm und das Spiegelbild der Sonne in dem Emblem der Figur etwas mit diesem Vorgang zu tun haben: Der Spiegel reflektiert das sonnengleiche Licht der Drechslerschen Regierungskunst und entzündet damit die Fackel in der Hand der Frau. Die Figur selbst muß dann die Verkörperung der Stadtrepublik Hall, die Halla[5], sein. Das bedeutet, die Regierungskunst des Stättmeisters wirkt sich auch nach seinem Tod noch zum Segen der Stadt aus, ihr Glanz verscheucht die Trauer über sein Hinscheiden wie die Sonne die Nacht (dargestellt im Sinnbild des Emblems).

Die Metapher des Herüberleuchtens aus der jenseitigen Welt läßt sich in der Haller Ikonologie schon früher belegen: Der Grabstein des Stättmeisters Wibel († 1702) zeigt rechts oben ein Emblem, wo ein Stern vom Himmel auf eine Stadt herabstrahlt. Dazu gehört der Sinnspruch: *Coelo haeret qui solo lucebat* (der auf der Erde leuchtete, steht nun am Himmel; vgl. Nr. 102, S. 356). Auch hier ist der Verstorbene gemeint, und auch hier ist der Sinn von Wort und Bild, daß das segensreiche Wirken des Stättmeisters und sein Ruhm über den Tod hinausreichen.

Das Herzstück des Denkmals ist das Bildnis. Es wird hervorgehoben durch die zentrale Position, durch Größe, Farbigkeit und die bei Standespersonen beliebte elliptische Form[6], und es ist von kaum zu übertreffendem barockem Pathos erfüllt. Das wuchtige Faltengebirge des Purpurmantels und die Allongeperücke, die das Haupt überhöht und gleich einer Löwenmähne umgibt, tragen wesentlich zu der majestätischen Wirkung bei. Ein übriges bewirken Form und Sinngehalt der Rückwand des Epitaphs: Die Pyramide symbolisiert seit der Renaissance den Ruhm, speziell den Fürstenruhm (*la gloria de' Prencipi*)[7], und zugleich die Ewigkeit[8], also den ewigen Ruhm[9], aber auch, auf das Christentum übertragen, das ewige Leben. Damit weist sie über den diesseitigen Aspekt hinaus; zur Verherrlichung des verstorbenen Regenten kommt seine himmlische Verklärung. In die gleiche Richtung mögen auch die Wolken auf dem Bildnis deuten: Der Verstorbene erhebt sich über die Wolken, das heißt über die Sphäre des Irdischen. Bestätigt wird das durch die Engel, die ihm zur Seite den Vorhang halten. Der Vorhang ist hier ja kein bloßes Wappenzelt über den Wappen der Ehefrauen, denn er reicht über das Stättmeisterbildnis herab. Er dient dem Verstorbenen als Baldachin, als Hoheitszeichen, und zugleich läßt er sich als Symbol der Entrückung, des Übergangs in die andere Welt begreifen[10]. Die Engel halten den Vorhang offen; die Hinterbliebenen dürfen den Entrückten schauen.

Seltsamerweise erscheint an der höchsten Stelle des Epitaphs ein Totenkopf mit einem Knochen. Es befremdet, daß dieses Zeichen der Vergänglichkeit an der höchsten Stelle, noch über der Sphäre der Engel, angebracht wurde. In der Michaelskirche begegnet dieser Brauch, wenn ich richtig sehe, hier (und am gleichzeitigen Seyferheld-Epitaph, Wunder Nr. 62) zum erstenmal. Doch späterhin wurde es zunehmend zur Gewohnheit, auf die Spitze der Denkmäler Gebeine oder eine Urne zu setzen, gleichsam stellvertretend für die sterblichen Überreste des Toten, um sie zur Verehrung durch die Nachwelt weithin sichtbar zur Schau zu stellen. Die Verehrung der sterblichen Reste, meist metaphorisch als *Asche* bezeichnet, spielte eine große Rolle und läßt sich anhand von Nachrufen und Gedächtnisversen reichlich belegen, wenn von der *verehrungswürdigen* oder *hochverehrlichen Asche* des Verstorbenen die Rede ist wie zum Beispiel bei Sanwald: *Laß ... mich dankend Deine Asche verehren - Sie beweinen - Sie segnen!*[11].

Der Maler

Im Todesjahr Stättmeister Drechslers beauftragte die Stadt den Tübinger Maler Johann Glocker, 42 Bildnisse von Haller Ratsherren anzufertigen. Offensichtlich besaß Hall nach dem Tod von Georg David Zweiffel (1724), der in der Stadt eine Art Monopolstellung hatte, keinen eigenen Porträtmaler mehr. Das verwundert nicht, denn seit Jahren wurde die Niederlassung, ja selbst der Aufenthalt fremder Konkurrenten rigoros verhindert. 1717 zum Beispiel ließ der Rat auf Betreiben Zweiffels zwei auswärtige *Kunstmaler* mit Strafandrohung aus der Stadt weisen[12]. Unter diesen Umständen liegt es a priori nahe, daß Glocker, der sich eigens zum Zwecke des Ratsherrn-Porträtierens in Hall aufhalten durfte, auch das Bildnis des zu dieser Zeit entstehenden Drechsler-Epitaphs geschaffen hat.

Johann Glocker (um 1690–1763), geboren in Esslingen, war Tübinger Universitätsbürger von 1713–1739, ging dann *aus Mangel an Verdienst* als kurfürstlicher Administrationsmaler nach Heidelberg und später zu den Freiherren von Göler und von Sternenfels[13]. In Hall arbeitete er (mindestens) von Oktober 1725 bis März 1726, doch die erbetene

Einbürgerung hat ihm der Rat versagt (siehe unten). Auch in Stuttgart verwehrte man ihm 1743 die Niederlassung, da man *mit dergleichen Leuthen genugsam versehen* sei[14]. In Tübingen malte Glocker – laut Werner Fleischhauer – um 1717 das *ausgezeichnet plastische und lebendige* Bildnis des Professors Gabriel Schweder (in der Professorengalerie der Universität)[15]. 1726/27 führte er dekorative Arbeiten im Tübinger Schloß aus, und später war er nochmals in Stuttgart tätig *bei den Arbeiten zu den Heimführungsfeierlichkeiten Herzog Carl Eugens.*

Über die Haller Tätigkeit Glockers geben die folgenden Quellen Aufschluß:

Ratsprotokoll vom 22. Oktober 1725:
H(err) Johann Glocker, KunstMahler und Civis Acad(emicus) Tubing(ensis) bittet per Meme [persönlich] umb grg. [= großgnädige] reception in hiesiges Civilegium und Zulegung eines jährl. Wartgelds, sub offerto, das Rahtsherrn-Buch in hiesiger Bibliothec, nach der Zahl derer Herrn, so noch abgehen, mit ihren contrafaits entweder durch copiren oder auch originaliter zu continuiren und zu ergänzen.

[Beschluß:] *Das Burger-Recht und gesuchtes Warttgeld wird Ihme abgeschlagen, doch will man Ihne Jahr und Tag in Schuz nehmen, und die jetzig Herren des Rahts, doch sumptibus publicis, abcontrafayen, hoc fine mit Ihme accordiren, die verstorbene Herrn hingegen wann anderst jhre contrafaits noch zu haben, in das vorhandene alte buch eintragen und abmahlen laßen*[16].

Ratsprotokoll vom 5. November 1725:
Wird ex parte Ærarij referirt, wie man mit dem KunstMahler Glockern von Tübingen wegen abcontrafaiung der Herrn des Rahts alda tractirt und abgehandelt, daß Er nemlich von einem Contrafait 3. f. nehme, doch uff Verlangen auch ein postament und das Wappen hinmahlen wolle, das pergament aber nicht das gold soll auch darzu angeschafft werden, stehe also dahin, ob dieser accord zu ratificiren?

[Beschluß:] *Man will Ihme vor 1. Contrafait 3. f. auszahlen und das pergament darzu geben laßen*[17].

Steuerrechnung vom 12. März 1726:
Hn. Georg [Irrtum des Schreibers] *Glockhern, Kunstmahlern zue Tübingen, welcher nach dem Rathschluß vom 5. 9br:* [= November] *1725. die in vivis und in 22. Personen bestehende Hn. Stättmeister, Geheime u: Innern Raths*

Personen abcontrefait, und auch noch 20. bereits verstorbene dergl: Rathsmitglieder, so noch in contrefaiten vorhanden abkopirt, nach dem mit Ihme getroffenen accord ad 3. f. sodann das hiesige Stattwappen nach Rathschl: vom 8.ten Martij 1726. gleichfalls uf Pergament und in quart eines bogens gleich obig zumahlen 130 f 5 ß [f = Gulden, ß = Schilling][18].

Mit den Porträts von 22 lebenden und 20 verstorbenen Ratsherren bestritt Glocker einen Löwenanteil an den Bildnissen der Haller Ratsherrenbücher – die dann in württembergischer Zeit ausgeschlachtet und gründlich geplündert wurden. Immerhin hat sich ein kleiner Teil der etwa 15 cm hohen, auf Pergament gemalten Ovalbilder in Museums- und verstreutem Privatbesitz erhalten, im Falle des Ratsherrn Johann Sebastian Firnhaber sogar das Originalporträt von Hans Schreyer (1651) samt der – wesentlich härter wirkenden, sonst aber getreuen – Kopie von Glocker (beide im Hällisch-Fränkischen Museum). Bis jetzt lassen sich die folgenden Bildnisse nachweisen (außer Nr. 8 und 10 mit voller, zum Teil erneuerter Signatur: *Joh. Glocker pinx(it)* oder *J. Glocker p.*):

Johann Lorenz Drechsler | 201

1) Johann Heinrich Gräter
    (in den Rat gewählt 1637, † 1652), HFM.
2) Johann Sebastian Firnhaber
    (im Rat 1651, † 1672), HFM.
3) Georg Michael Hartmann
    (im Rat 1678, † 1715), HFM.
4) Johann Hieronymus Lackorn
    (im Rat 1690, † 1719), Privatbesitz[19].
5) Johann Adam Frey
    (im Rat 1714, † Mai 1725), Privatbesitz[20].
6) Johann Wilhelm Haspel
    (im Rat 1697, † 1732), Privatbesitz[21].
7) Johann Caspar Glock
    (im Rat 1710, † 1733), HFM.
8) Johann Georg Seiferheld
    (im Rat 1711, † 1732), HFM (zugeschrieben)
9) Christoph Friedrich Engelhart
    (im Rat 1716, † 1727), Privatbesitz[22].
10) Johann Michael Hartmann
    (im Rat 1724, † 1744), HFM (zugeschrieben).

Die Ratsherren Nr. 1–5 gehören zur Gruppe der Ende 1725 schon verstorbenen und darum nach älteren Porträts *abkopierten* Personen, Nr. 6–10 zur Gruppe der nach dem Leben gemalten. Die Bildnisse Nr. 4–6 sind nicht mehr zugänglich.

Anhand der erhaltenen Arbeiten müßte nun die Zuschreibung des Epitaph-Gemäldes an Glocker mittels Stilkritik überprüft werden. In der Praxis erweist sich dieser Weg allerdings als steinig, wenn nicht hoffnungslos. Denn erstens ist auch das Porträt des Epitaphs nach einer älteren Vorlage gemalt – der Stättmeister war ja beim Erscheinen Glockers bereits tot –, und wir wissen von dem Bildnis Firnhabers (siehe oben, Nr.2), wie genau sich Glocker an seine Vorlagen hielt, so daß sich seine eigene Formensprache nur schwer aus dem Endprodukt herausfiltern läßt. Zweitens erschwert der Unterschied in der Größe der Bilder (ca. 100:15), in der Maltechnik und im Erhaltungszustand den Stilvergleich. Und drittens überlagern bei Porträts die physiognomischen Merkmale die stilistischen, ganz besonders bei Brustbildern, die neben dem Antlitz des Dargestellten nur wenig vergleichbare Motive aufweisen.

Dem Drechsler-Gemälde am nächsten kommt wohl das kleine Ratsbuch-Porträt des Johann Michael Hartmann (oben Nr.10), das zwar nicht signiert ist, aber zu den 22 nach dem Leben zu malenden Bildnissen gehören muß, denn Hartmann wurde erst 1724 in den Rat berufen. Vergleichbar sind: die elliptische Gestalt des von Perücke und Doppelkinn gerahmten Gesichts; die weich und duftig gemalten, in kompakter Fülle dargestellten Locken der Perücke; die ungezügelt wogenden Falten des Mantels mit den Glanzlichtern an den Graten. Allerdings sind die Binnenformen des Gesichts, obwohl in der Technik der Wiedergabe durchaus verwandt, bei Drechsler kleinteiliger, so daß mehr von der ungeformten Gesichtsfläche übrig bleibt. Aber dabei könnte es sich um individuelle Merkmale handeln: die ungewöhnlich hohe Stirn, der kleine Mund und die ebenfalls kleinen Augen (von denen das eine noch halb zugezogen ist), gehörten wohl zur persönlichen Physiognomie des Stättmeisters Drechsler.

Bei den übrigen Kleinporträts Glockers werden die Vergleiche durch noch größere physiognomische Unterschiede zusätzlich erschwert, so daß die Einordnung des Epitaphgemäldes einstweilen nicht mit letzter Sicherheit gelingt.

Der **Bildhauer** bleibt uns seinen Namen nach wie vor schuldig. Es gibt keine neuen Erkenntnisse, die über meine Vermutung von 1988 hinausführen, die da lautete: *Im Schnitzstil des Drechsler-Epitaphs scheinen Beziehungen zur Sommer-Werkstatt der Generation vor Johann Andreas zu bestehen. Charakteristisch sind die Gewandfalten, die in parallelen Bahnen die Körperrundungen – Brüste, Bauch, Schenkel – begleiten. Das gleiche Faltensystem begegnet an Figuren Georg Christophs und Philipp Jacobs in Schillingsfürst (Frühling, Herbst, Winter) und am Öhringer Pfedelbach-Epitaph, wenn auch in erheblich höherer Qualität: präzis ausgeschliffene Mulden werden dort von feinen, scharfen Faltengraten umgrenzt. Am Drechsler-Epitaph dagegen wirken die Falten teigig, die Figuren sind derber und haben auch nicht die charakteristische breite Kinnpartie wie bei den beiden Sommers. Könnte das Epitaph vom dritten Bruder, Johann Friedrich Sommer, stammen, der 1696 nach Untermünkheim heiratete und an den verschiedensten*

*Orten gearbeitet hat?*²³. Von ihm scheint sich leider kein authentisches Werk erhalten zu haben, jedenfalls kein figürliches²⁴.

Einerlei wer nun der Meister war, das Epitaph dürfte Sommersches Formengut enthalten. Das zeigen auch Vergleiche mit späteren Werken der Sommerwerkstatt, die – soweit sie vom Drechsler-Epitaph nicht unmittelbar beeinflußt sind – auf eine gemeinsame stilistische Wurzel schließen lassen. Als Beispiele seien die Engel am Grabmal des Lorenz Daniel Diedel im Ingelfinger Friedhof genannt²⁵, besonders der rechts oben schwebende, oder auch die konvex gewölbten Inschriftkartuschen mit geschweiftem Rahmen an den Grabdenkmälern des Johann Andreas Sommer in Ingelfingen, Künzelsau, Hollenbach und Schwäbisch Hall.

Würdigung

Das Drechsler-Epitaph bedeutet einen Höhepunkt in der Haller Grabmalkunst – nicht in der künstlerischen Qualität von Gemälde und Skulpturen (davon sind vielleicht das Beste die schwebenden Engel), sondern in seiner Konzeption, im barocken Pathos und in der prunkenden Zurschaustellung des verklärten Stadtregenten. In den äußeren Maßen wird das Epitaph von späteren Denkmälern übertroffen, nicht aber in seiner Monumentalität, die bewirkt ist durch den klaren pyramidalen Aufbau, die wuchtige Größe der Einzelformen, selbst der ornamentalen, und den vornehmen Schwarzweiß-Kontrast mit seiner Steigerung hin zur Farbigkeit von Bildnis und Wappen. Der christliche Aspekt tritt dabei hinter dem Thema des Herrscherruhms fast völlig zurück. Alle Elemente dienen der Verherrlichung des Verstorbenen: das gewaltige Ausmaß der Inschriftkartusche, die repräsentative Pracht des Porträts, der Kranz der Wappen, der Baldachin des von Engeln geöffneten Vorhangs, der Sinngehalt der allegorischen Figuren und selbst die Symbole der Vergänglichkeit, indem sie sich an höchster Stelle des Denkmals zur Verehrung darbieten. – Das Werk verdient auf jeden Fall mehr Beachtung, als ihm bisher zuteil wurde.

Literatur

Gräter 1793/94 Nr.107; *R. Krüger* Nr.83; *Wunder* 1987 Nr.49 (mit Gesamt-Abb.); *Deutsch* 1988 (Johann Andreas Sommer, wie Anm.7) S.234 mit Anm.49 und 50.

Anmerkungen

1. *St. Michael, Hall. Bildnis des Joh. L. Drechsler restaurirt, M. 50.–*; Rechnungsbuch Gottfried Schmidts (Privatbesitz), zum 3.10.1907. – Laut freundlicher Auskunft von Restaurator Ernst Stock handelte es sich um über dem Firnis angebrachte Retuschen, die den nachgedunkelten Farben angepaßt waren und deshalb bei der Restaurierung 1997 wieder weitgehend entfernt werden mußten.
2. Bei *Wunder* S.28 Druckfehler: *commora* statt commoda; außerdem wird fulget mit *gelangt* übersetzt, was kaum dem Sinn von Wort und Bild entspricht (siehe unten).
3. Ein Schwan, wie *Krüger* (S.139) vermutet, ist sicherlich nicht gemeint; der Schwan begegnet nie mit der Gebärde des Brustaufhackens. Der Pelikan wurde in früheren Zeiten, als man ihn nur vom Hörensagen kannte, wie ein Raubvogel dargestellt. Ein Haller Beispiel dafür ist das Wappen des Pfarrers Benignus Beeg (1655, auf der Stiftertafel fürs Gymnasium, *Wunder* Nr.48, das erste in der 3. Reihe); es zeigt auch die Jungen, für die der Pelikan sein Blut opfert.
4. Auch die Inschrift an Drechslers Grabstein (Wunder Nr.101) hebt seine in Kriegs- und Friedenszeiten geleisteten Dienste hervor.
5. Zur Frage der Schreibweise, Halla oder Hala vgl. Nr. 39 (Joh. Fr. Bonhoeffer d. Ä.) S.147, Anm.15.
6. Über die Herleitung des Ovalbildes von der antiken *Imago clipeata* (Schildbüste), die für offizielle Bildnisse von Göttern, Herrschern und anderen bedeutenden Persönlichkeiten gebräuchlich war, vgl. ebd., S.148.
7. So in der weithin einflußreichen Ikonologie des Cesare Ripa (1603); bei Achille Bocchi (1555) ist sie Zeichen des Ruhmes, der aus der Tugend erwächst. Belege bei Wolfgang *Deutsch*, Johann Andreas Sommer in Schwäbisch Hall, in: Fritz *Kellermann* (Hg.), Die Künstlerfamilie Sommer, Sigmaringen 1988, S.230 f., Anm. 34 bzw. 33.
8. Vgl. LCI Bd.3, Sp.483.
9. Auch die Inschrift am Grabstein Drechslers (Nr.101) betont seinen unsterblichen Ruhm: *obschon Sein Leib in Staub u: Asche zerfällt, ... Sein Ruhm unsterblich bleibet*.
10. Näheres dazu in Nr.16 (Josef Bernhard Wibel), S. 54.
11. Vgl. *Deutsch* 1988 (wie Anm.7) S.242.
12. Dazu ausführlich: *Deutsch*, Rieden 1990, S.223 mit Anm.40.
13. Die Angaben – außer die Hall betreffenden – nach Werner *Fleischhauer*, Barock im Herzogtum Württemberg, Stuttgart ²1981, S.282.
14. *Fleischhauer* ebd., desgl. die folgenden Angaben.
15. Schwarzweißfoto in der Landesbildstelle Württemberg, Nr. 61516.
16. StAH 4/334 Bl.360r f., Nr.6.
17. Ebd. Bl.380v, Nr.9.
18. StAH 4a/187 Bl.165r.
19. 1919 im Besitz von Postsekretär Eichel, Stuttgart; von Gottfried Schmidt restauriert (Rechnungsbuch Schmidt).
20. 1911 im Besitz von Dr. Dürr; von Gottfried Schmidt restauriert (Rechnungsbuch Schmidt).
21. 1911 im Besitz von L. Wolf; von Gottfried Schmidt restauriert (Rechnungsbuch Schmidt).
22. Mit Ansicht von Schloß Eltershofen im Hintergrund; Besitzer Graf v. Westerholt.
23. *Deutsch*, Johann Andreas Sommer in Schwäbisch Hall (wie Anm.7), S.234.
24. Das bei *Kellermann* (wie Anm.7) S.37 genannte Wappen über dem Portal der Bartensteiner Schloßkirche wurde laut den Bauakten von Nikolaus Ritter *verändert* (siehe Elisabeth Grünenwald in WFr 1952, S.285 Anm.21).
25. Vgl. *Kellermann* (wie Anm.7), S.198, Abb.2.

Dr. David Schmalkalder (1571 – 1636)
Ratskonsulent[1]

Bemaltes Holzepitaph, 254/145 cm, relativ gut erhalten; hing früher am südlichen Chorbogenpfeiler[2].

Die Gemälde in Corpus und Predella von **Johann Schreyer** (Zuschreibung), um 1636;
der Aufsatz **Zweiffel-Werkstatt**, Ende 17. / Anfang 18. Jahrhundert.

[50]

David Schmalkalder wurde im Michaelskirchhof bestattet. Sein Grabstein lag auf der Südseite *aufm Boden* und hatte laut Epitaphienbuch (Bl. 62v) folgende Inschrift: *Anno Dni. 1636. da starb der Ehrnvöste und wollgelehrte Herr David Schmalkalder, beeder Rechten Doctor: Syndic(us) und vieler Ständt woll vorgestandtner Rath ...* Der Rest war 1698 schon *abgeschlifen*.

Das Epitaph in der Kirche gleicht einem Retabel ohne Flügel. Der Hauptteil (das Corpus) enthält ein Ölgemälde in einem breiten, mit Maureskenfeldern verzierten Rahmen zwischen zwei freistehenden Säulen. Am Sockel der Säulen und an ihren Konsolen sind Schmuckformen aus Pappmaché, angebracht: an den Konsolen vorne geflügelte Engelsköpfe; an den Sockeln seitlich innen und außen Löwenköpfe in volutenverzierten Kartuschen, an der Vorderseite hochovale Schilde mit den Wappen Schmalkalders und seiner zweiten Frau, Katharina Dietrich. Ihr redendes Wappen zeigt einen aufgerichteten Löwen, der einen Dietrich hält (vgl. auf der Stiftertafel fürs Gymnasium, Wunder Nr. 48, das jeweils zweite Wappen der sechsten und der achten Reihe).

Auf dem Gemälde kniet vor einer Stadtlandschaft unter wolkenverhangenem Himmel die Familie Schmalkalder in betender Haltung neben dem Gekreuzigten: links vom Kreuz (zur Rechten Jesu) der Mann, mit schmal geschnittenem Bart, in schwarzer Tracht mit weißem, steif abstehendem Kragen und langem Trauermantel, an der Seite den Degen und vor sich einen Totenschädel, der ihn als verstorben kennzeichnet; links hinter ihm ein fast erwachsener und drei kleinere Söhne – davon mindestens zwei verstorben –, der kleinste in Weiß, die etwas größeren moosgrün gekleidet; vor ihnen zwei früh verstorbene Söhnchen, wiedergegeben als Wickelkinder auf weißen, mit einem roten Kreuz versehen Bettchen.

Rechts vom Kreuz knien die beiden Ehefrauen in weiß umhüllter Trauerkleidung, mit je einem früh verstorbenen Töchterchen als Wickelkind vor sich (ebenfalls mit einem Kreuz am Bettchen), die erste, verstorbene Frau mit einem Totenkopf zu Füßen. Hinter ihr – im Gemälde zwischen den Ehefrauen – zwei verheiratete Töchter in gleicher Tracht, die eine von ihnen verstorben, mit Schädel; es sind die Töchter aus erster Ehe. Rechts hinter den Frauen drei unverheiratete Töchter aus zweiter Ehe, alle mit Halskrause und Perlschmuck im Haar. Die eine, halbwüchsig dargestellte trägt ein grünes Kleid und einen roten, mit einer Schleife versehenen Gürtel; sie ist durch einen Schädel als verstorben bezeichnet. Aus dem Totenbuch geht hervor, daß von den sechs Söhnen und sieben Töchtern Schmalkalders bei seinem Tod noch eine Tochter aus erster Ehe und ein Sohn und zwei Töchter aus zweiter Ehe am Leben waren.

Die Trauerkleidung der vier verheirateten Frauen fällt innerhalb der Haller Epitaphkunst völlig aus dem Rahmen: durch ein von der Haube bis zum Boden fallendes weißes Schleiertuch und einen ebenfalls weißen, die Schultern und den vorderen Teil des Körpers bedeckenden Umhang, der nicht nur Kinn und Mund, sondern noch den größten Teil der Nase verhüllt, so daß, ähnlich wie bei Seuchenschwestern, fast nur die Augen frei bleiben. Man findet diese Tracht ganz selten und dann meist nicht so extrem

ausgeprägt. Beispiele in der Umgebung sind: die unter sich gleichartigen und wahrscheinlich gleichzeitigen Epitaphe des Johann Jakob von Helmstett († 1619) und des Johann Ernst von Zorbau († 1653) in Unterheimbach; das Epitaph des Hofmeisters Wolff Heinrich von Entzenberg auf Dornheim († 1655) in Langenburg; und das Epitaph des Johann Georg Härlin († 1687) in der Göppinger Oberhofenkirche (auf dem allerdings die Nasen der Frauen nicht mit verhüllt sind). Es gelang mir bis jetzt nicht zu ergründen, warum die Frauen gerade in diesen wenigen Fällen so hochgradig weiß verschleiert sind[3].

Der Gekreuzigte ist von dem berühmten Rubens-Kruzifix von 1610/11 in Antwerpen angeregt, aber keine getreue Rubens-Kopie wie die späteren Haller Kruzifixbilder (in Nr. 20, S. 72, und Nr. 35, S. 130), die wahrscheinlich der in Antwerpen geschulte Johann David Zweiffel gemalt bzw. vermittelt hat[4]. Das Schmalkalder-Epitaph zeigt die Darstellung seitenverkehrt, also wohl durch Graphik übertragen.

Mit der Stadt im Hintergrund ist Jerusalem gemeint – das entspricht sowohl der topographischen Gegebenheit wie der Bedeutung Jerusalems als Jenseitssymbol[5]. Der Rundbau in der Mitte – zwischen dem Verstorbenen und dem Kreuzstamm – meint, bei gleicher Bedeutung, den Tempel Salomos. Er begegnet in der Michaelskirche an fast allen Epitaphen mit einer Darstellung der unterm Kruzifix betenden Stifter. Links hinter der Stadt erhebt sich ein Berg mit einer Burg und einer Kapelle auf einem Vorsprung in halber Höhe. Zur Symbolik der Burg vgl. Nr. 47 (Andreas Drüller), S. 194.

Oben rechts am Himmel, rechts vom Kreuz, ist – nach Lukas 23, 44.45 – die Sonnenfinsternis zur Zeit der Kreuzigung wiedergegeben. Der schwarze Neumond (nicht ganz naturgetreu mit einer Sichel am Rand) schiebt sich vor die weiß gemalte Sonne. Diesem düsteren Ereignis entsprechen die Wolkenhaufen, die sich vom rechten Bildrand her in teils grellem, teils dunklem Grau nach links oben auftürmen. Rechts im Mittelgrund hebt sich ein grüner Strauch vom Himmel ab. Die Farben des Bildes sind kühl gehalten: der Hintergrund blau, die fernen Berge aber nicht verblassend, sondern dunkelblau. Die Burg hinter den Söhnen erscheint in einem fahlen Blaßblau, der Hügel und der Strauch hinter den Töchtern in einem gedämpften Grün mit Braun. Die eigentlich weißen Gewänder der Frauen sind gräulich getönt, mit einem satten Grau in den Schatten.

Eine predellaartige Tafel unter dem Corpus enthält in goldenen Buchstaben auf schwarzem Grund die Gedenkschrift (ihr Wortlaut bei Gräter, Krüger und Wunder sowie im Anhang S. 409).

Unter der Tafel ist als hängender Untersatz ein Medaillon mit einem Ölgemälde in kreisrundem, von Zierwerk umgebenem Rahmen angebracht. Das Gemälde zeigt einen fast nackten Putto mit einer Tafel zu seiner Rechten, auf der, etwas verblaßt, ein Bild des Jüngsten Gerichtes zu erkennen ist. Der Putto, diagonal gelagert an einen Baumstamm gelehnt, hat in renaissancegemäßem Kontrapost den Oberkörper nach rechts, den Kopf nach links gedreht; er stützt die Rechte auf die Tafel und zeigt mit der Linken auf das Gerichtsbild. Über ihm ein Spruchband mit den erklärenden Worten MEMORATO

NOVISSIMA (denk an die letzten Dinge!). Rechts des Puttos wird ein Rasenstück mit einer Lilie und anderen Pflanzen sichtbar.

Die Darstellung folgt, was Inhalt und Komposition – nicht die Formensprache – betrifft, einem Kupferstich von Michel van Lochom (1601 Antwerpen – 1647 Paris) in dem 1626 erschienenen niederländisch-französischen Emblembuch *Amoris divini et humani effectus varii* (die verschiedenen Wirkungen der göttlichen und menschlichen Liebe)[6]. Dort lautet das beigefügte Motto (Lemma) ebenfalls MEMORATO NOVISSIMA und das zugehörige altfranzösische Sinngedicht (Epigramm):

Si tu veux viure sagement / pense que la fin de ta vie doit estre apres le jugement /
de gloire ou de peine suyuie.

(Wenn du weise leben willst, denk daran, daß am Ende deines Lebens nach dem Gericht die Herrlichkeit oder die Pein folgt.) Beigefügt ist noch ein Bibelwort aus 2. Petrus 3,10: *Venit autem, sicut fur in nocte / Dies ille Domini quo cœli peribunt.* (Es kommt aber wie ein Dieb in der Nacht der Tag des Herrn, an dem die Himmel vergehen werden.) – Sicherlich hat der weltläufige Jurist Schmalkalder das Emblem als Vorlage für das Rundbild des Epitaphs vermittelt.

Den Architrav über dem Corpus ziert eine goldene Inschrift auf schwarzem Grund: GUTTA TUI MISERO MIHI SUFFICIT UNA CRUORIS (ein Tropfen deines Blutes genügt mir Armem[7]). Das Gesims über dem Architrav ist über den Säulen vorgekröpft.

Bekrönt wird das Epitaph von einem – jüngeren – Aufsatz mit einer zwiebelförmigen, an Grund und Spitze eckig gebrochenen Kartusche. Sie enthält eine schwarze Inschrift in riesiger Fraktur: *Hier Zeitlich / Dort Ewig / darnach richte Dich.* Die Schrift wird gerahmt von Wolken, die Kartusche von geflügelten Engelsköpfen. Deren Schwingen, teils vergoldet, teils in gedämpften Farben gemalt, schmiegen sich, in plastische Voluten auslaufend, dem Rahmen der Kartusche an. Der Aufsatz gipfelt in einer gedrechselten Spitze, zusammengesetzt aus Kugel, Birne und Kegel. Wahrscheinlich waren die Säulen ursprünglich – wie bei anderen Epitaphen – über dem Gesims noch mit Zierobelisken bekrönt.

Zum Sinngehalt

Nach der Inschrift und der Darstellung des Rundbilds zu schließen, war es ein Hauptanliegen des Verstorbenen, bereit für die letzten Dinge zu sein: für den Tod und das Jüngste Gericht mit seiner Entscheidung über Seligkeit und Verdammnis, die beide im Gegensatz zum irdischen Leben ewig sind. Das besagen die Worte des Puttos, der durch Spruchband, Bildtafel und Gestus an das Gericht erinnert. Und genau das besagt auch das altfranzösische Epigramm des Emblems von 1626, dessen Sinnbild (Ikon) ohne Zweifel aus diesem Grund als Vorlage für das Rundbild gewählt wurde. Dazu paßt auch – Zufall oder nicht – die übergroße Inschrift im später hinzugefügten Aufsatz: *Hier zeitlich, dort ewig, danach richte dich!* Die Schrift am Gebälk sagt aus, worauf der Stifter seine Zuversicht gründete: auf Jesus Christus, der sein Blut für die Menschheit geopfert hat, und den Glauben, daß auch ihm ein Tropfen davon zugute komme: *Ein Tropfen deines Blutes genügt mir Armem* (arm im Sinne von armem Sünder).

Der Maler

Johann (Hans) Schreyer, 1596–1676, der Maler von Corpus und Predella, wirkte in Hall seit spätestens 1623 (Näheres über ihn und sein Werk bei Nr. 43, Margreta Engelhardt, S. 174ff.). Er war im mittleren Drittel des 17. Jahrhunderts der bei weitem begehrteste und sicherlich auch beste Maler der Stadt, der die meisten öffentlichen Aufträge erhielt. Seine besondere Stärke war das Bildnis. Deshalb verwundert es nicht, daß auch zahlreiche Privatpersonen ihre Epitaphe bei ihm bestellten, darunter David Schmalkalder.

Als Grundlage für die Zuschreibungen an Schreyer dienen etwa neun archivalisch oder durch Signaturen gesicherte Werke (vgl. S. 175f.). Mit ihrer Hilfe läßt sich ein umfangreiches, durch vielfältige stilistische Querverbindungen in sich geschlossenes Werk mit dem Maler zusammenbringen. Dabei ist man nicht allein auf Stilkritik angewiesen, auch Schreyers Figurentypen können als Leitschnur dienen. Selbst physiognomische Typen wiederholen sich bei ihm durch die Jahrzehnte hindurch immerfort – weniger bei den Hauptfiguren, die wegen der angestrebten Bildnistreue naturgemäß von einander abweichen, als bei Nebenfiguren, etwa den verstorbenen

Kindern, deren Aussehen der Maler nicht mehr kannte. So kehrt zum Beispiel das weiß gekleidete Knäbchen ganz links hinter Schmalkalder auf dem späteren Seyferheld-Epitaph (S. 86ff.) fast unverändert wieder, wie ein Versatzstück. Und der ältere Knabe sowie das Mädchen hinten links begegnen uns nochmals auf dem signierten Lobenhausener Epitaph.

Im übrigen ist ein Direktvergleich des Epitaphs mit gesicherten Werken Schreyers schwieriger, weil gemeinsame Motive meist fehlen. Dennoch, vergleicht man den Memorato-Putto mit der Margreta Engelhardt (Nr. 43), zeigen sich trotz der Verschiedenheit des Vorwurfs und des Lebensalters der dargestellten Personen genügend Gemeinsamkeiten: im Farbauftrag, in der Wiedergabe von Licht und Schatten, in der Modellierung der Gesichtsformen und fast sogar im Physiognomischen. Auch andere Eigenheiten des Malers, etwa die manchmal übertriebene Biegung der Fingerkuppen, begegnen am Putto wie an der wiedergenesenen Margreta, der wurmartig gekrümmte Daumen an dem mit Monogramm signierten Bildnis des Johann Sixtus Schübelin (im HFM).

Schließlich gleicht die Gedenkschrift des Epitaphs der Inschrift des großen Siedersbilds von 1643 im Haalamt. Beide Schriften erscheinen golden auf schwarzem Grund; sie stimmen im Duktus völlig überein (vgl. etwa das D in *Doctor* am Epitaph mit dem D in *Das* am Siedersbild) und weisen die gleiche Variationsbreite bei den einzelnen Buchstabenformen auf.

Hat man sich von der Autorschaft Schreyers überzeugt, so läßt sich das Denkmal umgekehrt dazu verwenden, bisher anonyme Werke des Malers zu ermitteln. Besonders gut gelingt das bei dem – fragmentarisch erhaltenen – Epitaph des Michael Beyerdörfer († 1631) im Hällisch-Fränkischen Museum[8]. Es zeigt den Verewigten mit seinen beiden Frauen und seinen acht Kindern (alle acht verstorben!) vor einer bukolischen Landschaft mit dem Tetragramm am Himmel. Die fünf kleinen Kinder, vor allem die beiden Knäbchen links, und das Töchterchen am rechten Rand lassen mühelos die gleiche Formensprache erkennen wie die motivisch vergleichbaren Kinder Schmalkalders. Nebenbei: die Landschaft und insbesondere die Hirtin mit der Schafherde links im Hintergrund des Beyerdörfer-Fragments gehen auf einen Kupferstich der Merianbibel zurück: *Jakob und Rahel am Brunnen* (Gen 29,1–13).

Entstehungszeit

Die Entstehungszeit des Schmalkalder-Epitaphs (ohne Aufsatz) läßt sich bis jetzt nicht genau bestimmen. Da dem Mann ein Totenschädel beigegeben ist, der Frau aber nicht, und da außerdem die Todesdaten der Frau († 1665) – wie schon Rainer Krüger feststellte – nachgetragen sind[9], dürfte der Tod des Mannes (1636) Anlaß für die Errichtung des Denkmals gewesen sein. Das läßt sich durch die Lebensdaten der Kinder präzisieren (vgl. die einschlägigen Kirchenbücher). Zwar helfen die verheiratet dargestellten Töchter erster Ehe nicht weiter: die noch lebende, Anna Katharina Klöpfer, heiratete schon 1629, und die andere, verstorben dargestellte, erscheint gar nicht in den Haller Kirchenbüchern; sie dürfte auswärts geheiratet haben. Dagegen liefert die ältere der lebend dargestellten Töchter zweiter Ehe, Katharina Ursula († 1677), durch ihre Heirat mit David Beyschlag am 30. Januar 1644 einen Terminus ante quem, denn das Gemälde zeigt sie unverheiratet. Berücksichtigt man außerdem, daß der überlebende Sohn, Johann David (geb. 14. April 1620), beim Tod des Vaters (2. Februar 1636) knapp 16 Jahre alt war und die genannte Katharina Ursula (geb. 17. Juni 1624) knapp zwölf und daß beide Kinder ungefähr in diesem Alter wiedergegeben sind, dann kann das Epitaph nicht lange nach dem Tod Schmalkalders entstanden sein. (Katharina Ursula ist ganz rechts im Bild neben ihrer jüngeren Schwester Anna Regina, geboren 1630, dargestellt, darunter das verstorbene Schwesterchen Anna Rosina, 1621–1626. Alle anderen Kinder sind früh verschieden[10].)

Zu der Entstehungszeit um 1636 passen auch der Stil und die relativ hohe Qualität der Malerei, die noch überwiegend den Eindruck der Eigenhändigkeit erweckt, wie man es aus Schreyers Frühzeit gewohnt ist (vgl. das Stigler-Epitaph von 1637, S. 64ff.).

Auch die Trachten lassen sich mit dieser Datierung in Einklang bringen. So trägt der Verstorbene noch den aus der spanischen Mode überkommenen gesteiften Stehkragen, während sich der Kragen des Sohnes einer jüngeren Mode gemäß über Nacken und Schultern legt. Dieses

Nebeneinander ist bezeichnend für die dreißiger Jahre. Der Vater trägt noch die gewohnte Kleidung seiner Lebenszeit, vielleicht auch eine konservative Amtstracht; der Sohn geht nach der jüngsten Mode. Es könnte mißtrauisch machen, daß auf dem ziemlich sicher ins Jahr 1637 datierbaren Stigler-Epitaph der Vater und der neunzehnjährige Sohn noch eine Halskrause haben (bei Frauen und besonders bei Geistlichen hielt die Krause sich bekanntlich länger). Aber das Epitaph des Georg Müller, vor 1633 (HFM, Wunder 1980 Abb.48), beweist, daß schon vorher Krause und Schulterkragen nebeneinander vorkommen, wie übrigens auch bei den Knaben des Stigler-Epitaphs. In welchen Kreisen die konservative Form bevorzugt wurde und in welchen die moderne, wäre noch zu untersuchen. Auf jeden Fall bedeutet das Fehlen der Krause am Epitaph Schmalkalders nicht, daß das Denkmal nach dem Stigler-Epitaph entstand. – Somit ergibt sich die Datierung: 1636 oder ganz kurz danach.

Der Aufsatz gehört nicht zum ursprünglichen Bestand des Epitaphs. Er ist ohne Nuten oder Dübel auf das Gebälk gesetzt und dem Stil nach deutlich später. Die flankierenden Engelsköpfe, deren Flügel in goldene Ornamente auslaufen, gleichen denen des Johann David Zweiffel, zu sehen an fast allen seinen Werken, von 1676 (Epitaph des Georg Philipp Bonhoeffer, S. 72ff.) bis ca. 1707 (Epitaph des Georg Bernhard Wibel, S. 130ff.). Doch ihre Gesichtsmodellierung, weniger schematisch als an den vollmondähnlichen, durch runde Augen und kleinen Mund gekennzeichneten Engelsköpfen Johann Davids, könnte schon auf eine Beteiligung von Georg David Zweiffel, dem Sohn, hindeuten (vgl. mit dem ebenfalls später hinzugefügten Aufsatz des Schmidt-Epitaphs, S. 226ff.). Allerdings wird die Datierung des Schmalkalder-Aufsatzes dadurch nicht einfacher, denn Georg David hat jahrzehntelang beim Vater mitgearbeitet – er übte sich nach seinen Augsburger Lehrjahren *weiter in dieser Kunst allhier bey s[einem] H[errn] Vatter* (siehe Totenbuch). Der Aufsatz dürfte, grob gesprochen, Ende des 17. oder Anfang des 18. Jahrhunderts entstanden sein.

Die Inschrift in der Kartusche scheint der älteren Schriftform Hans Schreyers nachempfunden, nur in monumentalerem Ausmaß; ihre Majuskeln haben die gleichen Schnörkel wie die der Gedenkschrift. Außerdem fügt sich der Text bestens zum Sinngehalt des Denkmals (siehe oben) – vermutlich ein Zufall; denn es ist nicht sehr wahrscheinlich, daß der Aufsatz von Anbeginn für dieses Epitaph bestimmt war, um den originalen Aufsatz aus irgendwelchen Gründen zu ersetzen.

Quellen und Literatur
Epitaphienbuch 1698/1708, Bl.25r, Nr.1; Bd.a, S.30, Nr.1; *Gräter* 1795/96 Nr.133; R.*Krüger* Nr.49; *Wunder* 1987 Nr.50. – Über David Schmalkalder außerdem: *Wunder* 1980, S.129 f.

Anmerkungen
1. Das Epitaph nennt ihn *hiesiger Statt Rath und Advocat*, der Grabstein *Syndicus und vieler Ständt ... Rath*, die Leichenpredigt *deß Heil. Römischen Reichs-Statt Schwäbischen Hall und anderer Stände deß Reichs ... Advocaten und Consulenten* bzw. *Halensis Reipublicae Syndicus*.
2. Gräter: *an der Saul bei den Pfarr- und Rectorsstühlen* (so auch das Epitaphienbuch). Die Stühle der Geistlichen befanden sich laut *Gräter* 1789, Anh. S.[6]), *Zur Rechten Hand des [mittleren] Altars*; und rechts und links sind bei Gräter vom Schiff her gesehen (Beispiel: das Sakramentshaus *Zur linken Hand* des Hochaltars (1788, Anh. S.[4]).
3. Anfragen bei der Kostümabteilung des Württ. Landesmuseums und bei Herrn Prof. Werner Fleischhauer, Stuttgart, führten zu keinem Ergebnis.
4. Vgl. *Deutsch*, Rieden 1990, S.224 f.
5. Vgl. dazu und zum Folgenden: Nr.27 (Afra Lackorn) S. 97, sowie *Deutsch* 1983 (Hoffmann) Anm.33a.
6. Freundlicher Hinweis von Christoph Weismann. – Das Emblembuch gibt es noch in einer Straßburger Raubkopie von 1528 mit etwas verändertem Titel und in einer weiteren Ausgabe von 1529.
7. Bei Wunder Druckfehler: *Amen* statt *Armem*.
8. Inv.-Nr. 731; abgebildet in: Haus(ge)schichten, Katalog des HFM, Bd.8, S.181.
9. Nachgetragen sind Tag, Monat und die beiden letzten Ziffern des Jahrs, nicht dagegen die beiden ersten Ziffern und das Wort *Anno*.
10. Freundliche Auskunft von Herrn August Häfner, Eckartshausen.

Stifter für das Reiche Almosen (1494 – 1790/1918)

Bemaltes Triptychon mit Stifterwappen, ca. 280/345 cm (ohne Flügel)[1]; später durch Verdoppelung des Mittelteils erweitert.

Älterer (linker) Teil und Flügel 1615, bemalt von **Georg Marx Astfalck**; jüngerer Teil 1725 von **Johann David Haug** (Schreiner), bemalt von **Johann Georg Schreyer**, einem Enkel von Hans Schreyer.

[51]

Das *Reiche Almosen* war eine 1494 von dem Haller Bäcker Konrad Speltacher gegründete Stiftung, aus deren Erträgen den Armen der Stadt jeden Sonntag ein Essen gereicht wurde. Das Nähere berichtet uns Leonhard Gräter (1787):

Etwas ganz vorzügliches aber, welches unsere Michaeliskirche vor andern auszeichnet, ist das bey der grosen Kirchenthür und deren Eingang rechter Hand stehende Reiche-Allmosen- oder Schüsselhauß. Eine Stiftung, welche an die, in der ersten christlichen Kirche üblichen Liebesmale erinnert, und womit es diese Bewandtnuß hat, daß in dießem Schüsselhauß alle Sonntag unter Haußarme Burger oder Burgerinnen, welche mit einer sogenannten Schüssel, theils Oberherrl[ich], theils von Privatcollatoren bedacht sind, eine gewisse Portion, Brod, Fleisch, Schmalz, Hilsenfrüchte, auch zuweilen Wein nach jedesmal geendigter Haupt- oder Amtspredigt ausgetheilt wird, und daher den Namen führt, weil solche milde Victualien-Abreichung für den Empfänger in einer mit den Nahmen und Wappen des Stifters bezeichneten hölzernen Schüssel aufgestellt wird. Der erste Stifter dieser Schüsseln war Conrad Speltacher, Burger dahier, welcher zu diesem Zweck etliche Gülten, Zinnß, und Schulden anno 1494. vermachte, wie aus der, neben dem Eingang in das Schüsselhauß befindlichen steinernen Inschrift zu ersehen, und anno 1591. ist dasselbe erneuert worden, nach dem weitern Innhalt der erwehnten Inschrift ... / Dem Beyspiel des ersten Stifters folgten biß auf unsere Zeiten mehrere angesehene und begüterte Innwohner unserer Stadt, welche einen Theil ihres Vermögens zur Vermehrung dieses reichlichen Allmosens gestiftet haben.

Die genannte Inschrifttafel vom Schüsselhaus hat sich erhalten und ist heute in der letzten Chorkapelle (Schlezkapelle) aufgestellt (siehe Wunder Nr. 75). Das Schüsselhaus stand ursprünglich nördlich vom Turm. Es wurde 1591, da zu klein geworden, erweitert und auf die Südseite der Kirchenfront, rechts vom Turm, versetzt[2]. An dieser Stelle ist es auf mehreren Stadtansichten zwischen 1642 und 1820 wiedergegeben[3]. In württembergischer Zeit, ab 1803, wurde dann statt der Mahlzeiten Geld verabreicht[4] und deshalb das Schüsselhaus 1820 abgebrochen[5]. Für 132 Schüsseln wurden jährlich pro Schüssel 13 Gulden 52 Kreuzer ausbezahlt, aus einem Stiftungskapital von 26 561 Gulden[6]. Das entspricht einer Verzinsung von ca. 6,9%. Die letzte Schüssel war nach Ausweis der Wappentafel 1790 gestiftet worden[7].

Das Corpus der Stiftertafel besteht aus zwei nebeneinandergefügten, gerahmten Teilstücken mit gemeinsamem Sockel- und Dachgesims. Die Flügel sind drehbar, bedekken in geschlossenem Zustand aber nur die Hälfte des Corpus, da sie ursprünglich nur für den linken Tafelteil bestimmt waren. Der Aufsatz enthält inmitten von flachem, grobem Schweifwerk (aus der Zeit der Erweiterung der Tafel) ein Inschriftfeld in breitem Rahmen, flankiert von Voluten. Die Inschrift gibt Aufschluß über Zweck und Inhalt der Tafel: *VerZeichnus. / Deren in daß Reiche Almusen / Gestiffter Schüssel vnd vff / die Schulen gewidmetter / Stipendien.*

Für die Schulstipendien ist auf der linken, der alten Tafelseite in der Mitte der vier unteren Wappenreihen ein besonderes Feld abgegrenzt mit der Überschrift: *Volgt Die*

Die Innenseiten der Flügel sind mit Reimen versehen, die den Betrachter zu mildtätigen Gaben aufrufen, die Außenseiten mit Gemälden zu demselben Zweck. Jeder Flügel enthält drei Gemälde mit Szenen aus dem Matthäus-Evangelium. Sie illustrieren die Worte Jesu (Mt 25, 35–36) aus dessen Rede vom Jüngsten Gericht. Das besagt auch die Überschrift über den beiden obersten Bildern: *Mathei am XXV capittel / Christus Spricht*. In jeder Szene erscheint eine Gestalt mit Heiligenschein und der für Christus gebräuchlichen Gesichtsform mit kurzem Bart und langen Haaren. Es handelt sich um Christus selbst. Das erkannte jeder zeitgenössische Betrachter, dem von Predigt und Schule her der anschließende Vers 40 bewußt war, der sich auf die dargestellten Szenen bezieht: *Was ihr getan habt einem unter meinen geringsten Brüdern, das habt ihr mir getan.*

Die erste Szene spielt in der offenen Rundbogenhalle eines Palastes mit Durchblick auf eine Stadt, in der u.a. eine Renaissancekirche mit Freitreppe und zwei Obelisken zu sehen sind (oder ist eine antike Stadt gemeint?). Rechts der Bildmitte steht der Hausherr und verteilt, zusammen mit einer Magd und einem Diener Brot und Getränk an eine Gruppe von Bedürftigen; in ihrer Mitte Christus, durch den Heiligenschein und einen Rundbogen über seinem Haupt hervorgehoben. Am linken Bildrand warten weitere Arme auf die Speisung. Ein alter, halbnackter Mann lagert am Boden und versucht sich aufzurichten. Am unteren Bildrand steht in goldener Fraktur: *Ich bin Hungerig gewesen, vnd ihr habt mich gespeyset.*

Auch die zweite Szene spielt in einer offenen Bogenhalle mit Durchblick auf eine steinerne Treppe, die zu einer Gebäudegruppe mit einem Obelisken führt. Der Hausherr, mit phrygischer Mütze und Stulpenstiefeln, am Gürtel Schlüsselbund und Geldbeutel, hält mit beiden Händen eine bauchige Metallkanne einem Dürstenden an den Mund: wiederum Christus, der mit einer leeren Wasserkanne, barfuß und auf eine Krücke gestützt, hinfällig an einem Pfeiler steht. Am Fuß der Treppe trinkt ein Knäblein oder Putto aus einem Fäßchen. Ein gut gekleideter Mann eilt zurückblickend die Treppe hinauf. Möglicherweise ist er, ohne zu spenden, an Christus vorübergegangen. Unter dem Bild steht: *Ich bin Dürstig gewesen vnd ihr habt mich Getrenckt.*

Benambsung der Stipendien. Den Rest der Tafelhälfte füllen die Wappen der Almosenstifter in neun Reihen. Die Wappen der beiden Stiftergattungen unterscheiden sich auch in der Farbe: die Schilde der Almosenstifter haben violette Schatten am Rand, die der Stipendienstifter olivgrüne. Die rechte, neuere Tafelhälfte ist nicht mehr voll geworden; die Stiftungen reichten nur für knapp dreieinhalb Wappenreihen. Der Rest ist mit „Blindwappen" ohne aufgemalte Schilde gefüllt. Auch die unterste Reihe des Stipendienfeldes im linken Tafelteil enthält Blindwappen.

Der Hausherr im dritten Bild hat einen wallenden Bart, trägt vornehme Kleidung mit Pelzbesatz am Rock und eine Art phrygischer Mütze. Er steht unter seiner Tür und reicht Christus, der, mit Tasche und Pilgerstab, auf ihn zueilt, gastfreundlich die Hand. Ein Durchblick ins Schlafgemach des Hauses zeigt einen anderen, schon ergrauten Gast, der nackt, mit übergeschlagenem Bein, auf einem Bett sitzt. Links im Hintergrund erscheinen zwei weitere Gestalten mit Mantel, Hut und Stab. Die Beschriftung lautet: *Ich bin ein Gast gewesen vnd ihr habt mich Beherberget.*

Im vierten Bild, auf dem rechten Flügel oben, ist der Hausherr, in langem Gewand mit hoher Mütze und gleicher Barttracht wie im dritten Bild, in die Halle seines Hauses getreten. Von links her nahen drei nackte Gestalten, weibliche und männliche. Der vordersten in der Bildmitte – wiederum Christus – zieht der Hausherr ein Hemd mit langen Ärmeln an. Hinter ihm, unter der Haustür, steht ein Tisch mit weiteren Gewändern. Die zugehörige Inschrift lautet: *Ich bin nacket gewesen vnd ihr habt mich beklaidet.*

Das nächste Bild zeigt ein Krankenzimmer. Vor einem Vorhang steht das Bett; darin liegt Christus mit betend zusammmengelegten Händen. Rechts vom Bett sitzt mit sprechenden Gebärden und erhobenem rechten Zeigefinger ein bartloser Mann, wohl ein Besucher, in einem vornehmen Thronsessel, dessen Armlehnen Löwenknäufe schmücken. Vor dem Bett steht ein kleiner Renaissancetisch mit geschweiften, maskenverzierten Beinen, auf ihm Gläser und Arzneifläschchen. Am linken Bildrand reicht ein Mann mit Gelehrtenmütze (?), wahrscheinlich ein Arzt, die Medizin in einem kleinen Kelch. Rechts hinter der Thronlehne blicken zwei weitere Personen auf die Szene; die eine, mit weißem Kopftuch, vielleicht eine Pflegerin, hat die Hände gefaltet. Am unteren Bildrand steht: *Ich bin Kranck gewesen vnd ihr habt mich besucht.*

Das letzte Bild zeigt ein Kerkergewölbe mit fünf Gefangenen. Dem einen, rechts im Vordergrund kauernden, sind die Hände auf den Rücken gebunden und die Füße zusammengeschmiedet. Ein anderer, nur spärlich bekleideter ist mit Halseisen stehend an die Wand

geschlossen. Rechts der Bildmitte, unter dem mittleren Gewölbebogen, steht Christus, gefesselt durch Fuß- und Daumeneisen. Links von ihm hocken klein im Hintergrund die beiden übrigen Gefangenen. Auf der linken Seite des Kerkers ist ein vornehmer Besucher eine Treppe heruntergekommen. Er trägt einen exotischen Hut, ähnlich einer phrygischen Mütze mit kronenartiger Ummantelung, der ihn, wie auch seine Kleidung, als hochgestellte Persönlichkeit kennzeichnet. Die zugehörige Inschrift lautet: *Ich bin gfangen gwesen vnd ihr seit zu mir kommen.*

Als die Tafel noch ihre ursprüngliche Breite hatte, waren die Wappen bei geschlossenen Flügeln nicht zu sehen. Es ist leider unbekannt, zu welchen Zeiten die Stiftertafeln geschlossen wurden, vielleicht wie die Altarretabel an Werktagen. Der geöffnete Zustand war dann eine feierliche Ausnahme, die möglicherweise eher zur Betrachtung des Inhalts anregte als die heutige Daueröffnung.

Sinn und Zweck

Hatten die Christen im Mittelalter noch für ihr Seelenheil gespendet – ein mächtiger Antrieb[8] –, so änderte sich das durch die beglückende Erkenntnis Luthers, daß nach Paulus (Röm 1,16–17; 4,5) schon der Glaube zur Rechtfertigung und damit zur Erlösung genügt. Man mußte jetzt einen neuen Ansporn für gemeinnützige Stiftungen finden. Mitleid und Pflichtgefühl waren aber zu schwache Triebfedern. Es versprach mehr Erfolg, den menschlichen Drang nach Ehre, Ruhm und öffentlichem Ansehen zu nutzen. Dafür bot sich als wirkungsvolles Verfahren, Namen und Wappen der Stifter auf einer Tafel anzubringen und den Augen von Mit- und Nachwelt an öffentlicher Stelle darzubieten[9]. Auch durfte sich der eine oder andere verdienstvolle Spender ein Epitaph in die Kirche hängen, selbst wenn er nach Beruf und Rang eigentlich kein Recht dazu hatte. So spendeten die Erben des Johann Regulus (S. 101ff.) für dieses Recht die beträchtliche Summe von 500 Gulden an das Contubernium (vgl. auch S. 65) und durften dafür zusätzlich noch ihr Wappen[10] ins Stipendienfeld der Almosentafel setzen.

Der Nachteil, jedenfalls für Freunde mittelalterlicher Kunst, ist bei diesem Verfahren, daß der Stiftertafel ein Altarretabel geopfert werden mußte, und zwar eines der größeren, die in den drei östlichen Kapellen die Breitseite einnahmen. Die Reich-Almosen-Tafel steht ja auf der einstigen Altarmensa der Kapelle. Nicht durch einen Bildersturm, sondern durch Veränderungen dieser und ähnlicher Art sind die meisten Retabel der ehemals 18 Altäre der Kirche nach und nach verlorengegangen[11].

In den Reimen auf den Flügelinnenseiten der Tafel versuchte man, um sicherzugehen, noch auf andere Art an die Freigebigkeit der Gläubigen zu appellieren.

Zunächst mit einem kategorischen Imperativ:

Merck lieber Leser vnd steh still
Vor was Gott von dir haben will
Daß du dich nemblich solst der Armen
Von grundt des hertzens dein erbarmen.

Dann wird aber doch angefügt, daß Wohltun Zinsen trägt, daß die Gabe wieder hereinkommt, und das nicht nur im Jenseits:

Solches ist dir gar wohl Zu thon,
dieweil es einträgt großen lohn.
Es ist Je gwiß vnd kein gedicht,
Almusen geben Armet nicht.
Gott will es reichlich widergeben,
Inn diesem vnd inn jenem leben.

Auch bleiben die Gaben gewissermaßen in der Familie, wo ohnehin einer für den anderen aufkommen muß:

So ist auch wahr, daß wir inn gmein
Ain fleisch, Bruder und Schwester sein
Vnd ain Vatter im Himmel haben
Der vns mittheilt so manche gaben.

Es folgt eine freundliche Mahnung im Ton der Sonntagsschule:

Wilt du nun sein, sein liebes Kindt,
Schlag inn sein Art, sey auch so lindt.

Dann aber versucht man es mit Einschüchterung und warnt vor den bösen Folgen der Hartherzigkeit, wobei den Lateinkundigen ein paar eigene Verse zugedacht werden:

Ein Haußhaltter kannst dus errahten,
Warmb er inns verderben grahten,
Sobald er DATE hatt vertriben,
Ist DABITVR auch außgeblieben,
Vnd so bald DATE widerkommen,
Hatt [...[12]] zugenommen (DATE = gebt,
DABITVR = es wird gegeben).
Wer abr den Armen leßt inn noht
Vnd spricht, Zieh ab, es hilft dir Gott
Der wirdt auch ruffen angstiglich
Vnd doch erhöret werden nicht.

Zur Abschreckung dient die grausige Sage von dem Mainzer Erzbischof Hatto[13], der die Armen in einer Scheune verbrannt haben soll und daraufhin von Mäusen angefallen wurde, die ihn bis in den *Mäuseturm* bei Bingen, mitten im Rhein, verfolgten und schließlich auffraßen:

Hett Hatto Frücht den Armen geben,
Die meuß hetten Ihn lassen leben.

Gleich anschließend werden – was tief blicken läßt – die Almosenpfleger gewarnt, sich von den Spendengeldern etwas in die eigene Tasche abzuzweigen:

Da dann Zu lehrnen Ihr Latein
Die Pfleger der Almusen sein
Daß sie dasselbig recht verwahlten
Das wenigst nicht darvon behalten
Dann hieran ist nichts Zu gewinnen,
Es muß dort auff der Seel verbrinnen.

Zum Abschluß wird effektvoll das eigentliche Lockmittel eingesetzt: Wer sich vom Anblick der Wappen bewegen läßt, ebenso mildtätig zu sein wie seine Vorgänger und dann ebenfalls auf der Tafel genannt wird, dem winkt ewiger Ruhm:

Wer nun anschawt die helm und schildt,
Der sey auch so genannt und mildt,
Wie unser löbliche Vorfahren,
Gegen den Armen Leuten waren.
Deß wirdt er ewigen ruhm finden,
Bey Gott, und allen MenschenKinden.

Im Gegensatz zu den schulmeisterlichen Ermahnungen dieser Verse versuchen die sechs Bilder der Flügelaußenseiten den Betrachter durch anschauliche Beispiele christlicher Nächstenliebe zu barmherzigem Handeln zu bewegen – auch das gemäß der Lehre Luthers. Zwar führt der Glaube auch ohne *Werke* zur Rechtfertigung, aber – so Luther im Einklang mit Paulus (1 Kor 13) – *der Glaube ohne die Liebe genügt nicht, ja er ist gar kein Glaube, sondern nur ein Schein des Glaubens*[14].

Dabei dürfte dem zeitgenössischen Betrachter ein Widerspruch zur Lutherschen Rechtfertigungsthese nicht verborgen geblieben sein. Die dargestellten Beispiele christlicher Nächstenliebe sind nämlich, wie auch die Überschrift mitteilt, aus Matthäus 25 (Vers 35–36) gewählt. Aber jeder Gläubige damaliger Zeit wußte durch Predigt und Bibellehre, wie dieser Text weitergeht, daß die Verse aus Jesu Rede vom Jüngsten Gericht stammen, wo des Menschen Sohn die Schafe von den Böcken scheidet und die *Böcke*, die all das in den sechs Bildern Dargestellte nicht getan haben – Glaube hin oder her – zur Hölle verdammt (Vers 41.46).

Man wüßte gerne, wie dieser Widerspruch auf die theologisch weniger versierten Zeitgenossen gewirkt hat: einerseits die *süße* Botschaft des Paulus (Röm 4,5) *Wer nicht mit Werken umgeht, glaubt aber an den, der die Gottlosen gerecht macht, dem wird sein Glaube gerechnet zur Gerechtigkeit* (dies stand damals in großen Lettern im Zentrum der Michaelskirche: an der Predella des Mittleren Altars, vgl. S. 282ff.), – andererseits die bedrohlichen Worte Jesu vom Jüngsten Gericht (siehe oben), von eben der Gerechtigkeit Gottes, die Luther vor seinem Turmerlebnis gehaßt hat: *Ich liebte den gerechten und die Sünder strafenden Gott nicht; ja ich haßte ihn vielmehr und war unwillig gegen Gott ..., indem ich sagte: Als ob es wirklich nicht genug sei, daß die elenden ... Sünder durch das Gesetz des Dekaloges mit jeder Art von Unheil bedrückt sind, wenn Gott ... uns auch durch das Evangelium seine Gerechtigkeit und seinen Zorn androhe*[15]. – Allerdings, wer sich, nach Paulus, der Rechtfertigung durch den Glauben gewiß war, fühlte sich durch die Worte Jesu über das Jüngste Gericht (siehe oben) sicherlich nicht bedroht und konnte darum am wirkungsvollsten durch die Aussicht auf öffentliches Ansehen und *ewigen Ruhm* zu gemeinnützigen Stiftungen bewegt werden. Das zu erreichen, war die Aufgabe der Wappentafel.

Die **Entstehungszeit** der Almosentafel und die Zeit ihrer Erweiterung können wir den städtischen Rechnungsbüchern („Steuerrechnungen") entnehmen. 1615 wurde die Malerarbeit am älteren, ursprünglichen Teil bezahlt: *Den 25. Feb(ruar) A. 15. Georg Marx Astfalcken für ein Tafel, Über die gestiffte Reiche schüßel allhie, für gemahlte wappen, unnd flügel Inmaßen der Augenschein mit sich gebracht hatt, so ist Ihme für Jedeß Wappen geben worden 5. batzen. thut 26. f. 20. ß. Und für die And(er)e Arbeit 38. f. thut zusam(m)en ... 64. f. 20 ß*[16]. Im Quartal Juli/Oktober erhielt er noch eine Nachzahlung für die Flügel: *Item Georg Marx Astfalcken wegen 2. Flügel zur Almosentafel 2 f.* Für die *andere Arbeit*, insbesondere an den Flügeln, bekam er demnach genau anderthalbmal so viel wie für die Wappen (40 bzw. 26²/₃ Gulden). Insgesamt malte er 80 Wappen (26 Gulden 20 Schilling oder 390+10 = 400 Batzen, geteilt durch 5), und zwar 63 Stifterwappen für das Reiche Almosen, 11 für die Schulstipendien, dazu vier städtische Wappenschilde im Almosenteil, zwei im Stipendienteil. Das läßt sich nachprüfen anhand der aufgemalten Jahreszahlen, aber auch an den Farben der Wappen: die später nachgetragenen Schilde sind dunkler als die ursprünglichen, ihr Hintergrund ist dunkeloliv, der Grund der ursprünglichen Schilde graugrün.

1725, als für die Almosenstifter kein Platz mehr verfügbar war, wurde die Tafel verdoppelt, indem man eine zweite gleicher Form und Größe an sie anfügte. Die Schreinerarbeit wurde am 18. Mai bezahlt: *Johann David Haug, Schreinern, von einer großen Tafel in die Kirchen zu St: Michael, derer Wappen u: Namen so zur Reichen Allmoßen gestifftet, darein zu bringen, zu vergrößern ... [nebst anderen Arbeiten] ... 17 fl 23 ß 6 hl* [17]. – Der Maler erhielt sein Geld am 27. Juli: *Johann Georg Schreyern, von der vergrößerten StiftungsTafel der Reich Allmoßen Pflegschüßel in dem Chor zu St: Michael mit 109. blind(en) Wappen u: andern zumahlen 14 f 15 ß* [18]. Mit der *andern Arbeit* dürfte die Bemalung von Hintergrund, Rahmen und Schweifwerk gemeint sein.

Von den Blindwappen Schreyers sind heute noch 68 frei.

Der Maler

Georg Marx (= Markus) Astfalck, 1581–1636, war ein Sohn des Haller Ratschreibers Marx Astfalck, der 1565 als Zehnjähriger von Reutlingen nach Hall gekommen war und in der Familie des Rats- und späteren Stadtschreibers Johann Bock aufwuchs; dessen Frau, Ursula Asfahl (Astfalck) aus Reutlingen war seine Tante. Auch Marx Astfalck war vor seiner Schreiberlaufbahn Maler und hat 1592, von Hall kommend, die Reutlinger Orgel gefaßt (Näheres bei Wunder 1968).

Georg Marx, der Sohn, war laut Totenbuch zweimal, laut Wunder dreimal verheiratet, das erstemal – nach Wunder – mit 23 Jahren, nach dem Totenbuch *im 16. Jahr seines Alters* (ein Irrtum)[19]. Sein Vermögen hat 500 Gulden nie überstiegen. Mit 55 Jahren, in einer Januarnacht, fand der Maler ein ungewöhnliches Ende: Er ist, laut Totenbuch, *bei nacht über die Maur an Einer Lückh(en) bezecht*

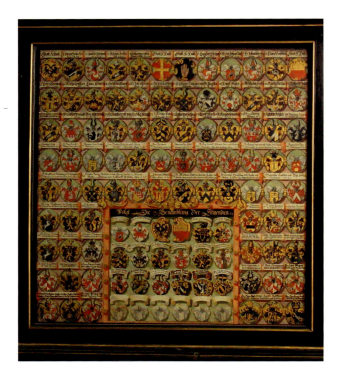

hinund(er) in Koch(en) gestürzt, ertrunkh(en) oder, wie es im Register zum Totenbuch heißt, *ersoffen*. Am 25. Januar 1636 wurde er beerdigt[20].

Die sechs Gemälde der Almosentafel sind das einzige gesicherte Werk Georg Marx Astfalcks, das wir bis jetzt kennen. Ihre künstlerische Qualität ist bescheiden, doch ihr erzählerischer Wert läßt das verschmerzen. Eine wichtige Rolle spielt die Farbe. Die Figuren heben sich durch überwiegend warme, manchmal leuchtende Töne mit viel Rot und Gelb, auch Rosa, von dem farbig zurückhaltenden Hintergrund ab. Für eine feierliche Note sorgen die goldenen Inschriften und Ornamente auf dem Schwarz des Rahmens. In der Malweise berühren sich konservative und fortschrittliche Elemente. Neben reinen Lokalfarben finden sich Partien – besonders an den Gewändern –, die durch flackernde Glanzlichter und einen großzügigen Pinselstrich malerisch aufgelockert sind.

Die Figuren bewegen sich teilweise steif und ungelenk (etwa Christus und der Hausherr im zweiten Bild). Manche knicken beim Gehen in den Knien ein (Christus als Gast im dritten und zwei der nackten Figuren im vierten Bild). Dagegen überraschen andere Partien durch ihren

Erfindungsreichtum. Man sieht Rückenfiguren und Sitzfiguren, die sich erstaunlich frei im Raum entfalten, mit unerwarteten Drehungen und Verkürzungen. Beispiele sind der Gast, der im dritten Bild auf dem Bett sitzt, oder der Mann, der im zweiten Bild rückwärts gewendet die Treppe hinaufsteigt. Die Rückenfigur des Arztes mit dem vorgestellten Spielbein im fünften Bild könnte einem Werk der italienischen Renaissance entnommen sein (und ist es wahrscheinlich auch, wenngleich mittelbar). Hinzu kommen gekonnt konstruierte Architekturen und reizvolle Durchblicke auf Stadtprospekte und einen Innenraum.

Die Erklärung für diesen zwiespältigen Eindruck liegt auf der Hand: Wie alle Maler in Hall dürfte auch Astfalck sich verschiedener Vorlagen bedient und ein gut Teil seiner Bildelemente graphischen Blättern entnommen haben – auch wenn sie sich bis jetzt nicht nachweisen lassen.

Wo Astfalck gelernt hat, läßt sich den relativ späten Almosenbildern kaum noch entnehmen. Falls aber das Epitaph Melchior Wengers von ca. 1602 ein Frühwerk von ihm ist (vgl. S. 19), dürfte er sich an (oder bei) Jakob Hoffmann und Peter Völcker geschult haben.

Quellen und Literatur.
Gräter 1787, Anhang S.3 ff. (Reiches Almosen) u. 1794/95, III. S.1 (Almosentafel); *Wunder* 1987 Nr.51 (mit Aufzählung aller Stifter). – Über Astfalck: Totenbuch St. Katharina I (1635–92) S.28 f., StAH 2/33; Gerd *Wunder*, Astfalk, in: Der Haalquell, 20. Jg., 1968 Nr.8, S.29 f.

Anmerkungen
1 Höhen: Corpus (mit Sockel und Gesims) 180 cm, Aufsatz ca. 100 cm, Flügel 159 cm; Breiten: Corpus 2 x 156 cm = 312 cm, Sockel 319 cm, linker Flügel 78 cm, rechter (mit überstehender Randleiste) 84 cm; somit Breite vor der Erweiterung: geöffnet 318 cm, geschlossen (ohne Gesimse) 156 cm.
2 Vgl. Schauffele-Chronik Bl.168r.
3 So bei *Ulshöfer* 1971, S.41 (1643), 44 a,b (1680), 51 (1717), 55 (1747), 57 (1755), 58 (1755), 60 (1813), 69 (um 1820); *Gräter* 1787.
4 Oberamtsbeschreibung 1847, S.141; Julius *Gmelin*, Hällische Geschichte, Schw.Hall 1896, S.679 Anm.9. Die Urkunden über das Reiche Almosen sind offenbar verschollen.
5 Wilhelm *German*, Chronik von Schwäbisch Hall und Umgebung, Schwäb. Hall 1900, S.316.
6 Wie Anm.4. – Von den 132 *Schüsseln* wurden acht vom Rat, 123 vom Ältesten der einzelnen Stifterfamilien vergeben, eine stand dem *Schüsselmann* zu, der die Spenden verteilte.
7 Abgesehen von der Merkwürdigkeit, daß 1918 ein Forstamtmann Hermann Ludwig (gefallen 1918) sein Wappen an die Stelle eines älteren (zwischen 1759 und 1764) setzen ließ. Wollte er die Stiftung eines Vorfahren erneuern?
8 Allerdings bedurfte es auch hier gelegentlich der Aufmunterung, besonders am Ende des Mittelalters. Im Falle der Haller Almosenschüsseln diente dazu ein hunderttägiger Ablaß, den der päpstliche Kardinallegat Raymund verhieß und dem der Würzburger Bischof noch weitere 40 Tage hinzufügte (Oberamtsbeschreibung und *Gmelin*, wie Anm.4).
9 Sicher noch wirkungsvoller als – wie kürzlich praktiziert – die Spendernamen für Jahrhunderte in einem Grundstein verschwinden zu lassen.
10 Regulorum Villingerorum Ulmensium Insignia. 1617. (= Wappen der Ulmer Regulus-Villinger).
11 Zur Zahl der Altäre in St. Michael vgl. *Deutsch* in WFr 1983, S.177 ff.
12 Fehlstelle. Die fehlenden Worte können nicht DABITVR auch heißen, wie Wunder – durchaus sinnvoll – ergänzt; sie waren in Fraktur geschrieben, und der erste Buchstabe ist eher ein F, mit Sicherheit kein D, wie ein Rest von ihm noch erkennen läßt.
13 Gemeint ist wahrscheinlich Hatto I. († 913), ein skrupelloser, trickreicher Politiker unter Ludwig dem Kind und Konrad I., dem vor allem seine Gegner, die Sachsen, wenig Gutes nachsagten. Doch wird die Sage auch auf Erzbischof Hatto II. († 970) bezogen.
14 Predigt Luthers vom 9.3.1522, in heutige Sprache übertragen. Zitiert aus: Die Reformation in Augenzeugenberichten (Hg. Helmar *Junghans*), München ²1980, S.334.
15 Die Reformation in Augenzeugenberichten (wie Anm.14) S.37 f.
16 Steuerrechnung 754, StAH 4a/77b. – 1 Gulden (f) = 15 Batzen = 30 Schilling (ß).
17 Steuerrechnung, StAH 4a/186 Bl.152v.
18 Steuerrechnung, StAH 4a/187 Bl.164r.
19 Die erste Frau, Maria Frommhold (Frombalt) aus Heilbronn, starb im Entstehungsjahr der Almosentafel, am 25.7.1615, im Kindbett: *Maria, Georg Astfalckhen Mahlers Eheliche haußfr(au) denn 25 die in KindtsNöhten überm Kocher gestorben* (Totenbuch St. Michael I, StAH 2/69, S.73, Nr.869). – Die beiden anderen Frauen waren nach Wunder: Ursula Elisabeth von Clein (Heirat 1618, Scheidung wegen Ehebruchs der Frau 1629, [darum?] im Totenbuch nicht genannt) und Katharina (Heirat 1630).
20 Totenbuch St. Katharina, StAH 2/33; Register zum Totenbuch: 2/29.

Peter Firnhaber (1570 – 1620)
Handelsmann

Bemaltes Holzepitaph, 247/155 cm, früher unter der Nordempore;
restauriert 1910 (G. Schmidt), 1991 (Ute Hack) und 1998 (Alexandra Gräfin von Schwerin).

Die Gemälde von **Johann Schreyer** (Zuschreibung), entstanden 1647, beim Tod der Ehefrau Maria Busch.

[52]

Es handelt sich um ein Epitaph in Retabelform mit Corpus (Mittelteil), Standflügeln, Aufsatz und hängender Predella. Der Mittelteil enthält ein Ölgemälde mit rundbogigem Abschluß, flankiert von freistehenden Säulen[1] mit kämpferartigen Aufsätzen, über denen in volutengerahmten Kartuschen die Wappen des Ehepaars angebracht sind: heraldisch rechts Firnhaber, gegenüber Busch. In den Bogenzwickeln finden sich geflügelte Engelsköpfe, an den Kämpferschäften vorn eine weibliche Maske, seitlich Löwenköpfe, alle aus Pappmaché.

Über dem Corpus ein niedriges Gebälk, bis 1991 mit einem geflügelten Engelskopf in der Gesimsmitte (er war nicht zugehörig und wurde deshalb entfernt). Am Architrav eine Inschrift, golden auf schwarzem Grund:

Der Alten Krone sind Kindeskinder, vnd der kinder Ehre sindt ihre Vätter. Prov: S. 17 (= Proverbia Salomonis 17 [Sprüche 17,6]).

Über dem Gebälk ein Aufsatz in Form einer zwiebelförmigen, von Schweifwerk gerahmten Kartusche mit einem Ölgemälde; auch dieses zwiebelförmig gerahmt, doch mit rechteckigem Fuß und beschnittener Spitze. Im Scheitel abermals ein Engelskopf, mit einem konsolartigen Gesimsstück darüber.

Die Standflügel sind stark reduziert, nur etwa halb so hoch wie das Corpus. Sie enthalten vier rechteckige Felder übereinander, im oberen eine Inschrift in Versen, in den unteren gemalte Wappen. Die Zwickel zwischen Flügeln und Corpus füllt Schweifwerk; den unteren Zwickel schmückt ein Löwenkopf aus Pappmaché.

Die Predella wird durch ein reich profiliertes, unter den Säulenbasen verkröpftes Gesims von Corpus und Flügeln getrennt. Sie enthält eine querrechteckige Tafel mit der Gedenkschrift, flankiert von Konsolen, die den Säulen des Mittelteils als Auflager dienen. An den Konsolen sitzt vorne ein Löwenkopf, an den Seiten eine in Akanthus auslaufende Volute; beiderseits der Predella leitet eine von Schweifwerk gerahmte, mit einem Fruchtbündel besetzte Zwickelfüllung zu den Flügeln über. An der Unterseite des Denkmals bildet ein zweimal tief einschwingendes Schweifwerk drei Ausbuchtungen mit je einem geflügelten Engelskopf. Alle der genannten Applikationen bestehen aus Pappmaché. Offensichtlich gab es in Hall eine Werkstatt, die sich mit dieser Technik befaßte und dafür wohl auch die Model schnitzte.

Die Inschrift der Predella, golden auf schwarzem Grund (Wortlaut bei Krüger und Wunder sowie Anhang S. 410f.), teilt uns mit, daß Peter Firnhaber, Handelsmann und Mitglied des (Spital-) Gerichts, am 7. September 1620 im 50. Lebensjahr gestorben ist und daß seine Ehefrau, eine geborene Busch aus Heilbronn, gestorben am 21. Dezember 1647, 120 Kinder und Kindeskinder erlebt hat.

Im **Gemälde des Mittelteils** sind die in der Gedenkschrift genannten Personen samt den 120 Kindern und Kindeskindern in einer ungewöhnlichen Darstellung abgebildet. Der Verstorbene und seine Gattin knien wie gewohnt im Vordergrund zu Seiten des Gekreuzigten, der Mann mit, die Frau ohne Totenschädel zu Füßen. Vor der Frau liegt ein gleich nach der Geburt verstorbenes Töchterchen als Wickelkind auf einem Kissen.

Hinter der Gruppe sind die Kinder auf keilförmig nach hinten gerichtetem Grundriß dem Alter nach aufgereiht, links (zur Rechten Christi) sechs Söhne, ihnen gegenüber acht Töchter, die schon verstorbenen Personen mit beigefügtem Totenkopf. Die Söhne tragen über ihrem schwarzen Umhang unterschiedliche Schulterkragen, die Töchter Halskrausen und, sofern verheiratet, Hauben. Auch der Vater trägt entsprechend der Mode seiner Zeit noch eine Krause. Über den Köpfen der Kinder stehen auf Schriftbändern ihre Vornamen (Aufzählung mit Lebensdaten bei Wunder, S.33).

Die schwierige Aufgabe, auch die zahlreichen Kindeskinder darzustellen, wurde nach dem Prinzip der Wurzel Jesse gelöst: Aus der Brust der mit Nachkommen gesegneten Söhne und Töchter wachsen begrünte Äste, an denen die Bilder der Enkel und Urenkel in Dreiviertelfigur angebracht sind, jeweils durch Schriftbänder mit den Vornamen gekennzeichnet (Aufzählung bei Wunder, ebd.). Die Äste winden sich in Schlangenlinien nach oben; sie verzweigen sich bei den Enkelkindern, die ihrerseits Nachkommen hatten, indem auch diesen ein Ast oder Zweig aus der Brust wächst. Der Ast des ältesten Sohnes, Peter Firnhabers, der zweimal verheiratet war, gabelt sich dicht am Ursprung, etwa in Augenhöhe der Figur.

Da nur zwei der Söhne, aber sieben der Töchter Nachwuchs hatten, schwingen sich die Äste von zwei Töchtern auf die Männerseite hinüber, um das Bild gleichmäßig zu füllen. Einer Verwechslung wurde aber dadurch vorgebeugt, daß sich die Angehörigen der einzelnen Linien durch die Farbe ihrer Kleider und Anzüge – soweit nicht durch den Mantel verdeckt – unterscheiden; und zwar sind (von links nach rechts) die Nachkommen Peter Firnhabers aus erster Ehe braun gekleidet, aus zweiter Ehe rosa, die Nachkommen von Wolfgang Firnhaber rot, von Magdalena Hetzel oliv, von Elisabeth Müller türkis, von Barbara Walter rosa, von Afra Lackorn bräunlich-beige, von Agnes Jäger oliv, von Margarete Glock gelb und von Maria Wenger rot.

Über den Figurenranken ist der Hintergrund als Wolkenhimmel ausgestaltet. An seiner lichtesten Stelle unter dem Bogenscheitel ragt Gott Vater als Halbfigur aus dem Gewölk, mit langem Bart, weißlichgrauem Gewand und rot changierendem Umhang. In der Linken eine grünblaue Weltkugel haltend, mit der Rechten segnend, blickt er auf die Firnhaber-Sippe herab, flankiert von zwei nackten, schwebenden Kinderengeln. Der linke, als Rückenfigur gegeben, wendet sich nach unten; er bringt dem Verstorbenen die *Krone des Lebens* (vgl. S. 21f.) und zeigt mit der anderen Hand auf Gott, von dem sie kommt. Der rechte Engel hält einen Palmzweig als Zeichen für Sieg und himmlischen Lohn; auch er hat die freie Hand auf den segnenden Gott Vater gerichtet, blickt dabei den Betrachter an und weist ihn so auf den göttlichen Gnadenerweis für den Verstorbenen hin.

Von den Töchtern Firnhabers hat übrigens die Stättmeistersgattin Afra Lackorn (1599–1633) – die mittlere der sieben abgebildeten Frauen – in der Michaelskirche ein eigenes Epitaph bekommen, gemalt von Jakob Hoffmann (S. 94ff.). Ihr letztes, totgeborenes Kind, das sie selbst das Leben gekostet hat, ist am Stammbaum des Firnhaber-Epitaphs an achter Stelle ihrer Nachkommen als Wickelkind ohne Namen dargestellt. Das gleiche Schicksal scheint Afras Tochter Katharina Burckhard erlitten zu haben: Auch bei ihr ist das letzte Kind namenlos abgebildet, also wohl ungetauft gestorben, im selben Jahr wie seine Mutter (1644).

Die Standflügel

Während im Mittelteil des Epitaphs die direkten Nachkommen Firnhabers im Bild vorgestellt werden, zeigen die Flügel die angeheirateten Personen – die Schwiegersöhne und Schwiegertöchter – in Gestalt ihrer Wappen. Die Verse in den oberen Feldern, zwei Distichen auf jeder Seite, nennen Namen und Rang[2]:

Bis sex, hac tabula, depicta Insignia, septem
　　Dant Generos, Neptem, quatuor atq(ue) Nurus:
Est Lackhorn Consul; Proceres sunt Müller et Hetzel;
　　Est Burckhard, Medici gloria magna Chori;
Glock, Jäger, Walther, Wengerus et Öttigerina[3]*,*
　　Est Seüfferhelda, et Beürlerina, et Clasia.
Defunctis sit grata quies, sit Sors bona Vivis;
　　Impleat hoc Votum, qui regit astra DEus.

Zu deutsch: *Zweimal sechs Wappen sind auf dieser Tafel gemalt. Sie bezeichnen die sieben Schwiegersöhne, die*

Enkelin (eigentlich deren Mann) und die vier Schwiegertöchter[4]. *Es sind: der Stättmeister Lackorn, die Ratsherren Müller und Hetzel, Burckhard, der große Ruhm der Ärzteschaft, sowie Glock, Jäger, Walter und Wenger, die Öttingerin, die Seiferheldin, die Beurlerin und die Claßin. Den Verstorbenen selige Ruhe, den Lebenden ein gutes Geschick! Diesen Wunsch erfülle Gott, der die Sterne regiert.*

Die zugehörigen Wappen sind durch Schriftbänder benannt und nach dem Rang ihrer Träger geordnet, beginnend mit den beiden Bürgermeistern am heraldisch rechten Flügel oben. An erster Stelle Stättmeister Lackorn (*Jacob Lackhorn Consul, Mar(itus) Affræ* [der Ehemann Afras]); daneben der Öhringer Bürgermeister Glock (*Antoni Glock Consul Öringæ. M(aritus) Margarethæ*; in der Zeile darunter die beiden Ratsherren Müller und Hetzel (*Albert9 Müller Senator Mar: Elisab(ethæ)* [9 = us] bzw. *Joh: Christ: Hetzel Senator: Marit9 Magdalenæ*). Es folgen die übrigen Schwiegersöhne (*Johan Jacob Jäger Mar: Agnetis / Johan Waltter, Marit9 Barbaræ // Georg Wenger Marit9 Mariæ*), dieser am heraldisch linken (nachgeordneten) Flügel oben links (heraldisch rechts); daneben, heraldisch links, der Mann der Enkelin, der Arzt Burckhard (*Christoph Burckhard Med(icinæ) D(octor) Maritus Catharinæ Filiæ Affræ* [Ehemann Katharinas, der Tochter Afras]). Die letzten vier Plätze nehmen die Schwiegertöchter ein: die beiden Gattinnen (uxores) Peter Firnhabers und die beiden Gattinnen des Stadtkapitäns Wolfgang Firnhaber (*Anna Öttingerin et Maria Magdal: Seyfferheldin Uxores Petri* bzw. *Anna Maria Beurlerin* [= Beurlin] *et Rosina Clasin uxores Wolffg: Capitanei*). Die Wappen selbst werden bei Rainer Krüger, S. 88 ff., beschrieben.

Der **Aufsatz** des Epitaphs wurde 1910 von Kunstmaler Gottfried Schmidt „gefunden", für zehn Mark restauriert und wieder angebracht[5]. Er hat also, wie auch in anderen Fällen, zeitweilig gefehlt (vgl. S. 233 Anm. 12). Der Malstil und die zum unteren Teil passende Ornamentik lassen aber annehmen, daß er dazugehört. Das letzte Wort bleibt den Restauratoren vorbehalten.

Das Gemälde zeigt Jakobs Traum von der Himmelsleiter (Gen 28,10 ff.). Der Patriarch, in gelbem, engärmeligem Gewand mit rotem Umhang und Stiefeln aus weichem Leder, liegt rechts im Vordergrund schlafend unter

einem Baum. Er hat – abweichend vom Bibeltext – den Ellbogen aufgestützt und den Kopf in die Hand geschmiegt. Vor ihm liegen Wanderstab und Feldflasche. Vom Himmel her führt eine lichte, durchsichtige, wie ein Traumgespinst wirkende Leiter schräg zu ihm herab. An ihrem oberen Ende erscheint in den Wolken das Tetragramm, das hebräische Buchstabensymbol für Jahwe (Gott). Von dort her steigen sieben weibliche Engel, ätherische Lichtgestalten, die Leiter herab oder – einer von ihnen – hinauf. Im Hintergrund breitet sich eine Seelandschaft mit blauen Bergen und Fluren. Am jenseitigen Ufer liegt am Fuß der Berge ein Dorf von abendländischem Zuschnitt mit spitzem Kirchturm. Im See eine Insel und eine Halbinsel mit Bäumen und einzelnen Giebelhäusern; links auf dem Wasser ein Ruderboot. Im Mittelgrund mündet von vorne her ein Fluß oder Bach in den See, überquert von einer Brücke, über die zwei silhouettenhafte Gestalten schreiten. Ein Geländer beiderseits der Mündung läßt auf einen Uferweg schließen. Zwei weitere Gestalten, winzig klein, stehen auf einer Landzunge am fernsten Punkt des diesseitigen Ufers.

Das Gemälde kopiert so gut wie getreu den entsprechenden Kupferstich von Matthäus Merian aus der Bibel von 1630[6]. Der Maler hat nur die Komposition dem zwiebelförmigen Format der Kartusche angepaßt. Ein paar weitere, belanglose Änderungen könnten auf einem Versehen beruhen. So bewegt sich bei Merian ein Engel mehr auf der Leiter, und statt dem Figurenpaar auf der fernen Landzunge ist bei ihm ein gespaltener Baumstumpf zu sehen.

Mit der Darstellung der Himmelsleiter ist das Firnhaber-Epitaph (entstanden 1647, siehe unten) unter den Werken der Michaelskirche das erste Beispiel für die beliebte Denkmalsform mit einer zwiebelförmigen Bildkartusche im Aufsatz. Die jeweiligen Auftraggeber nützten diese Kartusche, um von den traditionellen, an Corpus und Flügeln gebräuchlichen Themen zugunsten individueller Bildwünsche abzuweichen. Es handelt sich dabei meist um biblische Szenen, natürlich mit Bezug zum Verstorbenen.

Die in der Nachfolge entstandenen Beispiele – soweit noch vorhanden – finden sich: um 1669 bei Andreas Drüller (Speisung der Fünftausend); um 1676 bei Georg Philipp Bonhoeffer (Szene der Offenbarung); um 1677 bei David Zweiffel (Traum Nebukadnezars); ebenfalls um 1677 bei Johann Georg Winkler (Sturm auf dem See Genezareth, im Hällisch-Fränkischen Museum); um 1700 bei Michael Schmidt, nicht zugehörig (Jonas-Szenen); um 1708 bei Georg Bernhard Wibel (Himmelfahrt des Elias, jetzt in querovaler Kartusche); um 1710 bei Jakob Reitz (Jakobs Kampf mit dem Engel, ebenfalls queroval); und um 1716 bei Johann Michael Bonhoeffer (ein Sterbender haucht seine Seele aus, in kreisrunder Kartusche).

Der Sinngehalt

Das Mittelbild variiert das Grundthema der meisten Epitaphe: Der Gläubige erhält durch Gottes Gnade den himmlischen Lohn. Die Gläubigkeit äußert sich im demütigen Gebet vor dem Gekreuzigten, die Gnade Gottes wird durch den Opfertod Jesu erwirkt. Und den Erfolg sieht man in der himmlischen Szene: Gott Vater sendet dem Verstorbenen durch seine Engelsboten die Krone des Lebens und das Siegeszeichen, den Palmzweig.

Das Besondere an Firnhabers Denkmal ist aber, daß Gott seinen Segen nicht nur der engsten Familie des Verstorbenen spendet, sondern dessen gesamter Nachkommenschaft. Das entspricht dem Wunsch, den das Distichon des rechten Flügels ausdrückt: *Gott schenke den Ver-*

storbenen seligen Frieden (grata quies), *den Lebenden ein gutes Geschick.*

Ausschlaggebend für die Wahl des Themas war sicherlich der Stolz der Ehefrau über die zahlreichen Nachkommen, ihre Freude und ihre Dankbarkeit, daß in der mörderischen Zeit des Dreißigjährigen Krieges so viele davon am Leben geblieben sind. Sie betrachtete diese Nachkommenschaft als die Krönung ihres irdischen Lebens, wie der Bibelspruch am Architrav bestätigt: *Der Alten Krone sind Kindeskinder …*

Die **Himmelsleiter** in Jakobs Traum symbolisiert den Weg zur himmlischen Seligkeit (zur Herrlichkeit Gottes). In den mittelalterlichen Armenbibeln – den späteren – bezieht sie sich *typologisch* (als Präfiguration) auf die Freuden des Paradieses (dargestellt in Gestalt Christi mit den Seelen der Seligen), im mittelalterlichen *Heilsspiegel* auf die Himmelfahrt Jesu. In evangelischer Zeit findet sich an einem Gemälde der Himmelsleiter (in der Schloßkapelle von Stetten im Remstal, 1682) die Beischrift: *Mein Raiß geht von den Jammer-Orten / Hinauf zu Gottes Himmels-Pforten*[7]. In anderen evangelischen Darstellungen wird der Traum Jakobs typologisch auf Jesu Verklärung, die Verkündigung an die Hirten und das Christuswort Johannes 1,51 bezogen: *Von nun an werdet ihr den Himmel offen sehen und die Engel Gottes hinauf und herab fahren auf des Menschen Sohn*[8].

Die Auftraggeber, besonders die Ehefrau Firnhabers, gingen bei der Wahl des Bildthemas aber sicherlich nicht nur von der ikonologischen Tradition aus, sondern auch

von dem zugehörigen Schriftwort (Gen 28,14) mit der Verheißung an Jakob: *Deine Nachkommen werden zahlreich sein wie der Staub auf der Erde* (Einheitsübersetzung). Dargestellt wird also, wie so oft, eine biblische Parallele zur eigenen Situation, in diesem Fall zu der Begnadung durch reichen Kindersegen – womit auch hier, wie bei der Inschrift am Architrav, ein Bezug auf die Darstellung des Mittelbilds gegeben ist.

Entstehungszeit

Das Epitaph kann erst beim Tod der Ehefrau entstanden sein. Das erhellt schon aus der Gedenkschrift, wonach nur die Frau die dargestellten 120 Kinder und Kindeskinder erlebt hat. Anhand der Lebensdaten dieser Nachfahren läßt sich die Entstehungszeit präzise eingrenzen. So sind (nach Wunder S.33) die Enkelin Marie Salome Hetzel und der Enkel Johann Müller erst 1646 geboren, der Urenkel Johann Georg Hetzel sogar erst 1647. Andererseits ist die Enkelin Barbara Glock, die 1647 ihre erste Ehe einging, noch als Jungfrau dargestellt. Das Gemälde wurde also erst 1647, zwischen der Geburt Johann Georgs und der Heirat Barbaras, vollendet. Begonnen wurde es noch zu Lebzeiten der Gattin Firnhabers – vor dem 21. Dezember 1647 –, da ihrer Figur kein Totenschädel beigegeben ist. Das Epitaph dürfte also von der Frau kurz vor ihrem Tode bestellt worden sein.

Der Maler

Johann Schreyer (1596–1676) wirkte in Schwäbisch Hall von ca. 1623 bis zu seinem Tod. Er war im mittleren Drittel des 17. Jahrhunderst der meistbeschäftigte und wohl beste Haller Maler. Näheres über seinen Lebenslauf und seine Werke siehe Nr. 43 (Margreta Engelhart), S. 174ff.

Die Zuschreibung des Firnhaber-Epitaphs gelingt auf zweierlei Weise: durch Direktvergleich mit gesicherten Werken Schreyers und mit Hilfe von Zwischengliedern. Unmittelbar vergleichen lassen sich vor allem die erwachsenen Firnhaber-Söhne auf dem Epitaph mit den signierten Schreyer-Bildnissen des Hällisch-Fränkischen Museums: etwa Sebastian und Wolfgang Firnhaber mit den Bildnissen des Johann Sixtus Schübelin (Wunder 1980 Abb.33) und des Ludwig David Müller (ebd. Abb.58) oder Peter Firnhaber mit dem Bildnis des Johann Konrad Beyschlag. Sie alle stimmen – trotz ihrer verschiedenen Physiognomien – in der Malweise überein. Gleich ist die Art, wie der Pinsel das Antlitz modelliert, die Binnenformen wie Augen, Nase und Mund charakterisiert, den Höhen und Tiefen der Oberfläche nachgeht und Licht und Schatten verteilt. Ein Beispiel: in der beschatteten Gesichtshälfte tritt das Auge mit Lidern, Lidfalten und Tränensack plastisch aus dem Dunkel hervor – bei Peter, Wolfgang und Sebastian Firnhaber genau so wie bei fast allen Schreyerschen Einzelbildnissen, gesicherten und zugeschriebenen.

Auch mit dem durch Monogramm gesicherten Mair-Epitaph in Lobenhausen (siehe Nr. 43, S. 175) sind Direktvergleiche möglich, ebenso mit dem signierten Siedersbild von 1643 im Haalamt. Die Gott Vater flankierenden Kinderengel lassen sich unmittelbar an die dortigen Wappenengel anschließen, vor allem der Engel mit Palmzweig an den mit dem Reichswappen – wobei die Malweise inzwischen etwas weicher geworden ist.

Als Zwischenglieder können der Zuschreibung Werke wie das Schmalkalder-Epitaph (S. 204ff.) dienen, das sich

einerseits, mit Hilfe der Familienbildnisse, an das Firnhaber-Denkmal, andererseits, mit Hilfe des Puttos im Untersatz, an die archivalisch gesicherte Gedenktafel der Margreta Engelhart (S. 172ff.) und mit Hilfe des Schriftduktus an das Siedersbild im Haalamt anschließen läßt (zu beidem vgl. Nr. 50 S. 207f).

Betrachtet man noch die übrigen Werke, die zahlreichen Epitaphe und Einzelbildnisse, die sich durch ein Geflecht von Querbeziehungen als zusammengehörig und außerdem als stilgleich mit dem gesicherten Œuvre Schreyers erweisen, dann läßt sich die Zuschreibung des Firnhaber-Denkmals durch weitere Vergleiche absichern. Dafür eignen sich besonders auch die typisierten Bildnisse der kleinen Kinder (vgl. dazu Nr. 19, S. 70f.) und die jeweiligen Christusfiguren mit ihrer weichen, fast schwammigen Modellierung und der spannungslosen Konturierung des Körpers, besonders der Beine.

In der Komposition der Mitteltafel konnte Schreyer an Älteres anknüpfen. Sein unmittelbares Vorbild war das Epitaph des Lienhard Romig (S. 252ff.), der seine 171 Nachkommen schon um 1589 in gleicher Weise nach dem Prinzip der Wurzel Jesse hatte darstellen lassen (von Peter Völcker).

An den stilistischen Unterschieden der beiden Werke wird die Eigenart von Schreyers Kunst deutlich (vgl. etwa Wunder 1980, Abb.7 und 8). In den ornamentalen Werten, der reizvollen Aufteilung der Fläche durch die Stammbaumranken, der dekorativen Anordnung der zahlreichen Personen und ihrer farblichen Gliederung durch den Dreiklang Schwarz-Weiß-Rot auf graublauem Wolkengrund ist das Romig-Epitaph dem anderen überlegen. Schreyers Qualität liegt in der lebensnahen Gestaltung der Bildnisse.

Die Personen Völckers im Romig-Epitaph sind reine Typen. Die Männer im Vordergrund lassen sich fast nur dem Alter nach durch Bart und Haarfarbe leidlich unterscheiden; die Frauen bleiben unpersönliche Schemen. Und alle Figuren bleiben trotz perspektivischer Reihung der im Vordergrund Knienden an die Fläche gebunden. Bei Schreyer dagegen werden sie durch Licht und Schatten modelliert und dadurch körperhaft. Vor allem aber bekommen sie individuelle Züge. Man hat den Eindruck, daß zumindest den erwachsenen Personen und den noch lebenden Kindern eine Skizze nach der Natur oder ein schon vorhandenes Bildnis zugrunde liegt (in einigen Fällen läßt sich das anhand anderer Darstellungen bestätigen). Die verstorbenen Kinder bleiben zwar notgedrungen Typen und wiederholen sich im Physiognomischen, sie werden aber durch Abwechslung in der Körperhaltung, Kopfdrehung und Blickrichtung dennoch verlebendigt. Vor allem diese Fülle lebendiger und großenteils lebensgetreuer Bildnisse verleiht dem Firnhaber-Epitaph seinen künstlerischen Wert.

Der abwärtsschwebende Engel mit der Krone links oben fand übrigens schon ein Jahr später eine Nachwirkung in der Haller Skulptur: Jakob Betzoldt übernahm seine Gestalt in das 1648 verdingte Grabmal des Grafen Philipp Heinrich von Hohenlohe-Waldenburg in der Waldenburger Stadtkirche (Deutsch 1990 Abb.4).

Quellen und Literatur
Epitaphienbuch 1698/1708, Bl.18r, Nr.5; Band a, S.21, Nr.5; *Gräter* 1799/1800, Nr.230; Gerd *Wunder*, Firnhaber – eine berühmte Haller Familie, in: Der Haalquell, Jg.28, 1976, S.53-60 (hier S.53-55, mit 4 Abb. des Epitaphs); R.*Krüger* Nr.56; *Wunder* 1987 Nr.52; Haller Tagblatt, 25.10.1991 (Nr.248), S.19 (Bericht zur Restaurierung mit 1 Gesamt-Abb.). – Gute Abb. (Detail der Mitteltafel): *Wunder* 1980, S.205.

Anmerkungen
1 Die rechte Säule erhielt 1910 ein neues Kapitell und eine neue Basis. Vgl. Anm.5.
2 Wortlaut auch bei *Krüger*, S.87 (ohne Übersetzung), und bei *Wunder*, S.32 (mit Druckfehlern).
3 Sic! Das von Krüger und Wunder eingefügte *n* (*Öttingerina*) fehlt im Original; es hätte das Versmaß gestört.
4 Nach Wunders Übersetzung (S.32) wären es nur elf statt zwölf Personen. Wegen der Umstellung der Worte zugunsten des Versmaßes ist der Text mißverständlich.
5 Rechnungsbuch Gottfried Schmidt (Privatbesitz), Eintrag vom September 1910, Michaelskirche: Stam(m)baum des P. Firnhaber restaurirt M. 12.70. Hiezu 1 gefundener Aufsatz restaurirt M. 10.– (An 1 Säule 1 neue Basis u. 1 neues Kapitel anfertigen lassen desgleichen einige Profilstücke.) M. 1.60.
6 Die Merianbibel wurde seit 1630 rund hundert Jahre lang in immer neuen Auflagen gedruckt, die Kupferstiche erschienen schon 1627 als Album.
7 Zitiert nach Reinhard *Lieske*, Protestantische Frömmigkeit im Spiegel der kirchlichen Kunst des Herzogtums Württemberg, München/Berlin 1973, S.163.
8 Vgl. ebd. S.39, 81, 187, 45.

Michael Schmidt (um 1551 – 1596)
Metzger

Bemaltes Holzepitaph, 232/148 cm, ursprünglich unter der Nordempore[1].

Gemälde und Schrift von **Jakob Hoffmann** (mit Initialen signiert), 1596 oder kurz danach. Der Aufsatz überm Gebälk nicht zugehörig, seine Gemälde **Georg David Zweiffel** zugeschrieben, etwa 1700.

[54]

Es handelt sich um ein Epitaph in Retabelform mit Corpus (Mittelteil), hängender Predella, Standflügeln, Gebälk und (späterem) Aufsatz. Ein gemaltes Beschlag- und Schweifwerk mit perspektivischen Effekten umgibt Predella und Flügel und füllt die angrenzenden Zwickel.

Das **Corpus** besteht aus einem fast quadratischen Ölgemälde in mittelbreitem Rahmen mit gemalten Ornamenten an den Ecken und Seitenmitten. Dargestellt ist eine Szene aus dem 1. Buch Mose (Gn 13,5–12), ein seltenes Thema: Abraham und Lot beschließen, sich zu trennen und mit ihren Viehherden in verschiedene Richtungen zu ziehen, weil die Herden für ein friedliches Zusammenleben zu groß geworden sind. Im Vordergrund einer weiten Landschaft stehen Abraham (links mit Vollbart) und Lot (rechts neben ihm) und besprechen mit weit ausladenden Gebärden ihr Vorhaben, wobei Loth, als Rückenfigur gezeigt, mit der Rechten in die von ihm erwählte Richtung weist. Eine zwischen ihnen aufragende Baumgruppe deutet optisch schon die Trennung an. Die beiden Patriarchen sind als kraftvolle, das Bild beherrschende Gestalten dargestellt, aufwendig gekleidet, teils wie Hirten mit Stab und Schlapphut, teils in der antikisierenden Kostümierung des Manierismus, mit zehenfreien Stulpenstiefeln und einem umgehängten Dolch als zeitgenössischer Zutat.

Im Hintergrund sieht man die geteilten Herden mit ihren Hirten in langen Kolonnen in die Tiefe ziehen. Hinter dicht gedrängten Scharen von Rindern und Schafen hebt sich eine Reihe Kamele dunkel vom Hintergrund ab. Links vorne neben Abraham rasten einige Hirten und eine Magd mit einem Esel; rechts von Lot steht ein weiterer Hirte auf seinen Stab gestützt, inmitten einer Gruppe ruhender Kühe und Ziegen. Auch die Hirten tragen zum Teil antikisierende Kleidungsstücke und Stiefel; das Wams des rechts stehenden gleicht einem ledernen Muskelpanzer.

Im Hintergrund rechts erblickt man einen steilen Berg und eine Stadt mit einer Burg davor; links, in der Zugrichtung Abrahams, erhebt sich eine Gruppe burgartiger Gebäude vor der untergehenden Sonne (untergehend, weil Abraham sich im Westen, Lot gen Osten niederließ).

Die Farben des Gemäldes sind zurückhaltend, auf die Töne braun und beige, ein mattes Gelb und ein gedämpftes Rot gestimmt, dazwischen ein wenig Grün in der Landschaft und ein bläuliches Türkis an der Kleidung einiger Hirten und den Stiefelstulpen Lots; in kräftigem Türkis leuchtet nur die Mütze der Magd hinter dem Esel.

Über dem Mittelbild ruht ein Gebälk, bestehend aus Architrav und vorkragendem Gesims mit Zahnschnittornament. Den Architrav schmückt eine Inschrift in kunstvoller Fraktur, zweispaltig, golden auf schwarzem Grund und daher besonders in die Augen springend. Sie bezieht sich auf den Inhalt des Gemäldes und umschreibt das biblische Ereignis in etwas holperigen Versen, wie sie damals bei den Haller Poeten gebräuchlich waren:

GENESIS, XIII. CAP:
Beÿd bruder Lott vnd Abraham
durch Gottes segen seer zunam,
Am Vÿch (= Vieh[2]), *die Hirtten beider seidt*
Wassers halb, hätten taglich streitt,
frid zu halten beid bruder dachten
vnd zwen theÿl aus dem landt sie machten.

An den **Standflügeln** befinden sich hochrechteckige Tafeln mit den Gedenkschriften für Michael Schmidt und seine Frau Magdalena Speltacher (Text bei Krüger und Wunder sowie Anhang S. 411). Das Todesdatum der Frau (4. Juli 1614) wurde nachgetragen. Dabei wurde die vorgesehene Altersangabe weiter unten vergessen.

Die **Predella** enthält ein langgestrecktes Ölgemälde im Querformat mit halbrundem Abschluß an den Schmalseiten. Es zeigt vor einer ziemlich kahlen Landschaft die Familie des Verstorbenen – links (heraldisch rechts) die männlichen, rechts die weiblichen Mitglieder – zu Seiten einer sitzenden Christusfigur mit Kreuz und Kelch. Christus, die Dornenkrone auf dem Haupt, ist nackt, nur das Leichentuch liegt über seinen Schenkeln; er blickt himmelwärts, hat die Beine seitwärts gestellt und das mächtige Kreuz an seine linke Schulter gelehnt; mit der Rechten hält er dem Verstorbenen den Kelch entgegen. Den oberen Teil des Kreuzes umgibt eine gelb leuchtende Himmelsöffnung. Der Familienvater, ein Sohn und zwei Töchter sind durch einen Totenschädel als verstorben gekennzeichnet. Das jüngste Söhnchen ist in dem weißen Gewand eines Kleinkinds dargestellt, alle übrigen Personen sind schwarz gekleidet. Über den Kindern sind deren Namen und Geburtsjahre, dem Alter nach durchnumeriert, auf zwei Schriftfeldern verzeichnet: 1. Magdalena geb. 1582, 2. Michel 1583 (tot), 3. Michel 1585, 4. Anna 1587, 5. Katharina 1588, 6. Apollonia 1590 (tot), 7. Georg 1592, 8. Apollonia 1593 (tot), 9. David 1595. Zwischen dem erstgeborenen, verstorbenen Michael und dem noch lebenden Stammhalter gleichen Namens wächst ein Laubbaum mit doppeltem Stamm empor. Ganz links wird ein kahler Baumstamm vom Bildrand überschnitten. – Am Rahmen unterhalb der Christusfigur finden sich die gemalten Initialen *I H*.

Der **Aufsatz** enthält ein Ölgemälde in einer zwiebelförmigen Kartusche mit breitrechteckigem Fuß. An ihren Rahmen schmiegen sich beiderseits Blattranken mit einem Engelskopf, dem sie gleichsam als Flügel dienen. Über der Kartusche sitzt ein konsolartiges Gesimsstück mit gedrechselter Spitze.

Das Gemälde zeigt Szenen aus dem Buch Jona, zu einer einzigen Darstellung vereint: eine Meerlandschaft im Gegenlicht mit einer befestigten Stadt an einer Flußmündung und einem Segelschiff auf den Wellen, von dem Jona – gerade noch erkennbar – einem von links heranschwimmenden Fisch entgegenstürzt (das Meer aus Jona 1 und die Stadt Ninive am Tigris wurden hier topographisch zusammengelegt). Der Prophet erscheint außerdem noch zweimal im Vordergrund, bärtig mit schulterlangem Haar und faltenreichem Umhang: Links, gegenüber der Stadt Ninive, kauert er schattensuchend unter einer Kürbisstaude (Jon 4,6 ff.; der Rizinusstrauch des Urtextes wird von Luther und dem Maler als *Kürbis* wiedergegeben[3]). Vom Himmel schickt die Sonne ihre sengenden Strahlen durch ein Wolkenloch. Die Kürbisblätter zeichnen sich dunkel vor dem glitzernden Wasser ab. Im Vordergrund, rechts der Mitte, wird Jona von dem Fisch, der ihn verschlungen hat, an Land gespien (Jon 2,11). Der Fisch, ein eindrucksvolles Fabeltier, gleicht am ehesten einem *Seeteufel* (Lophius piscatorius), wie er im Atlantik vorkommt. In seinem riesigen, zähnebewehrten und mit einem Tentakel versehenen Maul bäumt sich die Zunge wie eine Meereswoge. Auch der Umhang des Propheten wird vom Hauch des Ausspeiens wellenartig gebläht. Der mächtige Schwanz des Fisches ringelt sich am rechten Bildrand und bildet mit der Stadt zusammen ein Gegengewicht zu der Jonasfigur unter der Kürbisstaude.

Das Gemälde kopiert und kombiniert zwei Kupferstiche Matthäus Merians aus der Bibel von 1630[4]: *Jonas Meerwurf und Ausspeiung* (Jon 1,15 bzw. 2,11) und *Jona in der Kürbislaube bei Ninive* (Jon 4,5–6). Vom ersten Stich stammt der Fisch und der ausgespiene Jona, das Meer und das Segelschiff mit dem Meerwurf, vom zweiten Stich der Bildteil mit dem Kürbisstrauch, die Stadt und der Himmel mit der sengenden Sonne. Fast alles ist getreu kopiert, bis hin zu den Gewanddrapierungen und dem zähnebewehrten Schlund des Fischrachens mit der wogenden Zunge. Der Maler hat aber die Kompositionen geschickt vereint und dem zwiebelförmigen Rahmen angepaßt, unter anderem indem er die Wolkenpartie mit der Sonne in die Mitte verschob und den geringelten Fischschwanz nach rechts ausdehnte. Seine eigene Leistung sind auch die malerischen Werte: das Glitzern des Meeres hinter den dunkeln Kürbisblättern und die warmen, gedämpften Farben.

Der Sinngehalt

Das Gemälde der Predella hat die gleiche Bedeutung wie die Familienbilder mit dem Gekreuzigten an anderen Epitaphen. In beiden Fällen vermittelt der Opfertod Jesu den gläubig Betenden die Gewißheit des Heils. Nur wird das Opfer Jesu hier nicht unmittelbar gezeigt, sondern durch die Symbole Kreuz und Kelch ersetzt, die der auferstandene Christus – überlebensgroß dargestellt – dem Verstorbenen und seiner Familie vorzeigt.

Weniger offensichtlich ist der Sinn des Mittelbildes mit der Szene der Trennung Lots von Abraham. Man kann sich schwer vorstellen, daß dieses Thema irgendeinen Bezug zur Seligkeit oder zum ewigen Leben des Verstorbenen hat. Es fällt aber auf, daß auch Michael Stigler, der zweite Haller Metzger und Viehhändler, der ein Epitaph in St. Michael errichten durfte, sich für das Mittelbild eine biblische Szene mit Viehherden ausgesucht hat (vgl. S. 64ff.). Das legt die Vermutung nahe, daß die Themenwahl etwas mit dem Beruf der beiden zu tun hat:

Die biblischen Patriarchen mit ihrem Herdenreichtum wurden gleichsam als Patrone des eigenen Berufsstandes angesehen. Es dürfte sich um eine Parallele zu den Schutzheiligen im katholischen Bereich handeln. Wie dort etwa die Gold- und Hufschmiede zum Zeichen ihres Berufes eine Szene aus der Legende des hl. Eligius darstellen ließen, so wählten hier die evangelischen Metzger und Viehhändler eine passende biblische Szene.

Obwohl der **Aufsatz** von einem anderen Denkmal stammt (siehe unten, S. 231f.), könnte er seinem Sinngehalt nach zu jedem Epitaph gehören. Denn die Ausspeiung Jonas, die im Vordergrund gezeigt wird, ist ein Sinnbild der Auferstehung.

Im mittelalterlichen Heilsspiegel und in den Armenbibeln dienen der Meerwurf und die Ausspeiung Jonas als Präfigurationen für die Grablegung und die Auferstehung Christi. Diese Deutung geht auf Jesus selbst zurück, der

Michael Schmidt

gesagt hat: *Gleichwie Jona war drei Tage und drei Nächte in des Walfisches Bauch, also wird des Menschen Sohn drei Tage und drei Nächte mitten in der Erde sein* (Matthäus 12,40). Und weil Christus durch seinen Triumph über den Tod die Erlösung der Menschheit bewirkt hat, sah man in der Szene der Ausspeiung ganz allgemein ein Sinnbild für die Wiedergeburt, die Auferstehung aus dem Rachen des Todes[5]. Nicht von ungefähr erinnert das aufgesperrte Fischmaul mit seinen Zähnen formal an den Todes- oder Höllenrachen der Darstellungen von Christi Höllenfahrt[6]. Am Aufsatz des Schmidt-Epitaphs ist die Szene der Ausspeiung gegenüber dem Meerwurf groß in den Vordergrund gerückt. Auf sie als Sinnbild der Auferstehung kam es demnach dem Besteller an.

Das andere Motiv des Gemäldes, Jonas Ruhe in der Kürbislaube (Jon 4,5 ff.), wurde schon in frühchristlicher Zeit häufig neben den beiden Fischmotiven dargestellt[7]. In der Kunst hat die Szene aber eine andere Bedeutung bekommen als in der Bibel: der in der Laube ruhende Jona ist hier eine Präfiguration für die Seligen im Paradies; er steht am Epitaph also für die Paradieseshoffnung des Verstorbenen[8].

Es ist fraglich, ob dem Betrachter des 17. und 18. Jahrhunderts diese Bedeutung noch bewußt war. Doch kannte er den Inhalt und auch wohl den Sinn der Bibelstelle selbst und ersah daraus die Großmut Gottes, der sich über das sündige, aber reumütige Ninive erbarmte und auch seinem ungehorsamen Propheten verzieh. So ist das Bild des Jona vor der Stadt Ninive ein Zeichen für das Erbarmen Gottes. Im Grunde läuft das auf das gleiche hinaus wie die mittelalterliche Interpretation, denn für den Verstorbenen bedeutet das Erbarmen Gottes die Hoffnung auf das Paradies.

Die Maler

Die originalen Teile des Epitaphs – Mittelbild, Predella und Flügel – sind von anderer Hand als der später hinzugefügte Aufsatz. Ausgangspunkt für ihre Zuschreibung ist die am Predellarahmen aufgemalte Signatur *I H*. Wie schon beim Schweicker-Epitaph ausgeführt[9], handelt es sich bei diesen Initialen um die vor 1633 verwendete Signatur des Malers Jakob Hoffmann (um 1563–1642).

Das Ergebnis läßt sich noch durch Stil- und Schriftvergleiche absichern. Der Stilvergleich ist nicht einfach, weil sich der Maler als Autodidakt immer wieder fremden Vorbildern angepaßt hat[10]. Während die beiden Patriarchen des Mittelbilds in ihren gekünstelten Posen und ihrer scharfen Gesichtszeichnung wohl manieristischer Graphik verpflichtet sind, zeigt sich in den mehr skizzenhaft behandelten Nebenszenen Jakob Hoffmanns persönliche Malweise, wie man sie auch in seinen anderen Bildern, bevorzugt in Nebenbereichen, antrifft. Die ruhenden Hirten links unten oder die Magd hinter dem Esel (Deutsch Abb. 10, 15) sind ebenso summarisch mit breiten, knappen Pinselstrichen „hingeworfen" wie in dem voll signierten Danielbild des Hällisch-Fränkischen Museums die Szene mit Habakuk und dem Engel (ebd. Abb. 29), wie am Lackorn-Epitaph (S. 94ff.) der Engel mit der Seele (ebd. Abb. 21) oder am Gräter-Epitaph (S. 248ff.) die Christusfigur in der Himmelsöffnung. Die flackrig modellierte Mütze der genannten Magd gleicht der Kopfbedeckung Thomas Schweickers (ebd. Abb. 2, 5), und die Blätter an dem Strauch über Abraham werden durch ähnliche hell markierte Ränder charakterisiert wie in den Grünflächen des Lackorn- und des Gräter-Epitaphs oder in der Umgebung des Steins mit der Signatur im Danielbild (ebd. Abb. 28).

Selbst an der künstlich und akademisch wirkenden, wie nach einem Modell gemalten Christusfigur der Predella (Deutsch Abb. 17 f.) findet sich Vergleichbares. Ihre merkwürdige Physiognomie kehrt, wenn auch einen Grad malerischer, nach 27 Jahren am Haupt des Daniel in der Löwengrube (Deutsch Abb. 30) wieder: die Stupsnase in Untersicht, der gramvolle Augenaufschlag, der kleine offene Fischmund, das um die Ohren gewellte Haar und die schwellenden Halsmuskeln.

Und was den Schriftvergleich betrifft, so finden sich in den Inschriften von Architrav und Flügeln die für alle Hoffmann-Werke bezeichnenden Merkmale: der kleine Bogen, der in vielen Fällen über das lange *s*, das *k*, *l* oder *b* gesetzt ist, und vor allem das merkwürdige Rund-*s* in Form einer Sechs[11].

Das Schmidt-Epitaph überrascht durch seine ungewöhnlichen Motive und die Vielfalt seiner Stilvarianten: Im Zentrum der Predella kein Kruzifix, sondern eine sitzende Christusfigur mit den Symbolen des Opfertods, eine Art heroisierter Schmerzensmann, in der Haltung affektiert wie ein Aktmodell, in der Formensprache künstlich und peinlich genau, einer Akademiestudie gleich; die Betenden bieder, in strenger Reihung, in der Darstellung schematisch, ohne Individualität, geradezu auswechselbar, besonders auf der weiblichen Seite (die Frau könnte man unbemerkt mit der zweiten Gattin des Jörg Müller auf einem anderen Epitaph Jakob Hoffmanns [Deutsch Abb. 33] vertauschen). Die Komposition allerdings zielt auf das Wesentliche: Christus nimmt überlebensgroß die Mitte ein, betont noch durch das Kreuz, das seinen schräg gelagerten Körper zum Dreieck ergänzt; die Beter sind durch ihre Haltung und ihre ansteigende Reihung auf dieses Bedeutungszentrum hin ausgerichtet.

Weit anspruchsvoller ist das Mittelbild. Es fesselt schon durch sein ausgefallenes Motiv, doch vor allem durch seine phantasiereiche Gestaltung. Wieder besteht ein Gegensatz zwischen akademischer Künstlichkeit bei den Hauptfiguren und einem zwanglos lockeren Pinselstrich in den umgebenden Partien. Als Erklärung läßt sich vermuten, daß die aufgedonnerten Gestalten Lots und Abrahams in ihrer theatralischen Positur auf eine graphische Vorlage zurückgehen, während die locker ausgeführten Hintergrundszenen von solchen Zwängen frei geblieben sind. Sie sind durchweg von großem malerischen Reiz: die Herden mit den grasenden oder vorwärtsdrängenden Schafen, die dunklen Silhouetten der Kamele, die friedlich ruhenden Ziegen, die wiederkäuenden oder brünstigen Rinder, die Gruppen rastender Hirten. Hier scheint Jakob Hoffmann, der Autodidakt, seinen ganz persönlichen Stil gefunden zu haben; hier hat er nach den Schweicker-Bildnissen wohl seine beste Leistung hervorgebracht. Es sieht jedenfalls nicht so aus, als seien auch die Herden- und Hirtenszenen nach fremden Vorlagen geschaffen.

Der **Aufsatz** ist später als der Hauptteil des Epitaphs entstanden, denn er kopiert Kupferstiche der erst 1630 erschienenen und dann mehrfach aufgelegten Bibel von Matthäus Merian (vgl. S. 228). Er gehört also nicht zum

ursprünglichen Bestand des Epitaphs, sondern muß von einem jüngeren Denkmal übernommen sein[12]. Das läßt sich auch an der unterschiedlichen Ornamentik – Blattwerk gegenüber Beschlagwerk – und an der geschweiften Form der Kartusche erkennen. Da unbekannt ist, von welchem Denkmal der Aufsatz stammt, läßt er sich nur mit Hilfe der Stilkritik einordnen, das heißt durch Vergleich des Jonasbildes und der flankierenden Engelsköpfe mit anderen Gemälden.

Das Ergebnis ist eine Zuschreibung an Georg David Zweiffel (1660–1724), der an beglaubigten Arbeiten die Gemälde der Riedener Kanzel, zwei Flügelbilder des Hl. Grabes in St. Michael, ein kleines Bildnis des Ratsherrn Johann David Firnhaber und eine Reihe Vorlagen für grafische Blätter geschaffen hat[13]. Ein Kennzeichen der Zweifelwerkstatt sind die beiden Engelsköpfe mit ihren Laubwerkflügeln. Ihre Gesichter sind – trotz anderer Proportionen – in der gleichen Weise modelliert wie beim Evangelisten Johannes der Riedener Kanzel: klein und kugelig das Kinn, rundlich schwellend die Unterlippe in ihrem mittleren Teil, senkrechte Grübchen in den Mundwinkeln, eine scharfe Nasen-Lippen-Rinne, gerundete Nasenflügel, ausgeprägte Tränensäcke und hochgeschwungene Augenbrauen. Ganz ähnlich der Lockenkopf des linken Engels auf dem Gedenkblatt für Georg Bernhard Wibel[14], wenn man die Umsetzung durch den Augsburger Stecher berücksichtigt. Selbst in dem weit schlankeren Gesicht der Christusfigur im *Gang nach Emmaus* am rechten Heilig-Grab-Flügel sind die Binnenformen in dieser Weise wiedergegeben; besonders bezeichnend die runde Unterlippe.

Schwieriger sind die Vergleiche bei dem Jonasbild. Hier haben wir als stilistische Basis nur das zur Verfügung, was das Gemälde von Merians Stichen unterscheidet, denn nur in den relativ kleinen Abweichungen von der Vorlage zeigt sich des Malers persönliche Formensprache. Nicht betroffen von dieser Schwierigkeit ist nur der Farbcharakter. Die stimmungsvoll gedämpften Farben erinnern vor allem an den *Gang nach Emmaus* am Hl. Grab. Im übrigen beobachten wir die gleichen Gegensätze in der Malweise wie an den Riedener Kanzelbildern: einerseits eine treffsichere Wiedergabe des Gegenständlichen – der Landschaft, der Kürbislaube, des Fisches; in Rieden vor allem der Gesichter - und andererseits einen raschen, schwungvollen, bisweilen ungezügelten Pinselstrich, der die Gegenstände nur andeutet, besonders auffallend, genau wie in Rieden, bei der Schematisierung der Gewandfalten und, beim knienden Jonas, sogar der Muskelstränge des Beines – alles in deutlichem Unterschied zu der realistischen Gewand- und Körperdarstellung Merians. Das Segelschiff Merians mit seinen zwei Masten und zwei Segeln hat Zweiffel seinem eigenen Schiffstyp – mit einem Segel und einer menschlichen Gestalt am Heck – auf dem Gedenkblatt für Susanna Maria Wibel[15] angenähert; es hat nun zwei Masten und ein Segel. Charakteristisch für Zweiffel sind die breiten, stark markierten Augenlider des Propheten, ein Merkmal, das an all seinen Werken – Riedener Kanzel, Heiliggrab und Epitaphen - gleichermaßen begegnet.

Georg David Zweiffel lernte das Malerhandwerk bei seinem Vater, dem Maler und Ratsherrn Johann David

Zweiffel (1632–1709), anschließend bei dem – aus Hall gebürtigen – Augsburger Bildnismaler Johann Christoph Beyschlag (1645–1712). Nach der Erkrankung seines Vaters (1706) war er in Hall der führende, längere Zeit sogar der einzige einheimische Maler[16].

Entstehungszeiten

Originalbestand (Corpus, Predella, Flügel): Anlaß, das Epitaph zu errichten, war der Tod des Mannes; denn der Frau ist noch kein Totenschädel beigegeben, und es fehlt die Angabe, in welchem Alter sie starb; ihre Todesdaten sind also nachgetragen. Außerdem ist das 1595 geborene Söhnchen David noch in dem weißen Gewand eines Kleinkinds dargestellt. Das Denkmal muß deshalb unmittelbar oder bald nach dem Tod des Mannes, dem 19. März 1596, entstanden sein.

Der Aufsatz läßt sich nicht präzis datieren, da unbekannt ist, von wessen Denkmal er stammt. Wir konnten nur ermitteln, daß ihn Georg David Zweiffel gemalt haben dürfte – in welchem Stadium seiner Schaffenszeit, wird man anhand von zwei Engelsköpfen und einem nach fremden Vorlagen ausgeführten Gemälde kaum herausfinden. Zweiffel wirkte in Hall von 1682 bis mindestens 1716 (für diese Spanne sind Zahlungen nachgewiesen). Daraus läßt sich für die Datierung nur ein grober Mittelwert ableiten: die Zeit um 1700.

Quellen und Literatur
Epitaphienbuch 1698/1708, Bl.15, Nr.9; Bd.a, S.18; *Gräter* 1798/99, Nr.216; R.*Krüger* Nr.36; *Deutsch* 1983 (Jakob Hoffmann), S.4 f., 11 f., Abb.7–17; *Wunder* 1987 Nr.54; *Deutsch*, Rieden 1990, S.225 f. – Über Jakob Hoffmann: *Deutsch* 1983, passim; über Georg David Zweiffel: *Deutsch*, Rieden 1990, S.222–226.

Anmerkungen
1. Laut Epitaphienbuch: *Gleich eingangs von der grosen Kirchenthier linkher Hand biß an die orgel. Unter der Barkirch* (= Empore); laut Gräter: *unter der sogenannten Becken-Empor, rückwärts an der Wand, gegen der Orgel zu* (das 10. Denkmal). Die Orgel befand sich an der Nordwand des Chors.
2. Krüger und Wunder lesen *bych* bzw. *Bych*, was aber keinen Sinn ergibt. – In der letzten Verszeile lesen Krüger und Wunder das lange s in *aus* als *f*.
3. Die Vulgata übersetzt mit *hedera*, Efeu.
4. Die Merianbibel wurde seit 1630 rund hundert Jahre lange in immer neuen Auflagen gedruckt, die Kupferstiche erschienen schon 1627 als Album.
5. Vgl. *Schiller* Bd.I, S.162 f., Bd.III, S.85.
6. Zum Beispiel *Schiller* Bd.III, Abb.158,160.
7. Beispiel: auf einem Sarkophag vom Ende des 3. Jahrhunderts in Rom (Abb. LCI, Bd. II, Sp.415 f.) liegt Jona als nackter Jüngling in der Kürbislaube.
8. Vgl. *Schiller* Bd.III, S.135.
9. Nr. 42, S.165 f. Vgl. auch *Deutsch* 1983 (Jakob Hoffmann), S.5f.
10. Vgl. dazu ebd., S.12 f.
11. Vgl. dazu Nr.42 (Thomas Schweicker) S. 165 und *Deutsch* 1983, S.8.
12. Weil das Epitaph mit den Initialen Jakob Hoffmanns bezeichnet ist, nahm ich 1983 (S.11) noch an, auch der Aufsatz müsse von Hoffmann stammen. Es war mir noch unbekannt, welche vielfältigen Veränderungen fast jedes Stück der Kirchenausstattung im Laufe seiner Geschichte erlebt hat. Aus einem Rechnungsbuch des Malers und Restaurators Gottfried Schmidt (geführt 1896–1920, Privatbesitz) erfuhr ich dann, daß zu Beginn dieses Jahrhunderts mindestens neun Epitaphe keinen Aufsatz mehr hatten (zum Beispiel das bei *Gradmann* S.35 ohne Aufsatz abgebildete Denkmal des Georg Bernhard Wibel) und daß Gottfried Schmidt damals die fehlenden Aufsätze *gefunden* und dort wieder angebracht hat, wo er glaubte, daß sie hingehörten (wohl meistens richtig). Aus unbekannten Gründen hatte man sie – vielleicht bei der Kirchenrenovierung 1836 – entfernt und irgendwo abgestellt, zum Teil wohl auch gegen besser erhaltene ausgetauscht. Den Sachverhalt habe ich 1990 (in: Rieden im Rosengarten, S.225 f.) richtiggestellt.
13. Über seine Biographie und seine Werke vgl. *Deutsch*, Rieden 1990, S.222–226 mit den Abbildungen S.213–215.
14. StAH, P 44 u. P 63; in der Aufzählung bei *Deutsch*, ebd., S.224,Nr.3.
15. Abb. bei *Wunder* 1980, S.259; in der Aufzählung bei *Deutsch*, ebd., S.223, Nr.1.
16. Vgl. *Deutsch*, ebd., S.222 f.

Retabel des Annenaltars („Sippenaltar"; 1509)

Schnitzretabel, farbig gefaßt, mit Standflügeln, davon einer noch bemalt, Drehflügel und Gesprenge verloren; Maße: 197/226 cm, 34 cm tief, Corpus 151/140,5 cm, Predella 40 cm hoch; stark beschädigt, ergänzt 1892/93 von Bildhauer Georg Hettinger (siehe unten), restauriert 1906 von Gottfried Schmidt, 1968 von Hans Manz (Stuttgart) und 2000 von Erico Peintner (Vaihingen) und Marcus Steidle (Rottenburg).

Skulpturen: Werkstatt **Hans Beuscher** (zugeschrieben), entstanden 1509 (inschriftlich datiert).

[55]

Der Annenaltar

Darstellungen der Heiligen Sippe oder der Anna Selbdritt sind die üblichen Retabelbilder an Altären der Hl. Anna. Der Annenaltar der Michaelskirche befand sich ursprünglich in der Kapelle des Beinhauses (Karner) im Friedhof der Kirche östlich vom romanischen Chor. Der Karner und die Kapelle darüber (*super carnario*) wurden gegen 1400 errichtet. In diesem Jahr erfolgte eine Stiftung *an den newenn kernnder und bawe uff sant Michels kirchhoff*[1]. 1402 rief der Würzburger Generalvikar zu Almosen für die weitere Ausstattung der neu errichteten Beinhauskapelle auf und gewährte dafür ein Jahr Ablaß; es fehlten noch Kelche, Bücher und dergleichen[2]. Die Kapelle war zunächst Gottvater, Maria, Theobald und Dorothea geweiht[3]. Ab 1404 wurden Güter für sie erworben[4]. Sie besaß damals noch keine Altarpfründe: 1405 werden *künftige Kapläne der künftigen Messe* erwähnt, und noch 1430 ist von den Pflegern der *künftigen Messe* die Rede[5]. 1435 endlich errichtete der Haller Rat eine Kaplaneipfründe und ließ sich dafür das Patronats- und Präsentationsrecht übertragen (bischöfliche Bestätigung 1447[6]). Die Kapelle war jetzt zur Ehre von St. Anna, St. Sebastian, Leonhard und Diepold (Theobald) geweiht. Es hatte inzwischen also ein Patroziniumswechsel von Maria zu Anna stattgefunden, der sich wohl nur mit der damaligen Ausbreitung des Annenkults oder (und) dem Erwerb einer Annenreliquie erklären läßt[8]. In der Kapelle sollten mindestens drei Seelenmessen zwischen der Frühmesse und der Hauptmesse gehalten werden.

Im Dezember 1446 erfolgte eine gewaltige Zustiftung der Stadt: 250 Gulden in bar, zehn Güter, drei Wiesen, eine Halde und die Badstube in der Gelbinger Gasse[10]. 1469 wurde der Kapelle von privater Seite noch ein ewiges Licht gestiftet[11].

Beim Neubau des Chors mußte die Kapelle abgetragen werden (1495/97[12]); die Reste des Beinhauses sind heute noch im Inneren des Chors zu sehen. Der Altar wurde in die Michaelskirche übertragen, aber weiterhin als Friedhofsaltar (*aller glaubigen Seelen Altar*) bezeichnet[13], so 1508: *Sant Anne und aller glaubigen Selen Altar, in Sant Michels pfarkirchen ytzo und hievor im alten Carnari zu Halle gelegen*[14], oder einfach: *sannt Anna Alttar im Karnther*[15].

Das Retabel des Altars ist 1509 datiert. Zu dieser Zeit war der frühere Pfarrer Roter Kaplan des Altars. Konrad Roter, Pfarrer von 1504–1508, mußte 1508 mit dem früheren Kaplan des Annenaltars, dem Prediger Dr. Sebastian Brenneisen[16], die Pfründe tauschen[17], als dieser infolge seiner besseren Eignung zum Pfarrer berufen wurde - genau in dem Jahr, da Hall das Patronat über die Michaelskirche erhielt und nun deren Geistliche selbst ernennen konnte. Man möchte vermuten, daß Konrad Roter, wenn nicht schon Sebastian Brenneisen, das 1509 vollendete Retabel auf den eigenen Altar gestiftet hat, ähnlich wie später der Kaplan Kempfennagel ein Retabel auf seinen Dreikönigsaltar (siehe S. 282ff.). Nach der Errichtung der Chorkapellen wurde der Annenaltar wahrscheinlich samt seinem Retabel in den Chor verbracht und 1520, zusammen mit dem Chor und den anderen Altären der Kirche, neu geweiht[18]. Er stand aber damals noch nicht in der mittleren Kapelle; erst in evangelischer Zeit, als der Stadtpfarrer das Beichtverhör und das dafür genutzte Michaelsretabel von dem früheren Platz hinterm Hochaltar in die Sakristei verlegte, wurde das Annenretabel auf den Altar der mittleren Kapelle gestellt[19].

Das **Retabel** ist heute ein Torso. Es besteht nur noch aus dem Corpus (Schrein mit Skulpturen), zwei schmalen Standflügeln und einer Predella; die Drehflügel und das Gesprenge gingen verloren. Der fast quadratische Schrein enthält eine querrechteckige, aus zwei Holzblöcken geschnitzte, farbig gefaßte Gruppe der heiligen Sippe. Die Figuren überspannt ein flacher Baldachin aus architektonischen und vegetabilischen Formen (Maßwerk und belaubte Äste). Die Seitenwände des Schreins sind innen an den hinteren Kanten abgeschrägt. Schrein und Standflügel bedeckt ein durchlaufendes Kranzgesims. Vom ehemaligen Gesprenge sind nur noch die Dübellöcher auf dem Schreindach zu sehen: sieben quadratische, über Eck stehende Vertiefungen in einer Reihe, hinter der mittleren eine weitere für eine Verstrebung[20]. Unter der Schnitzgruppe befindet sich ein heute blau gestrichenes Sockelbrett, dessen Zweck sich nicht mehr sicher ermitteln läßt. Wahrscheinlich war diese Zone ursprünglich mit Rankenwerk besetzt, ähnlich wie an den Retabeln aus Mistlau, Anhausen, Lorenzenzimmern, Tullau[21], in Rieden (Hoch- und Nebenaltar) und in der Sakristei von St. Michael[22].

Der Schrein ruht auf einer bemalten Predella, deren Schmalseiten nach unten segmentförmig eingezogen sind und oben über die Schreinbreite hinausragen und die Standflügel unterfangen. Die rechte Seitenwand der Predella hat eine rundbogige Öffnung, wohl zum Einführen von Reliquien.

Die Drehflügel wurden 1843 auf Wunsch des königlichen Amtmanns mit Einverständnis des Kirchenkonvents und des Kameralamts als *entbehrlich geworden* entfernt und dem Amtmann übergeben[23]. Noch 1829 wurden sie von Carl Jäger beschrieben[24]. Sie enthielten *Gemälde in Goldgrund, die aber absichtlich abgeschabt worden sind*. In der *Mitte einer der ausgelöschten Figuren* (!) habe sich die *Jahreszahl 1509* befunden (vielleicht ein Schreib- oder Druckfehler statt: in der Mitte u n t e r einer der Figuren, oder so ähnlich).

Die Darstellungen

Das Gemälde der **Predella** zeigt auf graviertem Goldgrund zwei Engel in Halbfigur; sie halten das Schweißtuch der Veronika mit dem Antlitz Christi. Ihre flatternden Stolen sind mit Buchstaben ohne erkennbaren Sinn geschmückt.

Auf den **Standflügeln** waren 1888 noch die Einsiedlerheiligen Antonius und Paulus Eremita dargestellt[25]. 1903/07 war nur noch der eine Flügel mit Antonius vorhanden[26]. Er ist heute auf der linken Seite angebracht, so daß der Heilige sich von dem Geschehen im Schrein abwendet. In Wirklichkeit gehört er auf die rechte Seite, wo er auf allen älteren Aufnahmen (bis zur Mitte des 20. Jahrhunderts) auch tatsächlich zu sehen ist. Nur dort wendet sich die Figur der Mitte zu und bildet durch ihre Körperbiegung auch formal einen befriedigenden Abschluß. Irgendwann in jüngerer Zeit wurden die Flügel unbegründeter- und unsinnigerweise vertauscht, vermutlich nach der Rückkehr von der Auslagerung im Krieg. – Der zweite Standflügel, der seit etwa 1900 (oder früher) gefehlt hat, wurde später ohne Gemälde ergänzt und in Ornamentik und Farbton dem anderen angepaßt, sehr wahrscheinlich schon 1907 durch Gottfried Schmidt, der laut Rechnung an die Kirchenpflege vom 3. Oktober 1907 für 25 Mark *einen neuen Altarflügel gefertigt* hat[27].

Der hl. Paulus Eremita (Paulus von Theben, 228–341) gilt als der erste heilige Einsiedler. Er floh während der Christenverfolgungen durch Decius ins Gebirge und lebte dort 60 Jahre in einer Höhle, mit dem Ziel der vollkommenen Vereinigung mit Gott, ohne einen Menschen zu sehen. Nach der Legende wurde er von einem Raben ernährt, der ihm täglich ein Brot brachte. – Der heilige Abt Antonius (Antonius Eremita, Antonius der Große, 251–356), Gründer des Antoniterordens, wird als Vater des ägyptischen Mönchtums bezeichnet. Auch er zog sich, mit zwanzig Jahren, in die Einsamkeit der thebaischen Wüste zurück und wurde dort – so die Legende – von allerlei Teufeln und Dämonen auf seine christliche Standhaftigkeit geprüft. Mit 90 Jahren bewog ihn ein Traum, den 113-jährigen Einsiedler Paulus aufzusuchen. Auf dem Heimweg von ihm gebot ihm ein zweites Traumgesicht umzukehren. Da fand er Paulus entschlafen und begrub ihn mit Hilfe zweier Löwen.

Das allein erhaltene Flügelgemälde des Retabels zeigt Antonius bei einer seiner Versuchungen. Der Heilige, nackt bis auf ein geknotetes Lendentuch, mit Nimbus und langem grauem Haar und Bart, hält in den betenden Händen einen Rosenkranz. Er wird von zwei Teufeln gepeinigt. Der eine, mit Wolfskopf und einer Fratze an der Scham, schlägt von links her mit einer Rute auf ihn ein. Der andere, mit einem Horn auf dem Kopf, drängt sich zwischen seine Beine; er schlägt mit einem Besen zu und krallt den Heiligen ins rechte Bein. Der ganze Körper des Geplagten ist mit blutigen Krallenspuren und Schwären bedeckt.

Auf den verlorenen **Drehflügeln** waren vermutlich die Nebenpatrone des Altars (vgl. S. 236) dargestellt; auf den Innenseiten (Festtagsseiten) wohl die wichtigen Heiligen Sebastian und Leonhard, auf einer der Außenseiten Theobald (*Diepold*). Ihn hätte man bei geschlossenen Flügeln dann zusammen mit den heiligen Einsiedlern Paulus und Antonius gesehen – ein sinnvolles Programm, denn auch der hl. Theobald war zeitweise Einsiedler. – Über das Flügelbild der zweiten Außenseite fehlt jeder Hinweis; es könnte sich um einen weiteren Einsiedlerheiligen gehandelt haben, etwa den hl. Onuphrius, der in der Michaelskirche später noch zweimal dargestellt wurde (am Bonifatius- und am Dreikönigsretabel).

Die **Schreinskulpturen** stellen die heilige Sippe dar. Deren Herzstück bildet wie üblich eine Anna selbdritt, umgeben von den übrigen Mitgliedern der Verwandtschaft Jesu. Maria sitzt links (zur Rechten ihrer Mutter) und Anna rechts davon, jede auf einem schlichten Thronstuhl. Zwischen sich hielten sie ursprünglich das Jesuskind; vermutlich hat es Maria ihrer Mutter hinübergereicht. Beide Frauen tragen ein eng anliegendes silbernes Kleid und einen goldenen Umhang, der bei Maria blau, bei Anna rot gefüttert ist. Das Haar Mariens, der Jungfrau, ist unverhüllt und rieselt in fülligen Locken über Schultern und Rücken. Anna trägt Kopftuch und Gebende (ein Hals und Kinn einhüllendes Tuch). Zwischen dem Unterkörper Marias und Annas, also unterhalb des zu ergänzenden Jesuskindes, öffnet sich ein beträchtlicher Zwischenraum, der nicht zu dem sonst vorherrschenden Horror vacui in der Komposition des Bildwerks paßt.

Beiderseits der Mittelgruppe stehen die anderen Töchter Annas – die noch zu bestimmen sind – mit ihren Kindern. Sie sind in etwas kleinerem Maßstab dargestellt und ragen deshalb zur nahezu gleichen Kopfhöhe auf wie die sitzenden Figuren. Beide tragen eine verzierte Ballonhaube mit weit herabfallendem Schleier, ebenfalls ein silbernes Kleid und einen goldenen Mantel, der bei der linken Frau blau, bei der rechten rot gefüttert ist, und beide halten ein nacktes Kind auf dem linken bzw. rechten Arm. Zu Füßen der rechten Frau tummeln sich drei weitere, bekleidete Kinder.

Hinter den vier Frauen stehen, bis zur Brust verdeckt, sechs Männer verschiedenen Alters, meist in silbernen Gewändern und goldenen Mänteln und mit unterschiedlichen, höchst abwechlungsreichen Kopfbedeckungen. Die beiden äußeren, noch jugendlichen, sind bartlos und haben schulterlanges Haar. Der zweite von links ist barhäuptig und hat einen Vollbart. Der dritte, ebenfalls mit Vollbart, trägt einen rot-silbernen Turban und als einziger ein grünes Untergewand; er steht zwischen Maria und Anna, etwas tiefer als seine Nachbarn (dennoch hat er dort mehr Platz, sich zu zeigen). Die beiden nächsten Männer, mittleren Alters, haben einen kurzen Bart, ihr Haar ist durch die Mütze verdeckt.

Hinter den Figuren breitet sich über die Rückwand und die Seitenschrägen des Schreins ein goldener Brokatvorhang (das Brokatmuster, wie üblich, vor der Vergoldung in den Kreidegrund graviert). Der Vorhang ist oben mit Schnüren an einem Stab befestigt und unten mit Fransen besetzt, rot und golden im Wechsel.

Die dargestellten Personen werden durch Namensinschriften benannt, leider nicht ganz korrekt. Dem Maler waren die Feinheiten der Annen-Ikonografie offensichtlich fremd. Zu lesen ist:

im gravierten Brokat der Rückwand:

Zebedeus . Joseph . Salome . Joachim
Alpheus . Zebedeus

an der Plinthe der Schnitzgruppe aufgemalt, links der Mitte:

Jacob der greoßer . Johannts[28] *. maria salome . maria .*
anna . 1509 .

ebendort rechts, unter Anna und den Kindern:

simen und judt . jakob der minder . josep d[er gerechte][29].

am Sockelbrett unter der rechten Frauenfigur:

maria cleophe .

Laut Angabe von Restaurator Peintner ist außerdem auf der gravierten und vergoldeten Rückwand, durch die Figurengruppe verdeckt, nochmals die Jahreszahl 1509 aufgemalt[30].

Das Bildwerk mußte sich im Laufe der Zeit erhebliche Eingriffe gefallen lassen. Um eine Vorstellung von seinem ursprünglichen Aussehen zu erhalten, genügt es deshalb nicht, seinen jetzigen Zustand zu beschreiben. Wie schon erwähnt, fehlt heute die Mitte des Ganzen, das Christkind[31]. Und noch ein zweites Kind ging verloren; es hat unter der linken Frau, die nach ihm hinunterdeutet, am Boden gestanden (dazu unten). Gravierend wirken sich für den Gesamteindruck auch die unschönen Ergänzungen von 1893 aus. Der Bildhauer Georg Hettinger zählt sie in seiner Rechnung vom 30. März jenes Jahres auf[32]: *Altarschrein in der mittleren Chornische. Ueber der Figurengruppe eine Bogenverzierung 1,66 m lg, geschnitzt, 2 Kindsfiguren neu angefertigt, 15 Hände u. einen Arm ergänzt, wofür zusammen – 95 M.* In einer Nachforderung vom 3. Dezember 1893[33] führt Hettinger die ergänzten Teile nochmals an (jetzt merkwürdigerweise nur 13 Hände) und zusätzlich 13 Finger, zwei Nasen und zwei *Vorderfüße* (vordere Fußteile): *Mittlerer Altar … an dieser Darstellung waren 13 Hände und ebenso viele Finger nöthig 2. Nasen 1. Arm 2. Vorderfüße 1. Aufsatz u. 2. Figuren.* – Um welche Teile es sich dabei handelt, ist auf der Abbildung bei Gradmann (S. 23) schön zu sehen. Da die Ergänzungen damals noch unbemalt waren – sie wurden erst 1906 von Gottfried Schmidt gefaßt[34] –, hebt sich das rohe Holz deutlich ab.

Demnach sind (mindestens) ergänzt: Das Kind der linken Frau samt ihrer linken Hand und ihrem rechten Daumen, die Hände Marias und Annas und fast alle sichtbaren Hände der Männer, das rechte Ärmchen samt Hand des Kindes auf dem Arm der rechten Frau, das stehende Kind in der Ecke rechts unten, außer seinem rechten Arm, und schließlich die ganze Baldachinornamentik.

Das Kind auf dem Arm der linken Frau versuchte Hettinger dem originalen der rechten Frau nachzubilden, aber es geriet starr und plump. Das Kind rechts unten wirkt ganz niedlich. Sein kugeliger Kopf ist dem seiner Geschwister angeglichen, doch seine Gewänder sind grob geschnitzt und seine Füße verkrüppelt. Es ist bezeichnend für das prüde 19. Jahrhundert, daß dieses Kind so dicht mit Kleidung behangen ist, während seine beiden Geschwister unter ihren Mäntelchen nackt sind. Das fehlende Christkind zu rekonstruieren, hätte sicherlich das Können des Schnitzers überfordert, also sah er davon ab; und von dem verschwundenen Knaben zu Füßen der linken Frau hat er offensichtlich gar nichts gewußt. Was den Gesamteindruck des Bildwerks – außer dem Verlust des Jesuskindes – am meisten stört, sind die fünf besonders häßlichen, schaufelartigen Hände, die in der Bildmitte funktionslos ins Leere starren. – Die *Bogenverzierung* über den Figuren ist an die gemalte Baldachinornamentik des originalen Flügels angelehnt und mag dem ursprünglichen Aussehen einigermaßen nahekommen.

Daß die Arbeit des restaurierenden Bildhauers schon bei seinen Zeitgenossen wenig Gefallen fand, zeigt ein Gutachten von Prof. Friedrich Reick vom 8. Mai 1894[35]. Er schreibt darin unter anderem über das Sippenretabel: *Die architektonischen Abschlüsse an den Seitenaltären, so namentlich in der hinteren Chornische ist alles krauses Zeug, das alles wieder anders ergänzt werden sollte. … Ganz traurig sieht es im Figürlichen und Faltenwurf aus … Das sind keine anmuthige, unschuldige Kindergestalten, das sind einfach Carrikaturen der gröbsten Art; siehe den Altar in der mittleren Chornische. … Diese frühgothisch sein sollenden Kinder sind ganz wertlose Machen nach einer ganz schlappigen Gÿpsscizze, die Herr Hettinger seiner Zeit in der hiesigen Zeichenschule nach einem modernen aber guten Relief von Rietschel, betitelt die „Christnacht", gegen den Rat des Unterzeichneten begonnen hat, aber auch wie alles andere nicht vollendete. … Der Faltenwurf weist keine stilgemäße Linienführung auf, sondern erinnert an geschüttelt Heu u. Stroh. Die vielen ergänzten Hände … sind nicht jene feinen eleganten … Hände der Spätghotik, sondern die plumpen ausgespreitzten, übrernährten Hände schwer arbeitender Bauern.*

Zur Ikonographie der hl. Sippe

Weil die inschriftliche Bezeichnung der Figuren nicht zuverlässig ist – was schon daraus ersichtlich, daß Zebedeus zweimal vorkommt - müssen wir die dargestellten Personen auf andere Art bestimmen und dazu die einschlägigen Legenden von Anna und ihrer Sippe befragen.

Die Eltern Marias, Anna und Joachim, werden zum erstenmal um die Mitte des 2. Jahrhunderts in dem apokryphen Prot(o)evangelium des *Jakobus* (Pseudo-Jakobus) genannt[36]. Seit dem 9. Jahrhundert wurde die Familie Mariens dann zur Heiligen Sippe erweitert durch die Legende von der dreimaligen Heirat Annas, die sogenannte Trinubiumslegende. Mit ihr löste man das theologische Problem, daß die in der Bibel genannten *Brüder* Jesu sich nicht mit der Lehre von der bleibenden Jungfräulichkeit Marias vereinbaren ließen. Aus den Brüdern Jesu[37] wurden mit ihrer Hilfe Vettern. Anna soll nach dem Tod Joachims einen zweiten Mann, Kleophas, und danach einen dritten, Salomas (Salome) geehelicht haben. Allen drei Männern habe sie eine Tochter namens Maria geschenkt. Von diesen drei Marien heiratete die erste, die Mutter Jesu, den Josef. Die zweite, Maria Kleophas, heiratete Alphäus und hatte von ihm vier Kinder: Jakobus den Jüngeren, Josef justus, Simon Zelotes und Judas Thaddäus. Die dritte, Maria Salome, heiratete Zebedäus und hatte zwei Kinder: Jakobus den Älteren und Johannes, den Jünger und Evangelisten.

Die Trinubiumslegende verbreitete sich im 12., besonders aber im 13. Jahrhundert, als der Dominikaner Vinzenz von Beauvais († 1264) sie gegen 1250 in seine historische Enzyklopädie, das *Speculum historiale*, aufnahm[38]. Wohl von da wurde sie um 1263/73 in die Legenda aurea des Jacobus de Voragine[39] übernommen und damit Allgemeingut. Gegen Mitte des 16. Jahrhunderts wurde sie vom Konzil von Trient verboten, doch gab es Sippendarstellungen bis in den Anfang des 17. Jahrhunderts. In der Legenda aurea[40] findet sich ein lateinischer Merkvers über die Zusammensetzung der Sippe, der aber schwerer zu merken ist als die Sache selbst[41]. Eine freie Übertragung ins Deutsche bei Richard Benz[42]:

Anna war ein selig Weib / Drei Marien gebar ihr Leib
Drei Mannen hatt sie zur Eh / Joachim, Cleophas, Salome
Joseph ward Marien geben / die gebar Jesum unser
   geistlich Leben
Alphaeus die ander Maria nahm /
die gebar Jacob, Joseph, Simon und Judam
Die dritte Maria ward nicht verlassen /
sie gebar aus Zebedaeo Johannem und Jakob den Großen.

Daß sich die Darstellungen der heiligen Sippe – nach bescheidenen Anfängen im 14. Jahrhundert – im 15. und bis weit ins 16. Jahrhundert immer mehr verbreiteten, verdanken wir der hl. Colette (Coletta, Koleta)[43]. Sie hatte 1406 (oder 1408) eine Vision, in der sie die hl. Anna mit ihren drei Töchtern und deren Kindern auf sich zukommen sah. Dabei wies Anna darauf hin, daß sie mit ihrer Nachkommenschaft die Kirche auf Erden wie im Himmel verherrlicht habe, und sie bat Colette um ihre Hilfe bei der Erneuerung der Klarissenklöster und bei der Ausbreitung des Annenkults[44].

Damit haben wir das Rüstzeug, die einzelnen Figuren zu bestimmen: Die Frau rechts mit den vier Kindern ist Maria Kleophas, Annas Tochter vom zweiten Gemahl, und der jüngere Mann unmittelbar dahinter ihr Gatte Alphäus (nicht Zebedäus, wie die gravierte Inschrift behauptet). Die Anordnung ihrer Kinder geht aus den Namensbeischriften (siehe S. 237) nicht hervor. Aber nach Ausweis anderer Sippenbilder mit beigegebenen Schriftbändern werden jeweils die beiden Jakobuskinder von ihren Müttern getragen[45]. Das Kleinkind auf dem Arm der Maria Kleophas müßte also Jakobus d. J. sein und die Kinder zu ihren Füßen – in der Reihenfolge der Inschrift – Simon Zelotes, Judas Thaddäus und Josef justus.

Die Frau links mit (ursprünglich) zwei Kindern ist dann Maria Salome, Annas Tochter vom dritten Gemahl, und der jüngere Mann unmittelbar dahinter ihr Gatte Zebedäus. Das Kind auf ihrem Arm ist Jakobus der Ältere und das – verschwundene – Kind zu ihren Füßen Johannes der Evangelist.

Der alte, bärtige Mann hinter Maria, der Mutter Jesu, muß deren Gatte, der Ziehvater Josef, sein, wie es auch der Beschriftung im Goldgrund entspricht. Die Haltung seiner (ungenau ergänzten) Hände deutet darauf hin, daß er ursprünglich sein übliches Attribut, einen Knotenstock, gehalten hat.

Der Mann in der Bildmitte mit Turban und langem Bart und Haar kann aber nicht, wie die Inschrift meint, Salomas, der dritte Mann Annas, sein. Er steht zwischen Anna und Maria; und der einzige Mann, der eine unmittelbare Beziehung zu beiden Frauen hat – als Gatte Annas und Vater Marias – ist Joachim, Annas erster Mann. Zu ihm, der nach der Legende bis zur Verheißung eines Kindes bei den Hirten gelebt hat, passen auch sein Turban und sein langer Bart. Vermutlich hielt er ursprünglich noch einen Hirtenstab in der Hand.

Die beiden übrigen Figuren, hinter Anna, müssen dann den zweiten und dritten Mann Annas, Kleophas und Salomas, wiedergeben – in welcher Reihenfolge, ist nicht sicher. Es könnte sein, daß die drei Männer Annas in der Reihenfolge ihrer Heirat dargestellt sind: Joachim, Kleophas, Salomas. Es könnte aber auch sein, und das ist wohl wahrscheinlicher, daß Kleophas neben seiner Tochter, seinen vier Enkeln und dem Schwiegersohn Alphäus angeordnet wurde. In diesem Fall ist die linke der fraglichen Figuren (der dritte Mann von rechts) Salomas und die Figur rechts von ihm Kleophas – auf keinen Fall Alphäus, wie die Inschrift behauptet, denn Alphäus ist, wie schon festgestellt, der jugendliche Mann rechts außen.

Damit ergibt sich für die Anordnung der Figuren folgendes Schema:

Zebedäus	Josef	Joachim	Salomas	Kleophas	Alphäus
Maria Salome	Maria Muttergottes		Anna		Maria Kleophas
Jakobus d.Ä.	(Jesus)				Jakobus d.J.
(Johannes Ev.)					Simon, Judas Th., Josef j.

In einigen figurenreichen Darstellungen der hl. Sippe wird in die Verwandtschaft Jesu noch eine Nebenlinie einbezogen. Anna hatte eine Schwester mit Namen Hismeria (Esmeria), die mit Ephraim vermählt war. Aus dieser Ehe stammt Elisabeth, die Kusine Marias, bekannt aus der biblischen Geschichte der *Heimsuchung* (Lukas 1,36–56). Elisabeth war mit dem Priester Zacharias verheiratet und gebar ihm in hohem Alter noch einen Sohn: Johannes den Täufer (Lukas 1, 5–25; 57–80). An dem Haller Retabel wird dieser Zweig der hl. Sippe aber nicht gezeigt.

Es ist ein sonderbares Phänomen, daß alle Haller Kirchenführer seit Alfred Schmoller (1931) neben Maria und Anna gerade die Personen namentlich nennen, die nicht dargestellt sind (*Zacharias und Elisabeth mit ihrem Sohn Johannes, dem späteren Täufer*) und sogar noch behaupten, sie alle seien mit Namen bezeichnet. Offensichtlich hat jeder Bearbeiter seinem Vorgänger vertraut, ohne die beigeschriebenen Namen zu lesen.

Ebenso bemerkenswert ist, daß für die Autoren im 19. Jahrhundert die hl. Sippe als Bildthema noch kein Begriff war. So schreibt Pfarrer Carl Jäger 1829: *Man sieht, der Künstler traute sich nicht, irgend ein bestimmtes, geschichtliches Ereigniß aus der Bibel darzustellen, darum wählte er nur wenige Figuren, die er als Hauptbild aufstellte, und die so wenig Charakteristik an sich tragen, daß man nicht zu sagen vermag, wem diese Figuren angehören*[46], und Johann Jakob Haussser (1877) schreibt ihm nach: *Die Figuren des Hauptbildes tragen so wenig Charakteristik an sich, dass man nicht sagen kann, wen sie vorstellen*[47]. Erst Paul Keppler (1888), Marie Schuette (1903/07) und Eugen Gradmann (1907) erkannten das Bildthema als hl. Sippe, ohne freilich die einzelnen Figuren zu benennen[48].

Der Bildhauer

Hans Beuscher (in Hall tätig von 1506 bis zu seinem Tod um 1520)[49] ist der einzige namentlich bekannte Haller Bildhauer der Spätgotik mit einem Œuvre von nennenswertem Rang und Umfang. Durch Stilvergleich mit den archivalisch für ihn verbürgten Steinfiguren des Haller Marktbrunnens (1509/11)[50] lassen sich ihm noch folgende Werke glaubhaft zuschreiben: das verbrannte Hochaltar-Retabel in Tüngental (gegen 1509)[51], die Wappentafel vom Unterwöhrdstor im Hällisch-Fränkischen Museum (um 1509/12)[52], die Michaelsfigur am südöstlichen Chorstrebepfeiler von St. Michael (um oder vor 1520)[53] und das Schreinrelief des Sakristeiretabels in St. Michael (um 1520)[54]. Zwischen dem Annenretabel und diesen Werken besteht, bei allem Unterschied in der Qualität, eine deutlich erkennbare Stilverwandtschaft. Ich habe das 1991 ausgeführt[55]:

Berücksichtigt man die entstellenden Eingriffe, so wird man die Komposition des Retabels als durchaus reizvoll empfinden, namentlich die Körperstellungen und die Gewanddrapierungen der Frauenfiguren. Die Schnitzarbeit selbst, die Qualität der „Handschrift", fällt demgegenüber erheblich ab. Entwurf und Ausführung klaffen auseinander. – Es ist nicht schwer herauszufinden, wem wir den Entwurf verdanken. Eine Haarpracht, wie sie die Maria

Muttergottes entfaltet, mit ineinander verflochtenen, gebündelten Strähnen, finden wir in Hall nur bei Beuscher. Diese Bündelung der Haarsträhne, die kräftig herausmodellierte Brust der vier Frauen, die wiegende Haltung der Maria Salome – das alles kennen wir von der Muttergottes in Tüngental. Deren Kind hat den gleichen kugeligen Kopf wie die beiden Knäblein (Simon und Judas) zu Füßen der Maria Kleophas. Die Ärmelfalten der Maria Salome, die geschmeidig und locker den durch den Stoff gepreßten Arm umspielen, erinnern an den Michael des Marktbrunnens und die Engel des Wappensteins. Der große Faltenumschlag vor Marias Schenkel und Schoß gleicht den Faltenwirbeln am Wappenstein, am Sakristeiretabel und an der Figur des Seelenwägers vom Michaels-Chor. Außerdem scheinen die Männerköpfe hinter der Muttergottes (Josef und Joachim) in Gesichtstyp und Bartform den Wassermännern des Wappensteins verwandt, zum Teil auch in Einzelheiten, etwa der Modellierung der Augenbrauen[56].

Am besten lassen sich diese Beobachtungen wohl durch die Annahme erklären, daß Beuscher die Schnitzgruppe entworfen und ein minder begabter Geselle sie in seiner Werkstatt ohne Mitwirkung des Meisters ausgeführt hat.

Mit der Zuschreibung der Gruppe an die Werkstatt Hans Beuschers erhalten wir auch eine Erklärung für das bis dahin rätselhafte Phänomen, daß – bei aller hällisch-provinziellen Ausführung – die Frisur der Muttergottes, ihre üppig gelockte, aus gebündelten Einzelsträhnen bestehende Haarfülle[57], an oberrheinische Werke erinnert, etwa die elsässischen Madonnen aus Niedermorschweier und aus Leiselheim, eine weibliche Heilige im Freiburger Augustinermuseum oder – auch was die Struktur der Strähnen betrifft – an die Magdalena aus Biengen bei Freiburg[58], die Maria der Honauer Marienkrönung und nicht zuletzt die Dangolsheimer Muttergottes von Niklaus Gerhaert[60]. Wenn, wie ich 1991 zu zeigen versuchte[61], Hans Beuscher am Oberrhein, wohl in Straßburg, gelernt hat und wenn er das Schreinrelief des Retabels entworfen hat (siehe oben) und der ausführende Schnitzer sein Gehilfe war, dann ist der Anflug oberrheinischer Stilmerkmale bei der Maria verständlich.

Der Maler läßt sich, anders als der Bildschnitzer, nicht näher einordnen, solange keine weiteren Werke gleichen Stils entdeckt werden. Da Hans Beuscher in die Malerwerkstatt der Familie Helbling eingeheiratet hat, läge es nahe, den Maler des Sippenretabels dort zu suchen, wäre nicht Martin Helbling, Beuschers Schwiegervater, schon um 1500 verstorben[62] und sein Bruder, der Maler Ber(ch)told Helbling, um 1503[63].

Der Antonius auf dem erhaltenen Standflügel bietet als nahezu nackte Figur kaum für Vergleiche geeignete Motive. Sein auffälligstes Merkmal ist die Fülle spiralig gedrehter (gezwirnter) Haarsträhnen. Die einzigen damit halbwegs vergleichbaren Malereien in der Haller Spätgotik sind die rund ein Jahrzehnt jüngeren, aber altertümlicheren Flügelbilder des Michaelsretabels in der Sakristei und die wesentlich älteren Gemälde des Wolfgangsretabels. Am Michaelsretabel mag man vor allem den dortigen Antonius (links im Allerheiligenbild) vergleichen, auch in der Gesichtsbildung, der feingliedrigen Nase und den rund hervortretenden Augäpfeln. Am Wolfgangsretabel hat der jugendliche Begleiter des Heiligen am rechten Flügel oben und am linken Flügel unten eine ähnliche Haarform wie der Antonius des Sippenretabels, und das Bahrtuch des toten Wolfgang (rechts unten) läßt sich im Faltenwurf mit dem Lendentuch des Antonius vergleichen. Einen Schulzusammenhang jedoch können wir keinem dieser vagen Vergleiche entnehmen. Sie besagen nicht mehr, als daß der Maler des Sippenretabels – was ohnehin wahrscheinlich ist – in Hall gewirkt haben dürfte.

Einen Schritt weiter kommen wir mit Hilfe der Predella. Das Predellagemälde mit dem von Engeln gehaltenen Schweißtuch der Veronika unterscheidet sich durch seine plakathafte Simplizität deutlich von der vergleichsweise differenziert und feinfühlig gemalten Antoniusfigur des Standflügels. Es dürfte, wie bei Predellabildern üblich, von einem Gehilfen ausgeführt sein[64]. Man findet dieselbe Malerhand an der Predella des hällischen Retabels aus Anhausen im Württembergischen Landesmuseum (datiert 1506)[65]. Leicht zu vergleichen sind die Haller Engel mit dem Johannes auf der Außenseite der Anhäuser Predella oder mit dem Matthäusengel auf der Innenseite. Die Rückseite dieser Predella – ebenfalls mit einem von Engeln

Retabel des Annenaltars | 241

gehaltenen Schweißtuch – ist zwar schwerst beschädigt; dennoch bleibt unverkennbar, daß es sich bei dem Haller Predellagemälde um eine getreue Replik der Anhäuser Predella-Rückseite handelt[66]. – Schwieriger zu beurteilen sind die jeweiligen Flügelbilder. Ob der Haller Antonius sich mit den Anhäuser Heiligen zusammenbringen läßt, muß wegen des Mangels vergleichbarer Motive – hier eine nackte Gestalt, dort Gewandfiguren – vorläufig offen bleiben.

Alles was sich sonst noch in Hall an spätgotischen Malereien findet, läßt sich auch nicht annähernd mit den Gemälden des Sippenretabels in Verbindung bringen. Damit gelangen wir, was die Haller Malerei betrifft, zu der gleichen Erkenntnis wie – mit Ausnahme Beuschers – schon bei der Skulptur[67]: Die meisten Werke sind stilistisch isoliert; es lassen sich in den seltensten Fällen Schul- oder gar Werkstatt-Zusammenhänge feststellen. Und die Folgerung daraus ist, daß in Hall weit mehr Werke verlorengegangen sind, als wir zu wissen glauben. Allein an dem hier behandelten Sippenretabel sind ja fünf von sechs Flügelbildern verschwunden.

Literatur
Carl *Jäger* 1829 (wie Anm.24); Johann Jakob *Hausser* 1877 (wie Anm.47); Paul *Keppler* 1888 (wie Anm.25); Marie *Schuette* 1907 (wie Anm.26); Eugen *Gradmann* 1907, S.28 mit Abb. S.23; Alfred *Schmoller*, Die Michaelskirche in Schwäbisch Hall, Schwäbisch Hall 1931, S.10 f.; Gotthilf *Marstaller*, St. Michael Schwäbisch Hall, Schwäbisch Hall o.J. (1969/70), S.26; ders., Neudruck o.J. (um 1980), S.26; Willi *Sauer*/Wolfgang *Kootz*, Schwäbisch Hall, Stadtführer, Heidelberg 1978, S.16; Bertold *Dowerk*, St. Michael Schwäbisch Hall, Horb-Bittelbronn 1996, S.28; *Gräf/Ansel/Hönes*, Die Restaurierungsarbeiten in der Michaelskirche Schwäbisch Hall, Schwäbisch Hall 2000, S.93 f. mit Abb.75; Ev. Gesamtkirchengemeinde Schwäbisch Hall (Hg.), Die Michaelskirche in Schwäbisch Hall, Lindenberg 2002, S.29, ²2004, S.30.

Anmerkungen
1. Registraturbuch, StAH 4/2249, Bl.171r.
2. Urkunde im Staatsarchiv Ludwigsburg, B 186, U 600. Sie bezeichnet die Kapelle als *iuxta ecclesiam parochialem in hallis herbipolensis diocesis capellam noviter erectam in qua ossa defunctorum sunt deponenda* (die neben der Pfarrkirche in Hall, Würzburger Diözese, neu errichtete Kapelle, in der die Gebeine der Verstorbenen beizusetzen sind). – Zugehöriges Regest bei Friedrich *Pietsch*, Die Urkunden des Archivs der Reichsstadt Schwäbisch Hall, U 1166.
3. U 600 (ebd.): *consecrata in laudem omnipotentis dei sueque beatissime genetricis virginis Marie atque sancti Theobaldi et beate dorothee virginis et martiris* (geweiht zum Lob des allmächtigen Gottes und seiner allerseligsten Mutter, der Jungfrau Maria, sowie des hl. Theobald und der seligen Jungfrau und Märtyrerin Dorothea).
4. *Pietsch* (wie Anm.2), U 1209.
5. *Pietsch* ebd., U 1246 bzw. U 1701 und 1707.
6. *Pietsch* ebd., U 1805 bzw. 2094.
7. Urkunde von 1446: *Pietsch* ebd., U 2092; ausführlich im Registraturbuch 4/2249, Bl.185 f. – In der Urkunde *Pietsch* U 1805 von 1435, einer päpstlichen Bulle, ist Willibald statt Leonhard und Theobald genannt, vermutlich ein Irrtum des päpstlichen Schreibers.
8. Den Unterschied zwischen den Heiligen der Erbauungszeit (Maria etc.) und den seit 1435 genannten Heiligen (Anna etc.) überspielt die Urkunde von 1446 (U 2092) damit, daß die Kapelle zum Lobe Gottes und seiner Mutter Maria e r b a u t und der hl. Anna etc. g e w e i h t sei. Es heißt in der Urkunde von 1402 (siehe Anm.3) aber klar: *consecrata* (geweiht).
9. *Pietsch* (wie Anm.2), U 2094. In U 2092 ist von wöchentlich drei Messen die Rede.
10. *Pietsch* ebd., U 2092.
11. *Pietsch* ebd., U 2607. Genauer als das Regest formuliert das Registraturbuch 4/2249, Bl.171: *danach ging die Stiftung an die pfleger des kernders unnd sannt Annen capellenn darob hie zu halle uff sant Michels kirchof gelegen.*
12. Abbruchgenehmigung 1493, Abbruch zwischen 1495 (Baubeginn der Sakristei) und 1497 (Abbruch des Hochaltars).
13. Seine Pfleger werden noch 1564 und 1566 als *Pfleger Aller glaubigen seelen uff sant Michels Kirchoff* oder zu *sant Michels Kirchen* bezeichnet (StAH, Registraturbuch 4/138, Bl.311v, und 4/139, Bl.479v), bzw. als *hailgen Pfleger aller glaubigen selen inn sant Michels Pfarkirchen* (4/138, Bl.313v).
14. Quelle im Staatsarchiv Ludwigsburg, zitiert nach W. *Buder* in WVjH 31 (1922–24), S.180.
15. StAH, 4/139, Bl.136v.
16. Über Brenneisen siehe auch Nr.85 (Heiliges Grab), Anm.90.
17. StAH 4/139, Bl.136v und 478v: bischöflicher Bewilligungsbrief *Maister Sebastians Breneisens Translation und permutation halb vonn der pfrund sannt Anna Alttar im Karnther uff die Pfarr zu sannt Michell Anno 1508*, bzw.: *Wirtzburgischer Consens der permutation zwischen Sebastian Preneisen unnd Conraden Rottern sant Anna unnd aller seelen Pfrund halb in der Pfarkirchen zu sant Michel. Datum in Anno 1508.*
18. Der Chor und 17 Altäre der Kirche – außer dem schon 1511 konsekrierten Sakristeialtar – wurden am 21. April 1520 geweiht (vgl. *Deutsch* in WFr 1983, S.177 ff.).

19 Vgl. dazu *Deutsch* 1991, S.40. – Der Altar wurde aus Steinen der abgebrochenen Veldner-Kapelle mit deren Weiheinschrift von 1344 errichtet.
20 Abstand der Vertiefungen ca. 8,5 cm, ihre Seitenlänge ca. 3 cm, die der mittleren ca. 3,7 cm; Abstand der hinteren Vertiefung von der mittleren ca. 14 cm.
21 Alle im Besitz des Württ. Landesmuseums (Lorenzenzimmern als Leihgabe im HFM); abgebildet im Katalog von Julius *Baum*, Deutsche Bildwerke des 10. bis 18. Jahrhunderts, Stuttgart/Berlin 1917, Abb. 344, 329, 330, 331.
22 Hier und am Riedener Hochaltar-Retabel besonders vergleichbar die Schmuckleisten an den unteren Flügelreliefs.
23 Auszug aus dem Kirchen Convents-Protocoll vom *5.ten April 1843*. (aufgefunden von Hans Werner Hönes, jetzt im StAH): *Von dem Königl: DecanatAmt wurde heute die Mittheilung gemacht, daß von Herrn OberAmtman(n) Bilfinger gewünscht werde, es möchten die noch vorhandenen in der Kirche von St. Michael an dem hintern Altar entbehrl: gewordenen 2. FlügelThüren, an ihn ab-gegeben werden, weswegen man dieselben heute aufgestellt, darauf Einsicht davon genom(m)en, und der KirchenConvent sich darüber einstim(m)ig dahin geäußert hat, daß man gegen deren Abgabe nichts einzuwenden habe, vorausgesetzt daß das Königl: CameralAmt damit einverstanden seÿ ... Stadtrath Maÿer.* – Bei dem *hintern Altar* kann es sich nur um den Altar der hinteren (mittleren) Chorkapelle handeln, denn das damals im Chor befindliche große Bonhoeffer-Retabel (vgl. Nr. 133, S. 367ff.) hatte keine Flügeltüren und besaß auch – als Retabel des Hochaltars – (noch) keine entbehrlichen Teile.
24 C. *Jäger*, Die St. Michaeliskirche zu Hall in Schwaben, in: Kunst-Blatt zum Morgenblatt für gebildete Stände, 1829, S.371 f.
25 Paul *Keppler*, Württemberg's kirchliche Kunstaltertümer, Rottenburg 1888, S.145 (mit Irrtum bei der Jahreszahl des Retabels).
26 Marie *Schuette*, Der schwäbische Schnitzaltar, Straßburg 1907 (verfaßt 1903), S.177 (sie hält Antonius für *Onophrius*); *Gradmann* 1907, S.28.
27 Ohne nähere Angaben. Rechnungen der Kirchenpflege St. Michael 1907/08, Beilage 132, Pos. 26 (vgl. Dokumentation *Hönes*, Anl. 17.3); gleichlautend im Rechnungsbuch Gottfried Schmidts (Privatbesitz), zum 3.10.1907, Pos. 26. – Die Tatsache, daß der Rahmen des Flügels zum Teil wurmstichig ist (Hinweis Hönes), spricht für dieses frühe Datum der Ergänzung. Otto *Nagel*, Schorndorf, erwähnt zwar in einer *Zulassungsarbeit für die Fachgruppenprüfung* von 1967 den Flügel noch als fehlend; der Verfasser scheint aber – auch an anderer Stelle – mehr von der Literatur als vom Augenschein auszugehen. Restaurator *Manz* jedenfalls schreibt in seinem Gutachten vom 15.1.1968: *Bei diesem Altar sind auch zwei Flügel vorhanden, der eine mit der Malerei Versuchung Christi [!] durch den Teufel, beim anderen ist die Tafel glatt mit roter Farbe gestrichen*. – Erico *Peintner*, der Restaurator von 2000, gibt an: *Der rechte Standflügel wurde nach dem Verlust des originalen ohne Heiligengemälde hinzugefügt.* (*Gräf/Ansel/Hönes* S.93.)
28 Nach *Johannts* (= Johannes) folgt ein weiteres, nicht mehr les-bares Wort (... *bot* ?), vielleicht *der bot* = Apostel?
29 Josef iustus, auch Barnabas (Barsabas) genannt. Das Ende des Namens wurde bei einer Ausbesserung mit Farbe überstrichen.
30 *Gräf/Ansel/Hönes*, S.93.
31 Die Christkinder wurden schon in früheren Zeiten mit Vorliebe gestohlen, nicht nur weil sie sich leicht entfernen ließen, sondern auch weil man bei dem hohen Realitätscharakter, der solchen Figuren einst beigemessen wurde, den Erlöser unmittelbar bei sich, im eigenen Haus, haben wollte.
32 Kirchenarchiv St. Michael, Beleg Nr.87, Verdienst-Zettel Georg Hettingers vom 30.3.1893, S.4 (aufgefunden und mitgeteilt von Hans Werner Hönes; vgl. dessen Dokumentation, Bd.1, Anl.11.1.
33 Ebd., Beleg Nr.107, S.4., vgl. die Dokumentation von Hans Werner *Hönes*, Bd.1, Anl.11.2.
34 Rechnungsbuch Schmidt (Privatbesitz), zum 20.12.1906, Pos. 26: *1 Altar von 1509 renovirt M. 130.–*; ebenso (mit Schreibfehler *1409* statt 1509) in den Rechnungen an die Kirchenpflege, Beilage Nr.115: ohne Datum, mit Quittungen vom 25.9. und 20.12.1906 (vgl. *Hönes*, Dokumentation Bd.1, Anl. 17.1).

35 Ebd., Beleg Nr.108, S.4, 6 f.; vgl. die Dokumentation von Hans Werner *Hönes*, Bd.1, Anl.12.
36 Siehe dazu: Constantinus *Tischendorf*, Evangelia apocrypha, Leipzig 1853, p.54 ff.; Edgar *Hennecke*, Neutestamentliche Apokryphen, Tübingen ²1924, S.86 ff.; Edgar *Hennecke*, Neutestamentliche Apokryphen in deutscher Übersetzung, hg. von Wilhelm *Schneemelcher*, Bd.1, Tübingen ⁴1968, S.280 ff. Vgl. auch *Deutsch*, Rieden 1990, S.75 und Anm.21.
37 Mt 12,46–49; 13,55; Mk 3,31–35; Lk 8,19–21; Jo 2,12; 7,3.5; Apg 1,14; 1 Kor 9,5; Gal 1,19.
38 Vgl. Gertrud *Schiller* Bd.4,2 (Maria), S.159, Anm.11.
39 Ebenfalls Dominikaner, geboren um 1230 und seit 1292 Erzbischof von Genua.
40 Deutsche Übersetzung von Richard *Benz*, Die Legenda aurea des Jacobus de Voragine, Heidelberg 1955 und Köln ²1969.
41 Wiedergegeben bei: Stephan *Beissel*, Geschichte der Verehrung Marias in Deutschland während des Mittelalters, Freiburg 1909 (Nachdruck Darmstadt 1972), S.576 Anm.2; Karl *Künstle*, Ikono-graphie der christlichen Kunst, Bd.1, Freiburg 1928, S.331; Richard *Benz*, ebd., S.678.
42 Ebd., 1969, S.678.
43 Colette Boilet von Corbie, geb. 1380 in Corbie, gest. 1447 in Gent, selig gesprochen 1740, heilig gesprochen erst 1807. Sie war anfangs Begine, dann Tertiarin, seit 1407 Klarisse und reformierte viele Klarissenklöster.
44 *Beissel* (wie Anm.41), S.577 f.; *Künstle* (ebd.), S.331.
45 Ein Beispiel: der Sippenaltar des „Meisters von Kirchheim" in den Bayerischen Staatsgemäldesammlungen, Abbildung LCI Bd.4, Sp.165/166.
46 *Jäger* (wie Anm.24), S.371.
47 J(ohann Jakob) *Hausser*, Schwäbisch Hall und seine Umgebung, Hall 1877, S.71.
48 *Keppler* (wie Anm.25), S.145; *Schuette* (wie Anm.26), S.177; *Gradmann* S.28.
49 Vgl. Wolfgang *Deutsch*, Ein Haller Wappenstein, Studien zu Hans Beuscher (Schriften des Vereins Alt Hall, Heft 13), Schwäbisch Hall 1991, S.33–38.
50 Ebd. S.36, 41 ff. – Andere archivalisch genannten Werke – eine Figur auf dem (ursprünglichen) Sakristei-Retabel und eine große Wappentafel für Kirchberg – sind nicht erhalten.
51 Ebd. S.55–63, mit Wiedergabe der einzigen erhaltenen Aufnahme im Ergänzungsatlas zu *Gradmann*.
52 Ebd. S.9–32.
53 Ebd. S.47–50; da der Dachstuhl des Chors nach neuen Erkennt-nissen bereits ab 1516 aufgerichtet wurde, könnte das Bildwerk schon früher angebracht worden sein, falls es durch die Bauarbeiten nicht gefährdet war. Zur Baugeschichte des Chors vgl.: Hans Werner *Hönes*, Schwäbisch Hall, Baugeschichte der Stadtkirche St. Michael (Ms.), 2003, S.20.
54 Ebd. S.50–55.
55 Ebd. S.63 f.
56 Abbildungen jeweils ebd., passim.
57 Vgl. ebd. Abb.26.
58 Die genannten vier Figuren abgebildet im Ausstellungs-Kat. *Spätgotik am Oberrhein*, Karlsruhe 1970, Abb. 56, 57, 51, 44.
59 Abgebildet bei L(illi) *Fischel*, Nicolaus Gerhaert und die Bildhauer der deutschen Spätgotik, München 1944, Abb. 120.
60 Abgebildet u.a. bei Otto *Wertheimer*, Nicolaus Gerhaert, Berlin 1929, S.58 f.
61 *Deutsch* (wie Anm.49), S.73 ff.
62 Vgl. *Wunder/Lenckner*, S.313.
63 Ebd. S.312, Nr.3533; bis 1502 vermelden die Steuerrechnungen Zahlungen an ihn.
64 Diese Art der Arbeitsteilung ist weit verbreitet, auch bei bedeuten-den Werken, wie etwa den Retabeln in Blaubeuren oder St. Wolf-gang. Die Gründe dafür sind schwer einsehbar, weil die Predella wegen der Nahsicht und oft auch wegen ihrer ikonografischen Bedeutung (Christusbild) und ihrer Verwendung als Reliquienschrein eigentlich ein bevorzugter Ort und damit dem Meister zugedacht sein müßte.
65 Fotos: Württembergisches Landesmuseum Stuttgart.
66 Freundlicher Hinweis von Herrn Karlheinz Sternagel, Cröffelbach.
67 Vgl. *Deutsch* (wie Anm.49), S.76 ff.

Retabel des Annenaltars | 243

Im Uhr(...)(...)chen (...)
ruhet hier der Leichnam in Frieden
weyl A.
Herr Johann Friedrich Bouhoffer
hochverdienter Prediger und Decanus,
wie auch Consistorialis, und Scholarcha dahier
Welcher, gebohren den 15ten Octobr 1717.
Sich mit der bekümmerten Frau Wittib
Anna Elisabetha, einer geb. Seyfertheldin
die Ihm dieses traurig Denkmal gesetzet lassen
ao. 1741. den 11ten July vermählt
u. von der Pfarrey Unterschwarzach an in 35 Jahre
Die oberste Stelle bey St. Michael (...)
Wissenschaft u. Gelehrsamkeit mit Leutseligkeit
u. würdigem Vorgang in Lehr u. Leben verbunden
waren der Hauptcharakter, den Er
biß an sein seel. Ende zu behaupten gewußt
welches leider den 7. Jul. 1783 erfolget ist.
in einem verdienstvollen Alter von 64 Jahre
8 Monathen, 3 Wochen und
4 Tag.

Johann Friedrich Bonhoeffer (1718 – 1783)
Prediger und Dekan

Grabmal in Tischform, Sandstein; an der vorderen Schmalseite ca. 3 cm abgearbeitet, das hintere Fußstück ergänzt; jetzige Maße: Platte 192/99,5 cm, Fußstück 54,5 cm hoch, Gesamthöhe 77,5 cm; lag ursprünglich im Kirchhof.

Johann Georg Joz, Schwäbisch Hall (signiert), 1783 oder kurz darauf.

[60]

Das Denkmal befand sich ursprünglich über dem Grab des Verstorbenen auf der Südseite des Kirchhofs, wo seit dem 15. Jahrhundert die Geistlichen bestattet wurden. Nach der Einebnung der Gräber wurde die Deckplatte aufrecht an der benachbarten Außenwand der Kirche, im 4. Joch, angebracht und das eine Fußstück wie ein Sockel daruntergestellt. Zu diesem Zweck wurde der untere Schmalrand der Platte samt Profil und Blattfries abgearbeitet (Abbildung dieses Zustandes bei Eduard Krüger, S. 33). 1964 ließ Krüger das Werk rekonstruieren und, zusammen mit einer zweiten Tumba gleicher Art (Nr. 61), hinter dem Hochaltar der Kirche aufstellen.

Das Werk besteht aus einer in Querrichtung aufgewellten, von zwei Fußstücken getragenen Deckplatte. Nur der vordere Fuß ist original, der hintere roh ergänzt. Auf der Platte die – zum Teil beschädigte – Grabschrift (Wortlaut bei Eduard Krüger und, mit kleinen Irrtümern, bei Wunder sowie im Anhang S. 412), über der Schrift das Bonhoeffersche Vollwappen in kräftigem Relief von der Qualität einer Bildhauerarbeit. Der streng gegliederte Schmuck des Denkmals gehört dem Klassizismus an. Am Plattenrand läuft ein Blattfries entlang; er wird in der Mitte jeder Seite durch ein Ornament aus Beeren (Lorbeeren?) zwischen gekreuzten Bändern unterbrochen. Den erhaltenen Fuß ziert an der Vorderseite eine durch drei Ringe gezogene Blattgirlande, an drei Seiten seines Gesimses ein Fries aus Blättern und ein Band mit blütengeschmückten Medaillons. Unten am Fuß findet sich die Signatur des Steinmetzen: *I. G. IoZ*.

Eduard Krüger hat einen außergewöhnlichen Fund gemacht: Er konnte in Ludwigsburg die Entwurfszeichnung für das Grabmal, eine lavierte Federzeichnung, erwerben (Krüger Abb. 21). Sie stimmt mit dem ausgeführten Werk genau überein, nur der Text der Inschrift wurde bei der Ausführung geändert (beide Versionen bei Krüger, S. 35 f.). Auch der Entwurf ist unten links in der Ecke signiert (zitiert nach Krüger): *Joh. Georg Joz, delin.* (= delineavit, hat gezeichnet). Mit Hilfe dieser Entwurfszeichnung konnte Krüger das Grabmal rekonstruieren, ebenso das gleichartige, jetzt daneben aufgestellte Denkmal des Ratskonsulenten Johann Carl Peter Bonhoeffer (Wunder Nr. 61).

Krüger (S. 34) wundert sich, *daß die uralte Form der Tumba noch zu Ende des 18. Jahrhunderts und außerdem bei Bürgerlichen vorkommt*. Der Grund läßt sich erahnen: Da in den beiden für Hall gesicherten Fällen einer Tischtumba (Nr. 60 und 61) der Verstorbene – laut Inschrift – im Grab eines Vorfahren beigesetzt wurde[1], hatte die Tischform wohl den Sinn, daß von der darunter befindlichen Grabplatte des Vorgängers zumindest die Inschrift weiterhin sichtbar blieb.

Der Steinmetz

Johann Georg Joz (Jotz, Joß, Joos), 11. November 1733 – 26. April 1806, war gebürtiger Haller. Sein Vater, der Architekt, Stukkator und Steinmetz Johann Friedrich Joß, war nach dem Haller Stadtbrand von 1728 von der ansbachischen Wülzburg hierher gekommen. Er fertigte um

1730 im Rathaus die Vasen des Treppengeländers[2], 1738 in der Spitalkirche den Stuckdekor (nach einem Riß von Antonio Ferretti) sowie die steinerne Altarmensa (zusammen mit Johann Georg Prey)[3] und baute 1739/40 das Schloß Schmiedelfeld in Sulzbach[4]. Johann Georg, der Sohn, besuchte in Hall das Gymnasium, wo er Preise erhielt, erlernte dann das väterliche Handwerk bei einem – nicht genannten – Stuttgarter Hofbaumeister und war anschließend Parlier (2. Baumeister) an der Mainzer Kirche St. Ignaz[5]. Nach Hall zurückgekehrt, arbeitete er zusammen mit seinen Verwandten Johann Georg Friedrich, Johann David[6] und Johann Jakob Joß am Stuck des Rathauses[7]. Daneben war er in Hohenlohe-Langenburgischen und Limpurg-Sontheim-Gaildorf-Pücklerschen Diensten als Hofwerkmeister tätig[8]. In Hall hat er mehrere signierte Grabmale hinterlassen:

· Um 1768 das Grabmal des Michaels-Mesners Gottfried Röhler († 1768) im unteren Nikolai-Friedhof (jetziger Ort unbekannt)[9].

· 1772 das Grabmal der Sophia Sibylla Schiller geb. Beyschlag († 1771) im Nikolai-Friedhof, errichtet vom Witwer Johann Ludwig Friedrich Schiller (siehe unten) und vier Kindern. Ein abgestumpfter Obelisk auf hohem Sockel, dessen Kanten Volutenspangen schmücken; über dem Schaft ein eisernes Kreuz mit drei Sternen an den Balkenenden, umwunden von einer Schlange (aus Bronze?); an der Deckplatte des Sockelgesimses signiert: *J. G. Joz fe(cit) 1772*. Die eherne Schlange als Präfiguration der Kreuzigung ist ein Hinweis auf Erhöhung und ewiges Leben, wie ein Bibelzitat auf der linken Seitenfläche des Sockels ausdrücklich bestätigt: *Jo. III. 14.15. / Gleichwie Moses in der Wüsten eine Schlange erhöhet hat* (zu ergänzen: also muß des Menschen Sohn erhöhet werden, auf daß alle, die an ihn glauben, ... das ewige Leben haben). – Die Rückseite (heute die Vorderseite) des Denkmals ist dem Bruder der Verstorbenen, dem Theologen Friedrich David Beyschlag, gewidmet (geb. 1737, Todesjahr nicht genannt [!], aber nach dem Tod der hier ruhenden Schwester[10].

- Um 1780 das Grabmal des Archidiakons Johann Ludwig Friedrich Schiller (des Gatten der obigen, † 1780) im Nikolai-Friedhof, errichtet von der zweiten Frau und den Kindern. Ein Obelisk von gleicher Form wie der obige, jedoch von einer mit Festons drapierten Urne bekrönt; am unteren Rand des Sockels signiert: *I. G. Ioz*, mit rechts unten angehängtem *f* (= fecit, hat gefertigt).
- Um 1783 die Tischtumba des Predigers Johann Friedrich Bonhoeffer (siehe oben).
- Die Grabplatte des Predigers Johann Ludwig Seiferheld († 1725; Wunder Nr. 109), schmucklos, am unteren Rand signiert: *J. G. Jo(z)* (das z abgewittert). Es scheint niemand zu stören, daß die Schaffenszeit des Steinmetzen und das Todesdatum des Predigers um ein halbes Jahrhundert auseinanderklaffen. Vermutlich handelt es sich um eine Erneuerung der Platte aus unbekanntem Grund (Beschädigung?). Der Inschriftduktus stimmt jedenfalls mit dem des Bonhoeffer-Grabmals von Joz (Nr. 60) überein.

Johann Georg Joz war zweimal verheiratet: 1763 mit Susanna Maria Koch († 1784); sie schenkte ihm zwölf Kinder, von denen drei den Vater überlebten. In zweiter Ehe heiratete er Anna Magdalena Koch. Er starb mit 72 Jahren am Schlagfluß.

Künftigen Bemühungen bleibt es vorbehalten, auch Leben und Werk der übrigen, nur dem Namen nach bekannten Mitglieder der Steinmetz-Sippe Joz zu erforschen.

Quellen und Literatur
E.Krüger S.33-37; *Wunder* 1987 Nr.60. – Zu Johann Georg Joz und seiner Familie: Totenbuch St. Michael, StAH 2/78, S.760; Alfred *Klemm*, Beiträge zu den Oberamtsbeschreibungen von Hall und Gaildorf, in: Württ. Vierteljahreshefte 8, 1885, S.195; *Thieme-Becker* Bd.19, 1926, S.181 (Stichwort: Joß).

Anmerkungen
1. Der Grund ist der zunehmende Platzmangel, der – verstärkt durch Chorbau, Straßenverbreiterung, Bevölkerungswachstum – im Michaelsfriedhof schon seit 1542 nur noch die Bestattung der obersten Bevölkerungsschicht zuließ.
2. Vgl. *Thieme-Becker* (wie Lit.-Verz.).
3. Hospithalisches BauProtocoll, Bl.26v, und Hospithalische KirchenBau Rechnung de Anno 1738 (unpaginiert), Hospitalarchiv Schwäbisch Hall.
4. Wie Anm.2. – Nach *E.Krüger* (S.34 f.) und *Gradmann* (S.86 und S.235 Nr.33) hätte er auch die Brunnensäule von 1749 geschaffen, die früher im Stadtgarten beim Bahnhof stand (Kopie heute am Milchmarkt-Brunnen). Sie ist jedoch bezeichnet: *17.J.J.✶Jotz Fe.49* (Fe = fecit), stammt also von Johann Jakob Joz (siehe unten).
5. Vgl. Totenbuch (wie Lit.- Verz.).
6. Johann David Joz (ein Sohn?) schuf den Grabstein des Forstmeisters Jakob Friedrich Rittmann († 1797) im Nikolaifriedhof (*Klemm* S.197) und baute 1812 den Mittelbogen der Teuchelsbrücke (E.*Krüger* S.35).
7. Wie Anm.2.
8. Wie Anm.5 und 2.
9. Vgl. *Klemm* (wie Lit.- Verz.).
10. Die bisweilen auch in der Presse geäußerte Meinung, es handle sich bei der bekrönenden Schlange um einen Äskulapstab, der sich auf den Beruf des Verstorbenen beziehe, ist aus drei Gründen abwegig: 1) Der Verstorbene war weder Arzt noch Apotheker, sondern Geistlicher. 2) Die Schlange windet sich nicht um einen Stab, sondern um ein Kreuz wie in der Regel die Eherne Schlange, die sich ja „typologisch" (als Präfiguration) auf das Kreuz Jesu bezieht (vgl. LCI, Bd.1, Sp.586). 3) Und vor allem: Die erklärende Inschrift mit dem Christuswort aus Johannes 3,14.15 (siehe oben) ist in ihrer Aussage eindeutig. Nur wer sich nicht die Mühe macht, den betreffenden Text zu entziffern, kann auf den Einfall kommen, es handle sich um einen Äskulapstab.

Johann Michael Gräter (1613 – 1635)
Student der Theologie

Bemaltes Holzepitaph, 178/121 cm; hing ursprünglich auf der Nordempore an der Wand[1], später in der 7. Chorkapelle[2].

Gemälde und Schrift von **Jakob Hoffmann** (mit Initialen und Altersangabe signiert), 1635/36 (nach dem 8.7.1635).

[63]

Es handelt sich um ein Epitaph in reduzierter Retabelform mit Corpus (Mittelteil), Predella und Aufsatz, aber ohne Standflügel. Das Corpus besteht aus einem fast quadratischen Ölgemälde in breitem, an den Rändern profiliertem Rahmen. Die Rahmenfläche schmücken jeweils in der Seitenmitte bronzierte Beschläge und eine Rosette mit einer roten Holzperle als Kern; die Perle der oberen Seite ist abgebrochen.

Die Predella enthält die Gedenkschrift. Sie war einstmals flankiert von plastischen Schmuckformen, den Spuren nach Frauenmasken[3], wahrscheinlich aus Pappmaché. Der Schrifttext lautet: *Anno D(omi)ni 1635. den 8 Julij Morgens vmb halb siben vhr, ist in Christo seinem erlöser sanfft vnd selig entschlaffen der Erbar vnd wolgelert herr M: Johann Michael Greter. S.S. Theologiæ studiosus, seines allters 22 Jar Gott verleÿe Ihm vnd vns allen ein fröliche aufferstehung vmb Jesu Christi willen. Amen, / JHP .* [HP ligiert, dahinter klein:] *Æt / 73. Jar* (S.S. = Sanctissimæ, also: Student der hochheiligen Theologie).

Corpus und Predella sind von sparsamem Schweifwerk mit aufgemalten Voluten und Blattformen umgeben; es schwingt an den Seitenmitten leicht nach außen und läßt unterhalb der Predella Platz für einen geflügelten Engelskopf, wohl aus Pappmaché; er ist heute verloren, doch zeichnet sich seine Grundfläche noch als unbemalte Stelle auf dem Untergrund ab.

Über dem Corpus liegt ein Gebälk, bestehend aus Architrav und dreiseitig vorspringendem Gesims. Am Architrav eine Inschrift, möglicherweise der geistliche Wahlspruch des Verstorbenen. Sie war ursprünglich von plastischen Schmuckformen, vielleicht Löwenköpfen aus Pappmaché, flankiert, die heute fehlen. Der Text lautet: *I. CORINTHER 2: V.2 Ich hielt mich nicht darfür, daß ich etwas wüste vnder euch, ohn allein Jesum Christum den gekreützigten.*

Über dem Gesims sitzt eine flache Bekrönung (ein ausgesägtes Brett), im Hauptteil etwa halb so breit wie das Gesims und gut halb so hoch wie breit. Sie hat einen lebhaft geschweiften Umriß und ist mit Blattranken bemalt, die im Zentrum ein ovales Feld freilassen. Darauf ist das Grätersche Wappen in der Version mit dem Fischmann gemalt.

Das Corpusbild

Im Vordergrund einer weit in die Tiefe reichenden Landschaft kniet in bildbeherrschender Größe der verstorbene Student betend auf einer Felsplatte. Er trägt einen schwarzen Anzug und einen weiten schwarzen Umhang mit Schulterkragen, über den sich noch ein weißer Kragen legt. An den Handgelenken zeigen sich die Ärmel eines weißen Hemdes mit Spitzenmanschetten. Der Ringfinger der rechten Hand ist mit zwei Ringen geschmückt. Vor den Knien der Figur liegt ein Totenschädel.

In der Landschaft ragen zwei bewaldete Hügel auf. Auf dem vorderen, nahe der Bildmitte, steht eine Ruine, auf dem hinteren eine Burg. Zwischen beiden Hügeln, vom vorderen halb verdeckt, breitet sich eine Stadt mit einer Reihe von Wehrtürmen. Im Mittelgrund, vor dem Ruinen-

hügel, nimmt ein Laubwald die ganze Bildbreite ein; im Schatten des Vordergrunds erkennt man Gebüsch. Die Blätter sind jeweils durch hell gehöhte Umrisse markiert. Am linken Bildrand stehen zwei schlanke Bäume mit überkreuzten Stämmen; ihre Kronen zeichnen sich links oben am Himmel ab.

Gegenüber davon, in der Ecke oben rechts, öffnen sich die grauen Wolkenballen des Himmels und geben einen strahlenden, von rosigem und goldenem Licht erfüllten Durchblick ins Überirdische frei. Im rechten, goldenen Teil dieser Himmelsöffnung beugt sich Christus aus einer Wolke heraus. Er ist unbekleidet, in der Linken hält er ein großes Kreuz, die Rechte hat er grüßend oder eher wundmalweisend erhoben.

Die Farben des Gemäldes sind gedämpft. Außer dem thematisch bedingten Schwarz der Figur überwiegen mattgrüne, blaugraue, braune und beige Töne: grüne vor allem an Bäumen und Büschen, braune am Erdboden. Der Hintergrund leuchtet bläulich, ebenso die Stadt; einige Giebel und Hauswände schimmern rosig im Widerschein des Himmelslichtes.

Zur Biographie

Johann Michael Gräter, geboren am 16. August 1613, wurde knapp 22 Jahre alt. Er war der jüngste Sohn (das 19. Kind) des Münkheimer Pfarrers Magister Felix Gräter. Dieser, ein Sohn des Predigers Jakob Gräter d. Ä., war früher Stadtpfarrer in St. Michael, wurde aber anläßlich der Schneckschen Unruhen aufs Land versetzt, zunächst nach Lorenzenzimmern[4]. Er starb laut Totenbuch drei Monate nach Johann Michaels Geburt[5] (laut Pfarrerbuch erst 1614). Die Mutter Susanna, eine Tochter des Ratsherrn Kaspar Sanwald, ließ den Knaben die Lateinschule besuchen, starb aber selber schon im Februar 1623[6]. Johann Michael war damals 9 1/2 Jahre alt. Über sein weiteres trauriges Schicksal gibt das Totenbuch einige Auskunft: *A(nn)o 1633. auff die Hohe schul Tübingen verschicket: A(nn)o 1634. den 6. Augusti Magister artium worden: nachmalen auff das Studium Theologicum sich begeben: Anno 1635. den 3. Mai, wegen leibsschwachheit vnd andrer Unruhe [= Leiden], hieher sich gefunden: in die 9. wochen kranck gelegen: in der Kranckheit fleisig gelesen, eiferig gebetet, gar gedultig gewesen: starb d. 8. Juli, Mitwochen Morgens vmb halb Sieben uhr, sanfft vnd selig: dem Gott gnade.*

Der Sinngehalt

Der Sinngehalt des Epitaphs – die Zuversicht, ja Gewißheit der Erlösung – wird im Corpusbild unmittelbar anschaulich. Zwar ist die Aufnahme der Seele in den Himmel nicht als vollendete Tatsache dargestellt wie beim Denkmal der Afra Lackorn (S. 94ff.), aber die Voraussetzung dafür, Glaube und Gottes Gnade, führt uns das Gemälde in seinen auffälligsten Bildelementen vor Augen: Daß der Verstorbene gläubig war, drückt sich in seiner Haltung aus; er kniet demütig betend am Boden und hat die Augen auf Jesus Christus gerichtet. Die Gnade wird durch die himmliche Erscheinung in der Wolkenöffnung garantiert; Christus weist dem Betenden Kreuz und Wundmal als Zeichen seines Opfers, mit dem er Gottes Gnade für die Menschheit erwirkt hat.

Die Landschaft im Hintergrund ist wohl die schönste, die Jakob Hoffmann gemalt hat. Ob sie hier noch über sich selbst hinausweist, etwa als Paradiessymbol, ist schwer zu beurteilen. In der zugehörigen Stadt jedenfalls fehlen gerade die charakteristischen Gebäude – der Rundbau des Tempels, das türmebewehrte Tor –, die sie auf dem Denkmal Afra Lackorns (siehe S. 97) und anderen Epitaphen als Darstellung Jerusalems und damit als Symbol der Himmelsstadt ausweisen. Vielmehr ist die Stadt in den Hintergrund gerückt und ihr mittlerer Teil ist, malerisch höchst reizvoll, durch den Hügel verdeckt.

Es könnte sein, daß die Landschaftsdarstellung hier zum Selbstzweck geworden ist. Die Landschaft, früher zum Verständnis der örtlichen Verhältnisse notwendig, hat sich im Laufe des 15. und vor allem des 16. Jahrhunderts allmählich zum selbständigen Bildthema entwickelt, zuerst in Miniaturen (Stundenbüchern), dann auch in der Tafelmalerei. So wäre es nicht erstaunlich, wenn auch die Haller Epitaphmaler die Landschaftsschilderung vor allem als Stimmungswert eingesetzt hätten, sei es aus eigenem Antrieb oder auf Wunsch des Auftraggebers.

Der Maler

Die Zuschreibung an Jakob Hoffmann ist durch die Signatur *I HP* (= Iacob Hoffmann Pictor) und die Altersangabe des Malers *Æt(atis) 73 Jahr* gesichert, denn aus dem Totenbuch geht hervor, daß der einzige Maler mit diesen Initialen und diesem Lebensalter der Haller Jakob Hoffmann war. Er starb am 7. März 1642 mit ungefähr 79 Jahren (*beÿ 79. Jahren*), wurde also um 1563 geboren[7]. Das Gräter-Epitaph wäre dann erst 1636 vollendet worden, eine durchaus normale Entstehungsdauer.

Denkbar ist auch, daß die Angabe *Æt(atis) 73. Jar* „im 73. Lebensjahr" bedeutet. In dieser Bedeutung findet sich die Formulierung aber seltener.

Nimmt man probehalber noch an, das *P* stehe nicht für *Pictor* (Maler), sondern für den Nachnamen des Meisters und die Buchstaben *I* und *H* für seine Vornamen, so gelangt man zu einem negativen Ergebnis. Es findet sich kein Maler mit dem Nachnamen *P*, schon gar nicht im angegebenen Alter – ein argumentum ex nihilo zwar, doch läßt es sich absichern durch Vergleich von Stil und Schriftform mit den anderen, bloß mit I H oder mit vollem Namen signierten Werken Jakob Hoffmanns (Schweicker-Epitaph, Schmidt-Epitaph, Danielbild im Hällisch-Fränkischen Museum[8]). Bei dem stilgleichen Schweicker-Epitaph kommt als zusätzlicher Beleg noch die archivalisch gesicherte symbioseartige Zusammenarbeit zwischen Schweicker und Hoffmann hinzu (vgl. S. 165 und Deutsch 1983).

Quellen und Literatur
Epitaphienbuch 1698/1708, Bl.22r, Nr.4; Bd.a, S.25, Nr.4; *Gräter* 1796/97, Nr.172; R.*Krüger* Nr.48; *Deutsch* 1983 (Jakob Hoffmann), S.5 u.10; *Wunder* 1987 Nr.63.

Anmerkungen
1 Laut Epitaphienbuch: *Gleich Eingangs von der grosen Kirchenthier Linckher Hand bis an die Orgel / Ob der Barkirch* (= Empore).
2 *Gradmann* S.37 (dort irrtümlich als Prediger bezeichnet); Kapellenzählung einschließlich Türhalle.
3 Mit Halstuch (sog. Serviettenmasken), wie beispielsweise an den Epitaphen Melchior Wenger (S. 14ff.), Weidner (S. 78ff.) und Drüller (S. 188ff.).
4 Pfarrerbuch S. 126 f., Nr.748.
5 Totenbuch St. Michael II (1635–54), StAH 2/70, Bl.13r. – Der Text ist äußerst schwer zu lesen, weil die Tinte von der Rückseite des Blatts durch das Papier gedrungen ist.
6 Totenbuch bzw. Pfarrerbuch (wie Anm.5 und 4).
7 Totenbuch (wie Anm.5), Bl.193r.
8 *Deutsch* 1983, Abb.4 bzw.7, 27.

Leonhard Romig (um 1504 – 1589)
Gerber und Ratsherr

Holzepitaph mit Ölgemälden und geschnitztem Christuskopf (spätere Zutat); 216/131 cm.
Ursprünglich (laut Epitaphienbuch) im Langhaus, unter der Südempore; später im Chor an einer Säule[1]. –
Restauriert 1893 von Bildhauer Georg Hettinger (Ergänzungen), 1910 von Kunstmaler Gottfried Schmidt[2],
1998 von Jürgen Holstein und Roland Wunderlich.

Die Gemälde von **Peter Völcker** (Zuschreibung), 1589 oder kurz darauf;
der Christuskopf von Bildhauer **Georg Hettinger** (archivalisch gesichert), 1893.

[66]

Das Romig-Denkmal ist das älteste der in der Kirche erhaltenen Holzepitaphe. Es hat einen fast quadratischen Mittelteil (Corpus) mit einem Gemälde, einen hohen Aufsatz mit der Gedenkschrift für den Verstorbenen und einem weiteren, lünettenförmigen Gemälde, sowie einen hängenden Untersatz mit der Gedenkschrift für die vier schon verstorbenen Frauen. Fast das ganze Epitaph ist von großformigem Schweifwerk umgeben. Das Mittelbild hat einen breiten, blau und weiß bemalten Rahmen mit profiliertem Innenrand; an den vier Ecken sind geflügelte Engelsköpfe appliziert, in den Seitenmitten Rosetten. Auch am Schweifwerk des Untersatzes finden sich nahe den Corpusecken Rosetten und in der Mitte, unter der Inschrift, ein holzgeschnitzter Christuskopf mit Dornenkrone (alles Zutaten von 1893).

Das **Mittelbild** zeigt die Familie des Verstorbenen kniend um ein Kruzifix gruppiert, links (zur Rechten Christi) die Männer, rechts die Frauen, wobei den Söhnen und Töchtern ähnlich wie bei einer Wurzel Jesse elf Stämme entsprießen, an denen wie Blüten auf Kelchblättern die Figürchen der Enkel und Urenkel angebracht sind. Die zugehörige Inschrift (im Aufsatz) lautet:
Anno . 1589 . den . 15 . FEBRVARI: starb der Ernhafft herr / Leonhard Romig . des Rahts allhie, seins alters, 85 Jar, / vnd hat erlebt, an kinder, vnd Jren kindskindern, 171, Gott gnad im.

Anders als beim Firnhaber-Epitaph (S. 218ff.) hat hier also der Ehemann selbst die vielen Nachkommen erlebt, bei Firnhaber war es die Frau.

Das Kruzifix erhebt sich ein gutes Stück links der Bildmitte, um auf der rechten Seite Platz für die Überzahl der Frauen zu lassen: Zu den acht Töchtern, die den acht Söhnen auf der Männerseite entsprechen, kommen rechts ja noch die fünf Ehefrauen hinzu, vier verstorbene mit Totenschädeln vor sich und eine noch lebende (ganz rechts), alle mit ihren Wappenschilden zu Füßen und zur Sicherheit noch mit Nummern versehen.

Der Stammvater Lienhard Romig, in schwarzer, pelzgefütterter Schaube, kniet links vom Kreuzschaft im Vordergrund. Noch weiter vorne prangt das Romigsche Vollwappen[3], die Kniepartie Romigs und den Kreuzfuß verdeckend. Das Kruzifix und den verstorbenen Vater flankieren in keilförmig nach hinten gerichtetem Spalier links die acht Söhne, der erste und der sechste von ihnen schon verstorben, alle in schwarzer Kleidung mit Halskrause, der älteste, ein Krieger, mit einer Rüstung überm Gewand; auf der rechten Seite die erste Ehefrau, Amalia Seckel, mit vier verstorbenen und zwei noch lebenden Töchtern. Der Stammvater Romig und das Kruzifix heben sich in der Mitte des Spaliers gut sichtbar vom Hintergrund ab.

Rechts von der Gattin erster Ehe und ihren Töchtern – räumlich gesehen hinter ihnen – knien in paralleler Staffelung die zweite Ehefrau, Sibylle Pfannenschmied, mit ihren zwei Töchtern, und rechts von ihnen, wiederum parallel nach hinten gestaffelt, die drei übrigen, kinderlosen Ehefrauen Barbara Kün, Elisabeth Bernstein und – im Vordergrund – die noch lebende Katharina Bintz, die sicherlich das Epitaph in Auftrag gegeben hat. Alle Frauen tragen schwarze Mäntel und weiße Hauben mit Kinnbinde.

Über dieser Familienversammlung füllen den weitaus größten Teil des Gemäldes die Äste mit den Bildern der Enkel und Urenkel. Sie ranken sich, höchst dekorativ, in Schlangenlinien über einen durch Wolken belebten Hintergrund. Dabei entstehen durch die unterschiedliche Kleidung der männlichen und weiblichen Figuren willkommene Farb- und Helligkeitseffekte. Mit den schwarzen Mänteln der Enkel kontrastieren die roten oder hellfarbenen (blaßgelben, rosigen, kremfarbenen und bräunlichbeigen) Kleider der weiblichen Nachkommen, vor allem im oberen Bereich des Bildes, der dadurch gewissermaßen aufblüht. Das Merkwürdige dabei ist allerdings, daß diese Farbverteilung nicht künstlerischer Absicht, sondern einem biologischen Zufall entsprang, dem Umstand nämlich, daß die Frauen dieser Romig-Sippe überwiegend erst dann Mädchen gebaren, wenn sie vorher eine ganze Reihe Knaben in die Welt gesetzt hatten. Besonders deutlich wird das bei dem zweiten Sohn Melchior (links), dem erst nach dem sechsten Knaben eine geschlossene Reihe von elf Mädchen geschenkt wurde (dargestellt in roten Kleidchen, nur die verheiratete Gertraud in Grau). Ähnlich ist es bei der Tochter Maria (in der Ranke ganz rechts), die nach einer geschlossenen Reihe von acht Söhnen endlich sieben Mädchen gebar (in roten Kleidern), oder bei dem dritten Sohn Wilhelm, wo auf drei männliche Nachkommen acht weibliche (in blaßgelben Kleidern) folgten. Die 1589 bereits verheirateten Enkelinnen, denen ein neuer Zweig der Sippe entsprießt, tragen dunkelgraue Kleider und ein schwarzes Barett.

Trotz dieser naturbedingten Gegebenheit wußte sich der Maler künstlerischen Spielraum zu verschaffen: durch die Variation bei den Kleiderfarben und vor allem durch die Linienführung bei den Ästen. Zum Beispiel entspricht die links oben fast bis in die Seitenmitte schwingende Kurve der rot gekleideten Nachkommen der schwarzfigurigen Kurve rechts unten, und sie formt außerdem mit dem rotfigurigen Zweig des vierten Astes eine Art Ellipse, deren Längsachse durch die gelblichweißen Figuren des zweiten Astes gebildet wird. Oder bei dem Ast ganz rechts wird durch zweimaliges Einknicken seines rotfigurigen (oberen) Teils erreicht, daß er sich mit den rotfigurigen Zweigteilen weiter links zu einem kreisähnlichen Rund mit schwarzfiguriger Füllung zusammenschließt.

In ähnlicher Weise ist die ganze Bildfläche graphisch durchstrukturiert. Die ornamentale Wirkung dieser Struktur wird noch verstärkt durch die flächige Malweise. Insbesondere die Gesichter der kleinen Figürchen sind nicht plastisch „modelliert", sondern durch farbige Tupfen lediglich angedeutet. Auch die großen Gestalten unten wirken trotz ihrer perspektivischen Reihung kaum körperhaft. Insbesondere die Frauen bleiben flächige Schemen, die außerdem noch einander gleichen, ohne allen Anflug individueller Charakterisierung.

Der **Aufsatz**, bekrönt von einem großen und darüber einem kleinen profilierten Gesims mit Zahnschnitt und gerahmt von ausladendem Schweifwerk, enthält als Hauptbestandteil eine gemalte Tafel. Deren oberes Drittel überzieht ein spruchbandartiges, bogenförmiges Feld mit der dreizeiligen Gedenkschrift (siehe oben, S. 252). Das Bogenfeld unter der Inschrift füllt ein Gemälde. Es zeigt den Auferstandenen, wie er, die Siegesfahne in der Rechten, in einer Wolkenaureole dem Grab entschwebt; vor ihm vier Wächter, von denen sich einer erschrocken aufbäumt, ein anderer nach links davoneilt und zwei weitere sich im Vordergrund zu Boden werfen. Im Hintergrund der rechten Seite sieht man in einer Landschaft mit Bäumen und Gras die drei Marien von der schemenhaft dargestellten Stadt Jerusalem heranwandeln.

Der Sinngehalt

Das Mittelbild behandelt in seinem unteren Teil das Grundthema der meisten Epitaphe: Der gläubige Christ kann auf die durch Jesu Opfertod erwirkte Gnade Gottes und damit auf seine Erlösung hoffen. Bildhaft läßt sich der Glaube des Verstorbenen, wenn man nicht auf eine allegorische Figur der Fides zurückgreifen will, am sinnfälligsten durch das demütige Beten vor dem Kruzifix ausdrücken; so auch hier.

Die Darstellung des Gekreuzigten im Corpus des Epitaphs findet ihre Ergänzung im Auferstehungsbild des Auszugs. Nach christlicher Auffassung sind Tod und Auferstehung Jesu ein einziger, innerlich unlöslich zusammenhängender Vorgang, denn erst in der Auferstehung vollendet sich das Handeln Gottes zum Heil der Menschheit. Der Bezug zur Auferstehung des einzelnen Menschen – wesentlich für den Sinngehalt des Epitaphs – erhellt aus Worten von Paulus, besonders dem Römerbrief 8,11: *Wohnt aber der Geist dessen in euch, der Jesus von den Toten erweckt hat, so wird derselbe ... auch euren sterblichen Leib lebendig machen durch seinen in euch wohnenden Geist.*

Das Besondere am Romig-Epitaph ist, daß in dieses Heilsgeschehen nicht nur, wie in aller Regel, der Verstorbene und seine engere Familie einbezogen wurden, sondern alle 171 Nachfahren, die bei seinem Tod geboren waren und auf dem Denkmal dargestellt sind.

Die Art, diesen Bildvorwurf zu behandeln, ist für ein privates Familienbild höchst originell, wenn nicht original. Formale Vorbilder waren die seit dem hohen Mittelalter bekannten Darstellungen der Wurzel Jesse und ähnlicher Themen. Besonders gut vergleichbar sind zum Beispiel der *Stammbaum Christi* (Wurzel Jesse) und der *Stammbaum der Dominikaner* von Hans Holbein d.Ä. (1501)[4]. – Eine Nachfolge fand die Komposition im Epitaph des Peter Firnhaber (S. 218ff.).

Der **Christuskopf** mit Dornenkrone im Schweifwerk des Untersatzes gehört nicht zum originalen Bestand des Denkmals (siehe unten, S. 259f.) Er paßt aber zu dessen Thematik, denn auch die Dornenkrone verweist auf das Leiden und den Opfertod Jesu. – Der Kopf gibt freilich Rätsel auf. Auch wenn man einräumt, daß er ikonologisch sinnvoll ist, so war es doch ganz und gar unüblich, an dieser Stelle das Haupt des leidenden Christus anzubringen. Andererseits ist schwer vorstellbar, daß der Auftraggeber von 1893 – es war der Kirchengemeinderat und nicht etwa ein Nachkomme des Stifters – sich hier eine Neuschöpfung hätte einfallen lassen. Tatsächlich ist in den Schriftquellen (siehe unten) auch nur von Renovierungsarbeiten die Rede. Hat der Kopf also doch einen älteren ersetzt? Oder saß an dieser Stelle ursprünglich eine Kopfmaske aus Pappmaché, die verrottet oder abgefallen war und die der Bildhauer deshalb entsprechend seinen technischen Möglichkeiten durch ein Schnitzwerk seiner Wahl ersetzt hat?

Der Maler

Peter Völcker (Völckher, Volcker, Volckher), um 1555 – 15. April 1605[5], war ein Sohn des Unterlimpurger Hafners Bonaventura Völcker[6]. Peter lernte in den Jahren 1571/72 auf der Comburg bei dem dort von 1568–1575 für den Dekan Erasmus Neustetter mit zahlreichen Arbeiten beschäftigten Maler Michel Viol, einem gebürtigen Konstanzer (geb. 1545), damals in Würzburgischen Diensten[7].

Seit spätestens 1582 war Peter Völcker selbständig[8]. Er heiratete 1583 (Genoveva Schweicker in St. Michael, † 1586) und zum zweitenmal 1586 (Agathe Baumann in St. Katharina)[9]. Seit spätestens 1591 wohnte er in der Katharinengasse (heute Lange Straße[10]); 1582/83 wird er noch als *moller under dem Berg* (= Unterlimpurg) bezeichnet[11]. Er besaß damals ein Vermögen von 400 Gulden, das sich bis zu seinem Tode 1605 auf 1000 Gulden vermehrte[12].

In den Schriftquellen, vor allem den städtischen Rechnungsbüchern (*Steuerrechnungen*) werden folgende Werke Peter Völckers genannt:

1) 1582: Eine Sonnenuhr am Städttor für 4 Gulden[13].

2) 1582: Ausmalung der Ratsstube des damaligen Rathauses: *Peter Volckher Moller under dem berg von der Rathstuben zumolen geben 36 f* (= Gulden)[14]. – In der Chronik der Reichsstadt Hall (StAH 4/3) wird die Einrichtung dieser Ratsstube (es war der Sitzungsraum des Rats) im Zustand von 1597 beschrieben. An Malereien werden Wandbilder der Tugenden Wahrheit, Klugheit, Mäßigkeit und Gerechtigkeit und die Jahreszahl 1582 genannt[15].

3) 1583: Bemalung von 14 Gewehren (*Bottenbuchssen*) zu je 3 ß (Schilling) und andere, nicht genannte Arbeiten, zusammen 2 f 1 lb (Pfund) 5 ß[16].

4) 1584: Er erhält 8 Gulden verehrt *von einer tragedi wegen*. Vermutlich malte er die Kulissen zu einem an gleicher Stelle genannten Schauspiel Peter Gräters, das zu Ehren des Rats aufgeführt wurde[17].

5) 1584: Er bemalt und vergoldet die künftigen Kirchenstühle der beiden Stättmeister für 6 Gulden (einschließlich Gold)[18].

6) 1584: Er bemalt zwei Bettelvogts-Säcke für 12 Schilling[19].

7) 1585: Er malt *etliche Sachen* für 1 Pfund[20].

8) 1586: Er erhält für etliche Malarbeiten 1 Gulden 1 Schilling[21].

9) 1586: Er malt ein Jüngstes Gericht in der Michaelskirche für 29 Gulden: *XXVIIII fl von wegen des Jungstenn gericht so ich in der kirchen gemallt hab*[22]. Es handelt sich um ein Gemälde an der westlichen Innenwand über dem Hauptportal, nur in Spuren erhalten und seit 1999 nicht mehr sichtbar (wegen eines neuen Windfangs wurde es durch ein Schutzvlies überdeckt und verputzt[23]). Von den dargestellten Figuren war der zu Füßen des Weltenrichters kniende Täufer Johannes noch am besten zu erkennen.

10) 1586: Er erneuert (übermalt) die spätgotische Baumeisterfigur von 1456 im Gewölbe des südwestlichen Seitenschiffjochs für zehn Batzen (= 40 Kreuzer = 2/3 Gulden): *X batzen von wegen des alten baumeisters oben am gew(e)lb zu erneuern*[24]. Unter der Figur sind noch heute Völckers Monogramm *PV* (in Ligatur) und die Jahreszahl *1586* zu sehen.

11) 1587: Er erneuert das Hochaltar-Retabel der Michaelskirche und malt auf dessen Rückseite die Grisaille mit der Ehernen Schlange: *Ich petter Völcker maller bekam [...] von dem hohen alttar zu rennoviren in sannt michels kirchen 48 guldin anno 87*[25]. Auf dem Hochaltar stand damals schon – wie heute wieder – das Passionsretabel, und dessen grau in grau bemalte Rückseite ist tatsächlich 1587 datiert, also muß sich die Quellenstelle auf diese Malerei beziehen. – Über die Bedeutung der Ehernen Schlange als Präfiguration der Kreuzigung siehe Johannes 3,14[26].

12) 1587: Er bemalt einen Gerichtsstab für 1 Ort (= 1/4 Gulden)[27].

13) 1587: Er bemalt den Marktbrunnen für die beachtliche Summe von 34 Gulden: *Peter Volcker von dem prunen auff dem marckt außzustreichen geben 34 f*[28].

14) 1587: Er bemalt wiederum einen Gerichtsstab für 1 Ort[29].

15) 1588: Er malt am inneren Stiftstor der Comburg[30].

16) 1588: Er fertigt Abrisse *der (Land)heg halber* und wird aus diesem Anlaß zusammen mit dem Grabenreiter etc. in etlichen Gasthäusern bewirtet[31].

17) 1589: Er läßt sich für einen Landschaftsabriß (den oben genannten?) mit zehn Ellen Tuch im Wert von 4 Gulden bezahlen[32].

18) 1590: Er malt zwei Wappen am *schießrain* der Armbrustschützen für 2 Gulden[33].

19) 1590: Er bemalt das Portal auf dem Unterwöhrd (*uff dem underwert*) und den Turm in der Gelbinger Gasse (den Josenturm, dessen Aufsatz damals gebaut wurde) für zusammen – einschließlich Farbe – 115 Gulden 2 Pfund[34].

20) 1591: Er erhält für ungenannte Arbeit 2 Gulden[35].

21) 1591: Er bemalt etliche Fahnen und anderes für 2 Gulden[36].

22) 1594: Er erhält für etliche Arbeit laut (nicht mehr vorhandener) Rechnung 6 Gulden 16 Schilling[37].

23) 1594/95: Er erhält 50 Gulden für die *zwen Abriß des Ampts über die bibler* [jenseits der Bühler] *und des Ampts uff der schlicht* [zwischen Kocher und Bühler], *sampt allen Strittigen Jagen zwischen velberg und hall, so er anno 88. ferttig gemacht, aber bishero unverrechnet pliben*[38]. (Handelt es sich um die Arbeit Nr.16, für die er seinerzeit nur verköstigt wurde?) Bei derartigen *Abrissen* handelt es sich um Landkarten, in die zur besseren Orientierung Ortschaften und markante Stellen der Landschaft bildhaft eingezeichnet wurden. Beispiele dafür finden sich in WFr 1965, S.63–65.

24) 1597: Er porträtiert im Auftrag des Rats eine Mißgeburt: *Maister Petter Völckher von wegen des zue thalen* [Talheim] *gebornen Kindts und erschrockhlichen munstrums, so er abconterphet* – 6 f[39].

25) 1597: Er erhält für eine ungenannte Arbeit 6 Schilling[40].

26) 1598: Er porträtiert wieder ein mißgeborenes Kind: *Maister Petter Völckhern verert alls er die mißgeburt zue rainsperg abgemalt und ander arbait 6 f*[41].

27) 1599: Er wird beauftragt, eine – offenbar seltene – Jagdbeute im Bild festzuhalten: *Peter Völckhern dem Maler Von dem Vogel so der Stallmeister geschossen abzumalen zalt 2 f*[42].

28) 1599/1600: Er malt eine Uhrtafel am *Minchsthurn* (Barfüßerturm = Turm der Jakobskirche) für 7 Gulden 10 Schilling[43].

29) 1600: Er malt eine Fahne für die Trinkstube um 12 Schilling[44].

30) 1600/1601: Er malt eine neue Sonnenuhr under das Neutor um 15 ß[45].

31) 1602: Er malt eine Sonnenuhr beim Riedener Tor um 20 Schilling[46].

32) 1602: Er bemalt um 2 Gulden einen *Muschathierer man*, eine hölzerne Schützenscheibe in Mannsform, nach der die Musketenschützen schießen[47].

33) 1603: Er erhält die beträchtliche Summe von 120 Gulden für Malarbeiten an der Orgel (von St. Michael): *Maister Petter Volckher dem malern so er an der Orgel verdient zalt 120 f*[48]. Damals wurde die ganze Orgel – sie befand sich an der nördlichen Chorwand – erneuert und dafür ein Gerüst gebaut (StR 707). So liegt es nahe, die obige Nachricht auf die gemalte Umrahmung dieser Orgel zu beziehen, die ja stilistisch in die Zeit um 1600 paßt.

Die große Zahl der öffentlichen Aufträge läßt erkennen, daß Peter Völcker für die Stadt Hall eine ähnlich gewichtige Rolle als Maler spielte wie sein Lehrmeister Michel Viol für die Comburg. Ferner wird ersichtlich, daß er – wie alle Maler und Bildhauer damaliger Zeit – mit seiner Werkstatt sowohl einfache handwerkliche Aufträge (Anstreicherarbeiten) wie Werke der bildenden Kunst ausführte.

Leider haben sich von den 33 belegten Arbeiten nur zwei erhalten, an denen noch die Formensprache des Meisters erkennbar ist und die sich daher für weitere Zuschreibungen eignen: Die Grisaille am Hochaltar (Werk Nr. 11) und die Umrahmung der Chororgel (Werk Nr. 33), beide in der Michaelskirche. Das Jüngste Gericht über dem Hauptportal (Nr. 9) ist praktisch nicht mehr vorhanden, und bei dem Baumeister am Gewölbe (Nr. 10) handelt es sich nur um eine Übermalung der Figur von 1456, wie die zweifarbige spätgotische Tracht mit kurzem Rock und Schnabelschuhen zeigt.

Aber auch die Gemälde an Hochaltar und Orgel machen uns Stilvergleiche schwer. Die Grisaille mit der Ehernen Schlange folgt in großen Partien einem Bibelholzschnitt von Jost Amman nach Johann Bocksperger (1564); und das Orgelgemälde ist so verblaßt, daß man nur noch Teile einigermaßen deutlich sieht: Dargestellt ist, auf einer Konsole stehend, links König David mit Harfe, in einer Kartusche darüber die Inschrift: *Lobet vnßeren / Gott mit Harpfen / Psalm 147* (= Ps 147,7); auf der rechten Seite Jubal, eine Fidel streichend und einen Instrumentenkasten (?) zu Füßen; die Inschrift der zugehörigen Kartusche lautet: *Jubal der erste / pfeiffer vn(d) Geiger /. Gennes: IIII.* (= 1. Mose 4,21). Über den Figuren sitzt beiderseits auf einer großen Volute ein Kinderengel mit aufgeschlagenem Notenbuch. In das Schweifwerk der Malerei eingefügt sind anscheinend Musikinstrumente (ein Zink über Jubal ist noch deutlich zu erkennen) und links und rechts oben ein Fruchtgehänge.

Die Zuschreibung des Romig-Denkmals gelingt leichter, wenn man dafür einige Bindeglieder in St. Katharina bemüht: die Epitaphe des Ratsherrn Abraham Eisenmanger († 1600), des Michael Mangelt († 1604) und des Feldrichters Andreas Klotz († 1605)[49]. Insbesondere das Klotz-Epitaph eignet sich für Vergleiche. Es ist wahrscheinlich eine Gehilfenarbeit, aber, nach seiner schlichten Komposition zu schließen, mit hoher Sicherheit von keiner fremden Vorlage abhängig. Man kann es einerseits an die gesicherten Werke Völckers anschließen. Zum Beispiel gleicht die Figur ganz links in der Szene am See Genezareth (Jakobus?) in der Kopfform dem David der Orgelumrahmung, und an beiden Werken findet man die gleiche Ornamentik (Beschlagwerk mit plastisch gemalten Voluten). Auf der anderen Seite läßt sich das Klotz-Denkmal mühelos mit dem Romig-Epitaph verbinden:

Die unter dem Kreuz knienden Figuren sind hier wie dort mit dem gleichen Schematismus dargestellt. Vor allem die Frauen sind zu bloßen Formeln erstarrt, mit immer gleicher Wiedergabe von Tracht, Gesicht und Händen, und ohne jede individuelle Charakterisierung. Sie ließen sich folgenlos auswechseln und ohne weiteres auch von einem Epitaph auf das andere übertragen. Das gleiche gilt für andere Bildelemente, zum Beispiel die Totenschädel, die wie Tennisbälle vor den Figuren liegen, mit kreisrunden Augen, zwei länglichen Tupfen anstelle der Nasenhöhlen und einer Andeutung von zwei oder drei Zähnen. All das findet sich ebenso in der entsprechenden Darstellung des Eisenmanger-Denkmals. Das Lendentuch Jesu flattert am Klotz-Epitaph und am Eisenmanger-Epitaph in ganz ähnlichen eckigen Knitterungen wie beim Auferstandenen des Romig-Denkmals. Auch Körperhaltung und Körpermodellierung des Gekreuzigten gleichen sich an allen drei Werken; sie wirken bei Klotz und Eisenmanger nur einen merklichen Grad gehilfenmäßiger. Und schließlich ist die rahmende Ornamentik mit ihrer Mischung aus Beschlagwerk und Voluten bei Klotz wie Romig von der gleichen Art, wenn man berücksichtigt, daß bei Romig die „Augen" der Voluten erst 1893 mit Rosetten überdeckt wurden (vgl. S. 259f.).

Charakteristisch für die Völcker-Werkstatt sind außerdem einige Buchstabenformen in den Inschriften, vor allem eine merkwürdige Einschnürung an den Rundungen der Buchstaben p, w und v, die wie eine angefügte Drei aussehen. Beispiele am Romig-Epitaph, untere Inschrift: *fraw* (4mal), *aprilis, pfanenschmidin*; am Familienbild: *pilips* (sic!, links von Christus), *wilhelm* ... An der Orgelumrahmung: *Harpfen, pfeiffer*. Am Hochaltar, im Gedicht: *wie, wunden*; am Oberflügel (Psalm 69): *vn(d), wunden*. Am Klotz-Epitaph, in der Gedenkschrift auch bei den *y: beÿ, seÿ*; an der Predella: *wilteissen*. Am Eisenmanger-Epitaph: *wahren, mitverwandte, Bauwherr, Vlrich*. Am Mangelt-Epitaph: *allenthalben*.

Mit dieser Buchstabenform als „Leitfossil" lassen sich dann noch weitere Werke Völckers aufspüren, in der Michaelskirche zum Beispiel das fast gleichzeitige Epitaph der Veronika Schulter, † 1590 (Wunder Nr.25): *vnverweißlich, erwisnen, Veronika*. Bestätigt wird diese Zuschreibung durch das Familienbild in der Predella: Der Gekreuzigte stimmt – auf etwas höherer Qualitätsstufe – mit dem des Klotz-Epitaphs überein, einschließlich der Drapierung und Knitterung des Lendentuchs, der Form des Körpers und des Totenkopfs. Das Hauptbild kopiert eine fremde Vorlage (die später auch Merian in seiner Bibel für den Kupferstich der Himmelfahrt Christi verwendete); es eignet sich deshalb nicht zum Stilvergleich. Das gleiche gilt für ein weiteres Werk Völckers, das grau in grau gemalte Auferstehungsbild an den Heilig-Grab-Flügeln der Urbanskirche, das ausschließlich nach älteren

Vorlagen (von Bocksperger/ Amman und anderen) kopiert ist.

Die Zuschreibungen lassen erkennen, daß sich das Schaffen Peter Völckers keineswegs auf die überlieferten 33 öffentlichen Aufträge beschränkt hat, sondern daß seine Kunst auch bei privaten Auftraggebern begehrt war (nur daß sich davon naturgemäß keine Rechnungen erhalten haben). Das verwundert insofern, als die künstlerische Qualität seiner Werke relativ bescheiden ist. Aber es scheint – wie so häufig in Hall –, daß es damals dort keine große Auswahl an Malern gab. Neben Völker arbeiten zunächst nur die beiden Brüder Adam und Reinwolt Bitterer, doch mehr als Anstreicher, wie es scheint. Erst nach der Mitte der achtziger Jahre kam der Autodidakt Jakob Hoffmann (siehe u.a. S. 165ff.) als *Kunstmaler* hinzu.

Der Bildhauer
Die Kenntnis des Bildhauers verdanken wir einem Quellenfund von Hans Werner Hönes. In einem *Verdienstzettel* vom 30. März 1893 berechnet der Bildhauer Georg Hettinger dem Kirchengemeinderat von St. Michael u.a.: *III Chornische. An der Gedenktafel des Bernhard [!] Roming 4 geflügelte Engelsköpfe 3 M – 12 M / für 1 Christuskopf u. 6 Rosetten zus. 4 M 50.*[50] – Am 3. Dezember 1893 legt Hettinger dem Kirchengemeinderat wegen unvorhersehbarer Mehrarbeit noch eine Nachforderung vor, u. a. für *Leonhardt Roming's Tafel. / 1 geflügelten Engelskopf [Mark] 3. / 2 Rosetten [Mark] 1. / an der rechten obern Wase den Fuß u. sonstige Stücke angesetzt [Mark] 2.*[51]

Der Kirchengemeinderat forderte daraufhin von dem Zeichenlehrer Prof. Friedrich Reik ein Gutachten über die berechneten Arbeiten Hettingers an. Reik hielt jedoch wenig von der Schnitzkunst des Bildhauers und kritisierte sie mit schulmeisterlicher Arroganz sowohl im allgemeinen als auch an jedem einzelnen der restaurierten Denkmäler. Ich zitiere davon die für das Romig-Epitaph relevanten Passagen:

Wohllöblichem Pfarrgemeinderate zu Skt Michael erlaubt der gehorsamst Unterzeichnete Ihrem Wunsche entsprechend über die Wiederherstellungsarbeiten an den Gedenktafeln u. Seitenaltären zu Skt Michael durch den Holzbildhauer Herrn Georg Hettinger nachstehendes zu äußern:

Im Allgemeinen: Herr Georg Hettinger ist einer derartigen Arbeit unter seinen dermaligen Verhältnißen durchaus nicht gewachsen ... Er hat weder das hiezu nötige technische Geschick, den fertigen flotten Schnitt, noch die übrige nötige wissenschaftliche Vor- und Ausbildung hiezu.

In ersterer Beziehung fehlt ihm die erforderliche längere Vorbildung einer geordneten Lehrzeit, einer strengeren längeren Uebung in guten Meisterwerkstätten als Geselle und für die gegenwärtige Zeit der notwendige anregende Aufenthalt in einer Umgebung, in welcher er Aufträge erhalten kann, die seine technische Ausbildung und seine künstlerische Anschauungen klären, woselbst durch wohlwollende Anregung u. entsprechende Kritik sein künstlerisches Wissen u. Kennen gehoben würde. ...

In keiner Weise besitzt er die nötige wissenschaftliche Ausbildung, speziell Kenntniß u. Erfahrung in der Stilkunde weder in Beziehung auf die Formen noch auf den Stoff, weder in der Architektur u. Ornament noch im Figürlichen. Es kommen bei ihm in dieser Hinsicht die gröbsten Verstöße vor.

Wird im allgemeinen in unserer Zeit es schon schwer sein, im Modernen auf der Höhe der Zeit zu stehen, so ist es noch viel schwieriger im Geiste jener Jahrhunderte neu zu schaffen und zu ergänzen u. es gilt hiebei namentlich sich nur an gute Vorbilder zu halten u. dieß unter steter Beobachtung des jeweiligen Materials.

Es ist deßhalb dem gehorsamst Unterzeichneten auch ganz unklar, wie Herr Hettinger in dieser leichtfertigen Weise so vorgehen konnte, da doch in Skt. Michael selbst, in Skt Katharina, auf Großkomburg ..., in der Sammlung des Altertumsvereins etc es an mustergiltigen Vorbildern durchaus nicht fehlt. / Abgesehen von seinem mangelhaften Schnitte, der mehr ein Graben u. Graviren, ein Nagen u. Herausbeißen ist, fehlt es seinen architektonischen Arbeiten an der Profilierung, der Linienführung u. Flächenbehandlung ...

Bei einzelnen Epitaphien ist die Ornamentirung gerade ganz falsch; so sind am Grabmal Leonhardt Romings die Augen der Voluten ursprünglich, wie es noch ersichtlich ist, gemalt u. endigen in einfachen Knöpfen, wie Figur a zeigt [Zeichnung am Rand]. Da hat nun Herr Hettinger einfach jedes Auge mit einer von ihm selbst gepreßten weißen fla-

Leonhard Romig

chen Papierrose übernagelt, wie Figur b zeigt u. hiefür per Rose 50 d(n) [= Pfennig] verrechnet. Sie sind wieder zu entfernen. ... Der Ecce homo ist ein abgehärmter, karrikirter Kopf, u. kein edles Dulderantlitz, wie es die Renaissancezeit so schön aufweist u. wie man Vorbilder aller Orten trifft. Siehe den sterbenden Christus am alten Hochaltar zu Skt Michael. ... [Unterstreichungen im Original]

Anträge: 1) Die meisten der von Herrn Georg Hettinger gefertigten Ergänzungsarbeiten sind styl- u. zeitgemäß verfehlt und können in ihrer nunmehrigen Ergänzung kaum belassen werden. 2) von einer weiteren Nachzahlung, Entschädigung an Herrn Georg Hettinger kann also unter diesen Umständen keine Rede sein. 3) sollten Herrn Georg Hettinger für die Zukunft keine derartigen weiteren Aufträge zu selbständiger Ausführung oder doch nur unter entsprechender Aufsicht übertragen werden. ...

Hochachtungsvollst / Hall, den 8. Mai 1894 / Professor Fr. Reik[52].

Geändert wurde an den Ergänzungen allerdings nichts. Nur die Nachrechnung Hettingers wurde auf etwa ein Drittel gekürzt. Die Kontroverse zeigt exemplarisch den Konflikt zwischen der herkömmlichen handwerklichen Ausbildung und der modernen, akademischen Schulung der Künstler. Bezeichnend dafür ist, daß Reik von dem Bildhauer *wissenschaftliche Vorbildung* und *Kenntnis der Stilkunde* forderte. Aber welchem der empfohlenen *mustergiltigen Vorbilder* hätte Hettinger den angemessenen Stil für die Ergänzung eines Epitaphs von 1589 entnehmen sollen? Und tat er dann nicht besser, sich auf seine eigene, wenn auch bescheidene Formensprache zu beschränken? Gewiß, die von ihm erneuerten Engelsköpfe und Rosetten sind stümperhaft, aber das Christushaupt hält sich im Rahmen dessen, was manches ältere Werk in den Haller Kirchen an bescheidener Qualität zu bieten hat.

Quellen und Literatur

Epitaphienbuch 1698/1708, Bl.1r, Nr.3; Band a, S.1, Nr.3; *Gräter* 1795/96, Nr.151; Gerd *Wunder*, Lienhard Romig und seine Nachkommentafel in der Michaelskirche, in: Der Haalquell, Jg.18, 1966, Nr.6, S.21-24 (mit 3 Abb.); R. *Krüger* Nr.33; *Wunder* 1980, S.53 f., 177 u. Abb.7 (Schwarzweiß-Aufnahme des Mittelbilds); *Wunder* 1987 Nr.66.

Anmerkungen

1 *Gräter* 1795/96 (Beschreibung der Chor-Epitaphe), Nr.151: *An der Saul ob dem Tauf-Altärlen, und Präceptorstühlen*.
2 Rechnungsbuch Schmidt: September 1910. *Votivbild des L. Romig restaurirt M. 22.-*. Zu Hettinger siehe unten, S.259 f.
3 Beschreibung der Wappen - außer dem der dritten Gattin, Barbara Künne - bei Rainer *Krüger*, S.45.
4 In Frankfurt am Main, Staedel-Museum; abgebildet u. a. bei Norbert *Lieb*/Alfred *Stange*, Hans Holbein der Ältere, München/Berlin 1960, Abb.43 u. 44.
5 Sein Todesdatum und Sterbealter nennt die Inschrift seines Grabmals, das im Katharinen-Kirchhof *an der Mauer geg(en) d(er) Stras(en) gemahlt (!)* war: *Anno Dei. 1605. d(en) 15. Appril starb der Erbarr und Kunstreiche Peter Völckher Mahler und Burger alhier seines Allters 50. Jahr* (Epitaphienbuch Bl. 98v).
6 Vgl. *Wunder/Lenckner* Nr. 2334. - Schon der Vater Bonaventura befaßte sich gelegentlich mit Malerarbeiten. So bemalte er 1572 für 1 fl 4 ß zwei *Thurn Corpus*, wohl Holzmodelle für den geplanten neuen Aufsatz des Michaelsturms, die der Schreiner Jörg Bauer für 3 fl geliefert hatte (*visier zum Newen sant Michels thurn*); Steuerrechnung 582, StAH 4a/38b, Quartal Jan/Apr. 1572.
7 Näheres über Michel Viol, seine Herkunft und seine Comburger Werke bei Gerd *Wunder*, Meister Michel Viol aus Konstanz, Maler der Komburg, in: WFr 1986, S.159-161.
8 Erste Zahlung an ihn Juli/Okt. 1582 (siehe unten).
9 Siehe *Wunder/Lenckner* Nr.2335.
10 Beetlisten 1591/92 bis 1605/06, StAH 4/1885 bis 4/1890.
11 Steuerrechnung 625, 4a/46a, Okt/Jan. 1582/83.
12 Beetlisten, wie Anm.10.
13 Steuerrechnung (StR) 624, StAH 4a/45d, Quartal Juli/Oktober.
14 StR 625, 4a/46a, Okt/Jan 1582/83.
15 Neben gereimten Versen (*herrlichen denkwürdigen Sprüchen*) mit einer Ermahnung zu gerechter Jurisdiktion waren *hin und her an den Wänden auch dieße Tugenden abgemalet, nemlich Veritas, Prudentia, Temperantia und Justitia, in der Mitte aber ... vier Vers, darinnen die Jahrzahl des Gemäls zu befinden war: / Nach Christi Geburt eintausend Jahr / fünfhundert achtzig zwey, als war / K(aiser) Rudolph der ander zu der Zahl, / gemalt und ziert ist dieser Sahl* (zit. nach G. *Lenckner*, Von alten Rathäusern, in: Der Haalquell, Jg.17, 1965, Nr.9, S.33-35, hier S.34 f.).
16 StR 628, 4a/46d, Jul/Okt 1583.
17 StR 631, 4a/47c, Apr/Jul 1584.
18 StR 631, ebd.
19 StR 632, 4a/47d, Jul/Okt 1584.
20 StR 635, 4a/48c, Apr/Jul 1585.
21 StR 638, 4a/49b, Jan/Apr 1586.
22 Rechenzettel über die Heiligen-Pflegschaft zu St. Michael 1581-1600, *petter volcker Maller rechen zettel dis 86 jar* (Dekanatsarchiv - Depositum im StAH - 80a).
23 Vgl. Hans Werner *Hönes*, Michaelkirche Schwäbisch Hall, Innenrenovierungen und Veränderungen in der Einrichtung im Laufe der Jahrhunderte, Masch. - Manuskr. 2000, S.2.
24 Wie Anm.22.
25 Wie Anm.22, *petter volcker Maller rechen zettel Anno 1587* (jeweils ausbezahlt vom Heiligenpfleger Ezechiel Beyschlag).
26 Näheres über Präfigurationen bei Denkmal Nr.133 (Bonhoeffer-Altar) S.368 ff. und bei *Deutsch* in WFr 1985, S.134.
27 StR 642, 4a/50b, Jan/Apr 1587.

28 StR, ebd. – Laut der Grünen Chronik (4/8) erhielt der Brunnen bei dieser Gelegenheit auch eine Inschrift in lateinischen und deutschen Reimen, gedichtet von den Geistlichen Johannes Rösler und Jakob Gräter (vgl. Wilhelm *German*, Chronik von Schwäbisch Hall, Schwäb. Hall 1900, S.191 f.).
29 StR 642, 4a/50c, Apr/Jul 1587.
30 Comburger Rechnungsbücher, Staatsarchiv Ludwigsburg B 375, Bd. 540-544, zu 1588. Zit. nach *Wunder* (wie Anm.7), S.160.
31 StR 647, 4a/51c, Apr/Jul 1588.
32 StR 650, 4a/52b, Jan/Apr 1589.
33 StR 655, 4a/54c, Apr/Jul 1590.
34 StR 656, 4a/54d, Jul/Okt 1590.
35 StR 659, 4a/55c, Apr/Jul 1591.
36 StR 660, 4a/55d, Jul/Okt 1591. – Die folgenden vier Bände der Steuerrechnungen (Nr. 661-664) sind nicht mehr vorhanden.
37 StR 671, 4a/57c, Apr/Jul 1594.
38 StR 673, 4a/58a, Okt/Jan 1594/95.
39 StR 682, 4a/60b, Jan/Apr 1597.
40 StR 683, 4a/60c, Apr/Jul 1597.
41 StR 688, 4a/61d, Jul/Okt 1598.
42 StR 690, 4a/62b, Jan/Apr 1599.
43 StR 693, 4a/63a, Okt/Jan 1599/1600.
44 StR 695, 4a/63c, Apr/Jul 1600.
45 StR 697, 4a/64a, Okt/Jan 1600/01.
46 StR 703, 4a/65c, Apr/Jul 1602.
47 StR 704, 4a/65d, Jul/Okt 1602. – Zur Erläuterung vgl. StR 656, wo der Stadtschreiner für einen hölzernen *man*, danach die Musketenschützen schießen, 1 Gulden erhält.
48 StR 707, 4a/66c, Apr/Okt 1603. – Gleichzeitig wurden *Joseph Demuott dem Zinckhen Plaser von dem gantzen werckh wider zue ernewern auch einem Newen Ruckh Positif zue machen* 300 Gulden bezahlt. Demnach war der Zinkenist Josef Demut (als Haller Musikant erwähnt noch 1610/11) zugleich Orgelbauer.
49 Das Klotz-Epitaph entstand vor Februar 1605, denn das Todesdatum (3.2.1605) ist nachgetragen; vgl. dazu Nr.42 (Thomas Schweicker), S. 171, Anm.37. – Das Epitaph zeigt die Szene, wie Jesus am See Genezareth die Fischer Petrus und Andreas – laut Mt 4,18-20 und Mk 1,16-18 – zu *Menschenfischern* beruft. Andreas, der Namenspatron des Feldrichters (in der Bildmitte), wird von Jesus vor Petrus als erster empfangen.
50 Kirchenarchiv St. Michael, Rechnungen 1892/93, Beleg Nr.87.
51 Ebd., Rechnungen 1893/94, Beleg Nr.107. Ebenfalls von Hans Werner Hönes aufgefunden.
52 Ebd., 1893/94, Beleg Nr.108. – Der volle Wortlaut des Gutachtens, auch in Bezug auf die anderen von Hettinger restaurierten Denkmäler, bei: Hans Werner *Hönes*, St. Michael Schwäbisch Hall, Beiträge zur Baugeschichte und den Instandsetzungen im Laufe der Jahrhunderte, Masch.-Ms. 1999, Anlage 12.

Friedrich Peter Wibel (1691–1754)
Prediger und Dekan

Holzepitaph mit gemaltem Bildnis (Öl auf Leinwand) und flankierenden Schnitzfiguren; 306/167 cm[1]. Ursprünglich im Langhaus (siehe unten). Letzte Restaurierung 1999 von Monika List und Heidi Kisslinger, beide Stuttgart; dabei wurden von Bildhauer Marcus Steidle ergänzt: der Mittel- und Ringfinger der rechten Figur, der rechte Zeigefinger und der linke kleine Finger der linken Figur, drei Strahlen am Auge Gottes und kleinere Teile der Ornamentik.

Das Gemälde von **Johann Daniel Hauck** (signiert); die Schnitzwerke nicht sicher einzuordnen (Werkstatt von Georg David Lackorn?). Datiert am Gemälde: 1754; entstanden nach dem Tod Wibels, also in der zweiten Jahreshälfte, da laut Gedenkschrift von der Verwandtschaft (*seinen BlutsFreunden*) errichtet.

[67]

Das Denkmal hing ursprünglich an der Südempore des Langhauses (*vorwärts an der sogenannten Salzsieders-Emporkirche, nächst der Sakristei*) neben den Epitaphen des Urgroßvaters M. Johann Georg Wibel, des Großvaters M. Georg Bernhard Wibel (S. 130ff.) und – laut Gedenkschrift – des Vaters Josef Bernhard Wibel[2].

Der Umriß des Werks nähert sich einem Hochoval, genauer: einem Ei mit der Spitze nach oben. Im Zentrum sehen wir ein Bildnis des Verstorbenen in einem kompliziert geformten Rahmen, dessen obere Hälfte aus gegenläufigen, profilierten Kreissegmenten besteht, während sein unterer Teil von zwei silbergeränderten, geschweiften Palmzweigen bedeckt wird. Der Porträtierte, dargestellt als Halbfigur, im schwarzen Talar mit Beffchen, auf dem Haupt die gepuderte Perücke, legt seine linke, mit einem Ring geschmückte Hand auf ein geöffnetes Buch. Auf der aufgeschlagenen Seite steht der Text der Leichenpredigt: *Leich=Text / Apocal: XXI.7. / Wer überwin=/det, der wirds / alles erer=/ben*. Von rechts oben her, dem Buch diagonal gegenüber, schwingt der Rand eines Vorhangs ins Bild. Die Malerei, auf einer roten Grundierung dünn und *ohne Höhen aufgetragen, läßt eine zeichnerische, fast graphische Ausführung erkennen*[3].

Wie sich bei der letzten Restaurierung herausgestellt hat, ist das Gemälde auf der Rückseite der Leinwand signiert: *Friederich Peter Wibel / Prediger und Decanus. / J: D: Hauck, pinxit, / 1754.*

Das Gemälde wird flankiert von zwei kleineren weiblichen Schnitzfiguren, beide vollrund und farbig gefaßt[4]. Die rechte stützt sich auf einen Anker; sie verkörpert die Hoffnung. Der linken (heraldisch rechten) Figur fehlt heute das Attribut. Auch sie ist sicherlich eine Tugendallegorie, wahrscheinlich der Glaube, wie man bei einem evangelischen Geistlichen annehmen darf. Sie könnte ein Kreuz in den vorgestreckten Händen gehalten haben. Gemälde und Figuren stehen auf einem profilierten Gesims, das sich an den Plinthen der Figuren konsolartig verkröpft. In der Mitte des Gesimses, unmittelbar unter dem Bildnis, ist das Wibelsche Vollwappen angebracht.

Über dem Bildnis zeigt sich der Himmel in Form geschnitzter silberner Wolkenkringel; in ihrer Mitte das Auge Gottes in einem goldenen Dreieck, dem Symbol der Dreieinigkeit, das an den drei Ecken goldene Strahlen aussendet. Sicherlich waren früher wie üblich auch Strahlen auf den Verstorbenen gerichtet; man glaubt auf der Unterseite des Dreiecks noch die Spuren dreier Löcher zu erkennen. (Eine Aufnahme vor der letzten Restaurierung zeigt nur einen Strahl, der tatsächlich, von der unteren Dreieckseite aus, auf den Prediger weist, jedoch nach Aussage der Restauratorinnen dort nicht ursprünglich angebracht war[5].)

Gekrönt wird dieser obere Teil des Denkmals von einem kuppelartigen Baldachin mit Lambrequin-Verzierung (Zaddelrand mit Quasten). In seinem Scheitel prangt auf einer kleinen Plattform ein Totenschädel mit zwei gekreuzten Knochen.

Den unteren Teil des Denkmals bildet, angeschnitten vom Sockelgesims des Mittelteils, eine annähernd querovale akanthusgerahmte Kartusche mit der Gedenkschrift, schwarz auf goldenem Grund; ihr Text bei Wunder, S.38 f. (mit reichlich Druckfehlern, besonders auch einem falschen Todesmonat: *Jan[uar]* statt *Jun[i]*). Die Inschrift wird links und rechts oben, unter den Verkröpfungen des Gesimses, von einem geflügelten Engelskopf flankiert, ebenfalls geschnitzt und farbig gefaßt, die Flügel golden.

Wie der Untersatz ist auch das übrige Epitaph von teils vergoldeter, teils versilberter Ornamentik umgeben. Meist sind es Akanthusblätter mit eingerollten Stielen, oberhalb des Porträts profilierte Gebälkstücke, auch sie in Voluten endend, und noch weiter oben versilberte Straußenfedern.

Der **Sinngehalt** des Denkmals ist schlicht und bedarf kaum der Erläuterung: Bildnis und Inschrift dienen dem Gedenken an den Prediger. Die beiden Schnitzfiguren – Glaube (wie man annehmen darf) und Hoffnung – verkörpern die Tugenden des Verstorbenen, die ihm die Aussicht auf Erlösung öffnen. Die Wolken über dem Bildnis symbolisieren den Himmel, das Überirdische; und das Gottesauge, das in ihrer Mitte erstrahlt, steht für die Gegenwart Gottes, dessen Gnade die Erlösung ermöglicht. Der Baldachin krönt als Hoheitszeichen den himmlischen Bezirk. Wie schon an den Epitaphen Drechslers (S. 196ff.), J. L. Seyferhelds (Wunder Nr. 62), Jemgumer Closters (Wunder Nr. 71) und Arnolds (S. 272ff.) begegnet auch hier der merkwürdige Brauch, im Scheitel des Denkmals, noch über dem himmlischen Bereich, die Symbole der Vergänglichkeit, Schädel und Gebein, anzubringen, um sie, gleichsam stellvertretend für die sterblichen Überreste des Toten, der Nachwelt zur Verehrung darzubieten[6].

Der Maler

Johann Daniel Hauck (Haug, Hauk), 1721 – 8. April 1761, geboren in Homburg vor der Höhe, war der Sohn des Hessen-Homburgischen Hofmalers Jakob Hauck[7]. Er wirkte etwa zehn Jahre in Heilbronn und von spätestens 1753 bis zu seinem frühen Tod in Hall. Die letzten seiner bislang bekannten Arbeiten entstanden im Jahr 1760. Danach hat wohl die tödliche Krankheit seinem Schaffen ein Ende gesetzt. Näheres über seinen Lebensweg berichtet uns das Totenbuch von St. Michael[8] unter dem Datum der Bestattung, dem 12. April 1761:

H(err) Johann Daniel Haug, Berühmter Kunstmaler allhie, hatte durch ehel. Erzeugung und geburt das Licht der Welt erblickt zu HessenHomburg A(nno) 1721. Sein noch lebender H(err) Vatter ist H(err) Jacob Haug Kunstberühmter Hofmaler und StadtHauptmann zu Hessen Homburg, dermalen in Düsseldorf wohnhaft, und seine Fr(au) war N. eine geborne Küm(m)lin, welche ihm in die Ewigkeit vorangegangen. Durch Elterl(iche) Vorsorge wurde er alsbald zur heil. Taufe befördert, hernach in die deutsche und lateinische Schule geschickt, und sodann von seinem H(err)n Vatter in der Kunstmalereÿ angewiesen. Hierauf begab er sich in viele angesehene Städte, hielte sich auch in die 10. Jahre zu Heilbronn auf, reißte auch in die Schweiz, um seine Kunst zu zeigen; worauf er sich mit der hinterl(assenen) Wittib Fr(au) Maria Sophia weÿl(and) H(er)rn Seÿfert, Kaÿserl(ichen) Capitains nachgelassenen J(un)gfr(au) Tochter den 20. Sept. 1757. zu Frankenbach beÿ Heilbronn durch priesterl(iche) Hand trauen lies, mit deren er 1. Söhnl(ein) und 1. Töchterl(ein) welche beede noch leben, ehl(ich) erzeugte. In seiner Kunstmalereÿ war er sehr geschickt, wobeÿ er am liebsten biblische Geschichte und schöne Aussichten der Natur verfertigte, auch in seiner Arbeit unermüdet war. In seinem Christenthum hatte er guten Grund, im Haushalten war er der Ordnung ergeben, und im Umgang bewies er sich sehr bescheiden; daher er auch von hohen und niedern werthgeachtet, und wegen seines frühen Todes sehr bedauert wurde. Seit einem Jahr hatte er an heftigen Rückenschmerzen viel auszustehen, und da sich eine in(n)erl(iche) Entzündung und abzehrung dazu schlug, so wurde er seit der Charwochen gar bettlägerig. Hiebeÿ bezeugte er eine demüthige Busfertigkeit vor Gott, einen auf Jesu Verdienst sich einig gründenden glauben, eine grose gedult beÿ den heftigen LeidensTagen, und empfing das heil(ige) Abendmahl mit gerührter Andacht; da ihn dan(n) der Herr am leztern Mittwoch [8.4.] Nachts gegen 12. uhr durch ein in Jesu seel(iges) Ende von aller Noth befreÿte, im 40.t(en) Jahr seines Alters.

Seine Frau, geboren 1727, überlebte ihn keine drei Jahre. Sie erkrankte sieben Wochen vor ihrem Tod an *Frost und*

Hize und starb, 37 Jahre alt, am Neujahrstag 1764[9] völlig verarmt (*in summa paupertate*), die beiden kleinen Kinder als Waisen hinterlassend. Die Beerdigungskosten von 6 Gulden 29 Schilling mußte die Stadt übernehmen[10].

Johann Daniel Hauck ist uns bislang nur als tüchtiger Bildnismaler bekannt, obwohl er laut Nekrolog am liebsten biblische Geschichten und Naturansichten *verfertigt* hat. Er war in den rund acht Jahren seiner hiesigen Tätigkeit der bevorzugte Porträtist des Rats und der Bürgerschaft von Hall.

Die Stadt ließ von ihm 1753–1760 die kleinen (im Oval ca. 15–16 cm hohen) Pergamentporträts für das Ratsherrenbuch anfertigen. Er war damit der Nachfolger von Johann Georg Mayer (vgl. S. 273ff., Arnold-Epitaph), der mit dieser Aufgabe von 1743–1753 betraut war. Wie schon Mayer erhielt auch Hauck vier Gulden je Porträt[11].

Bis jetzt sind durch Zahlungen die Bildnisse der folgenden Ratsherren belegt[12]. 1753 (7 Stück): Geheimer Laccorn, Konsulent Hartmann (Jakob Peter, der 1753 in den Rat gewählt wurde), Katharinenpfleger Mayer, Kastenpfleger Besch, Senator Romig, Senator Müller und Stättmeister Jemgumer Closter[13]. – 1754: Senator Franck (Johann Andreas, Ratsherr 1749). – 1760: Senator Seifferheld (wohl Wolfgang Jakob, Ratsherr 1759); Senator Dr. Wibel[14] (Johann Valentin, Ratsherr 1757).

Davon haben sich im Hällisch-Fränkischen Museum erhalten die Bildnisse von Jakob Peter Hartmann[15] und Johann Andreas Franck[16], die auch stilistisch völlig übereinstimmen: in der Modellierung des Gesichts, der Ziselierung der Perücke und des Spitzen-Beffchens, der Wiedergabe von Knöpfen und Knopflöchern usw.; das Inkarnat hier wie dort in fein lasierender Farbgebung, stark rosig mit grauen Schattierungen, die Augenlider rosa Wülste; im Gewand reich abgestufte Grautöne, der Hintergrund eine neutrale Fläche, bei Hartmann graugrün, bei Franck blaugrau, in beiden Fällen durch eine angeschnittene Stütze (Säule bzw. Pfeiler) mit profiliertem Sockel belebt. Der Pfeiler bei Franck mit seiner wulstig ausladenden Basis hat die gleiche Form wie auf dem voll signierten Porträt eines vornehmen Mannes im Stadtarchiv (siehe unten).

Ein zweites von Hauck gemaltes Bildnis des Johann Andreas Franck und ein weiteres seiner Frau Maria Rosina geb. Wibel, beide ebenfalls aus dem Jahr 1754, befanden sich noch 1912 im Besitz von Antiquar Kieninger in Hall. Sie wurden damals von Gottfried Schmidt gereinigt[17]. – Das Bildnis eines Kindes in Husarenuniform, von Hauck 1757 gemalt, war 1924 im Besitz von Fritz Weischedel, Königsbronn[18]. – Und ein Bildnis des viereinhalb Jahre alten Kindes Johann Ernst Wibel, ebenfalls in Husarenuniform, von Johann Daniel Hauck signiert, besaß 1922 der Amtsrichter Heinrich Wibel in Lübeck[19].

Das wohl bekannteste Bild von Johann Daniel Hauck ist das Porträt des Mesners an St. Michael, Johann Gottfried Röhler (1680–1768), signiert auf der Rückseite der Leinwand: *J: D: Hauck pinxit 1759* (Besitzer Hällisch-Fränkisches Museum, abgebildet bei Wunder 1980, S.232). Der Maler hat die würdevolle Erscheinung des fast 80-jährigen Mannes eindrucksvoll wiedergegeben. Die Autorschaft Haucks wurde zuerst von Gottfried Schmidt festgestellt, der das Gemälde 1908 für 12,80 Mark restaurierte[20].

Ein weiteres Gemälde von Hauck ist um 1986 aus dem Besitz der Fabrikantenfamilie Stirn über deren Erben Dieter Sehl an das Stadtarchiv gekommen: das 78/62 cm große Bildnis eines vornehm gekleideten jüngeren Mannes (Amtmanns?) in Dreiviertelfigur. Der Dargestellte trägt einen zinnoberroten, goldbestickten Rock und dunkelblauen Mantel, eine weiß bestickte Weste mit Goldrand und zarte Spitzenmanschetten. Die Signatur auf der Rückseite der Leinwand lautet: *J: D: Hauck / pinxit 1760*. Das Bild ist leider stark beschädigt. Gottfried Schmidt hat es 1920 restauriert[21] und, wie es scheint, dabei die abgeblätterten Stellen – allein im Gesicht wohl an die 50% der Fläche – neu eingetönt und zum Teil auch die Ränder der angrenzenden Originalpartien überstrichen. Nach 1986 wurde es von neuem instandgesetzt.

Auch über ein von Hauck 1760 für 5 Gulden *in folio zur LehnsEmpfängnüß nach Oehringen auf Pergament* gemaltes Stadtwappen berichten die Rechnungsbücher[22].

Ebenfalls in seinem letzten Schaffensjahr 1760 hat Hauck das Ölbildnis im Epitaph des Pfarrers Wolfgang Friedrich Walter (1715–1783) in der Urbanskirche gemalt[23]. Es trägt auf der Rückseite der Leinwand die Signatur: *J: D: Hauck, / pinxit 1760*[24]. Nach dem Tod des Porträtierten wurde es durch Einbau in einen Rahmen mit Gedenkschrift und frühklassizistischem Zierat in ein Epitaph verwandelt. Beim Vergleich mit dem Gemälde des Wibel-Epitaphs oder gar mit dem nur ein Jahr älteren Bildnis des Mesners Röhler hat man den Eindruck, daß die künstlerische Kraft des Malers inzwischen ein wenig nachgelassen hat oder der Routine gewichen ist.

In der Michaelskirche gibt es noch ein zweites Bildnis des Predigers Friedrich Peter Wibel, ein Einzelporträt (Wunder Nr. 23), das dem Bildnis des Epitaphs bis in die Einzelheiten gleicht und sicher ebenfalls von Hauck gemalt wurde, nur daß der Rahmen rechteckig ist[25]. Haben wir hier einmal den seltenen Fall, daß sich die Vorlage für ein Epitaphbildnis – das in der Regel ja nach dem Tod gemalt wird – fassen läßt? Etwas spricht allerdings dagegen: In dem Buch des Porträtierten steht genau wie auf dem Epitaphgemälde schon der Leichentext. Bei dem Einzelbildnis handelt es sich demnach eher um eine Replik, die der Maler vielleicht für die Nachkommen gefertigt hat.

Der Bildhauer
Bei der Suche nach dem Schnitzer des Retabels wird man in erster Linie den Bildhauer Georg David Lackorn (1701–1764) in Erwägung ziehen – aus zwei Gründen: Lackorn, ein gebürtiger Haller, Schüler von Philipp Jakob Sommer in Künzelsau, war im mittleren Drittel des 18. Jahrhunderts in Hall der meistbeschäftigte, wenn nicht der einzige am Ort lebende Bildhauer[26], und er hat – laut Signatur – auch die Grabplatte Wibels (Wunder Nr. 113) gefertigt. Leider ist es nicht leicht, die Autorschaft Lackorns stilkritisch zu überprüfen, denn von den sechs gesicherten (signierten) Werken des Meisters – aufgezählt in Nr. 103, S. 361ff. – haben zwei überhaupt keinen figürlichen Schmuck, zwei weitere sind ihrer Figuren beraubt, und die beiden übrigen enthalten als einziges Bildwerk zwei nackte Kinderengel. Darüber hinaus stehen zum Vergleich nur noch die fast gesicherten drei Figuren von der ehemaligen Orgel in Rieden zur Verfügung[27].

Am deutlichsten weist die Ornamentik des Epitaphs auf Lackorn. Sie schlägt die Brücke zwischen dem bisher unvereinbaren Dekor seiner frühen Grabdenkmale aus den dreißiger und der nur wenig späteren aus den vierziger Jahren: Im oberen Teil des Wibel-Epitaphs begegnen die gleichen massigen, geschweiften, am unteren Ende eingerollten Gebälkstücke wie am Grabmal des Johann Balthasar Wibel († 1737) aus St. Nikolai (heute zerlegt im Museumsdepot[28]), und am Untersatz des Epitaphs findet sich die zarte Akanthusrahmung wie an den Grabplatten des Johann Christoph Stellwag († 1740) in St. Nikolai und des Johann Michael Hartmann († 1744) an der nördlichen Außenwand von St. Michael[29]. Im übrigen ist die Ornamentik des Epitaphs ziemlich altertümlich: 1754 findet sich hier noch kein echter Rocaille-Schmuck; das spricht für einen provinziellen Meister.

Nur bedingt, wenn überhaupt, deuten auf Lackorn jedoch die Vergleiche mit seinen figürlichen Arbeiten. Zwar erinnern die Engelsköpfe am Untersatz des Epitaphs an Lackorns Grabstein-Engel (siehe oben): ihre breite Stirn, die geblähten Backen, aufgerissenen Augen, leicht hochgezogenen Nasenflügel (linker Stellwag-Engel), die ungekämmten Haarsträhnen und weitgehend auch die Struktur der Flügel. Zwar gleichen auf den ersten Blick auch die beiden Tugendallegorien den drei Gewandfiguren in Rieden: ihre flatternden, weit in den Raum ausgreifenden, derb geknitterten Mäntel und die mehr gratigen Falten an den Kleidern. Betrachtet man aber den Gesichtsschnitt, besonders im Profil, so sind die Unterschiede beträchtlich: An den Tugendfiguren des Epitaphs springt die Profillinie zur Nase hin kräftig vor, das Kinn flieht zurück, desgleichen die Unterlippe gegenüber der Oberlippe. An den Riedener Lackorn-Figuren dagegen findet sich keine Spur dieser markanten Profilform. Vielmehr handelt es sich bei ihr um eine Eigenart des Künzelsauer Bildhauers Johann Andreas Sommer und seiner Werkstatt. Man vergleiche an den Haller Sommerwerken etwa die Sapientia und die Halla des Bonhoeffer-Epitaphs (S. 144ff.) oder den Vanitasputto des Sanwald-Epitaphs (S. 178ff.), – wobei der erhebliche Unterschied in Form und Qualität zwischen Sommer und dem Schnitzer der Wibelschen Statuetten nicht zu übersehen ist.

Offen bleibt die Frage, wie dieser Befund erklärt werden kann. Es ist wenig wahrscheinlich, daß Lackorn die Tugendstatuetten in der Sommerwerkstatt bestellt hat, denn er war ja selber Bildhauer. Er könnte aber einen früheren Sommerschüler bei sich beschäftigt haben.

Literatur

Gräter 1797/98 Nr.178; *Wunder* 1987 Nr.67; Dokumentation der Restauratorinnen Monika *List* und Heidi *Kisslinger*, Stuttgart 1999 (5 Seiten).

Anmerkungen

1. Laut Dokumentation der Restauratorinnen (wie Lit.-Verz), S.1. – Die maximale Tiefe beträgt 35 cm.
2. *Gräter* 1797/98, Nr.178,177,176. Das in der Gedenkschrift des Epitaphs von Friedrich Peter Wibel neben dem *Gros u. UrgrosVatter* ebenfalls genannte Epitaph (oder nur Porträt?) des *hiernächst abgebildeten Herrn Vatters* (Josef Bernhard Wibel) ist bei Gräter nicht aufgeführt.
3. Laut Dokumentation (wie Anm.1), S.2.
4. Näheres über die Fassung der verschiedenen Teile des Epitaphs in der Dokumentation (wie Anm.1) S.1f.
5. Im Restaurierungsbericht (Dokumentation S.3) werden unter den Ergänzungen genannt: *Drei Strahlen, der vorhandene Strahl wurde wegen späterer Befestigung an der falschen Stelle abgenommen und gesondert aufbewahrt* (Frage: wo?).
6. Näheres dazu bei Nr.49 (Johann Lorenz Drechsler), S. 200, und bei *Deutsch* 1988 (Künstlerfamilie Sommer), S.241 f.
7. Nach *Thieme-Becker*, Bd.16, S.123, war auch der Mannheimer Porträtmaler August Christian Hauck (1742-1801) ein Sohn des Jakob Hauck und somit ein zwei Jahrzehnte jüngerer Bruder des Haller Malers. Jakob Hauck soll nach 1736 von Homburg nach Mannheim gezogen sein, 1761 lebte er (laut Nekrolog des Sohnes, siehe unten) in Düsseldorf.
8. Totenbuch St.Michael 1738-62, StAH 2/75, Bl.504v f.
9. Totenbuch St.Michael 1763-75, StAH 2/76, Bl.41v.
10. Steuerrechnung 1763/64, StAH 4a/225, Bl.285v, zum 6.7.1764: *Die Leichenkosten der in summa paupertate dahier verstorbenen Kunstmahler Haugin, welche ex aerario* [aus der Stadtkasse] *bezahlt worden ... 6 f 29 ß* (erst nach einem halben Jahr!).
11. 1725/26 wurde Johann Glocker (vgl. Nr.49, Drechsler-Epitaph, S. 200ff.) für seine 42 Bildnisse noch mit je 3 Gulden bezahlt, ebenso seine Nachfolger bis 1740.
12. Steuerrechnungen, StAH 4a/215, Bl.197r, zum 7.9.1753; ebd. zum 21.9.1753; Bl.198r, zum 14.4.1754; 4a/221, Bl.198r f., zum 18.4.1760; ebd. Bl.198v, zum 26.9.1760.
13. *Portrait Ihro Hochedelgebohren Magnifizenz H.rn Amts regierenden Städtmeister D. von Jengumer Closter*. Gemeint ist Dr. Johann Lorenz, im Rat seit 1713, Stättmeister seit 1739, dessen Bildnis vielleicht ein älteres ersetzte.
14. *Dem Herrn Kunstmahler Haucken vor das verfertigte und in das Rathsbuch eingebundene Senator Dr Wiblische Portrait ... 4 f.*
15. Inv.Nr. B 40/1984. Beschriftung am Passepartout: *Herr Jacob Peter Hartman(n) / J.U.D. Raths Consulent / Consistorialis Scholarcha / 1753.*
16. Inv.Nr. B 46/1984. Maße des Ovals 15,7 /13,2 cm. Beschriftung am Passepartout: *Herr Johan(n) Andreas / Franck Senator. / 1749.*
17. Beide signiert: *J.D. Hauck. pinxit. 1754.* laut Rechnungsbuch von Kunstmaler Gottfried Schmidt (Privatbesitz), zum 5.12.1912.
18. Rechnungsbuch Schmidt, ebd., zum 15.12.1924.
19. Rechnungsbuch Schmidt, ebd., zum 1.3.1922. Laut Schmidt *1764* gemalt; da Hauck aber 1761 gestorben ist, muß die dritte oder vierte Ziffer verschrieben oder falsch gelesen sein.
20. Ebd., Eintrag vom 3.10.1908: *Historischer Verein, Hall, 1 Ölgemälde restaurirt. / Joh. Gottfr. Röhler Mösner b. St. Michael, geboren 1680. / Rahme hiezu frisch gestrichen u. vergoldet. M. 12.80 / Gemalt. J.D. Hauck.*
21. Der entsprechende Eintrag im Rechnungsbuch von G. Schmidt lautet: *1920, Juni 15. Stirn (Fabrikant) 1 Ölgemälde rest. / Städtmeister (gemalt v. J.D. Hauck. 1760). M. 150.– / Hiezu 1 neue Keilrahme.*
22. Steuerrechnung 1760/61, StAH 4a/222, Bl.189, zum 26.9.1760. – Erwähnt sei, daß laut Rechnungsbuch Schmidt (ebd.) ein *J.P.F. Hauck. 1754 u. 1756*, anscheinend für einen Heilbronner Auftraggeber, zwei Ölbildnisse gemalt hat von *Joh. Georg Geiling Prätor / Heilbronn und Georg Heinrich Geiling Syndicus* (handelt es sich um einen anderen Maler oder um einen Lesefehler Schmidts?).
23. Siehe Hans Werner *Hönes*: Urbanskirche Schwäbisch Hall, Dokumentation der Epitaphe und Grabmale, in: WFr 89 (2005), S. 180ff. mit Abb. 7.
24. Entdeckt 2007 von Frau Annette Bischoff beim Restaurieren des Denkmals.
25. Detail-Abb.: *Wunder* 1987, S.70. – Beim Vergleich ist zu beachten, daß Wunders Abbildung des Epitaphgemäldes (S.90) durch Untersicht verkürzt ist.
26. Näheres über ihn siehe Nr.103 (Grabstein Stättmeister Hartmann), S. 361ff. und *Deutsch*, Rieden 1990, S.229 f., 234 ff.
27. *Deutsch*, ebd., mit Abb. S.235.
28. Ziffer 2 der Aufzählung in Nr.103 (Joh. Michael Hartmann), S. 361.
29. Ziffer 3 bzw. 4 der Aufzählung ebd.

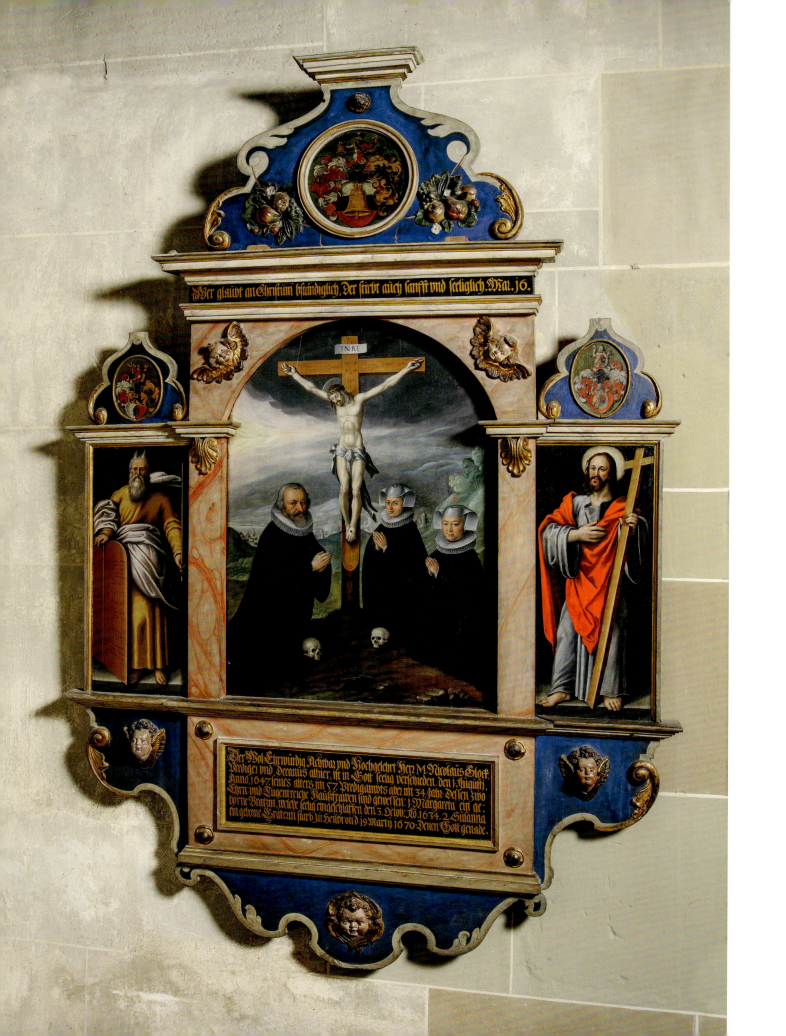

Nikolaus Glock (1590 – 1647)
Prediger und Dekan

Bemaltes Holzepitaph, 221/150 cm[1]; hing ursprünglich im Langhaus an der Südempore[2], um 1800 an der Nordempore[3]. Restauriert 1910 von Gottfried Schmidt[4] für 31 Mark (einschließlich Aufsatz, siehe unten) und 1998 von Jürgen Holstein und Roland Wunderlich.

Die Gemälde von **Hans Schreyer** (Zuschreibung), 1647 oder kurz danach.

[69]

Es handelt sich um ein Hänge-Epitaph in der Grundform eines Altarretabels, bestehend aus Corpus (Mittelteil) mit Gebälk und Aufsatz, Standflügeln und einer hängenden Predella. Corpus und Flügel enthalten Ölgemälde mit figürlichen Darstellungen (siehe unten). Der Aufsatz war – vermutlich 1836 – entfernt worden; er wurde 1910 wieder „gefunden" und von Gottfried Schmidt für 6 Mark restauriert[5].

Der torartige Rahmen des Mittelbildes und der querrechteckige des Predella-Mittelteils – beide flach, breit, rosiggrau und rötlich marmoriert – sind aus einem Stück und nur durch ein aufgesetztes Gesims getrennt. Auch an den Bogenansätzen sitzen kämpferartige Gesimse, darunter vergoldete Kriechblätter aus Pappmaché, und in den Bogenzwickeln vergoldete Engelsköpfe. Auf dem Corpus ruht ein Gebälk mit profilierten Gesimsen; den Architrav ziert eine einzeilige, goldene Inschrift in Fraktur, wahrscheinlich der Text der Leichenpredigt: *Wer glaubt an Christum beständiglich, Der stirbt auch sanfft vnd seeliglich. Mar. 16* (frei nach Markus 16,16).

Der Aufsatz des Denkmals, aus einem Brett gesägt und blau bemalt, wird von einem weißen Gesimsstück gekrönt und von Schweifwerk gerahmt, das im oberen Teil weiß gemalt ist und unten in einer vergoldeten Volute aus Pappmaché, endet. Die Mitte des Aufsatzes nimmt ein kreisrundes, buntes Gemälde mit dem Glockschen Vollwappen ein – im Schild eine große goldene Glocke[6]. Es wird flankiert von ebenso bunten Fruchtbündeln aus Pappmaché.

Die hochrechteckigen Bildtafeln der Standflügel reichen nur bis zur Kämpferhöhe des Mittelbildes. Ihre Gesimse schließen, leicht zurückspringend, an die Kämpfergesimse und das Basisgesims des Mittelteils an. Als Bekrönung der Flügel dienen Aufsätze von ähnlicher Form und Farbe wie im Mittelteil, nur schlichter und ohne Fruchtbündel. Sie enthalten hochelliptische Medaillons mit den Wappen der beiden Ehefrauen, Bratz und Gräter[7].

Im Mittelstück der Predella ist auf einer querrechteckigen Tafel die sechszeilige Gedenkschrift angebracht, golden auf schwarzem Grund, wiederum in Fraktur. Sie teilt uns die Todesdaten der Dargestellten mit: Der Prediger, Magister Nikolaus Glock, starb *im 57. Lebensjahr und 37. Amtsjahr am 1. August 1647*, seine erste Frau, Margarete Bratz, schon am *3. Oktober 1634* und seine zweite Frau, Susanna Gräter, am *19. März 1670* in Heilbronn[8]. Den Predellarahmen schmückt an jeder Tafelecke eine „Perle", eingefaßt von einem Blattring. An die drei freien Seiten der Predella grenzen blaue Felder, gerahmt durch Schweifwerk, das wie im Corpus-Aufsatz zum Teil gemalt ist und oben mit einer plastischen Volute aus Pappmaché endet. Die Zwickel schmücken Engelsköpfe: unten ein runder, pausbäckiger mit vier Flügeln, an den Seiten zweiflügelige mit Lockenhaupt und Halstuch.

In ihrer Gesamtheit verleihen die geschweiften Felder von Predella, Flügelaufsätzen und Corpusbekrönung dem Denkmal eine im Umriß ovale Rahmung von vorwiegend blauer Farbe, zu der die rötlich marmorierte Rechteckfläche des Corpusrahmens einen spannungsvollen Gegensatz bildet.

Im **Mittelbild** knien der Prediger und seine beiden Frauen betend zu Füßen des Gekreuzigten, der Mann, mit Kinnbart und kahlem Vorderhaupt, auf der linken (heraldisch rechten) Seite, die Frauen gegenüber. Sie sind alle drei schwarz gekleidet mit grauweißen, eng gefälteten Halskrausen, die Frauen zudem mit grauweißen Flügelhauben. Vor dem Prediger und vor der ersten Frau, Margarete Bratz, liegt ein Totenschädel. Der zweiten Frau, Susanna Gräter, ist kein Schädel beigegeben, nur ein rotes Kreuzchen über ihrem Kopf, das offensichtlich später hinzugefügt wurde. Im Gegensatz zu anderen Epitaphen mit Familienbild sind keine Nachkommen dargestellt, weder lebende noch tote, weil beide Ehen kinderlos waren. Den braunen Grund unter den Figuren beleben ein paar Steine und spärliche Pflanzen. Der Gekreuzigte, im Maßstab kleiner als die Adoranten, mit aufrechtem Körper, weit ausgebreiteten Armen und gestreckten „Segensfingern", hat das Haupt nach rechts (vom Beschauer links) gesenkt. Das Kreuz mit dem INRI-Schild ragt bis in den Bogenteil des Gemäldes empor. Es hebt sich gegen einen grau bewölkten Himmel ab, der nur auf der linken Seite, unterhalb von Jesu Haupt, ein wenig rosig schimmert. Im Mittelgrund des Bildes erblickt man blaugrün bewaldete Bodenwellen; sie wachsen am rechten Bildrand zu einem Hügel mit üppigem Baumbestand empor. Im Dunst des Hintergrundes liegt eine Stadt mit Toranlage, Türmen und einem Rundbau: Jerusalem mit dem Felsendom[9], dahinter silbrige Berge.

Von den **Flügelbildern** zeigt das linke Moses als den Vertreter des Alten Testaments, das rechte Jesus Christus mit dem Kreuz, beide auf grauem Podest mit starker Aufsicht. Der Hintergrund ist beidemal schwarz.

Moses, eine kräftige Gestalt mit grauem Vollbart, steht aufrecht, dem Beschauer zugewandt. Er ist barfuß, trägt eine gelbe, knöchellange Tunika und darüber ein grauweißes Manteltuch, das sich, um den rechten Arm gewunden, mit dem unteren Ende vor den Körper breitet, während das obere Ende hinter der linken Schulter emporweht. In der linken Hand hält er einen dünnen Stab, die Rechte stützt sich auf die Gesetzestafel, die, schräg gestellt, an seiner rechten Seite, also links im Bild, bis in Gürtelhöhe emporragt. Die Tafel, von bräunlicher Farbe, besteht aus zwei rundbogigen Hälften und enthält die zehn Gebote in hebräischer Schrift, in der linken Hälfte die drei ersten Gebote, die sich auf Gott beziehen, in der rechten Hälfte die sieben übrigen, auf die Menschen bezogenen Gebote. Das andere Attribut, der Stab, mit dem Moses auf Gottes Geheiß Wasser aus einem Felsen schlug, geht auf das Quellwunder aus dem 2. Buch Mose (Ex 17,1–6) zurück.

Auf dem Haupt der Figur fallen zwei hornförmige Haarbüschel auf. Damit hat es folgende Bewandtnis: Moses wird seit dem 12. Jahrhundert mit Hörnern dargestellt. Das geht auf ein Mißverständnis bei der Übersetzung des hebräischen Urtextes durch die Vulgata zurück. Das Hebräische hat für *Horn* und *Glänzen* dasselbe Wort[10]. Die Stelle im 2. Buch Mose (Ex 34, 29. 30.35), wo Moses mit den Gesetzestafeln und leuchtendem Antlitz von der Begegnung mit Gott zurückkehrt, übersetzt die Vulgata deshalb mit *cornuta*, *gehörnt*[11]. Die Septuaginta dagegen spricht von *Strahlen*, ebenso wie Luther (*die haut seines Angesichts glentzet*) und die Einheitsübersetzung (*die Haut seines Gesichtes strahlte Licht aus*).

Christus auf dem rechten Flügelbild ist ebenfalls barfuß dargestellt, mit fahlgelb schimmerndem Nimbus, bläulichgrauem Gewand und hellrotem Manteltuch, das, von vorne über die Schultern geworfen, mit seinem mittleren Teil vor dem Körper herabhängt. Die Gestalt steht aufrecht, ein wenig nach links, zum Mittelbild hin gedreht, das rechte Bein etwas zur Seite gestellt. Die rechte Hand ist funktionslos vor die Brust gelegt (oder soll sie den Mantelsaum festdrücken?), die linke umfaßt ein mannshohes, leicht schräg gestelltes Kreuz.

Entstehungszeit

Nach Rainer Krüger wäre das Denkmal erst nach dem Tod der zweiten Frau entstanden: *Die Inschrift auf der Schrifttafel ist aus einem Guß, das Epitaph stammt also aus dem Jahr 1670 oder kurz danach.* Dann ist aber schwer zu verstehen, warum man der zweiten Frau nicht ebenso wie den anderen Personen einen Totenkopf beigegeben hat. Das deutet vielmehr darauf hin, daß sie zur Entstehungszeit des Denkmals noch gelebt hat und daß man erst später, als ihr Tod bekannt wurde, das Kreuzchen über ihrem Haupt angebracht hat; es ließ sich ja mühelos aufmalen.

Bei genauem Hinsehen läßt sich auch nicht mehr behaupten, die Inschrift sei aus einem Guß. Vielmehr heben sich in der letzten Zeile die Worte *zu Heilbron d. 19. Martij 1670* meines Erachtens deutlich vom übrigen Text ab. Sie sind etwas niedriger und im Duktus schlichter, was sich vor allem an den fast mickrigen Großbuchstaben *H* und *M* erweist (vgl. *Heilbron* mit *Hochgelehrt, Herr, Haußfrawen* und *Martij* mit *Margareta*, auch mit *Nicolaus* etc.). Das heißt, diese Worte sind nachträglich eingefügt, wobei wegen der Enge des freigelassenen Platzes das sonst verwendete Wort *Anno* der Ortsangabe *Heilbron* geopfert wurde.

Auch die Formensprache des Malers, der reife Stil Hans Schreyers (siehe unten), der noch nicht die untersetzten Figuren der von der Werkstatt dominierten Spätzeit kennt, dürfte eine Entstehung in den letzten Lebensjahren Schreyers († 1676) ausschließen.

Dies alles bedeutet: Das Denkmal muß bald nach dem Tod des Predigers, 1647 oder wenig später, entstanden sein.

Der **Sinngehalt** des Denkmals hält sich im Rahmen des Gewohnten. Es gilt das gleiche wie für die Epitaphe von Georg Philipp Bonhoeffer, David Zweiffel und viele andere: Der Verstorbene und seine Frauen dürfen hoffen, durch den Glauben an Jesus Christus und die Gnade Gottes die ewige Seligkeit zu erlangen. Der Glaube drückt sich im Mittelbild durch das demütige Beten vor dem Gekreuzigten aus. Die zugehörige Inschrift am Architrav nimmt ebenfalls auf den Glauben Bezug; sie verspricht dem Gläubigen – gemäß Markus 16 (siehe oben) – einen sanften und seligen Tod.

Auf den Flügelbildern werden Altes und Neues Testament, das strenge Gesetz Mose und das sanfte Erlösungswerk Christi, einander gegenübergestellt. Den Bildern sind zwar keine Inschriften beigegeben wie beispielsweise am Zweiffel- oder Wibel-Epitaph, doch die Bedeutung erhellt auch aus anderen Quellen. Auf dem in Nr.20 (G. Ph. Bonhoeffer, S. 75) erwähnten Kupferstich Johann David Zweiffels ist das gleiche Gegensatzpaar, Moses mit den Gesetzestafeln und Christus mit dem Kreuz, dargestellt, und dort wird der Sinn erläutert durch die Worte *Lex* (Gesetz) und *Evangelium*, sowie *Austere* und *Mansuete* (streng bzw. mild).

Der Maler Johann Schreyer (1596–1676) wirkte in Schwäbisch Hall von ca. 1623 bis zu seinem Tod. Er war im mittleren Drittel des 17. Jahrhunderts in Hall der meistbeschäftigte Maler. Näheres über ihn und seine Werke siehe bei Nr.43 (Margreta Engelhart), S. 174ff.

Die Zuschreibung des Glock-Epitaphs ist einfach. Es reichen Vergleiche mit den in St. Michael hängenden Denkmälern, auch wenn diese nicht signiert sind, zum Beispiel mit dem Firnhaber-Epitaph, das sich dank seiner zahlreichen Figuren zuverlässig an die gesicherten Werke Schreyers anschließen läßt (siehe Nr. 52, S. 223ff.). Obwohl die Physiognomien natürlich verschieden sind – am Firnhaber-Epitaph sind selbst die Geschwister durchweg individuell charakterisiert –, stimmt die Malweise jeweils überein: die Art, wie der Pinsel das Antlitz formt, den Höhen und Tiefen der Oberfläche nachgeht und Licht und Schatten verteilt. Man vergleiche in dieser Hinsicht etwa das Antlitz des Predigers Glock mit dem des Peter Firnhaber (des Firnhaber-Sohnes ganz links im Bild) oder auch mit Andreas Drüller (S. 188ff.), bei dem außer den übrigen Binnenformen auch die fleischige Nase den übereinstimmenden Malstil erkennen läßt. – Die erste Gattin Glocks (die mit dem hageren Antlitz) kann man mit der Magdalena Firnhaber (rechts vom Kreuz) und die zweite Gattin Glocks (die jüngere mit dem molligen, ovalen Gesicht) mit der Frau von Peter Firnhaber vergleichen. – Gleich ist auch, wie bei dem Gekreuzigten – trotz verschiedener Haltung – der Körper modelliert ist, etwa die Partie des Leibes zwischen Leisten und Rippenbogen mit dem kleinen, straffen Bauch und den beiden waagrechten Eintiefungen darüber.

Ohne Zweifel stammen die wesentlichen Elemente des Mittelbildes von Schreyers eigener Hand, insbesondere die Köpfe mit den unverwechselbar charakterisierten Physiognomien, die denen des Firnhaber-Epitaphs und anderer eigenhändiger Werke in nichts nachstehen. Auch die Komposition ist sicherlich Schreyers Werk. Die Figuren haben noch die „klassischen" Proportionen seiner besten Zeit, im Gegensatz zu den gedrungenen Gestalten auf einigen anderen, besonders den späten Familienbildern, die allem Anschein nach von Gehilfen entworfen wurden (Andreas Drüller, Wolfgang Weidner, aber auch schon Hieronymus Holl).

Wohl kaum von Schreyer persönlich gemalt sind die grobschlächtigen Flügelbilder. Moses ist eine steife Gestalt mit zu kleinem Kopf und verkrüppelten Händen; bei Christus stört vor allem die plumpe rechte Hand.

Quellen und Literatur
Epitaphienbuch 1698/1708, Bl.8v, Nr.9; Band a, S.9, Nr.9; *Gräter* 1799/1800, III. Nr.238; *R.Krüger* Nr.64; *Wunder* 1980, Abb. S.215 (Mittelbild, oben beschnitten); *Wunder* 1987 Nr.69 (mit der gleichen Abbildung).

Anmerkungen
1. Weitere Maße: Mittelbild 94/67 cm, Flügelbilder (ohne Rahmen) 63/26 cm, Gedenkschrift 18,5/64 cm, mit Rahmen 22/68 cm, Predellahöhe (ohne Gesims) 60 cm.
2. Epitaphienbuch: *Gleich eingangs von der grosen Kirchen Thier rechter Hand biß an die grose Sacristeÿ / An der Barkirch* (als 9. Epitaph von Westen).
3. Gräter 1799/1800: *Von der Stiegen der Becken-Empor an der Orgel* [der damaligen Chororgel] *gegen dem Rathsstand zu, vorwärts hangend* (als 2. Epitaph von Westen, vor Drüller).
4. Rechnungsbuch Gottfried Schmidt (Privatbesitz), zum September 1910, Pos.35: *Votivbild des N. Glock restaurirt 25.–* (+ 6,– für den Aufsatz, siehe unten).
5. Rechnungsbuch Schmidt, ebd.: *Hiezu 1 gefundener Aufsatz restaurirt 6.–*
6. Beschreibung bei R.Krüger, S.104.
7. Beschreibung ebd.
8. Sie war nach Glocks Tod zwischen 1649 und 1670 in Heilbronn noch dreimal verheiratet (Wunder 1987, S.40).
9. Vgl. dazu u.a. Nr. 47, S.193.
10. Vgl. *Schiller*, Bd.3, S.178, Anm.21, und Bd.4,I, S.123, Anm.15.
11. *… cumque descenderet Moses de monte Sinai tenebat duas tabulas testimonii et ignorabat quod cornuta esset facies sua ex consortio sermonis Dei / videntes autem Aaron et filii Israhel cornutam Mosi faciem …* und *… qui videbant faciem egredientis Mosi esse cornu tam …*

Dr. Georg Bernhard Arnold (1699–1746)
Ratsherr

Prunkvolles Standepitaph aus Stuckmarmor mit geschnitztem, polychrom gefaßtem Bildwerk und gemalten Porträts (Öl auf Holz), ca. 5,50 / 2,47 m. – Restauriert 1910 von Gottfried Schmidt (für 92 Mark)[1] und 2000 von Jürgen Holstein mit Roland Wunderlich (Holz) und Ernst Stock (Stuck)[2].

Die Bildnisse und vermutlich auch die Fassung des Epitaphs von **Johann Georg Meyer** (signiert auf der Inschrifttafel); 1750 errichtet.

[70]

Das Denkmal entspricht in Größe, Standort und repräsentativem Aufwand einem Stättmeister-Epitaph. Es übertrifft darin das benachbarte Denkmal des Stättmeisters Johann Lorenz vom Jemgumer Closter, das sich vergleichsweise bescheiden auf der Altarmensa einer Chorkapelle erhebt. Ebenso anspruchsvoll erweist sich auch die Inschrift (siehe unten), die den Ratsherrn *pater patriae* nennt, eine Bezeichnung, die – in Anlehnung an die römischen Kaiser – eigentlich einem Stättmeister zusteht. Arnold war aber nur Ratsherr, auch wenn er dem geheimen Fünferrat angehörte und wichtige Ämter innehatte. Beides, den gesteigerten Prunk und den Tenor der Inschrift, konnte sich die auftraggebende Gattin, eine geborene Bonhoeffer[3], wohl nur erlauben, weil sie eine Stättmeisterstochter und die Schwester des regierendes Stättmeisters Johann Friedrich Bonhoeffer d.Ä. war und außerdem noch zu den vier reichsten Bürgern der Stadt gehörte[4].

Das Denkmal erhebt sich über einem 1,12 m (mit der Steinstufe 1,31 m) hohen Sockelbau mit konvexer Vorderwand, die in der Mitte balusterförmig ausgebaucht ist und von übereck gestellten Pfeilerstümpfen flankiert wird. Der Mittelteil des Epitaphs ist ebenfalls konvex gekrümmt; er wird von schräg gestellten Pilastern eingefaßt und von einem segmentförmigen Gesims überwölbt, das an den Pilasterkapitellen kräftig vorkragt. Über den Kapitellen sitzen zwei geschnitzte Kinderengel mit erhobenen Armen, der linke einen Palmzweig, der rechte eine Muschelschale haltend. Die Pilaster haben an ihrer Basis bankartige Vorsprünge, die als Sitzfläche für je eine weibliche Schnitzfigur dienen. Die links sitzende hält in der Rechten ein Tränentuch, die andere in der Linken ein vergoldetes Kreuz mit flachem Schaft.

An der Rückwand des Mittelteils ist unten eine Kartusche mit der Gedenkschrift (siehe unten) angebracht, konvex gewölbt in einem geschweiften, vergoldeten Rahmen, der an den unteren Ecken und oben in der Mitte mit einem vergoldeten Akanthusblatt, in der Mitte unten mit einem geflügelten Engelskopf verziert ist.

Über der Inschriftkartusche hängen hochovale, im Bildfeld ca. 82 cm hohe Bildnisse des Ehepaars Arnold in Halbfigur, die Rahmen vergoldet, mit Bandelwerk und Blüten verziert, oben durch ein Akanthusblatt, unten durch eine zaddelartige Blattform hervorgehoben. Der Mann, auf dem Haupt noch die lange Barockperücke, trägt über einem weißen Plisseehemd mit Spitzenkrawatte und Spitzenmanschetten eine kostbar bestickte, orangefarbene Weste und darüber einen schwarzen Rock. Über die linke Schulter hat er – in Stättmeistermanier – einen roten Mantel mit Brokatsaum drapiert. Seine rechte Hand (nur diese ist sichtbar) öffnet sich vor dem Körper in dozierendem Gestus. – Die Frau trägt ein ebenso kostbar anmutendes, großgemustertes graues Kleid, wohl aus Seide zu denken. Das Mieder ist nach der Mode der Jahrhundertmitte straff gespannt und an der Taille eingeschnürt. Der Brustausschnitt und der (allein sichtbare) linke Ärmel sind mit Spitzenrüschen besetzt. Von den Schultern fällt ein brauner Mantel; die linke Hand faßt seinen Saum mit lässigem Griff.

Am obersten Teil der Rückwand, zwischen den Porträts und dem Bogen des Gesimses, sind farbenprächtige Vollwappen der Familien Arnold und Bonhoeffer angebracht.

In der oberen Zone des Epitaphs erscheint das Auge Gottes in einem goldenen Dreieck, umgeben von grauen, ursprünglich silbernen Wolken und fünf goldenen Strahlenbündeln; darüber ein Baldachin, dessen eckig gebrochenes Gesims mit vergoldeten Lambrequins (Zaddeln mit Quasten) geschmückt ist. Im Scheitel des Baldachins ruht auf einer kleinen Plattform ein bleicher Totenschädel mit gekreuzten Knochen.

Auf beiden Seiten des Denkmals, halb hinter ihm, fällt ein geöffneter weißer Vorhang mit goldenen Fransen vom Inneren des Baldachins bis zum Sockelbau herab.

Der Körper des Epitaphs besteht aus Stuckmarmor (über einem Holzkern) mit kontrastreicher weiß-blauer Marmorierung, die – durch die jüngste Restaurierung von Übermalungen befreit – wieder in ihrer ursprünglichen, etwas aufdringlichen Frische leuchtet. Die Pfeilerstümpfe des Sockelbaus werden an den drei freien Seiten durch braunrot marmorierte, erhabene Rechteckfelder betont.

Die Inschrift, in goldener Kapitalis auf schwarzen Grund gemalt, lautet wie folgt[5] (die Namen durch größeren Maßstab hervorgehoben):

BEATIS MANIBVS POSTERISQVE SACRVM
VIVIT POST FVNERA SEMPERQVE VIVET
QVI NON SIBI SED DEO ET PATRIAE VIXIT
VIR EXCELLENTISSIMVS TITVLISQVE OMNIBVS DIGNIOR
DN: [= dominus] GEORGIVS BERNHARDVS ARNOLD I.V.D.
PATER PATRIAE OPTIMVS
QVINQVEVIR CONSISTORIALIS SCHOLARCHA
SALINARVM ET ROSETI PRAEFECTVS MERITISSIMVS
ORDINIS SVI ORNAMENTVM AMOR CIVIVM SVORVM
DELICIVM
VIVERE COEPIT VII. IAN. MDCLXXXXIX. DESIIT XXVII. AVG.
MDCXXXXVI.
DIGNVS CVIVS VITA ET MORS POSTERIS COMMENDETVR
QVIQVE AMPLISSIMO COHONESTETVR MONVMENTO
FECIT HOC SVPERSTES CONIVX TANTO CONIVGE DIGNA
QVACVM SVAVISSIME SED SINE LIBERIS VIXIT
DN. [= domina] MARIA MAGDALENA STIRPE BONHOEFFERIA
OMNIBVS SEXVS SVI DECORIBVS ORNATISSIMA
NATA XXIX. APR. MDCLXXXXV, NOSTRO DATA XIIII. MAII MDCCXXVI.
COELO VNDE VENERAT REDDITA I. OCT. MDCCLI: ÆT. LVI.
QVAE QVA VIVVM COLVIT PIETATE EADEM AMISSVM DEFLET
QVAMQVE IMMORTALITATEM INTER MORTALES POTEST
POSITO HOC MONVMENTO MOERENS MERENTI TRIBVIT.
A.O.R. [= anno orbis redempti][7] MDCCL.

Zu deutsch: *Den seligen Manen und den Nachfahren gewidmet. Er lebt nach dem Tode und wird ewig leben, der nicht für sich, sondern für Gott und das Vaterland gelebt hat, der vortreffliche Mann, würdiger als all seine Titel (aussagen), Herr Georg Bernhard Arnold, Doktor beider Rechte, der beste Vater des Vaterlandes, Geheimer Rat, Konsistorial- und Schulrat, hochverdienter Hauptmann des Haals und Amtmann im Rosengarten, eine Zierde seines Standes, Liebling der Bürger und Wonne der Seinen, geboren am 7. Januar 1699, gestorben am 27. August 1746, würdig, daß sein Leben und sein Tod der Nachwelt empfohlen und er mit einem aufwendigen Denkmal verherrlicht werde. Errichtet hat dieses die ihn überlebende, eines solchen Gatten würdige Ehefrau, mit der er angenehmst, doch ohne Kinder gelebt hat: Frau Maria Magdalena geb. Bonhoeffer, reich geschmückt mit allen Zierden ihres Geschlechtes, geboren am 29. April 1695, dem Unsern anvertraut am 14. Mai 1726 und mit 56 Jahren, am 1. Oktober 1751, dem Himmel zurückgegeben, von dem sie gekommen war. Mit der gleichen Liebe, mit der sie den Lebenden gepflegt hat, beweint sie den Verlorenen, und was an Unsterblichkeit bei Sterblichen möglich ist, hat die Trauernde dem Verdienstvollen verliehen, indem sie ihm dieses Denkmal gesetzt hat. Im Jahre der erlösten Welt 1750.*

Da das Epitaph laut Inschrift 1750 errichtet wurde, müssen das Todesjahr der Frau (1751) und ihr Sterbealter nachgetragen sein.

Unter der Inschrift, vom Rahmen der Kartusche verdeckt, findet sich eine in rotbrauner Farbe kursiv aufgemalte Signatur: *J.G. Meÿer, pictor fecit* (geschaffen von Johann Georg Meyer, Maler).

Im formalen Aufbau ist das Denkmal großenteils dem 25 Jahre älteren Epitaph des Stättmeisters Drechsler (S. 196ff.) verpflichtet. Verwandt sind: der vorgewölbte, balusterförmig ausgebauchte Sockel; die konvexe Inschriftkartusche mit geschweiftem Rahmen, flankiert von sitzenden allegorischen Figuren; das hochovale Bildnis des Verstorbenen, bei Arnold vermehrt durch das der Gattin (weshalb auf die Dreieckform der Rückwand verzichtet werden mußte); die Wappengruppe darüber; der geöffnete Vorhang; und im Scheitel das zur Schau gestellte Gebein. Neu ist die „himmlische" Zone mit dem Auge Gottes, umgeben von Wolken und Strahlen, und der üppige Baldachin darüber. Diese neuen Merkmale haben vier Jahre später auf das Epitaph des Friedrich Peter Wibel (S. 262ff.) eingewirkt. – Indem Arnolds Frau ihr eigenes Bildnis gleichwertig neben das ihres Gatten setzen ließ, griff sie im Grunde auf den Jahrhunderte alten Brauch zurück, der die Ehegatten in gleicher Größe unter dem Gekreuzigten knien ließ, nur daß die handelnden Vollfiguren jetzt durch repräsentative Ovalbildnisse ersetzt wurden. Auch dafür gab es in der Michaelskirche ein Vorbild: am Epitaph des Stättmeisters Christoph David Stellwag († 1721), allerdings im Giebelfeld und relativ klein.

Der Sinngehalt

Über ihn läßt sich nur bedingt etwas aussagen, da nicht sicher ist, was die Schnitzfiguren darstellen. Die rechte (heraldisch linke) Frauengestalt verkörpert, nach dem verbliebenen Attribut zu urteilen, den Glauben (Fides). Das Kreuz in ihrer Linken scheint original zu sein; sein flacher Schaft paßt jedenfalls gut zur Krümmung der Finger. Aber schon die rechte Hand wirft Fragen auf: Ihr stark zum Daumen hin gebogener Zeigefinger läßt annehmen, daß sie etwas gehalten hat und nicht bloß beteuernd vor das Herz gelegt war[8]. Ikonografisch sinnvoll wäre als zweites Attribut ein Kelch, der jedoch dem Gesicht der Frau unschön nahe käme. Trotz solcher Unsicherheit kann man die Figur wohl als Fides deuten. Daß der Glaube als die wichtigste christliche und vor allem evangelische Tugend auf der heraldisch linken Seite angebracht ist, spricht nicht dagegen, wie Steindenkmäler mit dieser Anordnung beweisen[9].

Als Pendant zum Glauben könnte man auf der linken Seite eine Verkörperung der Hoffnung (Spes) erwarten. Die Hoffnung als eine weitere der christlichen Haupttugenden ist an Totendenkmälern besonders sinnvoll und entsprechend verbreitet[10]. Doch das Tränentuch in der rechten Hand der Figur paßt nicht zum Wesen der Hoffnung. Also dürfte es sich – ähnlich wie am Haspel-Epitaph und vielen anderen Denkmälern – um die Personifikation einer herausragenden weltlichen Tugend des Ratsherrn handeln, die über sein Hinscheiden trauert. Nun hat sich Arnold, Doktor beider Rechte, besonders als Jurist zum Wohl der Stadt hervorgetan. Schon in seiner Leipziger Dissertation von 1720 – sie *entstammt* nach Raimund Weber *einer Frühblüte der Wissenschaft vom Deutschen Recht*[11] – hat er sich mit der Erbpacht im hällischen Siedenswesen befaßt. Aus diesem Grund kann man vermuten, daß die Figur die Gerechtigkeit (Iustitia) als die dem Recht zugeordnete Tugend verkörpert und daß sie in ihrer linken Hand eine Waage oder ein (nach unten gerichtetes) Schwert gehalten hat. – Da die Iustitia zum Bildnis des Mannes gehört, dem die heraldisch rechte Seite zusteht, haben wir auch eine Erklärung, weshalb die Figur an dieser bevorzugten Seite angeordnet wurde und demzufolge die Allegorie des Glaubens, die sich zugleich auf die Frau bezieht, an der heraldisch linken Seite.

Der zentrale Teil des Denkmals ist dem irdischen Bereich gewidmet und hat die Aufgabe, in Bild und Wort das Andenken des Verstorbenen wachzuhalten und ihn, vor allem in der Inschrift, zu rühmen. Seinem Ruhm dient auch die Personifikation der Gerechtigkeit, die – wie das Tränentuch ausdrücken soll – über den Tod des großen Juristen trauert. Die andere Figur, die Verkörperung des Glaubens, ist den Arnolds als gläubigen Christen zugeordnet und bezieht sich zugleich auf die obere, die sozusagen himmlische Epitaphzone, denn der Glaube ist es, der den Eintritt in die himmlische Welt ermöglicht.

Der himmlische Bereich wird durch die Wolken symbolisiert und durch das Auge Gottes, das in ihrer Mitte erstrahlt. Flankiert wir dieser Bereich – auch im tieferen Sinn des Wortes – durch die beiden Engelchen. Das linke mit dem Palmzweig symbolisiert den himmlischen Frieden, das rechte mit der Muschel wohl die göttliche Gnade. Unter den zahlreichen (auch marianischen) Bedeutungen der Muschel ist hier wahrscheinlich das gemeint, was in einem barocken Emblem mit dem Bild einer Perlmuschel das zugehörige Epigramm ausdrückt (in deutscher Übersetzung): *Erfülle mich, Christus, mit der Flut des wahren Glaubens* [symbolisiert durch die Perle], *dann wird mein Leben verklärt ins Ewige hinüberfließen*[12]. Auch das Lexikon der christlichen Ikonographie führt die Muschel als *Sinnbild für die Empfängnis göttlicher Gnade* an[13]. – Der prunkvolle Baldachin krönt als Hoheitszeichen den göttlichen Bereich des Denkmals.

Wie schon an den Epitaphen Drechslers (S. 196ff.), Johann Ludwig Seyferhelds (Wunder Nr. 62) und später an den Epitaphen Friedrich Peter Wibels (S. 262ff.) und Jemgumer Closters (Wunder Nr. 71) begegnet auch bei Arnold der seltsame Brauch, im Scheitel des Denkmals, noch über dem himmlischen Bereich, die Symbole der Vergänglichkeit, Schädel und Gebein, als Memento mori anzubringen und sie zugleich, stellvertretend für die sterblichen Überreste des Toten, der Nachwelt zur Verehrung darzubieten[14].

Der Maler

Johann Georg Meyer (*Mayer, Mejer, Majer*) war in Hall von 1741–1753 tätig und malte in dieser Zeit das meiste, was die Stadt an Aufträgen zu vergeben hatte. Er war aber kein Haller Bürger und ist weder in den Beetlisten noch in den Haller Kirchenbüchern zu finden. Woher er kam und wohin er nach dreizehn Jahren regster Tätigkeit wieder verschwand, wissen wir nicht. In den Rechnungsbüchern, den so genannten *Steuerrechnungen*, wird er als *Herr* und *Kunstmaler* tituliert. Folgende Werke von ihm lassen sich bis jetzt nachweisen (die Bildnisse durchweg in Öl; die erhaltenen Werke mit •• bezeichnet, nicht erhaltene mit •):

•• 1741: Bildnis des Johann Peter Loechner (geb. 22. August 1696), rückseitig signiert, die Initialen in Ligatur: *JG Meÿer. pinxit. 1741 d(en) 22. Aug(ust)*, also gemalt zum 45. Geburtstag, Bildfeld 78/61 cm (als Dauerleihgabe im Haalamt[15]).

•• 1741: Bildnis der Rosina Margretha Loechnerin geb: Beÿschlægin (geb. 19. August 1705), signiert (wie oben): *JG Meÿer. pinxit. 1741 d(en) 15. Aug(ust)*, Bildfeld 78/61 cm (als Dauerleihgabe im Haalamt, s.o.).

•• 1743: Bildnis des Christoph David Kochendörfer, geb. 28. August 1698, rückseitig signiert: *G. Meÿer pinxit 1743*, Bildfeld 80/65 cm (heute im HFM).

•• 1743: Bildnis der *Susanna Elisabeta Kochendörfferin eine[r] geb. Virnhaberin* (8. Mai 1678 – 13. März 1756), rückseitig signiert: *G. Meÿer pinxit 1743*, Bildfeld 80/65 cm (heute im HFM).

• 1744: Meyer bemalt eine Kutsche für anderthalb Gulden (*1 f 15 ß*)[16].

• 1745: (Klein?-) Bildnis des (Haal-)Oberschreibers und Organisten an St. Katharina, Joseph Friedrich Bernhard Caspar Mayer, im Alter von 56 Jahren (1900 im Besitz von Conrad Schauffele)[17].

• 1745: Er malt ein Bildnis von Kronprinz Joseph für 6 Gulden[18].

• 1746: Er vergoldet den Rahmen an einem Porträt des verstorbenen Kaisers für 6 Gulden[19].

• 1746: Er malt das spanische Ordenskleid des Kaisers für 1 Gulden[20].

• 1746: Er malt an St. Michael die große Uhrtafel am Turm und drei Sonnenuhren für insgesamt 65 Gulden[21]. Die Malerei an der großen Uhr ist auf einer Zeichnung von Johann Conrad Körner, 1755, angedeutet (Ulshöfer S.58d) und auf einer Lithographie von Wilhelm Friedrich Haaf, 1838, in Umrissen erkennbar samt der Jahreszahl *1746* (Ulshöfer S. 80). Danach handelte es sich bei Mayers Werk um eine Erneuerung des Uhrengemäldes von Hans Schreyer und Johann David Zweiffel aus dem Jahr 1667, das am genauesten durch das Epitaph des Johann Balthasar Beyschlag († 1717) überliefert ist (Nr.37; Wunder 1980, Abb.30). Von dem Gemälde Mayers ist nur noch die Jahreszahl *1746* erhalten, die heute in den oberen Ecken der neuen Malerei von 1891 für Verwirrung sorgt.

• 1747: Er vergoldet den Rahmen eines Kaiserporträts für dreieinhalb Gulden[22].

• 1750: Er bemalt einen Kutschenkasten mit feinen Farben für 10 Gulden[23].

•• 1750: Er malt das Arnold-Epitaph in St. Michael, mit zwei Bildnissen (s. oben).

• 1750/51: Er bemalt und vergoldet das *Leichenkreuz* in St. Michael[24].

• 1751: Er zeichnet eine neue Folterbank mit der darauf gefolterten Person (der Brennerin von Michelfeld) und den zugehörigen Instrumenten, für anderthalb Gulden (*1 f 15 ß*)[25].

Von 1743 bis 1753 malte er die anfallenden Kleinbildnisse für das Ratsherrenbuch. Je Bild erhielt er während der ganzen Zeit vier Gulden. Seine Vorgänger seit 1725 wurden noch mit drei Gulden, sein Nachfolger Hauck (siehe S. 265) ebenfalls mit vier Gulden bezahlt. Vorsicht: die Jahreszahlen auf den erhaltenen Bildern beziehen sich auf die Wahl ins Amt, nicht auf das Entstehungsjahr der Gemälde!

•• 1743 (bezahlt 7.2.1744)[27]: *Oberlandumgelder Textor* (Johann Lorenz Textor, im Rat 1737), heute im HFM, signiert *JG (?) Meyer. p 1743*.

• 1744: *Senator Erckel selig* (Johann Paul Erckel, 1687–1739, im Rat 1737)[28].

• 1744: *Senator Sandel* (Johann Christoph Sandel, im Rat 1741)[29].

• 1744: *Oberlandumgelder Sanwald* (Johann Lorenz Sanwald, im Rat 1736, Stättmeister seit 1759)[30].

• 1744: *Senator Joh: Philipp Bonhöffer* (Johann Georg Philipp Bonhoeffer, im Rat 1743)[31].

•• 1744: *Senator und Präsenzpfleger Bonhöffer* (Dr. Johann Friedrich Bonhoeffer d.Ä., im Rat 1739, Stättmeister seit 1746)[32], heute im HFM (fälschlich bezeichnet *A(nn)o 1740*), nach Vorlage aus jüngeren Jahren (vgl. das Bildnis als Stättmeister von 1746).

• 1744: *Senator Ludwig* (Johann Georg Ludwig, im Rat 1740)[33].

• 1745: *Consulent Hartmann* (Johann Friedrich Hartmann d.Ä., 2. Konsulent 1739, im Rat 1746)[34]. Es wurden erwiesenermaßen auch Konsulenten ins Ratsbuch aufgenommen.

• 1745: *Amtmann Hezel* (Johann Christoph Hezel, Amtmann Vellberg 1714, im Rat 1733)[35].

•• 1745: *Amtmann Schragmüller* (Bernhard Andreas Schragmüller, im Rat 1733)[36], heute im HFM, bez. *Herr Bernhardt Andreas Schragmüller 1733*. – Die Ratsherren Schragmüller, Döllin und *Consulent Hezel* wurden schon 1740 von dem Maler Johann Andreas Carl aus Bayreuth porträtiert, doch stammen die erhaltenen Bilder dem Stil nach eindeutig von Meyer.

•• 1745: *Pfleger Döllin* (Johann David Döllin, im Rat 1735)[37], heute im Hällisch-Fränkischen Museum, bez. *Herr Johann David Döllin 1735*.

• 1745: *Pfleger Dötschmann* (Johann Andreas Dötschmann, im Rat 1740)[38]. Vgl. sein Epitaph in St. Katharina (siehe unten).

• 1745: *Consul(ent) Hezel* (Georg Friedrich Hezel d. J., Konsulent 1734, im Rat 1749)[39].

• 1745: *Pfleger Hezel* (Georg Friedrich Hezel d. Ä.?, im Rat 1736)[40].

• 1745: *Pfleger Drechsler* (Joh. David Drechsler, † 1735, im Rat 1726)[41].

• 1745: *Hospitalpfleger Feyerabend* (Andreas Friedrich Feyerabend?[42], im Rat 1733)[43].

•• 1746: *Regierender Stättmeister Bonhöffer* (Dr. Johann Friedrich Bonhoeffer d. Ä., 1697–1770, im Rat 1739, Stättmeister 1746)[44]. Er ließ sich also nochmals ins Ratsbuch malen, als er Stättmeister wurde (vgl. oben, bei 1744). Das Bildnis heute im HFM, bezeichnet *Herr Joh. Friderich Bonhöfer I.V.D.*[45] *Stättmeister. 1744* (die Jahreszahl falsch, sie bezieht sich weder auf die Wahl zum Stättmeister noch zum Ratsherrn). – Das Bildnis wurde unmittelbar nach der Wahl zum Stättmeister und offensichtlich *nach dem Leben* gemalt; es zeigt den Porträtierten im Alter von 49 Jahren.

• 1746: *Seel(iger) H(err) Pfleger Glock* (Johann Franz Glock, † 1740, im Rat 1735)[46].

• 1750/51: *Amtmann Döllin* (Christoph Ludwig Döllin, im Rat 1744)[47].

•• 1750/51: *Pfleger Hartmann* (Dr. Joh. Friedrich Hartmann d. J., im Rat 1746)[48], heute im HFM, bez. *Joh. Fridrich Hartmann J.V.D^r. nat. 16 oct. 1705 † 5 febr 1778. des innern und geheimen Raths. Haalhauptman(n) und Amtman(n) in der Schlicht.*

• 1750/51: *Pfleger Hezel* (Joh. Wilhelm Friedrich Hezel als Konsulent?, im Rat erst 1755)[49].

• 1753: Amtmann Haspel (Nikolaus Friedrich Haspel, im Rat 1746, Stättmeister seit 1770)[50]. Vgl. sein späteres Epitaph in St. Michael!

• 1753: *Oberlandumgelder Mayer* (Johann Ernst Mayer, im Rat 1746, oder Johann Georg Mayer, im Rat 1749)[51].

• 1753 *Pfleger Lt.* [Leutnant?] *Hezel* (Christoph Heinrich?, Kriegskassier, im Rat 1749)[52].

• ohne Datum: Kleinbildnis des Ratsherrn Johann Christoph Dieterich († 1718, im Rat 1676), wohl ebenfalls für das Ratsherrenbuch bestimmt, 1911 im Besitz von L. Wolf[53].

Anhand der gesicherten Bildnisse lassen sich Johann Georg Meyer noch folgende Werke zuschreiben:

•• um 1740: Bildnis des Dr. Georg Bernhard Arnold, 83/66 cm (ohne Rahmen), Eigentümer Graf v. Westerholt, Schloß Eltershofen (vgl. mit Epitaph).

•• um 1740: Bildnis der Maria Magdalena Arnold geb. Bonhoeffer (Pendant zu obigem, Maße und Eigentümer wie dort, vgl. mit Epitaph).

•• 1744: Kleinbildnis[54] des Haalhauptmanns Dr. Georg Bernhard Arnold (vgl. sein Epitaph), 22/16 cm[55], datiert 1744, bezeichnet: *Hr: Geo: Bernh: Arnold I.U.D^r. Hptm:,* im Haalamt (vgl. mit Bildnis J. P. Loechner, 1741, Arnold-Epitaph und Arnold-Porträt in Eltershofen).

•• um oder vor 1745: Epitaph des Pfarrers Georg Carl Böltz in St. Katharina, Bildfeld ca. 86/65 cm (ziemlich derb, zu vergleichen mit dem Bildnis des Christoph David Kochendörfer, siehe oben)[56].

•• um 1746 (vielleicht 1745 wie sein Kleinbildnis, s.o.): Epitaph des Ratsherrn Johann Andreas Dötschmann (1680–1746, im Rat 1740) in St. Katharina, Bildfeld ca. 78/61 cm (vgl. mit den Bildnissen Textor, Schragmüller, Döllin, Kochendörfer, Stättmeister Bonhoeffer und Arnold-Epitaph).

Johann Georg Meyer gehört zu den qualitativ bescheidensten der Haller „Kunstmaler". Man wundert sich, wie er als Porträtist dreizehn Jahre lang das Feld so gut wie allein beherrschen konnte. Neben ihm hat in der Stadt anscheinend nur der Feldmesser, Maler und Baumeister Johann Michael Roscher als Maler gewirkt, aber auf anderen Gebieten, nicht als Porträtist (sein bekanntestes Werk ist das Deckengemälde in der Spitalkirche).

Meyer war immerhin begabt genug, das Aussehen der Porträtierten, ihre Gesichtszüge und ihre Kleidung, die meist reichen Gewänder, in repräsentativer Form für die Mit- und Nachwelt festzuhalten, wenn auch ohne tiefere Beseelung und malerischen Schwung. Das zeigt eindrucksvoll der Vergleich mit einem Bildnis des noch jugendlichen Georg Bernhard Arnold, das der nur kurz in Hall beschäftigte Kunstmaler Johann Friedrich Somor [sic!] 1732 für das Ratsherrenbuch geschaffen hat und dafür allerdings auch das Doppelte des zu seiner Zeit üblichen Betrags erhalten hat (sechs statt drei Gulden)[57]. Somor vermochte mit großzügigem, treffsicherem Pinselstrich ebenso die äußere Erscheinung wie das Wesen des Dargestellten zu charakterisieren: Das fette, fast eirunde Gesicht Arnolds mit dem wachen Blick und der markanten Mundpartie strahlt Intelligenz und Heiterkeit aus. Dagegen verraten Meyers Bildnisse wenig über das Innenleben der Porträtierten. Zu Meyers besten Werken gehören wohl die Kleinbildnisse des Johann Friedrich Bonhoeffer im jugendlichen Alter (gemalt 1744 nach älterer Vorlage, siehe oben) und als Stättmeister (gemalt 1746). Hier sind auch die malerischen Qualitäten, etwa das fein lasierte, emailleartige Inkarnat, von beachtlichem Reiz.

Der Bildhauer

Die Bildwerke des Arnold-Epitaphs sind von mäßiger Güte, was bei dem gesellschaftlichen Rang und dem Reichtum der Auftraggeberin etwas verwundert. Sicherlich wurde der Bildhauer nicht von auswärts geholt, sonst hätte man wohl jemanden gewählt, der über das einheimische Niveau hinausragte. In Hall aber kennen wir in der Mitte des 18. Jahrhunderts – bis jetzt zumindest – nur die Werkstatt von Georg David Lackorn. Es wird also zu prüfen sein, ob die Figuren des Epitaphs dafür stilistisch in Frage kommen – bei der minimalen Vergleichsbasis eine kaum lösbare Aufgabe. Wir kennen von Lackorn an wirklich Gesichertem nur die nackten Kinderengel an den Grabsteinen von Joh. Christoph Stellwag (1740) und Joh. Michael Hartmann (1744)[58] und als einzige Gewandfiguren, wenn auch nicht voll gesichert, die Holzbildwerke von der ehemaligen Orgel in Rieden: David und zwei musizierende Engel[59].

Vergleiche zeigen, daß die beiden Putten des Arnold-Epitaphs durchaus von Lackorn sein könnten (Kopf- und Körperform, Speckfalten und Haarschnitt gleichen sich), daß außerdem auch der Faltenwurf der Gewandfiguren Gemeinsamkeiten aufweist (einen Wechsel von Parallel- und Flatterfalten; die den Bauch umkreisenden Faltengrate der Haller Figuren erinnern auch noch an Lackorns Lehrer Philipp Jakob Sommer, ebenso die Kinderengel[60]) – daß aber dennoch keine überzeugende Stilgleichheit besteht. Hinzu kommt, daß die Haller Figuren Schwächen aufweisen, die schlecht zu einem Meister passen, der neun Jahre bei *kunsterfahrenen* Bildhauern ausgebildet wurde (unter anderem auch in Frankfurt am Main)[61]. Zum Beispiel hat die linke Figur des Epitaphs, wahrscheinlich Justitia, zwar ein wohlgeformtes Antlitz[62], doch ihr rechter Unterarm ist unbeholfen um den Körper herumgebogen, als fehlten ihm die Knochen[63]. Und ihr rechtes Bein schwebt in der Luft, als wäre sie im Begriff, die Schenkel übereinander zu schlagen. Sicherlich sollte aber nicht dieser flüchtige Vorgang dargestellt werden, sondern der ausführende Schnitzer hat vermutlich eine zweidimensionale Vorlage, vielleicht einen Entwurf seines Meisters, ohne Körperverständnis in die dritte Dimension übertragen, wie er ja auch den Arm der Figur ohne Sinn für die menschliche Anatomie wiedergegeben hat.

Wenn man für all das eine plausible Erklärung sucht, für den Anklang an die Formensprache Lackorns einerseits und für die derbe, fast grobschlächtige Ausführung andererseits, so bietet sich die Hypothese an, ein Geselle Lackorns habe das Bildwerk nach Entwürfen des Meisters geschnitzt. Wenn Lackorn zu jener Zeit wirklich der einzig nennenswerte Haller Bildhauer war, muß er eine umfangreiche Werkstatt gehabt haben. Genaueres wird sich erst sagen lassen, wenn eines Tages weitere gesicherte Werke des Bildhauers, insbesondere auch Gewandfiguren, auftauchen. Allzu unwahrscheinlich ist das nicht.

Eine Ungereimtheit bleibt allerdings bestehen: daß die vornehme Auftraggeberin ausgerechnet durch einen Gesellen bedient wurde, dem der Meister allenfalls an einzelnen Stellen – wie dem Kopf der Justitia – beigesprungen ist.

Der Stukkateur

Die Stuckarbeiten am Corpus des Epitaphs wurden sicherlich von einer eigenen Werkstatt ausgeführt. Weder der Maler noch der Bildhauer dürfte sich auf eine solche Tätigkeit verstanden haben. Doch ist das Handwerk der Stukkateure in Hall bis heute nicht erforscht, so daß sich nur das Ergebnis würdigen läßt. Der Stuckmarmor des Denkmals beeindruckt vor allem durch seine Farbenpracht. Es war wie eine Offenbarung, als der Restaurator die originale Farbigkeit nach der trüben Übermalung von 1910 wieder aufdeckte. Freilich wird man die künstlerische – nicht die handwerkliche – Qualität der Stuckarbeit zurückhaltend beurteilen, denn durch die kleinteilige Marmorierung erhielt das Epitaph trotz aller heiteren Farbenfreude ein ziemlich unruhiges Aussehen.

Literatur

Gräter 1792/93, Nr.88; *Gräf/Ansel/Hönes* (Hg.), Die Restaurierungsarbeiten in der Michaelskirche Schwäbisch Hall, Schwäbisch Hall 2000, S.68 ff., 31, mit Abb. 2, 7, 15, 46-48. – Über Georg Bernhard Arnold: Raimund J. *Weber*, Die Haller Saline und ihr Recht, in: *Ulshöfer/Beutter* (Hg.), Hall und das Salz, Sigmaringen 1982, S.123, 143.

Anmerkungen

1 Rechnungsbuch Gottfried Schmidt (Privatbesitz), September 1910, Pos.36: *Epitafium des G.B. Arnold restaurirt M. 92.*
2 *Gräf/Ansel/Hönes* S.68 ff., 121, 124.
3 Man nennt sie die *alte Bonhoefferin* im Gegensatz zu ihrer Nichte, der *schönen Bonhoefferin*.
4 Ihr Vermögen war 1750 über doppelt so hoch wie das ihres Bruders, der allerdings zwei Jahrzehnte später der absolut reichste Mann der Stadt war. Vgl. dazu *Wunder* 1980, S.292 f. und *Wunder* in: Der Haalquell, Jg.39 (1987), Nr.14, S.54.
5 Bei *Wunder* 1987, S.40, verschiedene Ungenauigkeiten, vor allem ein falsches Geburtsjahr in Text und Übersetzung. Die Fehlstelle in der letzten Zeile (vor *monumento*) ließ sich nach Spuren und nach dem Sinn ergänzen und wurde vom Restaurator Ende 2000 nach meinem Vorschlag rekonstruiert.
6 I.V.D. = iuris utriusque doctor (Doktor beider Rechte).
7 Vgl. Hermann *Grotefend*, Taschenbuch der Zeitrechnung des deutschen Mittelalters und der Neuzeit, Hannover [10]1960, S.10.
8 Wie zum Beispiel am Grabmal des J. D. Bäurlen († 1733) von Niklaus Ritter am Chor von St. Katharina. Dort sind aber die Finger ausgestreckt.
9 An St. Michael zum Beispiel der Stein von Joh. Peter Hezel (S. 350ff.), am Chor von St. Katharina der Stein des J.D. Bäurlen (siehe oben).
10 Beispiele in St. Michael: Christoph David Stellwag, Friedrich Peter Wibel, Johann Lorenz Closter (Wunder Nr. 44, S. 262ff., Wunder Nr. 71).
11 Raimund J. *Weber*, Die Haller Saline und ihr Recht, in: *Ulshöfer/Beutter* (Hg.), Hall und das Salz, Sigmaringen 1982, S.123. Das Titelblatt und der Anfang der Arnoldschen Abhandlung sind ebendort abgebildet (S.143, Abb.76).
12 Vgl. Arthur *Henkel* / Albrecht *Schöne*, Emblemata, Handbuch zur Sinnbildkunst des 16. und 17. Jahrhunderts, Stuttgart/Weimar 1996, Sp.732 f. Dort auch der lateinische Originaltext.
13 LCI Bd.3, Sp.300.
14 Vgl. dazu Nr.49 (Drechsler-Epitaph), S. 200.
15 Nürnberger Privatbesitz, Thusnelda und Dr. Peter Rupp (wohl Erben des Haller Hirschwirts Rupp, für den Gottfried Schmidt mehrere Gemälde des 18. Jahrhunderts restaurierte).
16 Steuerrechnung (StR) 4a/206, Bl.174r, 28.8.1744.
17 Rechnungsbuch Gottfried Schmidt: *Schauffele, Conditor. 2 Ölgemälde restauriert ... Joseph Friedr. Bernh. Caspar Mayer, Oberschreiber u. Organist bei St. Catharina. Æt: LVI. gemalt v. J. Gottfr.[!] Mayer 1743, restauriert 1900, umsonst;* ursprünglich wohl im Bildnisbuch des Haalgerichts (siehe unten, Anm.54).
18 StR ebd., Bl.175r, 2.7.1745: *Dem KunstMahler H.[n] Mayern von abcontrefaiung deß Königlich Hungarischen Cron Prinzens Josephi 6 f.*
19 StR 4a/207, Bl.177v, 1.4.1746.
20 StR ebd., Bl.178r: *von abmahlung deß Kaiserl:[n] Spann:[n] OrdensKleyds ... 1 f.*
21 StR 4a/208, Bl.185r, 9.9.1746: *H: Johann Georg Mayer, Kunst Mahler, hat dießen Som(m)er die große Uhrtafel an dem Michaelis Kirchthurn nebst denen 3.en SonnenUhren, gemahlet, wofür demselben l. RathsSchluß vom 25.sten April: 50. f. accordirt, nach dem den 2. huius ergangenen Raths Concluso aber noch 15. f. zugelegt worden, welche er l[aut] ... Zettels sub nro.2. erhalten zusammen mit 65 f.* – Aus dem erhaltenen *Rechenzettel* geht

hervor, daß er die Malereien nach der ihm *gegebenen Vorschrifft und anweißung geferttigt* hat, daß man mit seiner arbeit *wohl zufrieden seyn* könne und deshalb nicht anstehe, den vereinbarten Betrag von 50 Gulden um 15 Gulden aufzubessern (4a/278, Rechenzettel Nr.2 von Baugegenschreiber Johann Peter Bonhoeffer). – Die Arbeit erfolgte auf Grund eines Ratsbeschlusses vom 25.4.1746: *Dem Mahler Mejern will man für die Verfertigung der Uhrtaffel nebst denen 4. [!] SonnenUhren 50. f. reichen laßen, und will nach dem Vorschlag u. unter beständiger Aufsicht Löbl. BauAmbts dieße Arbeit bey gutem wetter laßen vornehmen u. dazu gut feingold u. farben anschaffen* (Ratsprotokolle 1746, 4/355, Bl. 137r, Nr.4, zum 25.4.1746). Die Aufbesserung beschloß der Rat am 2.9.1746 auf *untertänige Vorstellung u. bitte J.G. Meyers KunstMahlers p(unc)to verfertigter Arbeit an der Michaelis-Kirch(en): Dem KunstMahler Majern will man noch eine discretion von 15. f. zugehen laßen* (ebd. Bl.299v–300r).

22 StR 4a/208, Bl.185v, 21.4.1747. – Das Bildnis selbst wurde von dem Augsburger Kunst- und Porträtmaler Andreas Löscher (um 1693-1762) für 25 Gulden gefertigt (StR ebd., Bl.186r, 28.4.1747).

23 StR 4a/211, 3.4.1750.

24 Rechnungen über die geistlichen Güter zu St. Michael, 4/2713 (1750/51), S.88, Nr.75: er hat *das Leichen Creuz mit feinen Farben zu mahlen, und zur Zierde zu vergulden 2 f 20 ß*. Vermutlich handelt es sich um das heute noch in der Sakristei vorhandene Vortragekreuz, das 1715 von dem Bildhauer Johann Friedrich Hornung geschnitzt, von dem Drechsler Zwick mit einer Stange versehen und von dem Maler Johann Georg Schreyer erstmalig gefaßt wurde (ebd. 4/2662, Bl.47r, Nr.52-54).

25 StR 4a/213, Bl.204r, 17.9.1751: *Dem Kunstmahler Joh: Georg Meyern vor den Abriß des bey der Inquisit Prennerin gebrauchten Folter Bancks um solchen ad acta legen zu können nach Hochlöbl. Steuerstuben Conclus: vom 14 ten Sept. h(uius) a(nni) ... 1 f 15 ß*. – Laut StR 4a/288 Nr.3 hat er *die neue FolterBank nebst der darauf gefolterten Persohn mit dazu gehörigen Instrumenten abzeichnen müßen*. – Für die neue Art von Tortur holte man für beträchtliches Geld einen auswärtigen Scharfrichter nach Hall: *Dem von Ellwangen zu adplizierung der Bamberger Tortur an der Hier inhaffitirten Inquisit Brennerin von Michelfeld gebürtig anHero beschriebenen Scharpfrichter Sebastian Vollmarn wurde ... bezahlt 109 f 27 ß 6 h*, für Zehrung bis zum Tag der Verabschiedung *55 f 27 ß*, zusammen also *165 f 24 ß 6 h*.

26 Über das Rats- oder Ratsherrenbuch mit seinen ca. 15 cm hohen Ovalbildnissen vgl. vor allem Nr.49 (Drechsler-Epitaph), S. 201f. – Die Vornamen der in den Steuerrechnungen genannten Ratsherren wurden bestimmt anhand von: Gerd *Wunder*, Die Ratsherren der Reichsstadt Hall 1487-1803, in: WFr Bd.46, 1962, S.100-160.

27 StR 4a/205, Bl.181, 7.2.1744.

28 StR ebd., 1.5.1744.

29 StR ebd.

30 StR ebd., 22.5.1744.

31 StR ebd.

32 StR 4a/206, Bl.174r, 7.8.1744. – Der jüngere Johann Friedrich Bonhoeffer (geb. 1710) wurde erst 1750 Senator.

33 StR ebd.

34 StR ebd., Bl.174v, 5.2.1745.

35 StR ebd.

36 StR ebd.

37 StR ebd.

38 StR ebd.

39 StR ebd., 26.3.1745.

40 StR ebd.

41 StR 4a/207, Bl.177r, 20.8.1745.

42 Oder wäre der längst verstorbene Ratsherr Johann Kaspar Feyerabend (1607-81, im Rat 1664) gemeint, der 1672 Hospitalpfleger wurde? (vgl. Gerd *Wunder*, Feyerabend, Geschichte einer Bürgerfamilie in Hall und Heilbronn, Verein Alt Hall 1986, S.43).

43 StR ebd.

44 StR 4a/208, Bl.185v, 25.11.1746.

45 Iuris utriusque doctor = Doktor beider Rechte.

46 StR ebd.

47 StR 4a/212.

48 StR ebd.

49 StR ebd.

50 StR 4a/214, Bl.203v, 22.6.1753.

51 StR ebd.

52 StR ebd.

53 Rechnungsbuch Gottfried Schmidt: *Wolf (L.) 2 kl. Bilder restauriert. (Joh. Christoph Dieterich d. Innern u. Geheimen Rats. 1676/1699. gemalt von J.G. Majer ... a. 1 M 20*. (Das andere der zwei kleinen Bilder stammte von Glocker.)

54 Ursprünglich wohl in einem analog zum Ratsherrenbuch angelegten und inzwischen ausgeschlachteten Bildnisbuch der Mitglieder des Haalgerichts. Ein beträchtlicher Teil dieser Bildnisse hängt heute im Haalamt.

55 Eigentliches Bildnis (inneres Oval ohne Wappen und Jahreszahl) 16 cm hoch.

56 Auch ein weiteres Werk in St. Katharina, das Epitaph des Ratsherrn Johann Jacob Beyschlag (1675-1752), im Rat 1728, Geheimer 1748, könnte von einem Gehilfen Meyers gemalt sein. Es ist grobschlächtig, schlecht erhalten und anscheinend verrestauriert, errichtet von der Witwe und den Nachkommen, zu vergleichen mit Bölz und Kochendörfer.

57 StR 4a/193, Bl.177v, laut Steuerstubenbeschluß vom 16.1.1732, bezahlt am 15.2.1732. Arnold war damals (seit 1729) noch Konsulent. Das Bildnis heute im HFM, mit späterer Beschriftung.

58 Siehe dazu S.360ff. (Johann Michael Hartmann).

59 Vgl. *Deutsch*, Rieden 1990, S.227 ff., 234 ff. mit Abb. S.235.

60 Vgl. mit den Putten am Schöntaler Stephanusaltar. Abb. u.a. bei *Hennze/Kraut*, Hirschwirtscheuer, Museum für die Künstlerfamilie Sommer, Künzelsau 1989, S.32.

61 Siehe *Deutsch*, Rieden 1990, S.229 f.

62 Vgl. Abb.2 bei *Gräf/Ansel/Hönes*.

63 Vgl. Abb.15 ebd.

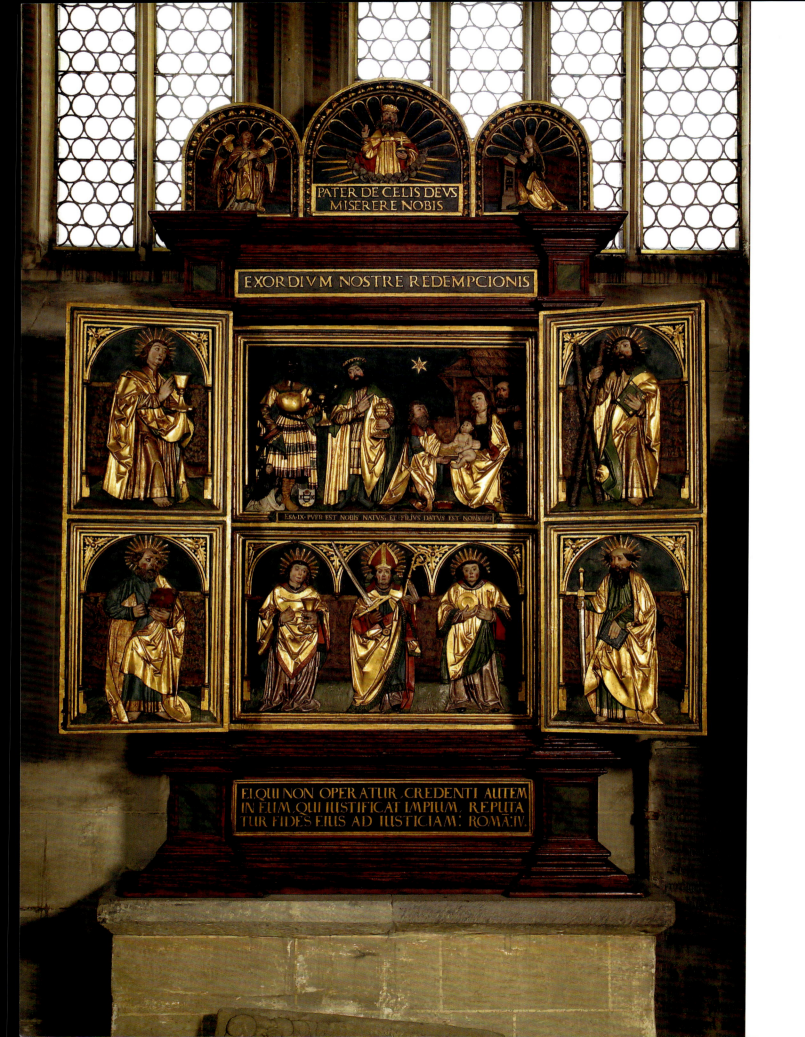

Retabel des Dreikönigsaltars (1521/1585)

Schnitzretabel, farbig gefaßt, mit bemalten Flügelaußenseiten; 282/168 cm, Flügel 143/54 cm, Corpus (Mittelteil) 204/138 cm, Aufsatz 50,5 cm hoch. Gestiftet von Kilian Kempffenagel, Kaplan des Dreikönigsaltars. Ursprünglich an der Ostwand des nördlichen Seitenschiffs (siehe unten). – 1966/67 von Restaurator Hans Manz, Stuttgart, konserviert und zurückhaltend restauriert (Akten der evangelischen Kirchenpflege); 1999 restauriert von Hermann R. Petersohn, Göppingen.

Bildhauer und Maler noch nicht ermittelt; der Bildhauer vielleicht würzburgisch. Entstanden um 1520/21.

[72]

Obwohl sich das Retabel der kunstgeschichtlichen Einordnung zäh widersetzt, soll es hier wegen seiner Bedeutung für die spätere Haller Kirchengeschichte behandelt werden.

Die Altarstiftung

Der Altar selbst, geweiht den Heiligen Drei Königen, Jakobus und Christophorus, wurde 1373 von dem Haller Bürger Nikolaus Hell (Helle) gestiftet und mit zwei Salzsieden und zwei Morgen Weingärten als Kapitalsanlage ausgestattet. Das Patronat lag beim Kloster Comburg (das heißt Comburg präsentierte den Altaristen dem Würzburger Bischof zur Bestätigung), doch erhielten der Stifter und die Altarpfleger Ludwig Schletz und Gerhard Feur auf Lebenszeit das Nominationsrecht, also das Recht, die Altaristen vorzuschlagen. Es wurde 1381 auf die Kinder und Enkel Feurs ausgedehnt und ging 1453 von Peter Feur auf die Stadt über. Die Messe auf dem Altar hatte zugleich mit der Hauptmesse der Kirche zu beginnen; die Opfer waren, außer bei Vigilien und Begräbnissen, dem Pfarrer abzuliefern[1].

Der erste Kaplan war ein Ulrich Ermenrich, genannt Essich, der 1393 in das Konstanzer Kartäuserkloster eintrat. Um seine Nachfolge bemühten sich der Speyrer Kleriker Johann Stephani, genannt Wikmar von Bunikem, der Comburger Mönch Magister Heinrich Schletz[2] und der Haller *Eindringling* Heinrich Horlecher, bis sich Stephani 1396 durchsetzte[3]. Sein Nachfolger war 1424–1468/69 Johannes Feur (Ignis), ein Neffe von Petrus Feur (der damals das Nominationsrecht innehatte)[4]. Auf ihn folgten Johann Fuchs und 1470 Johann Keusch, der mit ihm die Pfründe des Ambrosiusaltars tauschte[5].

Die Retabelstiftung

Als Stifter des Retabels gibt sich der im Dreikönigsrelief (siehe unten, S. 284f.) abgebildete Geistliche K.K. zu erkennen. Wer das war, verrät uns der in der Michaelskirche erhaltene spätgotische Kelch. Unter seinem Fuß ist das gleiche mit den Buchstaben *K K* versehene Wappen eingraviert wie auf dem Altarrelief, jedoch zusammen mit der Inschrift: *KILIANVS · KEMPFFE(N)NAGEL · VICARIVS · ECCL(ESI)E · MAIORIS · HERBIPOLEN(SIS) · AC · ALFARIS [verschrieben für: ALTARIS] · TRIV(M) · REGV(M) · IN · HALLIS · FECIT · REFORMARE · HV(N)C · CALICE(M) · AN(NO) · S[ALUTIS] · M.D.XVI*. Zu deutsch: Kilian Kempffennagel, Vikar der Würzburger Domkirche und des Haller Dreikönigsaltars, ließ diesen Kelch umgestalten im Jahr des Heils 1516.

Damit steht fest, der Dreikönigsaltar wurde von seinem eigenen Kaplan mit Kelch und Retabel ausgestattet; denn daß auch der Kelch ursprünglich zu diesem Altar gehörte, beweist die Anbetung der Drei Könige, die – zusammen mit dem Kirchenpatron St. Michael und dem Würzburger Patron St. Kilian – auf dem Kelchfuß eingraviert ist (Abbildung bei Gradmann S.33).

Das Wort *Vikar* wird hier für zwei verschiedene Begriffe verwendet. Das belegen zwei weitere Quellen über

Kilian Kempffenagel, Urkunden in deutscher Sprache, die sich beide auf den gleichen Vorgang beziehen, nämlich die Verleihung des einen Siedens der Dreikönigspfründe zu *ewigem Erbe* (das andere war schon 1493 von Kempffenagels Vorgänger Hans Keusch verliehen worden)[6]. Die erste Urkunde, erhalten in einer Abschrift des 17. Jahrhunderts, berichtet, daß Kempffenagel das Sieden am 25. Oktober 1524 (*dinstags nach Severini*) – also acht Jahre nach der Stiftung des Kelchs – dem Haller Bürger Hans Maier und seiner Frau Dorothea Engel zu Erb verliehen hat[7]. Sie beginnt mit den Worten: *ICH Kylian Kempfnennagel Vicarj des Thumbstiffts zu Würtzburg vnd Capplan der heyligen dreyer König Althar, gestifft In Sannt Michaels des heyligen Ertzengels Pfarrkirchen zu Schwäbischen Hall …*[8] Bei der zweiten Urkunde, erhalten im Original, ausgestellt am selben Tag, handelt es sich um den Revers des Ehepaars Maier. Darin ist die Rede von *dem wirdigen herren Kilian Kempffenagel, vicarien des thumbstiffts zu Wurtzburg, vnd Capplan der hailigen dreyer k[o]nig altar in sant michels des hailigen ertzenngels pfarrkirchen alhie gestifft …*[9]

Hier wird nun beidemal klar zwischen den Begriffen Kaplan und Vikar unterschieden. Ein Kaplan ist ein selbständiger, wenn auch dem Pfarrer abgabenpflichtiger Meßpriester, der die Altarpfründe persönlich innehat. Ein Vikar ist der Stellvertreter eines anderen Geistlichen bzw. Pfründeninhabers; auch ein Kaplan kann einen Vikar anstellen, wenn er das Geld dazu hat. Ein Domvikar vertritt einen der – häufig abwesenden – Domherren bei Chorgebet und Messe[10].

Nach freundlicher Auskunft des Würzburger Diözesan-Archivs wird Kilian Kempffenagel (dortige Schreibweise: *Kempfnagel* oder *Kempfangel*) schon 1513 als Domvikar genannt; vorher – bis 1509 – war er Pfarrer in Höchberg, einer Patronatspfarrei des Ritterstifts St. Burkard, wenige Kilometer südwestlich von Würzburg[11]. Sein Todesjahr ist leider nicht bekannt.

Das Retabel

Es handelt sich um ein Schnitzretabel mit einem beweglichen Flügelpaar, ohne die hierzulande üblichen Standflügel. Das Gehäuse, rotbraun bemalt mit grünlicher Marmorierung, weist bereits Renaissanceformen auf. Predella, Mittelschrein und Gebälk sind an der Seite von übereinandergestellten Pilastern gerahmt, oben und unten von einem kräftig vorkragenden, sehr reich profilierten, an den Pilastern verkröpften Gesims. Den oberen Abschluß bildet ein Aufsatz mit drei rundbogigen Feldern, deren mittleres die beiden seitlichen an Höhe und Breite übertrifft. Schrein, Flügelinnenseiten und Aufsatz sind mit farbig gefaßten Reliefs geschmückt (heute weitgehend übermalt), die Flügelaußenseiten mit Gemälden. Die Predella hat keinen Bildschmuck, sie enthält eine Inschrift.

Der Schrein ist – eine seltene Spielart – in zwei Geschosse unterteilt. Im **oberen Geschoß** wird, gemäß dem Altartitel, die Anbetung der drei Könige gezeigt. Maria sitzt rechts im Bild vor einer strohgedeckten Holzhütte mit links angrenzendem Mauerwerk. Sie hält das Kind auf ihrem Schoß und wendet sich in halber Drehung der Mitte zu. Rechts von ihr blickt Josef aus einem Fenster der Hütte, seinen rechten Unterarm auf die Brüstung gestützt, in der Hand den Knotenstock. Unter dem Fenster sitzen, in kleinerem Maßstab, vom Bildrand überschnitten, Ochs und Esel hinter einem Flechtwerkzaun.

Links von Maria kniet der älteste König und reicht dem Kind ein Kästchen mit Goldstücken. Er trägt ein Gewand mit Trichterärmeln, geschmückt mit einem Fransenbesatz (Aurifrisium), und als Mantel einen langen Tappert, den eine Agraffe seitlich zusammenhält. Seine Krone hat er vor sich auf den Boden gestellt. Über ihm leuchtet der Stern von Bethlehem.

Links des Knienden steht, frontal ausgerichtet, der zweite König. Er hat den Kopf mit der Krone gegen die rechte Schulter geneigt und weist mit der Rechten auf den Stern; in der Linken hält er einen gebuckelten Deckelpokal. Bekleidet ist er mit einem gegürteten Faltenrock und einer Schaube mit breitem Kragen.

Ganz links steht, halb nach innen gewendet, der jugendliche Mohrenkönig, modisch gekleidet, mit glattem, kugelförmigem Brustpanzer, Faltenrock, fast knöchellangen Hängeärmeln und ledernen Schlupfstiefeln. Er hält in der Linken einen Hornpokal, in der Rechten seine Kopfbedeckung, einen spitzen Hut mit Kronreif und Bändern.

Zu seinen Füßen kniet in dreifach kleinerem Maßstab der Stifter: ein Geistlicher in Chorhemd und Almutie (einem Schultermäntelchen mit Kapuze und Pelztroddeln); in den Händen hält er das Birett. Rechts von ihm, jenseits der Beine des Mohren, steht sein Wappenschild. Das Wappenbild zeigt über einem Dreiberg ein U-ähnliches Gebilde mit zwei Querstegen im Inneren und einem Halbmond darüber, flankiert von den Buchstaben *K K*.

Eine Zierleiste am unteren Rahmen des Reliefs enthält die gemalte (und erneuerte) Inschrift: *ESA · IX · PVER EST NOBIS NATVS, ET FILIVS DATVS EST NOBIS · 1.5.85* (Jesaia 9,5 [Vulgata 9,6]: uns ist ein Kind geboren, ein Sohn ist uns geschenkt). Die beiden letzten Ziffern sind kleiner als die übrigen (siehe unten).

Im **unteren Geschoß des Schreins** stehen unter einer dreifachen Bogenstellung mit Blattschmuck in den Zwickeln und vor einem Ehrentuch aus Preßbrokat drei männliche Heilige, alle mit Strahlennimbus. Es handelt sich um die sogenannten "Frankenapostel", den Würzburger Diözesanheiligen Kilian und seine Begleiter Kolonat und Totnan, die mit ihm 688 den Märtyrertod starben. Kilian, in der Mitte, ist wie üblich als Bischof in Pontifikaltracht mit Stab und Schwert (dem Werkzeug seiner Ermordung) dargestellt; Kolonat, links, in der Meßkleidung eines Priesters mit Alba, Kasel, Manipel und Kelch; Totnan, rechts, im Diakonsgewand mit Alba, Dalmatik und Patene. – Die Obergewänder aller Heiligen sind außen vergoldet, die Alben von Kolonat und Totnan versilbert.

In evangelischer Zeit scheint man diese Heiligen vergessen oder verdrängt zu haben. Noch Gradmann (1907, S.29) hält Kolonat für den Evangelisten Johannes, obwohl er nicht Aposteltracht, sondern Priesterkleidung trägt und obwohl Johannes schon an anderer Stelle des Retabels vorkommt (siehe unten); in Kilian vermutet er den hl. Erasmus, in Totnan den hl. Stephanus.

Auf den **Flügelinnenseiten** sind vier Apostel dargestellt, beiderseits zwei übereinander. Auch sie stehen – wie die Heiligen im unteren Schreingeschoß – unter einem flachen Baldachinbogen vor einem brokatgemusterten Ehrentuch und haben ebenfalls einen Strahlennimbus. Sie sind alle barfuß und tragen die gewohnte Apostelkleidung: gegürtete Tunika und Mantelpallium. Wir sehen links oben Johannes den Evangelisten, bartlos, mit Kelch und segnender Rechter; rechts oben Andreas mit Buch und Schrägbalkenkreuz; links unten Petrus, kenntlich an der Stirnlocke, mit einem Buch; rechts unten Paulus mit Buch und Schwert. Petrus nimmt also gegenüber Paulus, anders als nach der Reformation, noch die im Rang bevorzugte Position auf der heraldisch rechten Seite ein.

Die **Flügelaußenseiten** zeigen, nunmehr als Gemälde, vier weitere Heilige, ebenfalls unter einem Baldachinbogen und vor einem Ehrentuch aus gemaltem Brokat: links oben steht Sebastian in einem faltenreichen, durchscheinenden Mantel, im übrigen nackt, an einen Pfahl gebunden und von Pfeilen durchbohrt; rechts oben Michael in Alba und Pluviale, in der Rechten – über dem Kopf – das Schwert, in der Linken die Waage mit einer Seele in der sinkenden Schale und einem Mühlstein in der steigenden, an der sich noch ein Teufelchen abmüht; links unten Antonius der Abt, in Antonitertracht mit Glöckchen, Buch, Doppelkreuz und Schweinchen; rechts unten der heilige Asket Onuphrius mit Rosenkranz und Krückstock, nackt bis auf sein Haarkleid und einen Blätterschurz um die Lenden. Onuphrius war nach der Legende ein abessinischer oder persischer Fürstensohn und lebte – in der Zeit um 400 – sechzig Jahre lang als Einsiedler in der Wüste. Er ist in der Michaelskirche noch ein zweitesmal dargestellt: am rechten Flügel des Bonifatiusretabels, diesmal (als Fürstensohn) mit Zepter und Krone.

Auf der waagrechten Rahmenleiste zwischen den Bildern steht, auf beide Seiten verteilt, eine goldene Inschrift auf schwarzem Grund: *ALTARE SANCTOR'* [= SANCTORUM] / *TRIVM REGVM* (Altar der Heiligen Drei Könige). So ist der Altartitel auch bei geschlossenem Retabel erkennbar.

Die **Reliefs im Aufsatz** sind bei geöffneten und bei geschlossenen Flügeln, also feiertags wie werktags, zu sehen. Im mittleren, größeren Feld ist Gott Vater als Halbfigur auf einem Wolkenband dargestellt, die Rechte segnend erhoben, in der Linken einen Reichsapfel als Herrschersymbol. Darunter, golden auf blauem Grund, die geschnitzte Inschrift: *PATER DE CELIS DEVS / MISERERE NOBIS* (Gott Vater im Himmel erbarme dich unser).

Die kleineren Felder enthalten, in zwei Hälften aufgeteilt, eine Verkündigung vor einem brokatgemusterten (gemalten) Ehrentuch: Links erscheint der Engel Gabriel, die rechte Hand zum Gruß erhoben; die linke Hand (einst mit Lilienzepter?) fehlt. Rechts kniet Maria, dem Engel zugewandt, betend vor einem Lesepult mit einem aufgeschlagenen Buch; an der Seitenfläche des Pults drei Fächer mit Gefäßen und anderen Gegenständen.

Hinter jeder der drei Aufsatzfiguren ist das Bogenfeld mit einer blauen, goldgesäumten Fächerrosette gefüllt – einem Renaissanceornament, das hier wie ein Heiligenschein wirkt und wohl auch wirken soll; jedenfalls geht die Rosette bei Gott Vater nach unten hin in eine richtige Strahlenglorie über. Die Rahmen der Aufsatzfelder sind mit einem vergoldeten Blattfries geschmückt.

Am Gebälk, also zwischen der Anbetung der Könige und den Darstellungen des Aufsatzes (Gott Vater und Verkündigung), steht golden auf blauem Grund die geschnitzte Inschrift: *EXORDIVM NOSTRE REDEMPCIONIS* (der Anfang unserer Erlösung). Das Wort bezieht sich auf das zum Erlöser bestimmte Kind der Anbetungsszene und zugleich auf die Verkündigung darüber, mit der die Heilsgeschichte begann.

Die **Predella** des Retabels enthält eine (nicht ursprüngliche) Tafel mit folgender Inschrift, gold auf schwarz: *EI, QUI NON OPERATUR, CREDENTI AUTEM / IN EUM, QUI IUSTIFICAT IMPIUM, REPUTA- / TUR FIDES EIUS AD IUSTICIAM: ROMA(N):IV.* Zu deutsch: Dem, der keine Werke tut, aber an den glaubt, der den Gottlosen gerecht macht, wird sein Glaube zur Gerechtigkeit angerechnet. Römer 4 [Vers 5]. (Näheres siehe unten S. 289ff.).

Der ursprüngliche Standort

Das Retabel steht nicht an seiner ursprünglichen Stelle. Sein steinerner Unterbau ist ja keine Altarmensa, er besitzt weder ein Reliquiensepulcrum, noch ist er geostet wie alle Altäre der Michaelskirche. Eduard Krüger hat festgestellt (S.63), daß ein Wandgemälde an der Ostwand des nördlichen Seitenschiffs – es zeigt ein von Engeln gehaltenes Baldachinzelt – dem Dreikönigsretabel einst als Rahmen gedient haben muß. Die dreibogige Aussparung an seiner Unterseite (Breite 134,5 cm, im Mittelteil 58 cm) paßt genau zum Umriß des Retabels, das heißt sie ist vorsichtshalber so bemessen, daß der Schrein sie ringsum leicht überdeckt (1 1/2 – 2 cm). Damit steht fest, wo sich das Retabel und der zugehörige Dreikönigsaltar zum Zeitpunkt der Retabelstiftung befunden haben: an der Ostwand des linken Seitenschiffs.

Enstehungszeit

Der Dreikönigsaltar, den es schon seit 1373 gab (siehe oben), wurde nach dem Neubau des Chors und des letzten Langhausjochs an die genannte Stelle versetzt und am 21. April 1520, zusammen mit dem Chor und den übrigen Altären, neu geweiht[12]. Um diese Zeit muß auch das zugehörige Retabel von Kilian Kempffenagel gestiftet worden sein. Wahrscheinlich wurde es wie die anderen neuen Retabel 1520 oder 1521 vollendet und aufgestellt. Das Bonifatiusretabel zum Beispiel ist *1521* datiert.

Die Tatsache, daß in der aufgemalten Inschrift mit der Jahreszahl *1585* die beiden letzten Ziffern kleiner sind als die übrigen, gab zu der Vermutung Anlaß, diese Zahl habe ursprünglich *1521* gelautet, da für eine Null oder jede andere Endziffer außer *1* der vorhandene Zwischenraum zu eng wäre und deshalb die beiden letzten Ziffern bei der Umdatierung hätten kleiner ausfallen müssen. Nun hat aber Restaurator Petersohn festgestellt, daß *1585* nicht nur die Endziffern, sondern die ganze Inschrift erneuert wurde (die Farbsubstanz ist durchweg identisch). Mehr noch: unter der gemalten befand sich ursprünglich eine geschnitzte Inschrift, die später abgearbeitet wurde (war sie schadhaft?). Einzelne Buchstaben sind noch in Ansätzen zu erkennen, aber nicht mehr lesbar[13]. Wir wissen also nicht, ob der Maler von 1585 der ursprünglichen Inschrift in Wortlaut und Raumaufteilung folgte und ihm deshalb der Platz für die neuen Endziffern fehlte oder ob er die Jahreszahl aus bloßem Ungeschick verstümmelt hat.

Immerhin paßt zu einer Entstehungszeit 1521 auch der Stil des Retabels. Das Gehäuse mit seiner Pilasterrahmung, die Fächerrosetten im Aufsatz und die modische Tracht vor allem des Mohrenkönigs (Faltenrock und Kugelbrust) sind zumindest in Hall kaum vor dem Ende des zweiten Jahrzehntes denkbar. Andererseits verbietet der konservative, noch der Spätgotik verpflichtete Faltenstil und die altertümliche Auffassung der übrigen Figuren eine wesentlich spätere Datierung.

Die gemalte Umrahmung

Durch das gemalte Baldachinzelt wird der Dreikönigsaltar in besonderer Weise ausgezeichnet. Das Zeltdach ist an einem, ebenfalls gemalten, Rundbogen aufgehängt und mit einem goldenen Knauf bekrönt. An seiner mit Fransen geschmückten Zarge stehen in goldener Schrift auf schwarzem Grund die Worte: *AD . LAV . ETGLO . S . TRINIT'* (= ad laudem et gloriam Sanctae Trinitatis: zu Lob und Ruhm der Hl. Dreifaltigkeit). Unter dem Dach hängt ein innen roter, außen grüner, von zwei Engeln zur Seite gezogener Vorhang, der einstmals das Retabel umfing.

Die Engel, in Halbfigur dargestellt, sind breitgebaute, massige Renaissancegestalten mit voluminösen Flügeln und einem Kranz auf dem Haupt. Der linke Engel trägt eine plissierte Alba mit troddelbehangenem Gürtel und Bortenschmuck; der rechte trägt über der Alba ein rot-grün changierendes, an den Hüften in Zacken endendes Mieder mit kugelförmigem Brustteil und einem ähnlichen Gürtel- und Bortenschmuck wie der linke Engel.

Vergleicht man die Malerei mit den Flügelbildern des Retabels, so wird deutlich, daß sie nicht nur von anderer Hand stammt, sondern auch später entstanden sein muß. Der fortgeschrittene Renaissancestil in Tracht und Statur der beiden Engel deuten auf eine Entstehungszeit gegen 1530, auf jeden Fall nach der Reformation. Charakteristisch für diese Zeit ist auch eine auffallende Geometrisierung der Formen; die Flügel und die Gewandkonturen der Engel wirken wie mit dem Zirkel oder Kurvenlineal konstruiert. Darin äußert sich der Beginn einer manieristischen Stilphase, die um die Mitte des Jahrhunderts ihren Höhepunkt erreichte (etwa in dem Erlacher Grabmal eines Geistlichen, in dem man den Chronisten Widman vermutet[14]).

Für eine Entstehung der Malerei in evangelischer Zeit mag auch die Inschrift mit dem Lob der Dreifaltigkeit sprechen. Sie sollte wohl die unevangelischen Heiligen inmitten des Retabels rechtfertigen und klarstellen, daß auch sie allein zur Ehre des dreieinigen Gottes dargestellt sind[15].

Der Retabeltypus

Das Ungewöhnliche am Schrein des Dreikönigsretabels ist seine Einteilung in zwei gleichhohe Geschosse. Dieser Retabeltypus begegnet äußerst selten. Ich kenne nur wenige Beispiele: das Deocarusretabel in der Lorenzkirche zu Nürnberg, das niederländische Retabel in Hackendover bei Thienen und die Tabernakelretabel in der Landshuter Martinskirche und im Kölner Dom (aus der Klarenkirche)[16]. Sie alle sind wesentlich älter als das Haller Werk und unterscheiden sich von ihm wie auch unter sich so beträchtlich, daß sie als Vorbilder nicht in Frage kommen. Wie aber erklärt sich dann die ungewöhnliche Form des Haller Schreins?

Die Vorbilder befanden sich in der Michaelskirche selbst. Es waren die gemalten Retabel der Langhauspfeiler. An den Rundpfeilern im Schiff waren vor dem Chorneubau wie üblich Altäre aufgestellt. Deren Retabelbilder wurden, mangels Platz an der Seite, übereinander auf das Pfeilerrund gemalt, wobei dem Titelheiligen jeweils das obere Bild gehörte. Das Dreikönigsretabel, das ja im linken Seitenschiff stand, hat man offensichtlich diesen gemalten Retabeln und zugleich der hohen, schmalen Fläche der östlichen Seitenschiffwand angepaßt.

Die Künstler

Wie es scheint, war weder der Bildhauer noch der Maler noch gar der Schreiner des Retabels in Schwäbisch Hall tätig. Sie lassen sich mit keinem anderen Werk des Haller Denkmälerbestands in Verbindung bringen. Allenfalls besteht eine sehr entfernte Verwandtschaft mit dem Schnitzer, der am Michaelsretabel in der Sakristei die Flügelreliefs ausgeführt hat[17]; das könnte auch auf eine Herkunft beider aus der gleichen Kunstlandschaft zurückzuführen sein.

Wenn die Meister des Dreikönigsretabels in Hall nicht zu finden sind, liegt es nahe, sie in Würzburg zu suchen, wo der Kaplan des Altars, Kilian Kempffenagel als Domvikar amtierte. Allerdings hält man auch dort vergebens nach stilgleichen Erzeugnissen Ausschau. Und dennoch lassen die Haller Bildwerke – diese zumindest – etwas von würzburgischer Atmosphäre spüren. Konkreter: es scheint, daß der Bildhauer die Werke Riemenschneiders und seiner dort alles beherrschenden Schule gekannt hat und sich, obwohl selbständig arbeitend, ihrem Eindruck nicht entziehen konnte.

Das wird besonders am Gewandstil mit seinen spröden, scharfen Faltenbrüchen deutlich. Man vergleiche etwa die Kasel des Haller Kolonat (linke Schreinfigur) mit der des Rudolf von Scherenberg oder auch des Lorenz von Bibra im Würzburger Dom (Bier[18] I, Taf. 53–55); ferner die Mantelfalten der Muttergottes in der Anbetung mit denen der sitzenden Anna im Bayerischen Nationalmuseum (Bier II, Taf. 87) oder, was die wie mit dem Lineal gezogenen Stangenfalten betrifft, mit dem linken Flügel des Rothenburger Blutaltars, wo ein ebenso starres Faltengestänge begegnet (ebd. Taf. 80).

Auch die Gesichter und Frisuren der Haller Figuren muten vielfach würzburgisch an und lassen sich – bei allem Unterschied in Stil und Qualität – mit Werken der Riemenschneiderwerkstatt vergleichen: etwa der kniende König mit dem der Nürnberger Anbetung (ebd. S. 50) oder mit den Jüngern vorne links und vorne rechts im Rothenburger Blutretabel (ebd. Taf. 71, 73); der Petrus am linken Flügel mit einem der Creglinger Apostel (ebd. Taf. 94); der Andreas am rechten Flügel mit dem Andreas des Windsheimer Retabels oder dem Andreas im Bayerischen Nationalmuseum[19]. Die Kopfform des Kilian (mittlere Schreinfigur) erinnert an den Kilian vom Hochaltar des Würzburger Doms (im Krieg verbrannt; Bier II, Taf. 118) oder ähnliche Figuren Riemenschneiders und seiner Schule.

Die Vergleiche machen deutlich, daß der Bildhauer des Retabels zwar kein unmittelbares Verhältnis zur Werkstatt oder Schule Riemenschneiders hatte, daß er sich aber von ihr anregen ließ und daher in der Würzburger Gegend gewirkt haben dürfte. Die bescheidene Qualität seiner Arbeit läßt vermuten, daß er billig produziert hat, im Schatten der übermächtigen Konkurrenz der Riemenschneider-Werkstatt vielleicht sogar billiger als ein Haller Bildschnitzer gleich bescheidenen Ranges. In diesem Fall wäre es verständlich, daß Kempffenagel in ihm den geeigneten Schnitzer fand, der für den vorgesehenen Zweck eine preiswerte und dennoch ansprechende Leistung erbrachte.

In eine ganz andere Richtung weist aber die moderne Renaissanceform des Gehäuses. Für sie findet sich weder in Hall noch in Würzburg ein Vorbild. Das nächstbenachbarte Werk mit vergleichbaren Merkmalen ist das Rosenkranzretabel in der Imhoff-Kapelle des Nürnberger Rochusfriedhofs, datiert 1522[20]. Sein Schrein wird ebenfalls von übereinanderstehenden Pilastern gerahmt und von Lünetten gekrönt. Die beiden seitlichen Lünetten enthalten ebenfalls eine Fächerrosette, allerdings nicht über dem Schrein, sondern über flankierenden Nischen. Bei diesem Imhoff-Retabel handelt es sich aber um kein nürnbergisches, sondern um ein rein augsburgisches Werk. Seine Meister sind durch Signatur und Urkunden bekannt: der Maler war Hans Burgkmair, der Bildhauer Sebastian Loscher und der Schreiner Thoman Hebedanz, alles Augsburger Bürger[21]. Und tatsächlich, in Augsburg mit seinen frühen Beziehungen zu Italien gab es die beschriebenen Renaissanceformen schon länger. Ein Beispiel ist das durch Kopien bekannte Retabel von 1512/13 aus der Herwart-Kapelle bei St. Georg[22] in Augsburg mit ähnlichen übereinandergestellten Pilastern, Rundbogennischen und Muschelbaldachinen.

Dieser Befund legt die Vermutung nahe, daß Kilian Kempffenagel für seine Retabelstiftung einen augsburgischen Entwurf verwendet hat, wie immer man sich das konkret vorstellen möchte.

Völlig im Dunkeln bleibt dagegen die künstlerische Herkunft der Gemälde. Das stille Temperament der vier gemalten Figuren und ihre statische Haltung lassen eher auf schwäbischen als fränkischen Ursprung schließen. Sollte womöglich auch der Maler aus Augsburg stammen? Hat er vielleicht den Entwurf aus Augsburg mitgebracht? Daß er das Retabel selbst entworfen hat, ist unwahrscheinlich, weil sein doch ziemlich altertümlicher Stil schlecht zu den modernen Formen des Gehäuses paßt. Das gleiche gilt für den Bildhauer, dessen Formensprache, abgesehen von der modischen Tracht der stehenden Könige, noch ganz im 15. Jahrhundert verharrt.

Mit Sicherheit aber waren alle Beteiligten dem gemeinsamen Entwurf verpflichtet. Das zeigt sich unter anderem daran, daß die gemalten Flügelaußenseiten die gleichen Bogenstellungen mit gezähnten Dreiblättern in den

Zwickeln und die gleichen brokatgemusterten, fransenbesetzten Ehrentücher aufweisen wie die Reliefs der Flügelinnenseiten und des unteren Schreingeschosses. Zugleich war dieser Entwurf auf die Haller Gegebenheiten abgestimmt; das erhellt aus der Anpassung der Schreinform an die Doppelstöckigkeit der gemalten Pfeilerretabel (siehe oben, S. 287).

Die spätere Geschichte

Das Dreikönigsretabel wurde um 1575 beim Einbau der Emporen auf den Altar im Mittelschiff, den sogenannten *mittleren Altar*, versetzt und stand dort zwei Jahrhunderte lang, bis 1778. Die Belege:

Der Augenzeuge Johann Leonhard Gräter (Mesner von 1768 bis 1823) beschreibt in seinem Neujahr-Register von 1789 den *neuen grosen Altar* [im Mittelschiff[23]], *der ... Anno 1778. statt des vorhero auf diesem Plaz gestandenen heil. 3.König-Altars, neu errichtet und verfertiget worden ist.* Und aus seiner Beschreibung des Hochaltars im Neujahr-Register von 1788 erfahren wir zusätzlich: *An der Ruckseite dieses Altars ist das Crucifix* [das Michel-Erhart-Kreuz], *welches, ehe der vordere neue Altar gesezt wurde, hinter dem abgebrochenen Alten seinen Plaz hatte, jezo aufgerichtet.*

Damit steht fest: das Dreikönigsretabel befand sich 1778 am mittleren Altar, zusammen mit dem Kruzifix von Michel Erhart. Die Frage ist, seit wann.

Hier hilft uns eine Handwerkerquittung von 1585 im Dekanatsarchiv weiter[24]. Sie lautet: *Ich Adam und Reinbolt Bitterer, gebrüder und maler, haben das Crucifix und den mitteln Altar in S. Michels Kirchen new ausgestrichen* [= angemalt], *und wo es schadhaft geweßt, an vilen orten gebessert, daran verdient drey und zwaintzig guld(en) ... den 18ten. Octobris Aº (etc) 85*. Das Kruzifix war demnach schon 1585 mit dem „mittleren Altar" verbunden; und daß es sich bei diesem „Altar" schon damals um das Dreikönigsretabel gehandelt hat, läßt sich aus der dort aufgemalten Jahreszahl *1585* erschließen (das Passionsretabel, an das man eventuell denken könnte, wurde erst 1587 renoviert). Das Retabel stand außerdem frei im Raum; das zeigt ein marmorierender Anstrich seiner Rückseite. Denn ursprünglich, als es noch an der Wand stand, erübrigte sich eine Bemalung der Rückseite. Bei der Restaurierung von 1585 blieb in der Mitte der Rückwand ein senkrechter Streifen in der Breite des dahinter befindlichen Kreuzschaftes unbemalt. Daraus erhellt, daß schon damals das Kruzifix dicht mit dem Retabel verbunden war. Das heißt: Kreuz und Retabel wurden schon vor 1585 vereint, sicherlich bei der Versetzung des Retabels ins Mittelschiff. – Daß es sich bei dem 1585 zusammen mit dem Retabel renovierten Kruzifix um das Michel-Erhart-Kreuz handelt, beweist auch die noch heute am Kreuzstamm sichtbare Signatur der beiden Maler: *1585. / HAB. / RB.* (= Hans Adam Bitterer / Reinwolt Bitterer).

Nun ist es nicht mehr schwer zu erraten, wann das Retabel vom nördlichen Seitenschiff auf den mittleren Altar versetzt wurde. Es mußte samt der zugehörigen Mensa dem Einbau der Emporen weichen[25] (gemeint sind die Vorgänger der heutigen, um 1900 erbauten Emporen[26]). Die Emporen errichtete man wahrscheinlich gleichzeitig mit der Versetzung der Orgel von der Turmwand in den Chor. Die Orgel aber wurde 1574/75 versetzt. Das Jahr 1574 wird unter anderem in der *grünen Chronik* genannt[27]; im Jahr 1575, im Quartal Juli/ Oktober, wurde der Orgelbauer bezahlt[28] und das Werk durch eine Ratskommission begutachtet[29]; außerdem war laut Gräter (1789) die Jahreszahl *1575* am Eingang der zur Orgel führenden Wendeltreppe (*beim Schnecken-Eingang auf die Orgel*) in Stein gehauen. 1581 jedenfalls waren die Emporen nachweislich in Gebrauch. In diesem Jahr hat der Schlosser Melchior Schwendt *oben in der borrkirchen* [= Empore] *2. glaich* [Scharniere] *an stul geschlagen*[30]. Und schon bald nach dem Emporeneinbau mißbrauchten gewisse Kirchenbesucher[31] das nunmehr zugängliche Baldachingemälde, um sich durch Initialen und Jahreszahlen zu „verewigen". Die älteste dieser Zahlen, ein früher Terminus ante für die Empore, ist über dem Kopf des linken Engels eingemeißelt und lautet *1582*.

Das Retabel stand also schon ein Jahrzehnt an seinem neuen Platz im Mittelschiff, als es 1585 renoviert und mit einer neuen Jahreszahl versehen wurde (vgl. oben, S. 286). 1617, also zum Reformationsjubiläum, wurde dann in die Predella eine Tafel mit dem Pauluswort aus Römer 4,5 eingefügt, dem Kernspruch der Lutherischen Rechtfertigungslehre[32]. Das geht aus den Kirchenrechnungen hervor:

Jacob Hoffman Mahlern für daß Neue fürgeschlagen brettlin beim Undern [= mittleren] *Alttar zumahlen Und die Buchstaben zuvergülden geben 2 f 7 ß 6 hl*[33]. Das Retabel wurde auf diese Weise gleichsam evangelisch gemacht. So konnte man sich guten Gewissens mit den katholischen Heiligen an Schrein und Flügeln abfinden, einerlei ob der Schrein geöffnet oder geschlossen war, denn die Predella war immer sichtbar.

Der Zeitpunkt dieser Maßnahme überrascht, denn eigentlich hätte man sie schon ein Menschenalter früher erwartet, in den 1580er Jahren. Damals, als sich nach Annahme der Konkordienformel[34] die evangelische Kirche endgültig etabliert hatte, wurden die noch gebrauchten Altarretabel fast alle auf die eine oder andere Art dem Protestantismus angepaßt, nicht nur in Hall. In der Rothenburger Stadtkirche waren schon 1582 die Bilder der Jakobslegende am Hochaltar von dem Maler Greulich mit Passionsszenen übermalt worden. In Hall war man toleranter, doch wurde 1587 auch hier das Hochaltarretabel evangelisch gemacht: Man ersetzte das Mittelbild der Predella durch *Inschriften mit biblischen Sprüchen aus der evangelischen Heilslehre*[35], beschriftete auch die kleinen Oberflügel auf einer Seite mit Pauluswörtern und mit anderen Bibelstellen zum Thema „Gerechtigkeit" und Opfertod Jesu (Röm 4,25; 2 Kor 5,21; Is 53,4.5; Ps 69,5)[36] und versah die Rückseite des Schreins mit dem Bild der Ehernen Schlange, einer Präfiguration der Kreuzigung, die auf Jesus selbst zurückgeht (Jo 3,14)[37].

Ferner wurden 1586, als das Kircheninnere weiß getüncht wurde, *alle alte gemälde, wenig außgenom(m)en, weiß gemacht*[38]. Im gleichen Jahr entfernte man das Einfriedungsgitter vom Sakramentshaus und verlegte es an den Taufstein – ein bedeutsamer Akt, der vor Augen führte, daß die Lehre von der Transsubstantiation nun nicht mehr galt, die geweihte Hostie außerhalb des Abendmahls nicht mehr für alle Zeit der Leib Christi blieb und daher nicht mehr vor Frevlern geschützt werden muße[39]. Ebenfalls 1586 verkaufte man die *cleinodien*, vermutlich die wertvollen Meßgeräte, nach Kaisheim[40]. Die Meßgewänder (*Kirchenornate*) hatte man schon 1582 auf der Frankfurter Messe veräußert[41].

Auf Grund von alledem wäre zu erwägen, ob eventuell das neue Predellabrett von 1617 gar nicht das erste seiner Art war, sondern anläßlich des Reformationsjubiläums ein drei Jahrzehnte älteres ersetzt hat.

In evangelischer Zeit waren in St. Michael noch drei Altäre in Gebrauch: der mittlere Altar – der wichtigste – mit dem Dreikönigsretabel (von 1575–1778) und dem Bonhoeffer-Retabel (von 1778–1836)[42]; der Hochaltar mit dem Passionsretabel (bis 1836 und wieder ab 1858) und dem Bonhoeffer-Retabel (von 1836–1858); und der Sakristeialtar mit dem Michaelsretabel, das dem *Beichtverhör* diente[43]. Die Retabel dieser drei Altäre wurden auch allzeit pfleglich behandelt. Zum Beispiel wurden 1709 die Predella des Dreikönigsretabels neu bemalt[44] und am Choraltar und Sakristeialtar zerbrochene Figurenteile repariert[45]. Die übrigen Altäre fristeten ein wenig beachtetes Dasein. Die Kirchenbesucher kratzten Namen und Jahreszahlen in die Mensen[46], und die Retabel wurden bei Bedarf aus dem Weg geräumt[47]. Tatsächlich sind ja von ursprünglich 18 Altären[48] nur acht Retabel übrig geblieben; und auch das Zwölfbotenretabel ist erst nach langer Odyssee über Tüngental und die Schuppachkirche wieder in den Michaelschor zurückgekehrt[49].

Zu keiner Zeit gab es aber bildersturmartige Maßnahmen; wegen der Heiligenbilder wurde kein einziges Retabel aus der Kirche entfernt. Lediglich der Pfarrer David Vogelmann, Subdiakon von 1589–1594, hätte die *Bilder und Götzen* gerne beseitigt, da sie für *Jugendt und Schwache* ein Ärgernis seien, aber er wurde von seinem Amt verabschiedet, ehe er Schaden anrichten konnte, und ging nach Orlach[50]. Im übrigen tolerierten die Haller die Heiligenbilder in ungewöhnlichem Ausmaß. Wie hätte sonst das Dreikönigsretabel mit den Diözesanheiligen der alten Kirche zwei Jahrhunderte lang in der Kirchenmitte stehen können?

Das erste evangelische Abendmahl

Weil es in der Literatur als Tatsache gilt, glaubt jedermann zu wissen, daß Brenz sein erstes Abendmahl am Dreikönigsaltar gehalten hat; allenfalls das Jahr ist strittig. So schreibt Eduard Krüger 1963 (S.63): *An diesem Dreikönigsaltar… spendete Johannes Brenz am Weihnachtstage 1525 das erste Abendmahl in evangelischer Gestalt, also mit Brot und Wein. Er benützte dabei Kempfenagels Kelch.*

Oder Gotthilf Marstaller in seinem Kirchenführer (um 1969)[51]: *Hier spendete Johannes Brenz 1525 erstmals das Heilige Abendmahl in beiderlei Gestalt. Wahrscheinlich hat Brenz den ... Abendmahlskelch von 1516 dabei benützt.* Ferner Kuno Ulshöfer in seinem Brenz-Buch (1974)[52]: *Brenz teilte wahrscheinlich an Weihnachten 1526 am Dreikönigsaltar der Michaelskirche das Abendmahl in beiderlei Gestalt aus. Der Kelch, der bei dieser feierlichen Handlung zum erstenmal auch an die Laien gereicht wurde, ist noch heutigen Tags ... in Gebrauch.* Und Wolfgang Kootz in seinem Stadtführer von 1978[53]: *Am Dreikönigsaltar ... spendete Johannes Brenz im Jahr 1525 zum ersten Mal das Heilige Abendmahl: Er benutzte den vergoldeten Kelch aus dem Jahr 1516, der noch heute ... in Gebrauch ist.*

Woher aber stammt dieses Wissen? In der einzigen zeitgenössischen Quelle, einem vierseitigen Bericht über das erste Abendmahl (Handschrift im Haller Stadtarchiv[54]), steht an äußeren Angaben nur das Folgende. In der Einleitung, Bl.159r: *Haltung des Aubentmals Cristi / Johan Brencius prediger zu S. Hall Da Er mit sampt der gemeind des kirchenvolcks vff den hailigen Cristag das Abentmal des Her(r)n halten wolt hat er vff dise meynu(n)g den todt des Her(r)n zur dancksagun(n)g verkundt Im jar (etc.) XXVI.* Ferner Bl.160r: *Da Er also das volck des tods des Her(r)n vnd sein(er) gutthat ermanet het Ist ein jeder vff seine knie nid(er)gefallen ... und nach den Einsetzungsworten ward das brot vnd kelch des Her(r)n jederma(n) so es begert mitgeteilt.* In der Handschrift wird also weder der Ort der Feier genannt, noch welcher Kelch gebraucht wurde.

So bleibt nur die Möglichkeit, die noch lebenden Autoren selbst nach ihrer Quelle zu befragen. Freundlicherweise hat mir Dr. Ulshöfer[55] mitgeteilt, daß er sich in den fraglichen Punkten an die Angaben Prof. Brechts in dessen Ausgabe der Frühschriften von Johannes Brenz[56] gehalten habe. Dort sagt Martin Brecht: *Der Abendmahlsgottesdienst fand nicht am Hauptaltar der Michaelskirche statt, sondern am Dreikönigsaltar an der östlichen Wand des nördlichen Langhauses. Der von Brenz dabei benutzte Kelch, den Kilian Kempffennagel hatte umarbeiten lassen, ist noch vorhanden.* Auf die Frage nach seiner Quelle schrieb mir Prof. Brecht: *Wenn ich mich recht erinnere, habe ich die Angabe über den Dreikönigsaltar von E. Krüger übernommen. ... So viel ich weiß, enthalten die von Brenz stammenden Quellen über den Abendmahlsgottesdienst keine Ortsangaben*[57].

Damit schließt sich der Ring, und wir stehen wieder am Anfang: bei Eduard Krüger. Es scheint sich um eine von den Hypothesen Krügers zu handeln, deren Begründung er dem Leser erspart. Tatsächlich wird der Dreikönigsaltar vor Krüger nie mit der Brenzschen Abendmahlsfeier zusammengebracht – mit einer Ausnahme, dem wohlfundierten Kirchenführer von Pfarrer Schmoller (1931). Schmoller wußte, wohl aus Gräters Neujahr-Register 1789, daß das Dreikönigsretabel, ehe es 1778 in den Chor versetzt wurde, auf dem mittleren Altar im Langhaus stand, wo noch heute das Abendmahl gefeiert wird. Und er schloß daraus, mit aller Vorsicht: *An diesem Altar kann, solange er an seinem alten Ort im Schiff stand* [gemeint ist das Mittelschiff, s.o.] *Brenz jenes erste evangelische Abendmahl gehalten haben.* Offensichtlich ist Krüger von dieser Vermutung Schmollers ausgegangen und hat sie zur Gewißheit erhoben.

Schmollers Annahme beruht aber auf zwei falschen Voraussetzungen. Erstens war damals der mittlere Altar im Langhaus noch nicht der zentrale Ort für eine Eucharistiefeier; sie konnte an jedem der 18 Altäre der Kirche stattfinden, sofern der jeweilige Kaplan bzw. der Pfarrer das erlaubte[59]. Und zweitens gehörte das Dreikönigsretabel zu Brenz' Zeiten noch nicht zum mittleren Altar. Dieser war mit Sicherheit nicht der Dreikönigsaltar, sondern seit 1520 ein Marienaltar (mit dem hl. Stefan als Nebenpatron), wie die 1778 in seinem Reliquiensepulcrum gefundene Weiheurkunde belegt[60]. Außerdem wissen wir durch die gemalte Umrahmung – dank Krüger – wo sich das Dreikönigsretabel und der zugehörige Altar zu Brenz' Zeiten wirklich befanden: im nördlichen Seitenschiff.

Ergebnis: Daß Brenz sein erstes evangelisches Abendmahl am Dreikönigsaltar feierte, ist bis jetzt durch nichts erwiesen. Alle Angaben der Literatur beruhen auf irrig fundierten Vermutungen.

Trotz alledem sprechen aber gewichtige Umstände dafür, daß der Dreikönigsaltar dennoch der Ort des Brenzschen Abendmahls war. Das Retabel erfuhr in evangelischer Zeit von Anfang an eine ungewöhnliche Verehrung: Es wurde schon bald nach der Reformation durch einen von Engeln getragenen Baldachin ausgezeichnet. Es wurde um 1575 sogar auf den damaligen Hauptaltar inmitten der Kirche versetzt, obwohl in seinem Schrein die katholischen Diözesanheiligen dargestellt sind, und war nun wirklich der reguläre Ort für die Abendmahlsfeiern der Gemeinde. Gleichzeitig wurde es mit dem großen Kruzifix des Michel Erhart, dem früheren Triumphkreuz, verbunden und 1617 noch mit dem bedeutsamen Pauluswort aus Römer 4,5 versehen.

Dies alles läßt sich meines Erachtens nur durch eine besondere historische Bedeutung des Altarwerks erklären, durch die Annahme, daß es tasächlich der Ort des ersten evangelischen Abendmahls war, gleichsam der liturgische Ausgangspunkt der Haller Reformation.

Zu fragen ist, warum Brenz sich für sein Abendmahl gerade diesen Altar ausgesucht hat. Der Hochaltar war dem Pfarrer reserviert, die Nebenaltäre ihren jeweiligen Kaplänen; der Prediger konnte sie nicht ungefragt benutzen. Aber vielleicht war der Dreikönigsaltar zu jener Zeit vakant. Kilian Kempffenagel war vielleicht gestorben; die letzte Nachricht über ihn (allerdings auch fast die einzige) stammt vom Jahr 1524 (siehe oben). Oder er war nur abwesend; als Würzburger Domvikar war er in Hall nicht immer präsent. Oder Brenz hatte mit ihm eine Absprache getroffen. Der Altar im Seitenschiff eignete sich in mehrfacher Hinsicht für das Vorhaben. Einmal hatte die Gemeinde dort relativ viel Platz, mehr jedenfalls als an den Nebenaltären im Chor. Und außerdem mochte dem Reformator, falls er überhaupt freie Hand hatte, der Dreikönigsaltar für ein evangelisches Abendmahl angemessener scheinen als etwa der Marienaltar im Mittelschiff, zumal da auch das Hauptbild des Retabels, die Anbetung des Christkinds durch die drei Weisen, besonders gut zu einer Feier am Christfest paßte.

Hat Brenz das Abendmahl tatsächlich am Dreikönigsaltar gehalten, dann ist es sehr wahrscheinlich, daß er auch den Kelch des Kilian Kempffennagel benützt hat, denn das war der zu diesem Altar gehörige Kelch.

Noch ungeklärt ist seltsamerweise das Jahr dieser ersten Abendmahlsfeier. In der jüngeren Literatur, seit Brecht 1970, findet sich in der Regel das Jahr 1526, in der älteren, auch bei Brecht selbst, das Jahr 1525. Die zeitgenössische Quelle (siehe oben) nennt den Christtag 1526. Doch hat Friedrich Pietsch gezeigt und mit Beispielen belegt, daß in der Haller Kanzlei mindestens von 1497 bis 1538 nach dem sogenannten *Weihnachtsstil* gerechnet wurde, das neue Jahr also für die Haller Behörden am Christfest begann[61]. Sehr wahrscheinlich gilt das auch für die Beschreibung des Brenzschen Abendmahls, was für das Jahr 1525 spräche, doch ist nicht völlig auszuschließen, daß sich der – vielleicht kirchliche – Verfasser der Beschreibung an eine andere Zeitrechnung hielt. Man muß deshalb versuchen, auch aus der reformationsgeschichtlichen Entwicklung Rückschlüsse auf den strittigen Zeitpunkt zu ziehen – wobei sich allerdings herausstellt, daß die Forscher ihre jeweils unterschiedliche Meinung gleich mühelos mit historischen Ereignissen untermauern. Nach Brecht (1970) *kommt nur noch das Christfest 1526 in Frage*, nachdem *die erste Haller Kirchenordnung, die auf diese Abendmahlsfeier zurückweist, mit Sicherheit auf Anfang 1527 zu datieren ist*[62]. Kuno Ulshöfer, der sich hier der neueren Meinung von Prof. Dr. Brecht angeschlossen hat, verweist auf die Worte des Chronisten (gemeint sein dürfte Johann Herolt), daß *Anno 1527 die Kirche reformiert, die papistische Messe abgetan* worden sei[64]. Aber das sind ja in Bezug auf das erste Abendmahl nur termini ante. Der Chronist Herolt sagt im selben Satz auch, man habe schon *im 1524. jahr die papistischen ceremonien von tag zu tag fallen lassen* (S.189). Und vor allem wurde die genannte Kirchenordnung von 1527 – die auf das Abendmahl zurückweist – schon 1526 entworfen[65] und an Ostern 1526 beim Haller Rat eingereicht[66], nachdem schon im Oktober 1525 das von vierzehn schwäbischen und fränkischen Predigern verfaßte *Syngramma Suevicum* über die Abendmahlslehre unterschrieben worden war[67].

Auch der historische Ablauf der Reformation dürfte deshalb eher für das Jahr 1525 als für das Jahr 1526 sprechen.

Nachtrag 1999: Restaurator Petersohn fand im blauen Hintergrund des Dreikönigreliefs zwischen dem mittleren König und dem Stern den in die Malschicht eingetieften, nur bei scharfem Seitenlicht erkennbaren Namen Johannes, mit zart ornamentierter Initiale, vielleicht eine versteckte Votivinschrift des Malers oder eines Gesellen.

Literatur
Gräter 1789, Anhang S.(3); *Gradmann* S.29 f.; Dr. [Alfred] *Schmoller*, Die Michaelskirche in Schwäbisch Hall, Schwäbisch Hall 1931, S.9 f.; Eduard *Krüger*, Schriftdenkmale am Michaels-Münster zu Schwäbisch Hall, in: WFr 47, 1963, S.62 f.

Anmerkungen

1. Vgl. Friedrich *Pietsch*, Die Urkunden des Archivs der Reichsstadt Hall, Bd.1, U 582 mit Anm.1, U 718, Bd.2, U 2191; StAH Registraturbuch 4/139 Bl.85,86 u. 4/2249 Bl.143 f., 212. – Die bischöfliche Bestätigung der Altarstiftung erfolgte 1377; Pietsch U 624, Registraturbuch 4/139 Bl.85v u. 4/2249 Bl.144 f., 212.
2. Er hatte in Prag und Heidelberg studiert; vgl. *Wunder/Lenckner* S.342.
3. *Pietsch* (wie Anm.1) U 582 Anm.1.
4. *Pietsch* U 1581; zum Todesjahr vgl. U 2610 und *Wunder/Lenckner* Nr.2077.
5. *Pietsch* U 2643. – Nach *Wunder* (WFr 1961 S.22 und *Wunder/Lenckner* Nr.138) und nach ihm Rainer Jooß (Kloster Komburg im Mittelalter, 1987, S.125) wäre auch der Würzburger Kleriker Johann von Bachenstein 1452 Kaplan des Dreikönigsaltars gewesen; er war aber nur in Angelegenheiten des Altars als Notar tätig (vgl. *Pietsch* U 2191).
6. Vgl. Raimund J. *Weber*, Die Schwäbisch Haller Siedenserbleihen, Bd.1, Sigmaringen 1981, S.166 mit Anm.544.
7. Vgl. *Weber* (ebd.) S.147 f., U 92.
8. Zitiert nach der Abschrift des Johann Caspar Feyerabent, Registrator von 1654-1660/61, im Haalarchiv (Depositum im StAH) A 537.
9. Pergament-Urkunde des Historischen Vereins für WFr, Nr.10, StAH. Vgl. *Weber* (wie Anm.6) S.148 f, U 93.
10. Verwirrend ist allerdings, daß man im fränkischen Bereich, also auch in Würzburg – nicht in Hall und nicht in Schwaben –, auch die Altaristen ungenau als *Vikare* und die Kaplaneipfründen als *Vikarien* bezeichnete.
11. Für die Auskunft danke ich Herrn Diözesan-Archivar Erik Soder von Güldenstubbe (Brief vom 5.2.1996).
12. Vgl. Wolfgang *Deutsch*, Wie viele Altäre hatte die Haller Michaelskirche am Ende des Mittelalters?, in: WFr 1983, S.177 ff.; sowie unten, Anm.60.
13. Mündliche Auskunft von Herrn Hermann Rudolf Petersohn, für die ich vielmals danke.
14. Abbildung bei *Wunder* 1980, S.210.
15. Ein entsprechendes Anliegen hatte – auf privater Ebene – wohl auch der Kirchenbesucher, der 1573 in einer der Choraltäre die Parole *Gott allein die Ehre* hineingekratzt hat (vgl. *Deutsch* 1991 – wie Anm.17 – Anm.208).
16. Abgebildet bei: Johannes *Viebig*, Die Lorenzkirche in Nürnberg, Königstein 1971, S.41 (Nürnberg); Anton *von Euw*, Der Kalvarienberg im Schnütgen-Museum, in: Wallraf-Richartz-Jahrbuch 27, 1965, S.112 (Hackendover); Joseph *Braun*, Der christliche Altar, Bd.2, München 1924, Taf.361 (Landshut) und Taf. 360 (Köln).
17. Vgl. Wolfgang *Deutsch*, Ein Haller Wappenstein, Studien zu Hans Beuscher, Schwäbisch Hall 1991, S.50 f.
18. Dieses und die folgenden Zitate meinen: Justus *Bier*, Tilmann Riemenschneider, Bd.I bzw. II, Würzburg 1925 bzw. Augsburg 1930.
19. Abgebildet u.a. bei Max H. *von Freeden*, Tilman Riemenschneider, Deutscher Kunstverlag ³1965, Taf.71 bzw. 23.
20. Abgebildet bei: Ute-Nortrud *Kaiser*, Der skulptierte Altar der Frührenaissance in Deutschland, Frankfurt a.M. 1978, Bd.2, S.654 f., Abb.34a u.b; Norbert *Lieb*, Die Fugger und die Kunst im Zeitalter der Spätgotik und frühen Renaissance, München 1952, Abb.156.
21. Vgl. *Kaiser*, ebd., Bd.1, S.13 f.
22. Vgl. *Kaiser*, ebd., Bd.2, S.596 und S.820 f., Abb.145a und c.
23. Es handelt sich um eine testamentarische Retabelstiftung des Stättmeisters Johann Friedrich Bonhoeffer d.Ä.; vgl. S. 367ff. (Johann Friedrich Bonhoeffer, Altarstiftung).
24. Rechenzettel der Maler Adam und Reinwald Bitterer, Dekanatsarchiv, Depositum im StAH, A 80a, 1585, Beilage 63.
25. Vorher hatte die Kirche keine Emporen. Sie wurden nach der Reformation notwendig, weil 1) der lange Predigtgottesdienst das Sitzen aller Personen erforderte, weil 2) wegen Anwesenheitszwang, Konzentration des Gottesdienstes auf wenige festgesetzte Zeiten und eventuell auch Bevölkerungszuwachs die Kirchgänger zunahmen und weil es 3) – als Spiegel der ständisch gegliederten Gesellschaft – mehr feste Kirchenstühle gab, die in Abwesenheit ihres Besitzers nicht benutzt werden konnten.
26. Die im Stil von Fachwerkfüllungen des späteren 16. Jahrhunderts durchbrochene Brüstung und die nach Osten herabführende Treppe der südlichen Empore ist auf einem Foto bei *Gradmann* (S.29) hinter der Kanzel zu sehen.
27. StAH 4/8, S.604 f.
28. Steuerrechnung 596, StAH 4a/41d: *Alß mit dem orgelmacher in beisein der handtwercksleuth gerechet ist worden ...*
29. Ebd.: *Item alß Bede hern Stettmeister sampt den fünff(ern) und Bau her(r)n die orgl Besichtiget haben, obs sie recht gemacht sey worden ...*
30. Rechenzettel über die Heiligen-Pflegschaft zu St. Michael 1581-1600, Dekanatsarchiv, Depositum im StAH, 80a, zu 1581 (frühere Rechenzettel anscheinend nicht erhalten).
31. Vermutlich männlichen Geschlechts, denn die Emporen waren für die Männer bestimmt. Die südliche hieß *Siedersempore*, die nördliche *Bäckersempore*. Vielleicht waren sie von den betreffenden Gewerben gestiftet worden (was das Fehlen von Rechnungsbelegen in den Akten erklären würde; oder gibt es doch Belege, die mir entgangen sind?).
32. Siehe oben S. 286, sowie Nr. 81, S. 310 und Nr. 51, S. 215
33. Rechnung über die geistlichen Güter zu St. Michael, StAH 4/2561, zum 8.2.1617.
34. Was Hall betrifft, so hat im Quartal Juli/Oktober *1580 Johannes Weidner preceptor* [der spätere Prediger] *... das buch formula concordia im druck von Nurmbergk herausser gebracht* (Steuerrechnung Nr.616, StAH 4a/43d).
35. Vgl. Carl *Grüneisen* im Kunstblatt zum Morgenblatt, Nr.96, 1840, S.418. – Die Sprüche wurden 1858/59 wieder entfernt und durch ein Gemälde des Salvators (von dem Stuttgarter Restaurator und Maler Lamberti) ersetzt, 1956 von Max Hammer erneuert.
36. Erstaunlicherweise hat man auch die Psalmstelle selbst im evangelischen Sinne abgewandelt; statt *Ich muß bezahlen, das ich nicht geraubt habe* (Ps 69,5) schrieb man, im Umkehrschluß zum Pauluswort des Dreikönigretabels: *Ich mus bezahlen, da / Ich nicht geglaubt hab*.
37. Vgl. dazu Wolfgang *Deutsch* in WFr 1985, S.134.
38. Zitiert nach der Grünen Chronik (StAH 4/8) S.622. Zur Jahreszahl vgl. folgende Anmerkung.
39. Grüne Chronik, ebd. – Die Chronik setzt beide Maßnahmen ins Jahr 1587, doch belegen die Rechenzettel der Handwerker eindeutig das Jahr 1586 (Dekanatsarchiv, wie Anm.23).
40. Ratsprotokolle 1586/90, StAH 4/210, Bl.28, zum 10.6.1586, § 1.
41. Steuerrechnungen 620,621,622, StAH 4a/44d,45a,45b; diesbezügl. Ratsbeschluß: Ratsprotokolle 1580/81, StAH 4/209, Bl.83, zum 21.1.1581, § 4. – Im November 1581 beschloß man, *auch die meßgewand zu S. Katharina ... uff könfftige meß hinwegkzugeben* (Ratsprotokolle 4/209, Bl.149, zum 4.11.81, § 1 u.2).
42. Vgl. S. 367ff.
43. Vgl. *Deutsch* 1991 (wie Anm.17), S.40 mit Anm.121.
44. *Nachdeme der untere Altar bey St: Michael am Fuß renovirens gebraucht, ist selbiger von Bildthauer Freyßingern angestrichen worden* (Kirchenrechnungen, StAH 4/2655, Bl.51v, Nr.54).

45 Ebd., Bl.51r, Nr.53.
46 Ein spektakuläres Beispiel ist die angebliche *Weiheinschrift* des Zwölfbotenaltars; vgl. *Deutsch* 1991 (wie Anm.17) Anm.208.
47 Zum Beispiel wenn der Platz auf dem Altar für eine Stiftertafel oder ein Epitaph gebraucht wurde; vgl. Nr.51 (Almosentafel), S.214.
48 Vgl. *Deutsch* 1983 (wie Anm.12).
49 Vgl. *Deutsch* 1991 (wie Anm.17) Anm.209.
50 Vgl. Otto *Haug*, Ein Investiturstreit im 16. Jahrhundert, in WFr 41, 1957, S.134 f. – Vermutlich meinte David Vogelmann, daß Junge und (im Glauben) Schwache noch immer die Neigung hätten, die Heiligen an den Altären anzubeten, statt sie als Vorbilder im Glauben zu verehren.
51 G. *Marstaller*, St. Michael Schwäbisch Hall, Schwäbisch Hall o.J. (um 1969), S.27.
52 Hans-Martin *Maurer*/Kuno *Ulshöfer*, Johannes Brenz und die Reformation in Württemberg, Stuttgart/Aalen o.J. (1974), S.57.
53 Willi *Sauer*/Wolfgang *Kootz*, Schwäbisch Hall, Heidelberg 1978, S.17.
54 StAH 4/54, Bl.159 f. – Von dem Bericht gibt es außerdem eine lateinische Übersetzung in einer Nürnberger Handschrift.
55 In einem Brief vom 29.2.1980.
56 Martin *Brecht*/Gerhard *Schäfer*/Frieda *Wolf* (Hg.), Johannes Brenz, Frühschriften, Teil I, Tübingen 1970, S.281.
57 Brief von Prof. Dr. Brecht, Westfälische Wilhelms-Universität Münster, vom 18.3.1980.
58 *Schmoller* S.9 f.
59 Brenz konnte sich den Altar kaum nach Belieben aussuchen. Der Prediger hatte damals noch keine Vorrechte gegenüber dem Pfarrer; die Rangfolge in der Kirchenleitung hat sich erst später umgekehrt.
60 Darin heißt es (Abkürzungen aufgelöst): ... *anno domini 1520 die vero 21 mensis aprilis hoc altare divina nobis cooperante clementia consecravimus in honore sanctorum gloriosissime virginis marie et omnium sanctorum et steffani* ... (Wir [der Würzburger Generalvikar] haben am 21. April 1520 diesen Altar mit Gottes gütiger Hilfe geweiht zu Ehren der folgenden Heiligen: der glorreichsten Jungfrau Maria, aller Heiligen [mehr als Formel gebräuchlich] und Stefan). Urkunde des Historischen Vereins im StAH. – Einige Verwirrung entstand dadurch, daß man das Dokument bei seiner Auffindung im Jahr 1778 – weil auf dem Altar damals das Dreikönigsretabel stand – für den *Stiftungsbrief* (die Weiheurkunde) des Dreikönigsaltars gehalten und einen entsprechenden Rückvermerk angebracht hat. Vgl. *Deutsch* 1991 (wie Anm.17), Anm.119 (mit Belegen).
61 Friedrich *Pietsch*, Die Urkunden des Archivs der Reichsstadt Schwäbisch Hall, Bd.1 (Veröffentlichungen der Staatlichen Archivverwaltung Baden-Württemberg Bd.21), Stuttgart 1967, S.34* f. – Nachtrag 1999: Inzwischen hat allerdings Andreas *Maisch* (Die Ordnung der evangelischen Kirche in Hall, in: Johannes Brenz 1499-1570, Kataloge des Hällisch-Fränkischen Museums, Schwäbisch Hall 1999, S.83, Anm.23) in den Ratsprotokollen einen nach dem Neujahrsstil datierten Eintrag von 1523 gefunden. Die Angaben Pietschs sind damit aber nicht widerlegt, vielmehr stehen sich nun folgende Belege für den Jahresanfang gegenüber:
1497/98 Weihnachtsstil, Beispiel Pietsch nach Ulshöfer, Ratsprotokolle: auf einen Eintrag *Mariae Empfängnis 1497* (8.12.1497) folgt der Eintrag *Freitag nach Christi Geburt oder nach Unschuldige Kindlein 1498* = 29.12.1497, da der Tag der unschuldigen Kindlein (28.12.) 1498 am Freitag war, also nicht nach Freitag, 1497 dagegen am Donnerstag.
1523/24 Neujahrsstil, Beispiel Maisch, Ratsprotokolle: *Sonntag Johann Evangelista 1523* = 27.12.1523, denn 1523 war am Tag Johann Evangelista (27.12.) Sonntag, 1524 (einem Schaltjahr) dagegen Dienstag.
1538/39 Weihnachtsstil, Beispiel Pietsch, Einzelurkunde: *Donnerstag am Stephanstage 1539* = 26.12.1538, denn der Stephanstag (26.12.) war 1538 am Donnerstag, dagegen 1539 am Freitag.
1546 (und später) Neujahrsstil, Beispiele Maisch nach Schreiben von Brenz vom 28., 30. und 31.12.1546. –
Der Jahresanfang im Kalender hätte demnach in Hall zwischen 1497 und 1546 dreimal gewechselt. Das ist nicht sehr wahrscheinlich. War der Jahreswechsel vielleicht gar nicht so streng geregelt, wie wir das heute voraussetzen, sondern bis zu einem gewissen Grad der Willkür oder Gewohnheit des jeweiligen Schreibers überlassen? Auf jeden Fall läßt sich das Datum des Brenzschen Abendmahls nicht auf Grund des einen Quellenbelegs von 1523 apodiktisch auf das Jahr 1526 festlegen.
62 *Brecht* (wie Anm.56), S.281.
63 Brief vom 29.2.1980 (wie Anm.55).
64 *Ulshöfer* 1974 (wie Anm.51) S.57.
65 Vgl. u.a. Friedrich Wilhelm *Kantzenbach*, Johannes Brenz, der Prediger von Schwäbisch Hall und Reformator in Württemberg, in: WFr 46, N.F. 36 (1962), S.63-99, hier S.68; Heinrich *Hermelink*, Geschichte der evangelischen Kirche in Württemberg von der Reformation bis zur Gegenwart, Stuttgart/Tübingen 1949, S.46; R. *Günther*, Zur kirchlichen und theologischen Charakteristik des Johannes Brenz, in: Blätter für Württ. Kirchengeschichte 10, 1906, S.65-89, hier S.67.
66 [Walter *Buder*,] Johannes Brenz und die Reichsstadt Schwäb. Hall in der Reformationszeit, in: Schwäbisch Hall, Ein Buch aus der Heimat, Schwäbisch Hall 1936, S.191-216, hier S.202.
67 *Hermelink* (wie Anm.65) S.41. – Abbildung der deutschen Ausgabe von 1526 bei *Ulshöfer* (wie Anm.52), S.49.

Nikolaus Friedrich Haspel von Palmenburg (1716 – 1790)
Stättmeister

Marmorepitaph mit Schnitzfiguren und gemaltem Bildnis (Öl auf Leinwand), 7,85 m hoch (mit Steinstufe 8,06 m) / 2,87 m breit (am Sarkophag-Gesims 2,54 m). – 1912 von Gottfried Schmidt *ausgebessert* (laut seinem Rechnungsbuch); zuletzt 2000 restauriert von Hermann Rudolf Petersohn, Göppingen.

Bildhauer unbekannt (kein Haller), Bildnis von **Christian Jakob Schlotterbeck**, Stuttgart (Zuschreibung). Entstanden 1790 oder kurz danach (vom Sohn errichtet).

[77]

Das Haspel-Epitaph ist mit 8,06 m über dem Chorboden das höchste der Haller Totendenkmale. Seine Architektur besteht aus schwarzgrauen, in den unteren Bereichen graubeige gefleckten Marmorplatten auf einem aus Stein gemauerten Kern. Über einem 26 cm hohen, 2,42 cm breiten Marmorsockel erhebt sich eine steile – 6,68 m hohe und bis zu 29 cm tiefe - Dreieckswand, die fraglos eine Pyramide darstellen soll. Ihre Spitze ist abgeplattet. Den Dreiecksaufbau überschneidet in Augenhöhe ein 2,54 m breiter, bis zu 63 cm tiefer Marmorkörper in Gestalt eines Sarkophags mit konkav einschwingendem Deckel. Im Sockelbau unter dem Sarkophag ist eine rundbogige Nische ausgespart, 115 cm hoch, 71 cm breit und 35 cm tief. Sie enthält eine große, mit vergoldeten Girlanden behangene Urne, deren ebenfalls vergoldeter Deckelknauf die Form einer Feuerschale mit einem Flammenbündel hat. Beiderseits der Nische stehen metallene Räuchergefäße auf Konsolen mit Lorbeergehängen an den Flanken und antikisierendem Schmuck – Triglyphe und Regula – an der Unterseite.

Vor dem Sarkophag ist eine Tafel mit der Gedenkschrift angebracht (siehe unten) und über ihr eine Kartusche mit dem Haspelschen Wappenschild, gemeinsam von Blattgirlanden gerahmt; über der Kartusche eine Adelskrone (Haspel von Palmenburg[1]). Krone, Schild und Girlande sind vergoldet.

Den Sarkophag und das Wappen bekrönen drei holzgeschnitzte, rückseitig gehöhlte Frauenfiguren, weiß gefaßt, mit goldenen Gewandsäumen. Vor der Restaurierung hatten die Figuren infolge eines vergilbten Firnisanstrichs gelbliche Gewänder. Restaurator Petersohn stellte den ursprünglichen Zustand der Fassung wieder her und entdeckte dabei in der weißen Bemalung zartgraue marmorartige Einsprengsel, die darauf hindeuten, daß die Fassung – was ohnehin anzunehmen war – weißen Marmor nachahmen soll[2]. Bei den Figuren handelt es sich offensichtlich um Tugendpersonifikationen. In der Mitte, über dem Wappen und dadurch erhöht, steht Fides (der Glaube); sie hält in der erhobenen Rechten einen Kelch mit einer Sonne in der Öffnung und in der Linken ein die Figur überragendes Kreuz. Auf dem Sarkophag-Deckel sitzt am linken Ende – stark überstehend – Iustitia (die Gerechtigkeit) mit verbundenen Augen und einer – nicht mehr vollständigen – Waage in der Linken; auf älteren Aufnahmen hält sie in der Rechten noch ein Schwert[3]. Am rechten Ende des Sarkophags sitzt Prudentia (die Klugheit), das trauernd gesenkte Haupt in die linke Hand gestützt, in der rechten Hand einen Spiegel. Die beiden seitlichen Figuren haben keine zu ihrer Plinthe passende Standfläche. Sie finden neben den Rundungen des Sarkophag-Aufsatzes kaum den benötigten Platz und lassen sich nur mühsam, zum Teil durch ein Brett, in ihrer Lage fixieren. Ihre Aufstellung mutet behelfsmäßig an.

Über der Figur des Glaubens hängt an der Dreieckswand ein hochovales, grau in grau gemaltes Bildnis des Verstorbenen in Büstenform. Seinen Rahmen ziert vergoldeter, mit einem Band umwundener Lorbeer.

Im Scheitel des Epitaphs erblickt man auf der Abplattung der Pyramide einen Totenschädel mit gekreuzten Knochen und Palmzweigen und darüber, an der höchsten Stelle, ein goldenes Kreuz mit einem Strahlenkranz.

Die Inschrift des Denkmals besteht aus goldenen Versalien auf dunkelgrauem Grund; dabei sind die Zeilen mit

Namen und Titeln durch größeren Maßstab hervorgehoben. Der Text lautet:

S. L.
CIPPVM VIDES
VIRI PERILLVSTRIS ET MAGNIFICI
NICOLAI FRIDERICI HASPEL, A. PALMENBVRG
IMPER. A CONSIL. COM. PALAT. CONSVL. SEN. H.
REI PVBL. &.C &C
NAT. EST III KAL FEBR. A. MDCCXVI. REB PVBL.
ADMOTVS A. MDCCXXXVIII
PER OMNES FERE HONOR. GRADVS AD SVMMVM
ASCENDIT
A. MDCCLXXXVIII DIE SVO NATALI MVNERVM
SOLEMNIA CELEBRAVIT SEMISAECVLARIA
PHILOSOPHVS EGREG. IVRIS. ET IN EO PATRII
INPRIMIS CVSTOS VIGILANT. PRVDENT.
OBDORMIVIT PLACIDE III. KAL APRIL A. MDCCXC.
MONVMENTVM OPTIME MERITO FIERI IVSS.
FILIVS GRATISS.
FRIDERICVS LAVRENTIVS HASPEL A PALMENB.
CONSIL. AVL. HOHENL. CIVIT. PRAETOR.

Die Abkürzungen lassen sich wie folgt auflösen: S(iste) L(ege) [oder auch: Siste Luge][4] / Cippum vides / viri perillustris et magnifici/ Nicolai Friderici Haspel a Palmenburg/ imper(ialis) a(ulae) consil(iarii) com(itis) palat(ii) consul(is) sen(ioris) h(uius) [oder: Hallensis] rei publ(icae) etc(etera) etc(etera). / Nat(us) est tertio kal(endas) Febr(uarii) a(nno) MDCCXVI, reb(us) publ(icis) admotus a(nno) MDCCXXXVIII, / per omnes fere honor(is) gradus ad summum ascendit, / a(nno) MDCCLXXXVIII die suo natali munerum solemnia celebravit semisaecularia / philosophus egreg(ius) iuris et in eo patrii inprimis custos vigilant(issimus) prudent(issimus). / Obdormivit placide tertio kal(endas) April(is) a(nno) MDCCXC. / Monumentum optime merito fieri iuss(it) filius gratiss(imus) / Fridericus Laurentius Haspel a Palmenb(urg) / consil(iarius) aul(ae) Hohenl(ohensis) civit(atis) praetor.

Zu deutsch: Bleib stehen und lies (oder auch: steh still und traure)! Du siehst das Totendenkmal des erlauchten und hochgesinnten Mannes Nikolaus Friedrich Haspel von Palmenburg, kaiserlichen Hofrats und Pfalzgrafen[5], älteren Stättmeisters dieser [oder: der Haller] Stadtrepublik usw. Er wurde am 30. Januar 1716 geboren, trat 1738 in den öffentlichen Dienst, stieg durch fast alle Ehrenstufen bis zur höchsten auf, feierte 1788 an seinem Geburtstag sein 50-jähriges Ämterjubiläum, ein hervorragender Gelehrter des Rechts und darin vor allem ein höchst wachsamer und kluger Hüter des vaterländischen [das heißt des hällischen] Rechts[6]. Er entschlief sanft am 30. März 1790. Das Denkmal ließ dem Hochverdienten sein überaus dankbarer Sohn Friedrich Lorenz Haspel von Palmenburg, Hohenlohischer Hofrat und Schultheiß, errichten.

Der Sinngehalt

Was das Haspel-Epitaph von den übrigen Denkmälern der Michaelskirche unterscheidet, ist die alles beherrschende Pyramide. Sie ist frei sichtbar, anders als am Drechsler-Epitaph (S. 196ff.), wo sie durch den figürlichen und heraldischen Pomp fast völlig verdeckt wird. Die Pyramide galt als Symbol des Ruhmes, speziell des Fürstenruhms, und zugleich der Ewigkeit und Unsterblichkeit[7].

Im Barock trat der Aspekt des Ruhmes in den Vordergrund, so wie in Hall am Epitaph des älteren Stättmeisters Bonhoeffer (siehe Nr. 39, S. 149). Verbreitet wurde diese Sinndeutung der Pyramide vor allem durch die einflußreiche *Iconologia* des Cesare Ripa (erste Ausgabe 1593, erste illustrierte 1603). Danach bedeutet die Pyramide den strahlenden, hehren Ruhm der Fürsten, der sich in deren großen und aufwendigen Bauten zeige. Schon in der Antike hätten die Pyramiden als Symbole des Ruhmes gegolten[8]. Ripa bildet demzufolge die Personifikation des Fürstenruhms (*gloria de' Prencipi*) neben einer Pyramide ab.

Zu ihrer Bedeutung von Ewigkeit und Unsterblichkeit kamen die Pyramiden, weil man sie als unvergängliche Monumente betrachtete, die in alle Ewigkeit – tatsächlich stehen sie ja heute noch – den Ruhm ihrer Erbauer verkünden. Damit lag es nahe, ihre Symbolik für Grabdenkmale zu nutzen. Auch die historischen Pyramiden waren ja Grabmonumente, die ägyptischen wie später die Cestius-Pyramide im Augusteischen Rom. In der Neuzeit verwendete zuerst Raffael die Pyramide als Unsterblichkeitssymbol an seinen Chigi-Grabmälern in S. Maria del Popolo in Rom (1513 ff.). Und in der Grabmalkunst des Klassizismus erfreute sich die Pyramide schließlich besonderer Beliebtheit.

Noch 1817 bezeichnete sie der Architekt Friedrich Weinbrenner als die *der Vergänglichkeit am mehrsten entgegenstrebende Form*[9]. So darf man sicher sein, daß auch die Pyramide am Haspel-Epitaph als Symbol der Unvergänglichkeit, im christlichen Sinn also des ewigen Lebens aufzufassen ist. Auch der Marmor des Denkmals bedeutet Unvergänglichkeit, ebenso wie die weißen Marmor imitierende Fassung der Skulpturen[10].

Aber auch der Aspekt des Ruhmes fehlt nicht. Das belegen schon die häufigen Lorbeergewinde. Und daß die Pyramide hier im Sinne Ripas auch den Ruhm des *Fürsten*, im Falle Halls des Stadtregenten, meint, erweist deutlich der Vergleich mit der nur zwei Jahre älteren Medaille, die der Sohn Haspels zum 50-jährigen Amtsjubiläum seines Vaters 1778 prägen ließ[11]. Deren Rückseite zeigt eine Pyramide[12] von gleicher Form und gleichem Neigungswinkel wie am Haspel-Epitaph, ebenfalls mit einem ovalen Bildnis, aber ohne Bezug zum Tod (der Geehrte lebte ja noch). Sie dient hier eindeutig der Verherrlichung des Stättmeisters, wie die Sonne über ihrer Spitze, die beiden Adler, der Lorbeerkranz um das Bildnis und die Inschriften beweisen[13].

Die Pyramide als Sinnbild der Ewigkeit verbindet sich am Haspel-Epitaph mit den Symbolen von Tod und Vergänglichkeit: dem Sarkophag, der Urne mit den flankierenden Rauchgefäßen (der Rauch ist flüchtig wie das menschliche Leben) und den Gebeinen im Scheitel des Denkmals. Der Sarkophag umschließt symbolisch den Leichnam, die Urne die Asche des Toten – in Anspielung auf eine der antiken Bestattungsformen – genau wie die *Aschenkrüge* des Sanwald-Epitaphs (vgl. Nr. 45, S. 181). Der Verstorbene ist für den trauernden und verehrenden Betrachter an seinem Denkmal also mehrfach gegenwärtig: als Bildnis im Zustand des Lebens, als immaginärer Leichnam und als immaginäre Asche. Hinzu kommen noch die Skelett-Teile, Schädel und Knochen, über der Pyramide. Als Memento mori wie Sarkophag und Urne, werden sie gleichzeitig – gemäß langjährigem Brauch (in Hall seit dem Drechsler-Epitaph von 1725) – an dieser weithin sichtbaren Stelle der Verehrung dargeboten[14].

Über den Symbolen des Todes prangt aber an der Spitze des Denkmals, alles überragend, das Zeichen der Erlösung und der Überwindung des Todes: das Kreuz im Strahlenkranz.

Ermöglicht wird die Erlösung durch den Glauben. Ihn verkörpert die beherrschende Figur (lateinisch Fides) im Zentrum des Epitaphs. Ihre Attribute sind Kelch und Kreuz. Den Kelch hält sie triumphierend empor; das Kreuz beeindruckt durch ungewöhnliche Größe. – Die beiden seitlichen Figuren personifizieren – nach verbreitetem Brauch – die vornehmsten Eigenschaften des Verstorbenen: Gerechtigkeit und Klugheit, Tugenden, die auch die Inschrift hervorhebt, indem sie den Stättmeister als hervorragenden Gelehrten und klugen Hüter des Rechts bezeichnet.

Während die Gerechtigkeit (Iustitia) durch Augenbinde, Waage und früher durch das Schwert ohne weiteres zu erkennen ist, bedarf der Spiegel der Klugheit (Prudentia) einer Erläuterung. Er gilt als Zeichen der Klarsicht[15] und der Selbsterkenntnis. Nach Cesare Ripa (siehe oben) bedeutet der Spiegel der Prudentia die Erkenntnis des Klugen, daß er seine Handlungen nicht beherrschen kann, wenn er seine eigenen Fehler nicht kennt und korrigiert. Dies habe Sokrates gemeint, wenn er seine Schüler ermahnte, sich selbst jeden Morgen im Spiegel zu betrachten[16]. Am Haspel-Epitaph ist die Klugheit in trauerndes Nachdenken versunken. Gemeint ist, daß sie über das Hinscheiden des Stättmeisters trauert – ein damals gebräuchliches Motiv.

Möglicherweise hatte man das Epitaph ursprünglich ohne die seitlichen Figuren geplant. Die Tatsache, daß für sie keine Standflächen vorgesehen waren, läßt kaum einen anderen Schluß zu, als daß sie erst nach der Vollendung des architektonischen Aufbaus hinzugefügt wurden; sicherlich aus formalen und ikonologischen Gründen. Man empfand die Komposition wohl zu sehr auf die Mittelachse ausgerichtet und gedachte außerdem der langen Reihe von Vorbildern, die, beginnend mit Michelangelos Medici-Grabmälern, gegensinnig gelagerte, liegende oder sitzende Figuren an den Sarkophag-Enden postierten[17]. Zwar hätte für ein sinnvolles Programm die zentrale Figur des Glaubens ausgereicht, aber die Haller Auftraggeber wünschten sich wohl – spät, doch nicht zu spät –, daß auch weltliche Tugenden des Stättmeisters berücksichtigt werden sollten – woraus man vielleicht mit aller Vorsicht schließen darf, daß der ursprüngliche Plan von auswärtigen Urhebern stammte.

Würdigung

Nicht nur durch seine Symbolik, auch durch seine Form, durch die Monumentalität der Pyramide und die feierliche Ruhe der Figuren, läßt das Haspel-Epitaph einen Hauch von Ewigkeit verspüren, wenn man sich in seinen Anblick versenkt. Das verdeutlicht ein Vergleich mit den Barockepitaphen der Kirche. Dort ist alles in Bewegung begriffen: das Getümmel der Figuren, die wehenden Gewänder, der Umriß der Kartuschen; selbst die Architektur krümmt und windet sich. Bei Haspel dagegen verharren Figuren und Gegenstände ohne Regung vor der dunklen Pyramidenwand. Die trauernde Gestalt der Halla am Sanwald-Epitaph ringt klagend die Hände – die Prudentia bei Haspel ist still in sich versunken. Die Iustitia des Sanwald-Epitaphs beugt sich geschäftig herab, reicht dem Verstorbenen einen Kranz und stößt gleichzeitig mit dem Fuß den Teufel in die Tiefe – die Iustitia bei Haspel sitzt bewegungslos auf dem Sarkophag. An der Pyramide des Bonhoeffer-Denkmals (S. 144ff.) wird die Trompete der Fama geblasen – am Denkmal Haspels durchbricht kein Laut die Stille. Die *edle Einfalt* des Klassizismus hat den barocken Formenpomp abgelöst.

Das Gemälde des Haspel-Epitaphs, ein lebensnahes Bildnis von hoher, vor allem zeichnerischer Qualität, wurde entweder vor dem Tod des Stättmeisters geschaffen oder es folgt einer älteren Vorlage.

Die Skulpturen sind in der künstlerischen Qualität einen Grad bescheidener, was aber nur bei Nahsicht ins Gewicht fällt. In die Gesamtschau des Denkmals fügen sie sich vollwertig ein. Man wird anderswo kaum eine Glaubensallegorie finden, die ebenso feierlich und majestätisch gleich einer Ecclesia triumphans ihre Attribute präsentiert. Die Gestalt wird durch den hohen Sockel – ihrem theologischen Rang gemäß – über die anderen Figuren hinausgehoben. Die Folie der dunkln Pyramidenwand betont noch ihre hoheitsvolle Erscheinung. Auch die Figur der Prudentia prägt durch die zeitlose Stille ihrer Trauer in hohem Maß den Stimmungsgehalt des Denkmals.

Der Maler

Christian Jakob Schlotterbeck (1757–1811), Pastellmaler, Zeichner und Kupferstecher, war – wie Scheffauer und Dannecker (vgl. Nr. 33, S. 124ff.) – ein Schüler der Stuttgarter Karlsschule, wurde von Johann Friedrich August Tischbein gefördert und 1782 zum württembergischen Hofkupferstecher ernannt. Er malte unter anderem ein Miniaturbildnis Schillers, das er, mit veränderter Kleidung, später mehrfach wiederholte[18].

Das Hällisch-Fränkische Museum besitzt von Schlotterbeck ein Pastellbildnis Nikolaus Friedrich Haspels aus dessen letztem Lebensjahr, bezeichnet: *Schlotterbek pinx: 1789*[19]. Das Gemälde erfüllt laut Harald Siebenmorgen *ein Anspruchsniveau, das der reiche Stättmeister nur bei einem prominenten auswärtigen, nicht aber bei einem der in Hall ansässigen Maler gewährleistet sah*[20].

Vergleicht man dieses Bildnis mit dem Gemälde des Haspel-Epitaphs, so wird der Zusammenhang deutlich. Abgesehen von den äußerlichen Gemeinsamkeiten – dem gleichen Büstenausschnitt, der leichten Wendung nach rechts und natürlich der Physiognomie – stimmen auch die im eigentlichen Sinn stilistischen Merkmale überein. Zum Beispiel bei der Gesichtsmodellierung werden die verschiedenen Erhebungen und Vertiefungen durch eine ganz gleichartige Verteilung von Licht und Schatten charakterisiert, etwa die Muskeln zwischen Mund und Wangen, die Fältchen an der Nasenwurzel und den Augenwinkeln usw. Auch die Locken der Perücke gleichen sich in beiden Fällen. Trotzdem besteht ein Unterschied: an dem Pastellbildnis ist die Malweise großzügiger und malerischer. Die Pastelltechnik gibt die Details wie Hautfalten und Haare summarischer wieder als der spitze Pinsel. So manche zeichnerisch anmutende Feinheit, die dem Ölbild eignet, muß sich das Pastellbild versagen. Das Antlitz wirkt dadurch geglättet und etwas verjüngt – was wohl auch gewünscht war –, der Ausdruck energischer und zugleich derber, ja eine Spur brutal, was vor allem die vorgeschobene Unterlippe und die verkniffene Oberlippe bewirken. Auf dem Epitaphbild dagegen erscheint der Stättmeister durch die Milde des Alters verklärt. Im übrigen kommt in der zeichnerischen Detailfreude der Grisaille Schlotterbecks gewohnte Arbeitsweise als Zeichner und Kupferstecher zum Vorschein.

Prüft man die zeitliche Abfolge der beiden Bildnisse, so wird deutlich, daß das Pastellbild von 1789 nicht die Vorlage für das Bildnis des Epitaphs von 1790 ff. gewesen sein kann, denn das Epitaphbild gibt Einzelheiten wieder, die das

Pastellbild gar nicht enthält. Dafür gibt es zwei Erklärungen: Entweder hat Schlotterbeck noch ein weiteres Porträt Haspels gemalt oder gezeichnet, das den beiden anderen als Vorlage diente; oder – die einfachere Möglichkeit – die Grisaille des Epitaphs wurde schon zu Lebzeiten des Stättmeisters gemalt, sei es im Vorausblick auf ein Epitaph oder einfach als privates Bildnis, das dann nach Haspels Tod in das Denkmal eingefügt wurde. In diesem Fall wäre das Pastellbild als eine Replik des Epitaphbilds in anderer Technik anzusehen.

Die **Bildwerke** lassen sich bis jetzt nicht einordnen. Sie stammen mit Sicherheit von keinem Einheimischen, denn in Hall sind keine vergleichbaren Werke zu finden. Da aber für das Bildnis des Epitaphs ein Stuttgarter Maler beauftragt wurde, liegt es nahe, auch den Bildhauer in Stuttgart zu suchen, vielleicht – wie im Falle Schlotterbecks – im Kreis oder Umkreis der Karlsschul-Zöglinge. Ein Werk wie die (später entstandene) trauernde Ceres Danneckers[21] – sie stützt wie die Haller Prudentia das gesenkte Haupt mit dem Unterarm auf die übergeschlagenen Beine – läßt bei aller stilistischen und qualitativen Verschiedenheit einen verwandten Geist verspüren. Weil allerdings nur von den Hauptmeistern des Klassizismus Abbildungen verfügbar sind, dürfte eine verläßliche Bestimmung des Haspelschen Bildhauers noch auf sich warten lassen.

Literatur
Gräter 1792/93 Nr.85; *Wunder* 1987 Nr.77; Hermann Rudolf *Petersohn*, Dokumentaion der Restaurierung (wird Anf. 2001 vorliegen). – Über Nikolaus Friedrich Haspel: *Wunder* 1980, S.87.

Anmerkungen
1 Laut *Wunder* 1980, S.87, erhielt Haspel schon 1745, als er noch Stadtschultheiß war, *von Johann Wilhelm Ernst v. Fürstenberg [im Namen des Kaisers] den Rang eines Pfalzgrafen und den Adelsbrief als ‚Haspel von Palmenburg'*.
2 Mündliche Auskunft von Herrn Petersohn, für die ich vielmals danke.
3 So bei *Wunder* 1987, S.94, nach einer Aufnahme der Landesbildstelle Württemberg, Neg.-Nr. 22183.
4 Die mutmaßliche Auflösung von *S. L.* als *siste, lege* oder *sta, lege* (bleib stehen und lies!), eventuell auch *sta, luge* (steh still und traure!) lehnt sich an die Inschriften zahlreicher Grabsteine – auch des 18. Jahrhunderts – an, die den Vorübergehenden zum Verweilen und Lesen auffordern: *Sta viator et lege* oder *siste viator et lege* oder auch auch *sta viator, lege et luge* (bleib stehen, Wanderer, lies und traure!). Im Inneren der Kirche lag es nahe, auf das Wort *viator* (Wanderer) zu verzichten.
5 Der Titel Hofpfalzgraf wurde vom Kaiser an geeignete Persönlichkeiten gegen eine Gebühr verliehen und war mit bestimmten Befugnissen (der Comitiva) verbunden, die in der kaiserlichen Ernennungsurkunde festgelegt wurden. Sie umfaßten in der Regel das Recht, im Namen des Kaisers Notare zu ernennen, uneheliche Personen ehelich zu sprechen, die Volljährigkeit zu erklären, Adoptionen zu bestätigen, Moratorien zu erteilen, bürgerliche Wappenbriefe zu verleihen und Dichter zu krönen.
6 Die Übersetzung von *patrii* als einem zu *iuris* gehörigen Adjektiv verdanke ich Dr. Franz Haible. Die Übersetzung bei Wunder (*Hüter des Vaterlandes*) kann nicht zutreffen, da nicht *patriae*, sondern *patrii* dasteht. Ebenso können die Abkürzungen der von *custos* abhängigen Adjektive *vigilant.* und *prudent.* nicht als Adverbien (vigilanter, prudenter) aufgelöst werden.
7 Laut dem ikonologischen Lexikon von Norma *Cecchini*, Dizionario sinottico di Iconologia, Bologna 1976, S.465, symbolisiert sie ewigen Ruhm und Unsterblichkeit (*gloria perenne* und *immortalità*).
8 *La piramide significa la chiara & alta gloria de' Prencipi, che con magnificenza fanno fabriche sontuose, e grandi, con le quali si mostra essa gloria. … Et similmente gli antichi mettevano le piramidi per simbolo della gloria.* – Cesare *Ripa*, Iconologia; zitiert nach einer Ausgabe von 1992, Milano, TEA Arte gennaio, S.163 f.
9 In seinem Architektonischen Lehrbuch II, S.75 f., anläßlich der Planung der Pyramide über der Gruft des Karlsruher Stadtgründers Karl Wilhelm auf dem Karlsruher Marktplatz (gebaut 1823/25). – Zitiert nach dem Ausstellungskatalog: Baden und Württemberg im Zeitalter Napoleons, Stuttgart 1987, Band 1.2, S.530 f.
10 Vgl. dazu auch oben, S. 297.
11 Von Jeremias Paul Werner. Siehe Albert *Raff*, Die Münzen und Medaillen der Stadt Hall, Freiburg i.B. 1986, S.72, Nr.108, mit Abbildungen auf S.118.
12 Das Gebilde kann man auch wie Raff als Obelisken mit breitem Schaft ohne Pyramidion auffassen, was aber nichts ändert, denn Pyramide und Obelisk sind in der Ikonologie bedeutungsgleich.
13 Die Vorderseite der Medaille zeigt den Stättmeister als Brustbild im Profil mit lorbeergeschmücktem Haupt. Lesart und Übersetzung der Umschrift bei Raff lassen sich noch in einigen Punkten ergänzen (wobei A = Aula = Hof): NIC[olaus]: FRID[ericus]: DE HASPEL. S[acrae]: C[aesareae]: M[aiestatis]: A[ulae] CONS[iliarius]: S[acri]: P[alatii]: COM[es]: CO[n]S[ul]: SEN[ior]: R[ei]P[u]BL[icae]: S[vevo]. HALL[ensis]: – Zu deutsch: Nikolaus Friedrich von Haspel, kaiserlicher Hofrat und Hofpfalzgraf, älterer [das heißt in diesem Amtsjahr nicht regierender] Stättmeister der Stadtrepublik Schwäbisch Hall.
14 Welche Rolle die Verehrung der sterblichen Überreste spielt, belegen die Trauerverse der im Falle Sanwalds erhaltenen Leichenpredigt, die von der *verehrungswürdigen* oder *hochverehrlichen Asche* handeln, zum Beispiel: *Laß mich dankend Deine Asche verehren – Sie beweinen – Sie segnen!* (Belege bei *Deutsch* 1988 – siehe Nr.39, S.155).
15 Beispiele finden sich schon in Giottos Paduaner Fresken (1306), bei Raffael (Stanza della Segnatura im Vatikan) und Michelangelo (Werkstattzeichnung in Mailand, Ambrosiana). Vgl. LCI, Bd.4, Sp.188 f. mit Abbildung.
16 *Lo Specchio significa la cognizione del prudente non poter regolar le sue attioni, se i propri suoi difetti non conosce, e corregge. E questo intendeva Socrate quando essortava i suoi Scolari à riguardar se medesimi ogni mattina nello specchio.* – Cesare Ripa (wie Anm.8), Stichwort *Prudenza*, S.369.
17 Sitzende Figuren dieser Art fanden sich schon 1564 auf den „Sarkophag"-Enden des Trauergerüstes für Michelangelo in Florenz, auch hier zu Seiten einer Pyramide mit einem Ovalbildnis des Verstorbenen; abgebildet bei *Riedl* 1979 (siehe Nr.39, Anm.14), Abb.27.
18 Vgl. *Thieme/Becker*, Bd.30 (1936), S.117.
19 Inventar-Nr. 85/197, abgebildet im Ausstellungs-Katalog: Hall in der Napoleonzeit, eine Reichsstadt wird württembergisch, Sigmaringen 1987, S.82, Kat.-Nr.18 (Harald Siebenmorgen).
20 Ebd.
21 Um 1801, abgebildet im Katalog Baden und Württemberg im Zeitalter Napoleons (wie Anm.9), S.657, Nr.1142.

Josef Vogelmann († 1568)
Militärschreiber, Fähnrich (?) und Wirt

Epitaph aus Sandstein, 168/82 cm, stark verwittert; früher außen, nördlich vom Turm, an der Südwestseite des Treppentürmchens, unmittelbar links vom Hörmann-Epitaph, wo es auch das Epitaphienbuch aufführt (Foto um 1900 von Gottfried Schmidt).

Sem Schlör zugeschrieben; entstanden vor Juni 1565, errichtet 1569.

[78]

Daß ein Wirt, selbst einer mit kriegerischen Verdiensten, sein Epitaph im Michaelsfriedhof errichten durfte, ist nicht selbstverständlich. Tatsächlich hatten seine Hinterbliebenen damit einige Mühe. Der Rat lehnte ihr Gesuch ab und verwies sie nach St. Nikolai. Gleichwohl brachten sie das Denkmal, als wäre nichts geschehen, an der Michaelskirche an. Deswegen erneut vor den Rat zitiert, gaben sie an, sie hätten sich die Erlaubnis bei Stättmeister Bernbeck, also am Rat vorbei, beschafft (Ratsprotokolle vom 2. Mai und 20. Juni 1569[1]).

Über einem konsolartigen, von Rollwerk und Fruchtbündeln (oder Festons?[2]) unterfangenen, kräftig profilierten Sockelgesims erhebt sich eine hochrechteckige Relieftafel mit schlichtem, torartigem, außen rechteckig und innen rundbogig begrenztem Rahmen; darüber ein Gebälk mit der Grabschrift, bedeckt von einem vorkragenden Gesims mit großformig ornamentiertem Aufsatz. Der linke Teil des Aufsatzes ist abgefallen; der – verstümmelte – rechte Teil zeigt noch Reste einander durchdringenden Roll- und Beschlagwerks. In der Mitte befand sich das Vollwappen Vogelmanns mit dem „redenden" Wappenbild eines Vogels mit Menschenbeinen. Die Beine sind noch deutlich zu erkennen.

Im Torbogen des Hauptteils kniet der Verstorbene, betend nach rechts gewendet, auf einem Schemel. Er ist bärtig, trägt Rüstung und Pluderhosen, an seiner linken Seite ein Schwert, an der rechten Seite, vom Ellbogen in die Waagrechte gedrückt, einen Dolch. Über die linke Schulter hat er eine Fahne gelehnt. Ihre Stange ist diagonal gerichtet, ihre Stoffbahn breitet sich folienartig hinter seinem Rücken aus; das Ende ist wieder emporgeführt und über die linke Schulter gelegt, von wo die Zipfel entlang der Fahnenstange abwärts flattern. Am Boden, rechts des Betenden, steht sein mit einer Straußenfeder geschmückter Helm. Rechts oben, über der Figur, erscheint Christus als Halbfigur in einer Wolke; er ist bärtig, mit Dornenkrone (?), trägt einen offenen Umhang und hält in der Linken, diagonal nach rechts gerichtet, das Kreuz, dessen oberer Teil den Rahmen überschneidet. Christi rechter Arm war schon um 1900 abgebrochen, ebenso die Finger des Betenden.

In die Zwickel des Rahmens schmiegen sich zwei Wappenkartuschen mit eingerollten Enden; in der heraldisch rechten das Wappenbild Vogelmanns (diesmal spiegelbildlich, da dem ehelichen Pendant zugewendet), in der linken das seiner ersten Frau, Gertraud Halberg, gestorben am 30. Dezember 1563 (mit drei Flammen auf einem Dreiberg).

Entstehungszeit

Da Vogelmann am 4. Juni 1565 eine neue Ehe einging, dürfte das Epitaph vor diesem Zeitpunkt, also zu seinen Lebzeiten, entstanden sein, sonst wäre wohl auch – oder nur – das Wappen der zweiten Frau angebracht worden. Aufgerichtet wurde das Denkmal erst im Mai/Juni 1569, also nach Vogelmanns Tod (6. Oktober 1568), wie aus den Querelen mit dem Rat hervorgeht (siehe oben, Abs.1).

Der Bildhauer

Das Denkmal wurde zuerst von Katharina Köpchen (1909) – ohne nähere Begründung – unter die Arbeiten Schlörs eingereiht (S.87). Demmler (1910) schloß sich ihr an – mit Recht, wie die Vergleiche mit Schlörs gesicherten Werken zeigen.

Das Relief ist inzwischen weitgehend verwittert; es wurde leider zu spät ins Kircheninnere versetzt. Auf einer Fotografie von Gottfried Schmidt um 1900 sind aber die Einzelheiten des bärbeißigen Gesichts, der Haare, der Kleidung und der Gegenstände noch gut zu erkennen. Heute läßt sich nur die Komposition noch würdigen. Sie wurde schon immer bewundert. Eugen Gradmann (1907) nennt das Denkmal *vorzüglich*; Katharina Köpchen (1909) findet es *besonders reizvoll durch die Zusammenordnung des knienden Ritters mit der großen Fahne ..., deren schwer herabwallender, weicher Stoff mit den langgezogenen, prächtigen Falten einen wirkungsvollen Hintergrund für den tüchtigen Porträtkopf des Mannes schafft;* und Theodor Demmler (1910) lobt *die geschmackvolle Anordnung, die den Eindruck der Enge wie der Leere glücklich vermeidet;* der Porträtkopf sei *sehr gut in Wirkung gesetzt* und hebe sich von der *prächtigen Draperie* der großen Fahne ab (S.205f.); das Werk sei zwar nicht bezeichnet, gehöre *jedoch seinem Wert nach an die Spitze aller zeitgenössischen Epitaphien in Hall* (S.197 Anm.2).

Anders als beim etwa gleichzeitigen Feyerabend-Denkmal (S. 348f.) kommen im Relief des Vogelmann-Epitaphs auch die Diagonalen zur Geltung, die vor allem durch die Fahnenstange und in der Gegenrichtung durch Kreuzstamm, Schwert und Beine bestimmt werden. Die Komposition nähert sich der Form einer Würfelfünf: rechts unten der Helm, rechts oben die Wolke mit Christus, links oben die früher farbige Fläche der Fahne, links unten der Formkomplex von Schuhen, Schwert und Fahnenbausch und im Zentrum der Körper des Betenden. Dabei muß man – zu völliger Ausgewogenheit – den unteren Teil des Reliefs zusammen mit dem Rollwerk des Sockels, den oberen Teil zusammen mit den Wappen sehen.

Dieses vorzügliche und gegenüber den älteren – und gleichzeitigen – Epitaphen neuartige Kompositionsmotiv deutet, zusammen mit der sorgfältigen Ausführung, darauf hin, daß wir hier eine persönliche Arbeit Schlörs vor uns haben – oder hatten, wenn man an den traurigen Zustand denkt.

Quellen und Literatur
Epitaphienbuch 1698/1708, Bl.64r Nr.2; *Gradmann* 1907, S.39; Katharina *Köpchen*, Die figürliche Grabplastik in Württembergisch-Franken im Mittelalter und in der Renaissance, Halle an der Saale 1909, S.87; Theodor *Demmler*, Die Grabdenkmäler des württembergischen Fürstenhauses und ihre Meister im XVI. Jahrhundert, Straßburg 1910, S.205 f., S.180 Nr.11, S.197 Anm.2, Abb. Taf.18 (ohne Aufsatz); *R.Krüger* Nr.28; *Wunder* 1987 Nr.78. – Über Josef Vogelmann: *Wunder/Lenckner* 1956 (Bürgerschaft), S.238 Nr.2295. – Über Sem Schlör: wie Nr.9, S. 36ff.

Anmerkungen
1. Mitgeteilt von Friedrich *Gutöhrlein*, Auszüge aus Ratsprotokollen der Jahre 1568/1572, in: Der Haalquell 1966, Nr.8, S.32.
2. Da außer dem Rollwerk der meiste Schmuck abgeschlagen ist, läßt er sich nicht mehr sicher bestimmen.

Johann Friedrich Bonhoeffer (1718 – 1783)
Prediger und Dekan

Holzepitaph, gefaßt, mit Schnitzfiguren und einem ovalen Bildnis des Verstorbenen,
Öl auf Kupferblech; 275/160 cm, das Bildnis 74/56 cm (ohne Rahmen).

Skulpturen von **Johann Michael Fischer**, Dillingen (Zuschreibung); Bildnis von **Franz Josef Degle**, Augsburg (signiert).
Am Bildnis datiert: 1784.

[81]

Das Denkmal hing nach Gräters Beschreibung (1797/98) ursprünglich an der Südempore (*Vorwärts an der sogenannten Salzsieders-Emporkirche*) als fünfzehntes, das heißt letztes Epitaph von Osten (von der Sakristei an gezählt). Dabei muß man sich vorstellen, daß weitere neunzehn Epitaphe unter der Empore an der Wand angebracht waren und nochmals acht auf der Empore (Gräter 1798/99 bzw. 1796/97).

Bestattet wurde Bonhoeffer auf der Südseite des Kirchhofs im Grab seines Urgroßvaters Georg Philipp (Nr.17 und 20). Sein Grabmal, eine Tischtumba, hat sich erhalten, sogar der Entwurf dafür (vgl. Nr. 60, S. 245).

Das Epitaph besteht aus einem sarkophagartigen, auch auf der Rückseite bearbeiteten hängenden Unterbau mit seitwärts ausladendem Gesims, einem flachen, fast quadratischen Mittelteil mit eingetieftem Rand, einem in der Mitte aufgebogenen Gebälk und einem Aufsatz in Form eines spitzwinkligen Dreiecks (einer zweidimensionalen Pyramide), gekrönt von einem Gebälkstück, das eine üppig mit Früchten und Blumen geschmückte Urne trägt. Den größten Teil des Mittelteils bedeckt ein hochovales Bildnis des Verstorbenen in einem vergoldeten Rahmen. Dieser hängt an einem goldenen Band und wird im oberen Drittel von einem Lorbeergewinde begleitet.

Auf dem Gesims des Unterbaus sitzen links und rechts außen zwei männliche Figuren in vergoldeten Gewändern: einer langen Tunika und einem über den Rücken gehängten, um den linken Arm geschlungenen Mantel. Mit ihren schräg abstehenden Gliedmaßen verlängern sie gleichsam das Dreieck des Aufsatzes nach unten. Die linke Figur hat einen langen Bart, die rechte ist, abgesehen von der Oberlippe, bartlos und trägt schulterlanges Haar. Beide Figuren haben eine goldene Flamme auf dem Haupt, die rechte – ursprünglich auch die linke – außerdem einen Strahlennimbus. Am Hinterkopf der linken sieht man noch den nabenartigen Kern des Nimbus mit den Bohrlöchern, in denen früher die Strahlen wie Speichen eines Rades steckten. Der Bärtige hat ein geöffnetes Buch mit biegsamem Einband auf seinem Schenkel liegen und hält die überstehende Hälfte mit der Linken fest. Ob seine Rechte einst ein weiteres Attribut enthielt, ist ungewiß. Die bartlose Figur hält in der Rechten eine Schreibfeder, in der Linken, waagrecht an den Körper gedrückt, ein Buch mit steifem Einband. Darauf steht der mit nierenförmigen Ornamenten geschmückte Fuß eines abgebrochenen Gefäßes. Als Gegenstück zu der Feder könnte man an ein Tintenfaß denken, aber die damaligen Tintenfässer hatten in der Regel die Form eines Töpfchens mit niedrigem Fuß ohne Schaft (Beispiele an der Riedener Kanzel[1] und auf dem Bildnis der Barbara Kluntz im Ulmer Museum[2]). Der Schaft und die Ornamentierung des Fußes deuten vielmehr darauf hin, daß es sich um das Bruchstück eines Kelches handelt, der eine ähnliche Form gehabt haben muß wie beispielsweise der Kelch in der Kirche zu Kronau[3] oder auch der Kelch des hl. Johannes am Weidner-Epitaph (Nr. 22, S. 78ff.). Sein Schaft wäre dann zwischen dem Knauf (dem Nodus) und der darunter befindlichen Verdickung abgebrochen.

Bei Figuren mit Heiligenschein und Buch dürfte es sich im Falle eines evangelischen Denkmals um Apostel oder

Evangelisten handeln. Die linke Figur wäre dann, nach ihrem Kopftyp mit dem langen Bart zu schließen, der Apostel Paulus; die rechte, bartlose mit dem langen Haar und einem Kelch als Attribut der Apostel (und Evangelist) Johannes, zumal es sich bei diesem um den Namenspatron des Verstorbenen handelt und die Namenspatrone häufig an Epitaphen erscheinen (der hl. Johannes z.B. bei Johann Weidner, der hl. Wolfgang bei Wolfgang Weidner, der hl. Michael bei Michael Stigler, der hl. Andreas bei Andreas Drüller, die hl. Margarete bei Margarete Drüller).

An den Enden des Gebälks über dem Mittelstück saßen ursprünglich zwei Putten. Vom linken Putto ist heute nur noch der Haltestift zu sehen. Der rechte Putto hat die Arme ausgebreitet, zwei Finger seiner rechten Hand sind abgebrochen; er ist nackt, nur mit einem Schamtuch versehen, und er ist weiblich, nach der Pferdeschwanzfrisur zu schließen. Die Putten vertraten wohl – wie häufig – die Stelle von Tugendpersonifikationen, hier vielleicht von Glaube und Hoffnung. Leider haben sich ihre Attribute nicht erhalten, doch könnte der große Abstand zwischen den Händen der noch vorhandenen Putte auf ein längeres Attribut deuten, vielleicht auf ein Kreuz (= Glaube) oder einen Anker (= Hoffnung). Ein Anker ist wahrscheinlicher, da der Glaube besser auf die heraldisch rechte, ranghöhere Seite und in die Nachbarschaft von Paulus paßt (dazu siehe unten). – Eine andere Möglichkeit, daß die Putten die Attribute der darunter sitzenden Apostel hielten, scheidet wohl aus, weil die Apostel, jedenfalls Johannes, ihre Attribute selber tragen.

Im Aufsatz des Epitaphs ist unter dem Gebälkstück mit der Urne das Auge Gottes in einem Dreieck mit Strahlenkranz angebracht (zur Bedeutung vgl. Nr. 45, S. 182). Darunter, etwas nach links gerückt, sitzt ein goldener Vogel mit ausgebreiteten Schwingen auf einer Wolke, den Kopf nach unten gewendet, wie im Begriff herabzuschweben. Er sendet zwei goldene Strahlenbündel abwärts, die, das Bildnis tangierend, auf Paulus und Johannes gerichtet sind, offenbar um auf ihrem Haupt die Flamme zu entzünden.

Ein dritter Strahl, mit einer Flamme am unteren Ende, war auf das Bildnis gerichtet und endete über dem Haupt des Predigers. Er war an der Schleife zwischen Bildnis und Aufsatz befestigt (wie die Bruchstellen zeigen) und soll dort bei der nächsten Restaurierung wieder angebracht werden[4]. Der Strahl steckte jahrzehntelang lose in der segnenden Hand der Sapientia des Epitaphs Nr.39 (Stättmeister J. F. Bonhoeffer d.Ä.), bis die Restauratoren ihn dort als Fremdkörper erkannten und seinen richtigen Platz ermitteln konnten.

Bei dem herabschwebenden, Strahlen aussendenden Vogel kann es sich nur um die Taube des Heiligen Geistes handeln. Ein Adler als Symbol der Auferstehung flöge aufwärts der Sonne entgegen. Auch hat die Figur keinen Adlerschnabel, wenn auch ein sehr bewegtes, nicht unbedingt taubenartiges Gefieder. Offenbar hat ihr der Bildhauer durch eine gewisse Annäherung an die Gestalt eines Adlers eine majestätische Erscheinung verleihen wollen. Eine ähnliche Taube hat derselbe Bildhauer für den Schöntaler Hochaltar geschnitzt (siehe unten, S. 311f.), dort eindeutig als Hl. Geist zu bestimmen.

An dem Sarkophag des Unterbaus ist, leicht nach vorne gekippt (heute mehr als früher), eine golden gerahmte Tafel mit der Gedenkschrift angebracht. Ihre Fläche setzt sich aus zwei querliegenden Rechtecken zusammen, einem größeren oben und einem kleineren unten, mit kurvigen Ausbuchtungen anstelle der gemeinsamen Ecken. Die Inschrift, in Fraktur, golden auf schwarzem Grund, wirkt vornehm und sehr dekorativ (Text bei E. Krüger und Wunder sowie im Anhang S. 415).

An der Stelle, wo sich Bildnis und Inschrifttafel berühren, prangt, beider Rahmen überschneidend, das Bonhoeffersche Vollwappen; die Spangen des Helms sind abgebrochen. Vom Wappen zur Inschrifttafel spannen sich über deren Ecken hinweg Girlanden. Unter dem Sarkophag und der Tafel hängen Tuchgirlanden.

Das Epitaph ist von einer ungewöhnlichen Zahl von Vergänglichkeits- und Todessymbolen umgeben: In der untersten Girlande liegen ein Schädel und Totengebein, den Sarkophag selbst ziert links ein Kranz mit einem Stundenglas, rechts ein Kranz mit einer zerbrochenen Kerze; beiderseits vom Mittelteil hängen Bündel aus Knochen, und an der Spitze des Denkmals steht die schon genannte Urne.

Alle Teile des Epitaphs sind mit vielerlei klassizistischen

Schmuckformen, vor allem mit Friesen, verziert; am auffälligsten ist eine Art Röllchen- oder Wülstefries an Sockel und Gesims des Sarkophags sowie am Sockel des dreieckigen Aufsatzes[5].

Der Zusammenklang der Farben – von Krüger als *herrlich* bezeichnet - wird bestimmt von dem braun und mattgrün marmorierten Grund des Mittelteils, dem braun marmorierten Sarkophag, seinem schwarzen Sockel und schwarzen Gesims und besonders vom Gold der Skulpturen, der Rahmen von Bildnis und Inschrift und der meisten Zierglieder. Andere Teile der Ornamentik sind versilbert oder mit beiden Metallen gefaßt; so hat die Lorbeergirlande über der Inschrift silberne Blätter und goldene Beeren. Golden glänzen nicht nur das Auge Gottes, die Taube, die Strahlen, die Urne; auch die Apostel und der Putto sind an Haut und Haaren vergoldet – wobei das Gold hier allerdings matter wirkt, ebenso wie an den Wolken unter der Taube und an dem Dreieck vom Auge Gottes (wohl verursacht durch Mattvergoldung auf gelbem Grund). Ein Restaurator müßte feststellen, inwieweit der heutige Zustand der ursprünglichen Fassung entspricht. Erwähnt sei, daß auch Johann Michael Fischers großer Schnitzaltar in St. Michael (vgl. unten, S. 367ff.) *goldene Pausbackenengel* enthielt.

Das **Bildnis** zeigt den Prediger als Halbfigur, nahezu frontal ausgerichtet, von links her beleuchtet, gekleidet in seine Amtstracht mit schwarzem Talar, Beffchen und Perücke. Er hält in der rechten Hand ein Buch mit Goldschnitt, wohl ein Gesangbuch, und greift mit dem Zeigefinger zwischen die Blätter; dabei wird die Liednummer 160 sichtbar, im Hällischen Gesangbuch der 23. Psalm. Vor einer bräunlich-grauen Wand ist links hinter der Figur ein grauer, hochgebundener Vorhang erkennbar, rechts der Figur ein graubraunes Bücherregal, darin zwei Reihen Bücher mit roten Etiketten am Rücken (ihre Beschriftung nicht zu entziffern). Das obere Zwischenbrett des Regals trägt auf der Unterseite die Signatur des Malers: *F. J. Degle*, das Brett darunter an der gleichen Stelle das Datum: *figuravit An(n)o 1784* (zu deutsch: geschaffen von F[ranz] J[osef] Degle im Jahr 1784)[6]. – Der Prediger hat, wie schon Krüger empfand, ein gütiges Gesicht. Der sanfte Blick aus blauen, von freundlichen Fältchen umgebenen Augen, der weiche, fast lächelnde Mund und die rosigen Wangen tragen zu diesem Eindruck bei.

Übrigens hängt in der Michaelskirche noch ein zweites Bildnis des Predigers Johann Friedrich Bonhoeffer (siehe Wunder Nr. 12), ein Einzelbild von anderer Hand[7] und geringerer Qualität, ohne die präzise Charakterisierung physiognomischer Merkmale, die das Gemälde Degles auszeichnet.

Der **Sinngehalt** des Denkmals wird durch die geometrisch-strenge Komposition in bemerkenswerter Weise hervorgehoben. Das Corpus, das sich von einem Rechteck umschreiben läßt, dient dem irdischen, vergänglichen Aspekt des Programms. Es enthält das Bildnis des Verstorbenen und die Gedenkschrift, umgeben von den Symbolen des Todes: dem Sarkophag, dem mehrfach zur Schau gestellten Gebein, dem Stundenglas und der erlöschenden Kerze. Überlagert wird dieses Rechteck der Vergänglichkeit durch ein Dreieck mit dem Aspekt des Himmlischen, Überzeitlichen: an seiner Spitze Gott, dargestellt durch das „Auge Gottes" im Strahlenkranz, und der Heilige Geist; an den Seiten des Dreiecks die Strahlen des göttlichen Geistes und die beiden Apostel, die von dieser göttlichen Ausstrahlung erleuchtet werden.

Das ikonographisch Erstaunlichste an dem Denkmal ist das dritte, mittlere Strahlenbündel, das auch auch auf dem Haupt des Predigers die göttliche Flamme entzündet. Es gibt zwar genügend Epitaphe, wo der Verstorbene himmlische Strahlen empfängt[8], doch nie ist damit die Flamme des Hl. Geistes verbunden. Das Thema wurde ohne Zweifel von der *Ausgießung des Hl. Geistes* der Pfingstbilder abgeleitet und hier auf drei Personen reduziert. Dabei verwundert es nicht weiter, daß die beiden Apostel mit der Geistesflamme versehen sind. Es ist aber mehr als ungewöhnlich, daß der Prediger Bonhoeffer ihnen darin gleichgestellt wurde.

Zunächst soll sich darin wohl ausdrücken, daß der Prediger als Verkünder des Evangeliums wie die Apostel vom göttlichen Geist inspiriert wurde. Doch dürfte sich an einem Totendenkmal diese Begnadung mit dem Hl. Geist nicht nur auf die irdische Tätigkeit des Verstorbenen beziehen, sondern zugleich eine Verheißung himmlischer

Seligkeit bedeuten. Das wird durch die Tatsache gestützt, daß man das Pfingstwunder, besonders seit der Reformation, der zweiten Bitte des Vaterunsers – *dein Reich komme* – zugeordnet hat[9] und daß diese Bitte sich auch auf das ewige Leben bezieht. Ein Beleg dafür ist die Auslegung Luthers im kleinen Katechismus von 1547[10]. Dort wird die zweite Bitte ebenfalls mit der Aussendung des Hl. Geistes illustriert, und der erklärende Text lautet: *Wenn der Hymlische Vater vnns seinenn, heyligen Geyst gibt, das*[s] *wir seinem heyligen wort durch seine gnade glaubenn, vnd Göttlich leben, hie zeytlich vnd dort ewiglich.*

Einen versteckten Hinweis auf die ewige Seligkeit enthält auch das Gemälde selbst: Das aufgeschlagene Lied Nr. 160 im Gesangbuch des Predigers ist eine Gedichtfassung des 23. Psalms, beginnend: *Der Herr ist mein getreuer hirt, hält mich in seiner hute* und endend: *nach dem tod werd ich ja seyn, bey Christo meinem Herren* (zitiert nach dem Hällischen Gesangbuch von 1769).

Paulus (die Apostelfigur mit Bart) ist gleichsam der Garant für die Erlösung des Verstorbenen: durch seine Botschaft von der Rechtfertigung durch den Glauben (Römerbrief 1,16–17 und 4,5), die Luther nach seinem Turmerlebnis als das *allersüßeste Wort* bezeichnete, dank dem er *ganz und gar neugeboren und durch die geöffneten Pforten in das Paradies selbst eingetreten war*[11]. Entsprechend dieser zentralen Bedeutung in der Lutherischen Lehre ist die Paulusfigur auf der ranghöheren, heraldisch rechten Seite des Denkmals angebracht[12].

Johannes, ihr Pendant, ist Glaubenskünder sowohl als Evangelist (gekennzeichnet durch die Schreibfeder) wie auch als Jünger Jesu (gekennzeichnet durch das übliche Attribut des Kelches). Zugleich ist er der Namenspatron des Verstorbenen (vgl. S. 308) und wurde wohl deshalb in das Bildprogramm aufgenommen.

An der höchsten Stelle des Epitaphs, noch über das göttliche Symbol hinausgehoben, steht die reich geschmückte Urne mit der imaginären Asche des Verstorbenen[13]. Die *Asche* war eine Metapher für die sterblichen Überreste – schon mindestens seit dem 16. Jahrhundert[14]. Die Aufstellung der Urne verwundert, weil der Sarkophag im Unterbau ja eigentlich genügen würde, um die sterblichen Reste symbolisch vor Augen zu führen. Es war aber im 18. Jahrhundert zunehmend zur Gewohnheit geworden – in Hall meines Wissens seit dem Drechsler-Epitaph (Nr. 49, S. 196ff.) –, an der Spitze der Epitaphe eine Urne oder Gebeine anzubringen. Offensichtlich wollte man sie zur Verehrung durch die Nachwelt weithin sichtbar zur Schau stellen. Die Verehrung der *Asche*, das heißt der sterblichen Reste des Toten, spielte eine große Rolle und läßt sich anhand der Nachrufe und Gedächtnisverse reichlich belegen, wenn von der *verehrungswürdigen* oder *hochverehrlichen Asche* des Verstorbenen die Rede ist, so im Falle Sanwalds: *Laß ... mich dankend Deine Asche verehren – Sie beweinen – Sie segnen!*[15]

Die Urne des Bonhoeffer-Epitaphs steht in engster Nachbarschaft zum Auge Gottes und seinen Strahlen. Es ist deshalb zwar nicht belegbar, aber denkbar, daß man mit dieser Position zugleich die Vorstellung verband, die sterblichen Reste würden dort, abgesondert vom weltlichen Teil und gleichsam in der Obhut Gottes, den Tag der Auferstehung erwarten. Auch die beiden dargestellten Apostel haben ja die Auferstehung bezeugt (Jo 5,28–29 bzw. 1 Kor 15,12–58 und 1 Thess 4,13–18).

Der Auszug des Epitaphs, über dem die Urne steht, hat die Gestalt einer – zweidimensional dargestellten – Pyramide. Die seit Raffaels Chigi-Grabmal in S. Maria del Popolo zu Rom in der Sepulkralkunst gebräuchliche und im Klassizismus immer beliebtere Pyramide symbolisiert hier Ewigkeit und Unsterblichkeit[16].

Der Bildhauer

Johann Michael Fischer (1717–1801) war geborener Mainfranke aus Veitshöchheim bei Würzburg[17]. Er ließ sich spätestens 1745 in Dillingen an der Donau (Hochstift Augsburg) nieder, arbeitete dort in der Werkstatt des – schon 1736 verstorbenen – Bildhauers Stephan Luidl bei dessen Witwe, erhielt am 7. Juli 1746 wegen seiner *trefflichen Professionserfahrenheit* das Dillinger Bürgerrecht, heiratete am 12. September 1746 die einzige Tochter Luidls und führte von nun an die Luidl-Werkstatt unter seinem eigenen Namen weiter[18]. Drei Söhne von ihm waren ebenfalls Bildhauer und arbeiteten mit ihm zusammen; zwei davon, Aloisius und Franz Xaver, lebten noch, als das

Haller Epitaph entstand. Johann Michael Fischer hat von Dillingen aus eine große Zahl spätbarocker Altäre für Klöster und Kirchen in weitem Umkreis geliefert. Sein bekanntestes und bedeutendstes Werk in unserer Gegend ist der Hochaltar der Schöntaler Klosterkirche.

Die Zuschreibung des Bonhoeffer-Epitaphs läßt sich anhand so vieler Merkmale belegen, daß sie kaum zu bezweifeln ist. Zum Beispiel anhand der Gewänder: Besonders charakteristisch ist der spitzwinklig zulaufende Mantelbausch des Johannes mit den flachen Querrippen am umgeschlagenen Teil. Diese Eigenheit Fischers begegnet an fast allen seinen Werken, vor allem an den stehenden Figuren. Typisch sind ferner die mehrfach zusammengeschobenen Querfalten an den Armen und, weniger voluminös, an den Schenkeln. Im Gegensatz zu diesen locker geschichteten Stoffmassen sind die Gewänder an anderen Stellen so fest an den Körper gepreßt, daß sich sogar der Bauchnabel durchdrückt (außer in Hall zum Beispiel bei der Spes an der Kanzel der Dillinger Studienkirche oder beim Ignatius des dortigen Choraltars[19]). Diese glatten, den Körper betonenden Gewandpartien sind jetzt, in der Zeit des Klassizismus, stärker ausgeprägt als an den früheren Werken. Ein Merkmal Fischers ist auch der an der offenen Brust umgeknickte oder umgeschlagene Kragen (oft einseitig wie beim Haller Paulus).

Den Gesichtsschnitt der Figuren kennzeichnen eine kräftige, ziemlich gerade, leicht kantige Nase mit strengem, v-förmigem Brauenansatz und ein meist leicht geöffneter Mund mit polsterartig gerundeter Unterlippe. Die Halswendemuskeln sind fast immer stark herausgearbeitet. Und häufig findet sich auch das gewellte, über dem Ohr gebauschte, in der Regel zurückgekämmte Haar wie beim Haller Johannes. Für die Heiligen- und Glorienscheine Fischers ist ein Wechsel zwischen längeren und kürzeren, meist dreistrahligen Büscheln charakteristisch. Und die langen Strahlenbündel, wie sie die Haller Taube aussendet, findet man an den Dillinger Werken Fischers in Mengen[20], außerdem an der Heilig-Geist-Taube des Schöntaler Hochaltars[21]. Ein weiteres Merkmal, allerdings nicht Fischers allein, sind die abgespreizten Arme und die gezierte Stellung der Finger (die gar nicht immer Attribute halten).

Die ungewöhnliche, fast adlerartige Gestalt der Taube des Hl. Geistes begegnet recht ähnlich am Schöntaler Hochaltar. Auch für den Putto – oder besser gesagt, die Putte, da sie ja weiblich ist – finden sich zahlreiche Vergleichsbeispiele. Die fast krankhaft dicken Gliedmaßen lassen zwar Gehilfenarbeit annehmen; aber Kopf und Frisur, die kurzen Füße, die tiefen Speckfalten zwischen Fuß und Schenkel und die Grübchen an Händen und Ellbogen sind Merkmale Fischers.

Die späte Entstehung in der Zeit des Klassizismus sieht man den Haller Skulpturen deutlich an. Gegenüber den früheren Werken Fischers aus der Hoch-Zeit des Rokoko sind die Körper kompakter geworden, hat das Eigenleben der Gewänder und Haare abgenommen. Es ist schwer zu sagen, welchen Anteil an diesem Wandel der alte Meister selbst noch hatte und welchen die jüngeren Mitarbeiter, besonders die Söhne. Vor allem die strenglinige, rein klassizistische Architektur des Denkmals möchte man einem Jüngeren zutrauen. Für sie könnte auch ein weiterer Sohn Fischers den Entwurf geliefert haben: Johann Nepomuk, der an der Dillinger Akademie *Zeichnungsmeister* war[22]. Wenn Fischer an dem Epitaph noch persönlich beteiligt war, dann an den Apostelfiguren und vor allem an der besonders qualitätvollen Taube.

Man fragt sich natürlich, weshalb ausgerechnet ein katholischer Bildhauer aus dem fernen Dillingen den Auftrag für das Haller Predigerepitaph erhalten hat. Das wird weniger erstaunlich, wenn man weiß, daß der größte Haller Schnitzaltar, der das Langhaus von St. Michael gegen den Chor abschloß, 1778 ebenfalls von Johann Michael Fischer geschaffen wurde[23]. Im übrigen war damals die Auswahl an qualifizierten Werkstätten beschränkt. In Hall gab es schon lange keinen geeigneten Bildhauer mehr. Auch der Künzelsauer Johann Andreas Sommer, den noch Stättmeister Sanwald für sein Epitaph zur Verfügung hatte (vgl. Nr. 45, S. 178ff.), war inzwischen gestorben (1776). Und die Stuttgarter Bildhauer Scheffauer und Dannecker, die 1780/81 das Denkmal des jüngeren Stättmeisters Johann Friedrich Bonhoeffer ausgeführt hatten, lebten seit 1783 in Paris. Was lag daher näher, als auf den Meister des kurz zuvor entstandenen Altars zurückzugreifen. Doch warum wurde für den Altar der Dillinger Bildhauer gewählt? Antwort: Da in der näheren Umgebung seit Sommers Tod qualifizierte Werkstätten fehlten, ist die Wahrscheinlichkeit groß, daß man sich nach dem Meister des – zweifellos auch in Hall bekannten – Schöntaler Hochaltars von 1773 erkundigt hat und so an Fischer verwiesen wurde (von dem übrigens im Jagsttal – im schöntalischen Bieringen – noch weitere Werke zu bewundern waren[24]).

Wer das Epitaph gefaßt hat, ob Fischer es in bereits gefaßtem Zustand angeliefert oder die Auftraggeberin eine andere Werkstatt dafür bestimmt hat, läßt sich kaum sagen. Immerhin, das Haller Retabel Fischers (siehe oben) wurde laut Schauffeles Chronik von dem Pfedelbacher Maler Johann Michael Probst gefaßt, und auch dieses Werk enthielt nach einer zeitgenössischen Aussage *goldene Pausbackenengel*, also möglicherweise restlos vergoldete Figuren. Das könnte ein Indiz dafür sein, daß nochmals derselbe Faßmaler bemüht wurde.

Der Bildnismaler
Franz Josef Degle (1724–1812) war ein Schüler des Augsburger Freskomalers Thomas Schäffler. Seine Studienzeit von 14 Jahren verbrachte er in Innsbruck, Ancona, Venedig und Rom, wo er sogar einen zweiten Preis der Accademia di S.Luca erhielt. Danach kehrte er nach Augsburg zurück und malte vor allem zahlreiche Porträts, außerdem Fassadenbilder, religiöse Fresken und Altargemälde, auch für auswärtige Besteller. Thieme-Becker nennt Beispiele – alle um die Jahrhundertmitte – in Mauerstetten, Unterostendorf, Sigmershausen, Ketterschwang bei Kaufbeuren, Schongau (Seitenaltar in der Spitalkirche) und München (zwei Seitenaltäre in der Peterskirche).

Nach A. Pfeffer (Thieme-Becker) lehnt sich Degle an die Art seines Lehrers Schäffler an, *ohne dessen Sicherheit der Komposition und Farbe zu erreichen, seine Farbengebung ist weich und stimmungsvoll, die Details sind gut durchgearbeitet, doch fehlt seinen Kompositionen Schwung und Größe.* Diese allgemeine Charakterisierung gilt im wesentlichen auch für das Bonhoeffer-Bildnis. Es zeichnet sich jedoch mehr durch zeichnerische als durch malerische Werte aus. Die Farben wirken hier besonders gedämpft, um nicht zu sagen trüb, was gleichermaßen an dem wenig brillanten Malgrund, am Erhaltungszustand und an der zurückhaltenden Farbwahl Degles liegen dürfte. Doch selbst die zeichnerische Form ist – bei aller Porträtkunst (siehe oben) – nicht ohne Schwächen, wie etwa an der krallenartigen Hand ersichtlich wird.

Man fragt sich, warum die Familie Bonhoeffer das Bildnis bei einem Augsburger Maler bestellt hat. Denn anders als im Falle des Bildhauers, hätte sie in der Umgebung Halls durchaus einen Maler finden können, der dieser Aufgabe gewachsen war. Zum Beispiel der Murrhardter Georg Adam Eger – der im Todesjahr Bonhoeffers für den Haller Rat tätig war (Ratsherrenbuch)[25] – hätte die Züge des Verstorbenen wohl ebenso gut charakterisiert, noch dazu in frischeren Farben. Man kann deshalb annehmen, daß der Dillinger Bildhauer des Epitaphs den Maler vermittelt hat. Zwischen Augsburg und der augsburgischen Residenz- und Universitätsstadt Dillingen bestanden enge wirtschaftliche und künstlerische Beziehungen. Vermutlich hat Johann Michael Fischer den Auftrag für das ganze Epitaph erhalten und das Bildnis an Degle weitergegeben, der es dann nach einer – vielleicht etwas älteren – Vorlage ausgeführt hat.

Nachtrag 2002: Unabhängig von meinen Ausführungen hat Benno Gantner das Bonhoeffer-Epitaph als Werk Fischers erkannt und – freilich ohne die Zuschreibung zu begründen – in seiner Monographie über den Bildhauer im Katalog aufgeführt (Benno C. *Gantner/ Friedrich Kaeß*, Johann Michael Fischer (1717–1801), ein Barockbildhauer in Schwaben, München/Berlin 2001, Kat. Nr. 54 mit Farbtafel 56). Gleichzeitig wurde das Epitaph in einer Ausstellung ausgewählter Werke Fischers in der Stadtgalerie zu Dillingen gezeigt.

Literatur

Gräter 1797/98, III., Nr.188; E.*Krüger* S.37 ff. (mit Ges.-Abb.); Gerd *Wunder*, Bonhoeffer-Gedenkstätten in Schwäbisch Hall, in: Der Haalquell, Jg.25, 1973, S.37-40, hier S.39 (mit Abb. des Mittelteils); *Wunder* 1987 Nr.81. – Zu Johann Michael Fischer: *Thieme-Becker*, Bd.12, 1916, S.29; Julius *Schöttl*, Franz Karl Schwertle und Johann Michael Fischer, zwei Dillinger Bildhauer des 18. Jahrhunderts, in: Jahrbuch des Historischen Vereins Dillingen a.d.D., Jg. 47/48, 1934/35, S.48-105 (über Fischer S.64 ff. mit Abb.8-21); Julius *Schöttl*, Zum Werk des Dillinger Bildhauers Johann Michael Fischer, in: Jahresberichte des Heimatdienstes Dillingen/Donau, 1941/42, S.32-35; Georg *Himmelheber*, Der Schöntaler Hochaltar und eine Gottvaterfigur im Museum für Kunst und Gewerbe Hamburg, in: Jahrbuch der Hamburger Kunstsammlungen 4, 1959, S.61-72 (mit 13 Abb.). Zu den Fischer-Werken in Bieringen und Schöntal: Georg *Himmelheber* in: Die Kunstdenkmäler des ehemaligen Oberamts Künzelsau, Frankfurt/Main 1982 (Nachdruck von 1962), S.98 (mit Abb.68) bzw. S.312 ff. (mit Abb.274, 299-301). – Weitere Abbildungen von Bildwerken Fischers in: Die Kunstdenkmäler von Bayern, Reg.Bez. Schwaben, I. (Bez.Amt Nördlingen 1938) Abb.131; III. (Landkr. Donauwörth 1951) Abb.167; V. (Neuburg a.d.D. 1958) Abb. 323-25, 330-31, 338; VI. (Stadt Dillingen 1964) Abb.55 f., 64, 121-123, 128, 130-132, 204, 295 f., 351, 360, 512, 602, 605; VII. (Landkreis Dillingen 1972) Abb.178 ff., 197, 379, 384, 390, 394 f., 405, 442, 461 ff., 518, 900, 989. – Zu Franz Josef Degle: *Thieme-Becker* Bd.8, 1913, S.548.

Anmerkungen

1. Abbildung bei *Deutsch*, Rieden 1990, S.214 (Matthäus).
2. Abgebildet in: Barock in Baden-Württemberg, Katalog Karlsruhe 1981, Bd.1, S.651.
3. Abgebildet ebd., S.272.
4. Wobei die darüber befindlichen Teile, damit der Platz reicht, etwas hinaufgerückt werden müssen.
5. Die Wülste in Form senkrecht gestellter, hohler Halbzylinder mit kugeligem Abschluß am oberen Ende sind heute zum Teil lose und sitzen schief.
6. Die obere Signatur hat Eduard Krüger schon gekannt und mitgeteilt (S.37), ohne zu verraten, wo sie angebracht ist.
7. Auf der Rückseite signiert: *J. W. Kleemann pinxit / 1772*.
8. Haller Beispiele sind die Epitaphe Nr.27 (Afra Lackorn), Nr.63 (J.M. Gräter), Wunder Nr.53 (J.F. Beyschlag) und die Betzoldt-Epitaphe in der Urbanskirche und in Steinbach (siehe *Deutsch* 1990, Abb. 17, 25f.).
9. Beispiele sind die Illustrationen des Vaterunsers von Hans Holbein d.J. (1519/23), Daniel Hopfer (1522/23), Lukas Cranach d.Ä. (1529); vgl. *Schiller* Bd. 4,1, Abb. 364, 370, 373.
10. Marti[n] *Luther*, *Der kleyn Catechismus für die gemeyne Pfarrherren vnnd Predigern*, Nürnberg (Christoff Gutknecht) 1547 (unpaginiert).
11. Zitiert aus: Die Reformation in Augenzeugenberichten (Hg. Helmar *Junghans*), München 21980, S.38.
12. Am Epitaph von Bonhoeffers Urgroßvater Georg Philipp (S. 72ff.), wo der Apostel einem Bild Christi gegenübersteht und demgemäß auf der heraldisch linken Seite angebracht ist, wird sein Rang durch die Inschrift *Paulus Ap(os)to(lo)rum Maxim(us)* – Paulus, der Größte der Apostel – hervorgehoben.
13. Vgl. dazu *Deutsch* 1988 (wie Nr.39), S.242.
14. Der Chronist Johannes Sattler schreibt kurz nach 1511 über das Grabmal des Zähringer-Herzogs Berthold V. im Freiburger Münster: *... do hat man sein gebein und esch [= Asche], wie dann er verweset was und vom luft darnach zerfallen, wider in ein Bau gelegt und do in dem gewelb ligen lassen*. Zitiert nach Heinfried *Wischermann*, Grabmal, Grabdenkmal und Memoria im Mittelalter, Freiburg 1980, S.21. – Am Epitaph des Johannes Adelgais (gest. 1584) im Augsburger Domkreuzgang steht am Architrav der Spruch: *SISTE VIATOR: FVNDE PRECES / SVM QVOD ERIS: MODICVM CINERIS* (... ich bin, was du sein wirst: ein wenig Asche). Vgl. Karl *Kosel*, Der Augsburger Domkreuzgang und seine Denkmäler, Sigmaringen 1991, S.250ff. mit Abb.86.
15. Vgl. *Deutsch*, wie Anm.13.
16. Vgl. LCI Bd.3, Sp.483. Der Aspekt des *Fürstenruhms* (vgl. Nr.39, S.149) kann hier, am Grabmal eines Predigers, außer Betracht bleiben.
17. Eintrag im Dillinger Kirchenbuch anläßlich seiner Heirat am 12.9.1746 : *Juven[is] Michael Fischer de Veitshöchheim prope Herbipol[im] et Virgo M[aria] Theresia Luidlin"* (= Junggeselle M. F. aus Veitshöchheim bei Würzburg und Jungfrau M. T. Luidl); siehe *Schöttl* 1934/35, S.64 Anm.1.
18. Vgl. *Schöttl* 1934/35, S.64f.
19. Kunstdenkmäler Stadt Dillingen, Abb.131 bzw. 122.
20. Ebd. Abb.124, 132, 121.
21. Kunstdenkmäler Oberamt Künzelsau, Abb.300.
22. *Schöttl* 1934/35, S.66.
23. Er war eine testamentarische Stiftung des älteren Stättmeisters Johann Friedrich Bonhoeffer (†1770). Vgl. S. 367ff. (Altarstiftung Bonhoeffer); zu Fischer S. 375f.
24. Vgl. Kunstdenkmäler Oberamt Künzelsau, S.98f. mit Abb.68, und Himmelheber 1959, S.71f. mit Abb.8 und 9.
25. Vgl. das Bildnis des Friedrich Christoph Dötschmann, bezahlt 1783, im HFM.

WOLFGANGO JACOBO
SEIFERHELDIO
CONSULI CONSISTORIALI ET SCHOLARCHÆ
PARENTI SUO ET AVO DESIDERATISSIMO
NAT A C 1719 D 10 SEPT DENAT 1798 D 22 AUG
MONUMENTUM HOC POSUERE
FILIA ET NEPTIS.

Wolfgang Jakob Seiferheld (1719 – 1798)
Stättmeister

Holzepitaph mit gemaltem Bildnis (Öl auf Leinwand), ca. 200/100 cm (das Bildnis 86,5/73 cm, mit Rahmen 100,5/87 cm). – Restauriert 1912 von Gottfried Schmidt (für 10 Mark) und 2000 von Hermann Rudolf Petersohn, Göppingen.

Das Bildnis von **Georg Adam Eger**, Murrhardt (signiert). – Das Denkmal entstanden 1798/1800 (nach Gräter *im Spätjahr* 1800 *gesezt*); laut Inschrift von der Tochter und der Enkelin Seiferhelds gestiftet.

[82]

Das Epitaph ist das letzte der vorhandenen reichsstädtischen Totendenkmale und wohl das letzte überhaupt. Johann Leonhard Gräter führt es in seinem Jahr-Register für das Kirchenjahr 1799/1800 (Advent bis Advent) als 240. Epitaph in einem Nachtrag auf: *Noch ist hier ein Epitaphium nachzuholen, das erst heuer im Spätjahr bey der obern Thür in der Nähe des Chors gesezt worden ist.* Es wurde demnach trotz seiner geringen Ausmaße erst zwei Jahre nach dem Tod des Stättmeisters vollendet, als die eine der Stifterinnen, die Enkelin Marie Susanne Glock (1774–1799), schon gestorben war[1].

Das Denkmal besteht aus einem hochovalen Bildnis, eingefaßt von vergoldeten Bändern und Blütenranken, und – darunter – einer vorhangartigen Inschrifttafel. Zwischen beiden Teilen sitzt ein schwarzes, profiliertes Gesims mit einem Fries goldener Zungen an seiner Unterseite; und in der Mitte, alle drei Teile verbindend, ist das Wappen des Verstorbenen angebracht.

Das Bildnis zeigt den Stättmeister als Halbfigur, leicht nach links gewendet, doch den Blick auf den Beschauer gerichtet. Er trägt eine kurze weiße Perücke, einen dunklen Rock über einer weißlich opalisierenden, goldbestickten Seidenweste und ein spitzenbesetztes Halstuch. Die rechte Hand, mit einer Spitzenmanschette am Gelenk, hat er in Napoleonsmanier vor den Leib gelegt, den Daumen hinter dem Westensaum. Der linke Arm bleibt im Dunkel des Rocks verborgen. Hinter der Figur ist auf der rechten bis oberen Seite ein Vorhang drapiert, dunkeltürkis mit bronzefarbener Quaste und Fransenbordüre. Links im Hintergrund gibt ein antikischer Portikus mit einem Girlandenfries am Gebälk den Durchblick auf zwei Bäume und einen hellblauen Wolkenhimmel frei.

Auf der Rückseite der Leinwand, rechts unten, hat Restaurator Petersohn eine Signatur des Malers entdeckt: *G. A. Eger pinx.* (= pinxit, das heißt: gemalt von G[eorg] A[dam] Eger).

Die hölzerne Inschrifttafel hat die Form eines Vorhangs mit goldenen Fransen und zwei Quasten an der kleeblattbogigen Unterseite. Die Gedenkschrift, golden auf schwarzem Grund, lautet (der Name durch größeren Maßstab hervorgehoben):

WOLFGANGO JACOBO
SEIFERHELDIO
CONSULI CONSISTORIALI ET SCHOLARCHÆ
PARENTI SUO ET AVO DESIDERATISSIMO
NAT: A: C: 1719. D. 10. SEPT: DENAT. 1798: D. 22. AUG:
MONUMENTUM HOC POSUERE
FILIA ET NEPTIS.

(A: C: = *anno Christi*; D: = *die*, am Tag)

Zu deutsch: Ihrem teuersten Vater und Großvater, Wolfgang Jakob Seiferheld, Stättmeister, Konsistorial- und Schulrat, geboren am 10. September 1719, gestorben am 22. August 1798, haben die Tochter und die Enkelin dieses Denkmal errichtet.

Die geringen Ausmaße, das bescheidene Bildprogramm und die schlichte Gedenkschrift sind für ein Stättmeisterepitaph ganz ungewöhnlich. Weder der ewige Ruhm noch die ewige Seligkeit noch die zeitlichen Verdienste des Verstorbenen werden hier angesprochen. Dessen wird man staunend gewahr, wenn man das Werk mit den aufwendigen Stättmeistermonumenten der vergangenen drei Jahrzehnte vergleicht (Bonhoeffer d. Ä., Sanwald, Bonhoeffer d. J., Haspel). Der Hauptgrund ist wohl, daß die Nachkommen, die Tochter und die Enkelin, nicht die Mittel besaßen wie die Familien der anderen genannten Persönlichkeiten. Wahrscheinlich lag es aber auch daran, daß die Entfaltung von Grabmalsprunk nicht mehr in die Endzeit der Reichsstadtherrlichkeit paßte. Dieser Entwicklung hat sich ja auch die Tracht des Stättmeisters angepaßt: Der anspruchsvolle Purpurmantel ist einem schlichten dunkeln Rock gewichen. Das Werk ist tatsächlich, wie die Inschrift sagt, nur ein Gedächtnismal, das die Nachkommen zur Erinnerung an den teuersten oder - anders übersetzt - den schmerzlich vermißten Vater errichtet haben, um seine irdische Erscheinung für sich und die Mitwelt festzuhalten.

Der Maler
Georg Adam Eger, getauft am 6. Februar 1727 in Murrhardt und gestorben am 13. April 1808 ebendort, war Hofmaler des Landgrafen Ludwig VIII. von Hessen-Darmstadt[2].

Egers Werke im Darmstädter Bereich erforscht zur Zeit Gerhard Kölsch, Mainz, der für 2010 eine Arbeit über den Maler samt Katalog der Gemälde im Jagdschloss Kranichstein vorbereitet und bereits über hundert Eger-Werke verzeichnet hat, vor allem im Bereich Hessen-Darmstadt[3].

Im Bereich von Schwäbisch Hall und Hohenlohe malte Eger:
- nach 1768: Bildnis des Fürsten Friedrich Ludwig von Hohenlohe-Ingelfingen, signiert *G. A. Eger pinxit* (Privatbesitz)[4].
- nach 1768: Bildnis der Fürstin Marianne von Hohenlohe-Ingelfingen (Privatbesitz)[5].
- nach 1768: Bildnis des Herzogs Carl Eugen von Württemberg (städtische Kunstsammlungen Murrhardt)[6].
- 1768/69: Bildnis des Fürsten Ludwig Friedrich Carl zu Hohenlohe-Neuenstein-Öhringen, signiert *G. A. Eger pinxit* (Privatbesitz)[7].
- 1772: Bildnis der Fürstin Sophia Amalia Carolina von Hohenlohe-Neuenstein-Öhringen, geb. von Sachsen-Hildburghausen, beim Sticken, im Hintergrund der Öhringer Schloßgarten mit Theater, signiert *G. A. Eger pinxit* (Privatbesitz)[8].
- 1773: Bildnis des Fürsten Ludwig Friedrich Carl von Hohenlohe-Neuenstein-Öhringen mit seiner Familie vor dem Weikersheimer Schloßgarten, signiert *G. A. Eger pinxit 1773* (Privatbesitz)[9].
- 1775: Bildnis des Murrhardter Abts, Prälaten und Theosophen Friedrich Christoph Oetinger (in der Murrhardter Stadtkirche)[10].
- 1778: zeichnete Eger das Sanwald-Epitaph in St. Michael als Vorlage für den Kupferstich Johann Gottfried Saiters, der als Titelblatt in Sanwalds Leichenpredigt eingebunden wurde, signiert *G. A. Eger delin*[eavit][11].
- 1793: Bildnis des Vellberger Amtsvogts Bernhard Gottfried Hezel (Besitz der Stadt Vellberg)[12].
- 1793: Bildnis seiner Gattin Katharina Magdalena geb. Seiferheld (1749–1826), Tochter des Stättmeisters Wolfgang Jakob Seiferheld – es ist die in der Inschrift des Seiferheld Epitaphs als Stifterin genannte „filia" (Besitz der Stadt Vellberg)[13].
- undatiert: ein Bildnis des Kupferzeller Pfarrers Johann Friedrich Mayer, des sogenannten „Gipsapostels" (in Privatbesitz der Familie in Edenkoben)[14].
- um 1798: Bildnis der Louise Charlotte Bonhoeffer (1795–1798), also ein Kinderporträt, vermutlich anläßlich des Todes oder kurz vorher (?) gemalt (1913 im Besitz von Werkmeister Holch)[15].
- 1798/1800: Bildnis am Epitaph des Stättmeisters Wolfgang Jakob Seiferheld (siehe Nr. 82, S. 314ff.)
- 1799: Bildnis des Haller Arztes Georg Ludwig Gräter, rückseitig datiert *1799* (im HFM)[16], Zuschreibung durch Vergleiche u.a. mit dem Seiferheld-Bildnis in St. Michael.
- 1800: Ein Gruppenbildnis in Öl dreier Kinder der Familie Bonhoeffer (darunter zwei schon verstorbene): Maria Magdalena (5. April 1791 – 8. Februar 1798), Louise Charlotte (24. Juni 1795 – 9. Oktober 1798, siehe oben), Ludwig David Friedrich (geb. 25. Juni 1796); 1901 im Besitz von *Fräulein Bonhöfer*[17].
- 1800: Ölbildnis eines 13-jährigen Mädchens, *A. M. J. Riederin*, Ulm (Bildfeld 37/29 cm), im Hällisch-Fränkischen Museum (Inventar-Nr. 729)[18].
- undatiert: Zwei Ölbildnisse ungenannter Personen (1905 im Besitz von Amtmann Baur, Ludwigsburg)[19].

- Zwischen 1780 und 1799 malte er, im Wechsel mit dem hier *sich aufhaltenden Portrait Mahler Herrn Heinsius* (oder Heincius), die anfallenden Kleinbildnisse für das Ratsherrenbuch (*Raths-Portrait-Buch*)[20], zunächst für 6 Gulden, ab 1788 für 7 Gulden 6 Schilling:
- 1780: *Herrn Senatoris Feyerabends Portrait*[21].
- 1783: *Herrn Senatoris Dötschmanns Portrait*[22] (Friedrich Christoph Dötschmann, in den Rat gewählt 1779). Das Bildnis heute im Hällisch-Fränkischen Museum, signiert *G A Eger. P / Hofmaler / Murrhart*.
- 1791: *Senator Hofrat Haspel*[23] (wohl Friedrich Lorenz Haspel, in den Rat gewählt 1791, Hohenlohischer Hofrat [vgl. Nr. 77, S. 298]).
- 1792: *Stättmeister Seiferheld*[24] (Wolfgang Jakob Seiferheld; er wurde von Eger also schon sechs Jahre vor seinem Tod im Kleinformat porträtiert).
- 1793: *Senator Bonhöffer*[25] (Friedrich Heinrich Bonhoeffer, in den Rat gewählt 1792).
- 1793: *Amtsvogt Hezel*[26] (Johann Friedrich Hezel, in den Rat gewählt 1792).
- 1796: *Senator Doetschmann*[27] (Jakob Friedrich Franz Dötschmann, in den Rat gewählt 1795). Das Bildnis heute im Hällisch-Fränkischen Museum, signiert unter dem Wappen: *G.A. Eger pinx*.
- 1797: *Stättmeister Gottl. v. Jemg. Kloster*[28] (Friedrich Gottlob vom Jemgumer Closter, in den Rat gewählt 1771, Stättmeister 1797, also anläßlich der Ernennung zum Stättmeister gemalt).
- 1799: *Senator Bonhoeffer*[29] (Johann Friedrich Bonhoeffer, Renovator, in den Rat gewählt 1796).
- 1799: *Senator Seiferheld*[30] (Dr. med. Johann Friedrich Seiferheld, in den Rat gewählt 1798, Öhringer Hofrat.
- 1799: *Senator Graeter*[31] (Ludwig Peter Gräter, in den Rat gewählt 1798).
- Es ist möglich, daß sich unter zehn kleinen Ölgemälden von Glocker, Eger und Heinsius, die Gottfried Schmidt 1907 für Kaufmann Hezel restauriert hat, noch weitere, in der obigen Liste nicht enthaltene Bildnisse Egers befinden[32].
- Unter den fürs Haalamt gemalten kleinen Ölbildnissen der Haalbeamten (sie haben – in Anlehnung an das Ratsherrenbuch – ein hochovales Bildfeld mit Wappen und Inschrift darunter) stammen von Eger:
- 1781: Bildnis des Haalpflegers Johann Philipp Kienlin (hängt im Haalamt)[33].
- undatiert: Bidnis des Oberhaalschreibers Johann Andreas Kaufmann (1900 im Besitz von Konditor Conrad Schauffele)[34].
- Außerdem betätigte sich Eger auch als Restaurator: In Murrhardt hat er das heute in der Stadtkirche befindliche Altarretabel mit seinen *gemalten und vergoldeten Figuren aufgefrischt*[35]; in Hall hat er 1802 Gemälde in der Ratsstube gereinigt[36].

Georg Adam Eger war ein routinierter und offensichtlich begehrter Bildnismaler. Er verstand es, die Erscheinung der Porträtierten, besonders ihre Physiognomie, treffsicher zu charakterisieren, mit oft großzügigem, fast impressionistischem Pinselstrich (Bildnis der Katharina Magdalena Hezel!), dabei mit viel Sinn für die Farbwerte. Obwohl die Herrenmode am Ende des 18. Jahrhunderts wenig farbenfroh war, fand er doch Wege, sich farblich zu artikulieren: im frischen Inkarnat der Gesichter, im Kolorit der Stoffe, etwa bei den Frauenkleidern oder – wie am Seiferheld-Epitaph – im changierenden Weiß einer Seidenweste (siehe oben), und in den Draperien und Staffagen des Hintergrunds. So ist auch das Denkmal des Wolfgang Jakob Seiferheld trotz seiner Bescheidenheit ein beachtliches Werk.

Literatur
Gräter 1799/1800 Nr.240; *Wunder* 1987 Nr.82.

Anmerkungen
1 Vgl. *Wunder* 1987, S.43. Dort Druckfehler: das Geburtsjahr der Enkelin war 1774, nicht 1744; sie starb am 11. März 1799 mit 25 Jahren.
2 *Thieme/Becker* Bd.10 (1914), S.369; Adolf *Schahl*, Die Kunstdenkmäler des Rems-Murr-Kreises, München/Berlin 1983, Bd.1, S.55.
3 Laut telefonischer Mitteilung von Dr. Gerhard Kölsch. – einige der hessischen Werke Egers verzeichnet auch *Thieme/Becker*, ebd.
4 Freundliche Mitteilung von Dr. Gerhard Kölsch, Mainz.
5 Wie Anmerkung 4.
6 Wie Anmerkung 4.
7 Wie Anmerkung 4.
8 Wie Anmerkung 4.
9 Wie Anmerkung 4.
10 Rückseitig signiert, vgl. *Schahl* (wie Anm.2), S.588; Abb. S.589.
11 Abgebildet bei *Deutsch* 1988 (Johann Andreas Sommer), S.238.
12 Quelle mit Abb.: Vellberg in Geschichte und Gegenwart, Bd.1, Sigmaringen 1984, S.311.

13 Quelle mit Abb. ebd.
14 Abb. in WFr 1955, S.139.
15 Rechnungsbuch Gottfried Schmidt: *gemalt von G. A. Eger*, 1913 restauriert für 40 Mark, also ein größeres Bildnis.
16 Abb. im Katalog „Hall in der Napoleonzeit", Sigmaringen 1987. S. 84f., Kat.20
17 Rechnungsbuch Gottfried Schmidt: *1 ölgemälde restaurirt (gemalt 1800)* (folgen die Namen). Gruppenbild von G. A. Eger; Bezahlung durch *1 altes Gemälde u. 5 M.*
18 Ebd.: *1 Ölgemälde (Riederin) Ulm (gemalt von G. A. Eger 1800)*, restauriert 1916 für 6 Mark.
19 Ebd.: *2 Ölgemälde restaurirt (Bildnisse, gemalt v. Eger)* für 40 Mark + 4 Mark für Keilrahmen.
20 Über das Rats- oder Ratsherrenbuch mit seinen ca. 15 cm hohen Ovalbildnissen vgl. vor allem Nr.49 (Drechsler-Epitaph), S. 201f.
21 Steuerrechnung (StR) 4a/242, Bl.137r, Zahlung vom 13.10.1780.
22 StR 4a/245, Bl.145r, vom 22.8.1783.
23 StR 4a/253, Bl.138r, vom 30.12.1791.
24 StR 4a/254, Bl.194v, vom 23.11.1792.
25 StR 4a/254, Bl.196r, vom 29.3.1793.
26 StR 4a/255, Bl.198r, vom 13.12.1793: *Portrait Amtsvogt Hezels als gewesenen RathsConsulenten in das Rathsbuch.*
27 StR 4a/257, Bl.177a, vom 22.1.1796.
28 Rechnungsbuch Gottfried Schmidt: *1909, Kaufmann Hezel, 1 kl. Ölgemälde restauriert, Mark 3, 1797, Eger gemalt.* Es war demnach signiert.
29 StR 4a/261, Bl.206r, vom 25.10.1799.
30 Ebd.
31 Ebd.
32 Ebd., zum 27.5.1907: *Hezel (Kaufm.) 10 kl. Ölgemälde restaurirt (gemalt von Joh. Glocker, G. A. Eger u. Heinsius u.s.w.) M. 30* (also je 3 Mark wie für Ratsbuch-Bildnisse). Nach Auskunft von Oskar Hezel später im Besitz von E. und A. Schumm, Adelheidweg 42, Schwäbisch Hall.
33 Eigene Zuschreibung.
34 Rechnungsbuch Schmidt: *Ölgemälde restaurirt (Joh. Andr. Kaufmann, Ober-Haalschreiber nat. d. 16.5.1735) gemalt v. Eger* (ohne Betrag).
35 Schahl (wie Anm.2), S.580.
36 StR 4a/264, Bl.199r, zum 2.7.1802: *Dem Maler Eger vor Säuberung der Gemählde in der RathsStube 18 f.*

Heiliges Grab (1456/1702)

Andachtsgruppe mit farbig gefaßten Holzfiguren, hölzernen Drehflügeln mit bemalten Reliefs auf den Innenseiten und Ölgemälden auf den Außenseiten, sowie einem Sandsteinrelief; 345/575 cm (geöffnet)[1]. – Restauriert 1702 (durch Bildhauer Friedrich Jakob Freißinger und die Maler Georg David Zweiffel und Johann Lorenz Schreyer), 1866 (Maler Weisschedel und Schreiner Leonhard), 1901/02 (Firma Haffner & Sohn: "ganz mattlackiert"), 1926 (Kunstmaler Gottfried Schmidt) und 1999/2000 (Restaurator Hermann Petersohn: Holzskulpturen und Gemälde; Fabian Schorer und Andreas Brückner: Steinarbeiten).

Die Bildhauer unbekannt, die Maler der Flügelbilder (archivalisch belegt): **Johann Lorenz Schreyer** (linker Flügel) und **Georg David Zweiffel** (rechter Flügel). Grablegungsgruppe 1456 urkundlich erwähnt, Flügelreliefs um 1510, Steinrelief um 1520, Gemälde 1702 (Datum archivalisch und inschriftlich gesichert).

[85]

Bei dem Werk handelt es sich im strengen Sinn christlicher Ikonografie um kein *Heiliges Grab*, sondern um eine *Grablegung*. Der Unterschied ist folgender: Beim Hl. Grab – dem entwicklungsgeschichtlich älteren Denkmalstyp – sind außer dem Leichnam Jesu die drei Marien dargestellt, die nach den Evangelien am Ostermorgen das Grab besucht haben, um den Leichnam zu salben, daneben zwei Engel (gemäß Johannes 20,12[2]) und meist auch „schlafende" oder erschrockene Grabwächter (nach Matthäus 28,4 waren sie durch das Erscheinen des Engels vor Furcht wie tot, ebenso laut der damals maßgeblichen Vulgata: *prae timore exterriti et facti sunt velut mortui* – sie waren vor Furcht und Entsetzen wie tot). – Die Grablegung zeigt dagegen den Vorgang, wie Josef von Arimathia und Nikodemus den Leichnam Jesu in das Grab betten, und daneben, räumlich meist dahinter, die Mutter Jesu mit dem Jünger Johannes, Maria Magdalena und in der Regel zwei weiteren Marien: Maria Salome und Maria Kleophas, die Halbschwestern der Muttergottes (die beide – als Mutter Jakobus des Älteren bzw. Jakobus des Jüngeren – auch Maria Jakobi genannt werden konnten). Manchmal, wie in Hall, hat man auf eine der letztgenannten Marien verzichtet.

Trotz des unterschiedlichen Themas wurden in Quellen und Literatur schon seit dem Mittelalter beide Bildgattungen gleich bezeichnet: als *Heiliges Grab*. Ich passe mich dem an und werde deshalb die geläufigen Bezeichnungen Heiliges Grab, Heiliggrab zumindest in der Überschrift und wo es auf den Unterschied nicht ankommt, beibehalten.

Der Bestand

Die Grablegungsgruppe befindet sich in einer kapellenartigen Nische im südlichen Seitenschiff der Kirche zwischen den Strebepfeilern des vierten Jochs von Westen. Die Nische wird von einem rechteckigen, zinnenbekrönten Rahmen eingefaßt, der leicht ins Kircheninnere vorspringt. Die Öffnung reicht fast bis zum Kirchenboden, sie schließt oben in einem flachen Korbbogen. In den Zwickeln des Nischenrahmens, beiderseits des Korbbogens sind barocke Wappenschilde aufgemalt, ihre Bilder jetzt erloschen. Auf dem linken steht heute die Inschrift: *Renoviert / an(n)o 1866*. Der Hintergrund der Nische war früher mit Malereien versehen, die aber schon 1829 *meist verblichen* waren[3]. Das Innere der Nische ist mit Kreuzrippen eingewölbt und öffnet sich zum Kirchhof hin mit einem zweibahnigen Spitzbogenfenster mit Dreischneuß (einem Paß mit drei Fischblasen). Die Außenseite des Fensters wird heute durch Holzläden verschlossen. Die Außenwand der Anlage ist gegenüber der Kirchenmauer ein Stück vorgesetzt, was wegen der flankierenden Strebepfeiler wenig auffällt.

Die Grablegungsgruppe

Die Gruppe in der Nische stellt dar, wie Josef von Arimathia und Nikodemus, beide Vollfiguren, den Leib Jesu in einen Sarkophag legen. Der Deckel des Sarkophags ist original, die Vorderwand aus dem 19. Jahrhundert. Josef von Arimathia, erkennbar als der Ältere an seinem weißen Bart, steht am Kopfende Jesu; er trägt eine hochgewölbte Mütze. Nikodemus, am Fußende des Leichnams, ist bartlos und durch sein dunkles Haar als der Jüngere gekennzeichnet[4]. An beiden Figuren ist der Unterkörper – unterhalb des Sargdeckels – auffallend derb und summarisch geschnitzt. Jesus, nackt mit blutender Seitenwunde und gebrochenen Augen, ist auf ein Leichentuch gebettet, unter dem die beiden Männer den Körper behutsam anfassen, um ihn in das Grab zu legen.

Hinter dem Leichnam stehen die den Tod Jesu Betrauernden als Dreiviertelfiguren: der Jünger Johannes, mit einem Buchbeutel am Gürtel, hat die Hände schmerzlich erhoben; Maria, die Mutter Jesu, trauert mit gefalteten Händen; Maria Jakobi, mit einem Salbgefäß in der Linken, wischt sich mit dem Schleier die Tränen; Maria Magdalena hält ebenfalls ein Salbgefäß in der linken Hand. Kenntlich sind die Figuren durch tellerartige Nimben mit Namensinschriften am vergoldeten *Tellerrand*[5]: SANCTVS+ IOHANNES. / SANCTA+MARIA. / SANCTA MARIA IACOBI. / SANCTA MARIA MAGDALENA. Alle vier Figuren haben über einem gegürteten Gewand ein weißes Manteltuch mit farbig gefütterter Innenseite (bei Johannes sieht man fast nur das blaue Futter). Die beiden verheirateten Marien tragen außerdem Kopftuch bzw. Schleier und *Gebende* (eine Kopf, Hals und Kinn umhüllende Binde). Magdalena als Jungfrau trägt das Haar unter dem Schleier offen.

Früher waren Maria Magdalena und Maria Jakobi[6], wie alte Abbildungen und Beschreibungen zeigen, in umgekehrter Reihenfolge aufgestellt[7]. Das entspricht auch ihrer Höhe; die Umrißlinie der Gruppe bildet dann einen flachen Bogen.

Nach dem Befund Restaurator Petersohns sind die Dreiviertelfiguren aus einem Block, vermutlich Lindenholz, geschnitzt, die drei Ganzfiguren aus mehreren zusammengeleimten und verdübelten Lindenholzstücken. Alle Figuren sind rückseitig gehöhlt; bei Josef und Nikodemus wurde die Höhlung mit einem Brett verschlossen.

Die farbige Fassung der Figuren wurde bei den Restaurierungen von 1702 und 1866 übermalt. Gottfried Schmidt hat an den Dreiviertelfiguren die Originalfassung, so gut er konnte, freigelegt[8]. Das Ergebnis war nach Petersohns Befund *ein Konglomerat aus Originalfassung ... und Überfassung von 1866*. Im wesentlichen noch original sind die Gesichter, die Nimben (außer bei Maria Jakobi), alle weißen Gewandteile und die Goldborten der Mäntel. Bei Jesus, Josef und Nikodemus verblieb die Übermalung von 1866[9].

Die Flügelreliefs

Die Nische ist durch zwei ungleich breite Drehflügel verschlossen, die aber nur die oberen zwei Drittel, bis unter die Grabplatte, bedecken, so daß in geschlossenem Zustand das Wächterrelief (siehe unten) und die derb geschnitzten Unterkörper von Josef und Nikodemus sichtbar bleiben. Die Flügelreliefs sitzen in einem Hohlkehlrahmen mit vergoldetem Rundstab und einem Kaffgesims („Wasserschlag") an der Unterseite.

Das **linke Flügelrelief** wurde laut Befund des Restaurators aus sechs verleimten Blöcken, vermutlich Lindenholz, gefertigt. Es zeigt die Kreuzigung Christi und der beiden Schächer in einer figurenreichen Szene: Am mittleren Kreuz Jesus, in gestreckter Haltung, das Haupt leicht zur Seite geneigt. Zu seinen Füßen umfaßt Maria Magdalena kniend, in modischer Kleidung, den Kreuzstamm. Links davon steht der Jünger Johannes und blickt betend zum Kreuz empor. Hinter ihm kniet Maria, die Mutter Jesu, mit gefalteten Händen, assistiert von zwei trauernden Frauen (gemeint sind üblicherweise die Halbschwestern Marias, Maria Salome und Maria Kleophas). Vorne rechts eine Gruppe von drei Kriegsknechten, die sich in eindrucksvoller Drastik um das Gewand Jesu streiten; einer von ihnen würfelt, die anderen prügeln sich. Die Schächer neben Jesus, mit knappem Scham- bzw. Lendenschurz, sind an ihrem Kreuz ausgespannt, die Füße festgenagelt, die Arme um den Querbalken gekrümmt, mit blutigen Schnittwunden an Armen und Schenkel. Zwei Schergen sind im Begriff, ihnen die Knochen zu brechen. Der eine, beim bußfertigen Schächer, steigt mit einer Keule bewaffnet eine Leiter hinauf; der andere, am rechten Bildrand, schlägt seine Keule von unten her gegen die Knie des Opfers.

Der hinter den Figuren kulissenartig hochgezogene Boden besteht links aus Felsen, unter dem Kreuz Jesu und rechts davon aus Rasen, der im unteren Teil durch „tremolierende" (zickzackförmige), im oberen Teil durch parallele Kerben charakterisiert wird. Der linke obere Teil des Reliefs mit dem Schergen auf der Leiter und dem bußfertigen Schächer wurde in relativ früher Zeit ergänzt (dazu unten, S. 332). Vermutlich hat der Schächer ursprünglich ähnlich ausgesehen wie am rechten Flügel, denn dort gleicht auch der böse Schächer nahezu völlig dem bösen Schächer des Kreuzigungsreliefs.

Im Hintergrund erhebt sich zwischen den Kreuzen die Stadt Jerusalem, mit nordischen Giebel- und Walmdachhäusern, einer doppeltürmigen gotischen Kirche und zinnengekrönten Türmen. Dahinter breitet sich ein See mit zwei Booten und als Abschluß am Horizont eine felsige Berglandschaft mit Häusern, Burgen und einem Städtchen am Rande einer Bucht. Der wolkenreiche Himmel darüber ist gemalt.

Im Hintergrund rechts, von Stadt und Landschaft durch den Kreuzstamm des bösen Schächers getrennt, erblickt man eine *Noli me tangere*-Szene in kleinem Maßstab: Auf einem eingezäunten Wiesengrund erscheint der Auferstandene der Maria Magdalena als Gärtner (nach Jo 20,14–18), in seiner Rechten hält er einen (abgebrochenen) Spaten, den linken (ergänzten) Arm hat er abwehrend ausgestreckt. Magdalena kniet vor ihm, das Salbgefäß am Boden. Der Kopf Jesu ist in Pappmaché ergänzt (Befund Hermann Petersohns[10]).

Die Bemalung des Reliefs, in alter Zeit noch farbenfreudiger als heute, wurde laut Restauratorenbefund wahrscheinlich 1702 überfaßt und seitdem mehrfach überstrichen und wieder gereinigt. Hermann Petersohn vermutet, das Schnitzwerk sei ursprünglich *ungefasst* gewesen, *denn am Kreuzbalken konnten an Grundier- und Malschichtausbrüchen ungefasste, nur mit Blutspuren versehene Partien beobachtet werden*[11].

Das rechte Flügelrelief besteht ebenfalls aus mehreren verleimten Blöcken. Es zeigt die Kreuzabnahme. Wieder sind die drei Kreuze dargestellt. Der rechte Schächer, der böse, ist gegenüber dem linken Relief im wesentlichen unverändert; der linke, bärtige mit angewinkelten Beinen, entspricht wahrscheinlich der Originalfigur der im Kreuzigungsrelief veränderten ergänzten Partie. Auf der rechten Seite des Kreuzes Jesu hat Josef von Arimathia eine Leiter angelegt und läßt den Leichnam mit einem langen, über den Querbalken gelegten Tuch nach links hinabgleiten, wo ihn Nikodemus mit einem ausgespannten Laken empfängt. Zwischen Kreuzfuß und Leiter, unterhalb der Figur Josefs, hält Johannes die ohnmächtig zusammengesunkene Mutter Jesu. Die Begleiterinnen Marias stehen dicht am linken und rechten Bildrand mit betend erhobenen Händen.

Links vom Kreuzfuß liegt ein Totenkopf, weiter unten ein Kiefer- und ein Schenkelknochen, Zeichen der Schädelstätte Golgatha; der Kopf wird traditionell als Schädel Adams gedeutet. Unter Nikodemus sitzt ein Hund am Boden und scheint an dem Totengebein zu schnuppern. Der Grund unter den Kreuzen ist, anders als im linken Relief, als reine Felsformation gestaltet und wie dort kulissenartig in die Höhe gezogen. Die Stadt im Hintergrund ist diesmal nicht geschnitzt, sondern gemalt (auf überschnitztem Grund) und hat einen südländischen Charakter mit überwiegend kubischen Häusern. Zwischen den Wolken am Himmel erscheint die verfinsterte Sonne[12].

Für die Fassung des Reliefs gilt das gleiche wie für den linken Flügel, nur gibt es diesmal keine Anzeichen für eine frühere „Holzsichtigkeit"[13]. Bei dem Stadtgemälde im Hintergrund entsprechen – laut Petersohn – *Malweise und Farbe* der Malerei der Fügelaußenseiten von 1702 (siehe unten).

Was an den Flügelreliefs stört, sind ihre sperrigen Formen und ihre unruhige, gezwungene Komposition. Die Figurengruppen stoßen oft hart aneinander. Das hat seinen Grund zum großen Teil in der Tatsache, daß sie aus verschiedensten Vorlagen zusammengesetzt sind. Restaurator Petersohn hat das in seiner Dokumentation anhand von Fotokopien der Vorlagen und farbiger Markierung der kopierten Partien höchst anschaulich dargetan. Ich nenne hier die spektakulärsten Übernahmen:

Am linken Flügel ist die Gruppe der beiden Frauen am linken Bildrand dem Kupferstich Martin Schongauers

Christus am Kreuz (B.17, L.27[14]) entnommen. Der auf die Knie gestürzte Soldat mit der erhobenen Hand rechts unten kopiert den entsprechenden Grabwächter in Schongauers Stich der *Auferstehung* (B.20, L.30). Seitenverkehrt nach Schongauer (B.26, L.15) geschnitzt ist auch die kleine Gruppe mit Christus und Magdalena im Hintergrund rechts oben (Kopf und linker Arm Jesu ergänzt, siehe oben). Aus Dürers Holzschnitt *Der Kalvarienberg* (alias *Kleine Kreuzigung*, B.59, 1502/03) stammen die den Kreuzstamm umklammernde Magdalena[15], der vor dem Kreuz Jesu kniende, nach rechts gebeugte Soldat und auch, abgesehen von seiner Armhaltung, der böse Schächer. Aus nochmal einer anderen Vorlage, aus Hans Schäufeleins Holzschnitt *Der große Kalvarienberg* (G.1042, um 1507), ist der links vom Kreuz Jesu mit betend erhobenen Händen stehende Johannes getreu entnommen (nur die Füße sind in altertümlicher Weise in die Reliefebene geklappt).

In der Kreuzabnahme des rechten Flügels entstammt die Gruppe mit der ohnmächtigen, von Johannes gestützten Maria dem Holzschnitt Dürers *Die Kreuzigung* aus der Großen Passion (1497/98, erschienen 1511; siehe dort links unterm Kreuz). Auch die betend aufblickende Frau am linken Rand findet sich auf diesem Holzschnitt Dürers (in halber Höhe links), allerdings mit gefalteten Händen. Und aus Dürers *Kleiner Kreuzigung* (B.59, siehe oben) sind die beiden Schächer entnommen, abgesehen von ihrer Armhaltung. Der gebeugte Leichnam Jesu mit seinen herabhängenden Armen folgt der entsprechenden Figur in Hans Baldung Griens Holzschnitt der *Kreuzabnahme* (um 1505/07). Auch dort sind die Füße noch am Kreuzstamm angenagelt.

Die Flügelgemälde

An den Flügelaußenseiten befinden sich je zwei querrechteckige Ölgemälde übereinander: links oben die Auferstehung, links unten die Szene mit dem ungläubigen Thomas (Jo 20,19–29), rechts oben die Himmelfahrt, rechts unten der Gang nach Emmaus (Lk 24,13–29). Die Anordnung hält sich also nicht genau an die biblische Chronologie: in der oberen Reihe sind die formal ähnlichen und inhaltlich wichtigsten Ereignisse, Auferstehung und Himmelfahrt, angebracht, in der unteren Reihe die zeitlich dazwischen liegenden Szenen (in vertauschter Abfolge).

Die **Auferstehung** ereignet sich in einer Gartenlandschaft. Auf der rechten Bildseite stehen hohe Bäume, auf der linken Seite erhebt sich hinter einem Zaun die Stadt Jerusalem mit nordischen Giebelhäusern und einer türmereichen Mauer. Christus, mit einem sonnengleich strahlenden Nimbus, bekleidet mit Lendentuch und über die Schulter wehendem rotem Umhang, schwebt in der Bildmitte über einem quer zur Bildebene gestellten, geschlossenen Sarkophag. Er hebt die Rechte mit ausgestrecktem Zeigefinger empor und hält in der Linken die Kreuzfahne als Zeichen des Sieges über den Tod. Seinen Oberkörper umfängt wie eine Gloriole eine leuchtende Himmelsöffnung, hell ockerfarben, zwischen grauen Wolkenballen. Den Sarkophag umgibt eine Gruppe von fünf Grabwächtern. Drei davon liegen auf der linken Seite ohnmächtig am Boden. Ein weiterer steht rechts vorne und hält, von dem Geschehen erschreckt, seinen Schild schützend über den Kopf. Der fünfte, hinter ihm, hält sich taumelnd am Sarkophagdeckel fest. Die ganze Gruppe wird von einer Art Erdwall umschlossen (eine Andeutung der Grabeshöhle?).

Das untere Bild mit dem **ungläubigen Thomas** zeigt den Auferstandenen mit rautenförmigem Nimbus, bekleidet mit Lendentuch und rotem Umhang wie im oberen Bild. Er steht in einem Zimmer zwischen seinen verbliebenen elf Jüngern und Maria, die teils sitzend, teils stehend um ihn versammelt sind. Neben ihm kniet der zweifelnde Thomas. Jesus hebt die linke Hand empor, als hielte er einen Stab (vgl. S. 325). Mit der Rechten faßt er Thomas am Handgelenk und führt dessen Finger an seine Seitenwunde. In der Rückwand des Zimmers sieht man – entsprechend Johannes 20,19.26 – eine geschlossene Tür. An der rechten Seitenwand ist das Wappen der Familie Gräter[16] angebracht und darunter die Inschrift: *Anna Sibÿlla Rittmännin / ein gebohrne Grætterin, / Anno 1702.*

Die Himmelfahrt. – Über einem grünen Hügel in der Bildmitte schwebt Christus, in langer roter Tunika und blauem, seitwärts wehendem Mantel, mit ausgestreckten Armen himmelwärts. Er durchbricht einen Wolkenring,

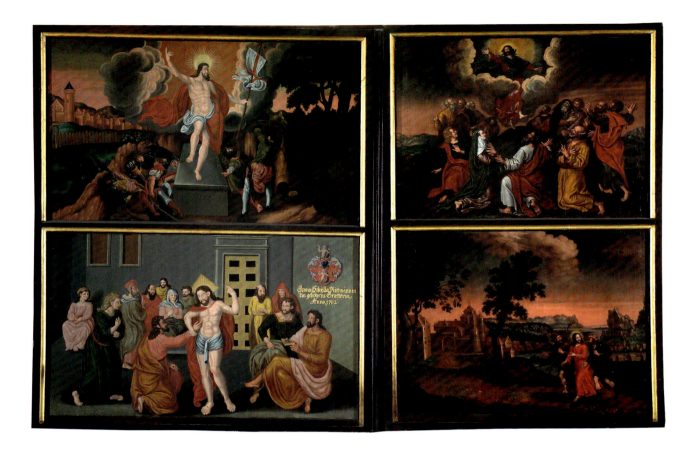

der seinen Oberkörper wie eine Aureole umgibt. Sein sonnenartiger Strahlennimbus füllt in mehreren Schichten den größten Teil des Wolkenrings. In einem Kreis um den Hügel sind Maria und nunmehr zwölf Apostel versammelt, die vorderen kniend, die hinteren stehend; sie bestaunen mit zum Teil heftigen Gesten das Ereignis. Fast alle sind in leuchtend farbige Gewänder gekleidet. Am rechten und besonders am linken Bildrand öffnet sich der Blick in eine Landschaft.

Das vierte Bild, der **Gang nach Emmaus** (Lk 24,13 ff.), ist ein stimmungsvolles Landschaftsgemälde, in dem die biblischen Gestalten fast wie Staffage wirken. Hinter zwei Laubbäumen in der linken Bildhälfte erhebt sich das Dorf Emmaus – Luther nennt es einen *Flecken*, die Vulgata *castellum*. In der Tat gleicht es eher einem Kastell: Es wird von einem burgartigen Gebäudekomplex beherrscht, hat Mauer und Wehrturm, ein großes Tor und Steinhäuser mit unterschiedlichen Dachformen, darunter eines mit einem Staffelgiebel. In der rechten Bildhälfte windet sich ein Fluß zwischen Wald und Felsen in die Tiefe bis zum fernen Meer. Unter einem Felsen am rechten Bildrand liegt ein Dörfchen mit spitzem Kirchturm. Ein Weg führt vom Vordergrund nach links hinten auf das Tor von Emmaus zu. Auf diesem Weg, rechts der Bildmitte, schreitet Jesus, mit Strahlennimbus und in leuchtend rotem Gewand, zwischen zwei Jüngern, beide in kniefreier Pilgertracht mit einem Pilgerstab auf der linken Schulter. Am Wolkenhimmel, der die obere Bildhälfte füllt, kündet sich das Abendrot an, gemäß dem Bibelwort: *Bleibe bei uns, denn es will Abend werden, und der Tag hat sich geneigt* (Vers 29).

Die Tafelbilder sind – laut Befund des Restaurators – auf mehrere zusammengeleimte Tannenholzbretter gemalt, über einer sehr dünnen, ölhaltigen Grundierung. In der Malschicht erkennt man vereinzelte nachgedunkelte Retuschen.

Sicherlich wurden die Flügel 1702 nicht zum erstenmal bemalt. Noch Carl Jäger (1829) scheint etwas von Vorgängerwerken gewußt oder Spuren davon gesehen zu haben, denn er schreibt: Die Bilder *scheinen an die Stelle*

Heiliges Grab | 325

älterer, verwischter Gemälde getreten zu sein (S. 363). In der Tat kann es sich keinesfalls um Bilderfindungen der Zeit um 1702 handeln. Vielmehr spürt man dahinter – vielleicht mit Ausnahme der Landschaft im Gang nach Emmaus – deutlich manieristische Kompositionen des späten 16. Jahrhunderts, und das läßt sich auch belegen:

Die Auferstehung folgt, zusammen mit anderen Werken im Land, einer Vorlage, die ähnlich bekannt und als Vorbild begehrt gewesen sein muß wie im Falle des Wenger-Epitaphs (S. 114ff.) der Kupferstich Egidius Sadelers nach einem Gemälde von Christoph Schwarz. Das Urbild ließ sich zwar bis jetzt nicht nachweisen, aber eine ganze Reihe Kopien, auf denen die zentrale Figurengruppe in getreuer Übereinstimmung wiedergegeben ist: Christus vor der lichten Wolkenöffnung mit erhobenem Arm und Kreuzesfahne, der querstehende Sarkophag, der Wächter mit dem Schild überm Kopf, der erschrockene Soldat hinter ihm und die schlafenden Wächter auf der linken Seite. Die Beispiele sind: Ein Gemälde in der Pfarrkirche Beutelsbach, an der Brüstung der Westempore, spätes 16. Jahrhundert[17]. – Das Epitaph der Dorothea von Berlichingen in der Pfarrkirche Uhingen, um 1606[18]. – Ein Gemälde von Johann Simon Metzger an der Orgel über der Sakristei in der Georgskirche Nördlingen, 1610[19]. – Das Epitaph des Georg Bootz in der Haller Urbanskirche, um 1626[20]. – Die Figuren des Auferstandenen vor der Wolkenöffnung und des Wächters mit dem erhobenen Schild hat auch der Maler der Heilig-Grab-Flügel in der Haller Urbanskirche (Peter Völcker?) übernommen.

Das Urbild dieser Reihe muß vor der Beutelsbacher Kopie, irgendwann in der zweiten Hälfte des 16. Jahrhunderts entstanden sein. Von wem es stammt, läßt sich höchstens mutmaßen. Denkbar wäre ein manieristischer Maler in der Art von Friedrich Sustris, aus dessen Werkstatt es einen Retabelentwurf (vor 1582) mit immerhin ähnlichen Kompositionselementen gibt[21]. Durch ein grafisches Blatt wäre dieses Werk dann verbreitet worden.

Daß die Darstellung in St. Michael nicht etwa das Bootz-Epitaph in der benachbarten Urbanskirche kopiert, sondern tatsächlich eine ältere Vorlage, zeigt sich beim Vergleich der Christusfiguren. Gegenüber dem üppigen, natürlich proportionierten, kurz: barocken Körperbau der Figur des Epitaphs von 1626 ist der Auferstandene des Heilig-Grab-Flügels mit seinen überlängten Kopf- und Körperproportionen deutlich vom Manierismus geprägt. Er stimmt darin mit der Beutelsbacher Christusfigur des späten 16. Jahrhunderts überein.

Auch das zweite Bild mit dem ungläubigen Thomas ist keine Erfindung von 1702. Die gleiche Komposition wurde in der Michaelskirche schon hundert Jahre früher für den Aufsatz des Schweicker-Epitaphs verwendet[22]. Die dortige Figurengruppe wiederholt sich am Heiliggrab-Flügel fast genau. Nur der bärtige Apostel links hinten wurde durch einen bartlosen, frontal sitzenden ersetzt; und der Apostel mit Kapuze hinten rechts fehlt am Heiligen Grab, wohl um der Stifterinschrift Platz zu machen. Vor allem aber haben die Gewänder der Figuren fast durchweg andere Farben. Daraus darf man schließen, daß die Komposition des Flügelbildes nicht vom Schweicker-Epitaph übernommen wurde. Vielmehr dürften beide Gemälde auf eine gemeinsame grafische Vorlage zurückgehen, der naturgemäß keine Farben zu entnehmen waren. Die Datierung der Vorlage - früher als der Aufsatz des Schweicker-Epitaphs von 1592/1602 – führt wiederum ins späte 16. Jahrhundert. – Die Darstellung des Schweicker-Epitaphs läßt nebenbei erkennen, daß die linke Hand Christi, die auf dem Heiliggrab-Gemälde sinnlos ins Leere greift, ursprünglich – wie im Bild der Auferstehung – die Siegesfahne (Kreuzfahne) gehalten hat. Der Maler von 1702 scheint das übersehen zu haben.

Auch die Himmelfahrt dürfte nach allen Anzeichen auf eine Bilderfindung des 16. Jahrhunderts zurückgehen. Die Komposition und die pathetischen Gebärden erinnern an Gemälde der italienischen Renaissance (zum Beispiel Raffaels *Verklärung Christi* im Vatikan), doch läßt sich die konkrete Vorlage, wohl auch hier ein grafisches Blatt, bis jetzt nicht nachweisen.

Im Gang nach Emmaus geht die Figurengruppe auf ältere Bibelillustrationen zurück, und zwar sind Christus und der linke Jünger einem Holzschnitt von Virgil Solis (erschienen 1560) entnommen. Der Maler hat nur die manieristische Kopf- und Haarform in seine eigene Formensprache übersetzt, alles übrige – Tracht, Haltung, Gebärden, Kopfdrehung – aber belassen. Auch der Weg, der vom Vordergrund zum Tor von Emmaus[23] führt, und der Baum in der Bildmitte wurden wohl von dieser Vorlage angeregt. Der rechte Jünger wurde dagegen in allen Punkten – einschließlich der Form des Pilgerstabs – dem entsprechenden Kupferstich der Merianbibel (1630) entnommen[24]. Nur diese eine Figur reicht also nicht ins 16. Jahrhundert zurück. Außerdem könnte die stimmungsvolle Landschaft, abgesehen von den Motiven des Weges und des Baumes, der Maler des Bildes selbst gestaltet haben.

Nun stellt sich die Frage, ob die beiden Maler von 1702 oder ihre Auftraggeber sich ihre Vorlagen selbst zusammengesucht oder ob sie schon vorhandene Flügelbilder älterer Zeit erneuert haben. Die erste Möglichkeit ist wenig wahrscheinlich. Um 1700 und lange vorher pflegten sich die Haller Maler an jüngere Vorbilder zu halten, insbesondere an die Merianbibel, die in Hall mit Sicherheit verfügbar war. Warum also hätten sich die Maler der Flügel durchweg an Vorlagen des 16. Jahrhunderts orientieren sollen und ausgerechnet die eine Figur des rechten Emmausjüngers nicht wie die übrigen nach Virgil Solis, sondern nach Merian kopieren sollen? Viel eher war es doch so, daß sie schadhafte Vorgängergemälde erneuern mußten und daß der betreffende Jünger nicht mehr gut zu erkennen war und deshalb nach dem ähnlichen und damals leichter greifbaren Kupferstich Merians ergänzt wurde. Der gleiche Schluß läßt sich aus der fehlenden Kreuzfahne des Auferstandenen im Thomasbild (siehe oben) ziehen: Der nicht sehr versierte Maler dürfte sie an den schadhaften alten Bildern übersehen haben.

Im angenommenen Fall gibt es wieder zwei Möglichkeiten: Entweder wurden die alten Bilder einfach übermalt, oder man hat sie mit einer Pause oder einer Arbeitsvisierung festgehalten und danach – im wörtlichen Sinn – tabula rasa gemacht wie beim Marienaltar der Katharinenkirche. Dort erhielt 1688 der Schreiner Hans Jörg Deutele *drei Schilling von 2. flügeln, an St: Marien Altar, so frisch gemalt werden sollen, abzuhobeln*[26]. Restaurator Petersohn konnte, mit Ausnahme des Gräterwappens, unter der jetzigen Malschicht keine früheren Gemälde erkennen. Es war allerdings nicht seine Aufgabe, das zu untersuchen, da er nur mit der Konservierung beauftragt war. Er möchte deshalb nicht völlig ausschließen, daß dennoch ältere Reste vorhanden sind, hält es aber für eher unwahrscheinlich[27]. Somit dürfte die zweite Möglichkeit zutreffen: daß die Gemälde mit Hilfe einer Pause oder Visierung auf die „gesäuberten" Tafeln übertragen wurden.

Für die genauere Entstehungszeit der ursprünglichen Bilder gibt vielleicht eine Handwerkerrechnung von 1589 einen Anhalt. Der Schlosser Martin Funck hat in diesem Jahr für zwei Gulden *die zwo Dür vor dem grab ander gehenckt die bandt ander gemacht und mit nitnegel angeschlagen*. Außerdem hat er für fünf Schilling *ein neus schlos angeschlagen auserhalb des grabs an die zwen bender*[28]. Was immer der Grund war für diese Reparatur, es ist gut möglich, daß sie mit der Erstbemalung der Flügel zusammenfiel. Wahrscheinlich mußten die Dreh- und Aufhängevorrichtungen (die *Bänder*) verstärkt werden, weil die Flügel jetzt wegen der Bilder auf ihrer Außenseite öfter geschlossen wurden. Vorher mußten sie ja nicht gedreht werden, die Bänder und Scharniere wurden also weniger beansprucht (dazu S. 332).

Das Jahr 1589 paßt jedenfalls bestens zum Zeitstil der oben postulierten manieristischen Vorgängergemälde. Daß die Archivalien der Kirche nur den Schlosser und nicht den Maler nennen, dürfte daran liegen, daß der Stifter der Gemälde – anders als bei der Neubemalung von 1702 (siehe unten) – den Maler direkt bezahlt hat. Übrigens war der Stifter, wie es scheint, schon damals ein Mitglied der Familie Gräter, denn Restaurator Petersohn konnte unter dem Wappen von 1702 ein älteres Gräterwappen (mit gekreuzten Fischgräten)[29] erkennen. In Frage käme der damals amtierende Prediger Jakob Gräter der Jüngere.

Das Grabwächter-Relief

In die – nicht originale – Vorderwand des Sarkophags ist ein ca. 6 cm tiefes Sandsteinrelief mit Grabwächtern in Trachten und Rüstungen der Frührenaissance eingelassen. Sie tragen Kuhmaulschuhe, einer (der linke) einen gelappten Schulterkragen, der nächste ein geschlitztes Gewand mit rückwärts wehender knittriger Schärpe, der dritte hat plissierte Ärmel, der vierte ein Faltenröckchen. Alle vier „schlafen" sitzend mit aufgestütztem Haupt. Der erste hält in der freien Hand eine Muskete, der zweite stützt sich auf

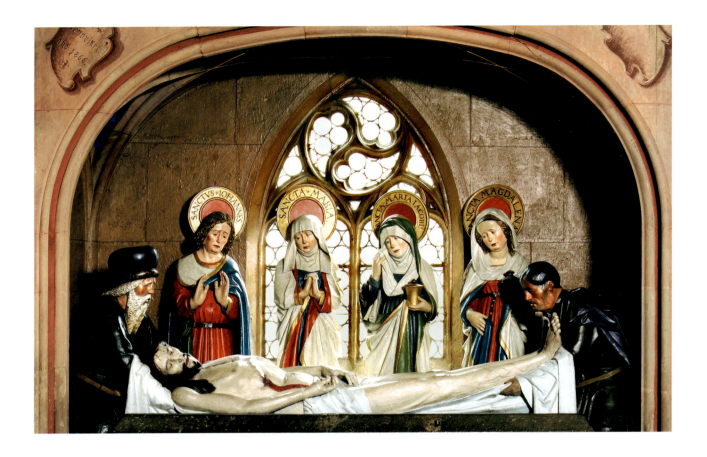

eine Armbrust, der dritte ist mit Pfeil und Bogen bewaffnet, der vierte mit einer Streitaxt und einer (am Boden liegenden) Hellebarde. Am Gesäß des linken und hinter dem Rücken des zweiten Wächters ist noch der Griff eines Dolches oder Schwertes zu sehen. Hinter den mittleren Figuren erkennt man die flache Vorderfront einer Grabtumba mit rundstabartiger Abdeckung, links daneben die Spuren einer felsigen Landschaft.

Das Relief gehört nicht zum ursprünglichen Bestand der Anlage. Hans Werner Hönes konnte nachweisen, daß es um 1847 von Tüngental in die Haller Michaelskirche kam und erst 1866 in das Heilige Grab eingebaut wurde[30].

Entstehungszeit

Die einzelnen Teile der Anlage, die Grablegung im engeren Sinn, die Flügelreliefs, die Flügelgemälde und das Steinrelief mit den Grabwächtern sind zu verschiedenen Zeiten entstanden. Als erster hat Eugen Gradmann (1907, S.31) eine Datierung versucht. Er hält das ganze Werk für *Frührenaissance um 1510*, räumt aber ein, die drei Marien und der Johannes seien *altertümlicher als die Steinbildwerke, noch mehr spätgotisch*, wobei er erstaunlicherweise auch Jesus, Nikodemus und Josef von Arimathia als Steinfiguren ausgibt[31].

Erst Georg Dehio (1908) unterscheidet zwischen verschiedenen Entstehungszeiten: *Leichnam aus Stein [!] um 1510, Johannes und die 3 Marien aus Holz, um 1470*[32]. Die Assistenzfiguren Josef und Nikodemus läßt er unberücksichtigt, und wiederum gilt Jesus als Steinfigur.

Auch Julius Baum (1925) erkennt unterschiedliche Entstehungszeiten und datiert die Grablegung um 1480, die Flügel Anfang 16. Jahrhundert, das Steinrelief mit den Grabwächtern um 1510[33].

In den folgenden Publikationen werden diese Datierungen kritiklos übernommen und beliebig miteinander kombiniert: Alfred Schmoller (1931): *Anfang des 16. Jahrhunderts*[34]; Eduard Krüger (1953, 1967 und 1982): Holzfiguren der Rückwand *um 1480*, Sarkophag mit

Nikodemus und Josef von Arimathia sowie die Flügel *um 1510*[35]; Cord Meckseper (1970): *Rückwandfiguren um 1480, die übrigen ... um 1510*[36]; Reclams Kunstführer (1971): das ganze Werk *Anfang 16. Jh.*; Wolfgang Kootz (1978): das ganze Werk *um 1500*[37]; Kunstführer Kunst und Archäologie im Kreis Schwäbisch Hall (1979 und noch in der *völlig neu bearbeiteten* Auflage 1991): die drei Marien und Johannes *etwa 1480*, Christus, Grabwächter und Flügelreliefs *etwa 1510*[38]; Volker Hartmann (1991): *teils um 1480, teils um 1510*[39]. Die Kirchenführer von Gotthilf Marstaller (um 1970) und Bertold Dowerk (1996) enthalten sich einer Datierung, sie stellen nur fest, die Seitenflügel seien eine *spätere* bzw. *späte Zutat*. Noch 2002, nach fast einem Jahrhundert, wird Dehios Datierung von Markus Maisel wieder aufgegriffen: *der steinerne Leichnam um 1510, die drei Marien und Johannes aus Holz 1470*[40].

Datierung der Grablegung. Vergleicht man das Werk mit dem inschriftlich 1470 datierten Heiligen Grab in St. Katharina, so wird deutlich, daß die Grablegung in St. Michael unmöglich später oder auch nur gleichzeitig entstanden sein kann. Im Grunde hat das schon Heinrich Merz (1863) mit kunsterfahrenem Blick bemerkt[41]. Hätte man ihn nur ernst genommen! Merz charakterisiert das Grab in St. Michael und den Unterschied zu dem der Katharinenkirche so: *Die Gewandung ist einfach und würdig, der Gefühlsausdruck kräftig ohne jede Übertreibung, die ziemlich vollen und rundlichen Gesichter sind in unstudirter Natürlichkeit voll ruhigen Lebens und einfachen Adels*. Das Werk hat *eine strengere Haltung als das Grab der Katharinenkirche von 1470, dessen ... Figuren eine viel leichtere Haltung, zartere Formen ..., überhaupt eine flüssiger gewordene Empfindung und Technik bekunden*.

Die Formulierung *flüssiger g e w o r d e n* erweist, daß Merz die Grablegung in St. Katharina für die jüngere hielt. In der Tat: die leichtere Haltung, die zarteren Formen, die flüssigere Technik – dies ist genau das, was den neuen, durch niederländischen Einfluß veränderten Stil der sechziger Jahre und der folgenden Jahrzehnte ausmacht. Die monumentale Strenge, die schlichteren Formen, ja auch die *ziemlich vollen und rundlichen Gesichter* der Figuren in St. Michael wirken deutlich altertümlicher. Eine Gestalt wie die Magdalena mit ihrem breit gebauten Antlitz und dem einfachen Haar- und Faltenfluß erinnert geradezu noch an den sogenannten Schönen Stil des ersten Jahrhundertdrittels[42]. Anders die Magdalena der Katharinenkirche: Ihr ovales Gesicht, ihre modische Kleidung und die Lebendigkeit ihrer Gebärden lassen nichts mehr von der gleichsam archaischen Monumentalität der Figuren in der Michaelskirche spüren. Zeichen einer früheren Entstehung ist in St. Michael auch die Wiedergabe der Haare: Sie sind dort, vor allem bei den männlichen Figuren, als mehr oder minder kompakte Kappen gestaltet und nur durch verschieden tiefe Riefelung differenziert. In St. Katharina dagegen setzt sich das Haar, besonders bei Johannes und Nikodemus, aus voneinander gelösten und dazuhin in sich gegliederten Locken oder Strähnen zusammen - ganz wie es seit den sechziger Jahren Brauch wurde. Der Kopftyp des Johannes erinnert in St. Katharina deutlich an niederländische Werke, zum Beispiel von Rogier van der Weyden (Braque-Triptychon im Louvre; Weltgericht in Beaune, Hôtel-Dieu).

Den archivalischen Beweis für die frühe Datierung liefert eine Urkunde vom 9. Oktober 1456, in der die Grablegung der Michaelskirche erwähnt wird. Es handelt sich um ein Testament des Pfarrers Leonhard Leyding (1450–1473/77), aufgesetzt und beglaubigt von dem kaiserlichen Notar und Augsburger Kleriker Johann Reichart (*Johannes Richardi*[43]).

Die Jahreszahl der Urkunde ist dreifach abgesichert. Das Datum lautet (Zeile 1–3, Abkürzungen aufgelöst): ... *anno nativitatis eiusdem* [bezieht sich auf domini] *millesimo quadringentesimo quinquagesimo sexto indictione quarta pontificatus Sanctissimi in christo patris et domini domini Calisti divina providencia pape tercii anno vero secundo die vero Saturni nono mensis octobris ...*, Zu deutsch: im Jahr (nach) der Geburt des Herrn tausendvierhundertsechsundfünfzig, in der vierten Indiktion [des laufenden Fünfzehnjahreszyklus = 1456][44], im zweiten Jahr des Pontifikats des in Christo hochheiligen Vaters und Herrn Kalixtus III., Papstes durch göttliche Vorsehung [= 1456], am Samstag dem neunten Tag des Monats Oktober.

Die das Heilige Grab betreffende Stelle lautet (Zeile 15–19): *Inprimis ... corpus suum post anime sue deo iubente de hac luce sublacionem in cimiterio ecclesie hallensis et parrochialis sancti michaelis in loco sepulture ibidem inter duos pilos extra chorum formate ubi ymago salvatoris prout sepulture dominice traditus fuit una cum ymaginibus beate marie virginis eiusque salvatoris matris cum aliis ymaginibus sanctarum mulierum christi salvatoris nostri mortem et sepulturam plangentium preciose depicta est ubi sibi specialiter sepulturam elegit inter alia corpora mortuorum et decedentium tumulandum et sepeliendum disposuit et ordinavit.*

Das heißt: Vor allem ordnete er an, daß, wenn seine Seele sich auf Geheiß Gottes aus diesem Leben erhoben hat, sein Körper auf dem Friedhof[45] der Haller Pfarrkirche St. Michael zwischen anderen Toten beerdigt werde, wo er sich seinen Begräbnisplatz eigens ausgewählt hat an der Stelle der dort zwischen zwei Pfeilern im Langhaus dargestellten Grablegung, wo sich, kostbar bemalt, die Figur des Erlösers befindet, in der Art wie die Grablegung des Herrn überliefert ist, zusammen mit den Figuren der seligen Jungfrau Maria Muttergottes und anderer heiliger Frauen, die den Tod und die Beisetzung unseres Erlösers Christus beweinen.

Zur Erläuterung: *extra chorum*, "außerhalb des Chores", meint nicht etwa im Freien, das heißt im Kirchhof, sondern der Ausdruck bezeichnet das Kircheninnere außerhalb des Chores, also das Langhaus. Belege dafür gibt es genug. Zum Beispiel in Hall bestimmt 1454 ein Vertrag über eine Jahrzeit, daß fünf Geistliche in der Barfüßerkirche eine Messe halten sollen, drei im Katharinenchor und zwei *auf dem Altar außerhalb des Chores*[46]. Selbstverständlich stand dieser Altar nicht außerhalb der Kirche im Friedhof, sondern im Inneren, also im Langhaus. – Oder ein Beispiel andernorts: Vom Kreuzaltar der Klosterkirche Weißenau heißt es *altare in monasterio extra chorum dedicatum est in honore s. Crucis*[47] (der Altar im Münster außerhalb des Chores ist in der Ehre des hl. Kreuzes geweiht). Hier ist es selbstverständlich, daß sich der Kreuzaltar nicht irgendwo im Freien, sondern am Ende des Langhauses befand.

Ein weiteres Mißverständnis könnte die Bezeichnung *ymago* (Bild) hervorrufen. Das Wort *imago* bedeutet aber im Mittelalter so gut wie immer *Bildwerk*, also im heutigen Sprachgebrauch eine Figur[48]. Ein Gemälde hätte man als *pictura* oder *tabula* (Tafelbild) bezeichnet. Und damit ist auch klar, daß das Wort *depicta* – das sowohl *gemalt* wie *bemalt* bedeuten kann – in diesem Fall *bemalt* meint, daß somit die Christusfigur wie die anderen genannten Figuren *kostbar bemalt* war.

Was noch auffällt: Das Testament Leydings erwähnt von der Gruppe nur Christus, dessen Mutter Maria und andere heilige Frauen, nicht aber Johannes, Nikodemus und Josef von Arimathia. Das könnte an Heiliggräber im eigentlichen Sinn (nicht Grablegungen!) denken lassen, die außer Jesus die drei biblischen Marien, die mit ihren Salbgefäßen das Grab besuchen, und dazuhin noch Grabwächter und zwei flankierende Engel zeigen. Ein Beispiel dafür in der Nachbarschaft Halls ist das Heilige Grab in Schwäbisch Gmünd von etwa 1360[49]. Das Haller Werk wird aber ausdrücklich als *sepultura* (Grablegung), nicht als *sepulcrum* (Grab) bezeichnet; und daß diese Bezeichnung stimmt, belegt die Erwähnung der Muttergottes, die an den Heiligen Gräbern im eigentlichen Sinn nicht vorkommt. Der Urheber des Testaments wollte ja keine genaue Beschreibung der Andachtsgruppe liefern, sondern nur eine Ortsangabe für sein späteres Grab. Daher genügte es ihm, die für ihn wichtigsten Figuren zu nennen, in deren Nähe er bestattet werden wollte. Johannes und die Leichnamsträger Josef von Arimathia und Nikodemus waren vermutlich in der Redewendung *prout sepulture dominice traditus fuit* (so wie die Grablegung des Herrn überliefert ist) mit gemeint.

Es dürfte somit kein Zweifel bestehen, daß die in Leydings Testament genannte Grablegung mit der in St. Michael vorhandenen identisch ist. Wir haben also mit dem 9. Oktober 1456 einen Terminus ante für die Entstehungszeit der Grablegung. Nun ist das südliche Seitenschiff, in dem sich die Grabnische befindet, laut Jahreszahl im Gewölbe 1456 vollendet worden; deshalb ist die Wahrscheinlichkeit groß, daß die Gruppe in ebendiesem Jahr aufgestellt und allenfalls kurz vorher gefertigt wurde. Das würde auch erklären, weshalb Leonhard Leyding so relativ früh ein Testament verfaßt hat: Er wollte sich seinen Begräbnisplatz neben dem Grab Jesu, Wand an Wand mit dem Erlöser und der trauernden Muttergottes, sichern. Tatsache ist, daß Pfarrer Leyding 14 Jahre später ein neues Testament verfaßt hat, in dem er alle früheren Bestimmungen – über seine Exequien, seine Bibliothek, sein Haus in der Gelbinger Gasse – wieder geändert hat, bis auf die Wahl seines Begräbnisplatzes[50].

Sein Wunsch, neben den göttlichen Personen zu ruhen, war nichts Ungewöhnliches. Die Bildwerke hatten damals einen Realitätscharakter, den wir uns heute, besonders als Protestanten, nur schwer vorstellen können, der sich aber vielfältig belegen läßt. Hier nur drei Beispiele[51]: Wenn in St. Peter zu Rom an der verehrten Petrusfigur aus dem 13. Jahrhundert die Zehen inzwischen nahezu weggeküßt sind, zeigt dies, daß die Gläubigen das Abbild mit dem Heiligen gleichgesetzt haben. Auch Franz von Assisi – so berichtet sein Gefährte Thomas von Celano – soll Figuren (*imagines*) des Christkindes tief verehrt, mit ihnen gesprochen und sie geküßt haben[52]. Und von einer Nonne des 14. Jahrhunderts im Kloster Katharinenthal heißt es: Sie nahm (am Heiligen Grab) *unseres Herren Hände und Füße in ihre Hände. Da empfand sie Fleisch und Blut, als ob ein Mensch leiblich da gelegen hätte*[53].

Datierung der Flügelreliefs. Die später hinzugefügten Reliefs lassen sich mit Hilfe stilistischer und kostümlicher Kriterien nur ungefähr, in die Zeit um 1500, datieren. Anhand der von dem Schnitzer kopierten grafischen Blätter können wir die Entstehungszeit aber noch präzisieren. Die jüngsten der verwendeten Vorlagen sind der Holzschnitt Hans Schäufeleins *Der große Kalvarienberg* (um 1507), dem der Johannes der Haller Kreuzigung entnommen ist, und der Holzschnitt Hans Baldungs *Die Kreuzabnahme Christi* (um 1505/07), von dem die Gestalt Jesu der Haller Kreuzabnahme stammt[54]. Damit ergibt sich das Jahr 1507, wenn auch nur angenähert, als Terminus a quo.

Schwieriger zu beurteilen ist der Holzschnitt *Christus am Kreuz* aus Dürers Großer Passion, den die Gruppe mit Maria und Johannes in der Haller Kreuzabnahme kopiert. Er entstand zwar schon 1497/98, erschien aber erst 1511, zusammen mit den anderen Blättern der Folge, als Buch. Es ist weniger wahrscheinlich, daß der Haller Schnitzer das Blatt schon vor seiner Veröffentlichung kannte. Deshalb könnten die Reliefs auch erst ab 1511 entstanden sein. Solange das aber nicht sicher ist, dürfte eine runde Datierung *um 1510* den möglichen Spielraum am besten abdecken.

Datierung des Grabwächter-Reliefs. Für das Steinrelief finden sich weder datierte Vorlagen noch geeignete Schriftquellen, es läßt sich deshalb nur anhand stilistischer und kostümlicher Merkmale einordnen.

Zwischen dem Stil der Flügelreliefs und dem der Grabwächter hat sich ein deutlicher Wandel hin zur Renaissance vollzogen. Die gedrungenen, zum Teil prallen Figuren unterscheiden sich in ihren ausgewogenen Stellungen beträchtlich von den eckigen und sperrigen Gestalten der um 1510 oder womöglich noch später entstandenen Flügel. Noch deutlicher wird das bei den Kostümen: den breiten Kuhmaulschuhen, dem Faltenröckchen des Kriegers rechts, der geschlitzten Kleidung des Armbrustschützen, dem gefältelten Ärmel des Bogenschützen, dem gelappten Schulterkragen des Musketiers, den gespaltenen Krempen der Barette.

Alle diese Merkmale gibt es in schüchterner Ausprägung schon im ersten Jahrzehnt des 16. Jahrhunderts, verbreitet finden sie sich aber erst im zweiten und dritten Jahrzehnt. Vergleicht man etwa die Hutkrempe des Häschers, der im Ölberg von 1506 ff. über den Zaun steigt, mit der weit ausladenden Krempe des Armbrustschützen am Heilig-Grab-Relief, so wird deutlich, daß wir hier schon weit im zweiten, wenn nicht im dritten Jahrzehnt sind[55]. Da eine präzise Einordnung nicht möglich ist, dürfte eine runde Datierung *um 1520* das Richtige treffen.

Die ungelösten Rätsel

Das Heilige Grab in St. Michael besitzt eine Reihe rätselhafter Eigenheiten, die man andernorts nicht antrifft und die auch die Restauratoren nicht erklären konnten:

1) Die Flügel bedecken nur den oberen Teil der Anlage.

2) Die Flügel sind ungleich breit.

3) Im Flügelrelief der Kreuzigung wurde ein größeres Stück nachträglich eingefügt.

4) Die Sarkophagwand erhielt ihre heutige Gestalt erst 1866 beim Einbau des Grabwächter-Reliefs. Wie hat sie vorher ausgesehen?

Als Erklärung für diese Seltsamkeiten bieten sich einstweilen nur Hypothesen an.

Zu 1): Die Flügel wurden nicht für das Heilige Grab gefertigt, sonst hätte man sie so weit herabgeführt, daß sie die ganze Figurengruppe bedecken. Die unglückliche Lösung, daß im geschlossenen Zustand die Beinpartie der stehenden Figuren sichtbar bleibt, kann nicht Absicht gewesen sein. Eine andere Vermutung, die Gruppe könnte ursprünglich – wie in St. Katharina oder Tüngental – nur aus Halbfiguren bestanden und die grob geschnitzten Unterkörper der Leichnamsträger erst später angesetzt worden sein, konnte von den Restauratoren nicht bestätigt werden. Außerdem wäre der untere Teil der Nische auch in diesem Fall unbedeckt und böte einen wenig befriedigenden Anblick, gleich wie man sich den Sarkophag und seine Umgebung dann vorzustellen hätte. Vermutlich wurden die Flügel vor der ersten Bemalung ihrer Außenseiten (1589?, vgl. S. 327) überhaupt nicht geschlossen, sondern nur zur Erweiterung des ikonografischen Programms neben die Grabnische gehängt. In diesem Fall wirkte es nicht weiter störend, daß sie kürzer waren als die Nische; die Figuren waren ja immer voll sichtbar.

Zu 2): Auch die unterschiedliche Breite der Flügel – der linke ist rund 30 cm breiter als der rechte – führt zu dem Schluß, daß sie nicht für das Hl. Grab geschaffen wurden. Es wäre sonst unsinnig gewesen, sie nicht gleich breit zu fertigen. Wahrscheinlich stammen die Reliefs aus einer anderen Kirche, vermutlich in einem anderen Ort, wo sie aus irgendeinem Grund überflüssig geworden waren. Sie mögen dort als Kreuzwegstationen gedient haben, sei es in Gestalt von Altarretabeln oder als bloße Andachtsbilder. Als Schreinfüllung von Retabeln dienten beispielsweise die sieben Zwiefaltener Passionsreliefs im Württembergischen Landesmuseum, einst in Seitenschiffkapellen der Zwiefaltener Klosterkirche[56]. Auch diese Reliefs sind ungleich groß, ihre Breite schwankt zwischen 112 und 148 cm. Anstatt in Kapellen könnten die Retabel im Falle der Haller Reliefs natürlich auch vor verschieden breiten Wandflächen gestanden haben[57]. Daß die beiden ungleichen Flügel zusammengenommen gerade der Breite der Nische entsprechen, mag zum Teil ein Zufall sein; zum Teil ließen sie sich aber auch der Nischenbreite anpassen: durch die Wahl der Rahmenbreite und durch begrenzte Änderungen an den Reliefs selbst. Nach Meinung von Restaurator Petersohn wurden am rechten Flügel *die Seitenteile des Reliefs … vermutlich in der Breite gekürzt und in den Rahmen eingepasst*[58].

Zu 3): Besonders rätselhaft ist die umfangreiche Ergänzung am linken Flügel, die dort das Kreuz mit dem bußfertigen Schächer und dem Schergen auf der Leiter umfaßt (vgl. S. 321). Warum hat man eine so große Partie nachträglich eingefügt und wann? Wie Hermann Petersohn feststellt, entspricht die Fassungsoberfläche dieses ergänzten Teils der wahrscheinlich 1702 aufgebrachten Zweitfassung, und er vermutet deshalb, die Ergänzung stamme aus dieser Zeit. Ich bezweifle aber, daß man sich um 1702 so weitgehend einer spätgotischen Formensprache anzupassen wußte. Immerhin hat die Ergänzung bis zur jüngsten Restaurierung niemand bemerkt. Die ergänzten Figuren sind im Maßstab ein wenig kleiner als die originalen, insgesamt mickriger und vergleichsweise unbeholfen, besonders der unsäglich verdrehte rechte Fuß des Schergen; die Formen sind teigiger, vor allem die wurstartig gekrümmten Arme des Schächers, aber auch die Landschaft. Dennoch dürfte die erneuerte Partie zu einer Zeit geschnitzt worden sein, die der Entstehungszeit des Reliefs noch relativ nahe lag.

Hier stellt sich die Frage, warum das Relief ergänzt werden mußte. Es ist wenig wahrscheinlich, daß es zu der Zeit beschädigt wurde, als es in der Michaelskirche mit dem Heiligen Grab verbunden war. Viel eher entstand der Schaden noch an dem unbekannten Ort der ursprünglichen Verwendung, sei es durch kriegerische Handlungen, Bilderfeindlichkeit oder mangelnde Vorsicht beim Abtransport. Doch genug der Spekulationen!

Der Zeitpunkt, zu dem die Reliefs der Michaelskirche überlassen und am Heiligen Grab angebracht wurden, muß irgendwann zwischen der Entstehung der Reliefs (um 1510) und der Erststiftung der Flügelbilder (vermutlich 1589) gelegen haben. Möglicherweise waren die Flügel noch nicht vorhanden, als man nach der Reformation (um 1530?) das Bild mit der Kreuzgruppe am Langhauspfeiler nahe dem Heiligen Grab übermalt und dabei zum Grab hin umorientiert hat, sicherlich um in diesem Bereich entsprechende Andachten zu halten. Das könnte darauf hindeuten, daß am Heiligen Grab selbst noch kein

Kreuzigungsbild vorhanden war, die Flügel also – höchst grob geschätzt – in den Jahrzehnten um die Jahrhundertmitte angebracht wurden.

Zu 4): Ehe 1866 das Wächterrelief aus Tüngental in die Tumba eingefügt wurde, gehörten zu der Grablegung mit Sicherheit keine Grabwächter, denn erstens hätte es wenig Sinn gemacht, vorhandene Wächter gegen fremde auszutauschen, und zweitens hätten die früheren, ausführlichen Beschreibungen des Grabes (Gräter 1790, Jäger 1829, Merz 1863) die Figuren zumindest erwähnt[59]. Wie muß man sich aber dann den unteren Teil des Grabes vorstellen? Bestimmt nicht als öde leere Fläche. Auch ein Altar kommt an dieser Stelle nicht in Frage; die Nebenaltäre des Langhauses standen vor den Rundpfeilern (an denen man noch die gemalten Retabel sieht), und sie waren geostet.

Eine Vorstellung vom mutmaßlichen Aussehen der Tumba gibt uns ein Vergleich mit anderen Werken gleicher Art. An den Grablegungen ohne Wächterfiguren ist die Tumbafront durch kunstvolle Profilierung und in der Regel durch ein gotisches Blendmaßwerk geschmückt, meist aus ein- oder zweibahnigen Spitzbögen mit Dreipaß oder Vierpaß, in der späteren Zeit auch mit Fischblasenmaßwerk. Ich nenne einige Beispiele aus verschiedenen Zeiten:

1393: Geschnitzte Grablegung in einem Retabel des Jacques de Baerze, Dijon, Museum, aus der Kartause Champmol[60]. – Anfang 15. Jahrhundert: Grablegung in Ath, Museum, aus Mainvault (Belgien)[61]. – Um 1450/60: Grablegung in Andernach, Liebfrauenkirche[62]. – Um 1480: Grablegung in St. Wendel, Wendelinuskirche (Fischblasenornament[63]). – Ende 15. Jahrhundert: Grablegung in Sinzig, St. Peter[64]. – Um 1510: Grablegung in Münstermaifeld, St. Martin[65]. – Um 1515: Grablegung in Bayon (Lothringen), Kirche[66]. – Mit einem ähnlichen Maßwerk, wahrscheinlich aus Spitzbögen, war wohl auch die Tumbafront in der Michaelskirche vor dem Einbau des Wächterreliefs geschmückt. Viel andere Möglichkeiten gibt es nicht. Vielleicht entsprach das Maßwerk dem des Fensters in der Rückwand der Nische.

Zum Sinngehalt

Bernhard von Clairvaux (1090–1153) nennt das Grab Christi den heiligsten Schatz der Christenheit, denn die Erinnerung an den Tod Jesu rege mehr zur Frömmigkeit an als die Erinnerung an sein Leben[67]. Daraus läßt sich ermessen, welche Bedeutung das Mittelalter dem Grab Jesu und seinen Nachbildungen beimaß. Allein in Hall hatten alle mittelalterlichen Kirchen ihre Grablegungsgruppe: Die Urbanskirche um 1440, St. Johann um 1450[68], St. Michael um 1456, St. Katharina 1470.

Im frühen und hohen Mittelalter waren die Nachbildungen des Grabes Christi architektonischer Art. Man wollte die Grabeskirche in Jerusalem nachbauen, genauer: die Rotunde über dem Grab, deren Aussehen durch Schilderungen von Pilgern schon früh, seit etwa 700, bekannt geworden war[69] (Beispiele solcher Nachbauten in Deutschland: Fulda 820/22, Konstanz um 960, erneuert um 1280, Gernrode um 1120, Eichstätt um 1150 – und wohl auch die Sechseckkapelle der Komburg um 1230).

Seit dem 13. Jahrhundert – also seit der Gotik oder, geistesgeschichtlich gesprochen, im Gefolge der Mystik – kam der Wunsch auf, den toten Christus sichtbar zu machen und in Gestalt eines Bildes zu verehren. So entstanden zum einen bewegliche Figuren, die in der Liturgie zwischen Karfreitag und Ostern verwendet wurden, und zum anderen die fest angebrachten Heiliggrab- und Grablegungsgruppen. Die beweglichen Figuren wurden am Karfreitag in feierlicher Prozession in einem Heiligen Grab bestattet, von psalmodierenden Chorschülern bewacht und in der Osternacht wieder erhoben, wobei das Grab ursprünglich auch temporär aus Tüchern errichtet oder tragbar und sogar auf Rollen fahrbar sein konnte. Zur Steigerung der Realität wurde zusammen mit der Figur noch der *real gegenwärtige* Christus in Gestalt einer geweihten Hostie beigesetzt. Ein aufschlußreiches Beispiel dafür ist aus der Pfarrkirche in Biberach überliefert:

Neben dem Creüz bein Frawenstüehlin da ist gestanden ein hüpschs, gemahlets, verguldts Grab. Da ist ein andechtiger Herrgott gelegen, verdeckht mit ainem Tünnen Thuech, das man Vnnsern Herrgott dardurch hat mögen sehen, den das grab ist vergöttert [vergittert] *gesein. Sendt auch gewapnet Juden daran gemahlet gesein; neben dem Grab sendt von Burgern vnd von den Zünfften grose Kerzen gesteckt, Tag vnd Nacht Brunnen, bis Vnnser Herrgott erstanden ist. / Ittem. Zu beeden Orthen vnden vnd oben sendt schuoler gesesсен, haben Lötner [Lesepulte] vor Ihnen gehabt vnd psalter büecher, darauss sie Tag vnd Nacht den psalter wider einander gesungen vnnd Nimmer aufgehört … bis Vnnser Herrgott erstanden ist. / … Ittem. Man hat auch das recht Sacramendt in das Grab gehenckht, dasselbig Ahnzuebetten, bis Vnnser Herrgott erstanden ist. So hat man es den wider in das Sacramenthauss Thon. / Ittem. Die Leüth haben vil Liechtlin vor dem graab brennt, nider Knüet, mit andacht vil da bettet*[70].

Auch die Heiliggrab- und Grablegungsgruppen mit fest zugehöriger Christusfigur – die sich in einer Wandnische oder Kapelle im Kircheninneren befanden – konnten unterschiedliche Funktionen haben: als sogenanntes *Ostergrab* oder als reines Andachtsbild. Das Ostergrab hatte außer seiner Verwendung als ganzjähriges Andachtsbild noch eine Funktion in der Liturgie zwischen Karfreitag und Ostern: Man setzte in ihm, wie oben geschildert, eine geweihte Hostie bei, gewöhnlich in einem Kelch, der mit einer Patene bedeckt war[71], oder in einem Kästchen (*theca* oder *arca* genannt). Dafür gab es in solchen Gräbern eine besondere Haltevorrichtung, eine Konsole oder eine Wandnische. Es spricht alles dafür, daß die (leider zerstörte) Grablegungsgruppe in Tüngental[72] ein solches Ostergrab war und daß die Nische in ihrer Rückwand zwischen der Mutter Jesu und Maria Magdalena nicht, wie Gradmann (S. 176) meint, *für eine Leuchte* bestimmt war, sondern für Kelch und Hostie. Professor Johannes Tripps, Heidelberg, meint dazu: *Die Nische mit dem Kielbogen war für den Kelch gedacht, in welchen man am Karfreitag die Hostie legte, mit der Patene zudeckte und ins Heiliggrab, das nun zum Ostergrab wurde, stellte. Der Kelch stand für die Grabeshöhle, die Patene für den Grabesdeckel bzw. Stein, den man vor die Grabeshöhle gewälzt hatte. In einer Prozession trug man den Kelch mit Hostie zum Heiliggrab und stellte ihn in die Nische*[73].

Da die Haller Grablegung in St. Michael keine solche Nische, Konsole oder andere Haltevorrichtung aufweist, handelt es sich bei ihr mit hoher Wahrscheinlichkeit um eine reine Andachtsgruppe, an der die Gläubigen das Geschehen um Jesu Tod in Gebet und Meditation nachempfinden konnten. Wahrscheinlich wurden diese Andachten vor allem freitags zur überlieferten Todesstunde Jesu[74] gehalten. Zum Beispiel sind in Wienhausen zwischen 1314 und 1470 sechs Lichtstiftungen für den *Heiligen Leichnam* urkundlich belegt, die nicht nur den Karfreitag, sondern den Freitag überhaupt betreffen[75]. Oder ein anderes, späteres Beispiel: Im Jahr 1518 stiftete Graf Jakob zu Salm in die Pfarrkirche von St. Avold zum Seelenheil seiner Vorfahren und Freunde und zu *lob und gedechtnuss* des Leidens Jesu Christi *einen ewigen lobgesang mitt dem responsorio Tenebris factae sunt, alle freytags umb die eylfte stundt vor mittage vor dem heiligen grabe in genandter Kirchen* (an anderer Stelle des Stiftungstextes *gute andacht* genannt)[76].

In der Haller Michaelskirche wurden sicherlich auch nach der Reformation noch Andachten oder Feiern am Heiligen Grab abgehalten. Dafür spricht nicht nur die oben (S. 332) erwähnte Umorientierung der Kreuzgruppe am benachbarten Langhauspfeiler, sondern vor allem auch Spuren von Kerzengebrauch an der Christusfigur. Nach dem Befund von Restaurator Petersohn waren dort die Schmutzablagerungen in der Überfassung von 1866 *durch Kerzenruß gebunden* und im Bereich der Hände Jesu fanden sich *dicke Wachssspritzer*[77].

Wie es scheint, haben sich solche Andachten jedoch später – zumindest ab der württembergischen Zeit – auf den Karfreitag (und Karsamstag) beschränkt. Laut Johann Jakob Hausser (1877) war das Grab *gewöhnlich verschlossen*[78]. Pfarrer Schmoller (1931) meint: es *wurde wohl immer nur am Karfreitag offengehalten, und es wird alte Karfreitagssitte sein, daß man am Mittag aus Stadt und Land den Heiland an seinem Grab besucht*[79]. Ähnlich Pfarrer Marstaller (1969): *Das Heilige Grab ist eine Stätte frommer Andacht. An Karfreitag und Ostersamstag ist es mit Blumen geschmückt und finden hier gottesdienstliche Feiern statt*[80]. Und Pfarrer Dowerk (1996) weiß: *An jedem Karfreitag und Ostersamstag brennen hier Kerzen und die Gemeinde sammelt sich zur Sterbestunde Jesu*[81]. Auch die noch lebenden „Zeitzeugen" glauben sich zu erinnern, daß früher die Flügel des Grabes das Jahr über geschlossen waren und nur zum Karfreitag geöffnet wurden. Nach dem zweiten Weltkrieg hat sich das geändert; das Grab steht jetzt immer offen, und die Flügel haben sich entsprechend verzogen, so daß sie nur noch mit Mühe zu schließen sind.

Die Andachten und das Gedenken an den Tod Jesu waren nicht die einzige Bestimmung der (nicht liturgischen) Heiliggrab- und Grablegungsgruppen. Sie waren zugleich Ort der Bestattung ihrer Stifter und anderer Persönlichkeiten, insbesondere Geistlicher. Dort, beim Grab des Herrn, in der Nachbarschaft Christi, sozusagen in der ersten Reihe, erwartete man den Tag der Auferstehung[82]. Man hoffte so auf Christi Beistand am Jüngsten Tag oder sogar – unter Aufhebung der rationalen Zeitvorstellung – zusammen mit Christus auferstehen zu können (*sûr de ressusciter avec lui*, hat es der Kunsthistoriker Emile Mâle formuliert[83]).

In der Regel haben sich die Stifter der Heiliggrabgruppen oder die Geistlichen der betreffenden Kirche durch testamentarische Verfügung ihren Begräbnisplatz möglichst nahe beim Grab Christi gesichert. Markus Maisel hat das unter anderem für Frankreich untersucht und festgestellt, daß in allen Fällen, in denen sich eine testamentarische Bestimmung über die Errichtung eines Hl. Grabes erhalten hat, auch eine Grablege damit verbunden war. Er nennt Beispiele in Périgueux (1417), Fribourg/Schweiz (1433), Tonnerre (1454), Chaumont-en-Bassigny (gestiftet 1471), Avignon (1500), Amiens (1506), Château de Biron (1515), Poitier (1555)[84]. Schon die Heiliggrab-Rotunde in Fulda (822) wurde als Begräbnisstätte genutzt[85]. In Straßburg diente die 1150 als Heiliggrab-Kapelle erwähnte Andreaskapelle als Grablege der Bischöfe. Der Straßburger Bischof Berthold von Bucheck († 1352) ließ sein eigenes Grabmal zu einem Heiligen Grab umbauen und wurde dann unmittelbar davor, *zu Füßen seines Herrn*, bestattet[86]. Der Zusammenhang mit der Totenbestattung wird auch daraus ersichtlich, daß die großfigurigen Heiliggrab- und Grablegungsgruppen ausschließlich in Kirchen mit Bestattungsrecht (wie Pfarrkirchen) gestiftet wurden.

Zurück zur Haller Michaelskirche: Wie die Vielzahl der Beispiele zeigt, war es kein Einzelfall, wenn der Pfarrer Leonhard Leiding am Ort des Grabes Christi beigesetzt werden wollte, sondern er stand damit in einer langen und verbreiteten Tradition. Eine andere Frage ist es, ob er die Figuren – wie das in vielen Fällen geschah – auch gestiftet hat (die Heiliggrab-Nische selbst war nach dem Baubefund von Anbeginn geplant und wurde seit 1427 zusammen mit dem Langhaus der Kirche errichtet). Doch leider läßt sich der Stifter nicht mehr feststellen, denn die aufgemalten Wappen in den Nischenzwickeln sind nicht original und außerdem erloschen[87].

Da im Inneren der Michaelskirche nicht bestattet wurde (von der späten Ausnahme des Thomas Schweicker abgesehen[88]), war der dem Heiligen Grab nächst benachbarte Begräbnisplatz auf dem Friedhof unmittelbar außerhalb der Anlage, nur durch Wand und Fenster von den Figuren getrennt. Diesen Platz hat sich Pfarrer Leonhard Leyding durch sein Testament gesichert (vgl. S. 329 ff.). Es ist verständlich, daß auch die nachfolgenden Geistlichen den Wunsch hatten, möglichst nahe beim Grab des Herrn beigesetzt zu werden. Bei den zwei berühmtesten – dem Pfarrer Michael Müller, genannt Molitor oder Molitoris († 1504)[89], und dem Pfarrer Sebastian Brenneisen († 1513)[90] wird das durch ein Kircheninventar von 1812 bestätigt; es beschreibt die Grabplatten als *beede auf dem Boden liegend allernächst der äußeren Thür gegen der Pfarrgassen*, der sogenannten *Meßnersthür*, das heißt im 4. Joch, neben dem Heiligen Grab[91].

Offensichtlich hat sich diese Tradition in evangelischer Zeit fortgesetzt, ob aus Gewohnheit oder weil man den tieferen Sinn noch empfand, muß offen bleiben. Ich nenne hier einige der bekannteren Geistlichen. Sie alle sind im 5. Joch, also östlich neben dem Heiligen Grab bestattet, wohl weil die übrigen Plätze inzwischen vergeben waren: Dekan Johann Weidner († 1606), Pfarrer Christoph Gräter († 1614, Nr. 18, S. 60ff.), Pfarrer Josef Stadtmann († 1626, Nr. 15, S. 48ff.), Pfarrer Johannes Bootz († 1632), Dekan Johann Wolfgang Weidner († 1669)[92].

Der Bildhauer der Grablegung

Die Grablegung beeindruckt besonders durch ihre feierliche Monumentalität, die schlichte Größe ihrer Figuren, ihren *einfachen Adel* (Merz) und den herben Ausdruck der Trauer, der aus Gesichtszügen und Gebärden spricht. Die Hände sind großformig gegliedert, ohne derb zu wirken, die Drapierungen der Gewänder zurückhaltend und doch von hohem formalen Reiz. Man beachte, wie der Schleier der Magdalena in einem Oval das Haupt umgibt, wie

Maria Jakobi in ihr Schleierende greift und der kleine Finger dabei von außen in den Stoff drückt, wie die Linke der Figur den Mantelsaum mit den Fingerspitzen zu der Salbenbüchse in ihrer Hand emporzieht oder wie die beiden Leichenträger behutsam unter das Bahrtuch greifen.

Das Werk erfuhr im Laufe der Jahrhunderte eine unterschiedliche Wertschätzung. Der zeitgenössische Pfarrer Leonhard Leyding hob vor allem die Überlieferungstreue hervor (*prout sepulture dominice traditus fuit*) und die kostbare Bemalung (die später durch die verschiedenen Überfassungen beeinträchtigt wurde). Der Mesner Leonhard Gräter, 1790, würdigt das Werk folgendermaßen: *In Wahrheit, erregt je etwas die Bewunderung derer Fremden* [anscheinend gab es schon eine Art Kunsttourismus], *so ist es gewiß diß ... heil. Grab. ... An allen diesen traurenden Freunden, die am Grab ihres Geliebten stehen, ist der Affect des Mitleids, und der tiefeinschneidenden Traurigkeit, so natürlich ausgedrückt, daß nichts natürlicheres kan gedacht werden*[93]. Auch die Autoren des 19. Jahrhunderts – Jäger 1829, sein Abschreiber Hausser 1877, und Merz 1863[94] – sind noch des Lobes voll. Erst in neuerer Zeit wurde das Werk weniger beachtet und sein Wert wohl auch weniger verstanden. So findet Gotthilf Marstaller zwar den Leichnam Jesu *ergreifend gestaltet*, meint aber, die drei Marien und Johannes seien *von geringerem künstlerischem Rang*[95].

Wie es scheint, erfreute sich jetzt die ähnlich gestaltete Grablegung in St. Katharina größerer Wertschätzung. Der Bildband von Lucrezia Hartmann (1970) zeigt davon zwei Abbildungen, aber keine von dem Grab in St. Michael. Schon Heinrich Merz fand die Grablegung in St. Katharina *im Ganzen schöner als die im heiligen Grabe bei St. Michael* und nannte dafür Gründe: *Die Gesichter sind gar zart und lieblich, Finger und Hände fein, alle Figuren ganz lebendig gebildet*[96]. Mit anderen Worten, das Werk ist gefälliger, die Formen geschmeidiger, gelöster. Offensichtlich hat Merz dabei aber nicht berücksichtigt – seiner eigenen Wahrnehmung zum Trotz (siehe S. 329) –, daß der Meister von St. Michael einer früheren Entwicklungsstufe angehörte, die eine andere Formensprache bedingt hat. Erst recht mußten die folgenden Autoren, die ausnahmslos von den irrigen Datierungen – um 1480 wenn nicht gar 1510 – ausgingen (siehe S. 328f.), zu Fehleinschätzungen kommen. Im Glauben, das Werk in St. Michael sei jünger als das in St. Katharina, mußte ihnen der Meister rückständig, ja unbeholfen erscheinen. Erst nachdem sich die zeitliche Abfolge umgedreht hat, weiß man seine hohe Monumentalität und herbe Ausdruckskraft zu würdigen.

Solche Fehleinschätzungen infolge Unkenntnis der historischen Fakten sind in der Kunstgeschichte auch sonst bekannt. Ein Beispiel: Solange man den niederländischen *Meister von Flémalle* (Robert Campin) noch für jünger als Rogier van der Weyden hielt, sah man in ihm einen eklektischen Nachfolger. Als man dann erkannte, daß er in Wirklichkeit ein Vorläufer Rogiers war, der noch eine archaischere Stilstufe vertrat, galt er als ein Bahnbrecher der neuzeitlichen Malerei[97].

Die nähere Einordnung des Heiliggrabmeisters ist ein hoffnungsloses Unterfangen. Wohl gab es einen Versuch, den Bildhauer mit einem anderen Haller Werk in Verbindung zu bringen: *Der Mann, welcher den Hochaltar verfertigte, dürfte auch der Meister dieses trefflichen Werkes sein*, meint Heinrich Merz[98]. Doch in Wirklichkeit findet man – außer der etwa gleichzeitigen Entstehung – keinerlei stilistische Gemeinsamkeiten zwischen dem niederländischen Gruppenretabel und der monumental-statuarischen Grablegung, der alle niederländischen Züge fehlen. Auch sonst ist in Hall nichts erhalten, wovon sich der Stil des Bildhauers ableiten ließe. Die Steinfiguren der älteren Heiliggräber aus St. Johann und der Urbanskirche sind von der Grablegung in St. Michael ebenso verschieden wie untereinander. Man vergleiche die Christusfigur der Michaelskirche mit dem fast körperlosen, streng und geometrisierend geformten Christuskörper aus St. Johann[99] oder die Maria Magdalena in ihrer ruhig schlichten Kleidung mit der Magdalena aus der Urbanskirche, deren unruhige, kraus verschnörkelte Mantelfalten einen nicht überbrückbaren Gegensatz dazu bilden[100].

Offensichtlich läßt sich die Grablegung in St. Michael an kein älteres Haller Werk anschließen. Wir wissen nicht, woher der Meister kam, und schon gar nicht, wie er hieß. Allenfalls über seine Einwirkung auf die spätere Haller Kunst läßt sich eine Aussage machen: Das Heilige Grab in St. Katharina[101], entstanden 1470, in vielem mit dem Grab in St. Michael verwandt, ist ohne das Vorbild des älteren

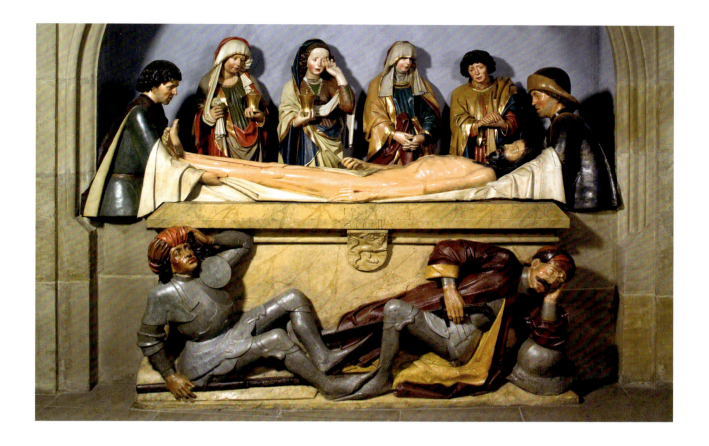

Werkes nicht denkbar. Es entstand vielleicht in derselben Werkstatt, stammt aber keineswegs von derselben Hand. Der Meister von St. Katharina, ohne Zweifel der jüngere, muß eine andere Ausbildung genossen haben. Wie schon dargelegt (S. 329), hat er sich an niederländischer oder niederländisch geprägter Kunst geschult, ehe er sich hier niederließ und möglicherweise in die Werkstatt des Älteren eintrat. Wie es scheint, hat er sich in einigen motivischen Merkmalen auch von den Altarskulpturen der Urbanskirche anregen lassen. Die Frisur der Maria Magdalena – überm Stirnband gerieffelt, darunter gelockt – ist verblüffend ähnlich strukturiert wie dort das Haar Mariens in der Geburtsszene. Ebenso gleichen sich die lässig gefalteten Hände dieser Figur und der Maria Muttergottes in der Grablegung.

Wie sehr sich aber der Meister von St. Katharina vom Meister der Michaelskirche in der Formensprache unterscheidet, läßt sich – trotz des ähnlichen Erscheinungsbildes beider Grablegungsgruppen – an vielen Merkmalen ablesen: In St. Michael sind die Figuren flacher angelegt, ihre Profillinie springt weniger vor. In St. Katharina greifen auch die Gebärden weiter in den Raum aus, ebenso die Gewänder; sie sind luftiger drapiert mit mehr Hohlräumen zwischen Körper und Mantel. Die aufgelockerten und dadurch ebenfalls raumhaltig gewordenen Frisuren habe ich schon erwähnt (S. 329). Die Falten an der Nasenwurzel sind in St. Michael durch wuchtige Kerben markiert, die Augen leicht schräg gestellt, zur Nasenwurzel hin emporgezogen – eine alte Formel für Schmerz. In St. Katharina ist der expressive Zug gemildert. Dieses Zurücknehmen des Expressiven gilt für das dortige Grab allgemein. Ein Beispiel: in St. Michael hält die Muttergottes ihre gefalteten Hände in einer Gebärde der Verzweiflung empor (übrigens dicht am Körper), in St. Katharina läßt sie sie lässig herabhängen. Und noch ein persönliches Merkmal des Bildhauers: In St. Michael sind die Finger der Figuren in der Regel dicht aneinandergelegt, in St. Katharina bilden sie Zwischenräume, was ihnen manchmal – cum grano salis – etwas Krallenhaftes verleiht (Maria Jakobi). Der derbe, zudem überflüssige Griff der Maria Jakobi an das gefaltete Schleierende unterscheidet sich grundlegend von der durchdachten Gebärde der entsprechenden Figur in St. Michael, die den Schleier zum Trocknen der Tränen emporführt.

Alle diese Beobachtungen erweisen den Meister von St. Katharina als eigenständige und – in Anbetracht des niederländischen Einflusses – sicherlich jüngere Persönlichkeit. Sie lassen aber andererseits die Möglichkeit, ja die Wahrscheinlichkeit offen, daß er in der Haller Heiliggrab-Werkstatt gearbeitet und sie vielleicht weitergeführt hat.

Ein zweites Werk dieses Meisters, nicht ganz so differenziert ausgeformt wie das in St. Katharina, ist das Fragment einer Grablegung aus Murrhardt im Württembergischen Landesmuseum[102]. Es wartet mit einer ikonografischen Variante auf. Das Schema der isoliert nebeneinander stehenden Figuren (wie in St. Michael und St. Katharina) wird hier durch eine Zweiergruppe durchbrochen: Johannes stützt jetzt die in Trauer versunkene Muttergottes – ein szenisches Motiv, das an vielen anderen Grablegungen vorkommt und später auch in Tüngental aufgenommen wurde. – Gelegentlichen Versuchen, dem Meister von St. Katharina noch weitere Werke zuzuschreiben, etwa die Altarskulpturen in Oppenweiler, kann ich nicht beipflichten.

Der Bildhauer der Flügelreliefs

Ganz schlecht steht es mit einer kunstgeschichtlichen Einordnung der Flügelreliefs. Wir wissen ja nicht einmal, wo die Werke entstanden sind, und die eklektische Kompositionsweise des Schnitzers führt mehr in die Irre als zu einem Ziel. Wenn man wegen der benutzten Vorlagen an die Nachbarschaft Schongauers, Dürers, Schäufeleins oder Baldungs denkt, hat das ja nichts mit stilistischer Nähe zu tun. Allenfalls läßt sich sagen, daß bei einem Vergleich mit den fränkischen Kopftypen Dürers die breiter gebauten des Schnitzers (vgl. besonders die Kieferpartien in der Kreuzabnahme) einen eher schwäbischen Einschlag haben, ohne allerdings etwas mit den bekannten schwäbischen (oberschwäbischen) Werken zu tun zu haben. Darf man daraus schließen, es könnte sich um einen *niederschwäbischen* (frankoschwäbischen) Meister handeln?

Doch diese vage Feststellung führt nicht weiter. Solange niemand einen hilfreichen Fund für Vergleiche macht, stehen die beiden Werke allein. Man denkt an ein Wort von Heinrich Wölfflin: *Das isolierte Kunstwerk hat für den Historiker immer etwas Beunruhigendes. Er wird versuchen, ihm Zusammenhang und Atmosphäre zu geben*[103]. Wenn aber in weitem Umkreis keine verwandten Werke bekannt sind, bemüht man sich vergeblich um einen solchen Zusammenhang.

Das Wächterrelief

Ebenso wenig wie über die Herkunft der Flügelreliefs wissen wir über das Tumbarelief mit den Grabwächtern. Wir kennen nur seine unmittelbare Provenienz aus Tüngental. Diese läßt sich einer geheimnisvollen Zeichnung im Landesdenkmalamt entnehmen, die Hans Werner Hönes gefunden und bekannt gemacht hat[104]. Es handelt sich um eine skizzenhafte, aber getreue Nachzeichnung der vier schlafenden Krieger. Darunter der Vermerk: *Waechter eines heiligen Grabs / früher in Thüngenthal / jetzt in St. Michael in Sch. Hall.* Unterhalb davon ist in anderer Handschrift, wahrscheinlich der des Zeichners, ein kurzer Dialog zwischen dem Zeichner und dem zuständigen Mesner vermerkt:

Meßner: Wollen Sie die schlafenden Männer zeichnen?
Ich: Ja!
Meßner: Drum, es sagen Alle, wo ein bisle Kenner san [sen?], daß es Viel sey, von so einem Sandstein daran so eine Bildung hinzubringen. – Den 22. Oct. 1847.

Es wäre möglich, daß das Relief gleich nach seiner Ankunft in Hall gezeichnet wurde und es sich um ein Gespräch mit dem Haller Mesner handelt. Da aber die Oberamtsbeschreibung, die im selben Jahr 1847 erschien[105], das Relief noch in der Tüngentaler Kirche aufführt, scheint mir eine andere Möglichkeit passender: Die Haller wünschten das in Tüngental überflüssige Werk zu erwerben und schickten den Zeichner dorthin, um es dann anhand der Zeichnung einem größeren Gremium zur Begutachtung vorführen zu können. Der Gesprächspartner des Zeichners war in diesem Fall der Tüngentaler Mesner.

Nun gab es tatsächlich in Tüngental – bis zur Zerstörung im 2. Weltkrieg – ein Heiliges Grab; die Trümmer und die Nische sind noch vorhanden. Nichts scheint daher näher zu liegen als die Annahme, das Relief stamme von diesem Werk. Doch alles, was wir wissen, spricht dagegen. Die Oberamtsbeschreibung von 1847 führt das Werk in der Kirche als isolierten Gegenstand auf: *Merkwürdig* [ist] *ein Basrelief von Sandstein, welches 4 schlafende Krieger, wahrscheinlich Wächter am Grabe des Erlösers, in Tracht und Bewaffnung des 15. Jahrhunderts vorstellt*[106]. Und der Verfasser vermutet bloß, daß es ursprünglich zu einem Hl. Grab gehört hat. Der Mesner in dem zitierten Gespräch mit dem Zeichner scheint dies nicht einmal zu vermuten, denn er spricht nur von schlafenden Männern. Selbst wenn man unterstellt, das Werk habe in längst vergessener Zeit doch einmal zum Tüngentaler Grab gehört, läßt sich kein vernünftiger Grund denken, warum man es hätte entfernen sollen, ohne etwas anderes an seine Stelle zu setzen. Auch die Maße scheinen mir nicht zu passen. Nach den Messungen von Hans Werner Hönes ist das Relief mit 170 cm genau so breit wie die Nische. Da die Grablegung selbst aber die Nischenbreite nicht restlos ausgefüllt hat (siehe die überlieferte Abbildung[107]), wäre das Relief für die Gruppe zu breit. Auch stilistisch passen die Werke nicht zusammen, weder in der persönlichen Formensprache der Bildhauer noch im sogenannten Zeitstil: Das Relief ist ein Erzeugnis der Frührenaissance, die Grablegungsfiguren sind noch spätgotisch geprägt; sie scheinen – wenn die einzige Abbildung nicht trügt – dem Schnitzstil Hans Beuschers nahezustehen (vgl. etwa die Magdalena mit der Heiligen links im Schrein des verbrannten Tüngentaler Retabels[108]).

Offensichtlich handelt es sich bei dem Wächterrelief wie in so vielen Fällen um ein vagabundierendes Überbleibsel aus einer anderen, zerstörten oder modernisierten Kirche. Es ist verständlich, daß die Haller darauf mit Aussicht auf Erfolg ein Auge geworfen haben. Tatsache ist, daß sich das Werk anschließend in Hall befand, und zwar zunächst im Chor der Michaelskirche, und daß es 1866 an der Tumbafront der Grablegung angebracht wurde. Das geht aus einem – von Hans Werner Hönes entdeckten – Protokoll des Pfarrgemeinderats vom 22. März 1866 hervor: *Daß steinerne Figuren, die Wächter am Grabe vorstellend, welche im Chore der Kirche sich befinden, unter dem Grabe angebracht werden, wird gebilligt*[109].

Genau wie bei den Flügelreliefs wissen wir – bis jetzt zumindest – weder, wo das Werk entstanden noch wo der Bildhauer einzuordnen ist. Wir müssen uns mit der kurzen Vorgeschichte in Tüngental und Hall begnügen. Jedenfalls haben im 19. Jahrhundert die mehr oder minder Sachverständigen (*wo ein bisle Kenner* waren) und die Haller Pfarrgemeinderäte, die das Werk bekommen oder erworben haben, seinen Wert mit Recht geschätzt. Die Komposition des Reliefs ist allerdings von höherer Qualität als seine Ausführung, was darauf schließen läßt, daß es nach einer fremden Vorlage geschaffen wurde.

Die Maler

Die städtischen Rechnungen (*Steuerrechnungen*) überliefern eine Zahlung vom 11. August 1702 an *H(err)n Georg David Zweiffeln des Gerichts und Hn. Joh. Lor. Schrejern Mahlern vor Verdienst am heyl. Grab zue St: Michael 125 f.*[110]. Dabei kann es sich nur um die laut Inschrift von 1702 von Anna Sibylla Rittmann gestifteten Flügelbilder handeln (vgl. S. 324ff.). Die Frage ist bloß, in welcher Weise diese Zusammenarbeit vor sich ging und ob sich die jeweiligen Anteile trennen lassen.

Schon ein flüchtiger Blick auf die Gemälde zeigt, daß die beiden linken und die beiden rechten Bilder jeweils zusammengehören. Der linke Flügel unterscheidet sich vom rechten durch geringere Qualität: ausdruckslose Gesichter, schlaffe, parallel laufende Gewandfalten, mühsam konstruierte Hintergrundsformen (Stadt bzw. Zimmerwand). Das Ungeschick des Malers äußert sich auch in Details, etwa an der Aktfigur Christi im Thomasbild: Deren linke Hand ist verglichen mit den Armen zu klein, die rechte greift in die Leere (siehe S. 326), das Lendentuch ist nicht verknotet und müßte eigentlich herabfallen (vgl. dagegen das Thomasbild im Schweicker-Epitaph, S. 160f.). Das Beste an den Gemälden ist ihre Komposition; aber die geht, wie dargelegt (S. 326), auf ältere Vorlagen zurück.

Mutet der Maler des linken Flügels dilettantisch an, so ist der des rechten routiniert und arbeitet auf deutlich höherem Niveau. Er versucht den Gesichtsausdruck seiner Gestalten zu differenzieren - eindrucksvoll etwa der bärtige Alte mit der Kapuze (in der Himmelfahrt rechts hinten), der ergriffen nach oben blickt und seinem Nachbarn die

Heiliges Grab | 339

Hand auf die Brust legt. Die Gewandfalten der Figuren sind einfallsreicher drapiert, obschon etwas unharmonisch wie auch die ungezügelte Gestik der Arme und Hände. – Daß die beiden Bilder des Flügels stilistisch zusammengehören, trotz des verschiedenen Sujets (unten ein Landschaftsgemälde, oben eine figurenreiche Szene), erweisen nicht nur die warm leuchtenden Farben, die gleichartigen Kopftypen der Apostel und die Form der gestikulierenden Hände, sondern auch gewisse Merkmale der „Handschrift": zum Beispiel hat der rechte, im Profil gezeigte Emmaus-Jünger die nämliche, nicht eben schöne Augenform mit dicken, wie geschwollen wirkenden Lidern bei hochgezogenem Unterlid wie im Himmelfahrtsbild der Apostel links unten (Johannes) oder auch die Maria. Selbst bei der Christusfigur beider Bilder zeigt sich trotz grundverschiedener Kopftypen eine Übereinstimmung in der Malweise: die Nasenkontur schwingt in ungebrochenen, mit breitem Pinsel gemalten Bögen in die Augenbrauen aus. Und schließlich: am rechten Flügel scheint der Nimbus bzw. die Aura Christi tatsächlich zu strahlen, während am linken Flügel die Strahlen wie Stacheln wirken.

Damit ist klar, wie sich die Arbeitsteilung vollzog: Die beiden Meister arbeiteten getrennt; der eine malte den linken, der andere den rechten Flügel. Jetzt bleibt nur noch die Aufgabe, die Anteile mit den richtigen Namen zu verbinden. Glücklicherweise besitzen wir für beide Maler archivalisch gesichertes Vergleichsmaterial. Von Georg David Zweiffel sind das vor allem die fünf Bilder (Paulus und die Evangelisten) an der Kanzel aus St. Johann, jetzt in Rieden[111], von Johann Lorenz Schreyer das Gemälde an der Stiftertafel zum Waisenhaus in St. Michael und die Evangelistenbilder am Taufstein in St. Katharina[112].

Beim Vergleich mit diesen Werken zeigt sich rasch: Die Apostel der Himmelfahrt passen zu den Evangelisten Zweiffels in Rieden. Man vergleiche etwa den ersten und zweiten Apostel links hinten mit dem Riedener Matthäus bzw. Markus. Auch der Gang nach Emmaus ist mit seinen warmen, gedämpften Farben für die Malerei Zweiffels bezeichnend. Demnach hat Georg David Zweiffel die Bilder des rechten Flügels gemalt.

Der Maler des linken Flügels muß dann Johann Lorenz Schreyer gewesen sein. Das läßt sich durch einen Vergleich mit Schreyers gesicherten Werken bestätigen, – wenn auch nicht ganz leicht, weil erstens die Gemälde des Heiliggrabflügels fast sklavisch den Vorgängerbildern angepaßt sind (wie das Thomasbild am Schweicker-Epitaph belegt) und weil sie zweitens mit den gesicherten Werken – Taufstein in St. Katharina und Waisenhaustafel – motivisch zu wenig gemeinsam haben. Dennoch findet man Vergleichbares: Der ziemlich steife Profilkopf des Apostels mit dem erhobenem Zeigefinger (dritter von links im Thomasbild) wiederholt das Haupt Simons (des Apostels mit der Säge) am Taufstein und Gott Vaters an der Waisenhaustafel.

Georg David Zweiffel (1660–1724) lernte das Malerhandwerk bei seinem Vater, dem Maler und Ratsherrn Johann David Zweiffel, anschließend bei dem – aus Hall gebürtigen – Augsburger Bildnismaler Johann Christoph Beyschlag (1645–1712). Nach der Erkrankung seines Vaters (1706) war er in Hall der führende, längere Zeit sogar der einzige Maler. Näheres über ihn und seine Werke siehe unter Nr. 35 (Georg Bernhard Wibel) S. 134ff., Nr. 36 (Jakob Reitz) S. 142, Nr. 54 (Michael Schmidt) S. 232 und vor allem bei Deutsch, Rieden 1990, S. 222ff.

Johann Lorenz Schreyer (1652–1709) war der weniger begabte Sohn von Johann Schreyer[113]. Er lernte bei seinem Vater ab ca. 1664 die Malerei, wurde 1672 gräflicher Hofmaler in Kirchberg und führte nach dem Tod seines Vaters (1676) die Haller Schreyer-Werkstatt weiter. Zu seinen Hauptwerken gehören die Flügelbilder am Marienaltar und am Heiligen Grab von St. Katharina (1688, beide verloren)[114]. Außerdem arbeitete er – wie schon sein Vater – mehrfach mit anderen Meistern zusammen: 1684, 1687 und 1702 mit Georg David Zweiffel (Ölberg St. Michael, Orgel St. Katharina, Heiliggrab St. Michael)[115] und 1699 mit Johann David Mayer (Heiliggrab, Sakramentshaus, Marienfigur, Altäre und Kruzifix in St. Johann)[116].

Er hatte zwei Söhne, Johann Georg (1676–1738) und Georg Friedrich (1683–1742), die ebenfalls Maler wurden, aber mehr als Anstreicher und Faßmaler denn als Kunstmaler tätig waren. Der Jüngere, Georg Friedrich, fiel nach dem Tod des Bruders in Schwermut, *mutmaßlich* wegen *Nahrungssorgen*, so daß man ihn 1739 im Spital unterbringen mußte[117]. Damit hatten drei Generationen Schreyer-Werkstatt ihr Ende gefunden.

Literatur

Gräter 1790; C(arl) *Jäger*, Die St. Michaeliskirche zu Hall in Schwaben, Kunst-Blatt zum Morgenblatt für gebildete Stände, Nr.91, 1829, S.362 f.; Heinrich *Merz*, Die St. Michael-Kirche in Schwäbisch-Hall und ihre Restaurationen, Christliches Kunstblatt für Kirche, Schule und Haus, 1863, Nr.9, S.140 f.; J(ohann Jakob) *Hausser*, Schwaebisch Hall und seine Umgebung, ein Führer für Fremde und Einheimische, Hall 1877, S.64ff.; *Gradmann* 1907, S.30 f.; Julius *Baum*, Niederschwäbische Plastik des ausgehenden Mittelalters, S.20,26, Abb.21-23; *Wunder* 1987 Nr.85; Ulrich *Gräf*/Jochen *Ansel*/Hans Werner *Hönes*, Die Restaurierungsarbeiten in der Michaelskirche Schwäbisch Hall, Schwäbisch Hall 2000, S.98 ff. mit Abb.18, 80-83; Hermann *Petersohn*, Dokumentation der Restaurierung (Ms.), Göppingen 2001 (56 Seiten).

Anmerkungen

1. Die Höhe gemessen einschließlich Zinnenbekrönung bis zum Kirchenboden. Einzelmaße: Nische ca. 3 m hoch, 285 cm breit, 98 cm tief (innerhalb der Bogenkante); Jesus 200 cm lang; Josef von Arimathia 155 cm hoch; Nikodemus 146 cm hoch; Dreiviertelfiguren 88-90 cm hoch; linker Flügel 192/159 cm, Relief allein 181/146 cm; rechter Flügel 192/128 cm, Relief allein 181/116 cm; Steinrelief 55/170 cm.
2. Bei Lk 24,4 ff. sind es zwei *Männer*, bei Mt 28,2.3 und Mk 16,5 ff. ein *Engel* bzw. *Jüngling*; es lag aber schon um der Symmetrie willen nahe, die zwei Engel des Johannes-Evangeliums darzustellen.
3. *Jäger*, S.562 f.
4. Laut LCI Bd.8, Sp.44, unterscheidet sich Nikodemus von Josef von Arimathia, der stets als als Greis mit weißem Bart und Haupthaar dargestellt ist, durch sein geringeres Alter und dunkles Haar. Ihre Stellung am Leichnam – Kopf oder Füße – ist austauschbar, doch steht Josef bevorzugt am Kopf. Falls sich beide Figuren weder durch Alter noch Tracht unterscheiden, lassen sie sich nur vermutungsweise durch ihre Stellung bestimmen.
5. Der Nimbus des Johannes wurde zu unbekannter Zeit als Mühlebrett benützt; das Liniennetz fürs Mühlespiel ist auf seiner Rückseite eingeritzt (*Petersohn*, Dokumentation 2.3. A.1.4).
6. Maria Jakobi ist – als Mutter Jakobus des Älteren – in der Überlieferung identisch mit Maria Salome, der Halbschwester der Muttergottes. Markus 15,40 versteht unter ihr allerdings die Mutter *Jakobus des Kleinen und des Joses*, also Maria Kleophas, die andere Halbschwester Marias, denn er führt *Salome* gesondert auf. Siehe dazu auch S. 319.
7. Vgl. *Baum* 1925, Abb.21, und *Gräter* 1790, *Merz* 1863, G. Schmidt (wie Anm. 8) 1926. Möglicherweise wurden die Figuren nach der Rückkehr von der Kriegsauslagerung vertauscht.
8. Rechnung Gottfried Schmidts für die Kirchenpflege, Pfarrarchiv St. Michael (quittiert am 14.4.1926): *Am Heiligen Grab, an den 4 Halbfiguren (Johannes, Maria, Maria Magdalena, Maria Jakobi) an den Mänteln, Gesichtern u. Händen die unbefugte Übermalung abgenommen u. wieder in Stand gesetzt.* – Gleicher Wortlaut im Rechnungsbuch Schmidt (Privatbesitz), Eintrag vom 7. April 1926.
9. Vgl. *Petersohn*, Dokumentation 2.3. A.1.1-1.7 und das zugehörige farbige Übersichtsbild.
10. *Petersohn* 2.3. B.1.1.
11. *Petersohn* ebd.
12. Ausführlichere Beschreibungen und eine unterschiedliche Würdigung der beiden Reliefs bei *Jäger* (1829, S.363) und *Merz* (1863, S.140 f.).
13. *Petersohn* 2.3. C.1.1.
14. B. bzw. L. nach den Verzeichnissen von Bartsch und Lehrs.
15. Die Figur hat auch Hans Baldung in seinem Holzschnitt *Christus am Kreuz mit Maria, Johannes und Stephaton* (G.63, um 1505/07) übernommen.
16. In der Version mit dem bärtigen Fischmann, der in den Händen einen Dreizack und eine gebogene Gräte hält. Laut Hermann *Petersohn* (2.3. D.1.1.) ist das Wappen übermalt; im Streiflicht seien Spuren des ursprünglichen Wappens mit zwei gekreuzten Fischgräten zu sehen.
17. Siehe Kunstdenkmäler Rems-Murr-Kreis 1983, S.1290 ff. mit Abb.997.
18. Kunst- und Altertumsdenkmale Oberamt Göppingen 1924, Abb. S.180.
19. Kunstdenkmäler Stadt Nördlingen 1940, 21981, S.89 und S.100 mit Abb.62.
20. Siehe auch bei Nr.5 (Parsimonius), S. 31 mit Anm.10.
21. Abgebildet im Ausstellungskatalog Welt im Umbruch, Augsburg 1980, Bd.2, S.281 (Kat. Nr. 667); vgl. die Auferstehung im Aufsatz.
22. Siehe Nr.42, S. 16of., 163, 166.
23. Das Ortstor von Emmaus ist bei Solis noch ein großes Haustor, hinter dem die Jünger mit Christus beim Abendessen sitzen. Auf dem Haller Gemälde scheint im Inneren des Tors ein helles Rechteck durch die Malschicht hindurchzuschimmern. Könnte das die Spur eines Tisches mit Tischtuch aus einer früheren Malschicht sein?
24. Vgl. die Abbildung zu E.1.1 bei *Petersohn*.
25. Schon gegen Ende des 14. Jahrhunderts gab der italienische Maler Cennino Cennini Anweisungen, wie solche Pausen zu bewerkstelligen seien: *Um gute Umrisse zu erreichen – die Vorlage sei auf Papier, ein Tafelbild oder ein Fresko –, breite ein durchscheinendes Papier (carta lucida) über die Figur oder die Zeichnung und fixiere es an an allen vier Ecken mit etwas Wachs. Sofort schimmert dank der Transparenz des Papiers die Figur oder die Zeichnung klar sichtbar durch das Papier hindurch. Dann ... fahre die Umrisse ... der darunter liegenden Zeichnung nach ...* (Cennini, Il libro dell'arte; zit. nach Johannes *Tripps*, Giotto malt ein lachendes Kamel, zur Rolle des Tieres in der toskanischen Malerei des Trecento, Freiburg 2003, S.71.
26. Rechnungen der Katharinenpflege (1650-1799), StAH 4/3122, Bl. 23v, zum 16. August 1688.
27. Telefonische Mitteilung vom Dezember 2002.
28. Rechenzettel über die HeiligenPflegschaft zu St. Michael 1581-1609, Dekanatsarchiv (Depositum im StAH) 80a, zu 1589.
29. Wenn ein alter Stammbaum im Besitz der Familie Gräter recht hat, wurde das Wappen mit dem Fischmann und nur einer gebogenen Gräte – wie am Wappen von 1702 – erst 1660 dem Hauptmann Caspar Gräter verliehen.
30. Vgl. *Hönes*, St. Michael, Beiträge zur Baugeschichte (Ms. 2001), Bd.2, Nr.2 (Das Heilige Grab, Renovierungen ab 1866) S.1 ff. mit Quellenanlagen. – Nachtrag: Ders., St. Michael Schwäbisch Hall, Baugeschichtliche Dokumentationen, Schwäbisch Hall 2005, S.381 ff.
31. Die Kirchgänger wußten es besser: sie nützten die Aushöhlung des Holzkerns als Papierkorb (*Petersohn*, Dokumentation 2.3. A.1.1).
32. Georg *Dehio*, Handbuch der Deutschen Kunstdenkmäler, Bd.3, Berlin 1908, S.171. Genau so noch *Dehio-Piel*, 1964.
33. Julius *Baum*, Niederschwäbische Plastik des ausgehenden Mittelalters, Tübingen 1925, S.26.
34. Stadtpfarrer Dr. (Alfred) *Schmoller*, Die Michaelskirche in Schwäbisch Hall, Schwäb. Hall 1931, S.14.
35. Eduard *Krüger*, Schwäbisch Hall, ein Gang durch Geschichte und Kunst, Schwäb. Hall, 1953, S.90; ²1967, S.99; ³1982 (bearbeitet von Fritz Arens und Gerd Wunder), S.94.
36. Cord *Meckseper*, Kunstwanderungen in Württemberg und Hohenzollern, Stuttgart 1970, S.199.
37. Willi *Sauer*/Wolfgang *Kootz*, Schwäbisch Hall, Heidelberg 1978, S.18.
38. *Clauß/König/Pfistermeister*, Kunst und Archäologie im Kreis Schwäbisch Hall, Stuttgart 1979, S.64; bzw. *Akermann/König/Clauß/Hennze/Siebenmorgen/Stachel*, Kunst, Kultur und Museen im Kreis Schwäbisch Hall, Stuttgart 1991, S.52.
39. Volker *Hartmann*, Schwäbisch Hall, Konstanz 1991, S.44.

40 Markus *Maisel*, Sepulcrum domini (Quellen und Abhandlungen zur mittelrheinischen Kirchengeschichte, Bd.99), Mainz 2002, S.2, Anm.3.
41 Heinrich *Merz*, Die St. Michael-Kirche in Schwäbisch-Hall und ihre Restaurationen, Christliches Kunstblatt für Kirche, Schule und Haus, 1863, Nr.9, S.134-142 (hier S.141).
42 Vgl. beispielsweise das Dornstädter Retabel im Wüttembergischen Landesmuseum.
43 Staatsarchiv Ludwigsburg, B 186, U 1186.
44 Kalixt III. regierte von 1455-1458.
45 Friedrich *Pietsch*, Die Urkunden des Archivs der Reichsstadt Schwäbisch Hall, Bd.2, Stuttgart 1972, U 2296, nimmt irrtümlich an, der Begräbnisplatz sei *in der Michaelskirche* gewesen. Es heißt aber ausdrücklich *in cimiterio* (auf dem Friedhof); außerdem wurde in der Michaelskirche nicht bestattet, von der späten Ausnahme des Thomas Schweicker abgesehen.
46 Zitiert nach einem Regest von Christian *Kolb*: Regesten zur Geschichte des Franziskanerklosters in Schwäbisch Hall, in: WFr NF 4, 1882, S.42 f.; siehe auch: Friedrich *Pietsch* (ebd.), U 2241.
47 Zitiert nach Joseph *Braun*, Der Christliche Altar, Bd. 1, München 1924, S.403.
48 Laut Johannes *Tripps*, Das handelnde Bildwerk in der Gotik, Berlin 1998, der sich mit dieser Frage eingehend beschäftigt hat, bezeichnen *sämtliche Quellen, die im Zusammenhang mit der vorliegenden Forschungsarbeit von mir konsultiert wurden, das Wort 'Bildwerk' stets mit 'imago'* (S.132 f.). Schon 1969 waren G. und J. Taubert zu dem Ergebnis gekommen, daß *der Begriff 'imago' im hohen und späten Mittelalter, wenn er als Sachbezeichnung gebraucht wird ..., immer ein plastisches Abbild einer Sache bedeutet* (zitiert nach *Tripps*, wie oben, S.59, Anm.15).
49 Abgebildet bei Hermann *Kissling*, Das Münster in Schwäbisch Gmünd, Schwäb. Gmünd 1975, Abb.22. - Als weiteres, berühmtes Beispiel sei noch das Heilige Grab im Freiburger Münster, um 1330, genannt.
50 Siehe das Regest bei *Pietsch* (wie Anm.45), U 2639.
51 Das von der Liturgie geforderte Küssen der fünf Wunden Christi lasse ich hier außer acht; ein Beispiel dafür bietet die Karfreitagsliturgie der Pfarrkirche Biberach (siehe: Freiburger Diöcesan-Archiv 1887 - wie Anm.70 - S.126).
52 Vgl. Johannes *Tripps* (wie Anm.48), S.71.
53 Wiedergegeben nach dem mittelhochdeutschen Text des Katharinenthaler Schwesternbuchs; zit. nach *Maisel* (wie Anm.61), S.83.
54 Vgl. oben, S.324.
55 Ein Barett mit eingeschlitzter, lappiger Krempe wie bei dem Musketenschützen (links außen) findet man etwa auf dem Titelblatt zum 3. Teil des Alten Testaments der Wittenberger Bibel von 1524 (Cranach-Werkstatt, siehe den Soldaten rechts unten); vgl. Ph. *Schmidt*, Die Illustration der Lutherbibel 1522-1700, Basel 1962, S. 147, oder: Johannes *Jahn* (Hg.), 1472-1553 Lucas Cranach d. Ä., das gesamte graphische Werk, München 1972, S.774; vgl. auch RDK, Bd.1, Sp. 1450 f. (Barett).
56 Näheres im Katalog der Stuttgarter Weckmann-Ausstellung *Meisterwerke massenhaft*, Stuttgart 1993, S.438 f. (Kat.Nr. 4 a-g), mit Abb.16, 127-132.
57 Eine andere Vermutung, es habe sich um eine Art nicht schließbares Triptychon mit der Kreuzigung in der Mitte und einer verlorenen Kreuztragung oder dgl. auf der linken Seite gehandelt, darf man wegen des unüblichen Breitenverhältnisses von Mittelstück zu Flügeln wohl aus den Überlegungen ausscheiden.
58 *Petersohn*, Dokumentation 2.3. C.1.1.
59 *Hausser* 1877 (S.64 ff.) hat nicht bemerkt, daß die Grabwächter inzwischen angebracht waren, da er nicht vom Augenschein ausging, sondern von Jäger abzuschreiben pflegte.
60 Abgebildet u.a. bei William H. *Forsyth*, The Entombment of Christ, French Sculptures of the 15. and 16. Centuries, New York 1970, Abb.13.

61 *Forsyth*, ebd., Abb.202; Markus *Maisel*, Sepulcrum domini, Mainz 2002 (Quellen und Abhandlungen zur mittelrheinischen Kirchengeschichte Bd.99), Abb.2.
62 *Maisel*, ebd., Abb.25.
63 *Maisel*, ebd., Abb.30, 35.
64 *Maisel*, ebd., Abb.44.
65 *Maisel*, ebd., Abb.71.
66 *Forsyth* (wie Anm.60), Abb.33.
67 Rede an die Tempelritter (Liber ad milites templi), Kap.XI, De Sepulcro; zit. nach Johannes *Tripps* (wie Anm.48), S.123.
68 Diese beiden datiert nach den Figurenresten (vgl. Bernhard *Decker*, Bestandskatalog HFM, Bd.1, Sigmaringen 1994, Kat.Nr.10 bzw. 12,13).
69 Die Grabeskirche wurde 326-34 unter Kaiser Konstantin errichtet und nach Zerstörungen 614 und 1010 wieder aufgebaut. Maßgebend für die Nachbildungen waren die Berichte des gallischen Mönches Arkulf gegen Ende des 7. Jahrhunderts und das Buch *De locis sanctis* des irischen Abtes Adamnan von Hy († 704). Siehe dazu Johannes *Tripps* (wie Anm.48), S.124.
70 Zeitgenössische Schilderung (um 1531/40), vermutlich des Biberacher Priesters Heinrich von Pflummern, in einer Abschrift des 17. Jahrhunderts; s. A. *Schilling* (Hg.), Die religiösen und kirchlichen Zustände der ehemaligen Reichsstadt Biberach unmittelbar vor Einführung der Reformation, in: Freiburger Diöcesan-Archiv, Bd.19, 1887, S.3-191, hier S. 127. - Ein ähnlich lautender Bericht (vollendet 1545) im Nachlaß Heinrichs von Pflummern: *am Carfritag underm ampt let man unsern hergot in das grab. Man tet ouch das sackerment in das grab, brant der burger und der zinften grose kertzen by dem grab mit etlichen ampellichter ... und sangent schuoler bim grab psalmen nacht und tag, bis unser hergot am ostertag zuo mitnacht erstuond.*; *Schilling*, Beiträge zur Geschichte der Reformation in Biberach, Freiburger Diöcesan-Archiv, Bd.9, 1875, S.141-238, hier S.214.
71 Vgl. Johannes *Tripps* (wie Anm.48), S.122 f.
72 Abbildung im Ergänzungsatlas (Folio-Tafelband) zu *Gradmann*.
73 Brief vom 26.6.1998.
74 Um die neunte Stunde (gegen 15 Uhr römisch/mittelalterlicher Zeitrechnung); nach anderen Angaben (siehe unten) vormittags zur 11. Stunde (gemäß neuzeitlicher Stundenzählung).
75 Vgl. *Tripps* (wie Anm.48), S.129.
76 *Maisel* (wie Anm.61), Quellenanhang II, S.217 f.- Maisel spricht irrtümlich von einer Meßstiftung; der Stiftungstext sagt davon nichts.
77 *Petersohn*, Dokumentation 2.3. A.1.1.
78 *Hausser* S.64.
79 Stadtpfarrer Dr. (Alfred) *Schmoller*, Die Michaelskirche in Schwäbisch Hall, Schwäbisch Hall 1931, S.14.
80 G(otthilf) *Marstaller*, St. Michael Schwäbisch Hall, Tübingen o.J. (1969/70), S.31.
81 Bertold *Dowerk*, St. Michael Schwäbisch Hall, Horb-Bittelbronn 1996, S.36.
82 Hierzu und zum Folgenden vgl. vor allem *Maisel* (wie Anm.61), passim.
83 Emile *Mâle*, L' Art Religieux de la Fin du Moyen Age en France, Paris 21922, S.140. Zit. nach Maisel (ebd.) S.13. - Die Vorstellung, zusammen mit Christus aufzuerstehen, spricht auch aus der Grabschrift des Wormser Domherrn Johannes von Weinheim, der sich im Domkreuzgang vor dem von ihm 1488 gestifteten Relief der Auferstehung Christi bestatten ließ: *O REX GLORIAE, FAC ME TECUM RESURGERE* (O König der Herrlichkeit, laß mich mit dir auferstehen!); zit. nach *Maisel* (ebd.), S.203 f., Anm.776.
84 *Maisel* (ebd.), S.99 ff.
85 Hierzu und zum Folgenden vgl. *Maisel* (ebd.), S.105 ff.
86 *Maisel* (ebd.), S.88 f., 105 f.
87 Der Stifter der Grablegung in St. Katharina - *S.K.W.* mit gekröntem Löwen und drei Balken im Wappen - war hier vorsichtiger und ließ sein Signum in den Stein meißeln. Trotzdem geriet er in

Vergessenheit. Der amtierende Pfarrer von 1470 (Johannes Fischer) war es jedenfalls nicht; auch keinen Kaplan oder Bürger mit diesen Initialen konnte ich ausfindig machen.

88 Siehe Nr. 42, S. 168.
89 **Pfarrer Müller (Molitoris)** war kirchenrechtlich nur Pfarrvikar (= Vizeplebanus, Rektor), denn St. Michael war damals noch der Comburg inkorporiert. Von 1480-86 war er, mit kurzer Unterbrechung, absetzbarer Vikar, da die verarmte Comburg die Pfarreinkünfte selbst beanspruchte, ab 1488 dann ständiger Vikar (vicarius perpetuus), also de facto Pleban. – Pfarrer Müller legte 1495 den Grundstein zum Chor der Michaelskirche. Sein Hauptverdienst aber ist, daß er beim Papst gegen Comburg prozessierte und damit für Hall den Weg für die spätere Übernahme des Patronats von St. Michael bereitete (Regesten von *Pietsch*, Ms. im StAH, U 3298 ff.). – Die Inschrift auf Müllers 1811 gestohlener Grabplatte lautete: *An(n)o Dni MDIV am Montag nach Pangratii* [13.5.] *starb der würdige Herr Michel Miller Pfarrherr hier zu Hall. dem gott gnad* (Kircheninventar von 1812, 122 f, Bl.4r; Epitaphienbuch 4/2250, Bl.60r).
90 **Dr. Sebastian Brenneisen**, Pfarrer seit 1508, war Prediger seit 1503 (nicht 1502, wie Herolt *ungevarlich* angibt; siehe Steuerrechnung 306 und 307). Er hielt, von Heidelberg kommend, ca. Januar 1503 eine Probepredigt und wurde nach Stiftung der Prädikatur im Quartal April/Juli 1503 als der erste hauptamtliche Prediger bestellt (vorher hat der Guardian des Franziskanerklosters *etlich jor hie gepredigt und das volck gelert* und erhielt dafür zum Abschied als Verehrung 6 Gulden für eine Kutte). – Die Inschrift auf Brenneisens gestohlener Grabplatte lautete nach dem Epitaphienbuch (und nahezu gleich nach dem Kircheninventar von 1812): *Anno Dni. 1513 an unser lieben frawen Himmelfarth Abend* [14.8.] *starb der Erbarr und hochgelehrte Herr Sebastian Bren(n)eyßen der Heyl. Schrifft Doctor, Pfarrherr und Prediger zu Hall. Dem Gott gnad.*
91 Inventar des Mesners Johann Leonhard Gräter, StAH, 122 f. (vgl. auch Epitaphienbuch, 4/2250, Bl.60r). – Die Platten aus Messingguß, die auf den Grabsteinen angebracht waren, wurden am 10.11.1810 bzw. 16.1.1811 *bei finsterer Nacht* gestohlen (Inventar, ebd., Bl.4r). Vgl. auch Wolfgang *Deutsch*, in: Gräf/Ansel/Hönes, S.37.
92 Quelle: Epitaphienbuch.
93 Leonhard *Gräter*, Kirchliches Neu-Jahr-Register 1790, II. Anhang, S.(2).
94 *Merz* (wie Anm.41), S.141.
95 G(otthilf) *Marstaller*, St. Michael Schwäbisch Hall (Kirchenführer), Schwäb. Hall (1969/70), S.31.
96 Heinrich *Merz*, Die Kirche zu St. Katharina in Hall, jenseits Kochers, in: WFr 1851, S.81-98, hier S.97.
97 Vgl. dazu Otto *Pächt*, Methodisches zur kunsthistorischen Praxis, München 1977, S.227 ff.
98 *Merz*, wie Anm.94.
99 *Decker* (wie Anm.68), Kat. Nr.12, Abb. S.56-59.
100 *Decker*, ebd., Kat. Nr.10, Abb. S.50-52.
101 Das Werk befand sich vor dem Umbau der Kirche in einer flach gewölbten, mit einem Spitzbogenfenster versehenen Nische in der Nordwand des Langhauses. Maße der Nische nach Heinrich *Merz* (WFr 1851, S.96): 9 Fuß hoch, 9? Fuß breit, 4 Fuß tief (= ca. 2,54 x 2,68 x 1,13 m).
102 Nur Maria und Johannes erhalten. Abbildung im Bestandskatalog von Julius *Baum*, Deutsche Bildwerke des 10. bis 18. Jahrhunderts, Stuttgart/ Berlin 1917, S.272, Nr. 324 (ein besseres Foto im restaurierten Zustand verdanke ich dem WLM). – Nach Adolf *Schahl*, Die Kunstdenkmäler des Rems-Murr-Kreises I, München/ Berlin 1983, S.588, stammt das Fragment aus der Klosterkirche (heute Stadtkirche Murrhardts) von einer *auch in den Quellen erwähnten* Grablegungsgruppe. Die Quelle bezieht sich aber auf die Zeit von Abt Herbord (1452-68) und damit auf ein älteres Grab, das außerdem ein Ostergrab war (vgl. Gerhard *Fritz*, Stadt und Kloster Murrhardt im Spätmittelalter und in der Reformationszeit, Sigmaringen 1990, S.338).
103 Heinrich *Wölfflin*, Das Erklären von Kunstwerken, in: Kleine Schriften, Basel 1946, S.165-175, hier S.167, Abschnitt 2.
104 Hans Werner *Hönes*, St. Michael, Beiträge zur Baugeschichte, Bd.2, Kap.2 (Hl.Grab), S.1 f. mit Anl.1.
105 Finanzrath *Moser*, Beschreibung des Oberamts Hall, Stuttgart/Tübingen 1847, S.266.
106 Ebd.
107 Wie Anm.72.
108 Zuschreibung an Beuscher siehe: Wolfgang *Deutsch*, Ein Haller Wappenstein, Studien zu Hans Beuscher, Schwäbisch Hall 1991, S.55 ff. – Abbildung bei *Gradmann*, Ergänzungsatlas (wie Anm.72), und bei *Deutsch* (ebd.), S.58, Abb.24.
109 Protokollbuch für den Pfarr-Gemeinderath zu St. Michael in Hall 1862-75, Bd.2, § 745 (im StAH). Vgl. *Hönes* (wie Anm.104), S.1 und Anl.2.
110 StAH 4a/164 (1702/03), Bl.80r.
111 Ihre Zuschreibung ist doppelt gesichert: einmal durch ein Dokument von 1700, das im Kanzelunterbau gefunden wurde und das mitteilt, die Kanzel sei *von dem Kunstreichen Mahler alß Nemlich herr Georg David Zweiffel ... gemalt worden*, und zum andern durch einen Eintrag vom 14.5.1700 in den Steuerrechnungen: *H(errn) Georg Davidt Zweiffeln Mahlern von der Neuen Cantzel in der St. Johann Kirchen zue mahlen ... 65 f.* (Näheres bei *Deutsch*, Rieden 1990, S.219).
112 Rechnungen über die geistlichen Güter zu St. Michael 1600-1803, StAH 4/2630 (1683/84), Bl.60v, Nr.66: *30ten Maij 1683. Herrn Johann Lorentz Schreyern Mahlern, von einer neuen waißen Taffel zumahlen – 21 f.*, bzw. Rechnungen der Katharinenpflege 1650-1799, StAH 4/3122 (1688), Bl.25: *Dem Mahler Johann Lorenz Schreyern welcher den Tauffstein renovirt und vergult, an die 2. flügel am Heyl. Grab, wie auch an die 2. flügel zu St: Mariæ Altar, bilder gemahlet ... 25 f.--*
113 Über diesen siehe besonders Nr.43 (Margreta Engelhart) S.174ff.
114 Rechnungen der Katharinenpflege 1650-1799, StAH 4/3122, Bl.25r. Wortlaut siehe Anm.112.
115 StAH 4a/147, Bl.157r; 4/3121, Bl.24v; 4a/164, Bl.80r.
116 StAH 4a/161, Bl.77r.
117 Totenbuch Hospitalpfarrei, StAH 2/2, S.233 f, Nr.637.

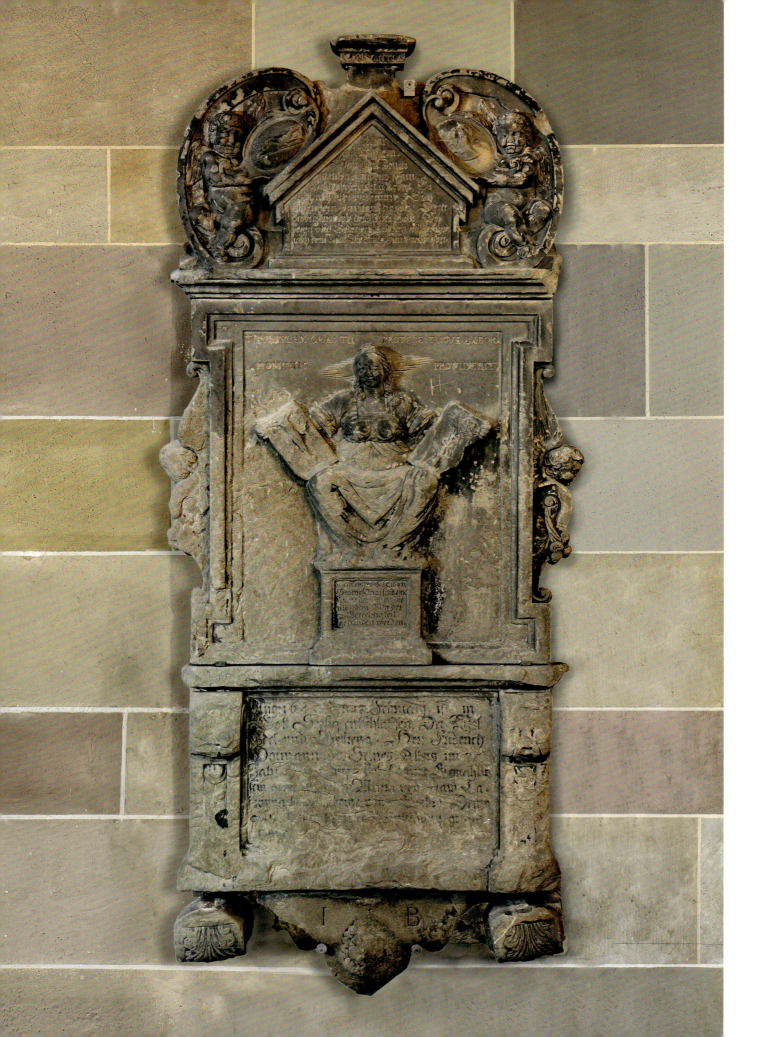

Dr. Friedrich Hörmann (1567–1642)
Jurist

Grabmal (Epitaph) aus Sandstein, 286/102 cm; vor allem links und unten stark verwittert.

Von **Jakob Betzoldt** (am Sockel signiert: I . B), um 1642 (siehe unten).

[92]

Das Denkmal steht an der Kirchenfront im nördlichen Turmbogen – bis jetzt (2003) noch am ursprünglichen Ort, denn das Epitaphienbuch nennt es als ersten der *Grabsteine, die außerhalb der Kirchen von der Großen Kirchenthier und der Kirchturns Schnecken* [dem Treppentürmchen] *an biß zu der Kirchenthier geg(en) der lateinischen Schuel … aufrechts an der Wand oder Mauer stehen.* Bei der Aufstellung entfernte man ein Stück vom Kämpfergesims des Turmbogens, um für den Sockel einer ursprünglich das Denkmal bekrönenden Figur (siehe unten) Platz zu schaffen.

Das Grab Hörmanns war dem Denkmal nicht unmittelbar benachbart, denn die zugehörige Grabplatte – mit ausführlicher, auch die Nachkommen einbeziehender Inschrift[1] – lag laut Epitaphienbuch im nördlichen Teil des Kirchhofs: *auf dem Gottes Ackher gegen Herrn Stättmeister Wibels Hauß über … aufm Boden.* Insofern wäre für das erhaltene Denkmal die Bezeichnung *Epitaph* treffender.

Zur Datierung gibt Tilman Kossatz (1989, S.66) zu bedenken, das Werk sei möglicherweise erst nach dem Tod der zweiten Frau (September 1649) entstanden, denn die Gedenkschrift bitte auch für sie um eine *fröhliche Auferstehung*. Da für die Frau aber kein Todesjahr angegeben wird, kann dieser Passus auch im voraus formuliert worden sein[2]; die Tatsache des Todes war ja vorhersehbar. Berücksichtigt man, daß Friedrich Hörmann sich in der Inschrift des Aufsatzes persönlich an seine Enkelin wendet und auch der Bildinhalt auf sein persönliches Schicksal abgestimmt ist (vgl. dazu unten), möchte man doch vermuten, daß er selber noch das Programm verfaßt und sich um die Anfertigung des Denkmals gekümmert hat. Das Werk könnte also ebensogut – mit Ausnahme der Grabschrift – vor dem Tod wie bald danach entstanden sein. Die Datierung *um* das Todesjahr wird sich demnach kaum präzisieren lassen.

Das Denkmal hat trotz komplizierter Zusammensetzung einen relativ geschlossenen Umriß, der sich einem hohen Rechteck nähert. In der Form lehnt es sich an die gemalten Epitaphe der Kirche an, die noch dem alten Retabelschema mit Corpus, Staffel (Predella) und Aufsatz folgen. Das Ganze ruht auf zwei laubgeschmückten Konsolen[3]. Sie verbindet ein Zwischenstück mit kleeblattähnlichem Bogen als unterem Abschluß; im mittleren Bogen ein – weitgehend verwitterter – Löwenkopf, seitlich darüber die Initialen *I* und *B*.

Über diesem Sockel, in dem der Predella entsprechenden Teil, befindet sich zwischen breiten, konsolartigen Stützen ein querrechteckiges Feld mit der Gedenkschrift. Ihr unterer Teil ist, wie die Stützen, verwittert, kann aber nach älteren Fotos ergänzt werden[4]: *An(n)o 1642. den 13. Februarij, ist in / Gott Seelig entschlaffen, Der Wol / Edel vnd Gestreng Herr Friderich / Hörmann &c. Seines Alters im 75. / Jahr. Deßen zwo Wol Adeliche Gemahlin / sein gewesen Fraw Maria vnd Fraw Ca/tharina, beede geborne von Stetten. Denen / Gott eine fröhliche Auferstehung geben / wolle.*

Der hochrechteckige Mittelteil (Corpus) enthält ein Hochrelief in einem nach innen abgestuften Rahmen, der an den vier Ecken ohrenartig nach der Seite auskragt. Die Flanken zwischen den Auskragungen schmückt, seitwärts gerichtet und fast vollrund gearbeitet, ein geflügelter Engelskopf über einer mit Früchten behängten S-Volute. – Das Relief im Mittelteil zeigt eine massige weibliche Sitzfigur mit melancholisch anmutendem Blick. Sie hat einen rautenförmigen Strahlennimbus, schulterlanges Haar mit einem Krönchen (?) im Scheitel, ein unter der üppigen Brust gegürtetes Kleid mit hochgeschobenen Ärmeln, und sie hält mit den ausgestreckten Armen zwei schräg auf ihre Knie gestellte Tafeln, von denen die heraldisch rechte ein Kruzifix zeigt, die heraldisch linke einen Baum mit Früchten in der Krone, einem Totenkopf am Boden und einer Schlange, die den Stamm umringelt. Der Sockel unter der Figur enthält in schlichtem rechteckigem Rahmen den Leichentext.

Auch der Reliefgrund ist nahe dem oberen Rand mit einer Inschrift versehen, dem Symbolum. Über dem Haupt der Figur steht: TU SUPPLEX ORA: TU / PROTEGE: TUQVE LABORA. – zu deutsch: du sollst demütig beten, du sollst beschützen, du sollst arbeiten (was auch den Begriff *leiden* mit einschließt). In der Zeile darunter, beiderseits des Strahlennimbus, steht: DOMINUS / PROVIDEBIT. – Der Herr wird vorsorgen[5].

Der Aufsatz des Denkmals enthält ein ädikulaartiges Inschriftfeld mit Dreiecksgiebel, das zwei große, leicht schräg gestellte C-Voluten flankieren. Auf ihrer unteren Spirale sitzen mit übereinandergestellten Füßen nackte Kinderengel (geflügelte Putten). Sie halten beide eine elliptische Wappenkartusche, deren Rahmen an den Schmalseiten in eine kleine Volute ausläuft und dabei die obere Spirale der C-Volute reizvoll überschneidet. Die Wappen – vermutlich Hörmann, heraldisch rechts, und die Augsburger v. Stetten, links – zeigen einen laufenden Windhund (?) und einen halben Ziegenbock.

Die Inschrift im Giebelfeld besteht aus einem Gedicht mit folgendem Wortlaut: *Pater ad neptem* (der Vater an die Enkelin). *Gott hat zwar meinen Kindern frum Bald abgekürzt ir Leben, Er hat mir aber wiederumb Ein Zweiglein daruon geben; Dem Zweiglein geb der Milte Gott, Vil Segen und Gedeyen, Endlich wöll er ihm nach dem Tod, Die Ewig Fraid verleihen.*

Der Aufsatz wurde ursprünglich noch von einer allegorischen Figur, einer Personifikation der Beständigkeit, gekrönt. Von ihr ist allein die Konsole mit der Aufschrift CONSTANTIA noch vorhanden.

Zum Sinngehalt

Das Gedicht im Aufsatz scheint sich in ähnlicher Weise auf das Symbolum und das Bildprogramm zu beziehen wie das Epigramm eines Emblems auf Lemma und Ikon (vgl. dazu Nr. 102, Stättmeister Wibel S. 354). Friedrich Hörmann war es vom Schicksal bestimmt, daß er alle seine neun Kinder verlor. Doch wollte es die göttliche Vorsehung, daß ihm seine jüngste Tochter unmittelbar vor ihrem Tod[6] ein Enkelkind gebar, das in seiner Familie erzogen wurde. Für dieses letzte *Zweiglein* an seinem Stammbaum hat er demütig zu Gott um *Segen und Gedeihen* gebetet (TU SUPPLEX ORA), dieses Kind hat er liebevoll beschützt (TU PROTEGE), ihm galt sein Sorgen und Mühen (TUQVE LABORA). Bei allem vertraute er auf die göttliche Vorsehung (DOMINUS PROVIDEBIT).

Die Worte DOMINUS PROVIDEBIT flankieren sicher nicht ohne Grund das Haupt der allegorischen Gestalt im Corpus. Es dürfte sich bei ihr um eine Personifikation der göttlichen Vorsehung handeln. Der eckige Nimbus ist dem dreieckigen Gottvaters angenähert, und die Strahlen stehen für eine Ausstrahlung Gottes. In der göttlichen Vorsehung war auch das christliche Heilsgeschehen beschlossen, das vom Sündenfall zur Erlösung durch den Opfertod Christi führt. Das wird auf den Tafeln der Figur bildlich dargestellt. Die heraldisch linke Tafel zeigt den *Baum der Erkenntnis*, durch dessen Früchte Sünde und Tod in die Welt kamen (Genesis 3). Die Sünde wird durch die Schlange, der Tod durch den Schädel am Fuß des Baumes symbolisiert. Auf der heraldisch rechten Tafel sehen wir das Kruzifix, den sogenannten *Baum des Lebens*, der die Erlösung von der Sünde und die Überwindung des Todes bedeutet. Der schwergeprüfte Friedrich Hörmann mag die Überwindung des Todes auch vordergründig auf seine eigene Familie bezogen haben, auf das *Zweiglein*, das seinen Stammbaum vor dem Absterben gerettet und ihm das Schicksal eines Johann Lorenz Sanwald (S. 179ff.) oder eines Ludwig Gottfried von Hohenlohe-Pfedelbach[7] erspart hat.

Der Bildhauer

Jakob Betzoldt (Betzold, Bezold, Bötzold), 1592–1661, der Vater von Johann Jakob Betzoldt, stammte aus Weißbach am Kocher. Er lernte als Bildhauer in Öhringen, war in Forchtenberg Geselle bei Michael Kern, dem älteren Bruder Leonhard Kerns (1609), heiratete 1618 die Haller Seilerstochter Elisabeth Kolb und erwarb 1619 das Haller Bürgerrecht. Er wohnte in der Katharinengasse (heute Lange Straße). Sein Vermögen blieb gering, trotz stattlicher Exportaufträge ins Limpurgische und Hohenlohische; es schwankte zwischen 100 und 300 Gulden[8].

Jakob Betzoldts Autorschaft am Hörmann-Denkmal – schon durch die Signatur *I.B* fast gesichert, denn es gab keinen anderen Haller Bildhauer mit diesen Initialen – läßt sich durch Stilkritik noch weiter absichern. Das gelingt mit Hilfe einer archivalisch (durch Werkvertrag) beglaubigten, wohlerhaltenen Arbeit Betzolds in der Waldenburger Stadtkirche: der Grabplatte des Grafen Philipp Heinrich von Hohenlohe, † 1644 (Deutsch Abb. 3–6). Eine weitere, als Vorbild des Waldenburger Steins beglaubigte Grabplatte in Obersontheim ist leider völlig abgetreten. Auf der Basis dieser Werke lassen sich Jakob Betzoldt noch weitere Arbeiten zuschreiben: das Grabmal Pfarrer Blinzigs in St. Michael (S. 24ff.) und die Grabplatten des Schenken Konrad von Limpurg und seiner Gemahlin (beide † 1634), der Katharina von Limpurg († 1636) und der Elisabeth von Limpurg († 1645), alle in Obersontheim[9].

Am einfachsten lassen sich die Wappen-Engelchen des Haller Denkmals mit den kindlichen Tugendallegorien vergleichen, die auf dem Waldenburger Stein das Wappen flankieren (Deutsch Abb. 5 und 6). Auch diese haben einen fast quadratischen Schädel – besonders der männliche –, Hamsterbacken, aufgeworfene Lippen, leicht hochgezogene Nasenflügel, halb geöffnete Augen mit gebohrten Pupillen, ein kleines, in einen breiten Fleischwulst auslaufendes Kinn und statt eines Halses einen schmalen, scharf abgegrenzten Speckring. Die Körperformen sind straff gespannt, wie gebläht. Der eher mißmutige Gesichtsausdruck unterscheidet sich merklich von der satt-zufriedenen Freundlichkeit der Putten Betzoldts des Jüngeren. In der Ornamentik des Hörmann-Epitaphs, den Fruchtgehängen, S- und C-Voluten, finden sich außerdem Anklänge an Betzoldts Lehrer Michael Kern, besonders an dessen frühe Werke (vgl. dazu Deutsch S.89). – Ergebnis: In Verbindung mit der Signatur I.B kann die Zuschreibung an Jakob Betzold wohl als gesichert gelten.

Quellen und Literatur

Epitaphienbuch 1698/1708, Bl.64r Nr.1; Bd.a, S.68 Nr.1; zur verlorenen Grabplatte: ebd. S.203 (449) f.; Bd.a, S.291 f.; *Wunder* 1987 Nr.92; *Kossatz* 1988 (wie Nr.15), S.225, Anm.800, Abb.128a („Leonhard Kern sehr nahestehend"); *Kossatz* 1989 (Kern-Kat., wie Nr.4), S.66 ff. mit 2 Abb. (Zuschreibung an Johann Jakob Betzoldt); *Deutsch* 1990, S.84 f., 88 f. mit 2 Abb. (Zuschreibung an Jakob Betzoldt). – Über Friedrich Hörmann, außer *Wunder* 1987: *Wunder/Lenckner* 1956, Nr.3633; Friedrich W. *Euler*, Die gefälschten Ahnen des Philipp Heinrich Senfft v. Sulburg, 1677–1720, in: WFr 58, 1974, S.393–397, hier S.395 f.

Anmerkungen

1   Es handelt sich um eine zum Teil wörtliche Zusammenfassung des Nekrologs im Totenbuch (St. Michael II, StAH 2/70, Bl.190 f.).
2   Vgl. die viele Jahre vor dem Tod verfaßte Inschrift am Epitaph des Johann Lorenz Sanwald; *Deutsch* 1988, S.236.
3   An der Vorderseite ist heute Akanthus zu sehen, an den Seitenflächen in Akanthus auslaufende Voluten. Auf einem Foto Gottfried Schmidts um 1900, das den linken Rand des Denkmals zeigt, ist die Vorderseite der Konsole aber noch mit einer Lilie in heraldischer Stilisierung geschmückt. Demnach wurden die Konsolen in jüngerer Zeit überarbeitet und dabei mit Akanthusschmuck versehen, vermutlich weil sie verwittert waren.
4   Die im Einzelheiten abweichende Wiedergabe bei Wunder ist ausschließlich dem Epitaphienbuch entnommen.
5   Das Wort geht auf das 1. Buch Mose (Gn 22,8) zurück. Dort, bei der Opferung Isaaks, antwortet Abraham seinem Sohn auf die Frage nach dem Opfertier (laut Vulgata): *Deus providebit sibi victimam holocausti, fili mi.* – Gott wird für das Opfertier zum Brandopfer sorgen, mein Sohn. In der geläufigen Variante *Dominus providebit* war das Wort u.a. Wahlspruch Kaiser Maximilians II.
6   Sie starb nach dreiviertel Jahren Ehe, also wohl im Kindbett (Totenbuch, wie Anm.1; Epitaphienbuch, siehe unten, unter „Grabplatte").
7   Vgl. Tilman *Kossatz*, Das Epitaph Graf Ludwig Gottfried von Hohenlohe-Pfedelbach in Öhringen von 1729, in: *Kellermann* 1988 (wie Nr.16) S.207 ff.
8   Näheres mit Quellennachweisen bei *Deutsch* 1990, S.84 ff.
9   Über Jakob Betzoldts Werke vgl. *Deutsch* 1990, S.84, 88 f.; der Waldenburger Werkvertrag dort wiedergegeben in Anm.11.

Kaspar Feyerabend (ca. 1510/1515 – 7. April 1565)
Stättmeister

Epitaph aus Sandstein, 203/120 cm; stark beschädigt, vor allem in den figürlichen Teilen.

Von **Sem Schlör**, durch sein Meisterzeichen gesichert; nach dem 30. August 1565 (dem Tod des dargestellten Söhnchens).

[95]

Das Denkmal scheint sich noch am ursprünglichen Ort zu befinden. Zumindest seit es im Epitaphienbuch erfaßt wurde (1698), hat es seine Stelle nicht verändert.

Auf einem kräftig profilierten, sehr niedrigen Sockel erhebt sich eine hochrechteckige Relieftafel, die oben und an den Seiten ein mit einer Blattranke verzierter Rahmen umgibt; darüber ein schmuckloses Gebälk mit der Gedenkschrift (Text bei Wunder und im Anhang S. 416) und als Bekrönung ein Gesims mit doppeltem Karniesprofil und ein Aufsatz; in dessen Mitte eine Maske mit beiderseits geknotetem Stirnband, flankiert von rollwerkartigen, quergestreiften Bändern.

Im Relief des Hauptteils kniet der Verstorbene, ein bärtiger Mann in einer Schaube, auf einem Betschemel vor dem Kruzifix; hinter ihm, auf einem eigenen Schemel, in gefältelten Kleidchen, seine zwei letztgeborenen Söhne, beide mit Namen Felix, von denen der jüngere vier Monate nach dem Vater verstorben ist, der ältere schon 1563. Vor dem Stättmeister, am Fuß des Kreuzes, steht der laubbekrönte Wappenschild Feyerabends (stark beschädigt). Die Figuren sind nach rechts gewendet und fast im Profil gesehen. Das leicht schräg gestellte Kreuz überschneidet mit seinem Querbalken den rechten Rahmen. Sein oberer Teil mit der Figur des Gekreuzigten ist abgefallen, ebenso der Kopf des jüngeren Kindes mit einem Stück des Rumpfes und die Hände der Kinder. Kopf und Hände des Stättmeisters sind bis fast zur Unkenntlichkeit verwittert. – Den freien Raum über den Figuren füllt, rahmenparallel, eine querrechteckige Tafel mit halbrunden Ausbuchtungen an der Ober- und Unterseite; sie enthält den Grabtext für die beiden Kinder (siehe Wunder und im Anhang S. 416). Durch Ösen am unteren Rand ist lose eine Schnur gezogen; ihre senkrecht herabhängenden Enden sind mit je vier Kugeln und einer Quaste geschmückt.

Der Bildhauer

Der Betschemel der Stättmeisterfigur trägt an seiner Schmalfront einen Schild mit dem Meisterzeichen Sem Schlörs, einem abgewinkelten Arm mit Puffärmel und Spitzhammer. Daß es sich um das Zeichen Schlörs handelt, weiß man, weil das gleiche Zeichen unter anderem auf einem Brief des Bildhauers als Siegel erscheint[1] Schlör hat das Zeichen nur in seiner früheren Zeit bis etwa 1571 verwendet.

Die Komposition des Reliefs ist von ergreifender Schlichtheit; sie enthält fast nur rahmenparallele Formen, besonders senkrechte. Die wichtigsten Vertikalen staffeln sich von den Söhnen über den Vater bis zum Kruzifix auf; so entsteht auch eine lockere Diagonale von links unten nach rechts oben. Verstärkt wird die vertikale Ordnung durch die seitlichen Ränder der Inschrifttafel und die herabhängenden Schnurenden. Die linke Schnur verlängert gleichsam die Rückenlinie des unterhalb knienden Söhnchens.

Dieser klare und ruhige Aufbau verleiht der Komposition eine zeitlose Stille, die auch auf den Betrachter ausstrahlt und die Versenkung der Figuren in ihr Gebet spürbar werden läßt.

Quellen und Literatur
Epitaphienbuch 1698/1708, Bl.65r, Nr.7, mit Berichtigung S.197 (443); *Köpchen* 1909 (wie Nr.9) S.87; *Demmler* 1910 (wie Nr.9) S.203 u. 180 Nr.10; R.*Krüger* Nr.26; *Wunder* 1987 Nr.95. – Zu Kaspar Feyerabend: Gerd *Wunder*, Feyerabend, Geschichte einer Bürgerfamilie in Hall und Heilbronn (Schriften des Vereins Alt Hall, Heft 11), Schwäbisch Hall 1986, bes. S.23 f; Gesamt-Abb. S.67. – Zu Sem Schlör: wie Nr.9, S.34ff.

Anmerkung
1   Näheres darüber und über Schlör im allgemeinen siehe Nr.9 (Margarete Brenz), S.34ff.

Johann Peter Hetzel (1638 – 1711)
Stättmeister

Grabmal aus Sandstein, 320/116 cm; mittelgut erhalten, viele erhabene Stellen, vor allem in der unteren Hälfte, sind abgeschlagen oder abgewittert. Letzte Konservierung 1998 (Peter Rau).

Bildhauer des Archidiakon-Wibel-Denkmals (S. 52ff.), wohl Werkstatt oder Umkreis von **Johann Jakob Sommer,** Künzelsau; um 1711.

[96]

Das Denkmal befindet sich noch an der ursprünglichen Stelle. In einem Nachtrag des Epitaphienbuchs wird es als *Neuer an d(er) Herrn Stühl Staffel Rechter Hand an der Kirchmaur* [also am heutigen Ort] *aufgerichter Stein* bezeichnet. – Das zugehörige Grab lag davor oder doch in der Nähe: *Hiernächst ruhet …* heißt es in der Inschrift des Denkmals; und nach dem Epitaphienbuch wurde Hetzel *gegen Herrn Stättmeister Wibels seel(igen) Hauß über bestattet.* Das Grab wurde am 24. November 1711, also am Tag nach Hetzels Tod ausgehoben. Dabei fand man in und neben der Grube drei *gantz versuncken geweßene alte Büschlerische Grabstein*[1]. Einer von Ihnen, entweder der Stein von Hermann Büschlers Frau oder der seines Vaters, ist *nachmals wieder auff H(err)n Stättmeist(er) Hetzels seel(igen) Grab gelegt word(en).* Könnte damit gemeint sein, daß er, mit neuer Inschrift versehen, als Deckplatte für Hetzels Grab wiederverwendet wurde?

Das Grabmal Hetzels setzt sich aus einem schmucklosen Sockel, einer hochrechteckigen Reliefplatte und einem fast halbkreisförmigen Aufsatz zusammen. An der Platte lassen sich drei übereinanderliegende Reliefzonen unterscheiden. Im Zentrum der unteren steht ein nahezu querovales, doch oben waagrecht beschnittenes, konvex gewölbtes Inschriftfeld mit dem Leichentext (siehe Wunder und Anhang S. 416); es wird unten und an den Seiten von Akanthusblättern mit eingerollten Enden gerahmt, oben von einer geflügelten Engelsbüste mit üppigem Gefieder und einem Rosenband im Haar. An den Flanken des Feldes sitzen weibliche Tugendpersonifikationen, vom Beschauer aus links die Hoffnung (Spes) mit einem Anker, rechts der Glaube (Fides) mit dem Kreuz. Ihre faltigen Kleider füllen die Zwickel an den unteren Ecken.

Die mittlere Zone der Platte ist der Gedenkschrift (Text bei Wunder und im Anhang S. 416) vorbehalten. Sie steht auf einem großen, fast kreisrunden, wiederum konvex gewölbten Inschriftfeld und wird von einem Lorbeerkranz gerahmt. Um den Kranz schmiegen sich mächtige Akanthusblätter. Ihre eingerollten Enden füllen, gemeinsam mit kleinen Sträußen, die oberen Zwickel der Zone; die unteren Zwickel schmückt ein Strauß aus Rosenknospen und anderen Blumen.

In der oberen Zone prangt, auf dem Scheitel des großen Kranzes aufsitzend, das Wappen des Verstorbenen, ein Vollwappen mit Schild, Spangenhelm, Helmzier und einer Helmdecke aus üppig geschweiftem, tief unterschafftem Akanthuslaub. Das Wappenbild ist ein Widder. Der Plattengrund an den Zwickeln bleibt frei, doch wird das so entstehende Übergewicht der unteren Plattenhälfte durch den schweren Aufsatz ausgeglichen.

Der Aufsatz entfaltet sich über einer niedrigen, mit einem Blattfries belegten Gesimsleiste. Im Zentrum steht wieder ein Laubkranz mit einem kleineren, konvex gewölbten Inschriftfeld, diesmal hochoval und mit dem Symbolum, dem geistlichen Wahlspruch, versehen. Sein Wortlaut: SYMBOLVM: DOMINVS PROVIDEBIT. (Gott wird vorsorgen). Das Feld wird flankiert von zwei heftig

bewegten Kinderengeln, die, nach innen gewendet, über Akanthusvoluten schweben, mit der vorderen Hand nach dem Kranz greifen und mit der anderen eine große Krone über das Symbolum halten. Ihre Lendentücher flattern in wilden Knitterungen teils vor, teils hinter dem Körper. Der Akanthus unter ihren Füßen wächst an den Rändern im Halbrund empor und formt zusammen mit den Lendentuch-Enden, den Flügeln und den Köpfen der Engel und mit der Krone den fast halbkreisförmigen Umriß des Aufsatzes. Die Zacken der Krone werden von Voluten flankiert; in der Mitte sitzt ein gefächertes Blatt. Der Reliefgrad ist im Aufsatz noch höher als an der Platte; die Köpfe der Engel sind fast vollrund gearbeitet, alle Formen tief unterschafft.

Der **Sinngehalt** des Denkmals ist leicht zu erfassen. Man muß die Tugendpersonifikationen im unteren Teil der Platte mit der Darstellung im Aufsatz und dem Symbolum zusammensehen. Dem Stättmeister, der zu Lebzeiten an den Tugenden Glaube und Hoffnung festgehalten hat, wird nun, dank der göttlichen Vorsehung, die Krone des Himmels – des ewigen Lebens – dargebracht (über die *Krone des Himmels = Krone des Lebens* vgl. S. 21f.). – Bemerkenswert ist, daß hier noch die traditionellen geistlichen Tugenden dargestellt sind, während das fast ein Jahrzehnt ältere Denkmal des Stättmeisters Wibel (S. 354ff.) bereits die weltlichen Tugenden Klugheit und Gerechtigkeit zeigt. Vielleicht war Johann Peter Hetzel frömmer. Außerdem war er der Ältere und möglicherweise auch darum noch mehr dem Herkömmlichen zugetan.

Von Johann Peter Hetzel kennen wir übrigens ein Bildnis, allerdings aus seinen Jugendjahren. Es stammt dem Stil nach von Hans Schreyer († 1676) und wurde 1668 (oder bald darauf) gemalt, als Hetzel mit 27 Jahren in den inneren Rat gewählt wurde[2].

Der Bildhauer
Das Werk ist im wesentlichen von der gleichen Hand wie das Denkmal Josef Bernhard Wibels (S. 52ff.). Vergleichen läßt sich die üppige, tief unterschaffte Ornamentik, die heftig gedrehten Voluten, die lückenfüllenden Sträuße, die Blattfriese, der Kranz im Aufsatz, die Form der Krone mit den kleinen Voluten, der etwas unpräzise Duktus der

Schrift und nicht zuletzt die Gestalt der kronehaltenden Engel, ihrer Flügel und ihrer flatternden Lendentücher. Besonders der rechte Engel wirft ähnlich wie der linke bei Wibel den Oberkörper, am Kreuzbein einknickend, zurück und dreht dabei den Kopf zum Beschauer.

Die Tugenden und der Engelskopf im unteren Teil des Denkmals muten allerdings ziemlich derb an. Falls der fortgeschrittene Grad der Zerstörung nicht täuscht, sind sie von geringerer Qualität als die Figuren im Aufsatz, vermutlich von Gehilfen ausgeführt.

Zur Einordnung des Bildhauers in den Umkreis Johann Jakob Sommers gilt das schon beim Wibel-Denkmal (Nr. 16, S. 54f.) Gesagte. Wieder können die Sommer-Werke in Öttingen und Schloß Rügland und zum Teil die Künzelsauer Triumphkreuzgruppe als Vergleichsobjekte dienen: ihre krause Formenfülle, die Volutenwirbel, der üppige, tief unterschaffte Akanthus, die Blumen- und Knospenbündel, besonders die Rosenknospen mit dem Bohrloch, die Gestalt der Engel und ihrer Flügel – am Öttinger Grabsteinaufsatz vor allem des linken Engels mit dem „hohlen" Rücken und dem zurückgeworfenen Kopf – und die zusammengeknüllt um den Körper schlenkernden Tücher.

In der Komposition des Hetzelsteins und seiner Formenfülle besteht eine gewisse Verwandtschaft zu dem zwei Jahrzehnte später entstandenen Denkmal des J. D. Bäurlen († 1733) am Chor von St. Katharina, das von Nikolaus Ritter, dem Sohn des Öhringer Bildhauers Josef Ritter, signiert ist. Vielleicht darf man daraus schließen, daß Nikolaus Ritter – außer bei seinem Vater – in der Künzelsauer Sommer-Werkstatt gelernt hat, was bei seiner Herkunft aus Öhringen kaum verwunderlich wäre.

Quellen und Literatur
Epitaphienbuch 1698/1708, Bl.65r, Nr.8a (Nachtrag); zum Grab: ebd., wie Anm.1; R. *Krüger* Nr.76; *Wunder* 1987 Nr.96; Peter *Rau*, Dokumentation der Restaurierung, 1999 (Ms., 1 S.). – Über die Sommer-Werkstatt: *Kellermann* 1988 (wie S. 55), passim.

Anmerkungen
1   Es handelte sich um die Steine von Bartholomäus Büschler († 1491), dem Vater des Stättmeisters Hermann Büschler, von Anna Büschler geb. Hornberger aus Rothenburg († 1520), der ersten Frau Hermann Büschlers, und von *Jungfrau* Clara Büschler († 1526, Hermanns Schwester?). Clara war als Vollfigur mit Rosenkranz dargestellt (*Stehet in Lebens Größe mit einem paternoster in der Hand in einer sehr alten Tracht darauff gehauen*). Ihr Stein wurde *an der Kirchenthür rechter Hand* gegenüber dem Wibelhaus aufgerichtet, die beiden anderen an der Kirchenwand auf den Boden gelegt. Der eine von diesen kam dann auf Hetzels Grab (siehe unten). – Epitaphienbuch, Bl.62v, 65v; Bd.a, S.66 f., 69.
2   Abgebildet in: Haus(ge)schichten (Kataloge des Hällisch-Fränkischen Museums Bd.8), Sigmaringen 1994, S.203. – Die Beschriftung des Bildes mit der Angabe *Stättmeister* stammt aus späterer Zeit; der dargestellte junge Mann befand sich noch lange nicht in diesem hohen Amt. Vermutlich soll sich aber die zweite Jahreszahl 1687 auf die Ernennung zum Stättmeister (1688) beziehen – mit Irrtum um ein Jahr.

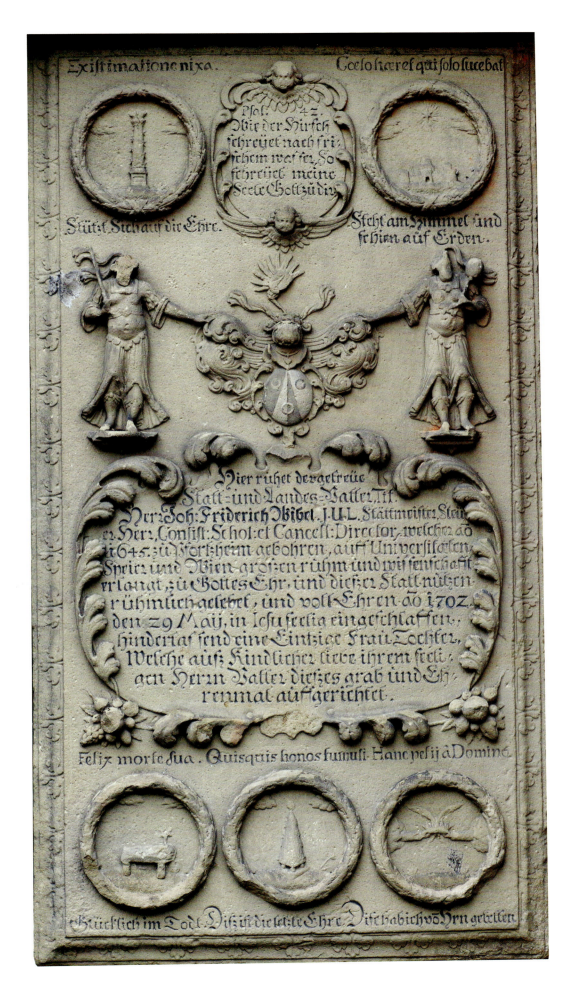

Johann Friedrich Wibel (1645 – 1702)
Stättmeister

Grabplatte aus Sandstein, 184/101 cm; unterschiedlich verwittert, einzelne Teile abgebrochen. Ursprünglich auf der Nordseite des Kirchhofs auf dem Grab liegend; später, wohl an benachbarter Stelle, an der Kirchenwand aufgestellt.

Der Werkstatt von **Johann Michael Hornung** zuzuschreiben, 1702 oder bald danach (da von der Tochter des Verstorbenen bestellt).

[102]

Die Platte wird entlang den vier Kanten durch ein Karniesprofil gerahmt, dem ein Fries gelappter Dreiblätter aufgesetzt ist. Deutet schon diese Rahmung darauf hin, daß wir einen Grabdeckel vor uns haben, so wird das in diesem Fall noch durch das Epitaphienbuch bestätigt. Dessen Nachtrag von 1708 beschreibt das Denkmal als *aufm Gottesacker, gegen Herrn Städtmeister Wibels Hauß über ... aufm Boden liegend*. Das war, nur sechs Jahre nach Wibels Tod, gewiß der ursprüngliche Zustand. Er scheint zwar der Angabe der Grabschrift zu widersprechen, wonach die Tochter *dießes grab und Ehrenmal auffgerichtet* hat. Aber vermutlich ist die Bezeichnung *aufgerichtet* nicht streng wörtlich aufzufassen, sondern meint nur allgemein *setzen*. (Im heutigen Amtsdeutsch werden sogar Fischteiche *erstellt*!)

Das Wibelsche Haus war das ehemalige Büschlerhaus. Der Stättmeister hatte es also nicht weit, in sein Grab zu gelangen, bzw. die Familie, es zu besuchen - umso mehr, als vom mittleren Stockwerk des Hauses, und zwar vom sechsten Fenster aus, eine Brücke zum Kirchhof hinüberführte. Sie endete auf der Kirchenseite an einer Pforte mit barockem Aufsatz. Die Brücke wurde zweimal abgebildet: 1694 auf einem Kupferstich in der gedruckten Leichenpredigt für Stättmeister Wibels Frau (Wunder 1980 Abb. 70) und auf dem Kupferstich der 1728 abgebrannten Altstadt (Ulshöfer Abb. S.53). Im zweiten Fall allerdings verläßt sie das Haus fälschlich im unteren Stockwerk; das paßt nicht zum Niveau des Kirchhofs, und außerdem ist im mittleren Stock der steinerne Rahmen des türartig nach unten erweiterten rechten Fensterteils noch erhalten (heute zugemauert).

Die Grabplatte läßt sich in vier waagrechte Zonen einteilen. Die oberste ist knapp ein Viertel der Platte hoch. In ihrer Mitte befindet sich eine Kartusche mit dem Leichentext; sie hat die Form eines „abgerundeten Vierecks" und wird seitlich von Laubwerk, oben und unten von einem geflügelten Engelskopf gerahmt. Flankiert wird sie beiderseits von einem kreisrunden Laubkranz mit einer emblematischen Darstellung im Inneren und dem zugehörigen Sinnspruch in lateinischer und deutscher Version darüber bzw. darunter (siehe unten).

Die zweite Zone, etwa gleich hoch wie die erste, zeigt in der Mitte das Wibelsche Wappen, gehalten von zwei weiblichen Tugendpersonifikationen. Sie stehen auf Konsölchen und tragen antikisierende Gewänder: um den Oberkörper einen Muskelpanzer mit Zaddeln; darunter ein knöchellanges, gefälteltes, an den Knien geschlitztes Kleid, dessen Enden seitwärts wehen; an den Füßen wadenlange Stulpenstiefel. Die Köpfe sind abgebrochen, bis auf die flatternden Bänder vom einstigen Kopfputz. Die linke Figur hält ein Schwert in der Rechten, die rechte Figur einen ovalen Konvexspiegel in der Linken: es handelt sich um Justitia und Prudentia (Gerechtigkeit und Klugheit), die Haupttugenden eines Stättmeisters.

Die dritte Zone nimmt ein Drittel der Plattenhöhe ein und enthält eine große Kartusche mit der Grabschrift, gerahmt von Laubwerk und zwei kleinen Fruchtbündeln in den unteren Ecken.

In der letzten Zone von etwa einem Fünftel der Plattenhöhe befinden sich drei Laubkränze gleicher Form und Größe wie in der ersten Zone, ebenfalls mit emblematischen Darstellungen und Beischriften.

Die Embleme

Ein Emblem im kunstgeschichtlichen Sinn ist eine Kombination von Sinnbild (Icon), lateinischem Sinnspruch (Lemma) und in der Regel noch einem Sinngedicht (Epigramm), das den oft rätselhaften Sinnspruch erläutert. Bei den fünf Emblemen des Wibeldenkmals wurde auf das Epigramm zugunsten einer zweiten, deutschen Version des Sinnspruchs verzichtet, was auch durch den beschränkten Platz geboten war.

Das erste Emblem, links oben, zeigt ein Ehrenmal in Gestalt einer laubumwundenen Säule mit Sockel und Kapitell, die bis zu den Wolken hinaufragt. Der zugehörige Sinnspruch lautet: *Existimatione nixa.* / *Stützt Sich auf die Ehre* (im Sinne von Ansehen, Wertschätzung).

Das zweite Emblem, rechts oben, zeigt eine ummauerte Stadt mit Türmen und einem Tor in der Mitte, darüber, zwischen zwei Wolken, einen Stern in einem Strahlenkranz. Der Spruch lautet: *Coelo haeret qui solo lucebat* (der auf der Erde leuchtete, steht nun am Himmel) / *Steht am Himmel und schien auf Erden*[1].

Das dritte Emblem, links unten, zeigt einen aufgebahrten Sarkophag. Über seinem Kopfende steht – auf kurzem Fuß oder einer verlängerten Strahlenzacke – ein Stern; am Himmel sieht man, wie auf allen Bildern, zwei Wolken. Der Sinnspruch lautet: *Felix morte sua.* / *Glücklich im Todt*. Dabei handelt es sich, wie Franz Haible ermitteln konnte, um ein Zitat aus Ovids Metamorphosen (13, 521)[2]. Es wurden aber nur die Worte, nicht der Sinn übernommen. Während bei Ovid König Priamus nur deswegen von Hecuba glücklich gepriesen wird, weil er dank seinem Tod die blutige Opferung seiner Tochter Polyxena nicht erleben mußte, bekommt das Zitat auf dem Grabstein einen positiven christlichen Sinn (siehe unten).

Das vierte Emblem zeigt auf flachem Hügel einen Grab-Obelisken, der von Laub (Efeu oder Lorbeer) umrankt wird und bis zu den Wolken reicht. Auf seiner rechten Seite ist eine blühende Pflanze mit zwei Blättern und seitwärts geneigtem Stengel zu erkennen. Möglicherweise gab es auf der linken Seite ein – heute zerstörtes – Pendant.

Der Sinnspruch lautet: *Quisquis honos tumuli* (Was an Ehre das Grab ...) / *Diß ist die letzte Ehre*. – Franz Haible ist es gelungen, das Rätsel dieses für sich allein unverständlichen und unübersetzbaren Lemmas zu lösen. Es handelt sich um die erste Hälfte eines Verses von Vergil (Aeneis 10, 493), und zwar um die Stelle, wo Turnus den Pallas im Zweikampf getötet hat und sich bereit erklärt, den Leichnam zur Bestattung auszuliefern (Vers 490–494): *Quem Turnus super adsistens: / Arcades, haec inquit memores mea dicta referte / Euandro: qualem meruit, Pallanta remitto. / Quisquis honos tumuli, quidquid solamen humandi est, / largior ...* In deutscher Übersetzung: *Über ihn* [den Pallas] *trat nun Turnus und rief: / Arkader, merket wohl auf und bringet mein Wort dem Euander! / Wie er den Pallas verdient, so send' ich ihn, gerne gewährend, / W a s a n E h r e d a s G r a b, an Trost die Beerdigung bietet*[3]. – Anscheinend war den Gebildeten der Barockzeit der Kontext des bruchstückhaften Zitats geläufig und sie wußten, wovon die Rede war: von der Ehre des Grabes und dem Trost der Bestattung oder, wie es die deutsche Version des Lemmas ausdrückt, von der *letzten Ehre*.

Das fünfte Emblem, rechts unten, enthält wohlbekannte Elemente: Aus Wolken am Bildrand greifen zwei Arme (wohl Engelsarme) heraus und halten eine Krone, in der zwei Palmzweige stecken. Der Sinnspruch lautet: *Hanc petij a Domino* / *Dise hab ich vo(m) Hrn* [Herrn] *gebetten*. Mit der Krone ist die Himmelskrone (= Krone des Lebens) gemeint (vgl. S. 21f.); sie hat sich der Verstorbene von Gott erbeten. Die Palmzweige sind ein altes Symbol für Sieg, Unsterblichkeit und himmlischen Lohn.

Überblicken wir den Sinngehalt des Denkmals, so zeigt sich: Die Darstellungen an den unteren Ecken behandeln die herkömmliche christliche Grabmalsthematik, wenn auch in origineller Form. Im linken Emblem (*Felix morte sua*) geht es um das Glückhafte des Todes als des ersehnten Übergangs zum ewigen Leben. Der strahlende Stern auf dem Sarg soll wohl auf dieses Glück verweisen, auf die bevorstehende himmlische Freude. Man wird an das Grabgedicht Christoph Gräters (S. 61f.) vom *frohlockenden Sieger* erinnert.

Die Himmelskrone und die Palmzweige des Emblems rechts unten unterscheiden sich nicht in der Bedeutung, nur in der Form vom Gewohnten. Die himmlischen Wesen, von denen sie gehalten werden, sind, anders als sonst, hinter Wolken verborgen.

Auch im dritten Bild, unten Mitte, geht es zunächst um Tod und Auferstehung. Die Blume bedeutet das neue Leben, das aus dem Grabhügel wächst. Zugleich wird aber durch das Vergilzitat und durch die Verwendung des Obelisken als Grabmalsform auch auf die persönliche Ehre angespielt. Der Obelisk symbolisiert ja, wie die Pyramide, nicht nur Ewigkeit, sondern seit der Renaissance auch den Nachruhm der Regierenden (*gloria de' Prencipi*; vgl. dazu Deutsch 1988, S.230 f.).

Noch klarer werden Ehre und Ruhm in den beiden oberen Emblemen angesprochen. Die mit Laub – Efeu oder Lorbeer – geschmückte Ehrensäule links verweist eindeutig auf das öffentliche Ansehen (existimatio) des Verstorbenen. Und das rechte Emblem zeigt gar, in symbolischer Form, dessen Apotheose: der Stättmeister, auf Erden ein Licht der Staatskunst, strahlt jetzt als Stern am Himmel. Wir haben hier schon die gleiche Thematik wie später bei Johann Lorenz Sanwald (S. 178ff.), wo es in den Versen zu seinem Gedächtnis heißt: *Evadit ad astra* (er steigt zu den Sternen auf) oder *Schon bist du Edler jetzt ein Stern im höhern Licht*[4]. Alledem liegt die antike Vorstellung zugrunde, die Seele erhebe sich nach dem Tod zu den Sternen, genauer: sie kehre zu dem Stern zurück, der ihr einst vom Weltschöpfer zugeteilt war. Der Gedanke findet sich in Platons *Timäus*, und im Mittelalter bezieht sich auf ihn auch Dante in der Göttlichen Komödie (Paradiso IV, 49. 52–54): *Was der 'Timäus' von den Seelen lehrt / … Die Seele, sagt er, kehre heim zu ihrem Stern, / von dem sie, glaubt er, weggegangen sei, / um Lebensform zu werden durch Natur*[5].

Daß im Falle des barocken Grabmals die Erhebung zu den Sternen nicht nur gleichnishaft für Himmel und ewiges Leben steht, sondern zumindest auch den Nachruhm meint, mag ein ähnlicher Gedächtnisvers für Johann Friedrich Bonhoeffer (siehe S. 144ff.) belegen: *Leb, Seelger Geist! im Ruhm, Stern bliz im Sternenlicht*[6].

Zu dieser Thematik paßt, daß die Tugendallegorien des Wibelsteins jetzt nicht mehr, wie noch bei J. J. Betzoldts Grabmälern in Waldenburg und in der Haller Katharinenkirche[7], christliche Tugenden – Glauben und Hoffnung – personifizieren, sondern die weltlichen Tugenden eines guten Regenten, Gerechtigkeit und Klugheit.

Durch die fünf Laubkränze mit den Emblemen fällt das Wibel-Denkmal ikonographisch und formal beträchtlich aus dem Rahmen des in Hall Gewohnten; kein früherer und kein späterer Grabstein hat solche Darstellungen. Das läßt annehmen, daß es sich hier um keine Erfindung des Bildhauers handelt, sondern daß die ungewöhnliche Thematik entweder noch auf einen Wunsch des Verstorbenen selbst zurückgeht oder von der Tochter als der Auftraggeberin veranlaßt wurde. Tatsächlich findet sich das Vorbild für die Embleme im Laubkranz bei der Familie Wibel: Die gedruckte Leichenpredigt für die erste Gattin des Stättmeisters, Susanna Maria Wibel, enthält als Titelblatt einen Kupferstich – gezeichnet von Georg David Zweiffel, gestochen von Ulrich Kraus – mit einem Bildnis der Verstorbenen, das von sechs ganz ähnlichen laubumrankten Emblembildern umgeben ist, wie sie der Grabstein aufweist[8]. Es sind hier elliptische Medaillons; das lateinische Lemma steht auf einem Spruchband im Inneren der Bilder und das Epigramm, bestehend aus zwei gereimten deutschen Versen, auf einem größeren Spruchband unter den Medaillons. Es scheint mir offensichtlich, daß dieses ikonographische Schema – mit den nötigen Anpassungen – vom Titelblatt der Leichenpredigt auf den Grabstein des Gatten der Verstorbenen übertragen wurde.

Von dem Stättmeister Johann Friedrich Wibel besitzen wir auch ein Bildnis: einen Kupferstich von Engelhard Nunzer, Nürnberg, nach Georg David Zweiffel[9], wohl aus der gedruckten Leichenpredigt (abgebildet bei Wunder 1980, S. 258).

Der Bildhauer

Johann Michael Hornung (1646–1706), Bildhauer und Elfenbeinschnitzer, war ein Sohn des Haller Salzsieders Johann Michael Hornung d. Ä. Er besuchte das Gymnasium bis zur Secunda, ließ sich dann in der Haller Kanzlei zum Schreiber ausbilden und arbeitete zwei Jahre lang als Scribent in der gräflichen Kanzlei zu Neuenstein. Danach entschloß er sich, Bildhauer zu werden, ging vier Jahre lang (ca. 1669–1673?) zu Johann Jakob Betzoldt (vgl.

S. 22) in die Lehre und ließ sich gegen 1673 in Hall als Meister nieder[10]. Er wohnte seit 1680 in der oberen Keckengasse (heute Herrengasse); sein Vermögen schwankte zwischen 400 und 800 Gulden und hatte 1686 seinen höchsten Stand. Er war viermal verheiratet (1673, 1678, 1691 und 1700), in den drei ersten Ehen mit Pfarrerstöchtern, in der letzten mit einer hohenlohischen Schultheißentochter. – Aus der dritten Ehe mit Katharina Margareta Gräter stammt sein Sohn Johann Friedrich Hornung (1691–1716), der ebenfalls Bildhauer wurde, aber schon mit 24 1/4 Jahren starb[11].

Von Johann Michael Hornung hat sich eine Reihe gesicherter Werke erhalten:

1) Ein Elfenbeinhumpen im Hessischen Landesmuseum Darmstadt, mit einer Wildschweinjagd in ländlicher Umgebung mit Bäumen und Gehöften, am unteren Rand des Elfenbeinzylinders signiert: *S: Hal. Io. Mich: Hornung. fecit*. (S: Hal. = Sculptor Halensis, Bildhauer zu Hall).

2) Eine Humpenwand aus Elfenbein im Hohenlohe-Museum Schloß Neuenstein, mit einem Reitergefecht in einer Waldlandschaft, am unteren Rand signiert: *S. Hal. M. Hornung. fe*[12] (= *fecit*); abgebildet in WFr 1949/50, S.225, und im Katalog des Hällisch-Fränkischen Museums, Bd.9 (wie Anm.12), S.76 (Farbaufnahme).

3) Die Grabplatte des Schenken Heinrich Casimir von Limpurg († 1676), das wohl früheste erhaltene Werk, mit zwei Kinderengeln, die ein Schriftband mit dem Leichentext halten, und einem geflügelten Engelskopf unter dem Wappen; am unteren Rand der Grabschrift signiert: *Ioh; Mich: Hornung. fec:* (= fecit, hat geschaffen). – Obersontheim, Pfarrkirche.

4) Das Grabmal des Langenburger Kanzlers Johann Christoph Assum († 1651), errichtet 1685 vom Enkel des Verstorbenen, mit zwei stehenden Kinderengeln, die eine vorhangartige, ein Ovalbild des Verstorbenen umfangende Draperie beiseiteziehen; unter der als Ehrentuch gestalteten Grabschrift signiert: *Joh: Mich: Hornung, Hall f.* (= fecit). – Langenburg, Pfarrkirche.

5) Ein Gedenkstein vom Palais Engelhardt in der Gelbinger Gasse[13] mit den Wappen des Erbauers und seiner Gattin (an den unteren Ecken), einer eingetieften Inschrift und den Flachreliefs einer Krone mit Palmzweigen (Mitte oben) und eines Totenschädels mit Knochen und Stundenglas (Mitte unten); am unteren Rand signiert: *MHornung. fe:* (= *Michael Hornung fecit*; M und H ligiert). - Die Inschrift lautet: *IOHANNES WILHELMUS ENGELHARDT / Senatus Interiori Assessor, Rosetiq(ue) Pr[a]efectus Socia Con- / juge ANNA MAGDALENA Hez[eli]a, fortunante / DEO, ex incendij ruderibus denuo r[es]tauravit. / Anno 1696.* Um den Totenschädel steht im Halbkreis: *Mors omni / um Merces.* (Zu deutsch: Von Johann Wilhelm Engelhardt, des Inneren Rats, Assessor [des Obervormundsgerichts][14] und Amtmann im Rosengarten, und seiner Frau Anna Magdalena Hezel mit Gottes Segen aus den Trümmern des Brandes wiederhergestellt im Jahr 1696. – Der Tod ist aller Lohn.) – Ungewöhnlich ist die Verwendung der gleichen Sinnbilder von Tod und Auferstehung, wie sie sonst an Grabsteinen vorkommen. Vermutlich soll diese Symbolik hier zugleich auf die Wiedererstehung aus dem Schutt des Brandes[15] verweisen. Im übrigen hatte Engelhardt eine Neigung zu Vanitasdarstellungen: An seinem Haustor in der Oberen Herrengasse Nr. 11 waren *2 Putten mit Sinnbildern der Vergänglichkeit (Vanitas Vanitatum)*, um 1688 aufgemalt (Gradmann S.72), die erst 1976 entfernt wurden. – Hällisch-Fränkisches Museum.

6) Das Grabmal des Pfarrers Georg Friedrich Wibel († 1704)[16], eines Neffen des Stättmeisters, mit zwei geflügelten Engelsköpfen, zwei stehenden, bekleideten Kinderengeln, Festons und Laubwerkdekor; am Ende der Grabschrift signiert: *MHorn:* (M und H ligiert). Es handelt sich um das späteste erhaltene Werk. – Schwäbisch Hall, Urbanskirche.

7) Nahezu gesichert ist außerdem, als das früheste erhaltene Werk, die Kindergrabplatte des Moritz Ludwig von Hohenlohe († 1679) in der Kirche von Langenburg mit vier geflügelten Engelsköpfen an den Ecken der Umschrift und einem Wappen mit Krone und Lorbeerzweigen in der Mitte. 1679/80 wurden nämlich *24 f dem bildhauer zu Hall vor weyl(ent) H(errn) Graf Moritz Ludwigen verfertigten Grabstain bezahlet*[17]. Da die Engelsköpfe in Stil und Technik (zum Beispiel der Pupillenbohrung), in Physiognomie und Frisur und damit auch im Ausdruck von Betzoldts Engeln weit verschieden sind, und da sie außerdem – besonders der Kopf oben rechts – den beiden

Engeln des Langenburger Assum-Grabmals gleichen, kommt als Haller Bildhauer um 1679/80 nur Johann Michael Hornung in Frage[18].

Hornung wird noch für weitere Elfenbeingefäße mit *schönen Figuren* (1684) bzw. Reitern (1699) bezahlt, die sich aber anscheinend nicht erhalten haben[19].

Die gesicherten Werke Hornungs sind unter sich recht verschieden. Entsprechend schwierig ist die Zuschreibung des Wibelsteins; doch gelingt sie, wenn man Figürliches, Ornamentik und Buchstabenformen gleichermaßen berücksichtigt. Die geflügelten Engelsköpfe gleichen denen an Hornungs Unterlimpurger Werk (deren Gefieder nur etwas reicher ausgestaltet ist). Die Inschriftfelder werden wie dort von schlaffem Laubwerk gerahmt. Im Laubrahmen des Leichentextes stoßen die eingerollten Blattenden genau so an die ebenfalls eingerollten Flügelenden des oberen Engelskopfes wie im Aufsatz des Unterlimpurger Steins.

Gewisse Buchstaben haben an allen Werken Hornungs die gleiche eigenwillige Form. Man vergleiche etwa die *t* in den Wörtern *Statt* oder *auffgerichtet* (zweite bzw. letzte Zeile der Grabschrift) mit dem *t* in *ruhet* am Grabmal der Urbanskirche (Zeile 1) oder die kleine Schnecke am unteren Ende des *g*, ebenfalls in *auffgerichtet*, mit der gleichen Schnecke im *h* von *ruhet* (zweites Wort der Unterlimpurger Grabschrift) usf. – In den lateinischen Inschriften vollends sehen die *t* wie ein *f* ohne Unterlänge aus: vgl. *tumuli* im vierten Emblem; oder bei Assum in Langenburg *fatur, statuam, defuncti* (alle in der zweitletzten Zeile); oder in der Signatur des Darmstädter Humpens *fecit*. Genauso gebogen sind die Oberlängen der *l, h, b* und anderer Buchstaben.

Bezeichnend für Hornungs Stil sind geometrisch strenge Kompositionen, verbunden mit einer steifen Haltung, ja Starrheit der Figuren, die selbst in den dramatischsten Szenen der Elfenbeingefäße zu spüren ist. Im Laufe seiner Entwicklung lockert sich diese Steifheit etwas auf; er kommt zu gelösteren und, wie es scheint, auch voluminöseren Formen (Unterlimpurg).

Quellen und Literatur
Epitaphienbuch 1698/1708, S.200 (446), 202 (448); Bd.a, S.290 f.; R.*Krüger* Nr.71; *Wunder* 1987 Nr.102; *Deutsch* 1988, S.242. – Über Johann Michael Hornung: Christian *Scherer*, Der Elfenbeinschnitzer Johann Michael Hornung, in: Der Kunstwanderer, August 1925, S.4–6 (grundlegend, auch für die Steinwerke); Christian *Theuerkauff*, Elfenbeinhumpen mit Reitergefecht, in: Monatsanzeiger des Germanischen Nationalmuseums 46, 1985, S.367, 370 f.; *Deutsch* 1990, S.86 und besonders Anm.24.

Anmerkungen
1. Vgl. dazu unten, S.357, sowie Nr.45 (Sanwald), S.181, und *Deutsch* 1988, S.242 mit Anm.75.
2. Darin spricht Hecuba (Vers 519–522): *Quis posse putaret / Felicem Priamum post diruta Pergama dici? / F e l i x m o r t e s u a est; nec te, mea nata, peremptam / Aspicit et vitam pariter regnumque reliquit.* – Zu deutsch: Wer möchte vermeinen, / daß nach Pergamus' Fall noch Priamus glücklich zu preisen? / Ja er ist g l ü c k l i c h i m T o d: er sah nicht, wie sie gemordet / dich, mein Kind, und schied von dem Leben zugleich und der Herrschaft.
3. Ich danke Herrn Dr. Haible, Schwäbisch Hall, sehr herzlich für seine erfolgreiche Forschung über die Herkunft des Sinnspruchs.
4. Vgl. *Deutsch* 1988, S.242.
5. Im originalen Wortlaut: *Quel che Timeo dell'anime argomenta / ... Dice che l'alma a la sua stella riede, / credendo quella quindi esser decisa / quando natura per forma la diede.* – Erstaunlicherweise wirkt diese Vorstellung bis heute nach. In einer Todesanzeige des Haller Tagblatts vom 24.10.2002 heißt es: *Du wirst immer ... als Stern am Himmel für mich herabscheinen.*
6. *Deutsch* 1988, Anm. 81.
7. *Deutsch* 1990, Abb.14 f., 23.
8. Vgl. *Deutsch*, Rieden 1990, S.223 und Anm.46; Abb. bei Wunder 1980, S.259.
9. Vgl. *Deutsch*, ebd., S.223 f. und Anm.47.
10. Näheres und Quellenangaben bei *Deutsch* 1990 (Betzoldt), S.109, Anm.24. – Quellen zum folgenden: Beetbücher bzw. Totenbuch.
11. Er schnitzte u.a. 1715 das schöne Vortragekreuz in der Sakristei der Michaelskirche (StAH 4/2662 Bl.47r).
12. Eventuell JM ligiert; wahrscheinlich aber ist, was wie ein mit dem M ligiertes J aussieht, nur der Anfangsbogen des kursiven M. Ebenso wird der etwas eckig angesetzte Endbogen des M gelegentlich als P gelesen (so im Ausstellungs-Kat. Hohenlohe: Das Kirchberger Kunstkabinett im 17. Jahrhundert, Kataloge des HFM, Bd.9, Sigmaringen 1995, S.76).
13. An Engelhardts andere Häuser in der oberen Herrengasse zu denken, verbietet der Hinweis der Inschrift auf den Brand.
14. Nach dem Nekrolog im Totenbuch erhielt Engelhardt das Assessorat im Obervormundsgericht erst 1710, als er das Amt im Rosengarten wegen Kränklichkeit zurückgegeben hatte; vermutlich irrte sich der Pfarrer. Die sprachlich naheliegende Übersetzung *Ratsassessor* ergibt keinen Sinn, da Engelhardt seit 1684 Ratsherr war.
15. Gemeint ist der Brand der Gelbinger Vorstadt von 1680.
16. Nicht 1689, wie *Scherer* (S.5) angibt. Wibel war seit 1695 auch nicht mehr Präzeptor, sondern Pfarrer von Unterlimpurg. Das Denkmal hat seine Frau Maria Margareta Stellwag zugleich ihrem ersten Gatten, Johann Josef Raiffeisen († 1689), und ihrem Sohn aus erster Ehe, Johann Lorenz Raiffeisen († 1691) aufrichten lassen. Daher der Irrtum mit dem Todesjahr und daher das Stellwag-Wappen in der Mitte des Gebälks und das Raiffeisen-Wappen heraldisch links im Aufsatz.
17. Hohenloher-Zentralarchiv, Archiv Langenburg, Rechnungen Bü 1826, Burgvogteirechnungen 1679/80.
18. Zu dem Denkmal vgl. auch *Deutsch* 1990, Anm.68.
19. Vgl. ebd., Anm. 24.

Joh. XIV. v. 14.
Ich harre täglich, die weil ich streite,
biß daß Meine ver-
änderung Kome.

Hier ruhen die gebeine des weyl. HochEdelgeb: Hrn.
Johann Michael Hartmanns, ICti bey allhiesiger
Freyen Reichs Stadt Hochverdient gewesenen älteren
Stadtmeisters Steuer Herrn Consist. et Scholarch. Directoris, und
der Kirchen auf dem Land Visitat. perpetui. Er kam von
vornehmen Eltern auf die Welt den 13. Decemb. 1670.
Ao. 1696 den 21. Apr: wurde er mit S.T. Frauen
Christina Magdalena einer geb. Bäurin
von Stuttgard ehel. getraut erzeugte mit ihr
11. Kinder davon noch ein einiger Hr. Sohn
als hiesiger Raths Consulent, und 2. glücklich ver-
heyrathete Fr. Töchter bey leben von welchen er
16. Enckel gesehen. Nachdem er mit aller treüe
das beste der Stadt gesuchet, starb er seelig den 25. Jan. 1744.
ætat. 73. Jahr, 1. mon. 12. tag. JEsu! die verklärten
beine einstens mit dem
Geist vereine.

Johann Michael Hartmann (1670 – 1744)
Stättmeister

Grabplatte aus Sandstein, 187/102 cm, ziemlich gut erhalten[1]; in späterer Zeit an der nördlichen Außenwand der Kirche im 6. Joch von Westen aufgestellt, wohl in der Nähe des Grabes (die Stättmeister wurden vorwiegend auf der Nordseite des Kirchhofs begraben).

Georg David Lackorn (signiert), um 1744.

[103]

Die Platte wird an allen vier Kanten durch ein Karniesprofil gerahmt; das läßt annehmen, daß es sich um einen Grabdeckel handelt. Die gute untere Hälfte und das obere Sechstel der Plattenfläche werden von je einer Kartusche mit konvex gewölbtem Inschriftfeld und symmetrisch geschweiftem Rahmen aus krausem, großformigen Akanthuslaub eingenommen. Die untere, große Kartusche enthält die Grabschrift, die obere, kleine den Leichentext (Wortlaut beider bei Krüger, Wunder und im Anhang S. 417). Zwischen den Kartuschen befindet sich das Wappen des Verstorbenen, flankiert von zwei schwebenden Kinderengeln in hohem, etwa dreiviertelrundem Relief, die, halb von der Seite gesehen, mit dem vorderen Arm nach dem Laubwerk der „Helmdecke" greifen und mit dem anderen Arm eine Krone über das Wappen halten: die *Krone des Lebens* oder *Himmelskrone* (zu ihrer Bedeutung vgl. S. 21f.). Die Engel sind fast spiegelbildlich angeordnet; der linke hat nur, anders als der rechte, den Kopf nach außen geneigt. Der hintere Flügel legt sich bei beiden wie eine Folie unter den zur Krone hin ausgestreckten Arm. Die Gesichter sind pausbäckig, mit winziger Nase[2], stark herausgetriebener Stirn, großen Augen und gebohrten Pupillen. Beide Engel sind unbekleidet, nur ein kleines Lendentuch weht von hinten her über ihre Blöße.

Rechts unten im Profil des Plattenrands hat der Bildhauer seinen Namen eingemeißelt: *G. D. Lackorn.*

Der Bildhauer

Georg David Lackorn (1701–1764), ein Sohn des Haller Schreiners Johann Jakob Lackorn († 1756), war Bildhauer und Schreinermeister, führte aber auch reine Steinmetzarbeiten aus, wie die von ihm signierte Grabplatte des Predigers Friedrich Peter Wibel (Wunder Nr. 113) belegt. Nach einer Schreinerlehre bei seinem Vater und einer dreijährigen Bildhauerlehre bei Philipp Jakob Sommer in Künzelsau (etwa 1723–1726)[3] ging er an die sechs Jahre auf Wanderschaft, um *in großen Städten hin und wieder, besonders aber zu Franckfurth an Mayn bey einem Kunsterfahrnen Bildhauer* seine Kenntnisse zu vervollständigen. Im August 1732 kam er auf Verlangen wieder nach Haus und arbeitete die nächsten 15 Jahre – bis zu seiner Heirat im November 1747 – in der Werkstatt seines Vaters im Weiler. Ab 1745 zahlte er eigene Steuer. Sein Vermögen blieb aber gering; es erreichte nur einmal (1763) fünfhundert Gulden[4].

Von Georg David Lackorn haben sich – mindestens – sechs signierte Grabsteine erhalten. Es sind die Denkmäler für

1) Johann David Stellwag, Apotheker († 1734), Nikolaikapelle; pompöse Barockarchitektur, die beiden flankierenden Figuren verloren.

2) Johann Balthasar Wibel, Ratsherr († 1737), Nikolaikapelle; pompöse Barockarchitektur, die beiden flankierenden Figuren verloren.

3) Johann Christoph Stellwag, Stadtschultheiß († 1740), Nikolaikapelle; mit zwei schwebenden Kinderengeln.

4) Johann Michael Hartmann, Stättmeister († 1744), St. Michael; mit zwei schwebenden Kinderengeln (siehe oben).

5) Johann Peter Löchner, Haalmeister († 1748), Nikolaikapelle; ohne figürlichen Schmuck.

ie gebeine des weyl. HochEdelgeb: H[errn]
ichael Hartmanne. ICti bey alhi[esiger]
s Stadt Hochverdient gewesenen a[...]
er Herrn Consist: et Scholarch. Dir[ectoris]
dem Land Visitat: perpetui. Er k[am]
ru auf die Welt den 13. Decemb[...]
n 21. Apr: wurde er mit S.T. Fra[uen]
Magdalena einer geb. Bäuri[...]
ttgard, ehel. getrauet erzeugte mit ih[r]
r, devon noch ein einiger Hr. Soh[n]
Raths Consulent: und 2. glücklich [...]
Fr. tochter bey leben von welchen
eleben Nachdem er mit alter tre[ue]
dt gedienet, starb er seelig den 25. Ja[...]

6) Friedrich Peter Wibel, Prediger († 1754), St. Michael; nur mit Inschrift (siehe Wunder Nr.113).

Archivalisch beglaubigt sind für Lackorn: Ergänzungen an den Figuren des Marktbrunnens, 1751 (vgl. Deutsch 1991); und zwei Wappen am Haller Tor der Haalsteige, 1752 (*zwey Hällische Wappen von Stein zum Haalsteigen Thürnlein 32 f*[5]), davon das äußere Wappen in verändertem Zustand erhalten.

Auf dieser Grundlage lassen sich dem Bildhauer noch folgende Werke zuschreiben: die Orgelfiguren in Rieden, 1735/36, als frühe Arbeit, in der noch der Lehrer Philipp Jakob Sommer nachwirkt (vgl. Deutsch, Rieden 1990), und als Neuzuschreibungen das Epitaph des Predigers Friedrich Peter Wibel in St. Michael, 1754, dessen Bildnis von Johann Daniel Hauck gemalt wurde (vgl. S. 262ff.) und das Grabmal des Pfarrers Philipp Heinrich Gratianus († 1745) in Oberrot, das im Aufsatz die gleichen schwebenden Kinderengel aufweist wie die Denkmäler Christoph Stellwags und Hartmanns[6].

Die künstlerische Entwicklung Lackorns verläuft ziemlich überraschend. Gäbe es die Signaturen nicht, würde niemand wagen, die prunkvollen Grabmäler der Frühzeit mit ihren bombastischen und komplizierten, weit in den Raum ausladenden Formen demselben Bildhauer zuzuschreiben, der wenige Jahre später die Steine mit dem schlichten Laubwerkdekor geschaffen hat. Wahrscheinlich wirkten in den frühen Denkmälern noch die Eindrücke der sechsjährigen Wanderschaft nach, eher jedenfalls als das Formengut der Sommerwerkstatt, das seine Spuren anscheinend mehr im Figürlichen hinterließ. – Im Prinzip entspricht diese Entwicklung dem Wandel vom Barock zum Rokoko. Doch hat Lackorn die modernen Schmuckformen wie Bandelwerk oder später Rocaillen und überhaupt asymmetrische Ornamentik nie verwendet. Er blieb dem traditionellen und provinziellen Zierat verpflichtet, den vor ihm in Hall schon die Betzoldt-Schule (Hornung, Freysinger) und anschließend Nikolaus Ritter gebraucht hatten (vgl. das Grabmal des J. D. Bäurlen, † 1733, außen am Chor von St. Katharina).

Literatur

R. *Krüger* Nr.88; *Wunder* 1987 Nr.103. – Über Georg David Lackorn und die Riedener Orgelfiguren: Wolfgang *Deutsch*, Die Kanzel und die erste Orgel, in: Rieden im Rosengarten 1290-1990, Rosengarten 1990, S.229 f., 234 ff. mit Abb. S.235. Außerdem über Lackorn: *Deutsch* 1988 S.233, 249 und Anm.50. Über Lackorns Arbeit am Marktbrunnen: *Deutsch* 1991 (Wappenstein), S.41.

Anmerkungen

1 Gravierendste Schäden: beim linken Engel fehlen der rechte Fuß und die Nasenspitze.
2 Beim linken Engel ist zwar die Nase abgeschlagen; da aber Lackorns vorzüglich erhaltenes Denkmal des Johann Christoph Stellwag in St. Nikolai die gleichen kleinen Nasen aufweist, dürfen wir diese Nasenform auch für den linken Engel des Hartmann-Steins annehmen.
3 Näheres bei *Deutsch*, Rieden 1990, S.229.
4 Quellen für die biographischen Daten: Totenbuch St. Johann bzw. Beetlisten.
5 Steuerrechnung 4a/213 Bl.227v, zum 11.2.1752.
6 Abgebildet in: 1200 Jahre Kirche Oberrot (Festschrift der evangelischen Kirchengemeinde) 1987, S.16, oben links.

an uns soll offenbart werden.

Hier ruhet in Gott selig der Weyl.
HochEdle Gestrenge u. Hochgelehrte Herr
Johann Nicolaus Schragmüller J.U.L.
u. Hochverordnete Stattmeister Steuer Herr
Consistorialis u. Scholarcha alhier seel.
andenckens, welcher A. 1643 d. 11. Augusti vor 68 Jahr
gebohren in Liegnitz der Ehe mit der HochEdlen Jfr.
Maria Eurydica gebohr. Osiandern erzeuget 8
Sohn u. 6 Töchter von welchen er mit 58 lieben
Enckeln erfreuet worden A. 1699 wurde er in
Innern Rath erwehlet Zu einem Kayser Lehen
trager Damascenern zu die hoffen Gerichts gericht
herr u. Buhler Untermayer darauf folgte die Hochzei-
binne Stat seel. Hrn. Consistori u. Scholarchal
Steur Herrnes A 1703 Regierender Stattmeister
Banrichter Stadtpflug ältester Lehenträger
1711 Gott schenkte ihm eine fröhliche Auferstehung

Johann Nikolaus Schragmüller (1643 – 1711)
Stättmeister

Platte aus Sandstein, wohl Rest eines aufrecht stehenden Grabmals (siehe unten), 197/99 cm, teilweise beschädigt; wahrscheinlich noch am ursprünglichen Platz oder in dessen Nähe (die Stättmeister pflegte man auf der Nordseite des Kirchhofs zu begraben).

Friedrich Jakob Freysinger zuzuschreiben (Werkstatt), um 1711.

[104]

Das Denkmal sieht aus wie eine Grabplatte. Da aber jede Rahmung oder Randprofilierung fehlt, dürfte es sich um den Rest eines Grabmals handeln, das ursprünglich zwischen anderen aufrecht an der Wand stand und später Aufsatz und Sockel verlor. Seine Form wird man sich wie die von Freysingers Grabmal des Johann Adam Röhler in St. Katharina (siehe unten, S. 366) vorstellen dürfen.

Die Platte ist ohne jede ornamentale Gliederung. Sie zeigt in der oberen Hälfte in kräftigem Relief das Ehewappen des Verstorbenen (Schragmüller/Osiander). Darüber schweben, diagonal gerichtet, zwei nackte, von Tüchern umgebene Kinderengel und halten eine Krone über das Wappen; ihre Flügel stehen senkrecht vom Körper ab. Über dem Relief, am oberen Rand des Steines, ist der Leichentext angebracht, in der unteren Hälfte der Platte die 17-zeilige Gedenkschrift mit nach unten abnehmender Schriftgröße. Ihre zwei untersten Zeilen mit dem Sterbedatum sind in besonders kleiner Schrift ausgeführt. Sie müssen deshalb aber nicht nachgetragen sein; wahrscheinlich wurde nur der Platz für die lange Inschrift knapp.

Der Erhaltungszustand des Steins ist bis auf einige gravierende Schäden gut: An beiden Engeln sind die Gesichter zerstört, am linken ist auch der obere Teil des Kopfes abgebrochen. Vom Leichentext und von den beiden letzten Zeilen der Grabschrift fehlt jeweils der rechte Teil. Der Leichentext – anscheinend verkürzt und verballhornt – lautet: *Leich Text Röm. 8 / Dißer Zeit Leiden* [fehlt: sind der] *Herrlichkeit* [abgewittert: nicht werth, die] */ an Vns soll offenbaret werden*[1].

Bei der von Engeln gehaltenen Krone handelt es sich um die *Himmelskrone* (vgl. dazu S. 21f.). Wie schon am Grabmal des Johann Balthasar Stadtmann krönt sie auch diesmal kein Bildnis des Verstorbenen, sondern sein Wappen, das hier die Person vertritt.

Der Bildhauer

Friedrich Jakob Freysinger (Freyßinger, Freißinger), 1680–1726, wohnhaft in der Heimbacher Gasse, war ein Sohn des Haller Schreiners Josef Melchior Freysinger. Er lernte das Bildhauerhandwerk 1697/98 bei dem damals 77 bis 78 Jahre alten Johann Jakob Betzoldt; sein Lehrgeld von sechs Gulden im Quartal übernahm die Stadt – nach einer Art hällischem „Bafög"[2]. Er heiratete 1703 in erster Ehe Barbara Bäumlin, die Tochter eines Regensburger Schiffers, die ihm drei Söhne gebar, 1710 in zweiter Ehe Susanna Gräter, die Tochter des Posthalters Philipp Reichart Gräter, der er zwei Töchter und einen Sohn verdankte. Als er 1726, offenbar unerwartet[3], starb, war er erst 46 Jahre alt.

In Hall läßt sich seine vielseitige Tätigkeit von 1702 bis 1726 nachweisen. Er arbeitete nicht nur als Bildhauer, sondern auch als Faßmaler und Vergolder, als Restaurator von Retabeln und Epitaphen und wirkte 1708 sogar am 2. Band des Epitaphienbuchs mit, wohl als Experte für Inschriften[4]. Die älteren Haller kennen noch seinen wasserspeienden Delphin (alias „Walfisch") im Trog des Haller Marktbrunnens[5]. Unter seinen zahlreichen städtischen und kirchlichen Aufträgen gab es auch einige Kuriositäten: 1718 schnitzte er zwei Geistliche *nach hiesiger Tracht u: Art in Salz* (!), und 1724 mußte er eine Mißgeburt – ein zu

Westheim geborenes *Monstrum* – lebensgetreu in Holz nachbilden, grundieren und mit Ölfarben bemalen[6].

Trotz seiner rastlosen Tätigkeit blieb sein Vermögen gering; seine Steuer (Beet) überschritt nie den Mindestbetrag von einem Gulden. Seiner Witwe wurde die Beet schon ein Jahr nach seinem Tod auf zwei Schilling ermäßigt und im folgenden Jahr ganz erlassen[7].

Die Zuschreibung des Schragmüllersteins gelingt am einfachsten durch Vergleich mit dem Denkmal des Ratsherrn Johann Adam Röhler († 1709) in St. Katharina, das der Bildhauer am Ende der Grabschrift signiert hat: *F. J. Freysinger. fec(it)*. Die beiden Werke gleichen sich in allen wesentlichen Merkmalen: in der Gestalt und der Haltung der Engel, besonders auch in ihren Beinbewegungen, in der Form der Krone, des Laubwerks der Helmdecken am Wappen und nicht zuletzt der Schrift, die nicht nur im Duktus, sondern auch im Gesamtbild übereinstimmt; sie reicht bis fast zum Plattenrand, und die Buchstabengröße nimmt von den ersten bis zu den letzten Zeilen der Grabschrift allmählich ab. Die Engel des Schragmüllersteins sind allerdings mickriger und auch in den Einzelheiten, zum Beispiel den Flügeln, weniger präzis ausgearbeitet, was auf Gehilfenwerk schließen läßt. Außerdem ist an dem jüngeren Grabstein bei St. Michael die strenge Symmetrie – ein Erbstück Betzoldts – etwas aufgelockert: die Tücher der Engel sind jetzt unterschiedlich drapiert, und der linke Engel hält die Arme anders als auf dem älteren Stein und dreht den Oberkörper mehr nach vorne. Freysinger beginnt nun also, die von seinem Lehrer Betzoldt übernommene, fast spiegelbildliche Kompositionsweise abzuwandeln.

Verglichen mit dem fast gleichzeitigen Meister des Wibeldenkmals (S. 52ff.) wirkt seine Formensprache freilich ebenso altertümlich wie einfallslos und derb.

Literatur
R. *Krüger* Nr.75; *Wunder* 1987 Nr.104. – Zu Friedrich Jakob Freysinger: *Deutsch* 1990 (Betzoldt), S.86 mit Anm.25.

Anmerkungen
1   In der Bibel lautet der Vers (Röm 8,18): *Denn ich halte es dafür, daß dißer Zeit Leiden der Herrlichkeit nicht werth sei, die an uns soll offenbaret werden.* – In der mittleren Zeile ist die rechte Hälfte der Schrift abgebrochen, und in dem Wort *Herrlichkeit* hat ein Restaurator mehrere nicht mehr vorhandene Buchstaben frei mit Farbe ergänzt.
2   Steuerrechnung 1698/99, Bl.144r, 146r; StAH 4a/160a.
3   Am 25.10.1726 erhält seine Witwe eine Zahlung für die Kreuzgruppe an der Henkersbrücke, die er erst einige Tage zuvor renoviert hatte: *Joh:* [sic!] *Jacob Freyßingers, Bildhauers Wittib, deren Ehemann seel: vor einigen tagen das an der Henckhersbrucken stehende Crucifix u: darbey stehende bilder renovirt … 2 f 15 ß* (Steuerrechnung 1726/27, Bl.310v; StAH 4a/188).
4   An drei halben Tagen wurden die Aufzeichnungen *mit Beihilfe Herrn Freysingers Bildhauers … observiert*. Vgl. Epitaphienbuch 4/2250a, S.214, 219, 222.
5   Vgl. Wolfgang *Deutsch*, Ein Haller Wappenstein, Studien zu Hans Beuscher (Schriftenreihe des Vereins Alt Hall, Heft 13), Schwäbisch Hall 1991, S.88, zu 1724, und Abb.14.
6   Vgl. *Deutsch* 1990, Anm.25.
7   Quellen für die biographischen Angaben: Kirchenbücher, Rechnungsbücher (besonders die städtischen *Steuerrechnungen*) und Beetbücher.

Dr. Johann Friedrich Bonhoeffer d. Ä. (1697 – 1770)
Altarstiftung

Holzretabel, gefaßt (nicht erhalten), ca. 8 3/4 / 4 1/2 m;
testamentarisch gestiftet von Stättmeister Johann Friedrich Bonhoeffer d. Ä.

Bildwerke von **Johann Michael Fischer**, Dillingen; Fassung von **Johann Michael Probst**, Pfedelbach. Errichtet 1778.

[133]

Es ist wenig bekannt, daß der größte Haller Schnitzaltar in evangelischer Zeit entstanden ist. Gestiftet von einem Stättmeister, dem damals reichsten Bürger der Stadt, und geschaffen von einem bekannten Bildhauer des Spätbarock, wurde er zuerst gepriesen, dann verdammt und fand nach sieben Jahrzehnten ein trauriges Ende.

Das Altarwerk wird hier behandelt, weil es in der späten Reichsstadtzeit zu den bedeutendsten Denkmälern der Michaelskirche[1] gehörte, weil sein Darstellungsprogramm die Ikonographie des mittelalterlichen Hochaltars ergänzt hat und weil seine spätere Geschichte in exemplarischer Weise den Wandel des „Kunstgeschmacks" zwischen Barock und 19. Jahrhundert beleuchtet. Da das Werk nicht mehr vorhanden ist, soll hier versucht werden, sein Aussehen mit Hilfe der Schriftquellen zu rekonstruieren.

Beschreibung

Nach den Kirchenkonventsprotokollen im Spitalarchiv[2] war der Altar – genauer gesagt, das Retabel – im *Rococo Stÿl ausgeführt – 31.' hoch, und 16.' breit*; das sind, nach dem Haller Schuh von 28,19 cm umgerechnet (vgl. WFr 1977, S.42): 8,74 bzw. 4,51 m, also rund 8 3/4 x 4 1/2 m, ohne Altartisch oder Sockel, denn die Maße wurden offensichtlich nach dem Abbau des Retabels ermittelt[3]. Das Retabel stand auf einer *SteinPlatte*, die als *Sohle des Altars* diente. Damit kann nicht die Mensa gemeint sein, denn die Platte sollte später als zum Altar (= Retabel) gehörig mit demselben verkauft werden[4]. Das Retabel stand also vermutlich hinter dem Altartisch.

Aus einem Zusatz in der Chronik von Konrad Schauffele erfahren wir weiteres:

Dieser Altar schloß den Chor gegen das Schiff ab. Er stellte das Opfer Abrahams (Sculptur) vor u. war seine Marmorimitation auf Holz besonders schön, nach Maler Hettingers Aussage[5].

Die ausführlichste Beschreibung des Werkes liefert uns der Michaels-Mesner Gräter in seinem Neujahrsregister von 1789[6]. Er rühmt

unsern neuen grosen Altar, der in der That eine der schönsten Zierde unserer Michaeliskirche und Anno 1778. statt des vorhero auf diesem Plaz gestandenen heil. 3.König-Altars neu errichtet und verfertiget worden ist.

Der vornehme Stifter desselben war, der Weyl. S.T. [salvis titulis = unbeschadet seiner Titel] Hochwohlgebohrne Herr Städtmeister Dr. Bonhöffer. Hievon belehrt uns schon die vornen am Altartisch beygesezte schön verguldete Lateinische Inschrift, welche ich hiemit meinen Hochgeehrten Lesern gehorsamst mittheilen will.

Hoc Altare / Religioni verae sacrum / Testamento fieri jussit / Vir inprimis Religiosus, pietate / conspicuus / JOANNES FRIDERICUS / BONHOEFFER, / J. U. D. [= iuris utriusque doctor] */ Reipublicae Hallens. olim Consul Senior / Aerarii Quaestor, Consil. Eccles. Praeses, etc. / L. L. M.* [= laetus libens merito[7]] */ Vidua / MARIA CORDULA, / ex gente SEIFERHELD / cura Generi / JOH. DAVID STELLWAGI / Senat. / Absol. est opus A. P. C. N.* [= anno post Christum natum] */ M D CC LXXVIII. / …*[8] – Zu deutsch: Diesen der wahren Religion geweihten Altar stiftete durch Testament bereitwillig, froh und verdientermaßen[9] der tiefreligiöse, hervorragend fromme Johann Friedrich Bonhoeffer, Doktor beider Rechte, weiland der Reichsstadt Hall Älterer Stättmeister, Steuerherr, Direktor des Konsistoriums usw. Durch die Witwe Maria Cordula, geborene Seiferheld, wurde das Werk unter der Leitung des Schwiegersohns Johann David Stellwag des Rats im Jahre 1778 nach Christi Geburt vollendet.

Diß vortreffliche Geschenk, womit durch erstbemelte großmüthige Stiftung unsere Michaeliskirche beehrt worden, ist eine von Holz Marmor artig lakirte, und zum Theil stark und fein verguldete Arbeit. / Zu besserer Auszierung und Verschönerung sind an diesem Altar folgende bildliche Vorstellungen [lies: Skulpturen] *angebracht.*

Zu nächst am Altartisch [in der Predella oder einem Untergeschoß] *die Abbildung, wie Christus mit seinen Jüngern das Osterlamm gespeiset: auf der einen Seite der Priester Melchisedech und das neue Jerusalem und auf der andern der Priester Aaron und das Lamm auf dem Buch mit 7. Siegeln.*

In der Mitte unterhalb [im Corpus] *die Aufopferung Isaacs: zur Rechten die Weißheit Gottes und die heil. Taufe, zur linken aber der Glaube und das heil. Abendmahl.*

In der Mitte oberhalbs [im Aufsatz] *die H.H. Dreyeinigkeit, links und rechts mit einem Cherub. An der Spize des Altars stellt sich das Wappen des Großmüthigen Stifters, dessen verehrliche Asche noch bey jedem edeldenkenden in stetem Seegen ruht, recht herrlich und niedlich dar.*

Noch ist zu bemerken, daß der Altartisch mit einem verguldeten eisernen Geremße [= Gitter] *eingefaßt ist, und an demselben an jedem Sonn- und Festtag die Weibspersonen zu communiciren pflegen.*

Nach einer Bemerkung von C. Grüneisen (1840) war der Altar außerdem *mit goldenen Pausbackenengeln versehen*[10].

Finanzrat Moser bestätigt in der Oberamtsbeschreibung von 1847 (S.121) die Aussagen Schauffeles und Gräters, daß es sich bei den Skulpturen des Retabels um Schnitzwerke handelt: *Der große, zierlich in Holz geschnitzte Altar.*

Dennoch schreibt Heinrich Merz 1845: *Jener Hochaltar enthält aus Gyps die Vorstellung der Opferung Isaaks, wie sie vom Engel, der auf massiven Suppenteller-Wolken herunterkommt, verhindert wird*[11]. Merz' Abscheu vor allem Barocken hat ihn von genauerem Hinsehen abgehalten. Darum hielt er die steinfarbene Fassung (s.u.) für Gipsstuck; und spätere Autoren wie Gradmann (1907) und Schöttl (1934/35) haben dies von ihm übernommen[12]. Verwundern kann das kaum, denn auch unsere Zeit verläßt sich bei Materialangaben mitunter auf den äußeren Schein. Glaubte man dem Haller Kunstführer von 1979, so wären die steinfarben gefaßten Holzepitaphe der Stättmeister Bonhoeffer d. Ä. und Sanwald aus *Marmorstuck* bzw. *Marmorstuck mit Vergoldung*[13]. Auch in der Neubearbeitung des Bandes von 1991(!) wird das Material des Sanwald-Epitaphs trotz meines Hinweises auf die Holzwürmer[14] abermals als „Marmorstuck mit Vergoldung" ausgegeben (beim Bonhoeffer-Epitaph wird kein Material mehr genannt)[15].

Ergebnis

Der Bonhoeffer-Altar stand am Ende des Langhauses und schloß durch seine Größe *den Chor gegen das Schiff ab*. Das Werk hatte keine Drehflügel. Gräter hätte sie in seiner Beschreibung sonst sicherlich aufgeführt; denn selbst beim Hochaltar, den er gar nicht eigentlich beschreibt, erwähnt er die Flügel. Das Retabel folgt aber auch nicht dem im 18. Jahrhundert gängigen Typus mit gemaltem Altarblatt und rahmendem Bildwerk. Vielmehr scheint es in der Nachfolge von flügellosen Altarwerken der Renaissance und des Frühbarocks zu stehen wie etwa den Nebenaltären in Schöntal (Trinitätsaltar, Johannesaltar, Passionsaltar)[16] oder auch von größeren Grabmälern. Wie an derartigen Werken beschränkten sich die bildlichen Darstellungen auf Skulpturen. Nur waren es am Bonhoeffer-Retabel holzschnitzte Bildwerke mit einer marmorartigen, zum Teil vergoldeten Fassung. Beim architektonischen Aufbau des Werkes muß man um 1778 wohl schon mit Merkmalen des frühen Klassizismus rechnen.

Die zentrale Darstellung im Corpus war eine Opferung Isaaks, wohl als Relief. Der rettende Engel in dieser Szene kam auf runden Wolkengebilden (*Suppenteller-Wolken*) herab, die man im 19. Jahrhundert als *theatralisch* empfand (Heinrich Merz). Solche Wolken findet man in Hall in sicher ähnlicher Form an den Epitaphen von Georg Bernhard Arnold (S. 272ff.) und Friedrich Peter Wibel (S. 262ff.). Die Mittelszene wurde flankiert zur Rechten (in Gräters Sichtweise heraldisch links[17]) von der *Weisheit Gottes* (Divina Sapientia) und der *Taufe*, auf der Gegenseite vom *Glauben* (Fides) und vom *heil. Abendmahl*. Bei der

Weisheit Gottes – die auch an Bonhoeffers Epitaph (S. 144ff.) dargestellt ist – und beim Glauben dürfte es sich um Personifikationen in Gestalt von Einzelfiguren (Rundfiguren?) handeln, bei Taufe und Abendmahl – den beiden evangelischen Sakramenten – wahrscheinlich um kleine Szenen, die vielleicht an den Figurensockeln angebracht waren. – Das Sakrament der Taufe wurde in aller Regel durch eine kirchliche Taufhandlung dargestellt. Sie wurde seit dem 16. Jahrhundert auch öfter durch die Taufe Jesu ersetzt[18], aber sicherlich nicht am Bonhoeffer-Retabel, sonst hätte Gräter das gesagt und nicht von der hl. Taufe schlechthin gesprochen, denn die biblische Szene war ihm ohne Zweifel bekannt. – Beim hl. Abendmahl als Sakrament muß es sich um eine Darstellung des kirchlichen Abendmals gehandelt haben, denn das historische letzte Abendmahl Jesu wurde ja im unteren Geschoß des Retabels gezeigt.

Dieser untere Teil, *nächst dem Altartisch*, mit einer Abendmahlsszene (*wie Christus mit seinen Jüngern das Osterlamm gespeiset*) war wohl weniger eine Predella im üblichen niedrigen Breitformat, sondern eine Art Untergeschoß, denn auch dieser Teil war hoch genug, um beiderseits von einer Einzelfigur und einer Szene flankiert zu werden: von Melchisedek und einer Darstellung des himmlischen Jerusalem auf der einen Seite und von Aaron und einer Darstellung des apokalyptischen Lamms auf dem Buch mit sieben Siegeln auf der anderen Seite – wobei man sich die beiden Szenen auch hier am ehesten an den Figurensockeln vorstellen kann.

Der Priesterkönig Melchisedek (Gn 14, 18-20) wird in der Regel in priesterlichem Ornat mit Krone, manchmal mit Tiara oder Mitra dargestellt. – Aaron wird im Barock in der Tracht des alttestamentlichen Hohenpriesters (gemäß Ex 28 und 39) abgebildet: mit drei verschiedenen Röcken, Glöckchen am Saum des mittleren, Brustschild mit zwölf Steinen, Rauchfaß und Mitra, Tiara oder Barett als Kopfbedeckung (über sein zusätzliches Attribut siehe unten, S. 374).

Das apokalyptische Lamm, über das die Offenbarung des Johannes, Kapitel 5 ff., berichtet, wird in zahlreichen Fällen nicht handelnd, beim Öffnen der sieben Siegel, dargestellt, sondern – wie in Hall – zeichenhaft dem Buch zugeordnet, auf ihm stehend oder liegend. – Ungewiß bleibt, wie das Neue Jerusalem wiedergegeben war: als Himmelsstadt wie auf zahllosen Darstellungen seit dem Mittelalter oder eher als endzeitliches Paradies, als die neue Erde (Apk 21,1; 22,1-2) mit dem Wasser des Lebens zwischen blühenden Bäumen oder Palmen (so ähnlich wie etwa am Grabmal des Philipp Jakob Breyer, † 1751, im Ingelfinger Friedhof, wo der vom thronenden Christus ausgehende Strom des Lebenswassers unter Palmen dahinfließt). Es konnten auch beide Motive kombiniert werden wie zum Beispiel auf einem Gemälde von 1767 in Weiler an der Zaber (Kreis Heilbronn). Dort sieht man das himmlische Jerusalem auf der Spitze des Berges Zion mit zwölf Toren, in denen je ein Engel steht; davon nimmt der Strom des Lebens, von Bäumen umsäumt, seinen Ausgang[19].

Im Aufsatz des Retabels befand sich laut Gräter eine Gruppe der Dreifaltigkeit mit einem *Cherub* links und rechts. Die Dreifaltigkeit könnte ähnlich ausgesehen haben wie Johann Michael Fischers Dreifaltigkeitsgruppe am Schöntaler Hochaltar von 1773[20], war aber vermutlich um einiges schlichter. Leider wissen wir nicht, welche Art von Engel Gräter als *Cherub* ansprach. Sicher handelte es sich im Spätbarock nicht um den mittelalterlichen Cherub-Typus mit vier oder sechs Flügeln und Rad, eher noch um die degenerierten Cherubim der Renaissance, also um geflügelte Engelsköpfe, die man bis in unsere Zeit als Cherubim bezeichnete. Diese relativ unscheinbaren Gebilde hätte Gräter aber kaum eigens aufgeführt, so wenig wie die von Grüneisen erwähnten Pausbackenengel. Wahrscheinlich meinte er mit *Cherub* einfach einen großen Engel.

Zusätzlich werden sich in der Umgebung der Dreifaltigkeit, ähnlich wie in Schöntal, noch die genannten *goldenen Pausbackenengel* – geflügelte Putten – getummelt haben.

An der Spitze des Retabels, also noch über der Gruppe der Dreieinigkeit, war das Wappen des Stifters angebracht. Gräters widersprüchliche Bezeichnung *recht herrlich und niedlich* meint wohl, daß es prunkvoll und repräsentativ im Gesamteindruck, aber fein in der Ausführung war.

Die Aussagen über die Fassung des Retabels sind knapp und nicht sehr klar. Nach Gräter war das Holz marmorartig lackiert und zum Teil stark und fein vergoldet. Die Schauffele-Chronik weiß von einer *Marmorimitation auf Holz*, die laut dem Augenzeugen Maler Hettinger *beson-*

ders schön gewesen sei. Heinrich Merz spricht von marmorartig überfirnistem Gips[21] und an anderer Stelle (siehe oben) von der Opferung Isaaks aus Gips. – Die Frage ist nun: waren nur die architektonischen Teile und der Grund hinter den Skulpturen marmoriert und die Figuren selber steinartig gefaßt, oder waren wirklich auch die Figuren marmoriert? Da Heinrich Merz die Bildwerke für Gips gehalten hat (jedenfalls die Opferung Isaaks) und auch später immerzu von Gips spricht (siehe unten), hat die Fassung wohl ähnlich ausgesehen wie am Epitaph des Altarstifters (S. 144ff.) und am Sanwald-Epitaph (S. 178ff.), daß heißt: steinfarbig oder alabasterartig gefaßt die Figuren, vergoldet die Gewandsäume und anderes Zubehör, auch die Putten (wie an Fischers Epitaph des Predigers Bonhoeffer, S. 306ff.), marmoriert die architektonischen Teile und der Hintergrund.

Wie damals alle Haller Altäre war der Bonhoeffer-Altar von einem vergoldeten Eisengitter umgeben.

Der Sinngehalt

Die **Opferung Isaaks**, oder anders ausgedrückt: das Opfer Abrahams (Gen 22, 1–14), war das wichtigste, auch seiner Bedeutung nach zentrale Bildwerk des Retabels. Das sieht man schon daran, daß die Gewährsleute Schauffele und Merz überhaupt nur diese eine Darstellung erwähnen.

Für den unbefangenen Kirchgänger ist das Opfer Abrahams in erster Linie ein Vorbild für die Hingabe an den Willen Gottes, für ein unbedingtes Vertrauen in Gott, das auf dem Glauben beruht, letztlich also ein Beispiel für Glaubensstärke. Wohl hatte Abraham bereits vorher von Gott erfahren, daß ihm durch Isaak Nachkommen zuteil würden (Gen 21, 12); er konnte der Forderung Gottes daher mit einiger Gelassenheit folgen. Aber auch das setzt den Glauben voraus. So meint auch der Verfasser des Hebräerbriefs in dem Kapitel über die Vorbilder des Glaubens: *Auf Grund des Glaubens brachte Abraham den Isaak dar, als er auf die Probe gestellt wurde, und gab den einzigen Sohn dahin, er, der die Verheißungen empfangen hatte und zu dem gesagt worden war: durch Isaak wirst du Nachkommen haben. Er verließ sich darauf, daß Gott sogar die Macht hat, Tote zum Leben zu erwecken; darum erhielt er Isaak auch zurück. Das ist ein Sinnbild*[22]. (Hebr 11, 17–19).

In theologischer Sicht und in der kirchlichen Bildtradition war die Opferung Isaaks aber auch ein Vorbild anderer Art: eine Präfiguration der Kreuzigung Christi. Unter Präfiguration oder *Typus* verstand man schon seit frühchristlicher Zeit ein alttestamentliches Ereignis, durch das ein neutestamentliches *vorgebildet* wurde, gemäß dem Wort Jesu (Lk 24, 44): *Es muß alles in Erfüllung gehen, was im Gesetz des Mose, bei den Propheten und in den Psalmen über mich gesagt ist*, und gemäß der Lehre des Augustinus, das Neue Testament liege im Alten verborgen und das Alte Testament erschließe sich erst im Neuen.

Die mittelalterlichen Theologen haben eine große Zahl solcher alttestamentlicher *Typen* zusammengestellt und sie in Bildpaaren oder Bildgruppen zu den entsprechenden *Antitypen* des Neuen Testaments in Beziehung gesetzt, so auch die Opferung Isaaks zur Kreuzigung. Man nennt das *Typologie*. Oft wurden dem neutestamentlichen Ereignis zwei oder mehrere alttestamentliche zugeordnet, solche *ante legem* (vor dem Gesetz Mose) und solche *sub lege* (unter dem Gesetz Mose). Zum Beispiel wurde die Kreuzigung außer mit der Opferung Isaaks (ante legem) mit der Ehernen Schlange (sub lege) verbunden. Verbreitet wurden diese Bildgruppen vor allem durch die Handschriften und Blockbücher der Armenbibel (Biblia pauperum) und des Heilsspiegels (Speculum humanae salvationis).

Die evangelische Kirche hat die mittelalterliche Typologie übernommen und einen großen Teil der Bildpaare bzw. Bildgruppen beibehalten, hat doch Jesus selbst davon Gebrauch gemacht (Lk 24, 44) und einzelne Vergleichspaare ausdrücklich angeführt (Jo 3, 14: Eherne Schlange – Kreuzigung; und Mt 12, 40: Jonas im Walfisch – Christus im Grab).

Elisabeth Grünenwald bezweifelt in ihrem Leonhard-Kern-Buch, im Kapitel über den Sinngehalt, die typologische Bedeutung der Opferung Isaaks[23]. Sie sei *schon im Ansatz fragwürdig, weil Jesus bewußt und freiwillig den Tod gewählt hat, Isaak hingegen nicht*. Dazu ist zu sagen:

Erstens, in dem typologischen Schema, wie es sich im Lauf der Jahrhunderte herausgebildet hat, entsprechen die alttestamentlichen Präfigurationen längst nicht immer präzis den neutestamentlichen Antitypen. Die Parallelen sind oft nur äußerlich und wirken weit hergeholt – wenn etwa in der Armenbibel *Isebel bedroht Elias mit dem Tod* sich auf die Handwaschung des Pilatus[24] bezieht, oder wenn im Heilsspiegel Tubalkain, der erste Schmied, und Jubal, der erste Musiker (Gen 4, 21.22) der Kreuzannagelung Jesu gegenübergestellt werden wegen der Gemeinsamkeit des Hämmerns (Tubalkain) und wegen der *Musik* dieses Hämmerns (Jubal)[25].

Zweitens, gerade bei der Opferung Isaaks ist die Parallele von Typus und Antitypus jedoch alles andere als oberflächlich, denn die Rettung durch Gott bedeutet in theologischer Sicht die Annahme des Opfers, das heißt man betrachtete es als vollzogen. Das Opfer wurde hier nicht real, sondern, indem sich Abraham im Gehorsam bewährte, ideell dargebracht. Die Erfüllung des Opfers im wirklichen Tod Christi ist eine Steigerung des Vorbildes[26].

Drittens, der typologische Zusammenhang der Opferung Isaaks mit der Kreuzigung Jesu wird durch eine erdrückende Fülle an Darstellungen von der frühchristlichen Zeit bis zum Ende des Barock bestätigt. In der Sarkophagskulptur der Spätantike ist die Opferung Isaaks das wichtigste alttestamentliche Motiv, das auf die Passion hinweist[27]. Beispiele finden sich auch in frühbyzantinischer Zeit (S. Vitale und S. Apollinare in Ravenna, um 650 bzw. um 675), später auf irischen Steinkreuzen (Anfang 10. Jahrhundert)[28]. Im hohen Mittelalter wird das Vergleichspaar dann Allgemeingut. Berühmtestes Beispiel: der Klosterneuburger Altar von 1181. Dort sind die beiden Szenen benachbart und mit folgenden Umschriften versehen (in deutscher Übersetzung): *Das teure Kind zu opfern, schickt sich vor dem Altar der Vater an* (Opfer Abrahams) bzw. *Das Opfer wird geschlachtet, durch das unser Verderben* (ruina) *hinweggenommen wird* (Christus am Kreuz)[29].

Im späteren Mittelalter trugen vor allem die Armenbibeln zur Verbreitung der typologischen Bildgruppen bei. In den verschiedenen Exemplaren des 40-blättrigen Blockbuchs der Armenbibel (niederländischen Ursprungs, vor 1450) wird die Kreuzigung Christi von ihren beiden Präfigurationen ante legem und sub lege, der Opferung Isaaks und der Ehernen Schlange, flankiert[30].

In protestantischer Zeit hat sich am typologischen Verständnis der Isaakszene nichts geändert. Luther selbst bietet dafür das beste Beispiel: In seinem Großen Katechismus (Wittenberg 1535 und 1544) sind auf dem Blatt zum 2. Credoartikel neben dem Gekreuzigten wie in der Armenbibel die Opferung Isaaks und die Eherne Schlange abgebildet[31].

Auch in der Folgezeit wurden der Kreuzigung diese beiden alttestamentlichen Szenen als Präfigurationen zugeordnet. Einige Beispiele: Am Duttenstedter Altar[32], einem Triptychon um 1600, zeigt die Mitteltafel das Abendmahl, die Seitenflügel Isaaks Opferung und die Eherne Schlange. – Am Altargitter der Amanduskirche in Urach (1648 ff.), wo auf Blechschildchen ebenfalls das Opfer Abrahams und die Eherne Schlange dargestellt sind, bestätigen die beigegebenen Texte, daß es sich um Präfigurationen des Kreuztodes Christi handelt[33]. – In der Kirche von Brettach (Kreis Heilbronn) ist in einem Gemäldezyklus von 1681 als erstes Bild die Opferung Isaaks dargestellt mit der Beischrift: *Christi Auffopfferung am Creutz fürgebildet*[34]. – In der Kirche von Notzingen (Kreis Nürtingen) wird in einem Bilderzyklus an der Empore (um 1700) bei der Opferung Isaaks die Zugehörigkeit zur Kreuzigung durch das beigegebene Bibelzitat bestätigt: *Er hat seines eigenen Sohnes nicht verschonet*[35].

Noch in der zweiten Hälfte des 18. Jahrhunderts war das Schema der Präfigurationen geläufig. Der Maler Johann Martin Klauflügel aus Biberach gab noch 1764/65 ein Werk mit dem Titel *Biblische Lebensquelle* heraus, das auf 160 Blatt achtzig kleine Bilder mit typologisch einander zugeordneten Motiven zeigte[36].

Reinhard Lieske kommt zu dem Fazit: *Den typologischen Sinn eines Bildes wie das der aufgerichteten ehernen Schlange* [man könnte ergänzen: und das des Abrahamsopfers] *wird man, solange die historisch-kritische Bibelauslegung noch nicht zur Herrschaft gelangt war, vermutlich an keinem Orte vergessen haben*[37]. Und: *Die gedankliche Einheit von Altem und Neuem Testament wird so selbstverständlich vorausgesetzt, daß der alttestamentliche Typus seine neutestamentliche Entsprechung nicht nur begleiten, sondern sogar ersetzen kann*[38].

Das ist auch beim Bonhoeffer-Altar der Fall, wenn man ihn für sich allein nimmt. Man muß sein Programm aber mit dem des Hochaltars zusammensehen. Zwischen den beiden Abendmahlsaltären (am Bonhoeffer-Altar kommunizierten die Frauen, am Hochaltar die Männer) besteht nicht nur ein liturgischer Zusammenhang, sondern auch ein ikonologischer. Die beiden Präfigurationen des Kreuztodes Jesu, die in Luthers Katechismus auf einem Blatt der Kreuzigung zugeordnet sind, wurden hier auf zwei Altäre verteilt: Die Eherne Schlange brachte man auf der Rückseite der Kreuzigung am Hochaltar an, die Opferung Isaaks am Bonhoeffer-Altar.

Diesen Bedeutungszusammenhang hat man sicherlich noch das ganze 18. Jahrhundert hindurch verstanden. Erst im Verlauf des neunzehnten schwand mit dem Sinn für die künstlerisch-ästhetischen Werte des Retabels auch das Verständnis für sein typologisches Programm, sogar bei Theologen. Und so konnte es dazu kommen, daß Pfarrer Merz, gewiß in Unkenntnis der Illustrationen in Luthers Katechismus, den Altar für unevangelisch hielt und die Kreuzigung statt der Opferung Isaaks forderte, oder, in den Worten der *edlen Frau*, die ihm als Sprachrohr diente: daß *das Neue Testament anstatt des Alten wieder hingestellt wird*[39].

Der Glaube. Daß die Personifikation des Glaubens auf der linken (heraldisch rechten) Seite des Abrahamsopfers ikonologisch mit der Opferungsszene zusammengehört, ist nach dem oben (S. 370) Gesagten keine Frage mehr. Abraham galt geradezu als der *Vater des Glaubens*. Wörtlich so bezeichnet ihn die Beischrift auf einem allegorischen Gemälde *Triumphzug des Glaubens* von 1580/85, wo er, im Begriff seinen Sohn zu opfern, neben der Gestalt der Fides (des Glaubens) dargestellt ist[40]. Und auf einem 1765 gemalten Bild der Opferung Isaaks in Suppingen (Kreis Ulm) steht der schöne Vers: *Gott Heisset Abraham, den Lieben Isaac schlachten / Hier zu ward er bereit, sein Glaub ist Hoch zu Achten / Wann Got dir was befielt, so thu es Glaubens voll / Frag die Vernunfft nicht erst, wie es sich Raimen soll*[41].

Das heilige Abendmahl. Daß die Darstellung des Abendmahls, das heißt des Altarsakraments, der Personifikation des Glaubens zugeordnet wurde, lag nahe, denn das Sakrament wird erst durch den Glauben an die Einsetzungsworte wirksam. Als Beleg sei Luthers kleiner Katechismus für Pfarrer und Prediger[42] zitiert: *Wie kann Leyblich essen vnnd trinckenn solche grosse ding thun. Antwort. Essen vnnd trincken thuts freylich nicht, Sondernn die wort so da stehenn, Für euch gegeben vnnd vergossenn zur vergebung der Sünden. Welche wort sind ... das Hauptstück im Sakrament, Vnd wer den selbigen wortenn glaubet, der hat wie sie sagen vnd wie sie lauten, Nemlich Vergebung der sünden. ... wer aber diesen worten nit glaubt oder zweyffelt, der ist vnwirdig vnnd vngeschickt, Denn das wort (Für Euch) fordert eytel Glaubige hertzen.*

Die göttliche Weisheit. Sie war laut Aussage der Bibel von Anfang an bei Gott, schon vor der Schöpfung der Welt. Im Buch der Sprüche (8,22-31) heißt es von ihr: *Mich schuf der Herr im Anfang seines Wirkens, vor seinen Werken in der Urzeit ...* Und das Buch der Weisheit nennt sie einen *Hauch der Kraft Gottes und reinen Ausfluß der Herrlichkeit des Allherrschers* (Weish 7,25). Sie hat die Schöpfung Gottes mitbewirkt und, gleichsam als Gehilfin Gottes, das göttliche Heilsgeschehen in Gang gesetzt und in Gang gehalten. Ihre Personifikationen sind Sinnbilder für den göttlichen Ratschluß, der schon in der Schöpfung den Grund zur Erlösung gelegt hat[43]. Daher ist es sinnvoll, wenn die Weisheit der Kreuzigung oder, wie am Bonhoeffer-Altar, einer Präfiguration der Kreuzigung zugeordnet wird.

Ein Haller Beispiel für die Verbindung mit der Kreuzigung ist die Gewölbemalerei im Chor von Kleincomburg, um 1108, wo die göttliche Weisheit als Halbfigur über dem Kreuz erscheint[44]. In einer Bibel um 1180 ist die Weisheit (bezeichnet griechisch und lateinisch als *Sophia* und *Sapientia*) neben der Kreuzigung abgebildet, und die zugehörige Inschrift – ich zitiere Gertrud Schiller – *bezieht sich auf den Plan der göttlichen Weisheit vor den Zeiten, nach dem beschlossen war, daß Jesus durch Leiden und Tod der Herr sein wird*[45]. Infolgedessen hat man die Weisheit schon früh – seit Cyprian († 258) – auch als *Typus* (Vor-Bild) der Opferung Christi gesehen. Auch das mag erklären, daß man ihre Personifikation, wie in Hall, einem anderen Typus der Kreuzigung, der Opferung Isaaks, zugeordnet hat.

In der Kunst wurde die göttliche Weisheit im Lauf der Jahrhunderte auf vielfältige Weise wiedergegeben. Wie könnte die Figur am Bonhoeffer-Retabel ausgesehen haben? Sicherlich nicht wie die hochmittelalterliche Sapientia in Kleincomburg. Und sicherlich auch nicht wie die göttliche Weisheit im Deckenbild des Haller Ratsaals, die, gemalt von Livio Retti 1736/38, der Sapienza des Cesare Ripa folgt: gekleidet wie Minerva, hält sie in der einen Hand einen Schild mit der Heilig-Geist-Taube, in der anderen das Buch mit sieben Siegeln und dem Lamm aus der Offenbarung. Da aber das versiegelte Buch mit dem Lamm schon an anderer Stelle des Retabels dargestellt ist, muß die Figur der göttlichen Weisheit hier anders ausgesehen haben. Sie glich sehr wahrscheinlich der Divina Sapientia an Bonhoeffers Epitaph (S. 144ff.). Dieses entstand 1773 fast gleichzeitig mit dem Retabel und hatte dieselben Auftraggeber.

Die Sapientia des Epitaphs ist dargestellt als schöne junge Frau in reich geschmücktem Gewand, mit einem goldenen „Weisheitsspiegel" in der Linken, das Haupt umgeben von sieben Gestirnen: einem großen Stern über der Stirn und vier weiteren Sternen mit Sonne und Mond in ihrer Halskette[46]. Die sieben Gestirne deuten auf ihre himmlische Herkunft, gemäß Jesus Sirach (24,4): *Ich wohnte in den Himmelshöhen* und dem Buch der Weisheit (7,29): *Sie ist schöner als die Sonne und jedes Sternbild. Sie ist strahlender als das Licht*. Der Spiegel in ihrer Hand bezieht sich ebenfalls auf das Buch der Weisheit (7,26): *Sie ist der Widerschein des ewigen Lichts, der ungetrübte Spiegel von Gottes Kraft, das Bild seiner Vollkommenheit*[47]. Die Schlange, die sich am Epitaph um den Spiegel windet, wird an der Altarfigur aber wohl gefehlt haben. Sie ist das Attribut der Klugheit (*seid klug wie die Schlangen*, Mt 10,16); und die Weisheit des Epitaphs steht in einem anderen ikonologischen Zusammenhang: sie bezieht sich dort auf das hällische Stadtregiment. In diesem Fall ist es sinnvoll, wenn sie sich mit der Klugheit verbindet.

Ob die Altarfigur auch in ihrer rechten Hand ein Attribut hatte und welches, wissen wir nicht. Im Barock hielt sie – wenn sie nicht Ripa folgte – meist ein Zepter mit einem von Strahlenglanz umgebenen Auge[48]. Das Strahlenbündel mit Flamme, das die Sapientia des Epitaphs bis zur letzten Restaurierung in der Rechten hielt, gehört laut Befund des Restaurators zu einem anderen Denkmal[49].

Die heilige Taufe. Die Darstellung des Taufsakraments – wohl als kirchliche Taufhandlung (vgl. S. 369) – findet ihren Sinn schon als Pendant zum Hl. Abendmahl, dem anderen der beiden evangelischen Sakramente.

Das biblische Abendmahl, *wie Christus mit seinen Jüngern das Osterlamm gespeiset*, gehört zu den häufigsten Bildthemen in der Predella oder, allgemeiner, im unteren Geschoß von Retabeln (*zu nächst am Altartisch*). Der Sinn dieser Darstellung an einem Abendmahlsaltar bedarf keiner Erläuterung.

Der Priester Melchisedek. Die Nachricht über ihn im 1. Buch Mose (Gn 14, 18–20) ist nur kurz, und dennoch spielt Melchisedek in der christlichen Ikonographie und Typologie eine bedeutsame Rolle. Die Bibelstelle lautet: *Melchisedek, der König von Salem, brachte Brot und Wein heraus. Er war Priester des Höchsten Gottes. Er segnete Abraham und sagte: Gesegnet sei Abraham vom Höchsten Gott, dem Schöpfer des Himmels und der Erde ...* Melchisedek ist auf Grund seines Namens (König der Gerechtigkeit), der Anerkennung durch Abraham, wegen seiner geheimnisvollen Herkunft (Hebr 7,3), seiner ewig währenden Priesterschaft und vor allem wegen seiner Gaben – Brot und Wein – ein Vorbild für Christus. Da die Bibel von ihm weder Herkunft noch Tod angibt, galt Melchisedek als ewig lebend und wurde so zum Vorbild des ewigen Priestertums Christi. Schon in dem messianischen Psalm 110 heißt es vom König von Zion: *Du bist Priester auf ewig nach der Ordnung Melchisedeks*. Und der Hebräerbrief, der darauf Bezug nimmt, nennt Melchisedek *ein Abbild des Sohnes Gottes* (Hebr 7,3). Die Kirchenväter (Cyprian, Ambrosius, Augustin) betonen die Übereinstimmung der Gaben Melchisedeks mit den Altarsakramenten[50]. So wurde der Priesterkönig zur Präfiguration des Abendmahls.

Die Bildbelege dafür sind zahlreich und beginnen schon in frühchristlicher Zeit. Schon die Mosaiken in Ravenna (S. Vitale, um 540, und S. Apollinare in Classe) zeigen Melchisedek mit den Opfergaben als Sinnbild des Meßopfers, ebenso die mittelalterlichen Kathedralen, zum Beispiel Chartres (mit Kelch) und Reims (mit Hostie)[51]. Die Gaben Melchisedeks, Brot und Wein, werden meist durch Kelch und Hostie wiedergegeben[52]. So auch am Klosterneuburger Altar von 1181[53], sowie in den Ausgaben des Heilsspiegels und der Armenbibel, die alle Melchisedek als *Typus ante legem* (siehe oben, S. 370ff.) dem Abendmahl zuordnen.

Infolge dieser typologischen Beziehung zum Abendmahl findet sich Melchisedek auch an vielen liturgischen Einrichtungsgegenständen und Geräten, die mit Messe bzw. Abendmahl zu tun haben: an Sakramentshäusern, Meßkelchen, Tragaltären und, wie in Hall, an Altarretabeln.

Aaron war das Gegenüber Melchisedeks auf der anderen Seite der Abendmahlsszene. Erwarten sollte man an dieser Stelle als Ergänzung zu Melchisedek eine zweite Präfiguration des Abendmahls. Dazu dient in der Regel eine Darstellung der Mannalese (gemäß Johannes 6,51 und 58), wie der Heilsspiegel und die Armenbibeln zeigen. Warum hat man statt dessen den Hohenpriester Aaron gewählt?

Aaron erscheint in der christlichen Ikonographie meist im Zusammenhang mit der Marienverehrung, weil sein erblühter Stab (Nm 16-26) die wunderbare Geburt Jesu aus der Jungfrau Maria symbolisiert. In dieser Eigenschaft paßt er freilich nicht an einen evangelischen Altar neben das Abendmal und Melchisedek. – In der evangelischen Kirche wird Aaron im allgemeinen zusammen mit Moses dargestellt[54], wobei Moses die Gesamtheit der Propheten, Aaron die Gesamtheit der Priester repräsentiert: Man solle *machen an statt aller propheten den Mosen, an statt aller priester den Aaron in sein priesterlichen schmuckh*, heißt es im Entwurftext für ein Deckengemälde des einstigen Stuttgarter Lusthauses (1590 ff.)[55]. In größeren Bildfolgen können noch andere alttestamentliche Gestalten hinzukommen[56]. Doch immer ist Moses dabei. Bevorzugt wurde die Kombination Moses, Aaron, David. Sie wurde im 18. Jahrhundert bisweilen durch ein Christusbild erweitert, gemäß der Lehre vom dreifachen Mittleramt Christi als König, Priester und Prophet (*Dreiämterlehre*), wobei die drei Ämter durch David, Aaron und Moses repräsentiert werden[57].

In keinem der genannten Fälle aber ist Aaron wie in Hall mit Melchisedek kombiniert. Doch findet sich Aaron noch in einer anderen, seltener dargestellten Funktion: als Bewahrer der Himmelsspeise Manna (Ex 16, 32–34). Ein Beispiel dafür ist wieder der Klosterneuburger Altar von 1181. Dort ist dem Abendmahl außer Melchisedek (vgl. S. 373) noch die Szene zugeordnet, wie Aaron ein Gefäß mit Manna in die Bundeslade stellt[58]. Die zugehörige Umschrift lautet: *MAN[NA] NOTAT OBSCVRA CLAVSV(M) TE XP(IST)E FIGVRA* (Das Manna verweist auf dich, Christus, den im dunkeln [Vor]bild Verborgenen). Damit ist klar, daß es sich um eine auf Christus bezogene Präfiguration handelt. Die Unterschriften der drei zusammengehörigen Darstellungen lauten: beim Abendmahl *CENA DOMINI* (das Abendmahl des Herrn), bei Melchisedek *REX MELCHISEDECH* (König Melchisedek) und bei Aaron *MAN[NA] I(N) VRNA AVREA* (Manna in einem goldenen Gefäß). Das zeigt, daß es hier nicht eigentlich um Aaron geht, sondern um das Manna. Die Himmelsspeise Manna präfiguriert die Speise des ewigen Lebens, die in der Messe bzw. im Abendmahl gespendet wird.

Mit anderen Worten: Aaron steht am Bonhoeffer-Retabel für die zweite der üblichen Präfigurationen des Abendmahls, den Mannaregen, der sich ja nur auf diese Weise durch eine Einzelfigur repräsentieren ließ. Die notwendige Folgerung daraus ist, daß die Figur als Attribut ein Gefäß mit Manna gehabt haben muß.

Das **Neue Jerusalem und das Lamm auf dem Buch mit sieben Siegeln**, die beiden restlichen Darstellungen des Untergeschosses, gehören ihrem Sinngehalt nach zusammen. Sie geben dem gläubigen Betrachter einen Ausblick auf das, was er sich in der Endzeit, nach dem Weltgericht, erhoffen darf.

In dem versiegelten Buch ist der Ratschluß Gottes verborgen. Nur das Lamm – Sinnbild des geopferten und siegreich auferstandenen Christus – ist würdig, die Siegel zu lösen und das Buch zu öffnen (Apk 5). Und das Lamm wird die Erlösten *weiden und zu den Quellen führen, aus denen das Wasser des Lebens strömt* (Apk 7,17).

Vom Neuen Jerusalem kündet die Offenbarung ganz am Ende (Apk 21; 22, 1–5), nach den Ereignissen, die der Eröffnung des 7. Siegels folgen, und nach dem Weltgericht. Es wird einen *neuen Himmel und eine neue Erde* geben, *die heilige Stadt, das neue Jerusalem* wird von Gott her herabkommen. *Der Tod wird nicht mehr sein, keine Trauer, keine Klage, keine Mühsal*. Und vom Thron Gottes und des Lammes entspringt ein Strom mit dem Wasser des Lebens, klar wie Kristall. Zwischen den Armen des Stromes stehen die Bäume[59] des Lebens, die jeden Monat Früchte tragen und deren Blätter zur Heilung der Völker dienen. Die Gerechten werden Gott von Angesicht schauen. – Die Ähnlichkeit dieser Schilderung mit dem verlorenen Paradies der Schöpfung, dem Garten Eden (vgl. Gn 2, 8 ff.), ist unverkennbar. Doch das neue Paradies wird ewig und unzerstörbar sein.

Die ikonologische Zusammenordnung dieser Paradies-Vision und des apokalyptischen Lammes mit dem biblischen Abendmahl liegt nahe. Denn die Teilhabe an Leib und Blut Jesu begründet die Möglichkeit, dereinst auch an der himmlischen Herrlichkeit des *Lammes* teilzuhaben und damit am Glück und an der Seligkeit des neuen Lebens. *Wer mein Fleisch ißt und mein Blut trinkt, hat das ewige Leben, und ich werde ihn auferwecken am Letzten Tag* (Jo 6,54).

Die **hl. Dreieinigkeit** inmitten einer Engelsschar ist ein gebräuchliches Thema an Altarretabeln beider Konfessionen. Als Beispiel diene der Hochaltar desselben Bildhauers in der Schöntaler Klosterkirche[60]. Im krönenden Geschoß der Altarwerke veranschaulicht diese Darstellung das Wirken des dreieinigen Gottes über dem Heilsgeschehen, das in den unteren Altarbezirken ins Bild gesetzt wird.

Das Bonhoeffer-Wappen. Es ist bezeichnend für das 18. Jahrhundert, daß an der höchsten Stelle des Altars, wo früher eine göttliche Figur (Christus, Gottvater, Michael etc.) angebracht war, nun das Wappen des Stifters prangt. In Schöntal findet sich das Klosterwappen immerhin unter der Dreifaltigkeit. In Hall scheint das Wappen, wenn man Gräter glauben darf, tatsächlich die Spitze des Retabels eingenommen zu haben, um vom Ruhm des Stifters zu künden.

Das **Altargitter** hatte den praktischen Zweck, dem Geistlichen beim Abendmahl die nötige Bewegungsfreiheit zu sichern und den Kommunikanten bestimmte Plätze zuzuweisen. Erstaunlicherweise hat man solche Gitter – zumindest das in der Haller Katharinenkirche – aber auch auf biblische Vorbilder bezogen und mit der Anordnung Gottes begründet, den Brandopferaltar der Stiftshütte mit einem ehernen Gitter zu umfangen (vgl. 2. Mose 27, 4–5)[61].

Ergebnis. Wie schon angedeutet (S. 371f.), bilden der Bonhoeffer-Altar und der Hochaltar der Michaelskirche eine ikonologische Einheit. Der spätgotische Hochaltar zeigt im wesentlichen die Passion bis zur Auferstehung, mit der Kreuzigung als formaler und inhaltlicher Mitte. In evangelischer Zeit (1587) bezog man das Alte Testament in das Thema ein, wenn auch im Hinblick auf das Neue, indem man auf der Rückseite des Retabels eine Präfiguration der Kreuzigung, die Eherne Schlange, anbrachte. Das Bonhoeffer-Retabel ergänzte diese Thematik noch um eine zweite Präfiguration der Kreuzigung, die Opferung Isaaks. Hinzu kamen das wichtige Altarthema des biblischen Abendmahls mit seinen alttestamentlichen Vor-Bildern (den Gaben Melchisedeks und dem Manna), sowie die Darstellungen der evangelischen Sakramente Taufe und Abendmahl. Der Bogen wurde aber noch weiter gespannt, vom Anfang bis zum Ende der Zeiten: durch die Weisheit Gottes, die von Anbeginn war, und durch die endzeitlichen Visionen aus der Offenbarung des Johannes mit dem Lamm auf dem versiegelten Buch und dem Neuen Jerusalem.

Diese ganze Thematik des Bonhoeffer-Altars erhält ihren Sinn aber erst durch das zentrale Ereignis des Opfertods Jesu, den das Retabel des Hochaltars vor Augen führt. Das heißt, die beiden Altäre gehören thematisch zusammen; und insofern bedeutet die Vernichtung des Bonhoeffer-Altars auch in ikonologischer Hinsicht eine Verarmung.

Die Meister

In der Schauffele-Chronik[62] findet sich folgender Nachtrag: Aus *Gräters Siederbuch*: *Den 26. April 1778 wurde aufgestellt im Chor von St. Michael der neue Altar von Bildhauer Fischer in Dillingen*[,] *und Maler Probst in Pfedelbach besorgte die Vergoldung etc. Bei diesem war ein C.A. Eberlein, der Meßner Gräter u. seine Frau porträtierte, wie auf den Bildern hinten zu lesen ist.*

Der Bildhauer Johann Michael Fischer (1717–1801) war gebürtiger Franke aus Veitshöchheim. Er hat 1746 in eine Dillinger Werkstatt eingeheiratet und von dort aus – gemeinsam mit drei Söhnen – eine große Zahl spätbarocker Altäre für Klöster und Kirchen in weitem Umkreis geliefert. Sein bekanntestes und bedeutendstes Werk in unserer Gegend ist der Hochaltar der Schöntaler Klosterkirche (1773). Ein bescheideneres Spätwerk, das sich seiner

Werkstatt zuschreiben läßt, befindet sich in der Haller Michaelskirche: das Epitaph des Predigers Johann Friedrich Bonhoeffer (entstanden 1784)[63].

Der Maler Johann Michael Probst († 1819), wohnhaft in Pfedelbach, Inhaber des Ingelfingischen Hofmalertitels, arbeitete seit 1767 vor allem im Hohenlohischen als Dekorationsmaler und Vergolder, so in Weikersheim, Bieringen, Oberkessach, Kirchensall, Pfedelbach, Öhringen und Ingelfingen[64].

Bei den ferner genannten Porträts des Mesners Gräter und seiner Frau dürfte es sich um (Epitaph?-)Bildnisse des Ehepaars Gräter in der Nähe des Altars gehandelt haben. Gradmann (S. 230) und Schöttl (S. 91)[65] haben die Angabe der Schauffele-Chronik dahingehend mißverstanden, daß sich auf der Rückseite des Altars *unter anderen Bildnissen das des Meßners Gräter* befunden habe. In Wirklichkeit handelt es sich bei den erwähnten Namensangaben (*wie auf den Bildern hinten zu lesen ist*) um Beschriftungen auf der Rückseite dieser Bilder. Und die Bildnisse befanden sich laut Chronik b e i dem Altar, also in seiner Nachbarschaft, nicht a n ihm. – Ferner soll Fischer mit einem Gehilfen C.A. Eberlein zusammengearbeitet haben. Auch das ist ein Mißverständnis. Christian Andreas Eberlein (1747–1795) war ein Haller Maler, der die oben genannten Porträts des Ehepaars Gräter gemalt und auf ihrer Rückseite signiert haben dürfte.

Die Errichtung des Altars

Ich stelle die Nachrichten hierüber in chronologischer Reihenfolge zusammen. Sie bedürfen keines Kommentars.

1778 Apr 10: Die Erneuerung des Altarplatzes auf Kosten der Kirchenpflege wurde genehmigt[66].

1778 Apr 27: *In dem abgebrochenen vordern Altar (3. König Altar)* wurde *eine Mönchs-Schrift (Stiftungs Brief) samt einem bleyern Schüßelein mit Reliquien* gefunden (der Inhalt des Sepulcrums mit der – noch vorhandenen – Weiheurkunde des 1520 geweihten Altars)[67].

1778 Mai 2: *In Consilio secretiori, den 2.ten Maji, 1778. / Hochlöbl. Directorium macht die Anzeige, wie daß wegen Aufführung des neuen Altars in der Michaelis-Kirchen die daran Arbeitende durch den beständigen Gottesdienst gar zu ofte in ihrem Geschäfte unterbrochen würden, dahero H. Prediger Bonhöfer zu möglichster Beförderung dieser Arbeit den Vorschlag gethan, die Wochenbethstunden allda einstweilen einzustellen und in der Schuppacher Kirchen zu halten, wollte also die Meynung der Hrn Geheimen darüber vernehmen.*

Beschluß: Nach dem Vorschlag des Herrn Decani und Prediger Bonhöfers will man wegen des vorhabenden Altarbaues in der Michaelis-Kirchen künftige Wochen und so lange, biß das Geschäft wird zu Ende gebracht worden seyn, den Gottesdienst in der Marien-Kirchen die Wochen über, jedoch den Son(n)tag davon ausgenom(m)en, halten und das Zeichen darzu mit der Glocke auf dem Michaelisthurn geben auch deswegen morgen nach der Amtspredigt der Gemeinde durch einen convenienten Vortrag Nachricht davon ertheilen lassen, wovon das Concept H. Prediger vorhero ad Consilium Secretum einzusenden belieben werden[68].

1778 Juni 6: *Denen Zimmerleuthen im Löbl. Bauamt, welche das im vordern Altar in der Mich:Kirchen gestandene Crucifix abgebrochen und im hintern Altar wieder aufgerichtet, hat man auf die mit dieser gefährlichen Arbeit hingebrachte 2. Tag vor einen gewohnten AbendTrunck nebst brod … gereicht … 1 f 18 ß*[69].

1779 Mai 31: *Nachdeme ferndig(en)* [= vergangenen] *Jahrs, nehml. in A(nn)o 1778. nach der Christlöbl. Stiftung des wohlseel: ältern Herrn Städtmeisters Johann Friedrich Bonhöfers, J.V.D(o)c(tor)is pp von wohldero hinterlaßenen Frau Wittwen der neue vordere ansehnl. kostbare Haupt-Altar in der St.Michaelis-Kirchen auf Eigene Kosten aufgeführt u. hergestellet worden. So wurde bey solcher Gelegenheit auch von E. HochEdlen u. Hochweißen Magistrat Gr[oß]g[nädigst] resolvirt, den dabey stehende alten TaufStein abzuändern, und ebenfalls auf eine moderne Art einzurichten … den 31.ten May 1779. angefangen …*[70].

Die Versetzung in den Chor

Bei der umfassenden Neugestaltung des Kircheninneren in den Jahren 1836/37 wurde das Retabel, das durch seine Größe den Chor vom Langhaus getrennt hatte, an den Hochaltar im Chor versetzt. Die Schriftquellen berichten darüber – in chronologischer Ordnung – das Folgende:

1836 Aug 22: *Aeußerung des Dekanatamts betreffend die Altäre in der Kirche zu St. Michael in Hall.*

… Es befinden sich in der Michaeliskirche 2 große Altäre, der eine am Ende des Chores, der andere im Schiff der Kirche. Von diesen soll nach kirchenconventlichem Antrag der erstere [der heutige Hochaltar] in eine Nische des Chores beseitigt, an seine Stelle der zweite (der sogenannte vordere Altar) zurückversetzt und an des letzteren Stelle ein Altartisch samt kleinem Crucifix angebracht werden. Die Gründe dieser Veränderung sind folgende: 1) ist es ein Gebrechen, das jedem Betrachter sogleich in die Augen springt, daß durch den vorderen Altar das Chor von dem Schiffe der Kirche getrennt, daß jenes - gerade der ausgezeichnetste Theil der Kirche - maskirt und dem Blicke entzogen wird. 2) hofft man, daß durch Entfernung des vorderen Altars die Predigt auch im Chore werde verstanden werden, was bisher nicht der Fall gewesen ist. ... 3) Es ist die Frage entstanden, welcher von den beiden Altären künftig zum Gebrauch beibehalten werden solle. Der Kirchenconvent hat sich für Beseitigung des hinteren und für Gebrauch des Vorderen [des Bonhoeffer-Altars] entschieden, und zwar darum, weil das Publicum für den vorderen Altar große Vorliebe hat, derselbe eine im J. 1778 gemachte Stiftung ist, auch nach dem Urtheil mehrerer Kunstverständiger einen größeren Wert haben solle, als der hintere. Die Errichtung des letzteren geht ohne Zweifel über das Reformationszeitalter zurück, und es verdient derselbe seines Alters wegen in der Kirche aufbewahrt zu werden. Über seinen Kunstwerth will ich meinerseits kein Urtheil wagen; soviel aber ist gewiß, daß auf den Außenseiten der Flügelthüren Bilder stehen, die in der That unschicklich sind, und die verwischt werden sollten [sie wurden übermalt]. 4) ...

Es hat mich Mühe gekostet, die Abneigung des hiesigen Publikums in Betreff der Altarversetzung zu beschwichtigen, umso mehr ist zu wünschen, daß jetzt, wo die Gemüther beruhigt sind, eine für das schöne Local so vortheilhafte Veränderung in Bälde zur Ausführung komme. / Mich damit / Dekan Eytel (Magister Christian Ludwig Eytel, Dekan 1830–1856)[71].

1837 Juni 1: *Bericht des Dekanatamts betreffend die Versetzung der Kanzel in der Michaeliskirche dahier. / Die Michaeliskirche dahier wird durch die preiswürdige Liberalität der K. Finanzbehörde in einen Stand gesetzt, der in der That Bewunderung erregt. Bereits ist die Kirche geweißert, die Altäre sind versetzt, und das prachtvolle Chor ist dem Anblicke freigestellt. ...*[72].

1837 Sept 8: Bauinspector Stock an das kgl. Dekanatamt Hall. / *Die Fenster hinter dem Hauptaltar werfen so viel Licht in das Auge des Beschauers, daß Architectur und Sculptur an dem Altar ganz undeutlich werden. Es soll zur Abhaltung des Glanzlichtes eine farbigte Drapperie angebracht werden, 50 Ellen ächt roth gefärbter Baumwollenzeug …* (Stifterin: Peter Sandels Witwe)[73].

1837 Sept 24: *Die ihrer Anlage und ihrem Baustyle nach ausgezeichnete hiesige Michaelskirche hat im Laufe dieses Sommers durch die höchst preiswürdige Liberalität des Königlichen Finanzministerium und der Königlichen Finanzkammer so bedeutende Verbesserungen erhalten, daß sie jetzt unter den schönen Kirchen unseres Vaterlandes eine der ersten Stellen einnimmt. Das Chor, der vorzüglichste Theil des Gebäudes, bisher durch einen hohen Altar versteckt, ist nun gelichtet und mit seiner herrlichen Wölbung und seinen schlanken Säulen dem bewundernden Auge aufgeschlossen. / Dieser unpassend aufgestellte Altar hat in dem Hintergrunde des Chors eine günstigere Stelle erhalten, nachdem zuvor der früher daselbst befindliche ältere Altar an die* [südliche] *Seitenwand gerückt worden war*[74].

Der Abbruch

Schon vier Jahre nachdem die Kunstsachverständigen dem Bonhoeffer-Altar einen höheren Wert beigemessen hatten als dem spätgotischen Hochaltar, begann der Umschwung.

1840: Der württembergische Kunstbeauftragte, Oberhofprediger Carl Grüneisen, bedauert, daß man den früheren Hochaltar *zu Gunsten einer geschmacklosen anderen Stiftung mit goldenen Pausbackenengeln auf die Seite an der südlichen Chorwand gerückt* habe[75] [wo übrigens heute noch der Haken für die Befestigung zu sehen ist].

Zu 1840: Der Kunstsachverständige Heinrich Merz, in Hall Katharinenpfarrer von 1850–1863, schreibt in dem (undatierten) Entwurf einer Bittschrift an den König: *E.K.M.* [Eure Königliche Majestät] *haben im Jahre 1840 beim Besuch unsrer schönen Michaelskirche Höchstdero Misfallen an dem unschönen vorderen Altar kund zu geben geruhet, dem zu Liebe man vor fünfzig* [!] *Jahren, ohne Verständnis religiöser Kunst, den ehrwürdigen kunstreichen*

Hochaltar unsrer Väter an eine Seitenwand des Chors entfernt habe. / Dieses unsern eigenen Empfindungen so wohlthuende Wort des erhabenen Kunstfreundes gab uns den Muth, zur angemessenen Herstellung [= Wiederherstellung] *des ursprünglichen Hochaltars und zu seiner Wiedereinsetzung an die Hauptstelle der Kirche ... die erforderlichen Schritte zu tun*[76].

1845 zieht Heinrich Merz Vergleiche mit der Stuttgarter Stiftskirche: *... keinenfalls wäre es* [dort] *geduldet worden, daß dieser Rococo-Hochaltar, eine Familien-Stiftung des vorigen Jahrhunderts, den prachtvollen alten Hochaltar fortwährend an die Südwand des Chores verdrängte.* Und zu der Stoffdraperie hinter dem Retabel (siehe oben, 1837 Sept 8) bemerkt er: *Um das Theatralische dieses Anblicks* [der Opferung Isaaks mit der Herabkunft des Engels auf Suppenteller-Wolken] *auf die Spitze zu treiben, hat man das Schlußfenster des Chors hinter dem Altar mit einem purpurrothen Tuche verhängt*[77].

Zehn Jahre nach dem Besuch des Königs, wohl seit dem Amtsantritt von Pfarrer Merz (St. Katharina), hielt man auch in Hall das spätgotische Retabel für das wertvollere. Man hätte es gerne restauriert und statt des Bonhoeffer-Retabels wieder auf den Hochaltar gesetzt. Aber jetzt fehlte das Geld.

1852 Jan 12: *Antrag des Archidiaconus Helfferich in Betreff der Wiederherstellung des trefflichen, aber leider verwahrlosten Hochaltars in der Kirche zu S.Michael. / In diesem Altar besitzt unsere Gemeinde einen Kunstschaz, um den uns Kenner beneiden. Es ist nur zu bedauern, daß dieser Altar durch seine Beseitigung und Vernachlässigung nicht wie er könnte und sollte unserem prächtigen Gotteshause zur Zierde dient. Was der Antragsteller seit Jahren gewünscht und gehofft hat, daß nämlich dieses Kunstwerk wiederhergestellt und an den ihm gebührenden Ort versetzt werde, das könnte jetzt vielleicht erreicht werden, wenn diejenigen Männer, denen die Pflege des ev. Gottesdienstes und die Erhaltung der von den Vätern überkommenen Gotteshäuser besonders anvertraut ist, sich dieser Sache annehmen wollen ...*

Antrag: der Pfarrgemeinderath von S. Michael wolle eine Commission beauftragen, über die Wiederherstellung des genannten Hochaltars die nöthige Berathung zu pflegen und in der nächsten Sizung die geeigneten Anträge stellen. Helfferich, Archidiakonus[78].

1852 Nov 24: Auf der Synode der General-Superintendenz bringen *die beiden bürgerlichen Kollegien vor, daß der jetzt an die Wand gerückte Altar der Michaelis Kirche als von größerem Kunstwerthe, und namentlich um seines schönen Krucifixes willen, womöglich, an die Stelle des jetzigen Hochaltars gesetzt werden möchte*[79].

Noch waren offenbar nicht alle Bürger vom größeren Kunstwert des spätgotischen Retabels überzeugt. So schreibt ein anonymer Einsender im Haller Tagblatt:

1853 April 4: *Wie man hört, soll der von der Bonhöffer'schen Familie in die Michaeliskirche gestiftete Altar weggeschafft werden, weil er nicht zu dem Baustyl der Kirche passe, und überhaupt geschmacklos und unschön sei. Er soll ersetzt werden durch den früher auf demselben Platz gestandenen, gegenwärtig neben der Sakristey-Thüre aufgestellten Altar, der als ein Ausbund von Schönheit und Geschmack genannt wird.*

Nach diesen Schönheiten habe ich mich schon öfters umgesehen, aber nie etwas anderes gefunden, als Figuren, die allen menschlichen Leibesverhältnissen Hohn sprechen, mit Vorderfüßen von 17 Quadrat-Zoll Bodenfläche, 19" [= Zoll] *hohen und 1" dicken Beinen* [s. Flügelbilder], *mit sichtlichen Zeichen des Gliedschwamm's, oder bei den Figuren, die dem Höllenpfuhl entsteigen, neben gleichmäßiger Mißgestaltung aller Glieder, einen Hängbauch von der schamlosesten Gestalt* [z.B. Eva] *und einer Farbe wie die Mucken um Michaeli am Hintertheil aussehen. Waffen wie Weberbäume, und Zwerge zum Handhaben derselben, Pferde wie Kameele und Reiter darauf wie Affen* [diese Charakterisierung kaum nachvollziehbar], *Physiognomien, die eher Zahnweh, Schläfrigkeit, Bauchgrimmen, mit einem Wort alles ausdrücken, nur die Gefühle nicht, welche bei den dargestellten Begebenheiten die Anwesenden beherrscht haben werden, und das alles schön scheckig angemalt, wie ein Bilderbogen für Kinder. An diesen Dingen finden, mit dem Einsender dieses, noch viele Leute nichts schönes; da solche aber als große Schönheit die beste Zierde unserer Kirche abgeben sollen, so wäre es gewiß am Platz, wenn verständige und competente Beurtheiler dieser Bildnereien und Schnitzwerke sich herbeilassen würden, das Publikum über die gepriesenen Schönheiten zu belehren*[80].

1853 April 6: Der Pfarrgemeinderat von St. Michael erwiderte prompt mit folgender *Erklärung: Der Artikel über den Altar der Michaeliskirche in Nro. 75 dieses Blatts ist in so unwürdigem, leichtfertigem Thone gehalten, daß der Pfarrgemeinderath es für seine Pflicht erachtet, ihn mit Entrüstung zurückzuweisen. / Diejenigen, welche Sinn für die Kunst haben und über jene niedrige Auffassung sich zu erheben wissen, werden auf die in diesem Blatt erscheinenden Aufsätze verwiesen, wo sie Belehrung über die künstlerische Seite der Sache finden*[81].

Die Belehrung übernahm der Pfarrer von St. Katharina, Heinrich Merz, in den drei nächsten Nummern der Zeitung mit ähnlich kräftigen Worten (hier in Auszügen zitiert). Dabei ist zu beachten, daß Pfarrer Merz das Material des Bonhoeffer-Retabels stets für Gips gehalten hat:

1853 April 6-8: Er erlaube sich *als ein alter Freund obigen Altars* [des spätgotischen], *gestützt auf das Urtheil bekannter Kunstkenner (z. B. Oberhofprediger von Grüneisen, Architekt Beisbarth und Restaurator Lamberti in Stuttgart, Hr. v. Rettberg in München, Hr. Bauinsp. Pflüger, Hr. Zeichnungslehrer Herdtle und Hr. Maler Baumann hier) gestützt auf das Studium der Kunstgeschichte und auf Anschauung von viel hundert Kirchen und kirchlichen Denkmälern durch ganz Deutschland, sowie in England, Frankreich und Italien Folgendes zum Verständniß jenes Altars mitzutheilen.*

Derselbe ist ungefähr in der Zeit von 1490 entstanden, in einer Zeit, da die Kunst in Deutschland ihrer höchsten Blüthe in Albrecht Dürer entgegenging und namentlich auch in unsern schwäbischen und fränkischen Gegenden eine Menge der trefflichsten Künstler und Kunstwerke hervorbrachte. ... Durch eine Reihe von Einflüssen und aus verschiedenen Ursachen kam die christliche und kirchliche Kunst im Laufe des 16. Jahrhunderts in Abnahme und im 17. Jahrhundert durch den 30jährigen Krieg so in Verfall, daß man bereits die alte deutsche Kunst zu vergessen und zu verachten lernte. Im 18. Jahrhundert kamen die Reifröcke und Schönpflästerchen, die Perücken und Zöpfe in die Mode und da kam von Italien her jener seltsame Bau- und Kunststyl auf, den man den Zopfstyl nennt. Derselbe ist der Gegensatz aller schönen und gediegenen Kunstform, er prunkt mit nachgemachtem Marmor aus Gyps, mit überfirnißtem und vergoldetem Holz und Stuccatur-Werk, vor dem sich ein A. Dürer und Raphael entsetzt hätten. Diese schale Form entspricht ganz der Kern- und Geistlosigkeit des Gehalts, der innern Unwahrheit und Unsittlichkeit, in welcher, von dem liederlichen Hofe Ludwigs XIV. in Frankreich angesteckt, sich die damalige feine Welt gefiel. Von dem undeutschen, unchristlichen und unsittlichen Geiste der Zeit wurde der ganze Zeitgeschmack so verderbt, daß er diese hohlen und heuchlerischen Ziergebilde ohne Kraft und Seele als höchsten Kunstfortschritt bewunderte.

... In dieser Zeit war es auch, daß der gegenwärtig in unserm Chore stehende Altar gestiftet wurde. Ehre dem kirchlichen Sinne, der sich in dieser Stiftung aussprach! Schade nur, daß in jener Zeit, da dieser Altar gestiftet wurde, die kirchliche Kunst sich völlig in den Zeitgeschmack verloren hatte, welcher Figuren, ja Wolken aus todtem Gyps, und Stukkatur-Marmor und Goldfirniß für etwas kunstartiges hielt.

Es waren die großen Geister unserer Literatur, Winkelmann, Lessing u.s.w., welche auf die alte Kunst zurückgehend das Gericht über die entartete Kunst vollzogen. ...

Als man dann in diesem Jahrhunderte die alte deutsche Kunst an und in unseren Kirchen gleichsam wieder entdeckte, was fand man denn Besonderes an diesen alten Gemälden und Schnitzwerken? Man fand allerdings nicht jene äußere antike oder moderne Vollendung der Form, wie sie in Griechenland und Italien sich ausgestaltet hatte. Die Figuren waren nichts weniger als richtig gezeichnet, bald zu steif, bald zu eckig und gebogen, die Verhältnisse von Körpern und Gliedern, Menschen und Thieren bald zu kurz, bald zu lang, die Gruppen oft überreich, die Farben oft grell, die einzelnen Gestalten und Darstellungen derb und hin und wieder fast roh. Und dennoch war ein Göthe u.s.w. voll Bewunderung dieser alten Denkmale! Es war nicht blos die Verehrung für das Alter; weil ein Etwas als ein ganz Neues in diesen alten Bildern und Figuren sie ansprach. Dieß ist der wunderbare Ausdruck des deutschen Gemüthslebens, das unter Zopf, Perücke, Reifrock und elendem Gypsmarmor ganz verkommen war und nun aus diesen alten Werken so tief, so zutraulich, so naiv, so unbefangen herausschaute als reinste Poesie und lauterste Frömmigkeit. ...

Warum konnten jene alten Künstler und Kunstfreunde sich daran genügen und erfreuen lassen? Sie sahen nicht auf das Aeußerliche, sondern auf das Innerliche, nicht auf das blos Leibliche, sondern auf das Geistige und nicht auf das zeitlich Vergängliche, sondern auf das ewig Unvergängliche, wie es das Christentum gebietet (2 Kor. 4,18). Der Ausdruck von Seele, Gemüth, Andacht, die Darstellung des ewigen Gedankens, den doch keine irdische Form je ganz erreicht, war ihnen alles. ... wenn an einem Altare die heilige Passion in größern und kleinern Figuren reich und sinnig zusammengestellt sei, so werde das seinen Erlöser auf dem Gang nach Golgatha verfolgende Christen-Auge im Geiste tiefer hinein und höher hinaufschauen, als daß es an den weniger leiblich schön und vollkommen ausgeführten Formen der Pferde- und Menschenfüße u.s.w. einen Anstoß nehme.

Wohl kann und konnte der gebildete wie der Volksgeist sich eine Zeit lang täuschen und blenden lassen von den bestechenden Formen einer innerlich gott- und geistverlassenen Zopfzeit. Aber die Täuschung kann nicht lange währen, sobald man genauer hinsieht. Jedes sinnige Auge, das ernstlich hinter dem Blendwerk des Goldfirnisses Geist und Leben sucht, und ernste, gediegene Form als Gefäß dieses Geistes verlangt, wird die innere Hohlheit, Seelen- und Geistlosigkeit der fahrigen, lotterleeren, charakterlosen Gypsfiguren aus der Zopfzeit erkennen. Wer Aechtes sucht, wird sich mit Eckel abwenden von diesen weichlichen, schlotterig aufgeblasenen, theatralischen Formen und Figuren, von dieser ganzen Heuchelei des aus Gyps nachgemachten Marmors. Ja, man trete vor ein solches Gyps-Werk in einer Kirche mit einem Gemüthe, das sich erbauen will; je länger man hinsieht, je öfter man kommt, je mehr man sucht, desto mehr wird sich das 'übertünchte Todtengrab' dieser saft- und kraftlosen Künstelei aufthun. Dagegen trete man vor ein solches altes Werk, schaue diese Wahrheit, diese kindliche Einfalt, diesen Reichthum von Gedanken, diese schlichte, keusche, strenge, ob auch unbeholfene Form, da wird sich eine ganze Welt voll Geist und Leben aufthun und je länger man hineinsieht, desto tiefer, sinniger wird es das Gemüth ansprechen, man kann es immer wieder sehen und neu genießen ... Die unächte Kunst aber rauscht und bauscht, prunkt und blendet nur einmal und nur solange man nicht genauer zugesehen hat, was hinter ihr ist. Ich wollte jede Wette eingehen - nicht ein Auge ist in hiesiger Stadt, das nicht, sobald es eine solche glänzend sich spreizende Theaterfigur aus Gyps mit einer solchen alten Holzschnitz-Figur länger und genauer vergleicht, die völlige Nichtigkeit und Charakterlosigkeit der erstern und die geistige Bedeutung der letztern herausfände. Jedenfalls aber ist der Goldflitter und das Gyps-Geschnörkel des äußerlich und innerlich verdorbenen Zopfstyls in der Kunst-Geschichte und in der Kunstwelt, in der protest. und in der kathol. Kirche gerichtet ...

So ist also der aus einer edlen Kunstzeit stammende alte Hochaltar für die St. Michaeliskirche und für die ganze christliche Gemeinde in Hall ein ehrwürdiges Vermächtnis, kein 'Ausbund von Schönheit und Geschmack', sondern ein Ausdruck heiliger Gedanken und Geschichten und ist als solcher den Altvordern werth gewesen volle 300 Jahre lang ... und die ganze Gemeinde wird sich des Anblicks freuen, wenn der Altar würdig hergestellt und – nachdem das für unsere Augen namentlich in einem Flügelgemälde Anstößige durch die Hand eines Künstlers wie H. Baumann beseitigt ist[82] *– der Schluß und Augenpunkt der ganzen prächtigen Kirche sein wird. Gewiß jedes Christen-Auge wird es gerne sehen, wenn bei aller treuen Verehrung für edlen Stiftersinn, der im vorigen Jahrhundert zu ungünstiger Kunstzeit errichtete Altar aus marmorartig überfirnißtem Gyps und Tannenholz hinweg-gethan und anstatt der Opferung Isaaks durch Abraham der sich in den Kreuzestod opfernde Erlöser oder wie eine edle Frau hier jüngst bemerkte: das Neue Testament anstatt des Alten wieder hingestellt wird. ...*[83].

1853 Mai 13: *Das Consistorium teilt mit, daß das K. Finanzministerium auf die ... Verwilligung eines Beitrags der Staatskasse zur Versetzung und Herstellung des Altars nicht eingegangen ist, weil es hier nicht um Befriedigung eines baulichen Bedürfnisses, sondern blos um Verschönerung der Kirche sich handle ...*[84].

1853 Mai/Juli: Nun wendet sich der Pfarrgemeinderat an den König persönlich. Pfarrer Merz entwirft dafür *ein Bittschreiben, wie es nach H. Oberhofprediger v. Grüneisens Ansicht bei Majestät Wirkung haben könnte* [der Anfang dieses Schreibens zit. oben, zu 1840]. Er berichtet, man habe eine Kollekte veranstaltet und *um Uebernahme derjenigen Kosten, die durch unsere Kollekte nicht gedeckt werden können, auf die Staatskasse, der sämtliche Haller Kirchenstiftungen ... einverleibt worden sind, gebeten / Leider ist unsere Bitte abschlägig beschieden worden. Wir können aber* *den letzten Gang in dieser Sache nicht unversucht lassen, nämlich die Bitte an E. K. M. selbst, diesem Gegenstande, der dem patriotischen Haller und dem Kirchenfreunde gleichsehr am Herzen liegt, nochmals die höchste Aufmerksamkeit zuwenden und (Variante: uns mit einem gnädigen Beitrag zur Verwirklichung unseres Vorhabens unterstützen zu wollen) unsere unterthänigste Bitte durch eine höchste Verfügung allergnädigst genehmigen zu wollen. In tiefster Ehrfurcht verharrt Eurer Kön. Majestät allerunterthänigster PfGR. von St Michael*[85].

Offenbar bewirkte dieses Schreiben, daß sich nun Prinzessin Olga der Sache annahm. Heinrich Merz schreibt später (1863):

Die Frau Kronprinzessin Olga von Württemberg hat die Ehre, dem herrlichen Altare [dem spätgotischen] seinen Platz und Schmuck wiederverschafft zu haben, indem ihr hohes, kunstverständiges Fürwort bei der Kön. Finanzverwaltung die Bitten des Pfarrgemeinderathes unterstützte. Letzterer bekam nun durch Kollekten und aus Stiftungen ein Namhaftes zu der vom Staate verwilligten Summe behufs einer würdigen Herstellung des vom Grund bis zum Gipfel durchaus evangelischen, ein evangelisches Gotteshaus aufs würdigste zierenden Kunstwerks[86].

Den Bonhoeffer-Altar empfand man demnach jetzt als weniger evangelisch und weniger würdig.

1857 Dez 2: Das Königliche Finanzministerium ist auf wiederholtes dringendes Gesuch *nunmehr geneigt, auf die Verwilligung eines Staatsbeitrags zu den Kosten der Herstellung einzugehen … Man soll sich mit den Nachkommen der Stifterin wegen Beseitigung eines anderen vorhandenen aus einer Stiftung herrührenden Altars ins Benehmen setzen bzw. denselben den fraglichen Altar zur Verfügung stellen*[87].

1858 Okt oder früher: Spätestens im Oktober wurde der Bonhoeffer-Altar abgebrochen, denn im Oktober/November begannen bereits die Arbeiten für den alten, spätgotischen Altar mit *Wegnehmen und Beseitigen der Sockelsteine vom bisherigen Altar aus der Kirche, nebst Einlassen des Kreuzes in den Plattenboden, Beihülfe beim Aufrichten und Versetzen des Kreuzes nebst AltarKasten. (Rechnung von Werkmeister Omeis über die Herstellung eines steinernen Altartisches nebst Stufen für den Vorplatz im Chor der Kirche zu Sct. Michael dahier, 28.2.1859)*[88].

1859 Jan 12: Schreiben des Pfarrkirchengemeinderats an das königl. Kameralamt: Wegen Beseitigung des neuen Hochaltars hat der Pfarrgemeinderat *mit den Nachkommen der Stifter in Verhandlung zu treten,* um ihnen den Altar zu überlassen. Er bittet um Bestätigung, daß nicht … [?] Bonhöfer, sondern Assessor Seyferheld der Erbe sei[89].

Am selben Tag antwortet das Archidiakonat auf eine Anfrage gleichen Inhalts von Dekan Wullen: *Das mitfolgende Schema genealogicum zeigt den Gerichtsassessor Jacob Peter Seiferheld [Hall] und seine Geschwister als die nächsten Verwandten der Stifterin des Altars*[90].

Die Geschwister waren der Substitut J. Franz Seiferheld und seine Schwester Caroline, beide Göppingen[91]. Mit der Stifterin ist Maria Cordula Bonhoeffer geb. Seiferheld gemeint, die das Legat erfüllt hat (siehe oben, Inschrift).

Natürlich konnte keiner der drei Erben das riesige Möbel bei sich unterbringen. Es wurde deshalb an einem wenig geeigneten Ort abgestellt, *der sehr feucht ist*[92]. *Das Opfer Abrahams kam in den Braz'schen Garten [vor dem Langenfelder Tor], wo es sehr nothgelitten hat*[93]. Die Erben drängten darauf, das Werk zu verkaufen, hatten aber selber nicht mehr die Mittel, die mit dem Verkauf verbundenen Kosten zu bestreiten, und bemühten sich deshalb um deren Übernahme durch die Spitalverwaltung.

1860 Jan 25: Protokoll des Stiftungsrats: *GerichtsBeisitzer Seÿferheld stellt das Ansinnen, von Seiten des Stifungsraths wegen des Verkaufs des aus der Michaeliskirche entfernten, von seinen Familienvorfahren gestifteten Altars ins Mittel zu treten. Obgleich eine recht*[liche] *Verpflichtung der Hospital-Verwaltungs-Casse disseits entschieden nicht vorliegt, wird doch in Rücksicht auf die Vermögenslosigkeit des Seÿferheld beschlossen, die durch etwaige öffentliche Bekanntmachung wegen Verkauf des Altars entstehenden Kosten auf die Verwaltungs Casse zu übernehmen*[94].

Trotzdem ließ man sich über ein Jahr Zeit, ehe man sich anschickte, etwas in der Sache zu unternehmen. Den Anstoß dazu gab die Kirche:

1861 Feb 4: Der Pfarrgemeinderat (Dekan Wullen) an Frau Kameralverwalter Leypoldt: *Nach einer Anordnung der k. Finanzbehörde soll ein Hochaltar in der Kirche zu St. Michael dahier, welcher durch den älteren ersetzt wurde,* den Erben des Stifters überlaßen werden, da kein geeigneter Platz mehr für seine Aufstellung sich findet ... Anfrage, ob sie, als zu den Erben gehörend, ... ein Ausschreiben zum Behufe des Verkaufes des Hochaltars wünsche[95].

1861 Feb 7: Substitut Franz Seiferheld, Göppingen, an den Pfarrgemeinderat: ... *in Betreff des zu verkaufenden Hochaltars in der Kirche zu St. Michael ist meine Ansicht, daß es besser wäre, wenn solches in den öffentlichen Blättern zum Behufe des Verkaufs bekannt gemacht würde, da wirklich* [= derzeit] *viele* [Altäre] *gebaut werden ...*[96].

Die Hoffnung auf einen Verkauf als Ganzes mußte sich freilich als trügerisch erweisen, weil damals zwar für viele Kirchenneubauten Altäre gebraucht wurden, aber natürlich keine Barockaltäre. Der Zeitgeist schrieb jetzt Gotik oder Neugotik vor.

1861 Feb 12: Antwort von Revisor Blum auf die Anfrage vom 4. Februar, im Auftrag seiner Schwiegermutter, der Frau Cameralverwalter Leypoldt Witwe hier, welche wegen Zitterns nicht mehr recht schreiben kann: *sie hat nichts einzuwenden und stellt dem jenseitigen Ermeßen anheim, auf welche Art dieser Verkauf am besten realisirt werden kann*[97].

Bevor man den Altar öffentlich ausschreiben konnte, galt es aber noch eine Schwierigkeit zu beheben: Nachdem das Werk abgebaut und dabei ohne Zweifel zerlegt worden war, ließ es sich etwaigen Interessenten nicht mehr in seiner Gesamtheit vorführen. Da entsann man sich, daß es von dem Altar noch ein Modell gab – im Besitz des Pfarrers Glock in Illingen. Pfarrer Johann Ernst Glock (1806–1873, gebürtiger Gelbinger, in Illingen 1849–1873, gestorben in Esslingen) war ein Enkel des letzten Haller Stättmeisters, Johann Ernst Glock und dessen Ehefrau Maria Rosina vom Jemgumer Closter. Das Modell könnte also von der einzigen Tochter des Altarstifters, Maria Magdalena vom Jemgumer Closter, in die Familie Closter gekommen sein und durch die Stättmeistersgattin Maria Rosina in die Familie Glock[98].

1861 Feb 23/25: Das Modell wird von Illingen an *Herrn Hospitalverwalter Bölz Schw. Hall* geschickt, in einer Kiste mit 34 oder 54 Pfund Bruttogewicht (die vordere Ziffer ist überschrieben). Versandkosten 42 Kreuzer[99].

1861 April 10: Vor dem Verkauf war zu klären, was genau zu der Altarstiftung gehörte: *Die Hosp*[ital] *Verw*[altung] *soll es sich angelegen seyn laßen, den Bonhoefferschen Altar aus der Michaelis Kirche, im Intereße der Familien Nachkommen zum Verkauf zu bringen. Daß das eiserne Umfaßungs Gelender und die als Sohle des Altars gediente SteinPlatte zu demselben gehören, und mit demselben verkauft werden dürfen, wird anerkannt*[100].

Da sich in Hall offensichtlich kein Käufer fand, wurde das Werk nun im Schwäbischen Merkur (Ausgaben vom 9. und 18. Mai) und im Staats-Anzeiger für Württemberg (Ausgaben Nr. 108 und 111) zum Verkauf ausgeschrieben, in je zwei gleich lautenden Anzeigen mit 21 dreispaltigen Petitzeilen. Gesamtkosten je Zeitung 2 fl 51 kr = 5 Gulden 42 Kreuzer[101]. Wortlaut der Anzeigen:

1861 Mai 4–18: *Hall, Altarverkauf. Ein Altar, welcher von einer Patricierfamilie der Reichsstadt Hall in die Michaelis Hauptkirche a*[nn]*o 1780.* [ungenau!] *gestiftet wurde, im RocococoStyl ausgeführt - 31.' hoch, und 16.' breit ist, hat als ein Widerspruch gegen den Baustyl der Kirche selbst, bey der künstlerischen Reform des schönen Gebäudes, nicht in demselben belassen werden können, und ist der Familie zurückgegeben worden, welche denselben zum Verkauf ausgesezt hat. Diesen Verkauf ist die unterzeichnete Stelle zu vermitteln beauftragt und bereit, auf portofreye Anfragen, gewünscht werdende Auskunft zu ertheilen.*

Diese Anfragen wollen aber im Laufe dieses Monats gestellt werden, weil später anderwärts über diesen Altar verfügt wird.

D[en] *4 May 1861. Hospitalverwaltung*[102].

1861 Juni 13: Brief des Gerichtsbeisitzers Jakob Peter Seiferheld. *Hochlöblicher StiftungsRath, Hall / Der gehorsamst Unterzeichnete hat nun sich überzeugen müssen, daß mit dem Verkauf des ausgestosenen Altars meiner Voreltern keine Hoffnung mehr ist, und daß ein längeres Zuwarten den Nachtheil erzielen würde, unter denen Verhältnissen, wie derselbe aufbewahrt ist, denselben als Brennholz verkaufen zu müssen. Ich stelle daher die dringende Bitte an Ein Hochlöblichen Stiftungsrath, einen Verkaufsversuch an Schreiner im öffentlichen Aufstreich anordnen lassen* [zu] *wollen, und die dazu gehörige Figuren an mich den Unterzeichneten ausfolgen zu lassen. / Hochachtungsvoll, Hall den 13 Juni / J. P. Seiferheld, Gerichtsbeisizer*[103].

Da nun wohl keine Hoffnung mehr bestand, den Altar als Ganzes zu verkaufen, sandte man das entliehene Modell wieder an Pfarrer Glock (siehe oben, Feb 23/25) zurück.

1861 Juli 20. Randvermerk auf der Frachtrechnung (quittiert am 20.7.61): *Die Kiste enthält das Modell zu dem abgebrochenen Altar in der Michaeliskirche. Frachtkosten 40 Kreuzer* (Hall–Heilbronn 12 kr, Heilbronn-Illingen 24 kr, Spedition 4 kr)[104].

1861 Nov 11: Brief von J. Franz Seiferheld, Substitut, Göppingen. *Hochlöbliches Oberamtsgericht!/Unterthänigst gehorsamster Substitut Seiferheld nimmt sich die Freiheit Folgendes vorzutragen: Am 4. Februar dieses Jahres erhielte ich ein Schreiben vom Pfarrgemeinderath in Hall, daß der ältere Altar in der St Michaels Kirche, welcher von meinen GroßEltern gestiftet wurde, durch den Neuangeschaffenen, entfernt und den Erben zurückgegeben werde. / Auf dieses gab ich die Erklärung ab, daß dieser Altar verkauft und in öffentlichen Blättern aufgenommen werden möchte. / Es stund aber an bis 10. April wo mir mitgeteilt wurde, daß der Verkauf am 14. April durch die dortige StiftungsVerwaltung vorgenommen werde; allein die Beschreibung des Altars war zu kurz gefaßt und nicht beschrieben wie er beschaffen ist, deswegen auch kein Liebhaber erschien. / Da der Platz, wo der Altar aufbewahrt ist, sehr feucht ist, und bei längerer Aufbewahrung Schaden leidet, so haben wir beschlossen, solchen Stückweis an die Liebhaber zu verkaufen, und den Erlöß unter uns arme Geschwister zu vertheilen; denn meine Schwester Caroline [die] auch hier wohnt, steht im 81. Jahr, ich Franz im 78. und mein Bruder Jakob Peter Seiferheld, Gerichtsbeisizer in Hall (im)76. Jahr, namentlich ich bin der Unglücklichste, indem ich ein Aug durch strenge Arbeit verlor, hart bleßiert bin, und bei meinem hohen Alter wenig mehr verdienen kann. / Seit diesem Antrag wissen wir aber nichts was aus diesem Verkauf geworden ist. Ich und meine Schwester ersuchen Ein Hochlöbliches Oberamtsgericht gehorsamst uns Unglückliche zu unterstützen. / Der ich mit vollkommenster Hochachtung verharre / Eines Hochlöblichen Oberamtsgerichts unterthäniger J. F. Seiferheld, Substitut.* – Das Oberamtsgericht übergab das Schreiben am 13.11.1861 dem *Stadtschultheissenamt Hall zur Erledigung. Dieses leitete es am 14.11.1861 an den verehrlichen PfarrGemeindeRath zu St. Michael zu gefälliger Äußerung weiter*[105].

Die Klagen der Erben über den ungeeigneten und feuchten Abstellort des Kunstwerks (vgl. die Briefe vom 13.6. und 11.11.1861) haben offensichtlich bewirkt, daß der Altar (oder nur das Bildwerk?) zu einem unbekannten Zeitpunkt vom Brazschen Garten in den *Neubau* verbracht wurde. Wie es scheint, war aber dem Haller Erben, Jakob Peter Seiderheld, auch dieser Aufbewahrungsort nicht geheuer, und er bestand auf seiner Bitte vom 13. Juni, die Figuren an ihn ausfolgen zu lassen.

1862 März 4: Verfügung des Stiftungsrats: *Die Hospitalverwaltung wird angewiesen, den im Neubau aufbewahrten Hochaltar von der Michaelis-Kirche in die Behausung des H. OAGerichts-Beisitzers Seiferheld auf Kosten der Hospitalverwaltung schaffen zu lassen. Hall d. 4 März 1862. Stiftungsratsvorstand Wullen. Majer*[106].

1862 März 27. Rechnung von Schreinermeister Peter Leonhardt: *Den Altar vom Neubau in die Seÿferheldsche Wohnung zu schaffen verbrauchten*
2 Gesellen 1 Tag a fl. 1.36. ... fl. 3.12.
2 Taglöhner je 1/2 Tag ... fl. -.40.
Fuhrmann Wieland für 4 Fuhren a 18 kr ... fl. 1.12.
Zusammen fl. 5.4. (5 Gulden 4 Kreuzer).
Quittiert am 14.5.1862[107].

Die Tatsache, daß für den Transport des Altars vom Neubau in die Seiferheldsche Wohnung fünf Personen und vier Fuhren benötigt wurden, vermittelt nochmals eine Vorstellung von den Ausmaßen des Werkes. Man fragt sich, wie der geplagte Erbe mit dem sperrigen Möbel in seiner *Behausung* zurecht kam.

Insgesamt betrugen die – leider vergeblich getätigten – Ausgaben der Spitalverwaltung in Sachen Altarverkauf 12 Gulden 8 Kreuzer. Sie sind im Hauptbuch des Spitals unter den außerordentlichen Ausgaben verzeichnet und setzen sich wie folgt zusammen:

Die durch St.R.B: [Stiftungsratsbeschluß] vom 25. Janr. 1860. § 356. auf die Hospital-Kasse übernommenen Kosten von dem Verkauf des Bonhoefferschen HochAltars, welcher aus der Michaeliskirche entfernt wurde, betragen, Fracht für 1. Kiste von Pfarrer Glock in Illingen mit dem Model des Altars fl. -.42. / InsertionsGebühren [...] dem StaatsAnzeiger fl. 2.51, dem Schwäb Mercur fl. 2.51 / [...] Fracht von Rücksendung des Models an Pfarrer Glock in [...] fl. -.40 /

[...] *dem Schreiner P. Leonhardt für das Herunterschaffen des Altars vom Neubau in die Peter Seiferheld'sche Wohnung fl. 5.4 (zusammen 12 Gulden 8 Kreuzer)*[108].

Von nun an schweigen die Quellen. Nur aus der Schauffele-Chronik[109] läßt sich noch entnehmen, daß acht Jahre später, also zwölf Jahre nach dem Abbruch des Altars, wenigstens das Opfer Abrahams veräußert werden konnte: *1870 wurde es verkauft*. Es besteht demnach eine geringe Hoffnung, daß es sich eines Tages irgendwo aufspüren läßt, vielleicht auch das Modell des Altars.

Damit endet die Tragödie von Glanz und Elend der Bonhoefferschen Altarstiftung.

Anmerkungen

1. Das Künstlerlexikon von Thieme/Becker (Bd.12, S.29) versetzt das Retabel irrtümlich auf *den vorderen Choraltar der Katharinenkirche in Hall*.
2. Die Kirchenkonventprotokolle (KKProt) und Stiftungsratprotokolle (StRProt) mit den zugehörigen Rechnungsbeilagen hat Frau Herta Beutter im Spitalarchiv (1880/61f.) aufgefunden und mir freundlicherweise zur Verfügung gestellt, wofür ich ihr vielmals danke.
3. KKProt - wie Anm.2 - zum 4.5.1861. - Zum Vergleich: Das höchste Denkmal der Kirche, das Haspel-Epitaph, ist 7,85 m hoch, der Chorbogen hat eine lichte Höhe von 11,50 m über dem Chorboden.
4. KKProt zum 10.4.1861, S.117, Nr.564.
5. Schauffele-Chronik der Reichsstadt Schwäbisch Hall, 1842/92, StAH HV II/11, Bl.168.Abs.2. - Der vollständige Text lautet: Aus *Gräters Siedersbuch. / Den 26. April 1778 wurde aufgestellt im Chor von St. Michael der neue Altar von Bildhauer Fischer in Dillingen und Maler Probst in Pfedelbach besorgte die Vergoldung etc. Bei diesem war ein C.A. Eberlein, der Meßner Gräter u. seine Frau porträtierte, wie auf den Bildern hinten zu lesen ist. / Dieser Altar schloß den Chor gegen das Schiff ab. Er stellte das Opfer Abrahams (Sculptur) vor u. war seine Marmorimitation auf Holz besonders schön, nach Maler Hettingers Aussage. - Derselbe wurde bei der Kirchenrestauration ? anno [leere Stelle] entfernt. Das Opfer Abrahams kam in den Braz'schen Garten, wo es sehr nothgelitten hat. - 1870 wurde es verkauft. - Maler Hettinger war bei der Versetzung des Altars 1858/59 als Vergolder tätig.*
6. Johann Leonhard *Gräter*, Kirchliches Neu-Jahr-Register, Schwäb. Hall 1789, Anhang; Exemplar im StAH, HV 186c.
7. Die Auflösung dieser Formel verdanke ich Herrn Dr. Harald Drös, Leiter der Inschriftenkommission der Heidelberger Akademie der Wissenschaften. Siehe auch Adriano *Cappelli*: Dizionario di Abbreviature latine ed italiane, Milano 1967, S.475.
8. Hier schließt sich Gräters Übersetzung in barocker Sprache an (*Zu Deutsch möchte ohngefehr diese Innschrift also lauten: ...*)
9. Dies laut freundlicher Auskunft von Dr. Drös (wie Anm.7) die übliche deutsche Version der Formel L. L. M. - Gräter, der die Abkürzung nicht auf die Stiftung, sondern auf die Ausführung bezieht, übersetzt demzufolge: *Die Stiftung erfüllte freywillig und billig*.
10. Siehe unten, S. 377, zu 1840.
11. Heinrich *Merz*, Spaziergang durch die vornehmsten Kirchen Württembergs, in: Evangelisches Kirchenblatt Bd.6, Nr.34, 1845, S.572.
12. *Gradmann* S.230: *Ein Werk von Holz und Stuck ... Die Hauptdarstellung, in Stuck ausgeführt, war Isaaks Opferung.* - Julius *Schöttl*, Franz Karl Schwertle und Johann Michael Fischer, zwei Dillinger Bildhauer des 18. Jahrhunderts, in: Jahrbuch des Historischen Vereins Dillingen, 1934/35, S.48-105. Schöttls Nachricht über den Haller Altar, S.91, - *nach einer Mitteilung des Württ. Landesamtes für Denkmalpflege in Stuttgart* - stimmt mit den Angaben Gradmanns überein. Es ist aber nicht bekannt, daß Johann Michael Fischer je in Stuck gearbeitet hätte.
13. *Clauß/König/Pfistermeister*, Kunst und Archäologie im Kreis Schwäbisch Hall, Stuttgart/Aalen 1979, S.51.
14. *Deutsch* 1988 (J. A. Sommer), Anm.6 und 62.
15. *Akermann/König/Clauß/Hennze/Siebenmorgen/Stachel*, Kunst, Kultur und Museen im Kreis Schwäbisch Hall, Stuttgart 1991, S.45 f.
16. Siehe Georg *Himmelheber*, Die Kunstdenkmäler des ehemaligen Oberamts Künzelsau, 1962 (Nachdruck Frankfurt/Main 1983), Abb. 303, 306, 307.
17. Beispiel: *Zur linken Hand dieses Altars* [des Hochaltars] *siehet man das Sacrament-Häußlein* (*Gräter*, Neu-Jahr-Register 1788).
18. Vgl. *Schiller*, Bd.4,1 (Die Kirche), S.153. Sowohl im Katechismus Melanchthons von 1544 (*Schiller* ebd.) wie im kleinen Katechismus Luthers von 1547 ist der Abschnitt über das Taufsakrament durch die Taufe Jesu im Jordan illustriert.
19. Vgl. Reinhard *Lieske*, Protestantische Frömmigkeit im Spiegel der kirchlichen Kunst des Herzogtums Württemberg, München/Berlin 1973, S.212.
20. Die Kunstdenkmäler des ehemaligen Oberamts Künzelsau (wie Anm.16), Abb.300.
21. Siehe unten, S. 379f., zum 6.-8. April 1853.
22. Luther übersetzt: Vorbild (*Furbilde*), was mir für die typologische Bedeutung des Themas (siehe unten) beachtenswert scheint.
23. Elisabeth *Grünenwald*, Leonhard Kern, ein Bildhauer des Barock, Schwäbisch Hall 1969, S.27 f. - Statt dessen bietet Grünenwald eine subjektive Interpretation im Anschluß an Böhme und Herder.
24. Vgl. *Soltész* (wie Anm.30) Taf.22.
25. Vgl. Horst *Appuhn* (Hg.), Heilsspiegel, Dortmund 1981, S.99 mit Abb. S.48.
26. Vgl. dazu *Schiller*, Bd.2 (Passion), S.12.
27. *Schiller* ebd, S.13.
28. Vgl. LCI Bd.1, Sp.29 bzw.30.
29. *Schiller*, Bd.2, S.138 und Abb. 415, 416; Floridus Röhrig, Der Verduner Altar, Klosterneuburg [8]2004, S.122 f. mit Abb. 26 und 27.
30. Ein Beispiel ist das Exemplar in Esztergom; siehe Elisabeth *Soltész*: Biblia Pauperum, die vierzigblättrige Armenbibel in der Bibliothek der Erzdiözese Esztergom, Hanau/Budapest 1967, Taf.25.
31. Holzschnitt des Monogrammisten AW, abgebildet bei *Schiller*, Bd. 4,1 (die Kirche), Abb. 347.
32. Aus Duttenstedt bei Peine, jetzt im Braunschweiger Museum. Vgl. *Schiller*, ebd., S.160.
33. Vgl. Reinhard *Lieske*, Protestantische Frömmigkeit im Spiegel der kirchlichen Kunst des Herzogtums Württemberg, München/Berlin 1973, S.200.
34. *Lieske*, ebd. S.135.
35. *Lieske*, ebd. S.202.
36. *Lieske*, ebd. S.92.
37. *Lieske*, ebd. S.92.
38. *Lieske*, ebd. S.84.
39. Siehe unten, S.380, unter 1853, April 6-8, Schluß.
40. Das Bild gehört zu einem Gemäldezyklus von Otto van Veen in den Bayerischen Staatsgemäldesammlungen, Filialgalerie Bamberg. Vgl. *Schiller* Bd. 4,I (Die Kirche), S.110 und Abb.270.
41. Gemälde von Josef Wannenmacher (1722-1780). Vgl. *Lieske* (wie Anm.33), S.26.
42. Nürnberg (Christof Gutknecht) 1547.
43. Vgl. dazu *Schiller* Bd.4,I (Die Kirche), S.75.
44. Bestimmbar durch gleichartige Darstellungen, bei denen die Spruchbandtexte erhalten sind. Vgl. *Schiller* Bd.2 (Passion), S.141 und Abb.432.

45 *Schiller* Bd. 4,I (Die Kirche), S.73 und Abb.170. – Es handelt sich um die sog. Gumbertusbibel, wohl Prüfeninger Ursprungs, aus der Gumbertuskirche in Ansbach, heute in der Universitätsbibliothek Erlangen, MS 1, fol.411.
46 Abgebildet bei *Deutsch* 1980 (Künstlerfamilie Sommer), S.227, Abb.5.
47 Vgl. *Schiller* Bd. 4,I (Die Kirche), S.72, 112.
48 Vgl. *Schiller*, ebd., S.112. – Nach dem ikonologischen Lexikon von Norma *Cecchini*, Dizionario sinottico di Iconologia, Bologna 1976, S.171, hält die Sapienza divina (neben anderen Möglichkeiten) in der einen Hand einen Spiegel, in der anderen *uno scettro cimato da un occhio / da un globo* (ein Zepter mit einem Auge oder einer Weltkugel am oberen Ende).
49 Vgl. Nr. 39, S.146, und Nr. 81, S.308 (Stättmeister bzw. Prediger Joh. Friedr. Bonhoeffer).
50 Vgl. LCI Bd.3, Sp.241.
51 Karl *Künstle*, Ikonographie der Christlichen Kunst, Freiburg 1928, S.283.
52 Man nannte darum im 15. Jahrhundert die halbmondförmige Zwinge, die in der Monstranz die Hostie hält, *Melchisedech* (vgl. *Künstle*, ebd.).
53 Abgebildet bei *Schiller*, Bd.2 (Passion), S.338, Abb.90; LCI, Bd.3, Sp.242; *Röhrig* (wie Anm. 29), S.116 f. mit Abb. 20.
54 Beispiele bei *Lieske* (wie Anm.33) S. 34, 80, 85, 96, 104, 108, 110, 111, 112, 129, 146 und Abb. 29, 30; und [Nachtrag] *Deutsch* in: WFr 90/91 (2006/07), S.218, Abb. 6–8, Kirchberger Kanzelaltar.
55 *Lieske*, ebd., S.34.
56 Im 19. Jahrhundert sogar Reformatoren und neuzeitliche Fürsten (vgl. *Lieske*, ebd., S.104 mit Anm.14).
57 Ein Beispiel ist die Kanzel in Ölbronn, Kreis Vaihingen/Enz (1748), wo die drei biblischen Gestalten einem Kruzifix zugeordnet sind (*Lieske*, ebd., S.112 mit Abb.29, 30). Der dort zu Aaron gehörige Text ist ein Vers aus dem Hebräerbrief (7,26): *Einen solchen Hohenpriester sollten wir haben ....*
58 Vgl. *Schiller* Bd.2 (Passion), S.46 uns Abb.88.
59 Die Mehrzahl nach der Einheitsübersetzung; Luther spricht vom *Holz des Lebens*.
60 Kunstdenkmäler Künzelsau (wie Anm.16), Abb. 300 auf S.312.
61 Siehe Wolfgang *Deutsch*, Der Hochaltar der Haller Katharinenkirche, in: WFr 69 (1985), S.127–220, hier S.136 ff. mit den Quellenbelegen in Anm.44.
62 Wie Anm.5, Bl.168.
63 S. 306ff. Dort Näheres über Fischer, seine Biographie und seine Formensprache.
64 Zu Probst: Wilfried *Beutter*, Biographische Notizen zu Hohenloher Hofkünstlern der Schillinger Zeit, in: Margarete *Rathe-Seber*/Richard *Seber*, Schillinger Künstler Könner (Hg. Öhringer Heimatverein), 1993, S.102 f. – Die Kunstdenkmale des ehemaligen Oberamts Künzelsau ²1983, S.98, 266.
65 *Gradmann* und *Schöttl* wie Anm.12.
66 Ratsprotokolle 1778, StAH 4/405, Bl.73v.
67 Ratsprotokolle 1778, StAH 4/405 Bl.79 (27.4.) und 94v f. (15.5.).
68 Ratsprotokolle, StAH 4/462 (unpag.).
69 Rechn. über die geistl. Güter zu St.Michael, StAH 4/2769, S.84 f., Nr.70; zugehörige Quittung in: 4/2770, den Empfang bestätigt: *Joh. Leonh: Gräter Meßner bey St Mich:*
70 Leitung Bauverwalter Katzner; ebd., StAH 4/2771 (1779/80) S.79 f. Nr.83.
71 Dekanatsarchiv, Depositum im StAH, 122c.
72 Dekanatsarchiv, wie oben, 122.
73 Dekanatsarchiv, wie oben, 122a.
74 Haller Wochenblatt 1837, Nr.57.
75 C. *Grüneisen*, Uebersichtliche Beschreibung älterer Werke der Malerei in Schwaben, in: Kunstblatt zum Morgenblatt Nr.98, 1840, S.401–420, hier S.418.
76 Dekanatsarchiv, wie oben; zur Datierung siehe unten:1853 Mai/Juli.
77 Evangelisches Kirchenblatt 1845, S.572.
78 Dekanatsarchiv, wie oben, 122c.
79 Ebd., 122c.
80 Haller Tagblatt vom 4. April 1853 (Nr.75). Die Zeitungsartikel vom 6.-8. April 1553 hat Hans Werner Hönes aufgefunden und mir freundlicherweise zur Verfügung gestellt.
81 Haller Tagblatt vom 6. April 1853 (Nr.77).
82 Gemeint sind wahrscheinlich die Höllengase ausstoßenden Teufel im Gemälde der Vorhölle, die dann tatsächlich übermalt wurden, heute aber wieder freigelegt sind. Vgl. Wolfgang *Deutsch*, Das Passionsretabel in St. Michael, ein historischer Abriß, PC-Ausdruck 1997, S.2, zu 1858/59.
83 Haller Tagblatt vom 6., 7. und 8. April 1853 (Nr.77,78,79), S.303 f., 307 f., 312f.
84 Dekanatsarchiv, Depositum im StAH, 122c.
85 Ebd., 122c.
86 Heinrich *Merz*, Die St.Michael-Kirche in Schwäbisch Hall und ihre Restaurationen, in: Christliches Kunstblatt für Kirche, Schule und Haus, 1863, Nr.8, S.138.
87 Dekanatsarchiv (wie Anm.84), 122c.
88 Ebd., 122c.
89 Ebd., 122c.
90 Ebd., 122c.
91 Siehe unten, Brief vom 11.11.1861.
92 Siehe unten, ebd.
93 Schauffele-Chronik, wie Anm.5.
94 Spitalarchiv, Rechnungsbeilagen 1860/61, Nr.1072, Auszug aus dem StRProt (wie Anm.2) vom 25. Januar 1860.
95 Dekanatsarchiv (wie Anm.84), 122c.
96 Ebd., 122c.
97 Ebd., 122c.
98 Vgl. Baden-Württembergisches Pfarrerbuch II/2, 1981, S.122 f., Nr. 726.
99 Rechnungsbeilagen (wie Anm.2), Nr.1072/2.
100 Auszüge aus den KKProt (wie Anm.2), S.117, zum 10.4.1861.
101 Rechnungsbeilagen – wie Anm.2 – Nr.1074 (Rechnung vom 17.5.) bzw. Nr.1073 (Rechnung vom 8.5.1861).
102 Rechnungsbeilagen, ebd.
103 Dekanatsarchiv (wie Anm.84), 122c.
104 Rechnungsbeilagen (wie Anm.2) Nr.1075.
105 Dekanatsarchiv (wie Anm.84), 122c.
106 KKProt (wie Anm.2) 1861/62, Nr.1027.
107 Rechnungsbeilagen, wie Anm.2.
108 Hospitalarchiv, Hauptbuch 1861/62 (ohne Signatur), S.724 f., 731.
109 Wie Anm.5, Bl. 168v.

Verzeichnis der Künstler

Astfalck, Georg Marx (Maler) — [1], [51]
Betzoldt, Jakob (Bildhauer) — [4], [92]
Betzoldt, Johann Jakob (Bildhauer) — [3], [6], [14], [17]
Beuscher, Hans (Bildhauer) — [55]
Dannecker, Johann Heinrich (Bildhauer) — [33]
Degle, Franz Josef (Maler) — [81]
Dentzel, Johann (Maler) — [28]
Eger, Georg Adam (Maler) — [82]
Fischer, Johann Michael (Bildhauer) — [81], [133]
Freysinger, Friedrich Jakob (Bildhauer) — [104]
Glocker, Johann (Maler) — [49]
Guibal, Nikolaus (Maler) — [33]
Hauck, Johann Daniel (Maler) — [67]
Hetsch, Philipp Friedrich (Maler) — [11]
Hoffmann, Jakob (Maler) — [27], [42], [54], [63]
Hornung, Johann Michael (Bildhauer) — [102]
Joz, Johann Georg (Steinmetz) — [60]
Kern, Leonhard (Bildhauer) — [15]
Kleemann, Johann Jakob (Maler) — [39]
Kleemann, Johann Wolfgang (Maler) — [39], [45]
Lackorn, Georg David (Bildhauer) — [67], [103]
Meyer, Johann Georg (Maler) — [70]
Rappold, Hans Georg (Maler) — [5]
Scheffauer, Philipp Jakob (Bildhauer) — [33]
Schlör, Sem (Bildhauer) — [9], [78], [95]
Schlotterbeck, Christian Jakob (Maler) — [77]
Schreyer, Johann (Maler) — [19], [22], [26], [32], [43], [47], [50], [52], [69]
Schreyer, Johann Lorenz (Maler) — [85]
Sommer, Johann Andreas (Bildhauer) — [39], [45]
Sommer, Johann Jakob (Bildhauer) — [16], [96]
Sommer, Philipp Christoph (Bildhauer) — [45]
Völcker, Peter (Maler) — [42], [66]
Zweiffel, Georg David (Maler) — [35], [36], [54], [85]
Zweiffel, Johann David (Maler) — [20], [30], [35]

Die Zahlen beziehen sich auf die Nummern der Denkmale.

Entstehungszeit der Beiträge

Die Entstehungszeit der verschiedenen Beiträge dieses Bandes ist aus der folgenden Liste ersichtlich. Vereinzelte Nachträge und Berichtigungen blieben ohne nennenswerten Einfluß auf den Text.

[1]	Melchior Wenger:	1994
[3]	Joh. Balth. Stadtmann:	1994
[4]	Georg Friedrich Blinzig:	1993
[5]	Joh. Jakob Parsimonius:	1997
[6]	Sebastian Burckhard:	1993
[9]	Margarete Brenz:	1993
[11]	Schöne Bonhoefferin:	1993
[14]	Joh.Wolfg. Weidner (Gr):	1993
[15]	Josef Stadtmann:	1993
[16]	Josef Bernhard Wibel:	1994
[17]	Gg. Phil. Bonhoeffer (Gr):	1994
[18]	Christoph Gräter:	1994
[19]	Michael Stigler:	1994
[20]	Gg. Phil. Bonhoeffer (Ep):	1995
[22]	J. und J.W. Weidner (Ep):	2003
[26]	Georg Seiferheld:	1995/98
[27]	Afra Lackorn:	1997
[28]	Johann Regulus:	1996
[30]	David Zweiffel:	2002
[32]	Ezechiel Wenger:	1996
[33]	Joh. Fr. Bonhoeffer d.J.:	1995/2001
[35]	Georg Bernhard Wibel:	2001
[36]	Jakob Reitz:	2001
[39]	Joh. Fr. Bonhoeffer d.Ä.:	1995/97
[42]	Thomas Schweicker:	1996
[43]	Margreta Engelhart:	1994/98
[45]	Johann Lorenz Sanwald:	1994/98
[47]	Andreas Drüller:	2002
[49]	Joh. Lorenz Drechsler:	1998
[50]	David Schmalkalder:	1994
[51]	Reich-Almosen-Tafel:	1995
[52]	Peter Firnhaber:	1997/98
[54]	Michael Schmidt:	1997
[55]	Retabel d. Annenaltars:	2003
[60]	Joh. Fr. Bonhoeffer (Gr):	1995
[63]	Joh. Michael Gräter:	1997
[66]	Leonhard Romig:	2001
[67]	Fr. Peter Wibel:	2001
[69]	Nikolaus Glock:	2001
[70]	Gg. Bernhard Arnold:	2001
[72]	Dreikönigsaltar:	1995/96
[77]	Nikolaus Fr. Haspel:	2000
[78]	Josef Vogelmann:	1994
[81]	Joh. Fr. Bonhoeffer (Ep):	1995/98
[82]	Wolfg. Jakob Seiferheld:	2000
[85]	Heiliges Grab:	2003
[92]	Friedrich Hörmann:	1994
[95]	Kaspar Feyerabend:	1994
[96]	Johann Peter Hetzel:	1994
[102]	Johann Friedr. Wibel:	1998
[103]	Joh. Michael Hartmann:	1994
[104]	Joh. Nik. Schragmüller:	1994
[133]	Bonhoeffer-Altar:	1995/97

Abkürzungen und häufiger zitierte Literatur

Clauß/König/Pfistermeister: Horst Clauß/Hans-Joachim König/Ursula Pfistermeister, Kunst und Archäologie im Kreis Schwäbisch Hall, Stuttgart 1979.

Deutsch 1983: Wolfgang Deutsch, Jakob Hoffmann, der Maler Thomas Schweickers (Schriften des Vereins Alt Hall, Heft 8), Schwäbisch Hall 1983.

Deutsch 1988: Wolfgang Deutsch, Johann Andreas Sommer in Schwäbisch Hall, in: Fritz Kellermann (Hg.), Die Künstlerfamilie Sommer, Sigmaringen 1988, S.223–253.

Deutsch 1990: Wolfgang Deutsch, Johann Jakob Betzoldt, in: Leonhard Kern (1588-1662), Neue Forschungsbeiträge (Kataloge des HFMs Bd.2 Supplement), Sigmaringen 1990, S.84–111.

Deutsch, Rieden 1990: Wolfgang Deutsch, Die Kanzel und die erste Orgel, in: Rieden im Rosengarten, Rosengarten-Rieden 1990, S.211–242.

Deutsch 1991: Wolfgang Deutsch, Ein Haller Wappenstein, Studien zu Hans Beuscher (Schriften des Vereins Alt Hall, Heft 13), Schwäbisch Hall 1991.

Epitaphienbuch 1698/1708: Epitaphienbuch, begonnen 1698 von Friedrich Georg Bernhard Lackorn, beendet 1708, Handschrift im StAH 4/2250; Band a: Abschrift von G. F. Seiferheld und J. S. Hochaicher, 1708, mit einzelnen Nachträgen bis 1721, Handschrift im StAH 4/2250 a.

Gradmann: Eugen Gradmann, Die Kunst- und Altertums-Denkmale der Stadt und des Oberamtes Schwäbisch-Hall, Eßlingen a.N. 1907.

Gräf/Ansel/Hönes: Ulrich Gräf/Jochen Ansel/Hans Werner Hönes, Die Restaurierungsarbeiten in der Michaelskirche Schwäbisch Hall, Schwäbisch Hall 2000.

Gräter: Johann Leonhard Gräter, Neujahr-Register, Schwäbisch Hall 1783–1803/04 (Exemplare im HFM Schwäbisch Hall).

HFM: Hällisch-Fränkisches Museum.

E. Krüger: Eduard Krüger, Die Kunst des Grabmals im alten Schwäbisch Hall, Schwäbisch Hall 1958.

R. Krüger: Rainer Krüger, Die Inschriften der Hauptkirche St. Michael in Schwäbisch Hall, Tübingen 1968 (Ms., Kopie im Stadtarchiv Schwäbisch Hall).

LCI: Lexikon der christlichen Ikonographie, Bd. 1–8, Rom/Freiburg/Basel/Wien 1968-1976.

Pfarrerbuch: Baden-Württembergisches Pfarrerbuch, Bd.II (Pfarrerbuch Württembergisch Franken), Teil 2, Stuttgart 1981.

RDK: Reallexikon zur Deutschen Kunstgeschichte, Stuttgart 1937 ff., ab Bd.6: München 1973 ff.

Schiller: Gertrud Schiller, Ikonographie der christlichen Kunst, Bd. 1–5, 2./3. Aufl., Gütersloh 1981–1991.

StAH: Stadtarchiv Schwäbisch Hall.

Thieme-Becker: Ulrich Thieme/Felix Becker, Allgemeines Lexikon der bildenden Künstler, Bd. 1–37, Leipzig 1907–1950.

Ulshöfer: Kuno Ulshöfer, Bilder einer alten Stadt / Schwäbisch Hall, Schwäbisch Hall 1971.

WFr: Württembergisch Franken (Jahrbuch des Histor. Vereins für WFr).

Wunder/Lenckner: Gerhard Wunder/Georg Lenckner, Die Bürgerschaft der Reichsstadt Hall von 1395 bis 1600, Stuttgart/Köln 1956.

Wunder 1980: Gerd Wunder, Die Bürger von Hall, Sigmaringen 1980.

Wunder 1987: Gerd Wunder, Personendenkmale der Michaelskirche in Schwäbisch Hall, Schwäbisch Hall 1987.

Anhang

Einleitung

Im folgenden Anhang werden sämtliche Inschriften der in diesem Band beschriebenen Denkmale der Michaelskirche – soweit möglich diplomatisch genau – wiedergegeben. Dies gilt z.B. auch für Künstlersignaturen (solche finden sich auf den Denkmalen Nr. 5, 27, 28, 39, 42, 54, 60, 63, 67, 70, 81, 82, 92 und 103) und für einzelne Namen von Personen bei den Familiendarstellungen (Nr. 1, 5, 19, 20, 22, 26, 30, 32, 36, 45, 47, 50, 54, 55, 69). Drei Ausnahmen allerdings waren unvermeidbar: Es sind hier nicht verzeichnet die 100 Wappenbeischriften auf der Stiftertafel des Reichalmosens Nr. 51, die 120 Namen der Kinder und Kindeskinder auf der Nachkommentafel Firnhaber Nr. 52 und die 171 Namen der Nachkommentafel Romig Nr. 66. Die genannten Wappenbeischriften finden sich jedoch vollzählig im Buch *St. Michael in Schwäbisch Hall*, S. 235–239, und die sämtlichen Firnhaber- und Romig-Namen bei Wunder, Personendenkmale, S. 32f. und 37f.

Von den folgenden Denkmalen stehen die Steingrabmale Nr. 96 (Hetzel) und 102–104 (Wibel, Hartmann und Schragmüller) außen an der Nordseite von St. Michael, alle anderen befinden sich im Inneren der Kirche.

Zu beachten sind noch folgende Erläuterungen zu den Inschriften:

Senkrechte Striche (|) bezeichnen den *Zeilenfall* der Vorlage, während die *Virgeln* (/) im Text beibehalten werden, ebenso wie dessen Kommasetzung (in manchen Inschriften allerdings sind diese beiden schwer zu unterscheiden). Zwei Schrägstriche (//) bezeichnen einen größeren Zwischenraum in der gleichen Zeile oder auf gleicher Höhe, z. B. auch wenn eine Inschrift durch einen gemalten Gegenstand unterbrochen wird. Bei sämtlichen Texten in Versform ist der Zeilenfall bei der Wiedergabe beibehalten.

Die bei Inschriften häufigen *Kürzel* werden im fortlaufenden Text in runden Klammern aufgelöst, wobei das Kürzungszeichen (Punkt, Doppelpunkt und dgl.) entfällt: z.B. Aō. Dm̄i: = A(nn)o D(o)m(in)i. Dagegen werden Zusätze des Bearbeiters wie z.B. die Auflösung von *Abkürzungen* oder *Monogrammen*, gesicherte *Ergänzungen* bei beschädigten Inschriften, *Versangaben* bei Bibelstellen und dergleichen in eckige Klammern ([ ]) gesetzt. Spitzklammern (< >) bezeichnen *nachträglich in die Inschrift eingesetzte Daten* (bzw. gelegentlich auch solche, die nachzutragen vergessen wurden).

Die bei einzelnen Personen auf den Familienepitaphen zugefügten *Sterbekreuze* (über oder unter den Dargestellten oder bei deren Namen) werden in der Inschriften-Wiedergabe einheitlich dem jeweiligen Namen angehängt.

Einzelbuchstaben: Wenn ÿ als Ligatur für ij steht, wird ij geschrieben, sonst das ÿ belassen; deutlich ligiertes sz = ß wird als ß wiedergegeben, sonst als zwei Buchstaben; Ligaturen sind, soweit sie wiedergegeben werden können, beibehalten worden (z. B. Æ, æ, Œ, œ).

Satzzeichen: *Punkte*, die im Original auf der Mittellinie liegen (·), sind in der Regel als solche wiedergegeben, doch lässt sich dies mangels Einheitlichkeit und Deutlichkeit der Vorlagen oft nicht konsequent durchführen; dies gilt in nicht wenigen Fällen auch für die Unterscheidung von Punkt und Komma bzw. Virgel und Komma, die jeweils ganz unterschiedliche Funktionen einnehmen können, z.B. dienen Punkte oft als reine Worttrenner, als Abschnittsmarkierungen oder häufig auch zur Bezeichnung von Zahlen (z. T. auch vor *und* nach der Zahl und sehr oft auch nach einer Kardinalzahl: .3., .1691.).

Für die hilfreiche Überprüfung der lateinischen Inschriften und ihrer Übersetzung danke ich meinem Freund Dirk Kottke in Tübingen.

Christoph Weismann

Übersicht der Inschriften auf den beschriebenen Kunstdenkmalen

Die Nummern nach Wunder, Personendenkmale, und Deutsch; Kr = Nr. bei Rainer Krüger, MB = Nr. in *St. Michael in Schwäbisch Hall* 2006 und im Kirchenführer; Deutsch = die vorliegende Publikation von W. Deutsch.

1. Wenger, Melchior (+ 1602) [Kr 37 / MB 5 / Deutsch S. 14-19] _ **395**
3. Stadtmann, Johann Balthasar (+ 1670) [Kr 65 / MB 8 / Deutsch S. 20-23] _ **395**
4. Blinzig, Georg Friedrich (+ 1645) [Kr 55 / MB 9 / Deutsch S. 24-27] _ **395**
5. Parsimonius, Johann Jakob (+ 1636) [Kr 52 / MB 10 / Deutsch S. 28-31] _ **396**
6. Burkhard, Sebastian (+ 1653) [Kr 58 / MB 14 / Deutsch S. 32-33] _ **396**
9. Brenz geb. Gräter, Margarete (+ 1548) [Kr 24 / MB 17 / Deutsch S. 34-39] _ **396**
11. Bonhoeffer, Maria Magdalena (+ 1794) [Kr - / MB 48 / Deutsch S. 40-43] _ **396**
14. Weidner, Johann Wolfgang (+ 1669) [Kr 63 / MB 29 / Deutsch S. 44-47] _ **396**
15. Stadtmann, Joseph (+ 1626) [Kr 44 / MB 30 / Deutsch S. 48-51] _ **397**
16. Wibel, Josef Bernhard (+ 1710) [Kr 74 / MB 31 / Deutsch S. 52-55] _ **397**
17. Bonhoeffer, Georg Philipp (+ 1676) [Kr 67 / MB 86 / Deutsch S. 56-59] _ **397**
18. Gräter, Christoph (+ 1614) [Kr 41 / MB 87 / Deutsch S. 60-63] _ **397**
19. Stigler, Michael (+ 1637) [Kr 53 / MB 102 / Deutsch S. 64-71] _ **398**
20. Bonhoeffer, Georg Philipp (+ 1676) [Kr 66 / MB 100 / Deutsch S. 72-77] _ **398**
22. Weidner, Johann (+ 1606) und Johann Wolfgang (+ 1669) [Kr 62 / MB 93 / Deutsch S. 78-85] _ **399**
26. Seiferheld, Georg (+ 1616) [Kr 51 / MB 32 / Deutsch S. 86-93] _ **400**
27. Lackorn geb. Firnhaber, Afra (+ 1633) [Kr 47 / MB 33 / Deutsch S. 94-99] _ **400**
28. Regulus, Johann (+ 1570) [Kr 43 / MB 35 / Deutsch S. 100-107] _ **400**
30. Zweiffel, David (+ 1677) [Kr 68 / MB 37 / Deutsch S. 108-113] _ **402**
32. Wenger, Ezechiel (+ 1651) [Kr 57 / MB 39 / Deutsch S. 114-119] _ **402**
33. Bonhoeffer, Johann Friedrich d. J. [Stättmeister] (+ 1778) [Kr - / MB 40 / Deutsch S. 120-129] _ **402**
35. Wibel, Georg Bernhard (+ 1707) [Kr 72 / MB 42 / Deutsch S. 130-137] _ **402**
36. Reitz, Jakob (+ 1710) [Kr 73 / MB 43 / Deutsch S. 138-143] _ **403**
39. Bonhoeffer, Johann Friedrich d.Ä. [Stättmeister] (+ 1770) [Kr - / MB 46 / Deutsch S. 144-155] _ **403**
42. Schweicker, Thomas (+ 1602) [Kr - / MB 50/51 / Deutsch S. 156-171] _ **404**
    I) Epitaph [Deutsch S. 156-168] _ **404**
    II) Grabstein [Deutsch S. 168-170] _ **407**
43. Engelhart, Margreta (+ 1670) [Kr 54 / MB 52 / Deutsch S. 172-177] _ **407**
45. Sanwald, Johann Lorenz (+ 1778) [Kr - / MB 54 / Deutsch S. 178-187] _ **407**

47.	Drüller, Andreas (+ 1669) [Kr 61 / MB 55 / Deutsch S. 188-195] _ **408**	
49.	Drechsler, Johann Lorenz (+ 1725) [Kr 83 / MB 57 / Deutsch S. 196-203] _ **408**	
50.	Schmalkalder, David (+ 1636) [Kr 49 / MB 60 / Deutsch S. 204-209] _ **409**	
51.	Stiftertafel zum Reichen Almosen (1615/1725) [Kr – / MB 57b / Deutsch S. 210-217] _ **409**	
52.	Firnhaber, Peter (+ 1620) [Kr 56 / MB 58 / Deutsch S. 218-225] _ **410**	
54.	Schmidt, Michael (+ 1596) [Kr 36 / MB 63 / Deutsch S. 226-233] _ **411**	
55.	Annenaltar (Sippenaltar) [MB 63a / Deutsch S. 234-243] _ **411**	
	I) Altartisch (Inschrift 1344) [Kr 2 / Deutsch S. 236 (mit Anm. 19)] _ **411**	
	II) Retabel (1509) [Kr – / Deutsch S. 236-242] _ **412**	
60.	Bonhoeffer, Johann Friedrich [Prediger] (+ 1783) [Kr – / MB 61 / Deutsch S. 244-247] _ **412**	
63.	Gräter, Johann Michael (+ 1635) [Kr 48 / MB 66 / Deutsch S. 248-251] _ **412**	
66.	Romig, Leonhard (+ 1589) [Kr 33 / MB 67 / Deutsch S. 252-261] _ **412**	
67.	Wibel, Friedrich Peter (+ 1754) [Kr – / MB 69 / Deutsch S. 262-267] _ **413**	
69.	Glock, Nikolaus (+ 1647) [Kr 64 / MB 70 / Deutsch S. 268-271] _ **413**	
70.	Arnold, Georg Bernhard (+ 1746) [Kr – / MB 71 / Deutsch S. 272-281] _ **413**	
72.	Retabel des Dreikönigsaltars (um 1521 / 1585) [Kr – / MB 73a / Deutsch S. 282-295] _ **414**	
77.	Haspel von Palmenburg, Nikolaus Friedrich (+ 1790) [Kr – / MB 76 / Deutsch S. 296-301] _ **414**	
78.	Vogelmann, Josef (+ 1568) [Kr 28 / MB 80 / Deutsch S. 302-305] _ **415**	
81.	Bonhoeffer, Johann Friedrich [Prediger] (+ 1783) [Kr – / MB 82 / Deutsch S. 306-313] _ **415**	
82.	Seiferheld, Wolfgang Jakob (+ 1798) [Kr – / MB 84 / Deutsch S. 314-318] _ **415**	
85.	Heiliges Grab (1456) / Graeter geb Rittmann, Anna Sibylla (+ 1702) [Kr 17 und 70 / MB 100a / Deutsch S. 319-343] _ **415**	
92.	Hörmann, Friedrich (+ 1642) [Kr – / MB 104 / Deutsch S. 344-347] _ **415**	
95.	Feyerabend, Kaspar (+ 1565) [Kr 26 / MB 1 / Deutsch S. 348-349] _ **416**	
96.	Hetzel, Johann Peter (+ 1711) [Kr 76 / MB 3 / Deutsch S. 350-353] _ **416**	
102.	Wibel, Johann Friedrich (+ 1702) [Kr 71 / MB 23 / Deutsch S. 354-359] _ **416**	
103.	Hartmann, Johann Michael (+ 1744) [Kr 88 / MB 24 / Deutsch S. 360-363] _ **417**	
104.	Schragmüller, Johann Nikolaus (+ 1711) [Kr 75 / MB 25 / Deutsch S. 364-366] _ **417**	
[133.]	Altarstiftung (1778) Johann Friedrich Bonhoeffer d. Ä. (+ 1770) [Deutsch S. 367-385] keine Inschriften	

Texte der vollständigen Inschriften

1. MELCHIOR WENGER, RATSHERR († 1602) und seine drei Ehefrauen († 1564, 1583 und 1616), Holzepitaph [oben S. 14–19]

Gedenkinschrift auf dem Aufsatz (A), Inschriften auf den beiden Standflügeln: links oben (B) und unten (C) und rechts oben (D) und unten (E), sowie auf der Predella die Namensbezeichnungen der Dargestellten: links des Kruzifixes die männlichen (F), rechts die weiblichen Personen (G), jeweils von links nach rechts, dazwischen die Kreuzaufschrift, der sog. Titulus (H)

A ANNO DOM(INI) 1602 den · 19 · martij starb der Ehrnhafft vorsichtige Erbar vnd wol | Weise Her Melchior Wenger des Rahts Alhie zwischen · 11 · vnd · 12 · vhr nach mittag ÆTAT(IS) 72 · | AN(N)O DOM(INI) 1564 starb die Ehrn dvgentsam frav Elisabetta Secklij. mitwochen vor · S(anct) · | Johannes dag Hern Wengers Erste havsfraw · AN(N)O DOM(INI) 1583 den · 19 · Avgvstij ist in | Gott verschiden die Ehrn dvgentsam fraw Margreta Wetzlij die ander fraw. AN(N)O DOM(INI) | 1616 · den · 13 · APR(ILIS) starb die Ehrn dvgensam fraw Margreta Mangoltin · sein · 3 · v(nd) letze · fraw · den(n)en Allen | Gott genedig seÿ

B Psalm David XC ·

C Jn sünd, sindt wir dem todt ergeben
han hie ein kvrtz vnd Elendt leben
Moses lert, wie vns Gott kan retten
wo wir in Buß vnd gnade betten

D [2.] Mose XIIII ·

E All svnd wil Gott gnedig vergeben
Alln die nach seiner warnvng leben
Er wil beÿ den mit gnaden stan
Die in im Glavben rvffen an

F [*Oben:*] melchior wenger + |
[*unten:*] melchior+ Johanes+ Davidt Johanes Joseph michael+ Gottfrid+ Jörg Ezechiel [*auf dem Säugling unter michael und Gottfrid:*] N

G [*Oben:*] Elisabetta secklij + // margreta wetzlij + // margreta mangol=|tin |
[*unten:*] barbara Magdalena+ Apolonia+ Feronica+ Anna+ mairia [!]+ Margreta // Sophia+ Ursvla+ Apolonia+

H I N R I [*Iesus Nazoraeus oder Nazarenus, Rex Iudaeorum, nach Johannes 19, 19f.*]

Übersetzung:
H Jesus, der Nazoräer (oder Nazarener, = aus Nazareth), der König der Juden

3. JOHANN BALTHASAR STADTMANN, STÄTTMEISTER († 1670), Grabstein [oben S. 20–22]

Inschriften im Giebelfeld (A) und Grabschrift unter dem Wappen in der unteren Hälfte der Grabplatte (B)

A Leich Text. / Le[b] ich so leb ich meinem Gott. e(t)c(etera) [*nach Römer 14, 8*]

B Der Wohl Edel Vest vnd Hochweiße | Herr Johann Balthaser Stadtmann, | Wohlverdienter Stättmeister alhie, seines | Alters, 66. Rathstands, 38. vnd Stättmeist(er) | Ambts, 26. jahr, im Ehestand mit Fraw | Margareta Schusterin 20. jahr vnd 6. | woch(en) erzeugend 1. Sohn vnd 2. Töchter, | ist im jahr C(hristi) 1.6.70. d(en) 5. Junij: in Iesu | selig verschieden. Deme Gott nach der | sanften ruhe ein froliche Aufferstehung | verleihen wolle. Amen.

Hie seind Vatter vnd Sohn in einer Gruft begrabe(n)
die beide d(as) Stättmeister Ambt verwaltet haben.

4. GEORG FRIEDRICH BLINZIG, PFARRER († 1645), Grabstein [oben S. 24–27]

Gedenkschrift unten auf dem Sockel auf breiter Schrifttafel, stark verwittert, ebenso das Tetragramm (der hebräische Gottesname) oben über der Taube (B)

A Anno 1645. den 25 Au[gu]sti ist in C[hristo] | seel[ig] eingeschlaffen, [der] Wol Ehrwürdig vnd [Hoch] | gelehrt, Herr M[agister] Georg Friederich Blintzig, S(anctissimae) T[heolo]giæ | Candidatu[s], Treu[eifriger Pfa]rrer dieser [K]irchen Consi|storialis auch [Rev(erendi)] C[apituli Procu]rator: Sein[es Al]ter[s] im | 46. Pre[d]ig Am[bts 19. Jahr] Dem wolle der G[nedig] | Gott, ein [fröliche Auff]erste[hu]ng verlei[en. Amen]

B יְהֹוָה [*Jahwe, der hebräische Gottesname, kaum mehr lesbar*]

5. JOHANN JAKOB PARSIMONIUS, PREDIGER († 1636) und seine beiden Ehefrauen († 1607 und 1669), Holzepitaph [oben S. 28–31]

Inschrift oben auf dem Gebälk (A), Kreuzinschrift (Titulus) im Hauptbild (B) und Gedenkschrift auf dem Unterhang (C); ein Künstler-Monogramm direkt über der Gedenkschrift (D)

A   Warlich, Warlich, ich sage Euch Wer mein Wordt hört / Vnd Glaubt dem, der mich gsandt | hat, der hat daß Ewig Leben, Vnd Kombt nit in | d(as) Gericht, sondern er ist Vom | Todt zum Leben hindurch gedrungen. Johan(nis). 5 CAP(ITEL) [Vers 24]

B   I · N · R · I [Iesus Nazoraeus *oder* Nazarenus, Rex Iudaeorum, *nach* Johannes 19, 19f., s. bei Nr. 1]

C   Der Ehrwürdig Vnd Wolgelehrt Herr. | M(agister) Johann Jacob, Parsimonius von Aug=|spurg, Prediger Vnd Decanus Alhier, starb selig in Chr(ist)o, | den 17. Aug(usti) Anno 1636. Seines Alters im 57. Pre=|digampts, 34. Jahr. Obgedachtn Herrn S(elig) | Erste haußfraw, Fraw Catharina Kräfftin, starb | selig Vorher zu Gem(m)ingen, den 6. sept(embris) 1607. | die Ander Fr(aw) Rebecca Käntzin, starb <A(nn)o 1669. | d(en) 5. Sept(embris) morgens zwisch(en) 2. vnd 3. vhr. Jhres alters 90. Jar.> | denen sämptlichen Gott ein fröliche | Auferstehung Verleihen Wölle Amen.

D   HR [wohl für Hans Georg Rappold]

6. SEBASTIAN BURCKHARD, OFFIZIER († 1653), Grabstein [oben S. 32–33]

Inschrift in einer Kartusche auf dem unteren Drittel der Platte (zum Teil verwittert)

Alhie erwartet | Seines Erlösers Christi | ZuKunfft Der Edel Mannve[ste] | Wolweiße Herr Sebastian Burckhard | des ge[hei]men Rahts [und] Steüer | Herr [..] starb seel[ig] den 21 Julij | A(nn)o 1653, im 53. Jahr | seines alters.

9. MARGARETE BRENZ, GEB. GRÄTER († 1548), Steinepitaph [oben S. 34–38]

Inschriften auf dem Dachgesims (A) und auf dem Inschriftenfeld darunter (B)

A   D(EO) O(PTIMO) M(AXIMO) S(ACRVM)

B   MARGARIS EXIMII CONIVNX GENEROSA MARITI
    HIC POSVIT CORPVS, SPIRITVS ASTRA TENET ·
    BRENTIVS HA(N)C HABVIT, SED HABET NV(N)C CHRIST(VS) I(N) VL(N)IS,
    QVEM SANCTE COLVIT IVSTIFICANTE FIDE ·

    D[OCTOR] IOANNES BRENTIVS IVNIOR CHARISS(IMÆ) | MATRI SVÆ · F[IERI] C[VRAVIT]

Übersetzung:
A   Gott, dem besten und höchsten geweiht.
B   Margarete, die edle Frau eines außergewöhnlichen Gatten, hat hier ihren Leib abgelegt, ihr Geist aber weilt bei den Sternen. Einst hielt Brenz sie in Armen, jetzt Christus, den sie fromm verehrt hat im Glauben, der gerecht macht.
    Dr. Johannes Brenz der Jüngere hat [das Denkmal] für seine liebste Mutter errichten lassen.

11. MARIA MAGDALENA BONHOEFFERIN († 1794), Ölbildnis [oben S. 40–43]

Inschrift auf einem querovalen Medaillon oben auf dem Rahmenaufsatz

Frau | Maria Magdalena | von Jemgumer Closter, | geborne Bonhöferin | 1794.

14. JOHANN WOLFGANG WEIDNER, PREDIGER († 1669), Grabstein [oben S. 44–46]

Inschriften in kleineren (A) und darunter in größeren Buchstaben (B) auf dem unteren Feld der Steinplatte (unten beschädigt)

A   Leichtext Johann. 15. C(apitel) v(ers) 20. | Gedencket an mein Wortt (· spricht Christus ·) | das Jch Euch gesagt habe.

B   A(nno) 1669. d(en) 4. Junij verschied in Gott | Seelig Der WolEhrwürdig GroßAchbar | vnd Hochgelehrte Herr Johann Wolff=|gang Weidner, Prediger vnd Rev(erendi) Cap(ituli) | Decan(us), auch Consist(orialis) vnd Scholarcha, | Seines Alt(ers)

68. jahr, 39 woch(en) 1. tag Predigte | in diser Kirch 31. zu Braunspach vnd | Orlach etc(etera) 17. jahr. Lebte in H(eiligem) Ehest(and) | mit Fr(au) Christina Rappoldin 47. jahr | vnd mit Fr(au) Anna Mar[ia] Gretterin | [..] monden, wenig(er) 4. tag [welchen] Gott | [zum] E(wigen) Leben erw[ecken wolle. Ame]n

---

15. JOSEPH STADTMANN, PFARRER († 1626), Grabstein [oben S. 48–51]

Inschriften beiderseits des Kopfes (A), ein Distichon am Rahmen links (B1) und rechts (B2) sowie die Gedenkinschrift im Schriftfeld auf der unteren Hälfte der Platte (C)

A   PSALM, // LI, [Vers 17] | ACH HERR THVE // MIR MEINE | LIPPEN AVF DAS // MEIN MVND | DEIN RVHM VER= // KVNDIGE.

B1 AMO DOCEO LEGO ET AVDIO TE ROGO CHRISTE //
B2   VT SIS CHRISTE MEVS SVM VOLO FIO TVVS

C   ANNO DOMINI, M·DC·XXVI, | DEN I TAG MARTIJ, STARB DER | EHRWV *[mit Pünktchen!]* RDIG VND WOHL|GELEHRT HERR · M(AGIS-TER) IOSEPH | STADMAN, PFARRER ALHIE | ZV · S(ANCT) MICHEL SEINES ALTERS | IM LI. SEINES PREDIGAMBTS | ABER IM · XXVIII · IAHR DEM | GOTT DER ALMECHTIGE AM | IV *[mit Pünktchen]* NGSTEN TAG EIN FRO|LICHE AVFFERSTEHVNG | VERLEIHEN WOLLE AMEN

Übersetzung:
B   Ich liebe, lehre, lese und höre und bitte dich, Christus.
    Damit du mein seist, Christus, bin, will und werde ich dein.

---

16. JOSEF BERNHARD WIBEL, ARCHIDIACONUS († 1710), Grabstein [oben S. 52–55]

Gedenkschrift im Schriftfeld auf dem unteren Drittel der Platte (unten beschädigt)

Hiernächst ruhet in Gott seelig H(err) Joseph Bernhard | Wibel in allhiesiger Haupt Kirchen gewesener Wolverdient|er Archidiacon(us) v(nd) Vesper Prediger Welcher A(nn)o 1653 d(en) 29. feb(ruarii) | ehlich erZeiget, seine studia glücklich geführt · und sich als einen | Treüen Diener Christi in Die 30 · Jahr erWiesen in dem | er die Pfarr Zu Untersontheim 8. Die Pfarr S(anct) Johann | Hospital H(err)gottwollshausen 7. das unter Diaconat zu S(anct) | Michael 9. v(nd) das Ober Diaconat 6. Jahr rühmlichst verwaltet Jn | Liebreicher Ehe mit Frau Euphrosina einer gebornen Trillerin unter | erzeügu(n)g 9 söhne v(nd) 2 · Töchter, 34: Jahr vergnüglich gelebt. A(nn)o | 1710. d(en) 25. febr[uarii] im 57sten Jahr seines alters nach einer schweren | Kra[- - -] Leidwesen d(er) hinterlasenen Fr(au) Witt[ib] | [- - - Ge]dächtn[is] | [- - -]

---

17. GEORG PHILIPP BONHOEFFER, PREDIGER († 1676), Grabstein [oben S. 56–58]

Inschriften rechts und links zwischen Figur und Engeln auf der oberen Hälfte (A) sowie in kleineren (B) und darunter in größeren Buchstaben (C) auf der unteren Hälfte des Steindenkmals.

A   Treuer Lehrer Sieges=Lohn //
    Jst die Him(m)lisch Ehren=Cron.

B   Leichtext, 2. Cor(inther) 12. c(apitel) v(ers) 9. | Laß dir an meiner Gnade | genügen, dan(n) meine Kraft ist | in den Schwach(en) mächtig.

C   Der Wohl Ehr=|würdig GroßAchtb(are) v(nd) | Hochgelehrte Herr M(agister) Georg Philipp | Bonhöffer, Treüeifriger Predig(er), E(ines) E(hrwürdigen) Capit(els) | Decan(us), auch Consistorial(is) v(nd) Scholarcha, | Jst Seel(ig) verschieden 1676 d(en) 27. Aug(usti) Seines | Alters 61. jahr. 7. monat. 20. tag. geführten | Predigambts 39. jahr. vnd Zwar Zu JItzhoffen | 8. in dieser Haubt Kirch(en) im Diacon(at) 13. Pfarr 11. | vnd Prædic(atur) 7. jahr. Erzeügt. mit Fr(au) An(n)a Mar(ia) | Müllerin 3. Söhn. 4. Töcht(er) hernach mit Fr(au) | Euphros(ina) Cath(arina) Gräterin 5. Söhn. 8 Töcht(er) | Welchen Gott Zur ewig(en) Freüdt gnädig | Aufferweckhen wolle.

---

18. CHRISTOPH GRÄTER, PFARRER († 1614), Grabstein [oben S. 60–63]

Eine nahezu unleserliche zweiteilige Inschrift (A) steht über der Figur (rechts und links des Wappens), von der nur Bruchstücke der rechten Seite wiedergegeben werden können; die Hauptinschrift in zwei Abschnitten untereinander (B/C) bildet die untere Hälfte der Platte

A Mors exoptabilis lux [?] | gloria cuncta redit [?]

B Fidus eram Christi cum Simplicitate Mi(n)ister
   Verba docens liquido pura Sacrata DEI
   Illaq(ue) firmaui patiendo, quæ patienda
   Sunt Christi Seruo hinc victor ouans recub[o].

C Jch hab gelehrt, glaubt vnnd gelitten
   Jtzt ist all vnglückh überstritten
   Christus mein Lebn der Todt mein gwin
   Zur ewigen Frewd mich bringen hin
   Nun bhüth O Gott weib Kindt v(n)d Freundt
   Vnnd all die es gutt mit mir gemeindt

   Viator Si me hic calcas me[me]nto etia(m) tui

Übersetzung:
A Der Tod ist ein wünschenswertes Licht, er kehrt in aller Herrlichkeit zurück (?)
B Ein treuer Diener Christi war ich, voll Einfalt, reine, geheiligte Worte Gottes zuverlässig lehrend, und ich habe sie leidend bestätigt, wie sie Christi Diener erdulden muss. Deshalb ruhe ich hier betend als Sieger.
C Wanderer, wenn du hier auf mich trittst, denk auch an dich!

---

19. MICHAEL STIGLER, METZGER († 1637) und seine beiden Ehefrauen († 1634 und 16..), Grabmal, Holzepitaph [oben S. 64-71]

Inschriften auf zwei Tafeln links und rechts des Aufsatzgemäldes (A), auf dem Gebälk (B) sowie kleine gemalte offene Schriftrollen im linken (C) und rechten (D) oberen Eck des Predellabildes

A Den 14 Martij. im | jar Christi 1637. ist in | Gott selig entschlaffn | der Erbar vnd beschai=|den Michäel Stigler | burger vnd Metzger | alhie, seines alters .41. | Jar. Anno 1634. | den 16. Novembris // verschied im Herrn sein | erste Haußfrau Apollo:|nia, ein geborne Gräte:|rin, ihres alters .37. iar, 8. | Monat. Vnd Anno .1. | 6. <..> den. <.....> starb sein | andre hausfr(au) Blandina | Hornungin ihres alters <..>| denen Gott genedig seÿe.

B Von Gott beschert,
   Bleibt vnverwerth.

C Mit der Ersten Haußfrawen | Erzeugt 4. söhn vnd 5. töchter | 1. Michel . 2. Adam. | 3. Hans. 4. Hanß Andres. | Von der andern Haußfrauen 1. | sohn. Namens. Hans Thomas. //

D Töchter | 1. Anna Catharina. | 2. Apolonia. | 3. Susanna. | 4. Sophia. 5. Elisabetha.

---

20. GEORG PHILIPP BONHOEFFER, PREDIGER († 1676), Holzepitaph [oben S. 72-77]

Inschrift auf dem Gesims des Architravs (A), die Kreuzinschrift (Titulus) im Hauptbild (B), weitere Inschriften jeweils unten auf dem linken (C) und rechten Seitenteil (D) und die Gedenkschrift auf dem Unterhang (E)

A Laß dich an meiner gnade begnügen / dan(n) meine Krafft ist in de(n) schwache(n) mächtig. [2. Korinther 12, 9]

B [*2 Zeilen hebräisch:*] יֵשׁוּעַ נָעֳרָיָא | מַלְכָּא דִיהוּדָיָא | [*statt richtig:* נָצְרָיָא] |
   [*4 Zeilen griechisch:*] IHCOV[!]C O NA | ZAPAIOC O BA | CIΛEYC TΩN | IOYΔAIΩN. | [*3 Zeilen lateinisch:*] IESVS NAZA- | RENVS REX | IVD [*verdeckt* EORVM] [*nach Johannes 19, 19f., vgl. bei Nr. 1 H, 35 B und 50 C*]

C Christus | Piorum | Clÿpeus.

D Paulus | Ap(osto)lorum | Maxim(us)

E Anno 1676. den 27. Aug(usti) Jst in Gott seelig verschieden der wohl | Ehrwürdig GroßAchtbar vnd hochgelehrte Herr M(agister) Georg Philip | Bonhöffer Treüeiferiger Prediger: E(ines) E(hrwürdigen) Capituli wohl vorgestandener | Decanus, auch Consistorialis vndt Scholarcha: Seines Alters 61. Jahr | 7. monath 20. tag / geführten Predigtampts 39. jahr vnd zwar zu Jltz=|hoffen 8. in dieser haubt Kirchen aber 31. benantlich als Diaconus 13. | Pfarrer 11. vnd Prediger 7. jahr. Hat sich verehlicht 1. a(nno) 1638. mit J(un)gfr(au) An(n)a | Maria Müllerin / mit dero in 11. jähriger ehe erzielt 3. Söhn. 4.Töch=|ter. 2. in a(nno) 1650. mit J(un)gfr(au) Euphrosina Catharina Gräte=|rin mit dieser erzielt 5. Söhn vnd 8. Töchter. Gott ver=|leihe Jhm ein fröhliche uferstehung zum ewigen Leben!

Übersetzung: C/D Christus, Schild der Frommen – Paulus, größter unter den Aposteln

22. JOHANN WEIDNER, PREDIGER († 1606), sein Sohn **JOHANN WOLFGANG WEIDNER, PREDIGER** († 1669) und dessen 1. Ehefrau († 1668), Holz-Doppelepitaph [oben S. 78–85]

Inschriften auf der linken (A) und rechten Hälfte (B) des Architravgebälks, auf zwei gemalten Schriftrollen in der linken (C) und rechten oberen Ecke (D) des Johann-Weidner-Familienbildes im Corpus, die Namen der meisten Dargestellten innerhalb dieses Bildes (E) und die Kreuzaufschrift (Titulus) am Kruzifix ebenda (F); im Mittelteil die Inschriften auf der großen linken (G) und rechten Schrifttafel (H), weitere Inschriften jeweils unten auf dem linken (J) und rechten Standflügel (K), die Namensbeschriftungen im Predellabild mit der Familie Johann Wolfgang Weidners (L, von links nach rechts), darüber das Tetragramm, der hebräische Gottesname (M), und schließlich die Inschrift unter dem Predellabild (N)

A   Zu Vatters Lieb, die abwerts steiget,
Die Kindlich Ehr sich auffwerts neiget.

B   Diß war der trieb, daß dieser Sohn
Seim Vatter ließ die Ehre thon

C   H(e)rn Johan(n) Weidners, Predigers s(elig) Kinder 1. Ehe. | 1. Johannes, geborn d(en) 16 Octob(ris) 1576. g(e)storb(en) 17. Jan(uarii) [1]578. | 2. Katharina, geborn d(en) 16. 7[Septem]br(is) A(nno) 1578. gest(orben) 10. Jul(ii) 1579. | 3. Susanna, geborn d(en) 12. Julij. 1581. g(e)storb(en) 8. 7[Septem]br(is) 1596. | 4. Katharina geborn d(en) 29. X[Decem]br(is) A(nno) 1582. (H(er)rn J. C. | Weinlin v(nd) Michael Stellwag v(er)ehel(icht) st(arb) 13. X[Decem]br(is) 1645. | 5. Johan(n) Jacob, geborn d(en) 16 Junij. A(nno) 1584. starb | (als Pfarrer Zu S(anc)t Katharina) d(en) 19. 9[Novem]br(is) A(nno) 1661. | 6. Maria, geborn d(en) 31. Maij. A(nno) 1686. starb 18. Ap(rilis) [1]587. | 7. Maria, geborn d(en) 27. Junij 1588. starb. 14. 7[Septem]br(is) 1588. | 8. Johan(n) Georg, geborn d(en) 22. Septemb(ris) A(nno) 1589. | Gestorben < - - - > | 9. Maria, geborn d(en) 28. Martij .1591. starb .9. Maij. [1]593 | 10. Anna Maria, geborn d(en) 13. April(is) A(nno) 1594. gestor=|ben d(en) 30. Octob(ris) 1596.

D   Kinder anderer Ehe. | 1. Anna Maria, Geborn d(en) 25. April(is) A(nno) 1598. | Gestorben < - - - > | 2. Barbara, geborn d(en) 9 Aug(usti) A(nno) 1599. | Gestorben d(en) 10. Augustj A(nn)o 1599. | 3. Johann Wolffgang, geborn d(en) 3. Sept(embris) | A(nno) 1601. < - - - > | 4. Daniel, geborn d(en) 25. Decemb(ris) A(nno) 1604. | Gestorben innerhalb einer stund. | Diser 4. Kinder liebe Mutter, Katharina | H(er)rn Wolff Vischers deß jnnern Raths, | Ehel(iche) Tochter, ist geborn d(en) 14. Junij, A(nno) 1578. | verehel(icht) 12. Apr(ilis) 1597. gestorb(en) 28. Sept(embris) 1606.

E   [*Bei den Kindern von links nach rechts:*] Johannes.+ // [*am Wickelkind:*] Daniel.+ // Johan(n) Jacob. // Johan(n) Georg. // Johan(n) Wolffg(ang). // [*rechts vom Kreuz:*] Anna Maria.+ // Mar[ia]+ // Katharina. // Maria+ // Susanna+ // Katharina+ // [*Wickelkind davor:*] Maria.+ | [*ganz rechts:*] An(na) Maria // [*unter dem Wappen:*] Katharina Stadmän(n)in, starb d(en) 9. Octob(ris) | [Anno] 1596 ihres alters vmb 50. Jahr. // [*am Wickelkind rechts davon:*] Barbara+

F   · I · N · R · I · [*Iesus Nazoraeus oder Nazarenus, Rex Iudaeorum, nach Johannes 19, 19f., s. bei Nr. 1*]

G   Der Wol Ehrwürdig Hochgelehrte Herr Johannes | Weidner, von Lendsidel: gekrönter Poet: Diser Statt 9. | Jähr(iger) Prediger: eins Ehrw(ürdigen) Capit(els) Decanus, auch Co(n)=|sistorialis, Scholarcha etc(etera) Hie vor Capellan zu Crailshe(im), | 1. Jahr 3. Monat: OberDiacon(us) dieser Kirchen zu zweÿmal, | bey 7. Jahr Rector der (nun erhöchten) Latein(ischen) Schul, | 18. Jahr: Jm H(eiligen) Ehestand, mit Fr(au) Katharina Stadmän=|nin, 26. Jahr (erzilende 3. Söhn, 7. Töchter.) Fr(au) | Kathari=|na Vischerin, 9. Jahr: (mit erzeugung 2. Söhn, 2. Töch=|ter) ist in Christo selig entschlaffen, An(n)o 1606. den 29. | Octob(ris) seines alters 60. Jahr, 50. wochen, 3. tag: Denen | Gott eine fröliche Aufferstehung gn(ädig) verleihe, Amen ·

H   Dises H(errn) Johan(n) Weidners, von Fr(au) Katharina Vische=|rin, s(eligen) hinderlaßener Ehelicher Sohn, Johan(n) Wolffgang | Weidner, ebenmässig Prediger, Decanus, Consistoria=|lis, Scholarcha, Hievor Adel(ig) Crailsh(eimischer) Pfarrer zu Braun=|spach, beÿ 17. Jahr: vnd in disen letzern 3. Jahren auch Pfarr|verweser zu Orlach vnd Altenberg: folgends diser Kirche(n) | Vnder Diacon(us) über 7. Jahr: Spital Pfarrer v(nd) OberDiaco=|n(us), 5. Jar: Statt Pfarrer vnd R(everendi) C(apituli) Procurator, 8. Jahr: Jm | H(eiligen) Ehestand mit Christina Rappoldin, von Velberg an d(er) | Bühler ins 47. Jahr erzilende 2 Söhn 4. Töchter: | Jst im Herrn selig entschlaffen An(n)o 1669 den 4. Junij. | seines Alters 68. Jahr 39 wochen 1. tag: Dem Gott gnade.

J   S(ANCTUS) JOHANNES ·

K   S(ANCTUS) WOLFGANG(US) ·

L   Johan(n) Wolffgang. // Diet(rich) Christian+ // An(n)a Maria // Joh(anna) Sibilla. // Christina Barb(ara) // Salome Catharina. // 2. Haußfraw. // [*unten:*] Christina Rapoldin geborn | d(en) 27. Novemb(ris) A(nno) 1592. gestorb(en) 18. Apr(ilis) 1668. alt: 75 jahr 20. woch(en) 3. tag. //

M   יְהֹוָה [*Jahwe, der hebräische Gottesname*]

N   Vnd in A(nn)o 1668. sich wider Ehe // lich verlobt mit der viel Ehrntu=|gendtreiche(n) Jungfr(au) Anna // Maria Gräterin, aber nit | lenger bei jhr gelebt, als // 8 · Monat w(eniger) 4. tag ·

26. GEORG SEIFERHELD, VERWALTER IM SCHÖNTALER HOF († 1616) und seine beiden Ehefrauen († 1590 und 1636), Holzepitaph [oben S. 86-93]

Inschriften auf dem Aufsatz (A) und am Gebälk des Architravs (B) über dem Mittelbild in zwei Spalten; im Predellabild die Namen der 2. Ehefrau und der Kinder von links nach rechts und von oben nach unten (C)

A Anno 1616. den 22. Octob(ris) starb H(er)r | Georg Seüfferheldt Schönthalischer | Keller alhier, seines alters .52. jahr 46. w(ochen) | Anno. 1590. den 11. Decemb(ris) starb Catha=|rina ein geborne Stadmän(n)in sein 1. | Ehel(iche) haußfraw, ihres alters 29. Jahr | 10. woche(n). mit dern erzeugt 2 Töcht(er) 1 Sohn | Anno .1636. den 6. Junij, starb Maria sein | 2. Ehel(iche) haußfraw, H(errn) Georg Müllers | deß Geheimen Raths Ehel(iche) Tochter | ihres alters .63. Jahr, 17. wochen 3. tag · | mit deren er erzeugt 5. Söhn vnd 7. | Töchter, erlebt 41. Kindskinder · | Dene(n) Gott ein fröliche vrstend verleihe ·

B Der Geist zeügt, was Gott habe getriebe(n),
Die schnöde welt so hefftig zu lieben, //

Daß er sein Sohn in Todt gegeben,
Damit der Mensch möcht ewig leben.

C [*Oben:*] Johann Georg.   Georg Friderich. // Catharina. // Maria Magdalena.   Rosina.   Maria.   Vrsula maria.   Sabina.
[*Mitte und unten:*] Georg.+   Georg Balthas +   Georg.+ // Maria   Clara.+   Rosina.

27. AFRA LACKORN, GEB. FIRNHABER († 1633), Holzepitaph [oben S. 94-99]

Inschrift auf dem Aufsatz (A) und Gedenkschrift in der Predella (B); unter der knieenden Frau die Künstlersignatur (C)

A Übr der Geburt. Jch dahin starb
darbeij aber dir ghorsam ward,
Herr Christe, So hast Mir bereit
Nach disem Lebn, die Himlisch freüd,

B Den 10. Augusti An(n)o, 1633. Jst in Gott seelig eingeschlaffen, Die Ehr=|en vnnd Tugentreiche Affra Firnhaberin, Herrn Jacob Lac=|kornß Stättmeisters allhier, Hertzgeliebte Ehefraw, ihres alterß 34. | Jar, 6 Monat, Jnner 12. Jahren Jhreß Ehestandtß erzeüget .8. Kinder | deren, wölle Gott, ein Fröliche Aufferstehung gnädiglich verleihen Am(e)n.

C I[akob] H[offmann] P[ictor]

28. JOHANN REGULUS, STADTARZT († 1570) und seine Familie, Holzepitaph (1617) [oben S. 100-107]

Drei Bildüberschriften oben nebeneinander (A-C von links nach rechts), im Mittelfeld fünf Gedenkinschriften untereinander (D-H), im unteren Drittel in der Mitte der Stiftungstext (J) und ein Zitat (K), daneben links ein Bild mit Bildüberschrift (L), Unterschrift (M) und der Signatur des Malers im Bild (N); das rechte Bild parallel dazu mit Über- und Unterschrift (O/P) und drei Grabtumba-Aufschriften im Bild (Q); im untersten Feld ein weiteres Zitat (R)

A REGVLVS HÆC VIRTVTIS HABET, QVÆ MAXIMVS OLIM
AEMYLIANVS AVO SIGNA FERENDA DEDIT.

ANNO CHRISTI .1498.

B PATRIARCHA IACOBVS | VITA CHRISTIANORVM. | PEREGRINATIO. | Genes(is) Cap(itel) 47. Vers: 9.

C Künig von Villingen. |
ARMA MEIS QVONDAM   GESTA | DECENTER AVIS.

D Anno Christi 1570., den 22. Septembris starb der Ehrwürdig vndt Hochgelehrt Herr, | Joannes Regulus, des alten geschlechts der Kunig von Villingen, beeder Artzney Doctor, | vnd der Statt Schwäbischen Hall bestelter Physicus, seines alters im Ein vnd Achtzigsten Jar, | dem Gott gnedig sey.

E ANNO CHRISTI, MDLXXXI. DIE XXII IANVARII LABACI EX HAC MORTALI VITA AD IM=|=MORTALEM PIE DECESSIT PAVLVS REGVLVS VILLINGER MEDICINÆ DOCTOR, | INCLYTI DVCATVS CARNIOLÆ PROCERVM MEDICVS, ANNO ÆTATIS XXXVIIII.

F ANNO CHRISTI, MDLXXXVIII. DIE XXV FEBRVARII ONOLDINÆ EX HAC TEMPORALI IN | ÆTERNAM VITAM ABIIT IOSEPHVS REGVLVS VILLINGER MEDICINÆ DOCTOR. | ILLVSTRISSIMI PRINCIPIS AC DOMINI, D(OMI)N(I) GEORGII FRIDERICI MARCHIONIS | BRANDEBVRGICI MEDICVS, ANNO ÆTATIS. XXXVI.

G ANNO CHRISTI, MDXCI. DIE V. IVNII VLMÆ SVEVORVM HVIC MORTALI VITÆ PIÈ | PLACIDÉQVE VALEDIXIT ET AD ÆTERNAM CONCESSIT DAVID REGVLVS VILLINGER, | INCLYTÆ REIPVBLICÆ VLMENSIS PHARMACOPOLA, ANNO ÆTATIS. LVIII.

H ANNO CHRISTI, MDXCVII. DIE XIII. DECEMBRIS ONOLDINÆ EX HAC MORTALI | IN VERÈ VITALEM VITAM PLACIDÈ MIGRAVIT IOANNES FRIDERICVS REGVLVS | VILLINGER VTRIVSQVE IVRIS DOCTOR, IVDICII PROVINCIALIS BVRGGRAVIATVS | NORIBERGENSIS ADVOCATVS. ANNO ÆTATIS. XXXXII.

J QVIBVS VTPOTE | AVO, PATRI, PATRVELIS: | NEPOTES NEPTESÉQVE | DAVID, IOANNES MEDICINÆ D[OCTOR], | FRIDERICVS I[VRIS] C[ONSVLTVS] IOSEPHVS PHAR=|=MACOPOEVS ET ANNA MARIA AT=|=QVE ELISABETA, DAVIDIS FILII FILI=|ÆQVE VLMÆ SVEVORVM VIVENTES: | NEC NON IOANNES DOCT(OR) PAVLI | FILIVS VNICVS LABACI DEGENS: | HOCCE MONVMENTVM | DEBITI AMORIS ET HONORIS ERGÒ | POSVÊRE | IPSO S(ANCTI) IOANNIS EVANG(ELISTAE), DIE XXVII. | DECEMB(RIS) ANNO CHRISTI, MDCXVII.

K Sepulcrorum memoria magis uiuo=|=rum est consolatio, quàm utilitas, | defunctorum. August(inus) de Ciuit(ate) Dei.

L Genes(is) Cap(itel) XLVIII.

M Sepultura optima. uita optima. | Chrÿsost(omus) Tom(us) 2. Homil(ia) 84.

N IOAN(NES) DENTZEL | VLMÆ PINXIT | 16 17

O Genes(is) Cap(itel) L.

P Sepulturæ honos contemnendus | in nobis, non negligendus in nostris. | Cicero. 1. Tuscul(anae) Quæst(iones).

Q ABRAHAM | Anno | Ætatis. 175. | Mundi 2124. // ISAAC. | Anno | Ætatis. 185 | Mundi. 2230. // IACOB. | Anno. | Ætatis. 170. | Mundi. 2257.

R NIHIL ALIVD ERGÒ IN HAC VITA PEREGRINATIONIS TVÆ MEDITARE, NISI QVOD ET | HIC NON SEMPER ERIMVS: ET VT IBI NOBIS LOCVM RECTÈ CREDENDO ET | BENÈ VIVENDO PRÆPAREMVS, VNDE NVNQVAM SVMVS MIGRATVRI. | AVGVST(INI) TRACT(ATVS) XXXI: IN IOANNEM. | Πολίτευμα nostrum in cœlis est. Paul(us) Ad Philippenses Cap. 3. vers. 20.

Übersetzung:

A Regulus besitzt dieses Zeichen der Tüchtigkeit, das einst der größte Ämilian [Kaiser Maximilian] dem Großvater zum Tragen verlieh. Im Jahre Christi 1498.

B Der Erzvater Jakob – das Leben der Christen ist eine Wanderschaft.

C Das Wappen, einst von meinen Ahnen schicklich geführt.

E Am 22. Januar 1581 schied in Laibach fromm aus diesem sterblichen zum unsterblichen Leben Paul Regulus Villinger, Doktor der Medizin und Arzt der Stände des berühmten Herzogtums Krain, im 39. Lebensjahr.

F Am 25. Februar 1588 ging in Ansbach aus diesem zeitlichen in das ewige Leben ein: Joseph Regulus Villinger, Doktor der Medizin, Leibarzt des durchlauchtigsten Fürsten und Herrn, Herrn Georg Friedrich, Markgraf zu Brandenburg, im 36. Lebensjahr.

G Am 5. Juni 1591 sagte in Ulm in Schwaben diesem sterblichen Leben fromm und gelassen Lebewohl und ging in das ewige ein: David Regulus Villinger, Apotheker der berühmten Reichsstadt Ulm, im 58. Lebensjahr.

H Am 13. Dezember 1597 wanderte in Ansbach sanft aus diesem sterblichen in das wahrhaft lebenswerte Leben Johann Friedrich Regulus Villinger, Doktor beider Rechte und Advokat des Landgerichts des Burggrafenamts Nürnberg, im 42. Lebensjahr.

J Diesen Personen, nämlich dem Großvater, dem Vater und den Oheimen, haben die Enkel und Neffen David, Johannes, Doktor der Medizin, Friedrich, Jurist, Joseph, Apotheker, und Anna Maria und Elisabeth, die zu Ulm in Schwaben lebenden Söhne und Töchter Davids, sowie Doktor Johannes, der in Laibach lebende einzige Sohn von Paul, dieses Denkmal aus schuldiger Liebe und Verehrung errichtet, genau am Tage des heiligen Evangelisten Johannes, dem 27. Dezember 1617.

K Das Totengedenken ist mehr ein Trost für die Lebenden als ein Nutzen für die Verstorbenen. Augustinus, Über den Gottesstaat.

L 1. Buch Mose, Kapitel 48.

M Bestattung sehr gut, Leben sehr gut. Chrysostomus, Band 2, Homilie 84.

N Johann Dentzel in Ulm hat [dies] gemalt 1617.

O 1. Buch Mose, Kapitel 50.

P Bei uns selbst sollen wir die Ehre der Bestattung gering achten, bei den Unsrigen darf sie nicht vernachlässigt werden. Cicero, Gespräche in Tusculum, Buch 1.

Q Abraham, im 175. Lebensjahr, im 2124. Jahr der Welt. Isaak, im 185. Lebensjahr, im 2230. Jahr der Welt. Jakob, im 170. Lebensjahr, im 2257. Jahr der Welt.

R An nichts anderes also denke in diesem deinem Pilgerleben: dass wir auch hier nicht für immer weilen und dass wir uns durch rechten Glauben und ein rechtschaffenes Leben dort einen Platz bereiten, von wo wir niemals weiterziehen werden. Augustinus, 31. Traktat zum Johannes-Evangelium. Unser Bürgerrecht aber ist im Himmel. Brief des Paulus an die Philipper, Kapitel 3, Vers 20.

Texte der vollständigen Inschriften

30. DAVID ZWEIFFEL, RATSHERR († 1677), Holzepitaph [oben S. 108–113]

Inschrift auf dem Gesims des Architravs (A), die Kreuzaufschrift (Titulus) im Hauptbild (B), je eine Bildunterschrift auf beiden Seitenflügeln (C links und D rechts), und die Gedenkschrift auf der Tafel des predellaartigen Untersatzes (E)

A   Die Himmels Cron / Mein Gnaden lohn.

B   IESVS NA: | ZARENVS | REX IUDE: | ORVM · [*nach Johannes 19, 19f., vgl. bei Nr. 1*]

C   Jch werde nicht Ster=|ben, sondern Leben. | Psalm. 118. V(ers) 8 [*richtig: 17*].

D   Halt im Gedächtnus | Jesum / den gecreützig=|ten. 2. Tim(otheus) 2. [*Vers 8*]

E   Anno 1677. den 9. x[Decem]br(is) ist in Gott seelig verschieden / der Edle / vöst=| vnd wohlweÿße, Herr David Zweiffel / des Jnnern vnd Gehaijmen Rahts / | auch vieljähriger BeethHerr vnd Hauptman(n) des Gemeinen Haals. | Welcher gebohren Anno. 16.09. den 27. Aug(usti) Hatt Sich verehelichet. 1. mit | J(ung)fr(au) Rosina Müllerin, Anno. 16.34. mit derselben in beliebter Ehe erzeügt | 10. Kinder / als 3. Söhn vnd 7. Töchter. 2. mit der viel Ehren= vnd Tugent=|reichen Frauen Euphrosina Fatzlerin / des Geschlechts einer Wehrt=|weinin An(n)o. 16.66. mit welcher Er gleichfals eine Liebreiche | Ehe / doch ohne Kinderseegen, in die 11. Jahr besessen. Seines | Alters 68. jahr 13 wochen 5. tag. Deme Gott genade!

32. EZECHIEL WENGER, RATSHERR († 1651) und seine Ehefrau († 1654), Holzepitaph [oben S. 114–119]

Inschrift am Architrav (A), die Gedenkschrift in der Kartusche des Aufsatzes (B), die Kreuzinschrift (Titulus) im Hauptbild (C) und im Predellabild oben das Tetragramm, der hebräische Gottesname (D) und unten die Namen der verstorbenen Kleinkinder (E, von links nach rechts)

A   Durch seine Wunden seindt wir geheilet. Esai. 53. Cap(itel) [*Vers 5*]

B   Der Ehrnveste | Hochweise Herr Ezechiel | Wenger deß Geheimen Raths alhie, | ist in Gott seelig verschieden den 8. Julij. Anno 16=|51. seines alters 60. jar 24. wochen. vnd den 23. 9[Novem]br(is) | Anno 1654. starb die Ehrn vnd Tugendtreiche Fraw | Margretha deß Geschlechts eine Biechelbergerin, | ihres alters 59. jar 32 w(ochen) sein Ehliche Haußfraw. | Denen Gott ein frölicke Aufferstehung | verleihen wolle, Amen ·

C   I N R I [*Iesus Nazoraeus oder Nazarenus, Rex Iudaeorum, nach Johannes 19, 19f., s. bei Nr. 1*]

D   יְהוָה [*Jahwe, der hebräische Gottesname*]

E   David Ezechiel.+ // Johan Jacob.+ | Margretha.+ // Anna Margretha.+

33. JOHANN FRIEDRICH BONHOEFFER D. J., STÄTTMEISTER († 1778), Marmorepitaph mit Bildwerken aus Gipsstuck [oben S. 120–129]

Gedenkinschrift auf der Tafel des Sockels

IOHANNI FRIDERICO | BONHŒFERO. | CONS(ULI) SEN(IORI) CONSIL(IARIO) SACR(ORUM) | SCHOLARUMQ(UE) DIRECTORI. | REL(IGIONE) | INPRIMIS CLARO DESIDERATOQ(UE) | SUO ET COMMUNI PATRIÆ | PARENTI. | NAT(O) A(NNO) C(HRISTI) MDCCX. D(IE) XXV. NOV(EMBRIS) | DEF(UNCTO) MDCCLXXVIII. D(IE) XXX. OCT(OBRIS) | MONUMENTUM HOC | POSUERUNT | FILII DUO ET FILIA. | OPUS | DUC(ALIS) ACADEMIÆ MILIT(ARIS) WIRTENB(ERGENSIS)

Übersetzung:
   Dem Johann Friedrich Bonhoeffer, älterem Stättmeister, Ratsherrn und Direktor des Konsistoriums und der Scholarchen, dem durch seine Frömmigkeit besonders berühmten, ihrem ihnen und der gemeinsamen Vaterstadt teuren Vater, der am 25. November 1710 geboren und am 30. Oktober 1778 gestorben ist, haben dieses Denkmal gesetzt zwei Söhne und die Tochter; [es ist] ein Werk der herzoglich wirtembergischen Militärakademie.

35. GEORG BERNHARD WIBEL, PREDIGER († 1707), Holzepitaph [oben S. 130–137]

Kleine Inschrift oben im ovalen Bild (A), die Kreuzaufschrift (Titulus) im Hauptbild (B), je eine Bildüberschrift auf beiden Seitenteilen (C/D) und die Gedenkschrift in der herzförmigen Kartusche des Unterhangs (E)

A   Mein Vatter [*2. Könige 2, 12*]

B   [*3 Zeilen hebräisch: Inschrift etwa wie Nr. 20 B, aber kopfstehend, fehlerhaft und die 4 Wörter durcheinander*] | [*3 Zeilen griechisch:*] IHCOYS NAZAPA | IOC BACIΛEYC | TΩN IOYΔAIΩN | [*3 Zeilen lateinisch:*] IESVS NAZA | RENVS REX | IVDÆO [*verdeckt:* RVM] [*nach Johannes 19, 19f., vgl. bei Nr. 1 H und 20 B*]

C/D Die Him(m)els Kron. // Dein gnaden Lohn.

E Herr M(agister) Georg Bern=//=hard Wibel / war | A(nno) 1623. d(en) 24. Maij / zu Dur=//lach gebohren / kam a(nno) 1647. | nach Hall / vnd wurdte zur Pfarr: S(anct) Johann vocirt / 1652. zum vn=|dern Diaconat / 1658. zum Obern Diaconat / 1669. zur Pfarr / Consistor(iali) | Scholarcha, 1676. zur Prædicatur vnd Decanat / diente also der Kirchen Gottes | 61. jahr. lebte in dem Ehestandt. 1. mit Jungfr(au) Susan(n)a Agnes Gräderin 21. jahr / | erzeugte 6. Söhn, v(nd) 10. Töchter / vnd erlebte 38. Enckel v(nd) 2. Vhr Enckel. 2. mit Frau | Anna Margaretha Seitzin 22. jahr 3. mit Fr(au) Vrsula Cordula Gronbachin 15. jar | Verichtete sein ambt / biß in daß hohe alter / alß er aber 1707. Dom(inica) Septuage|simæ, auff der Cantzel schwach worden / hat er sein ambt aufgeben / v(nd) | noch selbigen jahrs, d(en) 20. Nov(em)br(is) selig eingeschlaffen / seines | alters 85. jahr: vnd haben seine hinderlas=|sene: dißes Ehren vnd lie=|bes gedächtnus auf=|richten lassen.

36. JAKOB REITZ, PREDIGER († 1710), Holzepitaph [oben S. 138–143]

Die Kreuzinschrift (Titulus) im Hauptbild (A), je eine Inschrift in den Voluten unter den beiden Seitenteilen (links B, rechts C) und die Gedenkinschrift in der Kartusche des herzförmigen Unterhangs (D)

A [*4 Zeilen griechisch:*] IHCOV[!]S O NA | ZAPAIOC O BA | CIΛEYC TΩN | IOYΛ[!]AIΩN | [*3 Zeilen lateinisch:*] IESVS NAZA | RENVS REX | | [*verdeckt:* VDAEORVM] [*nach Johannes 19, 19f., vgl. bei Nr. 1 H und 20 B*]

B Leich Text | Jch habe Gott | von Angesicht | gesehen /

C Gen(esis) XXXII. 30. | vnd meine Sele | ist genesen.

D Der HochEhrwürdig // Großachtbar vnd Hochgel=|ehrte Herr Jacob Reitz / bey // allhießiger haupt Kirchen zu | S(anc)t MICHAEL Treüeiferiger Prediger / Eines Ehrwürdigen CAPITU=|LI wolvorgestande(ne)r DECANUS / auch CONSISTORIALIS / vnd SCHOLARCHA | ist d(en) 8. OCTObr(is) A(nno) D(OMINI) 1648. allhier eh(e)l(ich) gebohren / ANNO 1675. zur Pfarr Un=|ter Limburg, ANNO 1694. nach S(ANCT) CATHARINA vocirt ANNO 1702. zum | CONSISTORIALI vnd SCHOLARCHA erwehlt / endlich 1707. zur PRÆDICATUR v(nd) | DECANATwürde erhoben worden. Lebte mit Frau Anna Regina einer gebohrene(n) | Textorin in vergnügter Ehe / doch ohne Kinder Segen, 35. jahr, vnd nach|dem Er seinem Gott mit aller treu in der Kirchen 35. Jahr gedient ent|schlieff Er d(en) 12. Jan(uarii) 1710. umb 10 uhr vormittags in seinem | Ertzhirten Jesu sanfft v(nd) selig / vnd brachte sein Ehren vol=|les alter auff 61. Jahr vnd 13. wochen. Dießes | Ehrengedächtnus hat ihrem wolseligen | Eheherrn gestifftet die hinterlas|sene Fr(au) wittib / welche d(en) | 23. Sept(embris) 1649. | gebohren

39. JOHANN FRIEDRICH BONHOEFFER D. Ä., STÄTTMEISTER († 1770), Holzepitaph [oben S. 144–155]

Gedenkinschrift auf Kartusche über dem Sockelkasten (A), Künstler-Signatur rückseitig auf der Leinwand des Bildnisses (B)

A MORTALITATIS LEGEM IMPLEVIT | LEGVM DOCTOR | MAGNIFICVS ET NOBILISSIMVS | D(OMI)N(VS) IOH(ANNES) FRID(ERICVS) BONHOEF-FERVS I[VRIS] V[TRIVSQVE] D[OCTOR] | CONSVL SEN(IOR) AERARII QVAESTOR | ECCLESIAE ET SCHOLARVM DIRECTOR | NATVS D(IE) XXV. OCT(OBRIS) A[NNO] O[RBIS] R[EDEMPTI] MDCLXXXXVII. | B[EATVS] OBIIT D(IE) V. JVL(II) MDCCLXX. | PATRIS MERITISSIMI QVONDAM CONSVLIS | NOBILE VESTIGIVM SECVTVS | PATRIAE EMOLVMENTO EXIMIAS ANIMI DOTES | L. ANNIS IVBILAEVS [!] CONSECRAVIT. | SECVN DAS NVPTIAS VERE SECVNDAS INIIT | CVM D(OMI)N(A) MARIA CORDVLA | A PROSAPIA SEIFFERHELD. ORIVNDA | EX LIBERIS VI. SVPERSTES EST VNICA FILIA | D(OMI)N(A) MARIA MAGD(ALENA) D(OMI)N(O) IO(HANNI) DAV(IDI) STELLWAGIO | SENATVS INTERIORIS ADSESSORI NVPTA. | HOCCE INTEMPERATAE FIDEI MONVMENTVM | MOESTISSIMA VIDVA ERIGI CVRAVIT OPTIMO CONIVGI | QVI IN CIVIVM ANIMIS MONVMENTVM RELIQVIT | AERE ET MARMORE PERENNIVS.

B J[ohann] J[acob] Kleemann | pinxit | 1773

Übersetzung:

A Das Gesetz der Sterblichkeit erfüllte der Doktor der Gesetze, der hochehrbare und hochedle Herr Johann Friedrich Bonhoeffer, Doktor beider Rechte, älterer Stättmeister, Steuerherr, Direktor des Kirchen- und Schulrats, geboren am 25. Oktober im Jahre des erlösten Erdkreises 1697. Er ist selig gestorben am 5. Juli 1770. Er folgte der edlen Spur seines hochverdienten Vaters, einstigen Stättmeisters, und widmete dem Nutzen des Vaterlandes die außerordentlichen Gaben seines Geistes 50 Jubeljahre lang. Seine zweite, wahrhaft glückliche Ehe schloss er mit Frau Maria Cordula aus dem Geschlecht Seifferheld. Von 6 Kindern lebt nur noch eine einzige Tochter, Frau Maria Magdalena, die Gemahlin des Herrn Johann David Stellwag, Mitglied des Inneren Rats. Dieses Denkmal ihrer grenzenlosen Treue ließ die tieftraurige Witwe ihrem besten Gatten errichten, der in den Herzen der Bürger ein Denkmal hinterließ, dauerhafter als Erz und Marmor.

B J. J. Kleemann hat [das Bildnis] gemalt 1773

42. THOMAS SCHWEICKER, ARMLOSER KUNSTSCHREIBER († 1602), Epitaph und Grabstein [oben S. 156–171]

I) Holzepitaph

Inschrift auf dem geschlossenen rechten Flügel des Epitaphs (A); im geöffneten Epitaph auf dem Gedenkblatt: in den Zwickeln oberhalb des Baldachin-Ornaments rechts und links je ein eingerahmter Schriftblock mit zweispaltig geschriebenen Versen, darunter jeweils in vier Zeilen ein lateinisches Bibelwort (B und C links, D und E rechts); die eigentliche Gedenkinschrift (F) und ein Liedvers (G) finden sich unterhalb des Baldachin-Ornaments; darunter im mittleren Feld drei Schriftblöcke mit Versen nebeneinander (H, J, K von links nach rechts), von denen der mittlere (J) als Akrostichon und (unechtes) Telestichon und zusätzlich als Figurengedicht gestaltet ist; und schließlich stehen darunter im untersten Viertel nebeneinander zwei weitere je zweispaltige Schriftblöcke mit lateinischen (L) und deutschen (M) Versen; in der ornamentalen Umrahmung findet sich zweimal das Monogramm des Schreibers (N) und auf dem rechten Außenflügel am Sockel der Schrifttafel ein Maler-Monogramm (O)

A   DOMINE PLENI SVNT | COELI ET TERRA MAIE=|STATIS GLORIÆ TVÆ,| [*aus dem Tedeum*]

      O, Frommer Christ dein lebenlangk
      Sag Gott für dise wolthat danck,
      Das Er, dir gab ein kraden Leib
      Darumb dein gspött mit niemand treib,
      Denck, das Gott auch hett können dich
      Erschaffen eben gleich wie mich
      Das Ers nit thet der trew vnd frum,
      Hast Jhm dest mehr Zu dancken drum
      Sein Zorn und Gnad erkenn an mir.
      Thut er dir guts danck Jhm darfür,
      Jn deinem Creutz auch nit verzag
      Halt dich an Gott, der kan vnd mag
      Dein vngluck wenden alle tag, T[homas] S[chweicker]

B   Christus ist die Warheit vnd das lebe(n)
      Die Aufferstehung will er vns geben
      Wer an jhn glaubt das leben erwirbt,
      Ob er gleich hie schon leiblich stirbt. //
      Wer lebt vnd glaubt thut jhm die Ehr
      Wird gwißlich sterben nim(m)er mehr
      Dem befelh ich an meinem End,
      Mein arme Seel inn seine Hennd.

C   NVNC DIMITTIS | SERVVM TVVM D(OMI)NE | SECVNDVM VERBVM | TVVM IN PACE. [Lukas 2, 29]

D   Jnn meinem Creütz war diß mein trost,
      Jch sprach, Er lebt der mich erlost,
      Auff den ich inn der Not vertraut,
      Wirt mich wider mit meiner Haut, //
      Vmbgeben das ich auß der Erd,
      Vom Todt wider erwecket werd,
      Jnn meinem Fleisch werd ich Gott sehe(n)
      Jst gwißlich war vnd wirt geschehe(n).

E   In te Domine sperauj non | confundar in æternu(m). In man(us) | tuas com(m)endo spiritu(m) meu(m), re=|demistj me D(omi)ne De(us) ueritatis. [Psalm 30 (31), Vers 2.6]

F   Anno Domini <1602> den <7.t(en)> tag <Octobris> meines | alters <61> Jar, Starbe ich Thomas Schweicker Bürger alhie. Welcher ohne Arm | vnd Hend also vo(n) Mutter leib in dise Welt gebore(n). Vnd hab dise Schrifft vor meine(m) Ende mit meine(n) Fuesse(n) geschribe(n), den 29(ten) | tag Junij. A(nn)o 1592. meines alters im 51. Jar. Der Allmechtig Gott wolle mir vnd alle(n) außerwelte(n), hie seine(n) Fride(n), vnd dorte(n) ewiges Lebe(n), mit einer froliche(n) aufferstehung gnediglich verleÿhe(n) Ame(n).

G   Christus jst mein le=|be(n). sterbe(n) mein gewi(n).
      de(m) hab jch mich erge|ben. jm todt vnnd auch jm leben.
      alde jch far dahin. bey dem jch ewig leb vnd bin.

H HErr Jesu Christ mein Herr vnnd Gott,
   Dein Leiden groß, dein Wunden roth,
   Dein thewres Blut, dein bitterer Todt,
   Soll sein mein trost in sterbens Noth.
   Jch glaub das du am Creutz für mich,
   Dein Bluet vergossest Miltiglich,
   Darmit vonn allenn Sünden mein,
   Gewaschen mich Schnehweiß vnd Rein.
   Darauff will Jch Herr Jesu Christ,
   Dir gern folgen Wenns dein Will ist,
   Dein heilger Geist erhalte mich,
   Jnn rechtem Glauben bstendiglich,
   Biß in den letzsten Seüfftzen mein.
   Jm Todt vnnd Leben bin Jch Dein.
   Mein arme Seel an meinem End,
   Die nim Herr in dein trewe Hennd,
   Vnnd laß sie Dir beuollen sein,
   So schlaff Jch wol vnnd selig ein,
   Biß am Jüngsten tag widerumb,
   Mein Leib vnd Seel zusam(m)en kumb,
   Sampt allen Außerwehlten dein,
   Jn freud vnd ehren bey dir sein,
   Vnd schawen Deine Herrlichkeit,
   Dich Lob vnd preis in Ewigkeit ·/.

[Das folgende Figurengedicht (J) ist in Form der drei Golgatha-Kreuze angeordnet; die fettgedruckten Wörter und Buchstaben ergeben in den fünf Säulen untereinander gelesen fünf Worte zum Golgatha-Geschehen (J1 bis J5):]

J **O** Gott Der Du me**IN RI**chter bi**ST**
   Jch kenn **M**ein sünd tzu all**E**r frist.
   Errett m**EIN** Seel vonn der Hell wei**H**t,
   Sei Du **GOT MEIN GOTT** alle tz**E**it,
   Verdamm mich nicht **WAR**umb wolst **M**ich,
   Verdammen **V**nd ich Hoff auff d**J**ch.
   O HERR DENCK Mein **BJSTV CHRJST** mein t**R**ost,
   Recht **A**uch dein **B**luett mich a**VS** h**A**t glost,
   Zel **N**icht ac**H** mein **SO** grosse s**V**nd,
   Erloß **MJ**ch **A**uch, nimbs **H**in gar gs**C**hwindt,
   Jch kann ni**C**hts **S**o ich d**J**ch nicht **H**ab,
   Herr **D**ein **H**eilg Geis**T** wol**L**st geben hra**B**
   Erleuchtn **WE**lst a**V**ch mich hin **F**ürt f**E**in,
   Mein mu**ND M**öcht **DJ**r ein lobe se**J**n.
   Jch tra**V** auff d**J**ch, gar wunde**R**s**AM**
   Re**JN**igst mi**CH D**u Vn**S**chuldigs **L**am,
   Mitt **DEJN**m bl**VE**t **DE**ins Vatt**E**rs vnwill,
   Ein end tzwa**R** hat **R**ueth al**L**zeit s**T**ill,
   Jn **DEJ**nem Wort **L**aß mich **B**e**ST**ehn,
   Na**CH** Dem gl**A**ntz deines Liechts **V**ort g**E**hn,
   Sterc**K** auch Je**S**u den glaube**N** mei**N**
   Vnd w**O** e**S** soll gescheI**D**en s**E**in,
   Nim**ME** mich zu dir d**E**r d**V** mein sü**N**d,
   Dilgt ha**ST**, gib woh**N** vnnd Frewd a**NS** en**D**.

J1 O JESV VORZEJHE MJR MEJN SVND
J2 HERR DENCK AN MJCH WEN DV JN DEJN REJCH KOMEST [Lukas 23, 42]
J3 INRI MEIN GOT MEIN GOTT WARVMB HASTV MJCH VERLASSEN [Matthäus 27, 46 / Markus 15, 34]
J4 BJSTV CHRJSTVS SO HJLF DJR SELB VND VNS [Lukas 23, 39]
J5 STEHE MJR AVCH BEJ AM LETSTEN END

K Der Mensch der geht auff wie ein Blum,
   Wenn der Wind blest, so fellt er vmb,
   Darumb gedennck allzeit an GOTT,
   Dann vnuersehens kompt der Todt.
   Vnnd wie auch dem keiner entrinn,
   Er nimpt ein nach dem andern hin,
   Derhalb ein Mensch in Diser Zeit,
   Kein Stund vorm Todt nit ist gefreÿt.
   Noch stellt sich Jederman gleich eben,
   Samb wöll er vff Erd ewig leben,
   Wie wol man Gottes Straff und Plag,
   Sieht augenscheinlich vber tag.
   Derhalb Du Christenliche schar,
   Nim deines letzten außgangs war,
   Weil hie ist kein bleibende statt,
   Vnd Jeder Mensch sein Zil doch hatt,
   Vnnd ein mal muß gestorben sein.
   So geb sich jedes willig drein,
   Weil im nach dem elenden leben,
   Dort würdt ein ewigs seligs geben,
   Mit allen außerwelten schar,
   Zu dem vns Gott helff allen dar,
   Durch vnsern Heren Jesum Christ,
   Ohn den nichts selig würdt noch ist.

L Epigramma M(agistri) Iac(obi) Graet=|erj de Thoma Schuueickero.

   Forsita(n) hoc falsum ventura redarguat ætas,
       Tamq(ue) neget miris rebus inesse fidem:
   Quippe, quod est quida(m) nec ia(m) Juuenisq(ue), senexq(ue),
       Sed medios vitæ vir tenet ille gradus:
   Territa nascentj, Mater cuj brachia nulla
       Co(n)tulit, ah nullas contribuitq(ue) manus: //
   Qui pedibus solers peragit tame(n) o(mn)ia, quantum
       Non alius facilj fecerit arte manus,
   Ille bibit, comedit, scribit, iacit, accipit, effert.
       Cuncta ministerio perficit ille pedum,
   Ne uero dubites, simul hinc et cætera credas:
       Hæ tabulæ fidej sunt monume(n)ta bon(a)e.
   Inde Dej laudes, mirandaque munera disce:
       Fertilis hic famæ fruct(us), et vsus erit.

M Die Nachkom(m)en für ein Gedicht,
   Woll halten möchten dise Gschicht
   Das einr in rechter Man(n)sgestalt,
   Weder zu jung noch auch zu alt,
   Von Mutter leib ohn Arm vnd Hend,
   Geboren, an sein Füessen bhend,
   Alles gantz hurtig, vnd ohn Zÿll, //
   Verricht wie mans nur habe(n) will,
   Er isst, vnd trinckt, spilt, gibt, vnd nimpt
   Alls mit sein Füessen zwege(n) bringt
   Beÿ diser Taffel nim es ab,
   Gotts Wunderwerck vor augen hab.
   Danck jhm allzeit für seine Gab.
   · M[agister] · I[acob] · G[räter] · P[oeta] · L[aureatus] ·

N [Im Flechtwerk des Ornamentrahmens, links:] T[homas] // [rechts:] S[chweicker] // [unten in der Mitte des Flechtwerkrahmens:] TS 1592

O [*Am Sockel der Schrifttafel A links unten:*] I[akob] H[offmann]

Übersetzung:

A   Himmel und Erde, Herr, sind voll deiner Größe und Herrlichkeit.

C   Nun entlässt du deinen Diener, Herr, nach deinem Wort in Frieden.

E   Auf dich, Herr, hoffe ich, lass mich nicht zu Schanden werden in Ewigkeit. In deine Hände befehle ich meinen Geist; du hast mich erlöst, Herr, du treuer Gott.

L   Epigramm des Magister Jacob Graeter auf Thomas Schweicker: Vielleicht mag ein kommendes Zeitalter dies als falsch widerlegen und so bestreiten, daß in Wundern der Glaube enthalten ist (d.h. daß Wunder auf dem Glauben beruhen). / Denn da ist jemand, der nicht mehr ein Jüngling (und) kein Greis ist, sondern jener Mann nimmt eine mittlere Lebensstufe ein, / dem seine Mutter (darüber selbst) erschrocken, bei der Geburt keine Arme mitgab und auch keine Hände, // der dennoch mit seinen Füßen geschickt alles ausführt, was ein anderer nicht mit der leichten Geschicklichkeit der Hand zustande bringen könnte. / Jener trinkt (und) isst, schreibt, wirft (und) fängt auf, hebt empor: alles erledigt er mit Hilfe der Füße. / Damit du aber nicht zweifelst, zugleich von jetzt an auch glaubst, was noch folgt: Diese Tafeln sind ein Zeugnis für die gute Glaubwürdigkeit. / Lerne daraus das Lob Gottes und seine wunderbaren Gaben: So wird die Frucht und der Nutzen seines Ruhmes hier ertragreich sein. (7 Distichen; Übersetzung durch Dirk Kottke.)

II) Grabstein

Inschrift in einer Kartusche in der oberen Hälfte der Grabplatte

SeptIMa BotryphorI LVX Vt sVper æthera fVLsIt
   SChVVeICCerVs CLarI   regna petItq(ue) thronI M[agister] M[ichael] S[chweicker]

SIbenten tags OCtobrIs VVIst,
ThoMas SChVVeICCer gestorben Ist,
RVhet Itz In Gottes ZeLten feIn
BefreIt Von ChrIsto eVVIger peIn, D[aniel] S[chweicker]

Thomas Antwortet Mein Herr vnd Mein | Gott spricht Ihesus Thoma weil du mich | gesehen glaubstu selig sind die mich nit | sehen vnd doch, | Glauben | Iohan XX Cap. [Vers 28f.]

Übersetzung:
   Als der siebente Tag des Weinmonats über dem Äther erstrahlte, strebt(e) auch Schweicker in das Reich des lichten Throns.

43. MARGRETA ENGELHART († 1670), Gedenktafel (Ölgemälde) [oben S. 172–177]

Margreta Engelhartin von Megerßheim, beÿ | Wasserdrüdingen, im Marggraffthumb Onspach, | Jhres alters 25. jar, ward Lam, A(nn)o 34. war gerad | Zu Hall, den 5. Decemb(ris) A(nn)o 42.

Zu Hesenthal.vor Neünthalb Jar
Diß Mägdlein zu eim krüpel war,
Biß an die Brust giengen ihr knie,
Wie auß dem Gmäld zu sehen hie,
Gantz zwifach gienge sie daher,
Deren erbarmt sich Gott der Herr,
Ohn all Artzneÿ, gab er ihr wider,
Jnn einer stund, ihr grade glieder.

45. JOHANN LORENZ SANWALD, STÄTTMEISTER († 1778) und seine Familie, Holzepitaph [oben S. 178–187]

Oberer Teil Mitte: Porträt des Verstorbenen, umgeben von fünf Ahnenporträts, jeweils mit Beischriften (von links unten im Uhrzeigersinn: A–E), in der unteren Hälfte große Kartusche mit der Haupt-Inschrift (F)

A   Weÿl(and) Herr Wolfgang CasPar Sanwald. | J(uris)C(onsul)t(us), des Jnnern Raths, Præsenz und Hospital-Pfleeger. | gebohrn An(n)o 1623, gestorben An(n)o 1672. alt 49. Jahr.

B   Weÿl(and) Herr Wilhelm Thomas Sanwald | J(uris)C(onsul)t(us) Reichs=Schultheiß. | gebohrn. An(n)o 1548. gestorben. An(n)o 1603, alt 55 Jahr

C   Weÿl(and) Herr Wolfgang Sanwald, | J(uris)C(onsul)t(us) Reichs Schultheiß. | gebohrn A(nn)o 1504 vor der Heilbringenden Reformation, gestorben A(nn)o 1581, alt 77. J(ar)

D   Weÿl(and) Herr Johan(n) Wolfgang Sanwald | J(uris)c(onsul)t(us) des Jnnern und Geheimen Raths: | gebohrn An(n)o 1574. gestorben An(n)o 1640, alt 66. Jahr.

E Weÿl(and) Herr Wolfgang CasPar Sanwald, | J(uris)C(onsul)tus älterer Städtmeister, SteuerHerr, etc(etera) | gebohrn An(n)o 1669. gestorben An(n)o 1734. alt 65. Jahr.

F Halline | stehe still und | Siehe hier Sechs Bildnuße rechtschaffener Regenten | aus dem uralten | Edlen Geschlecht der Sanwalden | wahrer Patrioten | welche nun in die Dreyhundert Jahre ohnunterbrochen | vor Dein Wohl gewachet haben | durchdrungen | von dem reinsten Gefühl der Dankbarkeit, Liebe u(nd) Hochachtung | gegen Seine in Gott ruhende | Herrn Vätter und AnHerre | deren verdienstvolles Leben das Muster des Seinigen war, | errichtete Anno 1774. dieses Ehren Denkmahl | Der Letzte | dieses berühmten Stam(m)es | Der Wohlgebohrne HERR | Herr Johann Lorentz Sanwald, J(uris) C(onsul)tus | dieser des heil(igen) Reichs freÿen Stadt Hall, Älterer Städtmeister, SteuerHerr, | des Consistorii, Scholarchats und LehenHerrlichen Collegii Director, der Kirchen auf dem Land | Visitator perpetuus, Kaÿserlich und des Reichs wie auch ChurFürstl(ich) Baÿerischer vieljähriger Lehenträger, | Sein vorzügliches Talent blühete Frühe auf. | Dieses bewog die Vätter des VatterLands Jhn schon in Seinem 25. Jahr in den Jnnern Rath und nachdeme Er die Jhme | aufgetragene Aemter und EhrenStellen mit gleichem Recht und Eÿfer in die 23. Jahr verwaltet, Jhn Anno 1759. zum | Städtmeister und Director zu wählen. | Er vermählte Sich An(n)o 1739. mit | Der Wohlgebohrnen JungFrau | Sophia Catharina Susanna, | Des Weÿland Wohlgebohrnen Herrn Johann Lorenz Drechslers, ältern Stadtmeister | und SteuerHerrns etc(etera) dahier, ältern wurdigsten Tochter | mit welcher Er noch vergnugt doch ohne KinderSeegen lebet. | Er ist gebohren Anno 1711. und starb Anno <1778> in dem Alter von <67> Jahren, | als ein Christ und wahrer Menschen Freund. | Und | so ist nun dieses Edle Geschlecht verloschen. | Dank und Pflicht aber | wird den theuren Nahmen Sanwald | niemalen sterben laßen.

47. ANDREAS DRÜLLER, RATSHERR UND BÄCKER († 1669) und seine Ehefrau († 1675), Holzepitaph [oben S. 188-195]

Inschrift auf dem Gesims des Architravs (A), je eine Bildunterschrift auf beiden Seitenflügeln (B links und C rechts), auf dem Mittelbild die Kreuzinschrift (Titulus) oben (D) und die Namen der dargestellten Kinder des Ehepaars (E, von links nach rechts, dann hinten und ganz im Vordergrund); die Gedenkschrift in der Kartusche des Unterhangs (F), wobei die Sterbedaten auf der noch zu Lebzeiten Drüllers angefertigten Schrifttafel nachgetragen wurden

A Jch bin das Brot deß Lebens, wer Zu Mir kompt, den wird nit | hungern, vnd wer an mich glaubet, den wird nim(m)ermehr dürsten. Joh(annes) 6. v(ers) 35

B S[anct] Andreas ·

C S[anct] Margaretha ·

D I · N · R · I · [Iesus Nazoraeus *oder* Nazarenus, Rex Iudaeorum, *nach Johannes 19, 19f., s. bei Nr. 1*]

E Andreas Michel + // Anna Maria.+ Euphrosina. Maria Barbara Elisabet Margretha // [davor:] Maria Barbara + Elisabetha+ // [hinten:] Susana Margr(etha) Anna Margreth(a) // [im Vordergrund, links und rechts in den Ecken:] Jörg Andreas + Anna Margretha +

F Anno Dominj <1669> den <13. febr(uarii)> Jst in Christo seelig entschlaffen, der | Ehrnvest Fürsichtig vnd Weise herr Andreas Drüller deß Jnnern | Raths, vnd deß Reich Allmosen Pfleger <16.> Jahr, seines alters <61.> jar. | Vnd im Jahr C[hristi] <1675.> den <12. April> starb auch seelig die viel Ehrn=|tugendtreiche Fraw Margaretha deß geschlechts ein Kücköpfi(n), | sein Eheliche haußfraw, ihres alters <60.> Jahr. Ehestandts <36.> Jahr. | vnd nach Gottes willen erzeugt 11. kinder, Nemblich 3. Söhn vnd 8. | Töchter, Darvon noch bey leben so lang Gott will 1. Sohn | vnd 5. Töchter, die übrigen sind Gott ergeben. | Denen Gott mit allen Christglaubigen eine | fröliche Aufferstehung verleihe, Amen.

49. JOHANN LORENZ DRECHSLER, STÄTTMEISTER († 1725), Holz- und Stuckepitaph (1780) [oben S. 196-203]

Schriftband oben über den drei Wappen (A), je eine Inschrift auf dem Schild der linken (B) und rechten (C) Figur, die Gedenkschrift auf der Kartusche unten (D)

A A[NNA] M[ARIA] D[RECHSLERIN] G[EBORENE] // BEYSCHLAEGIN // S[USANNA] E[LISABETH] D[RECHSLERIN] G[EBORENE] // PACHELBIN, V[ON] G[EHAG] // M[ARIA] R[OSINA] D[RECHSLERIN] G[EBORENE] // ENGELHARDIN

B HIS ARTIBVS

C IN PVBLICA COMMODA FVLGET

D EhrenDenckmahl | Weÿl(and) des Magnifici u(nd) Hochedelgebohrnen | Herrn Johann Lorenz Drechslers | ältern Städtmeisters, Steuer-Herrns | der Kirchen u(nd) Schulen in Stadt u(nd) Land Directors | der dem Vaterland, 37 Jahre vortreflich gedient | u(nd) daher das Lob eines rechtschaffenen Regenten erhalten | Er hat in dreÿfacher Ehe gelebet | Zeugte 11 Kinder wovon noch 3. im Leben sind | wurde Gebohren d(en) 14ten April 1664. | ist gestorben d(en) 6.ten April 1725. | dem besten Ehegatten und Vater | liesen dieses Denckmahl sezen | die Witwe Sus(anna) Elis(abeth) geb(orne) Pachelblin von gehag | und Tochter Sophia Catharina Susan(n)a

Dieses Epitaphium haben erneuren lassen | Fr(au) Sophia Cath(arina) Sus(anna) Sanwaldin, geb(orne) Drechslerin witwe | Fr(au) Elisab(etha) Charlotte Hufnaglin, geb(orne) Drechslerin. | 1780.

Übersetzung:
B/C Mit diesen Künsten (Fähigkeiten)
leuchtet er zum öffentlichen Nutzen.

50. DAVID SCHMALKALDER, RATSKONSULENT († 1636) und seine beiden Ehefrauen († 1618 und 1665), Holzepitaph [oben S. 204-209]

Die Inschriften im Aufsatz (A) und im Gebälk (B), die Kreuzinschrift (Titulus) im Hauptbild (C), die Gedenkschrift im Sockelgeschoss (D) und eine weitere kurze Inschrift im Unterhang in einem Schriftband des Medaillons (E)

A   Hier Zeitlich / | Dort Ewig / | darnach richte Dich.

B   GUTTA TUI MISERO MIHI SUFFICIT UNA CRUORIS.

C   [2 Zeilen „hebräisch" in Phantasieschrift] | [2 Zeilen „griechisch" in Phantasieschrift] | [2 Zeilen lateinisch:] IESUS NAZARENUS | REX IUDEORUM [nach Johannes 19, 19f., vgl. bei Nr. 1 H und 20 B]

D   Anno Christi 1636. den 2 Febr(uarii) ist der Edel Ehrnuest vnd Hochgelehrte Herr | David Schmalcalder der Rechten Doctor vnd hiesiger Statt Rath vnd Advocat | im 66. Jahr vnd 7. wochen seines Alters: Deßgleichen seine die Ehrn= vnd Tugent=|reiche erstbemelten Herr D[octoris] Schmalcalders S[elig] beede Haußfrawen: Die 1. Eleonora | deß Geschlechts ein Haüffin von Schorndorff den 18 Maij. Anno 1618. Die 2. | Catharina deß Geschlechts ein Dieterichin den <28. Maij.> Anno 16<65.> im Herrn selig | eingeschlaffen. Denen Gott ein Fröliche Vrstend verleihen wolle. Amen.

E   MEMORATO NOVISSIMA

Übersetzung:
B   Ein Tropfen deines Blutes genügt mir Armem.
E   Denk an die letzten Dinge!

51. STIFTERTAFEL ZUM REICHEN ALMOSEN (1615/1725), Holztriptychon [oben S. 210-217]

Schrifttafel oben in der Bekrönung (A), Inschriften außen auf dem linken (B) und rechten (C) Flügel, jeweils von oben nach unten zwischen den Bildern, die große Inschrift auf den Innenflügeln links und rechts (D); in der linken Wappentafel (innen) in der Mitte der unteren vier Wappenreihen ein Feld abgeteilt mit der Überschrift (E); die rund 100 Wappeninschriften der Stiftertafel werden nicht wiedergegeben (ihre Namen sind aufgeführt bei Wunder, Personendenkmale S. 29-32 Nr. 51 und bei H. Beutter in: St. Michael in Schwäbisch Hall, 2006 S. 226-239).

A   VerZeichnus | Deren in daß Reiche Almusen | Gestiffter Schüssel vnd vff | die Schulen gewidmetter Stipendien

B   Christus Spricht | Jch bin Hungerig gewesen, vnd ihr habt mich gespeÿset, | Jch bin Dürstig gewesen vnd ihr habt mich Getrenckt | Jch bin ein Gast gewesen vnd ihr habt mich Beherberget.

C   Mathei am XXV Capittel [Vers 35 und 36] | Jch bin nacket gewesen vnd ihr habt mich beklaidet, | Jch bin Kranck gewesen, vnd ihr habt mich besucht, | Jch bin gfangen gwesen, vnd ihr seit zu mir kommen.

D   Merck lieber Leser vnd steh still
Vor was Gott von dir haben will
Daß du dich nemblich solst der Armen
von grundt deß hertzens dem erbarmen
Solches ist dir gar wohl Zu thon,
Dieweil es eintragt großen lohn
Es ist Je gwiß vnd kein gedicht
Almusen geben Armet nicht
Gott will es reichlich widergeben
Jnn diesem vnd inn ienem leben,
So ist auch wahr, daß wir inn gmein

Ain Fleisch Bruder vnd Schwester sein
Vnd Ain Vatter im Himmel haben
Der vns mittheilt so manche gaben
Wilt du nun sein, sein liebes Kindt
Schlag inn sein Art, sey auch so lindt.
Ein Haußhaltter kanst dus errahten
Warumb er ins verderben grahten
So bald er DATE hatt vertriben,
Jst DABITVR auch außgeblieben //

Vnd sobald DATE widerkommen
Hatt […] Zugenommen
Wer abr den Armen leßt inn noht
Vnd spricht Zieh ab, es hilft dir Gott
Der wirdt auch ruffen angstiglich
Vnd doch erhoret werden nicht
Hett Hatto Frücht den Armen geben
Die meuß hetten Jhn lassen leben
Da dann Zu lehrnen Jhr Latein
Die Pfleger der Almusen sein
Daß sie dasselbig recht verwahlten
Das wenigst nicht darvon behalten
Dann hieran ist nichts Zu gewinnen
Es muß dort auff der Seel verbrinnen
Wer nun anschawt die helm vnd schildt
Der sey auch so ge[.]antt und mildt
Wie unser lobliche Vorfahren
Gegen den Armen Leuten waren.
Deß wirdt er ewigen ruhm finden,
Beÿ Gott vnd allen Menschen Kinden

E   Volgt Die Benambsung Der Stipendien.

Übersetzung:
D   Date = gebt!, Dabitur = es wird (dir) gegeben werden

---

52. PETER FIRNHABER, HANDELSMANN († 1620) und seine Ehefrau († 1647), Holzepitaph und Nachkommentafel [oben S. 218–225]

Inschrift oben im Gebälk (A); Gedenkinschrift im Sockel (B), Inschriften auf dem linken Seitenteil oben (C), darunter Wappenbeischriften (D) und auf dem rechten Seitenteil oben (E), darunter ebenfalls Wappenbeischriften (F); am Kruzifix im Hauptbild die Kreuzaufschrift, der Titulus (G); die 120 Namensinschriften der Nachkommen des Ehepaars im großen Mittelbild werden nicht wiedergegeben (sie sind aufgeführt bei Wunder, Personendenkmale S. 32f. Nr. 52); oben im Aufsatz-Bild das Tetragramm, der hebräische Gottesname (H)

A   Der Alten Krone sind Kindeskinder, vnd der kinder Ehre sindt ihre Vätter · Prov(erbia) S(alomonis) 17. [Vers 6]

B   Anno Christi .1620. den 7. Septemb(ris) starb der Ehrnvest vnd Wolachtbare | herr Peter Firnhaber deß Gerichts vnd Handelsman alhie seines alters. | 50. Jahr. Vnd in Anno 1647. den 21. X(Decem)b(ris) verschied die Ehrn: und Tugentsame | Fraw Maria, ein geborne Buschin von Hailbron, sein Ehliche haußfraw. | ihres alters .79. Jahr. hat erlebt an Kindern vnd Kindskindern .120. | Denen Gott ein frölich Aufferstehung zum Ewige(n) Leben verleihe(n) wolle. Ame(n).

C   Bis sex hac tabula, depicta Insignia, septem
    Dant Generos, Neptem, quatuor atq(ue) Nurus:
Est Lackhorn Consul; Proceres sunt Müller et Hetzel;
    Est Burckhard, Medici gloria magna chori;

D   Jacob Lackhorn Consul, Mar(itus) Affræ // Anthoni Glock Consul Öringæ M(aritus) | Margarethæ |
Albert(us) Müller Senator Mar(itus) Elisab(ethae) // Joh(ann) Christ(oph) Hetzel Senator: Marit(us) | Magdalenæ |
Johan Jacob Jäger Mar(itus) Agnetis. // Johan Waltter, Mar(itus) Barbaræ

- E Glock, Iäger, Walther, Wengerus et Öttigerina,
    Est Seüfferhelda, et Beürlerina, et Clasia.
    Defunctis sit grata quies; sit Sors bona Vivis;
    Impleat hoc Votum, qui regit astra DEUS.

- F Georg Wenger Marit(us), Mariæ // Christoph Burckhardt Med[icinae] D[octor] | Maritus Catharinæ, Filiæ Affræ. |
    Anna Öttingerin et Maria Magdal(ena) Seüfferheldin, uxores Petri S(elig) |
    Anna Maria Beürlerin et Rosina Clasin uxores Wolffg(angi) Capitanei

- G I · N · R · I · [Iesus Nazoraeus *oder* Nazarenus, Rex Iudaeorum, *nach Johannes 19, 19f., s. bei Nr. 1*]

- H יְהֹוָ֒ה [*Jahwe, der hebräische Gottesname*]

Übersetzung:
- C Zweimal sechs Wappen sind auf dieser Tafel gemalt, sie bezeichnen die sieben Schwiegersöhne, die Enkelin und die vier Schwiegertöchter. Es ist der Stättmeister Lackorn, es sind die Ratsherren Müller und Hetzel, es ist Burckhard, der große Ruhm der Ärzteschaft.
- E Glock, Jäger, Walther und Wenger, die Öttingerin, die Seyfferheldin, die Beurlinin und die Claßin. Es sei den Verstorbenen selige Ruhe, den Lebenden ein gutes Geschick! Es möge diesen Wunsch erfüllen Gott, der die Sterne regiert.

---

54. MICHAEL SCHMIDT, METZGER († 1596) und seine Ehefrau († 1614), Holzepitaph [oben S. 226–233]

Im Gebälk oben die Überschrift und darunter die zugehörige Versinschrift in zwei Spalten (A); auf dem linken Seitenteil Gedenkinschrift für den Mann (B), auf dem rechten für die Ehefrau (C); auf dem Predellabild stehen auf papierblattartigen Schriftfeldern links (D) und rechts (E) die Namen der Kinder des verstorbenen Ehepaars, wobei sich die jeweilige Zahl über den Köpfen der Dargestellten wiederholt; ganz unten im Rahmen unter der Christusfigur das Monogramm des Malers (F)

- A GENESIS, XIII. CAP: [Verse 5–12]
    Beÿd bruder Lott vnd Abraham =
    = durch Gottes segen seer Zunam,
    Am vÿch, die Hirtten beider seidt //
    Wassers halb, hätten taglich streitt,
    Frid Zu halten beid bruder dachten
    vnd Zwen theÿl aus dem landt sie machten

- B Zu Ehrn vnd ge=|dechtniß ward auff|gericht diß EPITA|PHIVM : dem Er=|barn vnd Acht=|barn Michael | Schmidt Allhie | seines handtwercks | ein Metzger welch|er in Christo selig=|lichen endtschlaffen | Alls man Zält, 15|96 . den 19. Martij | Zwischen 9 vnd | 10. vhr vor mit=|tag seines allters | Jm 45. Jar war | in der Ehe 15, | Jar weniger 10 | wochen

- C Anno Domini | <1614.> den <4> tag | <Juli.> ist ebenme=|sig Gottseliglich | endschlaffen die | Ehrn vnd Thu|gendtsam Fraw, | Magthalena Spel|tacherin, Miehael [!] | Schmidts Ehliche | hausfraw, Jhrs alt=|ters <..> Jar Der | allmächtig Getreue | Gott wölle sie mit | allen Christglau=|bigen am Jungsten | tag Zum Ewigen | leben Frölich auff | Erwecken amen,

- D 2. Michel, wardt geboren. 1583.
    3. Michel, wardt geborn, 1585
    7. Georg, ward geborn, [15]92.
    9. Dauid, ward geborn [15]95

- E 1. Magdalena, wardt geboren, (Anno). 1582
    4. Anna, wardt geboren. (Anno) 1587
    5. Katharina, geboren, 1588
    6. Apolonia, wardt geboren, 1590
    8. Apolonia, wardt geboren. 1593

- F I[akob] H[offmann]

---

55. ANNENALTAR (Sippenaltar), Steinmensa und Schnitzretabel [oben S. 234–243]

I) Altartisch (Inschrift 1344)

DISE · CAPELLE · IST · GEW | IHET · I(N) · SANT · A(M)BROSIEN · ERE · | VND · I(N) SA(N)T · ERASME(N) · UND · I(N) SANT | MAR-GARTE(N) · UND · WART · GEBUWEN | UO(N) · DER · ERBERN · FRAUWEN | GVTE(N) · DER · UELDNERIN · DO · | MAN · ZALTE · VON · CRISTES | GEBURT · M° · CCC° · XXXX · IIII · | AN · SANT · MICHAHELS:TAGE

II) Retabel (1509)

Die Namensbezeichnungen der dargestellten Mitglieder der Heiligen Sippe oben auf dem Brokatvorhang hinter den geschnitzten Figuren (A), am Sockelbrett der Schnitzgruppe, links der Mitte (B), rechts davon unter Anna und den Kindern (C) und am Sockelbrett unter der rechten Frauenfigur (D)

A   Zebedevs . Joseph . Salo // me . Joachim Alpheus . Zebedevs

B   Jacob · der · greoßer [!] · Johannts · [...] · maria · salome · // maria · anna · 1509 ·

C   simen vnd Jvdt · Jacob · der · minder · // joseff d[er gerechte]

D   maria · cleophe ·

---

60. JOHANN FRIEDRICH BONHOEFFER, PREDIGER († 1783), Tisch-Grabstein [oben S. 244–247]

Das rechte von den zwei Tischgrabmälern (mit Familienwappen oben) ist in den drei ersten Zeilen der Inschrift (A) etwas beschädigt; am vorderen Fuß des Grabmals die Signatur des Steinmetzen (B)

A   Im Uhr G[ros]svä[terl]ichen Grab | ruhet hier de[m] Leib [na]ch im Frieden | weÿl(and) Tit(ulo) | Herr Johann Friedrich Bonhöffer, | hochverdienter Prediger, und Decanus, | wie auch Consistorialis, und Scholarcha dahier, | Welcher, gebohren den 15ten Octobr(is) 1718. | Sich mit der beküm(m)erten Frau Wittib | Anna Elisabetha, einer geb(ornen) Seÿferheldin, | Die Jhm dieses traurig[e] Denkmal sezen lassen, | a(nn)o 1741. den 11ten Junij vermählt, | u(nd) von der Pfarreÿ Unterlimpurg an in 25 Jahre(n) | Die oberste Stelle beÿ S(anc)t Michael erhalten hat. | Wissenschaft u(nd) Geschmak mit Gefälligkeit, | u(nd) würdigem Vorgang in Lehr u(nd) Lebe(n) verbunde(n) | waren der Hauptcharakter, den Er | biß an Sein seel(iges) Ende zu behaupten gewußt, | welches leider! den 7ten Jul(ii) 1783. erfolgt ist, | in einem Verdienstvollen Alter von 64. Jahre(n), | 8 Monathen, 3.Wochen, und | 1. Tag.

B   I[ohann] G[eorg] IoZ.

---

63. JOHANN MICHAEL GRÄTER, STUDENT († 1635), Holzepitaph [oben S. 248–251]

Inschriften im Gebälk oben (A) und auf dem Sockel unten (B)

A   I. CORINTHER 2: V(ers). 2 | Jch hielt mich nicht darfür, daß ich etwas wüste vnder euch, ohn allein | Jesum Christum, den gekreützigten.

B   Anno D(omi)ni 1635. den 8 Julij Morgens vmb halb siben vhr, ist in Christo seinem er=|löser sannft vnd selig entschlaffen der Erbar vnd wolgelert herr M[agister] Johann Michæl Gre=|ter. S(anctis)S(imae) Theologiæ studiosus, seines allters 22 Jar Gott verleÿe Jhm vnd vns | allen ein fröliche aufferstehung vmb Jesu Christi willen Amen, IHP [Iacob Hoffmann, Pictor]. Æt(atis) | 73. Jar

---

66. LEONHARD ROMIG, RATSHERR († 1589) und seine vier Ehefrauen († 1547, 1554, 1570 und 1577), Holzepitaph und Nachkommentafel [oben S. 252–261]

Im Aufsatz die Gedenkschrift für den Verstorbenen (A), im Sockel die Gedenkschrift für seine Ehefrauen (B); am Kruzifix im Hauptbild die Kreuzaufschrift, der Titulus (C); die 171 Namensinschriften der Nachkommen des Ehepaars im großen Mittelbild werden nicht wiedergegeben (sie sind aufgeführt bei Wunder, Personendenkmale S. 37f. Nr. 66)

A   Anno / 1589 / den · 15 · FEBRVARI : starb der Ernhafft herr | Leonhardt Romig · des Rahts alhie / seins alters / 85 · Jar | vnd hat erlebt / an kinder / vnd Jren kindskindern / 171 / Gott gnad Jm

B   Anno · 1547 · den · 3 · marti · starb die Erbar frauw Amalia Secklin · e(t)c(etera) · Anno · 1554. am | · 8 · Aprilis · starb die Erbar frauw Sibila Pfanenschmidin / e(t)c(etera) · Anno · 1570 · starb die Erbar · | frauw / Barbara Künin / vnd Anno · 1577 · den · 3 · maij / starb die Erbar frauw · Elisabeth | Bernsteinin / obgemeltes Romigs / Ehliche hausfrauen / denen Gott ein fröliche vrstend gebe

C   I · N · R · I · [Iesus Nazoraeus *oder* Nazarenus, Rex Iudaeorum, *nach Johannes 19, 19f., s. bei Nr. 1*]

67. FRIEDRICH PETER WIBEL, PREDIGER († 1754), Holzepitaph [oben S. 262–267]

Große Schrifttafel unter dem Porträt (A), Schrift im Buch des Porträtierten (B), auf der Rückseite der Porträt-Leinwand die Maler-Signatur (C)

A Diß ist das Bildnus des Weyl(and) HochEhrw(ürdigen) u(nd) Hochge= | lehrten Herrn H(er)rn Friedrich Peter Wibels, Predigers, De= | cani, Consist(orialis) u(nd) Scholarch(ae) welcher .1691. d(en) 21ten Jan(uarii) in diese Welt ein= | gegangen, in die rühml(ichen) Fusstapfen seines hiernächst abgebildeten H(er)rn Vatters, Gros | u(nd) UrgrosVatters getreten u(nd) 1716 zu einem Diacono | 1718 Archi-Diac(ono), 1725 StadtPfar | rer, Consist(oriali) u(nd) Schol(archae) auch cap(ituli) Procurat(ori), 1744. Prediger u(nd) Decano erwehlt worden. Er lehrte nach | dem Sin(n) Christi, lebte wie er lehrte, u(nd) krönte Lehr u(nd) Leben mit einem d(en) 9ten Jun(ii) 1754. erfolgten seligen | Tod; nachdem Er vorher in gedoppelt=vergnügter, doch unfruchtbarer Ehe; u(nd) zwar, mit Tit(ulo) J(un)gfr(auen) | Christina Elisabetha, geb(orner) Hartmän(n)in, von 1717. biß 1741. mit Tit(ulo) Frau An(n)a Maria, geb(orner) Tex | torin aber, einer Pfleger Drechslerischen Wittib von 1741 biß an sein seliges Ende, gelebt hat. Sein siegreicher | Tod war Jhme Freudig, unserer Kirch aber, und seinen BlutsFreunden betrübt, die | Jhm, zu bezeugung ihrer Liebe und Hochachtung, dieses Danck= u(nd) | Denckmal sezen lassen.

B Leich=TEXT, | Apocal: XXI.7. | Wer überwin= | det, der wirds | alles erer= | ben.

C Friederich Peter Wibel | Prediger und Decanus. | J[ohann] D[aniel] Hauck, pinxit, | 1754.

69. NIKOLAUS GLOCK, PREDIGER († 1647) und seine beiden Ehefrauen († 1634 und 1670), Holzepitaph [oben S. 268–271]

Im Gebälk Inschrift (A), im Unterhang die Gedenkschrift (B), im Hauptbild nur die Kreuzinschrift, der Titulus (C)

A Wer glaubt an Christum bständiglich,
   Der stirbt auch sanfft vnd seeliglich. Mar(cus) 16. [Vers 16 / Johannes 11, 25]

B Der Wol=Ehrwürdig Achtbar vnd Hochgelehrt Herr M[agister] Nicolaus Glock, | Prediger vnd Decanus alhier, ist in Gott seelig verschieden, den 1. Augustj, | Anno .1647. seines alters im 57. Predigampts aber im 34. Jahr. Dessen zwo | Ehr: vnd Tugentreiche Haußfrawen sind gewesen: 1. Margareta ein ge: | borne Bratzin, welche seelig eingeschlaffen den 3. Octob(ris) A(nn)o .1634. 2. Susanna | ein geborne Gräterin starb zu Heilbron d(en) 19. Martij .1670 · Denen Gott genade.

C · I · N · R · I · [Iesus Nazoraeus *oder* Nazarenus, Rex Iudaeorum, *nach Johannes 19, 19f., s. bei Nr. 1*]

70. GEORG BERNHARD ARNOLD, RATSHERR († 1746) und seine Ehefrau († 1751), Stuckmarmorepitaph [oben S. 272–281]

Große Inschrift-Kartusche im unteren Teil des Epitaphs (A), darunter, vom Rahmen der Kartusche verdeckt, die Signatur des Malers (B)

A BEATIS MANIBVS // POSTERISQVE SACRVM |
VIVIT POST FVNERA SEMPERQVE VIVET | QVI NON SIBI SED DEO ET PATRIAE VIXIT | VIR EXCELLENTISSIMVS TITVLISQVE OMNIBVS DIGNIOR | D(OMI)N(VS) GEORGIVS BERNHARDVS ARNOLD I[VRIS] V[TRIVSQVE] D[OCTOR] | PATER PATRIAE OPTIMVS | QVINQVEVIR CONSISTORIALIS SCHOLARCHA | SALINARVM ET ROSETI PRAEFECTVS MERITISSIMVS | ORDINIS SVI ORNAMENTVM AMOR CIVIVM SVORVM DELICIVM | VIVERE COEPIT VII. JAN(VARII) MDCLXXXXIX. DESIIT XXVII. AVG(VSTI) MDCXXXXVI. | DIGNVS CVIVS VITA ET MORS POSTERIS COMMENDETVR | QVIQVE AMPLISSIMO COHONESTETVR MONVMENTO | FECIT HOC SVPERSTES CONIVX TANTO CONIVGE DIGNA | QVACVM SVAVISSIME SED SINE LIBERIS VIXIT | D(OMI)N(A) MARIA MAGDALENA STIRPE BONHOEFFERIA | OMNIBVS SEXVS SVI DECORIBVS ORNATISSIMA | NATA XXIX. APR(ILIS) MDCLXXXXV, NOSTRO DATA XIIII. MAII MDCCXXVI. | COELO VNDE VENERAT REDDITA <1. OCT(OBRIS) MDCCLI.> ÆT(ATIS) <LVI.> | QVAE QVA VIVVM COLVIT PIETATE EADEM AMISSVM DEFLET | QVAMQVE IMMORTALITATEM INTER MORTALES POTEST | POSITO HOC MONVMENTO MOERENS MERENTI TRIBVIT. | A(NNO) O[RBIS] R[EDEMPTI] MDCCL.

B J[ohann] G[eorg] Meÿer, pictor fecit

Übersetzung:
A Den seligen Manen und den Nachfahren gewidmet.
   Es lebt nach dem Begräbnis und wird immer leben,
   wer nicht für sich, sondern für Gott und das Vaterland gelebt hat,
   der ausgezeichnetste Mann, der würdiger ist als alle seine Titel [aussagen],
   Herr Georg Bernhard Arnold, Doktor beider Rechte,
   der beste Vater des Vaterlandes, Geheimer Rat, Konsistorialrat und Scholarch,
   hochverdienter Hauptmann des Haals und Amtmann im Rosengarten,

eine Zierde seines Standes, Liebling der Bürger und Wonne der Seinen.
Er begann zu leben am 7. Januar 1699, er starb am 27. August 1746;
er ist würdig, dass sein Leben und sein Tod der Nachwelt empfohlen
und er durch ein sehr prächtiges Denkmal geehrt werde.
Errichten lassen hat dieses die ihn überlebende, eines so bedeutenden Gatten würdige Ehefrau,
mit der er aufs Angenehmste, aber ohne Kinder gelebt hat:
Frau Maria Magdalena, eine geborene Bonhoeffer,
mit allen Zierden ihres Geschlechts reich geschmückt,
die am 29. April 1695 geboren, am 14. Mai 1726 dem Unsrigen angetraut,
am 1. Oktober 1751 mit 56 Jahren zurückgegeben wurde dem Himmel, von dem sie gekommen war.
Mit der gleichen Pietät, mit der sie den Lebenden versorgt hat, beweint sie den Verlorenen.
Und was an Unsterblichkeit unter Sterblichen möglich ist,
hat die Trauernde ihm, der es verdient hat, verliehen, indem sie ihm dieses Denkmal gesetzt hat.
Im Jahre der erlösten Welt 1750.

B Der Maler J.G. Meyer hat (es) gestaltet

72. RETABEL DES DREIKÖNIGSALTARS (um 1520/21), Schnitzretabel [oben S. 282–295]

In der Bekrönung Inschrift (A), im Gebälk (B), auf den Außenseiten der beiden (geschlossenen) Flügel (C), im Sockel (D); im Schrein unter dem Relief der Anbetung durch die Hl. Drei Könige die Inschrift (E).

A PATER DE CELIS DEVS | MISERERE NOBIS

B EXORDIVM NOSTRE REDEMPCIONIS

C ALTARE SANCTOR(VM) // TRIVM REGVM

D EI QUI NON OPERATUR, CREDENTI AUTEM | IN EUM, QUI IUSTIFICAT
   IMPIUM, REPUTA|TUR FIDES EIUS AD IUSTICIAM: ROMA(NIS): IV. [Vers 5]

E ESA(IA) · IX · [Vers 5] PVER EST NOBIS NATVS, ET · FILIVS DATVS EST NOBIS · 1.5.85

Übersetzung:
A Vater, Gott in den Himmeln, erbarme dich unser!
B Ursprung unserer Erlösung
C Altar der Heiligen Drei Könige
D Dem, der keine Werke leistet, aber an den glaubt, der den Gottlosen gerecht macht, dem wird sein Glaube als Gerechtigkeit angerechnet. Römer 4.
E Jesaja 9 Uns ist ein Kind geboren und ein Sohn ist uns gegeben, 1585

77. NIKOLAUS FRIEDRICH HASPEL VON PALMENBURG, STÄTTMEISTER († 1790), Marmorepitaph mit Holzfiguren [oben S. 296–301]

S[ISTE] L[EGE] | CIPPVM VIDES | VIRI PERILLVSTRIS ET MAGNIFICI | NICOLAI FRIDERICI HASPEL A PALMENBVRG | IMPER(ATORIS) A(VLICVS) CONSIL(IARIVS) COM(ES) PALAT(INVS) CONSVL SEN(IOR) H(VIVS) REIPVBL(ICAE) &[ET]C(ETERA) &[ET]C(ETERA) | NAT(VS) EST III. KAL(ENDAS) FEBR(VARII) A(NNO) MDCCXVI. REB(VS) PVBL(ICIS) ADMOTVS A(NNO) MDCCXXXVIII | PER OMNES FERE HONOR(VM) GRADVS AD SVMMVM ASCENDIT | A(NNO) MDCCLXXXVIII DIE SVO NATALI MVNERVM SOLEMNIA CELEBRAVIT SEMISAECVLARIA | PHILOSOPHVS EGREG(IVS) IVRIS. ET IN EO PATRII INPRIMIS CVSTOS VIGILANT(ISSIMVS) PRVDENT(ISSIMVS) | OBDORMIVIT PLACIDE III. KAL(ENDAS) APRIL(IS) A(NNO) MDCCXC. |

MONVMENTVM OPTIME MERITO FIERI IVSS(IT) FILIVS GRATISS(IMVS) | FRIDERICVS LAVRENTIVS HASPEL A PALMENB(VRG) | CONSIL(IARIVS) AVL(ICVS) HOHENL(OICVS) CIVIT(ATIS) PRAETOR.

Übersetzung:
Bleib stehen und lies! Du siehst das Totendenkmal des hochwohlgeborenen und großartigen Mannes Nikolaus Friedrich Haspel von Palmenburg, kaiserlichen Hofrats und Pfalzgrafen, älteren Stättmeisters dieser Stadtrepublik usw. usw. Er wurde am 30. Januar 1716 geboren, trat 1738 in den öffentlichen Dienst, stieg durch fast alle Ehrenstufen auf bis zur höchsten, feierte 1788 an seinem Geburtstag sein 50jähriges Amtsjubiläum, ein hervorragender Gelehrter des Rechts und darin vor allem ein höchst wachsamer und kluger Hüter des vaterländischen Rechts. Er entschlief sanft am 30. März 1790.

Das Denkmal ließ dem Hochverdienten sein überaus dankbarer Sohn Friedrich Lorenz Haspel von Palmenburg, Hohenlohischer Hofrat und Stadtschultheiß, errichten.

78. JOSEF VOGELMANN, FÄHNRICH UND WIRT († 1568), Steinepitaph [oben S. 302–304]

ANNO D(OMI)NI 1568 . DEN 6 OCTOB(RIS) | STARB DER ERBAR VND ERNVEST | IOSEPH VOGELMA(NN) DEM GOT GNAD | [AME]N

81. JOHANN FRIEDRICH BONHOEFFER, PREDIGER († 1783), Holzepitaph [oben S. 306–313]

Inschrifttafel unter dem Porträt (A), die Malersignatur (B) im Porträt rechts des Kopfes auf den Zwischenbrettern des Bücherregals

A Einem from // men Lehrer, | guten Christen und Gatten, | weil(and) Tit(ulo) HERRN | Johan(n) Friedrich Bonhöffer, | Prediger, und Decano | auch Consistoriali und Scholarchæ | dahier | welcher d(en) 15ten Octobr(is) 1718. geboren, u(nd) nach 42. | treu vollbrachten Amts= u(nd) 64 LebensJahren | d(en) 7ten Julij 1783. seel(ig) | entschlafen ist. | wiedmet dieses Denkmal der Liebe | die beküm(m)erte Wittwe | An(n)a Elisabetha geb(orne) Seiferheldin

B F[ranz] J[osef] Degle // figuravit An(n)o 1784

Übersetzung:
B F.J. Degle hat (es) gestaltet im Jahr 1784

82. WOLFGANG JAKOB SEIFERHELD, STÄTTMEISTER († 1798), Holzepitaph [oben S. 314–318]

Die Inschrifttafel unter dem Porträt (A), die Malersignatur (B) auf der Rückseite der Porträtleinwand rechts unten

A WOLFGANGO JACOBO | SEIFERHELDIO | CONSULI CONSISTORIALI ET SCHOLARCHÆ | PARENTI SUO ET AVO DESIDERATISSIMO | NAT(O) A(NNO) C(HRISTI) 1719. D(IE) 10. SEPT(EMBRIS). DENAT(O) 1798: D(IE) 22. AUG(USTI) | MONUMENTUM HOC POSUERE | FILIA ET NEPTIS.

B G[eorg] A[dam] Eger pinx(it)

Übersetzung:
A Dem Wolfgang Jakob Seiferheld, Stättmeister, Konsistorialrat und Scholarch, ihrem Vater und Großvater, den sie sehr vermissen, geboren am 10. September im Jahre Christi 1719, gestorben am 22. August 1798, haben dieses Denkmal errichtet die Tochter und die Enkelin.
B G. A. Eger hat [das Bildnis] gemalt

85. HEILIGES GRAB / ANNA SIBYLLA RITTMANN GEB. GRAETER († 1702), Holzfiguren, Holzdrehflügel und Steinrelief [oben S. 319–343]

Namensinschriften bei den Figuren des Hl. Grabes (A, von links nach rechts); spätere Inschrift auf dem unteren Bild des linken Flügelgemäldes (Außenseite, B)

A SANCTVS · IOHANNES // SANCTA · MARIA // SANCTA MARIA IACOBI. // SANCTA MAGDALENA

B Anna Sibÿlla Rittmännin | ein gebohrne Grætterin, | Anno, 1702.

92. FRIEDRICH HÖRMANN, JURIST († 1642), Steinepitaph [oben S. 344–347]

Inschriften in der Bekrönung ganz oben (A), im Giebelfeld (B), im Mittelfeld oben (C) und unten (D); die Gedenkschrift im Sockel (E); im Unterhang die Signatur des Bildhauers (F)

A CONSTANTIA ·

B Pater | ad Neptem. |
Gott hat zwar | meinen Kindern frum | Bald abgekürtzt ir Leben
Er | hat mir aber widerumb Ein | Zweiglein daruon geben,
Dem | Zweiglein geb der Milte Gott, Vil | Segen und Gedeÿen,
Endlich wöll er ihm | nach dem Todt, Die Ewig Fraid verleihen.

C TU SUPPLEX ORA : TU PROTEGE : TUQVE LABORA |
DOMINUS // PROVIDEBIT.

D LeichText Prov(erbia) Sal(omonis) c(apitel) 16 v(ers) 31. | Grawe Haar sind eine | Krone der Ehren, die | auff dem Weg der | Gerechtigkeit | gefunden werden.

E An(n)o 1642. den 13. Februarij, ist in | Gott Seelig entschlaffen, der Wol | Edel vnd Gestreng Herr Friderich | Hörmann &[et]c[etera] Seines Alters im 75. | Jahr. Deßen Zwo Wol Adeliche Gemahlin | sein gewesen Fraw Maria vnd Fraw Ca=|tharina, beede geborne von Stetten. Denen | Gott eine fröhliche Auferstehung geben | wolle.

F I[acob] B[etzoldt]

Übersetzung:
A Standhaftigkeit, Beständigkeit
B Der Vater an die Enkelin [...]
C Du bete demütig, du beschütze, du auch arbeite: Gott wird Sorge tragen.

95. KASPAR FEYERABEND, STÄTTMEISTER († 1565) und seine zwei Söhne († 1563 und 1565), Steinepitaph [oben S. 348–349]

Gedenkschrift oben (A), Schrifttafel im Mittelfeld (B)

A ANNO D(OMI)NI 1565 · AM SAMBSTAG NACH | LETARE DEN 7 · APRIL(IS) ZWISCHEN 9 · VND 10 · | VRN VORMITTAG · STARB DER ERNVEST ER=|BAR VND WEIS HER CASPAR FEIERABET STET=|MAISTER · DEM GOT GNAD A(M)EN ·

B ANNO 1563 · AM MITWOCH | NACH OCVLI · VND AN(N)O 1565 · | AM FREITAG NACH OSWALDI | STARBEN OBGEMELTS CAS=|PAR FEIERABETS SELIGEN | ZWEN SÖNE BEDE FŒLIX | GEHAISSEN DEREN SELEN | GOT GNAD ·
[Todestage der beiden Söhne: 17. 3. 1563 und 10. 8. 1565]

96. JOHANN PETER HETZEL, STÄTTMEISTER († 1711), Grabstein [oben S. 350–353]

Medaillon in der Bekrönung (A), in der Mitte rundes Inschriftfeld mit Gedenkschrift (B), darunter Kartusche mit Inschrift (C)

A SYMBOLUM | DOMINVS | PROVIDE=|BIT.

B Hiernächst | ruhet in Gott | der Hoch Ed=|le vnd Gestrenge Herr Johann Pe=|ter Hetzel, 25. Jähriger hochver=|dienter Städtmeister und Steuerherr, | auch CONSISTORII vnd COLLEGII SCHO=|LARCHARUM DIRECTOR ETC(ETERA) welcher | den 22. FEBR(UARII) 1638. gebohren: Mit Frau | Martha Catharina Bonhöfferin in 47. | Jähriger Ehe erzeigt 14. Kinder | da=|von noch 4. Söhn vnd 4. Töchter beÿ | Leben | vnd endlich den 23. NOV(EMBRIS) A(NN)O | 1711. im 74. Jahr Seines alters / | Ehrenvoll und Lebenssatt | Seelig entschlaffen.

C Leich Text. Offenb(arung) Joh(annis) XIV. 13. | Selig sind die Todten, die in | dem Herrn sterben von nun an. | Ja der Geist spricht | daß Sie ruhe(n) | von ihrer Arbeit | dann ihre | werck folge(n) ihne(n) nach.

Übersetzung:
A Devise: Gott wird Sorge tragen

102. JOHANN FRIEDRICH WIBEL, STÄTTMEISTER († 1702), Grabstein [oben S. 354–359]

Oben in der Mitte Kartusche mit Inschrift (A); in der Mitte der Platte große Kartusche mit der Grabschrift (B); in den beiden oberen Ecken zwei Rundmedaillons mit emblematischen Darstellungen, jeweils mit dazugehörigen Sinnsprüchen, darüber lateinisch und darunter deutsch (links C1 und C2, rechts D1 und D2); ganz unten drei weitere emblematische Rundmedaillons nebeneinander, wiederum mit Beischriften darüber und darunter (von links nach rechts: E1|E2, F1|F2 und G1|G2)

A Psal. 42. [Vers 2] | Wie der Hirsch | schreÿet nach fri=|schem wasser, So | schreÿet meine | Seele Gott zu dir.

B Hier ruhet der getreüe | Statt= und · Landes=Vatter, Tit(ulo) | Herr Joh(ann) Friderich Wibel. J[uris] U[triusque] L[icentiatus] Stättmeister, Steü|er Herr, Consist(orialis) Schol(archa) et Cancell(ariae) Director, welcher a(nn)o | 1645. zu Pfortzheim gebohren, auff Universitæten, | Speier und Wien großen ruhm und wissenschafft | erlangt, zu Gottes Ehr, und dießer Statt · nutzen · | rühmlich gelebet, und voll Ehren a(nn)o 1702. | den 29 Maij, in Iesu seelig eingeschlaffen, | hinderlassend eine Eintzige Frau Tochter, | Welche auß Kindlicher liebe ihrem seeli=|gen Herrn Vatter dießes grab und Eh=|renmal auff-gerichtet.

C1 Existimatione nixa
C2 Stützt Sich auf die Ehre.

D1 Cœlo hæret qui solo lucebat
D2 Steht am Himmel und | schien auf Erden.

E1 Felix morte sua.
E2 Glücklich im Todt.

F1 Quisquis honos tumuli
F2 Diß ist die letzte Ehre

G1 Hanc petij à Domino
G2 Dise hab ich vo(m) H(er)rn gebetten

---

103. JOHANN MICHAEL HARTMANN, STÄTTMEISTER († 1744), Grabstein [oben S. 360-363]

Kartusche oben mit Inschrift (A); unten große Schrifttafel mit der Grabschrift (B); ganz unten auf dem Rand die Signatur des Steinmetzen (C)

A Leich Text | Job: XIV. v(ers) 14. | Jch harre täglich, die weil ich streite, | biß daß Meine ver=|änderung Kom(m)e.

B Hier ruhen die gebeine des weyl(and) HochEdelgeb(ornen) H(er)rn | Johann Michael Hartmanns, I(uris) C(onsul)ti bey allhiesiger | Freyen Reichs Stadt Hochverdient gewesenen ältern | Städtmeisters Steuer=Herrn Consist(orialium) et: Scholarch(arum) Dir[e]ctoris, und | der Kirchen auf dem Land Visitat(oris) perpetui. Er kam von | vornehmen Eltern auf die Welt den 13. Decemb(ris) 1670. | A(nn)o 1696. den 21. Apr(ilis) wurde er mit S[alvo] T[itulo] Frauen | Christina Magdalena, einer geb(ornen) Bäurin | von Stuttgard, ehel(ich) getraut erzeugte mit ihr | 11. Kinder, davon noch ein einiger H(er)r Sohn, | als hiesiger Raths Consulent: und 2. glücklich ver=|heyrathete Fr(auen) töchter bey leben, von welchen er | 16. Enckel gesehen Nachdem er mit aller treue | das beste der Stadt gesuchet, starb er seelig den 25. Jan(uarii) 1744. | ætat(is) 73. jahr, 1. mon(at) 12. tag.

Jesu! die verklärten | beine
einstens mit dem | Geist vereine.

C G[eorg] D[avid] Lackorn

---

104. JOHANN NIKOLAUS SCHRAGMÜLLER, STÄTTMEISTER († 1711), Grabstein [oben S. 364-366]

Oben Inschrift (A); in der unteren Hälfte Grabschrift (B)

A Leich Text Röm. 8. [Vers 18] | Dißer Zeit Leiden Herrlichkeit [- - -] | an Vns soll offenbaret werden.

B Hier ruhet in Gott selig der weyl(and) | Hoch Edle Gestrenge v(nd) Hochgelehrte Herr | Johann Nicolaus Schragmüller. J[uris] U[triusque] L[icentiatus] | v(nd) Hochverdienter Stättmeister Steuer Herr | Consistorialis v(nd) Scholarcha alhier seel(igen) | andenckens. dießer ist 1643 d(en) 11. Aug(usti) vor 68 Jahr | gebohren in Liebreicher Ehe mit der Hoch Edlen J(un)gfr(au) | Maria Euphrosina geboh(rener) Osianderin erzeuget 5 | Söhn v(nd) 6 Töchter von welchen er mit 18 lieben | Enckelein erfreuet worden A(nno) 1669. wurde er in | Jnnern Rath erwehlet zu einem Kayßer(lichen) Lehen|träger Ambtmann zu Jltzhoffen Gericht Schult-|heiß v(nd) Bühler Ambtmann darauf folgte die Hohege-|heime Stell sambt dem Consistor(ium) v(nd) Scholarchat | Steuer H(err) wurde 1703. Regierender Stättmeister [Churf.?] | Bayrischer v(nd) Hochfürst(lich) Württenb(ergischer) Lehenträger [- - -] | 1711 Gott Verleyhe ihm eine fröhliche Auferstehung.

Texte der vollständigen Inschriften | 417

Register

I   Register Personen

II   Register Orte, Länder, Flüsse
      Sonderregister *Schwäbisch Hall*
      Sonderregister *St. Michaelskirche*

III   Register Bibelstellen, biblische Personen und Orte,
      biblisch-theoloigsche Begriffe und Motive (in Auswahl)

IV   Register Tiere und Pflanzen

V   Register Symbole, Embleme, Monogramme, Wappen und dgl. (in Auswahl)

Die **Umlaute** ä, ö, ü sind in der alphabetischen Folge wie ae, oe, ue eingeordnet, der Buchstabe s (mit sch und st) streng nach der Buchstabenfolge. Die **Abbildungen** wurden in der Regel nicht in die Register einbezogen.

Beim **Personenregister** sind die zitierten Autoren der Sekundärliteratur in Kursiv gesetzt; (nicht berücksichtigt wurde der Name *Deutsch, Wolfgang*). Unter die Personennamen sind auch Heilige (soweit sie nicht im Bibelregister erscheinen), Mönchsorden, allegorische Figuren, antike Gestalten, einzelne Berufe und gesellschaftliche Gruppen aufgenommen, während alle biblischen Personen (und z.B. auch Begriffe wie Gott, Engel, Grabwächter oder Propheten) im Bibelregister verzeichnet sind. **Halbfett** gedruckt sind im Personenregister die Seitenzahlen der Haupteinträge der einzelnen Denkmale, bei Künstlern die Stellen mit den biographischen Angaben bzw. den Werkverzeichnissen, und bei den Autoren der Sekundärliteratur ist die Stelle mit dem vollen Literaturtitel hervorgehoben. Bei allgemein bekannten Personen sind die Lebensdaten meist nicht beigefügt. Der Vermerk „Inschr.:" bezieht sich auf den **Inschriften-Anhang**, wobei in der Regel Nummer und Abschnitt des Denkmals (z.B. *Inschr. Nr. 26C*) angegeben wird, die Seitenzahl nur beim Haupteintrag.

Im **Ortsregister** sind auch Länder, Regionen und Flüsse verzeichnet, nicht jedoch die Verlagsorte der neuzeitlichen Literatur und der Begriff „*Schwäbisch Hall*" nur in Auswahl. Alle entsprechenden *biblischen Orte* sind in das Register der Biblischen Peronen und Orte (letztere in *Kursiv*) aufgenommen. Besonders hingewiesen sei auf die beiden *Sonderregister* „Schwäbisch Hall" und „St. Michaelskirche", die bis zu einem gewissen Grade ein Sachregister ersetzen sollen.

Dies gilt auch für die folgenden Register der **biblischen Begriffe und Motive**, der zitierten **Tiere und Pflanzen** und der **Symbole**, wobei in das Letztere auch eine Auswahl von kunsthistorischen Fachbegriffen, dazu Embleme, Monogramme, Familienwappen und dgl. aufgenommen wurde.

I Register Personen

Adamnan von Hy (+ 704, irischer Abt) 342
Adelgais, Johannes (+ 1584) 313
Advokat (Beruf) *Inschr. Nr. 28H*
Aemilianus s. Maximilian
Aeneas (antiker Held) 51
Äskulap (griech. Gott der Heilkunde) 247
Akermann, Manfred 13, 187, 341, 384
Alber, Matthäus (Reformator) 63
Albrecht, Kardinal von Mainz 49
Allegorische Figuren s. unter den Personennamen
Almosenpfleger (Beruf) 215; *Inschr. Nr. 51D*
Almosenstifter 216
Alphaeus (Mann der Maria Kleophas) 237-240; *Inschr. Nr. 55A*
Alt, Eva (Schwester von Johann Georg Rappold) 30
Altarpfleger 283
Altarist s. Messpriester
Amandus (Heiliger) 371
Ambrosius (+ 397, Bischof, Kirchenvater) 373; *Inschr. Nr. 55*
Amman, Jost (Zeichner und Kupferstecher) 31, 97, 167, 258, 259
Amtmann, Oberamtmann (Hall) 236, 243, 265, 274, 277; *Inschr. Nr. 70A, 104B*
Anakreon (griech. Dichter) 51
Anna selbdritt (Anna, Maria, Jesuskind) 237
Annenaltar („Sippenaltar", Retabel, 1509) **234-243**, 394; *Inschr. Nr. 55 (S. 412)*
Ansel, Jochen 13, 71, 113, 129, 139f., 143, 242f., 280f., 341, 343, **389**
Anstett, Peter 155
Antoniterorden 236, 285
Antonius Eremita (Heiliger, Einsiedler) 236f., 241-243, 285
Apollinaris (Heiliger) 371, 373
Apotheker (Beruf) 247; *Inschr. Nr. 28G, 28J*
Appuhn, Horst 384
Archidiaconus (Oberdiaconus, Amt) 53-55, 75, 133, 150, 247, 351, 378; *Inschr. Nr. 16, 22G, 22H, 35E, 67A*
Arens, Fritz 341
Arkulf (gallischer Mönch, 7. Jh.) 342
Armbrustschütze 166, 257, 328, 331 s. auch Bogenschütze, s. auch Musketenschütze
Arme 101, 211f., 214f., 222, 229; *Inschr. Nr. 51D* s. auch Hausarme
Arnold, Familie 274
Arnold, Georg Bernhard (1699-1746, Dr. jur., Ratsherr) 107, 264f., **272-281**, 368, 394; *Inchr. Nr. 70 (S. 413)*
Arnold, Maria Magdalena geb. Bonhoeffer (1695-1751) 273-275, 279f.; *Inschr. Nr. 70A*
Ars regnandi (Regierungskunst, Allegorie) 198f.
Arzt (Beruf) 213, 217, 247, 316; *Inschr. Nr. 28D, 28E, 28F*
Assisi, Franz von s. Franziskus
Assum, Johann Christoph (+ 1651, Kanzler) 55, 358f.
Astfalck, Georg Marx (1581-1636, Maler) 15, **17-19**, 176f., 211, 215-217, 387
Astfalck, Katharina 217
Astfalck, Maria 217
Astfalck, Marx (Ratschreiber in Hall) 216
Astfalck, Ursula Elisabeth geb. von Clein 217
Astfalck (Asfahl), Ursula s. Bock, Ursula
Augustiner (Orden) 118, 241
Augustinus (+ 430, Kirchenvater) 17, 26, 101f., 105, 370, 373; *Inschr. Nr. 28K, 28R*
Augustus (röm. Kaiser) 298
Auvera, Johann Wolfgang van der (1708-1756, Bildhauer) 154

Bachenstein, Johann von (Kleriker und Notar) 294
Baden, Karl Wilhelm von s. Karl III. Wilhelm
Bäcker (Beruf) 189, 194, 211; *Inschr. Nr. 47*
Baerze, Jacques de (Bildhauer) 333
Bäumlin, Barbara s. Freisinger, Barbara
Bäurlen, Johann David (1665-1733, Färber) 280, 353, 363
Baldung, Hans gen. Grien (1484/85-1545, Maler und Zeichner) 324, 331, 338, 341
Balletttänzer s. Tänzer
Barnabas (Barsabas) s. Josef justus
Barg, Eberhard (Bildhauer, 1586) 38
Bartsch, Adam von 324, 341
Bauer, Adam (Hofbildhauer, 1772) 126
Bauer, Jörg (Schreiner, 1572) 260
Bauer (Amtmann in Ludwigsburg, 1905) 316
Bauer (Beruf) 238
Baugegenschreiber (Amt) 281
Baum, Julius 243, 328, 341, 343
Baumann, Agathe s. Völcker, Agathe
Baumann (Maler in Hall, 1853) 379f.
Baur, Katharina (+ 1667) 22, 33, 46
Becker, Felix 43, 106f., 118f., 126, 129, 155, 247, 267, 301, 312f., 384, **389**
Beginen 243
Beisbarth, Carl (1809-1878, Architekt) 379
Beissel, Stephan 243
Bellini, Giovanni (venezian. Maler) 68, 71
Benz, Richard 239, 243
Bercken, Erich von der 119
Bernbeck, Florian (1509-1577, Stättmeister) 303
Bernhard von Clairvaux (1090-1153) 333
Bernhard, David Lorenz (Hall 1756) 155
Bernstein, Elisabeth s. Romig, Elisabeth
Berlichingen (Adelsfamilie) 31
Berlichingen, Dorothea von (Epitaph, 1606) 326
Berthold V., Herzog von Zähringen 313
Besch (Kastenpfleger in Hall, 1753) 265
Beständigkeit (Allegorie) s. Constantia
Betherr (Amt) s. Steuerherr
Bettelvogt (Amt) 256
Bettler, Bettlerin 167, 174
Betz, Konrad (Dr. med.) 174
Betzoldt, Elisabeth geb. Kolb (Ehefrau von Jakob) 347
Betzoldt, NN. (+ 1705, Ehefrau v. Johann Jakob) 22
Betzoldt, Jakob (1592-1661, Bildhauer) 22, 25, 27, 63, 170, 225, 345, **347**, 387, 389; *Inschr. Nr. 92F*
Betzoldt, Johann Jakob (1621-1707, Bildhauer und Elfenbeinschnitzer) 21, **22**, 27, 33, 45f., 53f., 57f., 313, 347, 357-359, 363, 365f., 387
Beurlin, Anna Maria s. Firnhaber, Anna Maria
Beuscher, Hans (Maler) 235, 237, **240-242**, 294, 339, 343, 366, 387, 389
Beutter, Herta 171, 280, 384; Inschr. Nr. 51
Beutter, Wilfried 385
Beyerdörfer, Familie 208
Beyerdörfer, Michael (+ 1631, Epitaph im HFM) 66, 82, 85, 177, 208
Beyschlag, David (1615-1664, Ratsherr) 208
Beyschlag, Ezechiel (Heiligenpfleger, 1587) 260
Beyschlag, Friedrich David (geb. 1737, Theologe) 246
Beyschlag, Jakob Franz (1701-1766, Prediger, Epitaph und Grabstein in St. Michael) 107, 313
Beyschlag, Johann Balthasar (1669-1717, Prediger, Grabstein und Epitaph in St. Michael) 81, 276
Beyschlag, Johann Christoph (1645-1712, Maler) 233, 340

Beyschlag, Johann Jakob (1675-1752, Ratsherr, Epitaph in St. Katharina) 279
Beyschlag, Johann Konrad (Bildnis im HFM, 1651) 71, 92, 175, 223
Beyschlag, Johann Leonhard (Bildnis im HFM, 1651) 91
Beyschlag, Katharina Ursula geb. Schmalkalder (1624-1677, Ehefrau von David) 208
Beyschlag, Maria s. Gräter, Maria
Beyschlag, Rosina Margaretha s. Löchner, Rosina Margaretha
Beyschlag, Sophia Sibylla s. Schiller, Sophia Sibylla
Beza, Theodor (Theologe in Genf) 107
Bibra, Lorenz von (Bischof von Würzburg) 288
Bier, Justus 288, 294
Bilfinger (Oberamtmann in Hall 1843) 236, 243
Bintz, Katharina s. Romig, Katharina
Bischöfe von Straßburg 335
Bischöfe von Würzburg 217 (1505), 235 (1447), 242 (1508), 283 (1373), 294 (1377)
Bischoff-Wehmeier, Annette (Restauratorin) 267
Bitterer, Adam (Maler in Hall, 1585) 259, 289, 294
Bitterer, Reinwolt (Maler in Hall, 1585) 259, 289, 294
Blinzig (Blintzig), Georg Friedrich (1600-1645, Pfarrer) **24-27**, 85, 347, 393; *Inschr. Nr. 4 (S. 395)*
Blum (Revisor in Hall, 1861) 382
Bocchi, Achille (ital. Humanist und Emblematiker) 149, 203
Bock, Johann (Stadtschreiber in Hall, 1565) 216
Bock, Ursula geb. Astfalck (Asfahl, Ehefrau von Johann, aus Reutlingen) 216
Bocksberger, Johann Melchior (Maler in Salzburg) 118
Bocksperger, Johann (Bibelillustrator, 1564) 31, 97, 167, 258
Böhme, Jakob (Mystiker und Philosoph) 384
Böltz, Georg Carl (1692-1745, Pfarrer, Epitaph in St. Katharina) 279, 281
Bölz (Hospitalverwalter in Hall, 1861) 382
Bölz, Katharina s. Seiferheld, Katharina
Bogenschütze 328, 331 s. auch Armbrustschütze, s. auch Musketenschütze
Bonhoeffer (Dr. rer. nat. in Elberfeld, 1915) 43
Bonhoeffer, Anna Elisabeth geb. Seiferheld (1718-1791, Ehefrau des Predigers Johann Friedrich) *Inschr. Nr. 60A, 81A*
Bonhoeffer, Anna Maria geb. Müller (1621-1649, 1. Ehefrau von Georg Philipp) 57, 73f., 193; *Inschr. Nr. 17C, 20E*
Bonhoeffer, Dietrich (1906-1945, Theologe) 43
Bonhoeffer, Euphrosina Katharina geb. Gräter (1631-1703, 2. Ehefrau von Georg Philipp) 57, 73f.; *Inschr. Nr. 17C, 20E*
Bonhoeffer (Familie) 43, 274
Bonhoeffer, Friedrich Heinrich (1758-1792, Ratsherr) 317
Bonhoeffer, Georg Philipp (1614-1676, Prediger) 21f., 53, **56-59**, 62, 63, **72-77**, 109f., 113, 119, 131, 142f., 190, 193, 209, 222, 271, 307, 313, 393; *Inschr. Nr. 17 (S. 397) und 20 (S. 398)*
Bonhoeffer, Heinrich Peter (1663-1738, Stättmeister, Sohn von Georg Philipp) *Inschr. Nr. 39A*
Bonhoeffer, Johann Carl Peter (1726-1775, Ratskonsulent, Grabstein in St. Michael) 58, 245
Bonhoeffer, Johann Friedrich (1749-1814, Jurist, Ratsherr) 121f.; *Inschr. Nr. 33*
Bonhoeffer, Johann Friedrich (1761-1813, Renovator, Ratsherr) 317
Bonhoeffer, Johann Friedrich d.Ä. (1697-1770, Dr. jur., Stättmeister, Altarstifter, Sohn von Heinrich Peter) 17, 19, 41, 96, 99, 121, 123, 143, **144-155**, 179f., 182-186, 199, 203, 243, 260, 266, 273, 277, 279f., 291, 294, 300, 308, 311, 313, 316, 357, **367-385**, 393f.; *Inschr. Nr. 39 (S. 403)*

Bonhoeffer, Johann Friedrich d. J. (1710-1778, Stättmeister) 43, **120-129**, 155, 281, 311, 316, 393; *Inschr. Nr. 33 (S. 402)*
Bonhoeffer, Johann Friedrich (1718-1783, Prediger) 57f., 146, 151, 155, 298, **244-247**, **306-313**, 370, 375f., 385, 394; *Inschr. Nr. 60 (S. 412) und 81 (S. 415)*
Bonhoeffer, Johann Georg Philipp (1692-1745, Ratsherr) 277
Bonhoeffer, Johann Karl Peter s. Bonhoeffer Johann Carl Peter
Bonhoeffer, Johann Michael (1652-1716, Rektor und Pfarrer, Epitaph in St. Michael) 137, 142, 222
Bonhoeffer, Johann Peter (Baugegenschreiber, 1746) 281
Bonhoeffer, Jonas (1584-1636, Goldschmied) 121
Bonhoeffer, Karl (1868-1948, Prof. in Berlin, Vater von Dietrich) 43
Bonhoeffer, Louise Charlotte (1795-1798) 316
Bonhoeffer, Ludwig David Friedrich (geb. 1796) 316
Bonhoeffer, Ludwig Franz (Jurist, Senator, Sohn von Johann Friedrich d. J.) 121f., 124f. ; *Inschr. Nr. 33*
Bonhoeffer, Maria Cordula geb. Seiferheld (1723-1788) 145, 153, 367f., 376, 381; *Inschr. Nr. 39A*
Bonhoeffer, Maria Magdalena (1791-1798) 316
Bonhoeffer, Maria Magdalena verh. Arnold (die „alte Bonhoefferin") s. Arnold, Maria Magdalena
Bonhoeffer, Maria Magdalena verh. (II) vom Jemgumer Closter (1744-1794, die „schöne Bonhoefferin") **40-43**, 280, 382, 393; *Inschr. Nr. 11 (S. 396), 39A*
Bonhoeffer, Marie Rosine Katharine verh. Majer 121f.; *Inschr. Nr. 33*
Bonhoeffer, Marie Sybille s. Hartmann, Marie Sybille
Bonhoeffer, Martha Katharina (Tochter von Georg Philipp) s. Hetzel, Martha Katharina
Bonhoeffer, Nikolaus David 149
Bonhoeffer, Ursula Cordula s. Wibel, Ursula Cordula
Bonhoeffer-Altar s. Sonderregister St. Michaelskirche
Bonifatius (Heiliger) 237, 285
Bootz, Georg s. Botz, Georg
Bootz, Johannes (1585-1632, Pfarrer, Grabstein in St. Michael) 49, 62, 335
Boß, Wilhelm (Schulmeister in Hall) 162, 171
Bossert, Gustav 38
Botz (Bootz), Georg (1593-1626, Pfarrer, Epitaph in der Urbanskirche) 31, 326
Bouquoy, Charles Bonaventure, Graf von 175
Bratz, Margarete s. Glock, Margarete
Brandenburg, Markgrafen s. unter den Vornamen
Braun, Joseph 294, 342
Braunfels, Wolfgang 93
Braz (Familie in Hall) 381, 383f.
Brecht, Martin 292f., 295
Breidenbach, Bernhard (1486) 97, 195
Brenneisen, Sebastian (+ 1513, Prediger in Hall) 235, 242, 335, 343
Brennerin (aus Michelfeld, gefolterte Delinquentin) 276, 281
Brenz, Johannes d. Ä. (1499-1570, Reformator) 35f., 38, 63, 291-293, 295; *Inschr. Nr. 9B*
Brenz, Johannes d. J. (1539-1596, Dr. theol., Professor) 35f., 38; *Inschr. Nr. 9B*
Brenz, Margarete geb. Gräter verw. Wetzel (um 1500-1548, 1. Ehefrau des Reformators) **34-39**, 90, 349, 393; *Inschr. Nr.9 (S. 396)*
Breyer, Philipp Jakob (+1751, Grabmal in Ingelfingen) 369
Brückner, Andreas (Steinrestaurator) 319
Bruhns, Leo 39
Bry, Johann Theodor de (Kupferstecher) 162, 170
Bry, Theodor de (Kupferstecher) 63
Bucheck, Berthold von (Bischof von Straßburg) 335

Register Personen | 421

Buder, Walter 242, 295
Büchelberger, Margretha s. Wenger, Margretha
Büschler, Anna († 1520, 1. Ehefrau von Hermann) 353
Büschler, Bartholomäus († 1491, Vater von Hermann) 351, 353
Büschler, Clara († 1526) 353
Büschler, Familie 351, 353, 355
Büschler, Hermann († 1543, Stättmeister) 351, 353
Burckhardt, Anna geb. Wetzel (Ehefrau von Sebastian) 33
Burckhardt, Christoph (1598-1667, Arzt) 220f.; *Inschr. Nr. 52C, 52F*
Burckhardt, Katharina geb. Lackorn († 1644) 220f.; *Inschr. Nr. 52F*
Burckhard, Sebastian (1600-1653, Ratsherr) 22, **32-33**, 393; *Inschr. Nr. 6 (S. 396)*
Burgkmair, Hans (Maler) 288
Burkard (Heiliger, Bischof von Würzburg) 284
Busch, Maria s. Firnhaber, Maria

Calixtus III. (Papst 1455-1458) 329, 342
Calvinisten, Calvinismus 27, 80
Camerarius, Philipp 162, 167, 170f.
Campin, Robert (Maler) 336
Canova, Antonio (Bildhauer in Rom) 127-129
Capellan (Kaplan, Amt) *Inschr. Nr. 22G*
Cappelli, Adriano 384
Carl Eugen, Herzog von Württemberg 124-127, 201, 300f., 316
Carl, Johann Andreas (Maler) 277
Cautes (röm. Fackelträger) 129
Cautopates (röm. Fackelträger) 129
Cecchini, Norma 129, 301, 385
Celano, Thomas von s. Thomas
Cennini, Cennino (ital. Maler) 341
Ceres (röm. Fruchtbarkeitsgöttin) 301
Cestius (röm. Praetor) 298
Chiaruttini, Francesco (ital. Zeichner) 129
Chigi (röm. Adelsfamilie) 298, 310
Chorschüler 333, 342
Christen (Mitchristen, Urchristen, allgemein) 105, 162f., 184, 211, 214, 236; *Inschr. Nr. 42K, 81A*
Christophorus (Heiliger) 283
Chronos (Zeit, Allegorie) 148f., 153-155, 183f.
Chrysostomus, Johannes (Kirchenlehrer) 103; *Inschr. Nr. 28M*
Cicero (röm. Schriftsteller) 105; *Inschr. Nr. 28P*
Class, Rosina s. Firnhaber, Rosina
Clauß, Horst 43, 71, 187, 341, 384, **389**
Clemens XIV. (Papst 1769-1774) 129
Clementia (Milde, Allegorie) 147
Closter (Familie) s. Vom Jemguner Closter
Colette (Koleta, 1380-1447, Heilige) 239, 243
Conrad, Georg (Vogt, Epitaph in Lendsiedel) 165
Consistorialis (Konsistorialrat, Kirchendirektor, Amt) 121, 199, 274, 315, 367f.; *Inschr. Nr. 4A, 14B, 17C, 20E, 22G, 22H, 35E, 36D, 45F, 60A, 67A, 70A, 81A, 82A, 96B, 102B, 103B, 104B* s. auch Direktor
Constantia (Beständigkeit, Allegorie) 346
Consul s. Stättmeister
Cranach, Lukas d. Ä. (Maler) 63, 134, 137, 313, 342
Cranach, Lukas d. J. (Maler) 134
Cranach-Werkstatt (Maler) 342
Creutzfelder, Joachim Jörg (geb.1622, Maler) 176
Crucifixus (gekreuzigter Christus) 16, 29-31, 35-37, 68, 72, 73, 75-80, 82f., 87, 90, 96, 110f., 113, 115, 118, 132-136, 140-143, 157f., 190, 193, 195, 205f., 219, 222, 228, 231, 246, 249, 250, 253-255, 258, 269-271, 275, 291, 346, 349, 366, 370f., 385; *Inschr. Nr. 42H, 63A*
Cyprian († 258, Kirchenvater) 372f.

Dämonen s. Teufel
Damian s. Kosmas und Damian
Dannecker, Johann Heinrich (1758-1841, Hofbildhauer) 42f., 121, 124-126, **127-129**, 300f., 311, 387
Dante Alighieri 357
David, Jacques Louis (1748-1825, französ. Maler) 42
Decanus (capituli, Amt) s. Dekan
Decius (röm. Kaiser) 236
Decker, Bernhard 342f.
Degle, Franz Josef (1724-1812, Maler) 307, 309, **312f.**, 387; *Inschr. Nr. 81B*
Dehio, Georg 328f., 341
Dekan (Kapitelsdekan, decanus capituli, Amt) *Inschr. Nr. 5C, 14B, 17C, 20E, 22G, 22H, 35E, 36D, 60A, 67A, 69B, 81A*
Dekorationsmaler (Beruf) 376
Demmler, Theodor 37f., 304, 349
Demut, Josef (Zinkenist und Orgelbauer) 261
Dentzel, Anton († 1593, Maler) 106
Dentzel, Daniel (Bruder von Johann) 106
Dentzel, Johann (Miniaturenmaler in Ulm) 101, 103, **106f.**, 387; *Inschr. Nr. 28N*
Dentzel, Melchior (Maler) 106
Denzel, Michel (Brief- und Kartenmaler) 106
Denzel, Ulrich (Brief- und Kartenmaler) 106
Deocarus (Heiliger) 287
Deutele, Hans Jörg (Schreiner, 1688) 327
Diaconus (Amt) s. Archidiaconus und Hypodiaconus
Dichter s. Poeta laureatus
Diedel, Lorenz Daniel (1741) 203
Diepold (Theobald, Heiliger) 235, 237, 242
Dieterich, Hans Wolff (Maler) 176
Dieterich, Johann Christoph (1647-1718, Ratsherr) 277, 281
Dieterich, Johann Heinrich d. Ä. (1596-1672, Ratsherr, Bildnis im HFM) 175, 194f.
Dietrich, Katharina s. Schmalkalder, Katharina
Dionysius (von Paris, Heiliger) 118
Direktor des Kirchen- und Schulrats bzw. der Kanzlei (Ämter) *Inschr. Nr. 39A, 49D, 96B, 102B, 103B*
Döllin, Christoph Ludwig (1714-1773, Amtmann und Ratsherr) 277, 279
Döllin, Johann David (1681-1751, Pfleger und Ratsherr) 277, 279
Dötschmann, Friedrich Christoph (1709-1797, Ratsherr, Bildnis im HFM) 313, 317
Dötschmann, Jakob Friedrich Franz (1747-1800, Ratsherr) 317
Dötschmann, Johann Andreas (1680-1746, Ratsherr, Epitaph in St. Kathrina) 277, 279
Dominikanerorden 243, 255
Domvikar (Amt) 284, 287, 293
Dorothea (Heilige) 235, 242
Dowerk, Bertold 242, 329, 334, 342
Drechsler (Beruf) 281
Drechsler, Anna Maria geb. Beyschlag (1. Ehefrau von Johann Lorenz) 199; *Inschr. Nr. 49A*
Drechsler, Elisabeth Charlotte (Tochter von Johann Lorenz) s. Hufnagel, Elisabeth Charlotte
Drechsler, Johann David (1657-1735, Pfleger und Ratsherr) 277
Drechsler, Johann Lorenz (1664-1725, Stättmeister) 54, 107, 123, 150, 153, **196-203**, 264, 267, 274, 276, 280f., 298f., 310, 318, 393; *Inschr. Nr. 45F, 49 (S. 409)*
Drechsler, Maria Rosina geb. Engelhardt (2. Ehefrau von Johann Lorenz) 199f.; *Inschr. Nr. 49A*
Drechsler, Sophia Catharina Susanna (Tochter von Johann Lorenz) s. Sanwald, Sophia Catharina Susanna

Drechsler, Susanna Elisabeth geb. Pachelbl (1699-1753, 3. Ehefrau von Johann Lorenz) 197-200; *Inschr. Nr. 49A, 49D*
Dreikönigsaltar (Retabel) 166, **282-295**, 394; *Inschr. Nr. 72 (S. 414)*
Driller s. Drüller
Drös, Harald 384
Drüller, Andreas sen. (1607-1669, Ratsherr und Bäcker) 70, 82, 85, **188-195**, 206, 222, 251, 271, 308, 393; *Inschr. Nr. 47 (S. 408)*
Drüller, Andreas jr. (Sohn von Andreas sen.) 190, 194; *Inschr. Nr. 47E*
Drüller, Anna Margretha (Tochter von Margretha) 190; *Inschr. Nr. 47E*
Drüller, Anna Margretha (Kind von Andreas sen.) 190; *Inschr. Nr. 47E*
Drüller, Anna Maria verh. Stellwag (+ 1709, Tochter von Andreas sen.) 190, 195; *Inschr. Nr. 47E*
Drüller, Elisabetha (Kind) und Elisabet (2 Töchter von Andreas sen.) 190; *Inschr. Nr. 47E*
Drüller, Euphrosina verh. Wibel (Tochter von Andreas sen., Ehefrau von Josef Bernhard W.) 53, 190; *Inschr. Nr. 16, 47E*
Drüller, Jörg Andreas (Kind von Andreas sen.) 190; *Inschr. Nr. 47E*
Drüller, Margarete geb. Kükopf (1615-1675, Ehefrau von Andreas sen.) 70, 81, 189f., 190, 193, 308; *Inschr. Nr. 47F*
Drüller, Margretha (Tochter von Andreas sen.) 190; *Inschr. Nr. 47E*
Drüller, Maria Barbara (2 Töchter von Andreas sen.) 190; *Inschr. Nr. 47E*
Drüller, Michel (Kind von Andreas sen.) 190; *Inschr. Nr. 47E*
Drüller, Susanna Margretha (Tochter von Elisabet) 190; *Inschr. Nr. 47E*
Dürer, Albrecht (Maler und Kupferstecher) 66, 87, 90-93, 134, 177, 324, 331, 338, 379
Dürr, Anna Barbara s. Schreyer, Anna Barbara
Dürr, Johann 175
Dürr, Wilhelm (1887-1979, Arzt) 203

Eberlein, Christian Andreas (1747-1795, Maler in Hall) 187, 375f., 384
Eberlein, Johann Konrad 55
Ecclesia (Kirche, Allegorie) 26, 134, 300
Eckstein, Jörg (Holzrestaurator) 79
Eger, Christoph (Bildhauer) 38
Eger, Georg Adam (1727-1808, Maler) 179, 181, 187, 312, 315, **316-318**, 387; *Inschr. Nr. 82B*
Ehrer, Katharina (+ 1562, Grabstein in St. Michael) 38
Ehrhardt, Sabine 177
Eichel, Postsekretär (Stuttgart, 1919) 203
Einsiedler (Heilige) s. Antonius Eremita, s. Onuphrius, s. Paulus Eremita
Eisenmenger, Abraham (+ 1600, Ratsherr, Epitaph in St. Katharina) 142, 166, 258
Ekklesia s. Ecclesia
Eligius (Heiliger) 67, 229
Embryo (Behinderung) 167
Engel s. Friedensengel, Gerichtsengel, Kinderengel, Pestengel, Posaunenengel, Todesengel, Wappenengel; s. auch im Bibelregister
Engelhardt, Anna Magdalena geb. Hezel 358
Engelhardt, Johann Wilhelm (1653-1711, Ratsherr) 358f.
Engelhart, Christoph Friedrich (1682-1727, Ratsherr) 202
Engelhart, Hans (Vater der Margreta) 173
Engelhart, Margreta (1617-1670) 91f., 117, 163, **172-177**, 194, 207f., 223, 225, 271, 343, 393; *Inschr. Nr. 43 (S. 407)*
Engelhart, Maria Rosina s. Drechsler, Maria Rosina

Entzenberg auf Dornheim, Wolff Heinrich von (+ 1655, Hofmeister) 206
Ephraim (Mann der Hl. Hismeria) 240
Erasmus (Heiliger) 285; *Inschr. Nr. 55*
Erckel, Johann Paul (1687-1739, Ratsherr) 277
Erhart, Michel (Bildhauer) 289, 293
Ermenrich, Ulrich (genannt Essich; Kaplan, 1393) 283
Erzbischof 243
Esmeria (Heilige) s. Hismeria
Essich, Ulrich s. Ermenrich, Ulrich
Estius, Franco (neulat. Dichter, um 1590) 69
Euander (bei Vergil Vater des Pallas) 356
Euler, Friedrich W. 347
Euw, Anton von 294
Evangelische s. Protestanten
Existimatio (öffentl. Ansehen, Allegorie) 356
Eyck, Jan van (Maler) 106
Eytel, Christian Ludwig (1787-1856, Dekan) 376

Fähnrich (Beruf) 303; *Inschr. Nr. 78*
Fama (Ruhm/Nachruhm, Allegorie) 147-149, 179, 183f., 300, 357
Faßmaler (Beruf) 151, 365
Fatzler geb. Wertwein, Euphrosina s. Zweiffel, Euphrosina
Faust, Johann Adam (+ 1770, Amtmann in Künzelsau) 184
Feldherr (Beruf) 146
Feldmesser (Amt) 279
Feldner, Familie s. Veldner
Feldrichter (Amt) 166, 258, 261
Felger, Daniel (+ 1609, Epitaph in Endersbach) 118
Ferretti, Antonio 246
Feur, Gerhard (Altarpfleger, 1373) 283
Feur (Ignis), Johannes (Kaplan, 1424) 283
Feur, Petrus (1453) 283
Feyerabend, Andreas Friedrich (Hospitalpfleger) 277
Feyerabend, Felix (gest. 1563 und 1565, 2 Kinder von Kaspar) 349; *Inschr. Nr. 95B*
Feyerabend, Johann Kaspar (1609-1681, Ratsherr) 281, 294
Feyerabend, Kaspar (1510/15-1565, Stättmeister) 36, 304, **348-349**, 394; *Inschr. Nr. 95 (S. 416)*
Feyerabend, Gottlob Friedrich (1746-1794, Ratsherr) 317 [?]
Fides (Glaube, Allegorie) 87f., 90f., 93, 116f., 123, 254, 263f., 266, 275, 297, 299f., 308, 351f., 357, 368f., 372
Firnhaber, Afra (Tochter von Peter) s. Lackorn, Afra
Firnhaber, Agnes (Tochter von Peter) s. Jäger, Agnes
Firnhaber, Anna geb. Öttinger (1. Ehefrau von Peter jr.) 220f., 225; *Inschr. Nr. 52E, 52F*
Firnhaber, Anna Maria geb. Beurlin (1. Ehefrau von Wolfgang) 220f.; *Inschr. Nr. 52E, 52F*
Firnhaber, Elisabeth (Tochter von Peter) s. Müller, Elisabeth
Firnhaber, Euphrosina (Enkelin von Peter) 70
Firnhaber, Familie 219f.
Firnhaber, Johann David (1646-1712, Ratsherr) 232
Firnhaber, Johann Sebastian (1603-1672, Ratsherr) 185, 201f.
Firnhaber, Katharina (Enkelin von Peter) 70
Firnhaber, Magdalena (Tochter von Peter) s. Hetzel, Magdalena
Firnhaber, Maria geb. Busch (1569-1647, Ehefrau von Peter sen.) 219, 222f., 253, 271; *Inschr. Nr. 52B*
Firnhaber, Maria (Tochter von Peter) s. Wenger, Maria
Firnhaber, Maria (Enkelin von Peter) 70
Firnhaber, Maria Magdalena geb. Seiferheld (1612-1693, 2. Ehefrau von Peter jr.) 90, 220f.; *Inschr. Nr. 26C, 52E, 52F*
Firnhaber, Maria Margreth (Enkelin von Peter) 70

Firnhaber, Margarete (Tochter von Peter) s. Glock, Margarete
Firnhaber, Peter sen. (1570-1620, Handelsmann) 16, 70f., 80, 82, 92, 99, 119, 176, 190, 195, **218-225**, 253, 255, 271, 392, 394; *Inschr. Nr. 52 (S. 410)*
Firnhaber, Peter jr. (Sohn, 1589-1644, Ratsherr, Bildnis im HFM) 71, 92, 220f., 271; *Inschr. Nr. 52F*
Firnhaber, Rosina geb. Class (1612-1635, 2. Ehefrau von Wolfgang) 220f.; *Inschr. Nr. 52E, 52F*
Firnhaber, Sebastian (1602-1621, Sohn von Peter, Porträt im HFM) 71, 223
Firnhaber, Susanna Elisabetha s. Kochendörfer, Susanna Elisabetha
Firnhaber, Wolf (1632) 177
Firnhaber, Wolfgang (1600-1635, Stadt-Kapitän, Sohn von Peter, Porträt im HFM) 71, 92, 220f., 223; *Inschr. Nr. 52F*
Firnhaber, Ursula s. Gräter, Ursula
Fischel, Lilli 243
Fischer, Aloisius (Bildhauer) 310f., 375
Fischer (Familie in Stuttgart, Gruppenbild 1788) 42
Fischer, Franz Xaver (Bildhauer) 310f., 375
Fischer, Johann Michael (1717-1801, Bildhauer) 55, 307, 309, **310-312**, 313, 367, 369f., 375f., 384f., 387
Fischer, Johann Nepomuk (Bildhauer) 310f., 375
Fischer, Johannes (Pfarrer in Hall, 1470) 343
Fischer, Maria Theresia geb. Luidl 313
Fischer, Otto 43
Fischer s. auch Vischer
Fleischhauer, Werner 38, 41-43, 119, 201, 203, 209
Forsyth, William H. 342
Fortitudo (Stärke, Allegorie) 121f.
Franck, Johann Andreas (1711-1783, Ratsherr) 265, 267
Franck, Maria Rosina geb. Wibel 265
Frankenapostel 285
Franziska von Hohenheim (2. Ehefrau von Carl Eugen, Hzg. v. Württemberg) 127
Franziskus (von Assisi, Heiliger) 133, 331
Freeden, Max H. von 294
Freisinger, Barbara geb. Bäumlin (1. Ehefrau von Friedrich Jakob) 365
Freisinger (Freysinger), Friedrich Jakob (1680-1726, Bildhauer) 54, 177, 294, 319, 363, **365**, 366, 387
Freisinger, Josef Melchior (Schreiner) 365
Freisinger, Susanna geb. Gräter (2. Ehefrau von Friedrich Jakob) 365f.
Frey, Johann Adam (+ 1725, Ratsherr) 202
Freysinger s. Freisinger
Fridrich, Jacob Andreas d. J. (1714-1779, württ. Hofkupferstecher) 151, 155
Friede, Friedensgöttin s. Pax (Allegorie)
Friedensengel 182f.
Friedrich Wilhelm I., König von Preußen 146
Fritz, Gerhard 343
Frommhold (Frombalt), Maria (+ 1617, aus Heilbronn) 217
Fuchs, Johann (Kaplan des Dreikönigsaltars) 283
Fürstenberg (Adelsfamilie) 118f.
Fürstenberg, Johann Wilhelm Ernst von (1745) 301
Fürstenruhm (Gloria de' Prencipi, Allegorie) 149, 298, 313, 356
Fugger, Alexander Secundus (Dompropst in Freising) 118
Fugger (Familie in Augsburg) 118, 294
Funck, Andreas (1595-1659, Schneider, Epitaph aus St. Michael im HFM) 82, 85, 118
Funck, Martin (Schlosser, 1589) 327
Funk, Franz Xaver 195

Gantner, Benno C. 312
Geiling, Georg Heinrich (Syndikus, 1756) 267
Geiling, Johann Georg (Heilbronn, 1754) 267

Geissler, Heinrich 119
Geistlichkeit, Geistliche 41, 101, 162, 209, 235, 245, 247, 284f., 287, 330, 335, 365
Generalvikar (Bistum Würzburg, 1402/1520) 235, 295
Genius, Genien 147, 149, 181, 184, s. auch Kinderengel
Georg (Heiliger) 288, 326
Georg Friedrich I., Markgraf von Brandenburg-Ansbach (1539-1603) *Inschr. Nr. 28F*
Gerechtigkeit (Allegorie) s. Justitia
Gerber (Beruf) 143
Gerhaert, Nikolaus (niederländ. Bildschnitzer) 241, 243
Gerichtsengel 147f., 154
Gerichtsmitglied (Amt) 219; *Inschr. Nr. 52B*
Gerichtsschultheiß (Amt) *Inschr. Nr. 104B*
German, Wilhelm 167, 171, 217, 261
Ghiotto, Renato 71
Ghirlandajo, Domenico (ital. Maler) 133
Gilson, Annegret 121
Giotto (ital. Maler) 301, 341
Gipsapostel s. Mayer, Johann Friedrich
Glaser (Bauinspektor in Stuttgart, 1781) 125
Glaser, Carl Albrecht (1728-1808, Pfarrer, Chronist) 185
Glaube (Allegorie) s. Fides
Glock, Anton (Bürgermeister in Öhringen) 220f.; *Inschr. Nr. 52D, 52E*
Glock, Barbara (1627-1665, Tochter von Anton) 223
Glock, Barbara geb. Hoppinger (1768, Künzelsau) 184
Glock, Johann Caspar (1665-1733, Ratsherr) 202
Glock, Johann Ernst (1739-1813, Stättmeister) 382
Glock, Johann Ernst (1806-1873, Pfarrer) 382f.
Glock, Johann Franz (1698-1740, Ratsherr und Pfleger) 277
Glock, Margarete geb. Bratz (1571-1634, 1. Ehefrau von Nikolaus) 269-271; *Inschr. Nr. 69B*
Glock, Margarete geb. Firnhaber (geb. 1594, Ehefrau von Anton) 220f.; *Inschr. Nr. 52D*
Glock, Maria Rosina geb. vom Jemgumer Closter (2. Ehefrau von Stättmeister Glock) 382
Glock, Marie Susanne geb. Hetzel (1774-1799, Enkelin von Wolfgang Jakob Seiferheld) 315f.; *Inschr. Nr. 81A*
Glock, Nikolaus (1590-1647, Prediger) 92, 96, 99, 141, 195, **268-271**, 394; *Inschr. Nr. 69 (S. 413)*
Glock, Susanna geb. Gräter (1609-1670, 2. Ehefrau von Nikolaus) 269-271; *Inschr. Nr. 69B*
Glocker, Johann (um 1690-1763, Maler in Tübingen) 185, 197, **200-202**, 267, 281, 317, 318, 387
Gloria de' Prencipi (Allegorie) s. Fürstenruhm
Gmelin, Julius 217
Göler, Freiherren von 200
Göschen, Georg Joachim (Verlag) 129
Goethe, Johann Wolfgang von (Dichter) 379
Götzen(bilder) 291
Goldschmied (Beruf) 67, 229
Goltzius, Hendrick (1558-1617, niederländ. Kupferstecher) 66, 68, 83, 88, 92f., 177
Göttliche Vorsehung (Allegorie) s. Vorsehung
Gozzolo, Benozzo (ital. Maler) 133
Grab s. Heiliges Grab
Grabenreiter (Amt) 257
*Gradmann, Eugen 25, 31, 38, 42f., 53, 97, 99, 122, 129, 137, 143, 155, 166, 199, 233, 238, 240, 242f., 251, 283, 285, 294, 304, 328, 334, 341-343, 358, 368, 376, 384f., **389***
*Gräf, Ulrich 13, 71, 113, 129, 143, 242f., 280f., 341, 343, **389***
Gräter, Anna Maria s. Weidner, Anna Maria geb. Gräter
Gräter, Anna Sibylla s. Rittmann, Anna Sibylla
Gräter, Apollonia s. Stigler, Apollonia
Gräter, Caspar (Hauptmann, 1660) 341
Gräter, Christoph (1551-1614, Pfarrer) 46, 58, **60-63**, 335, 356, 393; *Inschr. Nr. 18 (S. 397f.)*

Gräter, Euphrosyna Katharina s. Bonhoeffer, Euphrosina Katharina
Gräter, Familie 75, 77, 327, 341
Gräter, Felix (1559-1613, Pfarrer) 250
Gräter, Friedrich David 77
Gräter, Georg Ludwig (Arzt) 316
Gräter, Jakob d. Ä. (1518-1571, Prediger) 250
Gräter, Jakob d. J. (1547-1611, Prediger) 159, 162, 165, 167, 261, 327; *Inschr. Nr. 42L, 42M*
Gräter, Johann Heinrich (1591-1652, Ratsherr) 202
Gräter, Johann Leonhard (1744-1823, Mesner an St. Michael) 12, 15, 19, 31, 41, 43, 71, 73, 77, 80, 85, 87, 93, 99, 107, 109, 113, 119, 121, 124, 126, 129, 131f., 137, 139, 143, 145, 155, 163, 167, 171, 180, 187, 189, 195, 203, 206, 209, 211, 217, 225, 233, 251, 260, 267, 271, 280, 289, 292, 294, 301, 307, 313, 315, 317, 333, 336, 341, 343, 367-369, 375f., 384f., 389
Gräter, Johann Michael (1613-1635, Student der Theologie) 17, 95, 97, 99, 165, 176, 231, **248-251**, 313, 394; *Inschr. Nr. 63 (S. 412)*
Gräter, Katharina Margareta s. Hornung, Katharina Margareta
Gräter, Ludwig Peter (1731-1806, Ratsherr) 317
Gräter, Margarete s. Brenz, Margarete
Gräter, Maria geb. Beyschlag (1556-1580, 1. Ehefrau von Christoph) 61
Gräter, Peter (1584) 256
Gräter, Philipp Reichart (Posthalter) 365
Gräter, Sabine geb. Horlacher (1563-1585, 2. Ehefrau von Christoph) 61
Gräter, Susanna s. Freisinger, Susanna
Gräter, Susanna s. Glock, Susanna
Gräter, Susanna geb. Sanwald (1574-1623) 250
Gräter, Susanna Agnes s. Wibel, Susanna Agnes
Gräter, Susanna Maria Rosina geb. Müller (1747-1825, Ehefrau von Johann Leonhard) 375, 384
Gräter, Ursula geb. Firnhaber (1567-1622, 3. Ehefrau von Christoph) 61
Gratianus, Philipp Heinrich (1669-1745, Pfarrer) 21, 363
Grau, Friedrich (1579-1614, Bildhauer in Hall) 170
Gregor XIII., Papst (Kalender) 71
Greulich, Martin (Maler in Rothenburg o. T., 1582) 291
Grien, Hans Baldung s. Baldung, Hans gen. Grien
Grimm, Claus 119
Gronbach, Ursula Cordula s. Wibel, Ursula Cordula
Grotefend, Hermann 280
Grüneisen, Carl von (1802-1878, Oberhofprediger) 294, 368f., 377, 379f., 385
Grüneisen, Gregor (Maler) 107
Grünenwald, Elisabeth 51, 155, 203, 370, 384
Guardian des Franziskanerklosters Hall (Amt) 343
Günther, Rudolf 295
Guibal, Barthélemy (Bildhauer) 126
Guibal, Nikolaus (1725-1784, Bildhauer) 42f., 121, 123-125, **126f.**, 128f., 387
Gumbertus (Heiliger) 385
Gutknecht, Christoph (Drucker in Nürnberg) 313, 384
Gutöhrlein, Friedrich 304
Gymnasiumstifter s. Stiftertafel für das Gymnasium

Haaf, Wilhelm Friedrich Jakob (Lithograph, 1838) 276
Haalbeamte 317
Haalhauptmann (Amt) 109, 274, 277, 279; *Inschr. Nr. 30E, 70A*
Haalmeister (Amt) 361
Haalpfleger (Amt) 317
Haalschreiber (Oberhaalschreiber, Amt) 276, 280, 317f.
Hack, Ute (Restauratorin) 219
Hackenzahn, Agatha s. Rappold, Agatha
Hackenzahn, Erasmus (Organist der Comburg) 30
Häfner, August 209

Härlin, Johann Georg (1613-1687, Bürgermeister von Göppingen) 206
Haffner (Malerfirma in Hall, 1902) 319
Haible, Franz 69, 71, 301, 356, 359
Halberg, Gertraud s. Vogelmann, Gertraud
Hall, James 119, 187
Halla (Halline, Stadtallegorie) 147f., 150, 155, 180f., 184-186, 198-200, 203, 266, 300; *Inschr. Nr. 45F*
Hamberger, Johannes (1561-1615, Stättmeister, Epitaph in St. Michael) 51, 80, 197
Hammer, Max (Restaurator) 294
Handelsmann (Beruf) 219; *Inschr. Nr. 52B*
Handwerker 65
Harper, Adolf Friedrich (1725-1806, Hofmaler in Stuttgart) 42
Hartmann, Christina Elisabeth s. Wibel, Christina Elisabeth
Hartmann, Christina Magdalena geb. Baur (Ehefrau von Johann Michael) *Inschr. Nr. 103B*
Hartmann, Georg Michael (1644-1715, Ratsherr) 202
Hartmann, Jakob Peter (1722-1790, Ratskonsulent) 265, 267
Hartmann, Johann Friedrich d. Ä. (1716-1762, Ratskonsulent) 277
Hartmann, Johann Friedrich d. J. (1705-1778, Dr. jur., Ratsherr, Sohn von Johann Michael) 277; *Inschr. Nr. 103B*
Hartmann, Johann Michael (1670-1744, Stättmeister) 202, 266f., 279, 281, **360-363**, 392, 394; *Inschr. Nr. 103 (S. 417)*
Hartmann, Katharina Albertina s. Schiller, Katharina Albertina
Hartmann, Marie Magdalene verh. Haspel (Tochter von Johann Michael) *Inschr. Nr. 103B*
Hartmann, Marie Sybille verh. Bonhoeffer (1710-1785, Tochter von Johann Michael) *Inschr. Nr. 103B*
Hartmann, Lucrezia 128f., 336
Hartmann, Volker 329, 341
Haspel, Johann Wilhelm (1648-1732, Ratsherr) 202
Haspel, Marie Magdalene geb. Hartmann (1. Ehefrau von Nikolaus Friedrich) s. Hartmann, Marie Magdalene
Haspel von Palmenburg, Friedrich Lorenz (1739-1791, Hofrat und Schultheiß) 297-299, 317; *Inschr. Nr. 77*
Haspel von Palmenburg, Nikolaus Friedrich (1716-1790, Stättmeister) 123, 199, 275, 277, **296-301**, 316, 384, 394; *Inschr. Nr. 77 (S. 414)*
Hatto I. († 913, Erzbischof von Mainz) 214, 215, 217; *Inschr. Nr. 51D*
Hatto II. († 970, Erzbischof von Mainz) 217
Hauck, August Christian (1742-1801, Porträtmaler) 267
Hauck (Haug), Jakob (hessischer Hofmaler) 264, 267
Hauck (Haug), Johann Daniel (1721-1761, Maler) 263, **264-266**, 267, 277, 363, 387; *Inschr. Nr. 67C*
Hauck, Maria Sophia geb. Seyfert (1727-1764, Ehefrau von Johann Daniel) 264f., 267
Hauck, NN. geb. Kümmlin (Ehefrau von Jakob) 264
Hauck, J. P. F. (Heilbronn?, 1754) 267
Hauff, Eleonora s. Schmalkalder, Eleonora
Haug, Jakob s. Hauck, Jakob
Haug, Johann Daniel s. Hauck, Johann Daniel
Haug, Johann David (Schreiner) 211, 216
Haug, Otto 295
Hausarme (in Hall) 211
Haußer, Johann Jakob 240, 242, 334, 336, 341f.
Hebedanz, Thoman (Schreiner in Augsburg) 288
Heckmann, Daniela (Restauratorin) 179, 181, 187
Hecuba (Gemahlin des Königs Priamus von Troja) 356, 359
Heideloff, Viktor (Hofmaler in Stuttgart) 128
Heiduck (herzogl. Lakai) 126

Register Personen | 425

Heilige 54, 70, 194, 236f., 241f., 285, 287, 291, 293, 295, 331, 339
Heiligenpfleger (Amt) 143, 242, 260
Heiliges Grab (in Hall, Personen) 31, 49, 51, 135, 142f., 161, 232, **319-343**, 394; *Inschr. Nr. 85 (S. 415)*
Heinsius (Heincius), Heinrich (Porträtmaler in Hall, um 1790) 317f.
Heinz-Mohr, Gerd 187
Helbling, Berchtold (+ um 1503, Maler) 241
Helbling, Familie (Maler) 241
Helbling, Martin (+ um 1500, Maler) 241
Helfferich, Karl Friedrich (1808-1881, Archidiaconus in Hall) 378
Hell (Helle), Nikolaus (Bürger von Hall, 1373) 283
Helmstett, Johann Jakob von (+ 1619) 206
Henkel, Arthur 280
Hennecke, Edgar 243
Hennze, Joachim 187, 281, 341
Heraklius (oström. Kaiser) 97
Herberstein, Johann Georg von (+ 1663, Bischof von Regensburg) 195
Herbord, Abt (1452-1468) von Murrhardt 343
Herder, Johann Gottfried (Dichter) 384
Herdtle, Gustav (Zeichenlehrer in Hall, 1853) 379
Herman, Hans Sebastian (Bildhauer in Hall, 1636) 30
Hermelink, Heinrich 295
Herolt, Johann (1490-1562, Pfarrer und Chronist) 293, 343
Herrscher (Antike) 54
Hesmeria (Heilige) s. Hismeria
Hessen-Darmstadt (Landgrafen) 316
Hetsch, Christiane Wilhelmine geb. Scholl (Ehefrau von Philipp Friedrich) 42
Hetsch, Philipp Friedrich (1758-1838, Maler) 41, **42f.**, 127, 387
Hettinger, Georg (Holzbildhauer und Maler) 115, 179, 187, 235, 238, 243, 253, 256, 259, 260f., 367, 369, 384
Hetzel (Hezel), Bernhard Gottfried (Amtsvogt, Ratskonsulent) 316
Hetzel, Johann Christoph (1607-1659, Ratsherr) 220f.; *Inschr. Nr. 52C, 52D*
Hetzel, Johann Georg (geb. 1647) 223
Hetzel (Hezel), Johann Peter (1638-1711, Stättmeister) 55, 92, 150, 185, 280, **350-353**, 392, 394; *Inschr. Nr. 96 (S. 416)*
Hetzel, Katharina Magdalena geb. Seiferheld (1749-1826) 315f.; *Inschr. Nr. 82A*
Hetzel, Magdalena geb. Firnhaber (1612-1674) 220, 221, 271; *Inschr. Nr. 52D*
Hetzel, Marie Salome (verh. Angelin, 1646-1715) 223
Hetzel, Marie Susanne s. Glock, Marie Susanne
Hetzel, Martha Katharina geb. Bonhoeffer (1644-1724, 2. Ehefrau von Johann Peter) 352; *Inschr. Nr. 96B*
Hezel, Anna Magdalena s. Engelhardt, Anna Magdalena
Hezel, Christoph Heinrich (Kriegskassier) 277
Hezel, Georg Friedrich d. Ä. (1692-1749, Pfleger und Ratsherr) 277
Hezel, Georg Friedrich d. J. (1703-1750, Ratskonsulent) 277
Hezel, Johann Christoph (1676-1755, Amtmann und Ratsherr) 277
Hezel, Johann Friedrich (1760-1828, Ratskonsulent) 317f.
Hezel, Johann Wilhelm Friedrich (1717-1797, Ratsherr) 277
Hezel (Kaufmann, 1909) 317f.
Hezel, Oskar (Schwäb. Hall) 318
Hezel s. auch Hetzel
Hieronymus (Kirchenvater) 26, 51
Himmelheber, Georg 313, 384
Hirte (Hirtin) s. Bibelregister

Hismeria (Hesmeria, Esmeria, Schwester der Hl. Anna, Heilige) 240
Hochaicher, Johann Sigmund (1668-1716, Kastenschreiber) 389
Hönes, Hans Werner 13, 71, 113, 119, 129, 143, 187, 242f., 259-261, 267, 280f., 328, 338f., 341, 343, 385, 389
Hörmann, Euphemia verh. von Sternenfels (+ 1628, Tochter von Friedrich) 346
Hörmann, Familie 345f.
Hörmann, Friedrich (1567-1642, Dr. jur.) 27, 303, **344-347**, 394; *Inschr. Nr. 92 (S. 416)* s. auch Sternenfels, Maria Katharina von (seine Enkelin)
Hörmann, Katharina geb. von Stetten (1585-1649, 2. Ehefrau von Friedrich) 346; *Inschr. Nr. 92E*
Hörmann, Maria geb. von Stetten (+ 1603, 1. Ehefrau von Friedrich) 345; *Inschr. Nr. 92E*
Hofbaumeister (Stuttgart) 246
Hoffmann, Hans (Kantengießer, Vater von Jakob) 166
Hoffmann, Jakob (um 1563-1642, Maler) 17, 19, 71, 95, 97, 99, 113, 157, **165f.**, 171, 176, 209, 217, 220, 227, 230f., 233, 249-251, 259, 291, 387, 389; *Inschr. Nr. 27C, 42O, 54F, 60B*
Hoffnung (Allegorie) s. Spes
Hofmeister, Anton (1488-1531, Stättmeister) 107
Hofpfalzgraf s. Pfalzgraf
Hofrat s. Rat
Hofwerkmeister (Hohenlohe, Limpurg) 246
Hohenheim, Franziska von s. Franziska
Hohenlohe, Maria Magdalena von (+ 1671) 22, 45
Hohenlohe, Moritz Ludwig von (+ 1679, Kind) 358
Hohenlohe, Philipp Heinrich s. Hohenlohe-Waldenburg
Hohenlohe-Ingelfingen, Friedrich Ludwig Fürst zu 316
Hohenlohe-Ingelfingen, Marianne von 316
Hohenlohe-Langenburg, Grafen von 246
Hohenlohe-Neuenstein, Gräfin von 176
Hohenlohe-Neuenstein-Öhringen, Ludwig Friedrich Carl Fürst zu 316
Hohenlohe-Neuenstein-Öhringen, Sophia Amalia Carolina, Fürstin zu 316
Hohenlohe-Pfedelbach, Ludwig Gottfried Graf von (1668-1728) 153, 346f.
Hohenlohe-Waldenburg, Philipp Heinrich Graf von (1591-1644) 27, 225, 347
Hohl, Reinhold 30f.
Holbein, Hans d. Ä. (um 1465-1524, Maler) 255, 260
Holbein, Hans d. J. (1497-1543, Maler) 313
Holch (Werkmeister, 1913) 316
Holl, Hieronymus (1613-1658, Prediger, Epitaph in St. Michael) 82, 119, 137, 140, 176, 191, 195, 271
Holst, Christian von 128f.
Holstein, Jürgen (Restaurator) 79f., 85, 109, 131, 189, 253, 269, 273
Hopfer, Daniel (um 1470-1536, Radierer und Holzschneider) 313
Horlacher, Emanuel (Schreiner, 1695) 137
Horlacher, Sabine s. Gräter, Sabine
Horlecher, Heinrich (Kleriker, 1396) 283
Hornung, Blandina s. Stigler, Blandina
Hornung, Johann Friedrich (1691-1716, Bildhauer, Sohn von Johann Michael d. J.) 55, 281, 358
Hornung, Johann Michael d. Ä. (Salzsieder) 357
Hornung, Johann Michael d. J. (1646-1706, Bildhauer und Elfenbeinschnitzer) 55, 355, **357-359**, 363, 387
Hornung, Katharina Margareta geb. Gräter (3. Ehefrau von Johann Michael d. J.) 358
Hospitalpfleger (Amt) 277, 281; *Inschr. Nr. 45A*
Hospitalverwalter (Amt) 382
Huch, Ricarda (Dichterin) 41
Hufnagel, Elisabeth Charlotte geb. Drechsler (1722-1790, Tochter von Johann Lorenz Drechsler) 197, 200; *Inschr. Nr. 49D*

Hufschmied (Beruf) 67, 229
Humanisten 101
Hypnos s. Schlaf (Genius)
Hypodiaconus (Unterdiaconus, Subdiaconus, Amt) 62f.; Inschr. Nr. 22H, 35E

Ignaz (Ignatius, Heiliger) 246, 311
Jacobus s. Jakobus
Jacobus de Voragine (Dominikaner) 239
Jäger, Agnes geb. Firnhaber (1597-1664) 220f.; Inschr. Nr. 52D
Jäger, Carl 43, 236, 240, 242f., 325, 333, 336, 341f.
Jäger, Johann Jakob (+ 1648, Ratsherr) 220f.; Inschr. Nr. 52D, 52E
Jahn, Johannes 63, 342
Jakobus (Protevangelist) 239
Jemgumer Closter (Familie) s. Vom Jemgumer Closter
Jesuiten 118
Joachim (1. Mann der Hl. Anna, Vater der Maria) 237-241; Inschr. Nr. 55A
Johannes (unbestimmt) 293
Joos, Johann Georg s. Joz, Johann Georg
Jooß, Rainer 294
Josef (Justus, der Gerechte, auch Barnabas/Barsabas) 237-240, 243; Inschr. Nr. 55C
Joseph II., Kaiser 126, 151
Joseph, Kronprinz von Ungarn (1745) 276, 280
Joß (Joz), Johann David 246f.
Joß, Johann Friedrich (Steinmetz und Baumeister, Vater von Johann Georg Joz) 245f.
Joß, Johann Georg Friedrich 246
Joß (Joz), Johann Jakob 246f.
Joz, Anna Magdalena geb. Koch (2. Ehefrau von Johann Georg) 247
Joz (Jotz, Joß, Joos), Johann Georg (1733-1806, Steinmetz und Baumeister) **245-247**, 387; Inschr. Nr. 60B
Joz, Susanna Maria geb. Koch (+ 1784, 1. Ehefrau von Johann Georg) 247
Juden 102, 131, 140f., 333
Junghans, Helmar 217, 313
Juristin (NN., 1993) 167
Justitia (Gerechtigkeit, Allegorie) 116f., 121-124, 129, 147, 150, 162, 184, 186, 256, 260, 275, 278, 280, 297, 299, 300, 352, 355, 357

Kaeß, Friedrich 312
Käßer, Barbara (+ 1665, Epitaph in Steinbach) 46
Kaiser, deutsche 118, 120, 126, 151, 276, 297, 301, 329, 347
Kaiser, römische 97, 236, 273, 298, 342
Kaiser, Ute Nortrud 294
Kalixt s. Calixtus
Kantengießer (Zinngießer, Beruf) 166
Kantz, Rebekka s. Parsimonius, Rebekka
Kantzenbach, Friedrich Wilhelm 295
Kanzleidirektor s. Direktor
Kapitelsdekan (Amt) s. Dekan
Kapitelsprokurator (Amt) s. Prokurator
Kaplan (Meßpriester) 235, 283f., 287, 292f., 343 s. auch Capellan
Karl Eugen, Herzog von Württemberg s. Carl Eugen
Karl III. Wilhelm, Markgraf von Baden-Durlach 301
Kartäuser (Mönchsorden) 283
Kastenpfleger (Amt) 265 s. auch Pfleger, s. Heiligenpfleger
Katharina (Heilige) 70 s. auch Sonderregister Schwäb. Hall
Katholiken 26f., 67, 90, 107, 143, 175, 229, 291, 293, 311, 374, 380
Katzner (Bauverwalter in Hall, 1779) 385
Kaufmann, Johann Andreas (Oberhaalschreiber) 317f.

Kaulbach, Hans-Martin 119
Keller (Beruf) s. Verwalter
Kellermann, Fritz 55, 155, 184, 203, 347, 353, 389
Kempffennagel, Kilian (Kaplan) 235, 283-288, 291-294
Keppler, Paul 240, 242f.
Kern, Heinrich (1639-1716, Prediger, Sohn von Leonhard, Epitaph in St. Michael) 76f., 85
Kern, Leonhard (1588-1662, Bildhauer) 22, 27, 46, 49, **50f.**, 58, 85, 170, 187, 347, 370, 384, 387, 389
Kern, Michael (Bildhauer, Bruder von Leonhard) 27, 51, 347
Keusch, Johann (Kaplan, 1470) 283f.
Kieninger (Antiquar in Hall, 1912) 265
Kienlin, Johann Philipp (Haalpfleger, 1781) 317
Kilian (Heiliger, Frankenapostel) 283, 285, 288
Kilian, Bartholomäus (1630-1696, Kupferstecher) 75, 77, 176
Kind, Kinder, Kleinkind, Wickelkind 46, 69, 71, 79, 82, 89, 96, 102, 116f., 134, 177, 180, 190, 205, 208, 220, 225, 228, 233, 237f., 240, 265, 316, 349, 358, 378 s. auch Christkind (Bibelregister)
Kinderengel (Putto) 16, 21f., 25, 27, 33, 45f., 53, 57, 66, 68, 123f., 134, 148f., 153f., 168-170, 181f., 184, 199, 206-208, 212, 220, 223, 225, 258, 266, 273, 279, 308f., 311, 346f., 352, 358, 361, 363, 365f., 369f. s. auch Engel (und Engel im Bibelregister)
Kirchenrat (Amt) s. Consistorialis, s. Direktor
Kirchenväter 17, 26, 133, 373
Kissling, Hermann 342
Kisslinger, Heidi (Restauratorin) 263, 267
Klara (Heilige) 287
Klarissen (Frauenorden) 239, 243
Klauflügel, Johann Martin (Maler in Biberach) 371
Kleemann, Johann Jakob (1739-1790, Maler, Bruder von Johann Wolfgang) 145, **151-153**, 155, 387; Inschr. Nr. 39B
Kleemann, Johann Wolfgang (1731-1782, Maler) 145, **151-153**, 155, 179, 185, 313, 387
Kleemann, Nikolaus Moritz (+ 1756, Maler, Vater von Johann Jakob) 151
Klein, Cyriacus Gottfried (Probst der Comburg, 1778) 185f.
Kleinkinder s. Kind
Klemm, Alfred 37f., 171, 247
Kleophas (2. Mann der Hl. Anna) 237-240
Klöpfer, Anna Katharina geb. Schmalkalder (1604/05-1665, Ehefrau von Hieronymus) 208
Klöpfer, Hieronymus (1602-1661, Dr. jur., Syndikus, Grabstein in St. Michael) 61, 63
Kloster (Familie) s. Vom Jemgumer Closter
Klotz, Andreas (+ 1605, Feldrichter, Epitaph in St. Katharina) 166, 171, 258, 261
Klugheit (Allegorie) s. Prudentia
Kluntz, Barbara (Ulm) 307
Knaben (Tod und Schlaf) 123
Kochendörfer, Christoph David (geb. 1698) 276, 279, 281
Kochendörfer, Susanna Elisabetha geb. Firnhaber (1678-1756) 276
Köberer, Emerich (1602- nach 1655, Pfarrer) 30
Kölsch, Gerhard (Mainz) 316f.
König, Familie s. Regulus (König)
König, Hans-Joachim 43, 71, 187, 341, 384, 389
Köpchen, Katharina 38, 304, 349
Körner, Johann Conrad (Maler, 1755) 276
Kolb, Christian 85, 187, 342
Kolb, Elisabeth s. Betzold, Elisabeth
Kolb, Philipp (Bildhauer, 1620) 170
Kolonat und Totnan (Begleiter des Hl. Kilian, Märtyrer, Frankenapostel) 285, 288
Konrad I. (deutscher König, + 918) 217
Konrad, Bernd 119

Register Personen | 427

Konsistorialrat (Amt) s. Consistorialis
Konsistoriumsmitglied s. Consistorialis
Konstantin d. Gr. (röm. Kaiser) 342
Konsulent s. Ratskonsulent
Konsuln s. Stättmeister
Kootz, Wolfgang 242, 292, 295, 329, 341
Kopplin, Monika 93, 165, 170
Kosel, Karl 313
Kossatz, Tilman 26, 27, 46, 50f., 55, 58, 63, 345, 347
Krafft, Katharina s. Parsimonius, Katharina
Kraus, Ulrich (1655-1719, Kupferstecher in Augsburg) 357
Kraut, Stefan 281
Krieger (Beruf) 253, 338
Krüger, Eduard (Architekt, Stadthistoriker) 35, 38, 107, 155, 171, 245, 247, 286, 291f., 294, 308f., 313, 328, 341, 389
Krüger, Rainer 12f., 16, 19, 22, 27, 31, 33, 36, 38, 46, 49, 51, 55, 58, 62f., 65, 71, 74, 77, 80, 85, 88, 93, 95, 99, 101, 103, 107, 109, 113, 115, 117, 119, 132, 137, 139, 143, 177, 189f., 193, 195, 197, 203, 206-209, 219, 221, 225, 228, 233, 251, 260, 270f., 304, 349, 353, 359, 361, 363, 366, 389, 392-394
Kruzifix s. Crucifixus
Kuefstain, Hans Lorenz II. von (1620) 175
Kükopf, Margarete s. Drüller, Margarete
Kümmlin, NN. verh. Hauck s. Hauck, NN.
Künig (Familie) s. Regulus (König)
Künne (Kün), Barbara s. Romig, Barbara
Künstle, Karl 19, 243, 385
Kunstschreiber (Beruf) 6, 156-171; *Inschr. Nr. 42*
Kurfürst (von der Pfalz) 200

Laccorn (Familie) s. Lackorn
Lackner, Andreas (1572-1612, Pfarrer, Grabmal in Reinsberg) 63
Lackorn, Afra geb. Firnhaber (1599-1633, Ehefrau von Jakob) 17, **94-99**, 165, 176, 209, 220f., 231, 250, 313, 393; *Inschr. Nr. 27 (S. 400), 52D, 52F*
Lackorn, Friedrich Georg Bernhard (1667-1750, Archivar) 389
Lackorn, Georg David (1701-1764, Bildhauer und Schreiner) 150, 263, 266, 279f., **361,** 363, 387; *Inschr. Nr. 103C*
Lackorn, Jakob (1583-1655, Stättmeister) 94, 220f.; *Inschr. Nr. 27B, 52C, 52D*
Lackorn, Johann Adam (Schreiner) 137
Lackorn, Johann Hieronymus (1656-1719, Ratsherr) 202
Lackorn, Johann Jakob (+ 1756, Schreiner) 137, 361
Lackorn, Margaretha (1678) 177
Lamberti (Restaurator in Stuttgart) 294, 379
Lang, Armin (Restaurator) 179
Lang, Eleonore (Restauratorin) 179
Lau, Thomas 85
Lehenträger *Inschr. Nr. 45F, 104B*
Lehrs, Max 324, 341
Leibarzt (Beruf) s. Arzt
Leiding, Leonhard s. Leyding
Lejeune, Pierre François (Bildhauer, 1775) 126f., 129
*Lenckner, Georg 43, 243, 260, 294, 304, 347, **389***
Leonhard (Heiliger) 235, 237, 242
Leonhard, Adam (Schreiner in Hall, 1666) 319
Leonhardt, Peter (Schreinermeister in Hall, 1862) 383f.
Lessing, Gotthold Ephraim (Dichter) 123f., 129, 379
Leyding (Leiding), Leonhard (Lienhart, Pfarrer) 49, 329-331, 335f.
Leypoldt (Kameralverwalter in Hall, 1861) 381f.
Lieb, Norbert 260, 294
Liese, Ernst 163-165, 167, 169-171
Lieske, Reinhard 225, 371, 384, 385
Limpurg, Albrecht Schenk von (+ 1619) 170
Limpurg, Elisabeth von (+ 1645) 347

Limpurg, Heinrich Schenk von (+ 1637) 27
Limpurg, Heinrich Casimir Schenk von (+ 1676) 358
Limpurg, Katharina von (+ 1636) 347
Limpurg, Konrad Schenk von (+ 1634) 347
Limpurg, Maria Juliana von 22, 46
Limpurg, Regina von (+ 1634) 347
Limpurg, Wilhelm Ludwig Schenk von (+ 1657) 22, 33
Limpurg-Gaildorf-Schmiedelfeld, Schenken von (Familie) 176
Limpurg-Sontheim-Gaildorf, Schenken von 246
List, Monika (Restauratorin) 263, 267
Lizentiat (akadem. Grad); *Inschr. Nr. 102B, 104B*
Lochner, Johann Hieronymus (1737) 170
Lochom, Michel van (1601-1647, Kupferstecher) 207
Löchner, Johann Peter (1696-1748, Haalmeister) 276, 279, 361
Löchner, Rosina Margaretha geb. Beyschlag (geb. 1705) 276
Löscher, Andreas (um 1693-1762, Maler) 281
Loscher, Sebastian (+ 1551, Bildhauer in Augsburg) 288
Ludwig IV. das Kind (deutscher König, + 911) 217
Ludwig VIII., Landgraf von Hessen-Darmstadt 316
Ludwig XIV., König von Frankreich 146, 379
Ludwig von der Pfalz, Kurfürst 169
Ludwig Eugen, Herzog von Württemberg 127
Ludwig, Hermann (+ 1918, Forstamtmann) 217
Ludwig, Johann Georg (1703-1763, Ratsherr) 277
Ludwig, Johann Peter (1668-1743, Prof. in Halle) 155
Lüdecke, Heinz 137
Lufft, Hans (Drucker/Verleger in Wittenberg) 93
Luidl, Maria Theresia s. Fischer, Maria Theresia
Luidl, Stephan (+ 1736, Bildhauer) 310
Luther, Martin 17, 22, 26, 36, 54, 63, 67, 71, 90f., 107, 117, 134, 141-143, 160, 194, 214f., 217, 228, 270, 289, 310, 342, 371f., 384f.
Lutz, Georg Adam (*+ 1657, Kindergrabstein Urbanskirche) 46
Lutz, Johann Friedrich (1658-1659, Kindergrabstein Urbanskirche) 46

Madonna s. Maria (Mutter Jesu)
Männlein, buckliges 167
Märtyrer 54, 285
Mäßigkeit (Allegorie) s. Temperantia
Maier, Hans (Haller Bürger, 1524) 284
Maier s. auch Mair, Majer, Mayer, Meyer
Mair, Michael (Amtsschreiber, Epitaph in Lobenhausen) 82, 117, 175, 195, 223
Maisch, Andreas 295
Maisel, Markus 329, 335, 342
Majer (Stiftungsrat in Hall, 1862) 383
Mâle, Emile 335, 342
Mander, Karel van (Maler, 1604) 118
Manen (Unterweltgottheiten, Seelen der Verstorbenen) 274
Mangelt, Michael (+ 1604, Epitaph in St. Katharina) 166, 258
Manz, Hans (Restaurator) 235, 243, 283
Margarete (Heilige) 70, 191, 194, 308; *Inschr. Nr. 47E, 55*
Maria (Mutter Jesu) s. Register biblische Personen
Maria Jacobi s. Register biblische Personen
Maria Kleophas s. Register biblische Personen
Maria Magdalena s. Register biblische Personen
Maria Salome s. Register biblische Personen
Marstaller, Gotthilf 242, 292, 295, 329, 334, 336, 342f.
Martin (Heiliger) 287, 333
Maskosky, Martin (1627-1700, Arzt in Göppingen) 77
Matham, Jacob (+ 1631, niederländ. Kupferstecher) 93
Mathilde, Herzogin (Bildnis) 43
Mathis, Sebastian (1617) 107
Matsche, Franz (Bamberg) 155

Maurer, Hans Martin 35, 38, 63, 295
Maximilian I., deutscher Kaiser 102; *Inschr. Nr. 28A*
Maximilian II., deutscher Kaiser 347
Mayer, Johann David (Maler, 1699) 340
Mayer, Johann Ernst (1718-1775, Ratsherr) 277
Mayer, Johann Friedrich (1719-1798, Pfarrer in Kupferzell) 316
Mayer, Johann Georg (1693-1776, Ratsherr) 277
Mayer, Johann Georg (Maler) s. Meyer, Johann Georg
Mayer, Joseph Friedrich Bernhard Caspar (Organist) 276, 280
Mayer (Katharinenpfleger in Hall, 1753) 265
Mayer (Stadtrat in Hall, 1843) 243
Mayer s. auch Maier, Majer, Mair, Meyer
Mayer-Hißlinger, Irene 167, 170
Meckseper, Cord 329, 341
Medici (ital. Adelsfamilie) 133, 299
Medicus (Beruf) s. Arzt
Meister von Flémalle (Maler) 336
Meister von Kirchheim (Maler) 243
Melanchthon, Philipp 384
Mengs, Anton Raphael (1728-1779, Bildhauer) 126
Merian, Matthäus d. Ä. (Kupferstecher) 66, 74, 112, 133, 141, 177, 193, 195, 208, 221f., 225, 228-233, 258, 327
Mersmann, Wiltrud 71
Merz, Heinrich 329, 333, 335f., 341-343, 368, 370, 372, 377-381, 384f.
Mesner (Beruf) 246, 265-267, 289, 338f. s. auch Gräter, Johann Leonhard, s. Röhler, Johann Gottfried
Messerer, Johann Christoph (Buchdrucker in Hall, 1778) 187
Meßpriester (Altarist) 283f., 294
Metzger (Beruf) 65, 67, 194, 227, 229; *Inschr. Nr. 19, 54B*
Metzger, Johann Simon (Maler, 1610) 326
Meyer, Johann Georg (Maler, 1741-1753 in Hall tätig) 264, 273f., **276-279**, 280f., 387; *Inschr. Nr. 70B*
Meyer s. auch Maier, Mair, Majer, Mayer
Michael (Erzengel) 64f., 69f., 236, 241, 283-285, 287, 291, 308, 375; *Inschr. Nr. 55* s. auch Sonderregister St. Michael
Michelangelo (ital. Maler und Bildhauer) 299, 301
Mielke, Hans 71
Milde (Allegorie) s. Clementia
Militärschreiber (Amt) 303
Milon von Kroton (antiker Athlet) 126f.
Mißgeburt (Monstrum) 174, 177, 257, 365f.
Minerva (röm. Göttin der Weisheit) 373
Mithras (röm. Göttergestalt) 129
Mörike, Eduard (Dichter) 109
Mörleth, Anna Margareta s. Wibel, Anna Margareta
Mohammedaner s. Türken
Molitor, Michael s. Müller, Michael
Monstrum s. Mißgeburt
Morell, Jakob (Maler in Frankfurt, 1652) 75
Moser (von Filseck), Balthasar (1556-1610, Stättmeister, Epitaph in St. Michael) 51, 63, 83, 197
Moser, Rudolph Friedrich von (Finanzrat) 343, 368
Müller, Albrecht (1595-1662, Ratsherr) 220f.; *Inschr. Nr. 52C, 52D*
Müller, Albrecht (1637-1670, Hypodiaconus) 62f.
Müller, Anna Maria s. Bonhoeffer, Anna Maria
Müller, Elisabeth geb. Firnhaber (1609-1675) 220f.; *Inschr. Nr. 52D*
Müller, Elisabeth Dorothea (Grabstein 1770) 150
Müller, Georg (1537-1607, Ratsherr, Epitaph im HFM) 209, 231; *Inschr. Nr. 26A*
Müller, Georg Philipp (1617) 107
Müller, Johann (1646-1705, Ratsherr) 223
Müller, Ludwig David (1634-1720, Ratsherr, Bildnis im HFM) 71, 92, 175, 195, 223

Müller (Molitor), Michael (Pfarrer in Hall) 335, 343
Müller, NN. (Ratsherr 1753) 265
Müller, Rosina s. Zweiffel, Rosina
Musiker (Beruf) 258, 371
Musketenschütze 257, 261, 327, 331, 342 s. auch Armbrustschütze, s. Bogenschütze

Nachruhm (Allegorie) s. Fama
Nagel, Gert K. (Kunsthändler) 129
Nagel, Otto 243
Napoleon (Kaiser von Frankreich) 127-129, 301, 315, 318
Natoire, Charles (französ. Maler, 1740) 126
Neustetter, Erasmus (1523-1594, Propst der Comburg) 49, 256
Nikolaus (Heiliger) 174, 177
Notar (Amt) 294, 301, 329
Nothnagl, Reinhold (Historiker) 175
Nunzer, Engelhard (Kupferstecher in Nürnberg) 357

Oberdiaconus (Amt) s. Archidiaconus
Oberlandumgelder (Amt) 277
Oberschreiber s. Haalschreiber
Oerttle, Georg 164
Oetinger, Friedrich Christoph (1702-1782, Prälat) 316
Öttinger, Anna s. Firnhaber, Anna
Offizier (Beruf) 33; *Inschr. Nr. 6*
Omeis (Werkmeister in Hall, 1858) 381
Onuphrius (Heiliger, Einsiedler) 237, 243, 285
Organist (Amt) 97, 276, 280
Orgelbauer (Beruf) 261, 289, 294
Osiander, Maria Euphrosina s. Schragmüller, Maria Euphrosina
Oswald (Heiliger) *Inschr. Nr. 95B*
Ovid (röm. Dichter) 356

Pachelbl, Susanna Elisabeth s. Drechsler, Susanna Elisabeth
Pächt, Otto 343
Pajou, Augustin (Bildhauer in Paris, 1783) 127
Pallas (Gegner des Turnus bei Vergil) 356
Palmenburg von s. Haspel von Palmenburg
Pankratius (Heiliger) 343
Papst 71, 129, 329, 235, 242, 342f.
Parlier (Beruf) 246
Parsimonius, Johann Jakob (1579-1636, Prediger) **28-31**, 341, 393; *Inschr. Nr. 5 (S. 396)*
Parsimonius (Kind) 29
Parsimonius, Katharina geb. Krafft († 1607, 1. Ehefrau von Johann Jakob) 29; *Inschr. Nr. 5C*
Parsimonius, Rebekka geb. Kantz (1579-1669, 2. Ehefrau von Johann Jakob) 29; *Inschr. Nr. 5C*
Patronatsherr (einer Kirche oder Kapelle) 235, 283, 343
Paulus Eremita (von Theben, Einsiedler, Heiliger) 236f.
Pauly, August 129, 187
Pax (Friede / Friedensgöttin, Allegorie) 182-185
Peintner, Erico (Restaurator) 235, 238, 243
Pestengel 31
Petersohn, Hermann Rudolf (Restaurator) 145, 147f., 151, 155, 283, 286, 293f., 297, 301, 315, 319, 322f., 327, 332, 334, 341f.
Pfalzgraf (Hofpfalzgraf) 298, 301; *Inschr. Nr. 77*
Pfannenschmied, Sibylle s. Romig, Sibylle
Pfarrer (Amt) *Inschr. Nr. 4, 15, 18*
Pfarrverweser (Amt) *Inschr. Nr. 22H*
Pfarrvikar (Amt) s. Vikar
Pfeffer, Albert 312
Pfistermeister, Ursula 43, 71, 341, 384, 389
Pfleger (von Messpfründen) 235, 242, 265, 283; *Inschr. Nr. 67A* s. auch Altarpfleger, Heiligenpfleger, Kastenpfleger, Präsenzpfleger, Reichalmosenpfleger
Pflüger, Emanuel (Bauinspektor in Hall, 1853) 379

Pflugwirt (Gastwirt in Hall) 125
Pflummern, Heinrich von (Priester) 342
Physicus (Beruf) *Inschr. Nr. 28D*
Pietsch, Friedrich 242, 293-295, 342f.
Pignatti, Teresio 71
Pilger 102, 105, 333 s. auch Wanderer
Platon (griech. Philosoph) 357
Plieninger, Konrad 77
Poeta laureatus (gekrönter Dichter) 80, 85, 97, 159, 171, 301; *Inschr. Nr. 22G, 42M*
Polyxena (Tochter des Königs Priamus von Troja) 356
Porträtmaler (Beruf) 200
Posaunenengel 182, 184, 186
Posthalter (Amt) 365
Präsenzpfleger (Amt) 277; *Inschr. Nr. 45A*
Präzeptor (Amt) 359
Prediger (Amt) *Inschr. Nr. 5, 14, 16, 17, 20, 22, 35, 36, 67, 69*
Preuß, Johann Philipp 50f.
Prey, Johann Georg 246
Priamus (König von Troja) 356, 359
Priester s. Messpriester
Probst, Johann Michael (+ 1819, Maler in Pfedelbach) 312, 367, 375f., 384f.
Prokurator (des Landkapitels, Procurator capituli, Amt) *Inschr. Nr. 4A, 22H, 67A*
Protestanten (Evangelische) 26, 69f., 81, 175, 291, 307, 331, 370f., 374f., 380
Providentia (Allegorie) s. Vorsehung, göttliche
Prudentia (Klugheit, Allegorie) 146, 199, 256, 260, 297, 299-301, 352, 355, 357, 373
Pseudo-Jakobus s. Jakobus (Protevangelist)
Pückler (limpurgische Grafen) 246
Putto, Putten s. Kinderengel

Raff, Albert 27, 99, 171, 301
Raffael (ital. Maler) 54, 93, 187, 298, 301, 310, 326, 379
Rahner, Karl 143
Raiffeisen, Johann Josef (+ 1689, Kanzleiverwalter) 359
Raiffeisen, Johann Lorenz (+ 1691) 359
Rapp, Friederike (Bildnis, 1790) 42
Rappold, Agatha geb. Hackenzahn (Ehefrau von Hieronymus) 30
Rappold, Christina s. Weidner, Christina
Rappold, Eva s. Alt, Eva
Rappold, Hans Georg (1600-1659, Maler) 29-31, 387; *Inschr. Nr. 5D*
Rappold, Hieronymus (+ 1621, Maler) 30
Rat, Ratsherren (Hofrat) 41, 91, 101, 107, 121, 146, 150f., 153, 155, 164, 173f., 183, 185, 189, 195, 200-202, 217, 235, 256, 265, 273, 277, 279-281, 289, 294f., 298, 301, 303f., 312, 317f., 352, 359, 376; *Inschr. Nr. 1A, 3B, 6, 22D, 26A, 30E, 32B, 33, 39A, 45A, 45D, 45F, 47F, 66A, 77, 104B*
Rathe-Seber, Margarete 385
Ratsadvokat (Amt) s. Ratskonsulent
Ratschreiber 216
Ratskonsulent (Ratsadvokat) 197, 205, 209, 277; *Inschr. Nr. 50D, 103B*
Rau, Peter (Restaurator) 21f., 25, 27, 33, 45f., 49, 51, 168, 170, 351, 353
Rauch, Moritz von 37f.
Raymund (Kardinallegat, 1501) 217
Reclam, Verlag (Kunstführer) 329
Regierungskunst, Regentschaft (Allegorie) s. Ars regnandi
Regulus, David (gen. Villinger, 1617) 71
Regulus, Familie s. Regulus Villinger, Familie
Regulus (König, gen. Villinger), Johann (1489-1570, Lateinschulrektor, Stadtarzt) 65, 71, **100-107**, 393; *Inschr. Nr. 28 (S. 400)*

Regulus Villinger, Anna Maria verh. Mathis (Enkelin von Johann) 101, 105, 107; *Inschr. Nr. 28J*
Regulus Villinger, David (+ 1591, Apotheker in Ulm, Sohn von Johann) 101; *Inschr. Nr. 28G, 28J*
Regulus Villinger, David (Enkel von Johann) 101, 105, 107; *Inschr. Nr. 28J*
Regulus Villinger, Elisabeth verh. Müller (Enkelin von Johann) 101, 105, 107; *Inschr. Nr. 28J*
Regulus Villinger, Familie 65, 71, 101, 105, 107, 217; *Inschr. Nr. 28*
Regulus Villinger, Friedrich (Dr., Jurist, Enkel von Johann) 101, 105, 107; *Inschr. Nr. 28J*
Regulus Villinger, Johann Friedrich (+ 1597, Dr. jur., Sohn von Johann) 101; *Inschr. Nr. 28H*
Regulus Villinger, Johannes (Dr. med., Enkel von Johann) 101, 105, 107, 214
Regulus Villinger, Johannes (Dr. in Laibach, Enkel von Johann) 101, 107, 214; *Inschr. Nr. 28J*
Regulus Villinger, Joseph (+ 1588, Dr. med., Sohn von Johann) 101; *Inschr. Nr. 28F*
Regulus Villinger, Joseph (Apotheker, Enkel von Johann) 101, 105, 107; *Inschr. Nr. 28J*
Regulus Villinger, Paul (+ 1581, Dr. med. in Laibach, Sohn von Johann) 101; *Inschr. Nr. 28E, 28J*
Reichalmosen s. Stiftertafel für das Reiche Almosen
Reichalmosenpfleger *Inschr. Nr. 47F, 51D*
Reichart (Richardi), Johann (Notar und Kleriker) 329
Reichsschultheiß (Amt) 180; *Inschr. Nr. 45B, 45C*
Reik, Friedrich (1836-1904, Maler und Zeichenlehrer) 238, 259f.
Reiter (Darstellung) 358f., 378
Reitz, Anna Regina geb. Textor (1649-1716) 139, 143; *Inschr. Nr. 36D*
Reitz, Jakob (1648-1710, Prediger) 109, 113, 137, **138-143**, 222, 340, 393; *Inschr. Nr. 36 (S. 403)*
Rektor (Beruf) s. Schulmeister
Rettberg (wohl Retberg, Ralf) von (1812-1885, München) 379
Retti, Livio (1692-1751, Maler) 373
Reuwich, Erhard (Buchillustrator) 97, 195
Rieder, A. M. J. (Mädchen in Ulm, 1800) 316, 318
Riedl, Peter Anselm 155, 301
Riedlinger, Peter (Maler in Esslingen, 1586) 119
Riemenschneider, Tilman (Bildschnitzer) 287, 294
Rietschel, Ernst (1804-1861, Bildhauer) 238
Rigaud, Hyacinthe (französ. Maler) 146
Ripa, Cesare (ital. Schriftsteller) 149, 203, 298f., 301, 373
Ritter, Josef (Bildhauer in Öhringen, 1730) 55, 353
Ritter, Nikolaus (Bildhauer, Sohn von Josef, 1733) 55, 203, 280, 353, 363
Rittmann, Anna Sibylla geb. Gräter (1702) 324, 339, 394; *Inschr. Nr. 85*
Rittmann, Jakob Friedrich (+ 1797, Forstmeister) 247
Rochus von Montpellier (Heiliger) 288
Röhler, Anna s. Vogelmann, Anna
Röhler, Johann Adam (1631-1709, Bäcker und Ratsherr, Grabstein in St. Katharina) 365f.
Röhler, Johann Gottfried (1680-1768, Mesner St. Michael) 246, 265-267
Röhrig, Floridus 384f.
Roesler, Johannes (1531-1697, Pfarrer) 261
Roeter, Konrad s. Roter, Konrad
Rogier van der Weyden (niederländ. Maler) 106, 329, 336
Romig, Amalia geb. Seckel (+ 1547, 1. Ehefrau von Leonhard) 253f.; *Inschr. Nr. 66B*
Romig, Barbara geb. Künne (+ 1570 [?], 3. Ehefrau von Leonhard) 253f., 260; *Inschr. Nr. 66B*
Romig, Elisabeth geb. Bernstein (+ 1577, 4. Ehefrau von Leonhard) 253f.; *Inschr. Nr. 66B*
Romig, Familie 190, 253-255

Romig, Georg David (1632—1676, Archidiaconus) 75f.
Romig, Georg Wolfgang (1713-1781, Ratsherr 1753) 265
Romig, Gertraud (Tochter von Melchior) 254
Romig, Katharina geb. Erkenbrecht verw. Bintz (5. Ehefrau von Leonhard) 253f.
Romig, Leonhard (Lienhard, um 1504-1589, Gerber und Ratsherr) 166, 176, 225, **252-261**, 392, 394; *Inschr. Nr. 66 (S. 413)*
Romig, Maria (+ 1620, Tochter von Leonhard) 243
Romig, Melchior (+ 1593, Rotgerber, Sohn von Leonhard) 254
Romig, NN. (Mutter von Andreas Drüller) 190
Romig, Sibylle geb. Pfannenschmied (+ 1554, 2. Ehefrau von Leonhard) 253f., 258; *Inschr. Nr. 66B*
Romig, Wilhelm (Sohn von Leonhard) 254, 258
Roscher, Christian Friedrich (Maler) 177
Roscher, Johann Michael (Maler) 279
Roter (Roeter, Rotermund), Konrad (+ 1508, Pfarrer) 235, 242
Rott, Hans 38, 106, 107
Rubens, Peter Paul (Maler) 75-77, 110, 132, 134, 136, 206
Rudolf II., Kaiser 118, 260
Rücker, Elisabeth 99, 195
Ruhm (Allegorie) s. Fama, s. Fürstenruhm
Rupp, Hirschwirt in Hall 280
Rupp, Peter Dr. 280
Rupp, Thusnelda 280

Sachsen-Hildburghausen (Herzogshaus) 316
Sadeler, Egidius (Gillis; 1570-1629, Kupferstecher) 118f., 177, 326
Saenredam, Jan (Kupferstecher) 93
Saiter, Johann Gottfried (Kupferstecher) 179, 181, 187, 316
Salm, Jakob Graf zu (1518) 334
Salomas (Salome, 3. Mann der Hl. Anna) 237-240; *Inschr. Nr. 55A*
Salvator (Erlöser) 73, 294 s. auch Christus (Bibelregister)
Salzsieder s. Sieder
Sandel, Johann Christoph (1693-1764, Ratsherr) 277
Sandel, Peter (Witwe in Hall, 1837) 377
Sandrart, Joachim von (Maler) 118
Sanwald, Familie / Ahnen 179f., 182f., 185f.; *Inschr. Nr. 45*
Sanwald, Johann Lorenz (1711-1778, Stättmeister) 91, 123, 145, 147f., 153-155, **178-187**, 199, 266, 277, 299-301, 310f., 316, 346f., 357, 359, 368, 370, 393; *Inschr. Nr. 45 (S. 408)*
Sanwald, Johann Wolfgang (1574-1640, Ratsherr) 180; *Inschr. Nr. 45D*
Sanwald, Kaspar (+ 1632, Ratsherr) 250
Sanwald, Sophia Catharina Susanna geb. Drechsler (1713-1799, Tochter von Johann Lorenz Drechsler) 197; *Inschr. Nr. 45F, 49D*
Sanwald, Susanna s. Gräter, Susanna
Sanwald, Wilhelm Thomas (1548-1603, Ratsherr und Reichsschultheiß, Totenschild in St. Michael) 165, 180; *Inschr. Nr. 45B*
Sanwald, Wolfgang (1504-1581, Reichsschultheiß, Grabstein in St. Michael) 180; *Inschr. Nr. 45C*
Sanwald, Wolfgang Kaspar (1669-1734, Stättmeister, Bronzeepitaph in St. Michael) 180, 185; *Inschr. Nr. 45E*
Sanwald, Wolfgang Kaspar (1623-1672, Ratsherr) 180, 185; *Inschr. Nr. 45A*
Sapientia (Weisheit, Allegorie) 146-148, 150, 184, 266, 308, 372f., 385 s. auch Sophia (Weisheit Gottes)
Sapientia divina (Weisheit Gottes, Allegorie) 368f., 373, 385, s. auch Sophia

Sattler, Johannes (Chronist) 313
Sauer, Willi 242, 295, 341
Saur, Johann (Buchdrucker in Frankfurt a. M.) 170

Schäfer, Gerhard 295
Schäffler, Thomas (Maler in Augsburg) 312
Schäufelein, Hans (Maler und Holzschnittzeichner) 324, 331, 338
Schahl, Adolf 317f., 343
Schanz, Agatha geb. Büschler (+ 1559, Epitaph in St. Michael) 35
Scharfrichter (Beruf) 281
Schartlin (Schertel), Adelsfamilie 30
Schauffele, Conrad (Konditor, Chronist) 170, 217, 276, 280, 312, 317, 367-370, 375, 384f.
Schedel Hartmann (Chronist) 97, 99, 195
Scheffauer, Philipp Jakob (1756-1808, württ. Hofbildhauer) 42f., 121, 123-125, **126f.**, 128f., 300, 311, 387
Schefold, Max 171
Scherenberg, Rudolf von (Bischof von Würzburg) 288
Scherer, Christian 359
Schertel, Adelsfamilie s. Schartlin
Scherz, K. (Maler, 1901) 179, 187
Schick, Christian Gottlieb (1776-1812, Maler) 42
Schiffer (Beruf) 365
Schiller, Familie (Hall) 246f.
Schiller, Friedrich (Dichter) 42, 127, 300
Schiller, Johann Ludwig Friedrich (1732-1780, Archidiaconus) 246f.
Schiller, Katharina Albertina geb. Hartmann (1747-1825, 2. Ehefrau von Joh. Ludwig Friedrich) 247
Schiller, Sophia Sibylla geb. Beyschlag (+ 1771, 1. Ehefrau von Joh. Ludwig Friedrich) 246f.
Schiller, Gertrud 26f., 99, 143, 233, 243, 271, 313, 372, 384f., 389
Schilling, Andreas 342
Schlaf (Hypnos, Genius) 123, 129
Schletz (Adelsfamilie) 211
Schletz, Heinrich (Comburger Mönch, 1396) 283
Schletz, Ludwig (Altarpfleger am Dreikönigsaltar) 283
Schlör, Sem (Simon, um 1530-1597, Bildhauer) **35-38**, 63, 169f., 303, 305, 349, 397
Schlör (Sohn von Sem) 38
Schlosser (Beruf) 289
Schlotterbeck, Christian Jakob (1757-1811, Maler und Kupferstecher) 297, 300f., 387
Schmalkalder, Anna Katharina (Tochter von David) s. Klöpfer, Anna Katharina
Schmalkalder, Anna Regina (geb. 1630, Tochter von David) 208
Schmalkalder, Anna Rosina (1621-1626, Tochter von David) 208
Schmalkalder, David (1571-1636, Dr. jur., Ratskonsulent) 66, 68, 82, 177, 194f., **204-209**, 223, 394; *Inschr. Nr. 50 (S. 409)*
Schmalkalder, Eleonora (Katharina) geb. Hauff (1575-1618, 1. Ehefrau von David) 205, 208; *Inschr. Nr. 50D*
Schmalkalder, Familie 205
Schmalkalder, Johann David (geb. 1620, Sohn von David) 208
Schmalkalder, Katharina geb. Dietrich (+ 1665, 2. Ehefrau von David) 205, 208; *Inschr. Nr. 50D*
Schmalkalder, Katharina Ursula (Tochter von David) s. Beyschlag, Katharina Ursula
Schmid, Hans (Schneider, 1632) 177
Schmidt, Anna (geb. 1587, Tochter von Michael) 228; *Inschr. Nr. 54E*
Schmidt, Apollonia (geb. 1590 und 1593, 2 Töchter von Michael) 228; *Inschr. Nr. 54E*

Schmidt, David (geb. 1595, Sohn von Michael) 228, 233; *Inschr. Nr. 54D*
Schmidt, Georg (geb. 1592, Sohn von Michael) 228; *Inschr. Nr. 54D*
Schmidt, Gottfried (1871-1952, Maler und Restaurator in Hall) 29, 31, 41, 43, 49, 76f., 79, 85, 89, 93, 109, 113, 115, 117, 119, 131, 137, 139, 143, 189, 195, 197, 203, 219, 221, 225, 233, 235f., 238, 243, 253, 260, 265, 267, 269, 271, 273, 280f., 297, 303f., 315, 318f., 322, 341, 347
Schmidt (Michael), Familie 228
Schmidt, Katharina (geb. 1588, Tochter von Michael) 228; *Inschr. Nr. 54E*
Schmidt, Magdalena geb. Speltacher (Ehefrau von Michael) 228, 233; *Inschr. Nr. 54C*
Schmidt, Magdalena (geb. 1582, Tochter von Michael) 228; *Inschr. Nr. 54E*
Schmidt, Michael (um 1551-1596, Metzger) 17, 19, 67, 95, 99, 165, 194, 209, 222, **226-233**, 251, 340, 394; *Inschr. Nr. 54 (S. 411)*
Schmidt, Michel (geb. 1583 und 1585, 2 Söhne von Michael) 228; *Inschr. Nr. 54D*
Schmidt, Philipp 99, 342
Schmied (Beruf) 371
Schmoller, Alfred 240, 242, 292, 294f., 328, 334, 341f.
Schneck, Johann (1564-1617, Archidiaconus) 79, 85, 250
Schneemelcher, Wilhelm 243
Schneider (Beruf) 177
Schneider, Ursula 38
Schöne, Albrecht 280
Schöne Bonhoefferin s. Bonhoeffer, Maria Magdalena
Schöttl, Julius 313, 368, 376, 384f.
Scholarcha (Schulrat, Schuldirektor, Amt) 121, 145, 199, 274, 315; *Inschr. Nr. 14B, 17C, 20E, 22G, 22H, 33, 35E, 36D, 39A, 45F, 60A, 67A, 70A, 81A, 82A, 96B, 102B, 103B, 104B s. auch Direktor*
Schongauer, Martin (Maler und Kupferstecher) 323, 338
Schorer, Fabian (Steinrestaurator) 319
Schorn (Kunstblatt, 1829) 42
Schragmüller, Bernhard Andreas (1680-1749, Ratsherr, Sohn von Johann Nikolaus) 277, 279
Schragmüller, Johann Nikolaus (1643-1711, Stättmeister) **364-366**, 392, 394; *Inschr. Nr. 104 (S. 417)*
Schragmüller, Maria Euphrosina geb. Osiander (Tochter von Johann Nikolaus) *Inschr. Nr. 104B*
Schreiber (Beruf, „drei Haller Schreiber") 162, 167
Schreier s. Schreyer
Schreiner (Beruf) 30, 113, 119, 136f., 142, 150f., 185, 211, 216, 261, 287, 327, 361, 365, 382
Schreyer, Anna Barbara geb. Dürr (2. Ehefrau von Hans) 175
Schreyer, Felicitas geb. Schwender (1. Ehefrau von Hans) 175
Schreyer, Georg Friedrich (1683-1742, Maler, Sohn von Johann Lorenz) 340
Schreyer, Johann (Hans, 1596-1676, Maler) 33, 45, 65, 66, 70f., 75, 79, 82, 87, 91-93, 115, 117-119, 137, 173, **174-177**, 185, 189, 191, 194f., 201, 205, 207-209, 211, 219, 223, 225, 269-271, 276, 340, 352
Schreyer, Johann Georg (1676-1738, Maler, Sohn von Johann Lorenz) 211, 216, 281, 340, 387
Schreyer, Johann Lorenz (1652-1709, Maler, Sohn von Hans) 143, 161, 171, 175-177, 319, 339, **340**, 343, 387
Schreyer, Michael (Leinenweber, Vater von Hans) 174
Schübelin, Johann Sixtus (1630-1698, Ratsherr, Bildnis im HFM) 71, 92, 176, 185, 208, 223
Schüler 333, 342 s. auch Chorschüler
Schüsselmann (Beruf in Hall) 217
Schütte, Marie 240, 242f.
Schuldirektor s. Scholarcha

Schulmeister (Rektor, Beruf) 101, 107, 162, 171, 177; *Inschr. Nr. 22G*
Schulrat (Amt) s. Scholarcha, s. Direktor
Schulstifter 211
Schulter, Veronika geb. Riepp (1552-1590, Epitaph in St. Michael) 258
Schultheiß (Stadtschultheiß, Amt) 298, 301, 361; *Inschr. Nr. 77*
Schumm, E. und A. (Hall) 318
Schuppart, Ferdinand Friedrich (1687-1738, Stadtschreiber in Ingelfingen) 153
Schuster, Familie (1670) 21
Schuster, Margareta s. Stadtmann, Margareta
Schutzgottheit 146
Schutzheilige 229
Schwab, Johanne (Bildnis) 42
Schwarz, Christoph (um 1548-1592, Maler) 118f., 326
Schweder, Gabriel (Prof. in Tübingen) 201
Schweicker, David (Bruder des Thomas) 171; *Inschr. Nr. 42 II*
Schweicker, Dorothee geb. Seckel (Mutter von Thomas) 159, 167
Schweicker, Familie 167
Schweicker, Genoveva s. Völcker, Genoveva
Schweicker, Hans (Vater von Thomas) 169
Schweicker, Michael (Bruder des Thomas) 168f., 171; *Inschr. Nr. 42 II*
Schweicker, Thomas (1540-1602, armloser Kunstschreiber) 19, 97, 99, 107, 155, **156-171**, 173f., 176, 231, 233, 251, 261, 326, 335, 339f., 342, 389, 393; *Inschr. Nr. 42 (S. 404)*
Schwender, Felicitas s. Schreyer, Felicitas
Schwendt, Melchior (Schlosser in Hall) 289
Schwerin, Alexandra Gräfin von (Restauratorin) 219
Schwertle, Franz Karl (Bildhauer) 313, 384

Sebastian (Heiliger) 235, 237, 285
Seber, Richard 385
Seckel, Amalia s. Romig, Amalia
Seckel, Dorothee s. Schweicker, Dorothee
Seeger, Christoph Dionysius (Intendant und Obrist, 1781) 124-126, 129
Seel, Otto 27
Seele (Darstellung als Kind) 96, 99, 285
Seelenwäger s. Michael (Erzengel)
Sehl, Dieter (1986) 265
Seiferheld, Anna Elisabeth s. Bonhoeffer, Anna Elisabeth
Seiferheld, Caroline (1861) 381-383
Seiferheld, Georg (1563-1616, Verwalter im Schöntaler Hof) 82f., **86-93**, 115, 119, 195, 208, 393; *Inschr. Nr. 26 (S. 400)*
Seiferheld, Georg (*+ 1589, 1594 und um 1605, 3 Kinder von Georg) 89; *Inschr. Nr. 26C*
Seiferheld, Georg Balthasar (*+ 1616, Sohn von Georg) 89
Seiferheld, Georg Friedrich (1613-1686, Sohn von Georg, der „große Stättmeister") 90, 92f.; *Inschr. Nr. 26C*
Seiferheld, Georg Friedrich (1680-1743, Aktuar) 389
Seiferheld, J. Franz (Substitut in Göppingen, 1858) 381-383
Seiferheld, Jakob Peter (Gerichtsassessor in Hall, 1858) 381-384
Seiferheld, Johann Friedrich (1755-1816, Dr. med., Ratsherr) 317
Seiferheld, Johann Georg (1574-1634, Epitaph im HFM) 31
Seiferheld, Johann Georg (1597-1643, Sohn von Georg) 90-92; *Inschr. Nr. 26C*
Seiferheld, Johann Georg (1667-1732, Ratsherr) 202

Seiferheld, Johann Ludwig (1661-1725, Prediger, Grabstein und Epitaph in St. Michael) 200, 247, 264, 276
Seiferheld, Katharina geb. Stadtmann (1561-1590, 1. Ehefrau von Georg) 88f.; *Inschr. Nr. 26A*
Seiferheld, Katharina verh. Bölz (1588-1635, Tochter von Georg) 89; *Inschr. Nr. 26C*
Seiferheld, Katharina Magdalena (Tochter von Wolfgang Jakob) s. Hetzel, Katharina Magdalena
Seiferheld, Klara (*+ 1595, Kind von Georg) 89; *Inschr. Nr. 26C*
Seiferheld, Maria geb. Müller (1573-1636, 2. Ehefrau von Georg) 88-90; *Inschr. Nr. 26A*
Seiferheld, Maria (*+ 1586, Kind von Georg) *Inschr. Nr. 26C*
Seiferheld, Maria verh. Müller (1602-1625, Tochter von Georg) 89
Seiferheld, Maria Cordula s. Bonhoeffer, Maria Cordula
Seiferheld, Maria Magdalena (1612-1693, Tochter von Georg) s. Firnhaber, Maria Magdalena
Seiferheld, Rosina (*+ 1600, Kind von Georg) 89; *Inschr. Nr. 26C*
Seiferheld, Rosina verh. Romig (1603-1650, Tochter von Georg) 90; *Inschr. Nr. 26C*
Seiferheld, Sabina verh. Vogelmann (1593-1634, Tochter von Georg) 89
Seiferheld, Ursula Maria verh. Blinzig (1598-1640, Tochter von Georg) 89
Seiferheld, Wolfgang Jakob (1719-1798, Stättmeister) 265, **314-318**, 394; *Inschr. Nr. 82 (S. 415)* s. auch Glock, Marie Susanne
Seiler (Beruf) 347
Seitz, Anna Margareta s. Wibel Anna Margareta
Seitz, Johann Christoph (1643-1729, Gerber, Epitaph im HFM) 142f.
Senatoren s. Rat, Ratsherren
Senfft von Sulburg, Philipp Heinrich 347
Senft, Adelsfamilie s. auch Senfft
Senft (Epitaphe in Rieden und Oberrot) 37
Seuchenschwestern 205
Seufferheld s. Seiferheld
Severinus (Heiliger) 284
Seyboth, Johann David (1718-1769, Ratsherr) 155
Seyferheld s. Seiferheld
Seyfert, Maria Sophia s. Hauck, Maria Sophia
Seyfert, NN. (kaiserl. Kapitän, Vater von Maria Sophia, 1757) 264
Siebenmorgen, Harald 38, 42, 43, 187, 300, 301, 341, 384
Sieder (Beruf) 15, 117, 175, 208, 223, 225, 275, 283, 284, 294, 357, 384
Sieg (Allegorie) s. Viktoria
Simson, Otto von 77
Sippe, Heilige 234-243
Sippenaltar (Retabel) s. Annenaltar
Soder von Güldenstubbe, Erik 294
Sokrates (griech. Philosoph) 299, 301
Solis, Virgil (1514-1562, Zeichner und Kupferstecher) 326, 327, 341
Soltész, Elisabeth 384
Sommer, Familie (Künstler) 187, 202f., 267, 281, 353, 359, 363, 389
Sommer, Georg Christoph (1677-1743, Bildhauer) 153, 202
Sommer, Johann Andreas (1716-1776, Bildhauer) 55, 145, **150f.**, 153, 154, 179, 184, 185, 186, 187, 202, 203, 266, 311, 317, 384, 387, 389
Sommer, Johann Jakob (1645-1715, Bildhauer) 53, 55, 351, 353, 387
Sommer, Johann Friedrich (1671-1737, Bildhauer) 197, 202

Sommer, Philipp Christoph (1752-1816, Sohn von Johann Andreas) 182, 185, 187, 387
Sommer, Philipp Jakob (1686-1751, Bildhauer, Vater von Johann Andreas) 55, 150, 153, 202, 266, 279, 361, 363
Somor, Johann Friedrich (Maler, 1732) 177, 279
Sonnenschein, Johann Valentin (Bildhauer) 126, 129
Sophia (Weisheit Gottes, Allegorie) 368, 372, 375 s. auch Sapientia
Speltacher, Konrad (Bäcker) 211
Speltacher, Magdalena s. Schmidt, Magdalena
Spemann, Adolf 124, 129
Spes (Hoffnung, Allegorie) 87, 88, 91, 93, 147, 263, 264, 266, 275, 308, 311, 351, 352, 357

Stachel, Günter 187, 341, 384
Stadtarzt (Beruf) 101; *Inschr. Nr. 28*
Stadtmann, David (1568-1631, Stättmeister, Sohn von Johann Balthasar, Grabstein in St. Michael) 21f.
Stadtmann, Familie 21
Stadtmann, Johann Balthasar (1603-1670, Stättmeister) **20-22**, 53, 57, 93, 113, 137, 176, 182, 365, 393; *Inschr. Nr. 3 (S. 395)*
Stadtmann, Josef (1575-1626, Pfarrer) **48-51**, 58, 63, 335, 393; *Inschr. Nr. 15 (S. 397)*
Stadtmann, Josef (1602-1635, Pfarrer Stöckenburg) 51
Stadtmann, Katharina s. Weidner, Katharina geb. Stadtmann
Stadtmann, Margareta geb. Schuster (Ehefrau von Johann Balthasar) 21; *Inschr. Nr. 3B*
Stadtrat s. Rat
Stadtschultheiß s. Schultheiß
Stärke (Allegorie) s. Fortitudo
Stättmeister (lat. Consul, Amt, allgemein) 146, 155, 164, 183, 197, 256, 273, 294, 361, 365 s. auch Rat (Ratsherren)
Stafski, Heinz 51
Stallknecht und Vorreiter (Beruf) 127
Stallmeister (Amt) 257
Stange, Alfred 260
Stechmann, Johannes (1603) 162
Steidle, Marcus (Bildhauer) 155, 179, 183, 187, 235, 263
Steinmeyer, Vincenz (1578-1667, Verleger) 118
Stellwag, Anna Maria geb. Drüller (+ 1709, Ehefrau von Christoph David) 195
Stellwag, Christoph David (1652-1721, Stättmeister, Grabstein und Epitaph in St. Michael) 46, 195, 275, 280
Stellwag, Johann Christoph (+ 1740, Stadtschultheiß) 266, 279, 361, 363
Stellwag, Johann David (1622-1679, Apotheker und Ratsherr, Epitaph in St. Michael) 185
Stellwag, Johann David (+ 1734, Apotheker, Grabstein Nikolaikapelle) 361
Stellwag, Johann David (1735-1789, Ratsherr) 151, 367, 368; *Inschr. Nr. 39A*
Stellwag, Maria Magdalena geb. Bonhoeffer (1744-1794, Ehefrau von Ratsherr Johann David) *Inschr. Nr. 39A*
Stellwag, Maria Margareta s. Wibel, Maria Margareta
Stellwag, Michael (verh. 1608 mit Katharina Weidner) *Inschr. Nr. 22C*
Stephani, Johann (genannt Wikmar von Bunikem, Kleriker, 1396) 283
Sternagel, Karlheinz (Cröffelbach) 243
Sternenfels, Euphemia s. Hörmann, Euphemia
Sternenfels, Freiherren von 200
Sternenfels, Maria Katharina von (1628-1697) 345f.
Stetten, Familie 170, 346
Stetten, Hans von (+ 1432, Ratsherr, Grabstein in St. Michael) 155, 168, 171

Register Personen | 433

Stetten, Hans von (+ 1458?, Grabstein in St. Michael) 155, 171
Stetten, Kathariana von s. Hörmann, Katharina
Stetten, Maria von s. Hörmann, Maria
Steuerherr (Betherr, Amt) 33, 145; *Inschr. Nr. 6, 30E, 39A, 45E, 45F, 49D, 96B, 102B, 103B, 104B*
Stiftertafel der Waisenstiftung (1683-1685/1690) 137, 340
Stiftertafel für das Gymnasium (1654) 107, 175, 189, 195, 203, 205
Stiftertafel für das Reiche Almosen (1494-1790/1918) 19, 95, 101, 107, 169, 195, **210-217**, 294, 394; *Inschr. Nr. 51 (S. 409)*
Stiftungsrat (Hall, 19. Jh.) 381, 383f.
Stigler, Adam (Sohn von Michael) *Inschr. Nr. 19C*
Stigler, Anna Katharina (geb. 1619, Tochter von Michael) 70; *Inschr. Nr. 19D*
Stigler, Apollonia geb. Gräter (1597-1634, 1. Ehefrau von Michael) 65, 67, 71; *Inschr. Nr. 19 A, 19C*
Stigler, Apollonia (geb. 1621, Tochter von Michael) 70; *Inschr. Nr. 19D*
Stigler, Blandina geb. Hornung (1606 - nach 1677, 2. Ehefrau von Michael) 65, 67-69, 71; *Inschr. Nr. 19A, 19C*
Stigler, Elisabeth (geb. 1634, Tochter von Michael) *Inschr. Nr. 19D*
Stigler, Hans (geb. 1627, Sohn von Michael) *Inschr Nr. 19 C*
Stigler, Hans Adam (geb. 1626, Sohn von Michael) *Inschr. Nr. 19C*
Stigler, Hans Andreas (1632-1635, Sohn von Michael) *Inschr. Nr. 19C*
Stigler, Hans Thomas (Kind, *+ 1636) 67, 69f.; *Inschr. Nr. 19C*
Stigler, Michael (1596-1637, Metzger) **64-71**, 81f., 92, 194f., 208f., 229, 308, 393; *Inschr. Nr. 19 (S. 398)*
Stigler, Michael jr. (1618-1681, Sohn von Michael) *Inschr. Nr. 19C*
Stigler, Sophia (1630-1690, Tochter von Michael) 71; *Inschr. Nr. 19D*
Stigler, Susanna (geb. 1624, Tochter von Michael) 70; *Inschr. Nr. 19D*
Stihler, Daniel 168
Stirn (Fabrikantenfamilie) 265, 267
Stix-Wolf, Rose (Auenwald) 177
Stock (Bauinspektor in Hall, 1837) 377
Stock, Ernst (Restaurator) 197f., 203, 273, 280
Storz, Gerhard (Kultusminister) 109
Student s. Theologiestudent
Stukkateur (Beruf) 280
Subdiaconus (Amt) s. Hypodiaconus
Sustris, Friedrich (um 1540-1599, Maler und Architekt) 118, 326
Syndicus (Amt) 209 s. auch Ratskonsulent

Tänzer (Beruf) 127
Taubert, Gesine und Johannes 342
Tempelritter 342
Temperantia (Mäßigkeit, Allegorie) 129, 256, 260
Tertiarier (Dritter Orden) 243
Tertullian (frühchristlicher Schriftsteller) 102
Textor, Albert Karl (1604-1671, Pfarrer) 143
Textor, Anna Maria s. Wibel, Anna Maria
Textor, Anna Regina s. Reitz, Anna Regina
Textor, Johann Lorenz (1688-1746, Oberlandumgelder und Ratsherr) 277, 279
Thanatos (Todesknabe) s. Tod (Thanatos)
Theobald (Heiliger) s. Diepold
Theologiestudent 249f.; *Inschr. Nr. 63B*
Theuerkauff, Christian 359
Thieme, Ulrich 43, 106f., 118f., 126, 129, 155, 247, 267, 301, 312f., 384, 389

Thomas von Celano (Franziskaner) 331
Thomas, Johann (Maler in Antwerpen, 1654) 75f.
Tintoretto, Jacobo (Maler) 118f.
Tischbein, Johann Friedrich August (Maler und Kupferstecher) 300
Tischendorf, Konstantin von 243
Titelheilige 287 s. auch Heilige
Tizian (Maler) 106, 118
Tod (Thanatos, Genius, Allegorie, Todes-Symbole) 22, 27, 46, 62, 67f., 79, 81, 89f., 95, 110, 116f., 123f., 127, 129, 132f., 140, 146, 148, 179f., 182f., 185f., 193, 197, 199, 200, 205, 208, 219, 230, 249, 253, 255, 258, 263, 269f., 274-276, 297, 299, 308f., 323f., 345f., 356-358, 380; *Inschr. Nr. 42K*
Todesengel 124
Totengräber (Beruf) 104, 106
Totnan (Frankenapostel) s. Kolonat
Tripps, Johannes 334, 341f.
Türken („Ungläubige", 17. Jh.) 33
Tugende (Virtutes, Allegorien) 83, 87f., 90f., 116f., 256, 260, 263f., 266, 275, 297, 299, 308, 347, 351-353, 355, 357
Turnus (mythol. König bei Vergil) 356

Ulrich (Heiliger) 107
*Ulshöfer, Kuno 35, 38, 63, 77, 137, 155, 217, 256, 276, 280, 292f., 295, 355, **389***
Ungläubige s. Türken

Vanitas (Vergänglichkeit, allegorische Figur) 68f., 181, 184, 186, 266, 276, 299, 358
Veen, Otto van (1556-1629, fläm. Maler und Zeichner) 384
Veldner, Familie 155, 168, 171, 243; *Inschr. Nr. 55*
Veldner, Guta (+ um 1350, Stifterin) *Inschr. Nr. 55*
Verdun, Nikolaus von (Altar) 384
Vergänglichkeit s. Vanitas
Vergil (röm. Dichter) 356f.
Vergolder (Beruf) 365, 376, 384
Veritas (Wahrheit, Allegorie) 256, 260
Vernet, Claude Joseph (1714-1789, französ. Maler) 42
Veronese, Paolo (Maler) 118
Veronika (Heilige) 236, 241
Vesperprediger (Nachmittagsprediger, Amt) *Inschr. Nr. 16*
Verwalter (Keller, Beruf) 87, 90, 93; *Inschr. Nr. 26*
Viator s. Wanderer
Viebig, Johannes 294
Vien, Joseph Marie (1716-1809, Maler in Paris) 42
Viehhändler (Beruf) 67, 194, 229
Vikar (Stellvertreter eines Geistlichen) 283f., 294, 343
Viktoria (Sieg, Allegorie) 183
Vinzent von Beauvais (Dominikanermönch) 239
Villinger, Familie s. Regulus (König) Villinger
Viol, Michel (1545- nach 1600, Maler) 256f., 260
Vischer, Katharina s. Weidner, Katharina geb. Vischer
Vischer, Peter (Bildhauer) 49
Vischer, Wolfgang (+ 1616, Ratsherr) 80; *Inschr. Nr. 22D*
Visitator (Amt) *Inschr. Nr. 45F, 103B*
Visscher, Claesz Janszoon (Verleger, 1593) 93
Vitalis (Heiliger) 371, 373
Völcker, Agathe geb. Baumann (2. Ehefrau von Peter) 256
Völcker, Bonaventura (Hafner, Vater von Peter) 256, 260
Völcker, Genoveva geb. Schweicker (+ 1586, 1. Ehefrau von Peter) 256
Völcker, Peter (um 1555-1605, Maler) 17, 19, 157, 161, 166f., 171, 176f., 217, 225, 253, **256-260**, 326, 387
Vogelmann, Anna geb. Röhler (2. Ehefrau von Josef) 303

Vogelmann, David (1544-1624, Pfarrer) 291, 295
Vogelmann, Gertraud geb. Halberg (+ 1563, 1. Ehefrau von Josef, Grabstein in St. Michael) 38, 303
Vogelmann, Josef (+ 1568, Militärschreiber, Fähnrich) **302-305**, 394; *Inschr. Nr. 78 (S. 415)*
Vollmar, Sebastian (Scharfrichter) 281
Volz, Hans 71
Vom Jemgumer Closter, Friedrich Gottlob (1739-1801, Stättmeister) 317
Vom Jemgumer Closter, Johann Lorenz (1676-1761, Stättmeister; Epitaph in St. Michael) 264f., 267, 273, 276, 280
Vom Jemgumer Closter, Maria Magdalena s. Bonhoeffer, Maria Magdalena
Vom Jemgumer Closter, Maria Rosina s. Glock, Maria Rosina
Vorgrimler, Herbert 143
Vorsehung, göttliche (Providentia, Allegorie) 346

Waisenstiftung s. Stiftertafel der Waisenstiftung
Wahrig 13
Wahrheit (Allegorie) s. Veritas
Walter, Barbara geb. Firnhaber (1605-1631, Ehefrau von Johann) 220f.; *Inschr. Nr. 52D*
Walter, Johann (+ 1634, Spitalmeister) 220f.; *Inschr. Nr. 52D, 52E*
Walter, Wolfgang Friedrich (1715-1783, Pfarrer) 265
Wanderer (viator, Pilger) 62, 102, 191, 301, 313; *Inschr. Nr. 18C, 28B, 28R*
Wannenmacher, Josef (1722-1780, Maler) 384
Wappenengel 223
Weber, Raimund J. 275, 280, 294
Weckmann, Niklaus (Bildhauer in Ulm, tätig 1481-1526) 37
Weidner, Anna Maria (1594-1596 und * 1598, 2 Töchter von Johann) 79, 83; *Inschr. Nr. 22C, 22D, 22E*
Weidner, Anna Maria geb. Gräter (1643-1681, 2. Ehefrau von Johann Wolfgang) 45, 81, 83; *Inschr. Nr. 14B, 22N*
Weidner, Anna Maria (Kind von Johann Wolfgang); *Inschr. Nr. 22L*
Weidner, Barbara (*+ 1599, Kind von Johann) *Inschr. Nr. 22D, 22E*
Weidner, Christina geb. Rappold (1592-1668, 1. Ehefrau von Johann Wolfgang) 45, 81; *Inschr. Nr. 14B, 22H, 22L*
Weidner, Christina Barbara (Kind von Johann Wolfgang) *Inschr. Nr. 22L*
Weidner, Daniel (*+ 1604, Kind von Johann) *Inschr. Nr. 22D, 22E*
Weidner, Dietrich Christian (Kind von Johann Wolfgang) 82; *Inschr. Nr. 22L*
Weidner, Johann (1545-1606, Prediger) 49, 61, 63, 70, **78-85**, 159, 162, 167, 169, 170f., 176, 189, 251, 294, 308, 335, 393; *Inschr. Nr. 22 (S. 399)*
Weidner, Johannes (1576-1578, Sohn von Johann) *Inschr. Nr. 22C, 22E*
Weidner, Johann Georg (geb. 1589, Hofprediger, Sohn von Johann) 83; *Inschr. Nr. 22C, 22E*
Weidner, Johann Jakob (1584-1661, Pfarrer, Sohn von Johann) 83, 99, 167, 169, 171; *Inschr. Nr. 22C, 22E*
Weidner, Johann Wolfgang (1601-1669, Prediger, Sohn von Johann) **44-47**, 53, 58, 70, **78-85**, 194f., 271, 307f., 335, 393; *Inschr. Nr. 14 (S. 396f.) und 22 (S. 399)*
Weidner, Johanna Sibylla (Kind von Johann Wolfgang) *Inschr. Nr. 22L*
Weidner, Katharina geb. Stadtmann (1549-1596, 1. Ehefrau von Johann) 79-81; *Inschr. Nr. 22E, 22G*
Weidner, Katharina geb. Vischer (1578-1606, 2. Ehefrau von Johann) 79-81; *Inschr. Nr. 22D, 22G, 22H*
Weidner, Salome Katharina (Kind von Johann Wolfgang) *Inschr. Nr. 22L*
Weidner, Susanna (1581-1596, Tochter von Johann) *Inschr. Nr. 22C, 22E*
Weidner, Wolfgang s. Weidner, Johann Wolfgang
Weinbrenner, Friedrich (Architekt) 299
Weinheim, Johannes von (Domherr in Worms, 1488) 342
Weinlin, Johann Kaspar (1559-1608, Apotheker, verh. 1600 mit Katharina Weidner) *Inschr. Nr. 22C*
Weirich, Heinrich (Kupferstecher, 1593) 165, 170f.
Weischedel, Fritz (Königsbronn, 1924) 265
Weisheit (Allegorie) s. Sapientia, s. Sophia
Weisheit Gottes (Allegorie) s. Sapientia divina, s. Sophia
Weismann, Christoph 209
Weiß (Schulmeistersfrau in Michelfeld) 177
Weisschedel (Maler in Hall, 1866) 319
Wendelinus (Heiliger) 333
Wenger, Anna, Apollonia, Magdalena, Margareta, Maria, Sophia, Ursula, Veronika (Töchter von Melchior) *Inschr. Nr. 1G*
Wenger, Anna Margretha (Kind von Ezechiel) 116; *Inschr. Nr. 32D*
Wenger, Barbara (geb. 1581, Tochter von Melchior) 16; *Inschr. Nr. 1G*
Wenger, David, Gottfried, Johannes, Melchior, Michael (Söhne von Melchior) *Inschr. Nr. 1F*
Wenger, David Ezechiel (geb. 1621, Kind von Ezechiel) 116; *Inschr. Nr. 32D*
Wenger, Elisabeth geb. Seckel (+ 1564, 1. Ehefrau von Melchior) 16; *Inschr. Nr. 1A, 1G*
Wenger, Ezechiel (1591-1651, Ratsherr, Sohn von Melchior) 16, 82, 85, **114-119**, 194, 326, 393; *Inschr. Nr. 1F, 32 (S. 402)*
Wenger, Familie 16, 19, 22
Wenger, Georg (1589-1634, Rotgerber, Sohn von Melchior) 16, 220f.; *Inschr. Nr. 1F, 52F*
Wenger, Johann Jakob (geb. 1631, Kind von Ezechiel) 116; *Inschr. Nr. 32D*
Wenger, Johann Peter (+ 1664, Sohn von Georg) 16
Wenger, Josef (+ 1608, Sohn von Melchior) 15f.; *Inschr. Nr. 1F*
Wenger, Margretha geb. Büchelberger (1595-1654, Ehefrau von Ezechiel) 116f.; *Inschr. Nr. 32B*
Wenger, Margreta geb. Mangolt (+ 1616, 3. Ehefrau von Melchior) 16; *Inschr. Nr. 1A, 1G*
Wenger, Margaretha geb. Wetzel (+ 1583, 2. Ehefrau von Melchior) 16; *Inschr. Nr. 1A, 1G*
Wenger, Margretha (geb. 1623, Kind von Ezechiel) 116; *Inschr. Nr. 32D*
Wenger, Maria geb. Firnhaber (1590-1633, 1. Ehefrau von Georg) 220f.
Wenger, Melchior (um 1530-1602) **14-19**, 26, 65, 85, 115, 164, 189, 217, 251, 393; *Inschr. Nr. 1 (S. 395)*
Wenger, Suse 19
Werner, Jeremias Paul (Medailleur) 301
Werner, Johann Georg Ernst (+ 1770, hohenlohischer Amtmann) 184
Werner, Wilfried 106, 107
Wertheimer, Otto 243
Wertwein, Euphrosina s. Zweiffel, Euphrosina
Westerholt, Graf von 203, 279
Wetzel, Anna s. Burkhardt, Anna
Wetzel, Margarete s. Brenz, Margarete
Wetzel, Margaretha s. Wenger, Margaretha
Weyden, Rogier van der s. Rogier
Wibel, Anna Margareta geb. Mörleth verw. Seitz (1612-1691, 2. Ehefrau von Georg Bernhard) *Inschr. Nr. 35E*
Wibel, Anna Maria geb. Textor (1692-1762, 2. Ehefrau von Friedrich Peter) *Inschr. Nr. 67A*

Register Personen | 435

Wibel, Christina Elisabeth geb. Hartmann (1697-1741, 1. Ehefrau von Friedrich Peter) *Inschr. Nr. 67A*
Wibel, Euphrosina geb. Drüller (1655-1733, Ehefrau von Josef Bernhard) 53, 190; *Inschr. Nr. 16*
Wibel, Friedrich Peter (1691-1754, Prediger, Sohn von Joseph Bernhard) 131, **262-267**, 275f., 280, 361, 363, 368, 394; *Inschr. Nr. 67 (S. 413)*
Wibel, Georg Bernhard (1623-1707, Prediger, Sohn von Johann Georg) 21, 54f., 76, 81, 85, 113, **130-137**, 142f., 209, 222, 232f., 263, 267, 271, 340, 393; *Inschr. Nr. 35 (S. 402)*
Wibel, Georg Friedrich (1662-1704, Pfarrer) 358
Wibel, Heinrich (Amtsrichter, 1922) 265
Wibel, Johann Balthasar (1693-1737, Ratsherr, Sohn von Josef Bernhard) 266, 361
Wibel, Johann Carl (1732-1788, Prediger) 99, 149, 155, 187
Wibel, Johann Ernst (Kind, 1764) 265
Wibel, Johann Friedrich (1645-1702, Stättmeister) 155, 181, 187, 200, 345f., 351-353, **354-359**, 392, 394; *Inschr. Nr. 102 (S. 416)*
Wibel, Johann Georg (1599-1651, Prediger, Ölporträt in St. Michael) 131, 263, 267
Wibel, Johann Valentin (Dr. jur., Ratsherr) 265, 267
Wibel, Josef Bernhard (1653-1710, Archidiaconus, Sohn von Georg Bernhard) 35, 38, **52-55**, 131, 133f., 150, 203, 263, 267, 351-353, 366, 393; *Inschr. Nr. 16 (S. 397)*
Wibel, Maria Margareta geb. Stellwag (1649-1732) 359
Wibel, Maria Rosina s. Franck, Maria Rosina
Wibel, Susanna Agnes geb. Gräter (1628-1669, 1. Ehefrau von Georg Bernhard) *Inschr. Nr. 35E*
Wibel, Susanna Maria geb. Seiferheld (1655-1694, 1. Ehefrau von Johann Friedrich) 136f., 232, 355, 357
Wibel, Susanna Katharina (1676-1746, Tochter von Johann Friedrich) 355, 357; *Inschr. Nr. 102B*
Wibel, Ursula Cordula geb. Bonhoeffer verw. Gronbach (1643-1716, 3. Ehefrau von Georg Bernhard) *Inschr. Nr. 35E*
Wickelkind s. Kind
Widman, Georg (1486-1560, Pfarrer und Chronist) 287
Widmann, Erasmus (1572-1634, Kantor und Organist) 97
Wikmar von Bunikem s. Stephani, Ulrich
Wilhelm I. König von Württemberg s. Württemberg
Willibald (Heiliger) 242
Winckelmann, Johann Joachim (1717-1768) 128, 379
Winkler, Johann Georg (1601-1677, Pfarrer) 134, 222
Wintterlin, August 129
Wirt (Gewerbe) 303; *Inschr. Nr. 77*
Wirth, Karl August 187
Wischermann, Heinfried 93, 313
Wölfflin, Heinrich 338, 343
Wolf, Frieda 295
Wolf, L. (1911) 203, 277
Wolfgang (Heiliger) 70, 81f., 241, 308; *Inschr. Nr. 22K*
Wolmershäußer, Johann Georg (1618-1688, Ratsherr) 92
Württemberg (Fürstenhaus) 36, 38
Württemberg, Carl Eugen Herzog von s. Carl Eugen
Württemberg, Ludwig Eugen Herzog von s. Ludwig Eugen
Württemberg, Olga Kronprinzessin von 381
Württemberg, Sabina Herzogin von 36
Württemberg, Wilhelm I. König von 377, 380f.
Wullen, Wilhelm Ludwig (1806-1890, Dekan in Hall) 381, 383
Wunder, Gerd 12, 13, 19, 22, 27, 31, 33, 35, 37f., 43, 45f., 49, 51, 55, 58, 61-63, 65, 67, 70f, 74, 77, 80, 82, 85, 88, 90, 93, 95, 99, 101f., 107, 109, 113, 115f., 118f., 129, 132, 137, 139f., 143, 145, 155, 171, 175-177, 180, 187, 190f., 195, 197, 200, 205, 206, 209, 211, 216f., 219f., 223, 225, 228, 233, 243, 245, 247, 251, 258, 260f., 264-267, 271, 276, 280f., 294, 301, 304, 308f., 313, 317, 341, 347, 349, 351, 353, 355, 357, 359, 361, 363, 366, 389, 392-394; Inschr. Nr. 51, 52, 66
Wunderlich, Roland (Restaurator) 79f., 85, 109, 131, 189, 253, 269, 273
Wundermann (Th. Schweicker) 159, 162-164, 174

Zähringer (Adelsfamilie) 313
Zebedäus (Mann der Maria Salome) 237-240; *Inschr. Nr. 55A*
Zeit (Allegorie) s. Chronos
Zeitblom, Bartholomäus (Maler) 107
Zimmermann, Zimmerleute (Beruf) 376
Zisterzienser (Orden) 106
Zobel von Giebelstadt, Conrad Ludwig (+ 1619, Domherr in Würzburg) 49
Zollikofer, Georg Joachim (1730-1788, Prediger in Leipzig, Denkmal) 127
Zorbau, Johann Ernst von (+ 1635) 206
Zweiffel, David (1609-1677, Ratsherr) 21, 76, **108-113**, 119, 131, 140, 142f., 190, 222, 271, 393; *Inschr. Nr. 30 (S. 402)*
Zweiffel, Euphrosina geb. Wertwein (1621-1686, 2. Ehefrau von David) 109f., 113; *Inschr. Nr. 30E*
Zweiffel, Georg David (1660-1724, Maler) 75f., 131f., **135-137**, 139f., 142f., 177, 200, 209, 227f., 232f., 319, 339f., 343, 357, 387
Zweiffel, Johann David (1632-1709, Maler) 73f., **75-77**, 109f., 112f., 132, **134-137**, 140f., 143, 176, 205f., 209, 233, 271, 276, 340, 387
Zweiffel, Rosina geb. Müller (1611-1666, 1. Ehefrau von David) 109f., 113; *Inschr. Nr. 30E*
Zwerge 378
Zwick (Drechsler in Hall, 1715) 281
Zwillinge 116
Zwölfboten s. Apostel (Bibelregister)

II Register Orte, Länder, Flüsse

Abersee s. Wolfgangsee
Abessinien 285
Adelberg (Kloster) 107
Ägypten 104f., 236, 298
Altdorf (Stadt, Universität) 27, 151
Altenberg (b. Schwäb. Hall) *Inschr. Nr. 22H*
Amiens (Frankreich) 335
Ancona (Italien) 312
Andernach 333
Anhausen bei Schwäb. Hall (Kloster) 236, 241f.
Ansbach (Stadt und Markgrafschaft, lat. Onoldina, Onolsbach) 55, 155, 173, 385; *Inschr. Nr. 28F, 28H, 43*
Antwerpen (Belgien) 75f., 132, 134, 136, 206f.
Aschaffenburg 49
Ath (Belgien) 333
Atlantik 228
Auenwald (Rems-Murr-Kreis) 177
Augsburg 75, 118, 155, 209, 232f., 281, 288, 307, 310, 312f., 329, 340, 346; *Inschr. Nr. 5C*
Avignon (Frankreich) 335

Baden (Markgrafschaft) 129, 301
Baden-Württemberg 313, 385
Bamberg 155, 281, 384
Bartenstein 203
Basel 17, 27
Bayern 118, 175, 313, 384; *Inschr. Nr. 45F, 104B*
Bayon (Lothringen) 333
Bayreuth 277
Beaune (Burgund) 329
Belgien 129, 333
Berlin 43, 71
Bern 151
Beutelsbach 31, 326
Biberach 333, 342, 371
Biengen bei Freiburg i. Br. 241
Bieringen (Jagst) 312f., 376
Bingen 214
Blaubeuren (Altar) 243
Bologna 127
Braunsbach (b. Schwäb. Hall) *Inschr. Nr. 14B, 22H*
Braunschweig 384
Brettach (Lkr. Heilbronn) 371
Brüssel (Belgien) 119, 129
Bühler (Fluß) 257; *Inschr. Nr. 22H, 104B*
Burg (unbestimmt) 29, 66, 116f., 140, 191, 194, 206
Burgund 333, 335
Burkard (St. B., ehem. Ritterstift, Pfarrei in Würzburg) 283
Byzanz 371

Carniola s. Krain
Champmol (Kartause, Burgund) 333
Chaumont-en-Bassigny (Frankreich) 335
Chartres (Frankreich) 373
Château de Biron (Frankreich) 335
Comburg (Kloster, Stift) s. Sonderregister Schwäb. Hall
Corbie (Frankreich) 243
Crailsheim *Inschr. Nr. 22G, 22H*
Creglingen 38, 288
Cröffelbach (Lkr. Schwäb. Hall) 243

Dangolsheim (Elsass) 241
Darmstadt 316, 358f.

Deutschland 71, 243, 294, 333, 379
Dijon (Frankreich) 333
Dillingen 55, 307-310, 367, 375, 384
Donau 175, 310, 313
Donaueschingen 118f.
Donauwörth 313
Dorf (unbestimmt) 221, 325
Dornstadt (b. Ulm) 342
Dresden 139
Düsseldorf 264, 267
Durlach (Baden) 131; *Inschr. Nr. 35E*
Duttenstedt (b. Peine, Altar) 371, 384

Eckartshausen (Lkr. Schwäb. Hall) 209
Edenkoben (Pfalz) 316
Eichstätt 333
Elberfeld 43
Ellwangen 179, 281
Elsass 241
Eltershofen (b. Schwäb. Hall) 203, 279
Endersbach s. Weinstadt
England 379
Erlach (b. Schwäb. Hall) 137, 287
Erlangen 155, 385
Esslingen 118f., 200, 382
Esztergom (Ungarn) 384

Florenz 133, 301
Fluß 29, 325
Forchtenberg 27, 347
Franken 38, 293f., 304, 310, 338, 379
Frankenbach (b. Heilbronn) 264
Frankfurt a. M. 51, 75, 151, 170f., 260, 279, 291, 361
Frankreich 43, 124, 126, 128f., 207, 333, 335, 342, 379
Freiburg i. Br. 27, 241, 313, 342
Freising 118
Fribourg (Schweiz) 335
Fulda 333, 335

Gaildorf 22, 33, 46, 170, 176, 246f.
Gallien 342
Gebirge (allgemein) 236
Gelbingen (b. Schwäb. Hall) 382
Gemmingen (Kraichgau) *Inschr. Nr. 5C*
Genua (Italien) 243
Gent (Belgien) 243
Gernrode (Harz) 333
Göppingen 31, 77, 145, 206, 283, 297, 315, 341, 381-383
Gottwollshausen (b. Schwäb. Hall) 177; *Inschr. Nr. 16*
Griechenland 122, 128, 143, 148, 379
Großkomburg s. Comburg

Hackendover (Niederlande) 287, 294
Hamburg 313
Hausen (Grafschaft Limpurg) 174
Heidelberg 85, 93, 106f., 170, 200, 294, 334, 343, 384
Heilbronn 22, 37, 217, 219, 264, 267, 269-271, 349, 369, 371, 383; *Inschr. Nr. 52B, 69B*
Heilbronn-Frankenbach s. Frankenbach
Heiliges Land (Israel) 97, 195
Herbsthausen (b. Bad Mergentheim) 131
Hessen 358
Hessen-Darmstadt 316
Hessen-Homburg 264
Hessental (b. Schwäb. Hall) 173f.; *Inschr. Nr. 43*

Höchberg (b. Würzburg) 284
Hohenheim (b. Stuttgart) 125f., 128
Hohenlohe 298, 316f., 347, 358, 376, 385; *Inschr. Nr. 72*
Hohenlohe-Langenburg 246, 359
Hollenbach (Hohenlohekreis) 150, 184, 203
Homburg vor der Höhe 264, 267
Holland s. Niederlande
Honau (Lkr. Reutlingen) 241

Illingen (Württ.) 382f.
Ilshofen (Lkr. Schwäb. Hall) *Inschr. Nr. 17C, 20E, 104B*
Ingelfingen (Hohenlohekreis) 150, 153, 203, 369, 376
Innsbruck 312
Irland 342, 371
Italien 43, 68, 93, 96, 106, 118, 127, 191, 217, 288, 326, 341, 379, 384
Jagst 312
Jena 41
Jerusalem 73f., 76f., 80f., 85, 97, 109, 113, 115, 132, 193, 195, 206, 250, 254, 270, 323f., 333, 368f., 373-375; *Inschr. Nr. 42J*

Kaisheim (Kloster) 291
Kalvarienberg 324, 331
Karlsruhe 301
Kastell (castellum) 325
Katharinenthal (Kloster) 331, 342
Kaufbeuren 312
Ketterschwang (b. Kaufbeuren) 312
Kirchberg a. d. Jagst 176, 243, 340, 359, 385
Kirchensall (b. Neuenstein) 150, 184, 376
Kirchheim [am Ries?] 243
Kleincomburg (s. Sonderregister Schwäb. Hall)
Klosterneuburg (Stift, Altar) 371, 373f., 384
Kocher (Fluss) 216, 257
Köln 287, 294
Königsbronn (Lkr. Heidenheim/Brenz) 265
Köslin (Pommern) 146
Komburg s. Comburg (Sonderregister Schwäb. Hall)
Konstanz 179, 256, 260, 283, 333
Korea 167
Krain (Slowenien, lat. Carniola) *Inschr. Nr. 28E*
Kranichstein (Jagdschloss) 316
Krautheim (Jagst) 150
Kronau (Lkr. Karlsruhe) 307
Kroton (Crotone, Italien) 127
Künzelsau 53, 55, 145, 150, 153, 155, 179, 184, 203, 266, 311, 313, 351, 353, 361, 384f.
Kupferzell (Hohenlohekreis) 316
Kurpfalz 126

Laibach / Ljubljana (Slowenien) 101, 107; *Inschr. Nr. 28E, 28J*
Landheg s. Sonderregister Schwäb. Hall
Landshut 287, 294
Langenburg 22, 45, 55, 206, 358f.
Laudenbach (b. Weikersheim) 36f.
Lautenbach s. Laudenbach
Lauter (Fluss) 124
Leipzig 275
Leiselheim (Elsass) 241
Lendsiedel 80, 165, 171; *Inschr. Nr. 22G*
Limpurg, Grafschaft 171, 174, 347
Limpurg-Sontheim 166, 246
Ljubljana s. Laibach
Lobenhausen (b. Kirchberg/Jagst) 82, 117, 175, 195, 208, 223
London 68
Lorenzenzimmern (Lkr. Schwäb. Hall) 236, 243, 250
Lothringen 333f.
Ludwigsburg 38, 126, 242, 245, 261, 316, 342
Lübeck 265

Lunéville (Frankreich) 126

Mailand 127, 301
Mainvault (Belgien) 333
Mainz 195, 214, 246, 316f.
Mannheim 126, 267
Mantua 127
Mauerstetten (bayr. Allgäu) 312
Megerßheim s. Obermögersheim
Michelbach (Bilz) 30f.
Michelfeld (b. Schwäb. Hall) 22, 99, 177, 185, 276, 281
Mistlau (b. Kirchberg/Jagst) 236
Monrepos (Schloss b. Ludwigsburg) 126
München 118, 243, 288, 312, 379
Münkheim s. Untermünkheim
Münstermaifeld (Rheinland) 333
Murrhardt 179, 312, 315-317, 338, 343

Nancy (Frankreich) 126
Neuburg an der Donau 313
Neuenstein (Hohenlohekreis) 155, 357f.
Niederlande 37, 66, 71, 75, 207, 287, 329, 336-338, 371
Niedermorschweier (Elsass) 241
Niederösterreich 175
Nördlingen 31, 313, 326, 341
Notzingen (b. Nürtingen) 371
Nürnberg 50f., 151, 153, 155, 170, 280, 288, 294, 313, 357, 384
    Burggrafenamt *Inschr. Nr. 28H*
    Germanisches Nationalmuseum 170, 359
    Imhoff-Kapelle 288
    Lorenzkirche 287, 294
    Rochusfriedhof 288
Nürtingen 371

Oberkessach (Hohenlohe) 376
Oberrot (Lkr. Schwäb. Hall) 21, 37, 363
Oberrhein 241, 243
Obermögersheim (b. Wassertrüdingen) 173; *Inschr. Nr. 43*
Obersontheim (b. Gaildorf) 27, 347, 358
Oberwittstadt (Stadt Ravenstein, Bauland) 150, 184
Öhringen 27, 54, 153, 177, 202, 221, 265, 316f., 347, 353, 376; *Inschr. Nr. 52D*
Ölbronn (b. Maulbronn) 384
Österreich 175
Oettingen (Bayern) 55, 353
Oggersheim (b. Ludwigshafen) 126
Onolsbach (lat. Onoldina) s. Ansbach
Oppenweiler 338
Orlach (b. Schwäb. Hall) 291; *Inschr. Nr. 14B, 22H*

Padua 301
Paris 42, 106, 126-128, 207, 311, 329
Peine 384
Pergamus (Troja) 359
Périgueux (Frankreich) 335
Persien 285
Pfedelbach 202, 312, 367, 375f., 384
Pforzheim *Inschr. Nr. 102B*
Phrygien 212f.
Poitier (Frankreich) 335
Polen 175
Prag 294
Prüfening (Kloster in Regensburg) 385

Ravenna 371, 373
Regensburg 50f., 195, 365
Reims 373
Reinsberg (b. Schwäb. Hall) 63, 257
Reutlingen 63, 216
Rhein 215

Rieden (b. Schwäb. Hall) 31, 37, 70, 77, 134, 136f., 203, 209, 232f., 236, 243, 266f., 279, 281, 307, 313, 340, 343, 359, 363, 389
Rom 42, 93, 126-129, 146, 148, 233, 273, 298, 310, 312, 331
Rosengarten (Haller Amt) 274, 358f.; *Inschr. Nr. 70A*
Rothenburg ob der Tauber 97, 131, 288, 291, 353
Rottenburg am Neckar 155, 179, 235
Rügland (Schloss bei Ansbach) 55, 353

Sachsen 217
Salem (Kloster) 106
Salzburg 118
St. Avold (Lothringen) 334
St. Wendel (Saarland) 333
St. Wolfgang (Österreich) 243
Schillingsfürst (Lkr. Ansbach) 55, 202
Schmiedelfeld (Schloß, Gmde. Sulzbach a. Kocher) 176, 246
Schöntal (Kloster) 87, 90, 93, 281, 308, 311-313, 368f., 375; *Inschr. Nr. 26*
Schongau (Bayern) 312
Schorndorf 243; *Inschr. Nr. 50D*
Schwaben 101, 293f., 312, 338, 379, 385; *Inschr. Nr. 28G*
Schwäbisch Gmünd 330, 342
Schwäbisch Hall s. unten *Sonderregister Schwäb. Hall*
Schweiz 264
Schwetzingen 126
Siena (Italien) 147, 155
Sigmershausen (Lkr. Dachau) 312
Sinzig (Rheinland) 333
Spanien 83, 90, 208, 276, 280
Speyer 283; *Inschr. Nr. 102B*
Spitz an der Donau (Österreich) 175
Stadt (unbestimmt) 15, 29, 66f., 104, 140, 200, 212, 227, 249-251, 323, 356
Stammheim (Schloss b. Stuttgart) 30
Steiermark 175
Steinbach (b. Schwäb. Hall) 26, 46, 313
Stetten im Remstal 222
Stöckenburg s. Vellberg
Straßburg 27, 209, 241, 335
Stuttgart 41-43, 121, 127, 129, 201, 203, 209, 235, 246, 263, 283, 294, 297, 301, 311, 342, 379, 384; *Inschr. Nr. 103B*
   Denkmalamt 139
   Hohe Karlsschule 42, 55, 126-129, 300f.
   Kunstakademie (Académie des Arts) 126
   Landesbibliothek 170, 176
   Landesmuseum 99, 209, 241, 243, 332, 338, 342f.
   Lusthaus 36, 126, 374
   Militärakademie 121-127; *Inschr. Nr. 33*
   Schlosskirche 36f.
   Solitude (Schloss) 126
   Staatsarchiv, Hauptstaatsarchiv 124
   Staatsgalerie 93, 119, 123f., 127
   Stiftskirche 36, 378
Sulzbach am Kocher 246
Sulzbach an der Murr 30
Suppingen (b. Ulm) 372

Talheim (Lkr. Schwäb. Hall) 257
Thebaische Wüste 236
Thienen (Niederlande) 287
Thurnau (Lkr. Kulmbach) 33
Tonnerre (Burgund) 335
Toulouse (Frankreich) 127
Trient (Konzil) 239
Troja (Pferd) 30f.
Tübingen 36, 200f., 250

Tüngental (b. Schwäb. Hall) 134, 239f., 291, 328, 332-334, 338f.
Tullau (b. Schwäb. Hall) 236
Tusculum (Italien) 105; *Inschr. Nr. 28P*

Uhingen (Lkr. Göppingen) 31, 326
Ulm 71, 101, 103, 106, 217, 307, 316, 318, 372; *Inschr. Nr. 28G, 28J, 28N*
Ungarn 126, 280
Unterheimbach (Lkr. Schwäb. Hall) 206
Unterlimpurg (b. Schwäb. Hall) 30, 256
Untermünkheim (b. Schwäb. Hall) 202, 250
Unterostendorf (bayr. Allgäu) 312
Untersontheim (Lkr. Schwäb. Hall) *Inschr. Nr. 16*
Urach (Bad Urach) 371

Vaihingen an der Enz 235, 385
Vatikan (Rom) 301, 326
Veithöchsheim (Lkr. Würzburg) 310, 313, 375
Vellberg (mit Kirche Stöckenburg) 36, 38, 51, 257, 277, 316f. ; *Inschr. Nr. 22H*
Venedig 118, 312
Verdun s. Personenregister
Villingen 101f. ; *Inschr. Nr. 28C, 28D*

Waldenburg 22, 27, 225, 347, 357
Wassertrüdingen 173; *Inschr. Nr. 43*
Weikersheim 36, 176, 316, 376
Weiler an der Zaber 369
Weimar 134
Weinstadt-Endersbach 118
Weißbach am Kocher 27, 347
Weißenau (Kloster) 330
Westheim (b. Schwäb. Hall) 366
Wien 51, 147; *Inschr. Nr. 102B*
Wienhausen (Kloster b. Celle) 334
Windsheim (Bad Windsheim) 288
Wittenberg 93, 342, 371
Worms 342
Wülzburg (bei Weißenburg i. B.) 245
Württemberg (Herzogtum, Königreich) 30, 36, 38, 119, 121, 129, 174, 201, 203, 211, 225, 294, 300f., 334, 382, 384; *Inschr. Nr. 33, 104B*
Würzburg 38, 49, 154, 217, 235, 242, 256, 283-285, 287f., 293-295, 310, 313

Zwiefalten (Kloster) 332
Zürich 129

Register Orte, Länder, Flüsse | 439

Sonderregister *Schwäbisch Hall*

Schwäbisch Hall (allgemein) 22, 27, 81, 85, 106f., 124-126, 132, 151, 169, 174, 257, 276, 301, 316f., 384
Almosenhäuschen 33
Almosenschüsseln 211, 217; *Inschr. Nr. 51A*
Altstadt 355
Badstube 235
Bahnhof 247
Barfüßerkirche s. St. Jakob
Barfüßerkloster 166, 342f. s. auch St. Jakob
Barfüßerturm (Mönchsturm, Uhrtafel) 257
Bauamt 281, 376
Bonhoefferaltar 41, 367-385
Brazscher Garten 381, 383f.
Bühleramt 257; *Inschr. Nr. 104B*
Büschlerhaus 355 s. auch Wibelhaus
Comburg (Kloster, Stift) 26, 30f., 49, 51, 170, 185f., 256f., 259-261, 283, 294, 333, 343 s. auch Kleincomburg
Contubernium 71, 101, 107, 214
Darstellung der Stadt (auf Epitaphen) 81, 85, 132
Dekanatsarchiv (z. T. im Stadtarchiv) 289, 294, 341, 385
Folterbank 276, 281
Franziskanerkloster s. Barfüßerkloster
Freitreppe 24, 33, 132
Galgenberg 132
Gasthof zum Pflug (1781) 125
Gelbinger Gasse 235, 331, 358
Gelbinger Tor 166
Gelbinger Vorstadt 75, 137, 359
Gesangbuch (Hall 1769) 309f.
Grabdenkmäler (in Hall) 26, 124
Gymnasium 16, 246, 357; *Inschr. Nr. 22G*
Haalamt 117, 175-177, 208, 223, 225, 276, 281, 317
Haalarchiv (im Stadtarchiv) 294
Haalgericht 280f.
Haalsteige 363
Hällisch-Fränkisches Museum (HFM) 16, 19, 22, 27, 31, 66, 71, 82, 91-93, 118, 137, 143, 151, 155, 173-177, 185, 194f., 201f., 208f., 222f., 231, 240, 242f., 251, 265f., 276f., 281, 300, 313, 316f., 342, 358f.
Haller Tagblatt 359, 378, 385
Haller Wochenblatt 385
Haller Tor (Haalsteige) 363
Heiliges Grab s. Sonderregister St. Michaelkirche
Heimbacher Gasse 365
Heimbacher See 177
Henkersbrücke 366
Herrengasse (Obere und Untere, früher Keckengasse) 175, 358f.
Historischer Verein 294
Hospital (mit Spitalkirche) 173f., 177, 246f., 279, 340
Hospitalarchiv (im Stadtarchiv) 247, 367, 384f.
Hospitalpfarrei 343; *Inschr. Nr. 16, 22H*
Hospitalverwaltung 381f.
Jakobskirche s. St. Jakob
Johanniterkirche s. St. Johann
Josenturm 257
Kameralamt 236, 243, 381
Kanzlei 293, 357
Katharinengasse s. Lange Gasse
Katharinenpflege 341, 343
Katharinenkirche s. St. Katharina
Katharinenkirchhof 260
Keckengasse 175, 358 s. auch Herrengasse
Kirchengemeinderat (Pfarrgemeinderat) 255, 259, 339, 343, 378-383
Kirchenkonvent 236, 243, 367, 377, 384f.
Kirchenpflege 113, 376
Kirchenstiftungen 380

Kleincomburg 372
Komburg s. Comburg
Kontubernium s. Contubernium
Landheg (Haller Reichsstadtgrenze) 257
Landkreis 37, 187
Lange Gasse (Katharinengasse) 256, 347
Langenfelder Tor 81, 166, 381
Lateinschule 101, 107, 174f., 250, 345; *Inschr. Nr. 22G*
Limpurger Tor 81
Marienkirche s. Schuppachkirche
Marktbrunnen 239, 241, 256, 261, 363, 365
Michaelskirche s. unten *Sonderregister St. Michaelskirche*
Michaelskirchhof s. Sonderregister St. Michaelskirche
Milchmarkt-Brunnen 247
Mönchsturm s. Barfüßerturm
Mühlmarktsbrunnen 175
Neubau 383
Neutor 166, 257
Nikolaikapelle s. St. Nikolai
Nikolaifriedhof 15, 95, 173, 246f., 303
Nonnenhof 175
Patronat der Stadt (Michaelskirche) 283
Pfaffengasse s. Pfarrgasse
Pfarrgasse 175, 177, 335
Pfarrgemeinderat s. Kirchengemeinderat
Pfarrhaus 177
Pflug (Gasthof) s. Gasthof
Rathaus 246, 256
Ratssaal (im Rathaus) 372
Ratsstube (im Rathaus) 75, 256, 317f. s. auch Sonderregister St. Michaelkirche (Ratsstube)
Reichalmosen s. Sonderregister St. Michaelkirche
Riedener Tor 257
Sakristei s. Sonderregister St. Michaelkirche
Saline 280
St. Jakob (Barfüßerkirche) 132, 257, 330 s. auch Barfüßerkloster
St. Johann (Johanniterkirche, allgemein) 137, 143, 177, 363; *Inschr. Nr. 16, 35E*
   Altäre 340
   Grablegung s. Heiliges Grab
   Heiliges Grab 333, 336, 340
   Inschriften 36
   Kanzel s. Ortsregister: Rieden (Kanzel)
   Kruzifix 340
   Marienfigur 340
   Sakramentshaus 340
St. Katharina (allgemein) 171, 217, 256, 259, 343, 377-379, 384; *Inschr. Nr. 22C, 36D*
   Altargitter 375
   Chor 280, 330, 353, 363
   Epitaphe 142, 166, 258, 277, 279, 281
   Grablegung s. Heiliges Grab
   Grabsteine 280, 357, 363, 365, 366
   Heiliges Grab 329, 332f., 336-338, 340, 342
   Hochaltar 17, 99, 384
   Kanzel 22, 70, 137, 194
   Kirchhof s. Katharinenkirchhof
   Marienaltar 327, 340, 343
   Messgewänder 294
   Orgel, Organist 276, 281, 340
   Taufstein 340, 343
St. Michael s. unten *Sonderregister St. Michaelskirche*
St. Nikolai (Kapelle, allgemein) 266, 303 s. auch Nikolaifriedhof
   Grabmäler 15, 19, 33, 46, 361, 363
   Kruzifix 36
Schießrain 257

Schöntaler Klosterhof 87, 90, 93; *Inschr. Nr. 26*
Schuhmarkt 36
Schule 211; *Inschr. Nr. 51A*
Schuppachbrunnen 166
Schuppachkirche (Marienkirche) 81, 132, 136, 150f.,
 185, 291, 376
Sonnenuhren 256f.
Spital s. Hospital
Stadtansicht s. Darstellung der Stadt
Stadtarchiv 136, 155, 170f., 177, 187, 203, 217, 242,
 247, 260, 265, 267, 292, 294, 343, 384f. s. auch
 Dekanatsarchiv, Haalarchiv, Hospitalarchiv
Stadtbrand (1680) 75, 137, 359
Stadtgarten 247
Städttor 256
Stiftungen der Stadt 235
Teuchelsbrücke 247
Theater im Neubau 30f.
Totendenkmäler in Hall s. Grabdenkmäler
Trinkstube 257
Türme der Stadtmauer 166
Unterlimpurg 30f., 359; *Inschr. Nr. 36D, 60A*
Unterwöhrdstor 240, 257
Urbanskirche
 Grabmäler und Epitaphe 31, 46, 265, 267, 313, 326,
 358f.
 Heiliges Grab (Grablegung) 31, 258, 333, 336f.
Veldnerkapelle 31, 155, 168, 171, 243
Weiler 361
Wibelhaus (vorher Büschlerhaus) 353, 355
Zeichenschule 238

Sonderregister *St. Michaelskirche*

St. Michael (allgemein) 15, 37, 51, 81, 126, 132, 145,
 168, 171, 176, 183, 197, 200, 206, 211, 215, 216,
 222, 256, 328
Abendmahlsaltäre 371
Allerseelenaltar 235, 242
Almosentafel s. Reichalmosentafel
Altäre 214, 217, 235, 237, 242f., 286f., 291-294, 333,
 376, 377
Altargitter 368, 371, 375, 382
Altarversetzung 1836 376f.
Ambrosiusaltar 283
Annenaltar **234-243**
Bäckerempore s. Nordempore
Baumeisterbild am Gewölbe 256f.
Beichtkammer 41
Beinhaus s. Karner
Bibliothek eines Pfarrers 331
Bildersturm 291
Bonhoeffer-Retabel 17, 41, 291, 309, 311, 313, **376-385**
Bonifatiusaltar 237, 285f.
Brenzkelch s. Kelch
Brücken zum Kirchhof 355
Chor, Chorkapellen 13, 71, 95, 99, 101, 107, 164, 170f.,
 205, 211, 235, 238, 242f., 247, 249, 253, 273, 286f.,
 289, 291, 293f., 311, 315, 330, 339, 343, 367f., 375-
 377, 381
Chorbogen 384
Chorgestühl 128
Chororgel 166 s. auch Orgel
Chorstrebepfeiler 240f. s. auch Langhauspfeiler
Dachstuhl 243
Dreikönigsaltar 13, 235, 237, **282-295**, 367, 376; *Inschr.
 Nr. 72*
Empore 99, 251, 271, 289, 294 s. auch Nordempore,
 Südempore
Geistliche Güter, Pfründen 235, 281, 283f., 294
Glocken 376
Glockenhaus 85
Grablegung s. Heiliges Grab
Grundstein 217, 343
Hauptaltar 41, 292f.
Heiligenbilder 291
Heiligenpflegschaft St. Michael 294, 341
Heiliges Grab 31, 49, 51, 136, 142f., 161, 232, **319-343**
Herrenstühle 351
Hochaltar 13, 17, 57, 159, 166f., 209, 236, 242f., 245,
 256-258, 260, 289, 291, 293, 336, 367f., 371f., 375-
 381, 384 s. auch Passionsretabel
Jüngstes Gericht 256f.
Kanzel 132, 176f., 294, 377; *Inschr. Nr. 35E*
Kapellen s. Chorkapellen
Karner, Karnerkapelle 235, 242
Kelch zum Dreikönigsaltar („Brenzkelch") 292f.
Kirchenstühle 256, 294
Kirchhof s. Michaelskirchhof
Kreuzaltar, Kreuzaltärchen 13, 97
Kruzifix 289, 293, 376-378, 381
Langhaus 13, 79, 253, 263, 269, 292, 311, 330, 333, 335,
 367, 376f.
Langhauspfeiler 287, 332-334 s. auch Chorpfeiler
Leichenkreuz s. Vortragskreuz
Marienaltar 13, 292f.
Mesnerstür 335
Messgeräte („Cleinodien") 291
Messgewänder 291
Michaelsaltar, Michaelsretabel 240f., 287, 291
Michaelskirchhof 36, 49, 145, 205, 235, 242, 245, 247,
 303, 307, 319, 330, 335, 342, 345, 355
Mittlerer Altar (Unterer Altar) 215, 209, 289, 291f., 294

Mittlere Kapelle im Chor 236
Nord- oder Bäckerempore 15, 65, 87, 95, 109, 115, 189, 219, 227, 233, 249, 269, 271, 294
Nordostturm 171
Ölberg 331, 340
Orgel 15, 99, 109, 115, 171, 233, 251, 257f., 271, 289, 294
Passionsretabel 256, 289, 291, 336, 367f., 375, 377-381
   s. auch Hochaltar
Pfarrarchiv 341
Pfeiler s. Chorstrebepfeiler, s. Langhauspfeiler
Pfründen s. Geistliche Güter
Prädikatur 343
Präzeptorstühle 260
Predigerpfeiler 77, 133
Ratsstand 15,. 271
Ratsstube 109, 175, 189
Reichalmosentafel 19, 95, 101, 169, 195, **210-217**, 294; *Inschr. Nr. 51*
Reliquien 286, 292, 376
Sakramentshaus 209, 291, 384
Sakristei 21, 55, 85, 131, 139, 236, 240, 242, 263, 271, 281, 287, 291, 307, 359, 378
Sakristeialtar s. Michaelsaltar
Salzsiederempore s. Südempore
Schiff s. Langhaus
Schletzkapelle 211
Schüsselhaus 211
Seelenwäger (St. Michael) 241
Seitenschiff, südliches 319, 330
Sippenaltar **234-243**
Sonnenuhren 276, 280f.
Stiftertafeln 294
Süd- oder Salzsiederempore 73, 79, 85, 131, 139, 253, 263, 269, 294, 307
Südostturm 171
Taufaltärchen 260
Taufstein 291, 376
Tauftisch 166
Treppentürmchen 303, 345
Turm 211, 276, 280f., 289, 303, 376
Uhr, große 276, 280f.
Uhrtafeln 75, 85, 276, 280f. s. auch Mönchsturm
Unterer Altar s. Mittlerer Altar
Vorderer Altar s. Bonhoeffer-Retabel, s. Dreikönigsaltar, s. Hochaltar
Vortragekreuz 55, 276, 281, 359
Wolfgangsaltar (Retabel) 241
Zwölfbotenaltar, Zwölfbotenretabel 96, 291, 295

III Register Bibelstellen, biblische Personen und Orte, biblisch-theologische Begriffe und Motive

a) Bibelstellen

Altes Testament (AT):

Gen 2,8-17   375
Gen 3   346
Gen 3,15   26
Gen 4,21-22   258, 371
Gen 5   105
Gen 8,11   183
Gen 11,10-26   105
Gen 13,5-12   227, 230; *Inschr. Nr. 54A*
Gen 14,18-20   369, 373
Gen 21,12   370
Gen 22,1-14 (1-19)   15, 370
Gen 22,8   347
Gen 22,12   (371)
Gen 23   104
Gen 25,7   105
Gen 27   102
Gen 28,10-22   221f.
Gen 29,1-13   208
Gen 29,17   71
Gen 30,25-43   65
Gen 31,41   71
Gen 32,23-33   140f., 222
Gen 32,31   139f., 142f.; *Inschr. Nr. 36C*
Gen 35,28   105
Gen 47,9   102; *Inschr. Nr. 28B*
Gen 47,28   105
Gen 48   102f., 105; *Inschr. Nr. 28L*
Gen 48,19   102
Gen 49,29-32   104f.
Gen 50   105; *Inschr. Nr. 28 O*
Gen 50,13   104

Exod 14   17; *Inschr. Nr. 1D*
Exod 14,14   26
Exod 16,32-34   374
Exod 17,1-6   270
Exod 20,4   85
Exod 25,17-22   90
Exod 26,34   90
Exod 27,4-5   375
Exod 28,1-42   140
Exod 28 und 39   369
Exod 34,29.30.35   270
Exod 39   369
Exod 39,1-21   140

Lev 16,13-15   90

Num 21,4-9   166

2. Sam 22,2   117, 194
2. Sam 24,10-25   31

1. Kön 6   195
2. Kön 2,11-12   54, 85, 132, 222; *Inschr. Nr. 35A*

Hiob 14,14   361; *Inschr. Nr. 103A*

Psalm 23   309f.
Psalm 31,2.6   160; *Inschr. Nr. 42E*
Psalm 31,3-4   117, 194
Psalm 42,2   355, 359; *Inschr. Nr. 102A*
Psalm 51,17   48-50; *Inschr. Nr. 15A*
Psalm 69   258
Psalm 69,5   291, 294
Psalm 71,3   117, 194
Psalm 90   16f.; *Inschr. Nr.1B*
Psalm 91,2   117, 194
Psalm 110   111, 373
Psalm 118,17   109, 111, 113; *Inschr. Nr. 30C*
Psalm 139,14   160, 162
Psalm 144,2   194
Psalm 147,7   258
Psalmen   333f., 342, 370

Sprüche 8,22-31   372
Sprüche 16,31   *Inschr. Nr. 92D*
Sprüche 17,6   219, 222; *Inschr. Nr:52A*

Jes 9,5 [9,6]   285; *Inschr. Nr. 72E*
Jes 53,4-5   291
Jes 53,5   115, 117; *Inschr. Nr. 32A*

Daniel 2,31-45   111, 222

Jona 1-4   222, 228
Jona 1,15   228f.
Jona 2,11   228f.
Jona 4,5-11   228, 230

Sirach 24,4   373

Weish 7,25   372
Weish 7,26   373

Neues Testament (NT):

Mt 3,1-11   243
Mt 4,18-20   171, 261
Mt 6,9-13   310, 313

Mt 8,23-27   222
Mt 10,10   191
Mt 10,16   373
Mt 12,40   230, 370
Mt 12,46-49   239, 243
Mt 13,55   239, 243
Mt 14,13-21   191, 193-195, 222
Mt 14,25ff.   193, 195
Mt 17,1-13   222
Mt 22,43-45   111
Mt 25,35-36.40-46   212-215; *Inschr. Nr.51C*
Mt 27,40-42   119
Mt 27,45   132
Mt 27,46   157
Mt 28,2.3   341
Mt 28,4   319

Mk 1,12-13   243
Mk 1,16-18   171, 261
Mk 3,31-35   239, 243
Mk 4,35-41   222
Mk 6,31-44   191, 193-195, 222
Mk 6,48ff.   193, 195
Mk 9,2-13   222
Mk 15,30-31   119
Mk 15,33   132
Mk 15,34   157
Mk 15,40   341
Mk 16,5-7   341
Mk 16,16   269, 271; *Inschr. Nr. 69A*

Lk 1,5-25   240
Lk 1,36-56   240
Lk 1,57-80   240
Lk 2,8-14   222
Lk 2,29   160; *Inschr. Nr. 42C*
Lk 4,1-13   243
Lk 8,19-21   239, 243
Lk 8,22-25   222
Lk 9,10-17   191, 193-195, 222
Lk 9,28-36   222
Lk 23,35   119
Lk 23,39.42   158
Lk 23,44.45   132, 206
Lk 24,4-8   341
Lk 24,13-29   324f.
Lk 24,44   370
Lk 24,50-53   222, 258

Joh 1,51   222
Joh 2,12   239, 243
Joh 3,14-15   246f., 256, 291, 370
Joh 5,24   30; *Inschr. Nr. 5A*
Joh 5, 28-29   310
Joh 6,1-15   191, 193-195, 222
Joh 6,19f.   193, 195
Joh 6,30-35   194
Joh 6,35   189, 194; *Inschr. Nr. 47A*
Joh 6,48-58   194
Joh 6,51.58   374
Joh 6,54   375
Joh 7,3-5   239, 243

Joh 10,12   141
Joh 11,25   *Inschr. Nr. 69A*
Joh 15,20   45; *Inschr. Nr. 14A*
Joh 19,19f.   *Inschr. Nr. 1H, 5B, 20B, 22F, 30B, 32C, 35B, 36A, 47D, 50C, 52G, 66C, 69C*
Joh 20,11-13   341
Joh 20,12   319
Joh 20,14-18   323
Joh 20,19.26   324
Joh 20,19-29   324
Joh 20,19-31   163
Joh 20,24-29   160
Joh 20,28.29   169; *Inschr. Nr. 42 II*

Apg 1,1-11   222, 259
Apg 1,14   239, 243
Apg 2   309f.

Röm 1,16-17   75, 91, 214, 310
Röm 1,22-23   85
Röm 3,23-26   90
Röm 4,5   75, 91, 214f., 286, 289, 293, 310; *Inschr. Nr. 72D*
Röm 4,25   291
Röm 5,20   26
Röm 8,11   255
Röm 8,18   365f.; *Inschr. Nr. 104A*
Röm 8,32   371
Röm 14,8   *Inschr. Nr. 3A*

1. Kor 2,2   249; *Inschr. Nr. 63A*
1. Kor 9,5   239, 243
1. Kor 9,24-25   22
1. Kor 13   215
1. Kor 15,12-58   310

2. Kor 4,18   380
2. Kor 5,21   291
2. Kor 12,9   56, 57, 73; *Inschr. Nr. 17B, 20A*

Gal 1,19   239, 243

Phil 1,21   157
Phil 3,20   101, 105; *Inschr. Nr. 28R*

1. Thess 4,13-18   310

2. Tim 2,8   109, 111, 113; *Inschr. Nr. 30D*
2. Tim 4,7-8   21, 63

1. Petr 5,4   21
2. Petr 3,10   207

Hebr 4,16   90
Hebr 6,19-20   54
Hebr 7,3   373
Hebr 7,26   385
Hebr 9,5   90
Hebr 10,19-20   54
Hebr 11,17-19   370

Jak 1,12   21

Apk 2,10 21
Apk 4-5 74, 222
Apk 5 369, 374
Apk 7,17 374
Apk 12,7-9 70
Apk 14,13 351; *Inschr. Nr. 96C*
Apk 21 374
Apk 21,1 369
Apk 21,7 263; *Inschr. Nr. 67B*
Apk 22,1-2 369
Apk 22,1-5 374

b) Biblische Personen und (in *Kursiv*) biblische Orte, Länder und Flüsse

Aaron (Bruder des Mose) 140-143, 368, 369, 374, 385
Abel s. Kain und Abel
Abraham (Patriarch) 15, 17-19, 51, 67, 103-106, 142, 227, 229, 231, 347, 367, 370-373, 380f., 384; *Inschr. Nr. 28Q, 54A*
Adam, Adam und Eva 26, 105, 134, 166, 323, 378
Ägypter (AT) 104
Älteste (NT) s. Vierundzwanzig Älteste
Andreas (Apostel) 70, 171, 191, 194f., 261, 285, 288, 308, 335; *Inschr. Nr. 47B*
Anna (Mutter Marias, Heilige) 234-243, 288; *Inschr. Nr. 55B*
Apostel (Zwölfboten, Jünger Jesu) 19, 96, 142, 155, 160f., 166, 191, 193f., 243, 285, 288, 307-311, 313, 324-326, 340f., 368f.; *Inschr. Nr. 20D*

Bethlehem 284
Brüder Jesu 239

Cheruben/Cherubinen 25, 149, 368f.
Christkind (Jesuskind) 25f., 237-241, 243, 284-286, 293, 331
Christus (Jesus) 16f., 19, 26f., 30f.,36, 38, 45, 50f., 54, 61-63, 67f., 70f., 73-75, 81-83, 85, 87f., 90, 93, 95-97, 99, 102, 113, 115, 117, 132-134, 140-142, 157-161, 163, 166, 169, 171, 174, 191, 193-195, 205, 207, 212f., 215f., 220, 222, 225, 228-232, 236f., 239f., 243, 246f., 249f., 253-255, 258-261, 264, 270f., 276, 303, 310, 313, 319-343, 346, 368-375, 380, 384; *Inschr. Nr. 3B, 9B, 14A, 15B, 16, 18B, 18C, 20C, 22G, 26B, 27A, 36D, 42B, 42G-K, 42 II, 47F, 51B, 54, 63A, 63B, 67A, 102B, 103B* s. auch Crucifixus (allg. Personenregister), s. Ecce homo, s. Guter Hirte, s. Schmerzensmann

Daniel (Prophet, AT) 19, 99, 111-113, 231, 251
David (König, AT) 15-17, 19, 31, 51, 111, 113, 166, 194, 258, 279, 374
Diener (Knecht, NT) 212

Drei Könige (NT) 133, 283-295; *Inschr. Nr. 72*
Dreieinigkeit (Dreifaltigkeit) 27, 87, 90, 93, 133, 182, 263, 287, 368f., 375
Dürstender (NT) 19, 212

Ecce homo 260 s. auch Schmerzensmann
Elias (Prophet, AT) 54f., 85, 132-136, 371
Elisa (Elisäus, Prophet, AT) 55, 132f.
Elisabeth (Mutter Johannes des Täufers) 240
Emmaus 136, 142f., 232, 323, 325-327, 340f.
Emmausjünger (NT) 325, 326, 327, 340
Engel, Engelsfiguren, Engelskopf 15-22, 27, 30-33, 35, 45f., 51, 53-55, 57, 61, 70, 73f., 76, 81f., 87-89, 95-97, 99, 109f., 115f., 124, 131-136, 139-142, 145, 147-149, 151, 153-155, 160, 168, 170, 182-184, 186, 189f., 195, 199f., 203, 205, 207, 209, 219, 221f., 225, 228, 231f., 236, 241, 249, 253, 259f., 264, 266, 269, 273, 275, 279, 286f., 289, 293, 309, 319, 330, 341, 346f., 351-353, 355f., 358f., 368f., 375, 378 s. auch Friedensengel, Gerichtsengel, Kinderengel, Pestengel, Posaunenengel, Todesengel
Ephraim (Sohn Josefs, AT) 102f., 105
Eva s. Adam und Eva
Evangelisten (NT) 54, 174, 191, 307, 340
Ezechiel (Prophet, AT) s. Hesekiel

Frauen am Grab Jesu 319-322, 328-338
Frauen unter dem Kreuz (NT) 115, 322-324
Friedensengel 182f.

Gabriel (Erzengel) 286
Gärtner (NT) 323
Gefangene (NT) 19, 213
Gerichtsengel 147f., 154
Genezareth s. See Genezareth
Golgatha s. Jerusalem, s. Register theol. Begriffe
Gott, Gottvater (Jahwe) 17, 21, 25-27, (30), 31, 36, 54, 62, 65, 74, 80, 85, 87f., 90, 93, 96, 111, 113, 116f., 133, 140-142, 149, 157-163, 167, 169f., 173f., 180, 182f., 190, 194, 214f., 220-223, 227, 235f., 242, 250, 254f., 263f., 270f., 274, 285-287, 294, 308-310, 313, 330, 333, 340, 342, 346, 351, 356, 368, 370-375, 380; *Inschr. Nr.1C, 1E, 3A, 4A, 5C, 9A, 14B, 15C, 16, 17C, 18B, 18C, 19A, 20E, 22G, 22H, 26A, 26B, 27B, 28D, 30E, 32B, 35E, 36D, 42A, 42D, 42F, 42H-K, 42M, 42 II, 43, 45F, 47F, 50D, 51D, 52B, 54C, 63B, 66B, 69B, 70A, 72A, 78, 92B, 92E, 95A, 96B, 102A, 104B* s. auch Auge Gottes (Symbolregister), s. Dreieinigkeit, s. Jahwe, s. Weltenrichter
Grabwächter (NT) 254, 319, 322, 324, 326-331, 333, 338f., 342 s. auch Heiliges Grab (allg. Personenregister)
Guter Hirte (Christus) 21, 140-142

Habakuk (Prophet, AT) 99, 231
Hauptmann unter dem Kreuz (NT) 115f.
Hausherr, Haushalter (NT) 212-214, 216
Hebron s. Mamre

Heilige s. allg. Personenregister
Heilige drei Könige s. Drei Könige
Hesekiel (Ezechiel, Prophet, AT) 187
Hirten 65f., 99, 227, 231, 240; *Inschr. Nr. 54A* s. auch Guter Hirte (Christus)
Hoherpriester (AT/NT) 54, 140, 143, 369, 385

Isaak (Patriarch, AT) 15, 17-19, 102, 104f., 142, 347, 368, 370-372, 375, 378, 380, 384; *Inschr. Nr. 28Q*
Isebel (Königin, AT) 371
Israel (Name von Jakob, AT) 141
Israeliten (AT) 104, 140

Jabbok (Fluss) 140
Jahwe (Gottesname, AT) 116, 221, s. auch Gott, s. auch Tetragramm (Symbolregister)
Jakob (Patriarch, AT) 65-67, 71, 102-106, 140-142, 208, 221-223; *Inschr. Nr. 28B, 28Q*
Jakobus (maior, der Ältere, Apostel) 102, 105, 166, 237-240, 258, 283, 291, 319, 341; *Inschr. Nr. 55B*
Jakobus (minor, der Jüngere, Apostel) 237-240, 319, 341; *Inschr. Nr. 55C*
Jerusalem 73f., 76f., 80f., 85, 97, 109, 113, 115, 132, 193, 195, 206, 250, 254, 270, 323f., 333, 368f., 373-375; *Inschr. Nr. 42J*
Jesse (Isai; Vater des Königs David) 220, 225, 253, 255
Jesus s. Christus
Jesuskind s. Christkind
Johannes (Apokalypse) 74, 375
Johannes (Apostel) 70, 81f., 115f., 118, 237-239, 241, 307-311, 319-324, 328-331, 336, 338, 340f., 343; *Inschr. Nr. 22J, 85A*
Johannes (Evangelist) 101f., 136, 161, 232, 237-241, 243, 285, 295, 307-311; *Inschr. Nr. 28J, 28R, 55B*
Johannes (der Täufer) 50f., 134, 240, 256; *Inschr. Nr. 1A*
Jona (Prophet, AT) 17, 228-230, 232f., 370
Jordan (Fluss) 132f., 384
Josef (Patriarch, AT) 102-105
Josef (Vater Jesu, NT) 237-241, 243, 284; *Inschr. Nr. 55A*
Josef von Arimathia (NT) 319-323, 328-330, 332, 335, 341
Joses (Bruder von Jakobus d. J., NT) 341
Jubal (Protomusiker, AT) 258, 371
Judas (Jünger Jesu) 161
Judas Thaddäus (Apostel) 237-241; *Inschr. Nr. 55C*
Jünger Jesu s. Apostel, s. Emmausjünger

Kain und Abel 129
Kanaan (Land) 103, 105
Kinderengel (Putto) s. allg. Personenregister; s. auch Engel
Kirchenväter s. allg. Personenregister
Knecht s. Diener
Könige, Heilige Drei s. Drei Könige

Kriegsknechte (unter dem Kreuz Jesu, NT) s. Soldaten

Laban (Onkel Jakobs, AT) 65f., 71
Lea (Tochter Labans, AT) 65f.
Lot (Neffe Abrahams, AT) 67, 227, 229, 231; *Inschr. Nr. 54A*
Lukas (Evangelist) 106, 136

Märtyrer s. allg. Personenregister
Magd (NT) 212, 227, 231
Magdalena (NT, Heilige) s. Maria Magdalena
Mamre (Hebron) 103, 105
Manasse (Sohn Josefs, AT) 102f., 105
Maria (Mutter Jesu) 26, 54, 96, 106f., 115, 118, 142, 161, 235, 237-243, 254, 275, 284, 286, 288, 295, 298, 310, 319-325, 327-331, 334, 336-338, 340f., 343, 374; *Inschr. Nr. 55B, 85A*
Maria Jacobi (meist identisch mit Maria Salome, s. dort, Mutter von Jakobus d. Ä. oder von Jakobus d. J.) 319-322, 336f., 341; *Inschr. Nr. 55B, 85A*
Maria Kleophas (Ehefrau des Alphäus, Mutter von Jakobus d. J. und Joses, Halbschwester der Mutter Jesu) 237-241, 254, 319, 322f., 336, 341; *Inschr. Nr. 55D*
Maria Magdalena (NT) 115, 241, 254, 319-324, 328f., 334-337, 339; *Inschr. Nr. 85A*
Maria Salome (Ehefrau des Zebedäus, Mutter von Jakobus d. Ä., Halbschwester der Mutter Jesu) 237, 239-241, 254, 319, 322f., 336, 341; *Inschr. Nr. 55B*
Markus (Evangelist) 136, 340
Matthäus (Evangelist) 22, 212, 241, 340
Melchisedek (Hoherpriester, AT) 140, 143, 368f., 373-375, 385
Morija (Land) 15
Moses (AT) 15-17, 19, 25f., 51, 75f., 140f., 151, 184, 246, 270f., 370, 374; *Inschr. Nr. 1A*

Nazareth Inschr. Nr. 1H, 5 B (weitere s. bei „Titulus" im Symbolregister)
Nebukadnezar (babylon. König, AT) 97, 111f., 222
Nikodemus (NT) 319-323, 328-330, 332, 336, 341
Ninive 228, 230
Noah (AT) 151, 183

Patmos (Insel) 74
Patriarchen (AT) 21, 26, 36, 73f., 85, 91, 101, 111, 113, 136, 166, 177, 214f., 255, 285, 289, 291, 293f., 307f., 310f., 313, 340; *Inschr. Nr. 20D, 28R*
Penuel (Pniel, Pnuel, AT) 141f.
Pestengel 31
Petrus (Apostel) 142, 171, 184, 193, 261, 285, 288, 331, 333
Pflegerin (NT) 213
Pharao (AT) 105
Pharisäer (NT) 115
Philippus (Apostel) 191, 193
Pilatus (röm. Statthalter) 115, 371

Posaunenengel 182, 184, 186
Priesterschaft (AT) 141, 374
Propheten (AT) 50, 228, 230, 232, 370, 374

Rahel (Tochter Labans, AT) 65f., 208
Rebekka (Ehefrau Isaaks, AT) 104
Rotes Meer (AT) 17

Salem s. Jerusalem
Salomo (König, AT) 73, 77, 80, 97, 111, 113, 193, 195, 206
Sara (Ehefrau Abrahams) 104
Satan s. Teufel
Schächer am Kreuz (NT) 115f., 118, 157f., 322-324, 332
Schergen (bei der Kreuzigung Jesu, NT) 322f., 332
Schmerzensmann (Christus) 68, 71, 90, 134, 231
   s. auch Ecce homo
See Genezareth 166, 171, 193, 258, 261
Simeon (Prophet, NT) 160
Simon Zelotes (Apostel) 237, 238, 239, 240, 241, 340; *Inschr. Nr. 55C*
Soldaten (AT) 111f., 115, 342
Soldaten (unter dem Kreuz Jesu) 115, 322f., 326
Stephanus (Märtyrer) 281, 285, 292, 295
Stephaton (Gestalt unter dem Kreuz Jesu) 341

Teufel 26, 69f., 179, 181f., 186, 236f., 243, 285, 300, 385
Thomas (der Zweifler, Apostel) 19, 160f., 163, 166, 169, 324, 326f., 339f.; *Inschr. Nr. 42 II*
Tigris (Fluss) 228
Tod s. allg. Personenregister
Todesengel 124
Trinitas s. Dreieinigkeit
Tubalkain (Protoschmied, AT) 371

Vettern Jesu s. Brüder Jesu
Vierundzwanzig Älteste (NT) 74, 76

Wächter am Grab Jesu s. Grabwächter
Weise (Drei Weise) aus dem Morgenland s. Drei Könige
Weltenrichter 256 s. auch Weltgericht

Zacharias (Vater Johannes des Täufers, NT) 143, 240
Zebedäus (Mann der Maria Salome, NT) 237-240; *Inschr. Nr. 55A*
Zwölf Stämme Israels (AT) 140
Zwölfboten s. Apostel

c) Biblisch-theologische Begriffe und Motive (in Auswahl):

Aaronstab 374
Abendmahl (kirchlich und Abendmahl Jesu) 68, 96, 133, 194, -293, 295, 368f., 371-375
Abrahamsgeschichte 226f., 229, 231f.
Abrahamsopfer s. Opferung Isaaks
Altarsakrament s. Abendmahl
Altes Testament 113, 117, 140f., 270f., 342, 369f., 371, 374f., 380
Armenbibel (Biblia pauperum) 19, 370f., 373f., 384
Auferstehung (Auferweckung) 17, 22, 26f., 31, 91, 96f., 142, 160, 252, 254f., 310, 324-326, 357f., 375; *Inschr. Nr. 3B, 4A, 5C, 14B, 15C, 17C, 20E, 22G, 26A, 27B, 32B, 42B, 42F, 47F, 50D, 52B, 54C, 63B, 66B, 92E, 104B*
Barmherzigkeit s. Werke der Barmherzigkeit
Berg Zion s. Zion
Bibel 29, 31, 45, 49-51, 53f., 57, 61, 63, 66, 67, 71, 74, 90, 93, 97, 102, 104f., 112, 124, 133, 141, 143, 160, 167f., 176, 180, 187, 191, 193f., 208, 221f., 225, 227-233, 239f., 257f., 264, 326f., 342, 372f. s. auch Armenbibel, s. Gumbertusbibel, s. Merianbibel
Biblia pauperum s. Armenbibel
Bundeslade (AT) 90
Christfest s. Weihnachten
Daniel-Geschichte (AT) 108, 110-113
Dornenkrone s. Register Tiere und Pflanzen
Drei-Königs-Darstellung 282, 284-286; *Inschr. Nr. 72*
Dreieinigkeit s. Register bibl. Personen
Ecce homo 260 s. auch Schmerzensmann
Eden (Garten, AT) 375 s. auch Paradies
Eherne Schlange (AT) 17, 19, 75, 166, 256f., 291, 370-372, 375
Einsetzungsworte zum Abendmahl 292, 372
Eucharistie s. Abendmahl
Gang nach Emmaus (NT) 325-327
Geist, Heiliger 25, 27, 88, 255, 308-311, 380; *Inschr. Nr. 26B, 42H, 42J, 96C, 103B*
Gnadenstuhl 86f., 90-93
Golgatha 85, 97, 157, 164, 323, 380
Grablegung Jesu 17, 319-343; *Inschr. Nr. 85 s. auch Heiliges Grab (allg. Personenregister)*
Gumbertusbibel 385
Heiliger Geist s. Geist, Heiliger
Heiliges Grab s. im allg. Personenregister
Himmelfahrt Jesu 142, 222, 258, 324-326, 339
Himmelfahrt Elias (AT) 54f., 85, 130, 132f.
Himmelsleiter (Jakobs Traum, AT) 218, 221-223
Hölle, Höllenpfuhl 182, 378, 385; *Inschr. Nr. 42J*
Höllenfahrt Christi 230
INRI (Kreuzaufschrift) s. Titulus (Symbolregister)
Isaaksgeschichte s. Opferung Isaaks
Jakob-Geschichten (AT) 100, 102-106, 138, 140-142 s. auch Himmelsleiter
Jona-Geschichten (AT) 226, 228-232
Jüngster Tag *Inschr. Nr. 15C, 42H, 54C*
Jüngstes Gericht 147, 206f., 212, 215
Karfreitag 333f., 342
Kreuzabnahme 321, 323f.
Kreuzaufschrift s. Titulus (Symbolregister)
Kreuzigung Jesu 17, 26, 29f., 72-75, 78—80, 83-85, 108, 110f., 114-117, 130, 132, 134, 138-140, 157f., 188, 190-194, 204-207, 218f., 222,

224, 252f., 268-270, 320, 322f., 331f., 342, 370f., 375
Kreuzinschrift s. Titulus (Symbolregister)
Kreuztragung 342
Kruzifix s. Crucifixus (allg. Personenregister)
Lamm Gottes (für Christus), Osterlamm 74, 368f., 373-375; *Inschr. Nr. 42J*
Leidenswerkzeuge 87
Manna (AT/NT) 374f.
Merianbibel (1630) 66, 74, 112, 133, 141, 193, 195, 208, 221f., 225, 228-233, 258, 327
Neues Testament 113, 141, 270f., 371, 375, 380
Neujahr 295
Offenbarung des Johannes auf Patmos 72-74
Opferung Isaaks (AT) 15, 17-19, 368, 370-372, 375, 378, 380, 384
Osterlamm s. Lamm Gottes
Ostern, Osternacht 333f.
Paradies 97, 230, 250, 310, 369, 375
Passion (Leiden Jesu) 26, 117, 371, 375, 380; *Inschr. Nr. 42H*
Pfingsten 309f.
Protevangelium des Jakobus (Apokryphen) 239 (vgl. auch 26)
Sakrament 369, 372f., 375 s. auch Abendmahl, s. Taufe
Schlange, Eherne s. Eherne Schlange
Schmerzensmann (Christus) 68, 71, 90, 134, 231 s. auch Ecce homo
Schöpfung, Schöpfungsgeschichte 105, 372
Speisung der Fünftausend (NT) 188, 191, 193f.
Strom des Lebens 369, 374
Sündenfall 346
Taufe (kirchlich und Taufe Jesu) 368f., 373, 375, 384
Tedeum *Inschr. Nr. 42A*
Tetragramm (Gottesname) s. Symbolregister
Titulus (Kreuzaufschrift) s. Symbolregister
Tod s. allg. Personenregister
Thomas-Geschichte (NT) 156, 160f., 324-327
Vaterunser 310, 313
Verklärung Christi 326
Vorhölle s. Hölle
Weihnachten 293, 295
Weise aus dem Morgenland s. Drei-Königs-Darstellung
Weltgericht 374
Werke der Barmherzigkeit (NT) 212-215
Zion 369, 373

IV Register Tiere und Pflanzen

Adler 45, 74, 169, 299, 308, 311
Affen 378
Akanthus, Akanthusblatt, Akanthuslaub,
　　Akanthusvoluten 49, 53, 55, 95, 219, 264, 266,
　　273, 347, 351-353, 361
Apfel, Reichsapfel 61, 285
Ast, Äste 180, 220, 236. 254

Baum, Bäume, Baumbestand, Baumgruppe,
　　Baumkreuz, Baumkrone, Baumstamm,
　　Baumstumpf 15, 16, 19, 66, 81, 95, 102, 115,
　　136, 140f., 180, 186, 191, 193, 206, 221f.,
　　227f., 250, 254, 270, 315, 324, 327, 346, 358,
　　369, 374,　s. auch Laubbaum, Weberbaum
Baumwolle 377f.
Beeren 309
Birne 61, 180, 207
Blatt, Blätter, Blattbündel, Blattenden, Blattform,
　　Blattfries, Blattgewinde, Blattgirlande,
　　Blattkante, Blattkelch, Blattkringel,
　　Blattmuster, Blattornament, Blattranke,
　　Blattring, Blattschmuck, Blätterschurz,
　　Blattstaude, Blattstengel, Blattumriss,
　　Blattvoluten, Blattwerk, Blattwirbel 25, 31,
　　45, 49, 53, 57, 61, 65, 73, 88f., 96, 99, 109,
　　116, 122, 131, 137, 145f., 148f., 161, 168, 180,
　　184, 197f., 228, 231f., 245, 249f., 264, 269,
　　273, 285f., 297, 309, 349, 351f., 356, 359, 374
　　s. auch Akanthus, Blütenblätter, Dreiblätter,
　　Kelchblätter, Kleeblatt, Kriechblätter
Blüte, Blütenblätter, Blütenkranz, blühender Zweig,
　　Blütenranke 53, 55, 61, 69, 131, 136, 148,
　　160, 182, 184, 189, 198, 245, 253, 273, 315,
　　356
Blume, Blumenbündel, Blumenkelch,
　　Blumenschmuck, Blumenstrauß, Blumenvase
　　31, 55, 68, 75, 146, 158, 160, 199, 307, 351,
　　353, 357; *Inschr. Nr. 42K*
Bock, Böcke 66, 182, 215
Busch, Büsche 68, 96, 250　s. auch Gebüsch

Delphin 365
Dornen, Dornenkrone 67f., 82, 145, 228, 253, 255,
　　303
Drache, Drachentöter 69f.
Dreiblätter 288, 355f.

Efeu 149, 233, 356f.
Eiche, Eichel, Eichelzweig, Eichenlaub 41, 195
Elfenbein 358f.
Esel 15, 171, 227, 231, 284

Fabeltier 69
Fisch, Fischblase, Fischmann, Fischmund,
　　Fischteich 17, 35, 45, 57, 61, 67, 74, 79, 122,
　　191, 193, 228, 230-232, 249, 333, 355　s. auch
　　Walfisch
Friedenstaube 179, 187
Frucht, Früchte, Fruchtbündel, Fruchtgehänge,
　　Früchtegesteck 19, 25, 29, 31, 33, 49, 61, 82,
　　89, 116, 168, 182, 189, 219, 258, 269, 303,
　　307, 346f., 355, 374

Garten, Gartenlandschaft 324　s. auch Obstgarten
Gebüsch 81, 133, 250
Granatapfel 116, 140, 168
Gras 66, 104, 133, 231, 254
Greifvogel 103

Hamster 347
Herde s. Vieh, s. Schafe
Hermelin 111, 115
Hirsch *Inschr. Nr. 102A*
Holz, Holzfiguren, Holzkübel, Holzpflock,
　　Holzwurm 65f., 132, 145, 150, 179, 368　s.
　　auch Tanne
Horn 74, 237
Hülsenfrüchte 211
Hund 111, 323　s. auch Windhund

Kamel, Kamele 227, 231, 341, 378
Kelchblätter 253
Kleeblatt 315, 345
Korallen 190
Knospe, Knospenbündel 55, 168, 353
Kriechblätter 269
Kuh, Kühe, Kuhmaul 227, 327, 331
Kürbislaube, Kürbisstaude 228, 230, 232f.

Lamm s. Schafe
Laub, Laubbaum, Laubkranz, Laubschmuck,
　　Laubwald, Laubwerk 16, 19, 53, 141, 151,
　　169, 190f., 193, 228, 232, 236, 250, 325, 345,
　　349, 351, 355-359, 361, 363, 366　s. auch
　　Akanthus
Laube 230
Lilie, Lilienszepter 68, 207, 286, 347
Linde, Lindenholz 322
Löwe, Löwengrube, Löwenkopf, Löwenknauf,
　　Löwenmaske 16, 19, 25-27, 29, 51, 65, 74, 82,
　　95, 99, 109, 115f., 127, 131, 139, 200, 205,
　　213, 219, 231, 236, 249, 345
Lorbeer, Lorbeergehänge, Lorbeergewinde,
　　Lorbeergirlande, Lorbeerkranz, Lorbeerranke,
　　Lorbeerschmuck 41, 122f., 149, 181, 183, 186,
　　245, 297, 299, 301, 307, 309, 351, 356-358

Maus, Mäuse 214f. ; *Inschr. Nr. 51D*
Muschel, Muschelbaldachin, Muschelschale,
　　Muschelwerk, Muschelwölbung 68, 145, 148,
　　161, 184, 273, 275f., 288　s. auch Perlmuschel

Nadelbaum 180

Obstgarten 132
Ochse 284
Ölzweig 182f., 187
Olive 41
Opfertier 34, 347
Osterlamm s. Lamm

Palme, Palmzweige, Palmwedel 16f., 21, 25, 27, 57, 88, 93, 95, 132, 134, 182, 220, 222f., 263, 273, 275, 297, 356, 358, 369
Pelikan 198, 203
Perlmuschel 275 s. auch Muschel
Pferde, Pferdeschwanz 132f., 308, 378, 380
Pflanze 149, 207, 270, 356

Rabe 35, 236
Ranke 189, 225
Rasen 207, 323
Rind 227, 231
Rizinusstrauch 228
Rose, Rosenband, Rosenknospe, Rosenkranz 79, 237, 285, 288, 351, 353, 358
Rosse s. Pferde
Rute 237

Schafe, Schafherde 65f., 140f., 208, 215, 227, 231; *Inschr. Nr. 42J;* s. auch Lamm Gottes (Register bibl. Begriffe)
Schildkröte 171
Schlange 25f., 75, 146, 246f., 254, 346, 373 s. auch Eherne Schlange (Register bibl. Begriffe)
Schnecke 359
Schwan 45, 80, 203
Schwein 285 s. auch Wildschwein

Seeteufel 228
Stab s. Aaronstab
Stamm 180, 191
Stier 74
Strauch, Sträucher 15, 74, 206, 231
Strauß (Blumen) 351, 352 s. auch Blumenstrauß
Strauß (Vogel), Straußenfeder 69, 122, 264, 303
Strohhalm 68

Tanne, Tannenholz 325, 380
Taube, Taube des Hl. Geistes 25, 27, 87, 182-185, 187, 308f., 311, 373 s. auch Friedenstaube
Tier, Tiere 54, 65, 171, 341, 379 s. auch Opfertier
Traube 31, 57, 73, 75, 109

Vieh, Viehherde 65, 67, 71, 194, 227, 229, 231; *Inschr. Nr. 54A* s. auch Schafe
Viktualien 211
Vogel, Vögel 66, 103, 174, 177, 303, 308 s. auch Adler, Greifvogel, Pelikan, Rabe, Strauß, Taube

Wald, Waldung 102f., 136, 193, 249, 250, 270, 325
Walfisch 230, 365, 370

Weberbaum 378
Wein, Weingarten, Weinlaub, Weinranke, Weinrebe 73, 75, 109, 113, 132, 137, 176, 211, 283; *Inschr. Nr. 42 II*
Widder 15, 18, 351
Wiese, Wiesengrund 96, 235, 323
Wildschwein 358
Windhund 346
Wolf 237
Wurzel, Wurzelwerk 179f., 185-187, 220, 225, 253, 255

Ziege, Ziegenbock 65, 227, 231, 346
Zweig 148, 180, 190, 195, 220, 254, 346 s. auch Ölzweig, s. auch Palme
Zwiebel, Zwiebelform 73, 109, 112, 115f., 137, 189, 195, 207, 219, 221, 228

V Register der Symbole, Embleme, Monogramme, Wappen und dgl. (in Auswahl)

Akrostichon 157f.; *Inschr. Nr. 42, 42J*
Allegorien, allegorische Figuren s. allg. Personenregister
Apotheose (Emblem) 148, 357
Aschenkrug s. Urne
Auge Gottes 182, 263f., 274f., 308-310
AW (Monogrammist) 384

Blindwappen 212 s. auch Wappen
Brezel (als Hausmarke) 169

Chronogramm 169, 171

Dachpyramide s. Pyramide
Devise s. Wahlspruch
DS (David Schweicker) 168, 171; *Inschr. Nr. 42 II*

Ehrenkrone s. Himmelskrone
Ehrensäule (Emblem) 356f.
Eidolon (Seelenbild) 96
Emblem, Emblembild, emblematische Darstellung (Sinnspruch, Lemma, Motto) 68f., 176, 181, 184, 198-200, 207, 275, 280, 346, 355-357, 359 vgl. auch Wahlspruch
Epigramm (Sinngedicht) 68f., 97, 159, 162, 207, 355, 357; *Inschr. Nr. 42L*
Epitaphium *Inschr. Nr. 49D, 54B*

Figurengedicht *Inschr. Nr. 42J*
Friedensallegorie 182, 184

Gesangbuchvers 157
Grabsymbolik 123f., 146, 148, 180-182, 298f., 356 s. auch Urne

HAB (Hans Adam Bitterer) 289
Hausmarke 16, 157, 169
HG (Hendrick Goltzius) 68, 93
Himmelskrone (Krone des Lebens, himmlische Ehrenkrone, Emblem) 21f., 53, 57, 62, 91, 93, 109, 113, 132-134, 182, 199, 222, 356, 361, 365f.; *Inschr. Nr. 17A, 30A, 35C*
HR (in Ligatur, Hans Georg Rappold?) 29-31, 38; *Inschr. Nr. 5D*
HS (in Ligatur, Hans Schreyer) 91, 176, 208
HSP (S im H und P ligiert, Hans Schreyer pinxit) 175

I.B. (Jakob Betzoldt) 27, 345, 347; *Inschr. Nr. 92F*
I. G. IoZ (Johann Georg Joz) 245-247; *Inschr. Nr. 60B*
I.H. oder IH (Jakob Hoffmann) 161, 165, 227f., 230f.; *Inschr. Nr. 42 O, 54F*
I HP oder HP (Jakob Hoffmann, Pictor) 95-97, 249, 251; *Inschr. Nr. 63B*
I.N.R.I. (Kreuzaufschrift) s. Titulus
J.D. und J.D.V. (Johann Dentzel, Vlm) 106
Ikon s. Sinnbild
Initialen (unbestimmt) 289

KK (Kilian Kempffennagel) 283, 285
Kranz (Symbol) 21f., 181f. s. auch Himmelskrone
Kreuzaufschrift (Kreuzinschrift) s. Titulus
Krone s. Himmelskrone
Kruzifix s. Crucifixus (allg. Personenregister)

Lemma (Sinnspruch) s. Emblem

Meisterzeichen (Bildhauer) 36, 349
MHorn: (Johann Michael Hornung) 358
M.I.G.P.L. (Magister Jacob Gräter, Poeta laureatus) 159, 165; *Inschr. Nr. 42M*
MMS (Magister Michael Schweicker) 168, 171; *Inschr. Nr. 42 II*
Motto s. Emblem
MS (Monogrammist) 67
MW (Monogramm) 16

Obelisk (Emblem), Zierobelisk 115, 117, 131, 137, 139, 149, 183, 186, 189, 212, 356f.

PCS (verschlungen, Philipp Christoph Sommer) 182, 185
Physiologus 26
Präfiguration s. Typologie
PV (Peter Völcker) 256
Pyramide (Emblem), Dachpyramide, Grabpyramide, Steilpyramide 88, 93, 104, 136, 145, 149, 153f., 197, 203, 297-300, 307, 310

RB (Reinwold Bitterer) 289
Rosenkranz s. Register Tiere und Pflanzen

Sarkophag (Emblem) 122-124, 145f., 186, 297, 299f., 307-310, 356, 371
Siegel 157
Sinnbild (Ikon) 142, 207, 356, 372
Sinngedicht s. Epigramm
Sinnspruch (Lemma) s. Emblem
S.K.W. (Wappen mit Monogramm) 342
SS (Sem Schlör) 37
S.S.V.L. (Sem Schlör von Laudenbach) 37
Stadt und Stern (Emblem) 356
Stern (Emblem, Symbol) 146, 181, 357, 359, 373; *Inschr. Nr. 9B, 52E*

Stundenglas (Symbol) 181, 308f.
Symbolum s. Wahlspruch

Telestichon 157f.; *Inschr. Nr. 42, 42J* s. auch Akrostichon
Tetragramm (Gottesname, Jahwe) 25, 27, 80, 85, 116-118, 208, 221; *Inschr. Nr. 4B, 22M, 32E, 52J*
Tetrastichon (Vierzeiler) 61f., 97, 99; *INschr. Nr. 18B*
Titulus (Kreuzaufschrift) 132, 140, 143, 157, 270; *Inschr. Nr. 1H, 5B, 20B, 22F, 30B, 32C, 35B, 36A, 47D, 50C, 52H, 66C, 69C*
Todessymbole s. Tod (allg. Personenregister)
Trinubiumslegende 239
TS (Thomas Schweicker) 161, 165, 169; *Inschr. Nr. 42A*
Typologie, Typus (Präfiguration) 17, 133, 247, 370-375, 384

Urne (Aschenkrug, Symbol) 95, 97, 122-124, 181, 186f., 200, 297, 299, 307-310

Wahlspruch (Symbolum, Devise) 25, 46, 49, 53, 61f., 65, 101, 105, 115, 157, 176, 249, 346f., 351f.; *Inschr. Nr. 96A*

Wappen (allgemein) 16, 28f., 68, 95, 113, 115, 119, 177, 183, 203, 253, 260, 275, 392 s. auch Blindwappen
Wappen einzelner Familien:
   Arnold 274
   Beeg 203
   Bernstein 253
   Beurlin 220f.
   Beyschlag 61, 199f., 203
   Bintz 253
   Blinzig 25
   Bonhoeffer 57, 74, 123, 148f., 154, 245, 274, 308, 368f., 375
   Bratz 269
   Brenz 35
   Burckhard 33, 220f.
   Busch 219, 220f.
   Claß 220f.
   Dietrich 205
   Dötschmann 317
   Drechsler 197f., 203
   Drüller 53, 189, 190, 195
   Engelhardt 199f., 203, 358
   Firnhaber 61, 219f.
   Feyerabend 349
   Glock 220f., 269
   Gräter 35, 45, 57, 61, 67, 74, 249, 269, 324, 327, 341
   Halberg 303
   Hall (Stadtwappen) 166, 169, 201, 216, 363
   Hartmann 361
   Haspel von Palmenburg 297
   Heilig Grab St. Michael (Wappenschilde) 319, 335
   Hetzel (Hezel) 220f., 351, 358
   Hörmann 346
   Hohenlohe 358
   Horlacher 61
   Jäger 220f.
   Kaufmann 317
   Kempfnagel, Kilian 283, 285
   Kienlin 317
   König (Künig, Regulus) 102
   Kükopf 189
   Künne 253, 260
   Lackorn 220f.
   Limpurg 358
   Mangolt 16
   Müller 57, 74, 88, 110, 220f.
   Öhringen (Stadtwappen) 265
   Öttinger 220f.
   Osiander 365f.
   Pachelbl 198, 200, 203
   Pfannenschmied 253
   Raiffeisen 359
   Rappold 45f.
   Regulus s. König
   Reichswappen 223
   Romig 189f., 195 253
   Sanwald 182, 183, 184, 186
   Schmalkalder 205
   Schöntal (Klosterwappen) 375
   Schragmüller 365f.
   Schuster 21, 23
   Schweicker 168f.
   Seckel 16, 253
   Seiferheld 88, 220f., 315
   S.K.W. (Monogramm) 342
   Stadtmann 21f., 49, 79, 88
   Stellwag 359
   Stetten (Von Stetten) 346
   Textor 139
   Vogelmann 303
   Walter 220f.
   Weidner 45, 46, 80, 85
   Wenger 16, 19, 220f.
   Wertwein 110
   Wetzel 16
   Wibel 53, 131, 263, 355

Wappenbrief 301
Wappenengel 347
Wappenkartusche 31, 346
Wappenstein 79, 241
Wappentafel (Almosenstiftung, Schulstiftung u. a.) 210-217, 240, 243

Zierobelisk s. Obelisk

St. Michael: Grundriss mit den Standorten der beschriebenen Denkmale

Im Inhaltsverzeichnis (S. 6/7) sind die Denkmalnummern ebenfalls mit eckigen Klammern vermerkt.